〔清〕董　誥等編

全唐文

八

中華書局

欽定全唐文卷七百十二

李渤

渤字濬之洛陽人勵志不仕隱嵩山元和初以山人徵爲左拾遺不赴九年召爲著作郎穆宗朝累遷諫議大夫敬宗立轉給事中出爲桂管觀察使太和五年以太子賓客徵卒年五十九贈禮部尚書

上封事表

臣渤言臣伏見今月一日赦聞中外僚例應有策略可濟時者悉許上陳無有所隱臣竊以陛下登極已來擢自巖

野者惟一人而已臣感殊獎不合私身身既不私豈宜愛死若臣者得死於義則榮於生遠矣以元和九年十二月二十六日奏平賊三術並皆請不捨元濟其上是感其次是守其下是戰又言感不成不失爲守守不成不失爲戰此求廟戰爲陛下萬全之謀也其直言必戰者是見無禮於君如鷹鸇之逐鳥雀奮不顧身眞陛下義勇之臣也昔漢代先零羌反趙充國守屯田辛武賢請討襲宣帝兩行之雖各成本功豈如陛下雄邁獨斷竟斬滅兇虜則微臣前者上言爲國之道也今掃清淮西是陛下之聖也社稷之福也臣獨不勝懇款願朝廷增修德政以享外寧之功輒復自忘幽朴遠獻芻言冀以塵露少裨海嶽竊以陛下天縱生知又嗜學不倦故臣敢依託經史敷陳下情特乞聖慈容其迂繁曲賜終覽則踈退小臣死骨不朽矣臣某中謝臣昔負薪偷暇讀書至周禮見春官外史掌三皇五帝之書即楚靈王所謂三墳五典是也書敘又云三墳言大道也五典言常道也然則三五之君君之至者矣臣曾學易見三皇之道加之以書見五帝之德加之以詩禮見三王之仁加之以春秋見五霸之義尋戰國策極於隋史

見沿代得失參以百家統以九流又遺其繁華撫其精實收視黜聽順其所自故遊涉中理也髣髴三皇之化自冥於天天法道者不疾而速不行而至範圍天地曲成萬物易稱先天而天不違又云鼓萬物不與聖人同憂是三皇在上至朴未散天下大同無思無爲逍遥而已五帝之教自冥於地地則天者其德廣運乃聖乃神乃武乃文書曰天聰明自我人聰明天明畏自我人明威孔子曰唯天爲大唯堯則之是也五帝在上惟精惟一允執厥中百姓不知其德至矣三王之政自冥於仁仁效地者不識不知無

思不服本以六德六行文以五禮五樂孔子曰以仁理人又曰克己復禮天下歸仁焉是也三王在上上仁下義仁義相感天下太和故行葦天保之詩作成康襲政刑措四十年至於五霸力義統盟功過猱駁傷壞王猷秦政賊黷周法剗去井田殘蝕六國知及之仁不能守之故二世而亡漢高帝寬仁大度與人同利任能使善聽納竟甸萬國孔子曰其或繼周者雖百代可知也彼蕭曹輩生於秦長於秦習於秦感於秦不盡刷秦惡特見制度與夫三代聯輝此其未至也然皆根於忠朴與清靜其世代長久者亦

在此文帝躬約素德罷搆露臺卻千里馬熙然與刑措無異賈誼尚以爲皇號甚美論德不稱豈非兼以造程裁範未抵大中歟景武昭宣亦各有美皆以樂賢從諫風流無窮元成哀平過有輕重皆以黜賢嬖佞稔釁亡國光武皇帝躍白水秉舊德賊莽百萬且潰且溺又平赤眉銅馬隴蜀諸寇非項氏等夷其佐命與三傑亦異校其武蹤功次高祖若乃稽古宅周勳臣壽儒學光教化浹洽躬踐理平自牧以謙自勤以勞兢兢若不及過矣無次也明帝孝思敦九族旰食以達幽枉無倖私無矜色章帝性仁厚行春令建胎養法賦貧人以苑地和帝抑符瑞省貢獻有明章餘風皆洛都之令主自殤已下不足徵也桓靈不道羣醜侵政誅滅賢俊流毒蒸人閹官於朝列肆於內羣盜大起腥聞在上赤帝之祚其亡也忽焉蜀先主任託孔明有仁人風烈魏文帝席父業擅妄大言輕議舜禹摧末疎本其昏塞劇矣然災眚罪己罷劾三公終制省薄亦足稱也此外無他勝略繼以荒允鄰豪敵臣奸雄延數代而亡實爲幸矣晉武承三葉權力通一淮海焚怪服讓泥金容劉毅直辭輝光藹然然違欽言嶠議使黼衣左衽數百年華風

不振者罪朽（疑）矣南北分朝質文術背造邦者挺雄才騁奇算約之以勤儉必有夏呂之功焉殘國者皆淫逸其心猜毒溺私移之以務禽奢奔必有共鯀之敗焉嗣主善惡紊駁三者擬諸二漢兇或逾之美不及者也大槩吳風巧其失也浮虜俗愚其失也鄙滯名不勝質故陳滅於隋昔漢世祖帝隴蜀更詔以書貴服其心恥以虛爲勝也何以造以島夷索虜相濟得不愧顏於讓畔通樂乎自隋沒唐祚十一帝頒春嚮二百年矣革土垂號亞姬敵劉但房杜病同蕭曹祖述秦漢憲章周隋使周邵得擅美於前代者

龜玉毀於櫝中矣乃元宗中興崇敏璟直敏未達直不深皆輔理名才不宜責以經國也李林甫元載媚君以佞諛迷君以嗜好引同誅異封其邪志致逆羯啟釁燎原不滅者非二子而誰異代同愆共汙三紀遂使朝多忌諱俗尚苟容波驚雲撓蕩動未息易曰通其變使人不倦神而化之使民宜之窮則變變則通通則久自天祐之吉無不利竊聞至德以來天下常思太平君臣之心非不懇切迄於今來未稱者是人倦而不知變雖君儕堯禹臣越伊周詔如尚書典誥日下既不行之行之亦何由得通且久乎易

曰化而裁之存乎變推而行之存乎通神而明之存乎其人默而成之不言而信存乎德行天祚聖唐以變通之數遺陛下順而革之則悠久大歷必自此而更始矣臣觀前代嗣帝功未有如陛下今日之盛也宜秉今戮淮寇之勢以德制恒兗則恩威兼暢矣恩威兼暢而又加之以捨小過舉賢才則陛下雖欲讓太平之勳美臣知必不得明矣伏望廓開聖德以撥亂意自兼劇秦滅政志於炎昊間再造鴻業與天地惟新馳之於無窮昔舜禹以匹夫宅四海其烈如彼今聖代以五朝嘗太平其難如此臣又竊聞之陛下使工伎必能是不欲其兩傷也如此推而進之則建皇極致雍熙如指諸掌乎臣疑宰相公卿蘊其略但啟沃之次第未及使陛下翹思文武凝望殷湯主憂臣辱孰不憤歎今陛下蹈道據德安仁存義則三皇五帝三王五霸之美兼矣與人同利從諫如流尚約素斥珍奇則漢高孝文之美兼矣尊儒學兢兢若不及幽枉必達無偏私無矜色則光武孝明之美兼矣任託不惑容受直言則蜀先主晉武之美兼矣約以高祖太宗之善訓貫以陛下之明聖總萃前美混論消息融而爲至德發而爲元化以王道爲

尺以大中爲刀度時之宜裁酌古今引知蕩寬驅末還本正六宮敘九疇舉王制倣月令調兵食崇孝悌敦九族闢諫路顯儒學退文華黜選舉復俊造定四人省道釋明刑以行令理兵以禦戎然後經之以禮樂緯之以道德推誠信以化之播風雅以暢之坐明堂登靈臺休息乎祥氣之間陛下襲羲軒於上公卿儕稷契於中黎元懽鼓腹於下挹甘露漱醴泉禽畜四靈不爲難矣臣愚寡聞不識遠大伏望下宰相公卿大夫議之如瞽言可採伏乞搜巖封野博引海內巨儒耆德元識明斷之士大開學館與朝賢參

講令其稽古應時據經更俗仍使切磋周洽復出精義重作制度使合乎宣父繼周之旨夫正氣振彼承家鼠寇戎狄裔夷若槁葉迎霜輕冰涉暑膂然已去閒然已亡固不足塵於聖慮矣今臣謹竭管見獻五事如後是非疏密懸在天鑒蕞爾昏塞何能自分若乃沿革次第時政所切伏計宰輔必已詳奏亦不敢更言臣今幸生聖代又曾謬處諫垣逢中興將啟之期知太平必成之術實懼不言爲罪也狂瞽微臣不勝感恩中憤之過謹勒祇承人某奉表被露丹懇以聞臣渤誠惶誠恐

處理投匭人奏

應進狀人論事大者請分析聞奏次者請申中書門下小者請各牒諸司諸司若處理不當復來投匭者即請具事繇聞奏如投匭人有欺枉責問得情狀請本罪之外更加一等又寶應元年六月勅如有告密人登時進狀分付金吾留身待進止今緣匭院無械繫之具忽慮兇暴之徒難以理制請勒安福門司領付金吾仗留身然後牒送御史臺京兆府冀絕兇人喧競

論隻日視事奏

事君之義有犯無隱陳誠啓沃不必擇辰今羣臣數奏乃候隻日是畢歲臣下覩天顏獻可否者能幾何

考校京官奏

宰臣蕭俛段文昌崔植等當陛下君臨之初首任宰相安危理亂決在此時況陛下思天下和平敬大臣禮切固未有昵比左右侈滿自賢之心而宰相之權宰相之事陛下一以付之實宣化理千載一遇之時也此時若失恐更無時而俛等上不能推至公申炯戒陳先王道德以沃君心又不能正色匪躬振舉舊法復百司之本則教化不立矣

臣聞政之廢興在於賞罰俛等作相已來未聞獎一人德義舉守官奉公者使天下在官之徒有所勸又不能黜一人職事不理持祿養交者使尸祿之徒有所懼如是則刑法不立矣邪正莫辨混然無章教化不行賞罰不設天下之事復何望哉一昨陛下畋遊幸驪山宰相與翰林學士是陛下股肱心腹宜皆知之俛等不能先事未形忘軀懇諫而使陛下有忽諫之名流於史冊是陷君於過也孔子曰所謂大臣者以道事君不可則止若俛等言不行計不從須奉身疾退不宜尸素於化源進退戾也何所避辭其

蕭俛段文昌崔植三人並翰林學士杜元穎等。並請賜考中下。御史大夫李絳左散騎常侍張惟素右散騎常侍李益等諫幸驪山。鄭覃等諫畋遊。是皆恐陛下行幸道途漸遠。自此恣情無度。又思馬有銜橜不測之變。風寒生疾之憂。急奏無所詣。國璽委婦人中倖之手。絳等能率御史繼以兩省官大諫於朝。有懇激事君之禮。可以誡無言者。其李絳張惟素李益三人。請賜上下考。外特與遷官。以彰陛下優忠賞諫之美。其崔元畧冠供奉官之首。合考上下。緣與于翬上下考。于翬以犯贓處死。准令須降。請賜考中中。

大理卿許季同任使于翬韋道沖韋正牧。皆以犯贓。或左降。或處死。合考中下。然頃陷劉闢之亂。棄家歸朝。忠節明著。今宜以功補過。請賜考中中。少府監裴通職事修舉。合考中上。以其請追封所生母而舍嫡母。是明罔於君。幽欺其先。請賜考中下。伏以昔者宰夫入寢。擅飲師曠李調。今愚臣守官。請書宰相翰林學士中下考。上愛聖運。下振頹綱。故臣懼不言之爲罪。不懼言之爲罪也。今其三品官考。伏緣限在今月內進。輒先具如前。其四品已下官續具條疏聞奏。

諫晏朝

今日入閤。陛下不時見羣臣。羣臣皆布路跛倚。夫跛倚形諸外。則憂思積諸內。憂倦既積。災孽必生。小則爲旱爲孽。大則爲兵爲亂。禮三諫不聽則逃之。陛下新卽位。臣至三諫。恐危及社稷也。

奏請停徵久遠逋懸疏

伏奉詔勅云。度支使所奏。令臣設計徵塡當州貞元二年逃户所欠錢四千四百二十貫。臣當州管田二千一百九十七頃。今已旱死一千九百頃有餘。若更勒徇度支使所

爲。必懼史官書陛下於大旱中徵三十六年前逋懸。臣任刺史。罪無所逃。臣既上不副聖情。下不忍鞭笞黎庶。不敢輕持符印。特乞放臣歸田。

論中人擊崔發疏

縣令不合曳中人。中人不合毆御囚。其罪一也。然縣令所犯在恩前。中人所犯在恩後。中人橫暴一至於此。是朝廷馴致使然。若不早正刑書。臣恐四夷之人。及藩鎮奏事傳道此語。則慢易之心萌矣。

請免渭南攤征逃户賦稅疏

臣自出使力求利病竊知渭南縣長源鄉本有四百戶今纔四十餘戶閿鄉縣本有三千戶今纔有一千餘戶其他州縣大畧相似其弊所自起于攤逃約十家內有一家逃亡即攤賦稅使九家共出稅額長定有逃即攤似投石井中不到底不止攤逃之弊戶不盡不休此皆聚斂之臣競剝下以奉上惟思竭澤不慮無魚伏乞詔書絕其攤逃以見在戶家產錢數爲定其餘有欠且特恩免之計不數年人必歸於農矣夫農者國之本本立然後可以議太平若不由此而云太平者是佞邪之臣也伏乞陛下察而逐之

桂州舉前容管經略使嚴公素自代狀

右臣伏準建中元年正月五日制觀察使臣後三日舉一人自代者前件官曾任容管經畧使行朝廷威恩得蠻夷畏愛可以備方隅之任總廉察之權使其處臣之官代臣之職必能獷悍柔服谿洞乂安伏乞聖慈允臣所薦臣某不任誠懇之至

奏桂管常平義倉狀

臣伏詳勑文本救荒歉忽有危切責及其時當州去京往來萬里奏迴方給豈及饑人臣請所管忽遇災荒量事賑貸訖續分析聞奏庶使遠人速活聖澤遐流臣之所管僻在嶺外迫以山賊人尤難理若令數改必困蟊食常平義倉本救災害向爲歉沴擢臣處之方鎮臣宜竭力上答皇明伏乞聖恩允臣所奏庶使皇靈遠被獷俗知恩

辨石鐘山記

水經云彭蠡之口有石鐘山焉酈元以爲下臨深潭微風鼓浪水石相搏響若洪鐘因受其稱有幽棲者尋綸東湖沿瀾窮此遂躋崖穿洞訪其遺蹤次於南隅忽遇雙石欹枕潭際影淪波中詢諸水濱乃曰石鐘也有銅鐵之異焉

扣而聆之南聲函胡北聲清越枹止響騰餘韻徐歇若非潭滋其山山涵其英聯氣凝質發爲至靈不然則安能產茲奇石乎乃知山仍石名舊矣如善長之論則瀕流庶峯皆可以斯名冠之聊刋前謬留遺將來貞元戊寅歲七月八日白鹿先生記

司空侯安都廟記

客有遊曲江者始入境則望韶石之山既至郡則瞻張公之祠以謂吾韶之美盡於此而已未知直韶之西北四十里有桂山之峻有侯公之偉予請言其畧山之肇迹自荆

山南走千餘里。至於衡山。陡起爲炎帝國。又自衡山南走千餘里。至於桂山。鬱然爲祝融神區。山之盤薄方廣幾八百餘里。峻極崇高幾五千仞。青峯碧嶂。雲霞所棲。丹崖紫壑。神仙之宅。山下之廟。則司空侯公故家也。公名安都。字師成。本末具南史。工隸書。能鼓琴。長於五言詩。善騎射。爲邑里豪雄。陳武帝時。强梗數起。惟與公定計。稱爲侯郎。未嘗名。平侯景。擒王僧辯。破徐嗣徽。刺齊將。降蕭孜。所向必克。其智勇之大畧如此。始封富川縣子。次授南徐州刺史。又進爵爲侯。進號平南將軍。改封曲江縣公。又加開府儀

同三司。又遷司空。又進爵爲清遠郡公。又加侍中征北大將軍。其功烈之盛如此。始武帝崩。朝議未知所立。公獨翼戴臨川王。是爲文帝。何其壯哉。公起布衣。提義衆。乘風雲之會。依日月之光。位極人臣。書勳竹帛。所謂豪傑之士也。侯師成以功烈爲陳將軍。張子壽以德業爲唐宰相。韶之曲江。所謂將相之鄉也。惜乎功大主疑。盛名之下。難乎其終。而子壽最爲稱顯也。余嘗東遊泰山。西登華嶽。南觀衡廬。顧未有以韶之桂山而不列祀五嶽者。蓋其遠在南裔。自古帝王耳目之所不接故也。今里中習俗流風。慷慨猶存。時或旱潦。四遠來祈。未旋輒應。公之族有登進士第者。名晉升。字德昭。託予記之。予既作記。又作迎神送神之詩。以遺其鄉人。使歲時祈恩報德。以長言而歌之。歌曰。天作高山兮去天幾何。翠岫巉巉兮與天相摩。紫桂千尋兮上拂金波。飛瀑萬丈兮倒傾銀河。宅靈氣兮鬱嵯峩。降生司空兮此山之阿。入拔臺城兮親提義戈。百射百中兮戰功居多。爵位崇極兮人誰我過。威名震主兮莫予敢歌。齋中會客兮舉趾逶迤。擘牋點翰兮掉頭吟哦。昔時門巷兮今已張羅。當年富貴兮恍若南柯。哀江南兮淚滂沱。弔故里

兮影婆娑。空餘古祠兮白雲東坡。緬想陳迹兮清風薜蘿。奠桂酒兮伐鳴鼉。折瑤草兮席輕莎。靈紛起兮舞傞傞。首紅帊兮足繡鞾。神之來兮揚玉珂。芳菲菲兮雜芰荷。神之去兮朱顏酡。杳冥冥兮駕蛟鼉。西風瑟瑟兮吟黍禾。暮雨瀟瀟兮濕釣蓑。此方之氣兮神人以和。此方之物兮天無薦瘥。我作此詩兮匪商之那。俾爾遺俗兮慷慨而歌。

眞系

今道門以經籙授受。所自來遠矣。其昭彰尤著。使搢紳先生不惑者。自晉興寧乙丑歲。衆眞降授於楊君。楊君授許

君許君授子元文元文付經於馬朗景和乙巳歲勑取經入華林園明帝登極及季眞啓還私廨簡寂陸君南下立崇虛館眞經盡歸於館按黃素方因緣値經准法奉修亦同師授其陸君之教楊許之胄也陸授孫君孫君授陶君陶君搜摭許令之遺經畧盡矣陶授王君王君又從宗道先生得諸勝訣云經法秘奧大備於王矣王授潘君潘君授司馬君司馬君授李君李君至於楊君十三世矣楊許並越漢登眞許令亦終獲度世馬及季會而不業自陸君已降則帝者無不趨其風矣此皆史有明文或遺迹可訪

又世世從事於斯者其支裔焉且知理而不知神非長生之士也超理入神混合於氣無爲而無不爲者我眞宗之道也道無否泰教有通塞塞而通之者存乎其人故予述眞系傳其同源分派者錄名仙籍不緝於此時貞元乙酉歲七月二十一日於廬山白鹿洞棲眞堂中述

少室仙伯王君碑銘

少室山天標中氣吐穎浸洛潛匐神洞別輝日月爲靈人正府府有伯太清正中莅之故劉北臺光其前王法主襲其後法主瑯琊人諱遠知陳揚子牧曇選一作曇首子母丁感鳳化胎年七歲日識萬言宅華陽師陶宏景臧矜鍊羽元業遂能精融道數弛張化機降眞易髭延竇氏殂魄疑其統天與眞宰爲徒矣涉陳越隋曁我唐皆宗之語門弟子潘師正曰吾被署少室仙伯沐浴加冠衣而化享齡一百二十六高宗追贈太中大夫謚昇眞先生闡道也貞元癸未鄙人至自廬嶽棲託瀍溪牽蘿踐危深入丹窟漱挹璚水感仙儲洛游禮空投誠銘辭於石銘曰

道結元氣神機眞精玉膏金芝凝質自靈跡散霞岫思激霜飈浮邱往矣光塵寂寥

梁茅山貞白先生傳

吳荆牧陶濬七代孫名宏景字通明丹陽秣陵人也初娠母夢日精在懐并二天人降手執香爐覺語左右曰當孕男人非凡人亦恐無後及生標異幼而聰識成而博達因讀神仙傳便有乘雲馭龍之志年十七與江斅褚炫劉俁爲宋昇明四友仕齊歷數王侍讀皆總記室牋疏精麗爲時所重師法及清溪宮成獻頌宣旨褒贊兼欲刻石王儉議異乃止年二十餘服道後就興世館孫先生諮稟經法精行道要殆通幽洞微轉奉朝請乃拜表解職答詔優歎

賜與甚厚公卿祖之征虜亭供帳甚盛咸云自齊以來未有斯事遂入茅山又得楊許眞書遂登巖造靜自稱華陽隱居書疏亦如此代名特愛松風庭院皆植每聞其響便欣然而樂至明帝欲迎往蔣山懇辭得止然勅命餉賚恒爲煩劇乃造三層樓先生居其上弟子居中接賓於其下令一小豎傳度而已潛光隱曜內修秘密深誠所詣遠屬霞人可謂感而遂通者也身長七尺八寸爲性圓通謙謹心如明鏡遇物斯應少憂戚無嫉競滅喜怒澹哀樂或有形於言迹者是顯事廣物深慕張良之爲人率任輕虛飄

飄然恒有雲霞氣其所修爲皆自得於心非傍識能及尤長於銓正僞謬地理歷算文不空發成即爲體造渾天儀轉之與天相會其纂眞誥隱訣注老子等書二百餘卷至永元二年深訖向晦及梁武帝革命議國號未定先生乃引諸讖記梁是應運之符又擇郊禪日靈驗昭著勅使入山宣旨酬謝帝既早與之遊自此之後動靜必報先生既得秘訣以爲神丹可成恒苦無藥帝皆給之又手勅咨迓先生畫兩牛一牛散放於水草之間一牛著金籠頭有人執繩以杖驅之帝笑曰此人無所求欲效曳尾龜豈有可致之理時有大事無不前已奏陳時人謂爲山中宰相以大通獻刀二一名善勝二名成勝爲佳寶梁帝金樓子云於隱士重陶貞白士大夫重周宏正其於義理精博無窮亦一時名士也先生常作詩云夷甫任散誕平叔坐談空不信朝陽殿化作單于宮其時人事競談元理不習武事侯景之難並如所言大同二年告化時年八十五顏色不變屈伸如常屋中香氣積日不散詔贈中散大夫諡曰貞白先生仍遣舍人監護喪事弟子數十人唯王遠知陸逸沖稱上足焉

晉茅山眞人楊君傳

眞人姓楊名羲晉咸和五年九月生於句容似吳人潔白美姿容善言笑攻書好學該涉經史性淵懿沈厚幼而通靈與二許早結神明之交（二許映與穆）思元薦於相王用爲公府舍人以永和初受中黃制虎豹法六年又就劉璞傳靈符（璞即魏夫人長子也）君淵沈應感虛抱自得若燥濕之引水火冥默幽欵相襲無朕矣年三十六以興寧乙丑歲衆眞降授有若上相青童君太虛眞人赤君上宰西城王君太元茅眞人清靈裴眞人桐柏王眞人紫陽周眞人中茅君小茅

君范中候荀中候紫元夫人南嶽夫人右英夫人紫微夫人九華安妃昭靈夫人中候夫人莫不霓旌暗曳神轡潛竦紛紛屬乎煙霄淪蹤收於俗蹊譙聲金響於君月無曠日歲不虛矣君師魏夫人儷九華而朋于諸眞故安妃云明君受質虛閒祕構玉朗蘭淵高流淸響金宮必高佐四輔承制聖君主察陰陽之和氣爲吳越鬼神之君後二十二年將乘龍駕雲白日昇天今若不耐風火之煙可尋劍解作告終之術也眞誥算以太元十二年丙戌去世弟子許翽先師告翽父穆亦因君偶眞故許氏九人雖道慶自先數至神發如塵鑒凝照輝瑩之功並歸于君矣

雷平山眞人許君傳

眞人許翽字道翔小名玉斧父穆晉護軍長史眞位上淸左卿母陶氏名科斗入易遷宮眞人幼獨標挺含眞淵凝長史器異之郡舉上計掾主簿並不赴淸秀瑩潔糠粃俗務如泉去掌盈其科而自進居雷平山下師楊君傳三天正法曲素鳳文後定錄眞人授其上道告之曰學道當如穿井井愈深土愈難出若不堅心正行豈得見泉源耶眞人常願早遊洞室不欲久停人間遂詣北洞告終即居方隅山洞方源館中常去來四年方平臺故眞誥云幽人在世時心樂居焉又楊君與長史書亦云不審方隅幽人設座於易遷戶中朱眞人化後十六年當度東華受書爲上淸仙公上相帝晨二錄太和二年丁卯時年二十七歲咸康七年辛丑生自太和三年已後無復顯跡世譜年三十則庚午年去世耆舊傳云在此洞石壇上燒香禮拜因而不起明旦視形如生壇今猶存眞誥云從張鎭南授衣解法蓋夜於壇上去耳娶建康令黃演女生男黃民乃還家

仙人臨沮令許君傳

臨沮令許仙人名黃民字元文上淸仙公翽之子上淸左卿穆之孫以昇平五年辛酉生時掾年二十一仕郡主簿察孝廉石頭倉丞南蠻參軍臨沮令永興三年京畿紛亂令乃奉經入剡爲馬朗所麴朗從父弟牢亦相周給時人咸知許先生得道又父祖皆有名稱各加崇敬元嘉六年欲移居錢塘乃封其眞經一廚付朗靖中語此是仙靈之跡非我自來縱有書亦勿與人及至杜道鞠家傳少時而終時年六十九眞誥言黃民及伯祖邁姑婆娥皇伯聯與黃民子榮弟孫女瓊輝並得度世馬朗敬經若君父每有

神光靈氣見於堂宇朗妻數見有青衣玉女空中去來其家皆保富壽朗忿何道敬鶴書泄意乃洋銅灌廚籥勒家人不得復開朗終子洪及季眞猶共尊尚景和元年妻惠朗諷及季眞啓取季眞善道術爲當時所知及至奉呈於華林園既見眞跡瑰異朱黃煥赫不敢窮覽至明帝登阼季眞乃啓還私廨陸簡寂南下立崇虛館經亦歸于館何神眞巧運既閟於馬又發於及終授於陸君及馬猶巾几負籍羃之紫而無容入其妙焉

宋廬山簡寂陸先生傳

先生吳興懿族陸氏之子諱修靜道降元氣生而異俗其色怡怡其德熙熙明以啓蒼虛以貫幽少宗儒氏墳索讖緯靡不總該以爲先天撫化混一精氣與眞宰爲徒者載在金編玉字不形于此遂收跡寰中冥搜潛衡熊湘暨九嶷羅浮西至巫峽峩嵋如雪映松風麗乎山而映乎水功成扣元感神授靈訣適然自得通交於仙眞之間矣宋元嘉末因市藥京邑文帝味其風而邀之先生不顧及太初難作人心駭疑遂泝江南遊睹匡阜之勝槩爰構精廬湶雪風波之思沐浴浩氣挹漱元精宋明皇帝襲軒皇淳風欲稽古化俗虛誠致禮至于再三先生固稱幽憂之疾曾莫降眄天子乃退齋築館恭肅以遲之不得已而莅焉於是順風問道妙沃帝心朝野識眞之夫若水奔壑如風應虎其誰能禦之先生撥霧開日汰沙引金指方以倒之中人以上皆自盈其分司徒袁粲之流是也既立崇虛館及氏所寶經訣並歸于我焉初先離山有熊虎猿鳥之屬悲鳴擁路出谷而止及天子不豫請事塗炭之齋是夜卿雲紛郁翌日乃瘳先時洞眞之部眞僞混淆先生刊而正之涇渭乃判故齋戒儀範至于今典式焉桂陽王構逆暴白

骨遍野先生具棺櫬收而瘞之其陰德密運則無得而稱也迨元徽五年春正月謂門人曰吾得還山可整裝眾咸訝詔旨未從而有斯說至三月二日乃偃臥解帶膚理輝爍目瞳映朗但聞異香芬馥滿室而已後三日廬山諸徒共見先生霓旌靄然還止舊宇斯須不知所在相與驚而異之顧命盛以布囊投所在崖谷門人不忍遂奉還廬山時春秋七十二所謂鍊形幽壤騰景太微者矣有詔謚曰簡寂先生以故居爲簡寂館宗有道也凡撰記論議百有餘篇並行於代門徒得道者孫遊嶽李果之最著稱首後

孔德璋與果之書論先生云先生道冠中都化流東國帝王稟其規人靈宗其法而委世潛化遊影上元微言既絕大法將謝法師稟神定之資居入室之品學悟之美門徒所歸宜其整緝遺蹤提綱振紀光先師之餘化纂妙道之遺風可以導引末俗開曉後途者矣

齊興世館主孫先生傳

有吳裔子孫名遊嶽字頴達東陽人也幼而恭長而和其靜如淵其氣如春甄汰九流潛神希微嘗步赤松硐緡雲堂遂卜終焉之地宋太初中簡寂先生至自廬嶽雲遊帝

宅先生乃摳衣而趨嗣承奧旨授三洞并所祕楊眞人許掾手跡因茹朮卻粒服穀仙丸六十七年顏彩輕潤精爽秀潔暨簡寂上賓方旋舊室据撫道機斷覈眞假與褚章朱四君交密齊永明二年詔以代師并任主興世館於是搜奇之士知襲教有宗若鳳萃于桐萬禽爭赴矣孔德璋劉孝標等爭結塵外之好後頻謝病歸山朝命未許至永明七年五月內以揮神訖化沐浴稱疾怡然而終門徒弟子數百人唯陶宏景入室焉自恭事六載義貫千祀唯貴知眞故特蒙賞識經法誥訣悉相傳授方欲共營轉鍊已集藥石將就治合事故不遂

唐茅山昇眞王先生傳

瑯琊王遠知陳揚州刺史曇首之子外祖丁超梁駕部郎中其母因夢靈鳳有娠又聞腹中啼寶誌曰生子當爲神仙宗伯也年七歲日覽萬言博綜羣書心冥至道年十五入華陽事貞白先生授三洞法又從宗道先生臧矜傳諸祕訣陳主召入重陽殿特加禮敬賞賚資送還茅山先生乃於洞西北嶺上結靖室以居研味元祕大建末靖室中忽有一神人醉臥嘔吐先生然香禮候神人曰卿是得道

之人張法本亦甚有心吾欲並將遊天台山石橋廣闊可過得彼多散仙人又常降甘露以器盛之服一升可壽得五百歲卿能去否先生便隨出上東嶺就法本至山半忽思未別二三弟子付囑經書背行三十步迴望神人化爲鶴飛去隋晉王廣鎭揚州王子相柳顧言相續奉請先生既至斯須而鬢髮變白王懼而歸之少選復舊王踐阼勅崔鳳舉諮迓帝親執弟子禮勅城都起玉清元壇以處之仍令代王越師焉高祖龍潛時先生嘗密告符命秦王與房元齡微服就謁先生迎謂曰此中有聖人秦王因以實

告先生曰方作太平天子願自愛也秦王詣先生授三洞法及登極將加重位固請歸山至貞觀九年勅潤州於茅山置太平觀并度七人降璽書曰朕昔在藩朝早獲問道眷言風範無忘寤寐近覽來奏請歸舊山已有別勅不違高志所令置觀用表宿心先生浩氣虛懷語默一致涵照如鏡應物無私時有寶德元先經揚州遇司命使者言其有重祿以九九數當終命德元求哀於使者云眞人王法主是少室仙伯檢錄人鬼之任關奏天曹無不即應德元遂懇祈於先生先生不得已因與請命使者報曰更延十三年至高宗朝德元爲左相捐館舍之日言皆如之故舉世呼先生爲法主又知已授仙職後謂潘師正曰吾昨見仙格以小時誤損一童子吻不得白日昇天署少室仙伯將行在近翌日沐浴加冠衣焚香而寢告化時年一百二十六歲潘師正徐道邈同得祕訣爲入室弟子陳羽王軌次之其餘各棲洞府終身無替高宗調露二年贈太中大夫謚曰昇元先生乃勅置太平觀度滿四十九人天后嗣聖初又贈金紫光祿大夫改謚昇眞先生明皇天寶中勅李含光於太平觀造影堂寫眞像用旌仙跡焉

中嶽體元潘先生傳

中嶽道士前有天師次稱潘先生先生名師正趙州贊皇人少喪母廬於墓側以至孝聞先生眞氣內融輝光外發如隋珠荊玉不假於飾而人自寶之隋大業中入道王仙伯盡以隱訣及得符籙相授棲於太室逍遙谷積二十年但嚼松葉飲水而已高宗皇帝每降鑾輦親詣精廬先生身不下堂接手而已及問所須答言松樹清泉山中不乏帝與武后共尊敬之留連信宿而返尋勅於所居造崇唐觀嶺上別起精思院以處之勅置奉天宮令於逍遙谷口特開一門號曰仙遊門復於苑北面置尋眞門太常奏仙樂又以祈仙望仙翹仙爲曲皆謂先生名焉前後賜詩五百首先生每歎曰大丈夫業道不能滅影雲林以煩世主吾之過也遂欲東求蓬萊孤舟入海屬帝敦篤斯道祈歎愈加踟躕山隅輟策未往以永淳元年告化時年八十九帝追望不止贈太中大夫謚曰體元先生先生神標仙骨雅似隱居夫階眞韜冥鍊景遊化者其有類乎弟子十八人並皆殊秀然鸞姿鳳態眇映雲松者有韋法昭司馬子微郭崇眞皆稟訓瑤庭密受瓊室專玉清之業遺下仙之

儔矣時陳子昂又作頌云云

王屋山貞一司馬先生傳

後周瑯琊公司馬裔元孫名承禎字子微河內人也少事體元先生傳其符籙及辟穀導引服餌之術體元特相賞異謂曰我自簡寂傳授正法至汝六葉矣先生是後因浪遊遠詣於天台山武太后聞其名召至都降手詔贊美及將還勑李嶠餞於洛橋之東景雲二年睿宗令其兄子承禕就山迎至京入宮中問以陰陽數術先生對曰經云爲道日損損之又損之以至於無爲且目所見者損之尚未

能已豈復攻乎異端而增其智慮哉帝曰治身無爲則清高矣治國無爲如何對曰國猶身也老君曰遊心於澹合氣於漠順物自然而無私焉而天下理易曰大人與天地合其德是知不言而信不爲而成無爲之旨理國之道也帝歎曰廣成之言何以加此因固辭還山乃賜寶琴一張及霞文帔中朝詞人贈詩者百餘首開元九年明皇又遣使迎至京帝親授法籙前後賞賜甚厚十年駕入都先生又請歸山帝賦詩於王屋山自選形勝置壇宇以居之先生因上言今五嶽之神祠皆是山林之神非正眞之神也五嶽皆有洞府各有上清眞人降任其職請別立齋祠帝從其言因置眞君祠其形像制度皆請先生推按道經創爲之焉先生頗善篆隸寫三體道德經刊正文字著五千三百八言爲眞本又撰修眞祕旨窺之者得其門矣勑於先生所居置陽臺觀帝自書額并相續賜賚甚厚至二十三年告化時八十九制贈銀青光祿大夫謚曰貞一先生又御製碑文先生門徒甚衆唯李含光焦靜眞得其道焉靜眞雖裏女質靈識自然因精思聞有人導至方丈山遇二仙女謂曰子欲爲眞官可謁東華青童道君受三皇法請名氏則貞一也乃歸而詣先生亦欣然授之

茅山元靜李先生傳

宏孝威者晉陵人家本純儒州里號貞隱先生避敬宗皇帝諱改爲李氏其子曰含光年十三辭家奉道端視清霄慈向蠢類暗室之中如對君親時人見之情色皆斂幼攻篆隸或有稱過其父者一聞此義終身不書後事貞一先生雲篆寶書傾囊相付既而目之曰眞玉清之客也抱虛無而行功者於道不窮託幽阜而滅跡者於德亦淺承之自遠宜且救人是引後學升堂東元訓也先生元氣不散

瑤圓虛映達靈久矣晦輝爲常動非用閑靜非默閑當吹萬之會若得一之初應跡可名常道不可名也孕育至化虛融物心心一變至於學學一變至於道同淑氣自來得之不見所以摳衣而進者仰範元和若秋芳之依層巘夏潦之會通川也先生忘情於身而慈於人禎祥屢應視同衆象士庶諮詢色受其意常令章壇閑院爇火擇薪精徵誠敬率皆類此開元末明皇禮請先生而問理化對曰道德君王師也昔漢文行其言仁壽天下次問金鼎對曰道德公也輕舉公中私也時見其私聖人存教若求生徇欲

乃似繫風耳帝加元靜之號以尊之無何固以疾辭東還句曲山勅於其所居造紫陽觀以居焉自後天書繼至資奉相續及公卿祈請往來無虛月卒使元門之中轉見眞操持慈儉之實歸義皇之風至矣哉先生之教也所撰仙學傳及論三元異同又著眞經并本草音義皆備載闕遺窮賾精義矣以大歷四年冬十一月顧謂入室弟子韋景昭孟湛然曰吾將順化神氣怡然若坐亡長往時年八十七靈雲降室芝草叢生執簡如常和色不去據眞經斯乃秉化自然仙階深妙者也景昭授鼻洞虛洞虛授李方來皆嗣德不墜時柳識又頌先生云古有强名元精希夷黃帝遺之先生得之縱心而往與一相隨眞性所容太元同規日行仙路不語到時人言萬齡我見常姿明皇仰止徵就京師紫極徒貴白雲不知遐方後學來往怡怡空有多門眞精自持順化而去人焉能窺元科祕訣本有冥期

欽定全唐文卷七百十三

李聽

聽字正思太尉中書令晟子以蔭爲協律郎累兼御史大夫夏綏銀宥節度使徙靈鹽進檢校工部尚書穆宗立爲河東節度使以功封涼國公兼帥魏博罷爲太子少師拜邠寧節度使授太子少保充鳳翔節度使徙陳許以太子太保分司東都開成初爲河中晉絳節度使卒年六十一贈司徒

修大海佛寺石像奏

隋大業初高祖神堯皇帝任鄭州刺史日爲太宗文皇帝疾恙祈福於滎陽縣大海佛寺其荅如響因建一石像像下刊紀其事凡十六字歲月既遠盡翳於土壤中今滎陽縣令李元慶新加嚴飾刺史張仲方立石爲文不敢不奏

潘滔

滔元和時人

文公祠記

按邵陽圖經公姓文諱斥晉咸康中爲高平令隱於此山得道羽化故名文仙山又據湘川記云山上有石牀長一丈有四尺叢竹蒙密隨風飄揚委於牀側每遇亢陽祈禱有應洎唐貞元十年上天愆暘旱魃爲虐草木黃落如惔如焚於時州伯太原王公高縣宰昌黎韓公謹輝至誠懇請曰如神降臨膏雨霶霈卽爲刻石記事當時響應雲行雨施年穀既登倉廩充實夫神靈無方感而遂通昔太公治灌壇風雨不敢犯劉昆牧宏農猛虎爲之去豈非以德化所布飄風鷙獸不敢侵界焉以此觀之實由政之所及德之所致鬼神爲之福祐神功爲之降澤若乃德之不修政之苛刻而妖由此作災由此起吉凶報應如影隨形信

矣夫噫人物遷變未達誠願至元和三年歲在戊子災患薦臻旱又甚矣州牧濟陽丁公立邑君馮翊莊公齊命官啓告酬願立碑遂雨灑四溟潤澤九穀山川鬼神亦莫不寧上憑神休之恩下賴牧宰之政野老荷蓑與笠相對佇鍤而歌曰我聖君兮德巍巍擇良牧兮治邊陲感神功兮雲雨施稼穡如梁兮又如茨無階達天眞兮感願立乎豐碑闔境耆老稽顙告余皆願修文以神聖德刻之貞石永傳芳休既無絕妙之詞難傳至貞之迹銘曰

飛丹涸濟冰雪溶道成羽化神仙富叟乘白鶴歸舊峯巘

郛是兮人不同霓裳縹緲隨天風紫煙散盡祠堂空山寂寞兮花木隆石牀空山留仙蹤微飆颯屑搖條叢邑人祈禱清廟中神功應化無不通天旱暵兮雲從龍灑膏雨兮九穀豐黎庶歌兮樂時雍願立碑兮表聖功勒文字於堅石與天地兮無窮

邱元素

元素元和中拜户部侍郎同中書門下平章事出爲荆南節度使

天王道悟禪師碑

道悟渚宮人姓崔氏子玉之後允也年十五依長沙寺曇翥律師出家二十三詣嵩山受戒三十三參石頭頻沐指示曾未投機次謁忠國師三十四與國師侍者應眞南還謁馬祖祖曰識取自心本來是佛不屬漸次不假修持體自如如萬德圓滿師於言下大悟祖囑曰汝若住持莫離舊處師蒙旨已便反荆州去郭不遠結草爲廬後因節使顧問左右申其端緒節使親臨訪道見其路隘車馬難通極目荒榛曾未修削覩兹發怒令人擒師拋於水中旌旆才歸乃見徧衙火發內外洪燄莫可近之唯聞空中聲曰我是天王神我是天王神節使回心設拜煙燄都息宛然如初遂往江邊見師在水都不溼衣節使重申懺悔迎請在衙供養於府西造寺額號天王師常云快活快活及臨終時叫苦苦又云閻羅王來取我也院主問曰和尚當時被節度使拋向水中神色不動如今何得恁麼地師舉枕子云汝道當時是如今是院主無對便入滅當元和三年戊子十月十三日也壽八十二夏六十三嗣法一人曰崇信卽龍潭也

許志雍

志雍京兆人

唐故江南西道觀察判官監察御史裏行太原王公墓誌銘

公諱叔雅字元宏太原祁人也其先食采於祁因邑命氏軒蓋蟬聯奕葉闕茂忠貞孝友史不絕書素風懿範繼華紹烈誠有國之柱石爲令族之領袖三代祖祐周驃騎大將軍開府儀同三司光祿卿隋拜司空兼中書令謚曰忠烈忠烈生皇朝比部郎中貝州刺史師感公之高祖也貝州生朝請大夫澤王府司馬清源縣開國男守節公之曾

祖也清源生渝州刺史贈懷州刺史闕一公之王父也懷州生金紫光祿大夫試秘書監兼御史中丞衢州刺史贈揚府大都督諱承俊公之先考也以中書之勳烈比部之令望清源之宏茂懷州之懿德中丞之雄邁世濟其美慶鍾後昆公即中丞第四子也弱不好弄幼而能文一見不忘有類王充之敏五行俱下不憚應奉之林爲善孜孜小心翼翼恭敬以奉上篤愛以臨下接士必盡其才修己不疵於物繇是鄉里挹其仁朋友伏其義時秘書郎嚴維有盛名於代雖以公年幼交契老成若蔡邕才重拔王粲於

弱齡李膺望崇歎孔融於稚齒嘉其至性敦重機闕浚邃每器而厚之時攜幼弟適郢爲賦詩以贈云萬里天連水孤舟弟與兄時屬而和者連郡繼邑染簡飛翰朞月不息繇是聲華藉甚於公卿間郡舉進士纔及京師動目屈指傾蓋結轍爲禮部侍郎劉太眞深見知遇再舉而登甲科浹辰之間名振寰宇俄爲山南東道嗣曹王皋辟爲從事丁太夫人憂服闋調補右衛率府兵曹參軍環衛望高以優賢也未幾爲嶺南連帥韋公丹舉列上介表遷左金吾衛兵曹參軍蓮府才雄軍門聰重每下徐孺之榻獨奪陳琳之筆屬本使節制東川府幕遂散邀公獨行奏遷廷尉評兼監察御史府公再遷慈晉俄領江西復隨鎭拜監察御史裏行以南康闕牧假行刺史事盡閭里之情袪疲苶之疾人得歸厚吏不敢欺歲月之間闕增闕復闕臨川闕南郡之理仁風所被清議攸彰無何寢疾經時沈痼以元和四年正月七日告終於洪州南昌縣之官舍春秋五十有五嗚呼哀哉以公之孝可以動神明以公之忠可以闕社稷以公之德可以反澆漓以公之仁可以厚風俗有一於此即爲全人况其闕者予奈何天不與善奪闕重器民

不幸歟時不幸歟夫人河東薛氏故禮部侍郎闕元女族謂清門家稱令室以闕謙睦中外以端闕奉闕公以伉儷之重加於人一等如賓之敬禮若常林居家有愜情如顧悌由是時論多之有一男一女男曰高陽女曰吳婆皆在孩幼哭無常聲公雖臨郡佐幕以親潔自約祿俸所入皆均親愛故不勝其貧轜車既還亦無以葬於時闕南西道連帥御史大夫韋公丹以公實四府始終如一感歎追舊情均支屬賻贈百金加以將校護喪聞者壯其高義以其年十月十三日歸窆京兆府咸陽縣之延陵鄉祔先塋禮

也志雍親同懿屬義比斷金見記斯文銜哀永歎銘曰

汪汪王公德門之秀儒宗賢士茂族華胄忠爲信臣義稱良友器逾瑚璉人推領袖何備其能不豐其壽嗚呼哀哉

歲月云邁言歸鎬京綿歷舊遊想像襟情倏已終古閉於佳城蒼莽日落蕭颯風驚寒原故里丹旐新塋嗚呼哀哉

盛德無窮傳今與昔闕於元壤斷玆貞石陵谷是遷令問不易泣下漣洏氣塡胸臆嗚呼哀哉

尹悅

悅元和時人

瀛州使府公宴記

講信修睦諸侯以之於是行者具書幣受辭令居者接行人授客館交聘達情燕享載設禮也元和六年秋悅奉方伯常山公命致問於瀛州使府使府東武公惠我方伯之好於使者嘉儀是隆悅登庭再拜畢主愉愉賓肅肅府中僚吏書佐咸左右相無不穆如翼如東武公乃以禮成之明日啓大幕潔崇堂以觴客焉於時金飇已扇玉露方塗序帶雁而知涼地翔鷹而覺勝戟枝森衞氣靜於羆熊弓影長懸令清於霜雪樂進而舞迴燕趙酒行而光溢璚瑤及乎三爵告終陔夏爰奏東武公從容揖賓賓復再拜以退則有庚杲蓮花王恭楊柳意在繾綣驪歌復申使悅從而述焉以備故事且記盛也

廖有方

有方交州人元和十一年進士改名游卿官校書郎

書胡倌板記

予元和乙未歲落第西征適此公署忽聞呻吟之聲潛聽而微惙也乃於暗室之內見一貧病兒郎問其疾苦行止強而對曰辛勤數舉未遇知音眄睞叩頭久而復語惟以殘骸相託餘不能言擬求救療是人俄忽而逝余遂賤鬻所乘鞍馬於村豪備棺瘞之恨不知其姓字苟爲金門同人臨岐悽斷

胡季良

季良元和時人工行草書

嬪吳氏墓銘

闕 標於史冊關雎著於詩首節 闕 一貫也安君令嬪渤海吳氏 闕 儒奉道爲鄉閭之令望以夫人 闕 爲長爲孝婦 闕 於嚴母全之也吉人爲善惟日不足以大和九年 闕 五日

終於烏程縣臨苕鄉之私第。年五十有三。比感年則非夭折。闕痛青春。即以其年五月二十八日。闕霅水鄉仁王寺之西。安君感其闕遵蒸祀。買石誌德。紀之闕子曰師敏。承闕保終於禮也。石闕文以闕詞曰。

仁王山兮寺西園。孤墳寂寂兮閉闕婦德兮黯黯。孤魂平生義闕石誌言。

劉公輿

公輿。元和時官祠部員外郎。

太常觀四夷樂賦 以澤被遠夷入附聲頌爲韻　胡季良　劉公輿

聖皇窮天覆以張宇。極地載以光宅。端拱協有虞。陶唐獻樂奏。戎夷蠻貊。豈不以浹洽元化。沐浴聖澤。于是鞮鞻掌其方位。太常總其樂器。列在天庭。陳其鼓吹。㑭佅兜離。風旋鳥翅。其舞也無進旅退旅之容。其音也非皦如繹如之義。狄鞮騁能。扶婁效智。既夷樂之具陳。彰帝德之光被。觀其隨樂官入禁苑。荷恩覃化。及之德無踰山涉海之遠。我聖君文明立極。化本雍熙。太和克同於天地。貢樂不假於蠻夷。所以司於太常。奏於丹墀。俾華夷之風。不隔羈縻之義在茲。夫其始也。伊四部之爰來。闢九門而並入。水火之位。雕題衣毛。以相向金木之方。皮服左衽。以對立。於以彰四夷之咸賓。於以表五兵之載戢。雖搏考之有聲。靡壎箎之可附。樂章既異。無勞季札之觀。曲度自殊。奚假周郎之顧。爾其非今非古。乍濁乍清。不雜中華之樂。自作異方之聲。聞奏既移於白日。窮規以悅於皇情。於是詔帑藏以頒賜。命象胥以迴衆。九夷八蠻喜氣溢於咸鎬。六戎五狄歡聲動於岐雍。豈獨納魯廟而見稱。獻漢廷而足重。微臣賀華夷之混一。敢承舞而獻頌。

劉允文

允文。元和時官左威衛錄事參軍。

蘇州新開常熟塘碑銘

吳之藪曰具區。郡之大惟蘇州。商爲貨居。農實邦本。錫貢多品。厥曰上中。土宜在民。地利乎水。常熟塘按圖經云。南北之路。自城而遙。百有餘里。旁引湖水。下通江潮。支遠脈分。近委遐輸。左右惟強家大族。疇接壤制。動涉千頃。年登萬箱。豈伊沿泝之功。實由灌溉之利。故縣取常熟。歲無眚焉。洎貞元以來。時屬大旱。繇是填淤。薦爲塗泥。而淪胥怨咨。殖物痛矣。郡守隴西李素。居中字人。原始覩弊。則曰在穿導之遂聞於本道廉使吏部尚書韓公公秉文惟謹施德惠人發令爲適觀風悅隨人無間言我得從政攝令吳縣主簿李仲芳稟其成規請事疏鑿於是參井邑之役則經費其力而長洲當三之一焉縣宰李暎復善供命乃計功量日候隟庀徒爲利涉之宜蔽反壞之害詢蓄洩之勢增遠近之防人不告勞事爲永逸先期而望衷繩直不日而終朝子來塘開地中工畢泉出山澤作氣江湖發源積爲長流實自新瀆舟檝鱗集農商景從春秋有施水旱斯備嗟呼塘之堙鬱也久矣何壅之無慮而啓之有時非體

仁宏多應用高朗曷以越前所未暇遠今而行其志哉則史之決渠書之滌源以流其惡潤彼稻田況山川襟帶之廣林壟沃澆之資規同九州殷列七縣其提封底績固良二千石之能惟李敏於直方精在損益爲信安未半歲而吳郡餘一年焉政猶風行惠與時至文學備令清慎寡欲通貨豐財五行因之順下致理之實不其偉歟去歲朱方搆患而郡邑連陷公毆白徒以捍狂寇挺拔凶黨修復城池皇帝聞而嘉之俾金章與紫綬給誥垂美必將大闡王度紹休朝廷豈惟與民分憂是塘之爲政也彼人士以允文在公之宇備詳其事請刻於石庶調之可復銘曰

瞻彼塘矣昔之所闕物利乘舟土青其澤歲有湮塞時因疏滌誰爲澄流變爲廣瀉降是良牧猗歟隴西揆日爰鑿經旬洞開湖水南逸江源北來旁分溝洫潛畜風雷政可施利役無勞止力均二邑功逾百里舟檝攸往田疇所視義實通方智俾經始濬自高岸望云隨山人歡在路魚樂於泉伊此化遠矧夫事宜立石川上維無窮焉

柳公權

公權字誠懸兵部尚書公綽弟元和初進士累遷司封員

外郎歷穆敬文三朝皆侍書禁中文宗開成三年轉工部侍郎遷學士承旨武宗朝罷內職授右散騎常侍集賢院學士遷金紫光祿大夫封河東郡公歷工部尚書咸通初以太子太保致仕卒年八十八贈太子太師

百丈山法正禪師碑銘

敷演毗尼洪嚴戒範覃思探賾會理研幽振發長途擺捐素習入百丈深山與衆悅隨谿谷脫遺身世年光六易度衆千餘

崔黃中

黃中。開成時人。

觀風驛新井記

自荆門至清宮三百里。雖水泉味鹹。鑿井疏源。往往而有。中間觀風驛三十里涓滴不流磽确而塉長亭短亭。三百餘家。終日挈瓶入谷而汲。暨乎暑氣炎熇天地燒爍金石。提綆半路。已成溫湯。居者旣往來難通。行者固不保其往。元和六載。我司空鄭公節度荆南。下車之日。緝寧巴徼。統正楚風。疏導瀆溜。未暇細務。三年政閒事簡。因議路室委饋之事。饑乏汲引之道。訪於幕中寮佐。僉曰地形峭峻。意

功多未即。贊公公曰。登陸求蓮。誠宜不卜。然貳師鑿井焉有檻泉。愚叟移山。素無巨力。志之所至。神亦感昭。苟利於人。不計藏鏹。支使庾承度宣貞絕俗。仗義眞副。成規。然此殊續。於是程功蕆事。穴其路隅。一之日興畚插。俾應鼛鼓。騰沙掊土。二之日困於石。飛鎚鼓火。轉石磊磈。三之日計功未畢。瀸泉仄出。泛濫激湍。井上千夫。嚾噪喧呼。揚灑甘溢。提缶爭先。巷無居人。語笑道邊。嗟呼。夫善政養人之術。皆日就月將。然孜孜而化。曷若鄭公與一言土石之役。濟萬古生靈之命。匠意於衆慮之表。見機於不宰之初。如此翊君爲堯舜之代。惠澤必浸於昆蟲。贊國爲華胥之朝。恩波必滋於草木。況濟人於聲歎之外。愛物於象數之中。立德已來。無出其右。易曰。改邑不改井。以君子清規長存。鄭公有焉。黃中猥從鄉第。得厠賓筵。覩事揚嘉。猶未盡焉。冀後來多士。經此樂土。知有仁焉。

崔咸

咸字重易。博州博平人。元和二年進士。又登博學宏詞科。累遷陝州大都督府長史陝虢觀察使。入爲右散騎常侍秘書監。太和八年卒。

良玉不琢賦 以姿質溫潤無假雕刻爲韻

惟玉也稟堅白。惟琢也散貞姿。璞且無瑕。可重其良。者德斯有比。不在於文之故以素爲貴也。任其自然之資。則追琢其章。不得以曲肆其巧。特達之節。不得以無飾而疑懿夫蓄溫潤以生輝。見精神於照室。發虹氣彰皓質。欲磨不可。每清貞以自持。其美孔嘉。在切磋而可必。體乎智而其理以密。合乎仁而其色斯溫。旣有求於剖璞。寧不憚於焚崑。諒成器之罔念。固全眞之可敦。嗤獻斗員來。終見碎於亞父。鄙成環可佩。俾獲罪於叔孫。含其章。積其潤。恥從飾

以變質豈匿瑕而爲吝將奪價於連城笑如泥於利刃所寶者道不在其沽幸可貴於君子非賈害於匹夫流水之文記其方兮斯有他山之錯施其用兮則無美可同於韞匱嫌匿生於掩瑜秉不磷不緇之道陋爲珪爲璧之徒則知玉之美者是吾寶也異宋人越鄉之患司城安得而使攻類晉侯外府之珍虞道固知而可假雖天子賜珪於朝亦琢亦雕諸侯受瑞於國亦磨亦刻所以尚其名尊其德豈徒文被褐之懷飾截肪之色又有一拳可尚三獻未識俟覽者而求旃冀善價而不忒

李銑

銑趙郡人美原丞渙子

孫武試敎婦人戰賦 以題爲韻

昔孫武以兵術干吳王曰臣聞國之大君之尊法星象月則乾效坤益材德之竝用故文武而兼存所以安社稷保子孫恢霸圖慮併吞臣實不敏請嘗試論王曰弧矢之利以討其貳雖邦國之無虞必干戈之有備今者革車千乘介馬萬轡外多勁敵敢曠戎事誠願陳五兵之道用一鼓之氣雖寡人之不德知將軍之自試聞女子之難令豈習之而能致不然者則無以表將軍之異武曰唯唯大王之所示乃召內宰出麗嬪下高臺授武臣皇皇兮其令巳申肅肅兮其氣益振今日寵不可恃法有所遵當秉心以受敎勿怙色而驕人於是建主首統諸婦示其左右約其先後惟王貌之自矜念將軍之何有顧三令而卻立哂再麾而掩口當兵法之必誅雖君令之不受旣而易將更令整行定伍開天門閉地戶審向背分客主角以持兵金以節鼓張奇正以導其進退制方圓而必中規矩武曰彼如桃如李皆如貔如虎可以服楚越懾齊魯惟大王之悉覩豈

獨播於虛聲以婦人之講武王曰始也壯卿之術今也信卿之效將遇敵而可敵故難敎而可敎乃朝羣臣御正殿授以斧鉞使其攻戰王不失王道武不辱武戰戮二姬而顏色匪怍制敵國而軍聲大變於是孫子用兵有獨斷之名尤不若吳王有割愛之善

韋公肅

公肅元和初爲太常博士兼修撰

請詳定藉田儀注奏

伏惟元和五年十一月勑將行藉田令有司詳定儀注伏

緣藉田禮廢已五十餘年，有司案牘無可簡尋，今據禮經，兼採開元乾元故事，並徵前代沿革，參酌詳定。

忌月太常停習郊廟樂疏

准禮無忌月禁樂，今太常及教坊以正月是國家忌月，停習郊廟饗宴之音，中外士庶，咸罷慶樂，伏尋經典，竊恐乖宜。臣謹按禮記有忌日不樂，無忌月之文，漢魏以降，代襲斯旨，惟晉穆帝將納后，以康帝忌月下議，禮官荀訥、王洽、曹耽、王彪之，並當時知禮者，皆稱禮有忌日，無忌月，若有忌月，即有忌時忌歲，益無禮據，時從其議。伏以承前所禁，

皆在二十五月之中，今既迫遠，禮須改革。臣又聞統人立法，必守先王之常經，企及俯就，不違聖哲之明訓，下盡羣言，上留元鑒，不以私懷而踰於禮節。又記曰：是月禫，徙月樂。明王制禮，漸去其情，不應以追遠而立禮反重也。今太常停習郊廟之樂，是反重而慢神；有司禁中外之音，是無故而去樂。詳其前典，情理不倫，考其沿襲，又無所據。儻陛下正因循之越度，法經典之明文，約禮之儀，傳於史冊，天下幸甚。

鄭餘慶私廟配祔議

古者一娶九女，所以於廟無二嫡，自漢秦以下，不行此禮，遂有再娶之說。前娶後繼，並是正嫡，則偕祔之義，於禮無嫌。謹按晉驃騎大將軍溫嶠，相繼有三妻，疑並為夫人，以問太學博士陳舒，議以妻雖先歿，榮辱並隨夫也。禮祔於祖姑，祖姑有三人，則各祔舅之所生，如其禮意，三人皆夫人也。秦漢以來，諸侯不復一娶九女，既生娶以正禮，歿不可貶。自後諸儒，咸用舒議，且嫡繼於古則有殊制，於今則無異等。今王公再娶，無非禮聘，所以祔配之義，不得不同。至於卿士之家，寢祭亦二妻位同几席，豈享廟之禮而有

異乎？是知古者廟無不嫡，防姪娣之爭競，今無所施矣。古之繼室，皆媵妾也；今之繼室，並嫡妻也，不宜援古一娶九女之制也，而使子孫祭享不及。或曰：春秋聲子不入魯侯之廟，如之何？謹按魯惠公元妃孟子卒，繼室以聲子，聲子之姪娣，非正也，自不合入魯公之廟明矣。又武公生仲子，則仲子歸於魯，生桓公而惠公薨，立宮而奉之，追成父志，別為宮也。尋求禮意，則當然矣。未見前例，如之何？謹按魯南昌府君廟有荀氏、薛氏，景帝有夏侯氏、羊氏，聖朝睿宗廟有昭成皇后竇氏、肅明皇后劉氏，故太師顏魯公祖廟

有夫人殷氏繼夫人柳氏其流甚多不可悉數略稽禮文參諸故事二夫人並祔於禮爲宜

裴潾

潾河東聞喜人以門蔭入仕太和中拜河南尹歷刑兵二部侍郎開成三年卒贈戶部尚書諡曰敬

諫信用方士疏

臣聞除天下之害者受天下之利共天下之樂者饗天下之福故上自黃帝顓頊堯舜禹湯下及文王武王咸以功濟生靈德配天地故天皆報之以上壽垂祚於無疆伏見

陛下以大孝安宗廟以至仁育黎元自踐祚以來劃積代之妖兇開削平之洪業而又禮敬宰輔待以始終內能大斷外寬小故夫此神功聖化皆自古聖主明君所不能及今陛下躬親行之實光映千古矣是則天地神祇必報陛下以山岳之壽宗廟聖靈必福陛下以億萬之齡四海蒼生咸祈陛下以覆載之永自然萬靈保佑聖壽無疆伏自去年以來諸處薦藥術之士有韋山甫柳泌等或更相稱引迄今狂謬薦送漸多臣伏見以眞仙有道之士皆匿其名姓無求於代潛遁山林滅影雲壑唯恐人見唯恐人聞豈肯干謁公卿自鬻其術今者所有夸衒其藥術者必非知道之士咸爲求利而來自言飛鍊爲神以誘權貴賄賂大言怪論驚聽惑時及其假僞敗露曾不恥於逃遁如此情狀豈可保信其術親餌其藥哉禮曰夫人食味別聲被色而生者也春秋左氏傳曰味以行氣氣以實志又曰水火醯醢鹽梅以烹魚肉宰夫和之濟之以味君子食之以平其心夫三牲五穀稟自五行發爲五味蓋天地生之所以奉人也是以聖人節而食之以致康强逢吉之福若夫藥石者前聖以之療疾蓋非常食之物況金石皆含酷烈

熱毒之性加以燒治動經歲月旣兼烈火之氣必恐難爲防制若乃遠徵前史則秦漢之君皆信方士至如盧生徐福欒大李少君其後姦僞事發其藥竟無所成事著史記漢書皆可驗視禮曰君之藥臣先嘗之親之藥子先嘗之臣子一也臣願所有金丹之藥伏乞先令鍊藥人及所薦之人皆先服一年以考其眞僞則自然明驗矣伏惟元和聖文神武法天應道皇帝陛下合日月照臨之明稟乾元利貞之德崇正若指南受諫如轉規是必發精金之刃斷可疑之綱所有藥術虛誕之徒伏乞特賜罷遣禁其幻惑

使浮雲盡徹。朗日增輝。道化侔羲農。悠久配天地。實在於此矣。伏以貞觀已來。左右起居有褚遂良杜正倫呂向韋述等。咸能竭其忠誠。悉心規諫。小臣謬參侍從。職奉起居。侍從之中。最近左右。傳曰。近臣盡規。則近侍之臣。上達忠款。實其本職也。

請罷內官復充館驛使疏

驛館之務。每驛皆有專知官。畿內有京兆尹。外道有觀察使刺史迭相監臨。臺中又有御史充館驛使。專察過闕。伏知近有敗事。上聞聖聽。但明示科條。督責官吏。據其所犯。

重加貶黜。敢不惕懼。日夜勵精。若令宮闈之臣。出參館驛之務。則內臣外事。職分各殊。切在塞侵官之源。絕出位之漸。事有不便。必誡於初。令或有妨。不必在大。當掃靜妖氛之日。開太平至理之風。澄本正名。實在今日。

曲元衡擅殺議

典刑者。公柄也。在官者得施於部屬之內。若非在官。又非部屬。雖有私罪。必告於官。爲之理。以明不得擅行鞭捶於齊人也。元衡身非在官。公成母非部屬。而擅憑威力。橫此殘虐。豈合均於常典。柏公成取貨於讐。利母之死。悖逆天性。犯則必誅。

欽定全唐文卷七百十四

李宗閔

宗閔字損之。宗室鄭王元懿之後。貞元二十一年進士。穆宗朝爲中書舍人。文宗大和二年以吏部侍郎同平章事。累轉中書侍郎集賢殿大學士。七年罷爲山南西道節度使。復爲中書侍郎知政事。封襄武縣侯。坐交通劉稹流封州。宣宗立徙郴州司馬卒。

隨論上下篇 并序

宗閔讀孟軻書。至於王霸之說。未嘗不嘆曰。嗟乎。知其時

之可者。不知時之不可者也。卽牛鼎之事。未嘗不歎曰。嗟乎。知其身之不可。不知其身之可也。於是退而著隨論上下篇。因明王霸之所以興廢。進退之所由同異。且以解執事者之云爾。

論上

客有問宗閔曰。孟軻稱齊王由反手。謂管仲爲不足爲。若是則功業存乎人。不存乎時。不亦信乎。宗閔曰。非也。可以王而王。可以霸而霸。非人之所能爲也。皆此時也。人皆奉時以行道者也。不能由道以作時者也。能因變以建功者也。不能由功以反變者也。昔時紂爲無道。以流毒於羣邦。天下囂然。不待文王之仁。人然後忻戴之也。苟有息肩之所。則民莫不疾乎奔走。如逃其水火焉。當此之時。有能扶義陵戎。除去大憝。則民莫不爭被矢石。以報其父兄之仇。故太公相武王。起而革滅獨夫。以成王業。宜建其國。雖無大惠於羣邦。天下順焉。雖文王之仁。且欲招而懷之也。苟微虐殺之害。則諸侯孰肯忘國從亂而遺其天子焉。當此之時。有能匡飭暴彊。夾輔王室。則諸侯孰肯不爭奉盟誓。以休其戰伐之勤。故管仲相桓公。從而撫之。藩衛宗周。以

立乎霸功。亦宜也。誠使太公居管仲之勢。而能以周王天下乎。吾有以知其不能也。太公管仲。並時而起。則吾未知孰前焉。故仲尼稱管仲曰。如其仁。稱桓公正而不譎。豈有非其道也。而仲尼稱之。且曰聖人之門。無道桓文之事。吾不信也。客曰。然則古人爲天下者。亦如是乎。宗閔曰。固也。所由曰道。道之不可易。禮樂仁義之謂矣。所遺曰時。時之不可常。應天順民之謂矣。昔者陶唐氏之爲天下也。法天而則地。授時以任民。垂其衣裳而天下無爲。推其誠心而刑罰不用。當此之時。各順其情性。樂其習俗。保其奉命。故

謂之至闕字一時一大變及有虞之爲天下也始放四凶以除民害是故勤而不德時又一變焉及夏后氏之爲天下也始用肉刑以寒民心是故威而不能懷時又大變焉及湯武之爲天下也始及干戈放殺昏虐是故勇而不能善時又大變焉及桓文之爲天下也始合諸侯以匡王室是故順而不能革彼三王二公皆元德也夫豈樂爲相反哉勢異則事殊時遷則俗易執一不可以通變循古不可以制變是故觀時而立功論世而創業唐虞各以其道而自帝三代各以其變而自王二公各以其時而自霸不其大

哉吾故曰禮以因人苟有以因之不必法乎古也樂以和人苟有以和之不必法乎古也兵者除亂苟有以除之不必法乎古也爲政者平理天下必法乎古人也况古之行法豈有常亦有從其宜當其道天下隨時而已矣然膠柱鼓瑟惡能成其音聲哉若乃誦前聖之言守已行之制遺變而不通得時而不隨夫如是可謂王莽宋襄公之言不足爲有道者也昔者王莽嘗爲德化矣不問可否語必援經不量人心動必據古於是天下煩潰從而喪之此不知變之禍也昔者宋襄公嘗爲仁義矣楚人尚詐我必信彼

兵尚奇我必正用欲以興商道霸諸侯一戰而爲敵所執再戰而身死國削爲天下僇笑此不知時之禍也易曰功業見乎變又曰隨之時義大矣非天下之至明孰能通乎變非天下之至聖孰能通乎時且軻之所言前王之遺跡矣君子亦云道而已矣何必履其故跡耶嗚呼自周室下衰諸侯放恣仁義之道隨沒於干戈微管仲中國幾爲戎矣而曰不足爲也孰可爲之哉

論下

客有曰王霸之事旣聞之矣或言伊尹負鼎百里奚飯牛

而孟軻非之曰未聞枉已而直人者也又曰聖人之行不同潔其身而已矣又可信乎宗閔曰非也聖人以枉道爲恥以屈道爲辱不以屈身爲辱唯守其道故雖辱其身而進焉非其道故潔其身而退焉進退豈有他唯道所在而已矣天生聖人者孰爲然哉爲行天下之大道也立天下之大敎也利天下之人民也故天下有不由其道者聖人憂也天下有不知其敎者聖人憂也天下之人民有不寧者聖人憂也聖人之職也如此聖人之憂也如此得其時遭其會上有明天子下有明諸侯遑遑然求合豈不曰今

辱吾身則天下蒙其安百姓得其利不辱吾身則天下不蒙其安百姓不得其利吾寧以一身之故而危天下病百姓哉此伊尹之所以樂爲割烹而不顧其恥也若不得其時不遭其會上無明天子下無明諸侯則必汲汲而求退豈不曰今辱吾身澤得施乎民道得行乎世吾往也今不辱吾身澤不得施乎民道不得行乎世吾止也雖然吾豈圖是安哉亦將激偷倖之風全百姓之教以爲乎後之人耳此顏回所以樂窮巷而不動其心者也故易曰時止則止時行則行動靜唯其時故傳曰富貴可求雖執鞭之事

吾亦爲之取舍唯其義也然則趨時不可以潔己喪義不可以圖身亦猶追亡者趨拯溺者濡豈樂爲之哉其勢則然也故曰觀逐者於其反也觀行者於其終也奈何君子之道豈可以小知哉非匹夫之爲諒也觀懸爇之危有救之道小霸則可王則不可而曰非堯舜之事吾不忍爲之是知堯舜之道乎是誦堯舜之言乎且軻之言過矣所惡夫干進務入者懼其爲利也苟不知爲利於辱何有哉審曰然則仲尼不蒙恥而進何也宗閔曰仲尼將蒙恥而不得當也豈不願之乎當仲尼之行也上之人害其道下之人壅其言猶且歷說諸侯環轍於天下冀幸時君之一悟王風之變其存心過合惓惓而不能已焉終無可奈何故逐於魯斥於齊圍於匡蒲厄於陳蔡栖遑狼狽於楚鄭之間其道逾窮其進彌塞而不知者以仲尼之爲欲顯榮其名位富貴其躬者也孰知聖人急於扶世而不恤其難者哉故嘗稱伯夷不辱其身且曰我異於是及公山弗擾以費畔而欲從之豈不將由是道行捨其恥焉可也今牛鼎雖爲辱猶不愈於公山氏乎因斯而言仲尼亦有枉也惡有仲尼枉已而不能直人哉安得乎潔其身而已是故水

受濁以濯物不傷其清石受磨以利物不磷其堅君子屈已以教人不害其義嗚呼進取之士誠能察伊尹顏淵之所以進退思仲尼執鞭亦爲觀大易動靜不失其時後匹夫之果其行無忘兼濟之道則雖有甚於牛鼎之恥吾將歌誦之不暇又何譏焉若果孟軻之言則人之相率獨其善而已矣惡能理天下哉

馬公家廟碑

元和十五年夏六月有詔天平軍節度使檢校禮部尚書兼鄆州刺史御史大夫扶風縣開國伯馬公作三廟於京

師。秋九月。新廟成。冬十月有一日。命公母弟推攝祭。行陞祔之禮。既卒事。推率其族人耋老相與言曰。馬氏之先。以功名顯於周漢之際。下逮魏晉氏。族世寖衰。今公起自窮身。遂爲方伯。克有宗廟。勤亦至矣。願得銘之於石。以示後人。俾其無忘艱難。而世世享祀不絕。其亦可乎。咸以爲然。公名揔。字會元。扶風茂陵人也。昔舜伯益掌上下草木鳥獸。歷夏殷周。世不失職。其後造父事穆王有勞。賜之趙城。氏後七世至叔帶。去周適晉。事文侯。後三世生夙。爲晉三卿。遂專國事。後八世與韓魏三分晉地。建國稱王。後五世。趙

之公族有名奢者。將趙有功。封馬服君。其子孫因別爲馬氏。自奢七世至通。爲漢武帝侍中。以二千石始自邯鄲徙茂陵。於是屬右扶風。故號扶風馬氏。在三國時多仕於蜀。更宋至宇文周。連連有人。公之五代祖曰士儒。爲隋江亳二州刺史。亳州生伯達。入唐舉進士。爲懷河內尉。樂黃老長生之說。棄官從孫思邈遊。隱於茅山。河內生顒。舉進士。又舉八科。士於高宗天后朝。爲御史尚書兵部郎。屬天下羅織熾起。以不證皇族。罪用失其官。已而嘆曰。吾雖不逢。吾子孫宜有達者。兵部生光粹。五歲而能詩。舉進士。爲滎陽令。功化甚美。縣人傳之。滎陽生皇考。諱佽。年十歲。則受左氏春秋。日記萬言。後方以經明行高。歷仕諸侯。由檢校尚書職方郎中爲吉州刺史。治行卓尤。升聞於朝。進褒州名。加賜命服。竟以官卒。公既孤。追念世業。以爲五代祖有文才。仕隋官不過郡吏。高祖父懷至道。曾王父有陰德。鬱積而未發。王父皇考。惠澤在人。而皆存不議於朝。歿而祭於寖。重祥累慶。其不在茲乎。乃刻心自修。以道迎天之休。學明德成。名聲四聞。於諸侯辟書交至。公又言曰。古之貧無以祭。必求仁者之粟。然則不以其道。雖日用三牲。不如

魚菽之爲潔也。故在滑與中貴人迕。在閩不協于柳冕。是以濱於死而厄窮十年。公亦不悔。憲宗即位。知公之賢。追刺泉虔二州。以御史中丞都護日南。以國子祭酒觀察於桂。以往升御史大夫。師於百越。徵拜尚書刑部侍郎。尋副丞相晉公討淮西。淮西平。遂代晉公鎮其地。加工部尚書。治蔡州居一年。蔡人和且寧。遷於許州。而并有殷蔡。朝京師。留拜禮部尚書華州刺史。而爲鎮國軍。元和十四年。齊寇始誅。朝廷以其地廣人衆。易生搖動。析其都府。別爲一道。而分曹濮之田以益之。命爲帥。齊人之不廷。於今六十

年民窮而無告兵驕而好亂公至則布以誠信示之法式纖悉而不苟寬柔而有威居一年人盡安田益闢三軍百吏上下有節上聞之進封扶風伯加銀青光祿大夫復追贈王父爲尚書工部郎中祖母韋氏爲扶風郡太夫人封皇考爲兵部尚書母鄭氏爲滎陽郡太夫人以褒寵之命立三廟備致祭以告成功嗚呼人之富貴顯榮以祀其先祖世多有之如公之起不失政終始如其志者斯亦難矣得不謂之大孝乎明著後世可以無愧銘曰

今皇帝卽位六月東藩臣愬使使者上言有司以臣名數

謬登禮當廟祠皇帝曰昔我憲考聰明聖武兵衛四出掃定郡邑愛敬忠良爲民父母實命汝愬作藩於東始平淮亂遂撫鄆封庇宇二邦仍世不虞民痛無告卒驕而頑苞奸窺隙以萬以千汝來尸之莫不順然朕初卽位汝適報政嚌汝爵邑書於功令愬拜稽首敢辭休命皇帝曰咨我無汝私蔡人不襲汝則治之齊人不安汝則綏之勤亦至矣而賞何卑命汝爲伯卽封於岐愬拜稽首非臣之力陛下先臣實有明德臣蒙其慶幸以守職皇帝曰咨我今有詔追榮爾先以昭爾孝啟爾土宇錫爾宗廟愬拜稽首死無以報乃命李推作廟京師由門及堂不偪不僭礱楹刻桷秩秩施施是卜是擇仲月吉日三廟之主第升於室登降享獻夔夔齋慄公猶居外推奉以行克篤誠敬如公在廷神祇安樂福祿來并維公之興蓋自諸生維艱維難乃克有成咨爾後嗣無忘此銘

故丞相尚書左僕射贈太尉太原王公神道碑銘

并序

上卽位五年正月丞相左僕射太原王公以癸巳發疾其明日遂薨於位天子震悼愍惻遽命內謁者詣其室索其

所以飲食寢作之端旣詳其無他狀遂贈布帛菽粟率用峻等旣又不塞痛軫之意加內府之絹千匹以錫之爲之罷朝三日命兵部侍郎一人持節駕駟馬簫鼓出自正殿直抵柩前冊公爲太尉塟有日官給秘器及就途遣王人亟臨視之命羽葆旌常輅車之飾皆及墓侯其返虞鼓聲四節於里第而還示不與常制等也其子鎭以宗閔晚陪公於相位之末稍窺公之行請銘其烈以垂於後且不宜拒遂鋪其犖犖所能言者於金石云公諱播字明敭太原人周靈王太子晉之後以歷世爲王因而受氏高祖滿汾

州長史生大璡嘉州司馬給事中司馬生昇咸陽縣令太
子少師少師生恕楊州倉曹參軍尚書左僕射公僕射元
子也忠敬而本仁寬明而有制內顯而敏外肅而和貞元
十年舉進士第是歲策賢良以直言校書於集賢殿其言
平戎經國之術粲然可舉調尉盩厔斷獄首出御史中丞
李汶愛之奏為監察御史按雲陽丞源咸季以贓免用疑
文不宜調而調因謁於臺遂捕劾之追奸胥窮律旨奏流
咸季刑曹郎罷所居官給事中以省詔非是奪俸緣而坐
罪者甚衆自是風聲不可遏矣為侍御史時京兆尹李實

文皇寵委能禍福卿士凡其榮衰繫所附背舉朝迎避其
鋒公在途而實來揖公移文詆之其詞可羞實遂奏公為
三原令求其不足於禮以持之公至尹署洎郡吏之館還
其邑敬府之禮無不具實既出其算反加畏焉縣之編於
戶者多中貴人前令率不能自為其政弛張牽之公悉召
所謂貴人者入坐堂上拜曰敬桑梓宜如是也邑人大駭
從其所指為長安令朝廷方恩于頔而以帝女嫁其子民
有與于氏蒼頭同盜人馬者前令捕民而縱其蒼頭公始
至縣即立取其奴與民均其法知御史雜事京師饑穀起

價京西諸侯相率閉粟公移之簡書徵秦晉泛舟之說西
鎮惴惴收去條令粟流於秦元和四年為御史中丞歲中
知京兆尹六年為刑部侍郎充鹽鐵轉運使上言流人會
赦而歸獨配囚為隔遂無還者請率以七歲為竟至今用
之尋加禮部尚書益以御史大夫又以戶部尚書節度西
蜀長慶初覲穆宗言中外之事遂留為刑部尚書復幹鹽
鐵冬拜中書侍郎平章事仍其職匡維激發始以進賢為
急上方有意河朔以財賦始出於方土二年公用相印為
淮南節度使以其職隨之四年言事者謂鹽運之設宜留

京師用制方土加檢校司空去其使未幾上念公成法又
以使屬公加司徒今上踐祚急召徵公至即拜左僕射同
中書門下平章事仍其使尋兼太清宮使累進爵至太原
郡開國公食邑二千戶進階至金紫光祿大夫年七十二
而薨公入官三十二政逮事六帝出統楚蜀之師入極台
宰之尊前後三總鹽鐵既出又復幾二十年天之所覆地
之所載寧有獨私於公耶必有以當其然也一署吏苟不
犯無能奪其任者歲時奏課上於策太史胥交遷亦如之
故人用安其為善莫有欺公者雖遠至海裔若總轡笞捶

窮年不死一吏貶一職而群務自濟凡朝廷平淮取鄆屠汴下滄景干戈不息者十五六年饋餉資費隨其緩急而立辦沛然若神給其間溝琵琶導潁河以漕輕舟師人坐受其飽疏三門挽沉石以濟巨艫關中遂忘其饑薦皇甫鎛之强敏而鎛反短公於上公猶不知上謂其長者論景宗信矯制釋逗撓之將期必抵於罪時服其敢爲深涉徐境導齟齬而爲忠縶人曰眞宰相器也權征之外有雜緡率貢内帑號爲羡進貞元中歲不過十二萬緡及公歲貢百萬緡凡國有大征伐不慮其費之有無洎丞相晉公專

征討之事兵食之給悉出於公公方從容以贊其成及滄景平公有叶力之助自御史中丞京兆尹總賦秉政未嘗書笏爲記善於啟奏天子不能自守其喜怒公以專志持務密匡於上行已寡徒不喜伐露由是數帝任遇多被恩澤權利去畱如在諸已人多意公能詭合於時及公再持相印與晉國洎一二公同輔於上趨嚮甚直雅符於道苟所舉公是公必扶之卽非是公遂嘿嘿不和由是上知公厚重而同列亦敬待之乃見公之所爲與嚮之所知者期公蓋甚戾也公旣屈於名而伸於富貴豈非盛德君子神明之所祐耶故夫人清河崔氏給事中鋭之女嗣子式秘書丞砥服名教不以丞相子自居其身次曰氷始授京兆府參軍事器度宏遠公之仲弟曰炎季曰起與公三人俱用文學奮於江左西遊長安七中甲乙時議偉之公歿不幾日而起以戸部尚書司國之計門闌之士咸來哭賀郡吏之執籍繫聮一如公之時其亦於世難求也其從事故相國程公异今荆州相國段公文昌其他分居中外羅諸臺閣者不啻三十人銘曰

在歲太和惟帝聖神圖任舊臣乃相太原惟是太原福祥

其奔再持化權樞揆聯聯兩統劇藩楚淮蜀坤始自元和公秉貨泉憲穆敬文洎茲聖君四帝財征去公孰覩惟煮惟鑄惟範惟聚東掃北殄上之所怒帶甲百萬餽食惟巨俾公尸之不勞而具變通以時物無滞遺綱條一施莫越其規御衆以仁中控其機信行恩馳罔有詐欺公之惟揚漕務其將公之亜庭職與公并首尾貫聯幾二十年相府使符隨其興殂公之敏智顯爵自至不紛其外姑直其裏始承其風畏公之遂及與之同泳公之義仁人之跡歿而乃熾揭於茲碑不仆不倚

御史中丞贈太保李良臣墓碑

庚子歲嗣天子卽位謂百執事曰先皇帝平定海內中興我唐惟二三臣工孰爲大僉曰邠帥司空光顏其尤者始戰於夏又戰於蜀大戰於蔡終功於齊皆著嘉庸實爲上將天子乃召至京師禮之於庭命爲宰相賜甲第內宴以遣之曰姑復而所異日有事吾與公圖之居一年燕趙繼亂天子詔公以許昌精兵渡河北討未戰而軍罷留鎭於許昌又數月汴宋軍反逐其帥立其次將岕以請天子聞之怒又詔公以全軍征之公旣拜勅自以麾下萬人晝夜

兼行一戰而摧其鋒遂傳於城下賊衆惶駭斬岕首以獻汴宋平朝廷冊功拜公司徒兼侍中師還大饗勞於是百城之長與三軍之吏皆入賀讚詠功德公泣且曰此乃天子神靈賢士大夫之力光顏何有也然光顏曾祖父始自北土歸於天朝世總部兵爲國保障先公太保功烈尤多而皆從事諸侯止於裨將儲休委祉集光顏弟兄今先人盛德未彰而光顏專享其報光顏之罪也何敢言功其軍司馬武功蘇遇起而言曰公位冠羣后勳在王府明著先公之美於後世於古爲可宜得宏達博雅之士以文之乃久而益傳使使請銘於禮部侍郎宗閔宗閔承命惶恐辭不敢當伏念百吏於宰相皆僚屬也又何敢讓退視公行狀而著其語曰太保諱良臣其先皇帝之子曰昌封於弱水之北因其夷狄而王之其後子孫世世爲大人號阿跌部遂以爲氏至太保王父諱賀之雄武而多大略諸部君長爭歸之嘗思因事立功以顯名中夏當此時唐初受命太宗文皇帝已卽大位公率其所統南詣靈武請爲內臣太宗召見與語奇其材能拜爲銀青光祿大夫雞田州刺史充定塞軍使賜車服器用以寵之命築城邑以居始有

宮廟官屬之制而族部滋益大矣當西戎北虜之閒甚有威聲卒皇考諱逓豐嗣立襲雞田州刺史以功加開府儀同三司太常卿上柱國卒贈工部尚書太保素以寬厚勇敢爲部下推服旣襲位每謂其將校曰自吾祖歸國蒙唐厚恩願憑諸君期以上報未幾安祿山用幽燕勁卒反濟河陷洛而崤函不守元宗幸巴蜀肅宗幸靈武公聞之慟哭請於衆曰吾生平志業嘗已布於諸君今王室多故是吾死節之日諸君能從我乎衆皆感激許諾乃馳詣行在肅宗嘉之委以腹心王師收兩京平劇賊公之功居多拜

開府儀同三司雞田州刺史充朔方先鋒左廂兵馬使事太尉汾陽王汾陽王愛公沉默多斷軍中之事一以咨公尋遷御史中丞別職如故以寶應二年七月二十三日薨於河中理所享年三十有六以貞元十一年八月葬於太原府城東南孝敬原太保少爲阿史那可汗所重以其貴女妻之實生三子長曰光玭爲朔方都將不幸早夭次曰光進朔方節度使刑部尚書薨贈左僕射少卽司徒也元和中憲宗章武皇帝以僕射司徒功在第一賜姓李氏屬籍於宗正追封公爲太保夫人史氏爲燕國太夫人銘曰

太保之先蓋出軒轅奄有北狄世爲大人綿綿千載以至光祿雄材多斷率衆内屬是時（闕一字）帝初有天下實命光祿定居朔野錫之城邑車服旌旗北制獫狁西當昆夷尚書承業克有威令統部益繁兵車尤盛是生太保兩有忠孝誓酬國恩以承祖教燕盜南叛肅宗西巡傾河陷洛遂擾三秦公聞慟哭悉率騎士馳詣行在請先致死帝用嘉歎俾雜禁旅夙夜勤勞在帝（闕一字）所帝收京闕因定兩河摧鋒陷陣公實居多（闕七字）位品秩威儀俾同三事雖受嘉命未登大臣不（闕一字）其德乃相後人僕射繼武勇如熊虎（闕二字）桓桓殷茲西土司徒特盛爲國上公入持相印出錫彤弓（闕十六字）帝嘉元侯追命祖考旣寵尚書遂尊（闕二字）推功建德賜姓命氏籍于公族同我宗子存歿之榮古今孰比

輔國大將軍行左神策軍將軍知軍事檢校右散騎常侍兼御史大夫義陽郡王食實封二百戶贈越州都督刑部尚書苻公神道碑銘（并序）

公諱璘字元亮其先琅邪人曾祖諱（闕一字）嬀州刺史大父諱暉遊擊將軍潁王府左（闕一字）事典軍贈青州刺史烈考諱令奇昭義軍節度副使試太常卿開府儀同三司琅邪

郡公贈（闕一字）部尚書左僕射公實僕射長子初公與先公俱爲薊禆將會薊亂同奔於潞潞帥薛嵩署爲軍副嵩卒其地分移隸於魏魏帥田承嗣知公父子有材略各以左右職處之承嗣死子悅代爲帥悅與李納輩隣封通謀不軌引兵寇（闕一字）東攻磁邢天子命幷帥馬燧潞帥李抱眞督諸軍合討之戰於洹水悅軍大敗王師進逼魏城時公與先公在重圍中悅賊虐日甚衆心離析先公密語公（闕四字）十九年閱事多矣不能遠引古自安史以還亂臣賊子甚衆于今有噍類遺種者乎今悅叛亂有狀覆滅無日吾

豈能以黃耇之歲陷赤族之誅乎汝部下闕三字騎勁卒若捨吾爲質率屬歸降不唯闕二字吾心亦足斷賊臂全家徇國吾死無恨可不務乎公泣曰悅忍人也某苟脫去將不利於大人柰方寸何先公曰不然闕一字師四合吾與汝猶几上肉待俎醢耳且汝不去能全吾乎是父子俱死於逆地汝從吾吾死不朽汝不從吾吾亦死吾目不瞑死一也而逆順禍福相去萬里闕一字何疑焉公俯伏不能對時燧知公才略勇敢使間以禍福諭公與先公之言略同繇是公計遂決乃使家監潛通其誠燧因遺公犀帶以示要約

公於是率所部銳師降燧由是寇始弱而王師益壯燧既納公署爲軍副以聞詔授特進試太子詹事兼御史中丞封義陽郡王實封百戶既而悅引責先公先公讓曰公逆親背主亡在旦夕某教子効順殺身成仁偕之死某愈於公遠矣又何責焉悅大怒躍起先公從容不撓視死如歸獲所之禍遂延於家屬俄公仰天搏膺闕一字號闕一字絕泣血忍死竟終先公之志焉燧闕一字就撫勉復列上其事德宗皇帝嘉而悼之詔公起復加左散騎常侍兼御史大夫賜晉陽第一所祁縣田五十頃追贈先公戶部尚書貞元元年李懷光寇蒲坂詔燧以河東之師討之公爲燧腹心之將將五千先濟河與西師合勢居要同收長春宮降徐庭光懷光平加賞封闕一字戶二年西蕃寇邊攻逼鹽夏公闕一字偏師擊虜解圍而還三年從燧入覲擢拜輔國大將軍行左神策軍將軍知軍事復賜靖恭里第一所藍田田十闕一字頃貞元初德宗之幸梁還也懲神策軍兵闕一字將輕緩急非有益乃蒐卒謀帥以公充選時謂得人禁暴戒嚴上心倚賴闕一字年丁鄧國太夫人憂起復本職初先公之罹魏禍也太夫人潛匿以免及悅死詔迎於魏加號鄧

國夫人賜宴於別殿以示寵異上又思先公之忠烈再贈尚書左僕射公之弟琳授檢校太子賓客瑯琊郡公瑶授忻州別駕瑯琊縣男皆號開府分領禁職賞與公同忠勞也公居環衛凡十二年上知其忠勤謹重方將大用不幸寢疾以貞元十四年七月二十四日終於靖恭里賜第享年六十有五贈越州都督其年黃鐘月庚申日葬於京兆富平之薄臺從先僕射之兆也夫人長樂馮氏封長樂郡夫人先公而殁至是祔焉有子四人曰濟曰闕一字曰闕一字曰澤澈前爲邠寧節度使後爲河東節度使太原尹北都

晉守檢校兵部尚書御史大夫瑯琊郡開國侯食邑一千戶襲實封一百戶今上元年再贈公刑部尚書贈夫人長樂郡太夫人從子貴也按國典官至三品墓得立碑又按闕一字葬令諸追贈官品得同正經曰立身揚名以顯父母孝之終也禮云銘者論譔其祖先德善功烈慶賞名聲明著後代所以崇孝也順也今苻氏作率舊章碑於墓不亦宜乎今瑯琊侯論譔先德銘於碑其可闕乎刻僕射之忠若彼尚書之順如此舉而書之可以勸天下之爲人臣人父者瑯琊公之顯揚又如此附而贊之可以勸天下之爲

人子人孫者將欲篤前烈垂後嗣俾永永有光重爲銘云國步將泰必有忠傑家聲將作必有孝節烈烈苻氏世生才哲惟公先公越在叛戎相時度勢禍將及宗斡逆杖順天誘其衷捐軀以義教子以忠遂秉大節密授于公惟公桓桓干夫之雄違情稟令號泣旻穹天啟其初神贊其終克繼先志卒成後功天子嘉之寵命有融乃膺任用乃著勳庸出領王師掃蕩關東入統環衛肅清禁中再加真食大啟土封弄印珥貂焜燿厥躬噫寵非不隆秩非不崇不將不帥人望闕一字允善闕一字慶流生瑯琊侯念祖顯父厥德聿修授鉞邠郊移旆并州西疆北門克壯其猷文承詩禮武襲弓裘三葉濟美時無與儔蒸蒸瑯琊揚名報恩告第三命賁靈九原澤覃窀穸銘煥璵璠既肥其家又大其門貽燕之謀垂裕後昆褒崇之渥自葉流根禕乎哉神嶽有基靈河有源古人云非此父不生此子非此祖不生此孫誠哉是言誠哉是言

欽定全唐文卷七百十五

韋處厚

處厚字德載京兆萬年人本名淳避憲宗諱改今名元和初進士又擢才識兼茂科穆宗朝拜兵部侍郎文宗立以佐命功拜中書侍郎同中書門下平章事封靈昌郡公太和二年卒年五十六贈司空

答李德裕丹扆箴詔

卿文雅大臣方隅重寄表率諸部肅清全吳化洽行春風澄坐嘯眷言善政想歎在懷卿之宗門累著聲績冠內廷

者兩代襲侯伯者六朝果能激愛君之誠喻詩人之旨在遠而不忘忠告諷上而常深慮微博我以端躬約予以循禮三復規諫累夕稱嗟置之座隅用比韋弦之益銘諸心腑何啻藥石之功卿既已投誠朕每懷開諫苟有過舉無忘密陳山川既遐眷矚何已必當勉己以副深誠

進六經法言表

臣聞三皇講道五帝講德三王講仁五霸講義所講不同同歸於理理道之極備於六經雖質文相變忠敬交用損益因時步驟不一然而釋三綱越五常而致雍熙者未之有也自秦火蕩爇孔壁穿蠹曲學異辨專門多惑營道之軌並馳希聖之堂蓋寡蕪文錯起浮義互生簡冊混散篇卷繁積勞神於累代弊形於當年其知愈博其得愈少夫然通方之士達識之儒且猶不爲也況南面之尊司道之契豈不貪其精而遺其麤者乎伏惟文武孝德皇帝陛下精義神授博識天資山峻詞峰泉蓄學海膺休運則混六合而不讓思屈己則舞兩階而不疑故當希皇踵帝肩王轢霸可以區區近躅擬於聖德哉臣處厚臣隨採合易詩書左氏春秋孝經等因其本篇掇其精粹論紀先師微旨

今亦附於篇末總題曰六經法言合二十卷獻上取諸身必本於五事通諸物兼暢於三才始九族以及於百姓刑室家以儀於天下聖君良主之往行哲人壯士之前言天人相與之際幽明交感之應窮理盡性之辨藥石攻磨之規堯舜禹湯文武理亂之道盡在君臣父子夫婦朋友之義必舉其興可以勸其違可以戒此其所存者也至如爻象錯綜陰陽難名比興箴誨幽隱難釋誥命訓諭古今不合威儀數制命諸有司褒貶揚搉歸諸史法此其所遺者也商鞅之說秦王歎帝道之難行太宗之納魏徵流王澤

而廣被緜是言之道無遠近德無重輕能者挈之如毛羽不能者舉之如嵩岱今逢希代之君當難合之運故不能以百家邪說六國縱橫秦漢刑名魏晉偷薄爲盛時道歷代帝王皆務纂集魏稱皇覽梁著進畧鄴中則有修文之作江左則有壽光之書但誇衒於聞見非垂謀於理本臣今所貴實異斯作陸賈奏甚卑之論尚稱善於高皇方朔獻雜糅之說猶見知於武帝伏惟陛下機務之餘燕息之暇時降省覽天下幸甚

代裴度論淮西事宜表

臣某言臣伏以方岳之任職主分憂苟事涉安危利深社稷詞得專達臣敢備言是用輕冒上聞伏惟少紓僅踰數月朝廷未議所伐臣恐日長姦謀彼將膠固士心必希僥倖昭利滋蔓事則難圖當其神情尚搖足以觀釁臣自聞少陽權主留務衆未甚寧昨知少誠之子誘扇其軍又以誅戮天其或者勸絶姦類大振皇綱陛下得不上順天心乘時廢置而又謀之遲久臣竊爲陛下惜之何則夫以少誠怙兵偷安二十餘載恩惠自己人知素懷衆之所懷必厚其子弟其勢以分臣度具聞不與者半所以人心持兩至有動搖以斯觀之或未盡附少陽又以新殺其子必有疑衆之心今若及未寧出其不意擇四方節制之臣可爲其帥者使馳而入之移少陽於他鎮以待之彼得所安必效順承而無固衆之志則其黨自離心矣因其所離而制其命何求而不克哉易所謂見幾而作不俟終日然以方布大信不宜隱情若先命中貴奉明詔將告易位以誠諭之從而後行事可以濟臣又度當今節制可以處淮西任者莫若河中節度使王鍔寬厚愼重練識軍情必能悅慰羣心鎭撫疑黨若將移鍔於淮西而俾與少陽不遠矣朝

廷立遷授之權而內足以除姦蠹之本使少陽感恩以效命王鍔推誠以蒞衆是淮西絶繼代之業朝廷存宏貸之德亦將以息河北狐鼠之勢示去逆效順之利自然風靡以成化從此不希於苟得矣斯事體大伏惟陛下行之議者以爲少陽兵戎賊臣曾居叛黨若將易處於關輔之地寵任以兵戎之權何異夫朝四暮三而終不離其數是不然也夫根深者難拔源長者難絶彼深結衆根其人久矣我能絶之使安植施於他以變其所庸非至計乎且事不先漸化之道而欲頓歸於大政亦難矣方今征承宗以名

聞於天下者豈不恃衆違命邀爵乎若使少陽復而行之則其罪均矣不可獨赦則必分師以討之當淮楚災旱之餘徵賦耗竭之日是使蒼生與流亡之歎甲兵無暫息之時上以傷陛下子育之心下以竭邦賦資用之費得不審慎其舉而保其成算哉伏以國家艱難已來何北戎臣竊據州郡父殁子代兄終弟及皆朝廷稽緩其事不時即誅使生人之心率以沿習爲患久矣陛下神畧獨斷超冠百王事當其機宜以時革臣不勝誠懇悃款之至

論裴度不宜擯棄疏

臣聞汲黯在相淮南不敢謀反干木在魏諸侯不敢加兵王霸之理皆以一士而止百億之師以一賢而制千里之難伏以裴度勳高中夏聲播外夷庭湊克融皆憚其用吐蕃回鶻悉服其名今若置之巖廊委其參決西夷北虜未測中華河北山東必稟廟算況幽鎮未靜尤資重臣管仲曰人離而聽之則愚合而聽之則聖理亂之本非有佗術順人則理違人則亂伏承陛下當食歎息恨無蕭曹今有一裴度尚不留驅策此所以馮唐感悟漢文雖有廉頗李牧不能用也夫御宰相當委之信之親之禮之於事不效於國無勞則置之散寮黜之遠郡如此則在位者不敢不勵將進者不敢苟求陛下存終始之分但不永棄則君臣之厚也今進皆負四海責望退亦不失六曹尚書不肖者無因而勸臣與逢吉素無私嫌臣被裴度無辜貶官今之所陳上答聖明下答羣議披肝感激伏地涕流伏乞鑒臣愛君矜臣體國則天下幸甚

論左降官準舊例量移疏

伏見赦文節目中新左降官有不該恩澤者在宥之體有所未宏臣竊聞物議皆言逢吉恐李紳量移故有此處置

若如此則應是近年流貶官因李紳一人皆不得量移事體至大豈敢不言李紳先朝獎任曾在内廷自經貶官未蒙恩宥古人云人君當記人之功忘人之過管仲拘囚齊桓舉爲國相冶長縲紲仲尼選爲密親有罪猶宜滌蕩無辜豈可終累況鴻名大號冊禮威儀天地百靈之所鑒臨億兆八紘之所瞻戴恩澤不廣實非所宜臣與逢吉素無讐嫌與李紳且非親黨所論者全大體所陳者在至公伏乞聖恩察臣肝膈倘蒙允許仍望宜付宰臣應近年左降官並編入赦條令準舊制得量移近處

請明察李逢吉朋黨疏

臣竊聞朋黨議論，以李紳貶屈尚輕。臣受恩至深，職備顧問，事關聖聽，不合不言。紳先朝獎用，擢在翰林，無過可書，無罪可戮。今羣黨得志，讒嫉大興，詢於人情，皆共歎駭。詩云：萋兮菲兮，成是貝錦；彼譖人者，亦已太甚。又曰：讒言罔極，交亂四國。自古帝王未有遠君子近小人而致太平者也。又古人云：三年無改於父之道，可謂孝矣。李紳是前朝任使，縱有罪愆，陛下猶宜洗釁滌瑕，念舊忘過，以成無改之美。今逢吉門生故吏，徧滿朝行，侵毀加誣，何詞不有？所

貶如此，猶謂太輕。蓋曾參有投杼之疑，先師有拾塵之戒。伏望陛下斷自聖慮，不惑姦邪，天下幸甚。建中之初，山東向化，只緣宰相朋黨，上負朝廷，楊炎爲元載復讐，盧杞爲劉晏報怨，兵連禍結，天下不平。伏乞聖明察臣愚懇。

駁張平叔糶鹽法議

張平叔條制不周，經慮未盡，以爲利者反害，以爲簡者至煩。張平叔一條云：應簡得公私鹽，當日具都數申度支，便任府縣差人勾當出糶，多少逐日申報，糶價之內所得見錢，去上都一千里者，任市當土布絹者。竊以禹貢甸服五百里，近者納草，遠者納米，是量遠近而制輕重也。今言千里外市絹，則是千里內須送見錢。興元、洋州並是八百里內，駱谷道路險阻非常，若送見錢，實爲不可。又一條云：州縣所要糶鹽人，委所在長吏於當州當縣倉督錄事佐吏以下本所繇中揀選，不得差配百姓。如有鄉村去州縣路遠處，即州縣揀定所繇，將鹽就鄉村糶易者。臣曾任刺史，所繇入鄉村，是爲政之大弊，一吏到門，百家納貨。今陛下方以清淨簡易，休息蒼生，宜去其冗員，除其蠹賊。今山劍州縣境土至濶，其令若行，煩擾至甚。又一條云：臣今欲獻

鹽法，歸於簡易，但委州縣，則無不濟。伏緣所務至重，須以廟堂宰臣充關內、河東、山劍等道鹽鐵使者。臣竊以度支使四方稟奉，不殊宰相，權柄已重，不假台司。台司者，三公論道之地，雜以鹺務，實非所宜。三十年來，竇參、程异、皇甫鎛並以錢穀居台鉉，非惟國體不可，抑亦名利難兼，所以參輩不受國誅，必有天禍。又一條云：據每道每州糶鹽不少，今所在户口都不申明實數，臣請令長吏有不親公事，信任所繇，浮詞云當界無入糶鹽，交恐不濟，臣即請差清彊巡官往所訴州簡責實户口數圖保者。臣曾爲外州刺

史備諳此事自兵興以來垂二十載百姓粗能支濟免至流離者實賴所存浮户相倚兩稅得充縱遇水旱蟲霜亦得相全相補若搜索悉盡立至流亡宇文融當開元全盛之時搜丁出户猶以殘人斂怨瘁國害身此策若行則甚於彼臣前月二十四日思政殿面奉德音深卹疲人且不配户聖德周悉縣見事情臣等退而抃躍以為昇平坐致若據此節即與配户無殊平叔所陳未副聖德又一條云諸州府縣簡得鹽便於當處官倉收貯其京城兩縣簡責得鹽於度支兩常平院貯當日各據數勘留依所定估出

糶從敕下後諸巡院便計料般鹽分付府縣供糶常令所貯有剩不得令闕如有違闕知院官聞奏貶遠惡處官典所繇節級重科決停解如府縣不存公心課利減耗及所送官鹽價疋段濫弱并送納不時妄有申訴其京兆亦令司錄及觀察使停見任改散慢官其專判鹽案及刺史請貶與上佐本州專判案官錄事參軍縣令亦請遠貶者臣竊以古人云人愛其裘反而負芻皮既不存毛將安傅皮喻百姓毛喻國家百姓不存國家不立今兩稅編户是國根本擇忠信之長命慈惠之師推赤子之仁布愷悌之化猶懼不及而有傷夷今為鹽鐵不登便須貶黜雖龔黃召杜之政卓魯蒲密之能無所施於聖代矣又一條云以設法之初沮議者眾聖斷先定則成績可期令出之後輦轂之下尤要隄防恐兩軍市人鹽商大賈或行財貨邀截喧訴臨時必有此色奸人伏乞聖慈委兩軍中尉兼京令尹切加把捉如有此色捉獲頭首所在決殺連狀聚衆人各加脊杖二十者臣竊以古人云利不百不變法工不十不易器改更之事自古所難故云謀不欲多決之欲獨臣於平叔無親故無讐嫌所陳者非挾情所議者歸利害惟

聖上獨斷推於至公然彊人之所不能事必不立禁人之所必犯法必不行臣嘗為開州刺史當時被鹽監吏人橫攪官政亦欲鹽歸州縣總領其權嘗試研求事有不可蓋以設法施行須順風俗或東州便則西州害或南州易則北州難且據山南一道明之興元巡管不用見錢山谷貧人隨土交易布帛既少食物隨時市鹽者或一斤麻或一兩絲或蠟或漆或魚或雞瑣細叢雜者皆因所便今逼之使出帛則俗且不堪其弊官中貨之以易絹勞而無功伏惟聖明裁擇

對才識兼茂明於體用策

問。皇帝若曰。朕觀古之王者。受命君人。兢兢業業。承天順地。靡不思賢能以濟其理。求讜直以聞其過。故禹拜昌言而嘉猷罔伏。漢徵極諫而文學稍進。匡時濟俗。罔不率繇。厥後相循。有名無實。而又設以科條。增求茂異。捨斥已之至論。進無用之虛文。指切著明。罕稱於代。茲朕所以歎息鬱悼。思索其真。是用發懇惻之誠。咨體用之要。庶乎言之可行。行之不倦。上獲其益。下輸其情。君臣之間。驩然相與。子大夫得不勉思朕言而茂明之。我國家光宅四海。年將

二百。十聖宏化。萬方懷仁。三王之禮靡不講。六代之樂罔不舉。浸澤於下。升中於天。周漢已還。莫斯為盛。自禍階漏壞。兵宿中原。生人困竭。耗其太半。農戰非古。衣食罕儲。念茲疲甿。未遂富庶。督耕殖之業。而人無戀本之心。峻榷酤之科。而下有重斂之困。舉何方而可以復其盛。用何道而可以濟其艱。既往之失。何者宜懲。將來之虞。何者當戒。昔主父懲患於晁錯而用推恩。夷吾致霸於齊桓而行寓令。精求古人之意。啟迪來哲之懷。眷茲洽聞。固所詳究。又執契之道。垂衣不言。委之於下。則人用其私。專之於上。則下無其功。漢元優游於儒術。盛業竟衰。光武責課於公卿。峻政非美。二途取捨。未獲所從。余心浩然。益所疑惑。子大夫熟究其旨。屬之於篇。與自朕躬。毋悼後害。

對。臣聞古之以道蒞天下。皆酌之人言。用凝庶績。伏惟陛下統承丕緒。光膺駿命。志氣中蘊。清明下臨。恤黎庶而惠慈方洽。梟叛戾而威武已熾。猶能慮危於未兆。思理於已安。聿追孝思。纘述前烈。愍官吏之無用。求斥已之至言。徵臣才用不足以操事。體識不足以經遠。祇奉聖問。伏用兢惶。謹昧死上愚對。制策曰。朕觀古之王者。受命君人。兢兢

業業。承天順地。靡不思賢能以濟其理。求讜直以聞其過。故禹拜昌言而嘉猷罔伏。漢徵極諫而文學稍進。匡時濟俗。罔不率繇。厥後相循。有名無實。而又設以科條。增求茂異。捨斥已之至言。推無用之虛文。指切著明。罕稱於代。茲朕所以歎息鬱悼。思索其真。是用發懇惻之誠。諮體用之要。庶乎言之可行。行之不倦。上獲其益。下輸其情。君臣之間。驩然相與。子大夫得不勉思朕言而茂明之。臣聞復濟慎懼。雖危必樂。理安佚肆。雖順必憂。帝堯之為道也大矣。書稱其本曰允恭克讓。文王之為德也宏矣。詩美其功曰

小心翼翼圖天下之安者必稱之於勞慮天下之大者必愼之於微任賢誠固思慮誠深百姓雖未富庶四夷雖未賓服天下明知其治也任賢不固思慮不深百姓雖富庶四夷雖賓服天下明知其亂也今陛下鑒前代已往之失求當今未然之理使虛文不設於下至言必聞乎上端視凝聽所委惟賢則上獲其益矣惠爵施祿所理惟直則下輸其情矣顧言而動思利乎安則何慮乎言之不行顧行而動思利乎安則何慮乎行之有倦誠能兢兢於一日二日業業於無小無大苟能此道雖微必昌雖柔必强鳳凰麒麟不足來甘露醴泉不足致三光四時不足序天之高明也斯不愛其道地之博厚也斯不愛其寶彼之大者猶若是況其細者而難乎制策曰我國家光宅四海年將二百十聖宏化萬邦懷仁三王之禮靡不講六代之樂罔不舉浸澤於下升中於天周漢已還莫斯爲盛自禍階漏壤兵宿中原生人困竭耗其大半農戰非古衣食罕儲念玆疲甿遂乖富庶督耕植之業而人無戀本之心峻榷酤之科而下有重斂之困舉何方而可以復其盛用何道而可以濟其難者伏以陛下蘊充明德繼荷大業居十聖之全

區宇守百代之成禮樂揚高祖之耿光播太宗之休烈思黷武而弭戢念疲甿之富庶理自順此生危自反此作兵者國之威也威不立則暴不禁君得其術而已舉其要而已凡善用兵者用兵之精次用兵者用兵之形用精者國逸而功倍用形者人勞而威立令行禁止俗富刑清仁足以懷義足以服端居廟堂之上威加四海之外而叛者嘗欲繫其頸而制其命伏其心而笞其背此兵之精也金鼓擊刺追奔逐北攻城掠地斬馘獻俘憂思巖廊之上謀制千里之外而叛者有以畏其威而懲其罰化其心而戢其暴此兵之形也陶然而化其效不形兵貴藏有於無兵之形不可張也騷然而動其政難久人不可終擾兵之精所宜密勝也今陛下旣梟叛寇復征違命屈已之至已浹於兆庶恤人之誠已敷於四海乘衆之怒用兵之形則近無轉輸搔擾之勤遠無經費供求之役誠能固守必大畏其力小懷其德矣豈兵宿中原之爲虞生人耗竭之爲慮臣又聞理國之本富之爲先富人之方勸農爲大三代以耕耤率天下漢朝以孝悌配力田皆勸之之道夫農寒耕熱耘沾體塗足晝夜之筋力勤焉父兄之手足悴焉而官輸

籍督坐非已有。夷時郡邑長吏偷容朝夕。養聲釣祿。非恤人隱。此所以耕植之業不勸。戀本之心不固。有遁於軍旅而邀功賞者。有冐於老釋而瀆清濁者。有逸於負販而制貧人者。有隱於椎剥而干教令者。農耕之難也如彼。日百其勸。常有不務者矣。游惰之逸也如此。日百其禁。常有不息者矣。由上之爲政。知人苦之者勸之必深。知人樂之者禁之必至。昔賈琮以最於十二州。頒之以璽書。黄霸以甲於二千石。寵之以侯印。惟陛下注意於守宰字人之官。以田墾闢爲最。地荒榛人離散爲殿。卽耕植可勸。困竭可蘇。

兵未弭則人不蓄。人不蓄則農不勸。農不勸則國用虛。此榷酤所以興也。然鹽麴之稅。山澤之利。法用得其要。不在峻其科理。不得其吏。猶不明其法。明其法。得其要。則上無峻刻之舉。下無重斂之困矣。陛下制策曰。既往之失。何者宜懲。將來之虞。何者當戒。臣聞王者之興。皆鑒乎前代。聖君賢佐之所以興。昏主庸君之所以喪。景行其興也。用得以常理。戒慎其喪也。用得以常存。詩人美殷鑒於有夏。賈山諫漢而借喻亡秦。備於圖籍。著於編冊。非臣繁詞所可曲盡。自陛下統極。舉滯淹。已逋責。恤刑獄。振乏絶。德澤所臨。藏之不暇。微臣未見其失也。明將來之戒。其在法令刑賞乎。四海之廣。億兆之衆。非家令戶告之能也。發號出令而已矣。伏惟陛下聿求善政。大振洪猷。人之獻替。政之損益。燦乎其書。灼乎其人。始則鼓舞蹈詠。不足以克其善。終則渴日望歲。不足以喻其勞。教之本莫大乎復言。政之先莫大乎重令。誠能復言重令。上之克當乎天心。下之允協乎人情。天人交相爲感。而災害不生。禍亂不作。非此則日有德音而人不悦。日有威罰而人不畏。苟不悦矣。無與同勸。苟不畏矣。無與同沮。此非法令之可裁也。成一時之功

者。寵乎其功者也。思百代之利者。榮乎其名者也。其名不足以勸者。則刑罰存焉。其效不得而寵者。則襃貶存焉。是小人之所趨。君子之所務。今陛下刑賞已足。勸懲襃貶又存文史。君子竭忠。小人輸力。舉如鴻毛。拾如地芥。何爲而不成。何求而不效。陛下之不爲。非不能也。伏以致誅逆黨。罪止渠魁。原情究惡。不及其母。此帝王之刑也。戎臣饋軍。致命折衝。渥恩必厚。爵位必加。此王霸之賞也。然善有彰雖賤賞也。惡有釁雖貴罰也。賞一人不足以聳天下之善者。其賞不足行。刑一人不足以禁天下之暴者。其刑不足

用令宜賞不遺微細惟功之所加罰不爲暴亂惟罪之所出此天下之人所以皆知賞之可重而罰之可戒制策曰昔主父懲患於晁錯而用推恩夷吾致霸於齊桓而行寓令精求古人之意啟迪來哲之懷眷茲洽聞固所詳究臣聞漢興鑒亡秦孤立之弊蹤周官眾建之法苴茅列土非復異姓其後吳楚彊大本根不拔晁錯之策未終七國之兵已發主父念前事之敗露期本朝之彊大分封子弟使得推恩諸侯之國星解於上漢廷之威風行於下此所以爲謀也齊桓當周季陵夷之運思大彰翊霸之功志圖兼

弱力存攻昧思逞其欲是務彊兵習之野大國防其謀習之朝小國謹其備其志不可以速得其功不可以立俟用爲隱政而行寓令此其所以霸也制策曰執契之道垂衣不言委之於下則人用其私專之於上則下無其效漢元優游於儒學盛業竟衰光武責課於公卿峻政非美二途取捨未獲所從吾心浩然益所疑惑子大夫孰究其旨屬之於篇輿自朕躬無悼後害者臣聞契者君之所司也綜其會歸則庶務隨而振之職者臣之所司也踐其軌跡則百役通其流矣委之於下者委之職業也非委其權專之於上者專其操持也非專其事賞罰好惡之出生殺恩威之柄此非權與操持乎委之於下則上道不行矣提衡舉尺守器執量此非事與職業乎專之於上則下功不成矣不委其操持安所用其私乎不專其職業孰慮無效乎君收其大柄臣職其所守然大柄不得亢於上臣得佐而成之所守不可屬於下君得舉而明之故乾之經曰首出庶物坤之文曰地道無成而代有終乾陽物也坤陰物也陰陽合而泰形焉陰陽離而否形焉君臣之道蓋象乎此漢元優游於儒學而權歸王氏失其所專也光武責吏事於

三公而勞神簿書集其所委也一則曠而蕩一則察而陋既非中道不可以範所謂陰陽乾坤之說各存其道而交有所感然成其悠久配乎持載如此而已才者綜物以研務識者辨惑而不泥體者撫往以經遠用者臨事而造至神而明之可以輔陶鈞可以贊化育微臣固陋從師之說循名而實不克承問而學不稱進退殞越懼煩刑書謹對

上宰相薦皇甫湜書

相公閤下伏以燕國張公說登翊聖明底寧泰階推心旁求虛己下納房太尉由布衣振起於門下張曲江自蓬户

發揮於嶺底而繼播休名襲佩相印克懋勳德不忝揄揚後之朝望因以興勸不多二公而推燕國者以雜居羣倫齊齒下輩崇構棟幹則杪忽方輕琢飾珪璋則曚昧未曜器用既光持之於耳目之前垂後而無配名節兼大用之於身世之後希古而絕倫夫豈推策考步之爲乎藏往知來之兆乎蓋合以尺牘片言申以考跡定貌靈異五行之鍾粹也文章心靈之造形也著誠居業本隱以之顯觀心擇術自粗以之微以是而求則坐決萬方之內立斷百代之下其術既定其道甚明竊見前進士皇甫湜年三十二

學窮古訓詞秀人文脫落章句簡斥枝葉游百氏而旁覽折之以歸正囊六義以疾馳諷之以合雅苟堅其持操不恐於嚚嚚之訕修其踐立不誘於藉藉之譽孟軻黜楊墨之心揚雄尊孔顏之志形乎既立果於將然至於用心合論操毫注簡排百氏之雜說判九流之紛蕩擿其舛駁趨於夷途徵會理軸遺訓詞波無不蹈正超常曲暢精旨置之石渠必有劉向之刊正羣言列之東觀必有孟堅之勒成漢史施之奏議必有賈誼之兼對諸生天既委明於斯人苟回險其道未得按輪而驅則必混翼於天池殞精於沉滏秉矰繳者從而道之固無及矣儻得遊門下信其才能相公得徇公之名有撫奇之實後進幸甚舍人騶御賤役也猶能達掃門之事禰衡雕蟲薄技也猶能遇非常之薦今某辱奉恩顧實百於舍人之儔皇甫湜蘊積才志固百於正平之量處厚百舍人之勢不能達百正平之心方切恃私於門館明者觀之其恥非一也懼愚瞽不盡謹繕其書論賦合八首用卜可否輕瀆嚴威下情不任戰懼之至

翰林院廳壁記

魏晉已後復典綜機密政本中書詔命詞訓皆必由焉唐有天下因襲前代爰自武德時有密命則溫大雅魏徵李百藥岑文本之屬視草禁中乾封年則劉懿之周思茂范履冰之倫秉筆便坐自此始號北門學士皆自外召入未列秘署元宗開廣視聽搜延俊賢始命張說陸堅張九齡徐安貞輩待詔翰林厥后錫以學士之稱蓋由德成而上與夫術數工藝禮有所異也逮自至德台輔伊說之命將壇出車之詔霈洽天壤之澤導揚顧命之重議不及中書矣尺牘旁午章奏叢至指蹤中外之畧謀謨帷幄之秘陰

陽造化嘉猷密勿萌制乎將然事構乎無形皆功歸元后而德播與運循名跡者莫窺其轍想風彩者孰究其端雖然臧否無得而稱矣貞元中由此而居輔弼者十有二元和中由此而膺大用者十有六近日丞相府不由內庭者斷國論宰法度雖有利器長材未免鈌折掉撓建中以來簡拔尤重故必密如孔光博如延州文如卿雲學如向歆器如黃顏直如史魚然後得中第士之游心處已景行於六如者而又飾之以潔球璋之行貫金石之誠雖潛聲匿跡莫能脫漢時始置尚書郎五人平天下奏議分直建禮

含香握蘭居錦帳食太官則今之翰林名異而實同也時論以爲登玉清翔紫霄豈蓬山瀛州而足喻乎齊桓公納廢人編棧之說以爲直木傳直則曲無由至曲木傳曲則直無由至後之君子戴明聖協盛時推廢人之規移於引賢使如貫珠駢璧則瑕瑜不雜矣內給事李常暉內謁者監王士政並掌院事延於十年與直狗公之議聆於朝端中書舍人杜元穎兵部侍郎沈傳師洎諸學士皆涉歷歲久備乎前文者也李常暉以北閣舊記室別堵殊義非貫通改於前廳僉以爲便聖上紹復墜典留神太古處厚因與司勳郎中路隋職參侍讀通籍近署紀述之事前託沈傳師沈公以爲稱善之在己不若使其人讓於處厚無以辭時皇帝統臨四海之初元也

興福寺內道場供奉大德大義禪師碑銘

應身無數天竺降其一禪祖有六聖唐得其三在高祖時有道信叶昌運在太宗時有宏忍示元珠在高宗時有惠能筌月指自此脈散絲分或遁秦或居洛或之吳或在楚秦者曰秀以方便顯普寂其允也洛者曰會得總持之印獨曜瑩珠習徒迷真橘枳變體竟成檀經傳宗優劣詳矣

吳者曰融以牛頭闡徑山其裔也楚者曰道一以大乘攝大師其黨也三祖之德之疑也則無一心可攝無一境可遺不攝不遺冥於大順之言也則稱器投物量機應命皆持權以明實用實而照權自時厥後迷方滯跡是非迭與物我不泯正南而邪北有北而空南而不知南之心生自同北矣北之見滅乃亢南矣大師振法之鐸操化之衡非中非徼非妄非覺無居可以留神無入而不自是乘大智而獨逝遊法區而無涯大師東海徐氏衢州須江人也母氏方娠必絕葷而後食合宿既誕必擇乳而後飲幼而出

世奇表秀物童而落髮異骨見頂依本郡潛靈寺僧惠績二十受具戒若律若禪無不通貫後謁道一於江西時趨者川奔學者市聚一扣祕賾廓然懸解乃以拯物爲心博施爲任契心於洪州應緣於上京孝文皇帝旣淸大難齋心無爲建中尉以總武旅名功德以統緇黃大師來之夕也右神策護軍霍公見夢焉翌日訪之於慈恩寺且與寐合遂表聞爲內道場供奉大德順宗皇帝之在儲闈問安之餘棲神道域嘗問尸利禪師經言大地普衆生見性成佛道答曰佛猶如水中月可見不可取後因問大師曰佛

性非見必見水中月何不攫取順宗然之復問何者是佛性答曰不離殿下所問默契元關一言遂合後入內神龍寺法會羣僧有湛然法師者登座云佛道遐險經劫無量南鄙之人欺紿後學大師曰彼自迷性盲者可咎白日耶順宗顧謂諸王曰彼不論至道其儔叱下數旬而卒後德宗降誕日於麟德殿大延論議龍梵冥護人天傾聽時有問者曰心有也曠刦而滯凡夫心無也刹那而登妙覺何也大師曰此乃梁武帝云然心有者是滯於有旣有矣安可解脫無也何人而登妙覺大師之旨蓋以爲羣生十號

等爲有已迷者終不復悟等爲無已悟者終不復迷時會中有讚道云云無以比大師曰行止偃息畢竟以何爲道對曰知者是道大師云經云不可以不識識不可以不知知安得知者乎復曰無分別是道大師曰經云善能分別諸法相於第一義而不動安得無分別者乎復曰四禪八定是道大師曰佛身無爲不墮諸衆安在四禪八定者乎問者辭窮衆皆愕眙大師之旨蓋以一切法是一切法非於無性無象而有得有喪一切亦非於有形有紀而無取無捨一切亦非夫然豈可以一方定趣決爲道耶故大師

以不定之辨遣必定之執袪一定之說趣無方之道自是兩宮崇重道俗宗仰衆錫纓緇不可畢紀奔問禪扃日聞祕偈一味之雨雖無二波衆殊之器皆有所拘以是及門者至多入奧者蓋寡大歷中遊上饒郡西百里所山名鵝湖三峯秀揭摩霄蔭江雞犬四絕植錫宴坐三日有獵者棄弓矢奔告邑落或披苫蓋或窟巖石未逾旬而來者襁屬其格物也如此旣而涉夏學者如麻朝粥旣饗咸請白大師師曰無憂及旦有負米而施者其前知也如此先是羣虎暴噬大師遇之於路以杖扣其首曰當息害心自是

虎遠遁其仁感也如此貞元初禮部侍郎劉太眞出典是郡通津修梁爲水所敗以大師爲衆嚮伏虔請下山成於不日其應物也如此永貞初順宗不康大師遂歸本郡京師祖道者自皇都及灞上車蓋溢路所至皆囂傲恥革刑獄用省故郡守藩岳無不請益以爲有助於政術元和十三年正月甲子告門人曰我七日爲最後供是日清晝澄霽當峯有雲沓起俄而覆於禪室衆鳥鳴號哀聲如人時左右進藥侍者曰此宜在晨旦大師曰汝果知有晨旦乎其夜恬然順化報齡七十有三僧臘五十有四門弟子無

數或巡名山百郡今親侍左右者則廣濟脩然獻中普修靈習宏昭并徒衆等奉其全身建塔於其地夫無生之應物動而皆寂順緣而無生靜而無窮故其來則入皇宮登寶座而痛異論其往則 闕 下國感殊類而趣法存委和也吾何恃存委蛻也吾何恒亡門人宏鑽仰之志存示現之轍僉議琢石傳之無窮銘曰

峻頂方額蓮目秀眉望馬溫溫卽馬熙熙示爲法器載爲德儀我與五蘊不卽不離鏗然華鐘擊之不窮無跡無眹如指揮空了性非言捨言何從無患言說如響隨風溺權遠實滯實異權權實合融正智乃圓獨覺利器無漏後根奚思爰度莫究其源清靜久虛包囊無裔無起無滅無縛無解迷者炎宅悟者涼界是中不二乃造實際資是至因登平極報具三十二成八十好御一乘車摧五魔道以色觀我是謂邪倒花房百億一土一佛澄波千川一水一月月體其二波影千別吾師於斯善行無轍

陳仲師

仲師官吏部郎中

鵲始巢賦

霜天慘慘兮楓樹之杪構彼層巢兮翩然宿鳥盼喬柯以上下憇弱羽之卑小周匝經營翩飛繚繞履危而金彈不發送喜而珠簾乍開逐初心之眷戀無利嘴之嫌猜架木末居巖隈容足之前望一枝以棲息翻身之際歷眾木以飛來拂曙聲多排空意遠惜光陰於朝暮迷飲啄之往返

于是攫腐草銜飛蓬重疊尺箠回環翠空凌寒而且近朝日構思而偏愁夜風俯仰求容冀資拾芥之力縱横居止顧就積薪之功必使輕舉得便羣飛會同遊嬉遂鄰於清籞窘束長謝其雕籠所謂摭實以來憑虛相借不然則六翮摧毀三冬徂謝飛鶯將出乎深谷黃雀亦誇其大廈所以踰遠林戾前除仰窺肅爽遠慕扶疎當繞樹之時暫隨烏會在來巢之日常畏鳩居非微禽之敢覬幸嘉木之有餘嗟乎搖尾馴擾斂容萃止依乎主人來若處子匪能言以呈慧不善舞以招羨倘抵玉無虞搏風資始故巢林以何報惟化印而後已

鵲巢背太歲賦

營巢有因惟鵲無倫始自小寒之日不當太歲之神辨向背以經營必先避地顧縱横而委積足以藩身且其矯翼徘徊向隅棲息時懷擇木之智日就積薪之力若在離宫之内不可巢南如當子午之中無因逐北所以率先表異選勝知歸應時節而遷易辨方隅之是非念彼明神自易地而攸處顧茲弱羽信何枝而可依時也苟遂居安寧辭力役銜腐草而構思向高柯以容跡動觀所忌殊古人之

增巢理契不齊如方士之工歷擇地已有知風豈無方一枝而自託雖小數之能拘且相質以和鳴喜同于雀乃卜居而類聚趨甚于鳧況復籍用茅茨殊荷庇蓋任風雨而自適豈陰陽而去泰念土宜之是顧足見知方信天理以自然焉能向晦爾乃節居元律時方沍寒顧地角而知禁豈天時之可干無起土功異銜泥而戾止知于歲杪聊寓跡以求安既而飲啄無虞推移不滯得厭勝之良術誠棲遲之上計潛軫明條之慮必附枳枸之勢摧枯拉朽已完葺于崇朝命侶引雛聊優游于卒歲顧末俗之無違信微

禽之可繼

燈蛾賦 以人皆曰予智爲韻

燈者火也尊而不親奚斯蟲之眇質翻體密而意馴必將蹈火而後止是以疑冰之輿鄰雖異探湯執熱之情可見不蒙明照暗投之罪則均是以雁飛無忘于避繳龍蟄有貴乎存神于以知無知之智有以同自知之人無損于明雖光暉可借自貽其咎與壓溺同塵始其啖啖中開青烟爰發㷀㷀四足白羽若月焦爛唐突離披觸靨人心卒然天意若曰嬰焚灼者何如玉石之俱盡處高明者曷若烏

兔之屢闕且繼彼覆車雖百夫死難而無餘納諸密網狀衆鳥驚飛而在初循環責實宛轉投虛沈脂膏則屈死觸燈啖則焚如自我搆患非天禍子愛水螢之光載浮熠熠笑鼎魚之樂其斃徐徐阽乎焦原可叶其義投畀炎火莫之知避曷若晨雞候明以自得火鼠就燥而無累莫不守之以爲順居之以爲智是蛾也餘光可託罔影如寄排朱啖扇輕吹胡糜爛于瞬息爲腐餘之容易若然者蠢蠢之類將外强而必乖炎炎之著非內熱之所懷既油然相煦于膏火亦瞢然相忘于形骸吾所以知捐軀于鼎鑊與是道而孔皆

土牛賦 以以示農耕之早晚爲韻

服牛是比合土成美將十鈞之重斯得而一撮之多有以雖欲勿用泥蟠之質初分誰謂爾無塊立之形酷似是月也採呂氏時令徵坊人巧指始辨塗附寧分脈起誠安媿乎角立復何勞于肉視然後遵土訓敵人時戒曉而出迎春是資于以審先後之節有以占疾徐之期仰白榆之文憖其晥彼叶蔥犗之色則而象之能首出于泥滓豈羣分于毫釐彼芻狗之列飾文繡以求媚泥龍之興因舞雩而

取類曷若標國典配田器比物以作則順時以相示同乎非馬契莊叟之至言偶彼眞龍殊葉公之繪事質美埏埴巧逾覆蕢那慮食角之患寧假瑩蹄之異俾遊刃者訝全之于目運斤者喜墁之在鼻且耒耜斯呈我則正春扈于農耕干戈既偃我則歸郊馬于歲晚將物候自然諒人情何遠必也擘紅糜親紺幰覩似是之足尚謂來思使畜疑之人猶將屢飯由是出五種命三農乃修故事于彼窮冬闢我疆則厥壤爰度考爾牧則其犉有宗今也物被殊私形分大造載之以厚地之德奉之以先天之道時將敬授

在三推播植之前物或肇牽察庶物生成之早其用則大其儀可考故曰如土委地者豈必以戴牛爲寶

土風賦有序

班固曰人含五常貴於萬彙剛柔緩急音聲不同繫水土之風氣則謂之風其好惡取舍動靜不恒隨君上之情欲聖唐四三王而六五帝一六合而光宅覽職方圖山川盡見歲七月木鐸徇于路命州里舉賢良於我睢陽古之大郡也惟君子能通天下之志也其辭曰

吳季札挺生江國自南徂北聽羣樂之存亡觀諸夏之臧

慝乃言夫大雅小雅周南召南陳俗夸而奢其國無主韓地薄而險其人不堪燕都渤碣秦負汧隴俠客憑陵世家淫勇顓頊之居衞也桑間濮上務躭聲色太公之存齊也冠帶衣履唯勤組織洙泗之間既富財力觜畢之下彌重獵弋冀州則紂之餘烈易爲讐寇合浦則蠻之獷俗相尚戰鬬吳南有豫章之基燒銅山而煮鹽海楚東有雲夢之區鞭火耕而驅水耨豈若睢陽城臨氐房其地平侹其人温良昔者舜漁雷澤堯作平陽天乙都亳沛公潛梁故地多君子而風有先王富禮樂盛文章魚鹽委積士馬精彊亦有顔邑野人居宋而生孔子漆園傲吏隱周而號蒙莊韋氏以占星著族楚宮以揆日居方宓子賤聽訟築臺坐空囹圄巫馬期勸農作宰克正封疆亦有高辛故郡下邑軍場蔡走定陶之國晉入沙隨之鄉與夷出盟於瓦屋郤缺來會於承筐聊采綴而爲賦叙菁華而未央言其國之始祖微子封於斯土先膺宗周之錫命招納暴殷之餘戶宅陶唐火正之監就彭城鐵官之佑於是孟諸爲澤芒山爲圃日尋干戈雲列羣伍起臺十仞作室百堵按弓甲飛樓櫓横釣臺伐金鼓討曹滅衞侵鄭掠魯會盟於鴻口之

亭繳射於龍遊之浦及其楚國圍急澤門役苦外則睅目而歌内則析骸而哺妖星去國所移者三怪石隕空視之則五其後漢分元弟出食於梁文帝則錫茅而建社景帝則肅桂而稱觴由是綵艇畫樓鋪雁池以千里蘭軒竹閣澄猿巖而四起徵廄馬於邊徼選宮人於街市千乘出車百金練士煌煌煒煒而軍容備矣南面稱霸而朝天子若乃秦名碭郡禹作豫州城池競於春色車騎溢於川流惠連則詠南山以作賦長卿則背西蜀而來遊入瓜亭而避暑臨穀熟而迎秋弔仙人於蒙邑祠閼伯於商邱想華門

之瘈狗。數梁野之妖牛。並忘歸於此地。充近侍而淹留。別有忠臣壯士。貞夫孝子。五侯競立。三王俱死。英靈遞見。商推未已。雖埋骨於黃塵。俱列名於青史。當今奄有萬國。承平百年。化被則如春露之霑草。文同則若夜星之拱天。惟茲都之宏壯。比列土而居先。屬城有師。何代無賢。伊昔全盛。莫之與競。食客駢闐。諸侯聘命。旌旆互出。臺殿交映。忽瓜剖而豆分。若煙收而雨竟。已矣哉。中則傾兮滿則缺。陰靈起兮陽精滅。始看春樹歇芳菲。已見秋源漲沙雪。自昔雄材與壯氣。莫不埋恨而吞咽。七十里之城郭。仍在一千

年之綺羅。都絕京兆杜公。久遊關東。臨少昊之秋月。過梁王之舊宮。食水土。問人風。執官曹而正直。抱身鏡而清通。識寶者不遺於草澤。懷材者喜遇於良工。但能任土而作貢。則我梁國之不空。

錐處囊賦 以素礪鋒穎居然自彰為韻

惟國生賢。囊錐喻焉。囊之體也柔。不能挫其銳。錐之質也。利可以攻其堅。固脫穎而出矣。豈潛芒而茂然。當其組織而備。鍛鍊而利。既括之而无咎。亦藏之而轉祕。察其所安。觀其所自。則錐也遇處囊之日。囊也為置錐之地。爾其舍之則藏。耀然有光。匪宣其利。將掩其銛。質雖蒙其磨錯。鋒已露其雪霜。既隱之而斯見。亦抑之而復揚。笑矢之在橐。潛而勿用。殊玉之被褐。闇然不彰。無謂其利。博其功細。用每施於補履。色更因於作礪。彌堅者觸之必通。嘗巧者用無不濟。是以銛鋒不得而永潛。輕縷不得以久蔽。其受也含虛。其出也有餘。柔以外表。剛而內居。囊若擲於荊卿。我殊於藥。囊若焚於郭璞。我異於書。亦當蓄其銳。露其頴。固退尺以韜光。每進寸而懸影。漏褚中之物。比之不同。爭錐末之人。窺之自警。誰謂利器。密其彌縫。用之則行。或可執

其柄。動而逾出。不可當其鋒。宜掌握而為美。豈緘縢而是從。別有藏器未遇。飾躬有素。囊之既處。嗟毛遂之未知。錐之可方。倘平原之一顧。

駟不及舌賦 以是故先聖予欲無言為韻

甚哉。言之出口也。電激風趨。過乎馳驅。掉三寸以發越。應千里於須臾。逝不可追。空勞於駟馬。行而無跡。豈繫於九衢。故君子念彼尤悔。本乎虛無。苟出話之不復。將起羞而是虞。且舌之鼓也有時。而馳騖類扣虛之莫獲。同捕影之難遇。蕭蕭之響。徒繫於下風。逐逐之音。已疲於中路。信樞

機之爰發。隨小大而作。故儻善守乎輔車。何遽煩乎駟鼻。遲速相懸。奔走徒然。言出於身。所謂往而不反。馬竭其力。猶歎驕之在前。雖欲適遠通。課後先。如流之巧。已失若滅之態。何宣。嗟夫。以駸駸之足。追言言之速。豈能之而不欲。盍窒喋喋之喧。喻駿駿之奔。在誡之而不言。肇自微渺。倏爾騰翻。疾既甚於過隙。患必防於屬垣。斯事也。罔念則狂。克念則聖。誤片言之既往。知逸足之難競。自然有蹻之造。勿謂載翁其居。此不矜於智矣。彼何患於班如。不然者其出彌遠。其來愈疎。是以慕宿諾於季路。悔聽言於宰予。至

哉詩惡翩翩。書懲靡靡。方憑響於無際。豈絕塵之可彌。易象又著夫寡辭。禮經亦防其苟訾。未若古人之深誡。鐘於是兮粥於是。

得魚忘筌賦 以適道知歸言象皆遺爲韻

魚也者。重泉之徵。因筌而索。與元珠而同歸。筌也者。虛舟是依。因魚而棄。將緣木而有違。始鉤深以假器。於是終釋手而喻指之非。詎比弓藏。方隨槁木。靡因火化。奚貴焚機。所以乍觀象於十日。終遺形於九圍。其得也。且非貪餌。誰曰在藻。既涉無而恬鱗。斯獲將遺有而虛室。是實其忘也。寧捨不材。匪投有昊。同絕巧棄智。故然雖愛必捐。若適圓離方。孰謂不由其道。故無用者木上之罾。則虧有情者在梁之翼。何爲彼用拙徒觀於進退。此情悟寧識於推移。故曰因動而忘。筌爲後覺。投虛自得。魚非前知。豈殊舟既焚而空濶先濟。屐將脫而止足由斯。於以探幽。落焉藏往。方之俯拾。故何啻於盈筐。爰取坐遷。義非同於解網。必也窺清泚。憑浩蕩。是務得一。不矜牽兩。寅緣而來。爲得魚之象。必也袪其意。窒其源。舟無五覆。道遺三幡。展轉而棄。爲忘筌之言。使彈鋏嘉賓。不樂烹鮮之味。投竿公子。何勞餌牿

之煩。若然者。諒非赴澤。在虛心而自適。諒非卷懷。將適道以孔皆。然後蟬蛻萬象。鴻毛百骸。有漁人聞而辨之曰。是言也。始以神遇。將終理遺。謂鱗介非掩豆之實。以巨浸爲覆盆之淺。然乎哉。吾何必鳴榔而遊衍。

劉元鼎

元鼎。元和中官大理卿兼御史中丞。攝營田副使。

與吐蕃使盟文

惟唐承天。撫有八紘。聲教所臻。靡不來廷。兢業齊栗。懼其隕顛。纘武紹文。疊慶重光。克彰濬哲。罔忝洪緒。十有二葉

二百有四載則我太祖櫂明號而建不拔鋪鴻名而垂永久類上帝以答嘉應享皇靈以酬景福曷有怠已越歲在癸丑冬十月癸酉文武孝德皇帝詔丞相臣植臣播臣元穎等與大蕃和使禮部尚書訥羅論等會盟于京師壇于城之西郊坎于壇北凡讀誓刑牲加書復瘞陟降周旋之禮動無違者蓋所以偃兵息人崇姻繼好懋建遠略規恢長利故也原夫昊穹上臨黃祇下載茫茫蠢蠢之類必資官司爲厥宰臣苟無統紀則相滅絕中夏見管維唐是君西裔一方大蕃爲主自今而後屏去兵革宿忿舊惡廓焉

消除追崇舅甥曩昔結援邊堠撤警戍烽韜煙患難相恤暴掠不作亭障甌脫絕其交侵襟帶要害謹守如故彼無此詐此無彼虞嗚呼愛人爲仁保境爲信畏天爲智事神爲禮有一不至搆災于躬寒山崇崇河水湯湯日吉辰良奠其兩疆西爲大蕃東實巨唐大臣執簡播告秋方

使吐蕃經見紀畧

元鼎踰成紀武川抵河廣武梁故時城郭未隳蘭州地皆秔稻桃李榆柳岑蔚戶皆唐人見使者麾蓋夾觀至龍支城耋老千人拜且泣問天子安否言頃從軍沒于此今子孫未忍忘唐服朝廷尚念之乎兵何日來言已皆嗚咽密問之豐州人也過石堡城崖壁峭豎道回屈夷曰鐵刀城右行數十里土石皆赤夷曰赤嶺而信安王禕張守珪所定封石皆仆獨夷所立石猶存赤嶺距長安三千里而羸蓋隴右故地也曰悶恒盧川直邏娑川之南百里臧河所流也河之西南地如砥原野秀沃夾河多檉柳山多柏坡皆邱墓旁作屋赭塗之繪白虎皆夷貴人有戰功者生衣其皮死以旌勇殉死者瘞其旁度悉結羅嶺鑿石通車逆金城公主道也至麋谷就館臧河之北川贊普之夏牙也

周以槍纍率十步植百長槊中剚大幟爲三門相距皆百步甲士持門巫祝鳥冠虎帶擊鼓凡入者搜索乃進中有高臺環以寶楯贊普坐帳中以黃金飾蛟螭虎豹身被素褐結朝霞冒首佩金鏤劍鉢掣逋立于右宰相列臺下唐使者始至給事中論悉答熱來議盟大享于牙右飯舉酒行與華制畧等樂奏秦王破陣曲又奏涼州胡渭錄要雜曲百伎皆中國人盟壇廣十步高二尺使者與夷大臣十餘對位酋長百餘坐壇下上設巨榻鉢掣逋外告盟一人自旁譯授于下已歃血鉢掣逋不歃盟畢以浮屠重爲誓

引鬱金水以飲與使者交慶乃降元鼎還夷元帥尚塔藏館客大夏川集東方節度諸將百餘置盟策臺上徧曉之且戒各保境毋相暴犯策署彝泰七年尚塔藏語元鼎曰回鶻小國我嘗討之距城三日危破會國有喪乃還非我敵也唐何所畏乃厚之元鼎曰回鶻有功且如約未嘗妄以兵取尺寸地是以厚之塔藏默然元鼎踰湟水至龍泉谷西北望殺俺川哥舒翰故壁多在湟水至濛谷抵龍泉與河合河之上流繇洪濟梁西南行二千里水益狹春可涉秋夏乃勝舟其南三百里三山中高而四下曰紫山直

大羊同國古所謂昆崙者也夷曰悶摩黎山東距長安五千里河源其間流澄緩下稍合衆流色赤行益遠它水并注則濁故世舉謂西戎地曰河湟河源東北直莫賀延磧尾殆五百里磧廣五十里北至沙州西南入吐谷渾寖狹故號磧尾隱測其地蓋劍南之西元鼎所經見大畧如此

王師簡

師簡元和時人

下泊宮三茅君素像記

太上立德立言以宏其教生人活國其用不極繇乎恬澹者則詣眞理乘化出入人紀罔窮廣成柱軒皇之尊關令闡元元之訓寔捜虛極呼吸日月上賓之軒代有其人茅眞君伯氏仲氏虔奉元樞退然若喪脫履萬類騰跡三清學宗其門者綿代不絕時謂朝山之月肩駕擊轂白鶴紫氣必應其晨或者詭說則曰眞君長往亦以綰吳越司命籍人寰生死吾不知故闕書且嘗遺一畝之宮于山之陽去而復返其號下泊之治榛蕪積焉游者憮然則有東周黍離殷墟麥秀之歎矧靈仙何處哉我河東廣平公此藩吏之師法實奉黃老以根政源嘗謂開元承平之代上奉

無爲以宅清靜元門垂祐有國有家者屬焉繇是捨俸入之錢以宏其棟宇置眞君之像惟肖其儀形設雲幄于兩楹分玉座而鼎足以嚴其觀雙侍童衞焉以備其教龍虎君翊焉昇其堂塗稽首拜手忽若前後左右旄節羽衞從諸天行揖其冰容以敬以肅則若美其目口流涕發論破人昏惑往眞之跡將墜復振此教之演繄事而宏深其卒教者曰興廢繼絕則由乎人蒙福獲祉必感乎至公恒以黃籙法會元辰修畢仍歲必緝敷紫陽玉眞當負扆而須命列陪位而贊拜聲雜天籟宵燭如星奉章上元昭啟昊

帝蓋所以保和封內儲慶皇家門閥之祥我事其禱至哉賢侯之業也粤元和甲午歲十二月二日新宮始成無傷物力公之宇內百姓不知有嚴有翼如合造化道士孫智清元門龜龍以標儀矩受成事指顧而叶焉乃欲章明靈跡延耀丕業請介于戎政者譔而刊之師簡諗于良畫故不敢沒其美云

李寰

寰德宗朝官都知兵馬使歷保義軍横海軍綏銀節度使

紀瑞

皇上御宇之三祀春三月旬有八日晉慈等州都團練觀察處置使檢校左散騎常侍兼御史大夫賜紫金魚袋李寰齋沐虔潔祠于神山慶唐觀聖祖元元皇帝禮成謁于高祖太宗高宗中宗睿宗元宗六聖之真廟靈感昭發休光動天然後登龍角昇華池陟林嶺瞻翠微見瑞柏之奇狀審循葛之延蔓龍鳳交貫垂于廟庭次生新枝有以表聖祚於百萬年矣上元之意必將使茂聳貞固樹之無疆當大歷十四年之三月曾生一枝以備圖牒當今年三月又生一枝故知歷數昌期邈不可算帝王符契自合元經寰忝列宗枝謬當廉察聞斯靈迹心不遑安乃首擇吉日禮祈尊像遂與監軍使朝議郎行內侍省內府局丞員外置同正員上柱國賜緋魚袋吳再和左神策軍監鐵冶使朝議郎行內侍省內府局丞張令綰等同檢驗所植柏樹高下葛蔓尺寸仍令工者圖畫其形狀具表上聞乃刻碑陰用傳不朽

鄭宗經

宗經元和時人

德陽龜勝山道場記

維大唐乙酉祀蜀帥薨鎮其倅曰闢盜庫兵脅市人逆命于蜀門毒瀰浸淫軼制踰封自左綿抵黔渝八郡五十城俘掠單產驅逐守吏四面攻焚煙塵晝昏明年皇帝嗣寶位會朝神京采衛侯甸蠻夷君長偕集庸蜀不至乃授南平王太乙靈旗玉節油幢統禁衛太原馮翊扶風之師問罪於岷陽越三月師次葭萌賊將胥遁涪潼以避我鋒涪濱萬戶隨師而復夏六月賊又成城於鹿頭列柵於此山公移師翌日乃次山下視其鑿峻址以迴塹架層峯以結櫓旗轉霞光鼓雷雲中謂制勝在德義行權在形勢勝而

臨之示建瓴之易也乃召中軍將以短兵二旅魚貫而登闕黨冒鋒而殪者什四奔墮崖谷而斃者又什二則向之險固反爲我資公乃開玉帳以建牙旗列霜戟以周崇壘下瞰賊城如在掌中與都監使劉公監軍使徐公觀變禦敵分營守要自是兇徒居則魄悸魂落出則輿屍折首面縛倒戈請命轅門因命降者先導銳師繼襲氛氳氣象遂清岷峨我帝授公所封之土以守之所活之氓以字之公威肅其令仁敷其政和氣煦之金痍盡平退食之暇延想所歷以戰骨雖瘞遊魂尚痛非大聖之力不能息苦海非

象設之教無以發善心乃命庀徒鳩工度材揆力紺宇俄就絕如化城嚴鼓息而振金鐘戰聲寂而流梵響慈惠所庇菑疾不生峨峨金界擢秀羣嶺公初宅此營有神龜由壁門來於牙旗之下公命投之遠磵翌日重至議者以龜介蟲之長介蟲斯服蜀有龜城其城是師即日乃受降此山既靈及其祥遂以名龜勝山因以山名道場

李中敏

中敏字藏之隴西人元和末進士文宗朝拜給事中出爲婺杭二州刺史卒

太和六年大旱上言

雨不時降夏陽驕愆苗欲槁枯陛下憂勤降德音俾下得盡言臣聞昔東海誤殺一孝婦大旱三年臣頃爲御史臺推囚華封儒殺良家子三人陛下赦封儒死然三人者亦陛下赤子也神策士李秀殺平民法當死以禁衛刑止流宋申錫位宰相生平饋致一不受其道勁正姦人忌之陷不測之辜獄不參驗銜恨而沒天下士皆指目鄭注臣知數寃必列訴上帝天之降災殆有由然漢武帝國用空竭桑宏羊興筦榷之利然卜式請烹以致雨況申錫之枉天

下知之何惜斬一注以快忠臣之魂則天且雨矣

論投匭進狀奏

臣據舊例所有投匭進狀及書策文章等皆先具副本呈匭使其有詭異難行者不令進入臣檢尋文按不見本勑所由但云貞元中奉宣恐是一時之事臣以爲本置匭函每日從内將出日暮進入意在使寃濫無告有司不爲申理者或論時政或陳利害宜開其必達之路所以廣聰明而慮幽枉也若今有司先見裁其可否即非重密其事俾壅塞自伸於九重之意臣伏請自今已後所有人進狀及

封章等臣但爲封狀以進取捨可否斷自中旨庶使名實在兹以明置匭之本意

高璃

璃冀州蓨人累官太僕卿出領忠武軍節度使加檢校尚書右僕射從節寧武拜太子少傅復領忠武軍節度使卒贈司空

使院新修石幢記

唐元和十二年九月十二日徐之從事立石紀氏於府庭之南端初元戎岐公辛卯歲自夏臺帥奉詔朝於京師天

子當扆對百辟卿士登公于明庭曰自理朔陲邊風變和氈裘垂臂歛衽從教予嘉于衷文武僉同今之徐方控臨東極淮海閩越千里遠賴地產堅金俗風用剛河山鬱盤我武宜揚故有鈇鉞印綬之賜予之戎柄期于光大郡邑之長司我風教蒸人壽夭繫厥二吏故別以符印備以僚屬予之耳目期于觀聽大野東原旣豬且平纖縞草木咸在征賦故當命使期于營度城一十六戶一十萬兵六十旅矛盾戈戟戎車鐵馬洎翔潛動植宜咸領焉公拜稽首激誠淚血俯仰交感左右動色讓德不獲改轅而東紅旌大旆發自（闕二字）都人縱觀光騰九衢以功紹復再統幢節近古無儔自歲十一月四日至于理所從一日至于百千日無一息無一頃暫忘嚮之帝命舊府無積衣食曠乏則軍聲武備其可知矣假財于鄰從儉于身戎裝貔集將卒驍敢野夫行謠四郡咸康故以戰則克以祀則福境有飛運水無驚波有征之師以徐爲則上多迺茂績俾位冠于羣帥故有左揆之拜時無等焉皇乎哉岐公之德宜在鼎彝矣噫連帥大府今天下三十有九皆顯才聞人爲佐爲賓誠明中和從事之道也離明誠中和非從事之道也扶

善與能鬼神潛光誰或紿幽闇而謂神無知故予之同府常恐懼乎不至誠愼乎不聞用明誠怡神離明誠媿神將此道也奉我公省厥躬期此布名氏之不朽則可轉之石焉足道哉

呂讓

讓潭州刺史渭子官太子右庶子

楚州刺史廳記

稽聖人棟宇之用博矣太上垂典法利衆庶其次革壞弊鎭形勝其次辨尊卑示昇降最下炫彩色飾土木華其視

榮其體而已若參而合之則賢智公侯之居也若捨其本而務其末則貨殖匹夫之居也能是制者不亦鮮乎揚州屬都楚實甚大提兵五千籍戶數萬其事雄富同于方伯然則刺史大廳卑而且儉素諸侯之等威每冬至歲首文武畢集內不足以陳俎豆外不足以容卒衛及夏秋之交淮海蒸溼之氣中人為病多至煩熱憤悶居常無以逃其虐有事宴于斯皆翕翕流汗往往仆于地不卒其會而散自刺史至將校百吏盡知其不可思欲改造而久遠已來為日者巫人稱陰陽鬼神之事以沮之且曰歲深有物來

憑吏之則不利小以罪貶大以凶終雖然其說如出一口前守或有構材定日視之愓息卒不敢毀而止太和七年天子以大理少卿滎陽鄭公活無辜當刑者四十餘人殊其績命守于楚既至累月威肅仁覆罔不得理戎行農室遠告無事公將易前非誠詢于眾眾果以咎徵止公公笑而諭曰吉凶由己災不自起況陰陽變化人事之符勿忌勿拘以道為模苟不失正無貳其圖敢斷不疑鬼神隨之與眾共利曷慮于危秉直在公余為蓍龜乃築崇基乃剏宏規悅使樂成不亟不遲法度既備丹素亦施清氣和風旦暮颸颸氛厲不干笑語自怡大會其中寒暑皆宜駢羅鼓鐘間發塤篪劍士伎兒飲食熙熙以寬以容逮于養廝觀邇及遠何物不綏不祥之詞沉寂無為守正之報必及其期則鄭公持大權臨大節不撓其惑者用此心也昔賢行事亦有據經合道不奪陰陽鬼神之說然未有決然違俗與眾禍福之見牢甚不可破如此其著者豈非明識達量以義忘私不苟一時遺利後代耶使有土二千石去蠹除弊悉若是舉天下何憂于不理哉且詩咏斯干易規大壯皆美居處有制度可以化人成俗也八年夏予罷郡西

歸道出于此而是廳新成忝春秋之徒也見不朽之作而無述焉心竊恥之請書本末以告來者其他善政能事有風俗言故不採列于記上太和八年八月一日記

張鷺

鷺歷官戶部員外郎郎中司封郎中開成十年為淮南節度副使

仙都山銘

仙都有山山出萬山直上千尋入烟霞深圓如筍抽高突雲陰標表下國權輿象帝日歟月歟萬有千歲東西大鎮

川澤四衛造化無言莫知徃制晴嵐依依宿霧洞開髣髴有像神仙下來灝氣氤氲靈鳥環迴永殊塵雜不鼓纖埃絶頂霄崿澄湖在上人罕戾止孰闚其狀日燭雲披風飄液飛如雨雨空微漉霑衣谷來松音潭影曙暉往往鶴唳不知所歸唐垂百年元宗體元響應萬歲聲聞上天帝祚明德祠堂在焉永懷軒后功成此地丹竈猶存龍昇萬里事列方誌道高青史無復仙容空流谿水百越之内此山爲大恍若壺中疑生象外直而不倚高而不殆古往今來獨立滄海

李胄

胄官戶部員外郎

冰井賦 以寒井陰固冰以時入爲韻

冰井皚兮星歲闌冰候井於春泮井含冰而晝寒其質也惟至貞而可鑒其量也惟極深而可觀夫其碧甃熒熒清光炯炯呀爾莫測堅爾而靜閉土膏之潛脉奪霜空之麗景濟時方候其獻羔利物不資于短綆前王何以貴冰而鄴臺尚開乎舊井下視千尺旁窺百尋足使貪夫勵志君子戒心或以慮危則取象于履薄或以思險則取類于臨深豈徒遠自窮谷而納于凌陰其道有恒其迹無固當未用也雖處幽而無悶當其用也雖向炎而不懼縱居井之未深亦在冰而守素若乃天地閉河海凝風落木霜寒冰或呈六出以表符瑞或因五行而見咎徵寧比夫在坎窞而不耀遇陽和而自升故知井之爲德莫之可比爰若汲引于焉賓祭是以須之也遍出之也時雖應用而無倦終待命于有司東風可解西陸可期不以深而見棄不以輕而見遺側玉盤而有望仰金門而可入質惟務施固不戀于深山道貴能行亦何慙于改邑懿夫吾王之政無不修化無不及猶慮霜雹之爲災故冰井所以立

齊推

推高陽人

靈飛散傳信錄

余與憲臺察史博陵晦叔有遺世保形超蹈山海之契嘗共語求學之士探擬睽謬恥嘗近實虛務遐闊未易凡鄙便冀飛昇謂金丹坐延而仙籍立致夫處心不寘于道錬形未異于常齒髮不駐顏色隨謝是氣血内耗而容狀外變病疾未脫嗜慾交煎天生速死不及常理區區貪昏多

此類也今所爲異必求良方先驗容齒與俗流自別知常限不𨔼方可冀久視修仙林鍊神清虛求餌芝玉約索精要近拯形骸有新聞闕互相曉導晦叔異日謂余曰有客話裴都尉者鶴髮早垂童顏近復訪其所餌曰靈飛散之功共知此方在千金第二十八卷晦叔又曰聞勳曹員外郎范陽君彜嘗與修氣道客吴舍人丹講求此方丹曰千金近畧率多不眞定此方本出太清仙經可求正文如法合餌君彜私誌亦未卜所獲時寓累于故李中書泌之宅暇日偶入一小室有書籍盈几皆斷爛罕全雜委无次軸

閱將半忽遇一軸褾首完整文墨甚華題曰太清眞經發視乃靈飛散方卷君彜執讀欣契誠求卽齋靈文驟告于丹乃焚香頂奉滌手持捧謂君彜曰此眞官曲遺靈應特延紀于仙書足勸後學晦叔以余與君彜莫逆分至傳信可憑約就諮訪便求傳寫余驅乘詣門問與聞叶因得抄錄與晦叔同之又方中分味以雲粉爲主是歲余授鍾陵奏辟而廬阜在封部之内鑪峯跳波脉注谿壑居人方士皆引湍春雲水汰日曝流霜瑩雪丸珠旋螺宛若天造貨于村市貿爲衣食常肆所積日取无限此方雖要惟兹一一

物有是行也實天借心謀亦將旁利同志不然何契會如此以先約話余私貯靈感不忘寢興行商洛數程息豹藏舍郵客有自内鄉來者曰有鄧掾融攝宰前邑年踰從心之五而姿鬢不老目瞳不昏理劇接賓與强仕等力問其所得曰嘗獲神方余至邑徵訪乃靈飛散所致考其傳授及藥力驗應云昔歲見唐主簿有道流口付說是靈仙上方欲窺功用可立變鬢髮融有親容顏鬢已衰將試靈驗因求合分服三十日融之親容顏髮頓易前狀融半劑之效亦保數十年不改恨其藥力未成便闕服餌又遠謫窮

顇貧貨多乖今比凡流猶有所異復說在長安日傳張裴二駙馬皆目變効重符前聞則此方神奇驗實相接眼覿口問積爲明徵又孫處士道問上流精窮方要掇此編錄固非偶然余與晦叔幸君彜之遇果求向之約誓心服食以邀効證他日之異續此編書元和七年四月五日高陽齊推書心記實

韋奕

奕官尚書兵部員外郎

駁太常擬贈工部尚書馬暢謚議

太常考馬暢之行舉夙夜兢事廉方徑正之歎以易其名異乎無所苟于言也比建中興元間暢以父有征討之勳推恩而授爵位父薨家富于財以酒色自娛貞元中嘗傾産交中官因獻田宅以求幸德宗薄其人而終不信用生前與孤姪寡嫂分居競財醜聲聞于時歿後使孽子孀妻披姦抉私公言盈于庭此皆章著于視聽者可以謚爲敬乎議者云先司徒之籌畫而暢揣摩者策而遺焉暢參計于閨庭之內苟所言屢中而不可隱當指明其效實而書之俾行道者無所惑不然則莊武公之才畧光于典策矣

而乃飾虛辭以攘其善爲子請謚得非繆濫之甚耶又稱名儒端士皆從之游未知孰爲其田蘇邪孟軻云尹公他端人也其取友必端矣夫孰與端士而游乎暢之門況謚法夙夜兢事者以其績用已紀非謂其曠日引月以至乎終身也廉方徑正則暢處已行事未嘗造次而踐其途焉何以謚爲敬乎太凡言功伐議德行尊其跡有以勸善貶其名有以懲惡固非庸者事也如暢之輩烏足以黷典法哉若有司以有爲而爲之則宜乎貶之例也請下太常重定其謚

史宏

宏開成中擢進士第

冰井賦（以寒井陰固冰以時入爲韻）

鑿之冰井厥用可覩井因厚地而深始將乎人力冰以積陰而壯必本乎司寒所以俟立春而氣至當嚴寒之律發順乎時不愆於夏歷守其典必驗於周官若乃冽井者泉藏冰者井至陰相合表虛受之無瑕聚氣而堅叶坤柔之至靜況乎元律涸沍寒光凝冷積風塵於四郊封雪霜於萬嶺者哉覩其啟閉奥洞幽深矗如雪聚皎若月臨抱堅

精之素質體元妙之精心期三變以示乎通用言一日方屬乎窮陰且滌其井不愆於度爰納其冰轉增其固妍媸必表將金鏡而分形明皎相鮮與瓊瑛而競素影淋漓而未泮質晶耀而凝沍若玉壺之洞開似金波之始露其初也小人是承剪乎荆棘陟彼邱陵當元冥之用事供北陸而藏冰出窮谷而方結下重泉而轉凝託影超象因物爲比或瓊碎而星流或峰聯而岳峙爲王者之恒典俾羣生而是以穿重壤之十仞以表藏周候朝覲而夏頒用不私已稽夫井以不變爲德冰以至堅自持井非冰而不能全

其淨。氷非井而不能應。其時。體剛居中。且異乎藻而不食。力柔其重。方同乎順以致。辭其功克廣。其用斯給。慎以祓除。節其出入。異彼廬陵之瑞。空存三色之名。同夫甲子之祥。用彰七月之什。當其舊典。不廢新令。是緝。喜災害之無虞。頌皇王之御立。

欽定全唐文卷七百十七

柳澈

澈字直方。元和中官太子通事舍人飛騎尉。

保唐寺毗沙門天王燈幢贊 并序

周天宇。環四極。明照品類。陽和發生者。其唯日月。鬱儀含光。結璘滑耀。曦暉窈昧。煒煌掩翳者。其唯燈爝。而瓊室明晰。幽奧發揮。辯折纖穢。無奪物務。燈之為用。其大矣哉。則有若白毫相如意珠。徹照大千。傍覩沙界。明冠雨曜。流輝五靈。出世之耿光也。非獨昭彰曖昧。抑亦雨寶蓮華。貨貝

紛布。以資生靈。天莫測。人莫辯。千載盛事。歸於我唐。於戲。道之行也。德之修也。其或懸建。必生奇偉。卓然興之。迴拔巍巍。其流必大。則今之建功立名。位階三事。高謝四科。文明藻麗者。可勝道哉。幢之建也。本於毗沙天王。燈之照也。興於玉殿霞敞。事之源也。肇自平康里。蜀之符節。掌留務闕二字別闕二字闕名闕一字大歷十一年景辰。以宅奏闕四字年甲戌闕二字從道僧名覺勝。爰於寺宇。手素天王。容飾未周。報齡將謝。祈感帝夢。帝闕三字儀形聿修。紺殿斯立。事詳豈碑。幢則敘天王之鎮保唐也。闕七字哉。靈闕二字儼若覩相形

靝金闕十三字氣闕一字掌塔瞪注持矛傑立而鬼神闕三字精闕二字百由旬內為依為怙僧藍以之闕五字之安寧日月明於外燈燭耀于內同乎闕五字魄夜朗無宵晝矣至於興感化允人望祈願必遂幽贊多方不可遽數其有奉蘭膏照華殿燈明不絕歸信如流則其為福也展無疆之休其益算也續靈長之壽當寺內供奉大德了法上座超證寺主靈皎都維那超元購良工奉珍財求翠珉斲而磨之徵雕龍序而贊之文則陋矣敢揚光烈贊曰

天王垂迹肇興于闐威靈傍洽仰之鈐鍵爰祚我唐昭孚變現廓土開疆闕一字騰雹烻其一惟王有國惟神有靈教興印度德洽大庭綿闕一字歲紀天資克成僧藍是託國步爰旌其二燈幢昭赫邈哉天王炳靈垂休帝業其昌翠殿含耀徘徊煒煌慶于闕一字祚于保唐其三

梅彪

彪元和時人

石藥爾雅序

夫爾雅者古人以訓釋難尋之所作也每想此機捷妙無以加故朝廷用之兼經多歷年代余西蜀江源人也少好道藝惟攻丹術自弱至于知命窮究經方曾覽數百家論功者如同指掌用藥皆是隱名就於隱名之中又有多本若不備見猶晝餅夢桃遇其經方與不遇無別每噫嗟此事悵恨無師由何意也因見參同契云未能悉究當施直義其理盡矣經曰吾欲結舌不言恐畏獲罪誅寫情於竹帛恐泄天之符故知聖賢至道元妙之法不欲流俗偶然之所聞解也故委曲其事令上士勤而習之使下士棄而笑之理昭然也但恐後學同余苦心今附六家之口訣衆石之異名象爾雅詞句凡六篇勒為一卷令疑迷者尋之稍易習業者誦之不難兼諸丹所有別名奇方異術之號有法可營造者條列於前無法難作之流具名於後時唐元和丙戌梅彪序

元傑

傑元和時人

湞陽果業寺開東嶺洞谷銘 并序

陰陽精氣結為山嶽者則為勝為異為奧為閟故萬嶺交峙而嵩華辨其方羣岳効靈而瀛壺拔其類是知仙居靈宅其必有黨乎鳴弦之北趾果業之東阜高不百仞廣纔

千畝。層巖石室。幽谷靈洞。殊境異觀。秀絕奇偉。雖瀑流之下。鐘峯懸磴之躋。丹嶠路遠。莫覩。余不知其倫擬焉。桉寺記云。昔有方士。於是山鍊金變形。羽服登仙。故石座丹竈至今存焉。觀其東嶺削成。石瑩如玉。岡巒峭竦。巖壁重複。捫葛而昇。如造雲根。縹緲嬋娟。似霞衣可攀。真氣勝而塵累捐。五蓋破而清機闢。蕩然放懷。如羽翼之已生。赤城之可接。噫。境變志遷。若符契之協從也。下臨長川。澄波吐瀾。煙霞夕收。飛鳥不喧。杳渺逶迤。流注無間。西直巨壑。連嶂如屏。林靄朝翠。巖光晝清。篠簜藏煇。杉松下冥。虛廓寂寥。

涵風有聲。緣嶺未極。割開洞門。黛容崢嶸。詭狀輪囷。疑伏龍怪。鎮含煙雲。又有古木。倒傍絕壁。盤根綢結。掛絡空碧。崩崖傍傾。猿遲下仄。羽人幽會。此焉瑤席。搏翠壁而直上。軋崎嶇於紫氛。雙巖屹以中斷。奔屏蹙而成室。涵孕精爽。澄凝氣源。信列仙之攸居。豈塵俗之所止哉。嗚呼。鶴駕一去。鳳簫響絕。荆榛蔽路。危磴敗滅。跡留人境而舉世莫知。地聯精剎而羣遊莫至。吁可怪乎。其晦藏也。元和丙申歲秋八月。余以膠鬲之困。寓居精舍。再從兄昭肅時假茲邑。政便於人。務簡多暇。與當寺僧知捷。日探道源。捷亦好古褻奇之士也。因語故實。緬思羽客之元風。以為靈跡神蹤。精誠必復。乃操及持畚。履險通幽。梯絕棧而歷巉巖。排紫籠而登杳靄。時更不稔。而神居祕躅。粲然皆睹。嗟乎。芝田元圃。豈遠乎哉。天之與人。氣通則合。客有顧吝而諗予者。或應之曰。天之運否泰相濟。故善利稱德。有下民昏墊。人之道行藏有數。故棘津蓬萊。時惟鷹揚。靈物必通。道在斯著。不然。何荒阻千祀。勃焉而興歟。乃為銘曰。

鑿石通道兮披木枝。仰攀洞口兮蹴鼓危。奔龍伏虎兮勢狀奇。林攢峯倚兮蟠雲螭。下臨陰谷兮神以慓。嵌巖巖兮

洞無極。老松肅瑟兮生遠風。興雲霈霈兮煙霧黑。懸巖排空兮色噴黛。堅根綢絡兮層霄外。披霓解帶兮羽翼生。下眺遙江兮入青靄。世道紛綸兮何足謂。朝為榮華兮夕顛頓。不如幽谷兮閱仙經。冀接浮邱兮整煙轡。我窺丹竈兮坐山腹。衆峯參差兮隱雲族。鑿仙嶺兮望瑤臺。朝霞照海兮錦綺開。信赤松之所昇降。王喬之所往來。道或用晦兮靈物斯潛。殷道未昌兮說築傅巖。紛予感此兮勒銘雲根。山既不朽兮與名長存。

盧頊

頊德宗朝昭義留後王虔休辟掌書記授洺州別駕

禱聰明山記

聰明山之神蓋俶落上古不知其始興也若曰福善禍淫之謂聰降祥毓物之謂明美稱備焉取名斯在觀夫羣山逶迤自西北而茲鎮秀拔屹臨東夏揖岱宗於遠邑延旭日於高標豁開廣平千里如砥靈源森麓迴合窈冥禳祈必徵肸蠁如覩祀典曰山川邱陵能出雲爲風雨有功及物曰神諸侯在其地則祭元和丙戌歲右僕射范陽王總戎之三年詔自上黨撫巡東封登車誓師顜若畫一萬旅

齊列千輪比衝振蕩林巒翩翩旆旌雷動雲駛不聞人聲公清明在躬文武是憲翼聖濟俗宣威靖難申伯旋謝太公祖齊華夏具瞻今古榮觀冬仲月生魄至於茲山齋莊廟庭躬執祀事於是大備椌楬畢陳犧牲神之格斯歆我明德君子曰惟精誠通乎神惟聰明應乎人天地交泰而賢人用神人和叶而茂勳立公之舉也神之助也不然何年祀未幾而變化神速臻於是耶故詩曰天降時雨山川出雲又曰赫赫厥聲濯濯厥靈其在於公乎頊謬職分符今適一紀獲奉威命舊邦惟新黎庶其蘇邦家之慶祝公壽考永固河山夫言而無文行之不遠乃刻石以紀傳於後人自公及監軍使幕客郡守列將等咸載名氏云元和四年七月九日記

陸行儉

行儉汴宋節度使長源子

代淄青諫伐淮西表

臣某言臣聞忠以事君則正其詞所謂誠臣也諂以事君則僞其詞所謂諛臣也臣以多幸生逢昭代受方隅之重寄藉日月之餘輝荷寵益深殺身難報而心尚謇直志無

回邪苟利國家敢陳無隱一昨中使李誠義銜命遠降軍中蒙以淮西事宜俯賜宣示跪捧宸諭枉受德音仰荷自天之恩下訪列藩之將恭承聖問思露下情芻蕘之言慮有塵黷誠義迴日已附表奏聞雖詞達於上而誠款動天彷徨轅門懼獲罪戾伏以堯舜在上伊皐立朝陛下謀及宰臣詢於卿士並以弼諧帝道匡贊皇猷在臣何知豈宜獻計然臣擁旄歲久受國恩深元造未酬赤誠空竭得申犬馬之志敢逃湯鑊之誅仰天誓心白日所鑒伏以陛下君臨萬國子育兆人覆載所均無遠不至溥天之下孰非

王土率土之濱孰非王臣永言雨露之澤豈隔遐邇之人今少陽云亡允子在疚賞未追於後嗣兵已纏於四郊然則一方之人豈非陛下聲教所加盍示懷柔俾霑恩信竊料中外日獻章疏來陳所見以惑上心夫爲奸邪者則願師旅薦興秉忠誠者則願干戈再戢羣情不一豈叶大中伏望聖明燭幽宸鑒及遠誠宜辨邪正於衆口斷可否於萬機擇善而行從諫則聖如臣愚直謬竊寵私不敢以息兵沮議今所上表貴以直書非敢私於淮西誠願安於宇宙不然者恐煩聖上之慮有費天府之財不惟塗炭一方

誠亦憂危四海盡忠於國者猶自銷難不忠於國者因此生禍國之理亂實所攸繫伏冀陛下宏以好生之德降以推恩之典使死者獲媿於幽壤生者盡節於聖朝凡在臣子孰不幸甚陳露愚懇輕冒天威周章失容進退無據臣限以戎閫不獲陳露闕庭無任憂惶隕越之至

韋辭

辭字踐之京兆扶風人兩經擢第判高等文宗朝拜中書舍人出爲潭州刺史兼御史中丞湖南觀察使大和四年卒年五十八贈散騎常侍

修浯溪記

元公再臨道州有嫗伏活亂之恩封部歌吟旁浹於永故去此五十年而俚俗猶知敬慕凡琴堂水齋珍植嘉卉雖欹傾荒翳終樵採不及焉仁聲之感物也如此今年春公季子友讓以遯敏知治術爲觀察使袁公所厚用前賓鼎尉假道州長史路出亭下維舟感泣以簡書程責之不遑也乃罄撤資俸託所部祁陽長豆盧（闕六字）歸喜獲私尚會余亦以恩例自道州司馬移佐江州帆風檝流相（闕六字）畢實鼎竦然曰玆亭刱治之始旣銘於崖側矣至於水石之

秀賦詠所及則家集存焉然自空閒時餘四紀士林經過篇翰相屬今圬墁移舊手筆亡矣將編於左方用存此亭故事旣適相會盍爲志焉余嘉其損約貧寠而能以章復舊志爲急思有以白之故不得用質俚辭命元和十三年十二月六日江州員外司馬韋辭記

崔元略

元略博州人第進士穆宗朝爲黔南觀察使徙鄂岳入拜大理卿敬宗朝遷戶部侍郎文宗朝轉戶部尚書爲東都留守遷義成軍節度使卒贈左僕射

論免課役人奏

伏准職役令內外六品已下官及京司諸色職掌人合免課役伏以設官之際大闢隄防給蠲之時不免踰濫至有因緣假冒多非本身臣自受比官已來無日而不見論請蠲牒必恐從茲不巳天下無復有應役之人伏請自今以後應諸司見在官及准式合蠲免職掌人等並先於本司陳牒責保待本司牒到然後給符其前資官即請於都省陳狀准前勘責事若不實並准詐偽律論其孝子順孫義夫節婦及割股奉親比來州府懸免課役不錄所司覆請

從今已後應有此色勅下後亦須先牒臣當司如不承戶部文符其課役不在免限

自訴疏

一時府縣條疏臺司舉劾孤立無黨謗言益彰不謂詔出宸衷恩延望外處南宮之重位列左戶之清班豈臣庸虛敢自干冒天心所擇雖驚特進之恩衆口相非乃致因緣之說

興元元從正議大夫行內侍省內侍知省事上柱國賜紫金魚袋贈特進左武衛大將軍李公墓誌銘 并序

夫王者統極垂理其外必有英哲宣力股肱其內必有專良布達心膂以成帝道古今而言君臣相會兼之者鮮矣厥有內侍李公可謂會而兼之者也公監軍河中以元和十年正月十七日薨於官次行路悽咽元戎以聞皇帝軫悼寵以殊禮褒贈特進左武衛大將軍品冠朝端位崇禁衛詔下之日人不謂優有以見公出入中外始終無過之地矣公諱輔光字君肅其先京兆涇陽人也曾祖望皇京兆府華原縣令祖萬靖皇涇王府長史父思翌皇涇州仁

賢府左果毅賞緋魚袋公即果毅之第三子也質表華茂氣懷恭敏建中歲德宗御宇時以內臣千國率多縱敗思選賢妙以正宮掖故公特以良胄入侍充白身內養俄屬皇輿巡幸公於斯時參侍指顧應對皆愜遂賜綠超授奚官局令勳以元從之號其年又遷掖庭局令興元初輦入宮闈公屢含天憲復命之日皆中機要遷內寺伯時有北虜入覲將以戎馬充獻數盈累萬國朝故事每一馬皆酬以數十縑帛拒之即立爲邊患受之即王府空竭公承命爲印納使迎之朔陲諭以信實交領之際虜不敢欺必以

精良者（闕一字）後充算省費之校億兆相懸生靈所資安危是繫卽公之於國可謂有大功矣聖情歡悅遂有銀章朱紱之賜由是方隅重事咸所委屬嶺嶠之南漸於海日邕管地偏人狡（闕三字）將有缺溪洞連結爲盜者僅廿萬衆王命稽擁遠於周歲鄰道節使咸請進討德宗皇帝且曰以吾人伐吾人剋之非利於是命公招諭驛（闕二字）驅遽臨所部公乃訊詰疑懼昭示恩威浹辰之間咸知所嚮公素練兵機具見腰（闕二字）巡視川谷占其要害奏請於海口置五鎭守抵至今帖然人受其賜獻功未幾又屬太原軍帥李

自良薨於鎭監軍使王定遠爲亂兵所害甲士十萬露刄相守公馳命安撫下車乃定便充監軍使前後三易節制軍府晏如十五年間去由始至遂特恩遙授內給事又有金章紫綬之賜元和初皇帝踐祚旌寵殊勳復還內常侍兼供奉官明年銀夏裨將楊惠琳西蜀副倅劉闢或以長帥薨歿皆恃塞怙險初有邀君之心終成悖亂之跡公密表請發當道步騎誅討功成之日有詔褒美曰卿志懷嫉惡情切奉公繼遣偏師克平二寇雖嘉將帥之勳足見監臨之效拜內侍省內侍知省中事署之貴寵極於此尋因

入覲懇請畱侍乃充鴻臚禮賓使又轉內弓箭庫使曾不累月皇帝以蒲津重鎭監統務切復除河中監軍兼絳州銅冶使自元和四年至九年元戎四換交代之際人心如一斯蓋公約已廉與士信靜專動和推安便物之所致也聖恩表異圖形省閣易簀之日享年七十有四以其年四月廿五日吉辰遷窆於涇陽縣咸陽原之陰詔下所司備鉦鼓笳簫儀衞禮物中使監導出於都門榮觀路人寵被幽壤士君子聞者咸亦知勸夫人輔氏邑號扶風郡閨儀端懿母德溫淑如賓之敬見於喪禮有子四人長曰希晏

前將仕郎掖庭局宮教博士次曰仲昇開府儀同三司檢校太子詹事兼殿中侍御史充河東節度保寧軍使次曰希遷內養將仕郎守內侍省內府局丞次曰希昇並皆克奉規訓志存忠孝懿勳茂績始見其進也門吏晉州司法參軍巨雅以元畧長兄嘗賓於北府以元畧又從事中都俱飽內侍之德將命錄實見託爲誌勒之貞石且無愧詞

銘曰

涇水之涘高原堀起其上新墳葬我將軍將軍之德實彰
家國水竭原遷斯文乃傳

張述

述大和朝官司封郎中出爲袁州刺史

代韓僕射辭官表

臣某言臣以夙疾多時受任非淺常有負覥冒據官榮將貽折足之尤以速素餐之謗昨者輒陳章疏冀蒙矜免不意血誠徒懇聖慮未迴懷荷寵私有如氷炭臣聞力小任重久則致敗功微祿厚過則生災故經垂知足之言易著負乘之誡皆明力不勝任才不當官臣雖孱微嘗所執守且臣受鉞閫外二十一年弟執金吾男居藩服窮極寵幸

萃臣一門每夙夜憂惶常恐身先犬馬不獲策勵駑蹇上報鴻恩今臣寔懼不遠是以告訴况臣心力未減猶可支持筋骸已傷或難勉強伏望聖慈哀察賜徇懇誠恐其再有陳聞許以病免丹款儻遂沒齒爲榮無任懇迫之至

第二表

臣某言伏以累獻表章微誠務達屢塵聖聽罪犯已多臣聞固陋寒賤人之所惡富貴榮達人之所欲自臣忝謬卽宜推陳豈可蓄縮偷安歛藪苟得若禮乖當植得者不勸故禮以旌德賞以勸勞訴或苟差何以沮勸臣自叨幸高位二十一年手足風病十有餘歲每恨國恩未荅沉痾遂嬰命竊極於公侯身實降於廢棄幸逢明詔獲睹闕庭天顏咫尺之間稠疊慈諭形庭拜舞之際宣賜人扶焉有臣對君上獲此恩禮陳於明庭雖丞相乘車入朝鄭侯劍履上殿臣忝僥倖竊被殊榮未知何功寵光及此史冊莫載今古全無皆陛下降稽天之仁垂極地之德特開貸納俯賜含容君父之恩不可稱量臣每退朝之後感極涕流唯思訓子導孫披誠瀝懇率令致命不止終身蓋由感深遂切肌骨但臣去就如此保固官榮尚猜覆載之私更安顯

重之位則何以標明賞典準約朝綱臣是以陳露鄙誠罄竭于此昨者再披悃款冒死奏聞蒙賜批諭特加獎飾錄其微功未賜允從臣今輒敢復獻表章觸法陳乞特仰恩私養疾衡門則陛下無虛授之名微臣免曠官之責不奪之志告訴豈憚于再三觖望之誠允許庶幾于萬一陛下儻恕塵黷俯察區區容其病免以徇誠請雖死之日猶生之年

爲鄭滑李僕射辭官表

臣某言臣聞虞舜之朝九官皆讓西漢之盛二疏云去蓋

上以淳風盪俗下以廉恥激節故也况寵辱之際不驚則愚進退之間不知則殆中謝伏惟皇帝陛下德超邃古功格上元誕敷文教丕變頹靡天地日月載惟貞明動植翔泳罔不咸若臣某席以枝蔭階緣休運弱齡入任四紀于茲三省微躬一何厚幸是以每莅一職每徙一官未嘗不心劾權衡操懷竹柏雖齷齪廉謹曾無異績而毫釐過犯未汚簡書知臣在君匪敢矜述自陛下嗣臨寶位一十七年不以疲駑猥蒙獎拔授以疆土假以麾幢入居宗廟之司出典股肱之郡八座之貴臣拜者三六條之榮臣守其

五四開戎府一佐中軍至如官相臺丞侍臣堯印兼命稠疊累遷頻速輝光既極盈滿是憂間歲初領華州方宣聖澤俄以滑臺選帥非次及臣雙旌自天匹馬之鎮此州當四達之地控兩河之境兵雖勁逸人至凋殘臣遠仗皇威推誠撫衆服勤吏事盡瘁牧人遂得黎庶就耕織之時士伍知訓習之禮此皆大化光被臣敢貪天之功常恐三至奪慈孤立速謗此臣所以怵惕惟厲中夜以興願披血誠上達旒扆伏惟陛下少加憐察臣竊以酬恩徇節心實無涯引重致遠力誠有極臣先以嶺南染風毒脚氣今年春又患發聲分將不起命及阽危幸沐亭育之恩免從帷蓋之斃臣年逾知命齒髮已衰疾經沉痼方寸頓減久當繁劇必慮闕遺臣又聞制閫者以重鎮爲雄仗鉞者以專征爲務臣器幹不足以在任方畧不足以持權何以統節制之師貞定否臧之戎律且陳力就列訓誥攸存審才則然以病宜免况巖廊多士宇宙無虞爲官擇人皆出臣右胡可晏安冒寵尸素妨賢乞降賜骸之恩以全折足之咎臣獲退就散秩保養餘年俟筋力之復彊申赴蹈而寧晚臣於當部勸課營田及以羨餘優恤將士等事一一列具條

奏冀明輯睦上副憂勤塵黷宸嚴冰炭交臆無任懇切屏營之至

代韓僕射諫伐淮西表

臣某言某月日中使某至伏奉手詔兼宣聖旨以淮西事體令臣謬竊藩隅每慙叨忝職惟承命恩深隕越陛下特迂宸聽議及凡品累從聽之德慙啟聖之才感恩徘徊難酬寵遇敢不罄陳愚瞽竊備芻蕘伏以少陽男元濟不取聖裁擅理戎務國有常典罪必當誅或恐淮西一使曾經反側衆情所裁覬自偷安元濟此時求免無路陛下式遏

爲心固合深除剪滅猥蒙詢訪無有寃能不死勢必萬全天討淹留衆心前卻則干戈難弭殺戮滋深陛下愛人之心異殷湯釋網之意伏願與輔弼信臣朝廷碩德平章利害以取厥中使兆庶安生四方蒙福寔天下幸甚豈惟臣一方臣所部兵馬排比有序但思報國恭候指揮伏惟賜鑒微詞俯察愚懇輕陳睿烈慚懼伏深

代魏博田僕射辭官表

臣某言臣聞中原息戰子房得以乞身東吳既平范蠡終能行志二臣皆因時効用遇主成功進感展於盡忠退各

安於秩考所以立名萬古保慶一時愚臣夙心私有所慕況蒲柳先邁駑蹇易疲審已無堪量力知止吐誠上達罄寫中懷仰覲天慈俯照愚悃中謝臣雖長於戎旅幼業詩書每稟劾忠之言早勵爲臣之節當河朔承襲之日在軍幕危疑之間每動險中幾隣於死常以捐軀報國率彼頑人受命指蹤掃清餘孽用攄宿憤以答明時一覩天庭百生願足但懷感激豈意遭逢伏遇陛下神武應期聖謀獨斷臣得盡陳忠款見委赤心唯將擐甲敵行執殳畢力上憑睿算凶寇自夷今日獲覲天顏躬承睿渥平生之願既遂休老之志宜申豈可更貪寵光久冒榮祿使貽官謗取笑將來臣自總魏師初率歸化當時結念便誓此心祈於素誠非是飾讓匹夫之志猶不可奪臣一昨自離本鎮亦以此意明言陳諭聖恩勉其忠義將士等皆懷皇化盡激丹誠則一軍幸安且無足慮在於今日臣何所任豈可久曠妨賢待議竊位此時不退何日宜退臣犬馬之齒未云甚高筋力之問已知不健加以少罹憂患鬢髮早衰久經行陳心力已耗若許其優養或冀保餘年儻抑其愚性則生理必沮且身兼將相人臣之位已極滿朝子弟人臣之

家至盛於國何補獨荷殊私所以憂餘惡盈樂在知足擊壤自歡於聖日懸車豈待於禮年是用瀝膽披肝冒昧陳乞伏惟尊號皇帝陛下德邁羲軒恩深覆載蕩除餘祲理致太和動植含靈無不遂性方將旁求英俊共洽昇平如臣以鷹犬之微獲申搏噬累塵高位常積厚顏福過災生自當勇退且富貴榮樂是人所欲苟心有所尚意趣或違彊其不能適足增苦儻蒙恩造獲遂優閑許歸衡茅取樂餘齒是天地曲成之德君父莫大之恩五湖迴舟生無慙於越相都門揮手死不愧於漢臣言披血誠情切中素無

任悃款懇迫之至

長孫巨澤

巨澤元和時人

盧陲妻傳

汾州刺史崔恭幼女曰少元事范陽盧陲陲爲福建從事旣構室經歲餘言於夫曰余雖胎育人世質爲凡女本金闕玉皇侍書每秋分輒領羣仙府刺落丹誠錄修學者名氏多由觸染而墮與同宮三侍女黙議其狀恍然悟世情之穢慾共憤歎之未竟而仙府責其心興慾端各謫降下

世爲盧氏妻二十三期今及年矣當與君絕恩息念常獨居一室不踐夫域自刻本末復仕前名也陲或中夜聆室中有語音試潛窺伺有古髻長綃衣女數人共坐指陲而歎皆梵音不知其言但見肌髮衣服悉有光照其妻獨不彰朗曁旦告其妻曰天界眞仙皆梵語再詢之則曰若恣傳泄必生兩責又言於盧曰吾不及爲太上所名將欲返神還乎無形復侍玉皇歸於玉清君無泄是言貽吾父母之念盧亦共祕之常異日戚戚不樂謂陲曰事迫矣不告吾父母是吾不女也遂啟緗箱取黃庭内經獻於恭曰尊之孺人算極於三月十七日非内景經不能保護然尊之孺人念之萬過只可延一紀恭驚曰汝焉知吾之運日月邪吾嘗遇異術人告余前期吾不能出口而心患之汝將若之何女乃設三机數重席白筆具萬過功章以名南斗主算天官令恭潔衣再請命髣髴有三朱衣就坐進蓋酒竟持功章而去由是父母皆異之仍曰今泄露天事不可復久月餘告終及葬舉棺如空留衣蛻而去初陲旣驚異其跡乃請道於妻留守一詩一章曰世有修福之門無知道之士君至丙申年神理運會遇異人瑯琊君必與開釋

此詩君今未屬於道不可與言無爲之教長孫巨澤之友曰棲眞子王君行於陝之郊覩陲備言妻之狀復以守一詩詢於王君君覽詩駭然曰此天眞祕理非可苟盡遂演成章句目之曰元珠心境以授陲時元和丁酉歲巨澤聆於王君乃疏本末爲傳其淵密奥旨具列章句云

楊虞卿

虞卿字師臯虢州宏農人元和五年進士又舉博學宏詞科累拜諫議大夫宏文館學士轉給事中出爲常州刺史入拜工部侍郎授京兆尹貶虔州司戶卒

上穆宗疏

臣聞鳥為遭害則仁鳥逝誹謗不誅則良臣進況詔旨勉諭許陳愚誠故臣不敢避誅死以獻瞽言竊聞堯舜以天下為憂不以位為樂況今北虜方梗西戎弗靖兩河之瘡痍未平五嶺之妖氛未解生人之疾苦盡在朝廷之制度莫修邊儲屢空國用猶屈固未可以高枕而息也陛下初臨萬幾宜有憂天下之志當日延輔臣公卿百執事凝旒而問造膝以求使四方內外灼有所聞今自聽政以來六十日矣入對延英獨三數大臣仰龍顏承聖問其他侍從

諮諏之臣偕入而齊出無所咨詢何足以聞政事哉諫臣盈廷忠言不聞臣實羞之蓋主恩疏而正路塞也夫公卿大臣宜朝夕接見論道賜與從容則君臣之情相接而理道備聞矣今宰臣四五人或頃刻侍坐天威不遠鞠躬隕越隨旨上下無能往來此繇君太尊臣太卑故也自公卿已下雖歷踐清地曾未祇奉優睠以承下問鬱塞正路偷安幸門雖陛下神聖如五帝臣下莫能望清光所宜周爰顧逮惠以氣色使支體相輔君臣昭明陛下求治於宰相宰相責治於臣等自然上下孜孜相問使進忠若趨利論政若訴寃此而不聞過失不致昇平未之有也自古天子居危思安之心同而居安慮危之道則異故不得皆為聖帝明王小臣疏賤豈宜及此獨不忍冒榮偷祿以負聖朝伏惟陛下察之

欽定全唐文卷七百十八

金獻貞

獻貞元和時官衛尉卿

海東故神行禪師之碑 并序

夫法之體也非名非相則盲聾智者莫能觀其趣心之性也若存若亡則童蒙理者焉可測其源故有學無學纔嘗香鉢之飯二乘三乘寧得藥樹之果言禪那者即末還本之妙門因心階道之元路歸之者銷沙劫之罪念之者獲塵刹之德況乎經年累代積行成功深之又深其極致歟

粤若位登五七聲亘三千紹佛種傳法燈即我神行禪師受其記焉禪師俗姓金氏東京御里人也級干常勤之子先師安宏之兄曾孫積善薰心曩因感性年方壯室趣於非家奉事運精律師五綴一綱苦練二年更聞法朗禪師在蹦踞山傳智慧燈則詣其所頓受奧旨未經七日試問之曲直微言冥應以即心無心和上歎曰善哉心燈之法盡在於汝矣勤求三歲禪伯登真慟哭粉身戀慕那極遂以知生風燭解滅水泡遠涉大陽專求佛慧乘危碧浪不動安心之念對險滄州逾策護戒之情誓願堅固承佛神威孤帆直指得到彼岸時屬凶荒盜賊亂邊勅諸州府切令捉搦吏人遇而詰之禪師怡然而對曰貧道生緣海東因求法而至耳吏不得自放撿繫其身廿有四旬矣於是同侶俟其無人時說桎梏而息焉僉語之曰汝盍如此耶答言吁我於往昔造罪業故今見罹苦甘心受之竟不脫休斯則忍辱納汙之迹和光匿耀之事也事解遂就于志空和上和上即大照禪師之入室朝夕鑽仰已過三年始開靈府授以元珠不壞微塵便撮大千經卷非舒方寸遍遊百億佛剎常游泳於性海之深源恒翱翔乎真空之幽

際泊於和上欲滅度時灌頂授記曰往欽哉汝今歸本曉悟迷津激揚覺海 闕 巳歸寂應時豁爾得未曾有挑慧燈於虛室凝定水於禪河故遠近見聞尊重瞻仰不可殫載矣然後還到鶏林倡導羣蒙爲道根者誨以看心一言爲熟器者示以方便多門通一代之祕典傳三昧之明燈實可謂佛日再杲自暘谷法雲更起率扶桑設欲括三達畢十方書其迹寫其功庸詎能記一分之德耳所冀道身地久慧命天長於戲能感已盡所應方移此則導師隱顯理必然故生平七十有六大歷十四年十月廿一日終於南

岳斷俗之寺是日也圓穹黯黮三光爲之晦冥方祇振動
萬物因茲零落甘泉忽竭魚龍驚躍其中直木先摧猿鳥
悲鳴其下於時素緇飲化遐邇同聲或聞異香飛錫空而
電奔或覩瑞雲乘杯流而雨驟泣血焚身盡心葬骨殆三
紀矣其處則懸崖萬丈流水千尋逃名洗耳之隱居拋世
遁迹之幽棲定沼泓澄深藏慧日之光空林蕭索長引禪
風之響北倚獨立之高岡西隣三藏之迥谷挂煙月於山
頭捐金玉於淵底豈惟地理之崔崒復乃靈神之洞窟也
記云難足石室摩訶迦葉守法衣待慈氏豈非是歟世世

稱嚴今見在茲成蹤自爾其狀如門門闢之期未知幾許
如是聖跡其數孔多難可詳悉耳今我三輪禪師者宿殖
衆妙本有三身心無自性悟不由他同修道業互作師資
於時安禪餘暇熟慮寰中謂言無形之理不建像而莫覩
離言之法非著文以靡傳悲夫慈父懷玉而歸窮子得寶
幾日是以招名匠畫神影造浮圖存舍利燒戒香洒定水
致懇惻於先聖將龜鏡於季葉焉有若大隱明朝之賢棲
心道境之士策念章提之貴亞迹圓寂之徒相顧誓言我
等數人共承沙佛齊念塵僧由是稟紫氣於桂菀挺玉葉

於金枝分鷲鑣驅鳳駕休沐清河之上泛舟檝於巨川蹈
舞黃屋之下作棟梁乎大廈世上可觀於斯爲盛盛必有
衰古人所傳哀哉人世生也獨自以來死亦共誰而去歎
爾未知過隙俛仰無有是非若欲出火宅而登露地截三
有以歸一如者教網多端不如三覺助道非一隨喜爲最
故命忠直之吏勤潔淨之僧將茲有限之財造彼無窮之
福於是取石名山伐木幽谷刋翠爻搆紺宇庶幾標萬古
之景跡歷千秋而不雕所謂人能宏道豈虛言哉善逝遺
法付囑國家良有以也僕以狂簡無材忸怩有愧欲贊元

化輒錄短懷未淨一心之地詎升三學之堂冀將螢火之
爝竊助明景之暉前識早計焉可以攡指求月剖卵責晨
也哉惟願天池有涸願海無涯水旱燋浸碑銘固存然後
汒汒有識蠢蠢含靈灌法水於神器長道牙於心田永出
愛欲之泥齊登涅盤之岸云爾其詞曰
深哉覺海量等虛空無名無相寂寂融融就中最勝三學
爲宗心心傳祖言語難通初因佛起來詣溟東誰能神解
則我禪公辭親捨室超出樊籠入山求道踰海尋蹤韜光
被苦策念成功師資每遇目擊相逢凝神壁觀獨步唐中

還歸日域。引導羣蒙。逗機應物。授藥無窮。茲緣已畢。化彼天宮。遺形空谷。脫影雲峯。同聲輻湊。擗踊摧胸。慈光已滅。追戀何終。有一真僧。親承法要。神會一如。心藏衆妙。非言非默。卽寂卽照。出定聾憶。偏哀淺識。彩畫神影。容儀不忒。更造浮圖。再修功德。萬古千年。傳燈軌則。金城鼎族。紫府親皇。一心若海。百谷爲王。前修激發。結願平章。齊沾法雨。同遇佛光。清河舟檝。黃屋棟梁。寰中所望。以此爲昌。儻來若夢。榮落無常。涅槃迢遞。何不貯糧。勸僧潔行。選士忠良。刻銘雕石。卜地成堂。山崩海竭。此欲無央。日居月諸。茲文

久彰。上從有闕二字至金剛。四生蠢蠢。三界汒汒。飡禪悅食。飲解脫漿。咸臻覺道。速詣真場。

吳武陵

武陵。信州人。元和初進士。官太學博士。出爲韶州刺史。以贓貶播州司戶參軍。

上韓舍人行軍書

朝廷命將。自數十百年。未有此重。然始命之重。而終責之固重矣。今丞相主也。刑部以宣慰爲名。乘生殺之機。制善敗之畧。獨在閤下。閤下可使諸侯盡附。餘寇必誅。以快天子之心哉。若曰我獨主降者與其縣邑耳。則是一王官之事。又非相國與朝之大賢所宜降也。若曰吾將以法令齊之。則是韓宏之法令。嚴肅已過。不可加也。若曰吾以闕庭之威刼之。俾諸將懼而前鬬。則在下數行之語決行之耳。又不必躡踵而推。捽項而驅也。若曰吾親視其師。有不用命者。則奪其符而易置幕府。則宜有素定。不可臨事而待聞也。若曰吾將將彼三將。督進六萬以誅寇。則其軍各從其帥。帥之命也。吾未嘗撫循其人。又將何以結其心而求其死哉。獨曰賊重吾德義。必來降。此蓋萬一也。脫不如旨。

其將何圖。嗚呼。國之理亂。在此行矣。得其畫。則兩河不足平。河湟不足復。失其策。則天下之事。自此繫矣。豈不惜哉。丞相尊重。素狎武陵之言。輕而不能盡行。時益恐不盡。願梗概其旨於閤下。夫兵機若神。應事立斷。千里之外。必待奏聞而後行。事亦變矣。誠願丞相宜密請勅旨。事無巨細。行而後聞。又宜奏取中人嘗所不快者爲監軍。以一之。卽歸素所快者於內。爲吾地。則用陰符五賊之術。以傾諸侯。卽復出絹八九十萬。以賞結士大夫。誠然矣。則孰不爲丞相之人。既獲腰領。則以朝命命三將爲三陣。既定。則明斥

候擊牛高會潛授緣邊諸將以實期又公以三期紿賊令辯士持一函書賜元濟及其將士以全活彼必降矣適不如料則一日快進必次於城下此大畧也夫臨機制變又何可數昔司馬宣王征孟達則八道急攻征公孫文懿則捨其銳而趨其虛綫以撓各從其利也夫禽之制在氣顧吾之法令何如耳昔蕭王以千人劉牢之以八百人高隆以三千五百人謝元以五千人劉裕以二千五百人是皆立鴻勲成大業矣夫就世務者在結人心結人心者在吾所以張其形勢也方聞紀綱之僕者三百人軍令苟行亦

足以塞諸侯之望奪羣寇之心歸六萬人之志矣使賊不爲則已爲則必決死於一戰以延其命願閣下無事迫速慎出令拔奇士而已昔先主所以分蜀而帝者獨以長短之權傾曹公耳誠使諸侯以嚴暴吾以寛厚收之諸侯以殺戮吾以禮義懷之彼有所短吾見其長彼有所乏吾施其餘則事何不濟功何不成書不可盡尋當面筞

上崔相公書

月日謹白書相公閣下昔者獲侍坐於東掖竊聞餘論吾之行已畧無遺事獨未能舉賢士大夫於朝爲恨耳武陵誠愚不覺竊抃以爲明哲之達必將與人同然猶恨前時相公未得行其志今者鎔鑄生人鼓簧羣物九牧之士傾耳而聽拭目而視以爲舉善黜惡大堯之功相公亦塞其望乎昔者管夷吾致隰朋寗戚東郭牙賓胥無王子成於桓公分職其務且曰欲理國者則五子存焉如將霸王則夷吾在焉蓋不欲專其能也先相國居位旬朔而所舉者亦數十百人今不知相公所舉阿誰所黜阿誰自秋徂春非特旬朔豈天地無其人邪將相公有所待邪或則曰明主春秋鼎盛方有所好升平之畫未可爲也此又常人之

論無足徵者夫人君病無所好苟有所好何爲不可假若主好畋獵則正人其無畋獵者乎主好晏遊正人其無蹵踘拔河者乎因好而致事將潛化或以謌謠進或以烹飪來相公詎謂不然乎今兩河餘寇絛貫未得北虜踞慢西戎猖獗三關可收五城可理河壖可田運漕可罷相公豈獨遺此而優遊廊廟更以歲月取賢相之位然後旄鉞而出鎮乎生人可憐勲業可惜伏惟相公越羣士之胸臆姑爲躊躇天下幸甚始從北來得邊隅之事謹條別狀輕瀆嚴重武陵再拜

遺吳元濟書

夫勢有不必得事有不必疑徒取暴逆之名而殄物敗俗不可謂智一日破亡平生親愛連頭就戮不可謂仁支屬繁衍因緣磨滅先魂傷餒不可謂孝數百里之內拘若檻穽常疑死於左右手低回姑息不可謂明且三皇以來數千萬載何有悖理亂常而能自畢者哉貞元時德宗以函容御天下河北諸鎮專地不臣朝廷貸以爵號桀黠者自謂得計以反為利於是楊惠琳劉闢李錡盧從史等又亂皇帝即位赫然命偏師討之盡伏其辜所謂時也日者張

太尉厭垣捍之勤謝易定為國老田尚書知慮絕俗又以魏博來歸幽檀滄景皆為信臣然而與足下者獨齊趙耳夫齊安可為恃哉徐壓其首梁薄其翼魏斮其脛滑鍼其腹淮南承其衝分兵不足相救全舉則曹魯東平非其有也彼何苦而自棄哉若趙則固豎子耳前王主上以澤潞為之導既斥從史姑赦罪復爵祿之天下之人欲討者十八無何殘丞相御史朝廷以足下故未加斧鉞也然則中山薄藁城之險太原乘井陘之隘燕狗樂壽邢扼臨城清河絕其南弓高斷其北孤雛腐鼠求責不暇又曷以救人哉二鎮不敢動亦明矣足下何待而窮處耶昔僕之師裴道明嘗言唐家二百載有中興主當其時佷傲者盡滅河湟之地復矣今天子英武任賢同符太宗寬仁厚物有元宗之度罰無貸罪賞無遺功諸侯拳齊趙以稔其釁羣帥桀室厲兵進窺房蔡屯田繼漕前鋒扼喉後陣撫背左排右掖其幾何而不踣邪足下勿謂部曲勿我欺人心與足下一也足下反天子人亦欲反足下易地而論則嬰兒橫之命不若奉大君官守矣枕戈持矛死不得地不若坐兼爵命而保允嗣也足下苟能挺知已之烈莫若發一介籍

士馬土疆歸之有司上以覆載之仁必保納足下滌垢洗瑕以倡四海將校官屬不失寵且貴何哉為國者不以纖惡蓋大善也且貳而伐服而捨寵辱可厚骨肉可保何獨不為哉三州至狹也萬國至廣也力不相侔判然可知假使官軍百敗而行陣未嘗乏足下一敗則成禽矣夫一壯士不能當十夫者以其左右前後咸敵也矧以一卒欲當百人哉昏迷不返諸侯之師集城下環壘刳塹灌以流潦主將怨攜士卒崩離田儋呂興發於肘腋屍不得裹宗不得祀臣僕以為誡子孫所不祖生為暗愎之人沒為憂幽

之鬼何其痛哉

遺孟簡書

古稱一世三十年子厚之斥十二年殆半世矣霆砰電射天怒也不能終朝聖人在上安有畢世而怒人臣邪且程劉二韓皆已拔拭或處大州劇職獨子厚與猿鳥爲伍誠恐霧露所嬰則柳氏無後矣

諫竇易直

今緣邊膏壤鞠爲榛杞父母妻子不相活前在朔方度支米價四十而無踰月積皆先取商人而後求牒還都受錢脫有寇薄城不三旬便當餓死何所取財而云和糴哉天下不治病權不歸有司也鹽鐵度支一戶部郎事今三分其務吏萬員財賦日蹙西北邊院官皆御史員外郎爲之始命若責可信今又加使權其務是御史員外久於事返不可信也今更旬月又將以郎中之爲不可信卽更時歲明公之爲亦又不可信上下相阻一國交疑誰爲可信者況一使之建胥役走卒殆百輩督責騰呼數千里爲不寧誠欲邊隅完實獨募浮民徙罪人發沃土何必加使而增吏也

新開隱山記

入則維化出則寧物物寧而後志適乃有西垌之賞始一日命騎西出出門里餘得小山山下得伏流顧曰石秀水清蔥蔥乎其韜怪物耶乃釋騎躡屨北上四十步得石門左右劍立矍然若神物特之自石門西行二十步得北峒坦平如室室内清縹若繪積乳旁溜凝如壯士上負橫石奮怒若活乘高西上有石牕旁牕下望千山如指自石室東迴三步得石巖巖下有水泓然疑虬螭之所宅水色墨淥其濬三丈載舟千石舟上坐數十人羅絲竹歌舞飄然若乘仙巖之南壁有石磴可列樂工十六人其東若眏滄石流去不知所止北壁半穴如懸門檻外容小舟出門有潭袤三十步潭有芰荷潭北十步得溪溪橫五里徑二百步可以走方舟可以汎畫鷁渺然有江海趣魚龍瀺灂鷗鷺如養溪潭之間有地丈餘其色正赤歷石門東南越小嶺石林危嶠夾聳左右自嶺下十步得東巖自巖口直下二十步有水濶三尺許淺沙若畫細草如織南望有結乳如薰籠其白擁雪自巖西南上陟飛梯四十級有碧石盆二乳竇滴下可以酌飲又梯九級得白石盆盆色如玉盆

間有水無源香甘自然可以飲數十人不竭還自石盆東北上又陟飛梯十二級得石堂足坐三十人乳穗駢垂擊之鏗然金玉聲堂間有石方如棊局卽界之以弈翛然不知柯之爛矣自堂北出四步直西二篚南入小峽過峽得內峒東有石室妙如刻畫頂上方井弱翠輕淥便如藻繡自峒南下仰矚東崖有凝乳如樓如閣如人形如獸狀闇然不知造物者之所變化也自樓閣斗下七步次石渠渠深七十尺渠上爲梁曲折繚繞三百步遠日月所不能燭矣左右列炬而後敢進自渠直南抵絕壁斗下爲飛梯飛

梯九盤而後及水水北涯有石闌峭甚資以欄檻適可憩息水通魚船東出朝陽西隅黝墨方谷如鑿以石下投波聲響應山寒氣薄人往往畏恐自石闌還上絕壁西去十步又得小峒俯行三十步左右壁有鍾乳或垂或滴其極有石室正如禪庵多白蝙蝠出小峒北上二十步又得列石色猶西峒東西壁下有石數十枚其面砥平間有凹鐏琴薦廞狀甚恠游人列坐肅若冰霰其東有便房桁櫨栱梲枝撑環合猶國工之椎琢也峒北七步臨西石門石門西去三十九步得西峒峒深九十尺北崖有道可容一軌

崖南有水水容若鏡纖鱗微甲悉可數識東過小石門門東頫行三十步詰屈幽邃道絕窮崖崖之右寬明爽闓渾成水閣崖下闊勝九人閣下水澗三十尺伏流崖南亦達朝陽自西峒口南去一矢得南峒峒西壁可識數十人其東有水輕風徐來微波蕩漾琴高遇之當不返矣北上山頂盤曲五百步石狀如牛如馬如熊如羆劍者鼓者笙竽者壎篪者不可名狀石路四周而松蘿萃於西北公曰茲山之始與天地並而無能知者揭于人寰淪夫翳薈又將與天地終豈不以其內妍而外樸耶君子所以進夫心達

也吾又捨去是竟不得知於人矣乃伐棘導泉目山曰隱山泉曰蒙泉溪曰蒙溪潭曰金龜峒曰北牖曰朝陽曰南華曰夕陽曰雲戶曰白蝙蝠嘉蓮生曰嘉蓮白雀來曰白雀石渠寒深若蟠蛟蜃特曰蛟渠或取其方或因其瑞幾焯乎一圖諜也於是節稍稟儲羨積度材育功爲亭於山頂不栾不礎倏然而成馮軒四望目極千里高禽鷙獸蚑翔蠖走恍然令人心欲狂又作亭於北牖之北夾溪潭之間軒然鵬飛矯若虹據左右翼爲廚爲廊爲歌臺爲舞榭環植竹樹負脫罥滓邪人士女咸取宴適或景晴氣和蕭

然獨往聽詞於其下嗟乎我俗既同我風既調茲亭茲山又與人物共之則不知古之甘棠其類是耶其差是耶他日會新亭之下辱命紀事奉筆遽題於北榮曰成紀公宇濬之不名重也內則為伊周外則為方召疏山發隱也決泉啟業也作亭子來也三者其異乎四賢之志乎不異也故書寶歷元年八月三日記

陽朔縣廳壁題名

羣山發海嶠頓伏騰走數千里而北又發衡巫千餘里而南咸會於陽朔朔經四百里孤崖絕巘森聳駢植類三峰

九疑析成天柱者凡數百里如樓通天如闕凌霄如修竿如高旗如人而怒如馬而驤如陣將合如戰將散難乎其狀也而又灘江荔水羅織其下蛇龜猿鶴焯燿萬怪縣界山間其土壤方百里其勢險其形感千人守之十萬不能攻東制邕容交廣之衝南扼賓巒巖象之隘一日有盜則吾搤其吭而制其變皆由善命理者常選於地縣治西七步有石渠其汲十仞渠之下有洞洞有水水深百尺上有亭可以宴樂遊處肆在亭西廪在肆西士宦胥吏黎民商賈夾川而宅基置山足山多大木可以堂可以室其花四時紅紫望之森然猶珊瑚瓊玫子又不知夫崑崙崆峒其名安取而勝茲籍戶五千其稅緡錢千萬於桂為大俗獷人狡尤難於正寶歷元年正大夫有事罷渤海李湜以能賢補其闕浹時而俗咸變斯又以見吾宰之官人也明年春予使番禺湜因謁於亭予視其吏肅然視其亭修然無諠譁之異惟城無隍予勉之鑿曰諾惟門無臺予勉之修曰諾惟廨宇之傾圮予勉之葺曰諾其應響然如轉圜是其材不啻為是縣邑矣思薦天下士以補其大小之任可為滕薛舍是何稱遂書其垣曰陽朔攝令廳壁記以旌湜

勤縣在吳為始安在隋而易之更二百年以前名氏予不得聞彼奇偉倜儻之難有若人也如此故記後之從政者可不儆哉

崔蠡

蠡字越卿元和五年進士文宗朝拜禮部侍郎轉戶部出為華州刺史鎮國軍等使歷平盧軍節度使終尚書左丞

請停國忌行香奏

臣伏以國忌行香事不師古聖心求治動法典章臣頃於延英奏陳願有釐革陛下令史官尋討起置無文昨日閤

中再求顧問。雖因循未變。亦無損于盛朝。而除去不經。冀流芳於異日。

劾李聽疏

臣聞賞罰不立。無以示天下。是非一貫。莫能建大中。竊見義成軍節度使李聽。昨者資其承藉。委以統戎。俾代憲誠付之雄鎮。擁二萬虎貔之旅。位極寵榮。兼兩藩節制之權心無報効。況陛下授以神算。假以天威。入魏之期。剋日先定。而聽擁旄觀望。按甲遷延。熒惑人心。逗撓軍政。遂使憲誠陷於屠戮。亂衆肆其奸凶。失六郡於垂成。固危巢於已

覆。委貝州而不守。燒劫無遺。望淺口而疾驅。狼狽就道。自圖苟免。不恤包羞。蔑棄朝章。有同兒戲。魏州之亂。職聽之由。論其負恩。萬死猶幸。伏以封常清河南失律。斬於闕門。高霞寓唐鄧破傷。投諸遐裔。渾鎬節制易定。將戰而兵力不支。哀滋逗留西川。欲進而兇渠尚在。或親當矢石。或躬歷艱危。勢屈賊鋒。竟申朝典。未曾貸法。必震皇威。今李聽罪狀夙聞。中外憤惋。比之常清等輩。萬萬過之。若陛下猶示含宏。不寘極法。臣等恐憲章墜地。天下寒心。伏請付法

義激

長安里中多空舍。有婦人傭以居者。始來。主人問其姓。則曰。生三歲。長於人。及長。聞父母逢歲饑。不能育。棄之塗。故姓不自知。視其貌。常人也。視其服。又常人也。歸主人居傭無有闕。亦常傭居之婦人也。旦暮多閉關。雖居如無人居且久。又無有稱宗族故舊來訊問者。故未自道。終莫有知其實者焉。凡為左右前後隣者。皆疑其為他。且窺見其飲食動息。又與里中無有異。唯是織紝紩緉。婦人當工者皆不為。罕有得與言語者。其色莊。其氣顓。莊顓之聲四馳。雖里中男子狂而少壯者。無敢侮。居一歲。懼人之大我異也

遂歸於同里人。其夫問所自。其云如對主人之詞。觀其付夫之意。似沒身不敢貳者。其夫自謂得妻也。所付亦如婦人付之之意。既生一子。謂婦人所付愈固。而不萌異慮。是後則忽有所如往。宵漏半而去。未辨色來歸。於再於三。其夫疑有以動其心者。怒願去之。以有其子。子又乳也。尚依違焉。婦人前志不衰。他夜既歸。色甚喜。若有得者。及詰之乃舉先置人首於囊者。撤其囊面如生。其夫大恐。恚且走婦人即卑下辭氣。和貌怡色。言且前曰。我生於蜀。長於蜀父為蜀小吏。有罪。非死罪也。法當笞。過在位而酷者陰以

非法繩之卒棄市當幼力不任其心未果殺今長矣果殺之力符其心者也願無駭又執其子曰爾漸長人心漸賤爾曰其母殺人其子必無狀既生之使其賤之非勇也不如殺而絕遂殺其子而謝其夫曰勉仁與義也無先已而後人也異時子遇難必有以報者辭已與其夫決既出戶望其疾如翼而飛云按蜀婦人求復父仇有年矣卒如心又殺其子捐其夫子不得爲恩夫不得爲累推之於孝斯孝已推之於義斯義已孝且義已孝婦人也自國初到於今僅二百年忠義孝烈婦人女子其事能使千萬歲無以

過孝有高愍女庚義婦揚烈婦今蜀婦人宜與三婦人齒前以隴西李端言始異之作傳傳備博陵崔蠡又作文目其題曰義激將與端言共激諸義而感激者蜀婦人在長安凡三年來於貞元二十年嫁於二十一年去於元和初

韋慶復

慶復蘇州刺史應物子

鳳翔鼓角樓記

十月成樓記時也自聖人觀象立制則重門擊柝以待暴客故天下都邑大崇建之凡千乘之君其外者郛其內者城郛之門所以苞納州聚城之門所以嚴護師長故諸侯國多以內城門於中軍爲最近率皆樓於斯飾於斯建鼓角於斯先是此府無內城無重門廳事之階才隱內屏旌門之次迫於通道大將軍鼓角置於郛宴然而安積有歲矣今我江夏公七月下車首乎謀八月慮事鳩乎林九月恩洽得乎衆十月勞農興乎役然後下令葺舊相土命毀削舊宇坦平新途迴環翼張絢潔冰靜既而版榦具畚築興山虞納材梓人準繩雕琢切磨丁丁登登重櫨疊戶霞起雲蒸如翬斯升勢將騫騰如山斯層崔嵬凌兢君子曰

大哉斯樓之作上可以陳列鼙鼓下可以禁限中外近可以張皇斯衆遠可以戒勵大軍稽晷度不失於方中審山川乃得其面勢衆心多樂成之助工徒有悅使之勸非大君子淵慮宏謀則茲樓何從而興也或者以爲前之闕政公能補之愚則不然夫舉一事建一功不量其小大苟能迴拔人表獨得殊見則無非天假之才得之縱有賢方伯比肩於前欲責其人表之見無乃過歟然則斯樓曠之於前宜也成之於今亦宜也異所謂稱補其闕哉樓成二日我公與護軍中貴人洎賓僚偕登而閱之慶復仰而歎曰

公之政教見於斯模盡矣且棟之梁之小大攸宜材不遺也壁壘完堅圬塗縝密人不偷也繩墨修整苦窳不用法至行也丹雘鋪彩光輝燭人照至明也舉是署以福我境内之人德澤甚厚豈土木云乎哉元和二年十二月十七日記

欽定全唐文卷七百十九

蔣防

防字子徵義興人元和中官司封郎中知制誥進翰林學士出為汀州刺史

惜分陰賦 以光景難駐賢哲無怠為韻

君子自強惜分陰於短刻期碩學於縑緗念冉冉之特移非徒愛景惜依依之為戀足冀迴光每正中而圭表常懼滅於毫芒事且異於秉燭理寧同於息影崇樹在乎功名淹速繼於時景苟不競夫分寸亦何期乎悠永三冬未就實有念於錙銖九仞將成顧無虧於俄頃當其南軒向晝北戶初寒微照悠揚而漸短斜暉晼晚而將殘分以惜焉豈少私而寡慾時之至也諒失易而得難及其躔次當留光華未暮宜草草以不息希曈曈而常駐出處無瑕故垂法於前賢往來不遑見遺履之莫顧既目擊而眷眷亦心想而專專況志業之難就當清陰之屢遷莫不以日繫月以時繫年是宜向微秒而重矣何得在斯須而舍旃不然夏后何以為聖陶公曷足稱賢於焉激切仰茲先哲彼分晷而莫駐此寸陰而靡輟不食不寢載勉於勞者之心以

遨以遊誠乖乎志士之節皎皎白駒若有若無雖長繩而莫縶於桑野長戈不能卻彼泉隅今則晙昧斯在瞬息不改宜乎陋韞石之騰輝輕尺璧之殊彩庶立功而立事故不偬而不息

螢光照字賦 以能勵躬必大成為韻

士有閱簡策尚專精恒俾夜而作晝每聚螢以襲明期照燭於無隱俟沉研而有成縹帙時開玉篆共丹輝並耀銀鉤下映繁星與片月俱生帷幌之際徵明舒蔽或熠熠以光吐復離離而珠綴俯而察煥乎呈科斗之文靜而觀烱

爾見雕蟲之藝諒依人以明道匪韜光以自衒居暗室者懷我而載寢載興遇明時者假我而自强自勵用或因物勤斯飭躬不晦乎風雨不翳乎昏蒙臨墨池則珠還合浦映草聖則燎點寒叢誰謂向乎晦照篇籍兮無大無小誰謂藏乎密隨晝夜兮無固無必金輝始徹疑清露之騰文鳥跡旋分謂靈烏之就日可以窮永夕可以佐殘燈舍之則其功不足用之則其道彌宏顧螢光之在照蓋欲罷而不能

政不忍欺賦 以愛養人為本為韻

政之至也物全其真德之至也信洽於人不矜不能彼則先之於戒令無偏無黨我則獨寄於真淳諒保政以自睦乃去邪而得仁不然何以姦歸曲直從伸風俗優游而嚮化草木條暢而和春者哉觀夫穆穆時和溫溫德廣漸之以忠信紀之以刑賞奉聖日之貞明助南風之長養於以任人而任德豈惟舉直而錯枉戴星從事我且亦務其劬勞鳴琴在堂我又不違其偃仰是知循名法者非鴻淳之盛代施慘烈者異冬日之可愛苟和順以積中故信誠而發內人知我所奚憂險易之爭政致平康誰假韋弦之佩

事無事為無為清淨而時惟昭泰簡易而人不驅馳物無欺兮彝倫式序政有經兮百度咸宜布和為風而偃草降德為澤而濡枝匪寬猛以取濟匪恩威而自施一德旁流齊是非於眾庶三無合則混情性於高卑豈不以酌元和叶誠悃遷善者斯焉而取斯懷慝者損之而又損君子謂是政也為邦家之大本

不寶金玉賦 以君子立身無利財賄為韻

聖哲之人含道德以自貴遠瓌奇而不珍被褐所懷上恃慈儉以為主作礪於用下推忠信以為臣俾得各歸於其

璞庶將靡失於其眞異彼滿堂且由乎知足殊夫潤屋焉藉以發身慮知損而賈害比行妨而賤賄寧因衆口以鑠自絕匹夫之罪當令與土同價誰重一籯念其將石俱焚奚誇陸海塞淫奢之路彰廉潔之徒諒縱橫而抵鵲豈鎔範以爲符抑好貨之心自家刑國秉不貪之志雖有若無顧毀櫝兮則那念稱穴之可恥獻而辭也足愧彼宋人欲乃攫之誠書乎列子還茲磧礫之內宜彼巖巒之隈類亞父之碎斗鄙昭王之築臺虛而盈將以禮義爲器藏諸用何須府庫之財靡近取於藍田詎遠求於林邑卻玲瓏兮

塵翳守清淨兮冰立或黃或白得之而必捐如錫如圭踐之而不拾空韞石以自晦孰披沙而强分若受欺於田父嗤肓賞於商君執固窮以去奢視同累塊喻至富於求學輕如浮雲於是國尚親仁民從棄利戒多藏於百貨思寡欲於萬類所攻惟善寧採之於荊山所揀惟賢任雨之於秦地

聚米爲山賦 以習知山川之險易爲韻

至精者米至大者山伊巧心之可化諒措手之非艱始聚之時雖未離乎掌握象成之後若可極於躋攀昔馬援以炎徼未賓雄圖是急爰請兵以薄伐將越險而深入懼君意之未明陳地形之久習既而辨襟帶分郡邑雖蠻貊千里亦可圖於寸眸岡巒萬重誠不過於數粒方高高而仰止異屑屑而俯拾遠近忽其豆分東西俄而玉立寫戴既宣規模罔僭雪峯競聳雲嶺交連初疑樓畝之糧尚班於地漸似如坻之庾欲峻於天笑覆簣之難進訝高陵之遽遷起自纖微有類積塵爲岳終非奇幻那同畫地成川且堅而不動者山之常遠而可識者人之智既分銖於忖度得道路之險陂所謂喻大於微圖難於易事非同於積累

跡豈涉夫詐僞故得戶牖不窺要荒可知積廩於增麗因陳而究奇縮地勢於撮土之間數云見小備山形於握粟之內何慮功虧近可得而立驗遠無勞於坐馳經營若神不愧巨靈之跡融結隨意將符眞宰之窺至矣哉曲盡人謀詳規地險非琢玉而玉彩爭光異落星而星芒亂點然後師于可試隘害可期不假斗筲之算因成指畫之資念彼愚公誰肯與其進也徵夫良將吾當學以聚之

隙塵賦 以不依光末難見微質爲韻

惟隙有輝惟塵是依微明散亂若動若飛殊向晦以宴息

類趨明而識機。不逐大車。寧發詩人之歎。無昏廣陌。詎緇遊子之衣。觀乎杲杲初陽。沉沉闇室。纖光乍進。爰委其質。忽煙涵而霧貫。每延風而寫日。透綺帳而偏明。曖丹楹而乍失。不重乎金屋。不貴乎華堂。隨明則著。在映而彰。代皆擇其居。我則不辭於處隙。代皆異其志。我則不厭乎和光。似有情而聚散。若任理以行藏。漠漠如流。翳白駒之逸影。濛濛不息。起清唱於雕梁。惟深惟微。于闐于闐。來不可止。去不可遏。語其志也。流形似競於分陰。語其微也。弱質巳伴於毫末。豈不以循其隙。襲其輝。洞幽房之曭朗。朧疎牖

之霏微。道或未行。歎浮沉之異路。時而後動。任韜晦以同歸。散漫迴環。空濛蒨綵。謂醯雞之乍覩。疑野馬之潛見。不爭隣女之光。不雜寒階之霰。故知委范餓者。志有所未安。惑孔顔者。時有所未歡。處沉冥而匪異。辨疑似而愈難。曷若因孤光而有託。附流影而爲觀者哉。所謂暗而能彰。虛而能受。望彈冠而自必。騰清路而何不幸。承命於光塵。賦斯文而藉手。

獸炭賦 以朱火清耀昇爲韻

彼好奇者。巧與之俱。揉煨燼兮。是謀是度。象猛獸兮。爲虎爲貙。將以輝爍殊觀。熠燿洪爐。腹翕赩以凝電。口喊呀而奪朱。曳尾垂頭。似無心而暴物。噓煙吐燄。若有齒而焚軀。寓形兮必果。徒搏兮莫可。鋸牙鉤爪。乍騰倚於寒灰。隅目高眶。載光芒於烈火。所以暖虛室。娛密坐。稽其狀也。成鷙獸之雄。雄求其類焉。笑形鹽之瑣瑣。其靜兮無營。其動兮匪驚。稍頓足以狼顧。時迸裂以豺聲。煜爚交光。孰辨犬羊之鞹。嚬顩欲步。似懷林野之情。因炎上以委質。殊檻中而猶生。輝兮赫兮。美其容之有煒。不貪不暴。嘉其身之中清。無野心以見誚。非內熱以自照。恒虩虩而畜勇。復煌煌而

引耀。威而不猛。謂馴擾於中堂。攫而莫前。疑跧跼於餘燎。襲狐貉者。對之而不驚。被絺綌者。向之而伏膺。佐南薰之煦嫗。卻北陸之嚴凝。金釭近之而發彩。玉壺鄰之而散冰。髣髴枕藉。嬪晃依馮。類火鼠兮炎邱。是託比燭龍兮崑閬斯昇。此制也。不唯貴於玩好。抑亦彰夫伎能。

鎮圭賦 以王者端拱四維鎮寧爲韻依次用

天鎮四野。君尊萬方。取威重以馭物。在秉持而有章。叶和人神。蓋先之於六瑞。表正旒扆。誠用之乎百王。斯爲貴也。寶之大者。琢磨有耀。温潤無瑕。天臨靜謐。以我鎮壓乎寰

中帝德休明以我熠燿乎諸夏皓爾凝潔溫如可觀蘊五德之符采寫四鎮之峯巒其色正其容端乃直乃方象名山而守固不瑕不纇配王室以常安豈不貞姿有奉嘉名天寵遠以視其凝命近以彰其端拱大而不瑑禮經匪尚其文華執之不回聖人無離其輕重想夫始自良工成茲國器端乎掌握撫寧天地邦有六瑞而圭列其初國有三山而象包其四穆穆之儀是佐溫溫之德斯備所謂天子是毗邦國是維雲虹發色冰雪成姿玉几臨朝承德音而有裕金門曉闢布寬政而無私是知岱華恒衡之高自此

而增峻琳琅琬炎之美自此而發奇形抱素以呈妍聲含清而取振當照臨之際曾不掩瑜在韜韞之時寧忘作鎮所以朝九有接萬靈奇姿粲粲眾彩熒熒大禹成功垂芳於帝典吾君致理酌憲於國經故曰觀一圭之質見四鎮之形觀一夫之政見萬國之寧儒臣賦鎮圭之事敢大揚於王庭

姮娥奔月賦 以一升天中永棄塵俗為韻

昔姮娥服仙藥於俄頃指陰靈以馳騁嗟人世之如流覺天衢之何永於是竦身鶱翥舉月凝冷振環鏘珮雜珠露之珊珊雲帔花冠渡銀河之耿耿伊立志之有恒果躡景而可憑出乎寥廓愛此清澄企予望之想蟾蜍之下視進吾往也軼埃𡏖而上升且夫碧虛望而自致清質瞻而不墜天迴而音塵已沒風落而芳馨微至往而不返誰謂與子偕行仰之彌高孰云不我遐棄窈窕輕舉圓明映空遺九族於脫屣冀孤輪之處躬獨往孤高若集瑤池之上潛來煙霧如分紈扇之中迷晶皎亂曈融神明合柔德通想泛金波詎假琴高之鯉將搖桂魄寧因禦寇之風冥冥晬容規規皓質乘飛廉兮竦踴迫望舒兮寥慄初疑妝以臨

鏡形影猶分終類冰之在壺輝華相失故得享年代之悠久與乾坤而齊一明明配日高高在天對陽烏之升降伴顧兔之昭宣滿時而玉貌和光難分皓皓虧處而娥眉共麗不辨娟娟炯若通輝超然絕俗想明眸而下鑒竝玉鉤而傍燭閨中結恨感予於三五之時笛裏傳情聽我於關山之曲豈伊異人學道全真湘波之妃洛浦之神曾不足繼其芳塵

草上之風賦 以君子之德風偃乎草為韻

草綿綿兮擢穎含薰風發發兮乍靡而分其取象也散芳

馨於知己其爲義也合政令於人君豈惟動之而委順抑亦播之而有聞觀其徜徉代起激拂無已轉綠蕙而影亂時光汎青蘋而文橫秋水浸淫翳薈振奮蘭芷颯然而動昔有遇於荆王泠爾斯來今不乘於列子翻蓊鬱轉葳蕤在芃芃而可玩觀習習而無遺被以幽深諒有條而有暢布乎原隰誠長之而養之或徐或疾順天作則大以抑其滋蔓細以蕩其幽默分乎萬彙蓋吹萬以齊驅繫於一人誠畫一於同德不擇乎高下不棄乎幽蒙數葉而重重偃翠翻花而灼灼駢紅連綿九野披靡千叢倚伏俟時小人之心猶草衰榮不問君子之德如風莽眇乎皋悠揚茂苑風何草之不動草何風而不偃飄杜蘅而芳氣自遙歷蒿艾而清聲漸遠是知風爲號令之類草爲衆庶之徒方以俟其披拂固有適於榮枯立政則斯爲大矣騰芳而孰不宜乎故觀其化者知神之造觀其風者知國之道將有宣於八方故寓形於蔓草仲尼以之而取譬宋玉由斯而奮藻雖異代而殊時竊敢攄於懷抱

轉蓬賦 以本根一斷隨風所之爲韻

彼茁者蓬其生苯䔿因驚風之動地遂離根而去本委順而往異愚夫之守株任運則行叶高人之嘉遯摧弱質絕陳根始遲遲而徐轉俄忽忽而駿奔體以圓而疾質以弱而存凌寒後彫雖有慙於松柏近秋俱敗亦無媿於蘭蓀時也玉露爲霜金風應律歎芳菲而難久覩搖落之不一初宛轉以孤翻漸邐迤而連出度平野而暫見映層皋而還失徘徊未已同風葉之辭枝漂蕩不停甚水萍之委質若乃慘澹雲晚悠揚日短歲云秋矣莖弱者先衰風以動之根危者易斷徒觀其委地離披縈吹參差既忘懷於近遠寧繫跡於高卑觸物何情類虛舟而自汎善行無跡於野馬而相隨豈不以生無固蔕轉有長風象車輪未始有極如循環莫知所終遊子感而忘歸歎飄居陌上小人見而懷土憶生在麻中矧夫依物暫停遇風復舉乍飄揚以歷亂或迴旋而容與青蘋之末不起聊可以躊躇黃埃之中自飛孰知其處所客有因時結念寓物屬詞觀其衰兮懼老將至矣觀其轉也嗟行靡不之撫懷抱起心有之誠驚鬢髮增首如之悲儻陽春之可待亦何恨飄飄於此時

登天壇山望海日初出賦 以題爲韻

山有極天崇崒冠羣嶽而首出下壓溟渤之碕岸平視扶

桑之初日天光海上曈曈而曉色已分人代夢中促促而
寒更未畢客有愛此早景登茲崇山候東方之昏黑據中
頂之孱顏俄而陽開陰閉翕赩迴還曳晨光於莽蒼之外
走狂電於溟濛之間高皺忽興瀾汗而洪濤血赤半規猶
隱洪形而青帝朱殷及其旋轉將昇睢盱萬狀散五彩而
錦章已出照三山而鼎足相向杲杲茲始規規滿望火輪
上碾燒碧落之氛埃金汁下融躍洪爐之波浪觀夫巨浸
無際跛烏上搏萬象昭著二儀霍寬驚魚龍之蟄銷昧谷
之寒散入圓畦想葵藿之俱靡稍分林嶺見木石之同壟

獨立嵯峩曠瞻晷度曬炎一道暉華四布赫曦而六合貞
明吞納而百川奔赴不假滄沖之目盡見元虛之賦赫奕
昭宣層巖之巔赤玉之盤燭地黃金之鏡帖天海若奪魄
羲和振轡溼光而長波初沃暖氣而孤峯最先美潤呈祥
重光賦彩帶環抱之珥照不波之海陰火之微茫已沉土
圭之盈縮屢改則知大明之麗天兮可捧而昇高山之橫
空兮作鎮不崩儼躋攀之有路願觀光而一登

湘妃泣竹賦

昔帝舜之南巡不迴翳二妃兮心傷已摧對三湘之邅兮
積水無際望九疑之作兮愁雲不開鬱丹誠而飲恨攀綠
篠以興哀淚浪浪而千里墮睫竹冉冉而萬點凝苔飲蛾
之怨盈臆如狸之班變色落紅臉而珠影爭圓染碧纖兮
纈文交織夭紹嬋娟嗚咽潸然瀝青筒兮丹書粲粲灑綠
枝兮白露漣漣所謂精神達而理歸其著悲哀集而物謝
其堅想夫萬里迎秋重江向夕引蒼翠以歔欷忽闌干而
委積杖卷然之手雨點垂絲揮密爾之叢淚痕凝碧是知
至哀必感有怨必通竹無情而發外淚有感而從中慷慨
成行乍洗龍吟之管斕斒遠節如交鳳食之叢寧類夫聲

伯再懷其夢想楊朱徒歎其西東豈無芳菲渝其霜霰豈
無浩淼忘其顧盼是以委檀欒寄葱蒨來非鼓瑟玉箸之
滴瀝雙流去乃望夫粉籜之淋漓一變懿乎巖巒滿目今
古含情事雖遷於歲月理不昧於堅貞或翦脩竿對潭中
而錦落或成長簟施堂上而霞騰豈不以拂水捎雲逾千
越萬庶夫知我者謂我點點而成文不知我者徒曰青青
而懷怨

白兔賦 以至仁垂化靈物表祥爲韻

聖理遐遠毛羣效靈有兔爰止載白其形乘金氣而來居

然正色因月輪而下大叶祥經豈不以應至道之神化彰吾君之德馨皎如霜輝温如玉粹毫素絲而可擬足瓊枝而取類與三窟以殊歸將五靈而共至潔朗貞質聯緜雅致名殊東郭韓盧不敢向前迹近中林蒼鷹無由得鷙其容炳眞其性懷仁飲玉池而冰光不散食瑶草而雪影長新理符守黑事異文身儻使銜鉤殷帝之狼不若如令受彩江生之筆非神載寢載興或馴或擾仰天鑒以昭晰託御林而皎皛爲太白之材用作殊祥之標表原夫陰騭所爲不識不知賁然練被炯若星馳白則西方其理且同於

服順兎爲明眎其義取鑒於安危豈惟跧伏於庭側踴躍於堂垂者哉觀其閑暇沐浴鴻化笑魯殿之浮名恥梁園之舊價俾夫守株之士幾恨窮通過隙之駒空悲代謝是知隱霧而憂者其文蔚反袂而嗟者其道屈曷若保貞白以暉映承聖靈之剪拂同瑞牒而登高異周書而翫物所以充福應叶禎祥事資樸素匪亞文章知獸用之不擾審天符之允臧伴祥烏於苑囿鄰瑞鴈於池塘懿夫以道德爲筌蹄者其可忘

雪影透書帷賦 以光彩輝映披閱古今爲韻

顥爾凝素褵如夕張因潔朗以旁徹遂虛明而內彰緜是以洞篇翰鑒毫芒委六出之姿喜乘時而瑞聖就三冬之業期利用之觀光況復素軸增輝經紗闕彩擇居中之茫昧致藏用之所在霏微兮太素初分晃朗兮窮陰既改映草元之客類姑射之神仙隱談天之人疑胚渾之眞宰凜寒色融融墓幃縑緗叢耀簡牒連輝朣朧而微月將入羃歷而輕風乍霏故得百代旁窺萬流仰鏡稽古昔資興詠動鉛管而有助含章對鶴書而無非浴淨蓋以啟其幽默不獨事其韜映契莊周之理虛白自生徵大禹之文光

陰是競俾夫夕可以忘寐牖可以罷窺煥乎而不藏於密昭然而蓋取諸離清熒兮寒氣方壯髣髴兮晴雲欲披澄筆海之波瀾皆爲練色耀書林之杞梓盡作瓊枝是能燭前轍彰往哲時觀謝賦想塼廡之縈盈載覩曹詩歎蜉蝣之掘閱詳夫理同委照處異在陰比然膏之功益簡助繁日之務逾深必將脩詞以進德實勤考古以觀今所謂用晦而彰韜光有睹袪絳紗之闕遂發素王之牖户期潔白以無虧庶研精乎千古

黃雲捧日賦 以黃雲捧日佳氣充塞爲韻

吾君朝黃圖。坐甲乙。履元吉。觀慶雲之飛來。暈長空以夾日。日明而麗。雲潤而黃。隨輪已入乎青陸。抱影長依於正陽。磅礴不散。氛氳呈祥。睽萬物則草木春色。涵一氣則天地黃光。推而言之。則君爲日。臣爲雲。君非臣則股肱斯廢。雲非日則光耀難分。故上下同體。表裏成文。樓形遥景于東戶。葉影潛扇於南薰。由教有所至。朝無可昏。是日王三朝。𨘸五緯杲杲然無幽不燭。飄飄然何遠不暨。白主喪氛。黑爲兵氣。將閉陽和。動令人畏。又奚能勢均抱戴。色不嚴毅。似龍虎之宛轉。傍楹檐之髣髴。是日也。風不靍。時正佳。

雲日輪盛。光陰克諧。入房馬可以擬議。于呂何足以爲懷。帶慶雲而共美。與淑氣而同儕。天有日兮晨光重。日有珥兮黃雲捧。亦如東海大而百川朝。北辰高而眾星拱。雲初繚繞。日亦曈曨。合三光而爲一。混五色而居中。於是彰國祚。表年豐。應履端之時令。識來事之殷充。察天象兮陽烏奮翼。稽瑞圖兮人望允塞。使無階而可乘。敢不懋於帝力。

夢捧日賦 以神遇輝燭光發嘉祥爲韻

靈降嘉夢。天垂至陽。誠發身之兆朕。符翊聖之禎祥。所謂神而遇。闇而章。息沖瀯之居于于。而自得見貞明之質。曖曖而彌光。倏爾疑升。瞰兮下燭。曈曨甘寢之所。恍惚冒泉之曲。撫金烏之翼。匪隔雲霄。駐羲和之車。乍迴昏旭。想夫卑高莫躋。授受何因。忽煌煌而委照。值默默而凝神。寂其神乃無間而通。碧落上其手。自有昊而得紅輪。縹緲魂交。光芒景附。肘腋輝爍。襟懷煦嫗。類銜規於遠山。同抱璧於中路。在忘形之際。用示無私。當向晦之時。將袪未寤。豈不以精誠可託。光陰可駐。從九霄之降祉。表千載之嘉遇者也。故曰道契幽微。天且不違。肸蠁陰隲。指掌陽輝。戴營魄而虛無默住。荷靈貺而照燭潛依。至若冥蒙上越。埃壒中

歇。始悠悠以神契。俄赫赫而明發。驗扶桑之際。其往阻修。偶支枕之時。其來倏忽。是知天無親。降靈而非遐。神不昧。燭幽而不睽。不然何虛徐袵席。承奉光華。高眠而不驚。不悚見瑞。而可仰可嘉。然則葡令之談。足徵程昱之榮。有兆常眷眷於天路。每拳拳於雲表。周旋寤寐。偃仰昏曉。庶照臨之理感通。知葵藿之誠不小。

舜琴歌南風賦

昔在帝舜。昭融車書。混同當中。而方覃睿化。彈琴而遂奏薰風。將令煦嫗之恩。被于天下。欲使和平之道。均彼寰中。

欽若鴻猷。康哉上聖。修柴望而巡四岳。在璇璣而齊七政。彝倫攸叙。八元用而八凱登。庶績咸熙。四目明而四聰正。是何茂育生民。時移化淳。豈不以道有所漸。功有所因。始頒瑞於羣后。俄舞干於七旬。然後端拱無事。垂衣守眞。奏五絃之樂。陶萬化之鈞。所以厚風俗。和神人。正父子。明君臣。三才所以乂。百姓所以親。故其歌曰。南風之薰。以阜吾之民。且夫角之音兮和而治。商之音兮廉而恥。徵之音兮正而始。皆可以叙九功。康百揆。琴之聲兮既若此。歌之聲兮復如彼。然則五音之配。在宮爲君。八風之德。在南曰薰。

南者庶類之所滋盛。薰者萬物之所氤氳。動乎中。形於外。播於樂。聲成文。是知盡善之樂。非聖人兮孰作。移風之和。助元功之匪訛。且異軒皇但奏雲門之曲。寧同漢后唯陳猛士之歌。今我后運叶典王。公符象帝。脩夔氏之韻樂。執眞元之左契。故得淑氣四統。妖雰遠霽。洋洋聖謨。豈遜于有虞之際。

任公子釣魚賦 有序

昔任公子釣魚。經年不獲。及其獲也。衆人饜之。公孫宏十上不遇。及其遇也。帝王任之。固知餌大則魚大。功高則祿厚。魚也人也。何酷似乎。感其義以作賦曰。

千載崇崇。我聞任公。獨坐會稽之上。垂釣東海之中。海之廣兮混然飛流。魚之大兮邈矣難儔。所謂之魚。三千餘里。何以爲餌。五十其牛。其釣兮星霜已周。日居月諸兮吞此大鈎。吞鈎之時。其勢迴互。覺巨緪之緊急。驚白波以鼓怒。攪大海。簸高濤。業三山。惲羣鼇。及夫道盡途殫。繩窮勢蹙。突兀出水。蹉跎望陸。一岸山横。半天雲矗。巨鱗既已傾。海水亦以清。吞舟之害平。若乃飛鸞刀以撞突。泉爲膏兮岳爲骨。剝鱗上之重錦。抉眼中之明月。由河之北。達於東溟。

萬民饜飫。三年羶腥。向時兮刻意臨川。勞神有年。舟人不顧。漁子悠然。坐石滑兮積苔蘚。蒼葭變兮老雲煙。今日兮投竿。瞬息以肉爲食。豫且氣懾。詹何失色。契我心者臧丈人。適我願者龍伯國。釣道既爾。人亦如此。孫宏未遇。買臣家貧。海上牧豕。江邊負薪。常以雲霄自致。燕雀時人。受侮不少。守志彌眞。終逢挺拔。俱爲漢臣。典郡則還鄉衣錦。作相而開閣迎賓。則知餌大者魚大。道肥者祿肥。獲大則喜。雖晚何悲。魚之與人。殊途而同歸。

吕望釣玉璜賦 以道濟天下神符告休爲韻

昔太公之未遇也。隱於渭之濵。釣於渭之津。坐磻石而不易其掺。垂直鉤而不撓其神。波萬重而我心惟一。歲三周而吾道方申。既而寒潭曉霽。莫不遺乎巨細。兀忘形而有待。引經綸而不替。期陰騭以旁行。忽冥符而下濟。於是拔深泉。激細漣。振錦鱗而雲霞煥。若獲玉璜而篆籀昭然。皎皎霜淨。亭亭月懸。表蒼兕之期。功鄰造化。騰白虹之氣。理契先天。所以耀川靈。所以誇漁者。徘徊自適。憤惋俱寫。臨清流而素彩熒煌。昭白日而祥光上下。公乃起川隅。懷寶符。禺昂志氣。振奮泥塗。捧抵鵲之容。彌彰潔白。入飛熊之

兆。寧掩瑕瑜。衆皆釣其名。我則釣其道。衆皆釣其魚。我則釣其寶。故知神全者不辭於貧賤。志大者不歎於枯槁。皤皤兮白髮。湜湜兮清流。其來也釣於周。所謂運良謀。擁神休。豈芳餌而能獲。匪嘉魚而足求。異和氏之功。疵瑕受戮。賤詹何之術。溪澗空投。然則道感其誠。德亦有報。天以我爲忠告。客有悅其性者。莫不望茲川而高蹈。

授李鄘門下侍郎平章事制

門下。凝成庶政。必屬於長材。經制四方。是資於碩望。況參酌理本。爕和化源。苟非傑賢。孰允斯任。爰立舊德。將諧具瞻。淮南節度副大使知節度事管內支度營田觀察處置等使。銀青光祿大夫檢校尚書左僕射兼揚州大都督府長史御史大夫上柱國江夏縣開國侯食邑一千戶李鄘。性惟直方。器本宏固。沖敏足以成務。通明可以質疑。懷匡主之忠。規蘊經邦之遠略。歷居雄鎮。累服大寮。臺閣藩方。動留成式。資爲重望。綽有餘材。必能翼宣鴻猷。導迎嘉祉。是用徵拜。陟于黃樞。竭爾訏謨。司我號令。法期畫一。俗俾康寧。寅亮庶工。屬在良弼。可守門下侍郎同中書門下平章事。散官勳賜如故。

授柳公綽襄州節度使制

門下。江漢之間。襟帶之重。歷考前載。咸稱上游。濵七澤之川源。爲一方之都會。撫封命帥。匪易其人。朕所以屬意忠賢。達於寤寐。思宏至理。暢合元元。是用選茲廉平。付以疆土。允叶僉議。肅歸至公。銀青光祿大夫尚書左丞相柳公綽。儒門令緒。文苑宏才。器含剛堅。質抱沉厚。臨事有斷。能泉挺霜雪之鋒。處身無瑕。大寶蘊雲虹之氣。間者擢居臺閣。累守方隅。長沙流易簡之風。鄂渚肅鼓鼙之令。及典司饋運。牧長京畿。銓綜庶官。紀綱百度。咸能舉其典則。奉以

周旋顧惟公忠朕所嘉尚今乃命爾仗茲旌旄鎮峴首之城池撫襄陽之耆舊於戲昔羊叔子以寛厚宏其化杜征南以文雅播其猷人到於今往往稱歎勉爾終始嗣乎風流罔俾二臣獨輝專美霜臺峻秩人部崇班載光超擢之恩式崇連帥之拜服我嘉尚爾其欽哉可檢校戸部尚書襄州山南東道節度等使

吏部議

議曰吏部擇才用之地職在辨九流之清濁擇四科之邪正推忠良而進英傑舉廉直而黜不職夫天生萬民樹之以元后元后不能以獨任故委之以羣吏羣吏不能以自達故繫之以選部選部者風化之本源人倫之砥礪也書曰知人則哲能官人安民則惠哲與惠其選部之志歟所謂羣吏者君之耳目君以衆耳聽天下之哀樂則無遠不聞矣君以衆目視天下之得失則無遠不見矣若以耳不為君之聰目不為君之明非羣吏之過抑亦選部之過其故何也背輪轅之用雜賢愚之跡以至於此也夫聖人求賢良而授之政事非徒貴賢良之德義蓋重元元之性命也今之有司罕通其意每歲調天下之士但考其書判據

其資格爲之品第授之祿秩先訪私家利便次論俸錢之厚薄多士盈庭而自售若衆賈之徙市焉豈銓綜人物品藻英髦之所在也是以天下百姓未臻於和樂者職此之由矣夫以一鏡之明而照天下之形者固難盡其妍媸以一衡之平而稱天下之輕重者固難定其毫釐矣今每歲選人請委州府長史先研其跡行次考其渝濫習理務者以恪勤廉慎爲一科處邱園者以孝悌貞良爲一科著此二科然後申送主司按其詞而閱其材材與行必良則試之以理要可觀則從而祿之其郡府長史當校其殊考若材行相反朋黨相資則從而黜之其郡府長史亦書以下考材如此則天下之共公於選吏部郎亦不敢私於天下矣俾夫人顧行行顧材材顧祿祿無虛授人無苟得廉恥之化行貪競之風息矣恭聞十目所視十手所指猶是非可辨賢愚可驗況用天下之目乎況用天下之手乎率是道而寮寀不得其人風俗不致和平者未之有也謹議

兵部議

議曰弧矢之利以威天下其來尚矣仲尼有云不教民戰是謂棄之蓋用仁義爲之本籌畧爲之次果敢爲之末故

曰齊之技擊不可以遇魏之武卒魏之武卒不可以直秦之銳士秦之銳士不可以當桓文之節制桓文之節制不可以敵湯武之仁義所謂善師者不陣善陣者不戰蓋有自矣今之有司不習端其本而徒襲其末取天下之士以懸的布埒爲之標準捨矢之中否跨馬之遲速以貌第其人升降其秩豈暇全武之七德射之五善者歟及國家有邊境之虞則被之以甲冑授之以弓矢驅以就役當數倍之師不能屠名城克強敵者何也在司武之不經擇士之無本矣孫吴者兵家之首足不可不行也今孫吴之術卷

而不張徒以干戈爲擇士之器何異夫無首而冠無足而履哉今請天下應兵部舉選者各習兵書一藝然後試以弓矢優其武弁所謂智勇兼資材畧並運仁義之師復行於湯武之代豈惟式遏寇虐震恒戎虜者哉謹議

汨羅廟記

噫日月明而忠賢生日月翳而忠賢斃明翳其天耶非耶其數耶非耶將適然耶非耶且自昔抱大忠而生抱大忠而死者亦何可勝言雖天傾地搖山拆川竭猶可得而評論焉及至軒轅氏之天以道爲日月無明翳之變故風后力牧得適其材焉帝堯氏之天以德爲日月無生斃之數故羲和氏百工之徒得信其用焉帝舜氏之天以仁爲日月無虧盈之節故十六族得宏其理焉大禹氏之天以公爲日月無氛霾之蔽故皋陶稷禹之臣得專其任焉殷湯氏之天以信爲日月不皦不昧故伊尹得符其志焉文王氏之天以心爲日月無薄蝕之變故周召之倫得張其化焉我大唐氏之天以政爲日月故房杜魏徵得盡其訏謨焉其餘上自列國下逮周隋或以耳目爲日月或以左右爲日月一明一翳非天之所爲也非地之所爲也故萇宏

辟伍員梟范蠡魯連去徐衍負石三閭懷沙良可痛哉然三閭者以大忠而揭大文況吟楚澤哀鬱自贊爰興褒貶六經同風至宋玉景差皆弟子也况吾黨哉唐文宗太和二年春防奉命宜春抵湘陰歇帆西渚邑宰馬摶謂予曰三閭之墳有碑無文豈前賢缺歟又曰俗以三閭投汨水而殞所葬者招魂也常所惑焉按圖經汨冬水二尺夏九尺則爲大水也古之與今其汨不甚異也又楚人惜三閭之才閔三閭之死舟馳檝驟至今爲俗安有尋常之水而失其遺骸哉安有不睹其骸而知其懷沙哉但以楚詞有

大小招魂後人憑而穿鑿不足徵也愚則以為三閭魂歸於泉尸歸於墳靈歸於祠為其實郡守東海徐希仁洎馬搏以予常學古道熟君臣至理之義請述始終符契以廣忠賢之業云於戲後代知予者以此罪予者以此文曰屈碑立兮讒人泣兮屈碑推兮讒人咍兮碑兮碑兮汨之隈兮天高地濶孤魂愧兮

飛泳亭磨崖銘

剪流為池軋崖為龍或泳或流逍遙其中何必龍門十濟一通何必滄溟白浪長風此水不竭此崖無窮

連州靜福山廖先生碑銘 并序

沖先生名也清虛先生字也本郡主簿西曹祭酒湘東王國常侍先生官也靜福山先生家也於戲先生之名玉堂金簡之名矣先生之官詞林學府之官矣先生之家紅霞丹景之家矣至若鶴骨松貌泉渟谷虛寓形人間天地無累與夫青童君扶桑公陶隱居張天師遥為師友矣以梁中大通三年家此山陳光大二年去此山春秋九十七門人邑子無以知其蹤但徘徊醮壇泣對香火而已長慶末余自尚書司封郎知制誥翰林學士得罪出守臨汀尋改此郡慕先生至道登先生舊山捫蘿撥雲瞻仰不足稽首巖戶強為之銘曰

元都文人大道之師靜福先生從而學之仙書無文仙語無詞以心傳心天地不知猛虎我策長蛇我持放情逍遙古今為誰華表白鶴千年一歸不知先生此會何時瞻望雲路人間後期

欽定全唐文卷七百二十

李珏

珏字待價，趙郡人。進士擢第，又書判拔萃。開成中拜戶部侍郎，以本官同平章事。武宗立，遷門下侍郎，罷爲太常卿，再貶江西觀察使、昭州刺史。宣宗立，內徙郴、舒二州，遷河陽節度使，入爲吏部尚書，檢校右僕射、淮南節度使，進封贊皇郡公。大中七年卒，年六十九，贈司空，謚曰貞穆。

諫穆宗合宴羣臣疏

臣聞人臣之節，本於忠藎，苟有所見，卽宜上陳。況爲陛下諫官，食陛下厚祿，豈敢腹誹巷議，苟冒恩榮。臣等聞諸道路，不知信否，皆云有詔追李光顏、李愬，欲於重陽節日合宴羣臣。儻誠有之，乃陛下念羣臣、敷惠澤之慈旨也。然元朔未改，園陵尚新，雖陛下執易月之期，俯從人欲，而禮經著三年之制，猶服心喪。今遵同軌之會，適去於中邦；告遠夷之使，未復其來命。遏密弛禁，蓋爲齊人，合宴內庭，事將未可。夫明王之舉動，爲天下法，王言旣降，其出如綸，苟玷皇猷，徒章直諫，臣等是以昧死上聞。曲突徙薪，義實在此。且光顏、李愬，久立忠勞，今方盛秋，務拓邊境，如或召見，詔以謀猷，褒其宿勳，付以疆事，則與歌鍾合宴、酒食邀歡，不得同年而語也。陛下自纘嗣以來，發號施令，無非孝理，因心形于詔勅，固已感動於人倫，更在敬愼威儀，保持聖德而已。臣等不敢緘默，輒貢狂言，懼不允當，伏待刑憲。

論王播增榷茶疏

伏以榷率救弊，起自干戈，天下無虞，所宜蠲省。況稅茶之事，尤出近代，貞元中不得不爾，今四海鏡靜，八方砥平，厚斂於人，殊傷國體，其不可一也。而又茶爲食物，無異米鹽，人之所資，遠近同俗，旣蠲渴乏，難舍斯須，至於田閭之間，嗜好尤切。今收稅旣重，時估必增，流弊於人，先及貧弱，其不可二也。且山澤之饒，出無定數，量斤論稅，所冀售多，若價高則市者稀，價賤則市者廣，歲終上計，其利幾何？未見阜財，徒聞斂怨，其不可三也。臣不敢遠徵故事，直以目前所見陳之。伏惟陛下暫留聰明，稍垂念慮，特追成命，更賜商量，則嗷嗷萬姓，皆荷福利。臣又竊見陛下愛人育物，動感神明，卽位之初，已懲聚斂，外官抽貫，旋有詔停，洋洋德音，千古不朽。今者榷茶加稅，頗失人情，臣忝職諫司，豈敢緘默，塵黷旒扆，戰越伏深。

欽定全唐文 卷七百二十 李珏 二

故丞相太子少師贈太尉牛公神道碑銘 并序

天球河圖。有國之大寶。麒麟鳳凰。王者之嘉瑞。方於賢彥卿又次焉。天佑我唐。才傑間出。輔時興化。代有其人。公諱僧孺。字思黯。隴西狄道人。本子姓。漢有牛崇。為隴西主簿。因家焉。代為西州豪族。八代祖宏。仕隋為吏部尚書。封奇章公。佐佑文帝。有重名于時。高祖鳳。中宗時為春官侍郎。掌國史。曾祖休克。集州刺史。贈給事中。祖父紹。太常博士。贈太尉。父幼聞。華州鄭縣尉。贈太保。公七歲而孤。依倚外族周氏。嶷嶷卓卓。有老成之風。以喪禮自處。未嘗戲弄。年

十五。知先奇章公城南有隋室賜田數頃。書千卷。乃辭親肄習。孜孜矻矻。不捨蚤夜。洎四五年。業成。舉進士。斬然有聲。時韋崖州作相。網羅賢雋。知公名。願與交。公袖文往謁。一見如舊。由是公卿籍甚。名動京師。得上第。聯以賢良方正舉。又冠甲科。策中盛言時事。無有隱避。持權者深忌之。出為伊闕尉。名府賢侯羔鴈繼至。封章屢薦。每為中執事所沮。皆不滿秩。從潞帥郗士美辟。授管記。三奏不得。請竟除河南尉。會有次對大寮因言事解於上前。遷監察御史。丁太夫人憂。服闋。除本官。轉殿中。公以文高氣直。累歲堙屈。問望所屬。推美於臺閣間。入省拜禮部員外郎。時孟尚書簡有重望。以地官貳卿兼領綱憲。薦公知雜。轉都官員外兼侍御史。免憲職。授考功員外郎。集賢學士。穆宗即位。宰相稱其能。遷庫部郎中。掌書命。召對與語。上德之。面賜五品服。未幾。遷中丞。每對延英。必移時盡言天下事。有武將李直臣為宿州刺史。豪奪聚斂。以貨數百萬厚結權貴。公按之。為有力者排幾不勝。竟以詞堅理直。上意迴。直臣乃得罪。由是上以清直知。又面賜金紫。拜戶部侍郎。時望允塞。中書令韓宏以財投分。公拒而不受。上因他事知之。

愈賢公。遂作相。持重顧大體。不言細事。嘗謂同列諸相曰。致理之本。流品為先。彝倫攸敘。蓋謂此也。每惜名器。力與同列爭。方鎮以不廉聞者。輒奏貶。以賄賂求進者。必阻之。先是李司徒逢吉與杜循州元穎同作相。穆宗寢疾。議建儲貳。與公不協。後元穎出鎮井絡。逢吉銜之。思有釋憾於政事堂。謂公曰。西川前有廢立謀。上熟知之。來日延英發其事。公不知。慎勿沮議。公曰。王導有言。我雖不殺伯仁。伯仁由我而死。正近此耳。又安得不言哉。逢吉喑嗚而止。敬宗年少嗣位。公雅善獻奏。每言一事。必本末陳之。上甚倚

愛同列挾中助力赫赫妬公之賢公亦思避其鋒三上疏
求外任上以武昌善地建節幢兼相印以授之既至問人
所病害咸言鄂土疎薄歲一修城役工誅茅人用咨怨公
默許心計埏泥範塼未及三年盡換舊制崇墉堅壁人到
于今賴之文宗嗣位二年公入覲詔復相位上雅知公名
一見恨得之晚會宋相申錫以廉介聞巨姦鄭注挾北軍
勢卜射取財貨富侔於國忌宋之直陰畫詭計誣與藩邸
通因内臣而上其變造作似是衆皆符會上驚聞激怒下
法吏議其罪諫官伏閤爭不得公入侍密啟上意乃寬止

於郡佐公實有力今李崖州鎮劍南西川上言西蕃別屯
以維州降帶甲之士甚銳其地要害得之足以壯邊部徐
圖河湟此其漸也上疑不決下南宮議百執事皆是西川
奏公獨曰國家近與昆夷歃血四鎮晏然今若自虧大信
犬戎恃衆見詰渝盟彼直我曲未可量也上曰丞相之言
是詔還維州初德裕承籍地勢自負機術公介特素不與
之交及是大不平遂成宿憾公與李尚書宗閔同輔政出
入殿省進退有度上偏目公曰卿才類翟先異日可屬大
事公懼滿辭位再陳封章寵加端揆出鎮淮海不改相印

再登將壇揚州當江淮之衝習偷薄之俗公清淨簡易化
人移風俾及五年臻於至理倉廪實禮義行刑措政成脫
屣歸洛優詔屢降雅志不回拜檢校司空東都留守文宗
將有大制置大除授必降中使假於他方入皇城宣密旨
獻可替否如在君前其信重也如此俄以左僕射徵王人
就賜官告特明異禮公感恩雖厚退身愈堅一對而歸不
詣相第亦有中阻未諧人情又加相印出爲漢南節度使
制出上悔之欲追成命公固辭上曰且不與卿周歲別出
都門特賜清廟器六事皆範金飾玉如古時制宣曰以卿

精忠用以貺別寵待之禮當時無儔公到襄州均井稅薄
地征人用胥悅咸歌來暮武宗初纘極聽信未一行險者
乘時而起凶德參會倒置天下事清賢名輩多被斥逐惟
公位高德重最難搖撼詭硊齟齬幾至二年屬大水壞居
人廬舍公以實上聞仇家得以逞志舉兩漢故事坐災異
策免降授太子少師時議不平又還檢校司徒兼太子太
保俄又改太傅再臨東郊劉從諫死劉稹自擅以昭義軍
阻命天兵誅討五年方剋上喜甚素忌公者媒孽鍛鍊誣
公與從諫交上怒下詔旬日三貶公至循州長史鑿空指

鹿四海之士感冤之公推運達命恬然如得好官時踰嶺越險二年在海上無所苦今上卽位大明善惡三遷至少保轉少師牽復高位分司東洛池臺琴酒逍遙自娛賢士大夫尚其軌躅未半歲遘疾薨于東都城南之別墅自嬰疾至于捐館譚笑言語宴居自若口占理命纖悉無遺上聞為之軫悼聯日不視政公卿相弔正人雪涕冊贈太尉遣大僚弔祭公端明簡重忠厚誠慤平居私室如見大賓不喜釋老唯宗儒教早與韓吏部皇甫郎中為文章友其名相上下晚與白少傅劉尚書為詩酒侶其韻無高卑前

後作鎮皆佩相印辟署多名人難其進而勇於退儉必中禮貴而不奢知命達理保和居易三領大鎮接護軍以禮貌不至交歡再入中書待樞使以公平不容請託有恩必報有讐不校韋崖州於公恩也嫁二女歸名士薦長子登周行李崖州於公讐也恤竄謫之窮途厚供待於逆旅其厚德歟亦難能也夫人同郡辛氏贈僕射秘之女賢明懿淑稱於族姻有子五人曰蔚曰叢能嗣其業皆擢進士第蔚監察御史叢使府協律曰奉倩洛陽尉二人未知名公以大中戊辰歲十二月二十九日薨以大中已巳歲五月十九日葬小子不佞早棲門牆考選第叨殊等之科開賓筵忝入幕之吏國士相遇筆札見知周旋款眷垂三十載刊石表墓分也難辭公歷官三十一政作相一十九年逮事六宗光輔四帝承主恩必由直道解相印實無罪名自少及長不失色於人佐時理家無悖入之貨持身斤斤履道甚夷嘗病在高位者不知止足終日抗論剋期拜章竟不及年俾孤美志銘曰

公之生兮稟星辰公之道兮侔古人公之才兮渾而眞公之性兮威且仁公之文兮班馬隣公之藝兮游夏均公之

儉兮自我身公之簡兮無雜賓公之貞兮肅人倫公之愼兮質鬼神公之相兮平如鈞公為邦兮政如春公不幸兮罹數屯公無辜兮介於循天開日明兮堯舜為君舉直措枉兮幽冤必伸牽復高資兮言旋洛濱逍遙琴筑兮無異隱淪屈指懸車兮歘然十旬素懷未遂兮美疹來臻悲纏冕旒兮哀動搢紳寵贈加等兮冠于台臣有司職喪兮歸葬咸秦觀者歎息兮國人酸辛哀安餘慶兮令嗣兟兟陳實道廣兮門生振振乃纘徽猷兮刻於貞珉碑生金字兮名德長新

唐文宗皇帝謚冊文

維開成五年歲次庚申七月乙亥朔十一日乙酉哀弟嗣皇帝臣某伏惟大行皇帝德升上元功定内難百辟勸進萬姓樂推洎順人撫運嗣統立極凝旒建大中之道執契宏無爲之化聰明天縱孝敬日新翼翼承九廟之祭蒸蒸奉三宮之養以文思光赤縣以武德澄滄海慈儉厚下端莊肅物達聰無不察黈纊若不知成湯之六事罔愆大禹之九功咸序學無常師惟格王是式仁必由己以蒼生爲心修雅樂而簫韶成音戒逸遊而靈囿望幸遏外夷之敎

飄靡殆絕舉中古之典汪洋勃興宮禁無私恩嬪嬙無侈服每宰臣伏奏卿士宴見論道何嘗於日旰恤刑已至於歲減大闢諫路深排倖門危言激訐惟理是聽匪唯納之而又賞之密戚貴寵惟法是訓匪唯戒之而又繩之禎符秘瑞王者之所寶郡國承詔寢而不揚鴻名徽號列聖之所重臣寮抗疏約而不受興起儒術修明祀事刻經誥於琬玉具宗廟之琮璜雞鳴而起孜孜於衆善日入而息矻矻於羣書惇叙九族厚戚藩之恩協和萬邦敦戎狄之信至公不私於天性體道必從乎人欲應變懸解知機如神日者數違假擾星有譎見克己修德側身勵政和人心以保乂謹天戒而來祥復貞觀之故事編開元之政要旌别淑慝澄清品流一物失所必形於睟容百姓未康每勞於聖慮聽政餘力游藝緣情探二南之風雅窮六義之敎化汾水著詞柏梁變體腴雋人口馨香國風南山崇崇京國之望不列祀典綿千百年舉神授職發自精懇興雲致雨響應虔祈至於出宮人放鸞鳥太官節重味之膳外府減任土之貢傾倉賑乏平糴恤饑蟲螟不爲災水潦不成沴日月照臨天地含宏肖翹蠢蠕樂生遂性稽帝王之能事

鄗封禪之虛美超邁三五度越聖賢由是四夷八蠻罔不來廷九州六合罔不承順在宥天下十有五年於戲身居九重心遍萬寓日用優濟時臻治平形悴神勞至於大漸啟金縢而無驗憑玉几而有命顧屬冲昧丕承寶圖祇奉神器懼不克荷今因山戒期復土備禮痛深手足哀結精靈呼天擗摽觸目增感夫謚者行之迹號者功之表採鴻生鉅儒之議從公卿庶尹之請考彼古道易兹大名對越昊穹式揚徽烈謹遣太尉中書侍郎同中書門下平章事李珏謹奉冊上尊謚曰元聖昭獻孝皇帝廟號文宗伏惟

聖靈昭格膺受茂典陰騭宗社介福無窮嗚呼哀哉

戴少平

少平元和初官待詔

鎮國大將軍王榮神道碑

天列鉤陳之象國維環衛之儀蒼旻立程圖諜斯載心膂之寄賢良是疇苟非副愼選曷以將軍累代而居其位焉將軍姓王氏諱榮字榮與本太原人也肇自軒后延于周室自靈王喪道黜太子晉於河東時人號爲王家子孫因以命氏子晉生敬宗爲司徒至秦始皇大將軍翦子曰賁孫曰離皆以武略著名列于戰國策及漢昌邑中尉吉博通墳典形于書籍生二子長曰霸居太原次曰駿居瑯琊公卽霸之後矣自翦至魏凡三十四代有祖爲征南將軍後遇西晉陵替子孫有過江者爲江東盛族其不往者代有賢豪史傳備彰此無縷載隋季喪亂龍蛇起陸爰有唐之始祖舉義師于北京惟公之先宗奮雄風於西土緜是奕葉承緒因家上京曾祖元皇越州長王父思獻唐元功臣行右龍武軍大將軍父崇俊皇開府儀同三司行左龍武軍大將軍事莒國公兼京城功德使贈太子太保慶有所屬世無乏賢猗歟將軍卽太保之元子也高門有嗣美玉無瑕識鑒精通知謀周達忠孝立志溫良飾躬總角精乎兩經弱冠窮于三略文武不墜剛柔得中風姿逸羣果斷在己公門家子也肅宗皇帝美公先父有勤勞于國有訓導於家爰自妙年授公左龍武軍司戈廣德初轉本軍中候未幾遷同州伏龍府折衝賜紫金魚袋本軍宿衛皆特降恩煦寵於勳賢代宗之初蕃戎豕突烽燧西舉鑾輿東巡公之父子俱爲侍從翼戴往復公家是先特拜公陝府元從游擊將軍守左龍武軍馮翊府左郎將上柱國太原縣開國伯食邑七百戶公以恪居韶淑之年志出雲霄之路勤守職業色養無虧雖居長上以公代有勳績將施延賞之恩特賜故右龍武軍將軍李敬照之長女以其令淑有聞由內而降爲公之夫人也恩逾國戚寵過常倫服玩禮儀無非常賜渥澤雱霈未之前聞公謙沖有恒恭儉無替並謂禍生不意家釁洊臻公柴骨棘心居苦枕塊左右墳闕薦奠朝晡覩之者涕零聞之者惻怛可謂至孝之至恭仁之闕　數年後遷右神武軍翊府中郎將尋改右清道率府率建中末賊泚扇奸乘其不虞禍起肘腋宮室蜂

轝車駕郊畿。公乃奔馳扶輪。躬奉矢石。出歿生死。羽衛君
王。是知仁者必有勇也。上嘉其誠。特封武威郡王。食邑三
千戶。實封五百戶。逮於克復城闕。載酬厥勳。興元初拜奉
天定難功臣雲麾將軍守右監門衛率府率。尋充左龍武
軍南仗使。八年轉左內率府率。軍職如故。公家之事。知無
不爲。晝警夜巡。考課尤著。有詔補本軍通直將軍。職其將
遷。望亦增重。松竹之操。森然可觀。貞元末特拜左龍武軍
事。居文明之代。翊舜禹之君。嗣業旣彰。軍風載振。昔宏農
楊氏四世三公。今太原王君三代三品。於戲。德宗皇帝奄

忽昇遐。順宗欽明。踐祚皇極。公以冊立之重。拜御史中丞。
尋加鎮軍大將軍。賜一子正員八品。改贈先父太子太保。
殊常之澤。併集公門。雖承湛露之恩。不易履冰之誡。霜仗
增肅。天門益雄。規謨昭彰。職事修舉。前後倫類。莫之與京。
於是書芳躅於武經。寫丹青於麟閣。俄乃棻徽遷位。皇室
荐哀。二帝山陵。六軍扈蹕。羽儀爭勝。公也推先。煥采實歷
新昇。恩加近侍。遷本軍大將軍兼御史大夫。佩玉腰金。殊
門綵戟。昔馬援有伏波之號。班超揚定遠之名。雖門望同
途。終華裔別。實豈若登壇柱國。授鉞中朝。畫列形庭。幕嚴

清禁。渙汗之重。孰云比肩。至如君盡其臣。忠子及於父位。
萬乃有一。公其獲諸。公之性也。矜孤恤窮。寬仁厚德。不伐
其善。無施其勞。忠孝仁義。全乎始終。財帛洽於姻親。粟祿
霑于鄉黨。享福居崇。固其宜矣。公當拜命之始。將軍疑有
事於南郊。獻鋒銳者盈於九門。積玉帛者來于萬國。公爲
六軍之首。將持百代之名。數陳盛儀。迴出羣格。美望充於
朝野。嘉聲達於聖聰。因賜二子出身。用旌厥德。公竭乃筋
力。罄於心神。靡盬自衰。積勤致疾。天醫繼路。御餌盈庭。雖
上命以惜賢。竟膏肓之罔救。公累官十任。歷事五朝。謀猷

克申。咸惠斯在。猶以遺訓貽乎子孫。身後之儀。靡不詳告。
有始有卒。公其得之。公嘗謂知己曰。大丈夫書當開拓疆
境。掃滌欃槍。誅鋤奸宄。廓清華夏。致君堯舜之上。榮名管
萬之前。豈可保位金門。坐安天祿而已。何乃壽齡不永。事
與願違。未盡所試。奄辭明代。嗚呼。元和二年十月二十一
日。薨於道政里之私第。享年五十有六。萬乘眷勳勤之德。
徹食傷嗟。三軍思撫育之情。攀轅慟泣。意夫卞氏之玉。絶
跡於良時。隋侯之珠。韜光於幽壤。翩翩盛德。足繼前修。亹
亹餘風。揚乎後代。亦可謂歿而不忘者也。來年十一月二

十四日丹旐既舉青鳥告期有司上聞錫葬殊等出天廚以饗奠俾中貴以臨喪鹵簿溢於郊衢笳簫震于阡陌寵光存歿澤被幽明棲神於鳳城東南龍首原先塋之左禮之至也夫人隴西郡夫人李氏婦德柔明母儀貞順視孤惸以灑泣撫靈櫬以銷魂追思飾終罄竭家產嗣子朝散郎前行左內率府錄事參軍太原縣開國公諒及王女等或婉淑沖和或貞剛勵節各稟家訓修于令聞絕漿豈獨於曾參負米猶思於子路終天罔極叩地何追慮嘉躅之遺聞請修文以記德予以素承交契見託臨終辭之不俞

聊載貞石銘曰

禹禹聖君兮諤諤良臣惟德是輔兮皇天匪親國有環衛兮天有鉤陳心膂之寄兮疇咨哲人將軍之孫兮將軍之子開國承家兮提綱振紀君臣浹洽兮永冀終始形圖彩閣兮名列青史彼蒼者天兮殲我中賢皇王軫悼兮士旅潸然于以展恩兮式奠几筵于以飾終兮鹵簿旌旗龍首之原兮鳳城之前蕭蕭白楊兮窅窅黃泉立石刻銘兮紀勳紀德揚名播美兮千年萬年

陳鴻祖

鴻祖潁川人

東城老父傳

老父姓賈名昌長安宣陽里人開元元年癸丑生元和庚寅歲九十八年矣視聽不衰言甚安徐心力不耗語太平事歷歷可聽父忠長九尺力能拽倒牛以材官為中宮幕士景龍四年持幕竿隨元宗入大明宮誅韋后奉睿宗朝羣后遂為景雲功臣以長刀備親衛詔徙家東雲龍門昌生此歲趫捷過人能搏柱乘梁善應對解鳥語音元宗在藩邸時樂民間清明節鬭雞戲及即位治雞坊於兩宮間

長安雄雞金毫鐵距高冠昂尾千數養於雞坊選六軍小兒五百人使馴擾教飼上之好之民風尤甚諸王世家外戚家貴主家侯家傾帑破產市雞以償雞值都中男女以弄雞為事貧者弄假雞帝出游見昌弄木雞於雲龍門道傍召入為雞坊小兒衣食右龍武軍三尺童子入雞羣如狎羣小壯者弱者勇者怯者水穀之時疾病之候悉能知之舉二雞雞畏而馴使令如人護雞坊中謁者王承恩言於元宗召試殿庭皆中元宗意即日為五百小兒長加之以忠厚謹密天子甚愛幸之金帛之賜日至其家開元十

三年雞籠三百從封東嶽父忠死泰山下得子禮奉尸歸葬雍州縣官爲葬器喪車乘傳洛陽道十四年三月衣鬬雞服會元宗於温泉當時天下號爲神雞童時人爲之語曰生男不用識文字鬬雞走馬勝讀書賈家小兒年十三富貴榮華代不如能令金距期勝負白羅繡衫隨軟轝父死長安千里外差夫持道挽喪車昭成皇后之在相王府誕聖於八月五日中興之後制爲千秋節賜天下民牛酒樂三日命之曰酺以爲常也大合樂於宮中歲或酺於洛元會於清明節率皆在驪山每至是日萬樂具舉六宮畢

從昌冠雕翠金華冠錦袖繡襦袴執鐸拂導羣雞叙立於廣場顧眄如神指揮風生樹毛振翼礪吻磨距抑怒待勝進退有期隨鞭指低昂不失昌度勝負既决強者前弱者後隨昌雁行歸於雞坊角觝萬夫跳劍尋撞蹴毬踏繩舞於竿顛者索氣沮色逡巡不敢入豈教猱擾龍之徒歟二十三年元宗爲娶梨園弟子潘大同女男服佩玉女服繡襦皆出御府昌男至信至德天寶中妻潘氏以歌舞重幸於楊貴妃夫婦席寵四十年恩澤不渝豈不敏於伎謹於心乎上生於乙酉雞辰使人朝服鬬雞兆亂於太平矣上心不悟十四載胡羯陷洛潼關不守大駕幸成都奔衛乘轝夜出便門馬踣道穽傷足不能進伏入南山每進雞之日則向西南大哭祿山往年朝於京師識昌於橫門外及亂二京以千金購昌長安洛陽市昌變姓名依於佛舍除地擊鐘施力於佛洎太上皇歸興慶宮肅宗受命於別殿昌還舊里居室爲兵掠家無遺物布衣顦顇不復得入禁門矣明日復出長安南門道見妻兒於招國里菜色黯焉兒荷薪妻負故絮昌聚哭訣於道遂長逝息長安佛寺學大師佛旨大歷元年依資聖寺大德僧運平往東市海池

立陁羅尼石幢書能紀姓名讀釋氏經亦能了其深義至道以善心化市井人建僧房佛舍植美草甘木晝把土擁根汲水灌竹夜止觀於禪室建中三年僧運平人壽盡服禮畢奉舍利塔於長安東門外鎮國寺東偏手植松柏百株構小舍居於塔下朝夕焚香灑掃事師如生順宗在東宮捨錢三十萬爲昌立大師影堂及齋舍又立外屋居游民取傭給昌因日食粥一盃漿水一升臥草席絮衣過是悉歸於佛妻潘氏後亦不知所往貞元中長子至信衣幷州甲隨大司徒燧入覲省昌於長壽里昌如已不生絕之

使去文子至德歸販繒洛陽市來往長安間歲以金帛奉昌皆絕之遂俱去不復來元和中潁川陳鴻祖攜友人出春明門見竹柏森然香煙聞於道下馬覲昌於塔下聽其言日之暮宿鴻祖於齋舍話身之出處皆有條貫遂及王制鴻祖問開元之理亂昌曰老人少年以鬬雞求媚於上上倡優畜之家於外宮安足以知朝廷之事也然有以爲吾子言者老人見黃門侍郎杜暹出爲磧西節度攝御史大夫始假風憲以威遠見哥舒翰之鎮涼州也下石堡戍青海城出白龍逾蔥嶺界鐵關總管河左道七命始攝御

史大夫見張說之領幽州也每歲入關輒長轅輓輻車輦河間薊州傭調繒布駕轊連軏坌入關門輸于王府江淮綺縠巴蜀錦繡後宮歡好而已河州燉煌道歲屯田實邊食餘粟轉輸靈州漕下黃河入太原倉備關中凶年關中粟麥藏于百姓天子幸五嶽從官千乘萬騎不食于民老人歲時伏臘得歸休行都市間見有賣白衫白疊布行鄰北鄽間有人禳病法用皂布一尺持重價不克致竟以幞頭羅代之近者老人扶杖出門閱街衢中東西南北視之見白衫者不滿百人豈天下之人皆執兵乎開元十二年詔三省侍郎有闕先求曾任刺史者郎官缺先求曾任縣令者及老人見四十三省郎吏有理刑才名大者出刺郡小者鎮縣自老人居大道傍往往有郡太守休馬於此皆慘然不樂朝廷沙汰使治郡開元取士孝悌治人而已不聞進士宏詞拔萃爲之其得人也大略如此因泣下復言曰上皇北臣穹廬東臣雞林南臣滇池西臣昆夷三歲一來朝會視之禮容照之恩澤衣之錦絮飫之酒食使展事而去都中無留外國賓今北胡與京師雜處娶妻生子長安中少年有胡心矣吾子視首飾華服之制不與向同得

非妖物乎鴻祖默不敢應而罷去

韋絢

絢字文明宰相執誼子大中時歷吏部司封員外郎江陵少尹

嘉話錄叙

絢少陸機入洛之三歲多重耳在外之二年自襄陽負書笈至江陵挈葉舟泝巫峽抵白帝投謁故贈兵部尚書賓客中山劉公二十八丈求在左右學問是歲長慶元年春也蒙丈人許措足侍立解衣推食晨昏與諸子起居或因

宴集命坐與話論大抵根於教誘而解釋經史之錯謬及國朝文人劇談卿相新語異常夢話美譽善謔卜祝童謠佳句廋詞即席聽之退而默記或染翰竹簡簪筆書紳其不暇記錄因循遺忘者不知其數在掌中梵夾者百存其一焉今悉依當時逐日所話而錄之不復編次矣號曰劉公嘉話錄傳之好事以爲譚柄也時大中十年二月朝散大夫江陵少尹上柱國京兆韋絢序

欽定全唐文卷七百二十一

李肇

肇元和七年試太常寺協律郎遷司勳員外郎

翰林志序

昔宋昌有言曰所言公公言之所言私王者無私夫翰林爲樞機宥密之地有所慎者事之微也若制置任用則非王者之私漢制尚書郎主作文書起草更直於建禮門內臺給青縑白綾或以錦被帷帳氊褥晝通中枕大官供食湯官供餅餌五熟果五日一美食下天子一等建禮門內得神仙門神仙門內得光明殿神仙殿自門下省中書省蓋比今翰林之制略同而所掌輕也漢武帝時嚴助朱買臣吾邱壽王司馬相如東方朔枚皋之徒皆在左右是時朝廷多事中外論難大臣數詘亦其事也唐興太宗始於秦王府開文學館擢房元齡杜如晦一十八人皆以本官兼學士給五品珍膳分爲三番更直宿於閣下討論墳典時人謂之登瀛洲貞觀初置宏文館學士聽朝之隙引之大內殿講論文義商較時政或夜分而罷至元宗置麗正殿學士名儒大臣皆在其中後改爲集賢殿亦草書詔至

翰林置學士集賢書詔乃罷初國朝修陳故事有中書舍人六員專掌詔誥雖曰禁省猶非密切故溫大雅魏徵李百藥岑文本褚遂良許敬宗上官儀時召草制未有名號乾封以後始曰北門學士劉懿之劉禕之周思茂元萬頃范履冰爲之則天朝蘇味道韋承慶其後上官昭容獨掌其事睿宗則蘇頲賈膺福崔湜元宗改爲翰林待詔張說陸堅張九齡徐安貞相繼爲之改爲翰林供奉開元二十六年劉光謹張垍乃爲學士始別建學士院於翰林院之南又有韓紘閻伯璵孟匡朝陳兼李白蔣鎮在舊翰林院

雖有其名不職其事至德宗以後翰林始兼學士之名代宗初李泌爲學士而今壁記不列名氏蓋以不職事之故也

東林寺經藏碑銘 并序

釋迦者流有十二部經由儒之詩書易禮樂春秋皆立言垂教之本儒無文字則天下久已大壞三藏之說不行西方聖人之教幾乎息矣若聲聞乘之四諦門緣覺乘之十二因緣門菩薩乘之六波羅蜜門以至佛乘之一切種智生而知之則巳學而知之者向微斯文是必懵然不自知其術也人主擅萬乘之權富有四海至於生死報應之際常必瞿然有生之徒奔走之不暇實由斯言之烜赫而致化夫塔廟莊嚴之爲像教其用大矣佛有天龍大會未嘗不以契經爲事佛滅後大迦葉召千羅漢結集法藏阿難傳焉西土以胡文紀之謂之梵書科斗文字之類也著以貝葉謂之梵夾殺青爲簡之類也後漢天竺人摩騰始至中國出其文二十四章翻爲隸書其後稍稍不絕至晉沙門法護徧遊西國達言語之不通者究三十六書之體而還梵書之詁訓音義然後大備雖爲道滋廣而難能亦甚

蓋以事生六合之外教出五常之後時人無能知者小則誤於文句大則失其宗旨道安嘗歎釋經有五失本三不易故信奉之代亦以名臣佐而成之自漢永平至唐開元祖述之士凡一百七十六人有桑門之重譯有居士之章思有長老之辨論有才人之撰集校其經律論傳記文集刪改之惣五千四十八卷號爲實錄其中貞觀法師元奘作居多五分其數有其一其爲該博首出前輩而歷代精舍能者藏之方之蘭臺祕閣而不繫之官府也五都之市十室之邑必設書寫之肆惟王公達於衆庶靡不求之以

至徽福祐。防患難。嚴之堂室。載之舟車。此其所以浩瀚於九流也。廬山山岳之神秀。而東西林爲海內名剎。有惠遠道安之遺風。四百餘年。鐘磬之音不絕。然而三藏經論。闕而無補。元和四年。雲門僧靈澈。流竄而歸。棲泊此山。將去。言於廉問武陽韋公。公應之如響。往年公夫人蘭陵蕭氏終。有釵梳佩服之資。而於荆州買良田數頃。收其租入。以奉檀施。至是取之。增以清白之俸。而經營焉。爰即洪州諸寺雜理其事。琱函飾軸。漬蘗磨墨。僧謀而吏職。暑兆而寒就。先命度地之宜。以圖建置。默設規制。隱成剞劂。乃結構

而浮於江。以至於東林。施爲殿堂。用尊祕藏。得浮槎大德義彤爲之主。受持灑掃者七人。以備名山之闕。而資學者之求。公之素志爾。初彤公受具於廬山浮槎寺。嘗討大藏。惡其部帙繁亂。將理之不可。遂發私誓。四十餘夏。果得志焉。於是搜遠近之逸函墜卷。目在辭亾者得之。互文合部者兼之。斷品獨行者類之。本同名異者存之。以僞亂真者標之。又病前賢編次。不以註疏入藏。非尊師之意。幷開元庚午之後。洎德宗神武孝文皇帝之季年。相繼新譯。大凡七目四千九百餘卷。立爲別藏。著雜錄七卷。以條貫之。命開元崇福舊錄。揔一萬卷。舉藏以志函。隨函以命軸。徽塵句偈。如在常中。然後金口之說。流於娑婆者。盡在於茲山也。五年。韋公薨。七年。博陵崔公以仁和政成。憫默舊績。由是東林以遺功得請篆刻之。盛其成公志。故家府從事李肇爲之文。曰。

多羅之教。神道不測。迦葉承之。布西域兮。毗尼之用。其法翼翼。優波受之。垂作則兮。阿曇之文。演暢宗極。苾蒭龍象。甚奇特兮。三者之藏。傾如轍墨。王公大人。爲之飾兮。韋公之績。崔公之德。及茲寶藏。何崩岁兮。崇崇彤公。合發願力。

傳之歷劫。千百億兮。鑪峯之北。靈壇之側。系之迦陁。金石刻兮。

楊敬之

敬之字茂孝。侍御史凌子。元和初進士。文宗朝爲國子祭酒。兼太常少卿。轉大理卿。檢校工部尚書。

華山賦 有序

臣有意諷賦。久不得發。偶出東門三百里。抵華嶽。宿於趾下。明日。試望其形容。則縮然懼。紛然樂。㸌然憂。歔然嬉。快然欲追雲。將浴於天。河浩然。毀衣裳。晞髮而悲。歌怯欲深

藏果欲必行。熱若宅鑪。寒若室冰。薰然以和。怫然不平。三復晦明。以搖其精。萬態既窮。乃還其眞形。骸以安百鈞去背。然後知身之治而見其難焉。於是既留無成。辭以長歎。倏然一人下於崖。金玉其聲。霜雪其顏。傳則有之。代無其鄰。姑射之神。蒙莊云。始不敢視。然得與言。粲然笑曰。用若之求周大物。用若之智窮無端。三四日得無顛倒反側於胷中乎。是非操其心而自别者耶。雖然喜若之專。而教若之聽。無多傳。

嶽之初成。二儀氣凝其間。小積焉爲邱。大積焉爲山。山之

大者曰嶽。其數五。余尸其一焉。嶽之尊。燭日月。居乾坤。諸山並馳。附麗其根。渾渾河流。從禹以來。自北而奔。姑射九嵕。荆巫梁岷。道之云遠。兮徒遙而賓。嶽之形。物類無儀。其上無齊。其傍無依。舉之千仞不爲崇。抑之千仞不爲卑。天雨初霽。三峯相差。虹蜺出其中。來飲河湄。特立無朋。似乎賢人守位。北面而爲臣。望之如雲。就之如天。仰不見其巔。肅阿芊芊。蟠五百里。當諸侯田。嶽之作。鬼神反覆。蛟龍不敢伏。若歲大旱。鞭之朴之。走之馳之。甘雨爛漫。百川東逝。千里而散。噫氣蹶然。怒乎幽巖。漸於人間。其聲瀏瀏。嶽之殊巧說不可窮。見於中天。挲挲而掌。峩峩而蓮。起者似人。伏者似獸。坳者似池。洼者似臼。敧者似弁。呀者似口。突者似距。翼者似抱。文乎文。質乎質。動乎動。息乎息。嗚乎嗚。默乎默。上上下下。千品萬類。似是而非。似非而是。其乃繕人事。吾焉得畢議。今作帝耳目。相其聰明。下矚九州。在宥羣生。初太易時。其人僉僉。其主人者。始乎容成。卒乎神農。中間數十君。姓氏可稱。其徒以飲食爲事。未有仁義。時哉時哉。又何足治。是後敬乎天。成乎人者。必闢其心。假其神與之齡。降其人。故軒轅有盛德。蚩尤爲賊。生物不遂。帝乃用

力大事。不可獨治。降以后牧。三人有心。烈火就撲。其子之子。其孫之孫。咸明且仁。雖德之衰。物其所宜。由夏以降。湯發仁以王。癸受暴以亾。甲戌誦釗。不敢有加。唯遵其常。享國遂長。天事著矣。莫見乎高而謂乎茫茫。余受帝命。億有萬歲。而不敢息。遑臣贊之。曰若此古矣。祖矣。大矣。異矣。富矣。庶矣。駭矣。怖矣。上古之事。粗知之矣。而神之言。又聞之矣。然起居於上。宮室於下。如此之久矣。其所見何如也。曰。見若咫尺。田千畝矣。見若環堵。城千雉矣。見若杯水。池百里矣。見若蟻垤。臺九層矣。醯雞往來。周東西矣。蠛蠓紛紛

秦速亾矣蜂窠聯聯起阿房矣俄而復然立建章矣小星奕奕焚咸陽矣纍纍繭栗祖龍藏矣其下千載更改興壞悲愁辛苦循其上矣臣又問曰古有封禪今讀書者云得其傳云失其傳語言紛綸於神何如也曰若知之乎聞聖人撫天下既信於天下則因山嶽而質於天不敢多物若秦政漢徹則率海内以奉祭祀圖福其身故廟祠相望壇墠迤邐咸氣臭夸金玉聚薪以燔積灰如封天下怠矣然猶慊慊不足秦由是薙漢由是弱明天子得賢者在位能者在職廟堂之上垂衣裳而已其於封禪存可也亾可也

張又新

又新字孔昭工部侍郎薦子元和中進士歷左右補闕李逢吉用事又新與李續劉栖楚附之有八關十六子之目逢吉罷相領山南東道節度表爲行軍司馬坐田伾犯贓亾命貶汀州刺史李訓用事復召爲刑部郎中訓死復貶終左司郎中

東林寺碑陰記

北海守李公文人之雄書品之能者也開元十年作東林寺碑手筆一軸俾模而刊石藏於寺者凡百一十三歲僧之歷居者不啻大千數未始有議建竪者釋雲臯本謝氏子讀書爲文將就鄉試舉進士遇明師悟寂滅之樂因髡頭就學遂僧於東林且有年矣一旦視碑卷歎曰遠公之名德振千古東林之聲藉冠宇内而是詞是翰記其所由然誠天下之妙絶山門之光大儒釋之美談也宜乎始至而揭諸顯敞俾文士名僧趨嚮之不暇是何卷於塵中踰百載莫石莫刊將焉用僧予僧門一士也一杖一屨足以歷岨嶮一鉢一衲足以了朝夕不著不繫視千萬里若尋大間遂裹足道途東西南北募緣以成其事會河東裴公

自中書舍人開廉府於鍾陵敷文行政教之餘得六度三乘之秘聞臯志願亦垂信施因自染翰贊列爵秩名氏於卷末又有以增名迹重爲光也臯乃得模而刊於碑會昌三年四月磨礱既成遂光遂平鐫之硜硜夬象奎呈如虵如龍如飛如行如筋玉在漆如元穹列星立之亭亭弗磷弗傾於寺之明余時刺兹郡因滅俸緡屋其上且嘉臯建志不苟古人云智過千人謂之英臯之有決補遺事之智有崎嶇辛苦以成其智之實過於百一十三年歷居之僧遠矣庸不謂爲僧之英乎故記碑之陰

煎茶水記

故刑部侍郎劉公諱伯芻於又新丈人行也爲學精博頗有風鑑稱較水之與茶宜者凡七等揚子江南零水第一無錫惠山寺石水第二蘇州虎邱寺石水第三丹陽縣觀音寺水第四揚州大明寺水第五吳松江水第六淮水最下第七斯七水余嘗俱瓶於舟中親挹而比之誠如其說也客有熟於兩浙者言搜訪未盡余嘗志之及刺永嘉過桐廬江至嚴子瀨溪色至清水味甚冷家人輩用陳黑壞茶潑之皆至芳香又以煎佳茶不可名其鮮馥也又愈於

揚子南零殊遠及至永嘉取仙巖瀑布用之亦不下南零以是知客之說誠哉信矣夫顯理鑒物今之人信不迨於古人蓋亦有古人所未知而今人能知之者元和九年春予初成名與同年生期於薦福寺余與李德垂先至憩西廂元鑒室會適有楚僧至置囊有數編書余偶抽一通覽焉文細密皆雜記卷末又一題云煮茶記云代宗朝李季卿刺湖州至維揚逢陸處士鴻漸李素熟陸名有傾蓋之歡因之赴郡抵揚子驛將食李曰陸君善於茶蓋天下聞名矣況揚子南零水又殊絕今者二妙千載一遇何曠之乎命軍士謹信者挈瓶操舟深詣南零陸利器以俟之俄水至陸以杓揚其水曰江則江矣非南零者似臨岸之水使曰某櫂舟深入見者累百敢虛紿乎陸不言既而傾諸盆至半陸遽止之又以杓揚之曰自此南零者矣使蹶然大駭伏罪曰某自南零齎至岸舟蕩覆半懼其尠挹岸水增之處士之鑒神鑒也其敢隱焉李與賓從數十人皆大駭愕李因問陸既如是所經歷處之水優劣精可判矣陸曰楚水第一晉水最下李因命筆口授而次第之廬山康王谷水簾水第一無錫縣惠山寺石泉水第二蘄州蘭溪

石下水第三峽州扇子山下有石突然洩水獨清冷狀如龜形俗云蝦蟇口水第四蘇州虎邱寺石泉水第五廬山招賢寺下方橋潭水第六揚子江南零水第七洪州西山西東瀑布水第八唐州柏巖縣淮水源第九淮水亦佳廬州龍池山頂水第十丹陽縣觀音寺水第十一揚州大明寺水第十二漢江金州上游中零水第十三水苦歸州玉虛洞下香溪水第十四商州武關西洛水第十五未嘗泥吳松江水第十六天台山西南峯千丈瀑布水第十七郴州圓泉水第十八桐廬嚴陵灘水第十九雪水第二十用雪不可太冷此二

十水余嘗試之非繫茶之精粗過此不之知也夫茶烹於所產處無不佳也蓋水土之宜離其處水功其半然善烹潔器全其功也李寘諸笥焉遇有言茶者即示之又新刺九江有客李滂門生劉魯封言嘗見說余醒然思往歲僧室獲是書因盡篋書在焉古人云瀉水置瓶中焉能辨淄澠此言必不可判也萬古以爲信然蓋不疑矣豈知天下之理未可言至古人研精固有未盡强學君子孜孜不懈豈止思齊而已哉此言亦有裨於勸勉故記之

胡的

的字學鍾元和時人

大唐故太白禪師塔銘 并序

禪師法號觀宗得姓留氏東陽人也世積貞隱元泯不耀初尊夫人夢吉祥天女引行摩利上宮而娠太白焉闕有善護懷月不葷不腥肌宛彌澤藏珠川媚蘊玉方流至寶處而殊倫至人出而體別異香襲乎襁褓童顏清於冰雪文字進誘偏聽佛經滋味蔬之但甘鹽素年至十二懇求出家如哀者欲涙不可遏也昔太子逾邁寧辭父王香象頓騰擺落羇紲乃登秦望山禮善惠禪師求無上法一見奇秀如會宿心舊徙門階新我堂室服勤左右道務精微初受楞伽思益等經便入禪宗性海然後波瀾祕藏不習而了其功文字有窮生知莫際囊鉢衣裓遐求戒珠便往南嶽禮制空禪師稽首論心演通祕奧菩提樹上汝得新枝師子座前詎量高下祖師傳教南北一十二人今牛頭山中禪師是最後者遠將啟慕研復眞言以心印心以法證法法且無別心寧有差失大善無修頓了無入二際清淨佛何間然禪師皃出常倫挺秀八尺時牛頭法衆欲近萬人無礙辨才闕瞻仰彼土緣盡思歸太白上方務安靜

也不游京國遠名利也扃不關楗示無畏也常有兩虎依臥菴前低目輕步馴於家畜四境之內不聞暴聲我蘊大慈力感羣物諸毒皆善豈唯獸焉山雖高深不能隱其大德遠近禮謁如川之流故明州刺史王公術故明州刺史李公夲故劍南東川節度行軍司馬檢校戶部郎中任公侗故明州刺史盧公雲前後皆駐騎雲根稽求上法飢渴無量虛往實歸每有異香聞者非一嗚呼孰謂法梁將壞般若舟沈元和四年八月十五夜跏趺化滅享齡七十九僧臘卌九以其年十月一日權閉於太白峯南先意也州

尊邑尹祭奠交衢。緇素齊道。幢幡翳野。慈雲聚而還散。定水咽而更流。猿鳥悲吟。聲慘風雨。物感如此。人哀可知。抵元和乙未歲建曆龕遡於多寶佛塔。依法像也。門人闕海法常道眞明徹惠見光獻元徹清琰元悟等。皆承師教。戒定慧雙修。恐劫火重然。嵐風碎岳。請銘大德於無朽。文曰

如來示滅。教留祕法。言說非傳。清淨卽合。火鏡陽照。山空響答。其一　眞乘無相。妙覺無形。三界上界。前生下生。月虧魄隱。冰泮流清。哭之香塔。徒傷有情。其二

尉遲汾

汾官太常博士祠部員外郎

贈太傅杜佑諡議

佑之寬容得衆。全和葆光。不病於物。類其能考終。得不爲寬容乎。和好不爭。自卑士而極重任。一心於理。以惠物。潔行廉正。人無尤怨。得不爲一德不懈乎。請諡爲安簡。

謝楚

楚。元和時人。

爲同州顏中丞謝上表

臣某言。伏奉恩制。授臣同州刺史本州防禦長春宮等使。卽以今月八日到任上訖。載服明命。叨塵寵光。逾涯之榮。滿覆是懼。臣某中謝。臣幸逢昌時。早獲入仕。由乎邑吏。忝佐戎藩。材謝中人。官寧期達。聖朝道廣。菅蒯不遺。遂得牧守。連擢大郡。徒以清心自約。直質在公。未申致命之誠。久負竊位之責。前秋屬奸兇搆禍。謀動朱方。臣所部當州。首爲劫脅。乃藉天聲。以告鄰境。戮其僞將。以阻奸謀。蓋知無不爲。是臣職分。陛下特錄其微効。超授方隅。從政未洽於遠人。進律俄遷於近輔。非次之獎。臣何以膺。又臣伯父贈太師臣眞卿。在肅宗朝。嘗典茲郡。餘蹤遺事。較然可徵。臣

以不腆之姿。繼序官業。誠比德非肖。陳力異能。而代受國恩。若未失墜。臣不勝感涕榮荷之至。當今德澤被於寰宇。薰風襲於隱微。俗臻大寧。吏易爲理。臣專奉揚大化。申報皇慈。事有未便於人者。續具條奏。以酬陛下子育之旨。臣無任戴恩隕越之至。

張權

權。憲宗時人。

代定州張令公賀老人星見表

臣某言。臣聞惟德動天。惟睿作聖。既聖德格於上下。故元

貺動於乾文。天高聽卑。應猶影響。臣得上都進奏院狀報。司天臺奏八月某日老人星見於井東。色黃明潤大者。臣按文耀鉤曰。老人星見則主安。又熊氏瑞應圖曰。王者承天得理。則老人星臨其國中。賀伏惟睿聖文武皇帝陛下德邁勛華。道侔覆載。武以戡亂。文以化成。然猶旰食宵衣。憂勤庶政。令動植得所。寓縣和平。故上感絪緼。發端辰象。色黃兆土德之有慶。見井表聖年之無疆。昭昭垂庥。上帝允答。求諸簡冊。光絕今古。凡在億兆。孰不歡抃。臣限以祇守藩鎮。不籍稱慶闕庭。舞詠之誠。倍萬恒品。謹遣某官奉表陳賀以聞。

元晦

晦。饒州刺史。洪子。

疊綵山記

按圖經。山以石文橫布。彩翠相間。若疊綵然。故以爲名。東至二里許。枕壓桂水。其西巖有石門。中有石像。故曰福庭。又門陰搆齊雲亭。迥在西北。曠視天表。想望歸途。北人遊此。多軫鄉思。會昌三年六月蕆功。南自曲沼。上極山椒。四年七月功既。

四望山記

山名四望。故亭爲銷憂亭之。前後綿絡山腹。皆溪梁危磴。由西而北。復東上疊綵石崖。至福庭石門。約三十餘步。

段全緯

全緯與李德裕同時人。

城隍廟記

陽之理化任乎人。陰之宰司在乎神。人保於城。城保於德。德者神所憑依也。則都邑之主。其城隍神之謂乎。蜀地土惟塗泥。古難版築。至秦惠王始命張儀與蜀守張若城成

都。其環十二里。其高七十尺。廨署廛里晝其下。井幹樓櫓森乎上。其金椎初作。壞頹莫就。有大鼇周旋而行。俾壘堵依準而立。卽今城也。其神功乎。由此而來。乃墉洫崇濬。啓塞扃固。萬雉邐迤。一都繁會。神明支持。金湯繕完。故前年蠻寇卒來。戎備無素。但擾郊鄙。不近闉闍。閉關戒嚴。卽時罷退。則扶傾捍患之力。其陰靈幽贊之神乎。前之舊祠。寓託隈壖。偏陋偪隘。星歲滋深。是用改度方隅。惟新經搆。去乎幽奧。就於高明。其日惟丙。其辰惟巳。其卦直巽。其宮在西。揭署於高門。宏敞於正堂。丹雘於周墉。圖繪於迴廊。廟

貌如生。像容有睟。神保是饗。永安定位。俾夫農無水旱。人不夭札。屏絕蠻夷。阜安閭里。護乎封域。富庶乎億年。爰書經營。以昭祀事。

馮韜

韜。贈吏部尚書宿之子。登進士第。文宗朝官金部司封員外郎。

漢文帝幸細柳營賦 以將軍出令漢帝徐行爲韻

虜犯榆塞。軍屯柳營。觀文帝勞師之禮。得亞夫爲將之名。其始也威獨立。氣橫行。由棘門而及灞上。列千騎而陳五

兵。羽衛爰來。威儀既盛。馬壯而塵起。旗整而風勁。全忘以律自矜。萬乘之尊是用。加囂未發。三軍之令及其迴鳳蓋。駐金輿。師徒方俟於條往。介冑俄驚。其勒如人。心爲之激發。天步爲之躊躇。方警蹕之初傳。自南自北。洎鑾鈴之有節。匪疾匪徐。偉夫推轂而行。受脤而出。苟心腹之無二。視尊卑之如一。足使他將顏厚。餘兇股慄。戈鋋有耀。壓灞水之波瀾。士馬無聲。悄轅門之風日。焜燿今古。光昭典墳。振天聲於絕漠。笑兒戲於諸軍。山河保誓。竹帛垂勳。守官而敢違上命。不戰而自息祅氛。時也暴去彊秦。功成大漢。炎火興而劉氏將熾。旌頭燿而胡羣尚扳。思堂堂之陣。用拓封疆。得赳赳之夫。以平禍亂。宜其威加異類。才出非常。精貫金石。貞含冰霜。近鎮秦城之上。遙臨渭水之將。觀爾類之可殲。師安得奪。諒我戰之則克。敵何以當。國家威武有制。寇銷蜂蠆之毒。臣展爪牙之衞。斯幸也誠。則可嘉殊足稱於其帝。

鄭覃

覃。宰相珣瑜子。歷工戶刑三部尚書。進右僕射。以本官同平章事。封滎陽郡公。加門下侍郎宏文館大學士。進太子

太師。開成四年罷相。守左僕射。會昌二年以司徒致仕。

諫穆宗疏

陛下新即位。宜側身勤政。而內耽宴嬉。外盤游畋。今吐蕃在邊。狙候中國。假令緩急。臣下乃不知陛下所在。不敗事乎。夫金繒所出。固民膏血。可使倡優無功濫被賜與。願節用以所餘備邊。毋令有司重取百姓。天下之幸也。

杜兼

兼字處元元和中歷官刑部吏部郎中出為商州防禦使知河南尹兼水陸運使

對陳設印綬判

甲陳其車馬印綬諸生非之曰稽古之力豈無前事

學能廣業德可潤身率由此道乃終有慶甲溫故知新博聞强識究前言而識往行致廣大而盡精微故三千門徒

續於斧藻十五志學儀其發蒙黃憲而初邑里有聲陳寔而終海內多譽方今美其教化厚以人倫春誦夏絃遠邁永平之際東膠西序殊超建武之初戴憑所以重席周福因而獲印於是庭列輜駕堂循禮容將以勸凡今之人豈徒矜稽古之力孔宣父之至德斯其務本桓春卿之雅意誰復間言諸生或非竊謂匪當

武儒衡

儒衡字廷碩元衡從弟累選戶部郎中知諫議大夫事兼知制誥終兵部侍郎卒年五十六贈工部尚書

請罷太廟望祭仍行朔祭議

臣謹案開元禮太廟九室每年惟五饗六告祭用牲牢俎豆而已劉歆祭議曰大禘則終王壇墠則歲貢二祧則時享曾高則月祀祖禰則日祭國語云王者日祭月饗時類歲祀此則往古之明徵國朝之顯據蓋日祭者薦新也言物有可薦之不必卜擇日時也故叔孫通之言且曰古有嘗果足明古禮非漢制也月饗者朔也論語子貢欲去告朔之餼羊孔子以為不可則告朔必具牲牢明矣春秋又譏閏月不告朔猶朝於廟此則月祭殷周已降皆有之也

薦園寢者始於秦之代漢氏因之而不改人君三年之制以日易月喪紀既以二十七月而降朔望奠酹不復親執故既葬之後移之園陵又諸陵祠殿月遊衣冠取象平生務從豐潔所以陵寢朔望上食與太廟日祭月饗本旨不同今王涇所引太廟與陵寢同日時設祭以為越禮臣竊謂王涇但宜論太廟陵寢朔望奠祭可行可廢之旨不當以同日同時為議何者漢朝宗廟園寢一百六十七所郡國祠祀豈不與宗廟同時者乎在禮既祭於室又繹於祊蓋廣乎求神者也宗廟陵寢嘗礿同時理固無害又韓皐

引漢官儀。古不墓祭。臣據周禮冢人之職。凡祭墓則爲之尸。則古亦墓祭。但與漢家陵寢不同耳。安得謂之無哉。又王涇狀以太廟設祭。列家常饌。以爲褻味。而韓皐則云法饌依經。固非黷祭。臣案春官大宗伯以肆獻祼饗先王者。謂解牲體薦血腥灌之以鬱鬯者也。又祭義云。祭之日。君牽牲入廟門。麗于碑。卿大夫袒而毛牛尚耳。取膟膋祭腥。敬之至也。夫豈謂常饌耶。文王之祭。思死者如不欲生。夫豈知增常饌耶。蓋其愨焉盡其禮而不過失焉。所以然也。是以簠簋有數。籩豆有殺。雖多更聖賢。不敢加也。今夫常

饌。庖人羞之。膳夫熟之。糅以羶香。雜以鹹辛。具有司之烹炊。瀆神明於媟近。意雖不褻。而事已褻矣。況古者天子立七廟。又爲壇墠以祭去祧之主。近則起土。遠則掃地。蓋彌遠而彌尊。益敬而益簡。臣以爲陵廟近也。親親也。朔望奠獻。尚潔務豐。宜備常饌。以廣孝也。宗廟遠也。尊尊也。禘祫時享。告朔薦新。宜從古制。以正禮也。唯太廟望祭。無所本據。蓋異時有司因其陵寢有朔祭望祭。以爲宗廟既有朔祭。則望祭亦合行之。殊不知宗廟朔祭。乃告朔也。臣以爲宜罷此耳。仲尼三年無改於父之道。蓋言理有改更。則三年之外斯可矣。況天寶之令行於一時者哉。今陛下開十聖之景光。廓八紘之氛祲。風掃長彗。神驅大妖。剗金戟以厚農。直玉斗而序政。博採羣議。講求典經。將欲成一王之教。垂萬代之法。安可因陵寢緣情取象之理。改宗廟薦鬯涓選之儀。甚不然也。

·獨孤鉉

鉉。隴右人。元和中登進士第。

鑿壁偷光賦 以將欲貪于鱗角之成爲韻

儒有聰明卓犖。覓然先覺。勿懷六藝之嗤。是切三冬之學。

闕入字 無光穿屋如墉。豈獨雀之有角。且以蘭膏既絕。日月其將。欲假明於他人之室。方鑿竅於夫子之墻。乍引潛輝。怯投珠之暗。忽分圓影。疑月出之光。觀夫納耀之初。流輝乍舒。獨見之明何得。和光之義則如。然後傳之辨鳥。遣以分魚。諒非偷人之所以。固同闇者而求於。逗影未周。將閱小明之什。分輝竟劣。難爭光大之書。於是舍之則止。用之則行。彼君子訝來風之穴。矧吾儕觀繼日之成。誰謂我偷。偷則不滅。誰謂爾失。失亦不驚。徒愛夫覽則無欺。燭之有私。文從曲照。字逐圓規。守其黑非吾徒也。用其光若已有

之始慙服闇之議不能牆面終契襲明之旨或異管窺況平貧則宜甘學也宜耽韜爾光不違於誨盜開吾壁非涉於攘貪志也則勞自知不足豈奪鑒微之見實假照鄰之燭等虛室之白寧喪爾明喜銜孔之光已從吾欲然則能資於昧者可望非覩欲求於明者有志無因達闇之心難固偷光之道何新是可投庸功疑學捨彼求身故能才已微於蔓蔦道非窒於獲麟

聚米為山賦 以明知險易寇敵成擒為韻

有山負固兮遠不可窺規模之於米兮了然可知象在其

中則遠而覩近積而能散故高以就卑所以舉一隅而必狀投一溢而增危峙乃糗糧始覩必盈之積塵其糠粃俄分不讓之為爰將取法非曰作偽初識聚米之夫反為樂山之智同遠近無拔蛇之患殊輕重去壓卵之易善於陣者謂我幄內師謀昧於事者謂我軍前兒戲於是高卑殊狀巖壑再闢爰分杵臼之資寫彼邱陵之積持一撮之多謂能作固迷方寸之地已疑見敵操量鼓者早訝於拔山充糜粥者旋驚其茹石若其似朽疑駮如呀欲平防之於十手所指負之於五斗而盈無還三十之車俾於造化酷似五千之仞勢亦崇成且夫或以筲藏乍疑箕歛搜其存廩之實屹作捍邦之險削培塿而敝帚呈功吐嶔岑兮括囊未掩於是太白忽峙玉山宛呈簸持兮陰靈乍泄轉捧兮雲掌俄生借病馬之岡莫知其遠指亡羊之路不見而明然以小方大布新除舊有懷狗盜之虞無辭蟻壤之漏爰謀爰度方同數米之人為岡為陵不是傾倉之寇是知進退由已高下在心克盡崇卑之勢難均筲斗之斟勿謂君前詟巧事外求音功早登於九仞虜何逃於七擒

碎琥珀枕賦 以良藥是貧奇物非寶為韻

琥珀為枕兮可保而持欲加首兮金瘡是資況無用於寢戈之日固非全於枕轡之時在寶難求不藉金之堅也其脆易破無勞斧以斮一作斯之豈為我寶用安爾止況將展轉之狀用救通中之痛分好惡於千歲之姿定剛柔於一人之捶莫投金柱相如之璧則非不隕霜鋒子雲之珍焉是夫其鏗然始解發耀騰暉定錙銖詎論乎大小考多少未極乎精微異色傍分兮渙然冰釋虹光中裂兮濇爾星飛然後霞彩斷角勢違豈同摘玉之流去彼取此殊異毀珠之日辨是與非美夫節彼用物覩其豐約始如席上之

珍。忽碎封中之藥。念刮骨之痛。爾將束手於無爲。在抗首（一作道）之時。我則曲肱而奚若。故遠於患。無或不良。扣兩端兮乍疑分寶。摧一角兮尚可含章。在目無全。似假庖丁之術。應手而碎。不同石氏之强。雖謂大道不寶。吾道則屈。固非合散之流。不是羣分之物。假以衒時爲美。絶代稱奇。昔爲永堅之好。今傷善價之儀。偕符氏之堅名。果遭眞石。同五鹿之神角。或遇金鎚。猶能動彩熠熠。馳精杲杲。難分走海之靈。尚認涉洹之寶。徒美夫棄其異而斥其好。曾不知失其枕而獲其道。

趙蕃

蕃元和中進士。官侍御史。出爲袁州刺史。歷尚書郎。武宗時爲太僕卿。持節使黠戛斯。

螢光照字賦（以能勵躬必大成爲韻）

丹鳥火熒。臨書育明。假蠢爾之微照。俟終焉而有成。由是引素囊。開縹帙。文的皪而可見。影循環而無必。孤懸虛牖。依依而鳥跡初分。迴隱薄帷。幕幕而龜文乍出。嘉其炯若流燿。煥乎發蒙。瑩分寸而靡隔。助舒卷而不窮。所以藉微素。積輕躬。隱映有餘。寧虧武子之志。熒煌如貫。爰明蒼頡之功。臨墨池而珠還合浦。映草翰而燎點寒叢。至若暗室方扃。清宵未艾。熒微質於幽邃。閱羣言於宵靄。餘光不滅。能溫故而知新。疏彩乍臨。爲積小而成大。爾其杳杳皆微。歷歷可憑。分白黑而爲度。隨編簡而不恒。初訝無煙。潛凝化草之狀。纔瞻吐耀。暗分垂露之能。及夫皓若雲舒。明如珠綴。互離離而發色。紛漠漠而流睇。是以象鉤深。類冥契。儻觀光之不昧。庶微躬之足勵。

旬人獻嘉禾賦

聖上崇國本。致時康。動元象之昭鑒。産嘉禾而應祥。旬人

於是具畚鍤。修封疆。啟芳穎於修畛。薦靈姿於我皇。懿夫挺拔自分。連拳相接。始穰穰而齊實。終矯矯而異葉。殊其本。均二氣以發生。同乎心。表一德之和協。不然者。寧擢秀於壙衍。載具美於圖牒。徵其瑞質。稽彼大同。見芬敷而共貫。信縈結以交通。則知符乎帝道。發自天功。合穗之珍。方將效祉於今日。異畝之美。豈獨標奇於古風。於是野老歡心。田夫盡力。宛移根於沃壤之際。俄發耀於丹墀之側。祥煙近拂。乍疑連理之形。喜氣旁臨。更辨合歡之色。彌彰執契之道。載助惟馨之德。爾其天鑒非遠。坤珍是呈。始茗亭

而間出終天矯而曲成豈比躬稼之時盡化晉君之草挺生之歲克符漢帝之名向令質委離披孤生苯蓴安得臨玉砌邇龍衮設穜稑之萌芽爲理化之根本是知六府惟序萬邦式孚茅三脊而非偶獸共觝而自殊未若耀青芳於近甸垂嘉貺於靈圖况復聖慮彌深皇猷思永梯山航海未足契其休光非食畢宮將欲示其豐肴斯所謂騰茂實於厚地故薦嘉穗於重穎

溜穿石賦 以能以甚柔而攻至堅爲韻

山溜泠然漱幽石而濺濺恒羃歷以迸集忽嵌空而下穿

介若自持謂稟靈而利物呀而中斷見積小以摧堅且其輕重異源剛柔殊類嘉洞出而無眹知累功而有自貫白雲之幽抱滴滴方來破蒼苔之古痕泠泠斯至崎嶬莫狀激射無窮逗跳沫以居内洩涓流而在中日就月將必漸然而爭赴因微方著殊易者之先攻原乎厥性既柔其平如砥因滴瀝以成象若洞徹而虚已注而匪竭歎追琢之莫加協乃有時顧堅貞而何以下漱而玉中開似冰謂雕以爲樽窪而無當疑鑿而成磴豁爾非憑然則引深邃洞觚稜諒在物而靡及非自微而不能由是異類相推於斯何甚蒙兮莫奪堅然是稟清光亂灑初熠熠以穿荄素彩頻垂每熒熒而透錦偉夫炯若方絜於焉注玆或零落以將盡竟連環而不遺依依未通運神泉之靡息一一將徹聽鳴玉之遠而故可以託質悠悠於山之幽載吐潛液靜如冥挹滴盤礴之間通玆餘潤挺剛克之際分乎至柔諒成功之不遠庶積習之可求

隙塵賦 以不依光末難見微質爲韻

日入空隙塵生夜光嘉的的以初引見冥冥而自彰乍拂圓輝積纖形而散亂時摇輕吹翻弱質以悠揚洎夫託彼

曜靈起玆虚室恒紛空而色碎每燭幽而景密仰孤光之未及猶在暗而效質由是亭亭旁照羃羃斜飛必炯爾以賦象終飄然而相依故所以臨素壁隱清輝若下歌梁方凝姿而漠漠如驚陳榻幾引耀以霏霏是故當皎晶以自飛引虚光而將扇振遺芳而交集流細影而倏遍散乎幽處非厚地而不揚透彼無間庶高天而可見爾其晶明下射杳靄中攢景熠熠以將盡勢規規而尚殘及晶輝之餘斜分稍易當冥濛之際仰望誠難至若窈窕孤懸熒煌相蹂靜對幽闈閑臨虚牖窮隱見而不讓隨方圓而可久若

然者則混而同貫自得審於浮沈浩以相鮮孰可辨於妍不是以杳如有待紛若無機穿棟宇以光小拂簾櫳而色微片影方呈似鑿幽人之室輕文靡定如緇遊子之衣故其餘照乍沈纖埃旁達既在陰而不昧將耀質而難奪亦何必越茫洋散空濶願依大厦之內永寄流光之末

善歌如貫珠賦（以聲氣圓直有如貫珠爲韻）

歌有能者珠有至精既審音於條暢因取象於圓明由是同其妙得于聲上下皆宜固纍纍之相合短長中度方一一而渾成徵彼深旨明乎所謂本潛究於精微終契言於

髣髴故永言者以有勇而可保效珍者取無類而爲貴將察之於衆音信端如於一氣始乃辨眞僞審虛圓顧周流而復舉若的皪以成妍度曲未終或交通而無眹成文不亂喜繁會於自然窅窅彌章規規可則侔碧玉而增美寫朱繩而逾直方自理以心故必臻其極清音乍絕寧罔象而斯求雅韻載颺信希夷而自得則知歌之至計於不朽珠之狀符於妙有所以因彼洪纖形於善否視之不見識遺音之疾徐象在其中分陰魄於先後是故事之精者有以方諸導延促而麗矣引舒緩而直如聽其眞疑自一觚之始舉其可方知三代之餘然則淡以成規端然如貫時發響於杳默每韜光於璀璨求乎寂寞豈殊無脛而臻散彼冥濛匪同溢目之翫美其連綿中矩終始相符暢於心信精粗而自異端其本惟大小以無逾足以徵詞於師乙擅美於緜駒儻傾心而一聽殊有類於編珠

月中桂樹賦（以中秋夕望光彩扶疎爲韻）

圓月如霜有仙桂兮宛在中央映澄澈之素彩逗葳蕤之冷光杳杳低枝拂孤輪而挺秀依依密樹侵滿魄而含芳觀其皓爾方凝翛然不改隨升沉而自若貫盈闕而長在

覓纍纍而臨空杳蓂蓂而發彩同蟾蜍之片影似濯瑤池異珊瑚之幽叢徒生滄海埃壒初歇關山正秋空泬寥而逾淨色冉弱而彌幽謂扇花薄如珪玷浮望玉露之初垂遥疑滴瀝聽金風之乍起遠若颾飀皎皎孤懸亭亭相向纔分香靄之質微辨輪囷之狀諒攀援而莫及寧欲淹留歎音塵之未期空勞曠望嘉其竦本無地分輝有餘轉低影於穹碧擢幽姿於顥初訝姮娥之繪成文逾霏靡並秦鏡之照出勢自蕭疎斯所以亘雲路委天衢弱質中植纖條外扶亂彩時摇起飛飛之驚鵲澄波靡隔掩歷歷之高

楡。是故邈彼輕霄。呈茲永夕。紛數遠瑩。偃蹇旁射。夾餘霞而暫丹。經斜漢而彌白。臨紫極而天香不散。指北斗而仙花可摘。況其遠象曈曨。挂于冥空。惜迢遞而遐想。兒嬋娟而內融。素色不雕。自挺雪霜之外。清陰迥泛。頻移霄漢之中。何必詠招隱。卧幽叢。庶高枝兮可折。願逍遙於蟾宮。

衆星環北極賦 以辰極鎮居衆星拱北爲韻

惟極天之樞。惟星日之餘。日散精而外布。天樞要以高居。的然守中。昭上元之道。著爛兮繁會。助下濟以光舒。況乎有條不紊。旣明且疎。雖貫珠而奚擬。縱編貝而豈如。周流無窮。隨五緯之軌道。運行有度。參兩曜之居諸。疑徐而速。若動而息。不騫不崩。匪差匪忒。俱遞遷而序別。各有位而分職。瞻言粲粲。何三五之在東。嘒彼纍纍。亦四七而朝北。是知統太一而爲衆。處天心而稱極。故能總懸象之綱。作垂光之則。不然何以探天之賾。何以表天之闕。必得一以含默。乃聚黃以修繹。明夫據會者靜而處。輔相者動而順。靜乃常德。不離動惟適道。無咨然後衆星熠熠。外辨方而不迷。一極煌煌。中居所而作鎮。是以仲尼譬爲政之德。義和時敬授之信。則天道恒象。人事或遵。北極足以比聖。衆

星足以喻臣。惟臣不矜德。合星之夕惕。惟聖不伐道。配極之日新。故得肅清黃道。利貞紫宸。豈惟大邦是控。臨朝御衆而已。實將先天稽極。後極立經。仰觀其動靜。旁暢其儀形。然後爲政同乎北極。來方類乎衆星。斯乃先哲之臣。是崇是奉。皐陶所以邁德。虞舜所以垂拱。不然彼衆星之環北。又奚足以爲重。

林寶

寶濟南鄒縣人。元和時官太常博士。

元和姓纂序

元和壬辰歲。詔加邊將之封。酬屯戍之績。朔方之別帥天水閻者。有司建苴茅之邑於太原列郡。爲主者旣行其制。閻子上言曰。特蒙渙汗。恩沾爵土。乃九族之榮也。而封乖本郡。恐非舊典。翼日。上謂相國趙公。有司之誤。不可再也。宜召通儒碩士。辯卿大夫之族姓者。綜修姓纂。署之省閣。始使條其原系。考其郡望。子孫職位。並宜總緝。每加爵邑。則令閱視。庶無遺謬者矣。寶末學淺識。首膺相府之命。因案據經籍。窮究舊史。諸家圖牒。無不參詳。凡二十旬。纂成十卷。自皇族之外。各依四聲韻類集。每韻之內。則以大姓

爲首焉

楊宏真

宏真元和中進士

隙塵賦（以不依光末難見微質爲韻）

隙有塵兮則惟其常日緣隙兮亦孔之彰何在陰而滅彩能委質以和光藹若成規任隙中之小大紛然無緒隨日際以悠揚觀夫熠熠孤光霏霏素質盡方圓之所至滿虛明而不溢不灑不掃宜靜以探微或欱或吹則動而逾密何羃歷以可久混空濛而爲一一點凝輝異出同歸豈開簾而竄入疑向牖之蟲飛其虛其徐有若無兮漠漠不皦不昧散而聚兮微微既不足以凝榭又何虞於化衣想夫向晦長存匪陽不見的爾東去忽焉西轉嗟柳絮之從風訝雪花之見晛翔而不息安卽爲難挂高棟而將晚留空隅而助寒疑琢玉成環環中眉墜若窺壺入洞洞裏雲殘美纖姿而無隱雖小道而可觀原夫自託於空而隙能善誘無求於日而隙以虛受察之眴精攬之盈手同白駒之滅沒非野馬之紛蹂遠窺濁水斯自異於浮沉仰觀歌梁必坐分於妍不美其含華有耀委照無違想剡廬之斯衆

知舊館之猶稀安寢之堂就餘光而若在偷光之壁每微燭以相依何異暗室無欺明誠未達伊弱質之隱見在無私之與奪儻高鑒以吹噓願飛翔於天末

一鶚賦（以凌厲清浮羽翰無匹爲韻）

禽之鷙者鶚兮挺生不翩翻以羣萃自耿介以孤貞羽族之中雖彼衆而我寡雲路之上如特立而獨行固將殺敵無匹擊鮮莫京豈惟拂之於平野翫之於太清哉卓彼雄姿凜乎壯觀或危石以礪吻或高柯而整翰搏鳩之隼不敢飛揚逐燕之鸇望而伏竄及夫當殺節乘勁秋雙眸電擊六翮雲浮仰之彌高方一舉而千里翔而後集恥乘居而匹遊旣而變金風驚商律不類聚以頡頏自孤飛而厲疾介然直下固不可以同羣邈矣獨翔諒有殊於喪匹摩碧落而上騰與紫氣而相淩自樂其絕侶無求於得朋鷹揚者仰之而不逮鵰悍者擊之而不能薄蒼天高悠揚日厲自暇自逸倏來倏逝何剛者而不懼何勍者而不制風毛雨血在嫉惡而無遺草伏木棲咸畏威而若厲明心不測利用則殊以少爲貴匪繁有徒想像乎八紘之間視遠如邇隱映乎九霄之際出有入無諒搏擊而不競豈蒐狩

而弗圖是知禽之凡者雖累百而何補士之傑者將無雙而必取亦猶務利觜刷迅羽雖多亦奚以爲固非一鶚之爲伍

螢光照字賦以能勵躬必大成爲韻

儒有貧居在陰志學無必思照字之物類得聚螢於心術散點熠熠文彩之旁流閞卷熒熒古今之洞出曈曨隱映積小而成臨竹簡而增美歷銀鉤而轉明讀周室之書每見日中之字覽屭涓之傳猶疑火照其營既有求於時習奚勿用而宵行想夫交錯積中英華發外魚鳥飛動鉛黃

晻靄無心於處暗彌見精專取足於臨文豈勞光大炫晃無窮心勤飭躬泛凝暉於垂露翻碎影於彫蟲筆精之體無隱藻思之文有融既的皪於六身之上復浸淫於三豕之中則知雅善後宜功能自勵時當炎燠嗟映雪而未期義涉穿窬忌偷光之失計是用聿求昭質承乏華燈每揚之自此知照況燭之因以輝宏斯作者所以警清士而體物俾無忘其所能

貫七札賦以心平體正徹彼堅剛爲韻

善乎養由之爲弓也挾穿揚之技推貫金之誠左烏號兮右青莖睨七屬之甲收百中之名神馳手斂體正心平始則一以貫之將疊雙不息終則迭於徑也俾合七而成類脫洞達鱗差混并旁穿而雀角非勁深入而蟲飛有聲觀夫蹲蛟函彀象弭量步遠邇迴眸徙倚指鏘鏘之練取中於兹狀纍纍之珠其端若彼驀六以進吾無間然吞八之名我異於是是知弦木之用貫革爲先出一札而鋒鋩自利踰百步而犀兕無全虛其中螳螂之衞徒設稽其數混沌之竅齊穿豈徒激白羽闚月弦俾晉侯之禽自失漢將之石彌堅且櫜鞬既啟美六材之定體決拾將臨矜一發

於巧心是誇妙捷豈憚重深疑疊翮之摧頹猶驚飲羽類縫裳之襞積尚謂紉鍼夫弓以矢而勁其徹得矢之正故將笑函人之仁掩釁相之盛俾帶甲之士知皮之不存在引弓之人則心莫能競故彌矢無虛發藝得專場考窮深之宜我將用直探破堅之理爾則秉剛方今寰海鏡清皇明朗徹澤宮是選貍首爲節望正鵠以進旅奉弧矢之成列然後徹札之人庶驗其工拙

溜穿石賦以能以甚柔而攻至堅爲韻

溜可穿石柔能陷堅因依而上下相遇悠久而貞剛失全

始則泠泠觸浤澄而或躍既而決決窅洞達而旁穿一道中透孤光下懸何載馳之不息終漸靡之使然觀夫習坎能通柔虛洊至虹挂空而飲井星曳練而投地徵老聃之說柔弱勝於剛強驗夫子之文積善由乎馴致當其涓涓無已皓皓未通若嶄巖之見拒能激射以相攻既漱盪以探奧遂深沉而鑿空下漱花浮似出桃源之外乘流魚躍如辭丙穴之中言念其美因詳所以石雖堅而有崖溜雖柔而不止進寸退尺常一以貫之日往月來則就其深矣克諧潤下之道實契靈長之理想夫經始之時人莫知之笑我者謂量力而徒爾見機者料成功之遠而既知難而不退長引彼而注茲是能卒獲其求何傷守柔細滴瀝以成響大透迤而若抽在彼一拳同玉卮之無當經乎五色狀銀漢之分流其空可翫其義可稟庶求福之不回思進身而去甚彼以水投石吁嗟莫承摧鋒飲羽誰謂難能曷若挫銳而功著積微而道宏妙哉斯賦之旨惟執柔而有恒

棘猴賦以視之不見能盡巧心為韻

昔燕王好奇術客嘗巧刻棘刺之微物成沐猴而不揔毫末之細雕鎪既施雎盱之狀委曲無遺當晏陰之靜景辨騰捷之幽姿其始未覿如將受欺虛無之中既焦心於觀者杪末之上宛成形以究之實兮若虛的爾纔見霏微而草上霑露纍纍而條端集霰閃孤光而乍分拂輕霧而將眩觀夫至精惟一至小無朋豈側陋之於用在良工之所能不食而安終有殊於狙怒窮高是處亦何異於猱升原夫作者經之其勤至矣積冲妙於靈府假鋒鋩於纖指蓋以神遇寧將目視因乎有用之質造彼無間之理何剞劂之一變若儇佻之儀止伊竹間之猨父大小相殊想木杪

之獑猢憑依酷似若乃徵物類較能不貫蝨心者未諭其精微巢蚊睫者自然之妙有庸知造物之意暫假斯人之手披左生之賦方此由心驗韓子之書誠其騰口事遠前古名聞至今雖幽通之不測終髣髴而難尋然因棘為猴固成其麽質乃觀猴在棘無異於喬林蓋同符於神化而中出於人心斯語可徵妙能曲盡儻雕蟲之不棄希定價於平準

月中桂樹賦以中秋夕望光彩扶疎為韻

月滿於東桂芳其中因澄輝之皎潔見幽茂之玲瓏絢凝

冷於清夜寫濃纖於碧空遠莫致之詎攀折以盈手光可
鑒也覺清明之在躬夫擢本陰靈流形永夕稟玉燭之和
氣潤金波之滋液枝徘徊而若垂葉靃靡以如積同作繢
於團扇想孚尹於尺璧悠悠歷歷宜乎凜秋滿虛輪而挺
秀瑩白暈以含幽天邊無風孕香氣而不散草上有露泛
花光而若浮異夫高謝地靈妙融真宰籠元兔以不動映
素娥而如在太陽讓美收若木之餘暉列宿懷慙掩白榆
而沈彩既寒暑無變亦古今不殊是知託其所終乃異顛
而不扶二氣初分誰見栽生之質三光不息斯無朽蠹之

虞與然薪之殊患同瑞草之共舒事相傳於摭實勢終類
於憑虛樓上含華映網軒而列耀園中委照盆嘉木之蕭
疎千里共瞻九霄之上春冬無清淨之景朒朓闕婆娑之
狀及素秋之節信謂逢時當明德之年何憂掩望恥片玉
以齊價笑三珠之可尚彼叢生因地森挺凌霜驗植物之
斯美杳神功之可量垂蔭何方乃傳天之下界結根何處
宛在月之中央又安能較其小大齊其短長冀一枝兮可
得敢驤首以觀光

侯冽

冽元和六年進士

性猶湍水賦 以性之爲善猶水趨下爲韻

人立性兮誠明爲本水激湍兮動直惟柔將以遊心於澹
故其從善如流天理斯在坎德可求謂寘懷而必將流惡
同赴勢而咸得處休至人之情惟當浩浩君子之道所以
猶猶原夫性本皆善誘成遷化湍有常行決而上下得其
道則致和平汩其流遂成姦詐故聖人行當順動義不詭
隨欲滔滔而處下逾潔潔將淼淼而致遠不疲順意周流誠
隨波而遷染由衷激發庶合道以云爲託以洗心從之潔

已尊泒別脈分之要道守滌瑕蕩穢之至理符老君之立
教心乃善泉同太史之奏言德方在水勢雖相近意當一
揆法潤下流謙之迹莫非有爲爲之愛漂沙宕石之功是
皆景行行止心源洞達德澤潛敷在審思其決泄豈求潤
於霑濡遠近相沿宛見爲仁由已始終共濟足見循道而
趨不然則喪其真失其正動必旁午志皆紛競安能使通
達爲無滯之姿稟受成善利之性德如毛而轉潤行有葉
而逾滋心鏡之前若光明而上下察也情田之內同澹泊
而左右流之懿其義戒中人事標前典是明各有原本不

可遷移。豈徒虛閱波瀾。以方清淺若然者信乎孟子之言。所謂懲惡而勸善。

貂蟬冠賦 以製冠取清悍之義爲韻

冠表朝容飾崇工製示勁悍而貂文旣緝彰清高而蟬翼斯綴所以發宰臣之盛改武弁之弊配紫綬而增華入黃樞而轉麗突而將戴翹然可觀採輕毛而絲絡闢微殼而花攢引雜錯之光足見乎以文爲貴分動搖之影識誠夫居危如安麗則無挂新而莫彈彩列如星銜文何榮於會弁用當謁帝齊相堪嗤於濯冠所以類鼠咸收如蟾必取

示威無假於鶡戴呈巧豈矜於鷸聚影麗華簪光聯垂組乍臨天陛澤鮮而日照如濡時受王言質薄而風搖自舞鄙舊規於却敵笑遠適於章甫貂之貴誰憂換酒於晉臣蟬之清是用加金於漢主故能堅逾鐵柱妙奪玉纓非不足之時狗尾何續從有緌而用蜩甲如生柔而轉曲潔以從輕灼灼而自爲首飾炯炯而能使心清至矣哉蟬者食潔居高貂者內溫外悍盡飾斯在齊光不散發令姿於綴者王何以尊藉舊業而珥焉金張盆煥將進賢而並美與交讓以相資承柱後之名是表禮無違者冠侍中之首欲使人皆見之道光漢冊事合秦賜冠乎斯用之以明義

欽定全唐文卷七百二十三

紇干俞

俞元和中進士

至人用心若鏡賦（以方寸虛地有來斯應爲韻）

聡理心之至者有明鏡而比諸皎然可鑒泊然其虛舍將迎之載勤無情是得存好惡之不辨何狀不儲彼誠之明惟道斯守居中自執於精一待物豈殊乎先後云誰鑒矣則用當其無匪我功焉乃爲而不有淵兮內照曠若虛受伊黙慮其智愚儼分形於美醜稽至理也其性命哉瑩爾

蒙蔽滌乎氛埃引曜宏納清明洞開自外爰依叶彼生而有象由衷必應體夫神以知來故得稱有別於宏規等無私於衆類苟觀過之能審爰見疵而不愧始求義於昭昭卒窮微於至至和平自保非險乎山川容貌既呈必肖乎天地美夫鑒乃不藏勝而無傷恒其德匪明而匪晦狀於物或圓而或方仰周文之翼翼同叔度之汪汪是知宏量資乎日宣儲精本於明證鏡將心而共理影與形而合應思負局之克修並懸心而有稱感物攸在立誠取斯彼範金之遺制信靈府以相隨吾道方存庶一觀而無替其明固久亦屢照而忘疲想夫朗若爰啟靜而無悶比申鑒於盈尺願修容於進寸樂廣播披雲之詞莊生諸止水之論冀因照以元鑒豈逢時而在困

列子御風賦（以至人御風契心元寞爲韻）

列子占風之自履道而至澹嚼若以體輕每泠然而意遂感時之候臨大塊以棲眞與化爲徒諒成形之分類美夫應彼飄舉隨乎屈伸如假羽翼迴離埃塵必俟乎轉綠蕙搖青蘋穆以絶俗清乎使人摩九霄以騁望遵一氣而遊神是知本於無營且曰何思何慮超然獨往疇爲我御瞻

徐疾之匪差杳徜徉之有助誠之所待因嘯武以孤騫爲用不疲偶化鵬而並翥欽若扇物資乎在躬此焉靜騖於以元同宜其經隱登遭鴻濛肅以潛暢高而不窮期則罔僯虞皇載美於解慍德之爲貴軒后必聞乎順風其或倒影虧蔽振衣容裔莫逞乎遠孰睹其際方出谷於東穴縹形騰以神契善行無迹顧綏策以何施乘化而遊信道途之不繫伊在御之有則曷躡虛而可尋明上士以離代敵至言以修心斯氣也激濁常全接虛固然初習習以遐邁卒諄諄以思元候不奸兮節之八音而咸應福能致矣旬

有五日而方旋，想乎上下無間，乘淩有託。既冲天而輕舉，亦觀徼而惟寘。鄗籥史蘭臺之鳳，軼王子緱山之鶴。道之云遠，將自保於逍遙，時不再來，因以翔於寥廓。

玉鉤賦（以常協政經故無朓朒為韻）

日云暮矣，月出之光。始如鉤而可辨，亦方蛾而乍揚。太陰表精，知就盈之所漸；司歷紀候，見哉生之有常。原乎內職既修，陰事允叶，故得啟臨照於品類，彰運行於紀牒。尚迷山桂之叢，稍應階蓂之莢。沈碧水以輝動，挂珠簾而影接。孤懸亳野，狠銜虛貴於殷年；迴燭汾陰，鼎見方慙於漢葉。高疑雪映，朗若冰淨。懷遠戍於虛弓，望征人於破鏡。將以洞纖芒而並深鑑，符陰德而昭聖政。豈比夫空驚思婦之心，載發詩人之詠。彼鏘珮鳴環之侶，瑤階玉砌之庭，徘徊瞻乎爽朗，晼晚俟其清熒。披霧纔昇，綃幕誤傳於盈手；流天未滿，瑣窗徒訝其分形。奚必效重輪之慶，表三珥之靈。然後可以光帝典而耀祥經者哉。是知淪精蟾兔，亦此之故；比質瑩瑜，其美何無。所以澄清景於天杪，蕩浮埃於物表。倏周流於皓璧，漸泛濫於靈沼。千門始麗以涓涓，午夜俄分而皎皎。禮有讓，遂成其魄；政以齊，勿謂之朓。昔也示

冲於朏，謫見乎朒，諒無徵於次舍，斯有數乎遲速。今聖后垂統，纖阿為僕。本其位於西方，正其居於北陸。明大易致遠之義，合升歌向中之旨。夫然則罔差於常度，所以集帝臺之祉福。

登天壇山望海日初出賦（以海日生殘夜為韻）

配乎地者惟山，麗乎天者為日。登岧嶢之峻極，見曈曨之初出。廓靈海百川之宗，孕金烏千里之質。浮圓光於沆瀁，煥鮮耀而瀲灩。雖騰輝於碧浪之中，詎倅色於紅萍之實。觀夫烈霾曀，赫炎精，擘洪波，歘太清，馮夷駭躍，罔象奔驚。照灼兮驪珠潛吐，曭朗兮龍燭忽生。愕羣仙於金鏡，驚天雞於玉京。巨浸半涵，猶韜普天之美；人寰尚暝，孰識未融之明。懿其千仞可躋，四目斯在。危岫陵乎碧落，日域遼乎滄海。既登陟以遐觀，知濛汜之浴彩。晨光乍分，夜色未改。昇黃道而將始，臨下土而有待。晝明夕晦，徒觀其躔次之常；出有入無，孰測夫陰陽之宰。氣澄霧卷，月落星殘。流暉電曜，散彗虹攢。將煥爛以下燭，出浩淼而上干。挂扶桑而杲杲，昇暘谷而團團。敷九華而葩奕，燦三山之峰巒。且幾升天，無憂於見沫；已能烜物，寧患乎祁寒。順寅賓而不忒

爍溟漲之無端乘變化而復往得沐浴乎波瀾於是游太極辭殘夜羲和敬導運行有舍得天能久克彰乎眞明委照無私不間於夷夏嘗傾藿而久俟冀餘光之一借

海日照三神山賦 以耀輝相燭珠庭燦然爲韻

海日飛光神山之陽流一氣於天表自三峰而景彰龍車迴馳麗於高而特異金闕互映混其彩以交相原夫出巨浸以貞明次崇岡而久照當峻極之離立滅塵氛而引曜遂使授人之歷分乎命以正其方涉海之倫駭乎目以覩其徵遲隱見於危壁藹晶熒於遠嶠披道接靈之府含華

蘊粹之仙秉至陽而不極體元氣於自然駭景克存訏曾陽揮戈於在側騰精獨往疑羲和弭節於其巔於以繫時於焉絕俗幽莫可辨明之所燭異景暫凝乎地首奇峰載列於鼎足影搖林樹漸昇桑野之曬色動鯨波尚想甘泉之浴且霞標建其南服日觀揭其東隅雖照臨之等類亦重深之道殊豈若丹極赫以戒晨仙宮朗而增煥方運行而不息乃曈曨而未旰森瓊樹之離離曳羽衣之燦燦此日而御惟山有輝諒難徵於紀牒思載瞻乎海沂彼或棲眞方丈必期乎悠久如將處代崦嵫且懼於浸微是以養志忘形馳暉以寧福地無阻元門寢扃誓將越渤澥陵杳冥仰無私之照窮不死之庭願參光而有待庶羣仙兮是聽

甯戚飯牛賦 以取賢在牛口之下爲韻

惟彼甯戚兮既貧且窶跡未出於樵夫身尚同於牧豎劬勞日夕頓冒風雨苟直道而退讓不非義而進取執以綆索積諸歲年飯以露草飲之靈泉處東皐之田同無得而乃得居南山之石常思賢以薦賢高節彌堅潔操無改扣角之音雖倦立身之志恒在遊乎綠野息以青疇雲霞掩

曖山川阻修異董生之乘馬同巢父之飲牛棲息歧路蹉跎壟畝衣褐不足蔽其骭糠粃不足充其口心常想於青雲貌恐遲於皓首彊於學也以待問藏其器焉以俟時獨商歌而奚謂思齊君而聽之君乃問旃知其在野君臣從此而道合理化以之而相假才足堪於輔佐位寧卑於庸下

銅馬賦 以鑄金象形用求良驗爲韻

昔伏波貲越銅之具皇漢得天馬之度蓋以張戎容程國步允稱其德懷致遠之無疆既授於師必命工而新鑄象

物惟肖利人則深研精以範酌憲於心始察形而視骨遂修火以鎔金煥若中起昂然四臨望丹闕以就日俯元墀而擇陰俾夫司僕載馳别於羣而自仰倌人匪懈御於王而審象疑顧影以權奇乍含輝而爛朗由兹而明式遐布觀我而逸材利往郎山爲類且尚其功存戩草無施敢勞於惠養徒想其屹以沛艾爛兮晶熒狀赤文而呈瑞方候日於堯庭超乎獨立的爾殊形訝騏驥之變態聿登歌於彼駉叶以陰德稟於地靈列君軒之粹異咸此駿之儀形是知法與人共思衆才而膺國用王惟智周寫宏範而俾

營求矧乎揉其物於精剛制其器於質良克絶奔踶邈無元黄雖齊力齊毫用毎齡於典禮逺如龍如鹿形既造而昭彰美成式之不替信改鑄之有常奚絶塵之足比庶出水而同方者哉銅爲寶兮固越俗之所擯馬之神也仰漢庭而未進猶善相以來歸豈康衢之增駿乎

范鳴鶴

鳴鶴元和中進士

燈蛾賦

流月半庭兮頹光初夕金釭坐明兮凝輝的的蛾繚繞而未息意沈潛而自溺逝者既往存者可哀伊戚戚之未畢俄栩栩而復來覩前軌之已覆因委命而不回彼尚無恨哉殊化難窮神理斯昧物情無傷亦或貽害毎捐慮於進止恒忘懷於否泰任逍遥以無營將何負而顛沛如膏之明豈怪前死比薰之馥所惜同爇儔二美而多慚痛一生之虚委明不可投投之必斃膏不可赴赴之必泥彼優游之萬端奚於斯乎失計始來也吾故知其必凶及死也吾未識於所從何生微而智劣苟不若於自空爾愛候明何不候日光陰不留尚存爾質爾愛候明何不候月素華將

移爾猶不滅何相繼以焚軀竟不知謀之爲拙元豹深隱終不效幾是蟲以慾卒與命違豈若不死之仙鼠得昏夕而後飛

對典同度管判

典同度管失候不應史稱黍細徒少其人

道幹始根陽圓成象同律審候紀物書雲各守其官備創厥事考同律於巡禮先閲虞書賁首歷於張生方尋漢志恭惟所典實曰司存職此之由須聞不怠影度從候物精昭芒既未曉於談天徒效誠於窺管遂使牛車轉水顛倒

烟灰之色。雞卵色黃。混淆氣火之象。損三生一。紛糾無憑。居陰布陽。舛錯奚甚。史也胥品。誠迷厥官。縱欲陳力就列。未知不能者止。黍細厥粒。徒寡其人。先無告辭。後有推過。此而獲宥。何以用刑。

張季友

季友。元和五年進士。

閏賦

閏之所起。自歷而推。得餘日於終歲。爰稽候於正時。其始也日之行而疾。月之行而遲。躔次周流。運將窮矣。毫釐好度。失是遠而。不歸餘何以定一歲之歷。不小正何以序四時之紀。於是太史授事。羲和敬理。以日繫月。積三年而成。原始要終。豈周月而已。天時由之而式叙。國令於焉而合。軌春生夏長。不失其常。東作西成。孰知所以。雪應冬而絜。落雲識夏而峰起。秋之夕湛露爲霜。春之朝堅冰爲水。豈不以律之克中。閏之匪虛。以風以雨兮各得其序。曰寒曰煥兮無悖於初。國家握乾符。正律書。契洛下之言。算定乎一日之設。考容成之律。閏生乎卒歲之餘。故得氣正於今。律移於昔。履端於始。節乃差而匪差。歸餘於終。日雖積而

不積。昊天之歷象咸若。重黎之職司有辟。候月盈缺。豈資蓂莢而知。推日短長。不假土圭而測。且夫夏有伏。冬有臘。匪閏則其氣不順。月有縮。日有盈。匪閏則其氣不成。故有慢時廢朔。則曰不常。無藝闔扉聽政。則曰假時。來歲歷前古之所重。緜後王之取制。矧可昭翼翼。扇巍巍。百王之理。是倚。庶績之廣焉依。丕赫哉。我后之正時定歷。堯典而同歸。

賈薯

薯。宜春人。元和七年進士。

人鏡賦（以主聖臣忠道光貞觀爲韻）

金爲鏡兮。其鑑則明。人爲鏡兮。其象則精。彼有取其照燭。我方致乎和平。廣齊而磨礱既至。酌獻而邦家以貞。懸於心則四聽（一作聰）常朗。寘於握而萬方不傾。惟賢任賢。自聖傳聖。守之則通幽洞冥。執之乃窮理盡性。致和樂。功逾止水之平。徵古今。道光仁壽之鏡。比瓊樞以潛運。挂靈臺而韜映。是委照以無疲。每含光而不競。無鑒於水。自視於人。曷容華之自飾。惟道德之所親。功匪勤於鎔範。義將協於君臣。斯乃至寶。載光皇道。辨物數之紛紛。洞晦冥之杲杲。

放之可包乎海嶽卷之可盈乎懷抱煥乎發紫皎若晴空光甚鑑兮塵不能翳德若容兮物莫能充以是爲臣則獻可替否以是爲鏡則進思盡忠斯爲理兮化洽斯爲鏡兮照窮惟賢聖之光贊含英華而不散執一法而不回仰千齡而殊觀貞明而翹楚角逐皎潔而羣邪氷泮茲鏡也克念則聖罔念則荒播無疆以垂範披六幽而散光燭明明而洞洞歷久久而煌煌聖作物覩鏡清寰宇驗成敗之原知榮辱之主我鏡在德曾無盤龍之雕我鏡在心自有山雞之舞若然則皇唐邁德於陶唐吾君齊聖於文祖

成表微

表微元和十四年官蜀王府參軍

唐故太子洗馬博陵崔府君墓誌銘 并序

士有遊藝據德斧藻言行不形喜愠不誤是非者則聞之於府君焉府君諱載字載其先齊太公之後食采于崔而因氏焉洪源茂根世有名士至於貂蟬映時金紫奕代竹帛繁盛不復書矣王父謙皇易州修政府折衝列考季試恒王府司馬府君則司馬之第二子也伯仲五人皆美鬚鬚麗容貌各身長六尺二寸俱懷文武之用鬱爲豪盛之家長曰戢隴州汧陽縣尉令弟鉷長武城使兼御史大夫令弟晟文林郎太子通事舍人令弟成大理寺主簿府君植性廉潔執心沖和遷善罔遺見惡必止豈謂德優齡促奄隨尺波享年五十有九以元和十四年五月二十三日遘疾終於幽州薊縣招聖里之私第也夫人彭城劉氏煢煢蹙容悄悄閨壺齋潔喪事敬逾古昔有子五人男二人女三人長曰公聿試左武衛兵曹參軍侍疾有黃香之譽居喪繼柴也之哀次曰公淑善諷詩禮名美戎郎昆弟等皆善居喪絕漿茹荼泣血羸瘵隣里哀之女子等皆以孩

提生知孺慕可哀也哉粤以其年十一月十六日窆於幽州幽都縣保大鄉杜村北一里之原祔于先塋禮也表微嘗接府君之餘論沐府君之清風學淺詞荒叙事有闕緘之心府有媿幽默銘曰

保大之鄉桑乾之湄泉扃長夜潛翳英姿逝于中齡孰不悽其崔氏之先世有英賢旣盛簪筆亦耀貂蟬太公之封于古昭然孀妻茹荼令子泣血鄰無相舂親有嗚噎志諸貞石用旌賢哲

楊汝士

汝士字慕巢。元和四年進士。又登宏詞科。長慶中累擢工部侍郎。出爲同州刺史。開成時由兵部侍郎爲東川節度使。入爲吏部侍郎。進刑部尚書卒。

讓高鍇侍郎書

柳棠者。兇悖嚚豎。識者惡之。狡過仲容。才非夫子。且膺門之貴。豈宜有此生乎。

再讓高鍇侍郎書

昔周公撻伯禽。以戒成王也。昌邑殺王式。（式昌邑之師也）而怨霍光乎。豈不由師傅之情爾。興亡之道。孔子先推德行。然後

文學焉。吾師垂訓。千古不易。前書云。不敢蔽才。何必一柳棠矣。若以篇章取之。寧失於何植王條也。

滕邁

邁。元和中進士。官郎中。歷吉州刺史。

二黃人守日賦（以君德同明遠人來附爲韻）

一氣絪縕。宛成形而摯跽相向。儼守日而昭彰。可分其色惟黃。雖配位乎下土。其形有二。如輔明於大君。原夫左之右之。以引以翼。雖髮鬚而異體。乃焜煌以同色。理殊執熱。寧濯增泉之隅。事近負暄。杳在離宮之側。兩分夾臨下之照。偕出契不孤之德。爾其從炎漢以賦象。能環衛以成功。白駒乍留。守之而無荒無怠。踆烏不駐。隨之而自西自東。屆赤霄而煙雲靡雜。循黃道而光彩混同。容裔斯呈。交相可名。幸因時以融結。得託質於昭明。契同心之言。是爲氣合。潤通理之飾。吾非染成。其或杲杲初晨。悠悠云晚。曾不斯須而離。何虞運行將遠。鄙魏臣捧而在夢。笑夸父追而莫返。嘉夫儀形似是。想像歸真。離立環乎兩珥。聯影遶於重輪。遂使慕有道之風。歸我一德。奉無私之照。惟予二人。受其采。豈無異色。呈乎瑞不待他辰。所以稟中央正氣。當

四夷咸賓。誠宜陽景廓開。翼戴徘徊。昇扶桑孰云子立。厠羲和乍若朋來。觀其輝煥瑞牒。昭晰雲路。委疾徐而不更其守。循躔次而罔愆於度。信可以端拱道泰。遐荒悅附。今所以賦守日之祥。表稱君之裕。

慶雲抱日賦（以雲日輝映精彩相耀爲韻）

太陽之昇兮。鑠景氣而澄氤氳。聖人之德兮。上蔚結而生慶雲。外浮相煥。中映成文。郁郁昱昱。繽繽紛紛。粲兮若組繡之縈。寶鏡翊兮若申甫之相明君。無心而生。應德而出。不曜青以干呂。能叶慶以扶日。縹緲蜿蜒。游龍相逐而不

如斐亹葳蕤彩蜺舒狀而難匹始流形於孤嶽終垂象於九圍麗碧霄以增媚捧金烏而徐飛感覆幬之仁效靈表瑞憑元黃之氣耀影含輝夫天道無言以物應聖聖功不宰物自效命故有非煙非雲爲祥爲慶付我元吉彰我元盛豈徒衆彩錯出重輪交映者哉且日者實也象君而貞明雲者運也應時而發生就日而浮若就君之朝騁五色成象告五方之和平騰乎天假其陰騭見乎晝賁厥炎精懿乎煌煌燭空熀熀呈彩域中之目無不仰觀天下之心若有所待何必蒼梧稱美橫汾是載者乎夫變化翕忽希夷混茫理至則無幽不感德盛則化妖爲祥煥厥霄極亘於天光彼丹甑玉燭蓂莢芝房孰若此感化而見五彩其相者焉是知聖與冥通理由感召故我后之盛德不求彰而自耀

狐聽冰賦 以堅勁之上審聞始行爲韻

狐出潛穴冰膠廣川俯畠畠而是聽慮峩峩之未堅於是臨渚曲傍河壖疑涓溜之在中龐茸不動審凝沍之徹底睢盱欲前足縮縮而心感貌綏綏而聽專積素之姿逾淨莫赤之容潛映逼嚴凝以屬耳寧憚苦寒思涸沍以投軀必資餘勁若乃煙橫古岸月照空堤寂無人而久聽紛觸物以多疑聆遠吹之飋飋謂波搖岸曲聞殘錚之淅瀝驚溜斷河湄郄曲載移於短步忙懷屢變於妖姿望寒墟之在前庶斯遠矣感夏須之不至俯而聽之遠近陰凝淺深風壯念茲道里在此冰上試之以耳猶迴耳之可圖試之以身將退身而何望況復窮陰慘凜川長難審徵春魚之欲上驗時不同比夏蟲之有疑執心彌甚及夫虛盈以測厚薄斯分颯爲裘之毛知不可陷低正邱之首惟恐有聞既勃窣而投趾乃凌兢而慎履尋聲不離於聽表處薄恐成於禍始奮自擾之迹一却一前曳有芃之軀時行時止是知事欲審於未萌心無妨於若驚儻躡虛以輕進必履險而忘傾則濡尾之憂至溺身之害并異哉一獸之智可以偕善必聽而配規行者也

雷在地中賦 以復其見天地之心爲韻

雷動而息地卑而深當嚴凝之戒節向博厚以潛音順靜於時乃退藏而默處反本乎土作響絕而聲沉豈獨斂震驚於坤德抑亦彰休復於天心原其辭滿盈止奮肆混然無朕寂兮深閟解威隣於蟄戶銷聲處夫陰位足可以善

列鈌之歸功見元冥之內事以是細觀其所廣徵其類初疑罷轉石遠積南山之陽又若駐奔車深掩長門之地象則存矣理難求焉冲融將凝冱暗息隱轔與涇洛潛連道尚處幽奚爽下安於土功存作解終期上奮於天足使至人將齊其默默楚客絕想夫塡塡苟有託其厚載亦無辭於小畜駭氣結乎土囊迅音止夫坤軸斯可以驗啟閉分寒燠不失動靜乃順之於時將體行藏故受之以復未萌響像詎可求思勿以潛思伏矣是當薄言振之一陽之氣始生孰能輕動百里之音未發吾非後時自然居善閉之

中因積風所翕且窅冥以在斯豈迅烈而遽變覩秋毫之末者無慙聽而不聞寫鼓鐘之音者空嘆視而不見若夫元律云暮衆彙淒其苟未離乎坎窞且自理於希夷不然先王何以取象大易於焉立辭至矣哉法雷而行教也弛張之義在茲

鄉老獻賢能書賦 以行藝昭洽可升王庭爲韻

審其賢必鄉之耆德納其獻惟國之哲王爰進牘以舉善希命官之必良脩身既浹於閭里累行宜應乎搜揚垂鶴頭之書來自衡門之下俯鮐背而獻發乎丹闕之旁書曰能蘊於藝文賢彰其德行文可以贊謀猷光教命德可以鎮邦憑備臣詳今則潛獲其人可施於政咸能藏器以自持秉心而無競處乎野興在軸之歌遇其時仰干旄之詠矧臣察之而甚熟交之而益敬逼桑榆暮景敢罔於天聽當杞梓良材將裨於國慶若夫博通之藝可稱虧汙之德難升臣不敢書其德而罔舉賢能若乃閭門之風雖浹鄉黨之言未洽臣不敢請於王而遠離苟錙凡所稱無黨所覆有經錄其功能策勳於盟府釆其義能摛藻於天庭豈以臣之職所言莫可昔明王問政於耆耋聖后取人於農

瑣帝乃啟書而相視賢不佻聽讜言而其容穆穆納嘉猷而厥德昭昭由是道冠百王風馳四裔使居鄉者潔其已在家者修其藝以黃髮薦士之書爲式欲庶官推賢之路無蔽彼周詢鄉老漢延羣儒未足量功而並利

陳越石

越石潁州人初名黃石元和十五年進士官藍田令會昌三年卒

太甲論

殷甲不惠於天下其臣放之後能改過亦爲臣之所立或

曰。社稷之臣。必當如是。淺於國者之爲論也。至若承湯之教。全殷之統。立臣之節。豈如是耶。君上之不肖與賢智。豈臣下之有不知耶。擇其嗣。當求賢而立之。不知其非賢。以爲不明。因而放之。令其自新。如日蝕不吐。河清難俟。中原之鹿將軼。時乘之龍待駕。於臣之業何如哉。況乎體非金石。而冒霧露。如懷失國之詬。以損其身。則弒君之謗。消無日矣。陳子曰。臣之忠。有幸而忠者也。君之立。有幸而立者也。如殷之君臣。皆幸而成者。噫。浞浞接踵。羿羿比肩。君可放乎哉。其後新取於西。魏成於東。司馬氏之有天下。其始也未嘗不伊不周。其終也未嘗不羿不浞。皆取伊周以爲嚆矢也。孟子曰。無伊尹之心則簒也。有旨哉。

韋處元

處元。穆宗朝官知制誥。

平張韶德音

朕祇荷大構。屬當沖眇。九廟之嚴。因予以輕重。四海之大。由我以慘舒。每懷推誠。不敢自用。大布利澤。嘉聞讜言。庶無懲尤。少享重負。豈虞信不及於物。德不動於人。以懷宴安。遂此致寇。張韶蘇元明等。驅率工徒。劫攜兵刃。白晝竊發。暴犯宫闈。震驚朕躬。近幸禁壘。卽時勒五營騎士。七萃熊羆。少命偏師。纔分左廣。皆憑忠奮發。賈勇爭先。自申及酉。撲滅皆盡。斯實上元降鑒。宗社垂休。憫予沖人。俾無顛覆。其兩軍立功將士。已節級優賞。諸將校其日部領軍士者。委有司條流甄獎。具名聞奏。其逆賊親屬。同居知情之外。一切不用追擾。尚恐因緣仇隙。告訐平人。自今已後。縱爲妖黨有小詿誤者。並許自新。亦不須勘問。嗚呼。秦皇車碎於博浪。漢祖心動於栢人。或不悟而終亡。或自新而流祚。齊晉多難而啟國。衛邢無難而喪邦。蓋謂憂勤則福興

安肆則禍稔。天其意者警于予乎。而今而後。知元貺可以德歸。神器難於力恃。咨爾股肱輔臣。庶寮百辟。洎方郡侯伯。有位之士。無或棄予。謂不可教。其有違道傷理。徇欲懷安。面刺庭攻。無有隱諱。成王之紹文統。武帝之開高業。皆蒞祚日永。享國日深。夫豈他哉。蓋大臣維之而不跌也。使朕無羞于二王者。繄爾多士乎。

李淑

淑。桂管觀察使渤弟。

對告糴判

甲爲郡一年不升告糴於鄰州觀察使讓其無備云百姓有積則公賦不足

救災恤鄰古之令典有備無患邦之善謀甲宜彼六條克念勤恤施其五教務彼樂輸而天災流行實害嘉穀井稅不給職司其憂告糴於鄰庶擬泛舟之役有年而蘊曷資祿廩之用況今寰宇初泰黔黎再寧惟彼萊田尚多荒隴畎畝之獲每憂於家給什一之稅咸資於國儲或委積之闕然乃凶歉而無備觀察援今習古恐謬是非郡守通變隨時何妨損益捨而勿讓咸謂合宜

對增年避役判

乙爲縣令百姓有增年避役者廉使察其無風化州將云移風易俗須久於其政令未成而驟改之何暇爲理也

安人之本爲政是先法令克修紀綱不忒乙授茲六命職彼一同實曰子男作人父母綏之以德化糾之以典刑自可禮義從心回邪革面何乃慢其銜策紊彼彝倫使氓之蚩蚩已懷奸慝之計而政罔察察徒云久遠之方廉使以糾繆爲心當繩漢律州將以飾詞爲喻有昧周官百姓合此從刑縣宰宜從通計

對軍士營農判

丁上書請令軍士自營農隙而教戰節度使稱疲兵於隴畝緩急非可用也

先王教人必資農本諸侯振旅實因事隙苟法度之不率豈黔黎之克安彼丁以阜俗爲心類夷吾之寓政節度以疲兵是恤爽充國之嘉謀昔楚宋理戎尚反築耕之士魏蜀堅壁猶分上下之軍方今九服賓王四夷卽序宜修文以化俗豈黷武而屯師旣車書之大同何緩急之爭用兩

端之要片言可知

欽定全唐文卷七百二十四

崔郾

郾字廣畧清河武城人舉進士書判入等授集賢殿校書郎累遷吏部員外再遷左司郎中元和十三年為吏部郎中遷諫議大夫

唐義成軍節度鄭滑潁等州觀察處置等使金紫光祿大夫檢校尚書右僕射使持節滑州諸軍事兼滑州刺史御史大夫上柱國襲封密國公食邑三千户高公德政碑 并序

維天之高仰懸象以辨其方維地之廣資崇山以鎮其域申甫當列岳之位允文應上將之星合德配功古今攸重巨唐二百廿載穆宗皇帝握符御圖思勳烈之臣重藩維之寄詔工部尚書高公承簡建節義成軍佩金魚印洎督郡而遷鎮於滑臺粤二旬教化成號令行軍旅知訓黎人安業咸懼公報政之晚乃明進律移理乎他邦則三軍將安於拊循闔境遽切於惠養於是部將試祕書監兼殿中侍御史李忠義等三州耆老緇黃等五百人瀝懇披誠遣監軍使宋守義以聞於天子願紀羊公於峴首復借黃君於潁川惟聖知賢特可其奏乃詔翰林侍講學士中書舍人臣郾俾纂述其績刻於貞珉式昭我公之殊勳昭示來裔曰公渤海人也曾祖義皇朝涼州司馬贈涼州刺史大父行暉試懷州別駕贈户部尚書烈考崇文邠寧慶節度使京西諸路都統檢校司空同中書門下平章事南平郡王贈太師在憲宗朝劉闢恃西州之險阻兵自固卒被誅戮時則司空解梓潼之師覆其巢穴殲大憝以靖乎庸蜀鴻功焕爛刻於旂常在穆宗朝李㝏乘大梁之驚擁衆構奸以稽王命時則僕射公率衆之郡兵遂奔潰戮兇徒以

固其譙潁豐功赫奕鏤於景鍾先皇嘉欒趙之勳用韓彭之畧俾總旄鉞殿於是邦濟代成家乃享其福宜茲懿美豕韋故國白馬通津處東夏之衝要襟西城之捍蔽綿地千里提封三郡利兵勁卒雄武實首乎天下盡忠死難勳績常冠乎藩方故節制澄清之權皆以賢侯良帥精鍊勳庸董其職所以重劇部而獎勞臣也自元和末歲東土艱勤調發徵求曷嘗底寧陰沴繼災蒸人重困田畝棄耒耜里門空杼軸邑有瘡瘠路有餓殍徵稅徙限於編户行賞不及於連營公始下車勞以安之來以康之政以悅之廣

敦勸之方以道之浹辰而教行朞月而俗化於是起凋瘵復流庸野歸其耕家舉其織咸被膏澤而無殘人然後條舉前弊拜章列聞乞免逋責以寬征徭殊恩俯降特遂其請於是鰥惸蒙其生惠游惰勸其力穡咸適樂土且無廢時此襲遂所以播嘉聲也奸豪飢歉之餘奸盜萌起小則私竊於里閈大則推剽於康莊抵法禁及留獄犴者布列於郡境夫以居人宥窮之地孰不愛身思安全而避刑辟者率性之常道孰能保生憐其濫以宥其死者公獨推好生之德察小大之獄盡哀敬之心貸其科條咸使全活故

謳謠於封部釋寃滯於比甯此安隆所以成茂化也高旗長轂精甲銳師勤王之役比歲而舉竭廩庾以給兵食殫府庫以奉軍裝弊耗以空物力未復及公戾止則禁彼浮靡修其潔廉由身以率人自家以形外鍾鼓之樂不注於心耳采華之飾不被於閨闈節其宴游絕其玩好無私積以厚於己必多方以贍於軍由是寒者溫餒者飫貲用是給戎行臻甯此祭征虜之奉公也自頃師徒荐興節將屢換咸有紀綱之僕用資肘腋之親因隷是弊且非吾土方俗之異董率攸難公威令訓齊惠綏周洽感義戴德洽爲

一心若凝寒之被陽和如嬰兒之蒙顧復皆願畢力以奉轅門此馮征西之得衆也至若罷不急之務黜冗食之徒戎器未備則造器者加意而戎器精焉戰馬或闕則有馬者增職而馬政修焉繕城池以固其金湯飾廨署以避其燥濕是皆賈彼餘力因其羨財人樂就役故無煩功不逾時故無害此又蹔勞永逸之嘉績也美化之所燻灼深仁之所浸漬發於天和達於人心割股以致養廬墓以盡孝非懿行昭感變其澆俗歟功利及於人慈愛布於下戎士愛戴綿甿樂康則有潔祀以薦誠虔禱以資福非厚德濡

煦激其深衷歟雖漁陽之詠兩歧蜀郡之歌五袴比功類善此無愧焉當吳元濟拒命淮西公領相國晉公牙門之任累以長策贊乎兵機及上蔡削平羣師旅旆詔以鄲城之地析置溵州非寬能愛人無以康疲俗非威可馭衆無以定新邦晉國乃表公之林請受符命於是掩骼埋胔以導其和氣拯饑救患以濟其凶年治屯營以勸農功補壞隄以平水害廨宇之卑也則遷諸爽塏而高其閈閎傳置之闕也則刱以道周而豐其儲峙故有甘泉芝草之瑞焉詔嘉其功移守鉅鹿先是州封綿廣人力凋耗兵革之後

田萊多荒公乃計其户版悉以配給比盡地利且廣賦輸疏漳州潰溢之源開龍尚廢塞之窒俾以善課嘉績如潑政焉復以高第遂遷於宋淮海衡要舟車會同洎公來思甿俗嚮化屬浚郊之變連封偪擾宋爲屬城之近且居下流兵力未任物情疑駭公乃蒐索補卒以張其氣燄借貸斂粟以備其困乏密表以布誠飛檄以請援賊介遣同惡曹簡使於宋悉索官私之財公斬之以徇自是兇徒奪氣矣竟能奮義旅陳款誠勵支郡抗敵之心絕羣盜乘隙之勢公之功也策勳楙賞鎮于魯邦當憲宗皇帝掃盪青齊

分裂疆宇合兖海沂密四郡之地爲東南藩雖屢更翦惡而俗未丕變公於是詳究利病備陳綱條復闕里之風化修淹中之禮樂寒暑一換報功義寧旌政進秩乃之茲土凡三剖郡符再陟齋壇冠左貂儀大憲以至於冬官長皇上嗣位嘉守土之臣大布德澤叙升品列改受尚書右僕射所以寵新績而褒舊勳也惟公端肅莊明温仁惠和戴君則竭其忠臨難則致其命至於字疲人撫三軍若治身疾如理家事公用不足則舍私財以繼之飢人無告則散清俸以賑之故能使部校服義蒸黎飲化若煕陽春若饗

太牢此所以建休勳彰茂節處貴位樹雄名諧大君之倚注鋪冊府之光耀者矣昔鄭武繼威桓之德而嗣爲藩宣條侯纘絳侯之功而復爲將帥惟公克荷先訓顯揚休聲疇庸自列乎方隅延代繼分乎茅社君子爲積善之祉鍾於高氏也宜哉夫播美在詞貽惠在公爰書盛德永勒豐碑俾後之人知甘棠之陰留此地也詞曰

上標星辰下建藩方分彼土宇授茲忠良烈烈高公家聲載揚應運宣力合於我皇東郡奥區豕韋舊疆化用浹洽俗臻阜康昔在元和坤維構亂南平奉詔提師翦按乃執

渠魁乃清巴漢遂陟文治爰登邦翰逮於長慶夷門不龔公復仗義首是奔衝活全支郡屢挫羣兇錫以齊斧藩於魯封惟帝念功時當進律俾臨東夏用屏王室元侯重寄拔卿顯秩以布甿隸以討軍實公之牧人以本於身若灑和風如煕上春緩其逋逃賙其窶貧嘉惠樂施善誘循循室有紝績野有稼穡俗知禮讓吏無捁尅于以詠歌公之令德公之理兵以推其誠撫馭用信將和用平俎陳廊廡惠遍羊羹同彼休戚均其寵榮百城秉命十連從令姦慝不作封疆底靖于以詠歌公之善政爰升右揆式殿名藩

禮竣師長勲高翰垣惟公之忠惟帝之恩人瞻邵父家識臧孫乃勒豐碑昭示後昆陵谷有變德馨常存

韋乾度

乾度元和中官吏部郎中守江州刺史長慶二年拜國子祭酒

條制四館學生補闕等奏

當館學生每年有及第闕員其四方有請補學生人並不曾先於監司陳狀便自投名禮部計會補署監司因循日久官吏都簡舉但准禮部開牒收管有乖太學引進之路

臣既忝守官請起今已後應四館有闕其每年請補學生者須先經監司陳狀稱請替某人闕監司則先考試通畢然後具姓名申禮部仍稱堪充學生如無監司解申請不在收管之限舊例每給付廚房動多喧競請起今以後當監進士明經等待補署畢關牒到監司則重考試其進士等若重試及格當日便給廚房其明經等考試及格後待經監司解送則給廚房庶息喧爭當監四館學生有及第出監者便將本住房轉與親故其合得房學生則無房可給請起今以後學生有及第出監者仰館子先通狀納房待有新補學生公試畢後便給令居住當監丞並無專知館博士請起今以後每館衆定一人知館事如生徒無故喧競者仰館子與業長通狀領過知館博士則准監司條流處分其中事有過誤衆可容恕監司自議科決如有悖慢師長彊暴鬬打請牒府縣錮身遞送鄉貫

駮左散騎常侍房式謚議

詳覩貞元之末西蜀之事逆豎劉闢搆難之初兇邪叶謀嗷嘯相聚年深事遠十不記一然而磈磊不平鋒刺疊深者藏在骨髓請舉其梗概一二焉式自忠州刺史故太師

奏授劍南西川度支副使後兼御史中丞又剖符蜀州是時貞元十八年也式因晝日昏睡如醉經宿乃寤詢其左右僮僕不知其所從來後逾年卻復使職會故使太師薨歿劉闢潛扇逆謀禍亂始胎式遂倖姦人之意爲譎怪之語謂闢曰乃者蜀州昏病之中見公爲上相盧文若爲侍郎儀衛甚盛富貴極矣他日無相忘賊闢大喜布滿軍縣自以爲神授非人力也賊每接賓客肆談論撫羣邪申號令未嘗不以是爲先聲自以爲祥兆也豈不因式作異言鼓妖孽惑亂平人堅壯兇險不然何區區之蜀瑣瑣之寇

王師討伐。經費萬計。崎嶇阻險。留年乃拔。何哉。蓋以式深爲浹洽之辭。激切嚚固。不然。何盤柢固根之甚也。故使太師永貞元年八月薨。其時乾度任殿中侍御史。前使度支判官劉闢自攝行軍司馬節度留後。九月初乾度被逐。攝簡州刺史。名雖守郡。其實囚之。明年四月追廻。勘攝成都縣令。其時授闢西川節度詔命初下。東川之圍未解。乃召募亡命。兼收管內鎮兵。張皇虛聲。焚惑郡縣。發兵七千。馬畜三萬。號爲十五萬人。轉牒盩厔以來縣道。郵次酒肉畢具。匆癸無匿。署牒首曰闢。副曰式。參謀曰符載。令下之日。

妖氣坌興。下愚沸騰。貪冒姦賞。奔走叛命。肩摩轂擊。爭死恐後。當此之時。邛蜀震驚。田野廢業。竄伏山谷。邑居人吏。分散道路。如此之時。非得之於人。皆親所聞覩。時賊圍逼梓州之日。又王師諸軍稍稍繼至。猖狂兇魁。不復張矣。然嘗察式爲人。柔而善佞。不顧不義。不然。何劉闢文若喬規符載。皆咨諏執禮。拳拳以事之。以斯而言。可以知其所止矣。伏以聖上法維天之度。崇納汙之宏。雖元澤滂流。鼓盪昭洗。然易名之典。在正根源。苟非其人。不可加美。如式西蜀之事。大節已虧缺矣。何面目以求謚焉。頃之爲謚頗乖前狀。請下太常重定。謹議。

桃源觀石壇記

大唐元和十二祀。睿聖文武皇帝御宇之十有四載。戡定淮蔡之前年。余出爲銅陵郡守之去歲也。江壤穰秀。草木繁翠。深流有沅湘七澤。黿鼉息焉。巨獸有犀虎貔象。金碧生焉。余嘗嘿眙由有所自。蓋以密邇靈囿。仙源在中。驗方志秦人獲天爵之所。稽近聖元宗皇帝樹火棗之鄉。風流好尚。事見方俗。觀有道流姓陳氏。字通微。夙稟命範師資。於是師沒道存。復嗣守焉。耽虛樂靜。志願斯畢。時因暇日。

儼然造余曰。靈山瑞相。莫可勝載。觀有祠壇。土級三成。每凍雨霖洒。常多圮缺。修建齋籙。展敬無所。今有微願。欲改剏石壇。竊惟少假餘光。冀遂成立。余即時回嚮。謹奉仁敬。乘流者衆。而果有所成。遂徙鍾簴於元宮。奏鴻音於象帝。洞壑皆滿。靈風肅然。陳君道友曰志言。姓王氏。研精守一。叶力贊功。志同之人。樂此榮觀。乃爲謠曰。靈壇肇址兮何代留。秦人唱道兮因避仇。我唐六葉兮天子聖。金虬三檢兮遥申敬。封山表地兮持彩旄。眞官陪雲兮五帝遊。山藏瑞鷁兮非所求。偶見桃花兮隨水流。猛簴嘷風兮棲洞樓。

停酸苦兮暢六幽。中有道士兮飛金液。泉澄日照兮抱虛寂。化坤壇兮斷珉石。齊天壤兮煥琳碧。我唐聖祚兮千億載。隨師控駕兮方諸會。

李騭

騭開成時爲荆南判官。咸通中擢太常少卿宏文館學士。出爲江南西道都團練觀察處置等使檢校左散騎常侍兼洪州刺史御史中丞

爲江陵鎮李石賀崔鉉箋

某早拜光塵。叨承眷與。深叢異分。屢接清言。幸曾顧於厚

恩。俯見循於末契。去載分麾南楚。拜節西秦。思賢方詠於嘉魚。棲止實慙於威鳳。賓筵初啟。曾陪罇俎之歡。將幕未移。已在陶鎔之下。光生鄰部。喜溢轅門。豈惟九字闕一獲安斯亦一方多幸

題惠山寺詩序

太和五年四月。予自江東將西歸涔陽。路出錫邑。因肄業於惠山寺。居三歲。其所諷念左氏春秋詩易及司馬遷班固史屈原離騷莊周韓非書記及著歌詩數百篇。其詩凡言山中事者。悉記之於屋壁。文則不載。其寺會昌末經廢毀。屋室殆無存者。去年業恩自禁職出鎮鍾陵。鍾陵與毗陵地不相遠。而惠山居其屬邑間。其寺復置。會錫邑宰去年過此。留宴數日。今於予爲故人。因寓書請再題焉。嗚呼。自太和癸丑至咸通己丑。三紀餘矣。念邑中居人與僧居在惠山與寧兩寺者。今無人焉。染翰增悲。復何言耳。咸通十年二月一日。江南西道都團練觀察處置等使中散大夫檢校左散騎常侍使持節都督洪州諸軍事兼洪州刺史御史中丞上柱國賜紫金魚袋李騭題記

徐襄州碑

大中十年春。今丞相東海公自蒲移鎮於襄。四十年詔徵赴闕。今天子咸通五年。公爲御史大夫。自始去襄。於茲六年矣。而襄之卒校民吏。自七州之幼艾。追思公之養育教訓。相與上言京師。狀公之事績。請於天子。刻之碑石。用昭示於無窮。於是天子嘉公之勤。詔可其奏。明年二月。襄之父老請詞於公之舊軍副使太常少卿宏文館學士李騭曰。凡紀公盛德丕績。文於碑石。將傳乎百千萬年。宜用聞見詳熟者。則得其實。騭固淺陋。今適當職而爲之。非以文用。其敢於是承命。退而敘之。公名商。字秋卿。家世儒門。修

源長波流芳積潤自十五代祖諱欽十四代祖諱某兩世繼爲中書侍郎十三代祖諱湛十一代祖諱孝嗣間代繼爲太尉南朝之盛具在南史本傳生公七世祖諱文遠隋朝爲國子祭酒皇朝爲國子博士儒學尊顯名冠國史儒學篇高祖幸國學召博士講論春秋諸儒莫能對本朝司刑卿追謚忠公諱有功即公五世祖也自中書至司刑十葉服冕乘軒重榮疊慶光隆赫顯無與爲比司刑當天后時累爲法官用法平恕常以潛德陰功論出枉陷力排酷吏之勢盡忠竭節以保護皇室公能嗣之炳爲元臣初公

少時工學暇豫不爲嬉戲嘗以生民休戚爲己之任凡所經涉郡國土俗四民之業必皆詢訪而究詳之於其利病無所不通曉常曰使得一縣治當必爲良吏矣始舉進士文宗五年春考登上第陞朝爲御史會昌二年以文學選入禁署宣宗以北邊將帥懦弱不武戎狄侵叛公時爲尚書左丞詔以公往制置安撫之歸奏稱旨尋授河中帥節又移襄陽公自初仕以至丞相華貫清級踐歷居多而未嘗履趨競之迹含光蘊德容貌若虛人皆汲汲我獨委順嘗任殿中侍御史丞入中書白事執政因問徐殿中果何如人丞曰今之賢人也執政曰然禮部員外郎缺諸公見言其人所言者或再來詣某有三至者徐殿中亦在薦中足未嘗及其門殆眞賢人與子言是也卒以禮部與公始爲內職不治民及受重藩使絕塞則用前所蘊蓄道以寬恕爲本本於誠明吏民畏公之詳達而不敢欺戎虜感公之德惠皆願向服其來鎭襄陽也亦率是道故期年而仁信敷再朞而刑政省三年而帑廩實四年而禮義興風教備問民之所病及願欲而不得者必盡去而皆行之所行之政存而不朽者有八今具襄民之狀庶得傳其顯實云

其一曰漢南數郡常患江水爲災每至暑雨漂流則邑居危墊築土環郡大爲之防繞城堤四十三里非獨築溺是懼抑亦工役無時歲多艱憂人倦追集公乃詳究本末尋訪源流遂加高沙堤擁扼散流之地於是豁其穴口不使增修合入蜀江瀦成雲夢是則江漢終古不得與襄人爲患矣其二曰襄陽荊郢十道之要路公私來往充給實繁是必率配行供假借辦賄求利歲月不堪公乃悉用官儲創置什器富供給費不擾齊人往來徒所憧憧邑人信皆不知矣其三曰軍人百姓窮困者多投狀陳論苦於從前

債利。蓋以數十邑公私債負不許停。至於補累攤徵。有加無減。遂使家傳積欠。户率催足。延及子孫。例無放免。飛走無路。怨憤難伸。官中曾無所收。私室常被攪擾。公乃纏悉上奏。放免獲依。債户既除。冤聲永息。其四曰。承前役納所由在田在城居側近者近百頃。統謂之馬禾。比每年配諸將官健出力營種。率歲出功錢。人不下六七百。例入屯將所由。官田元無所獲。徒遺虛監將顧。添市耕牛。破費甚多。收獲無幾。公乃廢卻其地。判租與人。每歲所收卻耕種之利。租人皆獲利。使將健永免工傭。其五曰。襄土彊潤遼連

接江山。每至秋時。常多寇盜。張旂結黨。夜出晝藏。謂之山柵。擾害頗甚。燒劫閭井。驅率平人。至於道塗。皆須警備。公乃選擇少壯官健三百人。別造營。各爲捕盜將。常令教習。不雜抽差。訓練無時。以爲備禦。每聞屬縣寇劫。當時據數抽行。晨往夕歸。夜發晨至。皆是并贓捉獲。更無子遺。頻挫賊心。鄉閭遂泰。因創造捕盜將營屋四百間。分爲左右中間。開報點集。刻堠置標。別創一亭。以爲教試之所。奏立將額。門當通衢。過客行旅。莫不與嘆。大中十一年。諸郡構亂。起於湖南。準詔徵兵同力剪滅。漢南軍徵五百人赴日成

功。實自捕盜威強之力。又江西叛將毛鶴構亂。比諸道最甚。收復倍難成功。當時韋宙僕射乘遞先至襄州。奉詔令差兵助發遣。所差五百人。於數内全取捕盜將。并差捕盜都將韓季友。怱領兵士。小路進發。仍先揀擇通引官衙虞候史慶中與韋宙僕射爲元從押衙。齎榜帖先至江西。安存百姓。遂收劫亂兵器甲。及韋僕射舟船至江州。其韓季友請捕盜將官健三百人。開道分六路。先去平明齊到。人皆不知機計。既行。遂半日内面縛賊將授首者一十三人。當日行刑。傳首赴闕。韋宙遂奏請且留捕盜將二百人在

江西。并奏請權差韓季友爲都虞候。二年之中。重修置廨署城市。皆捕盜將功力。其六曰。荆南中路有蠻水驛。地當卑下。泥淖常多。暑雨之時。不通車馬。皆是結栰牽挽。以濟公私行人。力出編甿。妨害農業。繚繞甚遠。兩縣勞辛。遂徑捷就高。別一路度宜。造驛永無差徵之虞。又近於當路十二里。其七曰。襄州兩稅每差綱官送納。并有直進膠臘。其數甚多。例屬新官。豈免敗闕。陪備差遣。擾害頗深。每吏部注官。多不敢受。因訪問資綱大數。可以資陪人。遂請度支陸運腳攢馱到京。遣進奏院所由勾當輸納。既免損污疋

帛又免上供失時襄州新官永無差役之弊其八曰漢陰
驛西舊有江亭一所迎候皆於此前後窄隘不便筵宴所
要鋪陳須至漢陰驛上廳內遂使前後虛豁難置門牕重
客居停全無牀幄結束非便寢止難安遂別搆設廳以備
迎送長廊虛檻連接大廳怪石脩篁羅列其所江波入戶
畫舸臨軒信可謂勝遊之地也又重脩瑣闥改制上廳夏
清冬溫憩息宜便別開過路繚繞江亭主客邀迎咸遂得
禮因命新亭曰漢廣亭桂江所謂不朽之制凡公之為民
於除害興利若屈到之芰子反之飲文王昌之蒲葅雖勞

支體勤思慮含辛茹苦必行之未嘗一日而懈也故制貪
民侵刻之負罷疲卒奸濫之政公之仁也訓驍勇以擒盜
繕甲兵以備武公之義也具候館之器用豐饋勞之餼牽
公之禮也決高沙之壅徙蠻谿之傳公之智也免屬官之
綱致及時之貢利必舉害必除公之信也夫總五常以在
躬之謂德德及於民之謂政功之被於物也淺則其澤易
竭政之被於物也深則其久愈彰公之去襄六年矣民始
懷公之德政而追思詠歌之得不謂之被物久而逾彰公
之德乎與夫在治而民之謂疑者異矣公前治蕭亦由是

德突厥居特峨山者千二百人相率自外塞渡河歸附於
公朝廷以虜衆持疑兩端未即信納公乃召其酋長以恩
信諭之虜皆泣下釋兵解甲伏以聽命因請從齊魯之間
隙地以居之編籍為耕民奏置備征軍千人日令督習無
有他役凡盜有新發無不立赴者又教其軍積紙為戰衣
千五百領矢不能陷歲飢乏食民流徙不止於是告廩發
稌豆麰賤出以救之完治城廨列樹表道用民之力而厚
其酬傭濟活以萬數逾朞乃罷有禽俱巢於屬邑之樹其
一巢者為鷙鳥所攫日暮羣鷇哀鳴聞者異之憫其孤遠

往食之愛均已子鷇鳥能飛而後去人咸以為至德之感
及禽鳥焉故公前之治蒲其仁澤被於物也既如彼今之
治襄其德政及其物也又如此庸詎知異日蒲人之不有
相率聞於天子而請公之德刻於金石以傳乎無窮哉亦
將必有采者矣謹繼銘曰

公德之容宏深粹元公仁之豐沈積穠穠內愉外懌溥暢
昭宣政以之和民以之安在昔羊公惟德之理有碑於峴
實表厥美烈烈顯德蹈之者誰曠祀六百惟公繼之繼之
者何愛民若子苞寒餔饑其急逾已日者大江淫至於民

萬門之命將鼉而覆是究是度惟公之規乃決巨壅大沴以移公之來朝民泣牽衣公進就路攀車從公專鹹鹺利無歸於私公長御史朝綱以釐帝曰汝賢汝可承弼公遜不答退惟讓畢帝心益嘉會襄人來請祀公德刻之於石帝曰賢哉汝真吏師政苟不惠人誰汝思嘉乃懿績遂命起之告示襄人謂爾咸宜帝德明聖爾言適時勿謂天高其神可欺勿謂室暗而公不知善不善報惟其所施爾不吾信視公之爲蒲民之生實公是營襄民之富實公是覆漢波滔滔其注維東公思在人與彼無窮公澤惟川公壽

惟山是禱是祝期千萬年崇碑峩峩揭於峴巓民望而思永昭後昆

班肅

肅貞元中進士官坊州刺史權司封員外郎

笙磬同音賦

清明廣大之謂樂度曲節奏由乎器旣克諧於五聲諒同歸乎一致汶陽之孤篠斯有泗濱之浮磬云備吹噓爰發搏拊遄至等輔車之相依契歌詩之必類同夫影響常動靜而俱隨象彼壎篪每應感而不匱聯綿並奏聲音相和用不殊途方予唱而汝和動而相觸固無偏而無頗列其容異薰蕕之共器會其理若涇渭之通波載清載濁貫三才之合樂若浮若沉叶六律而揚音將九成而備曲比二人之同心如言行之相顧成乎慥慥冠鐘鼓之迭奏樂彼欽欽雅韻復興時則若舞鸞鳳和聲互應斯乃如鼓瑟琴音之作也曲無誤者倏爾合度鏘爾中雅寧有顧於周郎自不惑於子野訢合皇王之化跡混同車書於天下遠而聞也謂羣鶴和鳴於碧空近而聽之如廣樂調韻於春風鏗鏘間發要妙無窮類金蘭之堅芳美而取媲配文質之

彬郁和而且同何異夫相應在於同聲相資在於同志譬權衡之並用謂相待而成等韋絃之自節則以同而異原夫律呂咸在吹擊惟時異周旋而樂只可終始而從之兩器元通鳴簧與幽石相感二者冥合竹聲與石聲相追審至樂之盡美伊茲器之可持

張師素

師素元和時人

唐故東莞臧君夫人周氏墓誌銘

夫人姓周氏其族望本乎汝南今爲陽羨中江里人也祖

莊。父俊。皆不尚名宦。抗跡邱園。孝弟謙恭。仁行昭著。夫人淑慎貞賢。溫柔令範。自禮歸臧氏之室。而琴瑟叶和。遵孟氏之風規。有班家之令譽。嗚呼。元穹降禍。大夢忽臻。未偕知命之年。奄促泉臺之痛。以元和十三年歲在戊戌三月四日。終於義興平西里之私第。享齡四十有四。亦以其月甲申廿六日己酉。安厝於中江血瀆東北之平原。周氏祖業之園地。蓋從龜筮也。有子曰奉言。始童丱。有女二人。長未及笄。俱號訴之無依。慽慈容之永隔。恐桑田變易。陵谷傾頹。故勒記貞石。乃爲銘曰。

雙劍光芒兮嗟一沉。鳳歸杳冥兮鸞孤吟。撫稚子兮淚盈襟。悲隴樹兮愁雲深。

杜元穎

元穎。宰相如晦裔孫。貞元末進士。又擢宏詞。元和中累遷司勛員外郎知制誥。穆宗立。超拜中書舍人戶部侍郎承旨。長慶元年同中書門下平章事。加上柱國。封建安縣男。罷爲劍南西川節度使。再貶循州司馬。卒年六十四。贈湖州刺史。

授段文昌中書侍郎平章事制

門下。眷求輔弼。期在濟時。必惟才臣。乃克成務。況端潔剛毅。可以肅具寮。敏裕周通。可以熙庶績。外無飾虛之體。中有效實之誠。簡於朕心。乃命以位。朝散大夫守中書舍人翰林學士武騎尉賜紫魚袋段文昌。門襲忠勳。器包才傑。廣而不雜。峻而能溫。脩詞每擬其菁英。所尚者風格。發言必探於指要。所貴者變通。識古今理亂之原。知遐邇利病之本。自掌文翰苑。列籍金門。出入五年。恭勤一致。屬朕初承寶命。屢進嘉猷。諒我憂惕之懷。竭其公忠之力。昨因召見。更用咨詢。造膝之言。注意斯得。必能奉將明之大任。申

獻替於虛襟。爰升鼎鉉之司。冀展舟檝之用。於戲。萬務之始。九有所瞻。將致治平。可不兢勵。爾其夙夜惟處。輔道朕躬。使四夷咸賓。百度惟乂。阜俗必蘇其疲瘵。審官無鬱其賢能。理當詳於幾深。道當固於久大。惟自誠可以化物。惟克己可以律人。勉哉戒哉。無忝我首命之重。可守中書侍郎同中書門下平章事。

請令沈傳師在外修實錄奏

臣自去年奉詔命。各據見在史官分修憲宗實錄。今緣沈傳師改官。若更求人。選擇非易。其沈傳師當分雖搜羅未

周條目紀綱已粗有緒竊以班固居鄉里而繼成漢書陳壽處私家而專精國志元宗國史張說在本鎮兼修代宗編年令狐峘自外郡奏上遠考前代近參本朝皆可明徵實有成例其沈傳師一分伏望勅就湖南修畢先送史館與諸史官參詳然後聞奏庶使官業責成有終始之效傳聞撫實無同異之差

對茂才異等策

問大禹求賢而夏德長茂文王多士而周道緝熙然則為政在人人存政舉朕德薄化淺嗣膺實業夙興寅畏若涉

大川求思至謨庶答天誠子大夫志行修潔學術通贍儲思於天人之際研精於大道之極儼然就辟良用嘉焉迺者夷夏多虞烽鞞屢警因之以荒饉生人蕩析比屋榛蕪今八表甫清萬兵未戢朕恭承丕緒實濟橫流期致和平惟新制度而成湯受夏周武定殷劉嬌嬴弊魏乘漢俗以亂為理以安易危必有至政存乎令典同符今日可舉而行精辨所長著之於策禹謨之六府三事周法之八政五紀有守有為是彝是訓經綸遠古用彰得失國志詳載天官必書成務濟時莫斯為急並宜明勑功利別白條流較聖王之損益揆今代之用捨沿革之要茂對所宜今欲廢關市之征輕什一之法一作賦歸踰年之戍罷無事之官則國用靡資軍食尚歎人多胥怨邊有侵軼匠無良畫明示謀謨其法令或不便於時吏人將未適其任賢士見沈於負俗遺綱有補於化源可以均沃瘠於原田便工商於市肆改制徵物釐創見正復務官曹澄清流品使朝有濟理之仕邊有死難之臣而返俗廉隅還風樸略必書效實指陳利害授簡之外尚有令圖各罄所聞備申讜議虛懷固久勿隱予違

對臣元穎案周易君道下濟臣志上通謂之泰其繇曰小往大來臣歷觀書契以還君德定位未有遺斯道而能達聰明目光極鴻業者也伏惟陛下誕膺明命克敷文德親降大問詢於微臣愚臣智識庸鄙經術短淺不足以充明詔之言而隱罪大矣敢不俯罄愚衷仰謝萬一制策曰朕躬承丕緒實濟橫流期致和平惟新制度且成湯受夏周武定殷劉嬌嬴弊魏乘漢俗必有至政存乎令典者臣聞湯革夏政野以質武革殷政鬼以文秦暴以亡漢寬以嬌此皆古王之令典也比東漢既衰皇綱幅裂曹操挾天子

以令諸侯。用漢法以取威權。中原粗平。遂偷神器。其政刑典禮。踳駮前世。固非蕭曹畫一文景更令之比也。雖曰草命。固無足采。陛下承匕鬯以取大器。赫雷電以掃羣兇。功高一戎。業定再造。欲維新制度。以救生靈。幽明動植。罔不稱慶。實天下幸甚。然臣之私心有願獻替。不憚斧鉞以干龍鱗。伏惟陛下少留意焉。臣聞自古王者易姓受氏。告成於天。則維新制度。以改人視聽。所以示亡王之驕僻也。所以揚造邦之耿光也。其餘少康復夏。武丁興殷。武王興周。光武紹漢。則皆舉用舊典。以昭其先朝之休德淳茂也。以

辨其光逆之滔天干紀也。以志其昭前之光而纂修其德也。我高祖勤恤人隱。始除暴亂而建王業。我太宗叶贊經綸。增輝先聖。皇天眷祐。祚以名臣。於是酌之人心。參之典禮。立我王度。爲萬代業。陛下誠宜恭以守之。勤以行之。克配彼天。立我人極。矧乎周秦漢魏造邦之事。非臣之所宜言也。臣又伏見去歲徵臣等詔書。聖旨殷勤。憂天譴見。今制書首章則曰求思至讜。以答天誡。次曰期至和平。維新制度。下曰改制徵物。釐創建正。臣伏念聖上豈不以彗有布新之道。明欲承順天意。旌於國章乎。臣愚以爲自古災

眚多矣。大者天地震裂。次者日月薄蝕。小者星辰變譎。皆或應或否。繫於其君之德也。夫嚴風不能凋翠葉。凝寒不能冰醇酎。何則。不當凋者。風則何有。不當冰者。寒亦胡爲。然則災眚者。天道之常。無德者當之。不爲有道者害。亦已明矣。陛下若欲寅畏上天。大爲恭禦。則德爲之實。而禳爲之華。居其實。不居其華。此社稷之景福也。制策曰。禹謨之六府三事。周法之八政五紀。有守有爲。是彝是訓。經綸邃古。用彰得失。國誌詳載。天官必書。成務濟時。莫斯爲急。宜明勑功利。別白條流者。臣聞夏禹之謨。成五服也。肇謨六

府三事。周武之誕敷明命也。實陳八政五紀。語其功利。其六府者。人仰以生。三事者。德據以成。八政爲經國之用。五紀爲歲天之道。別其條流。則曲直木也。從革金也。水以潤下育物。火以炎上同天。土順則五稼阜滋。穀登則烝人乃粒。直己以正德。理財以利用。務本以厚生。此九功所以惟敘也。八政食所以生人也。貨所以聚人也。祀所以仁鬼神也。司空實平水土。司寇實詰姦慝。司徒實敷五教。賓以叶多方。師以具七德。此先王保乂萬有也。周星者歲之紀。合朔者月之紀。信旬者日之紀。星辰以察乾象。歷數以授人

時此先王所以合德二儀也得其道者王失其道者亡古今雖殊其致一也陛下執古之道馭今之有降此槩訓以及於臣但稟師說難副睿問制策曰較前王之損益揆今代之用捨沿革之要茂對所宜者臣聞貫古今蔽天壤而不可易者道與德也時損益而皆便於理者名與物也所以無體之禮無聲之樂倚道之主莫不襲行其餘正朔服色聲名文物則三代已降逮乎陳隋各從其所尚爾伏惟陛下視其善者用之其不善者舍之此沿革之要也制策曰廢關市之征輕什一之賦者臣以征關市稅什一者古

今通典苟不踰轍無害於人誠宜取之以資國用陛下明欲廢之輕之以息黔首甚大惠也然臣以為百姓之患者不生於此生於法令不一賦斂迭興名目滋彰杼柚皆盡爾今王畿之內外地州縣亦不當賦稅者何有鎮守團練等使數州又置節度度支使皆多聚強兵增置部伍車禾斗米皆出於人計其誅求十倍王府至於睚眦之際不戢自焚殺長吏夷城郭者又亦多矣卒然邊陲有難羽檄交馳必不得一人尺鐵以資天討伏望陛下下曠然之詔使內地州縣悉依平時舊帥故老盡罷以息疲人則天下賦稅十減七八矣制策曰歸踰年之戍罷無事之官者臣聞王卒以舊楚子所以敗也將驕卒惰項梁所以亡也今緣邊將士功已高位已重進不求賞退不畏刑伏望申命將帥言於軍中有思歸者內以新卒代之願充軍者復以師律整之夫如是則軍政必行軍政必行則邊無侵軼矣臣又聞賞功以貴任能以職古之道也伏見比歲詔旨諸員外兼試等官才者能者改授正員其餘並依本資數進陛下已得八柄馭功之道矣微臣又何間焉制策曰法有或不便於時吏有或不適其任賢士見沈於負俗遺綱有補

於化源者此皆經國大體則當與朝之衆君子議焉臣位卑識寡何足裨補然臣以為令合於經而人悅之者可存也令爲救弊而作行已久而猶未安之者可省也若乃申黜幽陟明之典則吏人砥節矣遵棄瑕錄能之義則俊乂効職矣若王綱者布於方冊顧在陛下行與不行何謂之遺矣制策曰均沃塉於原田便工商於市肆者臣聞度土功因地利所以惠衆人也禁末作絕奇貨所以惠工商也其要在於申明田令與不擾市人耳制策曰改制徵物釐創建正者伏以國家受命向二百年憲章典禮弁吞千古

今陛下嗣聖御極孝理君臨華夏既平思欲改制此皆先聖舊典臣竊惜之臣又聞夏以木德王而正以人統殷以金德王而正以地統周以火德王而正以天統孔子曰夏正爲得天此不易之道也制策曰復務官曹澄清流品者臣聞設官分職以蕆王事猶列宿定位同拱北辰也伏見艱虞以來增制使額類官有二事人無底從銷錢銷食十場十接今陛下欲使復務於官人志所底此爲政之本也臣聞政以賄成則廉者貪匪直其道則貪者廉此仕進之情也今聖慮及此孰不潔其源而浚其流乎制策曰朝有

濟理之士邊有死難之臣者臣聞舜舉皋陶湯舉伊尹則仁者至矣今賢才夾輔俊乂揚庭猶滄海之富珠璣崑山之積瓊玉但恐未察耳伏望聽政之暇引備顧問則十六相不專美於堯代矣臣又聞子驕者不志孝臣驕者不志忠伏望陛下訓將帥以禮示師徒以義則仗節犯難者孰變其功乎制策曰致俗廉隅還風樸略者臣以爲非理也其化也於朝廷公卿大夫孰不尚退讓崇節儉而率土之士疇不從風而靡乎制策曰授簡之外儻有令圖者臣以爲當今所務者在於興禮樂務耕稼禁游食抑奢侈其餘則詔書所以問臣纖悉矣謹對

翰林院使壁記

聖明以文明敷於四海詳擇文學之士置於禁署實掌詔命且備顧問又於内廷選端肅敏裕邁乎等倫者爲之使有二員進則承睿旨而宣於下退則受嘉謨而達於上軍國之重事古今之大體庶政之損益衆情之異同悉以關攬因而啟發若非有達識有精林一心守公百志根正則曷能保維密勿之際傳導吁俞之間哉故嘗由是職必極其位有若今之右軍梁特進樞密劉監馬當先聖躬勤萬

務志清九有築壇亙登持柄驟移贊命於是乎出號令於是乎發急宣密付波至飆去二使之任尤所重難乃以今内給事李常暉内謁者監王士政繼領其職既而掃殄淮蔡廓平海岱有魏以六州底貢常山以二郡獻地北逐犬戎南剪溪蠻凡兵事之所會符檄之所至籌畫之所授告諭之所加決於一言欻以萬里得失以之而定安危以之而分降自九天之上行乎四海之外無不面奉宸斷兢兢跼蹐喘汗之中揣切必究毫芒靡失不有絕人之神用其孰能處於此乎勤勞夙夜亦云至矣我皇初纘實祚特加

寵奬榮以金印紫綬玉帶之賜。尋又就遷命秩勳階兼崇。蓋舉勞以行賞也。爾其獎善嚮義。愛才好直。周旋蚤暮。率履無越。每聞激忠之詞。及有所論。必加慰勉。欣喜外形。此又列內庭者所共幸也。至於增葺院署。使羣英有游處之安。栽培松筠。使多士有吟翫之適。表裏融暢。始終堅全。固不易得也。若無題敘。則將來者何以景行之。因移學士舊記。遂徵前院使之官族。斷自元和已後。列於屋壁焉。

欽定全唐文卷七百二十五

宇文鼎

鼎。文宗朝官左司員外郎。歷吏部倉部。累遷御史中丞。出為華州刺史。坐贓免。

論減張譸胡伯忠等奏

當司前後推覆偽造出身文書賣官并造偽印行用等。因張譸劉嘗建胡伯忠犯罪並在太和三年十一月十八日恩赦前。准刑部大理寺詳斷。悉處極刑。准斷獄律。赦前斷罪不當者。若處輕為重。宜改從輕。處重為輕。宜依輕法者。

臣以前件四等並抵極法。悉經殊恩。或自赦文全生。或因起請減等。伏緣俱引霈澤。累陳訴詞。若非得中。恐未服罪。昨者一與一奪。事關起請。既生又死。稍覺二三。如臣所見。伏請赦書以前所犯。特許減論。赦書以後所犯者。不得援例。庶使後無僥倖。令絕披陳。

請延英進對於本日卯前進狀奏

今月十三日。宰臣奉宣進止。自今以後欲對。並令前一日進狀來者。伏以延英開日。羣臣皆不前知。遇陛下坐時。如進狀請對。或令司各有要事。便得奏聞。今遣應對官前一日進狀。以尋常公事。不假面論。只且於表章足達。更俟候坐動踰數辰。處置之閒。便有不及。以茲限約。恐失事機。竊以請對官狀入之時。合在平旦。苟或居後。則乖敬恭。致令臨事排比。時有失次。伏乞重賜宣示。俾其曉知。限以狀入者並在卯前。如在卯後。聽不收覽。自然人各遵奉。

劾胡潛奏

戶部尚書判度支胡証准兩度勅賜爵司禦率府錄事參軍文約各一級。今月五日勅下尚書省。伏以胡潛等先丁母憂。猶未終制。豈得公然食邑。苟竊恩榮。下避三年之喪。

冒受五等之爵。有傷教義。實敗國風。臣謬跡都曹。職當綜覈。致興物論。不敢不舉。

陳商

商。元和九年進士。武宗朝歷官戶部員外郎司封刑部郎中史館修撰。遷禮部侍郎知貢舉。出歷陜虢二州刺史。大中時進工部尚書。

請定義安太后服制狀

皇帝為義安皇太后服制重輕事。權知禮部侍郎陳商等狀。伏覩義安太皇后遺令。皇帝三日而聽政。十三日小祥二十五日大祥。二十七日釋服者。皇帝遵奉遺旨。將欲施行。臣等商量事貴得中。禮從順變。伏以宣懿太后常奉太皇太后之令。追尊徽名。附配廟室。今云議禮合有等差。伏請皇帝降服期周。以日易月之制。十三日釋服。其內外臣寮便以其日除釋。至於所奉陵寢制度法物一事以上。即請准舊例。無更降授。謹具如前。公卿等議大行皇太后喪禮狀。

東都置太廟議

今月五日勅再議東都太廟神主廢置。今臣等議者。伏以

古者將營宮室。宗廟為先。故詩美文王。乃召司徒。俾立室家。其繩則直。作廟翼翼。雒誥曰。周公往營成周。十二月戊辰。成王烝祭。入太室。祼。徵之周氏。文王有廟于豐。成王有廟於雒。卽二都得置宗廟之顯據也。然兩置神主。曖昧無文。既闕明徵。難可臆斷。臣愚輒斟酌前代。以言之。夫宗廟以安神。神必依主。故喪禮始以重為主。既虞卽以桑為主。既祔卽以松栗為主。神明之道。不可一日無主。烝嘗之本。不可一日無神。曾子問曰。喪有二孤。廟有二主。禮與。孔子曰。天無二日。土無二王。嘗禘郊社。尊無二上。未知其為禮

也夫煩則不敬所求惟精雖神之所適無方而神之所依惟一求之未當神亦不歆孔聖之言蓋有深旨今東都之主修之則非神所憑存之則無典可祭嚴祀之道豈其爾乎稽諸異同考以經禮二都有宗廟於禮無嫌東西有神主於理無據國家承乾開統爰法唐虞制度等威實尊文武況東京宮廟中宗元宗所奉又是國家之別都巡幸之時展敬有在是同周室豐雒各得建置之義以臣愚見恐不得廢也若添修神主方著彝章既無姬漢遺文且乖禘祫之典是同嘗禘郊社尊無二上之義以臣愚見恐不可

置也今議者或引周氏藏先公先王之主於后稷文武之廟禘嘗之時以祭薦者此是周家祧廟之主親盡而遷準禮須存以備五年再殷一禘一祫者也今國家上都主祏昭穆具存親盡已祧之主藏於祖之廟舊矣與周家之制無異羣雒之主雖存又須崇飾以之禘祫則無文以之禴嘗則非禮存而不論則又非敬臣以東都宗廟宜如聖旨使留守李石充使增修其廟中神主不當立宜依祔藁主廢虞主之例公羊云虞主瘞之殿兩楹之間爲非人所踐蹋又云瘞之廟北方者陰陽無事主亦無事今請瘞藏之雒廟北墉下若相宅成周自可奉迎京師之主以行若歲巡時邁自依三公攝祭庶不遺承襲之典

劉從諫妻裴氏應從重典議

臣等徵諸古典周禮司寇之職男子入於罪隸女子入於舂稾漢律云妻子沒爲奴婢鍾繇曰自古帝王罪及妻子又晉朝議在室之女從父母之誅既醮之婦隨夫家之罰謹按奴婢舂稾罪罰之類名則爲重而非罪刑故法律名文古今通議夫子有罪母妻無誅死之制然事出一時法由情斷帝王刑辟豈在一途昔少卿降虜漢武誅其母元

宗時安慶宗妻榮義郡主夫以逆誅主亦賜死此則是夫子有罪母妻不捨之例臣等伏以從諫犬羊狼戾蛇豕兇殘抱逆節於明時遺禍胎於孽子裴氏爲惡有素爲姦已成分衣以固其人心申令以安其逆志在於國典情實難容臣等參議宜從重典

貽太常博士書

古者太常博士職以公卿諸侯大夫死第其所行舉而褒貶焉使世世以一二字觀其道與不道拘隸言爲文武忠孝所以失褒也執已見爲繆荒赧醜所以失貶也二柄之

失博士不得職往者不得享爲政者不得道夫執已見拘褻言是有上中下貿其　二字視緡金重輕以緡金之重輕貽後之龐徵偷忠盜貞罔世間人爲盡善加於行路皆博士忍其過而阿其時也夫天下人望執事以爲質正然未見有執事能針其膏肓之病者若當貶而褒當褒而貶是猶錄跖殺夷經緯混淆者也褒而褒之貶而貶之經紀既著善惡懸白勸大而用微所以使後代力行不易如日月山河江海草木四支七竅以統幹而治自從其教也於戲博士職蓋不細願出意念慮焉

高釴

釴字翹之擢進士第累遷起居郎入翰林爲學士知制誥拜中書舍人進吏部侍郎出爲同州刺史卒贈兵部尚書

論于頔謚疏

夫謚者所以懲惡勸善激濁揚清使忠臣義士知勸亂臣賊子知懼忠臣義士雖受屈於生前死獲美名亂臣賊子雖竊位於當時歿加惡謚者所以懲暴戾垂沮勸孔子修春秋亂臣賊子懼蓋謂此也垂範如此而不能救況又褻其典法乎臣風聞此事是徐泗節度使李愬奏請李愬勳臣節將陛下寵其勳勞賜其爵祿車服第宅則可若亂朝廷典法將何以沮勸仲尼曰唯名與器不可以假人名器君之所司若以假人與之政也政亡則國家從之矣頔頃鎮襄漢殺戮不辜恣行兇暴移軍襄鄧迫脅朝廷擅留逐臣邀遮天使當先朝嗣位之始貴安反側以靖四方幸免鈇鉞之誅得全首領而斃誠宜謚之謬厲以沮兇邪豈可曲加美名以惠奸宄如此則是于頔生爲奸臣死獲美謚竊恐天下有識之人謂聖朝無人有此倒置伏請速追前詔却依太常謚爲厲使朝典無虧國章不紊

高鍇

鍇字弱金贈兵部尚書釴弟元和九年進士又中宏詞科累遷中書舍人開成中拜禮部侍郎遷吏部出爲鄂岳觀察使卒贈禮部尚書

先進五人詩賦奏

臣鍇昨日奉宣進旨令將進士所試詩賦進來者伏以陛下聰明文思天縱聖德今年詩賦題目出自宸衷體格雅麗意思邈遠諸生捧讀相賀自古未有倍用研精覃思磨礪緝諧其今年試詩賦比於去年又勝數等臣日夜考較

敢不推公進士李肱霓裳羽衣曲詩一首最爲迥出更無其比詞韻既好人才俱美前塲吟咏近三五十遍雖使何遜復生亦不能過兼是宗枝臣與狀頭第一人以奬其能次張棠詩一首亦絶好亞次李肱臣與第二人其次沈黄中琴瑟合奏賦又似文選中雪月賦體格臣與第三人其次王牧賦自立意緒言語不凡臣與第四人其次柳棠詩賦與思敏速日中便成臣與第五人凡此五卷詩賦擢其中科實所不愧其餘三十五人或奬舊文别錄人材非止一途四面搜擇臣並與及第李肱舊文亦好人物絶奇每

視其闕他日必爲卿相宗枝之俊實爲難得况屬籍之中讀書爲文者甚少伏望聖明俯留宸覽李肱等五人詩賦若有不堪敢受欺天之罪如或可採伺候聖心其李肱詩賦伏望陛下聖慈特加奬飾宣示百僚以勸皇族飭修之道臣謬忝主司不勝慺慺之誠其詩賦總爲一卷謹隨狀奉進以聞

復楊尚書汝士書

某濫司文柄以副懸旌夙夜兢惶恐遭訕謗是以搜求俊彦冀輔聰明不敢蔽才與棠及第

再復楊尚書汝士書

唐堯之聖也不致丹朱之賢宣尼之明也不免仲由之害如其可化安有墜典伊祁九子盡可等於黄唐門人三千悉能繼於顔閔若棠者自求瑕玷難以磨滅其所忤黷尊威亦予謬舉之過也

李公佐

公佐元和中爲洪州判官

謝小娥傳

小娥姓謝氏豫章人估客女也生八歲喪母嫁歷陽俠士

段居貞居貞負氣重義交遊豪俊小娥父蓄巨產隱名商賈間常與段壻同舟貨往來江湖間小娥年十四始及笄父與夫俱爲盜所殺盡掠金帛段之兄弟謝之生姪與僮僕輩數十悉沉于江小娥亦傷胸折足漂流水中爲他船所獲經夕而活因流轉乞食至上元縣依妙果寺尼靜悟之室初父之死也小娥夢父謂曰殺我者車中猴門東草又數日復夢其夫謂曰殺我者禾中走一日夫小娥不自解悟常書此語廣求智者辯之歷年不能得至元和八年春余罷江西從事扁舟東下淹泊建業登瓦棺寺閣有僧

齊物者重賢好學與余善因告余曰有孀婦名小娥者每來寺中示我十二字謎語某不能辨余遂請齊公書於紙乃憑檻書空凝思默慮坐客未倦了悟其文令寺童疾召小娥而至詢訪其由小娥嗚咽良久乃曰吾父及夫皆爲賊所殺邇後嘗夢父告曰殺我者車中猴門東草又夢夫告曰殺我者禾中走一日夫歲久無人悟之余曰若然者吾審詳矣殺汝父是申蘭殺汝夫是申春且車中猴車字去上下各一畫是申字又申屬猴故曰車中猴草下有門門中有東乃蘭字也又禾中走是穿田過亦是申字也一

日夫者夫上更一畫下有日是春字也殺汝父是申蘭殺汝夫是申春足可明矣小娥慟哭再拜書申蘭申春四字於衣中誓將訪殺二賊以復其冤娥因問余姓氏官族垂涕而去爾後小娥便爲男子服傭保於江湖閒歲餘至尋陽郡見竹戶上有紙牓子云召傭者小娥至應召詣門問其主乃申蘭也蘭引歸娥心憤貌順在蘭左右甚見親愛金帛出入之數無不委娥已二歲餘竟不知娥之女人也先是謝氏之金寶錦繡衣物器具悉掠在蘭家小娥每執舊物未嘗不暗泣移時蘭與春宗昆弟也時春一家住大

江北獨樹浦與蘭往來密洽蘭與春同去經月多獲財帛而歸每留娥與蘭妻梁氏同守家室酒肉衣服給娥甚豐或一日春攜大鯉兼酒詣蘭娥私歎曰李君精悟元鑒皆符夢言此乃天啟其心志將就矣是夕蘭與春會羣賊畢至酣飲暨諸凶既去春沉醉臥于內室蘭亦露寢于庭小娥潛鏁春于內抽佩刀先斷蘭首呼號鄰人並至春擒於內蘭死於外獲贓收貨數至千萬初蘭春有黨數十暗記其名悉擒就戮時尋陽太守張公覿喜娥節行列聞廉使旌表乃得免死而已元和十二年夏娥復父夫之讐畢歸

本里見親屬里中豪族爭求娉娥誓心不嫁遂剪髮披褐訪道於牛頭山師事大士尼蔣律師娥志堅行苦霜春雨薪不倦筋力十三年四月始受具戒於泗州開元寺竟以小娥爲法號不忘本也其年夏五月余歸長安途經泗濱過善義寺謁大德尼令操見新戒者數十靜髮鮮帔威儀雍容立侍師之左右中有一尼問師曰此郎豈非洪州李判官二十三郎者乎師曰然曰使我獲報家讐得雪冤恥是判官恩德也顧余悲泣余不之識詢訪其由尼白師曰名小娥頃乞食孀婦也判官時爲我辨申蘭申春二賊名

字豈不憶念乎余曰初不相記今卽悟也娥因泣具寫記申蘭申春復父夫之讐志願相畢經營終始艱苦之狀小娥又謂余曰報判官恩當有日矣豈徒然哉嗟乎余明辨二盜之姓名小娥又能竟父夫之讐寃神道不昧昭然可知小娥厚貌深辭聰敏端樸鍊指跛足誓求眞如爰自入道衣無絮帛齋無鹽酪非律儀禪理口無所言後數日告我歸牛頭山扁舟泛淮雲遊南國不復而遇君子曰誓志不舍復父夫之讐節也傭保雜處不知女人貞也女子之行唯貞與節能終始全之者如小娥足以儆天下逆道亂

常之心足以勸天下貞夫孝婦之節余備詳前事發明隱文暗與冥會符於人心知善不錄非春秋之義也故作傳以旌美之

狄兼謨

兼謨字汝諧并州太原人第進士歷蘄鄧鄭蘇四州刺史以治最擢給事中遷御史中丞累遷尚書左丞領天平軍節度使辭疾以祕書監歸洛陽遷東都留守

請編次建中以來制勑奏

伏准今年正月日勅刑法科條頗聞繁冗主吏縱捨未有所徵宜擇刑部大理官卽令商量條流要害重修格式務於簡當焚去冗長以正刑名者伏以律令格式著目雖始於秦漢歷代增修皇朝貞觀開元又重刪定理例精詳難議刊改自開元二十六年刪定格令後至今九十餘年中外百司皆有奏請各司其局不能一秉大公其或恩出一時便爲永式前後矛盾是非不同吏緣爲姦人受其屈伏見自貞元已來累曾別勅選重臣置院刪定前後數四徒涉歷三十載未堪行用今若只令刑部大理官商量重修格式遽焚冗長伏恐姦吏緣此舞文伏請但集蕭嵩所刪

定建中以來制勑分明比類刪去前後矛盾及理例重錯者條流編次具卷數聞奏行用所刪去者伏請不焚官同封印付庫收貯仍愼擇法官法署省等所斷刑獄有不當者官吏重加貶黜所冀人知自効吏不敢欺上副陛下哀矜欽恤之意

請覆勘吳士矩罪狀奏

縣令刺史觀察使皆陛下守土之臣守陛下土地財物行陛下教條恩澤而已非得盈縮自已與奪自專況軍戎事不可容易添給添給之後損減至難豈唯一道一軍之弊

實江淮十餘鎮聲聞相傳。如或引例。其若之何。吳士矩恐須勘驗取實。以窒定江淮十鎮之意。日月無私照。雷霆無私怒。陛下奬任士矩。本非私也。今負陛下。而理之亦非私也。臣忝憲職。不敢尸祿。其吳士矩請付東臺差清疆御史就江西推勘聞奏。

王叡

叡著炙轂子三卷。

二陣圖論

炙轂子曰。夫兵者凶器。戰者危事。自古聖王。不得已而用

之。仗德而行。則湯征葛。乃為帝王。若恃力而戰。則紂放牧野。終罹戮辱。春秋傳曰。兵之設久矣。聖人以興。亂人以廢。廢興存亡昏明之術。皆兵之由也。復曰。文不犯順。武不違敵。蓋軒轅五十二戰。義在惜民。湯武七十二征。本惟靖難。且文而不武。武而不文。不可謂雄。則文臣在聰明器量。鑒人別林。故曰文雄。可以為相。武臣在俊傑深沉。果敢決斷。故曰武雄。可以為將。二器兼濟。則可以入為相。運籌於廟堂之上。則可以出為將。折衝於萬里之外。然而將相之務在見有才力者賞之。愚詐者去之。如有才力者不賞。則忠烈疑而不進。愚詐者在傍。則讒邪黨扇而為欺。如此行之。則何功而不立。何罰而不行。何才而有遺。何戰而不勝。孔子曰。我戰則克。祭則受福。又曰。不教民戰。是謂棄之。如兩軍交鋒之際。列兵無陣。由人民居而無城池。立而無牆塹。寇盜衝擊。則何以捍禦。譬如蹴鞠較力。猶設機便。以護手足。況有兵而無隊伍。有隊伍而無行陣。有行陣而無奇正。有奇正而無權變。起自黃帝命其臣風后演之。本文不越一百字。詞約旨微。非聖賢莫能研究。太公起翦孫吳韓項。並由斯術。唯孔明尤盡其妙。生之於心機。不形之於文義。

雖君臣父子。不相傳授。近者李筌圖載八陣。只言或合而為一。或離而為八。不陳四奇變化之旨。不顯天衡地軸衝翼之文。將帥覽之難曉。今剏畫天地二陣圖。明八陣八變之源。爝火助陽。自忘短綆。庶幾英傑覩之。稍裨焉。

將略論

炙轂子曰。昔祝其之會。仲尼云。夫有文德者。必有武備。遂斬萊人頭足異處。故曰文武之道。未墜於地。是以古之儒者服縫掖之衣。頂章甫之冠。佩環玦。負櫑劍。近代文儒恥言兵事。苟或議及。則僉謂之兇人。今以翠華去鄷鎬。黃屋

軫堯心率土之濱莫寧啟處方可論兵粗議將畧矣且自擾亂以來儒道既息武弁是崇然而將帥多以勇力爭強少有精練兵機而懷謀策者所謂以强凌弱以衆暴寡迭相吞噬適足以塗炭生靈構怨結禍夫兵之成敗在將帥之器能各有限劑須定等差淮陰侯與漢高祖論絳灌以下用兵多少信曰陛下可將十萬衆所謂能將將不能將兵夫高祖之雄才大略尚如此況其下哉楚子玉賢大夫也亦不能越三百乘是以王翦能將六十萬而李牧不能二十萬此方見將帥才器之大小也凡爲將料敵之情僞

而後決策制勝須知彼師之能否乃操我之所長假如韓信能設伏走戎則逐奔不遠難誘也從襲不及難陷也白起能攻城野戰則當深溝高壘以挫其銳俾蜂蠆無所施其毒鷙虎狠不能逞其爪牙本謀既壞伺其殆隙而擊之因變奇正以待敵整衡軸以攻險兵法曰始如處女敵人開戶後如脫兔敵不及距此兵之要也司馬宣王曰諸葛孔明志大而不見機多謀而少決好兵而無權雖提卒十萬已墮吾計中破之必矣及鄭褒亦能知毋丘儉好謀而不達事情文欽勇而無算至儉兵敗皆如其言又潘濬見樊伷爲武昌從事與州人設饌十餘度自起比至日中可得知以兵五千足以擒之果在濬之度內漢王謂魏大將軍栢直口尚乳臭不能當韓信謂騎將馮敬雖賢不能當灌嬰謂步將項它不能當曹參吾無患矣乃使韓灌曹三將軍果大破之後魏高祖宏曰青齊之兵可以禮遇徐兗之卒理須義撫斯測度將卒之明驗也今之將帥多不自量其才器又不知彼之短長率爾合戰卒然求勝由聚卵以擊山驅羊而鬬虎欲期弭兵靜亂不亦難哉帝王宜開英鑒審將帥之器量文武之才則崇勲大業庶幾可立夫

宰制山河剸割疆宇舉大綱則易定滋苛細則難安故子房佐漢畫大謀六七件遂定天下孔明挪蜀決沉機三二策遂成鼎峙英雄之大畧將帥之宏規也安危之機存亡之要審諸將畧可見微焉

三惑論

炙轂子曰漢史載楊秉能三不惑歷代以爲美也然三惑之中利病各異論曰夫惑於酒者敗賢能損道德廢家業顛狂致疾生於身軀夭折壽考故須戒於過度也且阮籍劉伶陶潛畢卓皆惑於酒悉無所成至於得溺酒名而已

夫惑色者壞禮樂損門風傷殘形骸耗蠹金帛怨雖不斂於夷夏政且有妨於霸王齊桓內寵如夫人者六姬外嬖豎貂雍巫衞靈同斛浴者三人內愛南子外淫彌瑕之類是也夫惑於財者小則亡身破家大則辱先滅國聚鹿臺之錢積巨橋之粟剖胎拾卵惟利是求盜璧攫金刑戮不懼而又必厚於己而薄於人則義不及於宗親恩不加於左右如此必不得人心而失衆情孟子曰推恩足以保四海不推恩不足以保妻子故君視臣如手足則臣視君如腹心書曰撫我則后虐我則讎斯之謂也苟專利矣則嘉

言令猷弗得聞矣過謬錯誤莫得知矣近侍者傳刃以懷憾疏遠者聚謀而待釁憾釁一發身首分離傳曰象有齒以焚其身賄故也又曰匹夫無罪懷璧其罪則三惑之甚其在茲乎昔漢高祖使隋何說黥布歸漢布既謁漢王倨慢布悔來欲自殺及就舍供帳與高皇無異布乃大悅燕丹之奉荊卿也子女玩好恣其所欲然後渡易水不以爲寒刺秦王視死如歸夫黥布荊軻雄傑之士也猶以服饌聲色變以移志況今將帥仕伍乃中才之士乎若不結之以信義厚之以恩賚彼安肯效命死節爲貪鄙慳嗇之主哉故士有言曰爾之財賄尚惜我之性命詎可輕捐古語云使人造舟車猶豐酒食冀彼竭機巧則舟無毀溺之患車免顛覆之憂今驅策賢能駕御英傑飾甘言以誘掖矯禮貌以卑和欲其盡赤誠竭計策其用飴蜜以誘賺嬰兒曾不知聰明之士見其肝膽鏡其詐僞亦持虛以待虛設詐以禦詐國士遇我我以國士報之衆人遇我我以衆人報之項羽玩印賢豪叛去曹公慢易天下鼎分是知三惑之中酒者致之可矣色者放之可矣財者下愚之醜行也致放逐刑戮所宜加投畀豺虎投畀有昊以謝乎衆矣

誠節論

炙轂子曰漢史著誠節立名之士謂其能執一不回死義不顧雖湯鼎之威霜刃之刑不能脅之故節義彰明顯於後世存無愧於英俊沒無畏於神靈蕩蕩然偃於暗室之中堂堂然行於日月之下卓爲人傑乃有節有義之士也夫能如此者亦賢哲之一體客曰誠如是無乃滯於變通而能成功則拙仗節死義可矣既不能仗節死義又不能變通成功此謂之偷生無恥之夫昔李陵降匈奴又要成功致老母伏誅妻子棄市斯始規變通而終爲負義且臨

患難履顛危雖商賈小人屠沽賤品猶能相拯於窮蹙尚乃任情於依托剝乎頂章甫冠拖縫掖衣口誦先聖之文胸懷德義之典目曰儒士而無慷慨之心不有風雲之操亦何以見分明之男子磊落之丈夫昔如敬通不修廉隅杜篤請求無厭班固諂竇以作威馬融黨梁而黷貨丁儀貪婪而乞賄路粹哺啜而無恥皆文儒之所賤貞介之所羞夫士無信不可以立身無義不可以立名無節不可以成功無忠不可以成事四者不懷則情同犬豕行比豺狼安足以齒於人倫哉客曰先生斯論不亦傷於嫉惡太甚

乎對曰嫉惡不甚則好善不篤若見惡不能去則邪佞之人輩臻知善不能用則賢良之士引去苟懷誠節安得不嫉諂諛今公卿席客蔑馮諼毛遂之忠誠侯伯嚭實肆李園祖珽之欺詐或受賄賣主奉越以事吳或首鼠兩端觀成而望敗窮其操心姦宄遽隳戚施與夫誠節之士執一不回死義不顧者亦何遼廓論未巳客曰若夫先生之論誠亦富茂迺斂衽而退

崔俊

俊元和十五年官户部侍郎判度支

請令本州定稅額奏

淄青兗海鄆曹等三道及淄蔡申光等州勘定兩稅錢物斛斗等奉今年正月二十二日勅前件州郡久陷賊廷將定差科切在均一宜令度支郎中趙佶專往與所在觀察使刺史審實勘定聞奏伏以道路遥遠准旨條夏稅六月一日起徵若待使回覆奏即蠶桑已過徵稅失時制使或臨又煩勞擾伏請各委本州刺史審量物力約舊配額比類鄰州徵稅輕重及土地物產厚薄定兩稅錢物斛斗類並具送上都及留州刺史等額分析聞奏務使平允不得

令已後致有申論

欽定全唐文卷七百二十六

崔嘏

嘏字乾錫。舉進士。復以制策歷邢州刺史。改考功郎中。擢中書舍人。李德裕斥爲崖州司戶。坐書制不深切。貶端州刺史。

授令狐定右散騎常侍制

勑。前西川節度副使令狐定。夫言語侍從之臣。朝夕論思獻納。必求明誠端厚。文而不佻者。以備吾之顧問。今以定業茂儒素。道光縉紳。恬於晉取之機。鬱有貞方之譽。踐歷華貫。周旋正途。佐台席而籌畫居多。登副車而聲猷甚暢。從知既久。畢志方歸。嘉其委質之誠。寵以附蟬之貴。阮貂換酒。潘直達秋。既榮高閣之居。亦有達人之美。勉思清切。以遂優游。可依前件。

授崔璹等給事中等制

勑。瑣闥冠三省之高。奉常列九寺之右。凡所選擢。必俟才賢。惟爾璹以賓筵雅度。早踐霜臺。儔以正殿雄詞。超昇省署。文雅當於題柱。列郡洽於褰帷。迭居貳尹之雄。並處亞卿之列。而皆本以明敏。發爲文學。玉在涅而不緇。金投火

而彌勁。眷言久次。是用遷昇。我有絲綸。期汝論駁。我有金石。賓爾諧和。無忝官常。自貽公讓。璹可給事中。儔可太常少卿。

授李方右諫議大夫等制

勑。居諫納之地。副銓綜之司。致予聰明。適彼倫要。自非端方正直之士。檢身御衆之才。則何以輸及霤之忠。誠奉提衡之藻鑑。爾等皆擢秀瑶林。飛華桂苑。早登俊造。共許清貞。入憲府而自竦孤標。歷文昌而更光列宿。分符茂績。遠繼於龔黃。視草雄詞。舊推於賈馬。是用擢居右省。陟彼首曹。爾宜徵五諫之司。佐三銓之任。無疑逆耳。必在精心。勉服寵光。益揚善價。可依前件。

授姚勗右諫議大夫等制

勑。朕高居穆清。端拱思理。尚慮旒纊。蔽吾聰明。故精求諫納之臣。投我藥石之語。而天官正郎。地連藻鏡。職佐銓衡。必資明幹之才。以副經通之目。以勗端方雅厚。正以操心。以簡求和。易周旋。敏於臨事。而皆富文奧學。早昇俊造之科。利用長才。累處重難之任。是用擢於粉署。置在禁垣。昇自外郎。膺茲首選。爾其詳求五諫。左右三銓。勉思及霤之

忠更致提衡之美愓可右諫議大夫簡求可吏部郎中

授李訥中書舍人李言大理少卿制

敕禮部郎中知制誥李訥等彰施帝載潤色王猷朝出乎九重夕馳於四表必資其金相玉立之器懷其騰蛟吐鳳之才以發揮人文流布天澤而臯繇作士著明以贊至理定國持刑公平而昌後嗣使匹婦無霣霜之嘆退叱離東溼之冤陰陽氣和手足可措必在乎理獄之官明慎用刑哀矜守法今訥言等皆以器能犀利文彩光華演綸推倚馬之工剖竹著懸魚之化以玆遷擢誰曰不然勉吾右文

恤刑之意也訥可守中書舍人言可大理少卿

授裴諗中書舍人制

敕居禁密之地聞善則遷當演綸之工有勞斯陟此所以光吾侍從榮彼縉紳翰林學士司封郎中知制誥裴諗家承茂勳身有殫行早襲弓裘之業克隆堂構之基閒澹自居囂浮不染自擢居內署掌玆制命謹密無曠馨香有聞問對備見其一心敏捷共推其七步况臧孫有後且聞得鳳之音枚乘多才雅蓄雕龍之妙爰因滿歲授以正名爾宜思宏用以致君厲精誠而正已愼爾聞見奉吾周旋無

彰温樹之名克保詞林之美可依前件

授裴諗知制誥制

敕傳曰有功德於人者其後必大伊爾烈考勤勞王家出有平寇之功入有致君之志式多令嗣以承清基惟爾諗生而有文弱不好弄中藴明敏外涵清和藹然君子之風蔚有賢人之操自擢昇翰苑入侍禁闈動必知機靜而適道大玉之韻清越以長小山之姿貞芳自茂是用資其粉澤宸[illegible]絲綸斧藻方耀於鳳銜揮灑更期於鴻筆式光帝載無鬱王猷可依前件

授崔瑶等起居郎制

敕載筆赤墀之下掌禮曲臺之中注記行而鉛槧是資褒貶當而縉紳知懼顧玆所職豈易其人而擢備宮僚亦爲佳選以瑶貞規素履紹克儉之家風以碣秀質清門承定傾之祖德以瞻雄詞麗藻躡珠履於賓筵以景表退跡安時寄霜華於憲署我之自得爾亦薦聞各膺寵擢之榮自有雲霄之路可依前件

授裴諗司封郎中依前充職制

敕臺郎望美詞苑地高粲列宿之輝華參起草之宥密自

非風儀玉立器宇川停擒拔天之雄文蘊擲地之清韻則不足以膺我妙選爲時美談翰林學士考功員外郎裴諗襲慶于門騰芳載席端莊抱吉士之操謹默得賢人之風灼若春華皎如瑞素自擢居文圃參侍瑶墀進對益見其周詳詞旨不離於雅厚是宜仍金鑾之舊職榮粉署之新恩保乃休光更流芬馥可依前件

授蕭鄴翰林學士制

勅監察御史蕭鄴吾内有宰輔重德作爲股肱外有侯伯虎臣用寄藩翰至於參我密命立於内庭即必取其器識宏深文翰道麗動能持正靜必居中指溫樹而不言付虛襟而無隱此所以選翰林學士之意也前此數者鄴皆有之是用拔於羣倫寘在親近勉爾端行副吾精求可依前件

授宇文臨翰林學士制二首

勅吾方以文化天下期於太和故左右侍從之臣詞林宥密之地必求其性識宏茂文藻道麗以備顧問以參周旋聞爾清直無徒雅厚自處富有天爵蔚爲詞人是用輟自儀曹置於翰苑惟端靜可以承渥澤惟敬愼可以期遠圖

資爾令猷副我殊選可守本官充翰林學士

其二

勅禮部郎中宇文臨吾外有輔臣以匡大化中有股肱以總樞機而發揮絲綸參侍顧問司我耳目廣予腹心惟是東求擢居近密以爾詞賦清才珪璋雅韻抱孤貞以適性竦端介以操持處衆流之中不爲自異居愼獨之際克念無私由是選自文昌昇於翰苑爾宜一心以奉職勤百慮以省躬勿怠疏遠副吾恩顧可守本官充翰林學士

授沈詢翰林學士制

勅右拾遺集賢殿直學士沈詢參宥密之命處侍從之地居可以備選用於他年動可以承顧問於此日不獨取文翰道麗之才亦必求孤貞雅厚之士惟乃祖在建中初以懿文奧學司我元良乃父當元和中以清規茂行典我文誥能流積善之風鍾爾挺生之秀是用思彼前德擢於後來置在禁闈光我詞苑爾宜勤其身以勞夙夜宏其用以新志業無俾枚皐嚴助之流獨承榮於漢帝況職當視草官列諫垣宜思及雷之忠更潤演綸之美可守本官充翰林學士

授崔蠡尚書左丞制

勑提六聯之紀綱總一臺之樞要自非才識兼茂風標峻整則何以統攝羣吏肅清衆官前天平軍節度使崔蠡軒裳積慶文學藻身黃鍾涵待扣之音青萍蓄善割之利早分列宿獨膺題柱之榮入踐禁闈共許演綸之美累居重任亟換名藩貢籍銓衡必登於藻鑑觀風馭衆益顯其長才廉車扇愷悌之仁將席蘊韜鈐之畧情惟戀闕志在推賢詞必由衷事多餘美顧我任才之意當爾受代之辰言念前勞載加新命爾其瑩秦臺以分美惡操漢律以檢尤

違必俟端標用分曲影可依前件

授盧宏宣工部尚書制

勑朕嗣膺寶位繼統洪業思與藩方大臣披其雲霧况中外遞遷勞逸更處當用才之日急病是思及求舊之時任賢斯切而中臺爲政理之本冬卿亦統任之基方藉舊僚以裨新政前易定節度使盧宏宣自薊門陷戎爾以舊族遷于洛京惟是冠昏喪祭之儀禮讓敬恭之則推於四姓耀此一門而能自以文業吏師馳驅當代歷踐華顯載茂休嘉累登齊壇常領京邑功有成效人無閒言及罷將軍之麾幢解刺史之印綬來朝絳闕益見丹誠是宜正彼六聯昇于八座曳文昌之履通秘殿之香更增北斗之光輝或重南宮之喉舌承我休命爾其敬哉

授盧懿吏部郎中制

勑河南少尹盧懿總天下之缺員必先閲於吏曹郎然後達於銓官自非神機穎利識用周密則不得備於斯選也以爾詞鋒絢鍊門緒清華儒席許其温恭士林推其端厚自分曹洛汭貳尹三川澹於趨進之途鬱彼靜專之操晦跡而竄浮自遠長鳴而風雨不渝是用徵還首曹榮以題

柱必能佐持衡之重任聯藻鑑之清輝勉服官常無孤所舉可依前件

授韋博司勲郎中等制

勑韋博等頃以邊城命將肇建麾幢當警塵未息之時及烽火尚明之日故於粉署妙選星郎欲以贊充國屯田之謀佐武賢備戎之術既而賓筵有耀幕畫已多薦居於沙漠之中茇舍於戎旌之下亦既勞績亟更歲寒念其裹革之誠更復握蘭之美而煥本以文學傅之吏能克踐正途久司宗祏今以三農務急九扈才難宜遷丞副之榮用陟

亞卿之列。無忘素履。各服新恩。可依前件。

授馮韜司封員外郎等制

勑。分列宿之位。應覆被之榮。入可以封還詔書。出可以分領符竹。優游於粉署之內。談笑於錦帳之前。苟非清才。不在斯選。以韜文章炳煥。獨步詞科。以同靖門胄光華。深通聖典。荆玉韜含章之美。霜鐘蓄待扣之音。是用升彼名曹。擢於芸閣。文昌之地。職業非輕。式佇彌綸。更期遷陟。韜可司封員外郎。同靖可金部員外郎。

授宇文臨禮部員外郎制

勑。凡在南宮。必資望實。而儀曹之選。益難其人。以爾松篁清韻。瓌璧貞姿。以文章爲積行之基。用規檢爲修身之具。飾外以舉其衆能。居中自持其謀。益佐雲幕。而鬱有佳聲。處霜臺而介然獨立。玉墀之下。益振金相。載筆之間。共推直史。是用遷于粉署。光彼文昌。勉膺起草之求。無忝握蘭之美。可依前件。

授李騭祠部員外郎等制

勑。由憲府而入文昌。自藩方而昇粉署。既爲佳選。亦舉滯才。爾等皆以文藻發身。馨香馳譽。早茂閨門之行。久從賓幕之遊。或賜告經時。頗積退藏之美。或綱丞上請。雅膺選擢之科。祠膳清曹。省闈右地。勉思起草。無忝應星。騭可祠部員外郎。陟可膳部員外郎。

授李渾比部員外郎等制

勑。著作郎李渾等。台庭積慶。文苑馳聲。玉讓其溫。華山挺其芳茂。幼聞詩禮。在家推鯉也之賢。夙稟清英。行已有藹然之舉。蓬邱採討。蓮府周旋。頗聞編軸之功。雅得副車之體。綱曹妙選。粉帳華資。方承綵服之榮。共許應星之美。爲郎匪因於父任。題柱自奏於帝知。勉服鴻休。更觀驤騁。可

依前件。

授高宏簡司門員外郎判度支案制

勑。司國計者。統天下之財貨。量入以爲用。在於賦有餘也。事歸一途。故必取其疆力多聞。分掌簿籍。俾操劑無滯。精明莫欺。宏正上言。以爾嘗居憲署。亦領郡符。通於吏術。素傳儒業。是可以分列宿之位。理聚人之財。爾其佐我才臣。資於國用。無俾健酷。以罔遺利。可依前件。

授蘇彰屯田員外郎制

勑。具官蘇彰。嘗以藝能再昇憲府。聞其奉使亦甚稱職。往

來萬里勤勞一心而卧痾經時賜告逾歲遷居粉署用應星文勉思覆被之榮無忝握蘭之美可屯田員外郎

授温璋侍御史制

敕大理丞温璋朝廷用人不獨取名聲暢茂曹唱羣和而命之至於御史府尤藉才能以責官業前時陰率衆吏構成姦謀焚我帑聚其主事以火事上聞付于理寺而璋於羣疑之中獨出明見比令左驗事則果然此眞憲府之任也俾戴豸冠仍加朱紱勉思奉職無忝我用才之意可依前件

授盧就等侍御史制

敕前義武軍節度判官盧就東川節度判官爾朱杭等侍御史居其府則掌領推按糾繩愆尤立於朝則正其視瞻峻彼風範官號清重才資鯁直拔而用之不在階級爾就爾杭立身有文能用嘉猷參于將席憲丞上請咸曰得人嗚呼神羊在庭屈軼在砌觸邪指佞二物可師無爲畜縮以孤我誠臣之舉可依前件

授李穜韋澳裴達殿中侍御史等制

敕右拾遺李穜等御史府有三院凡所選用其器得以專達必取其剛廉勁健才行兼至者則可奏而授之今穜樸重有文直而不許司我諫納宏益仍多以澳洎達咸用詞學器識累參賓畫研朱益丹瑩玉無玷皆可以修明憲職振凜霜標屈軼有靈獬豸不懼惟此二物爾其師之可依前件

授鄭韜殿中侍御史制

敕監察御史鄭韜御史府三院轉遷雖曰彝制至於用捨進退亦繫於一時之事迹以韜立志甚賢居官稱職霜簡在手風標竦身其長吏言請用遷陟班我殿內升爲近臣

屈軼神羊無怠前志可依前件

授蔡京趙滂等御史等制

敕監察御史蔡京忠武軍節度副使趙滂桂管副使鄭魯洎陳許觀察判官薛蒙等朝廷之選御史雖委其長吏得以專舉然亦詳求物議然後取舍無私憲丞上言滂與魯洎蒙皆業於儒術傅以吏道其剛明勁果可委以擊斷其温敏莊肅可資其檢繩而皆久滯藩方未昇朝序吾且循其聲跡頗契符言是用擢自賓筵置於憲席而京再覆大獄吏不敢欺滿歲當遷吾何所悋京可殿中滂可殿中魯

洎蒙並可監察。

授蕭鄴李元監察御史制

勑御史府居朝廷之中。傑出佗署。蓋以圭表百吏。糾繩四方。故選其屬者。必在堅明勁峭。臨事而不撓。不獨取謹厚溫文。修整咨度而已。爾等皆以詞華升于俊秀。從事賢侯之府。馳聲館閣之中。籌畫居多。操持甚固。是宜持此霜簡。峻其風標。使避馬之謠。不獨美於桓典。埋輪之志。無所愧於張綱。勉服寵榮。無忘職業。可依前件。

授李甿集賢校理等制

勑秘書正字集賢校理李甿等披書殿讎校之文。秉東觀鉛黃之筆。必選其雄詞擲地。敏學通天者而授之。爾等皆以後來之英。前達所許。人推領袖。名於縉紳。或荊山蘊片玉之姿。或桂樹擇一枝之秀。五常師於中道。萬里視其長途。況我台臣。監領二職。以爾上請。是謂得人。宜思結綬之榮。各勉分飛之勢。推輪覆簣。其在茲乎。甿可藍田縣尉充集賢校理。漭可與平縣尉直史館。

授楊魯士長安縣令等制

勑兵部郎中楊魯士等。朕方以親人之任。重其守宰。欲使中外迭處。周旋可觀。至今於尚書省御史府以時序遷者。亦皆推於公議。復中念孔門以政事文學列為四科。而魯士等各擅其能。久而益勵。付之劇縣。分以名曹。必能展剖繁析滯之才。副題柱含香之美。且有後命。爾其敬哉。

授盧攸河南縣令等制

勑前知嘉興監盧攸前知湖南院韋宙等。國朝之制。自外府正郎至於郡丞半刺。不由會府之所選授者。中外臣僚。歲終得以聞薦。而有司鍛鍊其簿籍。參校其資級。夏五月各以其名來上。惟爾攸等。或以文學再登科第。或以才人

早居賓幕。或以利用累司榷筦之繁。或以薦延久佐州邦之理。嘉乃成績。俾其敘遷。至於赤縣銅印之榮。三川綱轄之任。皆吾之慎選也。爾其勉之。

授蔣邕濟源縣令制

勑夫任事之官。親於人者。莫切於令長也。非其才則百里告病。得其人則元元獲安。況授其臣。在乎所舉。獻狀推允。用觀爾能。邕可河南府濟源縣令。餘如故。

授元壽陸渾縣令制

勑右補闕元壽縣令親人之任。在昔為難。況我每念疲甿。

思於共理。爾有利用。可爲此官。宜輟任於諫垣。俾足才於宰邑。解牛利。及來鹿殊祥。勉思三異之能。無忽百里之地。可陸渾縣令。

授紇干臬江西觀察使制

勅。鍾陵奥區。楚澤全壤。控帶七郡。襟連五湖。人推征賦之饒。俗擅魚鹽之利。靜則易理。動則難安。思得良能。以臻富庶。選求之下。是舉僉諧。中書舍人紇干臬。氣惟雅茂。才實變通。黃鍾涵待扣之音。青萍蓄善割之用。早以俊造。播其馨香。霜臺竦介立之標。蘭省蔚和光之操。洎司綸綍。益茂

聲猷。粉澤惟工。克贊鳳池之美。温華自潤。皆推鴻筆之資。蘊商也之文。可以華國。布求也之政。可以觀風。是用輟於演綸。付之廉問。必能宣我大化。蘇其遠人。佇聞來暮之謡。必有借留之思。爾其簡以臨衆。清而自持。惠養益厚於疲羸。操斷無遺於桀驁。一方之任。不愧於前賢。五字之精。永光於禁掖。仍加中憲。式峻外臺。可江西觀察使。

授鄭亞桂府觀察使制

勅。地連五嶺。川束三江。直千里之奥區。雜夷風之阜壤。靜則可理。動則難安。思得長才。以綏裔俗。求於僉論。多曰汝諧。給事中鄭亞。識洞古今。情惟端愿。富三冬之精學。控六變之雄文。早昇甲乙之科。雅有詞華之譽。周旋粉署。堂堂表題柱之榮。糾正霜臺。肅肅有埋輪之志。人推長者。時許多能。洎入贊黃樞。超居青瑣。彌縫闕漏。袞職以之無遺。參酌憲章。國典由其益振。朕方宏理道。志切惠人。精求廉問之才。用廣移風之化。爾宜將我誠意。布其惠和。撫俗必務於潔廉。奉己宜思於簡儉。無以地遠而忽其簿書。無以官尊而怠於統馭。將期富庶。必在嚴明。承我寵榮。勉思報効。

授李偲隴州刺史兼防禦使制

勅。隴陜之西。地連番境。雖舅甥和好。絶塞無虞。而邊徼撫循。長才以藉。爾武能禦寇。智可圖功。早推奉國之誠。共許統戎之略。及位分六校。職長千夫。爾彰夙夜之勞。益盡爪牙之用。是思寵擢。委以疆埸。爾宜推赤心以任人。勵元甲而訓士。約以奉己。忠以報君。無興踴虜之功。更起事邊之計。靜能制動。安亦慮危。勉而行之。富貴可保。將表戎旌之盛。仍兼專席之榮。可隴州刺史兼御史大夫充本州刺史防禦使。

授薛廷範淮南副使制

勅考功郎中薛廷範等吾命重臣往鎮淮海其所選署賓僚得以參用朝列伊爾廷範爲時所聞可昇天子之堂早入賢侯之幕周旋不忘乎中道出處必踐其正途輟茲考績之能俾倅戎旃之盛爾能以侍君之道以奉帥則無往而不適矣惟孜與球皆鄆之舊僚也能以通方佐成茂績至今庸蜀人多懷之至於參佐計司主領院務統兩地之榷筦專五銖之鎔造各從其請以展良能勉副已知用光所舉可依前件

授盧戡桂州副使制

勅前江陵縣令盧戡等藩方之命寀寮雖得以上朝廷亦擇其可者而授之至於昇副車首賓席自非賢才孰充佳選戡尚義有聞積學多識去於榮進樂在閑放以是爲請宜乎得人由山立而下或以吏能發爲官業或以詞藻蔚彼儁髦各從所適之宜以廣用人之路銀章赤紱耀彼華筵可依前件

授鄭齊之靈武副使制

朕以靈武重鎮控制西戎故選於和門付以油節思得幹用以佐參畫如聞齊之自得科名留心政術奉沙漠之使佐榷筦之司口不告勞人稱奉職某與思謙臨洎思退皆鑽研文學承襲軒裳暢彼聲光端其操履是可以佐樽俎於台席奉指教於才臣而八達九衢曉巡夜警亦執金吾之重務也咸允章奏無忝所從可依前件

授鄭公輿鎮州副使等制

勅大廈將構必籍良材雲幕既開是資髦士况易水居常山之北容川當桂嶺之南惟是徐方俱爲重寄凡所選用誠皆得人爾等或以文學進身或以簪纓襲慶勉思公舉無忝嘉招至於佐戎幕而靜轅門輯政刑而撫凋瘵亦副

車之任也正郎命服吾豈恡焉可依前件

授田密相州長史等制

勅田密等並以才識聞於所知主帥上言計司有請各從所便分以命之仍假憲臣式彰優寵

授王叔政洪州别駕等制

勅前綿州刺史王叔政等罷專城之印題别駕之榮休摧虜之策遷語掾之任此朝廷所以舉才而振滯也政緣吏昇珩以文進分符得理人之術佐賦有美入之績隨薦賓來有司上奏爰因所舉各類所能厚禄高名無忘効用可

依前件。

授崔郁南鄭縣令等制

勅。前藍田令崔郁前登封令鄭倚前陸渾令李元夔前京兆尹、戶曹李廡等。撫綏悍。奉陵寢本於廉白。藉彼恪勤。爰因參調之資。是奉選求之命。銓衡之下。雖欲掄材。資品之間。固難專授。勉膺獎任。無俾蔑聞。郁可興元府南鄭縣令。倚可鳳翔府天興縣令。元夔可莊陵令。廡可高陵令。

授李瑶雲陽縣令等制

勅。李瑶等京縣理劇。綱曹糾違。書殿讐校之清閒。光祿膳

饈之承副。從容於蓮峯之下。籌畫於雲幕之間。苟非才能。不預斯選。以瑶等或職任脩舉。或文業優長。用是被之寵光。旌此休問。各從其適。無忝已知。可依前件。

授高元裕等加階制

勅。國之肆青。必布霈澤。所以惠及於下也。爾元裕國之重臣。守我封部。能以惠化。富吾疲甿。其地分內外之任。盡勤勞之誠。皆以所能。舉其官業。是用因茲大慶。錫以崇階。各敬爾儀。無忝休命。可依前件。

授內諸司及供奉官敘階制

勅。設堂陛所以辨等威。置階級所以彰貴賤。苟可授者。吾無愛焉。爾等或司我繁重。夙夜無違。或侍吾左右。勤勞不懈。而皆溫和植性。廉潔終身。方將委以腹心。豈止加於爵位。爾其率職以事上。用降以持滿。勿以貴而驕人。無以高而自忽。保茲貞吉。以永休光。可依前件。

授韋慤裴識等加階制

勅。記曰。爵人於朝。與眾共之。蓋以階級既崇。寵榮斯異。疏封錫命。列、二承家。爾等或才推粉澤。豈唯五字之工。或任重藩垣。自茂一方之績。或官居象月。或位應列星。或擁緹

騎而分九衢。或奉瑶墀而總六尚。皆聿修官業。克紹家風。爰因慶澤之辰。更舉山河之誓。宜思帶礪。永保簪裾。可依前件。

授李駢等加階制

勅。慶澤可以示恩榮。貴階可以顯勞績。至於敘進。則有彝章。況爾等咸以儒業吏能。累更事任。久而益茂。志且不渝。方承覆簣之勤。宜錫崇基之漸。封妻蔭子。斯足為榮。可依前件。

授孫簡等加階級制

勅上造出秦中涓自漢古所以敘武功今所以寵文德施恩布澤今古同途爾等皆道光儒業任重藩維才膺歷試之難德茂歲寒之操或卿曹副貳多推幹用之方或正殿贊陽共許詳閒之美況橋山奉職鶴禁來儀既著事往之勞亦舉優賢之典河山在目帶礪爲期克保初終永光胄緒可依前件

授盧宏正等加三品階制

勅夫門交棨戟身耀金紫抱孫可蔭顧室增封自非峻級崇階其何以致爾等或以强學潤己武畧登壇或望重瑣

闈輝華於粉署或道光憲府輔相於青宮或以長才累更事任或以吏道久領郡符用則殊途事皆一致爰因慶澤以布恩榮勉思階級之高無忽柔謙之誡可依前件

授內官加階爵制

勅惟善是求有榮必報命其開國賜以崇階轉遷於禁掖之間優寵於樞機之地我有承命爾其敬之具官某等周旋左右出入宮闈盡誠敬於寸心守貞廉於直道皆能介然自處蔚有休聞念其歲月之勞被以寵章之美宜思奉國永保宜家可依前件

封石雄妻索氏涼國夫人制

勅西川貴族南國華容代有功勳門多閥閱早以懿德嫓于元臣既推內輔之才頗藴中闈之德是宜疏封表貴開國旌賢蘭儀永配於金夫蕙問更光於石窌勉思健婦以佐良人可封涼國夫人

封竇澣等母邑號制

勅古者男子生則射以桑弧蓬矢蓋取欲使有事天地四方也及長而貴則光其六姻況當高有親堂室自立不有嘉命曷彰令儀具官竇澣等母某氏等或以衣冠胄允或

以勳績緒餘皆知訓子之方早識從夫之義爰因濡澤各俾增封式示恩榮用光閨閫可依前件

授韋正貫京兆尹制

勅權知京兆尹韋正貫詩不云乎京邑翼翼四方是則故趙張邊延馳名兩漢而不疑兼以儒學取重當時斯任也吾豈易哉爾敷用政術列爲殊科再昇文字之途一舉雲霄之路近者拔於郡府以尹京師有抑强扶弱之心得通變適時之用煦若春日肅如秋霜干將淬而投刃皆虛騏驥馭而追風自遠重以郊天盛禮發號鴻恩訖事而物力

安舒。設禁而冠攘帖息。是用嘉乃成効。寵之正名。爾其奉上思盡。臨事思權。轄健吏而惠窮人。簡簿書而提綱目。處劇勿紊。居閑勿遺。俾椎剽絶迹於九衢。枹鼓息鳴於五夜。克揚顯績。用繼前脩。可依前件。

欽定全唐文卷七百二十七

舒元輿

元輿。婺州東陽人。元和八年進士。大和時累官御史中丞兼刑部侍郎。以本官同平章事。與李訓謀誅宦官。事敗。爲内兵所擒。族誅。

牡丹賦有序

古人言花者。牡丹未嘗與焉。蓋遁於深山。自幽而芳。不爲貴者所知。花則何遇焉。天后之鄉西河也。有衆香精舍。下有牡丹。其花特異。天后歎上苑之有闕。因命移植焉。由此

京國牡丹。日月寖盛。今則自禁闥洎官署。外延士庶之家。瀰漫如四瀆之流。不知其止息之地。每暮春之月。遨遊之士如狂焉。亦上國繁華之一事也。近代文士。爲歌詩以詠其形容。未有能賦之者。余獨賦之。以極其美。或曰。子常以丈夫功業自許。今則肆情於一花。無乃猶有兒女之心乎。余應之曰。吾子獨不見張荊州之爲人乎。斯人信丈夫也。然吾觀其文集之首。有荔枝賦焉。荔枝信美矣。然亦不出一果耳。與牡丹何異哉。但問其所賦之旨何如。吾賦牡丹何傷焉。或者不能對而退。余遂賦以示之。

圓元瑞精有星而景有雲而卿其光下垂遇物流形草木得之發爲紅英英之甚紅鍾乎牡丹拔類邁倫國香欺蘭我研物情次第而觀暮春氣極綠苞如珠清露宵偃韶光曉驅動盪支節如解凝結百脈融暢氣不可遏兀然盛怒如將憤洩淑色披開照曜酷烈美膚膩體萬狀皆絕赤者如日白者如月淡者如赭殷者如血向者如迎背者如訣拆者如語含者如咽俯者如愁仰者如悅裊者如舞側者如跌亞者如醉曲者如折密者如織疏者如缺鮮者如濯慘者如別初朧朧而上下次鮮鮮而重疊錦衾相覆繡帳

連接晴籠晝薰宿露宵裛或灼灼騰秀或亭亭露奇或飈然如招或儼然如思或帶風如吟或泣露如悲或垂然如縋或爛然如披或迎日擁砌或照影臨池或山雞已馴或威鳳將飛其態萬萬胡可立辨不窺天府孰得而見乍疑孫武來此教戰其戰謂何搖搖纖柯玉欄風滿流霞成波歷階重臺萬朶千窠西子南威洛神湘娥或倚或扶朱顏已酡角衒紅釭爭顰翠娥灼灼夭夭逶逶迤迤漢宮三千豔列星河我見其少孰云其多弄彩呈姸壓景駢肩席發銀燭爐昇絳煙洞府眞人會於羣仙晶熒往來金釭列錢凝睇相看曾不晤言未及行雨先驚旱蓮公室侯家列之如麻咳唾萬金買此繁華遑恤終日一言相誇列幄庭中步障開霞曲廡重梁松篁交加如貯深閨似隔窗紗彷彿息嬀依稀館娃我來覩之如乘仙槎脈脈不語遲遲日斜九衢遊人駿馬香車有酒如澠萬坐笙歌一醉是競孰知其他我案花品此花第一脫落羣類獨占春日其大盈尺其香滿室葉如翠羽擁抱比櫛蕊如金屑妝飾淑質玫瑰羞死芍藥自失夭桃斂迹穠李慚出躑躅宵潰木蘭潛逸朱槿灰心紫薇屈膝皆讓其先敢懷憤嫉煥乎美乎后土

之產物也使其花之如此而偉乎何前代寂寞而不聞今則昌然而大來曷草木之命亦有時而塞亦有時而開吾欲問汝曷爲而生哉汝且不言徒留玩以徘徊

祭九宮祝版不稱臣奏

七月十八日祀九宮貴神臣次合監前件祭職當檢察禮物伏見祝版九片臣伏讀既竟竊見陛下親署御名及稱臣於九宮之神臣伏以天子之尊除祭天地宗廟之外無合稱臣者王者父天母地兄日姊月而貴神以九宮爲目是宜分方而守其位臣數其名號太一天一招搖軒轅咸

池青龍太陰天符攝提此九神於天地猶子男也於日月猶侯伯也陛下尊爲天子豈可反臣於天之子男耶臣竊以爲過縱陰陽者流言其合祀則陛下當合稱皇帝遣其官致祭于九宮之神不宜稱臣與名臣實愚瞽不知其可伏緣行事在明日雞初鳴時成命已行臣不敢滯伏乞聖慈異日降明詔命禮官詳議冀明萬乘之尊無所虧降慾久誤典因此可正

獻文闕下不得報上書

馬周張嘉貞代人作奏起逆旅卒爲名臣今臣備於朝自

陳文章凡五晦朔不一報竊自謂才不後周嘉貞而無因入又不露所蘊是終無振發時也漢主父偃徐樂嚴安以布衣上書朝奏暮召而臣所上八萬言其文鍛鍊精粹出入今古數千百年披剔剖抉有可以輔教化者未始遺拔犀之角擢象之齒豈主父等可比哉盛時難逢竊自愛惜

上論貢士書

草茅臣某昧死奏書皇帝陛下聖德修三代之教盡善矣唯貢士一門闕然不修臣竊以爲有司過矣臣爲童子時學讀書見禮經有鄉舉里選必得其人而貢於上上然後以弓旌束帛招之臣年十五既通經無何心中有文竅開則又學之徧觀羣籍見古人有片善可稱必聞於天子有司天子有司亦脩禮待之不苟臣既學文於古聖人言皆信之謂肖質待問上國必見上國禮無幾前年臣年二十三學文成立爲州縣察臣臣得備下土貢士之數到闕下月餘待命有司始見貢院懸板樣立束縛檢約之目勘磨狀書劇責與吏胥等倫臣幸狀書備不被駁放得引到尚書試試之日見八百人盡手攜脂燭水炭洎朝晡餐器或荷於肩或提於席爲吏胥縱慢聲大呼其名氏試者突入

棘圍重重乃分坐廡下寒餘雪飛單席在地嗚呼唐虞闢門三代貢士未有此慢易者也臣見今之天下貢士既如此有司待之又如此乃益大不信古聖人言及覩今之甲賦律詩皆是偷折經誥侮聖人之言者乃知非聖人之徒也臣伏見國朝開進士一門苟有登升者皆資之爲宰相公侯卿大夫則此門固不輕矣凡將爲公侯卿相者非賢人君子不可有司坐舉子於寒廡冷地是比僕隸已下非所以見徵賢之意也施棘圍以截遮是疑之以賊姦徒黨非所以示忠直之節也試甲賦律詩是待之以雕蟲微藝

非所以觀人文化成之道也有司之不知其爲弊若此臣恐賢人君子遠去不肖汚辱爲陛下用且指近陳之今四方貢珠玉金銀有司則以篋篚皮幣承之貢賢才俊乂有司以單席冷地承之是彰陛下輕賢才而重金玉也賢才恥之臣亦恥之臣又見每歲禮部格下天下未有不言察訪行實無頗邪然後上貢苟不如格抵罪舉主臣初見之竊獨心賀謂三代之風必作於今日矣及格旣下而法不下是以歲有無藝朋黨譁然扇哭不可絶此又惡用格爲徒亂人耳又於格中程之人數每歲多者固不出三十少

或不滿二十此又非天子納士之心也何以言之今日月出沒皆爲陛下内地自漸海流沙朔南周環綿億萬千里其間異氣所鍾生英豪俊彥固不少矣若陛下明詔必以禮舉之忽一歲之内有百數元凱楊馬之才德者來之則有司必曰吾格取二十而黜八十是爲求賢邪遺賢邪若有司以僕隸待之忽一歲之内負才德來者無十數輩則有司必曰吾拔二十是繆收其半徒足滿人數是爲取才邪取合格邪其不可先定人數亦昭昭矣向之數事臣久爲陛下疾有司不供職使聖朝取士首科委就地矣臣寡

徵若此出言不足以定貢士之得失然百慮之中或幾一得之臣竊欲陛下詔有司按三代故事明修格文使天下入貢者皆茂行實不拘人數其不茂行實法與之隨此爲澄源源旣澄則來者皆向方矣俾有司加嚴禮待之舉六義試之試之時免自擔荷廊廡之下特設茵榻陳爐火脂燭設朝晡飯饌則前日之病庶幾其有瘳矣人人知天子重賢奬士之道勝氣全漫如此士之立身無不由正以成之者爲士身正則公卿正公卿正未有天下不治者天下治而陛下求不垂拱以高揖羲軒不可得也苟不如此則

士之求名無不由邪以成者爲士名邪未有公卿不邪者公卿邪未有天下而治者天下不治而陛下欲不役聖慮而憂黔首不可得也臣雖至愚以此觀之知貢士之道所繫尤重是以願輸寫血誠以正此門陛下無以臣迹在貢士中疑臣自謂臣雖不敏竊窺太常一第不爲難得何以明之若使臣爲今日貢士之體事便僻巧佞馳騖關鍵固非臣之所不能也恥不爲也故互以頑才干有司得之固無忝不得則納履而去縱跡巢由以樂陛下熙熙之化何往而無泉石之快哉伏惟陛下留神獨聽天下之幸也於

臣何幸死罪死罪

貽諸弟砥石命并銘

昔歲吾行吳江上得亭長所貽劒心知其不莽鹵匣藏愛重未曾褻視今年秋在秦無何發開見慘黯積蝕僅成死鐵意慙身將利器而使其不光明之若此常緘求淬磨之心於胷中數月後因過岐山下得片石如綠水色長不滿尺闊厚半之試以手磨理甚膩文甚密吾意其異石遂攜入城問於切磋工工以為可為砥吾遂取劒發之初數日浮埃薄落未見快意意工者相紿復就問之工曰此石至

細故不能速利堅鐵但積漸發之未一月當見眞貌歸如其言果覩變化蒼慘剝落若青蛇退鱗光勁一水泳涵星斗持之切金錢三十枚皆無聲而斷愈始得之利數十百倍吾因歎以為金剛首五材及為工人鑄為器復得首出利物以剛質鋌利苟蹔不砥礪尚與鐵無以異況質柔鋌鈍而又不能砥礪當化為糞土耳又安得與死鐵倫齒耶以此益知人之生於代苟不病盲聾瘖啞則五常之性全性全則豺狼鷙雀亦云異矣而或公然忘棄礪名砥行之道反用狂言放情為事蒙蒙外埃積成垢惡日不覺寤以至於戕正性賊天理生前為造化剩物歿復與灰土俱委此豈不為辜負日月之光景耶吾常覩汝輩趨向爾誠全得天性者況夙能承順嚴訓皆解甘心服食古聖人道知其必非彫缺道義自埋於偷薄之倫者然吾自干名在京城兔魄已十九晦矣知爾輩懼旨甘不繼困於薪粟日丐於他人之門吾聞此益悲此身使爾輩承順供養至此亦益憂爾輩為窮窶而斯須忘其節為苟得眩惑而容易徇於人為投刺牽役而造次惰其業日夜憶念心力全耗且欲書此為戒又慮爾輩年未甚長成不深諭解今會鄠騎

歸去遂寘石於書函中乃筆用砥之功以寓往意欲爾輩定持剛質晝夜淬礪使塵埃不得間髮而入為吾守固窮之節慎臨財之苟積習肄之業上不貽庭闈憂次不貽手足病下不貽心意媿欲三者不貽秪在爾砥之而已不關他人若砥之不已則嚮之所謂切金涵星之用又甚瑣屑安足以諭之然吾固欲爾輩常置砥於左右造次顛沛必於是思之亦古人韋絃銘座之義也因書為砥石命以勖爾輩兼刻辭於其側曰

劒之鍔砥之而光人之名砥之而揚砥乎砥乎為吾之師

乎仲兮季兮無墜吾命乎

長安雪下望月記

今年子月月望長安重雪終日玉花攪空舞下散地予與友生喜之因自所居南行百許步登崇岡上青龍寺門門高出絕寰埃宜寫目放抱今之日盡得雪境惟長安多高我不與並日既夕爲寺僧道深所留遂引入堂中初夜有皓影入室室中人咸謂雪光射來復開門偶立見沍雲駮盡太虛眞氣如帳碧玉有月一輪其大如盤色如銀凝照東方輾碧玉上征不見轍迹至乙夜帖懸天心予喜方雪

而望舒復至乃與友生出大門恣視直前終南開千疊屏風張其一方東原接去與藍岩驪巒羣瓖含光北朝天宮宮中有崇闕洪觀如甃珪疊璐出空橫虛此時定身周目謂六合八極作我虛室峩峩帝城白玉之京覺我五藏出濯清光中俗埃落地塗然寒膠瑩然鮮著徹入骨肉衆骸躍舉若生羽翎與神仙人遊雲天汗漫之上冲然而不知其足猶蹋寺地身猶求世名二三子相視亦不知響之從何而來今之從何而遁不諱言不譆聲復根還始認得眞性非天借靜象安能輔吾浩然之氣若是邪且冬之時凝沍有之矣若求其上月下雪中零清霜如今夕或寡其以其寡不易會而三者俱白故序之耳

御史臺新造中書院記

王者執生殺之柄造天下使百度順而已矣其或不順與順而不得其度者皆屬於御史府府之動靜爲朝廷紀綱之職與百司絕類蓋百司坐其署但專局而已矣入於朝與啟事於丞相府亦不出乎其位是以朝罷而各復其司以無事於朝堂與中書也若御史臺每朝會其長總領屬官謁於天子道路譏何之聲達於禁扉至含元殿西廡使

朱衣從官傳呼促百官就班遲曉文武臣僚列於兩觀之下使監察御史二人立於東西朝堂甎道以監之鷄人報點監者押百官由通乾觀象入宣政門及班於殿廷前則左右巡使二人分押於鐘鼓樓下若兩班就食於廊下則又分殿中侍御史一人爲之使以莅之內謁者承旨喚仗入東西閤門峩冠曳組者皆趨而進分監察御史一人立於紫宸屏下以監其出入爐煙起天子負斧扆聽政自螭首龍墀南屬於文武班則侍御史一人盡得專彈舉不如法者由是吾府之屬得入殿內其職益繁其風益峻故大

臣由公相而下。皆屏氣竊息。注萬目於吾曹。吾曹坐南臺則綜覈天下之法。立內朝則糾繩千官之失。百官有滯疑之事。皆就我而質。故乘輿所在。下馬成府。釐朝廷之綱目。與坐臺之判決者相半。是以御史府故事。於中書之南。常有理所。先時惟中丞得專寓於南舍一院。若雜事與左右巡使。則寓於西省小胥之廡下。遇大朝會時。吾屬皆來。則分憩於雜事巡使之地。既寓於小胥。則我實客也。每亡事而去。則主人必坌而入。諠譁狠藉。其態萬變。向之霜稜。盡爲涕洟矣。豈吾君以天下綱紀屬之於我意耶。上元二年。

侍御史劉儒之作直廳記。初拜儀云。謝宰相訖。向南入直省院候端長。又入中書儀云。到直省院入門。揖端公訖。各就房。嗚呼。以御史之貴重。而前時作者之記。恬然以直省院爲記。君子未嘗有非之者。神羊之神。何其翳而不光耶。聖唐大和三年已酉歲。天子擢尚書吏部郎中河南宇文公爲御史中丞。詔下之日。不仁者相弔。御史府新例。知雜事一人。中丞得以選於廷臣。河南公既拜之日。上言請尚書司勳郎中瑯琊王君以自輔。識者曰。河南瑯琊同心異質之人也。心苟同。雖堅金可斷。於御史乎何有。他日。雜事果以寓直省院爲歎。洒議於中丞。中丞深樂之。即時啟於中丞曰。此前日之闕也。中丞能革之。豈直柏署之光乎。實羽衛吾府之多也。皆佐其意。事得聞於上。上曰。良有是乎。俞其請如響應。即詔度支出錢百萬以資焉。洒以政事堂直阡之南選地以作之。中書之南。實天下會計之地。不容咫尺之隟。非雄重清切之司。於此豈容足乎。我是以得規制爲之焉。舊中丞院在西。與西院相絕。遂以其地易大京兆院。合三院爲一。東西四十六步。南北四十步。由東爲首。其一爲中丞。其二爲雜事。其三爲左右巡使。若中丞升爲

大夫。改官不改院。若三院畢朝集。臺院附於雜事。殿察附於巡使。其名總號爲御史臺中書南院。院門北闢。以取其嚮朝廷也。其製自中書南廊。架南北爲軒。入院門。分東西廂爲拜揖折旋之地。內外皆有廡。蟠回詰曲。矚之盈盈然。梁棟甚宏。柱石甚偉。椽欒粢棁。麗而不華。門窗戶牖。華而不侈。名木脩篁。新姿如舊。若升綠雲。若編青簾。以至於几案筆硯。簾幌茵榻。果籩茗器。皆新作也。從官胥士。役夫馬走。勾稽案牘。飲食休息之地。皆得其所。若百官之請事。羣吏之來謁。入吾門。將祇伺於屏者。見吾軒堂階闥之嚴固

不俟戒而自肅焉爲此者何尊天子也吾府爲天子耳目宸居堂陛未有耳目聰明堂陛峻整而天子不尊也天子尊未有姦臣賊子而不滅也姦臣賊子盡滅矣可以自朝廷至於海隅蕩蕩然何所不理哉吾之作豈是志小者近者之心耶謹案高宗天皇大帝作大明宮將二百年矣當時有司經度曾不自思將以待我而作我之所以作益前補二百年之遺事後貽千萬年之不朽縉紳觀者命爲御史北臺聞者謂之知言君子曰移中丞雜事今之心於大柄天下豈有遺事哉某備於寮屬得聞君子之論且承公

命其記於是乎書仍題中丞雜事洎三院至主簿官封名氏於其後以爲一時之盛事大和四年歲次庚戌八月十六日丁巳記

問國學記

先王建太學法以教國胄子欲敺人歸義府也故設官區掌嚴大其事明公侯卿大夫必由是而出元輿既求售藝於闕下謂今之太學猶古之太學將欲觀焉以自爲下士小儒未嘗覩天子庠序欲往時先三日齋沐而後行行及門下脫葢下車循墻而趨請於謁者曰吾欲觀禮於太學將每事問之於子可乎謁者許諾遂前導之初過於朱門門闔沉沉問曰此魯聖人之宮也遂拜之次至於西有高門門中有廈屋問之曰此論堂也子愧非鴻學方論不敢入導者曰此無人乃虛堂爾子惑之遂入見庭廣數畝盡墾爲圃矣心益惑復問導者曰此老圃所宅子安得欺我耶導者曰此積年無儒論故庭化爲廢地久爲官於此者圃之非圃所宅也循廊升堂堂中無机榻有苔草沒地子立其上悽慘滿眼大不稱嚮之意復爲導者引又至一門問之曰此國子館也入其門其庭其堂如入論堂俄又歷

至三館門問之曰廣文也大學也四門也入其門其庭其堂如國子其生徒去聖人之奧如堂館之蕪嗟乎詩書禮樂國之洪源也濬其源天下可以光潤窒其源天下爲之顦顇故唐堯知其如此亦先命廷臣典三禮教胄子誕敷文德於天下天下之屋皆可封及夏殷時其孟也則必能濬之其季也則皆自窒之自窒之時則天下之屋皆可誅至周室有文武周公勃焉而作復唐虞之道行五六百年而付仲尼仲尼承之孜孜日夜席不暇暖祖述之憲章之發揮於鄒魯恢張於洙泗上磨瞯三光下垂之無窮其徒

有入室者升堂者及門者散滿天下雖丁周季而天下姦臣賊子猶解曰周孔之教不敢妄動以此則文之教豈可須臾弛耶至嬴政犯之窒其源源未絕而已自絕於天下矣漢初纔息干戈復濬其源而伏生公孫宏倪寬卜式之徒並出維持戰爭之漢二百年間無所失墜皆周公仲尼之力也國家用干戈取天下其道正於漢氏及闢儒宮立素王祠設學官命生徒崇飾館宇固亦不下漢氏然自寇生幽陵軍旅之事始勝俎豆故太學之道不得不衰凉今皇帝傳大寶七祀生獻吳濞蜀禪於邸廟梟夏逆首殛潞

姦帥拔魏世家比用兩階之舞可謂至矣今溟澥無揚波兵器可以橐之虎皮矣乃大修周公仲尼之道之時也而太學且猶衰凉之若此豈非有司之不供職耶羣公卿士之不留意耶不然何使巍巍國庠寂寞不聞回也賜也說繹道義之聲雖館宇雲合鞠爲荒圃可謂大國設虛以自欺也愚甚不取且懼周公仲尼之道沒墜於泉遂記其所荒之大略以諭有司

鄂政記

高平公以今皇帝三年春出鎮鄂實澤國地連大別雲夢洞庭穆陵控扼勝勢號爲東南巨鎮與江陵會府不侔來臨者苟能惠百姓軍旅必咨怨苟能富軍旅百姓不堪命二德既不易備朝廷亦難其材自高平公爲政願以誠信惠和撫下軍旅受其撫勇知方百姓受其撫耻且格繇春到秋政與稼且成至明年公知民心安軍心雄乃次視閭井城隍有陋狹不快人心者皆開張治本鄂城置在島渚間土勢大凹凸凸者頗險凹者瀦浸不可久宅息不可議制度公命削凸堙凹廓恢閭巷修通衢種嘉樹南北繩直拔瀦浸者升高明湖澤瘴癘勿藥有愈郡城舊制陋屋駢

聯自十二戟南直土地隘塞若人胸次不開將佐序宇次第甚牢落州佐掾署亦牢落公正立戟間指吏徒拆去陋屋南抵城墉下南面北嚮立射侯軍容佐西翼東嚮立牙門料將院東翼西嚮立州佐六掾院長廊聯軒萬門呀呀中央廣除得以講校戎律班布等列霜戟洞啟公堂耽耽每至朔望日軍吏畢謁威容大脩有以見堂堂儀觀不可觸犯也然後知皇唐諸侯王之爲貴耶鄂之軍實三萬先時營宇皆曲陋低下歲有墊溺師徒患之公心亦患之引車出郡壘東門之外艮地伏在莽下公自得心識手開畫

之創新營凡一十五所合三千間瓦鱗鱗櫓盈盈軒門對開欲呀風雷若有神物借助其功觀人駭目目不前見居人廬舍先不如法者皆自我如法肯與瑣瑣胸臆經營細碎不副大君委重柄之意者齊肩乎則知公之爲政不專於鄂枝郡亦猶鄂復明年巡封略問遐邇一若門門有公猶疑將校僚吏卒伍元元咸不勝公惠熙熙相賀自謂長庇公德宇下道路合聲王人中貴聞政聲到闕下天子聞至五年冬十二月下詔徵公尹河南河洛人賀聲動河洛江漢人唁聲動江漢天子又聞二地人賀唁聲愈知公仁

深不三月復遷公福上黨上黨父老喜躍攜壺漿簞食逾太行迎太行素險巇鄂人聞上黨父老迎我公過太行去若火入腸臟相與自相尤曰我曹皆公庇蔭貽惠父母生我公實活我今公去郡恨無史氏記不書我公德不光照本邦是我曹負公也非公負我曹也胡不率大宣聲音詠思我遺愛使隘衢陋巷幾採教化者聞必寓於風雅立疑則天子史官得詳載史策遺愛遺惠豈謝古人耶是心愈見公德如卿雲景星所出必爲國瑞所至必爲人福不顯在一方而已某聲名陋小未廁人爵不敢擅斷石懼累公德但直錄鄂人詠思之言將上告天子史官厭塞鄂人望若河南遺愛洛多君子因以爲民疑詳矣上黨新政方大未可測酌非陋文褒述也

錄桃源畫記

四明山道士葉沈囊出古畫畫有桃源圖圖上有谿谿名武陵之源按仙記分靈洞三十六之一支其水趣流勢與江河同有深而綠淺而白白者激石綠者落鏡溪南北有山山如屏形接連而去峯豎不險翠穠不浮其夾岸有樹木千萬本列立如揖丹色鮮如霞擢舉欲動燦若舒顏山

鋪水底草散茵毯有鸞青其衿有鶴丹其頂有鷄玉其羽有狗金其色毛傞傞亭亭閒而立者十有八九岸而北有曲深嵒門細露室宇霞檻繚轉雲磴五色雪冰肌顏服身衣裳皆負星月文章岸而南有五人服貌肖虹玉左右有書童玉女角髮而侍立者十二視其意況皆逍遙飛動若雲十許片油焉而生忽焉而往其高處有壇層級沓玉冰壇面俄起爐竈竈口含火上有雲氣具備五色中有溪艇泛上一人雪華鬢眉身著秦時衣服手鼓短枻意狀深遠合而視之大略山勢高水容深人貌魁奇鶴情閑暇煙嵐

草木如帶香氣熟得詳翫自覺骨戞清玉如身入鏡中不似在人寰間聊然有高謝之志從中來坐少選道士卷畫而藏之若身形却落塵土中視嚮所張壁上又疑有頑石化出塞斷道路某見畫物不甚寡如此圖未嘗到眼是知工之精而有如是者耶葉君且自珍重無路得請遂染筆錄其名數將所以備異日寫畫之不謬也

悲剡溪古藤文

剡淡上綿四五百里多古藤株枿逼土雖春入土脈他植發活獨古藤氣候不覺絕盡生意予以爲本乎地者春到

必動此藤亦本於地方春且有死色遂問溪上人有道者言溪中多紙工刀斧斬伐無時擘剝皮肌以給其業噫藤雖植物者溫而榮寒而枯養而生殘而死亦將似有命於天地間今爲紙工斬伐不得發生是天地氣力爲人中傷致一物疵癘之若此異日過數十百郡洎東雒西雍歷見言書文者皆以剡紙相夸乃寤曩見剡藤之死職正由此此過固不在紙工且今九牧士人自專言能見文章戶牖者其數與麻竹相多聽其語其自重皆不啻握驪龍珠雖苟有曉寤者其論甚寡不勝衆者亦皆斂手無語勝衆者果自謂天下之文章歸我遂輕傲聖人道使周南召南風骨折入於折揚皇荂中言偃卜子夏文學陷入於淫靡放蕩中比肩握管動盈數千百人數千百人下筆動數千萬言不知其爲謬誤日日以縱自然殘藤命易甚桑葉波浪頹沓未見其止如此則綺文妄言輩誰非書剡紙者耶紙工嗜利曉夜斬藤以鬻之雖舉天下爲剡溪猶不足以給況一剡溪者耶以此恐後之日不復有藤生於剡矣大抵人間費用苟得著其理則不枉之道在則暴耗之過莫由橫及於物物之資人亦有其時時其斬伐不爲夭閼予謂

今之錯爲文者皆夭閼剡溪藤之流也藤生有涯而錯爲文者無涯無涯之損物不直於剡藤而已予所以取剡藤以寄其悲

養狸述

野禽獸可馴養而有裨於人者吾得之於狸狸之性憎鼠而喜愛其體趫其文斑予愛其能息鼠竊近乎正且勇嘗觀虞人有生致者因得請歸致新昌里客舍舍之初未爲其居時曾爲富家廩墉堵地面甚足鼠竅穴之口光滑日有鼠絡繹然某既居果遭其暴耗常白日爲羣雖敲拍叱

嚇略不畏忌或鼇黿俛跧縮須臾復來日數十度其穿巾孔箱之患繼晷而有晝或出遊及歸其什器服物悉已破碎若夜時長留釭燭晨興役夫吏吻驅呵甚擾神抱有時或釭死睫交黑暗中又遭其緣榻過面泊泊上下則不可奈何或知之借櫝以收拾衣服未頃則櫝又孔矣予心深悶當其意欲掘地誅翦始二三十日間未果頗患之若抱瘵疾自獲此狸嘗闔關實竇縱於室中潛伺之見軒首引鼻似得鼠氣則凝蹲不動斯須果有鼠數十輩接尾而出狸忽躍起竪瞳迸金文毛磔斑張爪呀牙劃洩怒聲鼠黨

帖伏不敢竄狸遂搏擊或目抉牙截尾捎首擺矚視間群鼠肝腦塗地迨夜始背釭潛窺室內洒然予以是益寶狸矣常自馴飼之到今僅半年矣狸不復殺鼠鼠不復出穴穴口有土蟲絲封閉欲合嚮之韞櫝服物皆縱橫拋擲無所損壞噫微狸鼠不獨耗吾物亦將咬嚙吾身矣是以知吾得高枕坦臥絕瘡痏之憂皆斯狸之功異乎鼠本統乎陰蟲其用合晝伏夕動常怯怕人者也向之暴耗非有大膽壯力能凌侮於人以其人無禦之之術故得恣橫若此今人之家苟無狸之用則紅墉皓壁固爲鼠室宅矣甘醲鮮肥又資鼠口腹矣雖乏人智其奈之何嗚呼覆幬之間首圓足方竊盜聖人之教甚於鼠者有之矣若時不容端人則白日之下故得騁於陰私故桀朝鼠多而關龍逢斬紂朝鼠多而王子比干剖魯國鼠多而仲尼去楚國鼠多而屈原沈以此推之明小人道長而不知用君子以正之猶嚮之鼠竊而不知用狸而止遏縱其暴橫則五行七曜亦必反常於天矣豈直流患於人間耶某因養狸而得其道故備錄始未貯諸篋內異日持諭於在位之端正君子

斲琴志

寂寞間有至音注梧桐中越客沈虬子耳長木音常斧樹之良孫斲而琴之予客越見其方風斲取樸成輒叫索清濁應刃濁授授成輪圓濁沛雪落清聲酬答若寒玉透水噴出瓏瓏及察投意之始放心虛無間猶掌握無毛倫他人見樸在刃下而沈氏成琴入眼中不知斲之數到邪琴之形化邪而肩聳張若對古人雙池呀開若抱澄渟絕刃四顧得色上面旁睨或懵其所以爲沈生乃紘素絲七條其上備指一弄五聲叢鳴鳴中有靈峰橫空鳴泉出雲鳳龍騰凌鶴哀鳥啼松吟風悲予聆之初聞聲入耳覺毛骨

聳擢中見鏡在眼覺精爽沖動終然睹化源寥寥貫到心靈則百骸七竅仙仙而忘覺神立寥廓上洞見天地初氣駕肩太古澗視區外乃知不知音聲者終身爲朧朦噐木纔滿數尺絲不盈十條古聖人欲其中含天音天之如此直乃叩之以觀化本且絲木俱無情物也固不能自鳴是使歷代知其必鳴之稀以至囊入鼎下枯折空山而不聞者非一也今人明明以聲耳耳且惑況槁木無朕而責其必無惑邪子於此見沈氏子之審音也之運斤也俱與神遇懼異日斯琴流於人間爲他者亂類則沈氏之道爲委

土矣故志之

玉筯篆志

秦丞相斯變蒼頡籀文爲玉筯篆體尚太古謂古若無人當時議書者皆輸伏之故拔乎能成一家法式歷兩漢三國至隋氏更八姓無有出其右者嗚呼天意謂篆之道不可以終絕故受之以趙郡李氏子陽冰陽冰生皇唐開元天子時不聞外獎躬入篆室獨能隔一千年而與秦斯相見可謂能不孤天意矣當時得議書者亦皆輸伏之且謂之其格峻其力猛其功備光大於秦斯有倍矣此直見上天以字寶瑞吾唐矣不然何綿更姓氏而寂寞無人其道不工篆而識其點畫常有意求秦丞相眞跡會秦丞相去久聞其有八字刻在荆玉有洪碑樹嶧山嶺今荆璧爲璽飛上天矣固不可得而見也洪碑留在人間往往有好事者躋巔得見其亦常問得去嶧山道路異日將裹足觀之未去閒行長安會同里客有得陽冰眞跡遺在六幅素上者遂請歸客堂張之見蟲蝕鳥步痕跡若屈鐵石陷入屋壁霜晝照著疑龍蛇駭解鱗甲活動皆欲飛去齊目眎之分明覩文字之根植吾堂中然後知向之議者謂冰愈於

斯吾雖未登嶧山觀此可以信其爲深於篆者之言也試以手拂拭其煙顔塵容侵暴日久攝匆坼裂玉筯欲折子以褻慢讓其主主曰此易致耳豈當其如是愛邪子曰今世人所以重秦斯之跡非能盡辨別之以其秦古矣斯邈矣向使秦斯與子比肩子能貴之乎曩吾尚欲苦辛登嶧山之巔縮在子掌握中今且猶不爲子貴子不過生於唐而得與冰同爲唐人吾知冰歿二三十年其蹤跡流於人間固不甚少得爲子目數見故易之若此使冰生於秦時子又安得使造次而見遺塵邪是子賤目也世人皆然嗟

吁冰旣卽世是字實入地矣後人思孜孜求之今且遭不知者忽易想生筆下日有新跡固爲門戶見覩之物矣冰雖欲求沽售不獨棄爲糞土必遭其詬怒也主聞之其媿色見於顏眉間欲卷而退知其退也必因循而不信彊止留之引筆書其志行下以保明其爲字實也不謬詞曰

斯去千年冰生唐時冰復去矣後來者誰後千年有人誰能待之後千年無人篆止於斯嗚呼主人爲吾寶之

唐鄂州永興縣重巖寺碑銘 并序

官寺有九而鴻臚其一取其實而往來也臚者傳也傳異

方之賓禮儀與其言語也寺也者府署之別號也古者開其府署其官將以禮待異域賓客之地竺乾之教蓋西土絕徼者也自漢氏夢有人如金色之降其流來東吾之鴻臚待西賓一支特異於三方厥後斯來委於吾土吾人仰之如神明焉伏之如風草焉至有思覩厥貌若盼然如見者則取其書按其云云之文鎔金琢玉刻木扶土運毫合色而彊擬其形容構廈而貯之猶波之委於瀆瀆之注於溟晝夜何曾知停息之時其如是非官寺之一而能容焉故釋寺之作由官也其非九而能拘也其制度非臺門旅樹而能節也故十族之鄉百家之閭必有浮圖爲其粉黛國朝沿近古而有加焉亦容雜夷而來者有摩尼焉大秦焉祆神焉合天下三夷寺不足當吾釋寺一小邑之數也其所以知西人之教能蹴踏中土而內視諸夷也及其繁也學徒如林金貝如山故文昌宮祠部局而司之東西都命貴人分衢而使之商其略猶天文隸於河漢而莫之極也非名無以別之乃隨事而出焉有見天地符祥而稱之者有取山川秀絕而號之者語其額而名可知也重巖之作蓋山川秀絕之地統江夏之永興寶應元年秋七月自

天有命而升於文昌宮之春官藉考其地有重嵓峽焉故命寺乞此名以大歷十三年遷縣於長慶鄉寺亦與遷貞元八年縣又遷之長樂深口寺亦隨動今之地直縣之坎三百六十步有邑人葉望者心存於金色人不待布金而出其地以奉之輪廣二百畝右肘於熊耳左胘於覆盆連岡伏其背深湖朝其嚮擁抱之勝盡在其土有僧曰謙曰諷手開榛蕪亶而立因章遺其恨於後焉長慶三年春三月上座僧良鑒沙門器有公識爲其徒所推乃執柄結構主廢興爲己任寺以利堅沙門與都維那道援志力是俱

物無橫議邑俗之倫以貨來資者如官司驅焉至明年春三月星一周而新功成樹宇之爲殿者其間五扶土而爲像者其形七帳之飾寶者如殿間焉乃鑿門而三張翼而廊殿陰有北方挂金革天神之官東北有禪氏七代祖沙門棲心之室也凡二十四曲突而能庖築堂而會食拓庭而寬植木而陰河山參差金碧相錯捨舟車而極其心相者宜化成焉嗚呼域外之教而入於域中如此而大邪人謂沙門之無朮吾不信也良鑒旣以力之辛勤而就亦欲其事流之於異時乃買武昌石琢磨爲碑自永興錄其狀

訴授於余因摭其狀而書之復紀以銘銘曰

重嵓重嵓無峽無友釋宮斯闢上轟星斗虹霓梁棟日月戶牖金相凝凝煙水奔走雷颷箭雨溟濛不朽磔然之石附地之厚刻其成功垂耀於後

陶母墳版文并序

常母之道恩勝威威不勝而常子之性偏以驕出由此也偏氣襲正正氣敗績故往往恩過驕過而闤門間有觸命觝教磨去法用者相半古孟氏母警戒若此乃首以兼教軻三變而至於道去千年而陶之母亦以兼教侃侃還至於道慈容嚴嚴離立相望中央寂寥希吾或稀太歲在卯予帆彭蠡見謝靈運詩石壁壁東南行百步許有高墳嵯峨墳前有碑書跡照湖小子蹶起疾眙視之則陶母之字存及落帆上陸修式恪禮以爲父母教子大倫不逃義方然父之教主於兼之言恩威不偏勝偏失者或骨髓間有秦吳之謬故州吁石厚變爲賊敵非父子邪且母之教偏在慈夫以兼教猶有嚮者之謬以偏教而無嚮者之謬或鮮矣英英哲母煦然化成成之中而能毆其子歸其有極是以陶家肥而晉家亦肥鴻聲芬馥撲染他類肯使專司

晨索家之疵到吾聽乎嗚呼賢母之風可以卓往赫來爲千萬年光墳版不書豈斯意邪徘徊聳慕冀成斯文詞曰

彭蠡之濱峨峨高墳有晉陶君哲太夫人前瞻千年卜孟爲隣後千萬年卜誰爲隣西江悠悠東湖滔滔彭蠡有竭斯墳更高

封敖

敖字碩夫渤海蓨人元和十年進士太和中拜中書舍人宣宗朝歷禮部吏部侍郎封渤海男拜興元節度使爲左散騎常侍大中十一年拜太常卿出爲淄青節度使進戸部尚書卒

授王宰高承恭田牟三道節度使制

門下朕常日出視朝與三四宰臣百辟卿士詳求理本期臻大和矧軍旅之事豈忘念慮古者命將必登壇告廟推

轂授脤所以示專征之任也况許昌宜祿鄜畤三鎮之重一時所難誠當注意之求俱承並命之選銀青光祿大夫檢校工部尚書兼御史大夫充邠寧節度觀察處置等使上柱國太原郡開國公食邑三千戸王宰誠貫金石秀鍾山河文該禮義之源武服鈐符之奧銀青光祿大夫檢校右散騎常侍兼右金吾衛大將軍御史大夫充右街使上柱國渤海郡開國公食邑二千戸高承恭心澄水鏡嚴奪秋霜幼知仁義之方壯慕功名之業朝散大夫豐州刺史檢校工部尚書兼御史大夫賜紫金魚袋田牟風雲應兆鵰鶚當秋素懷搏擊之威夙負騫騰之志而皆公台令嗣勲閥才人奉嚴訓以承家推大忠而許國游心百氏有志四方知山川險易之形識古今興亡之道累更任用咸著聲猷或屏衛四郊而西戎修睦或誰何右仗而緹騎整嚴或安靜朔陲而虜塵載息吾之用汝不愧知人今以忠武師徒始終誠節南征北伐每聞盡瘁之誠破敵摧堅必茂策勲之典洎乎新平捍疆場之要洛郊當控帶之衝固其金湯利彼牙爪凡爲展効皆竭忠誠爾其爲吾申恵慈布膏澤懷忠伏順者延其賞窮羸孤瘵者加其恩使人人知

吾待爾之心其厚若是勿獨以皷鼙之壯號令之嚴報于朝廷是曰爲政服我休命爾其戒哉舊秩新恩同登八座之貴搖旌展旆分榮十乘之行宰可本官充陳州節度使承恭可檢校工部尚書充邠寧節度使牟可守本官充鄜坊節度使

授史憲忠涇原節度使制

門下旌善所以勸人毓才所以任事其有誠明夙著績效兼聞舉其風猷以示甄擢况貴擁旌鉞榮分土疆苟非僉諧豈在良選正議大夫檢校左散騎常侍隴州刺史充本

州防禦使上柱國賜紫金魚袋史憲忠生知臣節幼學兵符氣高風雲聲振河朔許國之心旣壯忘家之義已明忠必盡于君臣情可斷于昆弟秉是名節服吾周行使寵榮賜旋歷環衛稱職之論流芳可聽日者韜于牙爪守在邢隴戎事旣肅氓心用安求瘼而承醫盡痊折煩而迎刄先解頗謂良牧眞爲才人今以涇上右軍平原善地左接旬服右連蕃疆固鄧鎬之金湯窒犬戎之巢穴是以擢自郡邸陟于齋壇曳尚書之履聲舉將軍之戎律爾其靜我邊鄙撫我師徒嚴如秋霜愛若冬日於戲亞夫之營細柳叔

度之化頴川彼之何人茲實望爾憲臺華省節制澄清敬服寵光勉揚茂勣可檢校工部尚書充涇原等節度使

授劉礎鄜坊節度使制

門下渭州之北泰山之東乃眷雕陰實曰鄜畤兵甲完勁賦輿殷繁扼朔塞之咽喉爲鎬京之管鑰苟非勳賢令嗣衛業聞人則不可列彼土疆授之鈇鉞式舉成命其惟至公銀青光祿大夫檢校左散騎常侍兼左金吾衛大將軍御史大夫左街使上柱國彭城縣開國公食邑三百戶劉礎唯爾先父在長慶中自幽陵舉旆歸國志誠白日節高青雲艱難已來勳績無對果有令嗣何嘗乏賢而礎居然將才蔚有公望孫吳之機變學則能通頗牧之功名企而必及踐歷中外周旋寵榮拖朝服而休問洋洋握郡符而理聲籍籍動有餘裕行多去思洎官奉誰何力勤巡徼有勞夙夜備竭忠公是用旌其器能爰在推擇寵以維翰榮以建牙擁紅旆以臨戎宣皇風而問俗十乘在列雙旌啟行節制連營澄清屬郡長冬官之峻秩冠柏署之崇班無以貴自矜無以善自伐勉樹爾德克揚家聲敬之戒之無忝休命可檢校工部尚書兼御史大夫充鄜坊等州節度使

授崔元式太原節度使石雄河中節度使制

門下築壇命將在選攸難建旆臨戎爲榮斯極況并汾有豐沛之舊蒲絳居關輔之雄擢其才能付我憂寄河中節度使檢校右散騎常侍御史大夫上柱國博陵縣開國男食邑三百戶崔元式族茂鼎甲器合珪璋明當察毫智必周物所莅之職居然有聲晉絳行營諸軍節度使銀青光祿大夫檢校工部尚書武威縣開國男食邑三百戶石雄業擅韜鈐志堅金石勇無前敵義必忘身所舉之鋒何往

不利。況佩服榮顯。作時津梁。或劇職名藩。累聞于尤績。或南征北伐。常紀于殊勳。龔黃之接武。尚優廉白之差。肩無媿爾其懿效。吾乃宣言。陟明之命。是曰彝憲。噫。并部叛卒已見成擒。壺關狡童。尚偷餘息。干戈未偃。飛輓猶勞。爾其外訓甲兵。內康黎庶。誅妖剪怪。勲庸勿讓于他人。布渥行恩。愷悌俾流于鄰壤。儀曹起部。長憲尹京。俱成提劍之榮。各重擁旄之任。敬服寵命。佇聞休聲。元式可檢校禮部尚書。充太原節度使。雄可守本官。充河中節度使。仍晉絳行營諸軍征討等使。

授崔龜從嶺南節度使制

門下。庾嶺之南。五諸侯而番禺總其襟帶。他管之務。豈相侔焉。琛賮叢湊。華夷交錯。非廉平之操。不可以勵其風。非幹敏之才。不可以齊其俗。副我所任。惟時之良。中散大夫前宣州觀察使崔龜從。襟靈坦夷。器局沈厚。溫玉外朗。澄瀾中深。慎言克保其樞機。養德善周其藩屏。早藉重價。歷登華貫。望高綸綍之工。才見版圖之極。常鎮關輔。人懷去思。試操銓衡。又有餘利。洎乎重剖符竹。初命廉車。江左奧區。宣爲右地。一去臨莅。五更炎涼。風猷溢聞。課第居最。陟明之典。誰實爾先。吾以登齋壇。授戎柄。百越稽顙。雙旌建牙。可謂宦遊峻途。儒者極致。旌爾懿効。服吾寵光。況儀曹居八座之榮。副相冠柏臺之首。重以朝命。崇其使車。爾宜廣施惠慈。遠去珠玉。無使伯周獨擅名于合浦。隱之未繼美于貪泉。佇聞淑聲。用益休命。可檢校禮部尚書。兼御史大夫。充嶺南節度等使。

授盧商東川節度使制

門下。入則掌邦計。操利權。績雖綿于歲時。事不虧于國用。經費之道。吾所委焉。出則築齋壇。授戎柄。才可寄于分閫。

令可信于貞師。節度之雄。吾將付也。苟非全器。孰謂當人。正議大夫戶部侍郎兼御史中丞范陽郡開國子食邑五百戶賜紫金魚袋盧商。天生才能。性稟忠厚。心鏡融朗。情田坦夷。固道德于藩籬。服仁義之干櫓。早以文行。備由班資。休問溢于臺閣。善政行于封部。先朝輟自廷尉。牧于長洲。治成歌謠。聲達輦轂。丞長憲署。委登廉車。總十連之阜殷。澄六郡之風俗。由是徵自藩服。歷居劇權。貳秋曹而無留獄。大京兆而有餘地。及授其征賦。較其盈虛。屬武車在郊。軍食繼輓。役其心慮。所効則勤。均以勞逸。用旌久次。梓潼據梁蜀之險紅旆飾皷鞞之嚴仗兹變通允乃文武訓以戎事修其政經遠俗俟爾而安皇風俟爾而暢布政佇聞于盈耳服榮無忝於建牙題劍儀曹持綱憲府用光朝寄式壯戎麾可檢校禮部尚書兼御史大夫東川節度使

授李執方陳許節度使盧宏宣易定節度使制

門下節制之重難其任者莫不貴擁旄鉞榮分疆土連營申號令之嚴列郡舉澄清之化况許國爲河洛之屏中山當朔漠之衝時維重藩吾實注意將命其帥必資才人義武軍易定節度使銀青光祿大夫檢校吏部尚書上柱國

李執方道茂宗枝葉光任用武有成筭文多據經卭卭其姿倜儻負丈夫之氣中大夫檢校工部尚書兼秘書監賜紫金魚袋盧宏宣名重詞苑價高朝行青雲有聲白玉無玷落落其狀雍容得君子之風而皆明當察毫智必周物大小惟叩方員靡常求瘼而咨爾良醫折繁而宜爾利器常踐顯任俱流淑聲或執金吾而勤晝巡夜警之績或尹京兆而著擒奸擿伏之名輦轂之下風稜甚舉人有懷矣子常賴之類其勞能宜在推獎比者河橋作鎮元武董戎訓練有律于貞師惠化頗行于問俗回遷易水入拜蓬山耀武庫之戈矛煥麟臺之圖籍綽有令望宜承寵光建牙三煥其雙旌授鉞再榮于十乘天官舊貫人部新曹同假正卿分兼大憲式示登壇之貴用申列土之榮勉服官常無忝休命執方可檢校吏部尚書兼御史大夫充陳許節度使宏宣可檢校戶部尚書充易定節度使

批宰臣賀下誅回鶻德音表

省表具知回鶻背棄恩親犯擾邊鄙梟音不息獸性難馴自號天驕常爲國患比者雖聞困弱尚肆猖狂朕念以親姻隱忍而已良思忌器難決用師曾無悔禍之詞屢有干

誅之狀戎臣奮志甲士齊心用奇而果建殊勳決勝而且無遺策今則公主歸止元兇遁逃罪惡既盈誅夷難逭用頒制命以正典刑每思除害之言豈以佳兵爲念故非獲已有愧賀章

批百寮賀王宰破陽城賊表

省表具知討彼狡童萃乎戍卒星霜既換牛馬未遑每軫勞懷渴聞捷報今者王宰麾下大破賊徒廣治砦既已平除陽城縣復見誅滅自兹乘勝足以震威蕩定有期凱旋可待外禦多忠臣之力內謀有賢相之籌豈無成功亦復

何慮所賀知

批宰臣賀石雄破賊陣表

省表具知有名之伐義勇爭登千紀之兇幽明共戮逆順之理何嘗不然況內有賢相之謀外多良將之力舉則必勝動皆成功吉語屢聞闕六字來獻相繼于道涂斬級申威每盈于原野畜產兵仗所獲蓋多武力軍聲殊爲善陣想其危亟坐見清平卿義極謨猷道光翼贊推功之賀懷愧良多所賀知

批宰臣賀正月一日河中陳許行營破回鶻表

省表具知回鶻恃衆忘恩棄盟犯境朕以勳親是念討伐未行而乃尚肆梟音敢回狼顧恣行驅刦逾見奔衝戰士等蓄銳多時奮身自効猶鬬之獸何足以枝梧成擒之虜幸獲于逃遁蜂蠆自滅馬牛皆歸此實上帝威靈輔臣謀畧豈予薄德所可致焉循省賀章良多愧慰所賀知

批宰臣賀太原破回鶻奪得太和公主表

省表具知朕聞匈奴爲中國之患者久矣爰自漢魏迄于周隋制控之謀罕見其術曁乎國朝以懷柔之道稍致和寧然猶邊兵遠屯貴主下嫁國用且費人心未甘昨者回鶻以失國爲詞款塞相託朕憫知矯詐且示含容旋肆梟音屢聞狼顧虜騎唐突羽書飛馳方命戎臣各嚴師律可汗不知藏匿尚敢猖狂繇是我武張天威震貔貅之勇蹔奮其威稜犬彘之徵豈煩于牙齒邊塵掃蕩公主歸還豈獨壯于茲辰實可超于遠古此皆上元降佑九廟垂休台輔元臣咨謀允叶不然予之寡昧何以致焉順美之詞省章多愧所賀知

批敬昕謝上表

省表具知卿蹈履中和修潔大雅推經笥而微言如貫聽

文韻而清音不窮亟稱才能歷踐華顯洎尹正洛汭臨戎孟津治行推高號令有律遽遷白馬重擁青幢接畛素洽于謳謠先聲載揚于道路既聞至止當慰予懷所謝知

批盧鈞謝上表

省表具知負才畧者不辭于難事付重難者思得于才人朕以上黨雄軍壺關重寄劉悟始以勳力授之旌旄而擁鄆州兇孽之餘汙潞府忠良之俗苟法脅衆僞言欺天洎從諫襲有父兵坐邀朝命嘯聚姦惡稔成悖兇狡竪何知鞏逆相濟以卿端厚可以鎮俗誠明可以訓戎舉二鎮之

旌旗滌五州之汙染果有變節翻爲吾人今元兇盡誅舊風可復已知到鎮用深慰懷善撫傷夷務矜凋瘵俟爾報政副予所知

批鄭涯謝上表

省表具知卿道茂搢紳望高班列夷澹自處端莊有嚴直如朱絃清比嘉玉內庭西掖留重價于雄文憲府南宮藹餘芳于嘉話出入更踐便蕃寵榮所莅有聲溢于聞聽是用授之鈇鉞鎮以荊蠻壓江漢之上游總吳蜀之都會苟非良幹其誰付焉知已下車故多勞止勉宏政術必副憂勤所謝知

與吐蕃贊普書

皇帝舅敬問贊普外甥尚屈立熱論拱熱等至得書并物具悉外甥雄武挺生英威特立本邦奉化鄰國推賢修仁義以保名仗誠明而遂物櫜弓匣劍無聞戰伐之音被野緣原不廢耕耘之具儻非理化孰見和寧足觀盛業興行人心率服以茲觀政深用慰懷朕自守丕基敬遵前訓君臨四海子育萬方誠信必及于豚魚恩澤不遺于草木況外甥親臨極分歲月滋深雖山河阻修而音耗鄭重疆分二境地合一家載覽來章具悉深旨所欲務存久要頗見良圖但能各重其歡各厚其俗戎車息駕烽火不飛共保封疆兩均休戚質神明而不惑覽日月而長明宜體至懷永綏多福承前朝覲人數界首素有常儀公家之事難于違越昨者尚屈立熱等到鳳翔隨從共七十人準舊例只合十人入朝今緣兩國和好不同元和已前遂令三十五人赴闕自今已後所遣使須遵舊例不得剩更差人勿令交馬之後妄有論請拱熱等還蕃有少物數如別錄

與南詔清平官書

勅段琮傍段酋琮獨揀楊遷趙文奇蒙善政李守約等各蘊器能夙懷忠義宣功爾室贊理本邦禮樂具修車書必會勵輸忠之節操披嚮化之誠明亟涉道途遠尊職貢威儀就列同慶于三朝筐篚充庭有勤于萬里道光殊俗禮慕華風克成君長之賢深見佐臣之美勞忠可尚鑒寐寧忘勉守令圖用慰遐矚得前巂州錄事參軍陳元舉男播狀稱父及弟妹等二十七人自太和三年沒落在彼未蒙追索詳其語旨切在感傷朕思骨肉之情人倫所極家鄉一異音耗兩亡生死莫知幽明同怨爲人君長深用軫憂

令與豐祐書中具言其事卿等職當毗贊義重君臣執之何補于艮圖歸之尤重于交好想同參議用解幽寃今賜卿少信物具如前數

與渤海王大彝震書

勑渤海王大彝震王子大昌輝等自省表陳賀并進奉事具悉卿代襲忠貞器資仁厚遵禮義而封部和樂持法度而渤海晏寧遠慕華風聿修誠節梯航萬里任土之貢獻俱來夙夜一心朝天之禮義克備龍庭必會鯷域何遥言念嘉猷豈忘寤嘆勉宏教義常奉恩榮今因王子大昌輝

等迴國賜卿官告及信物至宜領之妃及副王長史平章事等各有賜物具如別錄

與契丹王鶻戍書

勑契丹王鶻戍大首領末荷得等至省所朝賀及進馬具悉卿英雄挺出忠信生知威令可固于封疆誠素必彰于禮義情深向闕志切輸忠萬里趨風表堅明之節操元辰稱賀見罄盡之忠勤想屬再三寧忘寤寐將綏多福勉守令圖今賜卿少物至宜領之妃以下及男等并兵馬使屯勑史梅落達磨縣令等各有賜物具如別錄末荷等各賜官告想宜知悉春寒卿比平安好否兵馬使以下並各存問之遺書指不多及

第二書

勑契丹王鶻戍某至省所進馬事具悉卿才雄沙漠氣勁燕山忠良自禀于生知毅勇豈資于時習禮備正朔誠懸表章職貢聿修遠致右牽之獻威儀就列常嘉左袵之風節及元正慶均多福永遵令善無替前勞相屬之懷寤興爲念今賜卿少物至宜領之

太清宮祈雪青詞

維年月日嗣皇帝臣稽首大聖祖高上大道金闕元元天皇大帝伏以百穀實生靈之本萬姓爲國家之基言念老農常思薄德今時雪罕降宿麥是憂同雲未施嘉穀何望臣祗膺景運亭育兆人德不動天言徒罪己衆感慮闕于明薦災沴恐及于生靈誠竭齋莊禮虔夙夜伏惟元功不宰至道無言垂福祐于羣生假膏濡之德澤謹遣尚書兵部侍郎高元裕敢告以聞謹詞

祈雨青詞

維年月日嗣皇帝臣稽首大聖祖高上大道金闕元元天

皇大帝。臣猥奉顧託。獲臨宇宙。四海之寧晏。萬物之生成。必繫厥躬。敢忘其道。是用虔恭大業。寅畏上元。勵兢怠無荒之憂勤。期一風一雨之調順。苟或愆候。常多愧心。今三伏之時。五稼方茂。稍渴膏潤。未爲愆陽。而憂勞所牽。念慮已及。恭持丹懇。上瀆元功。冀宏清淨之源。溥施霑濡之澤。粢盛必遂。煩燠可消。將展敬于精誠。俟降靈于雱霈。謹遣吏部侍郎韋湛啟告以聞。謹詞。

慶陽節玉晨觀歎道文

莫高者天。莫大者道。天以不言而信。道以不宰而功。元關

潛契於虛無。祕籙廣傳於妙有。由是自我聖祖。達吾神孫。微言載流。眞教不墜。膏濡動植。亭育生靈。豈獨鍊氣谷神。保元恬淡而已。伏惟仁聖文武至神大孝皇帝陛下生知至道。宿應上元。紹列聖之皇圖。冠羣仙於紫府。光承景運。溥濟含靈。凝旒而道用沖深。端拱而元風淡泊。伏以今月十一日。皇帝降誕之辰。女道士等焚香行道。敬修功德。伏惟聖壽山固。皇恩海深。將四序而周行。與三光而長燭。天覆地載。何得而名。道護神扶。臻乎無極。

憲宗忌日玉晨觀歎道文

清淨無爲之謂道。是非有作之謂名。道知其源。名亦歸正。由是羣生遂性。咸臻妙有之功。四氣順時。自契不言之信。洪鑪假喻。大塊無形。載厚地以繁滋。覆高天而悠久。伏以今月二十七日。憲宗皇帝忌。女道士等齋戒精修。焚香虔懇。伏願追蹤元運。息駕黃庭。保聖祚於無疆。降神功於有截。日月所照。福祐同霑。

立春日玉晨觀歎道文

夫道本無爲。雖強名而不離清淨。功歸不宰。運陰陽而必致乎生成。今四氣環周。三光燭耀。勾萌盡達。閉蟄皆驚。和

風競發於年華。元造豈知其日用。女道士等奉爲皇帝稽首齋戒。焚香莊嚴。伏惟冥鑒照臨。神功保衞。精誠上感。至道潛通。高明廣被於無窮。福祐庶垂於有感。南山比壽。將聖祚而齊隆。東海量恩。與天波而長潤。旁沾動植。溥救幽陰。咸保乂寧。永綏多福。

懿安皇太后哀册文

維大中二年歲次戊辰夏五月己未朔二十一日己卯。懿安皇太后崩于興慶宮冷井殿。旋殯于大內兩儀殿之西階。粤十一月丁未朔二十六日壬午。遷座于景陵之別寢。

命太尉具陳祖饋殿廷禮也池紼就列神攢啟封晴霜拂禁曙月彎空叶龜謀之吉兆儼蜃衛于行宮皇帝孝本自天禮期踰節仰遺令之是稟抑宸衷而敢越宵載既備祖庭爰設緬行珮之徂征駐輼輬之去轍顧謂簡冊克揚休烈臣敖奉詔敢獻文曰

大圓清升大方渾凝日正陽德月司陰職人倫既分伉云儷云自屺之卑達帝之尊有國有家以君以親光光母后列列門胄鼎允中禁天枝外秀河祥岳祉蘭香玉美汾陽之孫昇平之子有命既集來嬪帝宮奉維城之中饋光戚

里之華容赫赫憲皇龍潛未躍貽孫鍾紫極之慶知子奉青宮之樂惟后之明執禮而行莊敬必嚴于父道盥漱將俟乎鷄鳴及二聖歸真三光正色日朗黃道月盈霄極中興是贊陰教維則時詠肅雍功推輔翼服澣濯以警其華煥讓封拜以誠乎謙抑蘋藻潔蠲于宗廟葛藟吟諷于宮掖高禖有慶大電膺祥誕元良而立極纘丕構而圖昌于是養素便殿齋心洞房宸嚴捧負孝道輝光噫馳飆兮未幾迅朝露兮何常人代之推遷莫極仙家之日月猶長婦事三朝母臨五葉禮益上載恩方下接無何秘籙求真空門悟劫追弓劍之悠遠感霜露之履涉謂十地兮可躋謂卅梯兮可躡金屋不知其長往彤管空遺乎舊法嗚呼哀哉姜嫄讓德任姒推名仰符軒耀俯順坤靈容範不遐乎箴史婉娩自協乎柔明終厭浮代期歸福庭謝明時于清禁即修夜之元扃嗚呼哀哉蘭殿靈嚴椒房幽寂日下珠簾塵生粉壁禁樹暮兮煙慘宮瓦寒兮霜白瞻象設兮如在捧褘褕兮成昔嗚呼哀哉車書畢會容衛周陳黃山指路清渭臨津姑射之雲霓自遠鮒隅之簫鼓空聞想冥冥于寥廓徒望望于逡巡嗚呼哀哉天上無歸人間一別盼

三清之縹緲留四德之昭晰詩著陰陽之詠書徵卜筮之說啟叶吉于新阡爽同歸于故穴雖壽宮相望參差陵樹之煙而仙路有期繾綣瑤池之月嗚呼哀哉

龐嚴

嚴字子肅壽州壽春人第進士舉賢良方正第一拜拾遺累遷駕部郎中知制誥累遷太常少卿大和五年權京兆尹卒

對賢良方正能直言極諫策

問皇帝若曰蓋聞舜禹之有天下也起於側微積德累勤

多歷年所未經盛聖之慮豈有遺哉然猶好問察言勤求賢士蓋以承天之任重憂人之志深也況朕長於深宮涉道日淺奉列聖之鴻緒撫萬寓之矜人夙夜嚴恭不敢有懈實懼燭理未究省躬未明所以詳求讜言以補不逮子大夫是宜發所蘊畜沃予虛懷當極意正詞勿有所隱昔王政之興必臻於康泰霸道所立猶致於富強我國家提封溢于三代酌憲兼於百王無堯湯之災積祖宗之理而人未蕃庶俗尚彫訛家無蓄藏公闕儲蓄卒乘之數貨幣之資統而校之莫繼前代豈率土生殖變于古歟將阜時

政令戾於今歟固已揣摩必窮利病明徵末失之漸具陳興盛之謨且文武兼學以成身士農迭居以豐業故家給足以固本才周足以應時近古各循一端不相資用致令從事異心難於成課去秩無守輕爲惰遊指明共貫之方訢合二途之利永言化理期酌厥中施爲或差得失斯遠將修睦勸善則在下難知將任數馭情則人心益僞思聞指要得合誠明精別比周之情敷詳忠厚之道知人則哲從古攸慎九徵恐泥五事難精或望可服人而才非周物或言皆詣理而行或乖方宜陳取舍之端用彰眞僞之辨至于朝廷之闕四方之弊詳延而至可得直書退有後言朕所不取子大夫其勉之

對臣言臣少從師學講論載籍爲皇爲帝爲王爲霸之所行理亂興衰之所由起迨壯歲而以身處窮賤又得農桑工賈之利病人情風俗之厚薄思願一發於明天子之前鬱抑於中無因自致乃月正日陛下有事於南郊迴御丹鳳樓赦天下臣與百姓咸覩列在大陛之南祥風北來時聆德音乃聞有直言極諫之名私自快喜得進所志於今日也今蒙陛下親策於赤墀之下懼以燭理未究省躬未

明乃使臣極意正詞勿有隱諱臣其敢不直不極而有闕陋哉臣生三十年實沐唐化恨無以自效於日月之下乃逢昌運獲進箴言願增天高以益地厚懇迫激切不知所裁謹昧死上對制策曰昔王政之興必臻於康泰霸道所立猶致於富強國家提封溢於三代酌憲兼乎百王無堯湯之災積祖宗之理而人未蕃庶俗尚雕訛家無蓄藏公闕儲蓄卒乘之數貨幣之資統而校之莫繼前代豈率土生植變於古歟將阜時政令戾於今歟固已揣摩必窮利病明徵末失之漸具陳興盛之謨臣聞以道化者皇以德

教者帝以禮樂刑政理者王夫以處天下之尊舉四海之力爲皇爲帝爲王爲霸致之一也猶反掌之易而况人之誠僞時之厚薄必由上而下者乎帝王之道高不降於天厚不取於地遠不致於四夷師友輔弼而已矣師友輔弼豈有他求哉賢哲忠信而已矣是以古之聖帝明王念天地之無全功也不自尊其德仰日月之有薄蝕也不自是其明必求賢哲置諸左右然後德尊而益至臣日獻其謨君日行之臣日聞其過君日改之其始也一善出於臣其終也百善歸於君以爲皇者師帝者友卒未聞師聖於皇

而友明於帝後之王者其或不然臣有所獻或慮乎美歸於下是以言有所不聽臣有所替或慮乎惡彰於已是以過有所不去然則曰諫我之曲彼必正乎曾不知疾之在身必飲醫工之藥而醫工未必免病也飲其藥者或有效焉必待其筋力異於人顏色殊於衆而後飲其藥則疾之根本得不爲深乎今陛下邁皇帝之聖輔弼有師友之賢所謂聖賢相逢而上古之理可得而致猶慮乎人未蕃庶俗尚雕訛則理不優於三王德不超於五帝其致之哉誠有道焉臣願陛下詳觀典圖舜禹所以待夔契者何如哉殷之成湯周之文武所以臣伊呂周名者何如哉貞觀所以任房杜者何如哉開元所以用姚宋者何如哉其所以致堯舜成湯文武之名貞觀開元之理何如也今陛下自即位以來舜禹之心已刑于四海矣陛下尊敬師傅拔用忠良謫棄奸貪發散滯積皆舜禹之心也臣願陛下尊敬之不廢其道拔用之不廢其言謫棄之今復用之散發之今勿斂之夏書曰靡不有初鮮克有終陛下能終之又何憂蓋藏不贍於下人儲蓄有闕於公府鑄鋒銷鏑卒乘之數可減于後時薄賦節用貨幣之資可益於前代末失之

漸莫甚於賢不任而政不修興盛之謨莫先于復開元而履貞觀則三代之康泰可翹足而致彼五霸富強之術安足爲陛下道哉制策曰且文武兼學以成功士農迭居以豐業故家給足以總本才周可以應時近古各循一端不相資用致令從事異心難成考課去秩無守輕爲惰游指明共貫之方訢合二途之利者臣以爲文武之道雖不同士農之業雖各異而要歸于修其職業而濟于時也今之所謂文者何哉文釆而已所謂武者何哉騎射而已欲求兼學其可得乎經緯古今文之業也用之於武武之德也

禁暴戢兵武之業也用之于文文之輔也不修其本而事其末欲求其備其可得乎今茍各視其才以授其任亦可以濟天下之務矣是以仲尼有四科以廣其道漢高有三傑以成其功所以不求備于人故能創業於前代垂教于無窮者也士農迭居以豐業今所以輕爲惰游者國家自幽薊兵興人無土著士者農者遷徙不常慕政化則來苦苛暴則去祿有厚薄在桑土不均則知去秩者無守不爲惰游者何所歸乎陛下端心克己於上任賢使能於下則文武各得其任士農各安其業矣寧慮家有不給才有不

周之患乎制策曰永言化理期酌厥中施爲或差得失斯遠將修睦勸義則在下難知將任數馳情則人心益偽思聞旨要得合誠明旌別比周之義敷詳忠厚之道陛下以修睦勸義爲念而以難知益偽爲慮豈耳目之臣未盡得賢乎何憂歎之深也自中代已降淳樸既漓賢不肖混淆莫能酌辨臣以爲天下之事統而計之善而不可以爲惡者十一二焉惡而不可以爲善者十一二焉其間六七之多率中人也法令修明則賢人多也懲勸不精則貪冒衆也必在上有所施行而在下有所承流者乎且陛下左右

惟賢所進惟賢則四目明四聰達不難知矣陛下左右非賢所進非賢則偽行堅偽言辨心益偽矣今陛下必擇忠賢居之左右以爲耳目以爲腹心矣任忠賢所進者復何疑乎誠若是則管夷吾鮑叔牙友進之不爲比祁奚祁午父進之不爲私是在陛下有所任之而已制策曰知人則哲從古攸慎九徵恐泥五事難精或望可服人而才非周物或言皆詣理而行則乖方宜陳取舍之端用明眞偽之辨者陛下清問及此非念切求賢取士之道乎夫求賢取士所以備官也設官所以分理衆務也夫得一尺之木將

斲以用之必使匠者有一塊之土將埏而器之必使陶者今陛下選人以仁天下皆歸於仁矣選人以義天下皆歸於義矣夫理天下者必以仁與義矣今朝廷用人不以仁而惘默低柔進人不以義而因循持疑言有不符於行才有不足於用矣陛下雖欲精五事五事何術而精雖欲法九徵九徵焉得而法若是求衆務之理者是以材與陶以土與匠而求器用之得也不亦難乎今朝廷開取士之門不爲不廣其中選擇精詳望爲俊彥者通於進士中外之重擢清秩選於是者十八九誠有才有器亦盡萃於中然

而所采者浮華之名所習者雕蟲之技是以主教化者不道皇王之術官牧守者不知疾病之源豈其有任事之才而無任事之智乎蓋藝非而職異也臣聞古者有豢龍之官夫龍神妙不測變化無窮而能節其嗜欲察其動息擾而制之無所不得者蓋代襲其官述修其業也楚人之操舟莫人之乘馬豈盡性哉必習而善矣今縱未能大更其事苟明殿最考績之科驅天下之人於修效飭行之地假如任某官者某行立某事舉某善雪某寃必擢而遷之又能者某行立某事舉某善雪某寃又擢而遷之蔑然無聞

不待罪而黜之則下無蔽善黨惡之情矣下無蔽善黨惡之情則賢者不進於朝廷復何往也安有言行相乖才望不稱者乎制策曰至於朝廷之闕四方之弊詳延而至可得直書退有後言朕所不取者臣陳帝王之道於前矣陛下又垂問以朝廷之闕四方之弊豈不欲躋人於善道補政之闕遺哉臣又陳取士任賢之道矣陛下誠能任賢於上待人於下朝廷豈有闕而不修四方焉有弊而不去何必備繁細之事以干聰明者矣夫有天下者莫不欲使人富使人壽使人遷善使人無惡統四夷於荒外正百事於

朝廷夫欲人之富莫若厚耕殖欲人之壽莫若和陰陽欲人遷善莫若明勸賞欲人無犯莫若愼刑罰服四夷莫若修文德正百事莫若任忠賢忠賢不任雖日親衆務百事莫得而正文德不修雖日致干戈四夷莫得而服刑罰不愼雖日殺千人奸盜莫得而止勸賞未明雖日爵千人禮樂莫得而修寃濫未盡雪陰陽莫得而和浮屠未盡去耕殖莫得而厚此六者政之大端也伏惟陛下念之抑臣又聞非知之艱行之惟艱陛下懼化之未光懼德之未洽懼一物之失所懼衆政之有乖訪遺闕於下臣張條目於清

問凡前強對者莫不備陳所得則陛下知之不難矣在行之何如耳臣又以天下之事小大萬端陛下深居九重廣有四海安得勞心神于思慮之外極聖明於視聽之表臣願陛下爲一事必師于古行一道必法於天明日月之光正星辰之位降雨露之澤振雷霆之威內得夔龍掌萬機之務外選方名視百事之成利於上者必慮於害人懌於志者必求諸非道則天下之望慰微臣之志塞矣謹對

欽定全唐文卷七百二十九

崔龜從

龜從字元吉清河人元和十二年登第以三中賢良方正拔萃科釋褐拜右拾遺太和二年改太常博士累轉考功郎中史館修撰九年轉司勳郎中知制誥正拜中書舍人開成初出爲華州刺史三年入爲戶部侍郎四年權吏部尚書大中四年爲中書侍郎同平章事六年罷爲宣武節度使數徙鎭卒

請定輟朝例奏

伏以近日文武三品以上薨卒皆爲輟朝其有未經親重之官今任是散列者爲之變禮誠恐非宜自今已後文武三品以上非曾建功勳及曾任將相及曾在密近宜加恩禮者餘請不在輟朝例其餘並請依元奏狀

請定官驛水夫制奏

當管三州水陸官驛先準勅文條流水夫具有定制并不許行轉牒供券外剩人歲月滋深仍被過客格外干求剩索人夫別配糧料臣今欲條流諸道節度觀察使刺史及諸道監軍別勅判官赴任及歸闕庭若有家口及參從人即量事祇供其本管迎送軍將官健所由諸色受雇人等本道既各給程限兼已受傭直並請不供伏恐使客曾得館驛分外祇供忽此遭減必巧言謗讟上聞聖聽今欲準此釐革不敢不奏

請降九宮壇爲中祠議

九宮貴神舊制是太祀伏以九宮貴神經典不載天寶中術士奏請遂立祠壇事出一時禮同郊祀臣詳其圖法皆主星名縱司水旱兵荒品秩不過列宿今者五星悉是從祀日月猶在中祠豈容九宮獨越常禮備列王事誠誓百

官尊卑乖儀莫甚於此若以嘗在祀典不可廢除臣請降爲中祠

大臣薨謝不於聞哀日輟朝議

伏以廢朝軫悼義重君臣所貴及哀尤宜示信自頃已來輟朝非奏報之時備禮於數日之外雖遵常制似不本情臣不敢遠徵古書請引國朝故事貞觀中任瓌卒有司對仗奏聞太宗責其乖禮岑文本既歿其夕爲罷警嚴張公謹之亡哭之不避辰日是知憫悼之意不宜過時臣謂大臣薨禮合輟朝縱有機務急速便殿須名宰臣不臨正朝

無爽事體如此則由衷之信載感於幽明稱情之文無虧於典禮

祭敬宗廟祝板不宜稱孝弟議

臣審詳孝字載考禮文義本主於子孫理難施於兄弟按禮記士虞之文子孫曰哀兄弟曰某然則虞之稱哀與祭之稱孝其義一也於祖禰則理宜稱孝於伯仲則止可稱名又東晉溫嶠議宗廟祝辭於孝字非子者則不稱傍親直言敢告當時朝議咸以爲宜今臣上考禮經無兄弟稱孝之義下徵晉史有不稱傍親之文臣謂饗敬宗廟宜去

孝弟兩字

宣州昭亭山梓華君神祠記

余長慶三年從事河中府一夕夢與人入官署及其庭望見室內有人當陽儀衛甚偉又一人側坐容飾畧同而皆隆準眸目搦管視几狀若決事者因疾趨及階拜唯而退行及西廂視廡下牖間文簿堆積於大格如今之吏舍有吏抱案而出因迎問曰此當是陰府某等願知祿壽幾何吏應曰二人後且皆爲此州刺史無勞閱簿籍也余時試評事官不期達因自念曰得爲郡足矣及出門又見同時從事席地而樗蒱既寤大異之髣髴在目唯所與同行者夢中故知其姓名是嘗所遊及覺遂忘其人明日入公府話於同舍皆故爲吉解曰君夢得郡而又見樗蒱君後當知主秉節臨蒲州乎爾後每入祠廟輒省所夢當時屢謁河瀆及爲華州拜西嶽屋宇神像皆非夢中所見前年四月自戶部侍郎出爲宣州去前夢二十年矣五月至郡吏告曰昭亭神實州人所嚴奉每歲無貴賤必一祠焉其他祈禱報謝無虛日以故廉使至輒備禮祠謁余時方痔病瘍發於尻不便於跪起至秋疾愈因祇謁廟下既易公服

盥手執笏而進及門怳然昇上有畫人抱案而鞠躬夢中之吏也入廟所經歷無非昔夢惟無同行者及歸私以告妻子明年七月得疾苦下洩尤不喜食暮夜輒大劇因自稱前夢以爲吏所告者吾其終於此乎因心禱之既寐又夢晨起視事如常時將就便室及側門有家吏姚桂者附耳言曰左府君使人傳語聞之心悸而毛竪意其非常人就室未及坐有一人戎服捉刀奔趨而入視其狀魁岸面黝而加赤不類人色紫衣黯剝乃昭亭廟中階下土偶人也未及語余厲聲問之曰我年得幾許遽應曰得六十幾

夢中記其言及覺遂忘其奇數意者神不欲人逆知其終歟遲明自爲文以祝神具道所以命兒姪持酒牢以禱先是疾作醫言疾由寒而發服熱藥輒劇遂求醫於浙西廉使盧大夫爲臣命醫沈中象乘驛而至既切脈且言曰公之疾熱過而氣壅當以湯治之藥劑以甘草犀角爲主如其言涉旬而稍間經月而良已自以爲必神之助又自爲文以祝神因出私俸修廟之壞隳加置土偶人馬垣墉之畫繪者一皆新之大設樂以享神自舉襟袖以舞始長慶感夢之時絕不爲五木之戲及至江南方與從事盛爲呼

盧以賭勝至是又驗云嗟乎鬼神之事聞見於經籍雜出於傳聞其爲昭昭斷可知矣然而聖人不語者懼庸人之捨人事而媚於神也吳越之俗尚鬼民有病者不謁醫而禱神余懼郡人聞余感夢之事而爲巫覡之所張大遂悉紀其事與祝神之文刊之於石因欲以權道化黎甿使其知神雖福人終假醫然後能愈其疾耳

書敬亭碑陰

宣州圖經云宋永初山水記宛陵北有昭亭山山有神祠又案齋諧記云宋元嘉二年有錢塘神姓梓名華居住東境友人雙霞乃識之神遂得與攜接同住廟中更具酒食言宴別後縣令盛凝之縱火焚燒來託此山百姓恭祭乃號昭亭山至今祠禱必致靈驗謝元暉爲文又有賽昭亭兩詩文嘗遊此賦詩曰茲山亘百里合沓與雲齊隱淪既已託靈異居然棲

敬亭廟祭文

維開成五年歲次庚申九月甲戌朔十四日丁亥宣歙池等州都團練觀察處置等使朝散大夫使持節宣州諸軍事守宣州刺史兼御史大夫上柱國賜紫金魚袋崔龜從

謹遣長男詳等以牢醴馳馬之奠致祭於梓華府君之神惟神託跡靈山興自宋時昔之賢守已形歌詩斯邦之人虔奉靈威有危必禱有疾必祈嘉報昭應響答影隨龜從謬忝觀風志撫惸嫠苦心剋己神其鑒知頃以請禱伏拜廟壖惝怳昔夢悟於斯時爰自秋夏疾作體羸因捨官俸補廟之隳涉旬有間藥與醫宜昨暮得夢靈告壽期廟有偶人宛其容姿於戲神理昭晰不可度思顧惟瑣陋神實保持遽備薄薦以謝以祈扶疾操管恭述其辭冀獲良已齋戒率祇大具牢醴樂以侑之仰答神佑庶民不欺尚饗

王彥威

彥威太原人元和中舉明經甲科大和時累遷司農卿拜平盧節度使開成中檢校禮部尚書爲忠武軍節度使徙宣武封北海縣子卒贈尚書右僕射謚曰靖

僕射上事儀注奏

臣謹按開元禮凡受冊官並與卑官答拜國朝官品令三師三公正一品尚書令正二品並是冊拜授官上之日亦無受朝官再拜之文僕射班次三公又是尚書令副貳之職雖端揆之重有異百寮然與羣官比肩事主禮曰非其

臣即答拜之又曰大夫之臣不稽首非尊家臣以避君也即僕射上日受常參官拜事頗非儀况元和七年已經奏議酌爲定制編在國章近年上儀又有受拜之禮禮文乍變物論未安請依元和七年敕爲定

進供軍圖奏

起自至德乾元之際迄於貞元元和之初天下有觀察者十節度者二十有九防禦者四經畧者三犄角之師犬牙相制大都通邑無不有兵都計中外兵額又至八十餘萬長慶戶口凡三百三十五萬而兵額又約九十九萬通計三戶資奉一兵今計天下租賦一歲所入總不過三千五百餘萬而上供之數三之一焉三分之中二給衣賜自留州使兵士衣食之外其餘四十萬衆仰給度支伏以時逢理安運屬神聖然而兵不可弭食哉惟時憂勤之端兵食是切臣謬司邦計虔奉睿圖輒纂事功庶裨聖覽

請以太社爲大祀奏

社者神地之道也郊特牲而社稷太牢鄭元以爲國中之神莫貴于社固前古爲大祀至天寶三載二月十四日敕云祭祀之典以陳至敬名或不正是相奪倫况社稷孚祐

百世蒙福列爲中祀頗紊大猷自今以後昇爲大祀爾後因循又依開元禮爲中祀然而牲用太牢太尉攝行事祭之日不坐並是大祀之義列爲中祀是因循謬誤教人報本未極崇嚴有國之儀惟此厭屈今請准敕升爲大祀庶合禮中

贈太保于頔謚議

議曰于頔剛毅特立博遊文藝藴開物成務之志爲從橫倜儻之才刺湖州復南朝舊陂以溉人田由是斥鹵生稻粱歲時大化得丁壯之物籍者取什一代貧人租入故輕

重以濟江南卑溼送終者無懸窆封樹之制高則不隱深則及泉土纔周棺水至露胔頓悉命以官地收瘞當時稱之爲蘇州則繕完隄防疏鑿畎澮列樹以表道決水以溉田其爲襄陽當吳少誠弄兵王師有征軍不乏見糧師未嘗退表克吳房朗山生得賊將遽以兵柄授之推誠於人有古將畧然惜其不能善終如始奉初以還跋扈立名滿盈不戒則有司擬議之際安可不善善而惡惡哉元洪剌郡以官事被譎中貴人銜命部領便道之徙所路出於漢頓遽命武士持刃捕捽洪既就執王人徒歸又不奉詔出師而西抵于鄧軍聲甚雄人聽日駭夫師出以律其出不命時人不能識其指歸王者功成而作樂諸侯則否頓之反旆於蔡也作文武順聖樂貞元御宇務求寵綏有司請編優詔許之事出一時之澤樂作諸侯之庭良可惜哉然則如頓者是知樂之可作而不知禮之不可作者也迹其馭衆爲政之術蓋初以利興害去爲己任而令行禁止其源出於法家者流文深意苛有犯無捨至有屋誅同命之慘然未嘗別白其罪以示顯戮人到于今而冤之洎乎天恩下浹元侯入覲朝廷申婚姻之好復以宰相待之則又

子罪官貶而連起國獄縉紳之論寖益非之謹按謚法殺戮不辜曰厲愎狠遂過曰厲請謚爲厲或曰頔緜文學政事而揚歷中外卒當登壇補袞之寄推於事任亦謂難能則易其名者宜兼舉美惡二字以正褒貶今特謚爲厲或有未安愚以爲不然夫類能而授聖人之勸勉議謚責當有司之職分禮經言謚蓋節以一惠至于論譔之際要當美惡咸在細大無遺議乎謚名則以優迹春秋之義也況援其功不足以補過契其美不足以掩瑕其馭下也任威少恩其事上也失忠與敬謚之爲厲不亦宜乎

論憲宗葬議

天子之葬七月春秋之義志崩不志葬必其時也舉天下葬一人故過期不葬則譏之高祖中宗葬皆六月太宗四月高宗九月睿代二宗皆五月德宗十月順宗七月惟元肅二宗皆十二月有爲爲之非常典也且葬畢而虞虞而卒哭卒哭而祔皆卜日今葬卜歲暮則畢祔在明年正月是改元慶賜皆廢矣

東都廟主議

謹按國初故事無兩都並建宗廟並行饗祭之禮伏尋周

書召誥洛誥之說實有祭告豐廟洛廟之文是則周人兩都並建宗祧至則告饗然則兩都皆祭祖考禮記並與自神龍復辟中宗嗣位廟既偕作饗亦並行天寶末兩都傾陷神主亡失肅宗既復舊物但建廟作主於上都其東都神主至大歷中始于人間得之遂寓於太微宮不復祔饗臣等謹按經傳王者之制凡建居室宗廟爲先廟必有主主必在廟是則立廟兩都蓋行古之道主必在廟實依禮經今謹參詳理合升祔謹按元皇帝是追王高宗中宗睿宗是祧廟之主其神主合藏於太廟從西第一夾室景皇

帝是始封不遷之祖其神主合藏於太廟從西第一室高祖太宗元宗肅宗代宗是創業有功親廟之祖伏準江都集禮正廟之主藏於太室之中禮記羣廟之主有故則聚而藏諸祖廟伏以德宗之下神主未作代宗之上后主先亡若歸本室有虛神主事雖可據理或未安今高祖已下神主並合藏於太祖之廟依舊準故事不饗如陛下肆覲東后移幸洛陽自非祧主合歸本室其餘闕主又當特作而祔饗時祭禘祫如儀臣又按國家追王故事太祖之上又有德明興聖懿祖別廟今光皇帝神主卽懿祖也伏緣東都先無前件廟宇光皇帝神主今請權祔於太廟夾室居元皇帝之上如駕在東都卽請準上都式營建別廟作德明興聖獻祖神主備禮升祔又於太廟夾室奉迎光皇帝神主歸別廟第四室禘祫如儀或問曰禮作栗主瘞桑主漢魏並有瘞桑之議大歷中亦瘞孝敬皇帝神主今祔而不瘞如之何答曰禮作練主瘞虞主其義以桑栗代謝捨故取新夫作主以依神無可埋之理是以禮說廟之主藏於西壁北壁之中故韋元成議瘞太上皇惠帝之主終見非於漢代秦靖請瘞處士君亦不行於魏朝貞觀中議

遷廟主亦云萬國宗饗食所從來一旦瘞藏事非允愜孝敬尊非正統廟廢而主獨存從而瘞藏謂叶情理又問古者天子巡狩必載遷主如鑾駕東幸則準此文載主而前今東都神主又祔於廟便是廟有二主如之何古者師行以遷主無則主命自非遷祖之主別無出廟之文凡邑有宗廟先君之主曰都則兩都宗廟各宜有主又問曰古者作主必因虞練若主必歸祔則室不可虛則當祔已亡之主創當祔之主禮經無說如之何答曰虞練作主禮之正也非時作主事之權也王者遣時爲法因事制宜苟無其

常則思其變如篤或東幸廟仍虛主卽準肅宗廣德二年上都作主故事特作闕主而祔蓋主不可闕故禮貴從宜春秋之義變而之正者也臣伏思祖宗之主神靈所憑寓於太微不入宗廟據經復本允屬聖明

駮太常擬元載謚議

元載謚成則不得爲縱縱則不得爲成成縱並施美惡齊致考之常法實不通經夫蕭瑀謚貞詔命加褊事出恩制不可據依爾後崔韶以平厲謚楊炎以壯繆易伊愼此皆惑於貞褊混淆不可之文祥在駮議今明其說恐悞後來

論于頔不當改謚議

古之聖王立謚法者所以彰善惡垂勸誡使一字之褒賞踰紱冕一言之貶辱過朝市此有國之典禮陛下勸懲之大柄也頔頃擁節旄肆行暴虐人神共憤法令不容擅興全師僭作王樂侵辱中使擅止制囚殺戮不辜誅求無度臣故定謚爲厲今陛下不忍改賜爲思誠出聖慈實害聖政伏以陛下自臨宸扆懋建大中聞善若驚從諫不倦況當統天立極之始所謂執法愼名之時一垂恩光大啟儌倖且如頔之不法然而陛下不忍加懲臣恐今後不逞之徒如頔者衆矣死援頔例陛下何以處之是恩曲於前而弊生於後若以李吉甫有賜謚之例則甫之爲相也有犯上殺人之罪乎以頔況之恐非倫類如以頔常入財助國改過來覲兩使絕域可以贖論夫傷物害人剝下奉上納賄求幸尤不可長其漸焉自兩河宿兵垂七十年王師憊征瘡痏未息及張茂昭以易定入覲陳權以滄景歸朝故恩禮殊尤以勸來者而于頔以文吏之職居腹心之地而倔强犯命不獲已而入朝豈茂昭之比乎縱有入財使遠之勤何以掩其惡迹伏望陛下恩由義斷澤以禮成褒貶道存僥倖路絕則天下幸甚

憲宗不當稱祖議

伏惟禮經三代之制始封之君謂之太祖太祖之外又祖有功而宗有德故夏后氏祖顓頊而宗禹殷人祖契而宗湯周人郊祀后稷祖文王而宗武王自東漢魏晉漸違經意沿革不一子孫以推美爲先自始祖已下並有建祖之制蓋非典訓不可法也國朝祖宗制度本於周禮以景皇帝爲太祖又祖神堯而宗太宗自高宗已降但稱宗謂之尊名可爲成法不然則太宗造有區夏理致昇平元宗掃

清內難翊戴聖父肅宗龍飛靈武收復兩都此皆應天順人撥亂反正至於廟號亦但稱宗謹按經義祖者始也宗者尊也故傳曰始封必爲祖書曰德高可宗故號高宗今宜本三代之定制去魏晉之亂法守貞觀開元之憲章而擬議大名垂以爲訓大行廟號宜稱宗

裴通

通穆宗朝官少府監大和時爲國子祭酒

定決罰當司官吏學生等奏

當司所授丞簿及諸博士助教直講等謹按六典云丞掌

判監事凡六學生每有業成上于監者以其業與司業祭酒試之明經帖經口試策經義進士帖一中經試雜文策時務徵事注云其試法皆依考功口試明經帖限通八以上明法明算皆通九以上主簿掌印勾簡凡學生有不率師教者則舉而免之其頻三年下第九年在學無成者亦如之注云假如違程限及作樂雜戲者同准彈琴習射不禁諸博士助教皆分經教授學者每授一經必令終講所講未終不得改業諸博士助教皆云諸學生讀經文通熟然後授文講義每旬放一日休假前一日博士考試其試讀書每千言內試一帖帖三言講義者每二千言內問大義一條總試三條通二爲及第通一及全不通者斟量決罰謹具當司官吏及學生令典條件如前伏望敕下有司允臣所奏

金庭觀晉右軍書樓墨池記

越中山水之奇麗者剡爲之最剡中山水之奇麗者金庭洞天爲之最其洞在縣之東南循山趾而右去凡七十里得小香爐峯其峯卽洞天之北門也谷抱山闕雲重煙巒迴亙萬變清和一氣花光照夜而常晝水色含空而無底

此地何事嘗聞異香有時値人從古不死眞天下之絕境也有晉代六龍失馭五馬渡江中朝衣冠盡寄南國是以瑯琊王羲之領右軍將軍而家於此山其書樓墨池舊制猶在至南齊永泰九年道士褚伯玉仍思幽絕勤求上元遂啟高宗明皇帝又於此山置金庭觀正當右軍之家故書樓在觀之西北維一間而四徘徊高可二丈已下墨池在尊殿之東北維方而斜廣輪可五十尺已下池樓相去東西羨値纔可五十餘步雖形狀卑小不足以壯其瞻覩而恭儉有守斯可以示於將來況乎處所邃深風景秀異

契道遙之至理閱鸞鶴之參差其金庭洞天即道門所謂赤城丹霞第六洞天者也案上清經其洞天在天台桐柏山中辟方四十里其北門在此小香爐峯頂人莫得而見之有山樵夫往往見之者或志之以奇花異草還報鄉里與鄉里同往則失其所志也過此峯東南三十餘里有石竇呀爲洞門即洞天之便門也人或入之者必齎糧秉燭結侶而往約行一百里二百里多爲流水淤泥所阻而返則莫臻其極也通以元和二年三月二三道友裹足而遊登書樓臨墨池但見其山水之異也其險如崩其聳如騰

其引如肱其多如朋不三四曆而謂天可昇經再宿而還以書樓缺壞墨池荒毀話之於邑宰王公王公瞿然徵王氏子孫之在者理荒補缺使其不朽即事題玆實錄而已

郭行餘

行餘元和時第進士累擢京兆少尹太和初遷楚州刺史移汝州入爲大理卿李訓謀誅宦官令募兵授邠寧節度使事敗及難

移劉栖楚書

京兆府在漢有尹有都尉有丞皆詔自除循而不改開元時諸王爲牧故尹爲長史司馬即都尉丞耳令尹總牧務少尹副焉未聞道路間有下車望塵拜者故事猶在

楊倞

倞刑部尚書汝士子元和時官大理評事

荀子序

昔周公稽古三五之道損益夏殷之典制禮作樂以仁義理天下其德化刑政存乎詩至於幽厲失道始變風變雅作矣平王東遷諸侯力政逮五霸之後則王道不絕如綫故仲尼定禮樂作春秋然後三代遺風弛而復張而無時

無位功烈不得被于天下但門人傳述而已陵夷至於戰國於是申商苛虐孫吳變詐以族論罪殺人盈城談說者又以慎墨蘇張爲宗則孔氏之道幾乎息矣有志之士所爲痛心疾首也故孟軻闡其前荀卿振其後觀其立言指事根極理要敷陳往古掎挈當世撥亂興理易於反掌眞名世之士王者之師又其書亦所以羽翼六經增光孔氏非徒諸子之言也蓋周公制作之仲尼祖述之荀孟贊成之所以膠固王道至深至備雖春秋之四夷交侵戰國之三綱弛絕斯道竟不墜矣倞以末宦之暇頗窺篇籍竊感

炎黃之風未洽於聖代謂荀孟有功於時政尤所耽慕而孟子有趙氏章句漢氏亦嘗立博士傳習不絕故今之君子多好其書獨荀子未有註解亦復編簡爛脫傳寫謬誤雖好事者時亦覽之至于文義不通屢掩卷焉夫理曉則愜心文舛則忤意未知者謂異端不覽覽者以脫誤不終所以荀子之書千載而未光焉輒用申抒鄙意敷尋義理其所徵據則博求諸書但以古今字殊齊楚言異事資參考不得不廣或取偏傍相近聲類相通或字少增加文重刊削或求之古字或徵諸方言加以孤陋寡儔愚昧多蔽

穿鑿之責於何可逃曾未足粗明先賢之旨適增其蕪穢耳蓋以自備省覽非敢傳之將來以文字繁多故分舊十二卷三十二篇為二十卷又改孫卿新書為荀卿子其篇第亦頗有移易使以類相從云時歲在戊戌大唐睿聖文武皇帝元和十三年十二月也

唐故銀青光祿大夫使持節蔚州諸軍事行蔚州刺史兼御史中丞馬公墓誌銘并序

公諱紓字無畏扶風平陵人曾祖行炎嬀州刺史祖於龍平州刺史父實右驍騎將軍御史中丞並有功幽蘭書勳竹帛公即中丞第廿五子幼有奇節性唯聰悟見古名將勳業之事未嘗不廢書發憤沈吟久之闕寄河朔志蕃王室欲變風俗期乎坦夷遂委質戎府累遷魏大將自天寶末安史為亂雖克勤闕翻恣驕兇以故將帥帶州連郡蕃貢罕至而魏博諸田相繼立元和中上以文德武功定叛亂雖魏帥詐順尋亦如舊大和初滄帥李全略死子同捷盜襲其位先皇震怒徵兵討之魏帥以封壤連接潛相應援時中書令裴公掌兵柄謀撓魏事公以才辨為戎帥幸如每有奏請獨當其任遂申密款於裴公天子嘉之乃大

張皇威深述聖旨開向國之福戎覆巢之厄帥立歸誠未幾王師大捷而同捷就戮萬夫解甲兩河肅清皆公始謀之力天子以公忠果可任大事拜左武衛將軍後出為寧州刺史在郡有聞堂帖赴闕拜右領軍大將軍至開成中博陵更師丞相進闕取可繼作者以蔚為闕鄰闕易遷就乃拜公蔚州刺史兼御史中丞洎中謝文宗皇帝臨軒歎賞面許重事以遣之既收安邊公綏戎以德撫下以恩野無南牧之虞俗講東里之禮三年去任執轅遮道者闕路蔚人思公令德曰闕於廉帥廉帥聞於朝廷又拜蔚州刺

史闕疾闕尋西河上聞之惻然候疾愈方授以大柄神不庇善以會昌四年三月十日終於所寄之第享年五十六嗚呼才長壽促志遠途窮闕廣所以爲有識所歎公兩娶裴氏張氏皆名族生一男二女男補太廟齋郎娶徐氏次女適裴氏長女在室卽以其年七月十日歸窆於闕中少陵原祔其先塋合先妣之墓禮也銘曰

皇道熙熙天寶末盜弄干戈正猖獗滄帥死兮有餘栟魏爲親鄰志相活河海横流馬公遏溟盜亟誅天被闕忠義克彰遂聞達天子臨軒歎賢傑將委邊陲闕勳烈將分竹符後闕鉞所理蘇息無饑渴才有餘兮悲未豁長衢方騁摧輗軏彼蒼者天何謁謁嗚呼馬君道消歇中壽未登神奄絕唯有雄名流不竭

欽定全唐文卷七百三十

柳仲郢

仲郢字諭蒙兵部尚書公綽子元和十三年進士累拜京兆尹改右散騎常侍大中初擢劍南東川節度使入爲刑部尚書咸通時封河東縣男檢校尚書左僕射東都留守爲天平節度使卒

請誅李材奏

伏以聖王作憲殺人有必死之命聖人在上當官無壞法之臣今李材犯殺人之科愚臣備監決之任此賊不死是亂典章臣雖至微豈敢曠職其李材未敢行決望別降勅處分

樊宗師

宗師字紹述河中寶鼎人始爲國子主簿元和三年擢軍謀宏遠科授著作佐郎歷金部郎中綿州刺史徙絳州進諫議大夫未拜卒

絳守居園池記

絳卽東雍爲守理所禀參實沈分氣蓄兩河潤有陶唐冀遺風餘思晉韓魏之相剝剖世說總其土田士人令無磽

雜擾宜得地形勝瀉水施法豈新田又蕞猥不可居州地或自有興廢人因得附爲奢儉將爲守說致平理與益侈心耗物害時與自將失敦窮華終披夷不可知陴緬孤顛跒傴元武踞守居割有北自甲辛包太池泓橫硤旁潭中癸次木腔瀑三丈餘涎玉沫珠子午梁貫亭曰洄漣虹蜺雄雌穹鞠覷蜃礙佷島坻淹淹委委莎靡縵蘺薔翠蔓紅刺相拂綴南連軒井陣中湧曰香承守寢晬思西南有門曰虎豹左畫虎搏立萬力千氣底發彘匿地努肩腦口牙快抗電火雷風黑山震將合右胡人髯黃帑纍珠丹碧錦

襖身刀囊韡撾縚白豹元斑鈇距掌胛意相得東南有亭曰新前含曰槐有槐肩護霸鬱蔭後頤渠決決緣池西直南折廡赴可宴可衙又東騫渠曰望月又東騫窮角池研雲曰柏有柏蒼官青士擁列與槐朋友巉陰洽色北俯渠憧憧來刮級面西巽喁閭黃原玦天汾水鉤帶白言謁行旦艮閒遠岡青紫近樓臺井閭點畫察可四時合奇士觀風雲霜露雨雪所爲發生收斂賦歌詩正東曰蒼塘遵瀕西漭望瑤翻碧瀲光文切鏤棃深撓撓收窮正北曰風堤乘攜左右堤埶北迴股努䗖捩蹴墉衙渠歆池南楯楹景怪蟵蛟龍鉤牽寶龜靈蠡文文章章陰欲墊歲烟漬霧聚桃李蘭蕙神君仙人衣裳雅冶可會脫赤熱西北曰鼇蜍原開哈儲虛明茫茫鬼眼頹耳可大容旅鐘鼓樂提鵬挈鷺俗池豪渠增乖憐圍正西曰白濱薈深憐絜素女雪舞百佾水翠披聊聊千幅迎西引東土長崖挾橫埒日卯酉樵途塢徑幽委蟲鳥聲無人風日燈火之晝夜漏刻詭媿絢化大小亭飳池渠閒走池堤上亭後前陴乘墉如連山羣峯擁地高下如原隰堤谿壑水引古自源卅里鑿高槽絕竇墉爲池溝沿渠瀑潨瀉終出汩汩街巷畦町阡陌閒

入汾巨樹木資土悍水沮宗族盛茂旁蔭遠映錦繡交果枝香晼麗麗絕他郡考其臺亭沼池之增蓋豪王才侯襲以奇意相勝至今過客尚往往有指可創起處余退常吁後其能無果有不補建者池由於煬及者雅文安發土築臺爲拒幾附於汚宮水本於正平軌病井滷生物瘠引古沃浣人便幾附於河渠嗚呼爲附於河渠則可爲附於汚宮其可書以薦後君子長慶三年五月十七日記

李石

石字中玉襄邑恭王神符五世孫元和十三年進士大和

九年權京兆尹遷戸部侍郎以本官同中書門下平章事加中書侍郎集賢殿大學士罷爲荆南節度使武宗朝檢校司空封隴西郡伯徙節河東會伐潞詔以太原兵助王逢軍亂逐石以太子太傅分司東都即拜留守卒年六十二贈右僕射

請停江西湖南兩道所進衣糧表

宰相上弼聖政下理羣司若忠正無私宗社所祐縱逢盗賊兵不能傷若事涉隱欺心懷矯妄雖有防衛鬼得而誅臣等願推赤心以答聖奬孟軻知非臧氏孔子不畏匡人

其兩道所進糧並望停寢依前制置只以金吾司手力充引

蘇遇

遇穆宗朝官忠武軍節度副使檢校尚書職方郎中兼御史中丞敬宗立除荆州刺史入爲左常侍

忠武軍監軍使寧遠將軍守內常侍員外置同正員賜紫金魚袋上柱國贈雲麾將軍左監門衛將軍朱公神道碑 并序

天垂四星環拱帝座降精成象崛起輔時內則銜奉絲綸伏勤夙夜外則監護統帥鎮靜邦家宜其榮冠貂蟬名香竹帛公諱孝誠字孝誠京兆三原縣人也自姬周分姓由小邾建家隱屠肆而名動諸侯居里閈而勢侔卿相雲博肆直于漢世然據曜文於吳庭綿綿不絕世有榮位皇祖游仙皇考珍玘並育德當年鍾慶於後公弱冠入侍以謹密見親咫尺天顔左右皇極克勤專對休有令聞貞元中德宗新平寓縣戎臣專閫多不自安任非其人情則莫達使乎之選朝廷爲難公時妙年早承恩渥累馳驛騎所至風從對揚王休衆高敏捷累踐要職官更局丞幹蠱之聲

自玆益大尋加朱紱銀章以旌能也元和初張伯靖負固敍州嘯聚蠻落公銜命於傲擾之際撫諭於谿洞之中遂使投戈感恩斂衽向化掉三寸舌息數州兵古人所難公有餘裕拜宮闈令上護軍以寵勞也先皇深憂漢北虜啟邊患公密陳嘉謀請城天德許詔既下仰辦於公量財揆日躬先板築胡馬不敢南牧漢兵休懷西歸保護塞垣萬代之利攻心斷臂復覩於今授承議郎內侍省內謁者監以酬勳也屬元戎授鉞問罪淮西恩加朝散大夫內侍省內給事以護許軍公素懷忠果徇國忘身每竭家財以周

軍用時經行陣或被傷痍親自撫巡問以疾苦布皇恩於閫外推赤心於腹中士皆感激人百其勇故能綿歷三歲終始一心克定淮夷翦除荆棘過合流下郾城功伐彰明上每嘉歎還朝議大夫內常侍旋以內憂請從喪紀詔命不許遽令起復是歲李師道遘逆窺竊近郊憲宗移司空公光顏鎮守滑臺以行天討兩道全師委公監撫初入寇境方伺地形為賊埋伏乘我未備公行從之騎纔廿人決機方寸之中奮發倉卒之際策馬直進突其堅鋒左拂右旋所向風靡以少擊衆古昔無儔威聲益雄士旅爭進收

斗門下臨濮皆公之力賊平還鎮寵詔繼至加寧遠將軍上柱國溵蔡牢落陳許瘡痍二年之中四更節將公撫新懷舊軍郡帖然既盡禦衆之方真得監臨之體享年五十一元和十五年七月廿日遘疾終於許州之官舍部曲表請歸葬長安有詔追贈曰故忠武軍監軍使寧遠將軍內侍省內常侍員外置同正員賜紫金魚袋朱孝誠祇事左右勤勞歲時言念忠誠常所委用出入內外迭為監臨廉以居貞和而得衆將我成命奉以終身憫以云亡是有追錫昇階進秩式慰營魂可贈雲麾將軍左監門衛將軍王人臨門哀榮備至公抱謙恭之性有適時之才備著勳勞曾無矜伐每受榮獎憂形於色午參之機變繆子之薦賢兼有之也驅馳二紀出入四朝送往事居物無橫議方將振翼天漢展步雲衢蒼蒼不仁摧我貞幹夫人王氏輔佐成家克修婦道中饋有譽偕老忽乖痛移天之禍盡晝哭之節嗣子富平鎮監軍朝議郎內侍省掖庭局監作上柱國士俛能襲弓裘善繼先志明時並侍甸服監臨榮闕六姻貴昭聖世次子士倫初從筮仕投迹要司皆蒸蒸之心願申罔極以遇久同王事備詳勳績桑田非久陵谷易遷

傳之不朽在乎貞石銜悲紀序無媿乎詞銘曰

入侍重闈出奉紫泥星躔往復驛騎東西伯靖負阻嘯聚五溪宣我威恩革彼昏迷北難猃狁侵擾黔黎乃城天德上干雲霓下視虜馬遠如醯雞桀黠態盡窺塞無蹊再監滑許滅蔡平齊智勇雙高功名日躋紫綬金貂恩寵極兮悲涼部曲嗚咽鼓鼙佳城白日草露淒淒

嚴公衡

公衡長慶中官吏部郎中

對實爵西階判

甲以射會賓客實爵於西階之上賓之拜受者三人頗疑其眾或曰多以德行道藝爲榮何常數之有

習射觀德序賓惟賢茍爲當仁實惟合禮甲爰展我嘉事將修爾和容射夫既同且盡志而就列君子攸屆宜展敬於初筵故主人揖升而實爵嘉賓立飲而不拜登降之際既匪僭於儀德藝可尊寧限之以數蓋恃多爲貴者具不曠於禮夫

潘存實

存實字鎮之漳浦甘棠人元和十三年進士官戶部郎中左庶子累遷戶部侍郎

晨光麗仙掌賦 以有如擎青天捧白日爲韻

晴天既曙峻嶽凝青仰熙熙之旭將吐見高高之掌呈形假彼晶光庶有分於清濁挺茲秀異示無雙於杳冥煥矣而昇岧然相射浮豔華之爛爛靡太虛之奕奕寫乾坤之麗色先覺曈曨廓煙霧之餘姿轉見明白疑叅若木似坼芙蕖杲杲之容漸積摻摻之狀不如下映而千巖共曉上照而丹霞共舒影曜人間每當瞻瞻之早跡居物外長承煦煦之初昭昭以臨峩峩莫匹向空凝彩若月下之對金莖繞指流輝異樓上之呈素質既炫晃之旁達亦孤標而獨出幸當清淨之晨免敵沈陰之日佳氣或爍朝雲不還發明媚於紫霄之際擎彩翠於碧落之間自彰和朗寧俟躋攀遥暉六龍迴臨萬有初分焜耀訝髣髴以成文俯掬清光信爛漫而入手則知事不自姸理資相解因流光德獲照金天想清風旁來宛其穆若視晴景中駐何媿拳然故得無私功博潤色道全當八極洞開之次明二儀交泰之先豈獨擘洪濛而干造化設形象以配神仙而已哉於是靈蹤長聳日華長捧不然何羣山邐迤而相奉

四公子贊 并序

四君當齊楚趙魏之盛門客三千人聞者孰不慕之有未達則孰不曰一朝富且貴必然嗚呼自四君殁千載之間豈無貴於四君者豈無富於四君者而然者其誰既富貴則曰彼四子徒沽名爾三千之人何爲哉悲夫人之貴也爲身四君之貴也爲人富貴皆知可及也而富貴之心與貧賤之心不相負者愚則未見其及也贊曰

四人爲身萬二千人爲耳目四人爲梁萬二千人爲榱桷

有危可平。有死可生。豈彼威憑。實惟義爭。嗟乎。人之家或財不自與。心不自是。妻不睦夫。父不慈子。而況乎萬二千士。懿哉。恨目不覩此。

藏劒銘 并序

會得劒匣而不持。或怪之。乃答曰。直不可媚。善不可害。仁不可暴。苟好是則利不在鋒鋩矣。遂爲銘曰。

龍入泉。星上天。雄雄神器。蓄在人間。於戲。動不仁。靜不德。雖百鍊之鋼。於愛身也奚力。

楊淩 一作陵

淩字恭履。太子詹事憑子。官侍御史。

元日奏事上殿不脫劒履判

履端於始。且正班爵之儀。明試以言。是陳敷奏之議。覩其所會。萬國來同。相彼多士。百僚咸列。朝有著定。失位有愆。國明彝倫。干進斯罰。景以策名聖代。忝跡周行。初伏奏於青蒲。遂來陞於丹陛。舍車闕下。升坐其幕。帶劒君前。旋棄於禮。儻王有錫命。同蕭何之寵章。人多大功。類霍光之舊制。既不易於紀律。固難措於典刑。罪疑於人。宜竭兩端之問。劾雖當理。方議片言之折。

溫造

造字簡輿。河內人。穆宗朝累拜御史中丞。遷尚書右丞。加大中大夫。封祁縣子。轉禮部尚書。卒年七十。贈右僕射。

自請罰奏

十二月二十二日。初聞宮中遺火。緣妖賊並禁在臺。恐有奸謀。遂追集人吏。設備隄防。然後奔走入朝。到稍在後。兩巡使崔宜姚合。其日臺中忽聞有火。遂追集所領赴朝堂。到稍在後。臣等職列紀律之次。庶寮動皆取則。若不重罰。難勵眾情。自罰三十直。宜合請各罰二十直。

瞿童述

瞿童字柏庭。以字爲名。辰州辰谿人也。華眉廣顙。長準秀目。勤事而寡言。大歷四年。西川潰將楊林爲澧陽守。不戢部下兵。縱其黨賈子華帥千人。假道武陵。劫五谿。五谿之人逃難四散。時柏庭年十四。侍母走武陵。寓居崇義鄉烏頭里桃源觀。道士黃山寶編宮。柏庭因山寶願師事上清三洞法師黃洞源。山寶引覲。具道柏庭志。洞源辭以柏庭奉母須甘旨。山寶曰。柏庭母在山寶廬。幸有繼給。儻蒙拾貧賤。所望容納。洞源許之。後亦時給柏庭母衣食。僅二周載六年正月柏庭喪母既葬服勤事洞源不懈凡是役力辦不俟勉棄惡食必與愛惜飼而飯之七月洞源買藥至襄陽每入市令柏庭持裝囊柏庭必閉目處中洞源讓曰處衆而睡人奪汝攜柏庭曰非有睡也悶衆之誼諠耳九月洞源南歸行及宜城去襄陽百餘里洞源遽曰香爐捐主人奈何柏庭請復取白洞源暫休以俟不頃刻持爐還洞源驚而問答曰尊師方在途恐留滯故疾行洞源信然七年二月朗州刺史胡叔清招洞源下郡赴之留柏庭山中植果藥踰一十日洞源來柏庭一不植詰之答曰見尊

師去州祇於山林尋仙穴洞源曰汝所尋何見答曰見石室石牀石几洞源曰石室何許曰約去一里半洞源疑而不窮入旬日柏庭於蓺藥園中得一碁子捧呈洞源曰秦人碁子洞源異之曰誰爲謂汝烏知其然復曰是誠秦人碁子洞源諦視之狀若小龜光潤如玉遂貯籙囊中後因閱籙開囊緘記如舊亡碁子矣夏四月忽白洞源願屈歸巖洞時久霖澍洞源既未決信竟不果行八年五月二十七日始昕洞源命柏庭河畔視舟往復不二里及午方迴洞源訶之曰來何遲柏庭曰觀西南十五步許有小橋橋上遇一老尊負杖掛物嚀令同去柏庭不敢由早朝褫常所繫布帶以一紙繩束腰跣足履草屨昇尊殿及洞源嚴修之處各焚香跪拜既而辭洞源又拜洞源凭几問曰汝辭吾安往答曰歸仙洞洞源曰吾隨汝可乎曰不可洞源曰何爲不可柏庭曰前時尊師不決去迺今不可因諭洞源當以時遷棲洞源曰十年易居昔賢遺旨吾有志矣今汝去何時復見答曰期十八年洞源欲留之不克即聲命同觀道士朱靈晉曰朱老師看仙人來靈晉覘柏庭曰童子今日顏色異常光輝洞源門人胡清鎬朱神靜童子陳

景昕譚伯璡偕圜矚柏庭服短布衣烏繪巾逡巡郤行三移足忽然不見洞源與道徒皆愕眙庭際有一栗樹謂暫旁立洞源曰得無映樹乎求之無蹤即聲鐘集觀戶將徧索林莽觀戶至東北林際遇一大蛇當路而止十一年見仙信從辰州來聞弟登仙至桃源又師事洞源爲道士巖薛兩茂遊嵩山失所止建中元年四月洞源遷居江州廬山貞元五年十一月復遷居潤州茅山十八年潤州郵檄人於延陵縣界見一少年前行行如人郵者促步期及竟不能迭延陵閭茅山三十里郵人望見徐步入山闕

蕭洽

然在鶴臺見少年持小漆函。闕及門。舉一足履閾。泠然問曰。汝爲誰。答曰。闕因問泠然黃尊師何在。泠然指示路處髣。闕柏庭名卒然不悟。久之忽了辨。即攝衣詣洞源。問曰。瞿柏庭來乎。洞源唯唯不明諭。秋八月既朔之旬。洞源謂門弟子曰。吾將蹈滄海。爲備裝。或以未可行爲請。踰一日當午洞源化。眞造曰代人傳瞿童登仙之迹。皆怪異可惑乎。予自右史貶武陵守。至之日。則詳詢舊老。迺妖詭加甚。値暇日。遊沅江。觀滄浪合流。聞之於漁人曰。瞿柏庭同學陳景昕已五徙居。今復爲桃源觀道士。易名通微。又改正

長。始均執勞。久練行事。傳疑百說。不若一見。予得言忘食。遂命迓之。未獲至。若不克見。及期而朝。門吏導景昕前庭。冠青離冠。畢籙衣。冰顏雪膚。皓髭蒼眉。端簡促跡。肅容陳詞。予不知幸之喜之之至也。既休館。徐徐閱所惑。景爲具辨。因裂牘直紀。用祛後疑。

盧宏正

宏正字子強。戸部郎中綸子。元和末進士。累拜工部侍郎。大中初轉戸部。充鹽鐵轉運使。檢校戸部尚書。出爲武寧節度使。徙宣武。卒。贈尚書右僕射。

興唐寺毗沙門天王記

毗沙門天王者。佛之臂指也。右扼吳鉤。左持寶塔。其旨將以摧羣魔。護佛事。善善惡惡。保綏斯人。在開元則元宗圖象於旂章。在元和則憲皇交神於夢寐。佑人濟難。皆有陰功。自時厥後。雖百夫之長。必資以指揮。十室之邑。亦嚴其廟宇。戢齊強暴。無煩狴牢。故敏以爲政者。必因而證樹之。興唐寺僧道契者。惠智之人也。眄隙地。得勝槪。肇基厥事。始唱而求其和焉。前刺史范陽盧公周仁。薪骨塗肉以立之。後刺史河南渾公鋒。施丹凝素。以完之。終而司勳京兆

韋公磻。揮金致績。以美之。竊三君子同心搆物之道。顧斯人之肥瘠。豈一朝一夕一手一足之功哉。宏正惴惴兢兢。大懼三賢相因之功。由我或隳而已。余視斯像。且未有增一毫之力。視斯人。其獲有所施爲耶。撫事及政。爲之記云。

鄭亞

亞字子佐。滎陽人。元和十五年進士。三中賢良方正直言極諫書判拔萃科。累遷諫議大夫給事中。出爲桂管觀察使。大中時貶循州刺史。卒。

東都神主議

據禮院奏以爲東都太廟既廢不可復修見在太微宮神主請瘞於所寓之地有乖經訓不敢雷同臣所以別進議狀請修祔主並依典禮兼與建中元年禮儀使顔眞卿所奏事同臣與公卿等重議皆以爲廟固合修主不可瘞即與臣等別狀意同但衆議猶疑東西二廟各設神主恐涉廟有二主之義請修廟虛室以太微宮所寓神主藏於夾室之中伏以六主神位內有不祧之宗今用遷廟之儀猶未合禮臣等猶未敢署衆狀蓋爲闕疑

太尉衛公會昌一品制集序

綸綍之與載籍之始先王發號施令明罰勑法蓋本於此也唐虞之盛二典存焉夏殷之隆厥有訓誥自允征甘誓乃有誓命之書皆三代之文一王之法也虞夏之際代祀綿遠其代王掌制之名氏莫得而知至于成湯太甲則有仲虺伊尹爲之訓誥高宗得傅說則有說命之篇周公名公相成王則有洛誥酒誥周官顧命秦始皇帝并一區宇丞相李斯實掌其言漢興當秦焚書之後侍從之臣皆不習文史蕭曹之輩又乏儒墨之用每封功臣建子弟其辭多天子爲之縱委於執翰者亦非彰灼知名之士武帝使司馬相如視草率皆文章之流以相如非將相器也厥後寖以徵長下於魏晉亦代有其人我高祖革隋文物大備在貞觀中則顔公師古岑公文本與焉在天后時則李公嶠崔公融出焉燕許角立於元宗之朝常楊繼美於代宗之代洎憲宗皇帝英武啟運雄圖赫張中興之業高映前古其時則先太師忠公翱翔內署有密勿贊佐之績平吳定蜀時唯其功及登樞衡作霖雨尊王室卑諸侯圖蔡料齊外定內理顯王言於典誥彰帝範於圖籍紀在緗冊播於無窮特進太子少保分司東都衛公長慶中事惠皇爲翰林學士訓誥之業彰於前聞昭肅皇帝統握乾符寤寐良弼詔自淮海復升台庭盡付元機允厭神慶每彤墀奏

罷別承天睠帝亦講伊尹傅說之旨定元首股肱之契以太平之制度上古之文教咸屬於公焉會先太后懿號未立帝明發有永懷之痛公述沙麓神井之瑞贊繞樞懷日之慶懋遵聖緒光慰孝思於是承命有宣懿祔廟之制及武宗郊昊天拜清廟文物胥備朝廷有禮華夷述職河朔修貢乃顯神庥薦徽號奉揚一德以示萬方於是撰仁聖文武至神大孝之冊封域無虞天子翛然有求元之思乃

範貞金模聖表隆準日角獨於宫庭中外臣僚咸欲以頌山河而衰日月也公於是有聖容之贊天街之北獯鬻攸居因饑憑陵怙衆強禦嚴之以刁斗而勃爾無懼申之以文告而腆然不率天子震怒旋命征之公獨運沈機上資宸斷萬里勝負決於帷中雷霆既震犬羊遂潰疣贅披抉腥羶解離遁其名王復我貴主公於是有討北狄之詔天寶末薊門爲首亂之地瘡痏榛棘襲世未平至於漁陽帥師仲武掃除妖孽臧獲仇讐奉揚威神乃底康靖仍願勒石於盧龍之塞以敘聖功飛章上聞帝用允若公祗膺明

命舒展格言呼嘯神祇吐納嵩華當晝而文星現不寐而白鳳來成諸侯不朽之勳尊元后無私之化公於是有幽州紀功之碑潞帥劉從諫死其子因關河之嶮恃甲兵之衆請爵爭地屢聞王庭中外疑迷互撓天聽帝將耀神武公累獻忠謀且言曰重耳在喪不聞利父雄渠受戮祇以拒君況明皇舊宫天井内地跨連河北脅倚山東豈可行有匪人坐爲汚俗若是可忍孰不可容沃心無疑躡足乃定又曰上黨居天下之脊當河朔之喉今漳水雄兵常山勁卒是爲脣齒實懼因依不若乘其未萌制其將動帝俞其奏乃妙選使臣以勞諭之嚴立刑賞以勸戒之魏侯鎭侯戮力從命絕壺關之右臂收泜水之上游獲茲渠魁在此成算又轅門叛將潰水餘兇竊上相之旌旗盜晉陽之管鑰帝怒斯赫人心愈疑咸以師老于郊梟巢尚固議罷兵者蚊聚請宥過者雷同公又揚笏而言曰彼地則義師帥分宗室是元祖勤商之邑后稷造周之邦瓜瓞具存堂構斯在苟虧策畫不襲仇讐則是獎彌年逐主之風長冒頓射親之俗詩稱築室於道書謂疑謀勿成由是洞啟宸衷大破羣議運籌制勝舉無遺策防微慮遠必契神機授

鉞之臣伏膺承命謝安之圍碁尚劫曹參之飲酒方酣果有軍書繼聞戎捷砥磨周鉞水淬鄭刀萬里來袁尚之頭顱二塚葬蚩尤之肩髀歡聲雖震於朝市喜氣不見於形容何其纂立功勳鎭定風俗若是之重也公於是有伐上黨之制平晉陽之勅宗英可汗獻琛輸賮越自絕域通于本朝文畢伯仕之允呼韓谷蠡之師或執玉而朝靈囿或解辮而拜甘泉並垂於策書光被明命公於是有諭回鶻之命五慰堅昆之書四文章等於訓傳機事出於神明固將偃仰邳石之符傲睨鬼箱之錄聞之者可以袪聾聵得

之者可以弼邦國。每牙管既拔。芝泥將熱。嘗於前席。親授筆札。公亦分陰可就。落簡如飛。時有急宣。闕於密畫內庭外制。皆不與聞。或勢切疾雷。機難終日。宣室未名。武帳莫聞。公則手疏封章。達於旒扆。當乙夜觀書之際。未嘗不稱美再三。此又豈可與傳洞簫而諷於後庭。聞子虛而嗟不同世者。論功校德耶。歲在乙丑。羣公常伯以天子之道。貫於神祇。一年而風雨攸序。災沴不作。二年殲醜虜。興北伐之詩。四年誅狻童。詠東征之歌。而又移摩尼之風。壞浮圖之俗。偃兵反樸。四海胥定。思欲增鴻名。光下武。公乃觀東

序之圖。按西崑之諜。鋪舒名實。藻縟文采。類於上帝。爲唐神宗。公於是纂章天成功神德明道之冊文。號位既畢。華夷會同。方將命禮官。名儒者。訪匡衡后土之議。採公玉明堂之圖。考肆覲之禮於梁生。取封禪之書於犬子。盡皇王之盛事。極臣子之殊功。而軒鼎將成。禹書就掩。然猶進先嘗之藥。獻高手之醫。藏周旦請代之書。追漢宣易名之美。作爲大誥。祈于昊天。始終一朝。紹續九德。其攻伐也既如彼。其制作也又如此。故合武宗一朝。冊命典誥。奏議碑讚。軍機羽檄。凡兩帙二十卷。輒署曰會昌一品制集。紀年。追聖德也。書位。旌官業也。歲在丁卯。亞自左掖出爲桂林九月。公書至自洛。以典誥制命。示於幽鄙。且使爲序。以集成書。尋元珠不究於倪域。聽希聲莫窮於高下。承命震恐。幾移朝夕。援筆而復止者三四。念江陸修盪。辭讓不及。因齋潔以序焉。夫全功難恃。大名難兼。日赫於晝而乏清媚。月皎于夜而無溫煦。冬之爲候也。則雪霜飄暴。凍入肌髮。夏之爲用也。則金流石爍。火走膚脉。如陽春高秋者希焉。南則瘴風毒虺之爲厲也。北則獯戎黠虜之爲患也。如洛陽咸秦者幾焉。雕鷟不傅之以馳騁。驊騮不授之以騫翥。如

應龍者鮮焉。仲尼聖賢之宗也。位止於司寇。老聃道德之祖也。官不過柱史。如姬旦者幾焉。是以保衡傅說。佐佑殷宗。名公畢公。寅亮周室。咸著大訓。克爲元龜。書契以來。未之多有。李斯以刻石紀號之文勝。而不在休明之運。又何足數哉。周勃霍光。雖有勳伐。而不知儒術。枚皐嚴忌善爲文筆。而不至巖廊。自是以降。其類實繁。惟公蘊開物致君之才。居元弼上公之位。建靖難平戎之業。垂經天緯地之文。萃於厥躬。慶是全德。蓋四序之陽春。九州之咸洛。品彙之應龍。人倫之姬旦。後之學者。其景行之云爾。

王展

展長慶時人

白郎巖記

白郎巖因神姓名也在天台山西東抵唐興縣三十里長慶四年秋風雨不應候土產之物焦乾幾七八農人愁毒相視不聊生自浙東數郡咸然縣令曰餘豐曰某竊長斯邑邑人愁毒猶吾愁毒也將禱於名山顧其遼遠某始至時經於白郎巖異狀深黑巍峭疑有神宅焉因探其端得寺記白郎神事因詣法師普耀所憩巖側虔祈禮請未及竟有異物自穴出黑首高眶素臆錦脊其顧視昂昂之勢若龍若蛇不驚不搖受祀而退其夕降甘雨居數日物反秀綠。自寶歷元年更復旱，縣令求去年之祥，名邑居客與同往祝請其年六月十八日是物復自穴而出一如去年狀加四足焉足呈掌爪若欲挐蹻是夕復降甘雨異哉其神明歟神必依山川山川不崛神不依焉受祝惟神禱不精誠神不歆焉天與神通神不正直天不應焉縣令與丞非尊官也能一精專於下而通天降神其應如射豈細事耶足以誨天下之慢易者展適在山野獲同觀焉因記其年月於是巖之側

路羣

羣字正夫魏州冠氏人累官中書舍人翰林學士承旨

劾韓愈齋宿違例奏

今月九日孟秋饗太廟攝太尉國子祭酒韓愈准式合令起今月六日于太廟致齋今于國子監宿有違格令

賈餗

餗字子美河南人第進士太和初拜中書舍人禮部侍郎轉兵部授京兆尹兼御史大夫封姑臧縣男九年拜中書侍郎同中書門下平章事加集賢殿大學士李訓謀誅宦官事敗餗罹其禍

至日圜丘祀昊天上帝賦 以題爲韻

惟天爲大惟聖奉天所以就陽位郊上元禮高明之覆育答生植之陶甄告太一以祗敬擁神休而吉蠲於是米遺

範於周故封土以成邱取法於乾故象形以應圜顧椒糈之莫達憑柴燎以斯傳是時星昏東壁日躔南至爰命有司肅將祀事羅幄帟以雲敷駢罍俎以鱗次藉白茅兮取諸潔薦蒼璧兮象其類皇威允穆司儀辨等而以班明德惟馨祝史陳辭而不愧於是啟禁扃警仙蹕千官拱立六龍齊滕濟濟鏘鏘匪徐匪疾奉常告備乘輿乃出覆玉葉之卿雲昭扶桑之初日齋心滌慮所以感無不通樂徧禮成故能神降之吉觀夫廣場還合泰壇互峙告萬物之生成當一陽之初晷揖羣望以咸秩列衆靈以備祀紫微開兮天意通元氣調兮薰風起祀之大者莫盛茲道展敬乎皇心報功乎元造奏搏拊之清樂徹純殷之蒼昊實祀典之所崇諒邦家之攸保若乃陳以牲幣酌以秬鬯歌大呂以爲節舞雲門以爲狀達誠於氤氳之際降靈於閶闔之上騰瑞氣而宛延燭神光兮溥暢我國家報本克禋順時脩祭配太祖於座於以敬宗祀皇天於郊爲能饗帝此所以神祇降鑒天人合契保昌運兮永貞崇明祀兮不替

百步穿楊葉賦 以藝精意專發必能中爲韻

有美一人兮操其矢獻其藝發茲手敏與彼心契廣場爰

設砥平乎百步之中衆目所瞻星流乎片葉之際恒規規而月滿乍肅肅而風厲是時也固當審毫釐分巨細槁木斯立自應往昔之無貫珠而來孰謂後難爲繼豈非妙歸至習道合惟精積少之多而無失以小觀大而有程克中之時喫詬不能以施力造微之處離婁不得以爭明不然則一矢之短寧期乎必至一葉之微若有乎餘地諒有開而必先故無往而不利然後知射也舍耳而任目外形而專意出乎一札焉知來者之不如中乃百全勿慮前功之盡棄且夫稟絕倫之技當明試之前爲衆所推發不可不

中。莫君所賞。情不可不專。由是舍矢而破。固葉是穿。翻光而白雪馳。羽振響而清風激。弦名加徹札。術異攻堅。非後來之居上。信直道而無偏。夫然則習藝者不得暫閟。控弦者不可不察。弦不發則吾何以述。藝不修則爾亦無必。安得窮五善之妙。出百夫之能。積時之功。且葉必獲之美。徒稱嗟夫今之習射則多。選材斯衆。若穿楊葉者。曠千載而一中。

莊周夢爲胡蝶賦 以昔者莊周夢爲胡蝶爲韻

窮萬化之指歸。得七篇於往昔。何眞人之形氣。以異類而

遷易。將以明道之樞。喻心之適。徐徐在寐。忽羽化於他方。栩栩既遊。忘魂交於此夕。是知溥天之下。萬物一也。雖飛走之或殊。何生成之爲假。形隨夢改。豈必大人占之。心與物遷。孰云夫子聖者。澹然休息。怳爾飛揚。闇出蠨蛸之戶。潛辭蟋蟀之堂。風景熙熙。但娛情於胡蝶。是非草草。已委蛻於蒙莊。既而忽忽悠悠。東西泛浮。動皆造適。止必忘憂。草上翩翻。與百花而共媚。林間搖曳。似一葉之先秋。彼賢愚波注。禍福環周。信乃人間之累。非同域外之遊。且夫浩浩陰陽。茫茫羣衆。紛胷襟之憂患。勞日夜而迎送。是以至人。因茲託諷。爲魚而江湖可入。爲鳥而風雲可控。飄然而往。安知棄我如遺。倏爾復來。又疑與爾俱夢。故得弔詭之理。明懸解之規。方形神之寂寞。有變化之云爲。夢也者不期而會。飛也者以息相吹。豈銜髮之能診。蓋忘蹄之可知。至乎往復須臾。以化爲徒。寤與覺而未辨。蝶將周而已殊。是以大同而言。萬物爲肝爲膽。小異而說。一身爲越爲胡。苟愚智而自得。實聖靈之軌模。客有志業未如。居多不愜。六夢紛其夜動。七情忘於晝接。乃陳古以況今。賦莊周之夢蝶。

東郊迎氣賦 以青陸朝覲陽和啟蟄爲韻

聖人克崇祀典。大啟皇綱。布發生之新令。遵迎氣之舊章。於以式綏景福。於以宏開化光。南至生春。送固冱之元律。東郊展禮。迎煦嫗於青陽。於時太史陳詞。歲發其木。天子乃警仙蹕。轟黃屋。蒼龍矯首以虛徐。玉輅啟行而肅穆。千官萬騎。拱神位於中霄。太皞勾芒。扇和風於東陸。明德惟馨。蒼精降靈。寒色尚留於壇墠。淑氣已生乎杳冥。少陽始來。隨初日而其輝未赤。新春乍應。拂大旌而其色彌青。天統則彰。禮容斯靚。樂聲動蕩於木氣。黃道麗彩於蒼璧。氣

先四序克配於木德震宮光被八紘不逃於金壺玉歷迎之伊何神人以和明命既頒於執事遐邇必聞於賡歌時也韶景熙熙仁風習習日月克符於躔次草木遂生於原隰施惠而穀雨垂恩發號而春雷起蟄其道孔昭其律已調禮展於斯且殊夫禮月之夕拜之於曉有類乎拜日之朝我后崇五帝之經教酌三代之典禮振六樂之鏘鏘列千官之濟濟八音已陳乎濩武萬祇既歆於壇陛夫如是者惟聖所符惟天所啟故迎氣之祀事正皇王之大體者矣

太阿如秋水賦 以如彼秋水容色為韻

黷然若秋水者楚王有太阿之鋒窮其原則三尺成狀窺其底如百尺無蹤可以照魑魅鑒形容涵空而表裏泓澄詎私毫髮騰氣而風雲慘澹如隱蛟龍原其極良冶之功出洪鑪之裏薛燭增駭風胡眄視千里萬里之斜漢耿耿方侔八月九月之洞庭沈沈相似深淺難測精光不死磨越砥疑穿石之泉淬葛溪如貫河之水氣晶熒而不息質瑩徹而難比流影耀金精之上涯涘皆空涼飈鳴玉匣之中波濤不起韜映無匿埃塵不居澄曉峽黷清渠俯視則孤光溢目橫窺而一帶澄虛旁臨挾刃之徒疑開別派近映腰金之士似躍游魚比鍊之流奚匹容舟之所寧如其文也流而無極其清也掬之不得短長如任器之狀蕩漾有盈科之則似無雲之溪澗徑挺其形如落木之江湖深沈其色龍泉非偶巨闕難儔蓮影如植龜文若遊星綴明珠孰辨懷珠之浦環分圓月終疑映月之流泊乎霜露冷天地秋鏐是勠勍敵決冤讎故得名溢古今聲流遐邇解晉鄭於紛若埽欃槍於嘒彼予一智刃於胸中其精如此

履薄冰賦 以戒慎之心如履冰上為韻

冰之薄兮消釋可期人之履兮憂患是持將秉心於虞險諒投足而增疑故君子假輕重之喻為安危之資跬步未移顧見吉凶生矣躊躇欲泮行觀左右流之是以義比垂裳戒同狎水乍兢兢而股戰時剡剡而屢起步雖免於褰裳憂有甚於濡履則知吉凶繫乎物動靜由乎己不敢不蹐雖厚地而莫安時止時行固輕冰之可以故知我者見我戰戰兢兢不知我者謂我視川若陵既無咎於素履尚可期於積冰或北陸初結或東風始興覩之也知其脆易破涉之也恐其任不勝由是屏氣而行虛心而進在陽敢

思乎不冶通陰庶懷乎克愼身若重於千鈞冰疑消於一瞬憂心輾轉危步虛徐空邑不分每疑於滅趾冰容無警或遠於曳裾將釋兮畏明君之渙若其行也懼大易之屯如然則觀薄冰之爲象知立身之所尚類將墜於焦原之前如待然於積薪之上始玲瓏而若盡復皎晶而可望就其淺玉石無以隱其輝臨其深魚龍不能掩其狀大矣哉其薄斯在其虞則深將以戒乾乾於終日持惕惕之小心當見晛而或瞿懼霜霰之未任故曰古之機言今之攸戒儻所行而不惑俾處薄而勿壞

教猱升木賦

以仁義在躬教之則進爲韻

猱之爲物兮敏捷無倫人之設教兮質性是因顧升木之容易豈從師之苦辛於是授以程度使之緣循步步彌高同下學而上達孜孜不倦若游藝而依仁原夫引進他林發揮以智不言而化若喻於義指蹤在手所謂導而不牽嗜學因心誠宜誘之孔易俾夫趫容所騁迅足無累笑碩鼠之五能掩都盧之百戲初疑鴻漸訝走險之翩翩卒若熊經忘阽危之惴惴則知夫性自天而莫改教率性而斯在失之者進寸而退尺得之者師逸而功倍從輪桷之異規隨曲直於眞宰故君子將還於物必省厥躬彼可適道吾方擊蒙野性既馴自殊於狼子怒心不發何愧於狙公牧羊以不鞭爲機養雞以似木爲儆一則行之而未遠一則久之而成教孰與簡易爲師攀援是資既得心乎愛矣方將教以化之負凌雲之材庶幾仰止守墜地之道難可求思至矣哉發彼驍騰賴茲引力足循循而風舉木杳杳而繩直千尋雖險亦可超而宛升一跌無虞那肯勃如戰色豈翫物以爲用將育材而取則所以木不告勞猱惟效順學無間於時習功自得於日進彼以求易於難致遠由近可因茲而立信

蜘蛛賦

涼風起兮秋初步簷宇兮躊躇有微蟲之窈窕挂輕影於空虛績不待筐固無求於蠶結而成網若有羨於魚觀其周旋細密往復輕疾縷積於纖綸成若屈其身也或垂之如墜其絲也亦動而愈出成章無札札之聲不漏得恢恢之質夜居於外同熠燿之宵行日就其功異蟻子之時術於是規模既辨詭麗無儔纖羅礙日薄霧含秋圓影初成有似毀方而合輕絲乍吐還同不茹其柔塵飛空而罥結

葉下樹而縈罥可以待遊蟲於死地爲終日之養羞嗟夫積少者多因微者大始一絲而輕絡成眾目之交會言其巧乃織婦不如語其功執彫蟲可配豈徒玩迴文之縹緲閲浮景之明昧風乍觸而將紛露微霑而成纇實亦愛其組織憐於琢磨將懸心而有待信役力而無他客有志業未騁勤勞則多文章徒緝職競不羅覩在戶之呈妍爾功既就慙閉門而守拙吾道如何

中和節百辟獻農書賦 以嘉節初吉修是農政爲韻

聖上覩萬國之無事偉三農之可嘉因月令之初爰詢播

植俾年豐之慶無隔幽遐於是文武畢成威儀斯列爰修耒耜之務用廣異同之說將期國實京坻人懷禮節捧書而進知地利之可分足食是圖見天心之載悅既而啟文字儼簪裾煥夔龍之獻納掩河洛之圖書得富國以如此契生人於厥初稽重穀之言徒稱董仲驗深耕之法何愧朱虛所以候驚蟄之辰應夾鍾之律昭八政之所用蓄九年之困失是藨是蔉將致乎千斯倉爰始爰謀必因乎四之日故當載陽之候以進爲邦之術俾農識不耕之凶歲獲終畝之吉且中也者表天地之交泰和也者象德化之優柔致中和之令節展稼穡之允修將明肥磽異等豐歉殊收人靡在阿之歎野傳擊壤之謳已矣哉富庶之規既如此弼諧之道必於是佐元化之風行動黎元而草靡故得祥生地表慶發天宗百穀允修臣罔懃於后稷兆人乃粒帝有邁於神農伊斯事之明盛掩前代之輝映因獻壽之嘉辰遂啟心於善政何必考李悝之地力覽崔實之月令懿此羣公之書永作九州之慶

日月如合璧賦 以天地交泰日月貞明爲韻

格天之功兮不宰而成麗天之象兮乃合其明躔次無差

乃可立圭以辨貞符既叶必俟重璧而呈於是曜陰魄騰陽精將周旋而一體異遠近之相傾時也萬類昭融四方清泰激朝輝之杲杲發夜色之藹藹懸異象於人間吐榮光於天外挺連城之價誰敢指瑕居匹夫之懷非同賈害金烏共色玉兔增鮮麗萬室兮瑤臺共美泛千林兮瓊樹爭妍變方流於斜漢疊圓影於遙天落照西沈若欲抵於昧谷澄暉東上又如返於虞泉熒煌異質燭燿非一抱珥之彩潛銷如圭之容闇失於以表元象明陰騭瑞至德於堯年契昌期於漢日懿其經紀不忒明宵有程聯彩徘徊

似有求於潘子雙形宛轉若可賜於虞鄉既同道以賂合亦相推而運行見乎天則一人有慶比於玉則百度惟貞矧今馮相觀祲而罔愆羲和敬授而無斁將冥照於幽昧在宣精於日月是以靈符必集休祐可包不縮不盈自契於三年之閏無偏無黨何憂乎十月之交豈止合采呈姿和光效異陵珠星而掩縟透洛水而增媚東西並耀疑夾鏡於長空昇降相沿異藏珍於厚地然後操觚進牘賦邦家之盛事

五色露賦 以率土康樂之應為韻

露彩呈祥厥狀非一表四方之具慶故五色而俱出間朱青以騰文雜元黃而成質則沐聖澤者疇敢不祗被湛恩者罔有不率大化式孚瑞物斯覯究其原兮則一分其色兮惟五曖空之際若麗非煙之祥潤塊之時如啟建侯之土坤化無方至精宣光且見凝夫渥彩孰云晞以朝陽雖有本於三光三光不得不比諒無當於五色五色不得不彰豈直超絳雪掩元霜空挹瀼瀼之靈氣酌湑湑之神漿始也結以成形自東方而轉色今也出於協慶猶上天而降康則知時在中和何物不樂超飛走而為瑞與風雨而咸若不資揭以金莖寧假承於瓊爵鍊石初染狀媧皇之補天鴛瓦纔霑類彩鳳之巢閣在漢武時方朔陳詞涉吉雲之異境得五露之靈滋曷若我后統寰海之有截應天地之無私包眾瑞之備矣選列辟而觀之自然陰陽降祉天人合應吸沆瀣延楚客之情詠厭浥動詩人之興若以彼而方此曾不得侔色而揣稱

仙人掌賦

行盡煙蘿仙峯隱嶙兮高掌巍峩無得而踰扼金方之險固不言而信指秦地之山河觀其贔屭削成崟岑遠蹠幹

開元氣剖破凝碧五千餘仞兮似假扶持百二之都兮如能指畫每勞瞻望徂秦適洛之人誰可攀援駕鶴驂鸞之客勢比捫天形標一拳旁臨而霱霱無際直上而嶢嶢克全稍謂動搖帶晨光而耀若如同拊擊聞石鼓以轟然可以引羣生麾八極孤標承露之狀想蓄拔山之力霽雨飛盡見毛女同掌上之人嵐岫叢分對蓮峯為握中之色勢孤聳於岩岩形不類於纖纖折煙霞以斯出控關防而可瞻夕清而丹桂輪低疑將褫佩晝短而六龍駕逸似欲攀髯挐攫難窮規模酷似莓苔剝綠以盈握葛藟駢青而繞

指因鎛裂以文成偶嵌空而脈起齊大道之悠久挈坤維之綱紀有客西遊時當凛秋始憑軾以遐睇惟攀雲而寫憂吾聞太華中立黃河西流有巨靈兮受天之命擘奇峯兮裂帛斯柔故得一帶東引致洪濤而直注千尋西峙標異跡以長留況乃豫鎮稱雄秦城是仰沈潛之右臂斯見示化之前蹤可賞豈非大壯皇都制遐荒而示諸掌

敬宗謚議

議曰定尊號考列聖終古之重事有司宜用大者遠者上質百王之明烈下開千載之成法參天人之意極臣下之

誠酌而舉之以正大謚故稱天以誄大莫加焉微臣得議公莫至焉所謂大者遠者蓋總夫一朝之治化四海之惠澤夷夏之率職元元之受賜皇明所臨之遠近睿斷所繫之巨小何如耳其他苟不足以升降威德者固得畧而不論伏惟大行皇帝以英睿之資紹膺丕歷啟皇輝於磐石浴聖德於少海每欽承冊命天下咸悅既卽尊位孝思踰顯列聖之道率履不違禮行乎郊禋敬達乎宗廟富四海以致養榮兩宮以問安推恩廣愛累霈鴻渥發號施惠洽於百靈而又天資嚴正睿德沈毅時海內承憲宗穆宗威靈德澤之厚朝野無事生人休息初臨大寶委政宰庭春秋至富而遠蓄剛辯既閱庶務四聰益達英斷自己任賢不疑故卒能光啟誠明載安天下橫議或熾聖衷愈堅忠勲內外叶贊雄畧於是舉兵食之大計示經營乎四方而不庭之藩首自夷殄礪忠奮節視師於朝承風嚮化遐邇聳動夫不怒而威不戰而勝王者之武也推是大旨引而伸之則未形之用可見矣惜乎號未光乎天地澤未浸乎四海而變生非慮遐抱天關生靈之慟愼其可既乎七月將至同軌既集臣謹上稽國典傍考物情約以經義合諸

謚法表功節惠庶叶大中書曰惟睿作聖夫以濬哲之材繼聖明之業而祖宗成式修舉罔墜禮百神而親九族尊儒術而容諫諍鋪鴻闡號聖德彰明非睿而何謚法威強叡德曰武制勝朝堂之上而威稜遠馭不俟車甲非武而何昔漢昭帝之所以爲昭如此而謚法亦曰明德有功曰昭大行皇帝初雖謙讓然終任其剛斷以顯明德非昭而何夫愍者臣下追慟之誠所深切者也謚法在國逢難曰愍聖朝既討讐戡亂明告四方有司所宜率億兆之心極君親之義薦誠隆感非愍而何謚法慈惠愛親叶時肇享

皆曰孝乎愛敬於率土刑家邦之孝理躬親嚴配之典奔走職來之助廣慈至德非孝而何傳曰臨之以莊則敬又記曰莊敬則嚴威擬盛烈之形容參歷古之訓典謹上尊謚曰睿武昭愍孝皇帝廟號曰敬宗謹議

贊皇公李德裕德政碑

皇帝卽位四年滄寇既平河朔無事方偃戢兵刃與人休息惟東郡地臨討伐之境歲積水旱之後罷勞之師始旋於奔命殘耗之甿久困於煩役物力殫竭資用凶荒牧養之寄於是爲急乃詔兵部侍郎贊皇公李德裕以檢校戶

部尚書兼御史大夫出鎭茲土時公由浙右連帥以治行第一徵復南宮既至未浹月乃膺是選擇於是日對越明命抗旆遄征若決江漢以起焦涸至則究宣詔旨躬問痛疾俾人識皇澤吏識朝典軍識法令俗知敎化推心於萬人之腹下令於流水之源怠則張而振之弊則掃而更之下車三日而新政興涉旬而舊俗革周月而風偃三郡逾時而澤流四境朞年而人和歲穰厥績大成屬蜀人新被蠻寇流散未復詔選天下諸侯威可訓齊而惠可生殖者公又遷秩兵部尚書往鎭撫焉以遺愛之地所以揚豐碑

而表異政也古今紀嘉績詠去思者多矣大抵久於其位方顯其跡舜典三載考績仲尼亦曰三年有成子產相鄭三年而國人始信次公居潁川前後八年而曰郡中愈治未有起積困之俗施難行之化勞徠安集生聚敎訓未至期年而闡耀丕業流光馳聲若是之速也公廉明剛健精力過人博以文雅濟以經術發強開敏貫達吏事刃下無肯綮轂中無逃遁其治軍也法令嚴而賞罰信閱實其籍修利其器征勤之勳守備之勞一有可追罔不甄寵除去姑息之弊剗革因循之政戶庭無紀綱之僕營壘盡腹心

之師嘗稱記曰軍旅有禮則武功成故先之以禮誼傳曰以不敎民戰是謂棄之故勸之以敎習至夫鍊金割革之程制耳目聲氣之容飾日省月試莫匪躬親於是師徒感悅人百其武而政成於戎旅矣其馭下也正其身以爲表懸其令而莫犯守以畫一提以憲章故百吏聳視羣職修舉廣漢之推功善而吏人稱之不容口翕歸以一譽百而吏人皆改行自新與善懲違咸得其術而政行乎州邑矣其養人也拔其害本浚其利源安之而後勸功業之而後興敎苛役重賦人之所困明令以蠲之樹藝畜牧生之所

急躬勤以課之於是萬井千閭感勵恩德若人人皆自其手而持道之也郡有渚田千頃蓋上腴也先是畝種之人盡主兼并之家至則均其耕墾首及貧弱俾共其利而一其征詩曰愷悌君子人之父母愷以強教之悌以悅安之故流庸四歸播殖滿野化嘆息愁恨爲樂和之聲而政洽乎甿庶矣其訓俗也舉先孝弟養先惸獨敬教勸學驅而之善俾干櫓之鄉剛悍之俗粲然有文以相接驩然有恩以相愛仁聲感物順氣成象年穀大稔人無札瘥畎畝之中至有親戚致憂相報以養者比比旌顯陶然一境日飲

其和而政達乎教化矣其理財也愛人以生之節用以阜之無名非法之費飾奢崇侈之給踵弊或久一皆去之行之期年力乃滋殖百姓與足千箱既盈通商而百貨不匱訓工而五材咸理繇是軍有餘用吏有常祿而政施乎物力矣其約己也躬儉行簡居無玩好日公之詣部與家屬偕路人非見其旌幢雖告以掾吏之家不信也及郡凡昔之仰給於官不應法令者悉還之吏人皆驚而相告曰而今而後吾知官之與法矣吾儕其敢貪冒以愧吾賢帥耶至若均祿廩以贍軍費節宴游以寬日力忠愛之私視官猶家而政先乎簡約矣政事本諸身行乎吏人成乎師旅給乎甿庶美於風俗阜於財用六者治之大節也引而伸之觸類而長之則其他可得矣及戎軒西去將校官吏三州耆耋感公之惠訓懷公之明德道路號嘆若無所歸冀獲寇恂之借益深名伯之愛既而大將鞏仲良范湊別駕衛炫一十六人泣瀝丹誠伏述功美願刻金石垂諸無窮監軍使田內侍全操今節度使段尚書嶷繼以事聞恩詔嘉許俾萬方將帥聆音聳勸實朝廷之重典也公趙郡人贊皇其本邑也濬源長發賢達奕代烈祖贊皇文獻公諱

栖筠大歷中爲御史大夫清風峻節振服天下烈考忠懿公諱吉甫元和初再爲丞相崇功盛業燿動古今公承忠勳之積慶負鴻畧以繼起年未弱冠而濟美之望見推於時釋褐詔授校書郎累至監察御史元和十五年以本官名充翰林學士時穆宗皇帝初嗣位對見之日即賜金紫遷屯田員外郎考功郎中知制誥其侍從如故又遷中書舍人專承密命論思參贊沃心近膝言隱而道行者蓋多矣會邦憲任缺帝難其人乃拜御史中丞直己端誠道無吐茹百職以治朝綱以肅明年以御史大夫兼統浙西六

郡仍總其車服以鎮靖焉公時年三十有六大和元年就加禮部尚書二年加銀青光祿大夫詔書方勉舉漢宣故事以寵休績在金陵凡六載其仁風惠化磅礴於封部洋溢於歌謳天下聞之久矣及貳夏官至未發軔復慰滑人徯來之思滑人既乂復用滑之治迹以慰蜀人蜀人謳謠今復詔下則化日宏宣膏澤愈大其用舉茲而斷可識矣莪莪翠碣永載德政上請斯文迨於末學恭承明詔無愧直筆其詞曰

天有德星所臨者福王有良翰以撫藩服惟昔茲土歲仍

十饑師役罷勞人困流離衣食所儲蕩無孑遺上帝監觀俾公來思公之來思勞役乃息人望如草俟我生殖煩苛盡去吏奉條式禁止惰游阜昌物力歲聿未周乃無疲人寒者厭襦饑者厭飧野無閑田百穀茂蓁襁負而來闔境如春教化既興德刑具舉政行州邑禮行師旅人趨法令鄰服威武矯矯三軍勇餘可賈俗換風移日用不知鴟鴞之音魯侯化之蓽門之盜隨會逃之成人之服子皋爲之人有父子惟公親之人有作業惟公勸之軍政既成吏理既清百室既盈乃流德聲乃奉詔書俾鎮全蜀人失名父軍去方叔喂壘之甿尚知尸祝今茲功德曷其自足乃疏成績達於宸聽帝曰俞哉宜爾顯崇建石通衢追琢嘉庸書詞罔愧播美無窮

大唐寶歷崇元聖祖院碑銘 并序

唐寶歷二年歲直景午浙右連帥御史大夫贊皇公新建聖祖院于大茅峯下崇元觀之前上直夫華陽洞之南門集羣仙之靈慶資聖壽於億萬本其經始實感周先生出應昌運爲唐廣成薦瑞表祥式崔不朽於是恩錫院額號曰寶歷崇元聖祖院元門之盛輝動嵓谷時唐興二百有

九載天子以神聖文武惟新景命德合乎五千文之元訓明繼乎十二聖之丕業以清淨源化理以仁壽域生靈陶之以太和躋之於至順故自臨馭大寶則申詔百辟旁延萬邦推誠備禮徵訪至道寤寐孜孜如恐不及夫明天子勤求於上必賢方伯感致於下君臣一德而道德可興乃其年秋七月公以天子之命齋戒虔懇果得周先生曰息元實元精之全德大道之宗師也先生葆眞抱一涵光吹萬天下聆其風者久矣而遐襟曠迹冥寄希夷顯晦自我人莫能識夫元珠非喫詬可索至道惟精誠是致故累聖

之所不能起而一朝感契洪化蒸然來思且謂公曰昔廣成對理身之問鴻蒙啟養心之說二者皇王之大本也今息元亦將以斯道上報吾君公於是澄心清神思所以慶皇休而贊景福遂與先生圖議選置元宇相彼形勝栖靈此峯昔梁朝福鄉太子置道觀二其古壇廢井遺址猶在乃鏟荒夷險鬱起層構散俸錢以資其費擇幹吏以董其役翬飛矢直不日而成像設崇嚴殿宇沈邃神仙儀衞左右森列并按舊史氏得仲尼問禮關尹請著書之像咸備於前蓋將會通仙而肅百靈以永爲國家齋醮之勝選也

況三茅精氣二許馨烈古來得道於是者代有其人考傳驗圖若可攀揖而繚垣之內有流泉嘉木滋飾幽潤地靈境秀觸類益增懋此成績與山無窮永惟聖祖育德乎大極之前顯靈於未形之表當是時也合散消息莫可名象明而爲日月動而爲風雷播育而不測運行而不殆君得之豕韋以挈天地臣得之傅說以相武丁吾何爲哉道本一貫及夫神化挺生含章炳靈象帝之先資我疆名將寄言以顯元樞錫羡以興皇業猶龍既見萬物方覩是宜夫垂休儲祉長發其祥億萬斯慶集於寶歷此崇元新院所以得時而啟也初公以上方崇尚道德詰天下有道之士可以當是大選者惟周先生一人而已故其招致之忠盡訪求之精實則先生不得不出而公之誠節不得不伸既而聖情感愜萬國瞻賀其逢迎之優異禮貌之嚴顯自古尊師重道之盛無以加也則真宗元極至道之精不得不洞契乎上心播宣於理術俾風流澤浸廣被八區嗚呼此先生所以出而不疑亦可以示天下之不可不致如己者當吾君之至理適吾道之可行千載一期起乃時耳矧公以濟代全才合乎休明樹風南藩績最天下前歲與建儒

學而天降膏露顯於廟庭俗變風移遂至於道今之輝崇眞館闡奉元化上感睿旨下孚元元仁聲順氣流溢四境推是爲政大而伸之則致君興國之用可見矣又況封部之內融汰之下徧識元元之教俱爲喂嘔之人顧難乎哉餗謬列屬城獲詳事實又嘗以春秋屬詞爲學故承命奮筆直而不文其銘曰

聖運光啟山川效靈黃帝爲君起乃廣成崆峒至言今復行兮明明天子以道致理方伯虔誠先生戾止累聖莫致今茲起兮元感既宣化流溥天公拜稽首天子萬年何以

薦神御元元兮閟宇崇崇聖祖尊容神而明之神應豐融
華陽仙洞大茅峯兮金榜瑤壇仙術眞官羽節淩風珠佩
珊珊是醮是齋百福延兮名從天錫鏡占地久下薦臣忠
上資聖壽靈山萬歲績不朽兮

揚州華林寺大悲禪師碑銘 幷序

有天地而萬物生焉形氣推遷行識相緣一受其形萬化而未始有極沙界塵劫驅迷走妄浩乎若汩諸巨海而無垠也倀乎若囚諸闇室而無曉也四蛇六賊攻其內熱惱燋芽寓其質而昧者舉世猶竊竊然以彊力敏智可大取所欲攘螳臂而戰蝸角其不勝也則憂悲恐懼日以交馳曾未知夫牽於名而溺於惑者以形質之相雖天地秋毫細大殊耳其有限一也其必盡一也以壽觀夭雖萬齡一瞬修促異耳其有限一也其必盡亦一也況大不及天地而遠不至萬齡者又惡足以擬議哉此西方之聖人所以懸覺照於無極也自大迦葉親承心印二十九世傳菩提達摩始來中土代襲爲祖派別爲宗故第六祖曹溪惠能始與荆州神秀分南北之號曹溪旣沒其嗣法者神會懷讓又析爲二宗初師子比邱以遭罹大難恐異端之學起

故傳袈裟以爲信迨曹溪凡十世而其間增上慢者徇名迷實至決性命以圖之故每授受之際如避仇敵及曹溪將老神會曰衣所以傳信也信苟在法衣何有焉他日請秘于師之塔廟以熄心競傳衣繇是遂絕師嗣法於神會大師者也上距大迦葉三十六代皆以眞空妙有覺性佛心默傳密付印可懸解行之謂般若到之謂涅槃得之者變凡聖爲反掌失之者淪生死於浩劫不以心得不著佛求知佛性之在我亦無我而可證洞然與空虛爲體無起無滅包大千而不礙窮萬古而不老而神通自在顯晦無迹陶冶萬有未始生心然後爲得也其敎之大畧如此師諱雲坦代宗皇帝賜號曰大悲姓武氏蓋則天太后之族孫也父宣官至洛陽令師生而神雋七歲舉童子及第年二十歷太子通事舍人逸羣高步脫落羈束雖在軒冕之中泊如也及隨父至洛陽聞荷澤寺有神會大師即決然蟬蛻萬緣誓究心法父知其志不可奪亦壯而許之凡操篲服勤於師之門庭者八九年而元關秘鑰罔不洞解一旦密承囑付莫有知者後十五日而荷澤被遷於弋陽臨行謂門人曰吾大法弗墜矣遂東西南北夫亦何恒時天

寶十二載也。師既佩眞訣，遊無定所。以爲非博通不足以圓證，故閱大藏於廬江浮查寺；非廣問不足以具足，故參了義於上都忠禪師。繇是名稱高遠，天下瞻企。將東吾道，固請出關。天子降賜名之詔，以顯其德，時大歷八年也。既周流江表四十餘載，或山而栖，或邑而遊，鏡懸於空，萬象俱納，崖崖橫目，所至成市。癡愛貪欲，榛荒心路，以太無畏廓而闢之。元和三年，故丞相趙公之爲揚州，始廬州之華林精舍，以邀止焉。初師之東遊也，以世道交喪，其日固久，將息言向晦，與物相遺，恍惚之間，若有以傳燈之契來授者，且印指於頭曰：以是爲信。厥後每將演導，則指迹如丹。若乃制毒龍於金山，柔猛虎於定山，在江陰則神龜靈蚍之感現，在江都則山鬼城神之慴伏，皆顯仁藏用，以示慈力。斯衆目之所覩，故畧不盡書。而或者以爲怪迂之說，不可爲訓，是未聞菩薩大士遊乎不思議解脫者，無心於物，而物自交應者乎。住華林九年，年一百有八，歷僧夏八十有八，以元和十一年秋九月八日，返眞於其寺。明年，建塔於州之西原。門人遍於天下，荷其教者惟上都西明寺全證。證以自達摩以來皆有論譔，而師之樂石未刻，謂余能

盡知其道。寶歷元年，駐錫於毗陵，持其教宗與師之行事，願得文而建諸塔廟。余因采其昭昭可述者，載於碑。時丞相太原公總戎淮南之三年也。其銘曰：

茫茫萬有兮生死同纏，業風振海兮識浪滔天。覺者云誰兮有西方之大仙。慈悲廣大兮妙力無邊，八萬度門兮異派同源。文字言說兮罔非蹄筌，惟心法皎皎兮如月斯懸。惟大迦葉兮首得而傳，代代繩繩兮燈不絕然。迄於荷澤兮師又嗣焉，法存形謝兮諸祖其然。門人思慕兮塔彼西原，將祈不朽兮余可無言。

欽定全唐文卷七百三十二

趙儋

儋長慶中爲鄜坊節度使

大唐劍南東川節度觀察處置等使户部尚書兼御史大夫梓州刺史鮮于公爲故拾遺陳公建旌德之碑

公諱子昂字伯玉梓州射洪縣人也其先居於潁川五世祖方慶好道得墨子五行祕書白虎七變隱於郡武東山子孫因家焉生高祖湯湯爲郡主簿湯生曾祖通通早卒

生祖辯爲郡豪傑辯生元敬瓌偉倜儻弱冠以豪俠聞屬鄉人阻飢一朝散粟萬斛以賑貧者而不求報年二十二鄉貢明經擢第拜文林郎屬青龍末天后居攝遂山棲餌术殆十八年元圖大象無不達嘗學術擬張平子風鑒比郭林宗公即文林元子也英傑過人彊學冠世詩可以諷筆可以削人罕雙全我能兼有年二十四文明元年進士射策高第其年高宗崩於洛陽宮靈駕將西歸于乾陵公乃獻書闕下天后覽其書而壯之召見金華殿因言霸王大畧君臣明道拜麟臺正字由是海內詞人靡然向風乃謂司馬相如楊子雲復起於岷峨之間矣秩滿補右衛曹每上疏言政事詞旨切直因而解罷稍遷右拾遺屬契丹以營州叛建安郡王武攸宜親總戎律特詔左補闕屬之迨及公參謀幃幕軍次漁陽前軍王孝傑等相次陷没三軍震慴公乃進諫感激忠義料敵決策請分麾下萬人以爲前驅奮不顧身上報於建安建安愎諫禮謝絕之但署以軍曹掌記而已公知不合因登薊北樓感昔樂生燕昭之事賦詩而流涕及軍罷以父年老表乞歸侍至數月文林卒公至性純孝遂廬墓側杖而後起柴毁滅性天下之

人莫不傷歎年四十有二葬於射洪獨坐山有正聲集十卷著於代友人黄門侍郎范陽盧藏用爲之序以爲文章道喪五百年得陳君焉由是太沖之詞紙貴天下矣有子二人並進士及第長曰光官至膳部郎中商州刺史仲曰斐歷河東藍田長安三尉卒官光有二子其長曰易甫監察御史次曰簡甫殿中侍御史斐生三子長曰靈甫次曰競甫衆甫皆守緒業有名於代劍南東川節度使兼御史大夫梓州刺史鮮于公自受分閫之征也初年謀始立法二年人富知教三年會變於道乃謂幕賓曰陳文林散粟

萬斛以賑鄉人得非司城子罕貸而不書乎拾遺之文四海之內家藏一本得非臧文仲立没而不朽乎於戲陳君道可以濟天下而命不通於天下才可以致堯舜而運不合於堯舜悲夫昔孔文舉爲鄭元署通德門蔡伯喈爲陳寔立大邱頌異代思賢之意也况陳君顏閔之行管樂之林而守牧之臣久闕旌表何哉爰命末學第敘豐碑表厥後來是則是效其頌曰

有嬀之後封於陳國根深苗長世載明德文林大器質非雕刻學術鉤深風鑒詣極代公耿光喬元藻識施不求報

退身自默岷峨降靈拾遺挺生氣總三象秀發五行才同入室學匪獵精明明天后羣龍效庭矯矯長離軒飛梁益封章屢抗矢陳刑辟匪君伊順惟鱗是逆九德未行三命惟錫帝命建安遠征不伏咨公幕畫騁此驥足唯王玩兵愎諫違卜忠言不納前軍欲覆遂登薊樸冀寫我憂大運茫茫天地悠悠沙麓氣衛太陰光流義士食薇人誰造周嗟乎道不可合運不可諧遂放言於感遇亦阮公之詠懷已而已而陳公之微意在斯表辭右省來歸温凊如何風樹不寧不令廬墓之側柴毁滅性管輅之才管輅之命惟國不幸非君之病我鮮于公忠肅恭懿光明不融爲君頌德穆如清風日月運安江漢流東不閉其文永昭文雄

長孫僁

僁長慶時人

漢故丞相翟公重建碑表

昔猗氏城西五里曰漢故丞相高陵侯翟公諱方進字子威之墓公茂德洪業煇焯於漢庭公以儒術進歷京兆尹御史大夫公端肅莊厲守位以威嚴稱漢成帝器其能擢拜丞相公智能有餘兼通文法吏事以儒雅飾法律故漢

號爲通明相公內行修飭事繼母以孝聞有子曰宣曰義宣爲通儒歷南郡太守義耿介抗直以王莽悖亂攝政義忠烈憤激誓不顧死以東郡守扶順討逆師敗被誅天下咸慕其忠而冤其敗此所謂盛德之懿忠孝之門宜其光昭嗣續後代其昌熾乎故公之後緜歷魏晉郡守列卿歷代不絕晉處士陽名重當時國朝已還楚質木棲皆以文詞登第守宰不可勝記則公之盛德忠烈烜乎其有後矣公之宅地廣斥松檟森列洎貞元初懷光阻兵詔太原尹節度使馬燧討之馬燧宿兵十萬屯於城中當賊之隧井

堙木刋。故公之松檟。蕩然槎摧矣。公之碑記。折墜草莽矣。頹圮損廢。緜歷三紀。故宗長翟春暨宗人翟晶等一二人相與謀曰。文記堙滅。何以彰我祖之休烈。松檟摧槎。何以識宅兆之封域。遂與宗人翟晶等三十人協心一力。建豎舊碑。剗燿榛莽。以文字磨礲。將刱碑以表之。上啟於邑宰李公。公以爲政之本。莫先於教。孝爲禮之基。莫大於敬。宗子能以尊祖爲孝。則吾政幾歟矣。其宗長翟瑀及宗人等。以僚嘗忝在李公之遊。固請爲記。輒敢記其舊跡及宗人重建碑之年月日以表云。公本汝南上蔡人。歸葬本郡。値

東郡之敗。其餘子孫逃難西遷。改葬於此。故諸孫代爲河東猗氏人。

侯喜

喜。貞元十九年進士。官國子主簿。

鳥擇木賦（以君子之德翔而後集爲韻）

鳥之擇木者。不在乎得高枝。在乎得所履。或淩雲之榦而不可集。或在庭之柯而必可止。依維賢之主人。遠挾彈之公子。若夫鳴而後集。翔必有疑。如智者之千慮。叶君子之三思。山有不林。豈謂心乎愛矣。林多獨秀。寧同主則擇之。孰謂無心。依於有德。豈惟葉之萃。幹之直。必在無驚弦之憂。傾巢之逼。惟喬之下。想遊女之求。思避惡之陰。同志士之不息。若乃翼同雲展。身以風翔。觀平林之漠漠。見絕嶺之蒼蒼。豈爰止兮失正。誠所集兮向方。容足之柯。乃處隱身之葉。是藏。故有繞樹之烏鵲。棲桐之鳳凰。是知擇善而從。何常之有。既無巢幕之誚。詎貽高墉之咎。道惟空際。諒有開而必先。棲或林端。乃觀影而從後。未安其所。豈樂其羣。傍青冥而頡頏。白日出幽谷而翶翔。碧雲水隔山而猶遠。煙拂樹而漸分。將欲巢林杪。渡江濆。如蕭何之擇漢主。

虞卿之謁趙君。原其羽族所棲。惟巢是葺。雖衆樹之相蔽。惟一枝而可給。處必擇地。食無不粒。飛乃從宜。固難妄集。若然。則禽之有靈也。不可以愚智相欺。不可以飛走見遺。集灌既知有以。始巢當復何時。是以良木可期。倘主人之見納。俟我於庭乎而。

冰將釋賦（以和風既至遲日初臨爲韻）

春入寒水。冰驚淺滒。照遲遲之早陽。色將無定。度習習之回吹。勢欲難任。渙若分彩。濡如在陰。如應勾芒之節。將成老氏之心。非其漸焉。何以知仁氣之徐至。不日釋也。何以

表陽光之有臨稍露沙痕似分苔翠在形開而可觀因鋪發而增媚動其中矣將有日而然開必先焉若知風之自澹引晴色洞含春意曩之能久曾姝見晛而流今則不堅轉失履霜之至當歲華之既好變水綠之云初暗轉而光搖巳薄輕流而影動惟虛觀夫宵以澌澌晝必徐徐靜以當融稍驚北徂之鴈輕而未散猶覩上戲之魚如此則消積凍發微波西陸當出東風以和湛兮而平劍開幽匣黙然而運雲斂晴河方催皚皚之白漸滅昭昭之多則知道貴無質我之釋兮以日不徐不疾與眞源匹政尚得中我

之釋兮以風洩洩融融與皇澤同事有可貴用非可既懼乎裂尚保質於地寧就其流始收光於神氣潰然當解熙哉此時幸照臨之必及豈開泮之云遲日已不寒正難於鳥覆數當有盡轉使於蟲疑吾亦慕斯冰之釋不知夫所以裁之

漣漪濯明月賦 以題爲韻

水上風起天邊月圓何怡情於遥夜濯委照於輕漣兎怯盈縮蟾驚泝沿謂元濤之弄珠將投進退訝方流之有玉欲獻遷延泛灩靡凝沖融不歇漸失沙鏡逾迷海月丹霞合而暫止青蘋開而匪輟足使浣紗之女媿鞏蛾於後來伐檀之人恨流光於明發咸池何爲遠在天涯言浴白日曾非綠漪彼浪以雪著月以光垂縱欲報其虛室亦無能而可施曷若霄漢之下人寰不離望舒俯降陽侯悅隨班如責如克將順乎其美于沼于沚必周旋而中規且濯乃强名明而有素蓋取樂於風景豈同效於塵路所以淺不浮華深不掩嫭姝渙渙於鄭什引悠悠於謝賦懿其澹若含情眇若功成遍菰蒲而斂曜滿洲渚以澄明漏永更遥空見浮沉之狀星移漢轉無聞出没之聲嗟夫月霽乃明

水煩則濁苟氛昏之掩蔽與魚鼈而瀺灂水假當其演溢月縱思其滌濯運乖道阻天懸地邈則安得輕飈暫拂水鏡動於秦臺纖埃不飛玉璧吐於荆璞含輝發彩似忠臣之沃明君如後進之資先覺豈徒比其光麗而已

秋雲似羅賦 以蘭亦堪采爲韻

雲之可觀時惟佩蘭映婺女而扇薄透姮娥而幔寒縹緲如畫霏微似殘乍逐乘槎之人訝驚裾遠曳每映銜蘆之鴈謂燕幕遥看且曉霧如縠於今何在餘霞成綺須臾則改詎若我終日是似有時而待擬六銖而披拂伴仙女而

降夜臨七夕以輕盈助牽牛而納采羃羃風引籠籠露涵染絳日而成綪映青空而似藍冰綃若無孰不比方而皆忝霓裳儻有誰謂裁縫而不堪吁嗟乎一言有以千秋只亦天網本陳春絲不敵今夕何夕是尋是尺如可求斯服之無斁

秋燕辭巢賦 以秋令去急爲韻

漢落葉兮火星西流白露降兮萬物知秋嘉此燕之有感將辭巢兮命儔命儔兮焉求應節兮周遊去此集彼正爲良謀經北户以一息度南軒而久畱久畱伊何我翼新整雖華屋之可戀怯高巢之夜冷得不上下其音翩翻其景射白日之淹畱候令辰之光景乘秋而發且有便於風高養羽既成亦可知其路永況夫將適之所必能安據縱眷乎此巢可居固難以久而不去克有攸往足觀來譽殺氣澄秋晴光滿曙當是美景此焉騫翥遂乃横絶階墀遠謀原隰事必謀始翔而不集空長而矯翼彌高日暮而連飛轉急同發者或有不進後來者莫能相及巢兮徒有思其所葺

中和節百辟獻農書賦 以嘉節初吉修是農政爲韻

我后令節中和孔嘉凍已全解桃仍欲華慶賞之多燕樂既均於九有播植之始教化爰貞於四遐於是心膂周召股肱稷禼洎彼庶尹當兹新節陽和溥暢言拜賜於生成稼穡艱難乃載陳於睿哲觀其克合天意咸造皇居僉曰國以人爲本人以食爲儲政令不差則華夷知勸水旱無備則倉廩其虛且自古在昔靡不有初敬授人時而堯典垂記大無禾麥則魯史頻書今陛下夔夔慄慄日慎一日惟人是憂惟農是恤是以域中無事海内殷實人獻其誠神降之吉臣等叨遇昌運思裨大猷惟兹南畝可致崇邱虔考令辰實當四仲之首敬舉彝典庶爲六府孔修豈止合彼九疇冠夫百氏高懸象魏必日就而月將永播蒸黎自風行而草靡帝曰善哉子之言是於變時雍恭慎是宗應天地中和之氣備朝廷中和之容君告成中和之功久而作樂臣獻守中和之術先告三農此所謂超羲越軒臣賢主聖樹光宅之深本爲經邦之善政美哉啟沃之義於斯爲盛

唐高宗天皇大帝封禪文

嗣天子臣某敢昭告於昊天上帝有隋運屬顛危數窮否

塞生靈塗炭鼎祚淪亡高祖仗黃鉞而救黎元錫元圭而拯沉溺太宗功宏鍊石定區宇於再塵業壯斷鼇飲滄海而一息臣忝奉餘緒恭承積慶遂得崑山寢燎炎海澄波雖乃業茂宗祧斯實降靈穹昊今謹告成東嶽歸功上元大寶克隆鴻基永固凝薰萬姓陶化八紘

唐元宗明皇帝封泰山玉牒文

有唐嗣天子臣某敢昭告於昊天上帝天啟李氏運興土德高祖太宗受命立極高宗升中六合殷盛中宗紹復繼體不定上帝眷佑錫臣忠武底綏內難推戴聖父恭承大

寶十有三年欽若天意四海晏然封祀岱嶽謝成於天子孫百祿蒼生受福

唐德宗神武皇帝降誕節獻壽文

維孟夏十四日天降皇帝之辰羣臣感覆幬之恩朝明庭而獻萬壽者外盡四海罔有不至時臣亦幸在京師無因緣以陪進竊自思念其感恩受賜與羣臣無異徒以其身之卑賤至願莫伸如喑者欲言躄者欲趨乃作降誕日獻壽文一篇恭置于康莊之衢其詞曰

未有人兮則有彼天千變萬化兮道無常全高明運轉兮與人下焉聖人法象兮則相永年自我自度兮祇畏乾乾天受降福兮與人下焉臣今敢獻壽如天博厚配天兮其誰則地含容光大兮無與二山澤藏寶兮富有無既聖人體順兮不愛其利自我自誠兮其他至地至地不測兮生物咸遂臣今敢獻富如地日出輝輝兮風來薰薰甘露霡霂兮卿雲氛氳民曰五星兮生乎今辰愛我則君何以慶兮無稱其恩榮華富貴兮子子孫孫臣敢獻福兮如所聞

鄭式方

式方穆宗時人

中和節百辟獻農書賦　以嘉節初吉修是農政爲韻

聖人清謐六合車書一家皇心協於天統令節徵爲國華思播植以富人故農書是進建中和而煦物俾淳風不遐是以四夷卽敘九穀用嘉當其天廟低臨昭光發洩二月初吉式協於農祥三務成功不虧乎歲節授其時用天之道進其書知人則哲一人垂拱以憂勤百辟獻章而誠竭於是元老進而言曰陛下道洽無外化康有截猶慮九扈未宏三時尚闕命陳書而王化可闡俾知方而農政斯列旣種旣戒萊盛之望有期弗震弗渝地利之宜奚設豈不

以寒氣總入。春陽始初。陳乎五種之用。本乎三農之書。王者則千畝是藉。庶人則中田有廬。故年穀之順不差。物力之功克實。首嘉節而東作方起。符中星而西成乃畢。其殖也胥無不利。其耕也動罔不吉。然後邦國知設節之宜。象魏識勸農之術。於以見君臣克協。於以見土穀惟修。足食表豐年之慶。多稌興大田之歎。且夫節者育物於生成。農者豐功於遐邇。善宜令時罔不若。化洽令物無非是。乃疆乃理。歌積庾於京坻。有翼有憑。致殊方之率俾。非我后聖應太昊。德包神農。則不能盡地力。祈天宗。故得貞萬姓。行

八政。幸沐化於和平。庶采芻而謠詠。

袁允

允一作允。穆宗時人。

五色露賦 以率土康樂之應爲韻

上帝宥密。露滋貺吉。青紫相宣。元黃間出。湛鮮輝以交透。洒潤彩以爭溢。搖泫泫於微風。散離離於初日。滴而成暈。宜警鶴之偏聞。感以無情。勝舞獸之能率。被萬物之咸覩。表天心之以溥。識瑞氣之非二。辨方來之自五。洗於石如披媧后之文。遍於地似劃封侯之土。合德於唐。成金之黃烏。晨散而翻墜。煙晴籠而轉光。既桂成於重葉。亦珠綴於垂芒。契之斯來。我則調玉燭而後致。求之靡得。彼則耀金莖而莫量。是以其邦用昌。其人用康。誠可以爲飲。不可以爲霜。其離絢兮。其濃沃若。遐矚文象。旁通綺錯。狀郊祀之琮璧。爍以芬敷。擬霄漢之雲霓。煥乎蕭索。固自天而同酒。諒不醉而可樂。其甘如飴。其凝如脂。苟叶於道。不常厥期。在春而衆葩皆麗。或秋而羣蕪更滋。彼露瀼矣。我王則之。接花光兮渥萁莢。連碧砌兮滿階墀。旁露兮對龍袞之彪炳。紛映兮遍鸞鳳之葳蕤。始繁於天臨之際。終晞於日旰

之時。足使魏殿懷慚。漢宮非勝。多聞前後之仙術。豈逮吾君之嚮應。顧濡翰於攻文之徒。庶發揮於夢筆之興。

清露點荷珠賦 以題爲韻

池有秀冠衆卉兮。彼荷最英。天之氣結淳和兮。惟露斯清。圓規覆水兮。翻然蓋傾。素質積葉兮。炯爾珠明。露非荷無以呈潔已之狀。荷非露無以異先彫之榮。皓影搖光。修莖羃布。氣散蘭郁。光分電聚。鄰腐草謂螢火將飛。俯澄波若蠙珠已露。宜瀼浥於夜景。惜芬芳於歲暮。縹緲將闌。瓊光未斂。圓素津以泥泥。擢餘芳之苒苒。映翠帶狀蓮的之剖

開對青霄仰星文之亂點色黦兮菱藻氣肅兮金波雖有秋月我則承恩於彼露豈無朝日我則庇身於此荷尚不願洒園葵而澤豐草豈闕學老林葉而滋枯柯客有感秋而嘆曰滴瀝縈紆布濩芬敷浮池煙兮葳蕤吐絳點天酒兮璀璨垂珠已矣夫露欲變荷欲蕪君不見嚴霜降萬物皆盡兮復有此芙蕖

韋長

長長慶時官京兆尹開成中爲荊南觀察使檢校左散騎常侍兼河南尹進檢校工部尚書除平盧軍節度使

請仍行鞭背奏

京師浩穰姦豪所聚終日懲罰抵犯猶多小有寬容卽難禁戢若恭守勅旨則無以肅清若臨事用刑則有違詔命伏望許依前式輕重處置

張皋

皋穆宗時布衣上惑方士餌丹藥皋上疏諫帝善其言訪之不獲

諫惑方士

臣聞神慮淡則血氣和嗜欲勝則疾疹作和則必臻於壽考作則必致於傷殘是以古之聖賢務自頤養不以外物撓耳目聲色敗情性繇是和平自臻福慶斯集故易曰無妄之疾勿藥有喜詩曰自天降康降福穰穰此皆理合天人著在經訓然則藥以攻疾無疾固不可餌之也高宗時處士孫思邈者精識高道深達攝生所著千金方三十卷行之於代其序論云凡人無故不宜餌藥藥氣偏有所助令人藏氣不平推此論之可謂達見至理矣天寒暑爲賊節宣乖度有資醫方尚當重慎故禮稱醫不三世不服其藥施于凡庶猶且如此況在天子豈得自輕先帝晚節頗

喜方士累致危疾陛下所自知不可更蹈前覆自貽後悔也今朝野之人紛紛竊議直畏忤旨莫敢獻言臣蓬艾微生麋鹿同處旣非邀寵亦復何求但以曾覽古今粗知忠義顧有聞而默於理不安願陛下無忽芻蕘庶裨萬一

崔杞

杞穆宗朝官大理少卿

奏罷參酌院疏

國家法度高祖太宗定制二百餘年矣周禮正月布刑張之門閭及都鄙邦國所以屢丁寧使四方謹行之大理寺

陛下守法之司也。今別設參酌之官。有司定罪。乃議其出入。是予奪係於人情。而法官不得守其職。昔子路問政。孔子曰。必也正名乎。臣以爲參酌之名不正。宜廢。

張磻

磻。大中時爲處州軍事衙推試太常寺協律郎。

新移麗陽廟記

麗陽廟。卽舊白塢廟。山頂古有浮圖。云鎭地脉。廟因取名焉。自往及今。多歷年所。陋檐敗榻。苦於暴露。雖至窘湫。其實有靈。郡或水旱疾疢。禱之嚮應。大中四年。今齊州刺史

徐公鄩理處之日。時屬亢陽。徧祈山川。罔有徵驗。躬謁此廟。雨則隨車。公以邑有麗溪。廟居其後。遂改爲麗陽廟。方欲審像壯宇。以荅神休。旋詔歸朝。事不克副。八年冬。郡闕守。時錄事參軍天水姜公肅處紀綱之司。明糾察之務。當道觀察使御史大夫李公仰其清廉。委知軍州事。能德以化下。威以懲姦。麗水縣令榮陽鄭公全察字人。五稔政績有聞。二公相顧而言曰。郡邑無事。山廟可完。齊州肇謀。俾我繼作。得不勉歟。榮陽公不避燥濕。騶騎亟來。凡所規模。出於目巧。春三月。乃請都虞候兼押衙樂安任漢審地形度山勢。於舊廟之西而創殿焉。自州縣僚屬。皆助輸粟帛。同賀備費。連斤告畢。曾未浹旬。正殿敞空。中靈懸月。飛簷偃風。觀其塑容儼然。列坐如生。其正位麗陽王。蓋北山之神。左則白塔王。斯土地之主。右則巨潭王。乃北沼之靈。三神名號。雖圖籍罔載。寘搜可知。自開山導水。有土地人民社稷以來。神則挺生。咸聞之父老。非敢孟浪。然道正直。降鑒甚明。凡依於人。必俟永年厚位之賢。以寓其跡。不然。何規畫始於齊州。終畢事於姜鄭二公。其不感矣。西南冠其亭。備稅駕駐騎之位。左右翼其廊。充庖羞食餞之事。櫛植

貞木。帶遠流泉。月魄開而煙露銷。風篁響而精靈集。四時品饈之美。八節鼓吹之娛。固護郊圻。爲人景福。是神之功也。夏五月十五日。郡邑官僚。鄉里耆舊。大集於廟。陳祝列筵以落之。磻奉命執筆。用識其由。是爲廟記。

庾敬休

敬休字順之。南陽新野人。舉進士。以宏詞登科。累官工部侍郎。徙吏部。兼魯王傅。再爲尚書左丞。大和九年卒。贈吏部尚書。

請停百官應給匹段以平米價奏

應文武九品以上每月料錢一半合給匹段絲綿等伏以自冬涉春久無雨雪米價稍貴人心未安自德音放免逋懸賑恤貧下中外羣庶已感聖慈至於衣冠之家素乏儲畜朝夕取給猶足爲憂以臣愚見若令百官料錢內一半停給匹段絲緜等迴太倉粟每㪷計價七十文在衆庶必見惟康於公家無所虧減待至麥熟米價稍賤卽依前件卻給匹段等酌其事理庶叶變通

楊植

植穆宗時人

對治道奏

前代創業之君多起自人間知百姓疾苦初承丕業皆能厲精思理太宗文皇帝特稟上聖之資同符堯舜之道是以貞觀一朝四海寧宴有房元齡杜如晦魏徵王珪之屬爲輔佐股肱君明臣忠事無不理聖賢相遇固宜如此元宗守文繼體常經天后朝艱危開元初得姚崇宋璟委之爲政此二人者天生俊傑動必推公夙夜孜孜致君於道璟嘗手寫尚書無逸一篇爲圖以獻元宗置之內殿出入觀省咸記在心每歎古人至言後代莫及故任賢戒慾心歸沖漠開元之末因無逸圖朽壞始以山水圖代之自後旣無座右箴規又信姦臣用事天寶之世稍倦于勤王道于斯闕矣建中初德宗皇帝嘗問先臣祐甫開元天寶治亂之殊先臣具陳本末臣在童丱卽聞其說信知古人以韋弦作戒其益宏多陛下旣虛心理道亦望以無逸爲元龜則天下幸甚

對漢文從儉奏

良史所記必非妄言漢興承亡秦殘酷之後項氏戰爭之餘海內彫弊生人力竭漢文仁明之主起自代邸知稼穡

之艱難是以卽位之後躬行儉約繼以景帝猶遵此風由是海內黔首咸樂其生家給户足迨至武帝公私殷富用能出師征伐威行四方錢至貫朽穀至紅腐上務侈靡資用復竭末年稅及舟車六畜人不聊生户口減半乃下哀痛之詔封丞相爲富人侯皆漢史明徵用爲事實且耕蠶之勸出自人力用旣無度何由以至富强據武帝嗣位之初物力阜殷前代無比固當因文帝儉約之致也

許由廟碣

堯之聰明由先生成堯之治理由先生始堯不以天下讓

先生。先生之道猶昏。先生不以清節避唐堯。唐堯之道何尊。是知天地間。堯而許之。日而月之。生人以來。避讓之大。未有如先生者也。若夫錙銖九有。亢極一夫。安能以巖澤枯槁之姿。下聖文神武之德。則知丹朱得堯之體。而遺堯之性。先生得堯之性。而遺堯之名。是得之者守之不足。遺之者宰之有餘。天用先生秕糠帝王。牢籠六合。欲先生躬戴清規。首出萬古。僭賊僞臣之道。拜先生廟者。得不戒之哉。使湯之智。讀先生書。夏祀不夷也。使發之聖。得先生夢。商廟不墟也。然湯武聖人之用也。先生聖人之潔也。於亂

則吾用。於治則吾潔。二者聖人經時之大柄。使湯武逢堯舜。是必韜用而先潔矣。先生逢桀紂。是必捨潔而趨用矣。則聖道變化。豈有殊耶。汝喜爲雲霞。怒爲雷雨。先生神也。生爲春夏。殺爲秋冬。先生功也。結爲山岳。融爲川瀆。先生壽也。星羅月帳。巖靈壑靜。先生宅也。聖人無爲。金玉在璞。先生富也。功而不宰。人文化成。先生道也。休光烈儀。仰道垂師。先生文也。天機自潔。雖死不褻。先生武也。噫。先生所謂稟天之德。合地之式。居天地中。立帝王則。噫。先生所爲往矣。誰能寂見寥廓。但箕潁之上。惟餘清風。噫。先生所謂爲聖人之大。標天地之外。揖堯謝舜。疇爲吾輩。我來獨尋。請禱意深。再拜刻石。取文於心。

趙知微

知微。衡山布衣。

請勤政誡逸疏

臣聞色荒禽荒。尚書以爲至誡。前代失德之主。鮮不繇此。以致顚危。故聲色則慆淫心耳。蕩散人精。馳騎則陷涉傾敧。變生銜橛。此前代聖主賢臣。最爲深誡者也。是以周公作無逸之篇。而成王致理。漢文冒馳峻之險。而袁盎興諫。

皆事理明切。著爲格言。今陛下嗣守鴻業之初。萬方仰聽之際。尤資靜愼。用副觀聽。而旬月以來。遊幸未節。優戲在側。馳驅無度。臣是以內則慮深識之賢。憂難與謗。外則恐軼才之獸。軫轂可虞。伏望遠覽古聖。稍息遊玩。怡神間燕。肆目經書。求理道於旣安。播休聲於永代。實天下幸甚。

韋端符

端符。穆宗朝官拾遺。

衛公故物記

三年冬。端符於三原令座中揖其羣官。有客曰某丞李諤。端符曰。是衛公之胄也。其家傳賜書與他服器十餘物者。訖讌。端符卽丞居爲客謁。丞延入就列。端符因跪請曰。籍君僕射公之嗣。固願見僕射公之烈之多。其事辭雖史記或闕。畧具天下耳舌矣。聞君世傳文帝詔與公服物者。願

得以觀。丞慘慘曰。諾。卽其家傴僂躍步。奉賜書一函。他物一一器出。發視有玉帶一。首末爲玉十有三。方者七。挫兩隅者六。每綴環焉。爲附而固者以金。丞曰。傳云環者列佩用也。玉之粹者若含怡然。澤者若渙釋然。公擒蕭銑時高祖所賜于闐獻三帶。其一也。素錦袍一。其襟袂促小。裁製絕巧密。光爛爛如波。旁出紫文綾襖一。促製小袖如袍。其爲文林樹於上。其下有馳馬射者。又雜爲狻猊虎貙橐駞者。靴袴一。往來爲鉤屬鎖劍文。疑非華人所爲也。自始傳於今。莫能名其物。象笏一。差狹。不類今笏者。佩筆一。奇木爲管韜。刻飾以金。別爲金環以限難。其間韜者火鏡二。大觽一。小觽一。笇囊二。椰杯一。蓋常佩於玉帶環者十三物。已亡其五。其存者八。文帝爲兒時。與公子某年上下。文帝命居宮中。侍吾兒戲。卽賜以皇子服物。黃綾袍。緋綾裙。皆爲龍鸞文。素錦襖。綷五彩爲花若鳥者。素錦半袖。小笏。皆緻巧功良。今工之爲不能也。文帝賜書二十通。多言征討事。厚勞苦。信必威賞而已。其兵事節度皆付公。吾不從中理也。旣公疾。親詔者數四。其一曰。有晝夜視公病中老嫗令一人來。吾欲熟知公起居狀。丞曰。權文公視此詔。常泣曰。

君臣之際。乃如是耶。端符旣畢觀。中若有物擊惻其心者。於玉帶。見遠方致物。而上不專有。以賜有功也。於文錦衆物。見其時之工。志功不志靡也。於賜公子以皇子衣服。見視臣如友而猶兒也。於詔征討。見擇將材付將職也。上嘗不曲制其事。旁他可動哉。於問公疾。見上答憫公如家人之視子姓也。公之勞烈如是。其大固有以感之。獨推期運。吾不信也。丞曰。子觀吾故物。異他人之觀。一似動色隱心者。於霜露變時。每閱省是物。人雅謂子工文辭。幸爲記。吾得觀以慰吾慕思也。故曰記衛公故物。

兩戒

窮者宜有以樂乎果宜有以樂也窮者宜有以懼乎果宜有以懼也樂者何樂吾之窮非吾之修也樂吾之不苟就偷取也樂吾寢道之安腹義之飽而不更富貴也樂吾之自反而縮偃偃而居蕩蕩而行也樂吾之善擇善蹈而無所移流也樂舉如是也樂可涯乎哉故曰窮者果宜有以樂也懼者何懼吾之窮時不能也懼吾之道終不能施設也懼利澤不下於人也懼吾之榮名淑譽不冒聞於天上以爲父母寵大懼吾之無以與親戚爲厚也懼吾之無以

與鄉黨賢友俱有之也懼舉如是也懼可弭乎哉故曰窮者果宜有以懼也達者宜有以樂乎果宜有以樂也達者宜有以懼乎果宜有以懼也樂者何樂吾之達上不欺乎君下不愧乎人樂吾之秉良食腴有以得之也樂吾能蹈古之達者之道以匡戴於上也樂吾之進而能思有心爲報也樂吾之穀祿豐多而不能爲積藏有以與戚愛爲厚也樂吾之不大其家而養來天下賢士可以繼續吾祖道也樂吾之奉養祠祀率父母所教育而居有之以爲潔甘苾馨也樂吾之功利流布於人而國人指名以榮父母之善教誨也樂上有以倚也樂下有以仰也樂似先古之爲令子孫也樂垂後世爲賢祖考也樂古之人非無吾道而有合不合吾適有之而有合之樂舉如是也樂可涯乎哉故曰達者宜有以樂也懼者何懼吾之所以達無曲折便邪以得之乎懼吾雌顏餡辭態媚嬖御以得之乎懼吾飛聲竄跡盜取衆好以得之乎懼吾之得位無急夷而讓病乎懼吾無嗜豐盈而迷位如鄭乎懼吾不恤居職而早計後來乎懼吾無激詭譎詐以取譽乎懼吾無攜實傳藝爲雀集狙黠乎懼舉如是也懼可忘乎哉故曰達者宜有以

懼也窮者宜有其所以樂無其所以懼古之人有之顏子是也凡所以病疾於道擇去之鮮矣而又得聖人爲之依旦夜熟復所理以爲樂所謂懼者獨不得功利下於人耳辱有所歸也歸乎有國有人者也與吾之俱生之人無達也懼於我何哉達者宜有其所以樂無其所以懼古之人有之周公是也以家爲周抱負稚主以究成天下矣凡所以養天下者宜舉置之以爲樂而一無所以懼代之希顏子而道周公者有其所以有無其所以無哉苟不至焉宜兩有所戒作兩戒

君子無榮辱解

所謂榮與辱者賢不肖之辨也朝暮之所存也君子小人所以異道而殊名也君子無榮辱小人有辱而無榮志意修術業明德行備飾是榮之自內者也由之而爵列尊穀祿厚無擇而不宜是榮之自外者也君子有諸內而外者至焉猶是藝之耨之鎛之水澤以時而苗之猥大者也而世謂之榮是果不足爲君子榮也以至貴於天下立國家偃然若固有之者彼修之非一日也得之誠有術也吾所以待之無愧也又何榮乎哉阨窮詈侮暴怒橫逆以至於

擊悴逐磔世所謂之辱者是又果不足爲君子辱也問其逢何物也其遭何時也吾之所以不容用吾之所修可於堯禹孔子而不可於斯時也吾又何辱乎哉君子無榮非不榮也所以爲榮者出於吾道耳異乎世之所謂幸而榮者也謂種而收者幸可乎君子無辱非不辱也吾之道大彼不足用吾之說粹彼不足聞辱誠有所在也猶河海之不可內於坳涔也是豈河海辱哉故曰君子無榮辱由是爲說也小人有辱無榮曲哆險詭突誕嫉賊是辱自內者也由之而得刑殺流放是亦有諸內而外者至焉是猶葳蕪之欝滋之而蓬亂疽結也謂飯茹死者不幸可乎幸而售姦容邪盜有位勢則當時之賢者陰指而默笑之憤之甚者筆之於書以示戒於後視其所處如鼠之肥肆於廩也豕之腯澤於欄也其榮乎哉故曰小人有辱無榮也小人之有辱無榮內外備至而不容說焉然則就是說吾又有明焉君子非有榮者有仁義之榮而無勢任之榮也在吾之修者堯禹孔子吾將坦蕩蕩而君師之立其朝躋其堂恬而有之流千萬世鼻口吾芳馥故曰有仁義之榮也若勢與任吾又惡取哉得之吾不屑也流千萬世不遂者

稱道而自信焉惡在乎得與否也故曰無勢任之榮也若小人則無適而不辱也學者述道行吾說而審取焉君子小人分矣

寄言上篇

孺子道成人之言父母必憐誇焉非直父母也鄉人亦異而指之矣是何也非所以期孺子也待以孺子而言成人也則父母憐之如鄉人指異卽有魁然成人而事孺子是何人哉其所以待之視之用何心也移是而言小人不能爲君子固也陷乎罪誅非暴逆狠戾而窘於咽喉之空尺

寸之膚受之不仁仁人不憫憐之也今有一鄉之吏遇孺子把弄土塗折撓草木則呵而批之曰何爾也成人者有妄毀淫取顧不敢動睫而過之是誠不了一鄉矣吾欲世之大人無獨見鄉吏之不了一鄉而不自見所不理無喝怒於孺子之爲而恬視魁然成人撓折大草淫取大物者本其所以待之之心從而校之天下幾蘇息

寄言下篇

今有人負病於此則其親戚者憂之聞善醫則不遠燕越而求之欲其病之速瘳若噓毛掇葉之易是直智無所施

耳然則憂者雖甚不能爲也善爲者又非所憂也不憂非薄人也非其他耳彼誠善醫也安得人人而憂之必居其地而恥不能則將悉其技而爲之與憂者之心不異故病甚憂戚之得善爲之醫則幾乎平理矣不得善醫者百十旦夜坐環之而藥謀無所曉其去死喪幾何故曰憂不能爲技不習也爲者不必憂非其地也必得善爲之者處憂之之地然後知病之間也不日矣昔之爲天下國家而病者豈無善之者耶不得處憂之之地耳漆室女誠憂矣不能爲魯也鴟夷子嘗工爲越矣陶朱公則視猶涉者之視車使嘗得善爲天下國家者處憂之之地何敗亡之有

楊紹復

紹復左僕射於陵子擢進士第登宏詞科終中書舍人

授周敬復尚書右丞制

勅百事根本在文昌官綱轄不修則庶人墮矣是以選擢之際常難其人不有精才孰膺茲任江南西道都團練使觀察處置等使檢校右散騎常侍周敬復以精遠之詞早登科籍以深奧之學遂列顯名振風績於南宮奮華輝於翰苑聲猷實著名以事高厥德允修在公不倦俾贊丞於都座庶警策於周行振舉朝倫有望於爾可尚書右丞

韋充

充長慶中官倉部員外郎

筆賦

筆之健者用有所長惟茲載事或表含章雖發跡於衆毫誠難願脫苟容身於一管豈是鋒銛進必顧言退惟處默隨所動以授彩寓孤貞而保直修辭立句曾無點畫之虧游藝依仁空負詩書之力恐無成之見擲常自束以研精擇才而丹青不間應用而工拙偕行所以盡心於學者嘗

巧於人情惟首出筒中長憂挫銳及文成紙上或冀知名以其提挈不難發揮有自縱八體之俱寫亦一毫而不墜何當入夢終期暗以相親儻用臨池詎欲辭於歷試今也文章具舉翰墨皆陳秋毫似削寶匣以新但使元禮之門不將點額則知子張之手永用書紳夫如是則止有所託有因然後錄名之際希數字於依仁

漢武帝勒兵登單于臺賦 以旌旗千里深入黠虜爲韻

漢興五葉帝曰孝武氣蓋羣方威加醜虜謂八表可以臣服謂四夷可以力取所以發王者之師於中原登單于之

臺於北土乃徵騎卒爰整虎貔將馳大駕用建靈旗雷耀星奔忽東西而沸渭蚪騰龍騁紛左右以葳蕤出乎關山之外乘乎肅殺之時始也歷涿郡之墟涉西河之水踐匈奴之絕域蹂長城之故壘洪塵坌乎三邊白刃森乎萬里追風躡影之騎蔚以先登執弓挾矢之徒紛然四起帝於是奮師旅縱窺臨雲浮層構霜激雄心鼙鼓之聲自陰山而雷動旌旗之色從大漠以煙深故得遠瞰龍城旁分馬邑俯雲路以周覽窮地形之可襲悠悠四塞辨古戍之微茫一一遼天見征鴻之出入既而虜不敢犯兵亦言旋將雪恥於平城之下冀歸功於高廟之前殊不知天下一家不必耀威靈於億兆域中無事何煩誇被練之三千況彼讋羣胡恣專殺且非示一人之恩信亦何以制九夷之桀黠徒使五原之下感戎馬之蕭蕭四海之中識兵車之軋軋未若我國家無私爲用不戰爲名外設受降之壘內懸進善之旌俾四方之通泰致九有之文明豈徒與西戎北狄較戰而論兵

郊特牲賦 以繭栗之微貴乎誠慤爲韻

天實至尊物難致味所以郊祀之展禮惟重犧牲之用犢

有爲故能昭德馨導生氣叶上帝精明之感必因誠以告虔示下土恭謹之心有以小而爲貴由是選才斯始稟命有歸固資於至敬之薦不在乎充身之肥盡黑黃蒼赤之形舉書其數用繭角皮毛之狀具體而微苟山川之不舍曷天地以相違當其大禮既陳泰壇斯踐形殊歸獸角若獨繭羈縻忽至初無悚於肇牽觳觫方來終有悲於餘喘肅然之內蠢爾如生委質未分於天理亡軀終狥於物情足以上祇明命下達精誠乾乾之意不虧因必之於心敬戢戢之儀斯異亦何假於楅衡可以薦明時可以擇吉日

天子以之合禮而具備有司用此陳儀而罔失殺身之際雖有補於馨香登俎之時固無慙於榛栗斯可以見至德在斯入用惟時實禮之大者在信以成之介葛雖聞於早辨莊周誠得而興悲是故聖人制禮作樂必資後學分隆殺於輕重之心辨等儀於長短之角彼賓客者滿尺宗廟者盈握曾何足以表於齋莊固未可以彰其忠慤方今四海既定小信咸孚郊天祀地之禮將展博碩肥腯之用奚無所以下臣稽首而歌曰惟吾君之德也與天地之巍乎

庚氏子碎玉賦（以聖人捐寶以息爭端爲韻）　韋充

人無善惡利乃交爭故懲忿者無如於立義感物者必在於推誠所以庚氏子能捐片璧遂息兩情誠聖人之闡域見智士之縱橫當其愛惡所逼長短相賊意各是非事難姑息乃曰碎我此寶成君之德苟有易心固無難色傍窺利害遂生一決之心下視錐刀不顧千金之直於是置諸厚地投此攻堅隨形驕若應手琤然萬點星分善價之心俱死二疑冰釋力爭之意都捐斯乃大讓所加連城非寶棄此十德欲求諸道不然安得勵不貪之志在彼斯須堅必斷之謀於子懷抱卓哉奇士克已喻人解紛以道出義

於身故得割所愛成乃仁不以利爲用而以德爲隣況乎雪彩飛揚霜華奔迸折裂無幾堅貞失性如散天之氣忽若斷虹碎含璧之圓皆如破鏡此既棄寶彼焉息競則當路者誠可以稽疑立教者固宜於希聖彼機忘於絶絃難解於弄丸亞父碎斗而增恚海客鍛珠而成難徒生一理未息兩端曷若格物於恥勸人爲美究其道不徒然想其心非率爾誠哉莊生之說吾固知其有以

餘霞散成綺賦（以題爲韻）　韋充

試一望兮雲晩而山晴白日欲没兮紅霞始生含江天之

霽潤籠烟景之虛明發光華而不定若組織之相成陽文陰漫乍合乍散離披晃朗錯雜陵亂麗雲日之幾重鋪綺繡之千段翻光倒景擢菡萏於湖中舒豔騰輝攢蝃蝀於天畔照萬象於晴初散寥天於日餘吐丹氣於青嶂爲金光於碧虛越女浣紗恥鮮明之莫及巴姬濯錦慙光彩之不如攢紅散紫參差邐迤狀羣飛之鸞鳳類叢生之花蘤始一變而舒霞終一變而成綺當是時也則有才子去國遊人別家汎濫秋景徘徊霽華惜賞心之日暮悵游目於天涯積九秋之懷抱對茲夕之烟霞仰丹霄之愁斷想赤

水之路賒能不沉吟徙倚臥坐興嗟況復雲景迴午蒼涼愁暮思攄懷以振藻返疑憂而失趣空吟謝客之詩遐思公孫之賦

東風解凍賦 以立春之日冰凍銷釋爲韻

三陽布萬物新攝提建月勾芒御辰惟東風之解凍明下土而知春於是嗣木德游水濱坼涸沍開瀹淪始自震而發跡終習坎而成仁原夫其始也出大塊乘新律度晴川經暖日積習習之淑氣散戔戔之素質順流而委想銀河之漸傾逐吹以分訝瑤池之漸失飄然既至颯爾攸興潛

融積澌暗斷輕冰自太簇之氣生功因入律悅中流而瓦解聲若裂繒不疾不徐如考如擊動輕澌於皎潔上游鱗於磧礫未分蘋末疑馮夷之剖蚌胎稍辨波心若荊山之流玉液意同攻陷勢若刳剔何虎嘯之威方微信狐疑之心已釋羊角既止蟬翼潛銷表一歲發生之候當三春啟蟄之朝鼓怒斯至徘徊遽飄拂圓折之時初疑破鏡迸亂流之處盡若迴潮斯以見寒暑不愆推遷屢急何一氣之自噫信百川而皆及導仁爲煦決滯之義則深以德而和陷堅之功斯立當其晴流漸泮麗景初馳飄忽既及凝滯

無遺狀曉河雲卷之初忽其明矣若太素氣分之際難可辨之是知天地既春欣榮者衆將以遂於羣性不獨釋於積凍然後驅飛廉命羲仲俾風日之可遊冀臨川而必中

鞭石成橋賦 以秦皇舊跡至今尚存爲韻

石雖至大兮水亦能受以水浮石兮其功難就何異術之得中忽成橋於海右是必窮怪力極宇宙將觀光於暘谷亦誇功於周舊在昔嬴氏八表初吞言巡日域遂瞰海門感召初牽以表迴山之力崚嶒斯至皆呈見血之痕誠陰陽之不測與天地而長存當其大駕臨流羣官列位皇威

赫其斯震巨石屹以前至豈惟韞玉皆符投水之姿不俟造舟自叶濟川之利所以驅汗漫走嶙峋架巨壑越通津始戔戔而驟轉忽蕩蕩而惟新岳立星馳異成名於隕宋神扶鬼助若受命於強秦故得勢壓長源影分高浪似迫官刑之急如搆凌波之壯萬靈卻走藹朝景以先驅五色爭臨杳如虹之可望硉矹初定崢嶸不讓烏鵲未足以比倫黿鼉故難其想尚萬變千化杳杳茫茫將持峻極以配靈長投跡皆因於水府推功可謝於媧皇嗟乎代異人殊山空地寂邈矣前事依然故跡對江海之上終感逝川在

陵谷之中徒爲怪石則知帝王之道貴乎居深日月之異難可窺臨馳騁固傷於至德亂神終歎於非今

華山爲城賦 以因形設險坤德所爲爲韻

地控强秦路惟分陝有太華之作固若崇墉之生險絶壑由抱重巒外掩倚雲漢而匝野屏開跨金方而當空黛染千尋壁立萬雉雲屯龍盤日月虎視乾坤大河自北而東呀爲濬洫穹谷從中而斷豁若重門誠百二之光宅見九五之天尊偉夫襟帶皇都咽喉上國磅礴乎崤函之外隱軫乎豐鎬之側所以羅羣象吞八極展萬祀而成在衆心

冠三秦而位居一德况乎天地初霽雲霞四披紅塵滅影碧落標奇宿霧市之氣尚凝烟闕聳蓮峯之色不讓文陴顧萬夫之莫向信六國而奚爲岌岌神才言言天設連岸抱九州之路壯氣折諸侯之節蕭蕭歸馬想飲窟之初還隱隱輕雷訝鳴鼓之不歇天包地束鳥過雲輕萬仞垂峭千峯入冥髣髴虹蜺盡識旌旗之色依稀星月皆分弧矢之形疑其發跡混茫孕茲重阻假巨靈拔山之力衛王者登龍之所不然安得不費一錢不勤一旅削成而千里共峻作鎮而一人可禦是宜堯爲君而舜爲臣道爲主而德爲鄰與天地之人共守使海内之士咸賓夫如是則東夷之與北狄雖欲窺而何因也

劉從諫

從諫澤潞節度使悟子悟卒從諫主留後寶歷中爲昭義節度使太和初進司空封沛國公七年加同中書門下平章事進檢校司徒兼太子太師會昌三年卒年四十一贈太傅

奏論二蕭眞僞

臣聞造僞以亂眞者匹夫知之尚不可容天下皆知乎執

諫以爲親者在匹夫之家尚不可容况處大國之朝乎臣受國恩深奉公心切知有此色安敢不言伏惟皇帝陛下仁及萬方孝敦九族而推心無黨惟理是求微臣所以不避直言切論深事伏見金吾將軍蕭本稱是太后親弟受此官榮今喧然國都殆聞藩府自上及下異口同音皆言蕭宏是眞蕭本是僞臣傍聽衆論遍察羣情咸思發明以正名分今年二月其蕭宏投臣當道求臣上聞自言比者福建觀察使唐扶及監軍劉行立具審根源已曾論奏其時屬蕭本得爲外戚來自左軍臺司既不敢研窮聖意遂勒

還鄉里。自玆議論。轉益沸騰。臣亦令潛問左軍。權論大體。而士良推至公之道。發不黨之言。蓋蕭本自度孤危。妄有憑恃。伏以名居國舅。位列朝班。而眞僞不分。中外所恥。切慮皇太后受此罔惑。已有恩情。若含垢於一時。終取笑於千古。伏乞追蕭宏赴闕。與蕭本對推。細詰根源。必辨眞僞。

請王涯等罪名表

涯等儒生。荷國榮寵。咸欲保身全族。安肯搆逆。訓等實欲討除內臣。兩中尉自爲救死之謀。遂至相殺。誣以反逆。誠恐非辜。設若宰相實有異圖。當委之有司。正其典刑。豈有

內臣擅領甲兵。恣行剽劫。延及士庶。橫被殺傷。流血千門。僵尸萬計。搜羅枝蔓。中外恫疑。臣欲身詣闕庭。面陳臧否。恐并陷孥戮。事亦無成。謹當修飭封疆。訓練士卒。內爲陛下心腹。外爲陛下藩垣。如姦臣難制。誓以死清君側。

羅劭權

劭權字昭衡。擢進士第。

刳木爲舟賦 以濟川資匠理國求賢爲韻

昔王者以濟衆爲先。念舟航之未具長川。謂運斤之人。必能造物。選合抱之木。遂使攻堅。旣而削彼鱗皴。定茲繩墨。短長大小。任規模之巧心。高下重輕。稱波瀾之巨力。原夫造其舟而利其用。亦由求其理而安其國。刳剛斯休。舳艫已流。小周穆黿鼉之駕。契高宗舟楫之求。德合國風。暗動揚帆之勢。人歌帝力。爰成鼓枻之謳。濟物不得無其舟。行化不得無其相。運智旣由乎明主。操舟亦因乎哲匠。器無不具。實均大造之功。道無不通。宛叶蒼生之望。必也主意渺瀰。用汝猶疑。不顧斧斤之妙。不求擁腫之資。則思涉之人。恨無航而空歎。未濟之士。欲行水而何期。且刻之求劍者其意細微。用之稱象者誠非大計。曷若濟巨川而是念

命良工而立制。欲使蠻夷之類。慕化而有路。斯來商賈之徒。通貨而乘流。遠逝利涉之道。彌彰拯溺之功。潛契以此利物。何物不利。以此濟人。何人不濟。由是皇恩遠被。鴻化旁流。潛通四海之路。皆因一葉之舟。用之則行。豈隨波而上下。利有攸往。當與道而沉浮。今我后契道臨人。端默求理。思通大水。濟川之具雖多。樂得長材。刳木之心未已。則知從古之君。爲舟於水。若葦杭於河廣之內。似芥葉於坳堂之裏。方之於今。未足喻其大而擬其美。

袁不約

不約字還朴。長慶三年進士。李固言在成都。辟爲幕官。加檢校侍郎。

胡越同舟賦 以所思同濟寧患異心爲韻

胡越異方兮言語不通。邂逅相遇兮扁舟之中。訝形殊而類別。偶泝浪而乘風。邈矣兩鄉。懷土之情則異。飄然一葉。濟川之計斯同。始也各自天涯。俱來波際。指遥程於空闊。紛遠思而容裔。南冠朔服。俄泛泛以相親。孤棹片帆。杳悠悠而未濟。安危目擊。休戚心期。當波瀾之起處。是肝膽之呈時。水害若防。不獨文身之俗。風高儻便。豈惟嘶馬之思。

去乃夷猶。來何處所。不遠南北。宛爲儔侶。投足而乍憐遥集。共軫風濤。思鄉而何暇哀吟。且虞悠阻。迹也既狎。心焉匪寧。搖烟蕩水。泛梗飄萍。在浩渺之難測。况沿洄之不停。容與安流。每欣欣而會意。縱橫駭浪。咸惴惴以忘形。蓋以風水多虞。因依不間。來非類聚。雖慙泛洛之仙。情匪貌親。誠無敵國之患。殊方何遠。合志何深。因託質於刳木。遂忘言於斷金。向若不同其利。無得而尋。長嗟鯨鯢。莫嗣徽音。則朔野慕射雕之悍。炎洲樂拾翠之心。復安得同其憂患而計其浮沉哉。於是察其事。嘉其意。諒極睽而乃合。非棄同而卽異。永懷共濟之誠。信無往而不利。

盧簡求

簡求字子臧。宣武軍節度使宏正子。長慶元年進士。大中時拜涇原渭武節度使檢校左散騎常侍上柱國范陽縣男。徙義武。又徙鳳翔河東。咸通初以太子少師致仕。五年卒。年七十六。贈尚書左僕射。

禪門大師碑陰記

會昌壬戌歲。簡求既撰大師碑銘。是月藏眞身於法堂之西南隅。琬玉將刻。遭値難事。塔石圯坼。福地洿瀦。今天子

紹開洪基。保定景福。以爲生靈遷善。本乎化導之功。帝道無爲。雅契空寂之理。申明像教。以福羣生。遂班示縣道。崇煥寺宇。余時分符吳郡。昕公實來。因以奉錢。卽其故處。言興版築。肇畫規模。而檀施景隨。嘗功百態。楚材山委。郢匠星馳。俄而詔自九天。慶傳百郡。委廉使裁創新規。金容玉毫。華藏寶刹。凝輝呈瑞。雲矗山横。長廊四周。繚垣千步。巍巍巨壇。揭乎其中。周環重軒。金碧盡飾。非神功法力。曷以臻於此邪。於維大師。兼視報化。傳燈演法。垂七十年。拔出於苦途者。何啻萬人。迎意而有得者。亦云數輩。物飽慈誘。

人懷永思雖法身不隔於存沒而遺迹願留於景像昕公五行潛秀六度圓成啓有爲而悟無爲來無從而去無至智機元應心匠不疲茲寺也闢一乘之妙門爲多士之福地感通宸聽爰錫寶題猗歟韙哉莫大之功也

杭州鹽官縣海昌院禪門大師塔碑

粵若大師示滅之四月院主僧法昕萃諸門人授簡於簡求曰若之師深索禪悅爲本宗之門人前時來謁我師一言有得今將以是月十七日謹護法器藏於靈龕紀徽烈於樂石者非子而誰歟簡求於義諦無文字之解辭不得已乃粗舉其要以備用焉師諱齊安知者謂帝系之英高門之出先人因難播越故師生於海汀郡馬深避世榮終祕族氏尊其雅尚故亦不書在胎而夢日兆祥既孕而神光下燭數歲有異僧款門召見摩其頂曰鳳穴振儀龍宮藏寶紹隆之業其在斯乎及丱亟請出家父母呵止之師曰祿利之養止於親爾冥報之利不其遠耶珪組之榮止於家爾濟拔之利不其廣耶父母感悅而順聽遂依於本郡雲宗禪師雖勤勞謙默和光同塵而螢月殊輝鷄鶴異態矣當年受具乃詣南岳知嚴律師外檢律儀內照實相

非修非證雅會眞詮後聞南康之龔工山大寂大師隨化度人慈緣幽感裹足振錫不日而至本師奇而悅之乃以辨惠暢其指歸俾於剎那而登妙覺及大寂蛻去盡力送終後遊他方爰宏般若且曰胎卵濕化無非佛種行住坐臥皆是道場方便隨迎各安性類妙心法眼其有限乎元和末師春秋已逾七十而居於越蕭山之法樂寺寺古製陋垣屋靡完補壞扶傾不克晏坐時昕於海昌放生池壖廢地肇葺禪居焉修廊大殿彩壁層甍罛罾自屏鱗介咸若昕謙不自有延請我師慕學之徒從而至者日比百數迨今委化年整二紀釋子仰食信士檀施秔稌糗餌蔬果飴糖無精粗之分別無凶札之隆殺星馳阜積莫辨誰何非冥報勝因何以臻此師不言寒暑不下堂廡無留盼無傾聽如此者蓋有年矣每五日開法四座屏氣直心示體引經證心法外無言叩之卽應不分迷悟剖勝負之機耶不有定慧剖是非之相耶與夫顯神通而振道業者固相遠也而又法身魁岸相好莊嚴眉毛紺垂顱骨圓聳望之者如仰高華而揖滄溟曾不測乎高深者也於戲德由天縱爲傳教之法雄道實生知蓋積習於聖位聆其風者皆

曰不可思議。粵以會昌壬戌歲十二月二十一日。泊然宴寂。俄爾示滅。先時而竹柏盡死。至是而精彩益振。爰有清響扣户。祥光滿室。如環佩之鏗鳴。若劍戟之交射。示現之相。豈由於我哉。嗟乎。流禪河於法海。寧有盡期。詮羣品於三乘。同歸聖果。今也徒瞻妙相。永閟輝容。橋壞元津。雲霾瑞日。學徒信士。哀可既乎。是用追采遺言。重宣教旨。銘曰。人心常靈。法證常明。定慧一相。有無俱名。於此有得。自師歸寂。近取諸身。胡云不識。五千尊經。何限奧義。迷者見文。悟者見意。見者無住。指即是處。醫病未除。徒勞迴顧。我行

慈悲。示爾蚩蚩。無鑿高原。自有清池。大師之言。一一眞詮。不疑不怖。同歸善緣。

李甘

甘字和鼎。長慶末進士。又登制科。太和中累官侍御史。貶封州司馬。

薦楊牢書

執事之部孝童楊牢。父茂卿從田氏府。趙軍反殺田氏。茂卿死。牢之兄蜀三往索父喪。慮死不果。至牢自洛陽走常山二千里。號伏叛壘。委髮羸骸。有可憐狀。讐意感解。以尸還之。單線冬月。往來太行間。凍膚皸瘃。銜哀雨血。行路稱人爲牢泣。歸責其子。以牢勉之。牢爲兒踐操如此。未聞執事唁而書顯之。豈樹風扶教意耶。且鄉人能醫疽剔脞。急親之病。皆一時決耳。猶蒙表其閭。脫之傜。上有大禮。則差問以粟帛。今河北驕叛。萬師不能攘。而牢徒步請尸仇手。與夫舍腐忍瘡者孰多。牢絕乳即能詩。洛陽兒曹壯於牢者。皆出其下。牢之贖喪。潞帥償其費。其葬也。滑帥賻之財。斯執事之事。他人既篡之矣。即有稱牢於上者。執事能無恨其後乎。

寓衛人說

於衛有人焉。汙羣潔獨。師聖友賢。不明於諸子。間或從孟軻遊。在貧逃官。將仕不妻。宜若狂然。鄉之君子以言譎曰。若雖不明於諸子。然且從軻。軻爲書曰。仕非爲貧也。而有時乎爲貧。娶妻非爲養也。而有時乎爲養。今聞若推養於弟。避媒竄祿。聖耶。孟軻耶。俱不識也。對曰。此吾母也。吾母教我曰。無以貧故不擇官。不擇官滋汝以偷也。無以養故不擇婚。不擇婚滋汝以累也。孝在便吾心也。孝不在便吾身也。愉愉授枕者。便吾身也。孳孳受道術者。便吾心也。若

便然汝不見馬牛羊豨乎同豢芻豢也馬牛則免也羊豨則不免無他牛以耕免馬以駕免豈惟芻豢爲然人有大馬汝當勤其道者也我對曰某聞會盟則牲馬宗廟則犧牛如此不以免柰何吾母嗟曰汝誠得列於會盟薦於宗廟雖不免吾言讙我固受教於吾母矣不然我何以得專此如韋人言而戾母心不知其子也鄉之君子退曰吾聞曾子能養志者也若人曾子哉

竄利說

吾竄乎奚竄吾竄利也利所趨也所竄也吾將爲吾之所

爲也吾豈爲人之所爲也哉今是頑人曾無不忍之心然常獨有忍心者由害於利也且謂蠖蝜大於麋鹿則許之乎聲不許也然人顧而遭蠖蝜則迂足而活之過而傷蠖蝜則失聲而痛之顧而見麋鹿則援弓而逐之幸而中麋鹿則失聲而喜之忍於大者不忍於小者何歟麋鹿利於口腹也蠖蝜不利也故居於利則雖麋鹿忍也不居於利則蠖蝜不忍也然則羈於利而忍於麋鹿者獨小人耶長人有甚焉長人則果忍於人矣烏有是哉前有將官兵以誅恒蔡叛者不十餘戰而能殺萬人則師喜不能殺萬人則師恥豈翅忍乎從有傷富而封死者有怨曠而窮死者有饑寒而道路死者有加兵死之數今是長人固有不忍之心然獨時有忍心者亦由害於利也是故利滋博者忍滋多也吾方與之角利將在所不忍乎故曰吾竄乎奚竄吾竄利也如此俛讀倚詠孳孳於策試者竄而非耶然吾之所竄竄乎心也不竄乎身昔者趙狐正晉先盟五合諸侯傳曰生不及利彼豈竄吾身哉

叛解

或曰申恒何讐而叛解曰盜賊富家讐乎且惏其財而強

索之若寃其主也申習盜恒習賊差乎解曰害財曰盜以盜害人曰賊天下有士家之有紵粟也天下有相家之有子弟也申憑蔡縣非盜歟恒驚宰相非賊歟或曰有盜一金費十金而可捕爲之乎有賊一夫殺十夫而可磔行之乎今三年兵之非十金而捕如費何萬人死之非十夫而磔如殺何解曰以金爲輕而不捕則窮人家家謀盜矣富人家家遇盜矣以一夫爲寡而不磔則壯夫人人爲賊矣懦夫人人被賊矣是故盡天下之盜者三年爲蚤也勝天下之賊者萬人爲少也或曰吾聞勇夫重閉盍鍵乎解曰

大雨垣敗盜賊乘之門之閉耶曰以彼習叛之巧也牘而吏之何如解曰盜賊欲巧吏不欲擾如牘娼而爲妻也爲娼且淫爲妻且禁乎

濟爲瀆問

北諸侯來朝過溫溫令送於溫指問水名令曰濟也侯曰豈濟瀆耶令復曰然侯曰河吾望也其橫千里渾猛如漲無風或毀船殺人得清淇洹漳之水不加深別爲九河不加狹彼所以爲瀆也今盡濟水之力載數石之舟廣不能橫深不能浮而曰與河同靈等秩吾不識先生班祀之意

也令曰濟南去數十里過河矣寡介如此馳狂濁中未嘗波渝氣奪別河而潛積沙連塊千里不壓不翳益壯其流帥汶而東終能發山輸海此其所以爲瀆也今河負其強大自積石不捷趨海往來戎狄間脇涇渭灃漆汾洛伊沁之水以滋其暴決愁民生中土患勢逆曲多窮始歸海此皆濟水所羞也孰事豈以大爲賢乎侯默然

欽定全唐文卷七百三十四

沈亞之一

亞之字下賢吳興人元和十年進士歷殿中丞御史內供奉大和初爲德州行營使判官謫南康尉終郢州掾

柘枝舞賦 有序

往者某值宴於鄭衛之侯坐與客序樂作堂下行舞男女紛雜交貫率以百品而觀者葢叟然既罷昇鼓堂上絃吹大奏命爲柘枝舞則皆排目矢座客曰今自有土之樂舞堂上者惟胡部與焉而柘枝益肆於態誠足以賦其容也

因顧余序之以洗客念賦曰

昔神祖之克戎賓雜舞以混會柘枝信其多妍兮命佳人以繼態撼隆冠之繁珂兮披文纓於大帶跪閃舉以揮獢兮拖旋襟之襜曳騖遊思於情杳兮注橫波於穠睇顧巧度之無窮兮將多變而若雲揚厲唱於疊鼓兮儷蘭露之芳津汨旁俯以裊影兮蕩風蕤於橫茵愕兮若驚弛兮若懶歘然遑姹翔然嫣婉振修褎以拋拂兮韜纖肱以糅綰差重錦之華衣俟終歌而薄袒既而抑倚昂拼蹈節振臂驅捷蹀以促碎盡戎儀於弱媚見孫律於武姓入西河之

劍氣曲響未遒邊風襲吹聞代馬之清嘶發言含於詠歎客曰若此之狀也以鄭衛而前陳吾固知其將墜

古山水障賦

挹清臣之嘉思兮信竦子以峭孤迴補籍之暇筆兮賦他山於遺圖擲琨瑤於吶口兮若含采以咀龢惟古工之包化兮啟羣峯於無間勢巉巇以特起互騰排而上干翠參差以玉立俱竦竦以攢攢於是須以長瀾森以怪木瑟汩慄颼淒煩蕩燠浸平滌於楚澤冶妖韶於陽谷低霾橫暝兮陳半腹夢雨神雲兮澹而不歸怨擒惹乎巖曲縹辭青

蘿兮事幽澀細澗緜流兮洞噴噎山之人兮夕忘寐而坐忘興帷紺枝兮帶黃葛暖草被崖兮垂綠髮翔鸞翔翠相追征兮振錦舒繡錯以明兮啼鸝酸雌裂皆吻兮風號穴怒寥而清兮山中之木何彫禁兮

夢遊仙賦 有序

余昔夜夢寓遊一方樂態甚適覺而作賦題之夢遊仙其辭曰

杳漠漠兮昇絕垠雲巒九天兮越崇門星耙曉以澹白瀾咽瀨於錦礫石檣笑而纖娥喜闌導余而就將止襲烈蕙之芳風送麗音於邃耳目恣適而多適吾超超其樂此銀墉兮桂箱差瑤踏兮上玉堂卷紅幕兮發繡戶中有人兮結清處語嫣延兮情綽擒命余膺於蘭之廈迴穠顏以一顧嚮嬌眸而融冶煙津兮玉盤火桂兮炮鸞鼎娥司味和苦酸贏吹既調戛湘絃合吾飲食兮樂吾後圃乃稱詩曰白日低兮春塘滿紅華芬兮草芽短菱結帶兮荇含絲設遨遊兮遵佳期又詩曰穠光醉兮昏緜緜焉與久兮樂萬年春酉連兮其未央吐芳意於荃言忽發寤以無覩魂迷念兮情牽既諒人生之皆夢孰云夕非而晝是馳詠想之悠悠兮紬吾情於萬里

京兆府試進士策問

問昔者秦襄公舉秦鄙之人逐犬戎於西河之外因其險而塞焉後代無敢逾始秦方列爲小國而東有諸侯窺地之兵西有強戎不忘之怨未聞當時秦嘗籍卒於外而屈於敵也此一侯者之志尚爾況臣天下之大哉今西邊制戎起隴黃花輔兩關自黃花拒塞倚漢中南逾山緜阻極巴蜀自開禁隴西北會彈箏杠于河塹于朔方夾河而東倚豐而角有天障居其西以控戎者凡七師還迤數千里

之間壁衝扼要之戎百有餘城若此足以流威而謹塞乎且戎之力不能加古昔之患而邊防與地之兵方秦之多倍百矣猶以不足於用即東取卒於淮南吳越東南取長沙至於衡山臨江更歲以易卒彼其土之人逾寒不纊而投之積冰之地役其所不習用其所不能非獨饋輓之不勝於費也及聞墮指裂膚之事父母妻子聚而與哀今欲疏罷徵之請則邊臣有失助之告如存乎舊規則費疣而無用得失之端幸稱其當

第二問

問時皆曰縣令之官爲能以化親於人矣訊其變化寵最之法曰歲益氓幾室賦隨而息之是令之誨人曰勞氓其來我者遂其所而保之吾能使吏不侵決不淪一歲曰僑人籍而不賦再歲曰僑人賦而不役誠著而不衰四鄰之人逋而來者屬袖於道歲告籍於其郡達於連帥即遷之逋人之邑亦且虛籍以自蔽累賦於所存四鄰之邑更教誨以名之賦累而不能反者更往而逋之四土之人環遊不絕輕去其鄉閭猶脫垢耳雖恩書亟降爲之濯煦然猶虛籍爲祖日增而不止豈褒尤寵最之謬哉不然其咎安在衆君子皆含智負能惟其不恡嘉謀訏聞通理

第三問

問夫才之居人也自中正降短長之不相侔甚矣今士非列於朝請者必仰於吏部故歲調試千餘人即假疑於事使對書決之亦有冒買其書者莫有所禁其取捨之程考於字句耳夫櫨甍軏輻之具也細不掩短狹不模撓隨用有輳於今士一規而選授於殊執豈果盡其性哉欲去書判之選則有司者無以爲准約未知何以而得其中也惟陳必中之言以程斟酌之度

對省試策第一道

問教化賞罰政之大端固並行而不相悖在交修而底于道漢文以恭默致理式合古風鄭產以刑鼎興譏是稱叔代昭然薄厚豈俟數陳然則馭時自有宜急禮云不從其所行斯不亦教化之功乎又云使人有所愧恥斯不亦賞罰之蓋乎若曰澄其源而清其流端其本而正其末陶然而臻福壽薰然而化暴戾體則盛矣如寬舒何是黜幽陟明爲瞰察也其或舉一善而衆皆勸懲一惡而衆皆懼進猶加膝辱過撻市效則有矣如削刻何是道德齊禮爲虛

說也今聖上思理股肱宣力有司登選茂異同觀材器酌時而行必有所先原始要終行能精辨幸陳其要無或蔓詞

對賞罰所以禁弊也不可使其弊也夫太寬則上逸而下偷太急則上勞而下怨下偷則怠慢生下怨則暴亂作故殷周之王因其弊而更張之因人利而改作之是以不相襲制而秦驕霸嗜利呑天下以入咸陽鞭百國之貨以富宮室當是時秦法行乎四海天下之人側足而立漢興悉蕩其煩苛與天下更始樹可守之法使賞必能刑必罪至

於文帝漢天下已四十年矣文帝躬節儉務簡易因其時而若子產者當徵諸侯爭霸禮讓流喪盜賊羣起鑄鼎著刑以救時耳今可法之理於近莫如太宗龍興革亂隋之殘政修法度立中庸圖堯舜爲鏡於前用以爲明白之理使房杜爲之相以輔不及當時之風一化天下流乎開元井閭之人反樸若先古然夫既理之代理之在中而已矣猛則救以仁寬則輔以毅孔子亦曰從容中道聖人也亞之雖不肖然讀其書見三代之作如此秦漢亦如此太宗中庸之理又如此且貞觀之來非遠而鄉中之老往往猶有咏其事者伏惟明徵之可從容言於上前

第二道

問文武之道布在方策博通具舉惟君子能之是知超乘穿札非謂武也搜章摘句非謂文也苟不通乎源流而徒習乎藝事工則工矣是謂末節者終軍班超奮于文儒有請纓投筆之志壯圖急病何代無之乃有淮右小醜久稽天憲聖上深覆燾之念極綏懷之仁網開三面武引七德而鼠盜蜂結趑趄未賓忠臣義士有以憤激今明詔既下王師鼓行視彼兇殘坐見殲蕩誠泰山洪河壓卵注螢不

足以喻然衆君子備詳前志多綜流畧必有善師善戰之術七縱七擒之方一爲指陳悉徵備要將求其可上達宸聰如或出乎奇秘亦當明密以聞

對亞之提筆之士也區區討論之間迷失聖意究未能得安足與論攻伐之事歟雖然亞之前歲覽古於濠梁從容觀魚之地而濠人有習知蔡兵舉止者嘗謂亞之曰自吳少誠叛以來王師曾會德宗尊仁宥罪詔天下悉罷襲蔡之人雖蒙恩旨然日夜益訓兵卒堅城深塹芻食盈倉積至今十五年餘未嘗一日忘戰非有他居反側之間惟恐

爲所襲耳而四海之郡備禦已罷雖數更其守未嘗聞一守留心下人牧愛百姓皆能名虛軍畜肥私狗馬田園陂池之利用以自入務行金繒卜射幸臣祈遷乎善地而蔡益知其境之虛果因喪而横前日壽州失利則固然也今又欲兵徵四方使來會用於小醜蔡即北取趙魏燕齊西取寧隴邠岐西南巴漢南取甌閩東取吳越皆是提遠趣而萍合相容於其山川險易曾不影響又未聞其將軍稱者使其士卒一有父母妻子之念是寧能死志一方安所爲耶且勞給非所爲也爭鋒則失利坐守則厚費今議者

或以爲不足於鍊皆非也而屯集師旅亦非也今必欲不計時而誅之獨有使才人爲近境之郡至則籍其郡人父子昆弟五十以下十五以上除習兵務農無得自用者如是不日而兵足用賊可滅矣其餘未可利也如其擒縱之法出於一時者不可先以悉數謹對

第三道

問贍軍國給公上出於物力其賦稅之謂耶煩則擾罷黎省則乏經用縉紳多士之論及此也莫不曰擾農困商斂本抑末知倚市者爲弊樹稼者誠勞必在乎慎擇臨長之官加重耕織之出令牧宰非不選也而富庶未至眾貨非不制也而粟帛猶輕用何方可以致龔黃蒲密之理以惠康吾人用何術可以均衣食緡錢之饒以利澤南畝斯上心所注亟以延問觀光之士期爲指明

對百姓之貢輸賦患不在重而在於勞逸不均也今自誅叛以來農勞而兵逸其租稅所出之名不一猾吏撓之後期而輸者則鞭體出血若擊仍終不得蒙不忍欺故豪農得以盡奸賈倍之而美地農產盡歸豪奸益其地資其利而賦歲以薄失其產者吏督其不奉而賦歲以重是以割

姻愛棄墳井亡之他郡而不顧亡者之賦又均焉故農夫蠶婦遷徙塵走於天下而道死者多矣由是商益豪而農益敗錢益貴而粟益輕也今返之法必在刺史長吏而擇其良者使久留於任一年政成者一階之官一歲一加之三年而政成者歲加之異政累聞者五年而后遷之連率不如法者削其本不得齒則庶幾乎化矣謹對

對賢良方正直言極諫策

問皇帝若曰蓋聞舜禹之有天下也起於側微積德累勤多歷年所夫經盛聖之慮豈有遺哉然猶好問察言勤求

賢士。蓋以承天之任重。憂人之志深也。况朕長於深宮。涉道日淺。繼列聖之鴻緒。撫萬寓之烝人。夙夜嚴恭。不敢有懈。實懼燭理未究。省躬未明。所以詳求讜言。以輔不逮。子大夫是宜發所蘊蓄。沃予虛懷。極意正詞。勿有隱諱。昔王政之興。必臻於康泰。霸道所立。猶致於富強。我國家提封溢於三代。酌憲兼乎百王。無堯湯之災。積祖宗之理。而人未蕃庶。俗尚彫訛。家無蓋藏。公闕儲蓄。卒乘之數。貨幣之資。統而較之。莫繼前代。豈率土生植。變於古歟。將阜時政令。戾於今歟。固已揣摩。必窮利病。明徵末失之漸。具陳興

盛之謨。且文武兼學。以成功。士農迭居。以豐業。故家給足以戀本。才周可以應時。近古各循一端。不相資用。致令從事異心。難成考課。去秩無守。輕爲惰游。指明共貫之方。斯合二途之利。永言化理。期酌厥中。施爲或差。得失斯遠。將修睦勸義。則在下難知。將任數馭情。則人心益偽。思聞指要。得合誠明。旌別比周之情。敷詳忠厚之道。知人則哲。從古攸慎。九徵恐泥。五事難精。或望可服人。而才非周物。或言皆詣理。而行則乖方。宜陳取舍之端。用明眞偽之辨。至於朝廷之闕。四方之弊。詳延而至。可得直書。退有後言。朕所不取。子大夫其勉之。

對。臣伏念日之包明。其在昏夕之時。則與盲等。及屬日蒙光。乃能竊元黃。披萬類。傑智之材。其處濁俗之中。則爲愚者混。非遭聖偶時。安能樞陰陽。育萬物。其理一也。盲者雖蒙光。莫能視。愚者雖蒙聖。莫能賢。其理一也。故舜禹翔其光於上。益稷之徒。周其視於下。其由懸白日而省離婁也。三代以降。君之光微。臣之智狹。見其手而迷其足。覩其前而昧其後。其由舉燭螢而臨庶目也。今陛下神光洞天。鑒被幽塞。猶懼理有未至。故親省羣言。而臣瞽愚。非能逾於

智傑。副陛下之清問。臣以相與責臣。以賢良應詔。徵臣所冒。非任當伏竄棄之尤。不足以塞罪。乃輒伏進所言。臣伏讀睿問。周視聖旨。見陛下思天災之病也。臣愚以爲皆由尚書六曹之本壞而致乎然也。今請統而條指之。睿問有念人俗之凋訛。及於卒乘之數。貨幣之資。臣請以今之戶部兵部之壞舉之。睿問有思才周於文武。本固在於士農。臣請以禮部工部之壞舉之。睿問有欲以辨行之眞偽。臣請以吏部之濫舉之。睿問有朝廷之闕。臣請以刑部之失舉之。睿問有四方之弊。臣請以山東隴右之急奏之。伏願

陛下詳臣之言察臣之志無以臣微而忽其奏也臣聞周設六官以統百辟立國八百年其由綱之不絕於所制故也太宗龍興革魏晉之殘政修法度立中庸設尚書六曹以序班文武以條系天下號令旣布而萬方從矣愛其人若愛己之德保其黎庶若保幼子恐其有壅也明四目以先其視指其未見者也達四聰以先其聽喻其未聞者也尊賢之言而爲視聽視聽先張則黎庶不陷於災害而康泰矣後代雖有盜臣姦黨而終不患其亡由綱之不絕於所制也夫尚書六曹之設猶人之有六腑也耳目口鼻之

樞系於元首手足之用關於肘膝其血氣根脉皆統於六腑符而命之然後能動用失其用者非邪則眩夫人莫不尊其首故足司其所履指司其所執百體之司各動其用則首安其尊而不勞首之處身猶君之居上也百辟以位則君安其尊而不勞明矣今尚書六曹外雖備其官而中實繆今之俗凋訛者其由戶部之綱不理也昔戶部其在開元最爲治平當時西有甘涼六府之饒東有兩河之賦仰給之卒不過四五帥其餘利殖所入盡與齊人四十年間富庶滂洋之若是及一日上恃昇平之功相肆威驕之

狠直言得死諫色獲進轉掌之間淸蹕巡於巴蜀矣今西涼爲虜兩河爲兵盡開元天下之兵不過當今數郡之卒勝衣之農而百徭出矣鞭役重繁不勝於籍権之不顧其害刑之不問其深吞危累多欲無凋訛不可得也兵部之選武士益繆矣武夫試射百中爲重騎射次之騎戈亦次之此武夫賤者之宜業也而眞者百無一焉其餘盡買豪奸之革役者以僥冒入奮戈戲馬者亦得中名則估肆富人之子弟彼安能致武之所用顧欲占籍自恃以逭徭於鄉閭耳而欲卒乘貨幣之充強臣未見也今兩河之間至

於幽薊連屬西邊北邊而仰給之卒多於其土之齊人十九在兵部者所操會不能制一校尉而況紐其綱乎古者兵農之一體也三時務農一時習兵故春耕而夏植秋藏而冬講武誠願使兵部之綱紀根於古道之要兵部之令加於將帥之臣則本久益大矣何卒貨不充於古哉今禮部之得進士最爲淸選而以綺言聲律之賦詩而擇之及乎爲仕也則責之不通天下之大經無王公之重器今取之至微而望之甚大其猶擊陋缶而望曲齊於韶頀也今仕進之風益壞矣必以陰詐爲樸陽明爲狂顧以武爲汙

矣而況兼學乎陛下何不令禮部之臣督其所業考其所能則人可化矣夫惟博大之士爲能兼學耳夫持綱舉維非博大之士不能也夫求博大之士非竭誠不能也故殷宗之竭誠於神神感於夢而得傅說周文之竭誠於氣氣感於兆而得太公陛下如能用殷周之誠而求之何患用才之不至矣今工部之綱不舉其由百工之不條理焉且務於捷濫則能速壞惑於邪巧則多改作速壞相仍改作無已欲使財費之不窮工力之不竭臣未見也夫堯之功與天比覆居於土階之上陰於茅茨之下土簋而具禹親

勤理水而卑宮室是二君者非不能極巧侈之端故處陋而無厭蓋欲使天下之人自然而儉易從也而周官百工之職載於六職之書詳矣其後昏君亂主未有不極遊觀之娛窮巧侈之樂恣羅紈之靡雖有生植之衆不足充虞人之裁雖盡隴畝之農不足塞百工之役雖竭蠶婦之勞不足給綺綵之貢秦隋之末君不如此不足以驕宗社今仕家不著籍於鄉閭亦已久矣則農夫惟恐他業之不容於趨也安肯顧隴畝而戀其本哉伏願陛下仰堯舜禹之聖敬畏秦隋之敗奢念漢文之節儉凡在百工之用關於

將作內作技同者必使統於工部以觀制作之度使費勞之怨不起於下人則堯聖禹明周規漢儉惟陛下擇耳何止士農之固業哉今吏部之補吏歲調官千餘其試以偶文儷語之書程以二百字爲准考其能否以定取捨直使其人眞能然尚何以補況十九皆僞人乎以此而求其賢不可得也且昆吾之利莫邪之才雖巧用不能雕咫尺之木鸞鳥之羅雖善掩者不能拘蚊蚋如使恢宏博大之士裁心鏤舌以爲此辭而其道安可見乎陛下何不命羣官立於朝者歲各貢所知各以其所長試之各以其器任之

不勝其任者罪罔上闕其貢者罪蔽賢而洽聞者爵適次禮部吏部以時舉籍刑部督其不察如此則人人爭好賢人人務克已何患乎眞僞不可辨哉今朝廷之闕衆多其最急者刑部刑部之綱不舉其由賞罰之不信勅命迭降而其旨相違故有行之於今日而廢之於明日罪之於此而赦之於彼是謂慢易詐欺之藪耳欲無枉撓不可得也誠願斥其煩苛去其相逾則人人易守難犯然後命儒賢充掌之不明於此者不得爲刑部之官無令猾賊之徒輕身重貨竊法以自弄如此則清矣賞信刑果則遠罪修已

之風序今非止於闕蓋將病且痼矣夫病者其在皮膚則易也六腑已繆氣非所經而其體痼不亦危乎臣請以醫方之言論國之病伏惟陛下察焉臣聞良醫之理痼也陳以奇方進以猛餌外以針火導其血絡藥病相攻戰於其中及痼解病瘳六腑亦憊於是竭良藥以林調德膳以味從而補之然後六腑平百體正內強而外和矣夫近代之愚醫則不然必使病勝而形羸不危其身者稀矣三公六曹國之六腑也果刑信賞國之筋絡也九州百郡國之四體也四夷八蠻國之外膚也驕荒淫佚國之痼病也嘉謨

良算國之奇方也強將勁兵國之針火也禮樂法度國之德膳良藥也夫百骸居於外六腑列於內相假而成生相致而動息本爲一身也及一腑失理容而不攻其久日大攻而不除其久爲痼除而不補其久復發爲瘵難矣臣以爲天寶貽痼始於一支久而容之浸及百體幾危其形元宗肅宗除而不終痼及興元德宗之時又無良臣可進內強之術而攻不就先皇攻於除而不攻於補今乃復發於幽冀居國之左右又有西戎之厲居於右掌之膚涉腕逾肘今已及肩何以知其自掌而及肩也以安西至於涇隴

一萬三千里其間巖關重阻皆爲戎有由此知其及肩也則王畿界戎無五百里此肩之去喉能遠乎奈何容而不除也此皆發於中朝之闕而流其病也若四方之弊莫若山東隴右之急莫若武備之不至又請詳舉之夫聖人之母萬物必體天地之功故以陽爲文教極其光明也以陰爲武備盡其肅厲也夫陽盈則韜而陰藩之陰盈則復而陽濟之故能相理而不亂五月陽盈使一陰居其闕明正陰之有位而盜陰不生故聖人因之修武備至於十一月陰盈包將來之陽可大可久也故外作霜雪以厲之恐傷

陽之道也內密燠而養之使其爲文爲光也故聖人因之求賢以爲輔雹凍霜雪禁其煩蒸陰用也故聖人因之以正刑雷風爲前驅蕩其所不通溫光從而舒之陽德也故聖人因之以文宥是以聖人之德文雖先而武備不去前年淮夷擒齊魯滅常山死幽燕歸臣未見制馭有方法也而議者且以爲兵可戢也遂用羸將守常山滯儒臨薊北不旋踵而賊氣復作矣伏願陛下慎勤誡盈無傷陰之大候且行化在便人舉兵在立勢夫百斛之車百蹄之牛不能搖其轂如措之峻坂之上援之力者不盡數牛及轊然

而遷則牛足之運不及輪奔矣此立勢之樞也今幽薊之兵其猶病者之再病也乘虛而強履獨有立勢而誅之立勢之急在於聚威於深棣實力於滄定然後以趙魏臨常山環兵而攻之則冀馬之蹤不望合於燕蹄矣以太原之師入薊邱則易水之東左臂不能傍運矣此拘燕囚薊之方也如其擒縱之法出於一時者則在名將而用耳如其威不聚於急力不實於危雖有名將不能爲也陛下見西制戎北制虜壁壘之勢盤連交錯兵甲之多賞勞之厚以爲戎虜之畏此而不敢犯塞今以刑賞之不信也而戎臣

以自入士卒虛名占籍者十五不啻日夜飛金壁走銀繪市言惟恐田園陂池之不廣也簪珥羽鈿之不侈也洞房綺闥之不邃也不如此不足以積怨勞卒及寇來則必固壁閉兵無敢出擊者如一日戎戈東刃陛下將安倚乎今北虜猾夏猶已事嫁矣而西戎之虛盟安足信之不可無虞也夫人性有勇怯地形有險易勇怯可以習制制之以刑則亡怯樂之以利則亡怯借之以勢則亡怯假如涉險利強弩以持重者據之平陸利騎戈以捷手健蹄者兼之此得勢而亡怯也今士卒之獲戎者得其馬牛羊雜畜及衣裝寶賂皆與之無令有所奮奪此顧利而亡怯也蒙兵失律者皆誅此畏刑而亡怯也如此而用勇倍百矣臣嘗仕於邊又嘗與戎降人言自瀚海已東神鳥燉煌張掖酒泉東至於金城會寧東南至於上邽清水凡五十郡六鎮十五軍皆唐人子孫生爲戎奴婢田牧種作或聚居城落之間或散處野澤之中及霜露既降以爲歲時必東望啼噓其感故國之思如此陛下能不念之臣意西戎今冬當逾河拒北虜明年必大入靈武寇西城先擊監宥誠能因此時詔寧隴邠涇及南梁皆會兵計事獨得以老弱留謹

城其他少壯及騎士皆持裝佩鹽糗令邠寧涇原軍皆出平涼道彈箏邠寧軍北固崆峒守蕭關涇原軍西遮木峽關鳳翔軍逾隴出上邽因臨洮取鳳林南關南梁軍道鳳逾黃花因狄道會隴西得其利則擊因其牛羊足以供具各以輕騎入河蘭撫喻其遺人飛聲流勢延而益西則故道盡可得也如此則王畿之內安有警烽之虞哉臣故曰四方之弊莫若山東隴右今策臣之目曰直言極諫則言無所不直直不懼於罪也若諫無不極者今百不盡臣之一二焉何者答問之所及或未利於國臣雖欲漏之而不

解則懼執事之臣不寤也睿問之所不及者當臣之言實有利於國臣雖欲奏之臣懼罪言於非宜也而況短晷之晨奔光馳曜之下筆之條奏拘以文陳乎臣所以憤懣之誠百不及於一二也豈無異日而顧問哉伏惟陛下察焉謹對

對賢良方正直言極諫策

問朕聞古先哲王之治也元默無爲端拱司契陶甿心以居簡凝日用於不宰厚下以立本推誠而建中繇是天人通陰陽和俗躋仁壽物無疵癘噫盛德之所臻敻乎不可

及已三代令王質文迭救百爲滋熾風流寖微自漢以降足徵蓋寡朕顧唯昧道祇荷丕構奉若謨訓不敢怠荒任賢惕厲宵衣旰食距追三五之遐軌庶紹祖宗之洪緒而心有未達行有未孚由中及外闕政斯廣是以人不率化氣或堙厄災旱竟歲播植愆時國廩罕蓄乏九年之儲吏道多端微三載之績京師諸夏之本也將以觀治而豪猾踰檢太學明教之源也期於變風而生徒惰業列郡在乎頒條而干禁或未絕百工在乎按度而淫巧或未息俗縻風靡積訛成蠹其擇官濟治也聽人以言則枝葉難辨御下以法則恥格不形其阜財發號也生之寡而食之衆煩於令而鮮於治思所以究此繆盭致之治平茲心浩然若涉淵水故前詔有司博延羣彥佇啟宿懵冀臻時雍子大夫皆識達古今志在康濟造庭待問副朕虛懷必當箴治之闕辨政之疵明綱條之致紊稽庶富之所急何施革於前弊何澤惠於下土何修而古理可近何修而和氣克充推之本源著於條對至若夷吾輕重之權孰輔於治嚴尤底定之策孰叶於時元愷之考課何先叔子之克平何務惟此龜鑒擇乎中庸斯在治聞朕將親覽

對臣聞古者君天下之心也上降下應還若影響夫以身而養人者下以父尊之雖衰而無怨此神農之俗也以道而覆人者下則欣戴之雖衰莫得離其下此黃帝帝堯之俗也以義教人者下以神敬之雖衰而無慢此舜禹之俗也以刑戮而驅人者下以刑戮而畏之不俟衰而刑戮復矣此桀紂之俗也今陛下廓神睿之宇臨天下將三歲矣索舉賢良待問之士聚而俯告悉徵所違以輔于明臣幸得見墀級之嚴陳百王由戶之道臣之所奏善戶有三神農唐虞之化是敗戶有一桀之亂是彼三善之戶其門甚

闕皆可循轍而進惟在陛下命車而已矣制策曰厥聞古先哲王之理也元默無爲端拱司契陶旷心以居簡凝日用于不宰厚下以立本推誠而建中繇是天人通陰陽和俗躋仁壽物無疵癘噫盛德之所臻敻乎其莫可及已三代令王質文迭救百爲滋熾風流寖微自漢而降足徵者蓋寡問以古先元默無爲之化及三代質文迭救之法易難相殊者臣請指數而奏之夫數之始生起于其一而歷乎多數在盈十之間雖童子且能屈指而數也及延乎億兆塞乎天地雖明大人猶難舉籍而造其極夫饕者始生

魄于嬰而蠢于蒙蒙嬰之時不俟更乳而飫矣及形具氣周設肥牛之肩加百品之佐不足以塞其饜也是則太古之人衆庶之俗其由數之奇寡饕之蒙嬰乎無越無踰蠕然濡之無營無慮塊守俟煦爲之君者易其化五帝主之何以異賁育之林舉一毫而趨也三代以降衆庶之情諭變之俗其由數之億兆饕之周壯也君之者廣法制以御之飾禮義以導之明賞罰以齊之然猶不能使不表夸無益也臣聞聖人高明而道中庸者法常制定使人無加踰于節度猶恐其久而爲弊即以日新之言以勸誨使不違常也如其臨理有常制豪猾何致踰檢乎講習師受有常學儒者何致廢墮乎黜陟幽明有常令列郡何敢干禁乎車服室屋有常度工者何致婬巧乎易問先迷失道之常也然照育之神不測者以其既弊于夕而能更興于晨使其光日日新也伏惟陛下觀日新之道以張化源復何俗恬風靡積訛成蠹之患乎制策曰其擇官濟理也聽人以言則枝葉難辨御下以法則恥格不形其阜財發號也生之寡而食之衆闕煎無已臣恐鑠於所制也伏願陛下修日新之德察善政之臣行剋己之令以拯其弊然後可以

垂衣而化也制策曰故詔有司博延羣彥佇啟闕也陛下如能用其道可以澤惠下土也如使古理可近者其在明禮樂仁讓也若使和氣克充者其本在和人心之抑慍在理之雅正也其理怫者衆氣滯其理明者衆氣洽夫衆庶之情和平慍抑之氣吁而散之太空還會于風雲合于水土包聲于陶埴之器每歲附陰而伏乘陽而昇衆庶之氣雜于陰陽陶于變化者由麴糵乎慍氣居于中則戾戾則悲悲則水潦敗抑氣居於中則悖悖則亢亢則螟蝛生平氣居于中則序序則得常得常則風雨節寒暑時和氣居

于中則泰泰則有餘有餘則交讓於變化涵而爲休實流而爲精神洋衍乎祥光沛濊乎佳澤臣故曰充和氣者在調人心也制策曰若至夷吾輕重之權孰輔于理嚴尤底定之策孰叶于時元凱之考課何先叔子之勊乎何務維此龜鏡擇乎中庸期在洽聞朕將親覽者夫廩畜之所賢者在乎賤入而貴出使人無所困飢於凶災傷勞於豐賤也夷吾之權徵不可也從古以來西事戎者或辱于盟而困于嫁非有他由擾其鋒而侮其醜也及爲所窘搏則嗍物以其兵矣戎夷之生無以異也故聖王備而不擒也嚴

尤之言亦可徵也自長慶寶歷已來金紫銀朱之佩盈于朝溢于郡國有紀何者今日布令明日而驕使人無所守是以紀綱不振也且教令所以設備爲防也綱紀所以制物樞用也是皆虞患難拯困也人有赤子沈于水火者爲之父母必將奔往而拯之使免於苦及無爲救者則必坐悲而泣望也爲救之具必在長綆之鉤修竿之抶乎有備而防者父母之人也無具徒手者雖悲不信也今陛下之赤子亦以困於是矣陛下亦將拯而免其苦乎今法制委弛維綱不樞則是修竿長綆之鉤抶不爲也陛下居于九重臨于兆庶得無有坐悲泣望之恨乎臣竊爲陛下懼不仁之尤於後代也伏願陛下擇忠言以廣其明察智謨以周於用一刑賞以信於令薄賦斂以息其勞慎禁奪以省其犯審獄訟以愛其生如此水火之陷不韋於瞽瞶之俗矣多濟之防充列于無患之朝矣若是又以爲不理不康不惠不仁非臣所知也謹附聖條陳寫大畧冒黷之罪臣何敢逃謹對

上冢官書

某伏念傑木之生大長越倫足谷肩山而大谷不足以室

其根長霓不足以帷其華天之所惜其體若此豈不使皆獲其所安而騋乎用及其不偶也徒見摧風枯霜蒙烟老雲而已夫尋常之材也榦不丈枝不尺而葉縱其根不能躪土之膚生不十年各獲斤斧之製以就用何者受乎庶氣故易長於極成爲衆用故易售於工其在林居相扶策木意自得仰視傑木不見其末相與笑其牙枿而無用及一旦遭遇得升賢工之所思採而飾之跨二礎而百棟賴負若是修材巨榦非易自致也賢工良匠非易能容也今閣下抱多能之強德動與智諧可謂遭時也負難戴重橫

於所安。可謂得任也。如能察出類之林。異日處之。然後次衆材備於百常。如此。則賢工之名。可以自有。古者賢士之居位也。沐垢不終湯。充饑不竟飯。中輟而起。畏日不足。是皆採善於衆能。思致其爵養良士之道也。今則不然。爲公卿大臣者。必嚴居深視。以自養重。其所進者。惟柔氣緩言。瞽視而巧諛。然後謂之厚德。故以多識爲誣。博知爲狂。遷善爲流。立節爲詐。是皆斥而莫得稱也。及一旦操尺墨。樞物機。茫乎不知其所從。使左右庸胥因得侮而役之。彼非不欲自勝也。蓋事業之所報固然。今西戎邀嫁。移兵寇邊。

仍歲不已。山東盜卒殺辱守吏。未聞其歸。誠可嗟也。卽如主上求其往而爲理者。閣下度之公卿大臣。而誰擇乎。某誠不肖。七歲再官。不逾九品之列。陶心研慮。謨古臣智輔之所以爲化至於樂慕賢哲。亡其私而不回。此則得之於性矣。酌巖賢旅聖之所以立言。至於書得失。備理亂。敘往紀來。此則得之於文矣。學名將霸帥之所以整暴亂。至於奮旅陳師。圜會百變之狀。離如驚鳥。合如凝雲。此則得之於師矣。是三者。皆業於根。然後緒其末。非無所望也。亦思願爲一從材。戴橫傑之梁。立巨礎之上。顧世持斧之士。安足以摹哉。某聞戎鏡包陽。當日而矚之。則能延燧與火。處陰而視之。何異一規之幽銅耶。而誰寤者。而誰寤者。夫氣應則生。某亦蒙矚於光下。以發所抱。書詞多鄙。又不盡志。忤觸清嚴。罪無所逭。謹再拜。

上李諫議書

月日。將仕郎守秘書省正字沈亞之再拜貢書諫議閣下。某常有混類之悲。不能自致。其拙也甚矣。故祥禽之類凡羽。而凡羽混之。神芝之類腐菌。而腐菌混之。嘉蕙之類莠芻。而莠芻混之。非獨混之而已。亦且蒙其芳而奪其美。何

則。善寡而凡多故也。況世俗之目。幾能於此而別白之者。寒暑易轉。是皆非金石。安能自永於時哉。一失其顧。以爲類混。則終從風雨而老矣。可不痛之。輒假所喻。願賜終說。幸甚。楚王之鼎食。十有餘年。而王體不肥。左右皆懼。王曰。膳者不能味吾之鼎也。國人亦曰。膳者不能味王之鼎也。更逐膳者凡十輩。益不味。王恥。乃令國中曰。有能使吾鼎之味調和。以安吾體者。寡人爵之三公。楚里之處士賢聞之。應令而起。耆老屬袂而送之曰。往矣。卽鼎也。然王者卽味於君。君何以塞之。對曰。王必以鼎授我。我力甚優。夫治

鼎之職約水燥薪爨火以觀文武之用而已其轃味則有椒桂梅醢鹽醢之品在吾總眾力而調於心此其功也王之體不肥何待楚老曰斯固也夫真偽雜鬻循戶而唱祈其售者偽十九焉是椒桂之質類而馨辛不為也梅醢之質類而苦酸不為也鹽醢之質類而鹺鹹不為也皆具而不為茲一旦集而會之鼎則必空虛矣君焉能總是之力以成於王也前膳之所以得逐者由庶品之任非其任歟然則君之明足以察偽惑君之智足以匪物才誠能儲其真蓄其當以給其用則後之辛馨之才醯醢之具必越海

踰陸而趨君之指矣斯百代之准也豈但肥楚王之體然今閣下既以游泳道德蓄儲助味之具必有素也然紛紛之真偽而清悟能無勞乎小子誠不足奉應對不得謁見久矣願因左右者名稍延於前獲進所語幸甚伏惟降察不具謹再拜

與孺顏上人書

上人足下辱書指問將望於僕人謂有解達可以為梯進之級必慮過意幸聽畢說昔之有善鍛者火五金而別器一日化百狀而智用不極然常薄產自窘弟子相率而笑之曰夫子之於業工矣然而市售之富不能當陶之饒何也對曰夫陶者淺勞而薄利與俗相用彼朝市而夕壞失其用復從而市之無虛日故能饒且吾之業搜矩而軸模及其成功與世終始彼匹居之人又安能罄其室而市吾之工哉故當鐵亞之悞學為黃金鍛且已困矣上人無乃襲鐵於此哉非敢自重誠以陷其所從耳幸孰慮焉亞之頓首

與薛浙東書

再拜後還坐賓舍中有小吏持吏書來其語曰帛十疋吏

置帛書於亞之前曰閣下所以貺客也其敬之誠則厚矣然有所未滿者敢為閣下道之夫虬能與水濟物故佐天如臣草木仰其澤苗方秀而望其成有乏一日之雨而不及其實者則仰告斯臣以求之得一日足矣若纔潤於枯槁則已且猶將困之今亞之往復道路三千餘里踽踽之誠於苗之旱甚矣而千鍾之祿於水之用又大焉亦何惜一日之澤而不給其涸哉亞之狂愚當其困涸不知所為乃復枯苗仰澤之說再敢煩告且閣下寧能不憐之亞之再拜

上壽州李大夫書

昔者燕昭以千金市駿骨。而百代稱之。非直朽骨之可貴也。意必在將來之良而已矣。今亞之仰閤下之風而進於前。恭聞閤下又不以朽鈍而顧之。寧鄙人之宜顧也。其名得無將來乎。是鄙人之價冒千金也。幸甚幸甚。今有傍偟之誠。敢露肝膽。伏惟聽察之。亞之前應貢在京師。而長幼骨肉。萍居於吳。無咫尺地之居。以自託其食給。旦營其晝。晝營其暮。如是凡三黜禮部。得黜亂歸。自二月至十一月。晨馳暮走。使僕馬不以恙。即且碌碌。如有一日霜露得欺

氣體失理。則一室向門之心無望矣。今忘辛勤之勞。扶挈長幼丐食而西。雖已及哺口。然猶困其所儲。不能自給。但涕泣語空。無有所仰。又度天下王公。希可以此言告者。乃閤下耳。伏惟分一日之澤以濡之。無使亞之復爲朽骨所笑。謹再拜。

欽定全唐文卷七百三十五

沈亞之二

與福州使主徐中丞第一書

九月十日。都團練副使沈亞之謹再拜。狀所願陳於閤下。某伏念從古以來。懷其所爲。抱其所用者。非知己之進。無能自揚也。自咎繇之蒙舉。顔回七十子之蒙范叔之蒙鮑叔之推。至於今知己之功。相嗣而不絕。非有文字之記。其功雖如前數士。而後代無聞也。可不惜諸。往者某始得以文謁閤下於吳之嘉興。明日。權幼公謂某。閤下言吾見古

史者亞之也。其後涉於仕路。困則遭恩。其知如此。且以閤下居爲世之端表。故衆影依之。言爲世之典謨。故衆聽傾之。其重如此。使一遊其門。則天付以幸也。而況知而推之哉。提而用之哉。然亦懼不申於文字。而後代莫覩。是以前者敢以先人所業之書。上干清鑒。求其筆爲之光。以揚於幽故。而爲後代寵奉獻之日。惕悅咽然。不能周露。誠以顯矣。伏願憐其繼志之心。使輝華裔。著於百代。雖大寵何以加於此焉。伏惟俯賜終筆書辭。再陳無任惕汗。謹再拜。

上使主第二書

二月二十八日。都團練副使沈亞之拜書。復獻大使中丞閤下。亞之昨與二三子同途。晨問起居。指教所謂薄疾未除。將欲有請。草奏具示。始則卒然愕。窒不知詞對。及退舍。伏念閤下之所苦者。惟中年之士。八九而有之。未嘗聞以此而有去告。閤下惟不爲出入遊宴耳。其餘決教益理。膳息無滅。況方在强茂之時。徒以小恙。暫畱膚中。乃欲爲告以自遂。豈當宜也。且今時仕俗守榮路者。雖已老朽支扶昏悦矣。然則固其所居。惟恐有損。如此者亦十八九。而閤下瞭然自悟。所向若此。得無獨清之累。積疾於彼人之胸

中哉。閤下骨肉交姻。如有遠萬里者。卽聞是請。寧知其退讓也。必且疑驚。隱慮莫能自浣。設使憂能侵人。閤下何以解也。亞之見識孱淺。無足以奉請事。今極慮深陳於前。誠願得於中庸。使人無加口語也。非敢憑緣取領厚祿而終斯說。伏惟稍緩高明之銳。以周慮之。冒陳端白。何任恐懼。伏惟憐之。

上使主第三書

二月二十一日。都團練副使沈亞之拜書。遣獻中丞閤下。昨日候吏自外來。急告以赦至。亞之識前後左右。不得常步及下馬就次。揖謁先聖。獨張侍御不領。祇言。哮呼詬詈。捽拽導將。移罵侵怒。俚言攻淩。不容須臾之間。以黨畀證。攘掉呼騰。如欲見食。自羣官衆將至於聚立者。咸聞見其麤聲奮態。圜來驚視。誠以亞之樗鉛之林。處不當任可逃。遭此衆辱宜矣。然誠恐積暴不除。異日酒場恃醉。率肆所爲。又爲侵作誣言。飛入清聽。以是寒心自悲。不能無患。亞之幸蒙過意。提在賓階。雖無分銖之能。以事萬一。然誓將鞭勵孱謹。以効終身。伏願哀其端拙。察以無辜。稍借光明。使各得分限。免見侵迫。過此之虞。餘何敢請。伏惟加察。幸

甚幸甚。謹再拜。

與李給事薦士書

月日。新及第進士沈亞之再拜稽首給事閤下。亞之幼學。見其往記。說曾參閔子騫之孝。至於跬步不忘。雖駭幼。亦能蹴然內慕。自是常思其人。有能跂於曾參閔子騫之行者。卽往傳其名於親戚朋友卿大夫間。使其聲不滅。昔者五年。亞之以進士入貢至京師。與其等清河張宗顏比居。嘗與往來。言始愛其人無遊詞。至春。宗顏去還家。久聞其親喪。又明年。亞之東歸至洛。聞人稱宗顏之孝曰。宗顏貧

無以事喪乃與其兄東下至汴出操契書奴衰自賣聞者皆慟感流漢然盈月不得售汴帥聞之持百縑使弔勞歸之盡發其先故羇柩歸葬於所是歲亞之至彭城日話其事彭城人曰此吾里之孝子也八九歲時喪私親貧不能奉飯含迺繫木爲車與其兄自輓而送吾里謠之曰拖車郎是今曾閔之行難而閭里盡熱亞之竊痛賢公卿未得稱其如此伏思閣下於異行尤能銳樂故亞之敢以宗顏之事爲請伏惟訪察之幸不黙黙已也

與潞州盧留後書

中丞閣下法者古王一其度於天下蓋欲必信於人耳非執事之臣能得尊喜怒以自弄今或奉之未如其意何哉迺十四日亞之晨出南府門見一人衣縞不帶乘捷馬北馳健僕呵道眾僕皆左右焉分走甚嚴亞之意謂執事有服者卽止馬匿道下既去私曰執事寧不帶耶不則又何呵也問其僕曰是方士李元戢者繫盜他郡焉亞之曰既繫何謂縱而遨乎僕曰彼言能化黃金反童齒今一郡大惑下自豪吏盡欲德之故馳過其家旦暮不暇亞之因仰而呼俯而揖曰是能化黃金反童齒焉凡執左道亂正者在殺不以赦今其人且繫尚能感設冠帶自儀而執不陷前日信州刺史以夕祀黃老不當理官臣譖之得罪幾夷誠可寒心今閣下獨不省悟亞之雖不肖亦知爲閣下畏伏惟亟誡獄吏使固手足之繫與常死罪者等無令出入自便不然法爲吏侮而閣下安所任主哉幸留意焉亞之再拜

與同州試官書

今年秋亞之求貢於郡以文求知已於郡之執事凡三易郡失其知輒去其友相率而笑之亞之爲之語曰里人有

良金鬻於市而里之豪亦鬻焉俱將售於衡者豪人金雖精里人出其左衡人畏豪奪其價而先豪里人懷而去明日之他市而衡之直復不同又懷去又明日之他又然歸而聚黨與謀曰聞某市有衡人不欺一市之人謂之直遂往與羣金角俱歷火昇衡市人曰雖然願先豪衡人曰是精麤在目輕重在衡衡目可欺乎市人慙而退其直果然今亞之負詞之來於執事其望亦同於直者也伏惟熟察無忽亞之再拜

與京兆試官書

孔子之徒三千而言升堂者十輩然皆不能周其德故各以其所長出人者稱之名曰四科百世之下皆言孔子聖是知無全能者也今亞之雖不肖其著之文亦思有繼於言而得名光裔裔不滅於後由是旨春秋而法太史雖未得陳其筆於君臣廢興之際如有義烈端節之事輒書之善惡無所回雖日受摧辱然其志不死亦將俟能爲孔子之心者拔之是以晝夜增矣時亦有人勉亞之於進士科言得祿位大可以養上飽下去年始來京師與羣士皆求進而賦以八詠雕琢綺言與聲病亞之習未熟而又以文

不合於禮部先黜去今年復來聞執事主選京兆長安中賢士皆賀亞之曰某執事斯謂明矣其取舍必以目辨而察亞之曰微亞之以八韻爲畏對曰不然夫良工爲廈而選材者不以桷廢榛不責能此而否彼又曰無求備於一人此聖人採取之至言也亞之文已貢矣執事其服孔子之心有素如其取捨之際亦能留意乎亞之再拜

與馮陶書

馮生足下前辱書時會鄙人將有適方事役在焉今則足下又赴省於東故東書久不遑答有負懇款無以自露然則書辭所屬寧鄙人宜當託是乎乃敢自酌以揆其意惟智府悟之樂府倡爲歌十年聲流邯鄲下而魏歌者往請之曰聞古之韓娥其歌也能易哀樂變林籟則有是也何自而及是乎今子能揚韻激妙感物態矣而人投聲請價者宜以遂之必且語我使聞聽於衆耳以得售進入爲王左右之娛對曰若韓娥之歌韻合於氣聲合於情是故草木之於地也氣爲之君五腑之居人也情爲之長草木之生其根處瘠則其表訥處潤則其表昌瘠之訥潤之昌不過其草木及氣之作也爲溫陽則萬族舒爲晦寒則衆色

稚瘁五臟伏五行設如金困於內則肺亢應於外而嗅厭極則反之木極於內則肝急應於外而食亂困則反之困而厭極而亂不過一發於內一應於外而已及情之作也爲喜適則七竅走而會之怡爲悲愁則六氣集而赴之慘自皆不得自任也韓娥之得也在此馭二情以攻之故能易哀樂歧二氣以襲物則能變林籟其神至矣亦尚未聞飫寵賞於當時者何也所感者智人也草木仰天性智人不混於累夫衆庶之目怫於視世俗之耳離其聽故擊與缶貫鼠革聚觀於市促促之歌巴聲夷辭唱一而和百贊

之者千萬人南風之絃雲和之瑟曠世莫用烏能自唱其德於聲音雖韓娥之妙欲誰繼者今足下將行者古道也將操者至聲也鄙人方困世之厭斥安足以使之聞聽於眾耳發嘉譽於此日乎猥辱雅向顧悉所識幸甚幸甚

答李生書

亞之白辱書覽所指令僕人持書致安南守使從雅旨以愬所欲意者謂僕人居峻勢能可驅其意（一作謂僕職在軍副其力可驅彼之情）易如瞬眴夫何妄悞容易而不見知其不能如此哉且安南守其志木佷自齊從事已下咸以公籍督稽歷受

訕侮繼章謗淩彼恃門矜甍無所加責前日韋同舍亦然顧亞之孱畏靜常遭尤況又掌刑書累以法操其吏彼無路而露忿於僕人耳今來書指教欲使有爲是執仇而赴於敵也何能致其願乎幸終悉省不宣亞之再拜

答馮兄書

降書誨慰淬滯之情稍以揚矣昨日奉策應對之日操意張謀唯恐不遠刻文勵語唯恐不工思欲不有於俗以爲世之大寵及遭不錄退舍自念夫若是也非窮心於此安能堅然而顧之雖窮心極思而風水之力所排者又安能固之於此固之於彼非吾兄韓兵部安能無所感者知與既寡攀援將誰近世復以知人爲恥既知而譽乃謂之私反不若譽姻黨耳以此自悲不能無憤亦欲極老目之力不忘於文以思雪於後代之人耳吾兄豈嘗失味於是耶乃教之空門之說小人狹薄尚爲激然之氣戰燎於胸中故丸引達者之波而澆之而熱腹九溲未知其救也果兄之教復至是將有可開也自廣之詞紙不能盡亞之再拜

上九江鄭使君書

郢崖諸吏敬對所詰引言爲書致於九江郡守鄭君閣下

詰之既深爲得默默已也固析委譴之于章遂用悉陳惟聽之國朝天后之時使四裔達威德之令皆儒臣自裔知之陳子昂受命通西北兩塞封玉門關戎虜遁避而無酬勞之命斯蓋大有之時體臣之常理也然喬死於讒陳死於枉皆由武三思嫉怒於一時之情致力尅害一則奪其伎妾以加害一則疑其擯排以爲累陰令桑梓之宰拉辱之皆死於不命嗟乎嗟乎自是之後臨戎觀危酌逸勞之狀爲使者而儒臣莫與矣前年天子以兩河逐叛之兵連歲不解負輓之輸而不造廩庾皆從便道爲戰士衣食之

給於兩河之間。歲尚賑賙。輦轂之下。執笏常謂請罷所討者十八九。獨諫大夫自以爲習知叛臣之情日就窘。請得往導懟痛以歸之。既可所奏。即請以亞之爲副。又以爲古者單車爲使。有功則爲戎臣輕害之。遂於行請兵以自柄。詔書仍以便宜從事。又詔邯鄲鉅鹿兵各以百騎與俱。蓋欲重擊鑿之柄也。及過平原郡城。而有常山卒分居之。諫大夫因令亞之爲書檄之。書成。亞之題帛引弓。射書於常山帥。帥得書。以期請降。滄海之人聞之。降者日百有餘輩。及滄海寇款與符印偕至。即請以城歸。使者是日往受城。

亞之復引前驅騎馬先至滄海。同捷與其徒繫頸者。服衰不帶。伏軍門之左。委命於使執事。於是諫大夫遣河南將石税部獻闕下。税夜殺同捷於平昌。亞之分道馳還以報事。道中不得乘。乃乘羸驢馳至貝魏之門。守長皆爲艱。日昃不得食。因中病於廣武之間。歷再旬而譎書降。即奔上所委。令閤下罪諫大夫。以爲狷急忘體。冒危取禍。習傳不察其端本。附言和唱。敢避忌應對哉。昔者酈生馮軾下齊城七十。韓信刲而烹之。在前代且爾。況今持兵連營。滄歲經時。既費且敗。萬無以自塞之際。而使臣奉命詔。銜解轡裂網之恩。啓萬死重生之路。曝鰓就鼎之枯。彼不思于降。復何歸矣。今習詩書步規矩而進於是者。固未嘗習武事。況親於戰鬬之間耶。必多武臣之言以爲信。何者。重已之不李祐避能耳。誠邁越之談也。或亦有詰亞之曰。李祐避壁攻平原城。城危且急。尚不聞有效。且使臣居間。曾不逾月。而云城降者何端。亞之應之曰。獨不見童子之情乎。夫童子師與終身之益。何惡而不附。乳母嬬嬬之常恩。而投戀肆喜。何者。氣微意迫。則穀容之難洽。而告訢之言在前也。是則向使之卒。披堅甲。持鋭鋒。以相攻差。剛決於敵者。

不瞬而殞形喪魄矣。有如使臣之煦諭明白。寧有忘生趍死之渝乎。此解析之言。誠不當爲閤下説。説亦不能降聽。以委書之丁寧者。蓋欲流之於世。以俟通方之士。次第於所惧耳。梗概之錄。不文於詞。亞之敬再拜。

與潞鄜州書

亞之再拜稽首大夫閤下。亞之昨去長安時。歷别於所知親友門。所知親友謂亞之曰。安所適。安所爲。亞之對曰。適鄜將假貸於諸侯門。所知親友賀亞之曰。鄜有長賢大夫也。喜文學仁義之道。故其所爲文學仁義之道。忻忻焉走其門者日有之。亞之納喜於心，充充焉捶馬走，僕忘其勞，失其怠。望閤下之境，日近日喜，及至之也，且觀將謁之禮於其門，乃見納客之官奔奔而入，促促而出，言不及吐，道不及陳。退居三日，不知所爲，乃復聽閤下採取賓士之道高下之等，則曰某自某方來，以某執事書爲之輕重，書之多者館善宇，飽善味，書之次者又次之，其有無因而至者，雖辯智過人，猶以爲狂，即與偶然之輩，儌倖之徒，退棲陋室，與百姓雜處，飫惡味。且走來閤下門者，亦不獨盡窮餓無依而來求粟帛於閤下，亦有抱其智，懷其才，聞閤下好

賢而來求臧否於閤下，而望其推引之濟耳。今一貫而禮，一類而惠，賢愚顛倒，而又以書不書而爲之輕重，竊恐天下之士，其來閤下門者，皆相爭齎書爲糧，受閤下之惠者，不曰閤下之惠，而皆曰某官之書禮我也，何有愧於閤下，不惟不愧而已，亦有憤激於衷而終怨怒者，竊恐閤下勞費以取無益。亞之愚，獨爲閤下惜，伏願閤下稍精接士之道，使賢愚明白。閤下能知此，則四方之士聞之，皆謂閤下不恡己之不至，而求其方直如此。今亞之冒旌戟之嚴，敢言進於閤下，亦希知言之士聞之，知亞之不苟曲於閤下，而存其直如此，戰戰無任。亞之再拜。

別前岐山令鄭君序

昔者亞之西遊，過岐山，而令秩始謝，余將就給食人，曰：故令雖貧，然能卑人厚禮，何不往舍也。時方暑，既見，解帶坐，令衣弊繒短衣，使兒孫姪捧案前賓食，食已，有客越而請曰：聞令家無女使，賤走賓客，食必夫人親治之，誠厚士勤矣。且賓之來者，無賢不肖，皆即混然齊飽，是愚爲冒矣，而賢者安所愧乎？令願擇之而厚結，如何也？令曰：古者侯生亦有言，人固未易知。夫士以食而來我者，留於門無繫帶

之間，尚已爲久矣，焉能待辨而後進乎？亦寧有給之一食而使其甚媿，固如是，雖賢愚何望哉。客慚而退。至今三年，與令遇，未嘗再會食客。今令窮來京師，人無假氣而延於進者。嗟乎，會子與令各有適，故書前事以敘所憤云。

送李膠秀才詩序

歌詩之所以爲發寤，其旨甚遠。夫物情暢樂怨抑之感，吁而散之大空，還會於風雲，降於水土，包聲於陶埴之器，髹鬃之變，盡搖於樂。樂之所感微，則占於音；章，則見於詞。微於音者，聖人察之；章於詞者，賢人畏之。故勸人之君欲以

聞其下忠主之佐使以達其上夫往代之詩樂皆能沿聲諧韻今徵其文以觀之而其代興衰可見也寧近世學者固不變風從律耶何爲其詞不聞充陳於管絃乎今樂府旣闕所奏如有忠言之意衆所仰哉余故友李賀善擇南北朝樂府故詞其所賦亦多怨鬱悽豔之巧誠以蓋古排今使爲詞者莫得偶矣惜乎其終亦不備聲絃唱賀名溢天下年二十七官卒奉常由是後學爭躍賀相與綴裁其字句以媒取價嗚呼貢諷合韻之勤益遠矣膠亦諸王孫頗專七言詞始來長安人以爲思轍賀今一不中第言歸

故楚江陵下豈欲以廣其情於烟波顧有謏余乃敢悉序詩歌之大端以爲別贄

送杜憓序

初亞之提筆西入關留舍鮑溶於揚州溶出詩吟至夕過百篇而窈窕之思雜發亞之歎息曰後生亦有繼之哉鮑溶言前在長安常出入冢官杜氏家羣孫皆喜溶是時憓方學何虞詩于其音往往能自振激後可得也及亞之與生昆弟遊其相樂之愛故與溶等而溶言果然十年春生長上知生之志謂生曰巴漢瀟湘之水皆淪流於東合而爲大江猛注於江陵揚州兩地之間其名山圜連橫秀之色屬江而起前文者自馬遷皆經遊之六代爲詩之士而得聲名騰翔矣因命生去遊以廣其思三月生卽路亞之喜鮑之知言又樂生受命之遊故終始以序

送受降城使序

清河張生少以善言語應對聞長又好六符神畧嘗從奇丈夫遊至北邊歷塞經受降城以宗人掌幸於上將軍受降城扼塞得與方鎭列方鎭諸侯時節更置其使通殷勤生以善言語故遂得居使者位今年夏生使於夏得其歡

而還夫以節度尚書公專聲重義爲天下望者重目故以四方使其來者難如此不必言受降城上將軍之善應對不辱於此而見其不辱也不必言尚書公專聲重義於此而見其專重也六月壬子尚書公餞使者於陽平樓命幕府賓佐相與追詩以爲贈不以亞之爲不知言者皆願以亞之言爲首

送洪遜師序

自佛行中國已來國人爲緇衣之學多幾於儒等然其師弟子之禮傳爲嚴專到於今世則儒道少衰不能與之等

矣。於其流亦有派別焉。爲之師者。量其性之高下而有授說。故有瞑坐而短行。毁刑而鼓談之道。歧於是也。十一年春。予東上會稽。還造江。有緇衣洪遜從余假渡。自言能贊導佛語。嘗與其曹羣居講誦。恒爲宿輩推信。他日復來。言當之關中。欲余以序之。夫西都輻集之地。居多豪緇。得進於上前者。車服之饒。擬於卿士。而遜得無欲乎。在自勉而已。余不知佛。故序無以備汝曹之事。

送張從事侍中東征序

去年淮夷誅。凡諸侯執兵者。皆統在侍中。故侍中得坐制

於大梁。以長子常侍帥萬人臨事。破堅北壓。皆先諸侯軍。故宣武論功得爲上令。今年齊淄不順命。天子復使討。圍其境之諸侯咸會兵四塞。於是侍中空大梁。驅甲馬三萬騎。與攻壓之具。金鐵草木飛石騰梯之器。載而引者亦三萬乘。擇日出夷門。門下之賓參於幕者。張生從焉。生舉進士得第。因東客於侍中門。以協律銀綬而居侍中器之。以爲敏良可親。起居必與俱。及考鉦有期。故謂余敘其所以云。

送叔父歸覲序

古之取仕。得明經爲清選。近世卽爲進士。亞之叔父獨謂古道可恃。乃曰。我儒世家也。當勤經策義取高第耳。業之三貢。果得中。遂理橐言歸。亟思以賀爲高堂之壽。嗟乎。斯古孝廉之職。叔父盡之無媿耳。及東出都。命諸子亞之誤序詩以贊行云。

送田令二子歸寧序

昔西河之流未歸。而中書公爲魏將。因其師喪。故門下將卒咸以戎事歸中書公。天子從人之欲而拜之。凡類之制無大小。皆俟決於朝。朝之命士卒有所不熟聞者。往往孽

齬。一年而化。其後四年。天子討淮夷。使其中子布與兵五年。命討常山。悉師臨淮南宮城。七年淮夷滅。八年常山貢二郡。赦之。秋。命討齊魯。移兵東河。渡急攻濟北。九年拔之。斬其魁以獻。其秋入覲。盡以昆弟諸子去魏。從謁京師者十餘人。十年常山帥卒。常山人以其狀來告中書。公由此得其事前白奏。於是拜帥常山。自以魏歸不十年。天子之兵南滅淮夷。東清兩河。而曰中書公之勤也。乃以兄爲尚書留置洛。以其弟執金吾。以子肇爲亞尹居岐。以將軍右持節回中。以犨爲將軍居北軍。又以羣爲將軍居列位。午

爲少將作年爲殿中丞以支恭玉昆弟姪俱以中書公蒙寵居官然皆謹恭下士人多以爲當任與儒者比長慶初少子年年弟早令覲中書公明日出都門來顧余以云數下名人文士必以文寵別欲余有撰於是與述終始之迹以塞其勤

送韓北渚赴江西序

或曰近世有府之侯邀士拜賓不由已之所尚而使羣居不類故有諛言順容積微之讒以基所毀四隣之地更効遞笑飛流短長天下聞之矣而其侯尚且不寤夫言諛足

以替明薄毀足以害忠若是雖欲明其橈直而明莫之遂也雖樂聞已之所闕而闕莫之聞也彼思勤過畏者一牽於諛讒卽爾而況已之所尚又使羣居不類是以愼行者之所畏也昔者余嘗得諸吏部昌黎公凡游門下十有餘年北渚公之諸孫也左右杖屨奉應對言忠情勞其餘則工爲魏晉之詩盡造其度今年春進士得第冬則賓仕於江西府且有行日其友追詩以爲別乃相與訊其將處者而誰與曰有引農生悰耳夫引農愼行其道不欺者也北渚之往吾無虞其類之患勉矣惟爾不衰於道而已

送韓靜畧序

或者以文爲客語曰古人有言仍舊貫如之何何必改作乃客之所尚也恢漫乎奇態紬紐己思以自織剪違曩者之成轍豈君子因循之道歟客應曰草木之病煩也使秋以治之繼孱萌於窮枿之餘播風披露相望愁泣陽津下潛雖佳懿之彩猶且抑隱惟恐失類於慘禪菸黃之色耳安暇自任其所長耶卽春以治之擢氣於其根昇津百體之上暢之風露而繡英作誇紅奮綺緗縹紺紫錯若裝畫揚華流香靄蕩乎天地之端各極其至使肆勇曜如是寧

可以一狀拘之人有植木堂下欲其益茂伐他榦以加之枝上名之樹賁過者雖愚猶知其欺也且裁經綴史補之如疣是文之病煩久矣聞之韓祭酒之言曰善藝樹者必壅以美壤以時沃灌其柯萌之鋒由是而銳也夫經史百家之學於心灌沃而已余以爲構室於室下葺之故材其上下不能逾其覆拘於所限故也劚之隟空之地訪堅修之良然後工之於人何高不可者祭酒導其涯於前而後流蒙波稍稍自澤靜畧於祭酒其宗也遵道十年而功就頽秀出流類今旣別而延蔓將遊乎河江豈欲益其自廣

哉惟其勉無怠

別權武序

秦隴之地其氣雄而能產出奇夫良士由是古稱賢士大夫多隴西秦川在隴右數百里而隴峻水夷川之源出其左余吳興人生於浙隴之陽長而西望秦原水土精神之氣昏且異狀予又怪近世奇夫良士不繁出於此往者五年予自東來京師見中山劉定命言天水權武其人可教耳吾嘗語善於武武發言往往次道及出門行事多以言明日予過言之復其語則仁與不仁義與不義必汗流肌

慄習目如即事既罷定命又從容為予言志所未逞者則下涕頓首又曰吾有女弟欲以歸武願言成之事皆未及會予東拜親於江淮冬還都下不幸而定命死其親友赴喪者數十人武臨喪具事終日維哀無絕聲予持其手曰秦隴之能產賢由賢之能產德誠未窮矣既葬武當西去予贈之曰夫孝慈仁誼忠信廉直總於己曰賢辨是而行之不惑曰明子有之矣慎終行之夫金之為物也鎔而為器無不能然則將求為大用必圖於善冶者當其未善必更之當其善無墮鎔

送同年任畹歸蜀序

十年新及第進士將去都乃大宴朝賢卿士與來會樂而都中樂工倡優女子皆坐優人前贊舞者奮袖出席於是堂上下匏吹絃簧大奏即暮既罷生揖語亞之曰吾家世居蜀嘗以進士得第吾少能嗣其業幸子之文得稱甚光願為我序還家之榮亞之辭謝不敏曰願無讓曰始生與兄之來舉進士得絀及綴字為便口之句歷贄其文於公卿之門由是一歲而名八年成都貢士生名在貢首九年生與其兄試貢京兆京兆籍貢名生名為亞首生之兄亦

在列下十年禮部第士生名在甲乙如是而後歸亞之以為相如還蜀之榮而生未後也

敘草書送山人王傳乂

夫匠心於浩茫之間為其為者必有意氣所感然後能啓其象也此凡一舉志則爾而況六藝之倫乎余聞之學者曰昔張旭善草書出見公孫大娘舞劍器渾脫鼓吹既作言能使孤蓬自振驚沙坐飛而旭歸為之書則非常矣斯意氣之感歟今山人王傳乂學為旭書居故吳公子光劍池山傍積十年而功就歷游天下慕其出已者師之欲增

其功也及至長安舍予家爲予題旌故平盧節士文因感之聳髮寒肌謂吾友生曰願欲余序其書意者豈予之文以感王生之志於鼓噪劍氣之勢乎顧不敏誠以孤生之望也聊題百數十言以塞其志

欽定全唐文卷七百三十六

沈亞之三

移佛記

元和四年三月五日杭州報恩寺長老與其鄉閭父子將徙故佛像歸復於其寺佛至乃饗長老使白其由於亞之而求詳錄焉沈子曰西域之有佛教流於東域中者其教像法其法者名曰佛自稱曰天人師又曰世尊出其言亦曰經驗其經之說佛去世而後模其形爲像其眞與衆瞻仰之故法之言像由斯也其或範金鐵以爲之合土木以

爲之堅之以脂膠飾之以丹漆五色然後形神儼然成其像舉其數體有爲尊而坐者有爲卑而拱立者有跪而如受敎諭者有執樂而絃者吹者有具其形怪荷戈而勉強者有瞋目而咤叱者摹鬼神焉此爲像之外者也其性之旨爲戒愼正邪去惡爲濟渡力道盲聾警沉溺使民無不善如我仁誼慈惠然此爲像之內者也又說有已來之生來生之後爲福則福應爲禍則禍應因緣化而設其旨或由是舉域大敬自天子達於庶人一信佛之來於今八百餘年矣其間亦時神怪焉先天中其寺之佛事具足如向

之稱者無何水火災生民流沉溺於是邦其寺之佛事皁而拱立者跪如受教諭者執樂而絃者吹者衛而荷戈叱咤者皆毀也散其宇皆落唯尊而坐者獨歸焉而存由是納去又重其莊敬焉數歲其鄉人後生敵惡者十誠其三四故此鄉之人思其功力復求而歸之與其敵惡誡而敬順之道明矣嗟乎忠信仁誼不舒信於人久矣而皆以巳生來生之後因緣禍福之說化行焉今予因長老請予記移佛之由遂得道教之所以意者欲使羣生隨其機以悟之其機高者其性慧見其內像而內覺發其心而能至其

正其機下者其性回見其外變而外覺反其心而後歸其正是故精麤其內外之像以陳之

復戒業寺記

皇都左輔其屬縣朝邑縣令王鄆言能改作便民嘗有緇衣遷寺戒業民不便鄆復之初蒲寇李懷光既虜其屬將收其散卒聚之長春宮城圜朝邑室廬皆殘燼寺宇益毀其後緇衣以爲居近郭苦遊賓乃聚黨與謀遷之西岡縈垣侵社地又治殿廡諸墓墳隴當其下者輒平去是時鄆爲尉固止之緇衣之魁得他吏與交通爲助故尉終不能制日縱其徒於民閒爲禍福語以動惑之民無老幼男女爭相率以奉所欲顧畏已後耳及鄆爲令乃元和七年也明年召緇衣宿老師弟子與語曰緇衣之道非能逾仁誼以無害故天子許留國中前者緇衣無狀徙其居西岡之上侵社地壞邱隴夫社國之尊祭也邱塚人之反本也今而曹自爲其居侵壞之是寧無害耶其昔爭之不得身常慄慄抱痛願得自効以快意今能亟復之幸善不能亦且論繫矣民聞之皆大喜故以其年十一月悉還其故九年予東適邯鄲走蒲關朝邑令爲具既酣前奉酒於予因請

以其事次於文

櫟陽兵法尉廳記

尉之曹兵法居末兵法之任在天下郡首長之臣且難其理而況譏之在尉乎櫟陽其瘠沃相半豪戶寒農之居三分以計而豪有二焉其父子昆弟皆卒名南北東西軍圍衞雜幸之恃或籍書從事星臺樂局織館雕坊禽兒膳者之附而又媵女爲之盤絡是多類者非獨不得爲縣民之衆馭之而已亦且馮緣蔓橫以業吞漁獄之所操動繫於此而禁局強曹垂攀於前援者持符以解之固能移情以

二法。使終決不必理。從高級下。相承而邪。而不能竟者。尤還於尉。其受役惟單產孱民。日徵之一人。輸徑宮門。至於內廡。遮漏嚴夜。給事諸王家及池園大廄。皆校尉遣之。豈尉之無慮也。永貞前。諸畿自進士而得尉而昇班者十六七。他入之尉而昇者百一二。是尉皆摩心清視。以事察決用。以此自價。朝之末以此市。若是今雖統曹不能強尉於無當。近世恩臣負幸。惡其踵進自致。卽白上約下。以爲尉未足拜。且塞嚮排能。使昇班之恩。必有自。令視尉之風益賤。而今益輕矣。由觀爲尉者俛俛自庋。民之吞者肆其懲

弱者甘其困。姦者隳其欺。邑是者畏其爲尤。屬而決之。其兵法之原。使無撓濁。其易乎哉。其易乎哉。古者盤盂有書。蓋誡其當器受量不陷也。鐘磬必銘。昜其全聲有待也。鑄鼎記刑。子產之爲也。尉也兵法之曹。類此不復矣。敢不有記。故附署而屬誡焉。

盩厔縣丞廳壁記

盩厔道巴漢三蜀。南極山不盡三十里。北沮渭。短長之補。於南而近。其野半爲澤麓。故鼠倚穡而居。雖善捕伐不能無傷於稼。說者以爲漢孝武帝嘗夜出射熊。於是而田人輒留執帝從者。由此觀之。民情阻狠。古爲難理。時猶逼畏指諫。卽稍罷。然倖臣竟以帝恥不忘。遂籍民人田爲五柞長楊矣。今又徙甌越卒留戍邑中。神策亦屯兵角居。俱稱護甸。而三蜀移民。游手其間。市闠雜業者。多於縣人十九。趨農桑業者十五。又有太子家田及竹圃。皆募其傭藝之。由是奸民豪農。頗輸名買橫。緩急以自蔽匿。民冒名欺偷。浮詐相繆。雖賢宰處之。而丞與曹或不類。莫能盡枉直之情也。夫丞之職也。贊宰之政。以條諸曹。其有不便於民者。丞能得不可。今丞也。余從祖居之。旣滿歲。民諍不作。如此

則宰之所宰。丞之所贊。可謂知方也已。長慶初。余思相如進諫之風。南歷長陽。至於射熊五柞。訪其遺迹。因退舍是邑。遂悉論山川里俗之事。題於丞之署云。

櫟陽縣丞小廳壁記

便署所以接賓也。櫟陽岐諸陵。走左輔蒲太原燕趙魏山東至於匈奴雜虜之道。而諸侯使者及戎王聘貢之臣交馳出是無虛日。而邑頗瘠于擾費。然而遊宦客子出入往來者。則公賓爲寡也。夕館而晝餼。自宰丞簿尉。或不能支於給饋。而賓去。嘗悒悒不快。長慶初。燕趙魏侯者失理。卒

亂辱殺之更自立新帥大臣皆進意請討圍其境之諸侯咸會兵襲戰飛蹄走鑾之奏傳呼相追而又降嫁匈奴中故使者日至若是宜謂私賓不能加也然又遣使陳蔡許滑大梁彭城皆發卒戍河北督責米帛於兩江之閒使百郡所挽無西入由是天子之使出入潼關者日數十輩大者乘馬至百小者不下十餘郵馬盡死於道凡往來乘馬畜者無問其誰皆奪之故遊宦客子俱輳道櫟陽中計其衆寡復與公賓之數相高矣是時櫟陽丞當公主降匈奴女使及迎者之部千人天子使後宮貴御行餞於道侍嫁

大臣從官衛士亦數千人夕頓田氏遣丞供奉具以能不擾民一縣之吏稱善辦及歸乃計曰夫遊賓四時之來獨夏其（一作而）爲稀耳我且與理一署使其密溫禮以待之然後以爲家之給與賓僕相等是寧有忿（一作忽）賓哉既以賓之來者視其館之窮罄雖勇寒猛餒必抱愧自饜於所饗嗟呼隆否之跡由夫履也其構在公堂之左（一作右）正寢西南隅其形類廟二閒覆廈於南陲其就在長慶元年八月甲子也

解縣令廳壁記

國家自誅叛以來於今十年征徭息繁不勝於籍租榷之法居閒爲民起橫縣令不得專以子養之化理之蒲鹽田居解邑下歲出利流給雍洛二都三十郡其所會貿皆天下豪商猾估而奸吏踵起則解之爲縣益不能等於他縣矣鹽田主官用郎吏其佐貳下不出御史操法繩纍十九關於縣令而不得專但奉府曹侯長之教而已鹽田細吏皆縣民其田園雖業籍於縣而令不得親但以縣民之衆馭之而已若是爲令與尤悔日爭焉苟非智良不能日脫於橫今令者予之從祖也且滿歲而尤不及豈其厚於智

乎而又招亾民還業者數百至於公堂便館葺飾者凡十餘構工不勞民又何多方也長慶二年予客其地因受命而著（一作書）記云

河中府參軍廳記

國朝設官無高卑皆以職授任不職而居任者獨參軍焉觀其意蓋欲以清人賢胄之子弟將命試任使以雅地出（一作任）之耳不然何優然曠養之如此其差高下則以五府六雅（一作雄）爲之次第蒲河中界三京左雍三百里且以天子在雍故其地益雄調吏者必以其人授焉噫今之衆官

多失職不失其本者亦獨參軍焉長慶二年余客蒲河中城府一作其參軍某族世皆清胄又與始命之意不失矣乃相與請余記職官之本於其署

東渭橋給納使新廳記

渭水東附河輸流逶迤於帝垣之後倚垣而跨爲梁者三名分中東西天廩居最東内淮江之粟而羣曹百衞於是仰給惟平輕重之準爲難卽主官不職其咎何如哉長慶中得儒臣杜生以行御史主之能謹法整吏絶輕出重入之尤明量信敘無先貴後賤之弊故官曹士衞之所仰給

者如取之家食焉居再歲加爲外郎因指其署曰夫渭津傍控甸邑諸陵道左輔出入河東藩而公賓游士過必臨我我儒世家也宜飾宇侯賢以誠其敬今公齋陋冗無足爲禮於是盡去之募市其傑棟巨楹文梁勁桷旣已具構顧其中可敘百榻而儒良至者必與講談其道隨其能否而梯級之得久留其下者雖辱車弊衣則名日彰矣今觀渭津之刱開署宇爲嚴盧廣敞意者得無欲天下之士見其胸中之曠大乎

壽州團練副使廳壁記

戰國南北書吏言故世諸豪爭據於壽春或兵至百萬有不能得者豈地勢爲要津乎自建中以來淮夷寖叛於蔡天子之詔或討或赦由是壽春備爲東塞矣爲之守者皆佩將軍印募府符書之設擬於方鎮而有副使之官焉元和中韋公武以殿中侍御史爲之九年秋蔡州叛壽春守令狐通引兵屯霍邱副使得辱卒百餘人留郡中冬蔡兵大入馬塘寇鄧家城殺其將卒五千餘人盡虜民男女焚壞邑室而去郡中驚駭民人多流其家而東副使因言壽春其地塹水四絡南有淠西遮淮潁東有淝下以北注激

而迴爲西流環郛而澮入於淮此天與險於是也假如愚民能棄其業西流卽爲蓬徙鹿走耳安與國是爲利耶乃出家奴與民户一丁俱爲水工決安豐巳南陂池會其流於城傍野中浸注如澤以故居民流心稍稍復定時馬塘鄧家城旣陷霍邱方畏寇乘其虛復飛語爲謠以感其俗曰狐死首邱井閭多傳言之耆老曰果守不能保是矣守聞之益恐遂棄其城亾歸是日霍邱焚行未及郡會日暮使吏馳告副使以歸狀令得夜開壁吏至壁卒捍關不得入呼罵其卒副使立城上曰某得命於詔城晝受卽晝復

之今守獨入而卒露無爲也如驅與俱來寧不知盜居其閒得夜則禍成矣或幸止於郵平明闢關介士陳兵夾道驗其號以入卒無敢越伍而趨居有頃守謫去詔以李將軍代將軍西出强兵臨萬勝城復以副使掌留事明年陟其能得加侍御史是歳亞之東觀戰至壽春得副使之跡題之於署下以記行事之時云

隴州刺史廳記

昔制戎於西安瀚海之時而隴汧去塞萬三千里其處内居安如此朝之命守猶以爲重地必拔其良能當時之務

其難者不過理寵門大家之田園陂池而已觀昇平之基其需賢如此今自上邽清水已西六鎮五十郡既失地地爲戎田城爲戎固人爲戎奴婢顧隴涇鹽靈皆列爲極塞而隴益爲國路凡戎使往來者必出此視其守由主人也其言語威儀豈容易而處近世者朝之命守殆未能注意耳今清河崔公承寵世仕安西軍司馬公生長於戎然而神性傑異行賢智之路頗通諸書又能博九州山川之理而國中之士知而仰者無幾人近歳西戎果款塞前年今上卽位欲以姻交北虜以輔中國上書兩言蕃之事天子覽書以爲必能伺戎夷之情故命使之今年拜守隴州拜之日朝之卿士咸謂隴之得賢爲賀居郡而戎來者必憚愛而去嗚呼何向之命守未能注意而今之郡守得其人賢何向之知者無幾而今之稱者盈朝豈一郡之事有時而理耶一郡之人有時而幸耶智者之道有時而用耶長慶初余西視戎至於隴下聞郡人之所美故列署而刻記焉

華州新葺設廳記

今天下邦郡之望莫與太華等然而公堂讌臺無别位顧

几硯與飲樂之具日更廢置於其閒寧地勢之要爲守者無久留於任而經慮莫及此乎隴西公爲守未滿歳郡中既治因窺其庶屋可攻（一作改）者乃先問其吏曰政之爲困何始也吏曰累更其守耳公曰吏知其病哉夫几硯者公事之重器也以宴而遷以（一作徹）宴而復則居不得常屢更其所政之爲困不由此耶且吏入公門望其居則必莊是几硯之處宜其嚴也今朝徹而暮置事之者既勞固以慢矣而况酒行樂作婦女列坐優者與詼諧搖笑譏左右侍立或銜哂壞容不可罪也夫狎久則不敬豈吾之獨患其

吏亦醜之明日解冗宇一構於正寢西南隅壍其外數步土基之飾故材以輳用垢者磨其滋弱者承其輕決流於其所以便塗者補棟續楹不涉旬而功就沼沚之湄隨而比矣嗟乎轉疵爲安不費而功吾知其由人長慶元年四月甲子吳興沈亞之仰公之跡因請張文其下紀其功焉

杭州場壁記

國家始以輸邊儲塞不足於用遂以鹽鐵榷估爲助使吏曹計其入於郡縣近利之地得爲院鹽場之署以差高下之等顧杭州雖一場耳然則南派巨流走閩禺甌越之賓

貨而鹽魚大賈所來交會每歲官入三十六萬千計近歲淮河之閒頗聞其費自是汲利之官益重矣前年京兆韋子諒官始縣主簿有能名及秩謝當歸是時尚書職方郎崔稜爲揚子留後使聞其行遂邀署之既到滿歲利權大登吏無敢怠與其爲縣主簿加勤也或謂亞之學史詞無苟故用是記焉

謫掾江齋記

謫掾沈亞之廨居頁江方葦爲牆止於隄防之下堂序四闢巽隅道門雖江風奔怒鷗瀁鷺澡顧檐廡之閒而挈緒不發方暑卽盡提枕簟假庥於佛域之中雖緇衣煩厭乃陽爲不省也一日謀廨其西廂將面水以敞之而筆吏王扃前語之曰掾俸簞而食或不能給尚能及堂屋之爲乎且廨宇非久託卽吏之得不爲尤乎況葦茅之葺輕弱易腐人人動歷歲時寧任再滿所用直使罄裝併食以爲之無所顧則郢壞阜礫而澤游木生多不能材漢流聳急束栿寡上縱有必修巨闕重價又不當是用曷若無易其故歟亞之曰誠爾也然則吾以爲肝者膽附膚其中爲棲魂之館故能尊視而佐意隨姿而啓情今漢流右吾之居不

過數步壅擁之患不得日覩由鄰顏冉而不覩其德也吾何能薄其實而厚其浮哉遂召工人庸人茅塗之者與計之磨淄洗故得充用者十五太守聞之與其薪十四其餘則搜剪補輔然後配材就搆雖細短不委各輻輳以任一棟七柱助柢楣二桷覆廈狹廡重左而單右若翅之將翔然蕉旗竹篙分植叢列爲幬風篩月之餌方檻短拆面江虛波炳暐委霞影對綵紅碧幟捨奔給於所矚遠邇高卑龍若交黨爲宵清曉爽之借暴陰色蒸雷扇蹈震神冶鼓熔如金絙騰摎趠綵[illegible]爲颷燭揮鎩之駭蓊然頹雲若然

漏曬倏閃態狀若笑若怒相爲端緒馮坐之中足以自廣時太和五年五月十九日也

淮南都梁山倉記

汴水別河而東合於淮淮水東米帛之輸關中者也由此會入其所交販往來大賈豪商故物多遊利鹽鐵之臣亦署致其閒因擇官分曹以榷庶貨而部貢之吏盡令鹽鐵諸官校遣之疾徐用賞罰大梁彭城控兩河皆屯兵居卒食出官田而畝畝頗夾河與之俱東仰澤河流言其水溫而泥多肥比涇水四月農事作則爭爲之派決而就所事

視其源緜緜不能通槁葉矣天子以爲兩地兵食所急不甚阻其欲舟艫曝滯相望其閒歲以爲常而木文多敗裂自四月至七月舟傭食盡不能前元和九年隴西李稼爲鹽鐵官掌淮口院病其涸滯思欲以爲救而乃與揚子留使議之曰今閩越巳西百郡所貢輳輓皆出於是而以炎天累月之久滯於咫尺之地篙工諸傭盡其所儲不能賑十年之食只益奸偷耳幾或有終歲而不得返其家者今誠得十數之倉列於所便以造出入計無憂也正月河冰始泮盡發所蓄而西六月之前虛廩以待東之至者如此則役者逸而弊何從生哉議定卽以狀白得遂其便於是稼度泗土卑溼無堪地遂剏庾於淮南都梁山十二年詔以誅蔡之師食箸促令鹽鐵所輓皆趨鄆城下是時下淮南倉發舂吏計舂其工人曰舂材必櫟若榆吏欲令工就山林剪市之稼曰夫火方焚日將燋萬家當頃刻之閒雖得弊鑯之器奮濁汚之波百夫汲而揚之立足滅患如曰不然我欲利其器待我柘桂之杓致滂沲之流操以救之彼言而後謀則然灰尚不可望而況全者今縣軍十萬旦暮不賑其爲急也閒不容釐今待汝訪山求材然後用何

異乎柘杓滂流之語耶其倉材所剪之餘大可以爲臼小可以爲杵長可以爲杵之梁簿可以爲䏲樞夾峙促命栽之卽日而舂成百具其餘米與吏分辦之先以家奴就役次及羣吏各有差所舂凡二十八萬石不涉旬俱得浮淮而西矣十三年夏泗水大災淮溢壞城邑民人逃水西崗夜多掠奪更相驚恐號呼而鹽鐵貨帛十餘萬乃囊之於布緘用吏名載與渡貨帛無遺尺乃納倉中不能盈一敖其餘皆蔭仕家之急時余過泗上得其事故與悉論善濟之方而著之以明其績

閬城開新池記

閬城吻海而派江。輔山以居。先時無安沼平池爲遊舟娛席之地。而娉花媚竹。散生擲華。故酒笑酣視之最而佳思莫極矣。及高平公牧寮之餘。乃經度隙空之所因卑汚塹而岸之。浦嶼環迴之勢。所造必勝。羣山左右瀉影。浮秀者輳空而入。十一月辛卯。新池成。明日。軍副者亞之疾閒。公延護軍及從事。絃工吹師裾袖之曹遊池而酒。既坐。謂軍副亞之曰。吾疏汙隟以就此。而海波朝夕盈來之候。遞輪足給。必爲我狀而石之。以期乎不朽。軍副亞之不敢讓。遂

執卮俯船祭清于其流。因祝且詞曰。水能濁。酒首冠五行。波流已大。有神爲宰。環塘縈縈。爲公藻鏡。新池泱泱。與地與祥。嘉鯉鮐魴。于水息昌。噞鯿嘘鮑。即水與死。翡翠鵁鶄。浴溪眠晴。新蒲剪剪。扇荷擎擎。時未云來。勞思乃馨。柘槿紺竹。滲縮謳沃。延榮接姿。以水爲椽。輔佑堙隍。吐孕百福。惟我公之明之通之智之忠。保壽考兮。與池之無窮。軍副者亞之詞既。復再拜跪卮奉壽於公前。公大喜。還列就坐。以酒以歌。日入而起。

歌者葉記

昔者秦青之弟子韓娥。從學久之。以爲能盡青之妙也。即辭去。青送之。將訣。且歌一歌。而林籟振蕩。再歌。則行雲不流矣。娥心乃哀然。然韓娥亦能使逶迤之聲。環梁而游。凝塵奮飛。微舞上下者三日不止。能爲人悲。亦能爲人喜。其後漢武時協律李延年爲新聲。亦云能感動人。至唐貞元元年。洛陽金谷里有女子葉。學歌於柳巷之下。初與其曹十餘人居。獨葉歌無等。後爲成都率家妓。及率死。復來長安中。而轂下聲家聞其能。咸與會唱。次至葉。當引弄及舉音。則弦工吹師皆失職自廢。既罷。聲黨相謂約慎語。無令

人得聞知。是時博陵大家子崔莒賢而自患其室饒。乃曰。吾綠組初秩。寧宜厚畜以自封耶。遂大置賓客門下。縱樂與之遨遊。極費無有所惜。他日。莒宴賓堂上。樂屬因言曰。有新聲葉者。歌無倫。請延之。即乘小車詣莒。莒且酣。爲一擲目作樂。乃合韻奏綠腰。俱矚葉曰。幸終聲。葉起與歌一解。一坐盡貽。是日歸莒。莒沉浮長安數十年。葉之價益露。然以莒能善人而優曹。亦歸之。故卒得不貢聲禁中。葉爲人潔峭自處。雖諧者百態爭笑於前。未嘗換色。元和六年。莒從事岐公在朔方時。余往謁焉。會與公賓舍於郵。在莒

鄰夜聞其歌有一人坐泣甚悲良久復悅及卒聲而悲悅再三曰孰爲之是欲吾不得自任耳明旦問其狀乃葉爲也後莒復從岐公來彭城十年余過其居問葉安在曰近逝矣自趙璧李元馮世稱爲知音之尤皆擅鼓弦及爲余言葉之歌使其妙自備則音屬不知和矣嗚呼豈韓娥之嗣與惜其終莫有能繼其聲者故余著之欲其聞於後世云

雜記

沂水北一百里有峴曰將軍甚靈民置祠於路左亭之不

巳將軍曾爲五郡牧常姓名元通因築城失主將意而斬之其屍數日不仆今有臺曰立屍臺西南有山曰鞍山山北有關謂之穆陵李師古不臣作鎮於此防遏不意元和初罷之西有沂山山有廟則東安公也沂州刺史每春自禱恩是山山有谷九十九所河分八曰沂曰汶汶東注沂南流入清道沂州山東南有山曰太平山頂平可八九十里頃歲有寇曾居之山北十餘里有樹五檀也

爲人撰乞巧文

邯鄲人妓婦李容子七夕祝織女作穿針戲取笤篁芙蓉雜致席上以望巧所降其夫以爲沈下賢攻文又能刱窈窕之思善感物態因請撰爲情語以導所欲詞曰惟雲渚之晨秋兮天曠碧以凝暮懸韶桂於姹月泫明淚之清露卽河房之將期儼龍輪以就馭恭聞司巧之多方妾修馨香以奉具竊獨溺於自私希靈娥之所付珥一作羽碧凝其異質兮韻隆虹於霾霽假文羽於孔雀兮而使擅夫佳麗載雲蟬之重綏兮塗蠻金於綺䉤細綃縷於藕腸兮差蓮蚪以樸齒一作齒緻命纖爪之蟲絲兮裊檐機之夕綴是物之巧功善飾願賜妾於針紉也葩蕚鬱於濃姸色多宜以善

喜引纖吹於輕颸若將翔而復倚醉春光之流景播清香於萬里霓烟出乎無閒縹窈渺以斐亹若披若曳兮擢平林兮橫曉水襲霽旦之繁芬兮因隱映而增綺澹冉冉其冶容兮世無隱以偕此是物之巧容善態願委妾於態媚也短蒲狹淚兮曲溜溢鵷鵠鵷雛兮引乳娣戲音清諧兮蕩演曳牽游裾之低凝兮蔓春心於淇裔枯寒勁榦兮憶棄葉擺風叫夜兮酉爆雪流韻淒澀兮泱咿咽吟夢語之漣漣感霜鐘之流越是物之巧音善感願付妾於管絃也

旌故平盧軍節士文

郭盰郭航本不同族皆家平盧軍盰父珍岑天寶七年及第以舉進士與權皐著作同上第天寶末燕人叛雖以戮自是而齊趙之閒頗聞其强矣盰既壯能習先人所業復舉進士時權相國爲禮部尚書書其所立欲擢之及聞家居非地卽罷選歸而亦爲師古所辟盰與故渤海人高鈜爲等伍師古死師道代之復用鈜盰爲從事有頃常山帥卒其卒請嗣帥未得命師道亦遣甲卒數千人北渡河屯平原以爲顧望鈜盰相與議語謂燕蔡之侯初封欲令師道先爲朝省以樹大功乃說曰傭有操鋤爲人治稼者旣

勤穀滅稂歲得均穡至於傭子旣專地自入其伍益相辦助或謂之語曰田人百畝成而餉之直幾半足以飽三冬之腹至於所取非任賴主人上廣且寬之則曰可苟設一旦篤其不奉亦奪矣是屬固不殍乎此借言於家人尚爾況傭於天子乎今河北之傭方責其專田君侯寧可以假非於不理者誠能此時因經圖以盡入其地親謁闕下則君侯之功莫可與等保餉世世雖孱孫亦終不奪豈不幸哉夫擧食於人當渴饑之望也一飯千金未足者不能十金及飫而進於前雖海陸備鼎顧與糠粃齒尚何所愧顧

君侯省之無爲人後事將行左右更沮之曰猛虎所以使物畏而不敢犯者以其能威自居也故盤林橫谷奮睛以挐怒掉尾以倚嘯厭噉於熊豕麏麖之肉及棄其所長而欲弭耳委首以待餧是知命懸於執者之手雖麑見得以狎而搏如欲伸步於咫尺安得自遂也今公舍自食而就待餧其後亦能無恨乎孰爲公計其事於是師道果大悔遂殺高鈜而盰以能善人左右者開之故得無殺幽於蔡之鄙縣使人守其門親屬通往來輒籍署更十餘歲當元和九年蔡帥少陽死其子元濟欲以其父之地請於天子

天子怒發兵圍之旣急師道亦悖乃陰爲之助明年秋師道兵萬餘東寇彭城入蕭豐沛且敗而還因鼎四境出入者月餘盰乃爲練繒書緘之絮帑如顆遣航持詣彭城請其帥願得上奏將行執航手曰努力愼勿洩書不吾名蓋假齊人劉諒耳非見帥無得言吾書者航至彭城航宗人運爲武寧虞候都使始航欲舍之會運將兵出定豐未還航直詣實府見郭行餘因曰母之姊子劉諒有帛書奏記陳叛兵者山川曲折之狀願見將軍行餘得之喜悅起告其帥航見帥獨謂帥曰書郭盰爲之畏洩故假劉諒劉諒

者師道所信之吏也遂發書書詞云顧以兵三千人出滄州用戈船浮海入萊淄之上此時海不備所處皆罪人謫吏無所與堅遂與上奏於是天子遣告彭城帥知之帥以爲非旴書疑師道爲之以相詿誤故航歸不得書報獨告以信語航不敢復故道道回遠凡數千里乃及旴所處未見旴且爲師道所召旣行與旴兄子會於道因竊謂曰今者航無狀受召豈前事之露耶且露航獨死終無所敗無憂也旴聞之幾自引死航本萊人常以氣敢聞於平盧軍及師道欲叛盡縻絡敢士故航在召中初航不知其召之

所以也意謂知前謀竟憂死明年元濟誅又明年師道反詔遣大梁楚彭城蔡許滑魏之師合而四入於是彭城軍下魚臺入金鄉楚軍圍海取其二縣大梁軍攻考城得之滑蔡許共拔斗門至臨濮魏軍渡楊流占東阿再戰涉商屯鄆西六十里兵最近賊賊益敗故師道遣右將軍劉晤將握前後兵三十萬人出當魏魏兵日急晤亦爲師道所篤乃歸斬師道盡以鄆城降得拜爲滑帥在十四年二月乙亥也高銶以前著跡追爲尚書蓋言寵之旴得以外郎爲滑從事詔令行餘爲記室行餘與旴會於河關之閒旴謂行餘曰旴前者使航馳帛奏至彭城聞其還不聞其問今已死矣君知其請乎行餘曰請者云何旴猶能盡語章中之詞矣行餘曰果然嗚呼航竟死矣莫有聞者嗟乎十四年余與李褒劉濛宿白馬津俱聞之於郭記室明日復皆如濟北濟北之人盡能言旴之節故悉以論著將請於史氏云

沈亞之四

西邊患對

元和十有二年夏六月。亞之西出咸陽。行岐隴之間。採其風。得西土亾降故老。謂予言邊之所以爲患可痛之狀。辭未條悉。或短曰。惟叟以西戎蠕蠕之旅。而爲邊出苦言。使聞北塞匈奴雜虜之風。叟曾不哭也。蓋天子之憂甚勤。與帥長分節符。給所用以事邊。何困。對曰。不然。今言所以爲患者非一。因此而邊兵不得習伎。險不得爲固。百姓不可

爲生。如此吏尚輕易之。然則北虜匈奴。雖以逸馬強弓。乘嚴寒時南馳。其來衆不過數千。其所掠民財貨。一人所舉而已。由鷙隼不能止。屯兵留塞。且北過千里而屬烽。望其興塵。知奔蹄之幾。（受降城故事云。虜南下。望其塵高下。則知衆寡。）視其狀則烽燧次發。然後收民畜。嚴壁而待之。且每歲八月。戍有清野之火。使其馬無所食。彼縱至。不暇解鞍而旋矣。而西戎則不然。其衆蟻聚。多包山川沮陸之利。其兵材雖一不能當唐人。然其策甚遠。力戰不患死。所守必險。所取必地。而唐人軍中以爲材不能。皆易之。故自安西以東。河蘭伊甘及西涼。至於會寧天水萬三千里。凡六鎮十五軍。皆爲西戎有。由易而見亾也。聞其始下涼城時。圍兵厚百里。伺其城既窘。乃令能通唐言者告曰。吾所欲城耳。城中無少長。即能東。吾亦謹兵無令有傷去者。城中爭號曰。能解圍。即東。其後取他城。盡如涼城之事。由此人人皆固生。無堅城意。自羅其策以來。爲語相傳。尚近。柰何客獨不聞其說乎。岐隴所以可固者。以隴山爲阻也。昔其北林僻木繁。故戎不得爲便道。今盡於斬伐矣。而蹈者無有不達。且又虛兵之號與實十五。又有非戰鬬而役入山林伐麋鹿罷麏麚豪豕

是徭者居十之三。窮嵒險障。剃繁取材。斤聲合叫。不息於寒暑。是徭者居十之四。發蓄粟金繒文松大梓奇藥言禽薰臭之具。挽轅於陸。浮筏於渭。東抵咸陽。入長安部署相屬。是徭者居十之二。其餘兵當守烽擊柝。晝夜捕候者。則皆困於飢寒衣食。或經時不賑。顧其心怨望。幸非常尚能當戎耶。是皆賴主上神聖。彼戎畏其化而不敢東。及今岐隴之土甚饒。而農食不充秕稗。衣結縷無帛布。其稅租納粟。官一而耗倍。細吏憑法而要賂。賂厚者雖逋亦寬之。粟雖後至。必亟與符。賂薄者或稽一日。即白吏笞之。粟當輸

則曰次當某人又當某人故有累日而不得倍數矣其他征徭倣此農盡所穫不能出其費尚無不忍吏是民由蓬息而處又何聊生今所患衆多其略可痛如此長吏終不省尚輕易之噫柰何爲不困

學解嘲對

客有以今廩食之不充漕輓不勝於弊是勞遠而墮近以爲問者予於是發憤數曰故縷言而對曰昔漢徙山東豪富兼并之家以奉園邑凡百二十四萬戶又有南北東西軍及匈奴雜虜以國衆來歸者仰給於漢未聞嘗俟輓於

吳越而後給也今以三千人食勞輸江淮歲貢三十萬斛迎流越險覆舡敗軛不得十半自渭以東督稽之官凡四十七署署吏不下百數歲費錢十千萬爲大數而部吏舟傭相踰爲姦鞭榜流血酸苦之聲相聞禁錮連歲不解歲千餘人雖赦宥而獄死者不可勝多矣甚非仁聖之所以牧人也乃者燕人叛元宗南巡巴蜀肅宗勞兵於靈武及二駕神遊代宗臨陝關中流離羸牛一轀常市錢二百千故有轉輸之法雖救一時然終轉入人於禍誠可以痛今雖未可暴去且宜以三輔粟爲貢重資於農則耕稼自勸耕稼自勸甸服無曠土遊人矣如此九年之蓄可以備又何勞輸輓於遠哉客曰敬聞其旨

郢州修明眞齋詞

大唐太和五年歲次辛亥十月十五日己卯明眞大齋主朝請大夫守郢州刺史李祥（一作詳）與諸臣郡客將吏等頓首稽首再啟詞於虛無自然元始天尊無極大道太上老君羣靈衆仙咸俟畢降蕩蕩乎混元始精泮濔涵眞薰蒸爲氣形生於聲衆動旣品隨而有名清濃薄厚四氣之營乃岐乃陌拆其混抟衆動壽量道居濃清覆人爲大啟悟

爲明拒惡爲壍護善爲扃居惡如何恥然面黥居善如何陽然懷聲道之所宰尊無與京伏惟皇上保聖億爲壽程天齊尊高如天無傾其官幸職居專城雖喜從樂善之發怒因嫉惡而嬰每覺逾息失次度刻不寧是用澆氣於恬奪性於情害意之和傷和於平而（疑）神諛序冐血差經伏願大道神尊垂尊澤祐雕堅老榮遐衆之齡使淄垢磨（闕）濁迷醉醒伏願金借其堅玉助其貞今某等之志戴道之大德荷道之生成某等之狀蔾蘖爲甘山岳爲輕伏願災從日銷福與時迎某等之虔恭洗思滌慮以奉以行謹辭

行勉贈尅躬先生

士之冠髮就履莫不多善以自襲必泉疑好惡於其裏好惡形則利害陳而其明一悞所燭習識之惟與生相老矣而幼善亦違也惟尅躬慎惑爲能多卽之故曰尅躬敬事則道容已尅人則偷尅躬而擇行不諛者處濁則清居族則睦結友則義字俗則化折獄則不濫夫元黃之滋不能混玉之素尅躬之志幹以潔故處濁而能清愉忝之私不能玩於禮尅躬之氣和而莊故居族而終睦稼穡之報不終負於勤尅躬之行誠輸而勞先故結友而能義河谷之

湍不能返流而倒注尅躬之令重本而道常故字俗而能化蒙鑑之垢不固點於磨尅躬之辨窮思極明故折獄而無濫若是者非勤道孜孜則多易違也或問於力行之先生曰善可遷而過可無悔乎對曰吾何敢誣尅躬自塞而已先生姓崔氏字夏封生於唐臣於五代居官則克慮以事事假牧於巴梁其民生祀之處則克已以食居於河濟之沂其友交給而助之既跡既明賢者稱之矣他日先生往邠侯之命余贈而勉之曰艅艎之舟腹萬斛而不盈浮波而馳終歲而不息載之者獲於馳耳及厭風水之適安於所留曷與一敤之庚等雖坎坎循環之輪猶羞其止也顧潔狂之誠能恩卽哲居哲忘恩則狂蓋古者勉不息之勤言也先生其終勉諸

夏平

夏之爲郡南走雍千五十里涉流沙以阻河地當朔方名其郡曰朔方其四時之辰夭暑而延冬其人毅其風烈其氣威而厲易憤而難平夫其難平之狀在陽爲悖在陰爲狠悖爲不平者在上暴横而爲也在下殘寃而爲也狠爲不平者在上蔽惑而爲也在下憤激而爲也元和之初夏

之節度韓將軍入覲其甥楊惠琳爲之後以兵叛天子命將軍演伐之既至盡殺其屬將曲直者無别罪併俘其家姊弟妻子以其善貌者擇而入其餘均賞麾下騎士皆得肆辱污明年拜右衛李將軍愿爲尚書出代演爲政至其城察民氣色不得平乃留意於察果得之因令曰天子愍不辜人而命四方爲政執事觀察之夫楊惠琳叛脅其良人良人以骨肉妻子故不能得止又不能卽死制已在人今皆以是罪戮之矣其姊弟妻子當免者不宜復蓄污且又皆良人子等類耳寧幸如此乎今盡籍出之無得隱吏

更察敢有如是者斬於是尚書愿廼以畜馬爲則訓得所虜者相當其直其人皆死志積冤憤既出卽豁其所蓄道路呼聲四逸有感憤不勝於心者則仰而號俯而躍退而變爲喜而舞謠其德其聲雜調齊感如是連日改旬而後已是則修其化如此其氣復能爲悖耶夏之屬土廣長幾千里皆流沙屬民皆雜虜虜之多者曰党項相聚爲落於野曰部落其所業無農桑事畜馬牛羊橐駞廣德年中其部落先党項與其類意氣不等因聚黨爲兵相伐强者有其馬牛羊橐駞其後支屬更酬殺轉轉六七十年莫能禁

道路殺掠以爲常嘗與華民貿易馬牛羊橐駞者貿已輒以壯騎從間道伺險擊奪華民華民脫死者幾希矣愿乃按察部落盡知其猾大者死小者盟又令曰今盟已敢有叛者滅之其后有人貨得一馬厚價善色駭而逸亾其所就月餘奔歷數帳異逐之又至一帳帳之老乃相與執而詣公居請曰有馬逸來莫知其所由其後更蔵故亾馬者得復之是則修其弊如此其氣復能爲狠耶夫政不明則平不得施於氣色笑語矣法不淸則平不得信乎井閭市貨矣昔者周公之爲政處於相則天下平處於東則一方平今夏北一方也得其平如此豈在位者而知周公之道耶乃籍所以於篇以明善理云爾

魏滑分河錄

元和八年秋水大至滑河南郛子隄溢將及城居民震駭帥恐出視水迎河西南行思欲以救其患亦頗聞故有分河之事言其水嘗導出黎陽傍帥以其功尚可遂於是遣其賓裴宏泰請於魏曰河經地而東滑最大自洛以西百流皆集於滑而春秋隄防不爲固此將軍所明知也竊以黎陽西南其洄壖拒流以生衝激之力誠願決一派於斯

幸分其威耳今秋雨連久不間洛滑以西稚川峻谷暴發之水爭怒以走會卽河勢日夜益壯恐一旦城郭無賴謹聽命於將軍魏帥許之其將卒吏民更請曰患難近也况滑得水患於天久矣魏何戚乃許移於已哉帥曰民前聽所語是黎陽與滑俱帝土否耶設人有不幸於水火而望及於四海道路之人凡見其苦卽爲舉手寧皆有戚者夫全大以槀細順理也且滑壁卒數萬人民不安業未知其賴吾安敢以河鄙咫尺之地爲專惜乎顧桑麻五穀之出不能賑百户假如水能盡敗黎陽尚不足愛况其無有民

何患無土以食因召吏趣籍民地所當奪者盡以他地與之籍奏天子天子嘉其意而可明年春滑鑿河北黎陽西南役卒萬人間流二十里復會於河其壖田凡七百頃皆歸屬河南夏六月魏使楊茂卿授地滑帥令陳酒樂與浮河新渠是日亞之以客得與故悉其事於兩帥之賓

異夢錄

元和十年亞之以記室從隴西公軍涇州而長安中賢士皆來客之五月十八日隴西公與客期宴於東池便館既坐隴西公曰余少從邢鳳游得記其異請語之客曰願備

聽隴西公曰鳳帥家子無他能後寓居長安平康里南以錢百萬質得故豪家洞門曲房之第即其寢而晝偃夢一美人自西楹來環步從容執卷且吟爲古裝而高鬟長眉衣方領繡帶紳被廣袖之襦鳳大說曰麗者何自而臨我哉美人笑曰此妾家也而君客妾宇下焉有自耶鳳曰願示其書之目美人曰妾好詩而嘗綴此鳳曰麗人幸少留得觀覽於是美人授詩坐西牀鳳發卷示其首篇題之曰春陽曲終四句其後他篇皆累數十句美人曰君必欲傳之無令過一篇鳳卽起從東廡下几上取綵牋傳春陽曲其詞曰長安少女踏春陽何處春陽不斷腸舞袖弓彎渾忘卻羅衣空換九秋霜鳳卒詩請曰何謂弓彎曰妾傳年父母使教妾爲此舞美人乃起整衣張袖舞數拍爲弓彎狀以示鳳既罷美人泣然良久卽辭去鳳曰願復少賜須臾間竟去鳳亦覺昏然忘有頃鳳更衣於襟袖得其詞驚眡復省所夢事在貞元中後鳳爲余言如是是日監軍使與賓府郡佐及宴客隴西獨孤鉉范陽盧簡辭常山張又新武功蘇滌皆歎息曰可記故亞之退而著錄明日客有後至者渤海高允中京兆韋諒晉昌唐炎廣漢李瑀吳興

姚合曰吾友王炎者元和初夕夢遊吳侍吳王久之聞宮中出輦鳴笳吹簫擊鼓言葬西施王悼悲不止立詔詞客作挽歌炎遂應教詩曰西望吳王國雲書鳳字牌連江起珠帳擇水葬金釵滿地紅心草三層碧玉階春風無處所悽恨不勝懷詞進王甚嘉之及寤能記其事炎本太原人也

誼鳥錄

貢籍中有鳥誼名者生商山始以誼聞商之貢來者云能搏擊雀鷃以爲天子後宮遊戲貴幸宜進此以具樂後宮

亦相尚奇飾之以綵絲合縷爲足縈垂綏以絳繒衣尾加鳴金撼如佩又指習其捷便指熟得如意後宮從上所遨幸者誇玩無厭春縱去秋輒復貢來誼鳥性與他禽不類色縹綠而文頸形大小類鴿而意氣貌狀復不類往往高林大木閒同巢者累數百其春乳當爲食者還飼卽先稚或疾無別已兒也秋羅人捕貢設羅有誤中者卽羣衆相號呼若不忍去投下集羅以如是故誼鳥無他名沈子曰余幼過商山熟誼鳥事於其宿老今余適藍田郵夫唱傳曰誼鳥貢余初喜其以誼蒙幸則生爲梟獍者遠適而媿

死其餘賊暴侵淩之類期不得自性矣及聞其用材則不然使移其心從搏擊者伍備娛一旦之遊而誼無所與何其失職也夫何其失職也夫

霍邱縣萬勝岡新城錄

元和九年蔡之帥死其子元濟以其土叛逸掠陳汝之閒冬縱兵臨壽春屠馬塘走其守令狐通焚霍邱淮南郡邑大駭民人卷席而居上聞之怒譴其守明年春詔執金吾李將軍馳傳出守之旣至收其壞卒聚壽春城使人勞井閭而市貨耕桑之業始復民人莫知復爲戰矣八月乙巳乃夜引兵南出霍邱百四十里又折而西四十里營於萬勝岡築新城初將度曰吾士卒萍合之衆也易散而難役吾以築壘令之必苦難使寇聞之必襲吾思欲其自用乃召諸將謂曰吾旦日望氣其狀有寇謹備之令諸軍分營連居環迴之閒十有餘里各視營之所向宜爲數堵之垣以禦暴矢耳諸將數奇將軍言歸而亟曉其卒故所命立就將軍與監軍使出周視之還至武寧大稱築者之能勞以酒帛語寵其將因曰旣已幸周繚之善也他將恥其功之不類乃復與卽日而垣周將軍監軍使出具牛酒爲勞

因士卒之樂又令曰山澤之地其土瘠濿今時方秋浸瀣用事謂衆之功難爲也顧其垣今日而周明日而壞吾爲諸君惜之誠能致其厚則土藏氣色脈力相輔雖霖潦不爲患矣築者皆悅復爭爲厚及竟將軍監軍使出視之復勞曰嗟乎諸君之能衆士之功也旣周且厚始爲其垣今則城矣因自吟曰城乎城乎使其增數仞而飾之寇雖蚩尤寧敢犯我乎遂歸諸將相謂曰乃者將軍之詞得無意其高耶吾黨亦醜其卑矣復增其築於是新城遂具明日寇果來望見皆愕然因至新城傍俱張喉高言指城上曰

爲我曹敬謝將軍訖辭而去諸將盡伏寇亦以王覽董重質營其側拒之十一月戊辰將軍將卒萬餘西渡澗渠上史蔟岡與賊陣自平明至日中進退相延不得合及日側將軍乃謀曰彼必乘暮伺吾還兵擊我必矣於是引兵急攻寇寇延退數里乃以精兵分伏其兩隅復自延退間披其羸老先復令軍中曰皆坐賊之後見官幟有引渡者以爲兵怠俱還遂大呼疾馳東下於是伏兵皆奮斷其後賊大潰殺傷千餘生得數十人官卒死者亦數百人是時李存亮爲先鋒將使百騎遊擊左右獨五人環馳如轂至賊

麾下斬其將王覽繼轡轉鬬而歸十一年夏高霞寓敗於隨唐旣講盡發其卒屬陳秋捕得寇兵盡罷南境之備俱東備矣九月使偏將軍李曜領步卒數百人從險道夜行銜枚入寇境西過九女原百餘里屠其堡聚三十餘壘又使義營諸將西北傍安陽山破其土附屯戍之衆數十百人招其降民男女萬戶得其將二人用之久之朝之卿士以爲將軍怠於戰或發其語而客亦有來詰於將軍曰始天下高將軍之義以將軍兵臨三州之寇謂一舉而取何爲久不稱其獲與將軍曰子之望吾非也夫鋤深根者必利其鍤乃吾之部多吳楚耕販之人習於沮澤之上彼魚鳥之性其生也恇恇如偷兒其游翔之羣非不多也及撫掌而駭之卽爭爲潰矣而寇亦素難吾名常以精卒待我令驅是於谿谷之間與寇決鬬譬由畜彘之禦窮狼寧有所抗蓋居之嚴城以固其意令旦暮從壁上望見寇騎號呼奔突之狀以熟其目然吾又常喻以風雲勝敗之語以壯所恃如目熟而膽壯及其可用吾伺其利而擊之期於必勝此吾所効也十一年冬詔書促戰十月乙未上遣中貴人來臨視將軍於是圖其陣於帳中令諸將各識其序

旦暮擊鼓教士卒爲分合圓方之勢備盡所用將軍出客有難之者曰自建中於今淮東三叛其間矣雖蒙赦令然未嘗斯須忘戰故介兵人傳其兵父訓之子兄教之弟非戰事不語是寇以將軍名聞天下故不敢犯自將軍西出疆屯兵於萬勝城以控其要濠水而東連次江淮之間郡邑之人耕桑自力轉輸相屬曾不爲寇虞此將軍之功也以強計殺誠招其轉禍之人繼來如纏此將軍之用也今將軍不以此爲百全之基驅貊越之人身自蒙堅而與必死之寇決命頃刻卽萬一有不如將軍之指東土之固將

安仰哉對曰此吾以熟於計久矣然吾昔嘗仕於河塞十有餘年若僕之念伸也前行始入覲不意蒙寵於過慢使率師振旅吾之力唯其所指以死効夫馬隨羈而引者也羈之使馳則爲之馳羈緩則步安有擇塗陸而避僵蹶哉如有縱之不前銜之不止徒見撻賤之棄焉得延頸踠足以待御且聖上旦暮待績於吾中貴繼至亦吾蒙羈之日也何敢自引於便而已矣遂以十一月庚辰夜漏過四十刻引兵西渡上史蔟牧之下矚賊壘分銖皆察及日中大風從西起折幹迴幟將軍謂中貴人曰今日之候非其利

也願屯兵堡史蔟以伺之中貴人曰某受命視公戰不視公守將軍不得已乃陣中軍爲前武寧軍次之左右輔皆親兵戰凡十合會盧宣之軍居間聞戰聲自驚潰失次且遁是時賊軍方苦中軍武寧之殺傷幾欲引去及聞盧宣之軍驚潰即分精兵數百勁突所潰以擊之而將軍復與中軍武寧深逐賊而行數十里因與盧宣之軍相棄盧宣之軍先遁去卒無所傷至暮中軍力鬬遂死其將曹惟直張忠信楊渾等及卒死者數百人武寧死者亦數百人還軍新城雖無功者亦勞之以故士卒無戰苦畏叛之患時

亞之客壽春得詳其語而書之以備史聽

臨涇城碑

臨涇之築跡於郝玼貞元中玼爲涇將德於軍軍中皆推其公嘗從壯數百騎出捕野還白於帥曰臨涇地扼洛口（原註有洛川在涇州西北盡於臨涇）其川絕饒利息蓄其西大野走戎道曠數百里其土乃流沙無能出水草當涉者盡疲即屯臨涇爲休養便他顧以城控之可艱其來玼出其傍一人謂帥曰誠以玼言有是也雖然公自念之公所以蒙殊恩大幸子姓昆弟俱得不業而官者蓋以邊防未有可制上心日

夜懸於此故厚公之事無所難今用玼言則邊已固公安倚耶雖戎不得越所趨而捕者復何以稱獲使上聞之亦且輕所憂矣遂不從玼計及帥死其校段祐代爲帥歲餘玼又白曰昔天寶時天下有兵爲防者獨西戎矣而邊至王畿尚萬有餘里其烽燧之驚東不過燉煌張掖之間又有嚴關重阻盤錯之固綿屬於其中迺者安史反其邊兵強壯悉會難咸陽東而西陲復爲所攻盡亾美地今王畿之傍列爲邊郡飛烽傳候昏曉之際必奏於帝埴況未有可固今每秋戎入塞寇涇驅其井閭父子與馬牛雜畜焚

積聚殘廬室邊人耗盡而又以一方便宜委決於將軍何以自塞夫臨涇之築於涇甚便前年玭白於故將軍不聽今日幸願將軍省許遂築城於臨涇以玭部鎮之自是戎無敢犯涇者元和初祐入覲因留宿衞後爲帥者惡玭能强誣以年朽不任兵罷之八年余西道塞歷岐隴而邊人無幼老盡能誦郝玭之功故余悉著所論勒其事於臨涇城

欽定全唐文卷七百三十八

沈亞之五

唐故銀青光祿大夫檢校左散騎常侍兼宮苑閑廐使駙馬都尉郭公墓誌銘

府君諱某其先關西鄭人也大父汾陽王始以戎勳著續爲朔方軍副使天寶末元宗南巡巴蜀肅宗勞兵於靈武乃率其義虜順夷合兵逐叛得爲朔方軍節度既而二駕還都拜爲中書令統兵於外代宗初犬戎飲馬昆明至於御溝天子在陝又以擊逐之功益拜尚書令封汾陽王尊

稱尚父乃詔子曖尚昇平公主都尉主客皆賢故長安中名人文士自李端司空曙之徒咸遊其門賦詩席酒更日而主生子男三人女二人長今爲皇太后府君即其少子初憲宗居邸時親臨主家納迎如禮及今上卽位皇太后昆弟皆寵錫尊官而府君最少益蒙隆念自邠州刺史入爲殿中監尚西河公主歲餘改宮苑閑廐使府君寬柔和易不守剛決長慶二年七月五日暴疾卒於主家享年三十七太后聞之驚悼悲哀使者自中宮出按問發疾之狀月餘乃解以其年十二月十九日葬於京兆某原之上初

西河主前降吳與沈氏生子男一人及郭氏之喪無後而以沈氏之嗣爲之主辦卜葬有期主喪者使其家吏牽馬操幣至於櫟陽郎尉家曰尉之文記事有聞矣願得爲之銘以誌其壙於是與序勳典之事表於墟中銘曰

河族崑崙命源惟長跋於神華其來泱泱影響遘會披華吐章靈烟氣交鼓而與祥陶以精神涵爲濃光保我國步乃生汾陽在戶作扃横天爲梁息災破難以藥痍瘡帝子入室固如維綱孫爲國母沙麓以昌少爲姻臣謙寬汪汪祿而不壽哀彼中霜惟其流慶與唐無疆

涇原節度李常侍墓誌銘

府君諱彙太尉武穆公光弼之少子也爲人儉毅意氣祖楷洛自匈奴提其屬來入始爲唐臣累遷至將軍贈司徒武穆既壯當天寶末以平燕冦有功故公於提襁之間得賜校書郎武穆薨公少無所倚薛兼訓憐之奏試殿中丞後從朔方軍事汾陽王於邠又從東平軍事李正巳於淄青正巳悖公說之以善語雖不從然得重賜與馳歸卽從宣武軍司徒勉公使於京而賊希烈攻勉城拔公不得赴乃從淮汝軍事哥舒曜於東都與元中行營爲先軍得試將作少監兼侍御史後從義成軍再事賈耽於滑得兼御史中丞貞元九年入爲左神策左將加都將元和初加御史大夫二年出鎭同官四年加右散騎常侍遷宿州刺史七年改安州刺史九年入爲右羽林將軍十年春加左散騎常侍拜節帥涇原既至聞士卒前以食不賑而鬻子者皆與贖歸之夏六月公疾發視政不能勤七月十二日薨行年五十九贈工部尚書發御府粟帛命官卽其家弔勞生子男三人女七人長女適焦氏娶竇氏夫人生嗣子罕夫人卒娶潭氏潭氏亦早卒公將葬使卜兆兆言合葬不

宜罕從卜竟祔先將軍太尉之塋於華原某原乃用亞之爲誌以銘其所詞曰

惟漢都尉肇自其源居彼北方繼世不還乃公之祖始爲唐臣武穆嗣毅卽我家勳帝念不忘公亦爲藩乃葬王畿北指華原嗚呼哀哉惟功與魂千古不泯

故太平令李寰墓誌銘

長慶元年故太平令李寰之喪其妻沈氏挈其稚嗣哭丐於姻黨之門以事其殯事將具命其族亞之爲銘以誌其壙府君唐之裔也其先奉高祖入關定隋封定州刺史曾

祖承昕爲鴻臚丞丞生少連爲瀫水令令生牟爲梁縣尉尉生府君世以宗蔭調官卒無違顯貞元中沈氏始以外戚隆貴而胄得爲列卿掌太府乃以子女歸之府君府君貧負其屈而家仰給爲生元和中調爲太平令卒於官舍親黨語爲善人多痛之銘曰

廓乎圜穹覆乎萬古之中賢者或塞而夸者或隆唯達識不窮善人有終哀哉

韋婦墓誌銘

夫人姓王祖曰楚天寶中爲吳王府司馬父曰新貞元中

爲杭州文學卒母河南姚氏永貞初歸夫人於京兆韋氏夫人之歸年始十四已能成婦道年十八暴疾亡亞之姊乃夫人諸父之兄嫂也或謂姻家之喪必有賻亞之貧無貨請以文易之故韋氏妻之喪沈氏得爲銘誌

夫人之邦曰瑯琊夫人質多於容行多于和豈天不命於壽不多耶實旣命短可奈何已矣連湖之西靈山東趾南極於江近十五里元和三年四月庚子而瑯琊氏之骨歸於是

沈參軍故室李氏墓誌銘

漢孝武時匈奴累犯塞夫人之先爲都尉出居延力戰且陷遂與其部居胡中爲貴落其後入唐爲功臣世世以武績顯至大父臨淮王光弼父尚書彙皆爲帥長及父歿門下客沈亞之請其屬以夫人歸於從祖之子曰稱師從祖諱房當代宗時取良家配帝其姑以妃受選入宮生雍王沈氏之先繼列組冕顯於籍牒者皆由文學及德宗卽位追尊皇太后太后昆弟父祖旣追封矣其子姪皆蒙寵蔭遂以房爲將軍執金吾冕爲卿掌太府羽爲駙馬都尉尚長林主夫人旣嫁三年而卒生子男未能視在元和十四

年正月六日具葬城南次於沈氏之隴作銘其詞曰

冗葉雖榮速霜霰兮勞飈摧災延而眉兮韶妖之葩弃刻晷兮觸烟寤露條委衰兮元金蒼礫安靜鎔兮紅瓊海碧包脆危兮嗚呼夫人曷而得支姑啼夫哀叢咽咿兮姊弟酸屑垂涎洟兮懷風送魄轉生潲兮黃壙圓隆緘若帷兮明能之魄來而安兮無越違兮

盧金蘭墓誌銘

盧金蘭字昭華本亦良家子家長安中無昆弟有姊四人其母以昭華父歿而生私憐之獨得縱所欲欲學伎卽令

從師舍歲餘爲綠腰玉樹之舞故衣製大袂長裾作新眉愁嚬頂鬟爲娥叢小鬟自是而歸諸姊不爲列矣因恚泣謂其母曰今不等我不若從所當耳年自十五歸於沈居二年從沈東南浮水行吳越之間從七年乃還都又二年沈復東南而昭華留止京師不得隨病且逝從沈凡十一年年二十六生男一人女一人葬於城南尹村原之下作銘其詞曰

野遼剌兮眾草羅生颸欝蓊兮孰先殞零綺顔奄忽兮辭金楹去何止兮歸無程芳霍紅荃兮昔所遲今銷亡兮不

可再馨魂魄歸來兮復此園塋

靈光寺僧靈佑塔銘

釋家之法以弟子嗣師由子其事死送葬禮如父母由是籍書贊記之常名而不姓今通氏言釋者必祖自佛派分諸系於七祖各承其師之傳以爲重望而律師光範者始爲童子時事師曰靈佑且滿歲師與其曹爲狀喻之語而律師侍側輒達其至既學五年而通經紀年及冠遂去髮被褐言語應引則老緇不能對矣大歷中詔度始成僧儀初居吳之嘉興空王寺其後緇衣男女相與誦其能於是俱使授學更居靈光寺遂與其徒講贊微言百流會歸之說自吳南北郡邑緇衣咸果受人人自得若濡露然又著會釋章句十五卷貞元十六年十月某日滅于其寺之居僧年四十五壽年七十四遺言令其子弟曰當殯我寺之居西圃中其後四年門弟子相與成塔於其所元和中余遊吳弟子明辨來求銘焉律師字楷其家本吳人其鄉里在吳之崑山縣曾祖師利開府儀同三司食邑三百戶祖元亮於潛令父君卿彭澤丞母河東裴氏其子與明辨之列凡六人皆童子受學是袁氏之儀由子也作銘其詞曰

唯寂之門嗚呼已矣匪婿匪育孰後爾已能傳其心卽繼乃嗣以圖我銘以紀萬祀

爲漢中宿賓譔其故府君行狀

唐故銀青光祿大夫檢校戶部尚書左金吾大將軍兼御史大夫上柱國河南縣開國公食邑二千戶賜紫金魚袋贈太子少保柳公行狀

曾祖　該　皇任陵州錄事叅軍贈陵州刺史

祖　岑　皇贈祕書監

父　潭　皇太僕卿駙馬都尉贈司空

狀公諱晟其先河東人肅宗時詔取儒賢配主其父以門葉中選拜太僕卿尚和政公主主及太僕繼喪而公年始十二孝聞宮掖既去喪代宗憐之名養宮中令與皇子諸王俱受學故公得通籍中禁詔以吳大瓘爲之師又以大瓘子通元通微爲助教令十日考學績勸所進乾元初除尚舍奉御得歸故邸又詔吳大瓘通微通元令就舍授學廣德中加檢校太常卿賜佩金魚及德宗即位以公故奉銅輦將欲加賜遷官未幾而屬車駕西狩矣公徒走會難奉天因泣奏曰臣願得尺詔持而東入都購其豪人以爲

効德宗奇其忠賜詔如奏公於是傭裝入賊軍中見賊僞右將軍郭常左將軍張光晟公說曰陰潦之災魚鼈游其墀壇即揚光赫明是輩不知枯挂之地者公等寧能從其挂哉乃出詔示常等皆捧詔伏與誓約所歸未及期會樞密官臣朱既昌陰以公之狀飛告泚遂爲泚捕繫定死矣泚詰二將詞不伏即徙於外獄稍寬之有頃賊兵累敗守吏益怠公因其共繫者十餘人謀相與脫其鋼髡而走之奉天德宗爲之撫背流涕明日寢與幸漢中公奉轡至南梁還拜原王府長史貞元六年改嘉王府長史歲餘翰林舍人吳通元譎死公爲疏陳雪再進不得命公之季止公曰上方怒寧可爲也公不聽公章卒三貢於是德宗寤之謂公見義不回賜書寵勞竟雪通元改澧州別駕十一年入爲少將作永貞初遷大將作加朝請大夫起崇陵功以檢校左常侍居使內作封河東縣開國子食邑五百戶又加銀青光祿大夫起豐陵功賜上柱國元和初西蜀叛發岐隴邠涇朔方太原及山東六郡之卒皆屬長武軍詔以高崇文討之既誅三蜀大困而漢中最險狹益不能賑輸所奉中朝以器用當濟遂拜工部尚書兼御史大夫持節

帥漢中始詔諸征蜀卒各還故部而獨以漢中卒三千人移戍梓州其卒以爲始去父母鄉里既勞而歸及境乃不得見其閭亦以功自賴今則從之謂若譎耳皆鋒奮食所引刃援弓迫中貴人時公行未及郡聞之遂疾驅倍走往其所先勞其苦心勞已乃問曰君等何以而成功乎俱曰某等伐闢耳又問闢何以而得伐俱曰驕不受指於天子公曰君等既知闢以不受指而得伐又親滅之而得功反不受指耶今即不受指即受滅矣于是卒皆免胄匍匐遂從所徙歲餘入爲大將作使匈奴先是戎相出視國使必

自據偃以相辱傲公知之乃先謂曰闇若等皆以去信爲強亡禮自大禮信不爲誠不仁也何足奉吾國乎于是單于諸王貴人聞之愕然失恃皆莫能詞見則改容跪伏遂致天子之命約信成禮而歸拜金吾右將軍始得居公爵益封千五百戶加爲大金吾九年加戶部尚書以大金吾爲左將軍元和十三年三月九日歿享年六十九上聞之一日廢聽奏詔命從官臨弔之賜賻粟帛贈太子少保公強辯多學謙下好問因危而致其節見義不顧其私輸公之急某從僚其門備得前行謹以所聞所見實錄於斯謹

狀元和十四年七月十七日狀

喜子傳

喜子者饑年女子小字也且困時蒙活於估人劉承家女使喜子爲人惠口而柔顏承載與往來襄閩楚越之間常之閩納貨於息客崔氏闠市中有韋生者居比屋與承喜子旦夕交候言韋動悅喜子而承顧頗喜酒多亡故韋生得縱語靡曼喜子既拒韋益欲淫之會承欲北舟向利韋思得與偕及圖假載於承承曰諾且承因匿貨坐抵禁繫公室獨得與喜子在舟因賂傍者教以語云承得死罪事其財妾奴婢當輸入度終不能脫矣不如以財亡韋語達喜子喜子立謀自殺卽夜就溺人相與出之幾死及蘇復與言然知其妄乃已自是各去其後不復相聞事在元和四年衞人程生爲之說贊曰吾聞程生云喜子之事至死不變亦可謂烈嗚呼狐死正邱首而喜子之仁也

李紳傳

李紳者本趙人徙家吳中元和元年節度使宗臣錡在吳紳以進士及第還過謁錡錡舍之與宴遊晝夜錡能其材留執書記明年錡以驕聞有詔名稱疾不欲行賓客莫敢言紳堅爲言不入又不得去會留後使王澹專職爲錡具

行錡蓄怒始發於澹陰教士食之初士卒當勞賜者皆會府中受賜與中貴人臨視次至中軍士得賜者俱不散齊呼曰澹逆可食旣盡卽執中貴人脅曰爾寧遂衆欲寧飽衆腹曰請所欲曰爲我衆書報天子幸得復錡位貴人懼僞諾之名書記以疏聞紳聞之亡入錡內匿衆索不得及中貴人至促錡行錡益怒急名紳授紙筆令操書上牘紳坐錡前佯惴怖戰管搖紙下札皆不能字輒塗去累數十行又如是幾盡紙錡怒罵曰是何敢如是汝欲下從而先

人耶。對曰。紳不敢惡生。直以少養長儒家。未嘗聞金革鳴。今暴及此。且不知精神在所。誠得死在畏苦前。幸耳。錡復制以兵刃。令易紙。復然。傍一人爲錡言曰。聞有許侍御縱者。尤能軍中書。紳不足與等。請名縱。縱至。錡銳意自舉授詞。操書無不可錡意。遂幽紳於潤之外獄。兵散乃出。縱竟逆死。

贊曰。李錡之賊江東也。其抗節者有李雲、李紳。雲則山中劉騰爲書以大之。而紳之蹟未及稱。且紳職錡肘腋下。舉動顧盼有一不誠。則支體立盡衆手。而紳亦不顧。而曉然自効如此。可謂臨大節而不可奪者耶。

馮燕傳

馮燕者。魏豪人。祖父無聞名。燕少以意氣任專。爲擊毬鬬雞戲。魏市有爭財鬬者。燕聞之。往搏殺不平。遂沈匿田間。官捕急。遂亡滑。益與滑軍中少年雞毬相得。時相國賈公耽在滑。能燕才。留屬中軍。他日出行里中。見戶傍婦人翳袖而望者。色甚冶。使人熟其意。遂室之。其夫滑將張嬰者也。嬰聞其故。累毆妻。妻黨皆怨望嬰。會嬰從其類飲。燕伺得間。復偃寢中。拒寢戶。嬰還。妻開戶納嬰。以裾蔽燕。燕卑脊步就蔽。轉匿戶扇後。而巾墮枕下。與佩刀近。嬰醉且暝。燕指巾。令其妻取。妻取刀授燕。燕熟視。斷其妻頸。遂持巾去。明旦。嬰起。見妻毀死。愕然。欲出自白。嬰鄰以爲眞嬰殺。留縛之。趣告妻黨。皆來曰。常嫉毆吾女。乃誣以過失。今復賊殺之矣。安得他殺事。即其他殺。而安得獨存耶。共持嬰且百餘笞。遂不能言。官家收繫殺人罪。莫有辨者。強伏其辜。司法官小吏持朴者數十人。將嬰就市。看者圍面千餘人。有一人排看者來。呼曰。且無令不辜者死。吾竊其妻而又殺之。當繫我。吏執自言人。乃燕也。司法官與俱見賈公。

盡以狀對。賈公以狀聞。請歸其印以贖燕死。上誼之。下詔凡滑城死罪皆免。亞之曰。予尚太史言。而又好敘誼事。其賓黨耳目之所聞見。而爲予道。元和中。外郎劉元鼎語予貞元中有馮燕事。得傳焉。嗚呼。淫惑之心。有甚水火。可不畏哉。然而燕殺不誼。白不辜。眞古豪矣。

表醫者郭常

郭常者。饒人。業醫。居饒中。以直德信。饒江其南導自閩。頗通商外夷。波斯安息之貨。國人有轉估於饒者。病且亟。歷請他醫。莫能治。請常爲診。曰。病可去也。估曰。誠能生我。我酬錢五十萬常因舍之先以針火雜治導其血關然後輔以奇藥誠曰第稟慮塊居月餘估稱愈欲歸常所許財常不聽估曰先生以爲寡歟常曰不也吾直吾之藥計吾之功不能損千錢而（一作令）所受非任反禍耳卒不內人以常爲詐而責常常曰夫販賈之人細度而狹見終日希售榷買計量於毫銖之間所入不能補其望今暴奪之息錢五十萬則必追悔鬱悅寧能離其心且藥加於人病新去而六腑方憊復有悒然之氣自內而伐即不可救奈何彼方有疾時知我能治而告我幸免之因利其財又使其死

是獨不畏爲不仁而神可欺者吾何敢欺沈亞之曰仲尼蓋言我未見好仁者惡不仁者而後學之徒未聞明好惡也豈其言之憤不足畏耶今世或有邦有土之臣專心聚斂殘割饑民之食以資所欲忍其死而不愧受刑辱而無恥是亦不仁甚矣終無有惡者若郭常之賤而行之又焉得不稱於當時哉

表劉薰蘭

劉薰蘭者洛陽中女子也字嫣孫故居家時名鄭兒元和九年年十六房叔豹來求彈絃者其母以鄭兒入焉後以善笑得大悅因更名薰蘭叔豹爲人喜酒多廢薰蘭勉之曰某以孫稚蒙君曲娛之愛使得奉巾饌誠不足以正非是然而君之齒方壯且又足給幸痾恙無有乃終日碌碌自墮如即至力（闕）旦暮將何以拔之若終不更則親戚友朋視君若某皆貊之乎於是房叔豹蹶然自咎遂取古籍詩書併學之是歲余罷隴西軍來舍房氏始聞其語因嘉之遂爲著篇以繼勸且古語有云女爲悅己者容亦見其志也如薰蘭之能引媚其志歸於至理豈不知賢女之爲容

祠漢武帝祈雨文

維長慶三年正月己巳櫟陽尉沈亞之承命於大京兆以歲旱用乾肉清醪恭祀於漢武皇帝神之祠下因巫人以達其祝語嗚呼陰陽水旱其司惟神五行六氣神得而均如愆且災神何爲仁惟神昔帝漢日何祥不臻雍熙滂洋甘露麒麟人荷其澤亦仰如春氣配高明沒而爲神居滿必誅居抑必申今者獻陽始歲亢而爲屯草木萠塞脈沈津不蒸不洩逾於十旬雨師慢傲尸違不賓潛深驕高枯此下人風伯嚚戲簸陶濃塵潰爲凝霾坌若頹雲鴻澒

突渤上蒙無垠掩蔽光明以垢春晨彼風伯雨師皆神所司處位不職荒役不祇神假之權使之用爲上帝如怒其殃孰罹神明胡不督其稽察其欺壞法者戮後期者笞然後泰陽蒸雲雨膏以時發生有涯農力有施令官庶併誠虔虔於祠集於宮室鼓舞彈吹神其聽之無敢苟祈

祝構木神文 并序

譎掾秋病偃於漢之陽怳而夢鬼其形甚穢長股短胸薄頂無尻禿眉獰吻嗜痔而饕瞪視睒睒嚱氣羶腥指人生寒粟肌揵毛及寤怪歎以告筆吏王扃扃曰斯癘鬼也亞之曰癘鬼何端而侵我乎扃曰癘之爲情惡儻儻而狎雖同邱爲仇同惡扶依依邪傅影倒步側趁託舌附語以調淫巫今掾之爲人體曠情虛樂能惡汙內曠外竦翱翔自儀舉止無虞不機不扃爲所嗍也無乃異乎亞之曰何以去斯患也吏曰扃聞之構木之神其司郢土之陰可以酬而訴也願名巫用酒肴以寄詞爲祝使其有愧必榜且戮掾無鬱也於是乃與謀爲祝言一闋以道所惡其詞曰

傾江漢之長瀾兮洵晨雲於宿靄惟附嶽之橫峯兮寫甘灣之清泚聞構木之畱古神兮宅同麓之荒邸茹清明之靈英含瑞光而爲體與午節及皎峭兮惡晴明之闇靄粵客子之何羁兮嘬吾血於癘鬼癘鬼之狀草栵樸棟皺折兮蜍背棚橫兮蠆腹板聱兮薄頂而蛇顙颯披兮赤臉而鼠目伺差池於隙情兮投怪言以禍福拒良藥於傾痰兮謗嘉肴而謂之毒衣戾氣以爲介兮避神丹之利鏃彼怪魅之朽險兮非神君兮孰能以族洗苦身而爲詞兮望皇靈於構木

劉巖夫哀文

秀才劉巖夫父歿不勝喪余弔而作詞以哀之其詞曰號呼窒懣喑嗚呼兮一溢不入百體痡兮醴泉渴竭白髮枯兮脆黃摧亂如霜蕪兮形若龍蛻骸骨瘠兮悲占六腑神無居兮魂魄惝惝客四隅兮去依風雲將君疎兮待待一作得得地之赴幽都兮生成誠一作果克志意舒兮厚姻薄養世有諸兮俗浸且廣無誰誅兮清魂佳宇赫來圖兮鼎設海陸備肴俎兮吳梅狄酪淡濃腴兮逢果錯實態味殊兮酣顏若赬視若珠兮香津桂醑蟻沈浮兮綠盎既發有鋪盂兮醪醴百味君安須兮惟君之嘗恣所如兮三爵與洗祝延呼兮爲君澆奠一饗余兮

祭河南府李少尹文

維長慶四年五月十七日福建等州都團練副使沈亞之謹遣郡吏李權奉酒肴之奠敬祭於故河南少尹李公之尊靈夫哲智之達塞兮繫其時之艱通故孔子厄而周公通管遇齊而卒業賈遭漢而不終嗚呼哀哉古昔何思所思維時謨不我進綱不我維民不得濟道不得施雖富且貴何大用爲夫子之道歿矣今將遺誄卷清明之特達歸壤厦而藏之哀哉尚饗

祭胡同年文

維長慶元年十一月二十六日同年韓復張正謨龐嚴沈亞之饌庶羞清酌之奠祭於故安定胡君之靈惟溫毅之龍顏兮含朴謙而苞野工時言之便詩兮關風識於遠雅同遭恩於昔年蒙擢身於長者念嘉歡之平生君何先而捐捨痛彫華之誰疾兮聞號號之稚寡省余奠之不遒兮促將征於前馬何決邁而無顧兮豈樂居乎壤厦既啟全而無尤君子美其終也哀哉尚饗

爲韓尹祭韓令公文

澤梁宋之戎郊涵雄渾於雲水陶沈毅與濃剛作眺眺之巨士綿將流於洪光鼓神濤之在已昔丞相之東征統梁城之千雉命賓余以掌檄蹤枚馬之遺美見公佩之橫腰冠銜旗於宋壘及夷門之節卧余奉歸於故里寧後者之無當顧狂埃以渤起司馬唉而賓徒烹血肉肆而爲市何繼師之無作始公之功由是伏豺豹於神猊遂清寧乎千里聞君書於天闕帝嘉悅而忘恥嘗敘族以姪予謂同原於康子言康樂於一方竟綿歷乎再紀廩蓄粟以億計積有餘而流委櫪甲馬之萬銜惟君王之所指撲淮童與齊蠹猶烹冰以燎葦視燕趙之強俟若負垤之羣蟻彼承風

其如何聞當飯之遺匕及柱天而轍日信博壯之可倚逢諒闇之初晨遂踐阼而爲治推轂兮昇壇河橋兮鄜時恩光被以湛稠仍分疆以及嗣遒往年之來覲見差班於父子復何殃之不造遽相追而沒齒榮華之不遒兮倏云乎已矣悼皇情以注想每凝旒而撫扆錫秘物之必周予得命爲臨視還壤厦之將駕導清笳於哀徵鑒卑志之潔恭願降歆而省此嗚呼哀哉尚饗

祭故室姚氏文

噫佳惠之淑敏承嚴明以信修既笄佩之有儀俟嘉人以

爲仇豈位者以無當顧采贄以納予惟鄙夫之蓬塵章阻離以爲尤始仕筆而關塞俄自夏而涉秋誰來歸之須臾遂省拜於東甌潔幼弱之室處奉板輿於修途值凝冰之泝川乃築居以捨舟念姻嫁之以時負重鈞於薄軀何因蹇之多淹汨歲序之忽周誤聞恙於中閨言迅轡於皇都及鄭洛之外郊承凶言於來書悼追悲之莫及聲失慟以咽呼目虛凝而直想容髣髴之在眸舉椒桂之觴奠感百年之永乖攬繐帷之撫臆非彷徨於故居惟靈魂之昭昭省余心之勞劬

為人祭滕者文

念昔滕者容華不常喜顏如春酣葩之芳燿乎將然煜乎爲光偏然去步如烟洋洋萃然來居如鸞下翔佳言如酒和人中腸情如繭絲繚不可央緊云其御惟我所當遂棲余牀爲余馨香自始于今六謝冰霜纔云就木言歸隴首道既已隔渰不可久嗚呼哀哉尚饗

欽定全唐文卷七百三十九

白敏中

敏中字用晦太子少傅居易從父弟長慶初進士會昌中累官兵部侍郎學士承旨同平章事兼刑部尚書集賢史館大學士宣宗朝加右僕射金紫光祿大夫太清宮使太原郡公罷相檢校司空出歷邠寧節度使劍南西川副使荆南節度使懿宗立徵拜司徒復輔政尋加侍中罷爲晉絳節度使累遷中書令太子太師卒

如石投水賦

石明臣節水喻聖聰順投既因於納諫虛受必俟乎輸忠從以讜言出清規而有中類夫貞節入碧浪以無窮爰自人謀式彰天獎言必在乎能發道奚疑於虛往自懷從善聞蹇蹇於股肱何異臨川運磷磷於指掌理既符於水石事且契於雲龍佇啓心而是贊在虛己而能容石投水而誠資手敏臣佐君而詎得面從當手敏則水不傷清匪面從則君能立政嘉獻替而無爽幸遭逢而有慶致至堅於元奧象以得賢受可轉於清流因之啓聖所以垂衣廣納側席深居言之者何常率爾聞之者足以啓予攻玉之形

隨帝心之沃若補天之質應王澤之濡如既而流謗靡行沈幾自得當持重而無撓冀臨深而不惑逆於耳而順於心黜其邪而褒其直用礪金於眷鑒渙汗潛通舉韞玉於恩波津涯莫測於是宣敎化罷畋遊闢直道務旁求發揮諤諤之明節會合洋洋之聖謨石以貞堅本無疑於虛擲水惟柔順安有阻於晴投夫然則臣心磊落而上達君德汪洋而下流況乎舟楫之道大行不侮不慢藥石之言盡入何憂何患當道泰而人悅固河淸而海晏彼漢高之用酈侯未若吾皇之納諫

息夫人不言賦 以此人不言其志安在爲韻

有一人兮甚美事二夫兮深恥不咄咄以怨人常默默而傷已何窈窕兮若彼而寂寞兮如此舌雖在而口不言身未亡而心已死殆其喪主失身去故從新初爲息侯之婦今爲楚國之嬪標二八之佳麗冠三千之等倫豈君恩之不至顧我恨之有因觸類無言似峽口爲雲之女含情不語如山頭化石之人守而不改邈矣而心有所在行之實難確乎而性有所安指逝波於舊寵比浮雲於新歡得不佇蕙思於心曲秘玉聲於舌端於是語笑已而得意莫其處喧譁而不亂挺節操以自持翠羽常低多値斂眉之日銖犀難見少逢啓齒之時然則動宜三省情順九思似愼樞機暗合吉人之象類含鋒刃潛符靜女之詩嗟夫秦家之女兮在德何有賈氏之妻兮其言亦苟誰令喋喋駐五馬而詭使君之愚焉用嘻嘻獲一雉而忘大夫之醜彼則爾此則否外結舌而內結腸先箝心而後箝口既而載離生育幾變寒暄想驪蒸之不見厭茉莒之空繁勢異絲蘿徒新婚而非偶華如桃李雖結子而無言及夫雲夢春遊章華夜侍永忘一顧之念難奪三緘之志起居有節惟聞

珮玉之聲應對無時不吐如蘭之氣君王於是崇其意重其義命女史以書之爲楚宮之故事

請追諡刑部尚書白居易贈太尉牛僧孺表

臣頃自布衣爰及仕進飽僧孺之惠義師居易之文章斯人之亡各已數載屬先帝憂勤之際贈典未行遇陛下聖明之初諡法宜頒其將行業以傳冊書

滑州修堯祠記

白馬津西南五十里曰堯祠袞龍騰文劍佩有光德音不遐精魄如在然而祠廟僻遠蘋薦亦稀荒榛不除茂草斯

鞠司空隴西公郎戎之二歲勤恤人隱期於俗阜夏四月宿麥方登油雲未施公愀然殷憂思降甘澤因曰古先帝王孰神於堯盍將禱焉期有所應乃率寮屬將校質明而往鐘磬畢陳牲牢在筵翊精肅容虔禱移時祝拜之際肸蠁如答未及迴車重陰已周密雨輕灑槁苗特起逮夕及晨自葉流根寮屬將校相率稱賀曰天災滑民仍歲不登道殣流離十年於茲公能以誠明動神祇膏澤發枯朽免積逋於餓隸變旱歎爲豐稔固當大崇廟貌以旌厥美於是飾粉壁張羅帷欒櫨四周丹紺交輝肅肅靜密神之所

依是宜播公之美揚神之祉刻於金石而爲之記時寶歷二年七月二日建立

滑州明福寺新修浮圖記

唐乙巳歲帝命司空隴西公作藩於滑公既至問甲士以安問文吏以理問黎人之疾苦朞月之後既安且理而無疾苦明年夏五月暇日公與監軍軍倅賓介遊於佛寺寺號明福因詢明福之義有僧定俊曰冥報記云隋開皇年中滑人杜明福妻齊氏嘗讀法華經没後爲崔氏男子名彦武至仁壽四年崔年三十爲滑守一日了然通前生事顧謂從者曰吾昔爲此郡人婦今知家處因乘馬抵城闉入修巷指門而呼杜氏明福老矣疾出拜迎崔入門先昇堂指東壁圬墁之隆處謂明福曰吾昔所持經衆金釵藏於此第七卷紙末火爇宇滅今每念至此常不終卷因壞垣果得經并釵其末爇處咸如說復指庭前樹曰吾嘗斷髮置諸穴中取之又得明福殆不勝情云皆亡室之所遺記也比計物故之日及生之年晷無差焉噫靈驗應兆既如彼存没契會又如此感嘆久之遂請施宅爲寺崔郎日爲之上言請置寺因號明福由是起殿中虛屋周廊回迴

前三其門庭二其臺架危樓以聲鐘植修莛以飛旛界宇峻嚴宛如鷲山於茲三百有餘年矣公異其事惜無銘記遂勒石以載既而出家財修浮圖賈彼餘力因其隙時人樂就役物無枉耗越七月浮圖成峻層孤危高無有倫壓地貫天泉縮石低鐵輪周迴風鐸四鳴軍城用爲壯觀公命敏中援筆以記敏中蹶然而起曰釋氏之教其來久矣漢魏以降復熺而熾其教以禪定慈忍報應齋戒爲事亦以是誘掖人心輔助王化何者先王恭默無爲之道乃禪定乎忠恕惻憫之訓乃慈忍乎懲惡勸善之法乃報應乎

防慾閑邪之禮乃齋戒乎分其教而則殊歸於禮而何異子不語怪力亂神惡其人之惑也今崔氏之應足彰福善之理焉可同怪神乎故得直而書之無愧詞於戲公不至寺誰表其異寺不公値誰爲之記時也皇帝之代寶歷二祀白露之秋八月癸未因其異而致其施施乎施（疑）而增其圮後之人今知我公修浮圖之義

施肩吾

肩吾字希聖自號棲眞子洪州人元和十年進士隱居洪之西山

太羹賦 以宗本誠敬遺味由禮爲韻

至敬尚潔在禮惟恭饗異四時大饗以先王爲祫羹重五味太羹以無味爲宗薦既殊於禘礿禮乃變乎秋冬則知此祭不數此羹不混法明水以成功惡鹹鹺而是損義由反古類稾秸之無文道尚全眞喻恬淡而爲本故宜輕八簋黜三牲其味惟德其色惟清若謂我在物則物不在於鹽菜若謂我在水則水不在於汙行小周人之尙臭迺殷家之貴聲雖無形而可挹務展禮而由誠觀乎一鼎無包百王是慶法君長以爲尊事鬼神而聽命既陳既酌彌重乎精誠不絜不調莫先乎聖敬聿修前典不可度思因七獻以成禮約三歲而爲期饗讌既終於勿勿禮容方盛乎遲遲且在有名而可重孰云無味而見遺是以不饗甘苦不由饔餼湆雖假於一烹用不因乎多味澄渟在潔惡薑桂以爲滋肸蠁降靈歆明德以爲氣是以禮因羹而克舉羹因禮而允修乍同西伯之禴寧比東鄰之牛一以表尊一而不二一以表通微而闡幽豈徒不和而爲貴亦以明反本之所由懿夫其名類餗其正在禮下以敘人倫上以親祖禰苟傾覆之無虞諒威儀之由體者也

象樽賦 以觀器禮肅爲韻

稽太古之至薦也以汙樽抔飲除地而爲壇迄後聖之禮禋也其籩豆犧象咸飾其碧丹是以五禮秩經於宗伯六樽詔典於春官實有嚴而有翼豈無取於異端故殷王有肜日之祭魯聖有禘月之觀且皇周之享也肇繪象於茲器既普淖於式潔乃登堂而奠大耀如金石以率舞派若洪瀛而贔屭騰圭瓚以沃暢達羣神於元秘敬宗宜社以交其幽明返本歸仁以尊其天地可以等上下之列可以參陰陽之位豈齊夫斗筲之外役寧假乎挈瓶之凡智憒

季氏之將旅恥王孫之寧媚況今交節以義具物昭洗介茲壽考以洽百禮柔嘉滌濯以修其虔恭登降揮觶以滌其愷悌夫禮以器成器以禮肅擬冰壺之潔徹鑒膳鼎之覆餗望堯衢而咸惠賴嘉時而有淑既無列野之郊願致誠於工祝

與徐凝書

僕雖幸忝成名自知命薄遂棲心元門養性林壑賴先聖扶持雖年迫遲莫幸免龍鍾觀其所得如此而已

西山羣仙會眞記序

性非生知學道者必資於切問道難言傳立教者不尚於明文藏機隱意恐輕泄於聖言比物屬辭乃密傳於達士世有讀書而五行俱下開卷則一覽無遺聲名喧世孰知不死之方頭角摩天豈悟希夷之理必也訪道尋眞求師擇友覽仙經之萬卷不出陰陽得尊師之一言自知眞僞水火金木土五行也相生而為子母相尅而為夫婦舉世皆知也明顛倒之法知抽添之理者鮮矣上中下精氣神三田也精中生氣氣中生神舉世皆知也得反覆之義見超脫之功者鮮矣知五行之顛倒方可入道至於抽添則為有道之人也得三田之反復方為得道至於超脫則為成道之人也古先達士皆曰道成眞成道者百無一二今來後學徒有道名眞入道者十無八九欲論道而超脫者西山十餘人耳遂從前聖後聖祕密參同一集五卷取五行正體之數每卷五篇應一炁純陽之義開明至道演說元機因誦短篇發明鍾呂太上至言庶得將來有悟勤而行之繼僕以出塵寰同作蓬瀛之侶華陽眞人施肩吾希聖序

五空論

夫太空浩渺虛無自然視之杳溟無形聽之寂寞無聲近而無比遠而無邊用而無竭處後而無後之後居先而無先之先欲究空而不空莫若神之與氣斯乃太空之維綱也子乃觀已之空與他人之空其空有五焉一曰頑空二曰性空三曰法空四曰眞空五曰不空在人高下逐性存亡本自一空而生翻作多空之用耳頑空者虛而不化滯而不通凝而陰沉黷黷胚渾清氣埋藏而不發陽魂樸質而不生斯乃至愚之人也性空者虛而不受靜而能生泯盡諸相不生一意惟見空中之空匪知空而不空但見離

中之虛莫測坎中之滿闕扃諸妙楗守孤雲枉住性空終歸寂滅誓作杳冥之鬼莫諧升舉之仙斯乃古今禪伯之流也法空者知識相之分行究生死之根源寂寂有歸皎皎不昧動而不撓靜而能生塊然勿用於潛龍乾位初通於元谷在忘色忘形之內居無爲無色之中含大道以無差處人倫而不惑乃得道之初也眞空者知色不色有正色以視之知空不空有眞空而在矣得無用有用之力獲無爲有爲之功元之又元道非常道眞空一變則見眞神神變之中物無不備斯乃神仙中人也不空者天之至高

至清而生日月星辰地之至靜至寧而生山川草木人之至虛至靈而生仙賓羽客三者至虛而復一一神變而千神化形一氣化而九氣皆煦換凡骨爲仙體變萱草作松檜故動以靜爲基有用無爲本斯乃亢龍有悔之高義也故千經萬綸出自無言古聖今賢空能別法予恐後人輒生私見强爲書之云爾

識人論

上清元格曰大道似不肖盛德若不足韜光晦跡自銜其身人不知也道未足於己言已輕於人事未充於內驕已見乎外好勝於人人不知也修眞之士識人爲先務當其取士也聽其言而觀其行及其求法也察其理而驗其功勿以人而廢言防其大辯若訥者勿以言而用人防其善爲說辭者或大醇而小疵始愚而終聖修眞之士亦有知人之鑑不可不奉無上之道也西山記曰古今聖賢雖有兼人之智普照之明未嘗不先求於人謂務學不如務求師師人之模範也黃帝求赤松子半年方得中戒經止於防外行之失劉安玉師王道原終年始得小術法又不及修養之事陰長生不以馬明生久病而怠其業葛稚川不

以鄭思遠家法而誨於人耳朱度胡氏而始終如一方昉遇金華而遠近相隨張夢乾三遇海蟾方得三乘之法解志一一見桂陽盡授九轉之功王猛見長壽大仙談笑之間而識破大道梅福遇大洞眞君步趨之次而訣盡天機歷古非無神仙以入南州然修眞之士不遇者於識人之際不明也其或道貌古顏辯詞利口者始謂得神仙悠久弛之常俗之輩學而不遇一也或業重福薄不信天機輕命重財甘爲下鬼錄人纖惡棄人大善雖見其人不聽其言雖聽其言不納其理終無所得仙凡自隔遇而不得二

也或博學篤志切問近思縱得眞訣自生懈怠悅須臾厭持久朝爲夕改坐望立成得而不守三也又况交結狂徒尋搜異論廢時亂日何以成功古人上士始也博覽丹書次以遍參道友以道對言所參無異論以人合道所師無狂徒嗟夫愚而自專賢否不辯賤而自用邪正不分論識人之去就不可勝舉也故古今上聖眞人未修鍊先修養故曰沐浴不可當風若幽室靜房閉目冥心平身正坐使元氣上升通滿四大上入泥丸此眞沐眞浴萬倍於外之水火也又曰不欲遠唾以損氣不欲疾步以損筋不欲極

視而昏睛不欲極聽而傷腎不欲久立而傷骨不欲久臥而傷肉多睡濁神頻醉散氣多汗損血力困傷形奔車走馬氣亂而神驚望高登峻魄散而魂飛養形之道安而不勞勞而不乏其力靜而不撓撓而不亂其氣外有所補內有所益然後識五行以保全沖和之氣外固內眞兩皆得趣可以長久矣

座右銘

元氣眞精能得萬形其聚則有其散則零我氣內閉我心長寧至人傳授小兆諦聽如病得愈如醉得醒心安而不懼形勞而不倦心澹而虛則陽和集意躁而欲則陰氣入心悲則陰集志樂則陽散不悲不樂恬澹無爲者謂之元和清靜無爲不以外物累心則神全而守固

述靈響詞序

道德經云視之不見聽之不聞搏之不得詳乎老君之旨趣蓋諭以衆庶之俗民非修生之道民也尹眞人節解經云內觀者覩神光不可謂之不明返聽者聞神聲不可謂之無音握固者精神備體不可謂之無形凡在道中之民當須視不見之形聽不聞之聲搏不得之名三者皆得謂

之道民矣余慕道年久修持沒功夙夜自思如負芒棘嘗因暇日竊覽三靜經云夫修煉之士當須入三靜關陶鍊神氣補續年命大靜三百日中靜二百日小靜一百日愚雖不敏情頗激切神道扶持遂發至懇且試小靜卽以開成三年戊午歲起自正月一日庚申閉戶自修不交人事尅期百日方出靜室雖五穀併絕而五氣長修幸免瘦羸不知饑渴未踰月而神光照目百靈集耳精爽不昧此三者皆應則知仙經秘典不虛設也人不修卽不知旣不知則信彼前後學咸謂神仙之教盡爲誑誕之辭今古相掌

未始有極小兆忝爲前得者故發言爲詞以正將來之惑因刱五篇篇之四句貽諸同好用紀元深

養生辯疑訣

一氣無方與時消息萬物生死共氣盛衰處自然之間而皆不知所以然而然其所稟習在覆載之下有形者先須知其本知其本則求無不通修道者先須正其源正其源則流無不應若棄其本而外求背其源以邪究雖獵盡百家學窮諸子徒廣虛論之功終無攝養之效得者觀之實爲自誤耳今歷觀世間好道之流不可勝數雖知恬淡以

自守全不知恬淡之中有妙用矣雖知虛無以爲理全不知虛無之中而無不爲矣若不知虛無恬淡妙用之理徒委志於寂默之間妄作於形神之外是謂無益之用非攝生之鴻漸也且神由形住形以神留神苟外遷形亦難保抑又服餌草木金石以固其形而不知草木金石之性不究四時逆順之宜久而服之反傷和氣遠不出中年之內疾害俱生使夫輕薄之流皆謂繫風捕影不可得矣繇以學者爲不肖以眞隱爲詭道不亦傷哉或人嘗以此事而譏余曰吾聞學道可致長生吾自童年至於暮齒見學道之人已千數矣服氣絕粒者驅役考召者清靜無欲者修仙鍊行者如斯之流未有不聞其死者也身歿幽壤之下徒以尸解爲名推此而論之蓋得者猶靈骨耳非可學而得之余聞斯論不覺心惄於內神恍於外沈吟之間乃太息而應之曰觀子向來所說實亦鄙之甚矣迷之尤矣今世人學人間之事猶有成與不成又況妙本元深昏昏默默胡可造次而得之且大道無親感之卽應苟云靈骨無乃疎乎然夫服氣絕粒者道家之所尚人苟得之皆有不食之功身輕之效便自言腸胃無滓立致雲霓形體獲輕

坐希鸞鶴採餌者復以毛女爲憑呼吸者又引靈龜作證曾不知眞氣暗滅胎精內枯猶執滯理於松筠守迷端於輸墨良可嗟矣寧不怪乎至於驅役考召之流蓋是道中之法事研討至精窮其眞詰誠爲身外之虛名妄作人間之孟浪在已無徵於延益於人有驗於軫擾亂構休祥徒陳禍福如斯之輩並非保生之道也或以清靜無爲深居絕俗形同槁木志類死灰不知天地動用之心不察陰陽運行之理如此則雖遊恍惚其恍惚而無涯縱合窅冥其窅冥而莫測繇使希夷之外神用罔然虛白之中元關失

守言識之際中有高眞喟然而嘆曰守一非一履眞非眞此亦近爲門階之由殊未窺其室中之用矣大凡保氣棲神不可以湛然而得之亦不可以兀然而守之且神無方而氣常運形至靜而用無窮是知保氣者其要在乎運棲神者其祕在乎用吾嘗聞之於師曰體虛而氣周形靜而神會此蓋爲出世之元機無名之大用矣

張勝之

勝之寳歷中官宣武節度判官檢校户部郎中兼侍御史入爲比部員外郎

湛露晞朝陽賦 以諸侯來朝錫宴具醉爲韻

陽暉早曙露泫清宵宵既寂而露彩結曙將動而陽氣消是以在蘭者照之則煥乎葉在棘者燭之則晞乎條故乃喻天子布澤於晏猶諸侯命朔於朝觀夫潤草瀼瀼晞陽纍纍氣色濃兮猶茂枝榦爍兮如滌初將比玉以滅其琳璃稍欲如珠復消夫的皪故可比臣竭忠以祇敬君降恩而蕃錫及夫大明有赫五色初收淩晨光動平野氣浮遂使將飲之蟬驚陽烏而復退罷警之鶴懼白駒而不留出扶桑兮始上被豐草兮徒周何異夫錫宴則臨乎我后來朝則嘉彼爾侯原夫曭朗之光未舒霑濡之色猶遍忽其陽氣匝晴風扇則滴而有響者其響罷聽布而有文者其文難見夫如是有類藩臣感化而來覲中朝布德而成宴彼以朝爲數此以夜爲初夜則因我而陰勝朝則因我而陽舒其凝也無不備矣其晞也曷可藏諸況有麗天之輝潤月之意崇其燕禮著乎前志朝日出海若一人之當陽夕露低柯若羣臣之既醉天晴夜朗林霽煙開稽其順陽之心既且周而復始懿乎漸晞之理又觀往而知來所以爲成歲之本履霜之具華葉既濡清光若煦吾知湛露晞朝陽也爲君臣宴饗之喻

木從繩賦 以木以繩直君由諫明爲韻

古之善諫者喻其心如繩直展成規於良木既折中而經始必周流而牽復以其性有曲直固從乎彌綸以其材有短長必由之盈縮故可彰其言兮直如矢喻其諫兮從如水既應用而無方且適道而虛己爲棆楠之無繆成棟梁之有以舉直錯枉且明徑挺之心動而悅隨不失縱橫之理觀夫度彼山林直以絲繩既遵時而有作乃底績而其凝斷長補短物無失性損上益下道罔不興猶其善而惟

變所適。類夫諫而不命其承。匪差毫釐。存乎楷式。在操張而爲務。乃經紀以成德。操端有準。希匠石以財成。枉撓必從表王道之正直。況夫準以綸綍。順乎節文。不循枉以爲利。必適道而斯分。假物而言。故引從繩之木。樂諫爲喻。明乎則聖之君。原其納誨之謀。觀其所由。既規矩而有制。豈文理而是求。糾纆既施。足彰妙道之用。衆材方正。比夫從諫如流。且夫獻直言者。必有備無患。木從繩者。叶執藝而諫。故得明乎官以相規。人之無訕。矧其不枉道以求用。恒守道以爲名。匡乎不正。使其正。規其不平。使其平。斯所謂

不可欺於繩墨。乃得配乎權衡。恭惟賦於說命。知諫道之克明。

李瑾

瑾官左衛參軍。

石韞玉賦 以淳粹積中英華發外爲韻

客有感物而憤激。何彼連城之珍。尚韞他山之石。嗤宋人之謬好。嗟卞子之未覩。抱昭質而陸沉。緘異彩而塵積。則知時有興廢。道有窮通。以彼十德之美。處斯一拳之中。光未施於照廡。氣潛發於如虹。知識眞者希。故處幽自秘。莫覩縝密。空含精粹。良工未遇。曷溢目之可觀。高價儻來。將無脛而自至。其窮也獨善以自守。其出也比兼濟而爲利。誠宜取貴於人。資琢成器。今也用晦而明。抱素含英。慮以俱焚。每懼崑岡之火。俟乎入用。自憐物產之精。豈眞潤木有所。輝山可名。惜沖鑒之未臨。倦凡目之見忽。徒在山而斯久。獨蒙垢而未發。麗質可嘉。采實損華。居其中。誰謂困乎石。藏於密。非曰匿其瑕。是知物變則通。否極將泰。彼含章而混跡。由因中而表外。當今庶類歸眞。萬物化淳。地不藏寶。山將貢珍。豈使永韞光於散地。獨埋照於窮塵。願

鑿石出於奇璞。知乎希代之絕鄰。

劉巖夫

巖夫字子耕。刑部侍郎伯芻子。

與段校理書

人藏其心。不可測度也。搖舌於口。誰不言仁誼哉。清濁相渾。眞僞難辨。今雖有提其肺腸以呈衆。某必笑而不諒。此亦不足怪也。蓋僞者繁而眞者寡。況憑區區文字而能取信於人耶。所以某蘊蓄斯久。不敢輕奮。抑爲此也。今幸因執事稍垂盼睞。以不倫衆輩。故得肆陳其愚。惟賜詳之。某

七歲受教誨。始學箕裘。迄今十六。不見成熟。性本慵惰。强之惟艱。不能戮力盡瘁。服勤先聖。然常謂男子生而懸弧。示有事於四方。固不得與兒女曹並列。依違以沒世。每欲奮廓埃壒。破開濤浪。聳翼雲漢。垂名竹帛。謂舒腕可取耳。殊不知世道隘局。九重阻深。不可也。又欲藏器弛用。洗滌他腸。昧旦調旨甘。入夜吟編簡。索聖賢意。探情性源。白雲霏空。虛舟汎波。塵機不張。語默自任。湜湜然得全其愚。爲唐一閑人。而家世清風。祇承嚴訓。不可也。又欲掉長舌於公卿間。蘧篨戚施。以媚於人。拱立下流。阿旨從衆。善者曰

善。不善者亦曰善。巧言如流。俾躬處休。而愚僻已慣。矯之惟病。不可也。三者之感。心不可屈。志不可諧。歧路難期。歲月易老。踐履之道。倀然自迷。執事濯纓清流。敏古多識。試言指其要路。將鞭蹇以趨之。某再拜。

植竹記

秋八月。劉氏徙竹凡百餘本。列於室之東西軒。泉之南北隅。克全其根。不傷其性。載舊土而植新地。煙翠靄靄。寒聲蕭然。適有問曰。樹梓桐可以代琴瑟。植樝梨可以代甘實。苟愛其堅貞。豈無松桂也。何不雜列其間也。答曰。君子比德於竹焉。原夫勁本堅節。不受霜雪。剛也。綠葉萋萋。翠筠浮浮。柔也。虛心而直。無所隱蔽。忠也。不孤根以挺聳。必相依以林秀。義也。雖春陽氣王。終不與衆木鬬榮。謙也。四時一貫。榮衰不殊。恒也。垂蕡實以遲鳳。樂賢也。歲擢筍以成幹。進德也。及乎將用。則裂爲簡牘。於是寫詩書彖象之命。留示百代。微則聖哲之道。墜地而不聞矣。故後人又何所宗歟。至若鏃而箭之。插羽而飛。可以征不庭。可以除民害。此文武之兼用也。又劃而破之爲篾席。敷之於宗廟。可以展孝敬。截而穴之爲篪爲籥。爲笙爲簧。吹之成虞韶。可以

和人神。此禮樂之並行也。夫此數德。可以配君子。故巖夫列之於庭。不植他木。欲令獨擅其美。且無以雜之乎。竊懼來者之未諭。故書曰劉氏植竹記。

王敦史

敦史寶歷元年官膳部員外郎。

論迴授祖父母贈官奏

中外官寮准制封贈。多請迴授祖父母。臣謹詳古禮及國朝故事。追贈出於鴻恩。非繇臣下之求。不繫子孫之便。開元新詔。唯許宰相迴贈於祖。蓋以宰相位高。封贈崇極。故

許迴授於義無妨。近日常僚率援此例。夫推讓於祖在父則然。改奪於朝爲子何忍。伏望宣付宰臣。重與依註詳議。

李敬方

敬方字仲虔。隴西人。大中朝官歙州刺史。

湯泉銘

唐大中五年。敬方患風疾。至湯池浸浴。六年十一月。又入浴。因感白龍見。風疾遂瘥。乃造白龍堂。并勒銘於石。銘曰。

黟山南垠。湯泉沸騰。伏陽韜燄。陰火潛蒸。盛夏不增。窮冬不冰。其誰主張。唯龍是膺。刺郡二年。病不能興。發汗五日。

信而有徵。乃作龍堂。於湯西陵。乃刻龍像。爲神依憑。非衆非公。非巫非僧。王孫步將。陳顗歙丞。迭掌吾事。各勤爾能。來盡瞻依。去懷憂兢。苟肆慢心。貽神怨憎。盲憒瘡斃。災亦相仍。壬申既夏。一陰始升。銘石室壁。庶無騫崩。

周墀

墀字德升。汝南人。長慶二年登第。辟湖南團練府巡官。入爲監察御史集賢殿學士。太和末累遷起居舍人。開成二年知制誥充翰林學士。三年遷職方郎中。四年正拜中書舍人。武宗立。改工部侍郎。出爲潼關防禦使。改鄂岳觀察使。會昌六年移江南西道觀察使。大中初拜義成軍節度使。封汝南縣男。入爲兵部侍郎判度支。以本官同平章事。累遷銀青光祿大夫中書侍郎監修國史兼刑部尚書。會吐蕃以三州七關自歸。帝召宰相議河湟事。墀對不合旨。罷爲劍南東川節度使。未行。改檢校右僕射。卒年五十九。贈司徒。

賀王僕射詩序

僕射十一叔以文學德行。當代推高。在長慶之間。春闈主貢。采摭孤進。至今稱之。近者朝廷以文柄重難。將抑浮華。

詳明典實。繇是復委前務。三領貢籍。迄今二十二年。于茲亦搢紳儒林。罕有如此之盛。况新榜既至。衆口稱公。墀忝沐深恩。喜陪諸彥。因成七言四韻詩一首。輒敢寄獻。用導下情。兼呈新及第進士。

國學官事書

國學官郭彪之。太原人。幼卽攻儒家書。後得大通周公孔子旨奥。又能明百家流落之言。樂苦躬自養。不愛苟受祿。宰相聞。以東國學風醨久。學者不得官。其中皆以豪人使授業者迷經。願業者墮心。元和七年。詔彪之爲國學助教。

彪之承詔而來拜祭酒司業已卽詣學乃家於學焉役馬一疋左右勞一二人大笈一給用生具以實其間彪之身修而貌古性不合俗尚首冠獸皮服用麻衣褎制襴袖闊帶高屩履大屣至如禮公卿大夫亦是好飲流水茹野蔬與松栢之英不苟味膳又樂飲酒人有見者必置酒於前始飲卽周告四座曰酒以穌神熙性節之則經縱之則撓固不可爲俗主酌挹授之禮命飲者自猒欲彪之盈飲三爵而罷每凌爽詣論堂坐高牀召七學諸生居不施廣裀長席俾鄰臂而坐澄震聲音分析典訓至於一詞間咸以

俗理相諭了入於諸生心胸中使業者縱歷千萬日亦不失其來由是得諸生每歲累及薦擢於有司彪之祿給矜孤餘卽謀買居於山泉間蔽掩其光明嗟乎時畏奪祿分鄰者衆矣不然何不聞斯人於天子左右必翼颺君德倣治古道使令之時奮爲虞夏殷周之風賢者昌不肖者藏公侯康而百姓康噫公侯卿大夫黜於明者又無由得通九重聞徹天子聰明彪之内樂遺聞於上以得安性墀元和十年德彪之道於國學仰其風嘉國學得其官又憤遺斯人於盡諫位因書其事作國學官書

旱辭

元和九年旱不周畿斗位直午祝融權威焦金爍石火雲犇馳雄獸逍足棲鳥不飛太陰厄薄雨龍慵癡有泉涸源有木折枝有地文裂有草戕萎炎光鬱洞太陽赫曦田莫可牛稼莫可鎡瞻彼雲漢萬民莫綏秋既罷矣奚療民饑行者燔趾居者焮肥迺命長吏分土之師曝巫於日徙地而市偶泥而龍歌鐘彈吹誕搜祠廟牲牢繁祀咸巫虔祈以期是擬期而不應砮巫不婚萬民首仰日瞻其尚渾碧萬里光蒸交盪於戲天胡不降原野煌烈極目一狀民罕

求穀殍莫求葬拒饑而憊因燠而瘴持頤訴天急睫而望於戲天胡不降汝南周子宇靡其間土靡其壓不稼不穡焉就口食祇寺蚤暮暇惟滂滌天既不棠我憂孔益徙市曝巫揮時紛徒俗宜此尚天其知乎汝南周子稽首謂曰大凡天地陽壯春夏陰結凝沍當陽之盛陰難施雨過而不時陰陽失序帝心既憂吏民亦苦命太史兆何失其所昔漢宣帝遭潤疑旱暵憂惟不寧退避正殿公卿大夫省宰捐膳以禳民災以拯大難爲今效昔冀慰民患無時蒸庶蒼傍疑渙亂於戲胡不爲滂荒斃之境不勞旻蒼施惠

中國以綏天子邦

薛重元

重元寶歷時人

硤石寺惠遠法師遺跡誌

硤石巖巖靈氣應候千載之闕不闕詳其志自北齊周隋物接耳目遠公之居以成其道既修涅槃藏疏絕筆石巔擲上太虛得以明眞契示其同法師稱號惠遠生燉煌李氏之族家數世居霍秀里本宅猶存舊撫與硤石西北連崗闕附前晉有匡山慧遠南朝時論所宗四百餘年至法

師占澤州遠當周氏闕齊并除墻廟異人大集獨抗震霆之下正辭無屈面折武帝以阿鼻地獄不論貴賤辯非幽證其能及此竟隱汲郡西山大隋受命出詣上京文帝始引曇延爲大師詔公掌校譯經行僧中統理耀臨一時表儀八尺立衆清莊開皇十二年沒於京淨影寺是日輟朝帝曰喪吾國寶矣驗擲筆故處丹流中貫危石最峭後之人實目曰擲筆臺邑里時朝禮之想在容聲有唐寶歷元年夏四月傳學沙門紫羽請刻石臺上河東薛重元刊錄故志云

陳岵

岵寶歷中注浮屠書因供奉僧以聞除濠州刺史

履春冰賦 以戒慎之心如履冰上爲韻

履道有本戒之在冰每翹翹於進守如凜凜之不勝累足有懼旁行可矜識安危之在德豈顛越之或承不敬其心敢徵所以本之於有既漸乎履霜戒在不虞罔輕於狎水方保心於愼獨焉敢測乎涯涘人之所畏豈造次而可忘道之將行非中人而勿履敗或聞於旋踵義無輕於舉趾不處於薄君子之行固然若居下流詩人之戒深矣其始

也陽律掩耀陰飈戒時因潤下而生德由寒沍以成姿皎若澄虛而體合上善冥然沉響而跡不能欺苟戒之而不履是以履之而不疑事異涉溱匪裳之褰也德輶如羽知仁可蹈之則知視險無必素誠可諒罔違日愼之心無易春冰之上投足而衆流不測委順而中懷是廣慼焉如擣知大患之在躬生也若浮敢憑虛而用壯孰曰堅乎匪同介如結寒波而暫聚湛清質以含虛恍若有亡似乘空於月宇退然如失猶奉身於玉除且異夫莫來莫往何遑於匪疾匪徐必若懷以勵貪飮以明信如臨之戒如履之愼

則知水德可保冰力可任匪冰不薄匪水不深彼之蹈者委乎足我之蹈者本於心又焉能料其薄厚而計於升沉則執德罔愆持危不棄意平潛之可翫在清夷之可快豈知蹈之有道行之在德而忽乎淪溺之敗

玉壺冰賦 以堅白貞虛作人之則爲韻

壺至潔玉至鮮有若君子清標儼然色澄澄而外澈質規規而內圓月出皎兮入夜而其儀難見冰以風壯處寒而其實逾堅諒貢奇而可翫超衆器而爲先當其韜光幽山韞耀窮石隱榛蕪而懷寶淪泥滓而藏白如虹之氣雖無

謝於雲煙抵鵲之鄉當見儔於瓦礫於是卞生見而神動匠氏聞而心惜乃奮剖刻耀精明以玉之美作壺之形信無瑕之可用若不琢兮何成以虛而受達人倖其宏量以明而鑒志士效其清貞若其稟性溫如作器含虛正色則惟珍是務立操則匪貞不居爾乃嚴氣凝元陰作寒飈一振具物寥索川皛皛以凌滿林稍稍而木落日既暮兮金閨寂夜一寒兮玉壺陳素冰滿腹清光照人臨象筵而色媚入金鏡而影新對之者暢慮觀之者清神能勵貪夫何假盤盂之戒有同儒士長爲席上之珍是以隋珠奪魄趙璧慙姿瑚璉之器斯實爲之美人曾不足方其皎潔錦衾亦安敢誇其陸離偉夫掩物之美比人之德素其表兮其儀不忒實其中兮秉心淵塞伊烈氏之指南固賢人之軌則

上中書權舍人書

春雷作龍蛇不安於蟄戶賢人用君子思奮於康衢時至氣動而不知其所以然也是以小生區區願有所陳伏以今之獻書者語取士之得失揚盛烈之宏懿多矣刀尺之下固當有在小子淺陋自陳所抱曾不逮意何敢妄有稱

謂以成繁文哉然而志苦者聲必哀氣直者辭必端苟察之不惑聽之不失則伯牙不碎琴卞和不泣玉矣閣下宗文祖德名全道著執贄循牆如岵者固多焉門屏故人非敢自適前者病中求拜輒以愚弱自疑猶記與善謂遇長者之眷固無戲言孤負知見踢地無措衣化京塵星霜七周分將委運方里歸策適有一外闕舉解至翎羽之類志氣由存欲就明試不能自決友人樊生之見謀曰足下與元宗簡不與他解就試明主足下其審處之李疑行舉者不然使吾子爲主司如君之負辱者將謂伸之乎岵曰伸

之行舉日就試可也有姚衮曰夫道窮而心泰者神與之俗變而志定者義歸之時之通塞非智力所及吾子處否若泰不改其守久矣今主司方以公用駭拘俗吾子賢淮陰之辱非韓信罪也不賢損益何有於衆人哉岵曰唯欲聞後命矣嚴考功之納樊衡也以爲取衡難得衡無後悔黜衡易失衡有遺恨故開一人之數以容之人到於今不謂衡忝一第而謂嚴得主司求人之義也伏想閣下虛求當甚於嚴也小子焉敢有希於衡哉懼畏不敢多陳死罪死罪

欽定全唐文卷七百四十

李庾

庾懿宗時人

兩都賦并序

臣伏見漢諸儒若班固張衡者皆賦都邑盛稱漢隆當王道昇平火德丕赫數子歌詠發著後代今自隋室遷都而我宅焉廣狹縈陋與漢殊狀言時則有六姓千齡之變言地則非秦基周室之故宜乎稱漢於彼述我於此臣幸生聖時天下休樂雖未及固衡之位敢效皐陶奚斯庶幾之誠謹冒死再拜獻兩都賦凡若干言以詘夸漢者昭聞我

十四聖之制度請付史氏賦曰

洛汭先生客於上京問里人以秦漢咸陽故事里人曰先生不習乎哉秦址薪矣漢址蕪矣西去一舍鞠爲墟矣代遠時移作新都矣先生曰賓者不識藐然老沉憒歲亾而日遠願聞古而知今爲我源說恭承玉音里人曰昔者帝兆唐居命隋先基乃假隋權是開中原既權二年爲唐遷都周榛秦莽平蕪枿餘文驅煬逆卒於侑傳若天使項氏死勞而授漢休也唐開禪壇新都之門闢殿乾宮以朝諸

侯時則有若房魏作弼英鄂執律南陽故人河間帝室戎衣既脫瑞氣洋溢歡聲傳於億兆煬燎致乎太一乃會漢酺發周賚謚萬類渟四海遂開國以報功差子男之五等然後構閣圖形榮號淩煙指河帶以山礪書天子之縉紳其制度也擁乾體正坤儀平兩曜據北辰斥咸陽而會龍首右社稷而左宗廟宣達周衢址以十二綦張府寺局以百吏環以文昌二十四署六部提綂按星分度儼憲臺而西列肅陰館於北户建倍員於前王總維綱於御史端國家之朝儀實周察乎左右其內則有太極承端通址含元

日出東榮月沉西軒倚九嵕之下麓涵太液之清瀾龍道雙迴鳳門五開烟籠凝碧風靜蓬萊東則左閣當辰延英耽耽宣徽洞達溫室隅南接以重離縣乎少陽是爲二宮複道遶廊西則月華重啓銀臺內向中書在焉密用宰相宦者別省延緣右藏建子亭於屏外設蘭錡於廡下天子端朝明庭九賓發少府之冕旒陳奉常之書動肅勾陳以辟護翼雉扇而對分雞人乃下鶴唱先聞千官就日萬品趨雲漏遲遲而東轉風習習而南薰外則國子招徒疏館開軒左立太學前惇廣文膳豐中廚就教九年稽以博士總之成均祕書典籍品命校郎橫閣三重闈正鉛黃若六藝之條貫百氏之縱橫交錯發論禮形而樂聲太傅在前少傅在後載言載筆出納謨誥鵷動鸞飛振玉鏘金殷廟羞瑚璉之器楚材慚杞梓之林已而燮和陰陽經緯天地採摭軒昊牢籠虞夏闢孔子之學堂敷一代之風雅此王者之文教也親兵百萬制以神策紫身豹首金腰火額獵霞張旆剡犀綴革奮目而虎眥振鬚而蝟磔柔六鈞貫七札對天仗以司戈分玉墀而執戟別有陳旌賜鉞閫外四七依榆關以作鎮拒柳營而開壁逐虜則出塞飛塵伐叛

則救暘作澤此王者之武威也唐禮既行三代同風徵叔孫之春官命伯夷之秩宗則有封禪巡狩謁天拜祖明堂辟雍王者之事有司勿失次有朝廷之位班爵之序器服車馬以節文武不僭不濫羣臣之事有司以告下有內族外姻以殺以隆五禮各殊陳吉儀凶一室是形天下大同百姓之事有司以教故以內則敬以外則嚴以家則肥以國則昌卿士翼翼公侯皇皇在野熙熙在朝蹌蹌夫如是夸周而正魯胡可殫詳洎乎樂之設也以德配樂陳器以作革木匏竹簨簴磬鎛命官二署諧以協律以奏廟貌祖

考來格。以陳宮庭。簫韶九成。鳳凰來儀。以布天下。手之舞之。足之蹈之。及乎御允衣。集舞童。或獻凱作銘。以宣帝功。或布字綴行。以達皇風。此禮經之所未紀。夔戛之所不同。刑期無刑。辟以止辟。三章寘漢祖之德。肆赦緩穆王之法。於是天子御端門。詔天下。渙汗發澤。與民更始。建金雞於仗內。聳修竿而揭起。其下則稅三關。解銀鐺。追共工。徙驩兜。煦舜絃。浹堯年。臺收白簡。史閣丹筆。總秋官之計。料不踰乎三十。斥匡衡之失論。罪溫舒之不足。司刑無鬼哭之庭。大理有烏巢之獄。又若薦祖建宮。元元之庭。霞帔雲冠。

飄飄太清。天子將有事也。歲豆時籩。夏簋殷鉶。傳金爐之御煙。開甲帳之琳琅。此王者之示孝也。對里連街。帝宅王家。青門列檻。棠棣分華。勤政外名。花萼中題。屹雲中而佩鳳。杳天外而舒蜺。於是天子設千席。羞百醴。家人齒筵。愉愉濟濟。此王者之示悌也。盛則長隄砥平。錯則纓弁繁夥。佩印分魚。九參六佐。肅威儀於行蓋。指戒途於前馬。待漏未開。朝騎沓街。雞鳴朱邸。火度青槐。先導擘雲。後車奮雷。遞以嚴聲。不生微埃。人寒物慄。統以京尹。臨人秉殺。罔敢不謹。豪家戚里。金張許史。走騎如龍。行車若水。拉枯請命。

曾不仰視。配前秦與後趙。固異代而殊擬。其地勢也。負秦章臺。倚漢甘泉。帶涇渭之富流。挾終南之壽山。指重城於二華。拓外門於兩關。元素交川。灞滻在焉。斷虹偃蹇而亘梁。拖輪走騕而蹄奔。度萬國以向朝。趨魏闕之通門。赤縣統劇。停阡帝鄉。長安萬年。乾封明堂。藍田左掎。鄠杜前張。分圻連乎馮翊。畫疆接乎岐陽。排吳山而抵蜀。亘氐谷而通商。天子穆清。環衛陳兵。將軍之號。三番六營。至乃辨曉警昏。主在金吾。鼓列六條。外傳通衢。備以嚴兵。羅以周廬。禁動息人。用戒不虞。其中則御水分溝。昆明下流。在野決

溉。入宮環洲。菰織蒲紉。芡贊菱羞。渚戲元鷁。沙眠白鷗。其遠也。深有蛟潭。泒作龍湫。涘接河漢。波通女牛。其近也。方塘含春。曲沼澄秋。戶閉煙浦。家藏畫舟。爾乃農家東作。厥土黃壤。樹以桑柘。翳薈乎南畝。以秔以稌。以黍以稷。以輸太倉。天子之儲。土厚地中。溫寒以宜。門多杖老。室有蕃兒。承化發謠。帝力不知。則有程鄭之家。白闥朱軒。崇基峻砌。待駟高門。木秀茸葩。紅舒綠繁。挺碩果於華林。育豐蔬於中園。珠箔晝晴。金釭夜明。羅繡巾幭。鼓瑟吹笙。譁族陳賓。以樂乎太平。貨隧分廛。物次駢連。中署肆師。夕咽朝昏。越

璞楚琛。蜀賄巴賨。裁綺張繡。紋軸蕉筒。聲教之所被。車書之所通。交錯雜沓。斯焉會同。黃宅緇廬。金篆玉扃。以張帝居。用壯天庭。千形萬聲。不可多名。天子奉堯舜之道。勤后稷之功。當仲夏而獻繭。立中和而視農。然後黼黻時備。粢盛告豐。其接下情也。則堯鼓不懸。晉木不列。鎔金作軌。四門是揭。人靡迷邦。士無諱訐。示收才而問耆。上諫行而寃達。當其萬國貢珍。四夷納賮。賦用舟通。財因輦進。地官計國。度支主吝。百姓既足。斯焉充物。復若天府萬品。以備供職。登饌則光祿獻。廚命駕則太僕承軾。其樂人也。大啓九

門。分開三殿。齒羣臣於次坐。徵公族於內宴。於以訓恭儉。於以示慈惠。戲族咸在。百弄迭改。視仙童之霓裳。覩壯夫之角牴。御階畫陰。帝座春深。繽紛宦闥。窈窕嬪林。既受賜於逮昏。盡拜帛而懷金。與衆之樂。一日於此。先生獨不習乎。其四郊也。或有乘時之舊址。亾國之遺蹤。天子迎四氣。蠹然改容。曰是足以懷傷於耳目。作戒於心胷。昔秦政肆刑。黍民共傾。楚澤大呼。分隳列城。徒罷驪山。役休上林。秦址既遷。鴻門至今。此東郊之事也。隋苑廣袤。罝籠南山。占地萬頃。不爲人間。齊門失耕。禽遊獸鬪。代謝物移。繚垣不完。此南郊之事也。豐水悠悠。文王作周。傳難子孫。衰平遂遷。乃睠鎬都。武王宅居。國失赧遜。酆鎬乃蕪。此西郊之事也。漢設五時。以主淫祀。欒誑徐誣。將求永久。天子親拜。太牢黍牲。事亾地存。爲天下笑。此北郊之事也。故因迎春則鑑秦敗。知恃刑不如恃德也。因迎夏則鑑隋怠。知獵獸不如獵賢也。因迎秋則鑑周勤。知祖基作艱。傳萬年也。因迎冬則鑑漢誤。知去淫卽正。獲天祚也。四鑑以陳。澤於生人。四德以懋。格於上下。故我高祖一呼大定。安都居正。傳今皇帝一十四聖。是知禪國也。禪都也。非得隋之命。是得天

之命。

右賦西都

先生曰。富哉言乎。堯舜之事。吾知之矣。然天地旁魄。奧區不一。九衢六陌。亦稱河洛。始乎周卜。今日隋革。進八百里。作唐東宅。成者居者。余得其故。用悉聞見。丕我王度。子不識乎。顛煬僨華。中原毒痡。順天應人。文皇赫圖。王充不來。建德相依。阻我東人。不蘇義旗。高祖西安。文皇舞干。一挂戎衣。邦人保完。彭城獻級。東功乃立。則創業之事。不獨於西也。高祖至天后朝。匪伊是居。於焉逍遥。玥帝大同。出震

開宫恩波爾鄉洩源於東則太平之事不獨於鎬也若乃用洛爲池帶河爲沼洞八門之會要控二梁之夭矯在隋之始移劃前規之隘侈舊制之陋指半舍而新布乃集工而成就重城不居萬盜齊構訖大業於義寧廓皇家而遜授既而天踵以正地産以實禎符所紀嘉名不一表賢則河水變清瑞聖則洛圖屢出帝功既成封禪禮行顯祖光宗勒岱而祈嵩我甸我郊三聖之靈壇在焉赤縣神州與京比儔徑山東之貢賦扼關外之諸侯直齊梁而駕輅引淮汴而通舟太行枕甸發址崇垓覃懷鎮封上干昭回繫

門導伊兩阜屏開育仁頤智堂奧庭隈爾其左掖通東右掖洞西籠故地之銅駝抱舊里之玉雞御溝接派苑樹通隄抗鳳樓於内庭矗端門於天街上陽别宫丹粉多狀鴛瓦鱗翠虹梁疊壯横延百堵高量十丈出地標圖臨流寫障霄倚霞連屹屹言言翼太和而聳觀側賓曜而疏軒若蓬萊之眞侶瀛洲之列仙鸞駕鶴車往來於中天嚴城曉啓千門萬戶建衛對營開扃接牖翠華在鎬分官以守監署惟三卿曹亦九臺閣高閈支馭東方仍俾二官别持憲綱赫若夏日凛如秋霜威動乎甌閩之國風行乎燕薊之

鄉郊圻作固屯兵孟津千里無煙萬夫狺狺實兼武牢以食濟溫惟是咽喉屬於將軍禮樂所流厥惟舊周追魯俗而爲鄒化殷頑而作柔異材挺擢多士優游原膴膴而耕溺水濺濺而洗由士得天爵孝稱行原身行大節里有旌門以繼前修以垂後昆榮一時之史籍聳當代之人倫兄友弟恭位皆崇榮石記標衢棣萼爲名螭首龜趺嶷峙雙形指兩馮而遠邁對二陸而遐征至若里巷之新名閭閻之近革或區區於傳說或瑣瑣於典册非儆戒於將來何侈言之敢作且二誥尚存始卜惟瀍四姓所都季年乃遷

或得於聞或得於傳幸子弗譁試爲子發乎齒牙里人曰諾先生曰郟鄏之地中居帝域賢相聖營龜符墨食成王定鼎以休姬德三十承孫八百祚年祖功寖微衰平乃遷幽用婦烽諸侯疾怨夷元敬朔太史不須百派分波爭澗其源氾水而鄭陽翟而韓晉盟河陽秦戍新安一旅之兵一成之土嬴氏乘之不享文武此周之失都也南陽眞人復運漢基舊邦惟新上稱康時光武而釀明醴和醽冲質不長桓靈自縱后戚立權内官分弄四星耀斗百桷摧棟陽弱陰强劉輕曹重此後漢之失都也魏丕從許促齡四

十疆臣執柄三嗣徒立政由寗氏王髦莫奮瓦解土崩炎居負遜此魏之失都也晉始三世亂與永嘉蕭牆構兵沈闕稱戈浩浩逆流天下墊波八王既分五馬南奔左衽之裘乃來中原此西晉之失都也故權在諸侯則姬氏平權在内官則漢室傾權在强臣則魏㚃權在親戚則晉走是四者各以其故權與勢移運隨鼎去從古如斯謂之何如世治則都世亂則墟時清則優偃政弊則戚居勿謂往代試言前載開元太平海波不驚乃駕神都東人誇榮時則轔轔其車殷殷其徒行者不齎衣食委衢冠冕之夫綺羅

之婦百室連歌千筵接舞高樓大觀陳賓宴侶金堂玉戶絲哇管語我道如堯我稅如貉貧庾而稻賤筥而禓比屋相視恥衣空帛開場分肆不列雙麥同軌同文晝呼夜讙父懌子愉去徑卽盤既兆既億動動植植無聲之樂薰然不息稽成康之周隆考文景之漢休摧代繫時不爲彼優我俗既饒我人既驕安不思危逸而忘勞故天寶之季漁陽兵起逆旗南指我無堅壘匝旬𩍐動衡天羯腥門開麗景殿據武城殺人如刈焚廬若薙蜀駕先移允師後誓傷四年之委燼奮二將以建勳天落妖彗風摧陣雲及夫埽

臺榭之灰收京野之骨徵郡國之版在驗地官之籍列太平之人巳十無七八至德復興六紀於茲七聖儲休平癰補瘼故含識之士女植髮之童兒皆能痛其喪亂而期我康時今四方之事叟不知也惟洛泱泱濆盈萬室惟城職職市廛駢集比年大有稍藏以實郡人嬉賀有笑無慄咸曰將睹乎貞觀之風開元之日鄉里之人思萬乘之威儀幸物阜而時和指康衢而引領作望幸之賡歌歌曰曉雲行兮西風慶搖裔兮龍在中望雲光兮拜千百西澤霈兮均東澤里人曰誠哉是言前年日南至天子謁太清宮太

廟郊天祀地既畢事執謙端珽謂公卿大夫曰予在人上歷祀三四年穀比登未極於富人庶稍蕃未臻於壽動植小遂猶有枯夭日月所至猶照叛土戎狄雖貢西地猶虜今行大禮得不愧望於天而獻羞於祖是尚以聖政爲憂未意於行幸也先生曰大哉爲君用是言也理是事也則千里如郊萬里如圻在西而東均處内而外肥吾歸息鄉里之謡安堯舜之時將齊驅於壽域何近喜而遠悲則知鑒四姓之覆轍嗣重葉之休烈用是言也理是事也卽所都者在東在西可也

右賦東都

劉寬夫

寬夫贈工部尚書伯芻子寶應中爲監察御史轉左補闕

汴州糾曹廳壁記

郡府之有錄事參軍猶文昌之有左右轄南臺之有大夫中丞也糾正邪慝提條舉目俾六聯承式屬邑知方致上聞於坐嘯舉綱維之未振俾側者不敢挾其側姦者不敢萌其姦法令修明典章不紊此其任也大梁當天下之要總舟車之繁控河朔之咽喉通淮湖之運漕丞相治所鎭

驚成列地闢土沃兵多甲堅人尚矜豪氣率驕蹇有梁園兔苑之遺事當四會五達之通莊雜燕趙悲歌之人遍吳楚剽輕之俗爲吏之道不倫他邦滔滔來往齗齗阡陌任剛毅則失於笑犯守謙卑則病於委隨剛則害身隨則弛法貞元以來戎帥自擅威令已出無復國章隄防不完徽纆蕩失調補斯任者但疊跡斂手以脫禍爲心何有意於勾稽而敢思其職業者哉太和二年瑯琊郡葛公元方由天長令而莅焉至則以爲當今聖上務治丞相鎭靜以至清肅羣下以至公奉朝廷凡所建啓惟道是適苟踵弊於斯日不分晝於棊辰則緣姦積蠹無時而去於是端誠守職以正東邪以儉愼律同僚以直方吹屬邑綽綽自立職分隨來故得上下叶和遠近修整法有刊定之制軍無侵漁之患人存政舉其在於斯游刃恢恢肯綮無滯主畫諾而克勝其任司準繩而無忝厥官從容其間進退不苟其唯葛君乎元和中憲宗皇帝勵進理道注意法律特設科以招士欲問明廷後詔有司覈其姸否先君僕射公時爲司績外郎實專斯寄絕因緣之舉以公共爲先於數十人中得君充詔故君之行實敢不詳知夫公署有記其來自

遠爍名氏於屋壁示成敗於將來俾善惡克彰章紘斯在此蓋春秋之旨也豈可闕哉葛君以余從事斯文叨官倚相見託論撰無愧直書太和三年記

邠州節度使院新建食堂記

朝廷以新平扼東西夏鑠鑰郊圻將帥得人則虜馬不敢東嚮而牧今上注意邊事元年命左僕射河東柳公專護塞之任公祇承詔旨不敢怠遑覽風俗以施化酌損益以制宜文武交修咸和迭用搜刊蠹於積弊張綱維於盡隳完兵甲齊軍糧藥瘡痍粒饑餓以信爲圍築法爲垣人知

觸方卒乘輯睦我潔已而貪冒自革我不動而云爲咼生表正形端俗爲丕變邠之父老重沐皇風仲尼每言爲政之道可使三年有成公孫宏對漢武且云臣宏尚竊遲之始爲孟浪今於河東公信之矣既而定名分補廢闕飾賓署宏講讌視使院之狹湫顧會食之無所因喟然而歎曰夫爲政之本在於得人燕以尊賢是稱衛以多士爲美今鰌瑗在列而堂館未嚴非所以重罇俎咨帷幄之意也因是從觀馬之舊亭敞公府之新宇增階陛所以示尊威也卜高明所以啓顧慮也大不踰制崇不近奢榱桷礎闌無

不中度翼張四簷洞開雙扉冬霜不到夏日潛却可以備盤飡之品式可以叙主客之威儀可以寄琴樽之笑傲可以籌政令之得失君子是知河東公之爲政也必自邇而逮遠自身而及物以理易亂以實易虛以宏深易卑圯以廣壯易隘陋皆此類也府中僚介無非正人有若司馬韋君節度判官皇甫君皆卿材也無面從退言之誚無躬厚薄責之嫌其他或幄中號寶或席上稱珍並擅價一時不可徧舉韋君皇甫君以余載筆赤墀粗知舊史可以傳言命爲記之時太和二年六月日記

剽竹記

左史院邇宸居之正地直日華之東偏俗塵不飛人意自遠閟邃幽閒似非官曹有竹一叢翠接階所其虛中潔外之操蔭座祛煩之能紫微郎高公嘗賦之固以備盡然而歲月滋久蔓衍浸淫大小相依高下叢茂俾日光不透陰氣常凝瞑色爲之早來陽春爲之減煦四序不正一庭常昏蚊蝱曹飛雀鷃自遂披圖散帙觀覽不快二年冬侍軒之暇載筆之餘偶步庭除病其蔽翳因命斤斧將治其蕪沉吟卽時乃用申誡且謂其徒曰礪爾器用端爾瞻視謹

爾操執慎爾區分有其質微而葉環苯尊者去之從風而不能自正者去之大而倚者去之聚而曲者去之蔽而不能備笙簧之用者去之挺而不能棲鸞鳳者去之其有羣居不亂獨立自持振風發屋不爲之傾大旱乾物不爲之瘁堅可以配松柏勁可以淩雪霜密可以泊晴煙疎可以漏宵月嬋娟可翫勁挺不迴者爾其保之既而芟剪成功繁蕪立盡去者存者邪正乃分不浹旬扶疎一林歷歷可見有清風澡慮之效皦日明奸之機檀欒風生韻合宮徵君子是以知竹箭之美尚科別之功卽其他不俟言而詳

矣或以斯爲小可以伸之因記一時之妙廣而述之

張元素

元素寶歷三年官黃梅縣令

仙壇山銘

溧水縣尋仙觀仙壇山道士宋文幹字上仙以大唐垂拱五年因山石自然形似修立仙壇三所洎長壽元年縣令王通字元覽在任清勤户口增益因開三鄉遂以仙壇名鄉奉仙號里逮寶歷二年善政縣令岑仲休以德義當官仁威養俗百姓畏愛眞如父母每施香油琢石爲像夫修

道者上消天災保鎮帝皇下禳毒害福潤兆生而道倍生元素竊刊元石貽厥來賢乃爲銘曰

無名道始有德仁基求仙因此爲政由之崆峒葉縣導帝匡時童女三洞俱會無爲無爲久恒服食丹松神仙不死羽化飛空後來君子可躡高蹤

呂頴

頴敬宗時擢書判拔萃科

西域獻徑寸珠賦 以澤浸四荒非寶遠物爲韻

西域遐方獻純精之天產申重寶之帝鄉豈不以至誠感而靈必自順惟德動而坤珍莫藏不然何有慕於中土而走無脛於外荒彼珠之靈積陰之魄稟金氣而堅固韞河潤之耀澤布指而大小無差洞物而纖毫不隔迥夜常滿初月每讓其圓明爽曙欲凝高星自掩其孤白信殊方所祕亦稀代難致奪夏璜以爲美齊楚璧而積異將配天光以輔三助皇明而照四積石峰峻燉煌路遠馳輝於晦積之中流晶於白日之晚將爲表龍旗而綴鸞輅必將誇池臺而耀宮苑殊不知一作可以萬邦爲慮一作憲者此獻則違以三德爲寶者此寶則非價越千金我當俯念其土產光

含徑寸吾將靜照於九圍乃遂沉泉而反璞俾其媚川而自輝且立德者惟儉之本作貢者亦土之任剖蚌而獻既不編於夏書爲器成之尚有干於時禁苟奪山川之精魄是虧雨露之恩浸所以前代有訓不珍異物誇齊威者再論而皆慚求蘇則者一言而自屈豈若我全明德體大道照耀也不假隋侯之珍貞靜也自同罔象之寶由是化中國而及外夷如風之偃草

對毀方瓦合判

太學博士教冑子毀方瓦合司業以爲非訓導

之本不許
國崇太學。禮尚師儒。教失其源。人將安放。學官懵夫古訓。好是多方。徒探儒行之辭。俾從瓦合。罔思絜矩之道。不敃松心。雖百行殊途。在來者之所擇。而四教闡載。何先師之不遵。苟訓導以生常。懼毀方之易性。樂正禁之非禮。亦有明徵。胄子順以嚮方。幸無迷復。

哥舒恒

恒。敬宗時擢書判拔萃科。

對毀方瓦合判

太學博士教胄子毀方瓦合司業以爲非訓導之本不許

敬業服勤。冀聞立身之本。傳經作誡。寧違從衆之規。惟彼國庠典夫胄子。以爲公侯之允。自伐淹中。謂其禮樂之家。難爲人下。故毀方瓦合。承聖人之情。使慕賢容衆。臻儒者之旨。正唯弟子可學。何慮成均見非。

林逢

逢。敬宗時人。

宰臣等請聽政表

臣等聞王者之孝。不可與士庶同。萬幾不可以逡巡曠。典策所載。古今必然。伏惟皇帝陛下出震纉圖。體乾御極。荷祖宗之丕烈。啓運祚於雍熙。自大故以來。孝思罔極。天地以之慘慼。臣庶以之震駭。而節文有變。遺旨無違。伏乞稍抑哀懷。俯親庶政。冀使生靈獲泰。日月重明。臣忝列台司。謬參樞務。無任懇悃之至。

第二表

臣某言。伏以萬幾事繁。不可久曠。今則披瀝血誠。乞親庶政。聖情哀塞。未允愚衷。夙夜兢憂。是再陳啓。伏惟皇帝誕

受欽明。夙成睿哲。道光王室。運屬承天。而孝感因心。悲摧過毀。一自國故。殆逾半旬。誠四海哀號。如喪考妣。而萬靈罔若。未覩乾坤。伏冀思繼體之大猷。棄執哀之小節。行帝王代天之法。破曾閔匹夫之情。特抑哀懷。俯躬朝政。宗廟之業永遂。和寧社稷之靈。知其允答。況事非爲己。道本徇公。仰惟聖慈。俯塞羣望。臣等叨逢景運。獲列樞衡。昧死竭愚。布露丹懇。伏紙隕越。庶垂天鑑。

第三表

臣伏奉大行皇帝知陛下至性自天。恐陛下執哀過毀。上

惟九廟之重下念萬務之殷故遺詔丁寧俾遵舊典今百辟卿士愚然在庭瞻望清光已七日矣固陳誠請猶未允從内外憂惶莫知所出臣聞大孝之本繼志爲難酌禮之情尚中爲貴是以哀迷期數哭泣有常俯而就之聖人所重知難繼也君子不爲伏願少抑哀情仰遵禮命以副神祇之望以安億兆之心光祖業於無窮流德化於天下凡在臣子孰不悲戴不任哀懇誠切之至

第四表

臣某等言伏以萬幾事重遺旨難違再獻表章上塵旒扆

精誠徒竭天意未迴内外遑遑人神企望臣聞王者之孝異於匹夫禮不相沿道資適變向承平之代故殷帝宅憂而不言遇有事之時則周王未葬而誓衆況今戎車猶駕邊候多虞兩河之寇盜雖除百姓之瘡痍未合亂者思理危者求安天下嗷嗷正在今日誠宜抑其至性以副羣心成先帝之大功繼中興之盛業豈可寢苫啜泣庶政闕然九廟之靈何報萬方之望何塞臣等職參樞近誠切邦家若陛下未忍臨軒尚持前志臣等有死而已不敢奉詔不勝哀迫懇切之至

第五表

臣聞樹之元后以牧蒸人猶日月之照臨不可以少曠如天地之覆育不可以暫虧故歷代明王取鑒於此必屈已以徇物遂抑哀而從宜期爲彝章行於往古聖心哀迫未體至公羣臣憂疑罔知所措伏惟皇帝陛下温恭允塞邁德文明承二百年之丕圖當十三聖之大業生靈所屬負荷不輕豈宜直（疑）貌棘心蹈小節而自遂寶符神器委大計而未臨且萬幾事殷九有望切運當克構政在惟新禺禺蒼生日有所冀伏乞皇帝以安黎庶爲念以保社稷爲

心對越上元克揚顧命俯從人願用答天休臣之慺慺實在於此況萬國將至七月非遥須務山陵以申孝敬在於營奉不可曠違抑有前規固無徇已伏惟特膺順變允叶情文抑至性而副羣誠略小善而章大道則天下幸甚宇内和寧臣等生忝明時位當樞軸敢同羣品重啓宸嚴悃愊之誠至於死請

第六表

臣等昧死上表以陳備竭肝膈聖情超遠未蒙聽覽臣等中謝臣等謬膺獎贊猥奉恩私未迴日月之光是負股肱

之寄。豈臣心不忠無能感竊。今者萬幾之曠。四海同憂。禺禺衆心。不安寢食。以陛下聽政之期未尅。執喪之志尚堅。臣等當伏閤叫閽。殞身碎首。所期宸鑒。下察微誠。不勝迫切之至。

第七表

臣等言。今月日已後。累陳七表。請御萬方。忽蒙宣旨。尚未聽許。臣等驚怖。不知所裁。敢徵前言。以奉萬一。伏惟漢朝諸帝。文稱明聖。而著易月之典。以爲後代之法。光武以降。迄於我唐。繼有睿哲之君。不無明聖之主。豈皆乏殷宗之

孝。豈盡無陛下之心。但以所守者祖考之丕圖。所臨者生靈之重事。不敢徇其已。以屈萬姓。不欲申其志。以蓋百王。具在典謨。莫得逾越。況元和已前十一聖矣。皆以孝理。化於萬國。迭承次守。無議改纏。大行皇帝恭承昌緒。亦遵前訓。當陛下舊規。或墜忠言。莫從遠棄漢文之風烈。近乖先帝之遺躅。獨徇一時之至性。臣恐掩祖宗之舊儀。不足以流範。越大行之性度。不足以揚名。夫喪以敬爲上。哀亦次之。著在禮經。陛下之所鑑也。伏惟以社稷爲心。以邦國爲念。以奉山陵爲至敬。以安社稷爲至勤。薄曾閔之非名。纂堯舜之盛業。副中外之丹款。濟蒼生之血誠。臣等懍懍。不寧寢食。況臣等備任宰衡。時逢昌運。荅先朝之眷遇。承陛下之文明。伏乞俯察愚心。允茲羣望。期於得請。昧死上陳。今樞務之目。曠廢已久。朝野心惑。人祇望切。安可盤桓更延時日。伏乞更賜允許。以慰上下億兆之誠。立俟聖諭。晷刻是望。

劉敦儒

敦儒。寶歷中官起居郎。

覆四陵七廟禮例奏

朝拜陵寢禮經無文。列聖相沿。久爲故事。就中四陵。尤乖典禮。請如太常所奏。其二太子廟。謹按禮記云。殤於無後者。從祖祔食。又曰。王不祭殤亾。又曰。有陰厭。有陽厭。陰謂嫡殤也。注云。爲宗子之殤祭於奥。爾雅云。西南隅謂之奥。此明幼殤而死。故祭於祖廟陰闇之處也。陽厭謂祭庶殤也。疏云。祭於宗子之家。祖廟之内。當室顯露之處。故曰陽厭。所以明嫡庶也。過焉以往。則不祭也。伏以惠昭太子位登諸闈。業當主鬯。親則高祖神堯皇帝之宗子。屬則於皇帝爲伯祖父。雖禮文於旁親無服。而骨肉之恩。不移於宗

子若坎室於德宗皇帝廟內西南隅遷祔神主以特牲展祭不舉樂無折俎去元酒不告利成庶合古禮若准魏晉故事卽晉愍懷太子殤太子哀太孫仲太孫皆於祖廟北墉置陰室歲時祔饗以至親盡今伏以國家變三代之典從東漢之制九廟既有周殿之隘一室難修處奧之儀況別廟陰室具爲變禮依前享獻於事爲宜其廟請不廢禮官或云惠昭太子薨東宮之日已過殤年若合祼享宜同祭臣以爲古處於奧今祀於廟雖不以成人而别以合過殤之禮矣又或云若以成人合有主後臣以爲惠昭太子

裔嗣皆在宮中若未勝冠自宜抱奠文以同姓爲尸者今但令宗正官屬主奠卽雅符祀典矣其文敬太子生非繫本之重歿有追命之榮今於皇帝爲曾叔祖非大功之親禮經爲庶而服屬已遠列於常祀實爲非經請依太常所奏又隱太子以下神主或累朝嫡嗣或聖代名藩今其子孫皆居列土因緣食祿亦謂承家各令自列廟祧用申嚴配臣伏詳開元中勅諸贈太子有後者咸令自主其祭今請復行此制各使子孫奉迎神主歸祔私廟庶別子爲祖符列國不祧之尊遠裔傳家聞聖王教孝之典其無後之廟及貞順皇后神主卽請依太常所奏其贈奉天皇帝贈承天皇帝神主既有常號禮不可黷蓋王者不享於下士諸侯不敢祖天子之義縱有主後法不當祭亦請依太常所奏

皇甫亮

亮官汴州刺史

尉氏尉裴景昇考詞

考秩已終言歸有日千里無代步之馬三月乏聚糧之資食惟半菽室如懸磬苦心清節從此可知不旌此人無以

激勸

仲無頗

無頗文宗朝宏文館學士

氣毬賦 以圓實之形可貴爲韻

氣之爲毬合而成質俾騰躍而攸利在吹嘘而取實盡心規矩初因方以致圓假手彌縫終使滿而不溢苟投足之有便知入門而無必時也廣場春霽寒食景妍交爭競逐馳突喧闐或略地以丸走乍凌空以月圓可轉之功混成之會雖無侶而是匹諒有皮之足貴傳毛非取奚資蔚矣

之文實腹可嘉且養浩然之氣觀夫渾兮無覆瑰若有形方勞擊觸曾匪遑寧其升木也許子之瓢始挂其墜地也魏王之瓠斯零懼欲擠於溝壑將不出於户庭智不待乎扃鎖妙乃存乎苞裹堅彊斯致雖吐納之在君蘊蓄爲功信盈虚而自我念修完之是急如穿鑿之忘一作不可勿懷棄擲委質操持舍之則藏豈凝滯之與誚蘇而復上猶輕舉之可思彼跳丸之與蹴踘又何足以加之

柳喜

喜文宗朝爲宏文館學士會昌時官左司員外郎

日浴咸池賦 以漲海增輝金烏發色爲韻

海日赫赫出暘谷以騰輝過咸池而浴色宛轉波動迴還影側昭晰兮泉源漸沸掩映兮津涯乍黑紅光下射疑萍實之欲沉赤氣上浮訝林雲之不息當其玉漏未盡金波正凝背崦嵫而六龍騁騖望穹蒼而三足飛騰經厚地而休光暫匿連巨浸而暖氣潛蒸當晷度之未至信輝赫之徒增洎夫良夜欲闌繁星漸没轉紅輪於沙磧濯朱輝於溟渤映龍川之華洞照天壇而秀發遠岸燭燿而乍明長波蹙縮而未歇觀其蕩水府滌踆烏重輪輝煥而增潤雙翼翩翻而盡濡勢動雲端運規規而未止影搖波底潛赫赫而不渝逝矣莫及皦然可望照蜃樓於圻岸寫蛟室於溟漲由是發五色煥九圍歷渤澥而義和整馭映島嶼而光耀傍飛碧浪沸騰罷浴貞明之質洪漣瀰漫難留畏愛之輝時也天地漸分雲霞屢改違細柳而已遠拂扶桑而猶在聊將出地辭潤澤於波瀾從此麗天布輝華於寰海既而迥出崟岑高懸萬尋杲杲而光無停晷炎炎而色欲流金始素波而將滌倏黄道而是臨信終古而不昧長曜景於天心

鄭魴

魴寶歷時人

禹穴碑銘序

惟帝世聖時必有符命在昔黄帝始受河圖而定王籙宓羲得神蓍而垂皇策堯配璇璣玉衡以齊七政舜繼成六德文王獲赤雀丹書而演道定謨予亦以謂禹探魅穴得開世之符而成厥水功夫神人合謀而行變化天地定位陰陽潛交五行迭王斗建司節岳尊山而瀆長川乃至日星雷風禎祥祕奧三綱五紀萬樂百禮人人物物各由厥

生無非元功冥持至數脗合以及之者王者奉天而行故聖神焉帝王焉彼聖如仲尼有德而無應故位止於旅人福弗及生靈乃歎曰鳳鳥不至河不出圖吾已矣夫然後知元命者軒告命者羲受命者唐與虞成命者禹備命者文仲尼不受命乃假人事而言故有宗予之說後代無作焉立言者一仁義以束世教瞽聵蚩蚩使絕其非望法業之外存而不論予讀夏書無是說司馬子長自叙始云登會稽探禹穴不然萬禩何傳焉惑矣蒼山之濬呀如淵如陵徙谷遷此中不騫雨洗煙空嶙然莫窮噫實禹跡之所

始終唐興二百八祀實歷庚午秋九月予從事於是邦感上聖遺軌而學者無述作禹穴碑廉察使舊相河南公見而銘之

欽定全唐文卷七百四十一

崔珙

珙博陵安平人書判拔萃高等累佐使府太和初由泗州刺史入為太府卿七年拜嶺南節度使徙武寧軍節度使開成二年入為右金吾大將軍遷京兆尹會昌初轉戶部侍郎領諸道鹽鐵轉運使以本官同平章事兼刑部尚書進門下侍郎銀青光祿大夫兼左僕射素與崔鉉不協鉉輔政貶澧州刺史再貶恩州司馬宣宗立徙商州以太子賓客分司東都起為鳳翔節度使大中三年辭疾以太子

少師分司東都就拜留守復節度鳳翔卒

謝賜手詔表

右臣伏蒙聖恩以臣當府所奏周公祠靈泉湧出畫圖進上示臣手詔幷賜潤德泉者紫泥緘啓鴻澤光臨因聖德以感通詔微臣而褒奬捧戴無任兢惶失圖臣伏以君有至德及於山川神降休祥見於祠宇功宣潤下道叶流謙臣所以披圖按籙考往校今明元化之式數彰皇猷之無遠冀光帝典用表祥經臣忝守邦獲逢理代不合蒙蔽輒具奏聞豈謂俯迴天聽乃賜嘉名特降綸言垂於不朽與

日月而明並豈金石之能移臣見令刻石紀年置之泉側爲一時標異俾百代同觀無任屏營感忭之至謹陳謝以聞

周公祠靈泉奏狀

當府岐山縣鳳棲鄉周公祠舊有泉水枯竭多年去冬十一月十七日忽因大風其泉五處一時湧出深一尺已來又有七處見出臣差府參軍郭鎊專就泉所檢驗得狀謹具泉水面方圓深淺分寸五處大泉水面各方圓四尺已下各深一尺已來七處小泉水面各方圓一尺已下各深

三寸已來右臣得縣鎭狀報有此靈泉差官勘覆事皆詣實詢諸故老博訪里閭咸稱此泉出必時泰歲豐者臣伏以周公聖人爰正禮樂勤勞周室克佐成王載在詩書揚於風雅宜乎神用不測澤流無窮伏惟陛下叶德坤乾侔功造化節宣四序綏懷萬方由是地理呈祥靈泉感應名標上善運屬和平不然何已涸之泉因風復有此蓋彰於聖德發自神功事出尋常義高圖籙豈特淆之不濁乃鑒媸姸積以成川方勞舟檝也臣才非周召時偶成康荷恩遲而莫効涓塵覩休徵而空增喜躍謹具奏聞伏請付史官以光典冊無任歡賀悃款之至具圖一面謹隨狀奏進謹錄奏聞謹奏

李從易

從易長慶中宗正寺丞太和九年官廣州刺史兼廣州都督

請修備從祀功臣幕席奏

伏以周禮設六功之官皆配烝祭漢晉已降或以祫配國朝禘祫二享功臣皆得配於廟庭蓋以崇勳表忠亦冀招賢廣類者也故自武德已來功臣列在祀典三十八人俾

其按樽俎之榮列君臣之位祭神如在因祭來貺宗廟合祀之時元勳配享之禮苟非誠敬曷表告虔竊見今年四月十三日禘享功臣配食者單席暴露列在殿庭雖有風雨亦不移避仰惟國之大典卑褻至此伏讀國史開元十七年元宗詣昭陵彷彿見太宗立於神遊殿前及寢宮聞室中謦欬之音又於寢宮門外設奠以祭陪陵功臣將相蕭瑀房元齡等如聞蹈舞之聲事驗神徵光輝史冊慢易乖敬則何以上副高祖太宗待劉魏房杜之本意也臣本管宗司專奉廟事庶修職業不敢因循伏請自今已後勅

有司先事修備幕次及新潔席褥以申如在之敬用展報功之思

崔璵

璵字朗士宰相珙弟長慶初登第又制策登科開成末累遷至禮部員外郎會昌初以考功郎中知制誥拜中書舍人大中五年遷禮部侍郎七年權戶部侍郎封博陵縣子轉兵部侍郎河中節度使

授崔龜從平章事制

丹青神化寅亮天工將寄陶鈞必歸才望故漢中大業魏

邴克贊其謨謀開元盛時姚宋同匡其治理嘗覽前載緬懷斯人寤寐以求夢卜終協適當舉衆不讓知賢戶部尚書判度支崔龜從道峻嵩華志淩霄漢氣包元精識邁前哲巖廊符瑞禮樂英華宏通多鑒物之明堅直抱佐時之術而學窮源委詞涌濤波吐論素勵於公忠理躬不踰於信厚烈火方熾珪璋更寒飛霜已嚴竹柏猶翠自出入劇職迴翔清途經歷五年恭勤一貫粉署潔賜衣之操掖垣高白鳳之文澄清宣威節制持重暨位延舊德再掌地圖任切良林柄崗國用閻閻不困帑藏有餘邦賦程均節之能軍食表供須之効我有好爵本邀茂勳況乎國楨宜在人傑是用命汝同心弼予升於鼎司執此政柄吉甫德全於文武彥回望著於臺衡既諧具瞻實允元輔當酌古訓以恢令猷帖人部喉舌之雄免計曹經費之務期爾鎮撫式彰顯榮於戲惟木從繩載懷藥石之戒惟風偃草冀流霖雨之功與其順美以昭忠不若盡規而輔德與其嚴刑而就理不若齊禮以安人佇聞嘉言共底交泰無令伊傅獨美典墳可戶部尚書同中書門下平章事

授張直方田牟將軍等制

勅統環營於中禁司徼道於右街非節効素彰見義而鎦銖爵祿威謀夙著宣力而踐更翰垣則何以爲我信臣膺玆寵寄檢校刑部尚書兼左金吾大將軍張直方沈果知機忠烈繼志承許國之義訓有能軍之勇名豹變除習俗之風鷹揚多御衆之術自脫屣幽薊奉職警巡勤固有夙夜之勞謹嚴得誰何之任前太平軍節度使田牟體懷忠厚氣概雄邁襲台耀之洪伐振家聲於勳籍深識戰器之本亟升勇爵之班馬嶺鴈塞常絕煙塵之警西楚東魯每聞輯睦之方而皆早讀父書動合軍志克隆紹績之業備

詳奇正之機。是宜委以禁戎。爲之禦侮。長期門以絕席。擁緹綺而式遏。俾之重閑。斯謂爾勞。題劍弄印。仍祗舊服。勿替徽問。勉承寵光。直方可右龍武將軍。牟可右金吾將軍。

魏公先廟碑

上闕特進侍中贈太尉鄭國文貞公魏氏在貞闕一字立家廟于長安昌樂里。後二百卅五年。有來闕歲既協于帝道化光洽前此詺贈先闕三字侍御史闕一字君爲吏部侍郎先夫人南陽闕姓曰吾惟聖訓。祭器不假。宗廟爲先。令吾闕二字德慙前人。而闕一字位卿相。歲時尚祭寢鞅然。崇祀闕廟而

新之。則流光歸列祖。雖然吾非達禮。必稽於有司。闕二字太常順考禮令。酌損前文。闕一字勳勞考公于是靖端虛中列上感疚。既獲俞命。闕八字書練時日。闕一字工興事。陶斲築闕一字堅闕物宿設助祭。夜鼓四通。公祗祓夙興纓冠鳴玉。入進于位。賓親就闕一字祝史贊導。虔奉祖考鄭公闕部府君諱异闕一字神主第升于室。室上闕二字以祖考妣鄭國夫人闕一字東裴氏皇考妣河東裴氏皇考妣闕之事既成而退。他日。使門吏左補闕鄭愚闕一字謂璵曰。其滌慮虔思闕一字敎以移忠竭忠以致位。因位以闕詳求能敵余之重託者。

宜莫如子。璵聞命震悚。即走相君之門。固辭不獲。歸次其世胄德行官業。垂承烈休。闕文侯能師聖門人。而不好古樂故風頽而不得闕一字五伯至無忌不闕二字而封信陵。與齊趙楚公子相矜奮闕派緒滋廣。因自別爲西祖。曁諸戎盜華。晉鼎凌闕四字遷廿仕闕二字頓邱四世之孫曰釗。樹勳捍難。爲闕懷忠亂朝。直封讜政。侵櫟奸倖。不容於時。出長屯留闕一字無溫邑或有闕一字詞致諧者。方激發憤吒。志氣橫厲。闕屬時濁昏。劻勷西東。懷奇含耀。濡足闕一字晦。竟逢大晨助日闕二字龍攄鳳鳴。爲祥輔昌。闕一字我闕見國書爲

臣克配於國享。爲祖不遷。於家祀。雖童子婦人。亦闕九字府君諱闕一字琬祖訓闕濬於廿次爲顯考。以相國位猶滯于三品。室未備數。尚闕一字孝思司業闕一字潁州府君是爲第闕一字室闕之跡闕五字宜孰歸第三室。河西府君。天資恢闕一字抱器卓邁。闕一字無不通。而以先德實嘗闕司成師儒道光敎源益闕四字殘蠨狼藉。牛空於犒。耕無以力。乃用古闕四字犂作爲區闕一字歲大有闕一字宿秉闕積慮洽聞。業履無忝。命塞不闕三字蔽罪無頗。邑長獲申。剛中特操。前無闕四字是舉出爲闕二字猗氏令。人咸爲闕於時爲邑南陽當希烈

猖獗之餘。邑（闕二字）機難（闕二字）中（闕二字）立德無方而（闕四字）蘊之華藻當時賢（闕一字）遜聽風（闕）長有爲中貴人干政者。違言交肆。（闕四字）名拜大理司直（闕四字）小大時當性不苟（闕二字）當官（闕）四室郎吏部府君渾粹秀發。識洞元（闕十字）北西廿無（闕四字）沒振謂天道（闕二字）相（闕一字）永之（闕一字）遷始以大理評事兼察換殿中侍（闕）鄭公忘勞大伐爲（闕）可朝聞夕拜疏視（闕）文宗益欲寘于側。即（闕）終始一德。命求昆裔。期肖前人。以（闕）上書草充溢囊篋。使好事者得之。皆（闕）索將勇（闕一字）整易干城之不材者蚤（闕）故會昌中權倖惡忌擠之。外郡。閒（闕）材以成之厥後綿歷祀藂。爲他人（闕）征兼領邦憲。閒歲進陟公台。仍專（闕）中被袞朝天。又葺故廟。奉時（闕）之舊宅永與里肇卜貞觀（闕）猗猗後爲右補闕。至公恭守（闕）爰操肇（闕一字）皇（闕一字）廓端（闕）銘石於麗牲。其烝夷之志歟。（闕）居第奉祠不敢（闕一字）爲袞職舊官（闕）孔昭厥緒益遙。人爵或替。（闕）綏嘏錫（闕五字）考私（闕二字）報（闕）魏還祖居旌真恩購（闕）聞躬潔祼羞。俎折（闕）陵（闕）猶在（闕二字）言之（闕）右史入侍未嘗不（闕一字）之（闕）征繕是圖。（闕三字）府大體（闕）惟忠與孝。可謂大備。

于季友

季友。贈太保頔子。尚憲宗女永昌公主。拜駙馬都尉殿中少監。太和時出爲明州刺史。

阿育王寺碑後記

此寺碑記。嘗爲寇盜隳壞。久無竪立。有好事僧惠印。錄其舊文。藏於篋笥。又與老宿僧明秀志詮寺主僧志（闕一字）上座僧栖雲都維那僧巨嵩會議。重建其碑焉。余美其樂善。會剡越間有隱逸之士曰范的。業文攻書。未遇于時。常萍泊雲水間。余邀以書之。添聖境遊觀之一事。畧記端由于碑後云。太和七年十二月一日。明州刺史于季友記。

盧宏宣

宏宣字子章。開成中官給事中。累遷節度使。進太子少傅。封固安縣伯。

駁還郭釗嫡男仲文襲封郡公奏

臣近訪知郭釗妻沈氏。公主之女。代宗皇帝外孫。有男仲詞。已選尚主。仲文不合假冒。自稱嫡子。若仲文承嫡。即沈氏須黜居別室。仲詞不合配尚貴主。伏以郭仲文尚父子儀之孫。太皇太后之姪。戚里勳門。無與儔比。婚姻嫡庶。朝

野具瞻奪宗之配實黜風教且仲文仲詞既非同出襲封尚主不可並行伏請付御史臺追勘

李啟

啟大和三年官中書舍人

請定僕射中丞途遇儀式奏

伏奉勅旨宜令左右常侍諫議大夫給事中中書舍人審同詳議僕射與御史中丞以下街衢相遇儀式奏聞者謹按儀制令諸文武官隔品卑者皆拜其准令應致敬而非相統屬者則不拜致敬之式在途則斂馬側立又按舊儀

僕射上日除兩省供奉官外尚書省御史臺及諸司四品以下皆拜于階下蓋以端揆之重師長百僚雖在別司皆爲統屬故用隔品拜禮非爲無據臣續准元和七年二月七日勅雖停拜禮每至上日臺官就僕射廳事列班送上與尚書省官不異則途遇致敬闕一字在不疑臣等又按令文屬官于街衢相遇隔品者致敬禮絕者下馬無迴避之文雜令所言轉避貴重賤者祇謂迂直之間各申遜讓非令藏匿惟車駕出入警蹕行人事關嚴上不屬臣下但卑寮自後多就他途百姓無知亦皆相效道途迴避因此成例就中臺官以職在彈糾人情畏奉他官相遇苟務推崇始自私敬漸爲公禮相循既久將謂合然寵街專道止絕行旅奔避不及即以爲罪徵異說于前古訪近例于走卒國章明具不復檢尋遂于師長亦欲均禮臣等自奉勅詳定累牒禮部及太常禮院御史臺檢詳武德以來禮令制勅各得牒報並無臺官於僕射合與司官不同之文臣等議伏請自今以後御史中丞以下與僕射相遇依令致敬斂馬立侍僕射過僕射謝官日大夫中丞與三院御史就幕次叅見其觀象門外立班既以後至爲重大夫中丞到

班後朝堂所由引僕射就立傳呼贊導如大夫就列之儀僕射朝退出宣政門朝堂所由贊引至幕次及興化門侍與叅從相得而退御史大夫與僕射既隔品自合分道而行庶輕重得宜典章不紊

張楧

楧大和六年試左金吾衛兵曹參軍

貞空寺經幢記

維大僊宣妙有鼓慈風闢元理於虛空拔衆生於黑海總持之力妙不可論故人天趍其域敬其誠貞其風固迺本

像者法者剎者幢者繼而修之嚴而飾之百千同歸羣魔銷跡祥洽乎有無之際慶流乎恍忽之中宏之在人扣無不應惟此幢設本乎當寺宿老寺主法號法峻割淨財洗垢穢琢石於藍峯之頂冥機于青蓮之界博考形勝以選所安叶願契心竭力玆地則大悲之光景巍乎可觀也速疾之法其可測歟若乃書幢空裏鐫雕路隅治塵者于以福生休影者於焉罪滅況能捨施專精石幢可以延師之祿滋師之福美矣哉演自金（闕一字）以祐賢人門弟子等咸能誓志永慕元風法子法孫慶爾多福刊佛言亦以益儒

典也鐫佛頂亦以敷國光也

鍾輅

輅文宗朝官崇文館校書郎

前定錄序

人之有生修短貴賤聖人固常言命矣至於纖芥得喪行止飲啄亦莫不有前定者焉中人以上罔有不聞其說然得之卽喜失之則憂遑遑汲汲至於老死罕有居然俟得靜以待命者其大惑歟余顓愚迷方不達變態審固天命未嘗勞心或逢一時偶一事泛乎若虛舟觸物曾莫知指遇之所由推而言之其不在我明矣大和中讎書春閣秩散多暇時得從乎博聞君子徵其異說每及前定之事未嘗不三復本末提筆記錄日月稍久漸盈筐篋因而編次之曰前定錄庶達識之士知其不誣而奔競之徒亦足以自警云爾

陸瓌

瓌吳郡人開成元年進士

滄浪濯纓賦（以君子潔身及時爲韻）

滄浪之水兮伊楚之濱汗漫蕩漾兮清泠淪漪控三湘之

淺浪從大別而派分澄澹清景離披曉雲彼美人兮何其獨商歌以思君覩斯水之洞徹惡吾纓之垢氛將濯其纓亦潔其已逐臣逋客漁翁樵子吟刈楚以激昂詠伐檀而筮仕哀靈均之濯足笑許由之洗耳載泛載浮曷云其已洎夫白日始晞青天收潦千尋湛而見底萬里淨而猶掃漾磷磷之淺沙蕩靡靡之纖草縈紆浦漵邐迤洲島輿既遠兮情亦閒纓再濯兮身亦潔于彼濯矣伊水之濱于彼潔兮君子之身滌我滓穢去我埃塵且潔淨以精微又肆志而王神孰與夫澤畔憔悴空見悲於楚客心之憂矣匪

興刺於詩人已焉哉士生世兮患于不立朝聞夕死道之所急偶滄浪之且清豈坎窞之能習易載出處詩稱維縶歲冉冉而不留雖追悔而何及辭曰滄浪之水兮徵楚辭臨清漪兮應昌期濯吾纓兮有所思幸我生兮及明時進德修業兮已矣拔茅彙征兮良在茲

曲水桮賦 以曲水同醉樂如之何爲韻

麗景云暮歡情奈何水散循環之勢桮浮一勺之多樽俎必呈反本源於杯飲歌鐘合奏起觴飲於流波爾其洋溢折旋從容娛樂觀滴瀝以繚繞將灌注而酬酢袒裘解帶

笑浼醉以山頹永日微風期竭歡於水洄狎翫未已迴環不窮方醴泉之自異念酒池而莫同滿座酡顏盡染桃花之水緣隄芳草尚遺蒲杓之風是以布令如流娛情忽起已控清流而引滿遂用銷憂而飾喜且異載沈而載浮寧同以水而濟水情符泛愛誤比投醪之時曲辨靈長足見濫觴之始爾乃負舟無力載酒何如波卷每觀其泛蟻鉤深自致乎無魚成禮交歡寧酒流而生禍效奇行怪豈杯渡以憑虛所以上下隨波方圓在器念縮茅而自別比浮芥而亦異獻壽終歎於流川如澠倍符於此地已傾壺而揚觶默爾無諠方枕麴而藉糟塊然復醉想夫飲流畢會倒載爲期乘波而潏潏迴疾入曲而悠悠轉遲投轄留賓自有清澄之色汙樽就飲翻疑樸畧之時分巡而小大殊矣遶座而左右流之時也酒且已闌景云暮促悵蘭亭之嘉會散陽春之麗曲宴已終而時移但山高而水綠

冰賦

大哉洪鈞賦象觸類而生或分氣四序配位五行惟彼冰之堅質包履霜之漸成夫其體含上善色侔晴雪妍媸自明表裏虛徹原其物也則昏危應位覘其時也則元冥御

節陰氣盛陽晶滅殺氣鴻洞嚴颷栗烈當此時也何水不凝何潭不結瞻山則萬壑俱閉歸海則百川潛泄諒造化之自然羌難得而備說佳其空冷愈堅風凄益壯汗漫稜層委積亭障交河則戰士加守合浦乃漁人迷望況乎天道無私所應多姿雲禽下覆彰后稷之聖德泉魚出躍表王祥之孝思然而題周官順時令皎雪聚皚皚山淨盤重澗而凝壁瀉圓池而若鏡與海鏡而混輝將玉壺而相映闕何層冰峩峩形埋奔浪勢壓衝波坎位臨時則愼於馬窟離光再誕示合於滹沱豈直若斯而已哉固見美於

將來其藏之也黑牡秬黍以享候其出之也桃弧棘矢以除災取順則人不夭札用逆則時多震雷故以北陸而收西陸將啟冬鑒秋刷識寒暑之情大盤夷盤表君臣之禮徒觀其謙也每避燥而就濕其讓也亦背陽而向陰偉何點之入喻著豳詩而見欽皎爾自安同達人之守節渙乎將解若天道之無心故先賢取危於履薄作戒於臨深或曰衆雖類而多名曷方茲而至妙明陰陽之本爲識時之要可以羞之於王公可以薦之於宗廟儻水鏡之一察猶明暫於迴照重曰深山窮谷凌人鑿須賜從來天下聞別有川池捐棄者終思采斵獻明君

垓下楚歌賦 以漢師清歌遂統天下爲韻

昔漢兵未罷師屯垓下物格時變威輕勢寡兩雄較武焉知劉氏昌乎四面聞歌是何楚人多也且其秦以二世漢之五年當重圍而外合聆逸韻以初傳令肅轅門如貫珠而有序聲環戎壘聞彈鋏以相宜將清氛祲於茲夕寧遏行雲於遠天由是互變新聲復轉餘弄效巴人而四起明漢祚之一統宣於里巷千門而羣犬吠聲靜入房櫳一夜而滿城驚夢爾其本秦人也盡當秦聲爰作郢曲以移楚情將以表升平之道引謳誦之清威楚外虞風急而鼓鉦動地曲終迴顧月上而旌旗繞城楚王乃起自帳中憮然悲惋腰間之劍斯在麾下之師已散在昔割河渠分理亂東也爲楚西也爲漢乘時負約情激憤以空深言志增悲意浮游而不斷但聞迭唱以繼和寧肯側聆而屢歎迴首無計虞兮奈何汝起楚舞吾將楚歌弱冠舉兵霸世之名則振窮途敗績拔山之力空多固知天命有歸雄圖不遂念繞梁之未闋信創業之難致戰征七十空傳海內之名子弟八千誰返江東之地已而楚幕旗偃漢軍角悲雖潰圍之遠遁終漏網以難期便繼遺聲可成功而作樂果符先兆乃獻凱以旋師嗚咽奏之一曲決雌雄於此時

沈朗

朗開成三年進士

霓裳羽衣曲賦 任用韻

儒有悅聲教以自勗觀至樂於實錄如元宗之聖代制霓裳之麗曲豈惟象德以飾喜將以變風而易俗原夫鼎湖道洽薰絃思深惡繁聲以惑志思雅樂以理心調乎琴瑟之間無非故曲奏自雲韶之下盡是凡音乃制神仙之妙

響是知鄭衛之難侵與鈞天之潛契冀瑤池之可尋時也廷臣並觀樂品斯設絃匏由是而居次簫管因之而在列假宮商之具舉成曲度之妙絕變虛徐之歌態始訝遏雲振飄颻之舞容忽驚迴雪既應絃而合雅亦投袂而赴節已而樂自宸慮備於太常首瓊殿之法曲改梨園之樂章配八佾以稱美旌九功而無荒盡文物之全盛致眾庶之歡康是知和平有因雅正無比既容與而在目復周旋而盈耳融融然節奏合度傞傞然周旋有旨逸調奏兮既徹嘉名播兮未已今皇帝奕葉繼代明德是資開元之聖運

復啟羽衣之餘響寧遺觀兩階之舞干既柔殊俗覩三清之仙樂復播明時下臣就列以貢賦喜聞韶而在茲

韓昶

昶吏部侍郎愈子大和元年進士釋褐邠州從事試宏文館校書郎又爲襄州從事除高陵尉集賢殿校理遷度支監察御史拜左拾遺牛僧孺鎮襄陽奏爲支使拜秘書省著作郎遷國子博士除襄陽別駕檢校禮部戶部郎中大中九年卒年五十七

自爲墓誌銘 并序

昌黎韓昶字有之傳在國史生徐之符離小名曰符幼而就學性寡言笑不爲兒戲不能闇記書至年長不能通誦得三五百字爲同學所笑至六七歲未解把筆書字即是性好文字出言成文不同他人所爲張籍奇之爲授詩時年十餘歲日通一卷籍大奇之試授諸童皆不及之能以所聞曲問其義籍往往不能答受詩未通兩三卷便自爲詩及年十一二樊宗師大奇之宗師文學爲人之師文體與常人不同昶讀慕之一旦爲文宗師大奇其文中字或出於經史之外樊讀不能通稍長愛進士及第見進士所

爲之文與樊不同遂改體就之欲中其彙年至二十五及第釋褐柳公公綽鎮邠辟之試宏文館校書郎相國竇公易直辟爲襄州從事校書如前旋除高陵尉集賢殿校理又遷度支監察拜左拾遺好直言一日上疏或過二三文字之體與同官異文宗皇帝大用其言不通人事氣直不樂者或終年不與之語因與俗乖不得官相國牛公僧孺鎮襄陽以殿中加支使旋拜祕書省著作郎遷國子博士因久寄襄陽以祿養爲便除別駕檢校禮部郎中丁艱服除再授襄陽別駕檢校戶部郎中大中九年六月三日寢

疾八日終于任年五十七其年十二月十五日葬孟州河陽縣尹村娶京兆韋放女有男五人曰緯前復州參軍次曰綰曰緄曰綺曰紞舉進士女四人曰茱曰谿曰當曰著在室曾祖叡素朝散大夫桂州長史祖仲卿秘書省秘書郎贈尚書左僕射父愈吏部侍郎贈禮部尚書謚曰文公

銘曰

噫韓子噫韓子世以昧昧爲賢而白黑分衆以委委爲道而曲直辨生有志而卒不能就豈命也夫豈命也夫

郁羣老

羣老大和中進士

大唐常州江陰縣興建寺碑銘 并序

佛道化而無私天道運而無積無私闕一以廣濟無積固乃應時此上二者同德而異名寂寞幽元衆妙之門考其煦育一也今斯佛場大拯生死百姓日用於此何益有矣夫俾衆情知去惡而就善去禍而就福唯上智與下愚不移抑各有所利大畧不然者則曷以載育庶物度彼蒸民令殊路而同歸如百川朝宗咸會于海夫其佛法流傳肇於漢代瑞符聖夢善副天心自西徂東繇是崇立士庶各館皇王異尊靡不庶幾歸信者什一遂令覩者生善悟理達宗察性是空反本知卒若然者則真諦之源廣濟矣佛及菩薩共說羣教言雖多事從一萬法攸歸物物自備苟舉一隅諸不書也初京師首刱白馬殆吳越大興佛寺昔近畿洛皆天子及公卿捨業聿修精舍今江陰縣興建寺者則梁大同元年二月四日渤海太守費公衡之所建衡則黃門侍郎昇之子肇興西漢衣冠承嗣迨今德望尚不湮微捨其別業載葺伽藍春園桃李爾乃易爲禪林俗館居廬是以崇乎月殿佛法從儀沙門傳教金鐘玉磬兩韻

蕭踈簷蔔旃檀二香馥郁殿中石佛泛海而來莫知年代寺僧咸相謂曰先古宿德請歸此寺歲忽炎旱以焚香致敬甘澤必至邑人僉依靈効斯在其地昔有鳳巢於樹乃載於圖書伍相延湖固彰于版籍後負郭邑南接雲山左控姑蘇之雄右據毗陵之勝殖貨臻湊人風蘭穆十室之家殆于諸族皆有忠信或迹爲仮載樂業隱逸及其幽居閑暇高遁園林諒魯連之士矣仁義束身詩書檢行者而亦有諸今此鄉閭永依佛寺擔警輩糧遂躋歸敬先屬中道陵夷緇徒寢微前上座僧請靈寺主僧惠晉都維那僧

請林山嗣以續紹隆常住耒遑勒石今寺主文獻上人及太守之苗裔數人兼諸檀越君子等共議樹碑文其往事靡不僉從其願文獻上人乃法門喉襟遠近瞻敬鈐鍵寺事條貫僧徒文道外通戒行內蘊生肇豈易休遠詧同上座靈玩上人秉節彌堅冰霜潔操運心戮力紀綱恢宏耒緣寺時早曾葺理常住贖田數頃繼香積廚暨寶歷元年于寺西隅造法華院捨園地以充基址兼獎勸庶緣共爲功德令將工郢向畢杍材成文遂得寺域周旋甚當樞要始自一簣令侔九層佛哉斯善者夫都維那季文戒行貞

廉胡能有類仁德忠信善道孔昭與三綱等經之營之咸贊洪業寺舊有宿德法雲靈愼法屬清宴等導其初今已歸寂嗟夫道林賓徒遞相湮沈雖捨報身于此方故乃甄昇于上界今之道友導其後克開厥功載興載葺廣爲福善伏用資我皇家而已于郡守韋公縝剛毅公廉仁明愛人搢紳之徒其從如水頻由台鼎方領此郡用弗擾政慰安罷民先張刑法以威之次施道德以育之視百姓如同小子勤兇絕豪護持大梵縣宰張公伯達煦仁風以撫俗出牛刀而佐時鳥鵲龜魚各得其化繩彼奸猾衛此佛法丞任主簿崔尉劉褚許並以遠代簪纓馳芳不泯洪才綺靡譽彰仙籍僉曰斯美者歟余自洛師而迴寺僧慮先古之業湮微見命爲銘紀繕今昔之事其言也直然後躬詣精舍觀其置寺處雖無崇巒峭嶺石路雲谿乃有湖島亘前諒具區之巨浸阡陌起側侔京畿之廣途修林茂竹叶四氣以氤氳穹阜迴崗連羣境而壯觀不然者焉能感瑞像泛溟海以招來靈鳳望煙林而巢處大叶貞祥不其盛歟劫石將燼夫何鎭於千古今憑故事于豐碑豈不斯爲可久銘曰

邈哉寶剎洞矣元門道尊天地德重乾坤俾未悟者來知眞源愚智萬種破惑一言洛及吳都歸心已于公卿捨業競造精廬士庶崇信迴向如趨一葉化世三車引途偉哉梁代善有其人費氏別館建斯福因禪林永茂松柏長春鴈塔凌漢鉄鐘報晨臺殿雲連鴛鴦瓦翠道徒鈐鍵運心克志闢開厥功迴廊周備載興載葺是崇是置世途曠矣福場久斯石盡刼改山漂海移於焉靡誌夫何記其衆議礱石樹兹豐碑大和二年戊申歲二月八日主寺僧文獻置進士魯郡郁羣老撰

潘圖

圖文宗時人

唐彭城劉府君墓誌

君諱源字文宗先帝王之苗裔也遠祖商漢中書侍郎祖壹唐林泉不仕父與（闕）園放居古之君子也周秦之世晉宋以來徙從吳郡海鹽勝邑樹德樹居不仕朝廷隱從（闕）嗚呼以開成元年十一月二十五日卒于私第以其年十二月庚寅朔十九日甲寅葬于海鹽縣南三里地號烏夜鄉名海鹽其塋也長松藹日青楓倚天其所也東流滄海

西接甘泉南枕秦山之隅北抵武原之地君壽也六十有二娶河南司徒氏生三子少怦少通少平其子立也雖未闔閭之迹有懷謹終之孝日月逝矣歲不我畱勒石記之用存今古其詞曰

野霧蒼蒼寒郊茫茫猗歟（闕）俄遭夜霜

欽定全唐文卷七百四十二

劉軻

軻字希仁元和末進士文宗朝宏文館學士出爲洛州刺史

上崔相公書

當今帝堯在上夔龍爲相犬戎新逐三晉四戰之地無梟雛狼子是宜徼福者爭歸賀於相國某獨不敢以是心同衆人之唯唯思有以一跪吐而未果者誠以相門尊高非布衣可以私謁其或關衡石輕重非先書導誠素則無以

爲也然而潛是心不爲身有所祈輸誠於相公得不以常常之心憐其持意邪陸生有言曰天下安注意相今屬凶孽新夷泰階初平天下之懸懸其心復魏文貞房梁公姚梁公宋開府致太宗元宗故事若啼嬰兒待哺塞是望者獨相公是以聞相公以是爲心卽房宋不死二宗之道盡得施於上矣語不云乎雖有鎡基不如乘時自用武以來至於今日不謂無時得其時而不乘之以貞觀開元治平之勢則勢之過如發矢耳此所以爲相公惜是時之難再也且天下欲上如二宗待相公而肖之耳今相公豈不待

天下之士。而坐爲房宋者也。又非有其時無其人。人與時偕有矣。豈可厚誣多士。謂無一可與言房宋故事者邪。昔宓不齊邑不方百里。師五老而友二十八人。齊桓公爲諸侯盟主。有坐友三人。諫臣五人。舉過者三十人。周公相成王。躬吐握之勞。所執贄於窮閭隘巷者七十人。彼一聖二賢。挈下戴上。非獨責成其心。而天下之人。故至於今稱爲聖賢。況當相公首築太平之基。焉知夫有心者不磨勇養氣。待相公呼而出之耶。今云云論者。見犬戎退邊不數十里。便謂邊無可虞。虜無能爲。見趙魏之地死一帥易一將。

便謂天下無事。廟堂可以高枕。此豈知相公第欲因前之無事。不欲爲巍巍蕩蕩之績乎。抑某聞宰相之事。必以天下爲言。以衡石言之。豈不資天下錙銖輕重爲平準者邪。以鼎實言之。豈不資天下水陸飛走爲滋味者邪。若軻者雖有生之微。豈不資衡鼎之一物乎。伏念自知書來。恥不爲章句小說桎梏聲病之學。敢希趾遐蹤。切慕左邱明揚子雲司馬子長班孟堅之爲書。故北居廬山。亦常有述作。幸當相公調元厚生之次。不使一物不遂其性。一夫不獲其心。是宜天下褐衣之徒。孤立藝進之秋也。謹獻所嘗著隋監一卷。左史十卷。伏希樞務之暇。賜一覽讀。恩幸恩幸。軻恐懼再拜。

再上崔相公書

劉軻謹再拜相公閤下。先獻書三日。軻將出通化門。其心遲遲然。若虛其腹。如未厭其食者。且曰。今嗣聖重光。相公登庸。天下褱誠蓄志之士。將不遠千里。願獻計於相公者固多矣。適會其時。得覲光輦下。云欲出東門歸江湖。業爲儒生。閱天下利病。苟無一詞聞天下善否。將何以見江漢之士。故退於逆旅。思有以效誠於相公者。伏念挈瓶負薪

之言。古人不遺。相公其遺邪。某自惟輟耕窮書。或得侍坐於縉紳長者。洎屬文駕說之士。每議及國朝相府間事。言貞觀則房魏。言開元則姚宋。自貞觀數十歲至開元中間。豈無房魏之相邪。自開元數十歲至於今中間。豈無姚宋之相邪。何說者局於四而不至於五六邪。豈無繼之者。力不足而追不及邪。將力足追及。而曰非大有爲之時。而不能爲之者邪。某嘗試言之矣。夫北轅適楚。南轅適晉。是不可到。日暮途遠。是豈力不足追不及耶。不由其道故也。然則非說者不屈指五六而局於四也。故天子以天下事歸

於相府。相府以天下事爲已任。故伊尹自負以天下之重。周公亦潛心在於伊尹耳。故曰周公兼三王以施四事。夫周公之潛心於伊尹。而不愧爲伊尹。獨伊尹恥其君不及堯舜。故其心愧恥。夫其存心。直下千歲。無人嗣續。惟梁公鄭公。高視千載之上。始潛心於伊尹。且亦惟恐太宗不及堯舜。故得謚以經緯天地曰宗。爲不祧之廟。至姚公宋公又潛心於房魏。亦惟恐元宗不及太宗。故致時雍。復貞觀治平之風焉。某請梗概姚宋舊事而言之。諸說以姚之爲相也。先有司。罷冗職。修舊法。百官各盡其才。又奏請無赦

宥。無數遷吏。無任功臣以政。於是上責成於下。下權歸於上。上下交而天下泰矣。故曰姚善應變。所以成天下之務。宋之爲相也。以彌綸爲已任。亦以筆硯專隨。故曰宋善守文。所以持天下之正。繇是四十年間。威振四海。敎加百姓。政歸有司。綺繻羅紈之家。請謁不行。而戚里束手矣。故生於開元天寶之間。自幼迨強仕。女有家。男有室。耳不聞鉦鼓。目不識兵革。故元宗無爲。恭事元默而已矣。今上新嗣大位。相公新揭大柄。必欲盡天下善美以調和鼎味。冀所以沃天心而福衆庶也。某知相公固亦潛心於姚宋。亦恐

聖君不及元宗焉。夫姚宋潛心於房魏。而已無愧於房魏。今相公已潛心於姚宋。詎得有愧於姚宋邪。夫惟無愧。實在應變成務。守文持正。踐其跡。必至其所至。俾後人之談者。自四公而加相國焉。相公必以是爲心。某知相公未得高枕於廟堂之上者有四矣。孔子曰。不患寡而患不均。今緣邊八鎮之士。聞六軍之人坐以受賜。莫不開口以待哺。將欲賈餘勇以壯邊勢。惟恐不厚於六軍之賜矣。此亦賞過乎功者不得不搖心也。非所謂至賞不費。賞明而教行者也。某切謂相公未得高枕於廟堂之上一也。聖上自儲

副卽祚。蓋三代不刊之事。雖巷兒街童。知其必然。彼貪天之功者。以爲房間永巷。北宮貞伯子之能事。必陰教是謀。出一時之策。畫寵以懷黃垂紐。不謂無恩矣。脫或天光獨私。恩無與對。使權量天下輕重。以專備顧問。雖賢如史游納忠勤心。恐必漸宏恭之勢矣。古之賢聖。遏禍於未芽。芽而滋之。根著而不可拔矣。某謂相公未得高枕於廟堂之上二也。昔西京初留侯譏高祖表用蕭曹故人。東漢初鄧禹戒光武以功臣專任。貞觀初。太宗自秦府登極。有上封事者。請以秦府舊兵追入宿衛。太宗曰。朕方以天下爲家。

惟才行是取何新舊爲夫以一家國爲言誰能無私必以天下爲言孰非王人而以家國之私於天下也范煜云舉德則功不必厚奉勞則人或匪賢必處非其地非所以優貸而見惜其功也故姚宋所以無任功臣以政其在茲乎是以門開讙疑與長閑此某切謂相公未得高枕於廟堂之上三也日者有自邊兵來曰凡事闊於目而可寘於口非鑿空架虛事游談者也且國家所以禦戎狄爲邊垣者朔方爲大夫朔方去戎虜不數百里而近使胡塵不至於亭障者實以邠涇之鎮虜不敢東顧自燕盜已來惟朔方

多軍功內以過不軌外以拓胡虜故朔方之於朝廷雖手足之扞頭目不足過也比者姦回秉政司計者析秋毫以刻肌骨非紅粟腐帛不及於邊兵無襯甲之服以赤肉冒流矢者駢門皆是統率者雖章連十上帝閽九重畱中莫聞至有抽刃垂頸祝殤禱死貴爲節制猶無憀若是矧責由卒隸尚安能固其生與戎狄攻鬭邪今鈞怨者既逐新恩已大洽相公必深維前弊思有以矯之之術以廟算決勝授成策於邊將者古人以天下喻一身以四邊同支體以中國視心腹支體有疾心腹安得無憂乎善言邊兵者以河隴不如燕薊燕薊不如朔方朔方軍之地連險小雜虜俗習騎射擊軍者非其父兄則其子弟故所以無對於諸軍矣今之存者皆諸軍遷徙或叛孽殘寇之餘遠鄉里別妻子執戈卧甲坐不遑暖胡塵一起連頭應召必無美利以啗其欲必無爵賞以磨其勇以之防塞可謂連鷄矣此某謂相公未得高枕於廟堂之上四也古之相天下者獨勞一身役一心範天地而俾無遺事於天下也蓋存乎任使而已矣傳曰使智者慮義者行仁者守又曰使智者佐仁者此舜所以穆四門而貞元首者也某所以首多士

之伍進希相公必首而納之然後開平津之閣待白屋之士且問曰計安在知政理致君之策駢肩出於門下矣若然者吾君不愧於二宗相公不愧於四公何有力足以追而曰非其時而不爲之者邪此小生汲汲於私心誠在乎此切欲使後之秉史筆者直書蕭相公故事亦以無愧辭於史官焉某不勝區區之志唐突尊重伏惟矜其意而宥其罪某恐懼再拜

上座主書

軻今月十日祇奉牓限納雜文一卷又聞每歲舉人或得

以書導志軻惟顓蒙狃隸山野未熟去就悚惶惕息伏惟寬明少冥心察納軻伏見今之舉士競取譽雌黃之口而知必也定輕重於持衡之手雖家至户到曾不足禆銖兩苟自低昂已定乎徇已者之論是私已於有司非公有司於已也軻也愚敢不以是規軻本沛上耕人代業儒爲農人家天寶末流離於邊徙貫南鄙邊之人嗜習鹹味異乎沛然亦未嘗輟耕舍學與邊俗齒且曰言忠信行篤敬雖夷貊行矣故處邊如沛焉貞元中軻僅能執經從師元和初方結廬於廬山之陽日有芟夷畚築之役雖震風凌雨亦不廢力火耨或農圃餘隙積書窻下日與古人磨礱前心歲月悠久寖成書癖故有三傳指要十五卷十三代名臣議十卷翼孟子三卷雖不能傳於時其於兩曜無私之燭不爲墮棄矣流光自急孤然一生一日從友生計裹足而西京邑之大居無環堵百官之盛親無瓜葛矣夫何能發聲光於幽陋雖不欲雌黃者之所輕重豈不欲持衡者之所斤銖耶此軻所以中夜憤激願從寒士齒庶或搴芳入幽不以孤秀不擷揀金於沙不以泥土不取閤下自謂此心宜如何答也嘗讀史感和璞之事必獻不至三刖不

至再必獻不至再殆幾乎無刖矣伏荷閤下以清明重德鎮定羣慮衡鏡在乎蚩妍輕重之分咸希一定俾退者無屈辭進者無幸言夫如是非獨斯四輩之望而已矣亦宜實公器而荷百祿豈祇區區世人而已哉軻也生甚微末甚乎魚鳥魚鳥微物猶能依茂林清泉以厚其生矧體乾剛坤順之氣不能發跡於大賢人君子之門乎軻再拜

上韋右丞書

右丞閤下某切伏下風有年矣布衣儒冠讀書耕田焦勞形神求古人道不爲不多其閱今之事極耳目之聞見亦以半古之道參乎其心者也行之於古既如彼踵之於今又如此固不必揲乎蓍灼乎龜而卜筮行乎其中矣小生敢欲首天下之忠激敢言之士輒試貢心中事以當閤下閤下知一士之進退關天下之去就今天下白屋之士有角立秀出者或能以黃老言或能以儒術言或能以刑法言思願吐一奇設一策使司化源者開目而見四方之事閤下知天下亦有人乎有是人無其時與無是人同有其言而不行其所以言與無言同此所以理代寡而昇平之運不可得而至也古之大臣不惟諫君人亦諫君亦諫故

曰惟尹躬暨湯咸有一德此所以開聖聽而達天視也昔貞觀初天下注心於房魏而太宗果爲堯舜開元中天下注心於姚宋元宗幾如太宗今閣下之車轍馬跡相去俯無尺寸天下之注心於閣下聚手而指以爲提持大柄在閣下掌握中耳閣下知人意參於天意邪先天而天弗違則其古之相天下者其道不同及其成功一也昔漢孝惠時有若曹丞相以黄老施化而天下清淨孝武時有若公孫宏以儒術御世而天下亦治孝宣時有若魏邴者以刑法檢下實號中興閣下必欲爲黄老而館舍下有膠西蓋

公邪必欲爲儒術而門下有平津之客邪必欲爲刑法而與言者有溫舒于公邪此三者在閣下所嗜而行之耳夫横一木而棟明堂者其力固多然其下有柱柱下有石石下有土積三物而棟力成焉故太元曰崔嵬不崩羣土彊此明上下節級有扶持之道也今人之望閣下挺一身而棟天下必矣抑不知棟下之柱者誰乎柱下之石土者誰乎此小生汲汲於私心誠在此也某每病此來之欲爲丞相者馴致其道積人之望使必曰某公必爲宰相白麻未及下而門巳扃鐍其此豈謂導萬物之情狀達一人之聰明邪且一人之耳待宰相而聰之一人之目待宰相而明之宰相之耳目亦資天下之士且曰是何賢於我其言亦何補焉此穀梁子所謂上瞽下聾也某嘗試論之天下之形聲雖離婁師曠故不能周視遍聽矧閉目掩耳而欲達天下之視聽不亦難哉故曰耳目在天下聰明在宰相故堯所以寄耳目於舜禹時爲聰明文思之后焉脫不以天下爲聰明某不知其然此亦閣下之所醜聞也故某所徵前事而言之意者實欲閣下踐其地使今之談者曰房魏道在吾君必爲太宗矣區區下情輒以此責心焉伏惟宥

其愚而捨其所持意恩幸某恐懼再拜

與馬植書

始存之不以子古拙不責子以今人之態能遺其鈆黄外飾直索子心於古人之心在今之行古者然雖無以應君子幸存之不友子以面子何人敢不以心友於存之邪且古人相知在此今愚忌存之固有未予知者矧與相面者其能異於行路之人哉固無也有恨羣居時口未能言及此還罷又不相處雖素尚蓄積竟未得露一毫於方寸之地每一相見何嘗不嗛嗛於內若飲者實滿於腹思一吐

而未果者存之謂予是言似乎哉以爲似則予不得不吐於存之矣先此二十年予方去兒童心將事四方志若學山者以一簣不止望嶔崟於上誓不以邱陵其心而盡乎中道也志且未決適遭天譴重罹凶咎日月之下獨有形影存之以予此時宜如何心哉苟將盡餘息以鴻同大化或有諭予者相曉以古道且曰若身未立於時若名未揚於人若且死獨不畏聖人之經戒俾立身揚名之意邪矍然而恐震駭且久曰微夫子吾幾得罪於聖人矣噫聖人之言天戒也天戒何可違乎歷數歲自洙泗渡於淮達于

江過洞庭三苗踰郴而南涉湞江浮滄溟抵羅浮始得師于壽春楊生楊生以傳書爲道者也始則三代聖王死而其道盡留於春秋春秋之道某以不下牀而求之求之必諜吾所傳不失其指每問一卷講一經說一傳疑周公孔子左邱明公羊高穀梁赤若迴環在座以假生之口以達其心也邇來數年精力刻竭希金口木舌將以卒其業雖未能無愧於古人然於聖人之道非不孜孜也既而曰以是爲儒說之儒曷若爲行道之儒邪貯之於心有經實施之於事有古道猶不愈於堆案滿架矻矻於筆硯間邪徒念既往者未及孔門之宮墻自謂與回牛相上下傳經意者家家自以爲商偃執史筆者人人自以爲遷固此愚所以憤悱思欲以聖人之爲市南宜僚以解其紛以衡石輕重俾將來者知聖代有譙周焉此某所以蓄其心者元和初方下羅浮越梅嶺泛贛江浮彭蠡又抵於匡廬匡廬有隱士茅君腹笥古今史且能言其工拙贊蠹語經之文聖人之語歷歷如指掌予又從而明之者若出井置之於泰山之上其爲見非不宏矣長恨司馬子長謂挈諸聖賢者豈不然乎哉脫漸子長之言予之厄窮其身將淬磨其心

亦天也是天有意我獨無恙何也夫然亦何必瞽吾目然後國語刖吾足然後兵法抵宮刑然後史記邪予是以自忘其愚瞽故有三傳指要十五卷漢書右史十卷黃中通理三卷翼孟三卷隋監一卷三禪五革一卷每撰一書何嘗不覃精潛思綿絡指統或有鼓吹於大君之前曰眞良史矣且曰上古之人不能昭明矣某其如何有知予者相期不啻於今人存之信然乎哉此古人所以許一死以謝知己誠難事也如不難亦何爲必以古人期於今人待邪又自史記班漢以來秉史筆者予盡知其人矣言東漢有

若陳宗尹敏伏無忌邊韶崔實馬日磾蔡邕盧植司馬彪華嶠范煜袁宏言國志有若衛覬繆襲應璩王沈傅元茅曜薛瑩華覈陳壽言晉洛京史有若陸機束皙王銓銓子隱言江左史有若鄧粲孫盛王昭之檀道鸞何法盛臧榮緒言宋史有若何承天裴松之蘇寶生沈約裴子野言齊史有若江文通吳均言梁史有若周興嗣鮑行卿何之元劉璠言陳史有若顧野王傅縡陸瓊姚察察子思廉言十六國史有若崔鴻言魏史有若鄧淵崔浩浩弟覽高允張偉劉横李彪邢巒温子昇魏收言北齊史有若祖孝徵陸

元規湯休之杜臺卿崔子發李德林林子百藥言後周史有若柳虯牛宏令狐德棻岑文本言隋書有若王師邵王胄顏師古孔穎達于志寧李延壽言皇家受命有若温大雅魏鄭公房梁公長孫趙公許敬宗劉允之楊仁卿顧允牛鳳及劉子元朱敬則徐堅吳兢次而修者亦近在耳目於戲自東觀至武德以來其間作者遺草有未行於時及修撰未既者如聞並藏於史閣固非外學者可得究諸子雖無聞良史至於實錄品藻增損詳畧亦各有新意豈無班馬之文質董史之遺直者邪蓋有之矣我未之見也常欲以春秋條貫刪補冗闕掇拾衆美成一家之盡善有若採葑菲者無以下體衣狐裘者無以羔袖言不多乎哉以爲多則存之視予力志何如耳昔阮嗣宗嗜酒當時以爲步兵校尉雖非其任責且快意今予之嗜書有甚於嗣宗之嗜酒且虛其腹若行哺而實者存之宜如何處予哉傳不云乎心志既通名譽不聞其足下何遺邪此存之所宜動心也脫祿不及厚孤弱名不及善知友匡廬之下猶有田一成耕牛兩具僮僕爲相雜書萬卷亦足以養高頤神誠知非文夫矣所立固不失谷口鄭子眞耳敢布諸足下

共圖之某再拜

代荀卿與楚相春申君書

前蘭陵令臣况謹奉書於相國春申君足下前者不識事機冠宋章甫儒衣以廉軸駕羸驂應聘於諸侯始入秦見秦應侯會侯方以六國啗其君且曰吾方角虎以鬭又何儒爲故去秦之趙會孝成王喜兵法方築壇拜孫臏欲磨牙而西臣以湯武之兵鉗其口於前趙王亦不少孫臏而多臣臣以是去趙之齊會宣王方沽賢市名達諸侯間人聚稷下若鄒子田駢淳于髡皆號客卿故臣得翱翔於諸

子聞自威王至襄王三爲祭酒號爲老師然憫諸生少年皆不登闕里不浴沂水各掉寸舌得紆朱垂組自以爲高絜莫我若也臣以乳兒輩畜之何虞其蝎蠆之爲毒也由是讒言塞路臣之肉幾爲齊人所食伏念相君與平原孟嘗信陵齊名故游談者謂從成則楚王衡成則秦帝以相君之相楚故也不然楚何以得是名以是去齊歸相君相君果不以臣孱固俾臣爲蘭陵令臣始下車方弦琴調軫欲蘭陵之人心和且富既富且教必使三年有成然後報政於相君此臣效相君者希以是不意稷下之謗又起於

左右俾臣之醜聲直聞於執事執事果亦疑棄臣如脫故屣臣之去蘭陵豈不知相君之棄臣邪臣尚念古者交絕不出惡聲臣懟楚而怨相君也哉頃相君徒欲人之賢已曾不知楚國前事臣不遠引三代洎春秋今雖戰國亦不敢以他事白直道今楚國盛衰之尤者冀相君擇焉自重黎爲火正光融天下鬻熊有歸德教西伯弟子洎蚡冒熊繹華路藍縷以啓荆蠻歷武文成始臣妾江漢至莊王始與中國爭伯此數君皆郢之祖宗而代亦稱臣之術五尺童子羞稱五伯臣又何必獨爲相君道哉然楚君但成莊

而已矣自莊而下楚亟不競平王嗣位耳目倒置伍奢以諫死費無極以讒用亡太子走昭王汚楚宫鞭郢墓豈不以一讒而至乎爾下及懷王知左徒屈原忠賢始能付以楚政當諸侯盛以遊說交鬪猶以楚爲有人無何爲上官靳尚所短王怒疎屈平平既疎秦果爲張儀計陷楚之商於地儀計行秦果欺楚是以有藍田之役丹徒之敗懷王因不出咸陽亡不越魏境客死而屍歸至今爲楚痛豈不曰疎屈平親靳尚而至於爾人亦謂令尹子蘭不得晦然無非已不能疾讒又從而惜之俾屈生溺離騷爲之作襄

王以前事歷目切骨雖有宋玉唐勒景差輩子弟賦風弔屈而已又何能免王於矢石哉今相君自左徒爲令尹封以號春申君楚於相君設不能引伍奢屈平以輔政復不能拒無極靳尚之口弭臣見泗上諸侯不北轅不東矣夫如是漢水雖深不爲楚塹方城雖高不爲楚險相君雖賢欲捨楚而安之也今有李園者世以諛媚薦寵喜以陰計中上根結枝布寖爲難拔相君若不以此時去之則王之左右前後不靳尚則無極詎獨臣之不再用也前月相君聘至跪書受命且曰若惡若仇若善若師眞宰相之心脫

李園之何（一作至）費靳方試何害臣之不再罷蘭陵也哉敢輒盡布諸執事而無遂子蘭之非況之望也楚子之幸也

重與陸賓虞書

別韶卿已逾時雖游處讌賞不接然予心未嘗一日去韶卿也且京洛相去八百里足以絕韶卿車轍馬跡矧又自洛南而東涉淮浮江沿洄數千里安得不悒悒西望邪比予在輦下五六年始不知韶卿及知韶卿兩心始親而形骸已相遠苟未能忘情忍不酸鼻出涕爲吾友之思邪前陸掾來得韶卿書知韶卿欲屈道以從人求京兆解送知韶卿道在與否固不在首解於京兆也愚嘗謂與遊者道韶卿膚未雞髮未鶴然其心甚老脫一旦脅肩低眉與諸子爭甲乙於縣官豈愚所謂甚老者邪韶卿曾不是思也愚所謂首出者謂四科首顏閔三十世家首太伯七十列傳首伯夷其爲首出豈不多邪韶卿不首於是而欲首於何哉僕又聞京兆等試試官知與否脫有知韶卿人聞烏有不心躬嘿禮靈冠統以待之邪夫然亦何害小伸於知已耳不然則東國絀臣西山餓夫微仲尼何傷爲展季伯夷矣韶卿獨不見既得者邪豈盡爲顏子太伯伯夷然幸韶卿熟思之無以予不食太牢爲不知味者也前月中兩寄狀計必有一達者過重陽當決策東去計韶卿無以予身遠而不予思也勉矣自愛策名春官後當會我於眞山

三傳指要序

先儒以春秋之有三傳若天之有三光然然則春秋蓋聖人之文乎聖人之文天也天其少變乎故詩有變風易有變體春秋有變例變之爲義也非介然溫習之所至賾乎其粹者也軻嘗病先儒各固所習互相矛楯學者準裁無所豈先聖後經以闕後生者邪抑守文持論敗潰失據者之過邪次又病今之學者涉流而迷源捨經以習傳摭直言而不知其所以言此所謂去經緯而從組繢者矣既傳生于經亦所以緯於經也三家者蓋同門而異戶膚得不要其終以會其歸乎愚誠顓蒙敢會三家必當之言列於經下撰成十五卷目之曰三傳指要冀始涉者開卷有以見聖賢之心焉俾左氏富而不誣公羊裁而不俗穀梁清而不短幸是非殆乎息矣庶儒道君子有以相期於孔氏之門

廬山黃石巖院記

古老有言曰。太極之氣積而爲山岳。洩而爲川瀆。然則匡阜之氣其大矣乎。庚辰歲山客劉軻採拾怪異。自麓至頂卻下半里餘。次於黃石巖。巖中有棲禪子。不知其幾許臘。而瓌行峻節。人事難能。僕高其人。而信宿忘返。蹟其輕重。頗見其宅心之地。乃問其住年。但手指松桂云。初毫髮我植。今環人臂。烏飛兔走。吾復何齒。矧卯戌之昏旦。霜炎之凍炙。生落之榮悴。去畱之沿泝。雖云云自彼。而於我蔑如也。於戲。向非巖房峭絕。僧行孤峙。則人境兩失。固其宜也。復何言哉。觀夫烟雲生於履舄。嵐靄出於襟袖。羣形浩擾。

併入眸子。每至烟雨初霽。山光澄練。泠泠仙語。如在耳右。況又聳凌兢上冥冥焉。知不能與洪厓接袂。浮邱連駕。盈縮造化。吐納顥氣。絕慙容於厚面。遠喧卑之腥穢乎。不得而然者。蓋鉤也餌也。名爲利鉤。利爲名餌。吞鉤食餌。手足羈鎖。彼焉得跳躍於此乎。夫禪子脫去桎梏。四支宣展。動與雲無心。靜將石何機。物我一致。端邪徑塞。僕所謂非斯人不能住斯境也。禪師宜春人。俗姓劉。名常進。時人以師久住。遂以其姓易其巖名云。

智滿律師塔銘

昔長沙桓公有定傾翊戴之勳。藏晉盟府。曾孫潛高尚不仕。其後世爲匡廬高民乎。疑有應眞之士。產靈祥於栗里矣。大師諱智滿。先生九代孫也。下闕文曰

匡阜之下。爐峯之北。有白馬香象。甚奇特兮。毛羣羽族。麟鳳稱德。絕足雲翔。就羈勒兮。大毗尼師。垂法作則。侁侁律子。用徽纆兮。法社霧壇。其儀不忒。憧憧古今。奔白黑兮。三毒六賊。本拔源塞。蘊界受降。師獨得兮。神昇茲氏。香畱天棘。石塔巍巍。二林側兮。纏褐巾墨。門人之服。心喪三紀。哀無極兮。

棲霞寺故大德玭律師碑

世說域中四名剎。棲霞其一。以其高僧世出。自齊梁間大小郎至大師。聲聞相襲。故江左重呼其名。謂棲霞大師焉。大師諱曇玭。俗姓王氏。晉瑯琊文憲公後。自永嘉南遷爲句曲人。王父師虔。會稽守。虔生智高。尚不仕。州里號處士。生大師。自孩抱絕不爲兒弄。厘能言。標穎聰拔。羣言秘旨。迎耳必了。及長。不茹葷血。乃曰。天其或者將滌吾器耶。既落髮於金陵希瑜律師。受戒於過海鑒眞大師。後與友人高陵恩律師追遠永之遊。乃偕隱匡廬之東林。雖欲遺名。

而名已高矣於是奔走吳楚青徐之學者始五臘講律於豫章龍興環座捧帙者麻葦明年登明寺壇至德三載勅隸於明寺後累涖事於甘露壇端肅嚴恪儀刑梵衆大歷初乃歸棲霞其涖壇傳戒一十五會講訓經律三十七座州牧蘭陵蕭公高其人謂標望風度詎獨鄭衛松柏耶乃命爲僧正紀綱大振雖一公帖四輩之望無以上也十四年忽昌言於衆曰吾以律從事自謂無愧於篇聚矣然猶未去聲聞之縛既而探曹溪牛頭之旨沈研覃思朗然內得乃曰大丈夫了心當如此建中元年禪坐空谷雖野馬

飄鼓星辰淩歷云云自彼我何事焉後瓦官寺其徒聚謀而請曰瓦官寰中之名剎也大師乃江左之碩人也捨是而不居吾屬安仰始出山居焉從人欲也無幾何謂弟子志誠海潮等曰吾休矣邱井夢電之喻必然耳貞元十三年十一月六日丁亥坐化於瓦官寺律堂是月景申荼毗墖於新亭之後岡春秋七十五僧臘五十一門人臨壇者有若盧陵龍興寺明則廣陵定山寺道與鄉邑寺行銓臨淮開元寺澄觀九江寶珍寺智滿當州彭城寺惠興瓦官寺靈津鶴林寺常靜天鄉寺日耀龍興寺惠登皆津梁後進爲世燈燭賢七十子而後知仲尼大聖睹棲霞弟子得不爲師氏名焉今寶稱領摩訶茲芻衆壇壓盧岳大江西南卓然首出若商那之後繼以掬多得不謂釋氏之雄乎軻夙承寶稱之知見命敘述且曰吾得子銘吾大師吾無恨矣文曰

有晉世家地高瑯琊產棲霞兮宿殖有自許身佛氏爲釋子兮結夫纏蓋惠刃中淬誰何對兮璞琢金鑒潭澄月映本清淨兮尸羅毗尼開遮止持作律師兮攝深匡高以遊以遨鏗蒲牢兮梵行既立薪傳火襲光炎炎兮

廬山東林寺故臨壇大德墖銘 并序

維元和十年冬十月已亥我具壽大師歸於廬山東林寺既庀事門弟子道深如建等以銘誌爲急白彭城劉軻軻嘗執吾大師之巾錫大師行業德狀軻能言之乃走其徒持事狀於山陽草堂具道其所以來軻既受事仰而哭且曰軻何心遽忍銘吾大師俄而曰我而不銘而誰爲於是銜涕漣漣作石墖銘誌云大師諱上宏俗饒姓其先臨川人祖公悅父知恭世爲南城聞儒故大師自童子耳熟家訓故風流衆動造次必於儒者年十五脫然有方外之志

遂依舅氏出家。暨二十二歲。具戒於衡岳大圓大師。大歷八載。勅配本州景雲寺。後依南昌璡律師學四分毗尼。旣覃精研究。或從我駕說而通者日有百數。時謂景雲且在。無患無律。貞元三年。止南昌龍興寺。四方風聞者塵至。時江州峯頂寺長老法眞台州國清寺法裔荆州慶門寺靈裕。并有大名於時。會有事於靈壇。故三長老攝大師以臨之。至四十年春。九江守李公康以東林遠公舊社不可以無主。固請住焉。前後蒞事凡一十八會。彼域之男女繇我而作比邱者萬有五千五百七十二人。大師旣通明大教

祖述毗柰耶。憲章修多羅。心同曹溪。事同南山。故及我門而升我堂者。未嘗虛返。我所以駕白牛以驅羊鹿。孰謂我爲小乘者乎。繇是薦紳先生若顏魯公姜相公。並願依遺民萊民舊事。待大師於虎邱雁門之上。故游二林者謂生遠猶在。將大去。乃遺言於二三子曰。吾生七十有七。臘五十有六。年非不耆。臘非不高。今則去矣。爾無謂吾死。門人道深懷縱如建冲契宗一智則智明雲皐圖信行允等。長號無懟。相與立石塔於香爐峯下。是月丙寅。歸舍利於塔。從故事也。軻不得讓。薦誠於銘。銘曰。

德有塔。功有銘。功可祖。德可宗。宗可師。師有資。嗚呼千載而下。資而後者。知是塔有毗柰耶之宗師。

大唐三藏大遍覺法師塔銘 并序

歲丁巳。開成紀年之明年。有具壽沙門曰令檢。自上京抵洛師。以縹囊盛三藏遺文傳記。訪余柴門于行修里。且曰。聞夫子斧藻羣言舊矣。詎直專聲於班馬。能不爲釋氏董狐耶。抑豈不聞貞觀初慈恩三藏之事乎。敢失厥來旨云。三藏事跡載國史及慈恩傳。今塔在長安城南三十里。初高宗塔於白鹿原。後徙於此。中宗製影贊。謚大遍覺。肅宗

賜塔額曰興教。因爲興教寺。寺在少陵原之陽。年歲寖遠。塔無主。寺無僧。荒凉殘委。游者傷目。長慶初。有衲衣僧曇景始葺之。大和二年。安國寺三教談論大德內供奉賜紫義林修三藏忌齋於寺。齋衆方食。見塔上有光。圓如覆鏡。道俗異之。林乃上聞。乃與兩街三學人共修身塔。兼礱一石於塔。至三年。修畢。林乃化。遺言於門人令檢曰。爾必求文士銘之。檢泣奉遺教。直以銘爲請。非法允之冢嫡。誰何至此乎。軻三讓不可。乃畧而銘之。三藏諱元奘。俗陳姓。河南緱氏人。曾父欽。後魏上黨太守。祖康。北齊國子博士。父

惠英長八尺美鬚眉魁岸沈厚號通儒時人方漢郭林宗有子四人奘其季也年十三依兄捷出家於洛屬隋季失御乃從高祖神堯於晉陽俄又入蜀學攝論毗曇於基暹二法師武德五年受具於成都精究篇聚又學成實於趙州深學俱舍於長安岳於是西經前來者無不貫綜矣初中國學者多以實相性空通貫羣說俾象象蹄筌往往失魚兔於得意之路至於星羅碁布五法三性析秋毫以矢名相界地生彙各有攸處曾未暇也大遍覺乃興言曰佛理圓極片言支說未足師決固是經來未盡吾當求所未

聞俾跛眇兒視履必使解行如函蓋始可爲具人矣且法顯智嚴何人也猶能孤遊天竺而我安能坐致耶初三藏之生母氏夢法師白衣西去母曰何去曰求法貞觀三年忽夢海中蘇迷盧山遠凌波而入乃見石蓮波外承足山險不可上試踴身騰踔颯然飈舉升中四望廓澈無際覺而自占曰我西行決矣至涼州都督李大亮防禁特切逼法師還京法師乃宵遁渡瓠蘆河出玉門經莫賀延磧艱難險阻仆而復起者何止百十耶自爾涉流沙次伊吾高昌王麴文泰遣貴臣以駝馬迓法師於白力城王與太妃及統師大臣等尊以師禮王親跪於座側俾法師躡肩而上資贈甚厚送至葉護可汗衙又以廿四封書通屈支等廿四國獻花繒五百疋於可汗稱法師是奴弟欲求大法於婆羅門國願可汗憐師如憐奴其所歷諸國爲其王禮重多此類也自爾支提梵刹神奇靈跡往往而有法師皆瀝誠盡敬耳目所得孕成多聞與夫世稱博物者何相萬耶詳載如傳惟至中印度那爛陀寺寺遣下座廿人明詳儀注者引參正法藏即戒賢法師也既入謁肘膝着地舐足已然後起法藏訊所從來曰自支那欲依師學瑜伽論

法藏聞則涕泗曰解我三年前夢金人之說佇爾久矣遂館於幼日王院覺賢房第四重閣日供擔步羅果一百廿枚大人米等稱是其尊敬如此法師既名流五印三學之士仰之如天故大乘師號法師爲摩訶天小乘師號解脫天乃白大法藏請留之法師曰師等豈不欲支那之人開佛慧眼耶不數日東印度王拘摩迎法師戒日王聞法師在拘摩處遣使謂拘摩曰急送支那僧來拘摩曰我頭可得僧不可得戒日神武雄勇名震諸國乃怒曰爾言頭可得可將頭來拘摩懼乃嚴象軍二萬船三萬與法師同泝

殑伽河。築行宮於河北。拘摩自迎戒日於河南。戒日曰。支那僧何不來。拘摩曰。大王可屈就。王既見法師。接足盡敬。且曰。弟子聞支那國有秦王破陣樂。乃問秦王是何人。法師盛談太宗應天順人事。王曰。不如此何以爲支那主。因令法師出制惡見論。然小乘外道未卽推伏。請於曲女城集五印沙門婆羅門等。兼十八國王觀支那法師之論。凡十八日。無敢當其鋒者。戒日知法師無留意。厚以象馬槖裝餞法師。又以素疊印書使達官送法師。所經諸國。令兵衛達漢境。法師卻次于闐。因高昌商胡入朝附表奏自西

域還。太宗特降天使迎勞。仍制于闐等道送法師。令燉煌迎於流沙。鄯部迎於沮沫。時帝在洛陽。勅西京留守梁國公元齡備有司迎待。是日宿於漕上。十九年春正月景子。留守自漕奉迎於都亭。有司須諸寺帳輿花幡送經於宏福。翌日。大會於朱雀街之南。陳列法師於西域所得經像舍利等。其梵文凡五百廿夾。六百五十七部。以廿馬負而至。自朱雀至宏福十餘里。傾都士女。夾道鱗次。若人非人。曾不知幾俱眂矣。壬辰。法師謁文武聖皇帝於洛陽宮。二月已亥。對於儀鸞殿。因廣問雪嶺已西諸國風俗。法師皆備陳所歷。若指諸掌。太宗大悅。謂趙公無忌曰。昔符堅稱道安爲神器。今法師出之更遠。時帝將征遼。法師請於嵩之少林翻譯。太宗曰。師西去後。朕爲穆太后於西京造宏福寺。寺有禪院。可就翻譯。三月已巳。徙宏福。夏五月丁卯。法師方開貝葉。廿年秋七月。法師進新譯經論。仍請製經序。并進奉勅撰西域記十二卷。太宗美法師風儀。又有公輔才。俾法師褫緇褐襲金紫。法師因以五義褒揚聖德。乞不奪其志。遂問瑜伽十七地義。太宗謂侍臣曰。朕觀佛經。猶瞻天望海。法師能於異域得是深法。非惟法師願力。亦

朕與公等宿殖所會。及三藏聖教序成。神筆自寫。太宗居慶福殿。百寮陪位。坐法師。命宏文館學士上官儀對羣寮讀之。廿二年夏六月。天皇大帝居春宮。又製述聖記及菩薩藏經後序。太宗因問功德何最。法師對以度人。自隋季天下祠宇殘毀。緇伍殆絕。太宗自此勅天下諸州寺宜各度五人。宏福寺度五十人。戊申。皇太子宣令。請法師爲慈恩上座。仍造翻經院。備儀禮自宏福迎法師。太宗與皇太子後宮等於安福門執香爐目而送之。至寺門。勅趙公英中書令褚引入於殿內。奏九部樂破陣舞及百戲於庭而

還。廿三年夏四月。法師隨駕於翠微宮。談賞終日。太宗前席攘袂曰。恨相逢已晚。翌日。太宗崩於含風殿。高宗卽位。法師還慈恩。專務翻譯。永徽三年春三月。法師於寺端門之陽造石浮圖。高宗恐功大難成。令改用磚墖。有七級。凡一百八十尺。層層中心。皆有舍利。冬十月。中宮方娠。請法師加祐。既誕。神光滿院。則中宗孝和皇帝也。請號爲佛光王。受三歸。服袈裟。度七人。請法師爲王剃髮。及滿月。法師進金字般若心經及道具等。顯慶二年春二月。駕幸洛陽。法師與佛光王發於駕前。既到。館於積翠宮。終譯發智婆

沙。法師早喪所天。因扈從還訪故里。得張氏姊。問塋壟已平矣。乃捧遺柩改葬於西原。高宗勅所司公給。備喪禮。盡飾終之道。洛下道俗赴者萬餘人。釋氏榮之。三年正月。駕還西京。勅法師徙居西明寺。高宗以法師先朝所重。禮敬彌厚。中使旁午。朝臣慰問。及錫賚無虛日。法師隨得隨散。中國重於般若。前代雖翻譯。猶未備。衆請譯焉。法師以功大恐難就。乃請於玉華宮翻譯。四年十月。法師如玉華館於肅成院。五年春正月一日。始翻梵本。總廿萬偈。法師汲汲然常恐不得卒業。每屬譯徒必當人百其心。至龍朔三年方絕筆。法師翻般若後。精力刓耗。謂門人曰。吾所事畢矣。吾瞑目後。可以蘧蒢爲親身物。門人雨泣且曰。和上何遽發此言。法師曰。吾知之矣。麟德元年春正月八日。門人元覺夢一大浮圖倒。法師曰。此吾滅度之兆。遂命嘉尚法師具錄所翻經綸。合七十四部。總一千三百卌八卷。又造俱胝畫像彌勒像各一千幀。又造素像十俱胝。供養悲敬上油各萬人。燒百千燈。贖數萬生。乃與寺衆辭三禮慈尊。願生內眷。至二月五日夜。弟子光等問云。和上決定得生彌勒內衆否。領云。得生。俄而去。春秋六十九矣。初高宗聞

法師疾作。御醫相望於道。及坊州奏至。帝哀慟爲之罷朝三日。勅坊州刺史竇師倫令官給葬事。又勅宜聽京城僧尼送至墖所。門人奉柩於慈恩翻經堂。道俗奔赴者日盈千萬。以四月十四日葬於滻東。京畿五百里內。送者百餘萬人。至總章二年四月八日。有勅徙於樊川北原。傷聖情也。法師長七尺。眉目若畫。直視不顧。端嚴若神。自大教東流。翻譯之盛。未有如法師者。雖滕蘭澄什康會竺護之流。無等級以寄言。其彬彬郁郁。已布唐梵新經矣。自示疾至於昇神。奇應不可殫紀。蓋莫詳位次。非上地其孰能如此

乎。又曰。

三藏之生。本乘願來。入自聖胎。出於鳳堆。大業之季。龍潛於并。孺子謁帝。與兄偕行。神堯奇之。善果度之。不爲人臣。必爲人師。師法未足。自洛徂蜀。學無常師。鳥必擇木。跡窮夷夏。更討身毒。寺入爛陁。師遇尸羅。王逢戒日。論得瑜伽。瑜伽師地。藏教臬府。蝍蟉名數。釐抽聖緒。我握其樞。赤幡仍豎。名高幽女。歸我眞主。主當文皇。臣當蔡梁。天下貞觀。佛氏以光。光光三藏。是護是付。付得其人。經綸彬彬。梵語華言。胡漢相宣。台臣筆受。御膝前席。積翠飛花。恩光奕奕。

太宗序教。天皇述聖。揚於王庭。百辟流詠。三藏慰喜。靈祇介祉。蔑彼滕什。曾無此事。我功成矣。我名遂矣。脫屣玉華。昇神睹史。發棺開殮。天香馥馥。地位殊分。神人是卜。中南地高。樊川氣清。修墖者誰。林公是營。門人令撿。實尸其事。銘勒墖旁。撿眞法子。

農夫禱

丙戌歲大饑。楚之南江黃間尤甚。明年春。將之舒。途出東山。見老農輩鳩其族爲禱於伍君祠。其意誠而辭俚。因得其文以潤色之。亦以儆於百執事者云。農夫某謹達精誠於明神。吁嗟我耕食之人。誰非土之人。人之有求。神得不以聰明正直聽之耶。曩者仍歲薦饑。人爲鰥嫠。田無耕夫。桑無蠶姬。癘疫瘵瘥。一方尤危。踵以吴蜀。弄兵吏呼。其門毆荒餘之人。挾弓持戟。女子生別。行啼走哭。王師有征。羣盜繼誅。乃歸其居。乃復室廬。廬壞田蕪。亦莫蠲其租。今之收合餘燼。人百其力。幸大成於秋。誠慮旱而不雨。既雨而潦。必不爲潦。又慮其苗而不秀。秀而不實。又慮爲螟蝗。又慮夫廐馬之奪其食。贓吏之厚其斂也。嗚呼。必馬無厭粟者妾無厭羅紈者。吾歛其薄矣。亦於何厚其所薄耶。伏希

神明。無有所忽。禱曰。無瘠農人以肥廐馬。無寒蠶婦以煖妓妾。無銷耒耜以滋兵刃。農人不饑。而天下肥。蠶婦不寒。而天下安。耒耜不銷。而天下饒。妾暖而驕。兵滋而殘。馬肥而豪。不蹟不馳。足食足衣。皇天皇天。胡忍是爲。苟不此爲。民其嘻嘻。神其怡怡。尚饗。

欽定全唐文卷七百四十三

裴休

休字公美孟州濟源人長慶中登第又舉賢良方正異等歴諸府解署入爲監察御史右補闕史館修撰會昌中自尚書郎歴典外郡大中初累官户部侍郎充諸道鹽鐵使轉兵部侍郎遷御史大夫六年以本官同平章事累轉中書侍郎兼禮部尚書十年罷爲宣武軍節度使封河東縣子守太子少保分司東都十一年充昭義軍節度使十三年徙河東十四年徙鳳翔又徙荆南咸通初入爲户部尚

書徙吏部加太子少師卒

請革横稅私販奏

諸道節度觀察使置店停上茶商每斤收搨地錢幷稅經過商人頗乖法理今請釐革横稅以通舟船商旅既安課利自厚今又正稅茶商多被私販茶人侵奪其利今請強幹官吏先於出茶山口及廬壽淮南界内布置把捉曉諭招收量加半稅給陳首帖子令其所在公行從此通流更無苛奪所冀招恤窮困下絶姦欺使私販者免犯法之憂正稅者無失所之歎欲究根本須舉綱條

大方廣圓覺修多羅了義經略疏序

夫血氣之屬必有知凡有知者必同體所謂眞淨明妙虛徹靈通卓然而獨存者也是衆生之本源故曰心地是諸佛之所得故曰菩提交徹融攝故曰法界寂靜常樂故曰涅槃不濁不漏故曰清淨不妄不變故曰眞如離過絶非故曰佛性護善遮惡故曰總持隱覆含攝故曰如來藏超越元閟故曰密嚴國統衆德而大備爍羣昏而獨照故曰圓覺其實皆一心也背之則凡順之則聖迷之則生死始悟之則輪迴息親而求之則止觀定慧推而廣之則六度

萬行引而爲智然後爲正智依而爲因然後爲正因其實皆一法也終日圓覺而未嘗圓覺者凡夫也欲證圓覺而未極圓覺者菩薩也具足圓覺而住持圓覺者如來也離圓覺無六道捨圓覺無三乘非圓覺無如來泯圓覺無眞法其實皆一道也三世諸佛之所證蓋證此也如來爲一大事出現蓋爲此也三藏十二部一切修多羅蓋詮此也然如來垂教指法有顯密立義有廣略乘時有先後當機有淺深非上根圓智其孰能大通之故如來於光明藏與十二大士密說而顯演潛通而廣被以印定其法爲一切

經之宗也。圭峯禪師得法於荷澤嫡孫南印上足道圓和尚。一日。隨衆僧齋於州民任灌家居下位以次受經。遇圓覺了義。卷未終軸。感悟流涕。歸以所悟告其師。師撫之曰。汝當大宏圓頓之教。此經諸佛授汝耳。禪師既佩南宗密印。受圓覺懸記。於是閱大藏經律。通唯識起信等論。然後頓轡於華嚴法界。宴坐於圓覺妙場。究一雨之所霑。窮五教之殊致。乃爲之疏解。凡大疏三卷。大鈔十三卷。略疏兩卷。小鈔六卷。道場修證儀一十八卷。並行於世。其敘教也圓。其見法也徹。其釋義也端如析薪。其入觀也明若秉燭。

其辭也極於理而已。不虛騁其文也。扶於教而已。不苟飾不以其所長病人。故無排斥之說。不以其未至蓋人。故無胸臆之論。蕩蕩然實十二部經之眼目。三十五祖之骨髓生靈之大本。三世之達道。後世雖有作者。不能過矣。其四依之一乎。或淨土之親聞乎。何盡其義味如此也。或曰。道無形。視者莫能覩。道無方。行者莫能至。況文字乎。在性之而已。豈區區數萬言而可詮之哉。對曰。噫。是不足以語道也。前不云乎。統衆德而大備。爍羣昏而獨照也。圓覺也。蓋圓覺能出一切法。一切法未嘗離圓覺。今夫經律論三藏之文。傳於中國者五千餘卷。其所詮者何也。戒定慧而已。修戒定慧而求者何也。圓覺而已。圓覺一法也。張萬行而求之者。何衆生之根器異也。然則大藏皆圓覺之經。此疏乃大藏之疏也。羅五千軸之文。而以數卷之疏通之。豈不至簡哉。何言其繁也。及其斷言語之道。息思想之心。忘能所。滅影像。然後爲得也。因不在詮表耳。嗚呼。生靈之所以往來者六道也。鬼神沈幽愁之苦。鳥獸懷獝狘之悲。修羅方瞋。諸天正樂。可以整心慮趣菩提。唯人道爲能耳。人而不爲。吾末如之何也已矣。休嘗遊禪師之閫域。受禪師之顯訣。無以自効。輒直讚其法而普告大衆耳。其他備乎本

序云。

華嚴原人論序

經云。文字性空。又曰。無離文字而說解脫。必曰捨文字然後見法。非見法者也。圭峯禪師誕形於西充。通儒於遂寧。業就將隨貢諸有司。會有大德僧道圓。得法於洛都荷澤大師嫡孫南印。開法於遂州大雲寺。師遊座下。未及語深。有所欣慕。盡取平生所習捐之。染削爲弟子。受心法。他日。隨衆僧齋於州民任灌家居下位以次受經。遇圓覺了義

卷未終軸感悟流涕歸以所悟告其師師撫之曰汝當大宏圓頓之教此經諸佛授汝耳行矣無自滯於一隅也師稽首泣奉命北去抵襄漢會初有自京師賫雲花觀大師華嚴疏鈔至者師一覽陞座而講聽者數千百人遠近大驚然後至京師詣雲花寺修門人之禮北遊清涼山回住於鄠縣草堂寺未幾復入寺南圭山所至道俗歸依者如市得法者數百人註圓覺大小二疏華嚴金剛起信唯識四分律法界觀皆有章句自是圓頓之教大行於世其他原人道之根本會禪教之異同皆隨扣而應待問而答或

徒衆遠地因教誡而成書或門人告終爲安心而演偈或熙怡於所證之境告示初心或偃仰於所住之山歌詠道趣其文廣者其理彌一其語簡者其義彌圓門弟子集而編之成十卷昭昭然定慧之明鏡也禪師以法界爲堂奥教典爲庭宇慈悲爲冠蓋衆生爲園林終日贊述未嘗以文字爲念今所傳者蓋荆山之人以玉抵鵲而爲行路之所寶也余高枕於吾師户牖之間久矣知者不言則後代何以仰吾師之道乎於是粗舉其大節以冠於首裴休序

黄檗山斷際禪師傳心法要序

有大禪師法諱希運住洪州高安縣黄檗山鷲峯下乃曹溪六祖之嫡孫西堂百丈之法姪獨佩最上乘離文字之印唯傳一心更無別法心體亦空萬緣俱寂如大日輪昇虚空中光明照耀淨無纖埃證之者無新舊無淺深說之者不立義解不立宗主不開户牖直下便是動念即乖然後爲本佛故其言簡其理直其道峻其行孤四方學徒望山而趨覩相而悟往來海衆常千餘人予會昌二年廉於鍾陵自山迎至州憩龍興寺旦夕問道大中二年廉于宛陵復去禮迎至所部安居開元寺旦夕受法退而紀之十

得一二佩爲心印不敢發揚今恐入神精義不聞於未來遂出之授門下僧太舟法建歸舊山之廣唐寺問長老法衆與往日常所親聞同異如何也時唐大中十一年十月初八日序

釋宗密禪源諸詮序

圭峰禪師集禪源諸詮爲禪藏而都序之河東裴休曰未曾有也自如來現世隨機立教菩薩閒生據病指藥故一代時教開深淺之三門一眞淨心演性相之别法馬龍二士皆宏調御之說而空性異宗能秀二師俱傳達摩之心

而頓漸殊稟荷澤直指知見江西一切皆眞天台專依三觀牛頭無有一法其他空有相破眞妄相攻反奪順取密指顯說故天竺中夏其宗實繁良以病有千源藥生多品投機隨器不得一同雖俱爲證悟之門盡是正眞之道而諸宗門下通少局多故數十年來師法益壞以承稟爲戶牖各自開張以經論爲干戈互相攻擊情隨函矢而遷變法逐人我以高低是非紛拏莫能辨析則向者世尊菩薩諸方教宗適足以起諍後人增煩惱病何利益之有哉圭峯大師久而歎曰吾丁此時不可以默矣於是以如來三

種教義印禪宗三種法門融缾盤釵釧爲一金攪酥酪醍醐爲一味振綱領而舉者皆順據會要而來者同趨尚恐學者之難明也又復直示宗源之本末眞妄之和合空性之隱顯法義之差殊頓漸之異同遮表之迴互權實之深淺通局之是非莫不提耳而告之指掌而示之嚬呻以吼之愛輭以誘之乳而藥之憂佛種之夭傷也腹而擁之念水火之漂焚也挈而導之懼邪小之迷陷也揮而散之悲鬬爭之牢固也大明不能破長夜之昏慈母不能保身後之子若吾師者捧佛日而委曲回照疑噎盡除順佛心而橫亘大悲窮劫蒙益則世尊爲闡教之主吾師爲會教之人本末相扶遠近相照可謂畢一代時教之能事矣或曰自如來滅後未嘗大都而通之今一旦違宗趣而不守廢關防而不據無乃乖秘藏密契之道乎答曰佛於法華涅槃會中亦已融爲一味但昧者不覺故涅槃經迦葉菩薩曰諸佛有密語無密藏世尊讚之曰如來之言開發顯露清淨無翳愚人不解爲之秘藏智者了達則不名藏此其證也故王道興則外戶不閉而守在戎夷佛道備則諸法總持而防在魔外不當復執情攘臂於其間也嗚呼後之

學者當取信於佛無取信於人當取證於本法無取證於末習能如是則不孤圭峯劬勞之德矣

註華嚴法界觀門序

法界者一切衆生身心之本體也從本已來靈明廓徹廣大虛寂唯一眞之境而已無有形貌而森羅大千無有邊際而含容萬有昭昭於心目之間而相不可覩晃晃於色塵之內而理不可分非徹法之慧目離念之明智不能見自心如此之靈通也甚矣衆生之迷也身反在於心中若大海之一漚爾而不自知有廣大之威神而不能用觳觫

而自投於籠檻而不自悲也故世尊初成正覺歎曰奇哉我今普見一切衆生具有如來智慧德相但以妄想執著而不得證於是稱法界性說華嚴經令一切衆生自於身中得見如來廣大智慧而證法界也故此經極諸佛神妙智用徹諸法性相理事盡修行心數門戶眞可謂窮理盡性者也然此經雖行於世而罕能通之有杜順和尚歎曰大哉法界之經也自非登地何能披其文見其法哉吾設其門以示之於是著法界觀而門有三重一曰眞空門揀情妄以顯理二曰理事無閡門融理事以顯用三曰周徧

含容門攝事事以顯元使其融萬象之色相全一眞之明性然後可以入華嚴之法界矣然此觀雖行於世而罕能入之有圭山禪師歎曰妙哉法界之門也自非知樞鑰之淺深識閫閾之廣陿又何能扣其門而入之哉於是直以精義注於觀文之下使人尋注而見門得門而入觀由觀以通經因經以證性朗然如秉炬火而照重關矣或問曰法界眞性超情離見動念則隔彊言則乖世尊欲令衆生悟自身之法體何必廣說而爲華嚴答曰吾聞諸圭山云法界萬象之眞體萬行之本源萬德之果海故如來演萬行之因華嚴以本性而顯示諸佛證法性之萬德也故九會之經品品有無量義或刹塵數因地行願或恒沙數果位德用行布差別無閡圓融故佛身一毛端則徧一切而含一切也世界爾衆生爾塵塵爾念念爾法法爾無一法定有自體而獨立者證此本法故能凡聖融攝自在無閡納須彌於芥中擲大千於方外皆吾心之常分爾非假於他術也（原注世人見說諸佛菩薩神變必謂假於他術或謂虛誕之辭此二疑皆非也若言假於他術者豈可聖人動不合理而假妖怪以惑人哉若言虛誕之辭者魔妖精魅尚能神變況法身聖人獨不能爲之哉）由是觀之則吾輩從來執身心我人及諸法定相豈非甚迷

甚倒哉然則華嚴稱法界而極談猶未爲廣也問曰華嚴理深而事廣文博而義元非法身大士不能證入今數紙觀文豈能盡顯之哉若觀門以文略義廣爲得則大經以文繁義局爲失矣答曰吾聞諸圭山云夫欲覩宗廟之邃美望京邑之巨麗必披圖經而登高臺然後可盡得也不登高而披圖則不可謂眞見不披圖而登高則眊然無所辨故法界具三大該萬有性相德用備在心不在經也（原注如宗廟京邑之美麗在城中不在圖上）明因果列行位顯法演義勸樂生信備在經不在觀也（原注如宗廟之遠近街衢之闊陿在圖不在臺）觀者通經法也

原注入觀通經以證性如登高臺披圖而望京邑也文者入觀之門也。原注如高臺下有門得其門然後可升也注者門之樞鑰也。原注臺高門深非善用樞鑰者不能開也故欲證法界之性德莫若經。原注性德廣大非經備說不能盡也通經之法義莫若觀。原注法義雖廣不出三重法界非觀不能入也入觀之重元必由門。原注觀境幽深無門不可入也闢三重之祕門必由樞鑰。夫如是。則經不得不廣。門不得不東矣。然則其門何以爲三重。答曰。吾聞諸圭山云。凡夫見色爲實色。見空爲斷空。内爲筋骸所梏。外爲山河所眩。故困踣於迷塗。局促於轅下。而不能自脫也。於是菩薩開眞空門以示之。使其見色非實色。舉體是眞空。見空非

斷空。舉體是幻色。則能廓情塵而空色無閡。泯智解而心境俱冥矣。菩薩曰。於理則見矣。於事猶未也。於是開理事無閡門以示之。使觀不可分之理。皆圓攝於一塵。本分限之事。亦通徧於法界。然後理事圓融。無所罣閡矣。菩薩曰。以理望事則可矣。以事望事猶未也。於是開周徧含容門以示之。使觀全事之理。隨事而一一可見。全理之事。隨理而一一可融。然後一多無閡。大小相含。則能施爲隱顯神用不測矣。問曰。觀文有數家之疏。尚未能顯其法。今略注於文下。使學者何以開心目哉。答曰。吾聞諸圭山云。觀者見法之智眼。門者通智眼。今見法之門。初心者悟性之智雖明。不得其門。則不能見法。此文即入法之門矣。但應以智眼。於門中觀照妙境。若別張義目而廣釋之。是於門中復設門也。又此門中。重重法界。事理無邊。雖百紙不能盡其義。徒以繁文廣說。無沒眞法。而惑後人爾。且首標修字者。欲使學人冥此境於自心。心慧既明。自見無盡之義。不在備通教典。碎列科段也。然不指而示之。則學者亦無由及其門。故直於本文關要之下。隨本義注之。至其門已。則使其自入之也。故其注簡而備。不備則不能引學者至其

門。不簡則不能使學者專妙觀。夫觀者。以心目求之之謂也。豈可以文義而至哉。問曰。略指其門。誠當矣。吾恐學者終不能自入也。答曰。吾聞諸圭山云。夫求道者必資於慧目。慧目不能自開。必求師以抉其膜也。若情膜未抉。雖有其門。亦焉能入之哉。縱廣何益。問曰。既遇明師。何假略注。答曰。法界難觀。須依觀以修之。觀文難通。須略注爲樞鑰之用也。惑者稽首讚曰。入法界之術。盡於此矣。

圭峯禪師碑銘 并序

圭峯禪師號宗密。姓何氏。果州西充縣人。釋迦如來三十

九代法孫也釋迦如來在世八十年爲無量人天聲聞菩薩說五戒八戒大小乘戒四諦十二緣起六波羅密四無量心三明六通三十七品十力四無畏十八不共法世諦第一義諦無量諸解脫三昧揔持門菩薩涅槃常住法性莊嚴佛土成就衆生度天人教菩薩一切妙道可謂廣大周密廓法界於無疆徹性海於無際權實頓漸無遺事矣最後獨以法眼付大迦葉令祖祖相傳別行於世非私於迦葉而外人天聲聞菩薩也顧此法衆生之本源諸佛之所證超一切理離一切相不可以言語智識有無隱顯推

求而得但心心相印印印相契使自證之光明受用而已自迦葉至達摩凡二十八世達摩傳可可傳璨璨傳信信傳忍爲五祖又傳融爲牛頭宗忍傳能爲六祖又傳秀爲北宗能傳會爲荷澤宗荷澤於宗爲七祖又傳讓讓傳馬馬於其法爲江西宗荷澤傳磁州如如傳荆南張張傳遂州圓又傳東京照圓傳大師大師於荷澤爲五世於達摩爲十一世於迦葉爲三十八世其法宗之系也如此大師本豪家少通儒書欲干世以活生靈偶謁遂州遂州未與語退遊徒中見其儼然若思而無念朗然若照而無覺欣然慕之遂削染受教道成乃謁荆南荆南曰傳教人也當盛於帝都復謁東京照照曰菩薩人也誰能識之復謁上都花嚴觀觀曰毗盧花藏能隨我遊者其汝乎初在蜀因齋次受經得圓覺十三章深達義趣遂傳圓覺在漢上因病僧付花嚴句義未嘗聽受遂講花嚴自後乃著圓覺花嚴及涅槃金剛起信唯識盂蘭法界觀行願經等疏鈔及法義類例禮懺修證圖書纂略又集諸宗禪言爲禪藏總而敘之并酬答書偈議論等凡九十餘卷皆本一心而貫諸法顯眞體而融事理超羣有於對待冥物我而獨運矣

議者以大師不守禪行而廣講經論遊名邑大都以興建爲務乃爲多聞之所役乎豈聲利之所未忘乎嘻議者焉知大道之所趣哉夫一心者萬法之總也分而爲戒定慧開而爲六度散而爲萬行萬行未嘗非一心一心未嘗違萬行禪者六度之一耳何能總諸法哉且如來以法眼付迦葉不以法行故自心而證者爲法隨願而起者爲行未必常同也然則一心者萬法之所生而不屬於萬法得之者則於法自在矣見之者則於教無礙矣本非法不可以法說本非教不可以教傳豈可以軌跡而尋哉自迦葉至

富那奢。凡十祖。皆羅漢所度。亦羅漢。馬鳴。龍樹。提婆。天親。始開摩訶衍。著論釋經。摧滅外道。爲菩薩唱首。而尊者闍夜獨以戒力爲威神。尊者摩羅獨以苦行爲道跡。其他諸祖。或廣行法敎。或專心禪寂。或蟬蛻而去。或火化而滅。或攀樹以示終。或受害而償債。是乃法必同而行不必同也。且循轍迹者非善行。守規墨者非善巧。不迅疾無以爲大牛。不超過無以爲大士。故大師之爲道也。以知見爲妙門。寂靜爲正味。慈忍爲甲盾。慧斷爲劍矛。破内魔之高壘。陷外賊之堅陣。鎭撫邪雜。解釋縲籠。遇窮子則叱而使歸其

家。見貧女則訶而使照其室。窮子不歸。貧女不富。吾師恥之。三乘不興。四分不振。吾師恥之。忠孝不並化。荷擔不勝任。吾師恥之。避名滯相。匿我增慢。吾師恥之。故皇皇於濟拔。汲汲於開誘。不以一行自高。不以一德自崇。人有依歸者不俟請則往矣。有求益者不俟憤則啓矣。雖童幼不簡於敬接。雖驁佷不怠於叩勵。其以闡敎度生。助國家之化也如此。故親大師之法者。貪則施。暴則斂。剛則隨。戾則順。昏則開。墮則奮。自榮者慊。自堅者化。徇私者公。溺情者義。凡士俗有捨其家與妻子同入其法分寺而居者。有變活業。絶血食。持戒法。起家爲近住者。有出而修政理以救疾苦爲道者。有退而奉父母以豐供養爲行者。其餘憧憧而來。欣欣而去。揚袂而至。實腹而歸。所在甚衆。不可以紀。眞如來付囑之菩薩。衆生不請之良友。其四依之人乎。其十地之人乎。吾不識其境界。廷宇之廣狹深淺矣。議者又焉知大道之所趣哉。大師以建中元年生於世。元和二年印心於圓和尙。又受具於拯律師。大和二年。慶成節徵入内殿問法要。賜紫方袍爲大德。尋請歸山。會昌元年正月六日。坐滅於興福塔院。儼然如生。容貌益悅。七日而後遷於

函。其自證之力可知矣。其月二十二日。道俗等奉全身於圭峯。二月十三日荼毗。初得舍利數十粒。明白潤大。後門人泣而求諸煨中。必得而歸。今悉斂而藏於石室。其無緣之慈可知矣。俗歲六十二。僧臘三十四。遺戒深明。形質不可以久駐。而眞靈永刼以長存。乃知化者無常。存者是我。死後舉施蟲犬。焚其骨而散之。勿墓勿塔。勿悲慕以亂禪觀。每清明上山。必講道七日而後去。其餘住持法。行皆有儀。則違者非我弟子。今皇帝再闡眞宗。追謚定慧禪師。靑蓮之塔。則塔不可以不建。石不可以不斷。且使其敎自爲

一宗而學者有所標仰也門人達者甚衆皆明如來知見而善說法要或巖穴而息念或都會而傳教或斷臂以酬德或白衣以淪跡其餘一禮而悟道終身而守護者僧尼四衆數千百人得其氏族道行可傳於後世者紀於別傳休與大師於法爲昆仲於義爲交友於恩爲善知識於教爲內外護故得詳而敘之他人則不詳銘曰

如來知見大事因緣祖祖相承燈燈相燃分光並照顯說密傳摧邪破魔證聖登賢漸之者入頓之者全孰紹孰興圭峯在焉甚大慈悲不捨周旋以引以翼恐迷恐顚直示

心宗傍羅義筌廣收遠取無棄無捐金湯魔城株杌情田銷竭芟伐大道坦然功高覺場會盛法筵不染而住淤泥青蓮性無去來運有推遷順世而歎衆生可憐風號曉野鐘摧夜川舍筏而去溺者誰前巖崖荆榛阻絕危懸輕錫而過踣者誰肩不有極慈孰能後先吾師何處復建橋舩法指一靈徒餘三千無負法恩永以乾乾

唐故左街僧錄內供奉三教談論引駕大德安國寺上座賜紫方袍大達法師元秘塔碑銘 幷序

元秘塔者大法師端甫靈骨之所歸也於戲爲丈夫者在家則張仁義禮樂輔天子以扶世導俗出家則運慈悲定慧佐如來以闡教利生捨此無以爲丈夫也背此無以爲達道也和尚其出家之雄乎天水趙氏世爲秦人初母張夫人夢梵僧謂曰當生貴子卽出囊中舍利使吞之及誕所夢僧白晝入其室摩其頂曰必當大宏法教言訖而滅旣成人高顙深目大頤方口長六尺五寸其音如鐘夫將欲荷如來之菩提鑿生靈之耳目固必有殊祥奇表歟始十歲依崇福寺道悟禪師爲沙彌十七正度爲比邱隸安國寺具威儀於西明寺照律師稟持犯於崇福寺昇律師

傳唯識大義於安國寺素法師通涅槃大旨於福林寺崟法師復夢梵僧以舍利滿琉璃器使吞之且曰三藏大教盡貯汝腹矣自是經律論無敵於天下囊括川注逢原委會滔滔然莫能知其畔岸矣夫將欲伐株杌於情田雨甘露於法種者固必有勇智宏辯歟無何謁文殊於清涼衆聖皆現演大經於太原傾都畢會德宗皇帝聞其名徵之一見大悅常出入禁中與儒道議論賜紫方袍歲時錫施異於他等復詔侍皇太子於東朝順宗皇帝深仰其風親之若昆弟相與臥起恩禮特隆憲宗皇帝數幸其寺待之

若賓友常承顧問注納偏厚而和尚符彩超邁詞理響捷迎合上旨皆契眞乘雖造次應對未嘗不以闡揚爲務繇是天子益知佛爲大聖人其教有大不思議事當是時朝廷方削平區夏縛吳斡蜀瀦蔡蕩鄆而天子端拱無事詔和尚率緇屬迎眞骨於靈山開法場於秘殿爲人請福親奉香燈既而刑不殘兵不黷赤子無愁聲蒼海無驚浪蓋参用眞宗以毗大政之明效也夫將欲顯大不思議之道輔大有爲之君固必有冥符元契歟掌內殿法儀錄左街僧事以標表淨衆者凡一十年講涅槃唯識經論位處當

仁傳授宗主以開誘道俗者凡一百六十座運三密於瑜伽契無生於悉地日持諸部十餘萬徧指淨土爲息肩之地嚴金經爲報法之恩前後供施數十百萬悉以崇飾殿宇窮極雕繪而方丈匡牀靜慮自得貴臣盛族皆所依慕豪俠工賈莫不瞻嚮薦金寶以致誠仰端嚴而禮足日有千數不可殫書而和尚即衆生以觀佛離四相以修善心下如地坦無邱陵王公輿臺皆以誠接議者以爲成就常不輕行者唯和尚而已夫將欲駕橫海之大航拯迷途於彼岸者固必有奇功妙道歟以開成元年六月一日西向右脇而滅當暑而尊容若生竟夕而異香猶鬱其年七月六日遷於長樂之南原遺命荼毗得舍利三百餘粒方熾而神光月皎既燼而靈骨珠圓賜謚大達塔曰元秘俗壽六十七僧臘四十八門弟子比邱比邱尼約千餘輩或講論元言或紀綱大寺修禪秉律分作人師五十其徒皆爲達者嗚呼和尚果出家之雄乎不然何至德殊祥如此其盛也承襲弟子義均自政正言等克荷先業虔守遺風大懼徽猷有時堙沒而閽門使劉公法緣最深道契彌固亦以爲請願播清塵休嘗遊其藩備其事隨喜讚嘆蓋無愧

辭銘曰

賢劫千佛第四能仁哀我生靈出經破塵教網高張孰辯孰分有大法師如從親聞經律論藏戒定慧學深淺同源先後相覺異宗偏義孰正孰駁有大法師爲作霜雹趣眞則滯涉偽則流象狂猿輕鉤檻莫收杌制刀斷尚生瘡疣有大法師絕念而遊巨唐啓運大雄垂教千載冥符三乘迭燿寵重恩顧顯闡讚導有大法師逢時感召空門正闢法宇方開崢嶸棟梁一旦而摧水月鏡像無心去來徒令後學瞻仰徘徊

清涼國師碑銘

實月清涼，寂照法界。以沙門相，藏世間解。澄湛含虛，氣清鐘鼎。雪沃剡溪，霞橫緱嶺。眞室寥寬，靈嶽崔嵬。虛融天地，峻拔風雷。離微休命，實際龐鴻。奉若時政，革彼幽蒙。炯乎禹質，元聖孕靈。德雲冉冉，凝眸幻形。谷響入耳，性不可爲。青蓮出水，深不可闚。才受尸羅，奉持止作。原始要終，克諧適莫。鳳藻瓊奇，遺演秘密。染翰風生，供盈二筆。欲造元關，咽金一象。逮竟將流，龍飛千颶。疏新五頂，光衝二京。躍出法界，功齊百城。萬行芬披，華開古錦。啓迪羣毗，與甘露飲。

燮讚金偈，懷生保乂。聖主師資，聿興遐裔。貝葉翻宣，譯場獨步。譚柄一揮，幾回天顧。王庭闡法，傾河湧泉。屬辭縱辯，元元元元。紫衲命衣，清涼國號。不有我師，孰知吾道。九州傳命，然無盡燈。一人拜錫，統天下僧。帝網沖融，潛通萬戶。歷天不周，同時顯晤。卷舒自在，來往無蹤。大士知見，允執厥中。西域供牙，梵倫遞至。秦啓石驗，嘉風益熾。敕俾圖眞，相即無相。海印大龍，蟠居方丈。哲人去矣，資何所參。即事之理，塔鎖終南。

欽定全唐文卷七百四十四

蕭倣

倣，大中時爲兗海節度使。

請旌表鄭神佐室女奏

當道先差赴慶州行營陣歿押官鄭神佐在室女年二十四，先亡父未行營已前，許嫁與右驍雄將官健李元慶，並未受財禮。阿鄭知父神佐陣歿，遂與李元慶休親，截髮壞形，自往慶州北淮安鎭收亡父遺骸，到兗州瑕邱縣與亡母合葬訖，便於塋內廬墓，手植松柘，誓不適人。伏以閭里

之中，罕知禮教；女子之性，猶昧義方。阿鄭痛結窮泉，哀深陟岵，投身砂磧，收父遺骸，遠自邊陲，得還閭里，感蓼莪以起恨，侍邱墓以誓心。此皆陛下孝理宏深，德風煦被，遂變獷野之性，潛知禮義之方。求之古人，斯爲烈女。臣倣忝廉察，敢不上聞。伏望天恩宣下有司，特賜旌表，仍放本戶兩稅，以彰至行。

鄭貞女贊

政教隆平，男忠女貞。禮以自防，義不苟生。彤管有煒，蘭閨振聲。關雎合雅，始號文明。

李漢

漢字南紀擢進士第文宗朝爲屯田員外郎知制誥遷御史中丞吏部侍郎出爲汾州刺史改州司馬徙絳州長史大中時召拜宗正卿卒

僕射不當受中丞侍郎拜議

左右僕射初上受左右丞諸曹侍郎諸司四品及御史中丞已下拜謹按開元禮及六典並無此儀注不知所起之由或以爲僕射師長百僚此語亦無證據惟有曹魏時賈詡讓官表中一句語耳且尚書令是正長尚無受拜之文

故事與御史中丞司隸校尉號三獨坐伏以朝廷比肩同事聖主南面受拜臣下何安縱有明文尚須釐革故禮記曰君於士不答拜非其臣則答之況御史中丞殿中御史是供奉官尤爲不可儀制令雖有隔品之文不知便是受拜否及御史大夫亦曾受御史已下拜今並不行蓋以禮數僭逼非人臣所安元和六年七月詔崔邠段平仲與當時禮官王涇韋公肅等同議其事理甚精詳今請舉而行之庶爲折衷

唐吏部侍郎昌黎先生諱愈文集序

文者貫道之器也不深於斯道有至焉者不也易繇爻象春秋書事詩詠歌書禮剔其僞皆深矣乎秦漢以前其氣渾然迨乎司馬遷相如董生揚雄劉向之徒尤所謂傑然者也至後漢曹魏氣象萎薾司馬氏已來規模蕩盡悉謂易已下爲古文剽掠僭竊爲工耳文與道蓁塞固然莫知也先生生於大歷戊申幼孤隨兄播遷韶嶺兄卒鞠於嫂氏辛勤來歸自知讀書爲文日記數千百言比壯經書通念曉析酷排釋氏諸史百子皆搜抉無隱汗瀾卓踔奫泫澄深詭然而蛟龍翔蔚然而虎鳳躍鏘然而韶鈞鳴日光

玉潔周情孔思千態萬貌卒澤於道德仁義炳如也洞視萬古愍惻當世遂大拯頹風教人自爲時人始而驚中而笑且排先生志益堅其終人亦翕然而隨以定嗚呼先生於文摧陷廓清之功比於武事可謂雄偉不常者矣長慶四年冬先生歿門人隴西李漢辱知最厚且親遂收拾遺文無所失墜得賦四古詩二百五聯句十律詩一百七十三雜著六十四書啟序八十六哀辭祭文三十八碑誌七十六筆硯鱷魚文三表狀四十七總七百并目錄合爲四十一卷目爲昌黎先生集傳於代又有注論語十卷傳學

者順宗實錄五卷列於史書不在集中先生諱愈字退之官至吏部侍郎餘在國史本傳

李欸

欸文宗朝官侍御史歷倉部吏部左司員外郎

彈鄭注奏

注内通敕使外連朝官兩地往來卜射財貨晝伏夜動干竊化權人不敢言道路以目請付法司推劾情欸

薛元賞

元賞太和時累遷司農卿京兆尹出爲武寧節度使徙邠

寧會昌中進工部尚書領諸道鹽鐵轉運使宣宗立下除袁王傅拜昭義節度使卒

東都神主議

伏以建中時公卿奏請修建東都太廟當時之議大旨有三其一曰必有其廟備立其主時饗之日以他官攝行二曰建廟立主存而不祭皇輿時巡則就饗焉三曰存其廟瘞其主臣等立其三議參酌禮經理宜存廟不合置主謹按禮祭義曰建國之神位右社稷而左宗廟禮記云君子將營宮室宗廟爲先是知王者建邦設都必先宗廟社稷況周武受命始都于豐成王相宅又卜于洛烝祭歲於新邑册周公于太室故書曰戊辰王在新邑烝祭歲王入太室祼成王厥後復立于豐雖成洛邑未嘗久處逮于平王始定東遷則周之豐鎬皆有宗廟明矣又按曾子問廟有二主夫子對以天無二日土無二王嘗禘郊社尊無二上未知其爲禮者昔齊桓公作二主夫子譏之以爲僞主是知二主不可並設亦明矣夫聖王建社以厚本立廟以尊祖所以京邑必有宗社今國家定周秦之兩地爲東西之兩宅闢九衢而立宮闕設百司而嚴拱衞取法元象號爲

京師既嚴帝宅難虛神位若無宗廟何謂皇都然依人者神在誠者祀誠非外至必由中出理合親敬用交神明位宜存於兩都廟可偕立誠難專於二祭主不並設或以禮云七廟五廟無虛主是謂不可無主所以天子巡狩亦有所尊尚飾齋車載遷主以行今若修廟瘞主則東都太廟九室皆虛既違於經須徵其說臣復探賾禮意因得盡而論之所云七廟五廟無虛主是謂見饗之廟不可虛也今之兩都雖各有廟禘祫饗獻斯皆親奉於上京神主几筵不可虛陳於東廟且禮云唯聖人爲能饗帝孝子爲能饗

親。昔漢韋元成議廢郡國祀。亦曰立廟京師。躬親承事。四海之內。各以其職來祭。人情禮意如此較然。二室既不並居。二廟豈可偕祔。但所都之國。見饗之廟。既無虛室。則叶通經議者又欲置主不饗。以俟巡幸。昔魯作僖公之主。不於虞練之時。春秋書而譏之。合祔之主。作非其時。尚爲所譏。今若置不合祔之主。不因時而作。違經越禮。莫甚於此。豈有九室合饗之主。而有置而不饗之文。兩廟始創於周公。二主獲譏於夫子。自古制作。皆範周孔。舊典猶在。足可明徵。臣所以言東都廟則合存。主不合置。今將修建廟宇。

誠不虧於典禮。其見在太微宮中六主。請待東都建修太廟畢。具禮迎至於西夾室。閟而不饗。式彰陛下嚴祀之敬。以明聖朝尊祖之義。

李郃

郃字子元。舉太和二年賢良方正能直言極諫科。調河南府參軍。歷賀州刺史。

乞旌劉蕡直言疏

陛下御正殿。求直言。使人得自奮。臣才智懦劣。不能質今古是非。使陛下聞未聞之言。行未行之事。忽忽內思。愧着神明。今蕡所對。敢空臆盡言。至皇上之成敗。陛下所防閑。時政之安危。不私所料。又引春秋爲據。漢魏以來。無與蕡比。有司以言涉訐忤。不敢聞。自詔書下。萬口籍籍。歎其誠鯁。至於垂泣。謂蕡指切左右。畏近臣銜怒。變興非常。朝野惴息。誠恐忠良道窮。綱紀遂絕。季漢之亂。復興於今。以陛下仁聖。近臣故無害忠良之謀。以宗廟威嚴。近臣故無速敗亡之禍。指事取驗。何懼直言。且陛下以直言召天下士。蕡以直言副陛下所問。雖訐必容。雖過當獎。壽於史策。千古光明。使萬有一。蕡不幸死。天下必曰陛下陰殺讜直。結

讐海內。忠義之士。皆憚誅夷。人心一搖。無以自解。況臣所對。不及蕡遠甚。內懷愧恥。自謂賢良。奈人言何。乞回臣所授。以旌蕡直。臣逃苟且之慙。朝有公正之路。陛下免天下之疑。顧不美哉。

王釗

釗武宗朝官洺州刺史。檢校刑部尚書。兼左金吾衛大將軍御史大夫。充左衛使。封太原郡王。除皇城留守。

對字詁判

甲書字詁所由計功不及日請科罪不伏訴云

紙類不同

人之從事則有司存率由舊章乃無厥咎甲以九流賤職工寫爲務理宜不僭于素欽乃攸司何得慢其所守越我王度挈瓶猶且不假落簡安得有乖致使魚魯闕辨於當時鉛黃莫施於學校罪自掇也刑則何逃然而紙類以難易論功時日以短長命課事無準定或須加減不伐有詞理從哀矜待測淺深之量方申大小之辜

崔戎

戎字可大舉明經累擢諫議大夫拜給事中出爲華州刺史徙兖海沂密觀察使卒年五十五贈禮部尚書

請勒停雜稅奏

准詔旨制置劍南西川兩稅舊納見錢今令一半納見錢一半納當土所在雜物仍于時估之外每貫加饒三五百文依元估充送省及留州留使支用者今臣與郭釗商量當道兩稅並納見錢軍中支用及將士官吏俸依賜並以見錢給付今若一半折納則將士請受折損較多今請兩稅錢數內三分二分納見錢一分納疋段及雜物准詔每貫加饒五百文計優饒百姓一十三萬四千二百四十二貫文成都府及諸縣并邛雅黎等州蠻寇所經處賦稅三分蠲放一分其不經賊處亦量減放共計減放一萬七千六百二十貫文伏緣兩稅先徵見錢今三分已一分折納雜物計優饒百姓一十三萬餘貫文西川稅科舊有青苗如茄子薑芋之類每畝或至七八百文徵斂不時煩擾頗甚今令並省稅名目一切勒停盡依諸處爲兩限有青苗約立等第須給戶帖兩稅之外餘名一切勒停今臣與郭釗商量得報稱已是徵夏稅之時改法未得先已奏請以今年已後每年冬于本色苗本額稅中並減一半訖計減放四萬二千五百四十四貫文臣奉使日伏蒙處置如前

柳璟

璟字德輝右散騎常侍晃子寶歷初進士開成初官庫部員外郎知制誥以本官充翰林學士拜中書舍人會昌時轉禮部侍郎貶信州司馬終郴州刺史

郊廟告祭請準開元元和勑例差官奏

準開元二十三年勑宗廟大祠宜差左右丞相嗣王特進少保少傅尚書賓客御史大夫又二十五年勑太廟五享差丞相師傅尚書嗣郡王通攝餘司不在差限又元和四

年敕太廟告祭攝官太尉以宰相充其攝司空司徒以僕射尚書師傅充餘司不在差限比來吏部因循不守前後敕文用人稍輕請自今年冬季勒吏部准開元元和敕例差官

請續修圖譜奏

今月十二日面奉進止以臣先祖所撰皇宗永泰新譜事頗精詳令臣自德宗皇帝陛下御極已來依舊式修續伏請宣付宰臣

盧求

求范陽人寶歷初進士應諸府辟召位終郡守

成都記序

蜀國自秦始通秦遣蜀王五美女蜀亦遣五丁迎之到梓潼見一大蛇入山穴中一人覽其尾不能得五人相助大呼拽之山遂崩五丁及秦女皆死惠王遂遣張儀司馬錯從石牛道滅蜀因封公子通國為蜀侯以陳壯為相置巴蜀郡遷秦人萬家實之民始能秦言以蜀令張若為太守前時蜀王開明尚納美女為妃蓋武都山之精也及死葬于城西北遣五丁擔其本山之土以為塚今有二石尚在古老言五丁擔云陳壯既為秦公子相數年遂謀反殺秦公子秦伐蜀誅壯封子惲為蜀侯惲後母誣惲有罪賜劍自殺蜀人以其冤因為立祠又封子綰為蜀侯後復疑綰反誅死自此但置守而已後以李冰為蜀守冰始鑿三江引水以行舟楫岷山多梓柏大竹坐致材木又溉水開稻田于是沃野千里號為陸海置綿洛二水用便溉灌作石犀五以壓毒蛟命曰犀牛里後更為耕牛二又作三石人立水中冰非常人也與江神約曰水竭不至足盛不沒肩大鑿巖崖通沫水道江之龍大怒冰乃持刀入水與龍鬭

龍死遂無水害迄今蒙利蜀人稱郫繁為膏腴綿洛為浸沃昭襄王時又曰白虎為患蓋廩君之魂也歷四郡傷千二百人王乃募能殺之者邑萬家金帛稱是巴夷朐忍廖中藥何謝作白竹弩於高樓瞰而射之死王嫌其夷人乃刻石復田頃田不租十妻不算傷人不論殺人不死與之盟曰秦人犯夷輸黃龍一雙夷人犯秦償清酒一鍾其人安之遂號曰武夷其族又有濮賨賨尤武勇居渝水夾水以居為漢高祖前鋒陷陣善舞巴與蜀代為仇讐蜀嘗封弟葭萌於漢中號苴侯命其邑曰葭萌至漢高祖六年始

分置廣漢郡。高后城僰道。開青衣。文帝末。以盧江文翁爲郡守。穿湔江口。溉田千七百頃。立文學。選吏子弟皆就學。令俊乂之士張叔等十八人。東詣博士受七經。還以教授。於是岷絡之地。學比齊魯。孝景帝嘉歎。遣天下郡國皆立文學。自文翁始也。文翁明天文災異。後以博士徵至侍中揚州刺史。孝武帝置四郡都尉。俾立十八郭。於是郡縣多城觀矣。又分牂牁置益州。是爲南益州。宣帝地節三年。穿臨邛蒲江鹽井二十。置鹽鐵官。自漢興至哀平。牧守仁賢。宣德立教。英偉命代之士。其出如林。璽書束帛。交馳於梁

益之地矣。雖魯之洙泗。齊之稷下。未足多也。且漢徼八十蜀預其四。高帝分蜀郡北鄙置廣漢。武帝分南鄙爲犍爲。遂有三蜀之號。王莽改郡守爲帥正。以蜀郡爲導江。公孫述爲帥正。治臨邛。述僭號。後漢光武帝滅述。還爲蜀郡。順帝卽位。復爲益州。郡名依舊。州治大城。郡治小城。靈帝末。以劉焉爲牧。及卒。子璋爲嗣。建安十九年。璋迎漢左將軍劉備至。遂滅璋。稱帝。繼漢號先主。治成都。魏末。司馬昭平蜀。復爲益州。晉受魏禪。以州領郡。武帝末。以成都爲國。封子穎爲王。其後賨人李雄僭稱王。晉穆帝永和初。遣桓溫擊滅之。復爲蜀郡。譙縱反。安帝命朱齡石討平之。至梁分益州。更置南北二益州。以武陵王紀爲刺史。紀僭帝號。領兵東下。爲湘王所殺。後魏廢帝前二年。尉遲迥定益州。置總管。後迥舉義旗不受代。爲隋王堅所戮。隋開皇元年。廢總管。置行臺。以蜀王修爲西南道行臺尚書令。三年。復爲總管。大業元年。廢總管。爲州。又改州爲郡。聖唐武德元年。復爲總管。三年。置行臺。改爲益州。以太尉秦王爲益州道行臺總管。又改爲宋大都督府。天后析益州。置彭蜀漢三州。開元二年。始以齊景胄爲劍南節度營田兼姚嶲等州

處置兵馬使。自此始有節度使也。八年。以李濬爲使。去兵馬使章仇兼瓊兼山南西道採訪使。其後或兼或否。亦無定制。上元二年。始分爲東西川。廣德二年。復合爲一。大歷二年。又分爲兩川。至今不改。天寶三載。復爲大都督府。十四載。元宗皇帝巡幸車駕留五月。至德二年。改爲成都府。置尹。比東西二京。號南都。後復停。大凡今之推名鎭爲天下第一者。曰揚益。以揚爲首。蓋聲勢也。人物繁盛。悉皆土著。江山之秀。羅錦之麗。管絃歌舞之多。伎巧百工之富。其人勇且讓。其地腴以善熟。較其要妙。揚不足以侔其半。況

赤府畿縣與秦洛並故非上將賢相殊勳重德望實爲人所歸伏者則不得居此況控帶蠻落阨戎限羌非文武寬猛包羅法度之君子則不能得中庸以是聖庭愼擇尤難其任使號有三曰節度觀察安撫先時南蠻六部不相臣服天子每有恩賞各頒一詔呼六詔開元末節度使王昱受賄上奏合六爲一乃封大酋帥越國公蒙歸義爲雲南王始獨稱南詔至楊國忠遥領蜀郡太守兼採訪使遂擾邊闈希立功伐乃有瀘南不利之變貞元中韋令公皐爲節帥招復雲南背蕃歸漢十一月八日置使安撫兼統押

西山八國近界羌蠻等使是爲三使韋令公本以奇勳秉旄鉞思立邊効又在鎭且歲久南詔爲其用拓地甚遠公旣卒劉闢繼公後以兵守險爲不順誅死家籍没後京兆公爲節帥酷易軍政殊不以封域爲念戍卒罔代邊蠻積忿至太和三年十二月蒙嵯巔遂以兵剽掠至城下杜公塡門不敢與爭會監軍使矯詔宣諭蠻人遂退工巧散失良民殲殄其耗半矣列政補完尚不克稱大中六年四月詔以丞相太原公有驅制羌戎之成績由邠寧節度拜司徒同平章事鎭蜀蜀爲奥壤領州十四縣七十一戶百萬兵士五萬外疆接兩蕃人性勁勇易化以道難誣以智公至以儉約帥之以謹廉不伐臨之以刑賞法制平治之人歡且舞旦夕詠公之德矣先是西蜀圖經甚備朝野之士多寄聲寫錄主茲務者不勝其煩遂盡削而潛焚之長吏至即據顯者集爲一軸以獻繇是百不書一大中八年戶曹參軍蘭宏宗甚好學且月覩司徒相國之異績願付以傳示于後然不以文自任翦截疎長蕪言不畧相國乃屬于小子令刋益之且曰不以淹徐疾速歸於流布以爲不朽之事求受命震怖又不欲以圖經爲目乃搜訪編簡目

爲成都記五卷經與圖之附益願終宏宗之職庶以此爲助也大中九年八月五日叙

殷侔

侔太和中官魏州書佐

竇建德碑

雲雷方屯龍戰伊始有天命焉有豪傑焉不得受命而命歸聖人於是元黃之禍成霸圖之業廢矣隋大業末主昏時亂四海之內兵革咸起夏王建德以耕甿崛興河北山東皆所奄有築宮金城立國布號岳峙虎踞赫赫乎當時

之雄也是時李密在黎陽世充據東都蕭銑王楚薛舉擅秦然視其剏割之跡觀其模畧之大皆未有及建德者也唯夏氏爲國知義而尚仁貴忠而愛賢無暴虐及民無淫凶於已故兵所加而勝令所到而服與夫世充銑密等甚不同矣行軍有律而身兼勇武聽諫有道而人無拒拂斯蓋豪傑所以勃興而定霸一朝拓疆千里者哉或以建德方項羽之在前世竊謂不然羽暴而嗜殺建德寬容御衆得其歸附語不可同日跡其英分雄分指盼備顯庶幾孫長沙流亞乎唯天有所勿屬唯命有所獨歸故使失計於救鄭致敗於臨敵雲散雨覆亡也忽然嗟夫此亦莫之爲而爲者歟向令運未有統時仍割分則太宗龍行乎中原建德虎視於河北相持相支勝負豈須臾辨哉自建德亡距今已久遠山東河北之人或尚談其事且爲之祀知其名不可滅而及人者存也聖唐太和三年魏州書佐殷侔過其廟下見父老羣祭駿奔有儀夏王之稱猶紹於昔感豪傑之興奮弔經營之勿終始知天命之莫干惜霸畧之旋隕激於其文遂碑

周太元

太元太和時人

彈義成軍節度使李聽疏

臣聞賞罰不明無以示天下是非一貫無能建大中臣竊見義成軍節度使李聽位極寵榮心無報効朝廷資其承籍委以統戎俾代憲誠付之雄鎮總三萬貔貅之衆兼兩藩節制之權冀其俯安危疑上副恩遇況陛下授以神算假以天威入魏之期尅日先定而李聽擁旄觀望按甲遷延懵惑人事逗撓軍政遂使憲誠陷於屠戮亂衆肆其姦宄由是六郡無依全師喪敗委貝州而不守燒刦無遺望棧口而疾馳狼狽就道自圖苟免不憚包羞蔑棄朝章有同兒戲魏州之亂職聽之由論其負恩萬死猶幸伏以封鎬節制易定苦戰而兵力不支袁滋逗留西川欲進而兗常清河南失律斬於闕門高霞寓唐鄧破傷投諸遐裔渾渠尚在或親當矢石或躬履艱危勢屈賊鋒竟申朝典未嘗貸法必振皇威今李聽罪惡流聞中外憤惋比之常清等輩萬萬過之若陛下猶視含宏不寘極法臣等恐憲章墜地天下寒心伏望付之法司以正刑典

陳齊之

齊之太和時人。

故右内率府兵曹鄭君墓誌銘

昔鄭桓公爲王卿士。始受鄭於周。因封命氏。漢魏以降。其族滋大。有唐以來。（闕一字）華（闕一字）軌。君其裔也。曾王父璿。河南少尹。王父溥。尚書右部郎中。歷青邢相衛（闕一字）幽懷七州刺史。入爲左庶子。皇考華。駕部郎中。吉州刺史。仕濟其美。時與其能。君卽吉州之少子也。隱不違世。顯而成晦。於所與以義。於取入以（闕一字）以（闕一字）遊江湖而無所爲累也。君諱準。字（闕一字）道。其先滎陽人。有憲也之貧（闕三字）之責。人之於此。皆不堪其憂。君之於此。未嘗滑其（闕四字）爲知命也。太和四年正月二日。遘疾終于蘇州華亭縣白砂鄉徐浦場之官舍。享年六十有三。有子五人。嗣曰宗儒。次曰宗韞。次曰宗慶。次曰宗遜。皆銜恤茹哀。克奉先訓。又一子奉釋氏教。端殼清淨。修無生忍。名曰宏直。嗟乎。伯仲叔季。於執喪之禮。皆得順變。卽以其年秋八月廿五日。權葬于義興縣洞庭鄉震澤里下朱村原。從宜也。有女三人。皆在冲幼。五子以余有往年之舊。請余於文。銘曰。

其生也天。其死也天。死生皆天。今何適非然。嗚呼。苟不達於此。哀何勝焉。

欽定全唐文卷七百四十五

舒元褒

元褒宰相元輿之弟登進士又擢賢良方正終司封員外郎

論溫造疏

國朝故事供奉官街中除宰相外無所迴避溫造蔑朝廷典禮凌陛下侍臣恣行胸臆曾無畏忌凡事有小而關分理者不可失也分理一失亂由之生遺補官秩雖卑陛下侍臣也中丞雖高法吏也侍臣見凌是不廣敬法吏壞法

何以持繩前時中書舍人李虞仲與造相逢造乃曳去引馬知制誥崔咸與造相逢造又捉其從人當時緣不上聞所以暴犯益甚臣聞元和長慶中中丞行李不過半坊今乃遠至兩坊謂之籠街喝道但以崇高自大不思僭擬之嫌若不糾繩實虧彝典

對賢良方正直言極諫策

問皇帝曰朕恭守憲祖中興之運穆宗紹寧之業寅畏兢翼亦免荒墜諸侯忠上而奉職卿士循法而恪官四夷內向兆人休息至於屬統垂文程示後代終有致人之意未有理人之術古人云希顏之徒亦顏之流也又曰舜何人也予何人也予竊不讓欲追蹤乎三代俯視乎二漢陶今俗于至道躋兆人于泰和子大夫皆藴器應薦憤憤悱悱思所以奮者於日久矣當竭其慮開予鬱滯夫禮樂刑政理之具也禮樂非謂威儀升降鏗鏘拊擊也將務乎阜天時節地利和神人齊風俗也刑政非謂科條章令繁文申約也將務乎愧心格恥設防消微也必有其論何方致之四人混處遷於異一作費物歷代已降皆所共患士本於儒而有詭道之行農尚篤固而多損本之心工繕用物而作

雕磨之器商通有無而貴難得之貨思矯其弊必有其術漢高之基稱蕭曹孝宣之興稱丙魏朕觀其書燦焉盡在我國家之盛其紀年則曰貞觀開元其輔相則曰房杜姚宋朕觀其書則拔羣絕類者不能相遠然兩朝之盛四子之能不可誣也將與元化合德謨謀而無際歟爲史官詞志不能久於其事詔令作其事業歟口食至多而墾闢者惰供億至衆而財官是空官無闕員而家食者告困德澤仍臻而鰥弱者未贍必有其旨何以辨之無泛無畧無游說無隱情以副虛求朕將親覽

對臣久訏今之天道運行地力負載生生滋息皆與堯舜禹湯之時不異及言其理亂安危則邈然數千里而遠臣因靜索其源蓋由時君之所致也在禹以夏王桀以夏亡在湯以殷王紂以殷亡是古今有異耶直人事而已矣臣嘗病之願抱血誠而寫置於天子之前天路甚高無由上達所以卒歲於悒如抱沈痼天意似知臣有移時之術而能懇懇不已幸使臣不爲霜露所薄而無犬馬之疾得遭遇陛下嗣位之日首以直言極諫徵夫賢良方正之士而虛心以問之此乃五帝三王之所難行而一朝陛下盡能行之所謂天地交泰之時也臣不敢懼避願就湯鑊之誅願盡吐成敗利害之根願解天下元元倒懸之急也亦不枝蔓藻飾以爲言上緣聖問下切人情度陛下必能行之者而後言之伏惟陛下察其忠而諒其直實天下幸甚謹昧死上言制策曰古人云希顏之徒亦顏之流又曰舜何人也予何人也予竊不讓願追踪乎三代俯視乎二漢陶今俗於至道躋兆人於泰和子大夫皆蘊器膺薦憤憤悱悱思所以奮者於日久矣當極其慮開予鬱滯者陛下首問及此有以見聖人思慮之深也臣聞揚雄有希賢之言

顏淵有慕聖之語皆謂生雖異代但行其道卽其人也今陛下蘊上聖之姿執大寶以御乎人夫寒暄發於咳唾生死繫於喜怒其力與天地爭大其財與泉源不窮臣竊謂以此之力提五岳而塞乎四海也今賜策曰予竊不讓欲追踪乎三代俯視乎二漢此乃陛下謙光之至也微臣敢不拜舞稱賀條列而言乎臣聞三代之理以義化天下其猶天地之無不覆載日月之無不照臨雖負至聖之姿常若不足在求賢以輔張諫以規憂天下之憂樂天下之樂未嘗枉一物而私其功也三代以後亦求其所理之門何者足以立功而親人此道苟失在未嘗有思天下之苦既不知其苦必輕用其人所謂輕用者非謂日殺不辜蓋以天下之力既困而上之用無節上之用無節則有轉死溝壑之患生於無節足以爲生人之刀鋸也又有甚於此者則爵祿遍於輿臺威福生於左右刑罰不中法令不行天下昏亂猶不知覺自以爲萬代之安此以求理何異緣木而求魚哉今陛下欲追蹤乎三代則莫若用三代之理何者伏望陛下以其德理天下則思求賢以廣其覆載以貞明並日月則思納諫以助其照臨察逆耳之言則知其爲

端士而進用之聞悅心之語則辨其爲邪諂而斥遠之御一膳思天下之饑披一裘思天下之凍覽國史思祖宗創業之艱難覩貢賦思黎氓耕織之勤苦居宮殿思採伐之勤勞視嬪嬙思離曠之怨恨聲色遊宴悟伐性之言馳騁畋獵念垂堂之戒戢六軍無令恃寵抑近習無縱威權無使有求恩之名無使有得幸之號無使內干外政無使中奪外權無垂飾喜之賞無行遷怒之罰無求悅耳之華無好蕩心之巧此乃三代明王理天下之術也陛下誠能慕之則宜法而行之行之不已自然遠超於三代矣況俯視

二漢乎此則陶令俗於至道躋兆人於泰和又豈勞聖慮哉制策曰夫禮樂刑政理之具也禮樂非謂威儀升降鏗鏘拊擊也將務乎阜天時節地利和神人齊風俗也刑政非謂科條章令繁文申約也將務乎愧心格恥設防銷微也必有其論何方致之者臣聞禮樂刑政理天下之本也三代之理未始不先於禮禮明則君臣父子長幼尊卑識其分而人倫之序正矣人倫之序正則和順孝慈之慶感於上所以阜天時也貴賤之位別於內則奢侈耗蠹之獘息於外此所以節地利也自然上下交泰而天下之心悅

天下之心悅因可以達於樂樂達則神人自然和矣神人和則風俗自然齊矣仲尼曰安上理人莫善於禮移風易俗莫善於樂此之謂乎固非謂夫威儀升降鏗鏘拊擊也伏惟陛下舉三代禮樂而行之而不以形聲之爲貴則可以阜天時而節地利和神人而齊風俗刑政者國家之大典臣聞貞觀之理刑政甚明夫刑者期於無刑政者期於無政蓋以一人而齊天下能用之者則理不能用之者則亂刑設而不犯畫一之謂也政立而不易必行之理也然後能去奸宄懲暴亂而養育黎人也然其患在於任情好

惡遠近雷同雖堯舜不可爲理也況今人人自爲强梁欲其愧心格恥設防銷微無由得也何以言之今軍伍之人陛下之人也府縣之人亦陛下之人也既皆陛下之人則刑政所宜共守今有惰游無賴之人不修本業輸貨權豪苟求微利一入北軍張影附勢憑託附籍恣行兇頑執憲與尹京者持陛下刑政以繩其罪主者則云彼越局而挫我也遂夸其威權以固護之持刑政者無由而禁徒有城狐社鼠之歎耳此陛下刑政不行於轂下況其遠者乎其外則守土之臣或多自開戶牖征徭役稅不本制條刑罪

重輕。率於胸臆。此陛下刑政不行於內地。況其遠者乎。伏惟陛下明於用刑。則可與期於無刑矣。豈止於愧心格恥乎。率力爲政。則可與期於無政矣。豈止於設防銷微乎。伏惟陛下徵貞觀刑政而行之。則天下之人有恥且格矣。制策曰。四人混處。遷於異物。歷代以降。皆所共患。士本於儒而有詭道之行。農尚篤固。而多捐本之心。工繕用物。而作雕磨之器。商通有無。而賫難得之貨。思矯其弊。必有其術。者臣聞明君在上。制四人之業。不使爲異物所遷。今士之爲儒。非不強學。而有詭道之行者。其弊自陛下親巧諛而

疏骨鯁也。農人之業。非不篤固。而多捐本之心者。其弊自陛下嗜珍味而惡菲薄也。工人之藝。非不專。而作雕磨之器者。其弊自陛下厭朴素而尚淫巧也。商人之利。非不多。而賫難得之貨者。其弊自陛下貴珠玉而賤布帛也。伏惟陛下斥巧諛。則士無詭道之行矣。絕珍味。則農無棄本之心矣。碎淫巧。則工無雕磨之器矣。賤珠玉。則商無難得之貨矣。矯弊之術。其在此乎。夫矯弊在先原其本。然後責其末。何者。制士人之祿使稍優。寬農人之稅使加薄。酬工人之傭使當直。來商人之貨使其通。如此自然各修其業矣。

復敢有爲異物所遷。則陛下之政刑存焉。制策曰。漢高之基。稱蕭曹。孝宣之興。稱丙魏。朕觀其書。燦焉盡在。我國家之盛。其紀年則曰貞觀開元。其輔相則曰房杜姚宋。朕觀其書。則拔羣絕類者。不能相遠。然兩朝之盛。四子之能。不可誣也。將與元化合德。謨謀而無際歟。者臣聞元首以輔弼興理。自古王者。期建非常之業。則必有非常之人以佐之。漢之高祖。資蕭曹。孝宣憑丙魏。一則以創業。一則以中興。其道可得而知也。漢祖起於布衣。以有天下。大敵未滅。日月持久。蕭曹匡輔。謀計居多。所以覺其功業盛也。孝宣

起於人間。霍光歿後。方親政事。然霍光雖乘時之功。不通經術。非王者之佐。政弊尤多。丙魏乘弊之餘。以竭股肱之任。卒致中興。所以覺其輔佐之勞也。我太宗元宗明聖之資。海內從化。而房杜姚宋。當至理之代。皆盡啟沃之力。咸有匡輔之道。主聖臣賢。君臣道合。是以貞觀開元。與漢之功臣有異。而兩朝功德事業。光乎史冊。陛下以拔羣絕類之不相遠者。臣竊所謂主聖臣賢。道合交泰。正史氏無德而稱焉。制策曰。食口至多。而懇闢者惰。供億至眾。而財官是空。官無闕員。而家食者告困。德澤仍臻。而鰥弱者未贍。

必有其旨何以辨之毋泛毋畧毋游說毋隱情以副虛求朕將親覽陛下終問及此有以見聖心憂勤之至也微臣敢有所隱而不盡言乎陛下以口食至多而墾闢者惰供億至衆而財官是空非上失勤儉之化而下棄其本不務乎夫欲墾闢多而財賦足者莫若勸人之務本務本在百姓樂其業而墾土以穀樹桑以絲此皆取之厚地厚地之出如泉源焉豈有窮竭耶今捨此不務而欲墾闢之不惰不可得也今陛下宮室池臺之盛則人務採伐而輒趨斧斤之利此耕夫十去其一也後宮羅紈鉛紅（一作錦綺）者數千

人日費數千金此耕夫十去其一也尚食之饌窮海陸之珍以充圓方一飯之資亦中人百家之產此耕夫十去其一也廄馬與鷹犬之多皆使廝養之其芻粟粱肉之供一物之命有甚於人此耕夫十去其一也車輿服玩皆錯以兼金鏤以美玉或文犀瑇瑁大貝明珠齒革羽毛窮異極奇採之者或航溟海梯崇山力盡不回繼之以死此耕夫十去其一也有假於浮屠削髮惑衆而建立寺宇刻雕像彤度天下之多不下數十萬此耕夫十去其一也姦吏理人苟以應辦爲先急徵其租厚剝其賦以媚於左右此耕夫十去其一也上好珍奇則商通無用之貨上好伎巧則工作無用之器器與貨皆出於人力乃委於無用之地此耕夫十去其一也此數者乃困生人之力而竭國用之甚者陛下誠能慕乎茅茨之化絀浮屠惑衆之教抑奸吏賦斂之心閉工商無用之事則百姓皆歸本而墾闢矣何慮乎口食至多哉陛下誠能節嬪嬙之侍斥犬馬之繁減海陸之滋省車輿服玩之珍則賦自然足何慮乎供億之衆哉故語有曰百姓足君孰與不足使伊傅復生爲陛下計者不能易此也陛下以官無闕員而家食者告困豈非擇

才授任之不明歟遷轉課績之不覈歟今自三事及羣有司皆有其官官有其祿考成在於歲滿則轉不知陛下何以選而致之哉臣聞詩曰濟濟多士文王以寧言內外各用其人爲理而天下安寧也今多士盈朝而使陛下憂勞若此雖無闕員將何用哉其（一作甚）失文王以寧之謂也陛下何不各於其局而考其課績有其效者則升之無其效者則退之如此則尸素充員者鮮何憂乎家食而告困哉陛下以德澤屢降而鰥弱者未贍豈非方鎮之臣爲壅遏其恩者耶竊見今守土之臣與聚斂之臣巧計萬端割剝

生人膏血兩稅之外徵率雜科以爲非時之進富貴疑陛下恩澤於是有月進時進朝賀之進羨餘之進當進之時表章上言皆云臣自方圓不擾陛下百姓舉此一節則明其欺詐甚矣今長吏節度觀察刺史之家其奢者家僮數百人其儉者不下百人以其祿俸自給尚且不足必欲重斂於人以繼之則明知其所進非祿俸也既非祿俸而云不擾百姓將何得哉所以兩稅之外常有誅求鹽鐵榷酤重疊籠稅託爲進奉般次相運水陸轉輸半入私家今天下之人流離棄業日益困矣而陛下無由知之雖仍降德

澤德澤不流則鰥弱從何而贍陛下聞之得不爲少軫聖慮少動聖心臣竊料陛下將不忍聞也陛下倘察臣之言特回聖意一爲思之勅有司薄天下舊定之租賦禁奸臣非法之誅求減鹽鐵榷酤之繁稅絕天下無端之進奉如此則德澤自降天下之人自獲蘇息富而庶矣豈慮乎鰥弱之不贍哉然清問所及皆當今之切者微臣上言亦已盡矣陛下察而行之在陛下留心庶政而法其兢兢業業而已何者陛下春秋鼎盛上荷十二聖之重搆自卽位以來嘗日旰不視朝大臣憂懼百辟惴慄進諫者詞旨懇切

陛下既嘉其忠亦允其請然宰相卿士未有轉時之對則萬幾之重其缺幾時加之千門之深羽衛之隔則堂上之遠豈止於千里哉雖陛下雄傑聰明極思慮而憂天下何由而得雖曰徵賢臣爲直諫又何益於理故傳曰其身正不令而行其身不正雖令不從推是而言則天下理亂不由陛下而致其由誰乎臣所謂留心庶政而法其兢兢業業者蓋由此也況今大弊未去其可忽之耶臣所謂大弊者在法吏之舞文權臣之弄柄朋黨連結貨賄公行以中外重位出入迭居名器輕於糞土公侯偏於頑嚚恣行威

福苛傷暴殘諫官不敢論御史不敢糾雖陛下有天下之名而此輩乃害天下之實此弊不去生人未安陛下必欲去其弊者拔其根本斥諛佞進忠賢早朝而晏退引宰相公卿詢訪天下之利病至於羣有司皆使鯁直列侍而親決萬幾之務此乃聖帝明王理天下之術也伏惟陛下留神獨聽無惑於左右則四海九州幸甚微臣敢愛一身之死而不直言乎謹對

李輔

輔太和時人

魏州開元寺琉璃戒壇碑

正覺出乎道而道以支或得其儒或得其佛儒曰仁佛亦曰仁儒曰義佛亦曰義而佛之云戒義者禁人爲非者也且事得其宜故將祭將征必設壇爲墠以重宗戒者豈亦禁人爲非者耶將事亦壇亦場以傃其限原筮者何來自前敎祇園之初位序以立其徒從之流我中原喻者既蹈而乎迷者不知其所界以其眾視而歸達者存而不習其徒亦無不利我僕射廬江何公在藩之達者也功名既有四履來安述職之餘炭然無事此寺住僧會恩法門之津

梁也於寺殊構久以莊嚴去太和七年四月十九日因公行寺自有琉璃壇法請公爲地公曰然其用安在會恩言釋徒無住而有住相住相之歸戒壇爲本金剛以不壞悠久琉璃取至淨爲光持戒堅固洗心清明有如此也若夫壇場之原乃與封石而長存比邱之功非法無以入善非趾無以出俗出俗歸眞此其趾也故崇登頓以攝威儀威儀既明定惠斯了居凡非造履達方遊在昔三聖有言後生傳法莫不以爲四生路廣人天業殊炎赫清涼所乘異境先迷後得無患乎悔從倀倀而行聖人惻隱慈者用是興悲義者於焉外護外護之仁非大君大臣不能以有施解極之理要道斯存伊釋命徵罔能宏綽公曰然定惠之深吾所未及惻隱之際儒釋何殊且或利用生成戒亦導人之理因令除地約界俾築壇其心命曰莊嚴之度締構之工一以予之度立工懸告公乃捐其眞俸以成梓陶之具俾會恩錄之一歲而壇上下俱構賁以琉璃雘之丹漆疊午文房張軒達戶如龍之蟠如鳳之騫燿縮撐廬觀者洞然神寘其隅珠內其頂重級頒平大光輝映掤於東序擬議東方法生於東我願無已寺僧又言前有三門旁有

二樓二樓三門可以加飾公曰然其亦琉璃壇之畢會恩請事公遂奏置義壇以資法侶行者不囊一錢居者不輸一毫樵蘇絲縠仰公私廩先治一日有瘠僧就筵後法一日而瘠僧遂口寺者以爲祥感之應其然豈不然耶輔植業於儒異門釋氏其閒等級尚較故希有歎揚之聲今此抽毫以公有命且序釋氏來告之文非有準繩非多要賾亦蓋之而已矣在書有序在物有容事立功成宜論篆刻述者敢廢斯文銘曰

崇維祇園在藩之東爰立其壇有隆有豐賁以琉璃覆之

穹窿上高下厚中焉有融有融伊何鑑彼威儀實繁茲構童童耆耆在昔初法築之締之及今大輅琢斯礱斯妙取天巧固擬神係論是機祥永茲壽考無此端本定惠不生無我明公追琢不成郁茲介福肅彼緇英涉級東方永載厥名

叔孫矩

矩河南人鄉貢進士

大唐揚州六合縣靈居寺碑

觀乎範圍之大者莫廓落於乾坤著明之高者無輝映於

日月迴斡不已者莫變化於陰陽然而造諸數極未嘗不幾乎息矣曷若兆朕於胚渾之前昭臨於曦舒之表運化俾陰陽不測巍巍蕩蕩無得而稱者其惟我西方聖人歟洎玉象降於率陀金仙誕於剎利萬靈翊衛百福莊嚴遂奄有大千纂承正覺乃誕膺灌頂作大法王茂績鴻勳歷僧祇不朽乃神乃聖隨感應無差不然何以儀形中天俾是則是效列剎東土而作福作威者哉靈居寺者肇自齊天統元年創也蓋珠標榜爲古伽藍綿周歷隋或興或廢暨有唐高宗御宇之代上元元年特降天書賜題寺額增我聖教煜然有光至若捨宅布金傾財施樹前志磨滅不可復知故闕如也古老云其居地靈有如地肺環廣澤惟下滁懷山自浮不知有力者負之然耶將爲福地自爾耶我等策名實由斯得其礁也闕一字厚地距崇墉右挾雞岑左帶烏阜陰牛宿藩鷄山壓華沛之上源龍纏紺苑吞漕口以流惡股引清滁壯矣哉難得而具論矣詳其占龜食墨揆景端星徵杍匠子來感福財輻輳而後喻筏隘海瓌材積山乃運神工摅妙思繩以正木斤以成風高殿巖巖列三尊而儼若端門奕奕容雙駕而豁然步廡鸞舒飛樓

蜃湧窣迴合以雲矗崒凌兢而星倚朱柱離立若內地龍昇修鯢載鼇疑中天雷落將欲宏晝飾道補梵居闕不只蔭釋侶警泥牛而已入自門右開淨土坊芬華臺數葉座揖九品聖禮無量尊挂寶鐸吟風引金繩界道念佛念法見水鳥樹林若天若人獻香花仙樂忽如斷百億國土於陶家輪上又何以十萬八千里爲遠而入自門左闢僧伽院從頗黎地湧窣堵波焚牛頭栴檀普薰五濁儲福祥休佑大庇四生凡所投誠其應如響覃不思議救護力良可與覆載校優劣乎當大殿後厥搆講堂森浮柱以星懸抗

雄梁而虹矗層覆雲軌重檐翼張緯文軒洞開疏綺寮虛豁至誕一佛日設八齋辰瑞表優曇韞傳薝蔔于以考大法鼓吹大法螺禮天神師昇師子座八部倏睒以雲會四衆繽紛而雨集我大法師方凭曲几撝談柄辨騰電策音撲海潮狻猊吼而香象䶕消霹靂震而樵種甲拆地神贔屭以捧足天仙嫖姚而雨花一建勝幢不惟動於六種再見舌相寧只覆於大千故知灑醍醐澍甘露無不長茲善根力者也次講堂後式建天廚百味飶芬八珍芍藥薑脯不扇而清暑蔗漿不肅而淒寒善吉持盂免造乎無垢菩

薩捧鉢不上於諸天覩食肥膩牛無妨施乳業工巧子有時獻供焉廚西序列賓客省廚東序陳香積庫廚乾維啟倉廩地廚艮背廣臧穫院次淨土坊後式創律堂下壓放生之池坐觀水族上臨箕業之閣時聽風鐘懿夫肅草繫楫護鵝保浮囊無虧持油鉢不墜韞行六萬習儀三千者允昇于此堂焉且源至清流必長地至靈人必傑我寺昔大德法師禹公者童真出家洞明三藏講涅槃法華淨名等經各至數百聲振八表名蓋五都實梵宇棟梁天人領袖賢禪師者滄州人也於至德元載隸名此寺德超鸞嵗

學最鵬者達一乘心宜紹佛種攝無量衆有過蜂王積衣鉢餘崇常住業置雞籠墅肥地庄山原連延亘數十頃誠功績大者亮福田不貲光禪師者越州人也自永泰元年飛錫戾止氣稟稽山之粹量涵鏡水之清死生一盂寒暑一衲口雖縱辯非道不言身雖任緣非律不動以禪念餘力營建舊帳下西行廊焉泗州開元寺大僧正明遠者譙郡鄭人也於元和八年來憇茲寺畧見隳廢良用憮然思效補天之功遂假建瓴之力乃請前縣大夫鄭繼戣力合謀相與經始仍於泗上迎僧伽大師眞身并移廚置庫還

淨人院栿常住倉客省營律堂設功用大備實有可觀上人戒德侵冰神儀耀玉韻合律呂學究天人加之扇道飈均法雨演毗尼藏傳木义燈北暨兩河南被五嶺莫不高山仰止望景趨風連帥稽首以傳香諸侯接足而施祿者矣時同闕一字葺僧常演少良法空志遠闕一字遵惠興如筠道通南約等稟僧正成規受緇俗禮請乃悉心締構期著厥功至九年起檀度門剖方便法大致資貨遂收復常住舊典貲田三千餘頃鑄大粥鑊寫大香鑪矻矻然盡力惟持迄今未已我太和皇帝陛下纂元元登紫極炳煥日月

恢拓寰宇銅雀鳴而九有清玉燭調而八紘泰將宏十善之化是闡大仙之教揚州大都督府也史京兆公列宿降靈爲唐國楨入踐台庭贊一人之慶出分符竹播二南之風不然何能作炎天霖爲旱歲轂也朝散郎守令崔儇代襲珪組聲高聞望清適照膽闕一字劇佩韋馴雉舞鸞我無忝於先哲蘭風長雨爾何彰乎灌壇知袁伯仁鍾離意不得專美於茲邑也矧乃崇信釋教頓了性宗闕一字清境於六虛凝白雲之一點何獨葢纏之內湧沒自由哉且權見宰官終次補金粟故我釋士緊賴良多主簿錢文尉史公

素尉杜珣並瓊林青翠鸑鷟羽儀佐製錦材揮脩練霜刃贊鳴琴化牽的皪朱絲必當鼓翅九霄噴沫千里豈嬰梅福滯仇香而已乎鎮遏兵馬使趙君誠慶演鑿門動崇受鉞力宣虎旅煞敵旌頭白虹標貫日之誠黑槊得彼軍之號故能爲江山彈壓呈相府爪牙也上座大沙門道孚風骨卓然神韻遒拔戒輪高據非八法可搖律鏡沈明何塵妖敢見寫惟提振綱領抑揚人物者歟寺主大苾蒭道通識度格物風道期人處煩指水月爲心厲行以冰霜表節都維那僧令宗佛乘表準道品軌儀攜撫緇徒博延寮寀內庫典座僧令倫以歷落爲心風雲滿抱南庫典座僧省幽以沈默適性謙沖在懷悉能重德好賢進退有度繼闕一字修葺星劫是期邑客前徐州蘄縣丞趙曾士林館闕一字知官同十將王從一邑人處士呂鑒前杭州富陽闕一字主簿呂康武前試左衛率府兵曹參軍胡復言闕二字嘉王府主簿胡正言齊州錄事參軍胡審言等闕一字瓌意琦當代乏偶德行高敏與日而昇或委質闕二字奉身牽彼或放心雲水滌性疎神匪塵霧可嬰指松筠見節方之人物稟茂高土風校以詞華得承叔儒雅悉捨諸纏著迴向菩提樹

福田良緣爲檀那上首矩詞淺意陋學不常師將整思含毫若神解虛質乎公不以蹇才曲藝謬辱見知爾猶清風寄韻於修篁白日呈規於淺瀨既不我棄敢無詞乎畧舉一端以爲斯說彼日月既有庶徽猷不泯幸請銀鈎揮灑翠琬擬諸亂曰而作偈言其詞曰

一氣混茫是稱大易三才爰兆兩儀將闢有物妙萬藏神至賾寂然不動動而常寂與化推移未嘗今昔粤無上士應運來覲德證泥洹道超光宅功充幽爽業攝元白體一如來大千藉藉金言寶偈布在方冊大哉眞人煥矣垂迹

重輝疊廖蟬聯爲奕代御金輪功懸玉策宏闡象教永昌皇歷於惟地居普賴天澤惟唐建剎因齊舊蹟鬱興臺殿造化開拆下控安流上侵凝碧懿諸龍象繼武籌畫天意昭宣鳥篆先頟惟楊大都地望雄極輟我宰輔建旟邦伯化被中和妖氛蕩滌彼美縣尹才哉政績由今況古綽有宏益馮蜂臺之九重望龍剎之百尺想文物以儲思疑世界之來擲庶福門之悠久任揚塵於朝夕寄神工而刊刻永流芳於金石

楊元湊

元湊太和中封鄭國公

請京兆府揚州給守陵丁人奏

臣先祖隋文帝等四陵一所在鳳翔一所在揚州兩所在京兆府準去年四月九日勅二王後介國公先祖陵例每陵每月合給看守丁三人鳳翔府已蒙給丁其京兆府及揚州未蒙準 下闕

孫革

革憲宗朝官監察御史長慶時遷刑部員外郎拜刑部侍郎太和時爲左庶子

減罪奏

準京兆府申雲陽縣人張莅欠羽林官騎康憲錢米憲徵之莅乘醉拉憲氣息將絕憲男買得年十四將救其父以莅角觝力人不敢搗解遂持木鍤擊莅之首見血後三日致死者準律父爲人所毆子往救擊其人折傷減凡鬬三等至死者依常律則買得合當死刑伏以律令者用防兇暴孝行者以開教化今買得救父難是性孝非暴擊張莅是心切非兇以髫丱之歲正父子之親若非聖化所加童子安能及此王制稱五刑之理必原父子之情以權之愼

測淺深之量以別之春秋之義原心定罪周書所訓諸罰有權今買得生被皇風幼符至孝哀矜之情伏在聖慈臣職當讞刑合分善惡謹先具事由陳奏伏冀下中書門下商量

請諸局郎勿用流外人疏

當司典膳等五局郎伏以青宮列局護翼元良必用卿相子弟先擇文學端士國朝不忘愼選冀得其人或揚歷清資或致位丞相今以年月浸久漸至詭替緣其俸祿稍厚近年時有流外出身者倖求授任稽諸故事未嘗聞流外

得厠此官。若不約絕。實玷流品。當司有司經局校書正字品秩至卑。而文學之人競趨求者。蓋以必取其人。無有塵雜故也。今五局郎資序本是清品。若使流外不已。則此司官屬漸成蕪蔓。伏請自今以後。吏部不得更注擬流外人。其見任官中有流外者。許臣具名銜牒吏部。至注官日注替。

請置王府寮吏公署狀

伏見諸王府本在宣平坊東南角。摧毀多年。因循不修。至元和十三年七月十三日。莊宅使收管。其年八月二十五

日。賣與邠寧節度使高霞寓。伏以在城百官。皆有曹局。惟王府寮吏。獨無公署。每聖恩除授。無處禮上。胥徒散居。難於管轄。遂使下吏因茲弛慢。王官爲衆所輕。雖蒙列在官班。皆爲偷安散秩。伏以府因王制。官列府中。府既不存。官司虛設。伏乞賜官宅一區。俾諸府合而共局。庶寮會而異處。如此則人吏可令銜集。案牘可見存亡。都城無廢闕之曹。道路息是非之論。

陳夷行

夷行字周道。世客潁川。第進士。累遷工部侍郎。開成二年同中書門下平章事。罷爲吏部尚書。出爲華州刺史。武宗立。召爲御史大夫。復知政事。進尚書左僕射。罷爲太子太保檢校司空河中節度使。

條覆館驛事宜疏

奉中書門下牒狀。準今年正月二十八日宣。應館驛近日因循。多致敗闕。郵遞馬畜。每事闕供。蕃客往來。皆有論奏。委中書門下與夷行同商量。條流聞奏。所置館驛鞍馬什物并作人多少。及功價資課每年破用。取何色錢物添修支遣。其驛馬數。勘每驛見欠多少。速具分析奏來者。臣今

商量。請準勅先牒諸州府。勘鞍馬什物作人工價糧課。并每年緣館驛占留錢數。諸色破用。及使料粟麥遞馬草料。待諸州府報到。續具聞奏。今具簡前後勅文行用相當者參立新格。逐意條流。除館驛弊事。

欽定全唐文卷七百四十六

劉蕡

蕡字去華。昌平人。寶歷二年進士。大和二年策試賢良極諫。以忤宦官被黜。誣以罪。貶柳州司户參軍卒。昭宗朝贈左諫議大夫。

對賢良方正直言極諫策

問。朕聞古先哲王之理也。元默無爲。端拱司契。陶甿心以居簡。凝日用於不宰。立本以厚下。推誠而建中。繇是天人通。陰陽和。俗躋仁壽。物無疵癘。噫盛德之所臻。敻乎其莫可及已。三代令王。質文迭救。而巧僞滋熾。風流寖微。自漢

魏已降。足徵益寡。朕顧昧理道。祇荷丕構。奉若謨訓。不敢荒寧。任賢惕厲。宵衣旰食。詎追三五之遐軌。庶紹祖宗之鴻緒。而心有所未達。行有所未孚。由中及外。闕政斯廣。是以人不率化。氣或堙厄。災旱竟歲。播植愆時。國廩罕蓄。乏九年之儲。吏道多端。微三載之績。京師諸夏之本也。將以觀理。而豪猾踰檢。大學明教化之源也。期於宣化。而生徒多惰業。列郡在乎頒條。而干禁或未絕。百工在乎按度。而淫巧或未衰。俗隳風靡。積訛成蠹。其擇官濟理也。聽人以言則枝葉難辨。御下以法。則恥格不形。其阜財發號也。生之寡而食之衆。煩於令而鮮於理。思欲究此繆盭。致之治平。茲心浩然。若涉泉水。故前詔有司。博延群彥。佇啓宿懵。冀臻時雍。子大夫皆識達古今。志在康濟。造庭待問。副朕虛懷。必當箴主之闕。辨政之疵。明綱條之所紊。稽庶富之所急。何術斯革於前弊。何澤斯惠於下土。何施而理古可近。何道而和氣可充。推之本源。著於條對。至若夷吾輕重之權。孰輔於理。嚴尤底定之策。孰叶於時。元凱之考課何先。叔子之克平何務。推此龜鑑。擇乎中庸。期在洽聞。朕將親覽。

對。褐衣小臣蕡。沐浴齋戒。伏於彤庭之下。謹頓首上言皇帝陛下。臣誠不佞。有匡國致君之術。無位而不得行。有犯顏敢諫之心。無路而不得達。但懷憤抑鬱。思有時而一發耳。常欲與庶人議於道。商旅謗於市。得通上聽。一悟主心。雖被妖言之罪。無所悔焉。況逢陛下以至德嗣興。以大明垂照。詢求過闕。咨訪謨猷。下制中外。舉能直言極諫者。臣旣辱斯舉。專承大問。敢不悉意以言。至於上之所忌。時之所禁。權幸之所諱惡。有司之所予奪。臣愚不識。伏惟陛下

少加優容不使聖朝有讜直而受戮者乃天下之幸也非臣之所望也謹昧死以對伏以聖策有思先古之理念元默之化將欲通天人以濟俗和陰陽以煦物見陛下慕道之深也臣以爲哲王之理其則不遠惟陛下致之之道何如耳伏以聖策有祇荷丕構而不敢荒寧奉若謨訓而罔有怠忽見陛下憂勞之至也若夫任賢惕厲宵衣旰食宜黜左右之纖佞進股肱之大臣若夫追蹤三五紹復祖宗宜鑒前古之興亡明當時之成敗心有所未達以下情蔽而不得上通行有所未孚以上澤壅而不能下逹欲俗之

化也在修己以先之欲氣之和也在遂性以道之救災旱在致乎精誠廣播植在視乎食力國廩罕蓄本乎冗食尚繁吏道多端本乎選用失當豪猾踰檢由中外之法殊生徒惰業由學校之官廢列郡干禁由授任非人百工淫巧由制度不立伏以聖策有擇官濟治之心阜財發號之嘆見陛下教化之本也且進人以行則枝葉安有難辨乎防下以禮則恥格安有不形乎念生寡而食衆則可罷斥惰游念令煩而理鮮要在察其行否博延羣彥願陛下必納其言造廷待問則小臣其敢愛死伏以聖策有求賢箴闕之言審政辨疵之令見陛下咨訪之心勤也遂小臣屏奸豪之志則弊革於前守陛下念康濟之言則惠敷於下邪正之道分而治古可近禮樂之方著而和氣克充至若夷吾之法非皇王之權嚴尤所陳無最上之策元凱之所先不若唐堯考績叔子之所務不若虞舜舞干且俱非大德之中庸未可爲上聖之龜鑑又何足爲陛下道之哉或有以繫安危之機兆存亡之變者臣請披瀝肝膽爲陛下別白而重言之臣前所言哲王之理其則不遠者在陛下慎思之力行之始終不懈而已臣謹按春秋元者氣之始也

春者歲之始也春秋以元加於歲以春加於正明王者當奉若天道以謹其始也又舉時以終歲舉月以終時春秋雖無事必書首月以存時明王者當奉若天道以謹其終也王者動作始終必法於天者以其運行不息也陛下旣能謹其始又能謹其終懋而修之勤而行之則可以執契而居簡無爲而不宰矣廣立本之大業崇建中之盛德矣又安有三代循環之弊而爲巧僞滋熾之漸乎臣故曰惟陛下致之之道何如耳臣前所謂若夫任賢惕厲宵衣旰食宜黜左右之纖佞進股肱之大臣實以陛下誠憂勞之

至也臣聞不宜憂而憂者國必衰宜憂而不憂者國必危
今陛下不以家國存亡之計社稷安危之策而降於清問
臣未知陛下以爲布衣之臣不足與定大計耶或萬機之
勤而聖慮有所未至也不然何宜憂者而不先憂乎臣以
爲陛下之所慮者宜先憂宮闈將變社稷將危天下將傾
海內將亂此四者乃國家已然之兆故臣謂聖慮宜先及
之夫帝業既艱難而成之胡可容易而守之昔太祖肇其
基高祖勤其績太宗定其業元宗繼其明至於陛下二百
有餘載矣其間明聖相因擾亂繼作未有不委用賢士親

近正人而能紹興徽烈者也或一日不念則顛覆大器宗
廟之恥萬古爲恨臣謹按春秋人君之道在體元以居正
昔董仲舒爲漢武帝言之略矣其所未盡者臣得爲陛下
備而陳之夫繼故必書卽位所以正其始也終必書所終
之地所以正其終也故君者所發必正言所履必正道所
居必正位所近必正人臣又按春秋閽寺弒吳子餘祭書
其名春秋譏其疎遠賢士昵近刑人有不君之道矣伏惟
陛下思祖宗開國之勤念春秋繼故之戒將明法度之端
則發正言而履正道將杜篡弒之漸則居正位而近正人

遠刀鋸之殘親骨鯁之直輔臣得以專其任庶寮得以守
其官柰何以褻近五六人總天下之大政外專陛下之命
內竊陛下之權威攝朝廷勢傾海內羣臣莫敢指其狀天
子不得制其心禍稔蕭牆姦生帷幄臣恐曹節侯覽復生
於今日矣此宮闈之所以將變也臣謹按春秋魯定公元
年春王不書正月者春秋以爲先君不得正其終則後君
不得正其始故曰定無正也今忠賢無腹心之寄閽寺專
廢立之權陷先帝不得正其終致陛下不得正其始況皇
儲未建郊祀未修將相之職不歸名分之宜不定此社稷

之所以將危也臣謹按春秋王札子殺召伯毛伯春秋之
義兩下相殺不書而此書者重其尊王命也夫天之所授
者在君君之所操者在命操其命而失之者是不君也侵
其命而專之者是不臣也君不君臣不臣此天下所以將
傾也臣謹按春秋晉趙鞅以晉陽之兵叛入於晉書其歸
者以其能逐君側之惡人以安其君故春秋善之今威柄
陵夷藩臣跋扈或有不達人臣之節首亂者以安君爲名
不究春秋之微稱兵者以逐惡爲義則政刑不由乎天子
征伐必自於諸侯此海內所以將亂也故樊噲排闥而雪

漸衰盎當車以抗詞京房發憤以殞身竇武不顧而畢命此陛下皆明知之耳臣謹按春秋晉狐射姑殺陽處父書襄公殺之者以其君漏言也襄公不能固陰重之機處父所以及戕賊之禍故春秋非之夫上漏其情則下不敢盡意上洩其事則下不敢盡言故傳有造膝詭詞之文易有失身害成之戒今公卿大臣非不欲爲陛下言之慮陛下必不能用之陛下既忽之而不用必洩其言臣下既言之而不行必嬰其禍適足以鉗直臣之口而重奸臣之威是以欲盡其言則有失身之懼欲盡其意則有害成之憂故

低徊鬱塞以俟陛下感悟然後盡其啓沃耳陛下何不以聽朝之餘明御便殿召當時賢相與舊德老臣訪持變安危之謀求定傾救亂之術塞陰邪之路屏褻狎之臣制侵陵迫脅之心復門户掃除之役戒其所宜戒憂其所宜憂既不得理於前當理於後不得正其始當正其終則可以虔奉典謨克承丕構終任賢之效無旰食之憂矣臣前所謂若夫追蹤三五紹復祖宗宜鑒前古之興亡明當時之成敗者臣聞堯舜之爲君而天下大理者以其能任九官四岳十二牧不失其舉不二其業不侵其職居官惟其能左右惟其賢元凱在下雖微而必舉四凶在朝雖强而必誅考其安危明其取舍至秦之二代漢之元成咸願措國如唐虞致身如堯舜而終敗亡者以其不見安危之機不明取舍之道不任大臣不辨奸人不親忠良不遠讒佞伏願陛下察唐虞之所以興而景行於前鑒秦漢之所以亡而戒懼於後陛下無謂廟堂無賢相庶官無賢士今綱紀未絕典刑猶在人誰不欲致身爲王臣致時爲昇平陛下何忽而不用之邪又有居官非其能左右非其賢其惡如四凶其詐如趙高其奸如恭顯者陛下又何憚而不去之

邪神器固有歸天命固有分祖宗固有靈忠臣固有心陛下其念之哉昔秦之亡也失於强暴漢之亡也失於微弱强暴則賊臣畏死而害上微弱則姦臣擅權而震主臣伏見敬宗皇帝不虞亡秦之禍不剪其萌伏惟陛下深軫亡漢之憂以杜其漸則祖宗之鴻緒可紹三五之遐軌可追矣臣前所謂陛下心有所未達以下情塞而不得上通行有所未孚以上澤壅而不得下浹者且百姓有塗炭之苦陛下無由而知則陛下有子惠之心百姓無由而信臣謹按春秋書梁亡不書取者梁自亡也以其思慮昏而耳目

塞上出惡政人爲寇盜皆不知其所以然以其自取滅亡也臣聞國君之所以尊者重其社稷也社稷之所以重者存其百姓也苟百姓之不存則雖社稷不得固其重苟社稷不重則雖國君不得保其尊故理天下者不可不知百姓之情也夫百姓者陛下之赤子陛下宜命慈仁者親之育之如保傅焉如乳哺焉如師之教導焉故人之於上也敬之如神明愛之如父母今或不然陛下親近貴倖分曹建署補除卒吏召致賓客因其貨賄假其氣勢大者統藩方小者爲牧守居上無清惠之政而有饕餮之害居下無

忠誠之節而有奸欺之罪故人之於上也畏之如豺狼惡之如讐敵今四海困窮處處流散饑者不得食寒者不得衣鰥寡孤獨者不得存老幼疾病者不得養加以國權兵柄專在左右貪臣聚斂以固寵奸吏夤緣而弄法冤痛之聲上達於九天下入於九泉鬼神爲之怨怒陰陽爲之愆錯君門九重而不得告訴士人無所歸化百姓無所歸命官亂人貧盜賊並起土崩之勢憂在旦夕卽不幸因之以師旅繼之以凶荒臣以謂陳勝吳廣不獨生於秦赤眉黃巾不獨生於漢臣所以爲陛下發憤扼腕痛心泣血也如此則百姓有塗炭之苦陛下何由而知之乎有子惠之心百姓安得而信之乎致使陛下行有所未孚心有所未達者固其然也臣聞昔漢元帝卽位之初更制七十餘事其心甚誠其稱甚美然紀綱日紊國祚日衰奸宄日強黎元日困者以其不能擇賢明而任之失其操柄也自陛下御宇憂勤兆庶屢降德音四海之內莫不抗首而長息自喜復生於死亡之中也伏願陛下愼終如始以塞萬方之望誠宜揭國權以歸其相持兵柄以歸其將去貪臣聚斂之政除奸吏夤緣之害惟忠賢是近惟正直是用內寵便辟

無所聽焉選清愼之官擇仁惠之長敏之以利煦之以和教之以孝慈導之以德義去耳目之塞通上下之情俾萬國歡康兆人蘇息則心無所不達而信無所不孚矣臣所言欲人之化也在修己以先之者臣聞德以修己教以導人修己也則人不勸而自至導人也則人敦行而率從是以君子欲政之必行也故以身先之欲人之從化也故以道御之今陛下先之以身而政未必行御之以道而人未從化豈不以立教之旨未盡其方耶夫立教之方在乎君以明制之臣以忠行之君以知人爲明臣以匡時爲忠知

人則任賢而去邪。匡時則固本而守法。賢不任則重賞不足以勸善。邪不去則嚴刑不足以禁非。本不固則人流。法不守則政散。而欲教之使必至。化之使必行。不可得也。陛下能斥奸邪不私其左右。舉賢正不遺其疏遠。則化洽於朝廷矣。愛人以敦本。分職而奉法。修其身以及其人。始於中而成於外。則化行於天下矣。臣前所謂欲氣之和也。在遂性以導之者。當納人於仁壽也。夫欲人之仁壽也。在乎立制度。修教化。夫制度立則財用省。財用省則賦斂輕。賦斂輕則人富矣。教化修則爭競息。爭競息則刑罰清。刑罰

清則人安矣。既富則仁義興焉。既安則壽考生焉。仁壽之心感於下。和平之氣應於上。故災害不作。休祥薦臻。四方底寧。萬物咸遂矣。臣前所言救災旱在致乎精誠者。臣謹按春秋魯僖公一年之中三書不雨者。以其人君有恤人之志也。魯文公三年之中一書不雨者。以其人君無恤人之心也。故僖致精誠而不害物。文無憫恤而變成災。陛下誠能有恤人之心。則無成災之變矣。臣前所言廣播植在視乎食力者。臣謹按春秋君人者必時視人之所勤。人勤於力則功築罕。人勤於財則貢賦少。人勤於食則百事廢。

今財食與人力皆勤矣。願陛下廢百事之用。以廣三時之務。則播植不愆矣。臣前所謂國廩罕蓄本乎冗食尚繁者。臣謹按春秋臧孫辰告糴於齊。春秋譏其國無九年之蓄。一年不登而百姓饑。臣願斥游惰之徒。以督其耕植。省不急之務。以贍其黎元。則廩蓄不乏矣。臣前所言吏道多端本乎選用失當者。由國家取人不盡其材。任人不明其要故也。今陛下之用人也。求其聲而不求其實。故人之趨進也。務其末而不務其本。臣願覈考課之實。定遷序之制。則多端之吏道息矣。臣前所言豪猾踰檢由中外之法殊者。

以其官禁不一也。臣謹按春秋齊桓公盟諸侯不書日。而葵邱之盟特以日者。美其能宣天子之禁。率奉王官之法。故春秋備而書之。夫官者五帝三王之所建也。法者高祖太宗之所制也。法宜畫一。官宜正名。今又分外官中官之員。立南司北司之局。或犯禁於南則亡命於北。或正刑於外則破律於中。法出多門。人無所措。實由兵農勢異。而中外法殊也。臣聞古者因井田以制軍職。間農事以修武備。提封約卒乘之數。命將在公卿之列。故兵農一致。而文武同方。可以保乂邦家。式遏亂略。暨太宗皇帝肇建邦典。亦

置府兵臺省軍衞文武參掌居閑歲則橐弓力穡將有事則釋耒荷戈所以修復古制不廢舊物今則不然夏官不知兵籍止於奉朝請大將不主兵事止於養勳階軍容合中官之政戎律附內臣之職首一戴武弁嫉文職如仇讎足一蹈軍門視農夫如草芥謀不足以翦除奸宄而詐足以抑揚威福勇不足以鎮衞社稷而暴足以侵軼里閭羈紲藩臣干陵宰輔隳裂王度汨亂朝經張武夫之威上以制君父假天子之命下以馭英豪有藏奸觀釁之心無仗節死難之義豈先王經文緯武之旨耶臣願陛下貫文武

之道均兵農之功正貴賤之名一中外之法還軍伍之職修省署之官近崇貞觀之規遠復成周之制自邦畿以刑於萬國始天子而達於諸侯則可以制豪猾之强而無踰檢之患矣臣前所言生徒惰業由學校之官廢者蓋以國家貴其祿而賤其能先其事而後其行故庶官乏通經之學諸生無修業之心矣臣前所言列郡干禁由授任非人者臣以爲刺史之任理亂之根本繫焉朝廷之法制在焉權可以抑豪猾恩可以惠孤寡强可以禦奸寇政可以移風俗其將校有曾經戰陣及功臣子弟各請隨宜酧賞如無理人之術者不當任此官則絕干禁之患矣臣前所言百工淫巧由制度不立者臣請以官位祿秩制其器用車服禁以金銀珠玉錦繡雕鏤不蓄於私室則無蕩心之巧矣臣前所言辨枝葉者在考言以詢行也臣前所言形於恥格者在道德而齊禮也臣前所謂念生寡而食衆可罷斥游惰者已備之於前矣臣前所謂令煩而理鮮要在察其行否者臣聞號令者乃理國之具也君審而出之臣奉而行之或虧益止噩罪在不赦今陛下令煩而理鮮得非持之者爲所蔽欺乎臣前所言博延羣彥願陛下必納其

言造庭待問則小臣豈敢愛死者臣聞晁錯爲漢畫削諸侯之策非不知其禍之將至也忠臣之心壯夫之節苟利社稷死無悔焉今臣非不知言發而禍應計行而身戮蓋所以痛社稷之危哀生人之困豈忍姑息時忌竊陛下一命之寵哉昔龍逢死而啓殷比干死而啓周韓非死而啓漢陳蕃死而啓魏今臣之來也有司或不敢薦臣之言陛下又無以察臣之心退必受戮於權臣之手臣幸得從四子遊於地下固臣之願也所不知殺臣者臣死之後將孰爲啓之哉至於人主之闕政教之疵前日之弊臣既言之

矣若乃流下土之惠修近古之治而致和平者在陛下行之而已然上之所陳者實以臣親承聖問敢不條對雖臣之愚以爲未及教化之大端皇王之要道伏惟陛下事天地以教人敬奉宗廟以教人孝養高年以教人悌育百姓以教人慈調元氣以煦育扇太和於仁壽可以逍遥而無爲端拱而成化至若念陶鈞之道在擇宰相而任之使權造化之柄念保定之功在擇將帥而任之使修閫外之寄念百度之求正在擇庶官而任之使專職業之守念萬姓之愁痛在擇長吏而任之使明惠養之術自然言足以爲

天下教動足以爲天下法仁足以勸善義足以禁非又何必宵衣旰食勞神惕慮然後以致其理哉謹對

夏侯孜

孜字好學亳州譙人寶歷二年進士累遷尚書右丞守戶部侍郎轉兵部領諸道鹽鐵轉運使懿宗朝以本官同平章事封譙郡侯罷爲西川節度使召拜左僕射復輔政進司空出爲河中節度使以太子少保分司東都卒

唐懿宗元昭皇太后謚冊文

維大中十三年歲次己卯九月癸丑朔二十七日己卯嗣皇帝臣伏惟先太后體貞明以合天本懿粹而象地發秀於外含章在中由潁川以表祥配沙麓而比德塗山佐夏莘野興商潛耀空蘊於方祇秘景莫覿於圓魄卓爾潔操穆然凝輝欲報之德昊天罔極臣猥以冲昧獲奉宗祧怵惕哀煢慮墜大寶而天意允若人心克諧惟獲永圖懼乖末命退省蒙固上感劬勞繄鏡無塵賜衣有篋宸儀雖閟慈旨長存莫追蘭殿之晨昏空感椒塗之霜露言成陰教行著國章逮事靡及於循陔終吉徒哀於陟屺敢舉追崇之典寧申顧復之思伏惟舉位以定名考謚以尊德所以

揚茂烈傳休聲率由舊章竊擬素範今禮官詳議庶僚稱贊備陳徽數克播令猷正位號於瑶齋森禮容於金屺母儀無歎廟貌有嚴將享鴻休式憑元祐謹遣攝太尉門下侍郎兼兵部尚書平章事蕭鄴奉冊上尊謚曰元昭皇太后伏惟明靈昭格俯鑒精誠時已逝而敬在六衣夜不陽而禮存三獻惟是薦享與唐無疆嗚呼哀哉謹言

戶部積欠奏

鹽鐵戶部生積欠當使咸通四年以前延資庫錢絹三百六十九萬餘貫匹內戶部每年合送錢二十六萬四千一

百八十貫匹。從大中十二年至咸通四年九月已前除納外欠一百五十萬五千七百一十四萬貫匹。當使緣户部所積欠數多。先具申奏請於諸道州府場監院合納户部所收八十文除陌錢内割一十五文。屬當使自收管。勑命雖行。送納稽緩。今得户部迭稱。所收管除陌錢絹外更有諸雜物貨延資庫徵收不便。請起今年。合納延資庫錢絹一時便足。其已前積欠。候物力稍充。積漸塡納。其所割一十五文錢。卽當司仍舊收管。又緣累歲以來。嶺南用兵多支户部錢物。當使不欲堅論舊欠。請依户部商量。合納今年

一年額色銀絹須足。明年卽依舊制三月九月兩限送納畢。其已前積欠。仍令户部自立塡納期限者。

劉三復

三復。潤州句容人。大和中爲員外郎。累遷御史中丞。會昌中拜刑部侍郎宏文館學士。卒。

請誅劉從諫妻裴氏疏

劉從諫包藏逆謀。比雖已露。今推窮僕妾。尤得事情。據其圖謀語言。制度服物。人臣僭亂。一至於斯。雖生前幸免於顯誅。而死後已從於追戮。凡在朝野。同深慶快。且自古人臣叛逆。合有三族之誅。尚書曰。乃有顚越不恭。我則劓殄滅之。無遺育。無俾易種於玆新邑。如此則阿裴已不得免於極法矣。又况從諫死後。主張狂謀。罪狀非一。劉稹年既幼小。逆節未深。裴爲母氏。固宜誡誘。若廣說忠孝之道。深陳禍福之源。必冀虺毒不施。梟音全革。而乃激厲凶黨。膠固叛心。廣招將校之妻。適有酒食之宴。號哭激其衆意。贈遺結其羣情。遂使叛黨稽不捨之誅。孽童延必死之命。以至周歲方就誅夷。此阿裴之罪也。雖以裴問之功。或希減等。而國家有法。難議從輕。伏以管叔周公之親弟也。有罪

而且誅之。以周公之賢。尚不捨兄弟之罪。况裴問之功效安能破朝廷法耶。據阿裴廢臣妾之道。懷逆亂之謀。裴問如周公之功。尚行周公之戮。况於朝典。固在不疑。阿裴請準法。

滑州節堂記

諸侯之升壇胙土。服天子休命者。有弓矢鈇鉞之賜。生殺刑賞之柄。其爲任也益重矣。其受脤之日。秉節者得以王命傳信。俾先啓行。至則考善地。庀豐屋。麾旆以翼之。歌鐘以樂之。非征伐宴犒申威行令。未嘗出此。其大端也。是鎭

股臂梁洛咽喉齊魏其氣强以勁其人勇而忠我連帥贊皇公以全才上略標柄中外輟爲霖於將命膺作翰之攸寄歲值已酉擁旄來斯公以明誠報一人以大信示三軍膏潤慈惠風馳教化未浹旬日羣吒愛戴纔越月而五校訓齊及踰年也則穌悍咸樂業豪奪不敢犯戰備具而軍聲振矣顧謂幕吏曰君之寵授偉此瑞節所處不嚴人何以瞻于是建宏規模大壯去屑窓圖宏厰隥道迴廊繚其下暈飛鱗葺攢其上孑孑然倚靜深而相合渠渠然拂埃壒而孤峙隣牆藩而儷公署實轅門之藴抑外閫之雄歟

舉事必書春秋之義緜是秉筆覗於公之門者承命纂述謹誌於堂陰

李蘧

蘧大中朝爲懷孟觀察使從事試大理評事兼監察御史擢金部員外郎

惠山寺記

蘧舅氏扶風公貞元四年秋八月與太原王武陵吳郡朱宿同遊惠山精舍爲賦往體詩一首王序而題之觀其詞頗有世外之交出塵之想凝思澹慮泛溢天格雖建安才人不足居其右矣後二十年復繼於末則有傷時歎逝之感宿草隣笛之悲洎會昌初武皇帝黜浮圖法詔毁其宮而逐其徒惠山在毁中時無好事者詩亦隨塵焉今寺既復而詩尚遺落内弟審餘寫書請於蘧會蘧赴河陽辟召路出寺下因重記於軒廊南垣我舅氏由吏部拜執法器業磊落爲時巨人平生操尚備在國史此不能舉所載者風韻之詞登臨之興俾後人挹其清芬而已大中十一年五月十三日懷孟等觀察使從事試大理評事兼監察御史李蘧重題

李彥芳

彥芳衛國公贈司徒靖五代孫太和中爲鳳翔司錄參軍

樂德教冑子賦 以育材訓人之本爲韻依次用

王子垂訓導於門子戒驕盈於代祿厲師嚴以成教誨歟樂德而宣化育長能從以可久幼能正以不黷悅之以道寧假乎干戚羽旄動之斯和詎資乎匏土革木是知深於樂者豈徒然哉暢生成於壽域導純粹於靈臺明明而六德是以蕩蕩而羣心有開瞻之在前佇將成於國棟由是而選庶有嗣於鄉材登於雋造釋其奸回聆音乃接武而

至樂善而差肩載來且於中者表得中而可尊和者達至和而不紊繫吾道之克廣諒乃心之是訓青衿選其悅學絳帳資乎待問於以識琬玉之姿於以言始終之訓然則祇者敬也居敬足以修身彝者常也守常而能化人萃羣生之濟濟達誘善以循循肅穆以居而文明有耀條暢斯及而樂教惟新然後以孝友俾其師資春秋則教夙夜惟寅宏廣博易良人胥效矣美父母兄弟誰能間之內必成性外無越思匪鏗鏘而感物咸敬順以親師異齊國之聞於宣父叶虞帝之命以后夔惟德音之是進豈奸聲之能

混入於國學習者由是知歸祭於瞽宗享者於焉報本至哉聖人之設教良終古而無損

盧子駿

子駿文宗朝官滁州長史

彭城公寫經畫西方像記

滁州長史盧子駿太和六年十一月十七日自南譙抵鍾離謁太守彭城劉公公以飯生文苑之舊常無疵瑕歡好同昔年宴游無虛日因及開元佛寺指大乘經藏曰我召傭書人書寫也西墉有西方像焉我俾畫工圖形也鑒户牖以爲廟我命梓人庀事也厥功暨秋七月而畢先時公由廷尉評佐畫中書令田公於鎮州田令公將朝天子藉公上請事未訖而田令公遇害從事者皆死白刃毒流於妻孥亂兵相約曰評事國士也議帥前未嘗不忠遇吾儕未嘗不信安可負評事耶駭評事家者罪誅之由是良賤都無横禍未幾天子震怒命將討賊鎮州阻絕公莫得知其家公曰吾孀姊依我少妻從我姊之子吾之子皆齒稚得脫虎口者非大聖相祐其可保全乎哉遂血淚横下歸誠虔禱曰吾姊吾妻吾甥吾兒無恙而出寇境者則丹青

極樂世界一鋪寫金剛般若波羅蜜經一千卷以酬焉不則吾終身不祿仕也明年公之長幼高下咸自賊中至君子曰劉公起諸生擅名文場爲聖朝博士損益禮樂簪白筆贍我衣冠者不犯居粉署大彌綸之功收濛汜著來蘇之謡履道坦夷濟物平施加以爲弟之悌爲夫之義爲舅之惠爲父之慈其在詩曰允矣君子展也大成公宜延洪我國家康濟乎兆庶有皇天之福祐靈祇之相助化危爲安彌禍爲福信修身飭行之報矣非祈佛之效也且徵之亂日公之同儕無一免者而公不在亂邦祈佛之辰公之

同僚黨屬盡夷滅而公之家恬然無事可以明矣于公獄吏耳守法能平尚慶流後嗣矧公之於家也友愛如此於國也賢明如是鎭之狂寇其於公何而今公捐清俸鳩眾工毫相嚴備心法闡揚緘之以寶龕邃之以紺殿皇皇焉言言焉斯亦公不欺夙誠而欲復言也子駿辱公之遊于茲二紀熟公之懿範仰公之嘉猷因喜幽顯有荅故刋石以祇命云太和六年十二月五日濠城刺史彭城劉茂復建

濠州刺史劉公善政述　盧子駿

客有自濠梁來者余訊之曰濠梁之政何如客曰今刺史彭城劉公始受命至徐方與廉使約曰詔條節度團練兵鎭巡內州者悉以隸州今濠州未如詔條請如詔條廉使多稱軍須卒迫徵科若干不如期以軍法從事皆兩稅勑額外也自今請非詔勑不徵廉使曰諾濠州每年率供武寧軍將士糧一十萬石斗取耗一升送廉使州自取一升給他費吏因緣而更盜則三倍矣自今請准倉部式外不入廉使曰諾劉公至止堅守不渝由是州無他門賦無橫斂人一知教熙熙然如登春臺矣濠在戰國時爲楚地天文記今在牛斗分野楚俗好巫而信鬼死者其親戚不敢穿斵事葬相傳送小屋號曰殯宮焉雖在城郭而爲之有土牛隳蠧棺櫬巍然者有棺櫬分折骸骨縱橫者不獨庶人而士大夫之家有焉劉公惻然曰非禮也吾忍不導之耶下令曰某月有限畢其家不闕地葬者笞二十鰥寡惸獨力不任者絕嗣無主傍無近親者刺史以俸錢爲營之訖事人無犯令野無殯宮焉盧子曰異乎哉劉公今日能以禮導邦人且夫葬者藏也欲人之不得見也柰何夙昔濠之人不藏其父子昆弟耶又曰生事之以禮死葬之以禮柰何夙昔濠之人不以禮葬其父子昆弟耶又曰延陵季子葬其子仲尼觀之曰其坎深不至於泉其斂以時服柰何夙昔濠之人喪其父子昆弟不葬之於土中耶又曰魂氣歸於天形魄歸於地柰何夙昔濠之人不歸其父子昆弟之形於地耶今刺史彭城劉公教生者以禮示之日月信也恤死者以仁除其暴露義也合此而智以成之難乎哉余耳得客之言不浹旬適至濠上目覩其事秉筆者不載余懼夫識者譏焉劉公治郡嘉績長美詳舉則繁也亦取大遺小之義耳其書以備太史氏采錄焉

欽定全唐文卷七百四十七

歸融

融字章之。元和中進士。開成中拜吏部侍郎檢校禮部尚書。領興元尹。出爲山西道節度使。徙東川。還拜兵部尚書。封晉陵郡公。辭疾。以太子少傅分司東都。大中七年卒。贈左僕射。

鄭覃平章事制

朕嗣守丕圖。務宏至理。憂勤是切。宵旰靡遑。所以庶政萬機。悉委丞相。乃者失於任使。妖沴遽生。方思正人。参我大

柄。銀青光祿大夫守尚書右僕射上柱國滎陽郡開國男食邑二千戶鄭覃。天資直氣。岳降上才。性惟端莊。道本孤峻。文含風雅。學洞儒元。通古今理亂之源。達教化損益之要。歷踐華貫。周旋大僚。休聞彰於搢紳。政事滿於臺閣。載居講席。密勿內朝。胸襟洞開。肝膈無隱。嘗奏讜論。發言有先見之明。每勵貞規。勇退守獨立之節。洎擢膺揆務。總領庶官。堅操不回。墜典皆舉。盡瘁憂國。竭忠戴君。必能毗予一人。康濟四海。邪正之路既判。清濁之流自分。於戲。秉茲鈞衡。委乃髦碩。爾其使萬事得其序。百官得其人。用賢罔不精。立法罔不愼。弼亮刑政。燮和陰陽。其聽朕言。往踐厥位。克紹先德。巖廊有光。可守本官同中書門下平章事。散官勳封並如故。

劾盧周仁進羨餘狀

天下一家。何非君土。所在方鎮官庫錢。皆陛下庫縉錢也。盧周仁輕黷宸嚴。輒陳小利。務期容受。妄說異端。若言南方多有火災。故外須防戎寇。恐成煨燼。請納京師。則所進之餘。安可遂無。此盧周仁罔思大體。姑徇私誠。入財貨以干榮。待清朝而何淺。貢之無藝。實紊彝章。伏見今年正月

一日赦文。天下藩方四節獻賀。三年內猶皆權停。周仁所進。頗玷皇化。何裨國用。臣伏恐萬方從此相效。皆以羨餘爲名。縱無羨餘。亦因緣刻剝。生人受弊。起自周仁。深不稱陛下臨軒求太平意也。其盧周仁應須重責。以例長人者所進錢。伏請却還湖南道收貯。以備水旱。留貸貧下戶納兩稅。交代相承。不得擅用。使九有獲蘇。一方知感。天下幸甚。

順宗加謚至德宏道大聖大安孝皇帝議

臣融議曰。王者則高明以茂育。法博厚而含宏。象日月以

昭臨如雨露而膏澤諡以令德昭於至公卽軒轅顓頊文王武王是也其有褒稱未副則宜增美尊名惟順宗至德宏道大聖大安孝皇帝道合二儀明齊兩曜恩沾萬物信若四時始位踐重光名高少海寢興有度視聽必端昔德宗駐驛奉天禮行巡狩掃除兇寇實賴春闈每誓衆之初而吐言激切及撫軍之際皆感動師人洎車馬還都歡娛宮禁朝夕視膳晨昏問安是居重華毓德望苑日彰孝愛三十七齡三善益表於元良六氣忽嬰於沉痼德宗以龍樓重嗣惟疾之憂醫藥躬勞至於大漸順宗昭事德宗之

節也詢古無對德宗屢念順宗之至也前史莫倫父子之親君臣之義垂榮萬國流慶千年及歷數自天祗承丕構不敢牢讓方遵永圖師唐虞之治以覆幬天下纂禹湯之化以煦育黎元薄賦蠲逋宥刑恤隱深仁降感沛澤旁敷減去宮人斥絕奇貢臨軒廣愛焚鴆毒於通衢凭檻與仁放猛鷙於維縶歸功臣之甲第而中外謳歌黜殘酷之劇吏而遠近欣服虔恭九廟瞻佑萬邦宵旰勤劬詎思頤衞於是託付冢嫡壯乎皇猷以明繼明以聖傳聖孝德垂名於不朽睿謨貽慶于無疆是生聖明收復河隴刷百載失地之恥滌八聖强鄰之羞陛下不有其功歸美祖考追尊諡號曰重鴻名易曰天地之大德曰生聖人之大寶曰位經曰德者同於德道者同於道諡法曰寬裕和平曰安克愼所安曰孝伏惟順聖皇帝端拱造物秉運統天可謂至德也感神翊運光明正位可謂大聖也永圖丕搆傳聖和保可謂大孝也臣融定加諡號謹上尊諡曰至德宏道大聖大安孝皇帝謹議

憲宗加諡昭文章武大聖至神孝皇帝議

臣融議曰皇莫尊乎羲軒帝莫大於堯舜咸有上諡光昭

厥猷先德巍巍擬美未稱則必追加大號式重鴻名伏惟憲宗神聖章武孝皇帝神授英明天假文武德惟孝養仁著君臨功格元穹伏以天寶之末大歷之中郡國有倔强之臣朝廷行姑息之令所以李錡拒命自于宗枝劉闢稱兵起於儒吏伏惟憲宗皇帝上遵太宗之法大覽軒后之書親近正人委任輔相修明紀綱震動雷霆翦滅渠魁征討叛亂無職不舉無賢不嗣將靖萬方用於四海號令必一視聽無私故得夏台伏鎖於沙陲上黨受擒於城鎭西蜀獻俘而玉京正法東吳納寇而金陵廓開鄆城纔下而

申蔡削平鄆師就誅而齊魯盡復皇威遠振神算無遺時也滄景屏息以朝天易定束身而納地海内無事天下一家萬國來賓百蠻向化方興謀于戎虜深注意於河湟伏以疆土開拓而有時腥羶冠帶而有日逐覩赫口休烈留付中異克主有明聖達以英運睿謀心果疑越古超今陛下不有其功歸於先志揭茲上善既讓於天能光祖宗繼述前聖昨者丞相卿士請加鴻名陛下固秉冲謙再三不允今追尊祖考崇冠禹湯伏惟憲宗神聖章武孝皇帝乃聖乃神乃武乃文盛德大業經天緯地記曰武王周公其

達孝矣乎詩曰文王受命有此武功臣融定加謚號謹上尊謚曰昭文章武大聖至神孝皇帝謹議

奚敬元

敬元吏部侍郎陟子官左補闕

唐左羽林軍大將軍史公神道碑

將軍諱用誠字君諒河南人也曾王父諱惟靜開府儀同三司檢校太子賓客兼侍御史河南節度先鋒兵馬使大父勤銀青光祿大夫試太常卿兼侍御史河南節度兵馬使烈考播銀青光祿大夫檢校國子祭酒河東節度軍馬都兵馬使兼御史中丞普寧郡王三代爲將克昌惟武垂慶後世傳芳于公公即中丞第四子義感得一時之俊沈謀有周身之防貞元初藝成絶倫縱遊郡國名藩重鎮爭致邀迓乃不屑就其道益光襄陽節度使樊公澤虛心好才與能樂善聞公有縱横之略剛決之姿申縛禮以接之選右職以署之而能恪勤厥位練習武經繇是樊公益所委重累遷至馬軍兵馬使會吳少陽卒其子元濟席凶器以竊據淮蔡詔命唐隨節度使李公愬總齊軍士以討伐之命公爲遊奕兵馬使指顧麾下號令前驅率先啟行深

入賊境遇敵必戰所向無遺會賊將領徒千人草創營壘旗號日興橋柵而公伺其軍食無儲是刈是穫備其乾餱鴟張蟻聚控扼要害公度其孤虛可以攻取以少擊衆如其前堂堂之勢砉然而斷殺傷奔潰靡有孑遺生擒賊將衆皆請殺而公不聽以客禮待之曰吾不能殺義士從其歸死於天子乃送其人于闕繼而陳章疏懇請全活憲宗皇帝英明聰斷詔下許之還賜軍前驅使俾領先鋒將與公偕行導其鋭卒沍寒之夜凌犯雪霜擊破賊城官軍全入先擒元濟以檻車獻於宗廟得正刑典由公之生致賊

將化爲忠臣。覆其妖巢。以功補過。朝廷推賞。累寵旌節。授公銀青光祿大夫檢校太子賓客兼御史中丞。仍賜上柱國。詔曰。素抱將才。能通武訓。策名戎旅。委質藩方。敷七德以招懷。推一心而撫納。遂使戴天之大節。因事斯彰。奉國之名謀。逢時乃合。奮其勇士。潰彼兇徒。堅壁洞開。罪人斯得。永言實效。無忘寵思。其圖爾勞。是舉朝典。旋以東平不虔。將議征討。詔命李愬爲徐泗節度。俾行天誅。愬以公沈勇夙彰。思同王氏。列名表請。委以親兵。充行營都虞候。公恪勤無私。戰陣有勇。破賊柵者有六。收縣邑者有三。教令

必嚴。刑戮不濫。仁而有法。其若是歟。賊平。遷檢校國子祭酒。詔曰。平齊之役。諸軍指期。衆校合戰。各奮毅勇。同樹勳勤。永思積日之勞。頗愧踰時之賞。故於奬授。有所超遷。時屬邊事重難。非公莫可。詔統麾下。鎭防朔方。居三年。朝議以頻建茂功。位未充量。趣徵赴闕。除左羽林將軍。詔曰。沈勇英決。挺直將才。制勝出奇。合於兵法。夙勵勤王之節。嘗從伐叛之師。赫然殊功。於是累振。諸侯方岳。多有薦揚。北路親軍。寄雄心膂。統率貔貅之衆。申明羽衛之嚴。宜奬壯猷。且兼峻秩。敬宗皇帝以張韶作亂。禍生不測。環衛嚴整。狂賊誅夷。拜兼御史大夫。歲月滋深。竭誠盡瘁。遷大將軍知軍事。疏封列爵。褒寵勳賢。勞績既彰。優榮斯及。封武昌縣開國子。食邑五百戶。上方倚注信臣。錫宴別殿。論功校藝。公實居多。方委爪牙之雄。未兼鈇鉞之寄。竟以積勞成疾。憂國忘身。太和四年。歲在庚戌。冬十一月乙未。薨于昇平里之私第。享齡五十九。皇帝軫悼廢朝。賻禮加等。粤辛亥二月十五日甲午。葬于京兆府萬年縣長樂鄉宋侯之西原。後三月。詔贈工部尚書。表勳臣也。夫人李氏。從夫之貴。封趙郡夫人。淑愼賢明。能正婦道。節哀盡哭。動合禮經。

長子宗簡。福王府參軍。次子宗授。一子出身。幼子福郎。小女平娘。孩啼孺慕。絶及懷抱。以敬元昔因朝奏。相遇諸途。語及戰伐之事。備聞功業之本。其子以理命見託。固徵斯文。而表諸道。蓋不虛美。其詞曰。

惟天生人。必以類分。定亂以武。克生武臣。洸洸史公。振輝羣倫。正直不回。剛決無鄰。沐若膏雨。煦然陽春。濟以寬猛。施之威仁。三代爲將。道家所忌。爲將四世。彌彰勇毅。制勝出奇。料敵善利。全活擒生。度材任知。寒天雪夜。萬里齊轡。攻討賊城。致之死地。干戈既戢。弓矢載櫜。懋功既立。爰議

賞勞。謙勤愈彰。寵錫彌高。貴婚華憲。輝映賢豪。王者之師。勝殘去殺。由不得已。在徽纆黜。惟公訓齊。確然不拔。今亦寬簡。政不苛察。羽林震衛。克壯其猷。推誠心膂。練習貔貅。忘身奉君。勞積生憂。運促潛奪。名在建侯。追榮八座。寵錫威武。葬于九原。軫悼明主。勳名獨在。骨肉歸土。表行豐碑。垂休萬古。

高孚

孚文宗時人官許昌縣主簿。

白雲起封中賦 以皇漢施德介邱告成爲韻

客有遭逢漢昌。從武帝而登岱。覩白雲之效祥。曰此蓋非常不飄不揚。初起封中。方郁郁以呈象。稍浮山上。乍英英而有光。原初出之義也。告成我皇。我皇德以靜人。威以平難。廓清諸夏。光啟大漢。俗既和兮考時巡。禮既備兮登日觀。惟天輔聖。無雨則其明徵。惟岳通元。出雲所以幽贊。不然者。山有四岳。胡獨興於此。地有四極。胡不普而施。觀耀質以流彩。若無心而有知。無心者何。隨車而動。息有知者何。表聖之功德。帝穆清以修祀。雲故清其容。帝貞白以爲心。雲故白其色。豈徒然也。君爲萬國所仰。岳乃眾雲所居。其垂恩儲精。登封俯拜。亦庶幾乎明神斯荅景福攸介。故夫是雲也。乘元氣而出。冠靈壇而浮。不漠漠以四散。直亭亭於上頭。祥光內朗。瑞色旁流。既表慶于兹日。復增華於介邱。此可以見其無疆之休者也。且夫刻石者所以紀號。泥金者所以昭告。必元德之已升。乃兹山之可造。若齊桓僭侈。秦帝驕暴。縱傾國以修封。豈嘉祥之云報。美矣哉。晝日斯清。瑞雲孔明。絪緼蕭索。下應一人之感。髣髴影響。旁聞萬歲之聲。彼入房彰於殷帝。浮洛表於周成。豈可與兹而名哉。

大唐吳郡張君紀孝行銘

君名常洧。字巨川。句曲人也。其先奕世載德。錫姓受氏。詳乎家牒。炳乎國史矣。在昔宣王時。則有若張仲孝友。周人美之。列于風雅。在悼公時。則有若張老恢晉國之圖。拯魏氏之急。魯史嘉之。編于簡冊。高祖伯卿。曾祖元紹。並怡情典墳。抗志不仕。祖處靜。皇湖州烏程令。考章。皇建州司戶。君即建州之第四子也。幼而聰敏。長而岐嶷。窮百行之源。事父母以孝。稟五常之性。奉親族以和。及父母既沒。居憂泣血。柴毀骨立。躬自建塚。高數尋。手植奇樹。盈千餘本。然志戀墳塋將終身灑掃雖喪紀逾制而靡釋衰絰乃葺結庵廬居于墓次哀動行路感通神明白鶴翔于林中靈芝生于墓側鄉黨稱其孝郡邑嘉其行錄表上聞優詔允荅復其傜役旌其倚廬三紀于玆情不一異君嘗疾困殆不勝喪勺飲不入口者累日矣其兄常泳勸令飲食固辭不從兄謂之曰有疾飲酒食肉在禮自有明文無以死傷生也今汝異居幽荒之際而卽安于疾殆至滅性又安得爲孝乎乃曰吾負終身之憂匪惟一日之感且吾有兄不患死之將至兄有子不患祀之將乏身既不賴其生口豈復

食其味乎君子曰甚哉張氏兄弟孝之大者也非令弟無以知兄之賢非仁兄無以成弟之美所及其遠哉上以彰聖朝孝理之至中以表牧宰奉化之極下以明張君錫類之永此一行也而三善成焉乎雖庸愚備知盛美竊以寵錫之命雖行表于門閭紀述之詞曾未標于篆刻敢直書其事識之貞石焉銘曰

天錫嘉命保佑我唐篤生張君令名是揚令名伊何純孝克彰終身在戚執親之喪獨居幽荒廬墓之側喪制既踰哀情罔極衰絰弗離甘旨靡食疾苦嬰身志行不忒節彼高墳巍然如岡草木呈瑞鸞鶴表祥孝感之至達于聖皇詔命旌美殊其井疆勒銘紀行于門之旁千秋萬祀斯風不忘

承瓌

瓌太和中官潤州句容縣主簿

張孝子旌表碑贊并序

昔原涉廬于墓三載人至于今稱之況吳郡張生父母繼歿匍匐墳土寢處苫塊棄絕人事凡三十一年號泣終身故至性感物精誠動天靈芝繼生嘉祥薦至鄉里仰其道

狼戾者爲之恭恪悖慢者爲之孝慈郡縣以聞于是天子寵以旌表當代著之歌謠又太和六年姪孫公珽繼亦廬于墓時職留務于金陵日御史譚公爲清時名士深用褒焉曰張家至孝已傳三世可革人俗變諸鄉閭不匱之美萃于張氏矣而張氏世傳儒素家唯四壁大唐之璽書文人之麗藻雖傳諸子孫而未寘于金石會其諸兄之孫曰琢以經學著名少游太學垂十年有貞介之行有恭懿之德事親愛以順交朋友以信邠帥知之辟主印眞寧糾逖滯疑綏懷孤弱眞寧有單父武城之化民皆翕然秩滿歸

鄉經先人之舊廬，悼盛事之未樹，喟然嘆息，霈然涕洟，乃出琴書車馬以鬻焉，取其資繕葺廊廡，芟夷榛荊，咸取敦旨，勒于貞石，使永不泯。夫建邦立家，唯忠與孝，有一於此，宜乎不朽。君斯舉也，上宣吾君之命，下顯爾祖之休，盡善盡美矣。贊曰：

天經地義，其惟孝焉。六順之始，百行之先。哲人斯難，爾祖有旃。土闕徒立，荆榛滿阡。永錫之道，將不匱焉。吾儕感此，深用惘然。乃紀貞石，是昭是宣。豐碑既樹，厥美方傳。俾其不朽，永慰荒埏。

李哲

哲官潤州句容縣令。

吳郡孝子張常洧廬墓記

人與天地同有，孝與父子偕生，道德失而稱仁，哀慕結而滅性，於是先王立中制，三年通喪，人倫以達。然孝子之心，感逐時并，戚隨身盡。句容張常洧哀親之不返，將已以爲殉，鄉閭懼法，孝子違心，長號天高，侍宿墳側，歲移六炎，人無二行，柴骨杖起，蓬頭氊垂，非禮教之所知，非名實之相與，誠至孝之所致而至于斯也。余執事之日，耆老趙某等共舉之，愴然感懷，因自俯慰，申州上請，以表門閭。州司慮其矯情異衆，飾哀求顯，事留精詳，時多永嘆。國體不以殊行立法，故旌善以激俗；史館編集傳記，須令搜揚。今年八月，觀察使御史中丞王公録上尚書省，明詔未及，幽魂已慶。惟此孝子，行之實難。余替人喬公，體包仁和，志存感激，異斯事舉，請余記之。

鄭素卿

素卿太和時人。

西林寺水閣院律大德齊朗和尚碑 并序

大師號齊朗，生報身于尋陽陶氏，承大司馬侃之後。侃捨宅作西林寺，其孫累有人繼前志，故大師幼有覺心。事峰頂寺律大德法眞爲和尚，出家受具，皆目其下，傳七支四分學，精進勇猛，所治如官之與憲法，其徒肅而不敢犯，故自山發其風，行諸道流，若鈞衡繩墨，所化之處，無不斷斷爾。所居水閣院，水閣之稱，天下知重。長講律業，兼通無量壽、淨名等經，復手自爲義記，以示後學。貞元三年，從峰頂本大師陪荆州慶門寺靈裕、台州國清寺法裔，同受廉使李公兼龍興壇場之請。洎七年，剌史崔公衍置方等於當州開元寺請東林大德熙怡大林法粲興果神清同赴壇會十四年郡守李公康與甘露之會請宣州開元寺大德慧莊撫州景雲寺上宏吉州靖居寺道華當州寶稱寺智滿同秉羯磨至元和初鄂岳觀察使郗公士美建法會于頭陀寺又命簡奉迎曰鵝珠在冰雪之中鶴貌出風塵之外其感搢紳大人相知之深如此享年七十有三法歲四十有九示寂滅于長慶二年十月十六日用是年閏月二十一日奉葬于峰頂大師靈塔之右恭遺命也嗚呼凡與大師遊者自童年及暮齒未嘗以言色高下用戕于人人

之聰明覩此知教雖庭戶之近必擬跡而後行或饑寒之來必審公而後取所謂聲爲律身爲度其殆庶乎或人來以持律相難者對之曰吾聞四十不惑以至無邪正當師之我法只爾聞者降伏知言要理深自洪州升龍興寺壇轉至甘露頭陀惣一十有四會承羯磨者數盈千萬計故江西以爲佛法鐘皷皆自水閣出考功員外郎李公渤中書舍人白公居易嘗視郡事得之精微每至道場膜拜起敬門人元超元諫元膺元譚元皓清銳元惣智明等懼先師之德光不留於金石乃以本際實行付雲皐比邱草具狀藉門弟子大德道建如達沖契宗一等虔請碑銘于榮陽鄭氏子素卿辭不能免乃强起筆應之曰釋之徒有持律猶官之徒有持法二者謹嚴則教立而道尊惟大師以惠覺心以心治身秉佛憲書爲佛翰垣調馭諸根不生一塵提導孺孩出離火燔昇我漸堦入我便門慈覆軒軒法灑䬙䬙膏之清濡長之茂蕃故自匡廬散吳楚間受教比邱知處元關或坐道場或登戒壇景我之山派我之川珠貫大千印可無邊來也不羈去之偶然吁嗟乎西林佛日嘗在此今已焉太和六年歲次壬子三月甲午朔六日己

巳門人元諫等樹

蕭倣

倣字思道宰相俛從父弟太和元年進士咸通中歷禮戶一部侍郎拜義成軍節度使入爲兵部尚書歷吏部兵部以本官同平章事遷中書門下侍郎進司空宏文館大學士蘭陵郡侯罷爲嶺南節度使卒年八十

蘄州謝上表

臣某言臣謬掌貢闈果茲敗失上負聖獎下乖人情實省已以兢懃每自咎而惶灼猶賴陛下猥矜拙直特貸刑書

不奪金章仍付符竹荷恩宥而感戀奉嚴譴以奔馳不駐羸驂繼持舟棹臣二月十三日當日於宣政門外謝訖便辭進發今月一日到任上訖臣誠惶誠懼頓首頓首臣性稟朴愚材昧機變皆爲叨據果竊顯榮一心惟知効忠萬慮未嘗念失是以頃升諫列已因論事去官後忝瑣闈亦緣舉職統旆身流嶺外望絕中朝甘於此生不到上國伏遇陛下臨御大寶恭行孝思詢以舊臣徧霑厚渥臣遠從海嶠首還闕廷才拜丹墀俄捧紫詔任掄材於九品位超冠於六曹家與國而同歸官與職而俱感常思惕厲覊免

悔尤已塵銓衡復忝貢務昨雖有過今合具陳臣伏以朝廷所大者莫過文柄士林所重者無先辭科推公過即怨讟並生行應奉即語言皆息爲日雖久近歲轉難如臣孤微豈合操剸徒以副陛下振用明時至公是以不聽囑論堅收沈滯請託既絕求瑕者多臣昨選擇實不屈人雜文之中偶失詳究肩眾口以騰毀致朝典以指名緘深懇而闕字一得敷陳奉詔命而須乘郵傳罷遠藩赴闕還鄉國而只及一年自近侍謫官歷江山而又三千里泣別骨肉愁涉險艱今則已達孤城唯勤郡政緝綏郭邑訓整里閭必使獄絕寃人巷無橫事峻法鈐轄於狡吏寬宏撫育於疲農覊立微勞用贖前過伏乞陛下特開睿鑒俯察愚衷臣前後黜責多因奉公秉持直誠常違於黨與分使如此時亦自嗟寫肝膽而上告明君希衰殘而得還帝里豈望復升榮級更被寵光願受代於斷春遂閑散於輦下臣官爲牧守不同藩鎮謝上之後他表無因達天聽而知在何時備繁辭而併陳今日馳魂執筆流血拜章形神雖處於遐陬夢寐尚馳於班列臣無任感恩惶恐涕泣望闕屏營之至謹差軍事押衙某奉表陳謝以聞

駁還藍田尉直宏文館柳珪擢右拾遺奏

陛下高懸爵位本待賢良既命澆浮恐非懲勸珪居家不稟於義方奉國豈盡於忠節下闕

諫懿宗奉佛疏

臣聞元祖之道由慈儉爲先而素王之風以仁義爲首相沿百代作則千年至聖至明不可易也如佛者生於天竺去彼王宮割愛中之至難取滅後之殊勝名歸象外理絕塵中非爲帝王之所能慕也昔貞觀中高宗在東宮以長孫皇后疾亟嘗上言曰欲請度僧以資福事后曰爲善有

徵吾未爲惡善或無報求福非宜且佛者異方之教所可存而勿論豈以一女子而紊王道乎故諡爲文德且毋后之論尚能如斯哲王之謨安可反是伏覩陛下留神天竺屬意桑門內設道場中開講會或手錄梵筴或口揚佛音雖時啟於延英從容四輔慮稍移於聽政廢失萬機居安思危不可忽也夫從容者君也必疇咨於臣盡忠匡救外逆其耳內沃其心陳臯陶之謨述仲虺之誥發揮王道恢益帝圖非賜對之間徒侍坐而已夫廢失者上拒其諫下希其旨言則狎玩意在順從漢重神仙東方朔著十洲之

記梁崇佛法劉孝義詠七覺之詩致祠禱無休講誦不已以至大空海內中輟江東以此言之是廢失也然佛者當可以悟取不可以相求漢晉以來互興寶刹姚石之際亦有高僧或問以苦空究其不滅止聞有性名曰忘言執著貪緣非其旨也必乞陛下力求民瘼虔奉宗祧思謬賞與濫刑其殃立至侯勝殘而去殺得福甚多幸罷講筵頻親政書昔年韓愈已得罪於憲宗今日微臣固甘心於遐徼

與浙東鄭商綽大夫雪門生薛扶狀

某昨者出官之由伏計盡得於邸吏久不奉榮問惶懼實深某自守孤直蒙大夫眷獎最深輒欲披陳其事畧言首尾冀當克副虛襟鑒雪幽抱伏以近年貢務皆自閣下權知某叨歷清崇不掌綸誥去冬遽因銓衡叨主文柄珥貂載筆忝幸實多遂將匪石之心冀伸藻鏡之用壅遏末俗蕩滌訛風刈楚於庭得人之舉而騰口易唱長舌莫箝吹毛豈惜其一言指類何啻於十手既速官謗皆由拙直竊以常年主司親屬盡得就試某敕下後牓示南院外內親族具有約勒並請不下文書斂怨之語日已盈庭復禮部舊吏云常年例得明經一人某面責其事卽嚴釐革然皆

陰蓄狡恨求肆蟲言致雜文之差互悉羣吏之搆成失於考議敢不引過又常年牓帖並他人主張凡是舊知先當垂翅靈蛇在握棄而不收璞鼠韜懷疑而或取致使主司脅制於一時遺恨遂流於他日今春此輩亦有數人皆朝夕相門月旦自任共相犄角直索文書某堅守不聽唯運獨見見在子弟無三數門生舊知纔數人推公擢引且既在門館日夕卽與子弟不生爲輕小之徒望風傳說曰筆削重事閨門得專某但不欺知白之誠豈畏如簧之巧頃年赴廣州日外生薛廷望薦一李仲將外生薛扶秀才云

負文業窮寄嶺嶠到鎮日相見之後果有辭藻久與宴處端厚日新成名後人傳是蕃夷外親嶺南巨富發身財賂委質科名扶卽薛謂近從兄弟班行內外親族絕多嶺表之時寒苦可憫曾與月給虛說蕃商據此謗言豈麤相近況孔振是宣父胄緒韓綰卽文公令孫蘇鶚故奉常之後鴈序雙高而風埃久處柳告是柳州之子鳳毛殊有而名字陸沈其餘四面搜羅皆有久居藝行之士繁於簡牘不敢具載某裁斷自已實無愧懷敦朝廷厚風去士林時態此志惶撓豈憚悔尤今則公忠道消奸邪計勝衆情猶有

惋歎深分卻無憫嗟何直道而遽不相容豈正德而亦同浮議久猜疑悶莫喻尊崇韋無大故之嫌勿信小人之論麤陳本末希存舊知臨紙寫誠含毫增歎特垂鑒宥無輕棄遺幸甚

韋慤

慤字端士太和初進士大中朝拜禮部侍郎出領方鎮卒

重修滕王閣記

鍾陵郡控連山大江環合州城揭起樓榭遊之者莫不目駭魂褫號爲一方勝槩先是背郛郭不二百步有巨閣稱滕王者懿夫峻修廣袤非常製所能擬及考尋結構之始蓋自永徽後時滕王作蘇州刺史轉洪州都督之所營造也距今大中歲戊辰亦將垂三百年徒嘉乎飛甍疊棟虎踞龍盤發地呈形與山同安曾不知盪潏不必繫於天災興廢自叶於時數將利恢復果憑智謀故我雁門公按節廉問方頒條詔令肅而兵戎讋服政和而疲瘵昭蘇妙撫循則有袴襦咸獲之謠寬賦斂且無杼軸皆空之歎歲比善熟俗臻治平故州民相與稱賀繼而歌曰自公之來閭境讙哈飲公之化若乳嬰孩雖國僑理鄭國而多方長孺

緝淮陽而布效方公今日不足過也宜乎事事祉居全功無何值祝融發其災回祿煽其焰曾未竟夕煤倬秋蓬則斯閣之製盪無餘矣其他廩廥之地接續郵亭甍棟纏連疾飆一驚遂至延及公至是領徒夜出俾撤屋開道毒燄方熾逡巡不能救翼日公乃往觀焉召將校謂之曰吾幸得備位廉察不能懇求人瘼敬避天戒致火之患時予之辜遂審量日力詳度費務役不加重而烝徒湊事協于中而公用省衆謂難集我方指期遂得鼛鼓不勝而築之閣閣梓材並構而勢已耽耽自非智用周敏政齊畫一則安

能𢇁規模之豐麗如彼。程制造之速疾如此。不有廢絕孰能興耶。今按舊閣基址。南北濶八丈。今增九丈三尺。其峻修北自土際達閣。板高一丈二尺。今增至一丈四尺。濶板上舊長一丈。今增至一丈三尺。中柱北上聳于屋脊。長二丈四尺。今增至三丈一尺。舊正閣通龜首。東西六間。長七丈五尺。今增至七間。共長八丈六尺。濶三丈五尺。固可謂宏廓顯敞。殊形詭狀。革故鼎新。有如是乎。況前通舟車。迴瞰江嶺。每值美景讌集。笙歌散迂。遠凝宵漢。上軼雲雨。即未知三山之靈仙窟穴。五湖之賢達沈浮。其於歷賢勝員。

果又何如耳。故自焚爇之後。又建是閣。廣其郵驛。麗事接以飛軒累榭。復架連樓小閣。對峙高揭。旁通江亭津館。致巧衒能。迴廊并抱。以交映邃宇。相縈而不絕。則是閣也。冠八郡風俗之最。包四時物候之異。春之日則花景鬬新。香風襲人。憑高送歸。極目蕩神。夏之日則鶯舌變哢。葉陰如棟。紈扇罷搖。綺窗堪夢。秋之日則露白山青。當軒展屏。凉風遠來。沈醉易醒。冬之日則簷外雪滿。幄中香暖。耐寒罇斝。好聽歌管。則斯閣之盛。縱遊之美。賞心樂事。庸可旣乎。夫易舊圖新。樹非常之績。天其或者必將候魁岸博達負出人智能。而俾張大其所爲。不然。何當瘡痍未復之前。而妙於救藥煨燼已成之末。而遽及經營。況不奪農時。不勤人力。帑藏免竭。日時免賒。觀之者咸謂神化翕忽。殆非人力之所爲也。噫。夫瓌譎特殊。巍峩相扶。似乘靈濤湧出方壺。華厦崢嶸。開闔睢盱。用鎮遐俗。尤光奧區。是必知後千百年。閣之名焉與公之政俱垂不朽矣。至如江山之重複。物產之殷充。亭臺增葺。以雲蔓廨署。繕完而櫛比。布在圖籍。孰能該詳。慤今所以爲異者。但舉乎閣之廢矣。自公復興而已。其他壯麗形勝。已備列諸公述作。故不能一一覼

縷。時大中執徐歲秋八月哉生明記。

劉瞻

瞻字幾之。其先彭城。徙桂陽。太和初進士。又登博學宏詞科。咸通中拜戶部侍郎。充翰林學士。以本官同平章事。加中書侍郎兼刑部尚書集賢殿大學士。罷爲荊南節度使。再貶驩州司戶參軍。僖宗立。徙康州刺史。量移虢州。以刑部尚書召。復以中書侍郎平章事。卒。

請釋醫官韓宗召康仲殷宗族疏

臣聞修短之期。人之定分。賢愚共一。今古攸同。喬松彝花

稟氣各異至如籛鏗壽考不因有智而延齡顏子早亡不爲不賢而促壽此皆含靈稟氣修短自然之理也一昨同昌公主久嬰危疾深軫聖慈醫藥無徵幽明遽隔陛下過鍾宸愛痛切追思爰責醫工令從嚴憲然韓宗召等因緣藝術備荷寵榮想於診候之時無不盡其方術亦欲病如沃雪藥暫通神其奈禍福難移竟成差跌原其情狀亦可哀矜而差悞之愆死未塞責自陛下雷霆一怒朝野震驚囚九族於狴牢因兩人之藥悞老幼械繫三百餘人咸云宗召荷恩之日寸祿不霑進藥之時人不同議此乃禍從

天降罪匪已爲物議沸騰道路嗟嘆陛下以寬仁厚德御宇十年四海萬邦咸歌聖政何事遽移前志頓易初心以達理知命之君涉肆暴不明之謗且殉宮女而違道四平人而結冤此皆陛下安不思危忿不顧難者也陛下信崇釋典留意生天大要不過喜捨慈悲方便布施不生惡念所謂福田則業累盡消往生忉利比居濁惡未可同年伏望陛下盡釋繫囚易怒爲喜虔奉空王之教以資愛主之靈中外臣寮同深懇激

唐故內莊宅使銀青光祿大夫行內侍省內侍員外置同正員上柱國彭城縣開國子食邑五百戶賜紫金魚袋贈左監門衛大將軍劉公墓誌銘 并序

公諱遵禮字魯卿帝堯垂裔實分受姓之初隆漢勃興更表昌宗之盛靈源彌遠瑞慶斯長史不絕書代稱其德曾祖諱英皇任游擊將軍守左武衛翊府中郎將韜鈐奧術倜儻奇材運阨當年位不及量僖伯有後累生英賢烈祖諱宏規皇任左神策軍護軍中尉特進行左武衛上將軍知內侍省事贈開府儀同三司揚州大都督沛國公佐佑

累朝出入貴仕文經武略茂緒嘉庸誓著山河勳銘金石訓傳令嗣慶集德門卽今開府儀同三司內侍監制仕徐國公名行深也公卽開府第五子穎悟於齠齔溫克於童蒙孝敬自稟於生知忠恪允符於夙習爰當妙齒卽履宦途以寶歷二年入仕重位要權爭用爲寮寀資鴻漸之勢俟麟角之成雍容令圖遜讓美秩開成五年方賜綠授將仕郎掖庭局宮教博士充宣徽庫家地密務殷選清材稱舉止有裕階資漸登會昌元年授登仕郎四年授承務郎常在禁闈日奉宸扆皆貴游之子弟爲顯仕之梯媒清切

無倫。親近少比。特加命服。仍領太醫。六年賜服銀朱。加供奉官。轉徵仕郎內僕局令。充監醫官院使。親承顧問。莫厚於宣徽。榮耀服章。無加於紫綬。其年六月。授宣義郎。改充宣徽北院使。十一月賜紫金魚袋。階秩表仕進之績。爵邑列恩寵之榮。既屬上林。因降優命。大中二年。授朝散大夫彭城縣開國子。食邑五百戶。密侍右遷。樞軸備選。邊防經制。才略所先。公論咸推。帝命惟允。五年改充宣徽南院使。尋兼充京西京北制置堡戍使。疆場設備。今古重難。俾無奔突之虞。用致煙塵之息。凡所更作。大叶機宜。與能疇勞。

換職進秩。其年使迴。改大盈庫使。旋授宮闈局令。夫良弓勁矢。武衛戎裝。器號魚文。名掩繁弱。帑藏之貯。進御是須。多資峻嚴。以綰要重。七年改內弓箭庫使。又以上田甲第。職夥吏繁。禁省之中。號爲難理。苟非利刄。寧愬劇權。八年改內莊宅使。出護戎機。實爲重寄。受歷試之選。膺貞律之求。爰以周通。遂俞推擇。九年改充海監軍使。共綏武旅。旁協師臣。儻非其材。亦罕濟用。雅聞懿績。更莅雄藩。十二年改鄆州監軍使。出入之宜。勞逸是繫。履踐之美。重沓爲優。十三年赴闕。明年授營幕使。其年再領弓箭庫使。咸通元年十二月。轉掖庭令。雲螭注產。驥子龍孫。當星馳電逸之場。列中皁內閑之籍。寶鞭玉勒。足蹤首驤。繫於伯樂之知。懸在伏波之式。鑒精事重。匪易其人。三年遂授內飛龍使。休聲益暢。睿渥彌敷。進於崇班。示以懋賞。四年授內侍省內侍。地控西陲。任當戎事。思得妙略。冀絕邊虞。五年改邠寧監軍。外展殊勳。內缺要務。人思舊政。主洽新恩。七年復拜內莊宅使。顧遇益隆。兢謹愈至。將申大用。先命崇階。八年授銀青光祿大夫。嗚呼。得君逢時。材長數促。性命之際。賢哲莫窮。咸通九年孟夏遘疾。優旨許歸就醫。藥鍼砭無

及。湯劑徒施。莫逢西域之靈香。遽嘆東流之逝水。以其年六月十四日。薨于來庭里私第。享年五十三。八月五日詔贈左監門衛大將軍。寵惟開府。以仁誼承家。用忠貞事主。德齊嵩華。量廣滄溟。便蕃顯榮。洋溢功業。掌鈞衡則彌縫大政。綰戎務則訓齊全師。勤以奉公。寬而濟眾。書于史冊。播在朝廷。故得朱紫盈門。輝光滿目。公之仲季。時少比倫。並以出人之材。各奉趨庭之訓。優秩佳職。後弟前兄。而公不享遐齡。豈神之孤眾望也。是以開府惋惜。軫極悲懷。夫人咸陽縣君田氏。四德咸臻。六姻共仰。婦道克順。母儀聿

修有子四人。長曰重易。給事郎內侍省內府局丞。次曰重允。宣徽庫家登仕郎內侍省奚官局丞。又其次曰重益曰重則。並已賜綠。皆以孝愛由已。明敏居心。在公處私。克守訓範。以似以續。家肥國華。今則喪過乎哀。毀焉在疚。宅兆既卜。日月有時。十一月八日。銜哀奉喪。窆于萬年縣崇義鄉滻川西原。禮也。佳城永閟。昭代長違。生也有涯。前距百齡纔及半。死如可作。後遊九原當與歸。瞻叨職內廷。特承宗顧。刊刻期于不朽。敘述固以無私。銘曰。

積德之孫。大勳之嗣。允文允武。有材有位。既遇明時。將膺

寵寄。樞機之任。咫尺而至。命不副才。期而奭遂。崇崇德門。侁侁令子。垂裕後昆。流千萬祀。

欽定全唐文卷七百四十八

杜牧一

牧字牧之。駕部員外郎從郁子。第進士。復舉賢良方正。文宗朝官殿中侍御史。遷左補闕。轉膳部比部員外郎。歷黃池睦三州刺史。遷司勳員外郎。轉吏部。授湖州刺史。入拜考功郎中知制誥。遷中書舍人。卒年五十。

阿房宮賦

六王畢。四海一。蜀山兀。阿房出。覆壓三百餘里。隔離天日。驪山北構而西折。直走咸陽。二川溶溶。流入宮牆。五步一

樓。十步一閣。廊腰縵迴。簷牙高啄。各抱地勢。鉤心鬭角。盤盤焉。囷囷焉。蜂房水渦。矗不知乎幾千萬落。長橋臥波。未雲何龍。複道行空。不霽何虹。高低冥迷。不知西東。歌臺暖響。春光融融。舞殿冷袖。風雨淒淒。一日之內。一宮之間。而氣候不齊。妃嬪媵嬙。王子皇孫。辭樓下殿。輦來於秦。朝歌夜絃。為秦宮人。明星熒熒。開粧鏡也。綠雲擾擾。梳曉鬟也。渭流漲膩。棄脂水也。烟斜霧橫。焚椒蘭也。雷霆乍驚。宮車過也。轆轆遠聽。杳不知其所之也。一肌一容。盡態極妍。縵立遠視。而望幸焉。有不得見者三十六年。燕趙之收藏。韓

魏之經營齊楚之精英幾世幾年剽掠其人倚疊如山一旦不能有輸來其間鼎鐺玉石金塊珠礫棄擲邐迤秦人視之亦不甚惜嗟乎一人之心千萬人之心也秦愛紛奢人亦念其家柰何取之盡錙銖用之如泥沙使負棟之柱多於南畝之農夫架梁之椽多於機上之工女釘頭磷磷多於在庾之粟粒瓦縫參差多於周身之帛縷直欄橫檻多於九土之城郭管絃嘔啞多於市人之言語使天下之人不敢言而敢怒獨夫之心日益驕固戍卒叫函谷舉楚人一炬可憐焦土嗚呼滅六國者六國也非秦也族秦者

秦也非天下也嗟夫使六國各愛其人則足以拒秦秦復愛六國之人則遞三世可至萬世而爲君誰得而族滅也秦人不暇自哀而後人哀之後人哀之而不鑑之亦使後人而復哀後人也

望故園賦

余固秦人兮故園秦地念歸途之幾里訴余心之未歸兮雖繫日而安至旣操心之大謬欲當時之奏技技固薄兮豈易售矧將來之歲幾人固有尚珠金印節人固有爲背憎面悅擊短扶長曲邀橫結吐片言兮千口莫窮觸一機而百關俱發嗟小人之顯蒙兮尚何念於逸越余之思歸兮走杜陵之西道巖曲天深地平木老隴雲秦樹風高霜早周臺漢園斜陽暮草寂寥四望蜀峰聯嶂蔥龍氣佳蟠聯地壯繚粉堞於綺城矗未央於天上月出東山苔扉向關長烟苒惹寒水注灣遠林雞犬兮樵夫夕還織有桑兮耕有土昆令季强兮鄉黨附悵余心兮捨茲而何去憂豈無念念至謂何憤慍悽悄顧我則多萬世在上兮百世居後中有一生兮孰爲壽夭生旣不足以紉佩兮顧他務之纖小賦言歸兮余之志世徒爲兮紛擾

晚晴賦 并序

秋日晚晴樊川子目于郊園見大者小者有狀類者故書賦云

雨晴秋容新沐兮忻遶園而細履面平池之清空兮紫閣青橫遠來照水如高堂之上見羅幕兮垂平鏡裏木勢黨伍兮行者如迎偃者如醉高者如達低者如跂松數十株切切交峙如冠劍大臣國有急難庭立而議竹林外裹兮十萬丈夫甲刃樅樅密陣而環侍豈負軍令之不敢囂兮何意氣之嚴毅復引舟於深灣忽八九之紅芰姹然如婦

斂然如女。墮蘂黦顏。似見放棄。白鷺潛來兮。邈風標之公子。窺此美人兮。如慕悅其容媚。雜花參差於岸側兮。絳綠黃紫。格頑色賤兮。或妾或婢。間草甚多。叢者束兮。靡者杳兮。仰風獵日。如立如笑兮。千千萬萬之容兮。不可得而狀也。若予者則謂何如。倒冠落佩兮。與世闊疎。敖敖休休兮。眞徇其愚而隱居者乎。

高元裕除吏部尚書制

勑。昔有虞氏貴德尚齒。言於四代。其道最優。今吾卿老富有道德。以大冢宰。表率羣寮。顧予敢專。得於僉議。

前山南東道節度管內觀察處置等使銀青光祿大夫檢校尚書使持節襄州諸軍事兼襄州刺史御史大夫上柱國渤海縣開國男食邑三百戶高元裕。始以御史諫官。在長慶寶歷之際。匡拂時病。磨切貴近。罔有顧慮。知無不爲。復以諫議舍人。在大和末。詞摧凶魁。坐折左宦。繼爲中丞京兆。公卿藩服。朕始在位。徵歸朝廷。爰自尚書。裂分茅土。爲政以德。行已惟仁。信而履之。服而樂之。餘三十年。道益昭著。夫中外之任。迭有重輕。今者干戈蘊藏。戎狄信順。將欲詳考典禮。開張教化。使吾丞相已降。有所咨稟。非爾元裕。其誰膺之。至於官業。豈勞倚任。祇聽出納。無忘教戒。可守吏部尚書散官勳封如故。

崔璪除刑部尚書蘇滌除左丞崔璵除兵部侍郎等制

勑。喉舌百官之本。綱轄天下之要。戎政國之大事。三人爲衆。一舉得之。唯君知臣。予不敢讓。正議大夫尚書左丞上柱國賜紫金魚袋崔璪。德可標準。言成文章。揚歷中外。道益光顯。左省駁議。不畏強禦。分憂陝服。尹茲東郊。政既安人。化能被俗。擢任藻鑒。旋職牢籠。材皆適宜。官無逋事。分

鎭股肱之郡。遂成功實之臣。陟處綱曹。副以中憲。每師蘧瑗。常慕史魚。抨彈之勇。正當時病。翰林學士承旨銀青光祿大夫行尚書兵部侍郎知制誥武功縣開國男食邑三百戶蘇滌。行冠人倫。爵高天秩。仁義禮樂之是務。克伐怨欲之不行。翺翔禁闈。出入諷議。汲黯爲郡。嘗聞卧理。下惠去國。皆以直道。洎宣室思賈。甘泉召雄。造膝盡忠。代言稽古。近以微恙。懇請自便。君子之道。進退可觀。正議大夫前權知尚書戶部侍郎上柱國博陵縣開國子食邑五百戶賜紫金魚袋崔璵。上知自得。不器難名。既擅高文。兼通古

學掌言綸閣典貢春闈詞同三代之風士掇一時之秀振舉職業昭宣令名詩曰多士文王以寧禮曰官備天子爲樂咨爾璟等實瑞清時子爲爾之德隣爾膺子之愼選典刑不忘於哀敬提綱唯在於公勤舉司馬法勿踵近習各膺重位企佇上酬宜於夙夜無孤官業璟可守刑部尚書散官勳賜如故滌可行尚書左丞散官封如故璵可權知尚書兵部侍郎散官勳封賜如故

裴休除禮部尚書裴諗除兵部侍郎等制

勅冉有仲由孔門之高弟也尚曰處於小國可爲具臣況

今照臨百官撫御四海綰牢籠漕輓之職掌五兵六師之重次第超擢爲吾大寮若非僉諧豈敢輕授正議大夫守尚書兵部侍郎兼御史大夫統諸道鹽鐵轉運等使上柱國河東縣開國子食邑五百户賜紫金魚袋裴休仁義禮樂文行忠信積此八者以爲成人前宣歙池等州都團練觀察處置等使大中大夫檢校左散騎常侍兼御史大夫上柱國河東縣開國男食邑三百户賜紫金魚袋裴諗在元和代理惟帝念功四夷九州文化武服咨爾先父實著大勳天必祚仁門有令嗣道直才富行備名高文學而洽

洽專精率履而清淨恭儉而皆周歷華顯踐更臺閣處事可法出言成章咸輟自綸闈任寄方伯教訓以禮生聚以仁千里封疆一口歌詠休乃命以取士時稱得人用其公方委之管搉事爲之制曲爲之防鉤校奸贓未滅賦取公財不耗疲人樂生望爲準繩立作據依名實兼備德位兩高漢史曰理行尤異者就加禮曰有功於人者進律秩崇八座官副夏卿舉以授之予亦何恡夫宰相佐天子公卿助宰相股肱指臂任同一身有事必言未爲越局無自愛惜勉荅寵榮休可禮部尚書依前統諸道鹽鐵轉運等使

諗可權知尚書兵部侍郎散官勳封賜各如故

畢諴除刑部侍郎制

勅士師皐陶之恤刑司寇蘇公之用獄既盡哀敬能致治平擢爲大寮膺茲愼選出於予志命以誠臣翰林學士朝散大夫守中書舍人上柱國平陰縣開國男食邑三百户賜紫金魚袋畢諴學臻壼奧文越拘攣常以忠信用爲前後爰自郎署擢居內庭謀議有同於壽王奇異輒委於嚴助竭盡心力裨補機要既久歲序須議遷昇今者耕夫服田戎馬不駕欲使凡一手足皆獲措置是故用汝典予刑

罰汝其往哉吾今告汝吾聞孔子曰古之聽獄求所以生之今之聽獄求所以殺之宜念格言深思倫要勉服休命以稱朕意可權知尚書刑部侍郎散官勳封賜如故

韋有翼除御史中丞制

勑昔貞觀開元之爲理也遠隱必見情僞必知天下如一家兆庶如一人無他道也綱目皆振法令必行祖宗在天方冊在地人存政舉行之非艱故用正臣委之邦憲朝請大夫守尚書刑部侍郎上柱國賜紫金魚袋韋有翼戴仁而行抱義以處牆仞裹峻壇宇外寬介特守君子之强文

學盡儒者之業周歷華貫擢爲諍臣攻予甚專言事頗切頻試佐輔移理陜郊馮翊之恐失倪寬潁川之意得黃霸壺漿迎路襁屬攀車徵爲公卿愈見風采恤刑慎罰守法當官巍然立朝爲時準直今者跡其率履委之糾繩爾其念惠文彈理之言思立秋授署之旨三尺律令四海紀綱所宜公共無鄉上意古人有言曰凡爲虎鼠計於用舍今之倚任佇觀爾能唯君知臣無累所舉可守御史中丞散官勳封賜如故

趙眞齡除右散騎常侍制

勑仲尼曰愼擇爾臣爲人之道夫語言應對之選爲顧問耳目之官若非善良必致壅害朝散大夫守太子賓客上柱國漢中郡開國公食邑二千户賜紫金魚袋趙眞齡其先君子祇事祖宗出入屏毗餘四十載爾爲令嗣克肖素風好學頗專樹善不倦凡曰賢彦無不與遊雲水登臨多聞放志風塵趨競殊不縈心是以長人有慈惠之名處官無纖介之失其爲行已斯亦多矣丹墀文陛之内貂羽金蟬之榮超以授之無忝所舉可守右散騎常侍散官勳封賜如故

韓賓除户部郎中裴處權除禮部郎中孟璲除工部郎中等制

勑朝散大夫守尚書水部郎中上柱國韓賓等尚書天下之本郎官皆爲清秩非科名文學之士罕與其選以賓端貞有守以處權俊乂出羣以璲才能適用皆茂鄉里之稱咸爲名實之士各服休命勉於官業可依前件

鄭處晦守職方員外郎兼侍御史知雜事制

勑朝議郎行尚書職方員外郎上柱國賜緋魚袋鄭處晦御史中丞韋有翼上言曰御史府其屬三十人例以中臺

郎官一人稽參其事以重風憲如曰處晦族清冑貴能文博學人倫義理無不講求朝廷典章飽於聞見乞爲副貳以佐紀綱以爾處晦常居內庭草具密命自以疾去予今惜之頗俞其言如我自得有翼爲爾之知己余爲有翼之德隣上下交舉豈有私愛勉修職業所報非一可守本官兼侍御史知雜事散官勳賜如故

庾道蔚守起居舍人李文儒守禮部員外郎充翰林學士等制

敕天下爲公選賢與能也況乎拔出流輩超侍帷幄豈唯

獨以文學止於代言亦乃密參機要得執所見若非賢彥豈膺選擢將仕郎守起居舍人庾道蔚善行必備重價無對嘗自侯府升爲諫臣每直言而盡誠不違忠而偶意朝議郎行尚書禮部員外郎上柱國賜緋魚袋李文儒才行冠時名聲譁衆揚歷臺閣宣昭職業無入而不得其道守正而莫混其源並爲儒者之英咸蘊賢人之操久遊安在相見何晚禮曰君子稱人之美則必爵之我既言矣亦能繫維宜盡忠讜以酬寵遇並可守本官充翰林學士餘各如故

李朋除刑部員外郎李從誨除都官員外郎等制

敕書曰庶獄庶事予罔敢知此乃周文王之所以理天下也惟獄惟事會於南宮求郎之難豈敢輕易將仕郎侍御史內供奉李朋能積行實發其詞華勁正端慎言業克舉天平軍節度副使朝議郎檢校尚書祠部員外郎兼侍御史賜緋魚袋李從誨宗室子弟美秀而文嘗經磨涅不改堅白今者取自憲府擢於幕吏各有所授皆爲清秩當自宣室受釐之際思滿堂飲酒之言至於刑章尤繫念慮予曰罪爾勿罪予曰寬爾勿寬問法何如無鄉上意各宜勉勵勿自輕怠朋可守尚書刑部員外郎散官如故從誨可

守尚書都官員外郎散官如故

權審除户部員外郎制

敕文林郎守尚書水部員外郎權審湖饋旱暵百姓枵耗老弱死道上强壯入賊中爰求使臣以救其弊執事者上言爾審學古有文通知理道遂使乘驛視吾飢人果能臨事知權受命達旨慰撫流散宣導恩澤蠲貸逋逸能裁闊狹大小輕重各合事宜雖古所謂直指繡衣美俗使者言之於爾無以過焉用超名曹以酬往效無曠官業勉服休

命可守尚書户部員外郎散官如故

皇甫鉟除右司員外郎鄭溓除侍御史内供奉等制

勑夫聖人之理百代同道無他術也綱紀盡舉而關轄不寬故提綱主轄之司爲邦立理之本言於其屬豈敢輕取浙西道都團練副使朝議郎檢校尚書刑部員外郎兼侍御史賜緋魚袋皇甫鉟鄉里秀人臺閣名士能以文學發爲官業朝議大夫前守河南縣令上柱國鄭溓生於清族克肖素風凡守郡邑皆著理行會府蘩委之任憲司抨彈

之職委之授汝得不戒之夫爲政也日夜思之勤而行之此乃子產之言也剛亦不吐柔亦不茹此乃詩人之所稱也四海百司之條目舉之在勤破制壞法之奸蠹糾之在敢率是二者可曰當官各服寵榮無忝遷擢鉟可尚書右司員外郎散官賜如故溓可侍御史内供奉散官勳封如故

韋退之除户部員外郎裴德融除殿中侍御史盧頴除監察御史等制

勑仲尼見負版者則必式之此言爲國根本不敢不敬兄其官屬豈可輕用漢家授署御史多於立秋蓋以風霜始厲鷹隼初擊古人垂旨可以知之朝議郎行殿中侍御史韋退之等皆章甫高危逢掖褒博表裏文行師法典常退之嘗歷憲臺久居官次性既安靜事皆達練德融典校延閣服膺羣書美價廣譽旁溢遠暢頴佐賢侯名聲藉甚留滯在外而非所宜地官爲郎南臺持斧皆有職業佇見風彩各思率勵以副甄昇並可依前件

李蔚除侍御史盧潘除殿中侍御史等制

勑將仕郎守殿中侍御史李蔚劒南西川節度判官朝議

郎檢校尚書禮部員外郎兼侍御史上柱國賜緋魚袋盧潘等夫法不立而化行惡不去而善進雖使堯舜在上未之有也故御史之舉職者前代有埋輪都亭之奏國朝亦有戴豸正殿之劾若非端勁知名之士不在斯選蔚以文行進用已著勞効潘以儒雅流聞今膺拔擢有司列狀詞旨頗公使吾綱目盡張隄防不壞不在法吏其在他乎朕闢祇宮之門開天下之口企以待理無有厚薄爾等吐茹侮畏之道能不愧於詩人斯塞職矣可不勉之蔚可侍御史散官如故潘可殿中侍御史散官勳如故

盧告除左拾遺制

勑承奉郎行京兆府長安縣尉直史館盧告朕觀不理之代無他道也取唯諾之士爲耳目之官是以太宗皇帝之理天下也德爲聖人尊爲聖帝三日不諫必責侍臣況予寡昧固多遺闕不官才彥安能知之告是吾賢卿老之令子弟也以甲科成名以家行著稱取自史閣拔居諫垣夫朕之不德吏之不平政之失中人之不寧四者之闕悉陳其志此乃漢文帝開諫諍之詔也忠告不倦爾當奉職自用則小子不吝過勉思有犯無事遜言可依前件

蕭峴除太常博士制

勑禮至則無怨樂至則不爭揖讓而理天下者禮樂是也今國家上法三代下採兩漢質文隆殺皆有舊章今命博士非欲革其儀法但使提舉考習而已登仕郎守祕書省著作佐郎蕭峴聞爾昆弟之間著友愛之稱復能於知已依投之地竭力報効況乎富有文學默守恬退執心處已不亦多乎爾其爲吾折中輕重詳校疑似使祝宗卜史之徒不敢以近習欺爾斯則可矣勉於自強可守太常博士散官如故

杜濛除太常博士制

勑守左拾遺杜濛爾五廟祖嘗佐太宗同安生人共爲天下者也爾能自以文學策名清時升爲諫臣豈曰虛授如聞同列牆進而不爾容爾亦拜章自陳極辭貢憤乃令微辨盡知其由僉曰爾以齒少有才不能韜晦或處衆矜已或遇事褊衷言於慎微則亦乖矣仕於清貫斯豈廢乎考衆惡必察之言懲怨不在大之說官移禮寺跡去掖垣屈旣伸眉事亦存體酌此二者頗得中道況乎職業至重蘊蓄可施無使衆多復有窺測可太常博士

馬曙除右庶子王固除太僕少卿王球除太府少卿等制

勑前度支河東振武天德等道營田供軍使檢校太僕卿兼御史中丞馬曙等或以文學策名或以吏才進用久更官次皆著勞効西漢趙充國八十老將通知四夷以爲排折羌虜非穀不可今浚稽山南遮虜障北坐甲待食不下十萬曙以文學之暇頗好論邊果能峙糧飽吾戰士固比爲郡亦報善政球倅賓席得專留事兵於其郊所命皆具東朝崇秩列寺貳卿各服官榮以俟昇擢可依前件

李叔玫除太僕卿高証除均州刺史萬汾除施州刺史等制

勅壯武將軍檢校太子賓客前兼右金吾衛將軍監察御史上柱國襲岐國公食邑三千戶食實三百七十戶賜紫金魚袋李叔玫等夫伊呂之爲將也每以救扶爲心故其苗裔福隨殷周我西平王功存社稷慶流後嗣子孫多賢裂土分茅玫宏毅知書洵美且武儒士多譽將才頗高慶忌一門盡有爪牙之用金敞舉族皆著忠厚之名置將軍之符列卿寺之任曰文曰武唯上所命首爲才士實曰實

臣証之與汾爲吏歲久文學績效皆有可觀清江武當有人有賦豈自薄小宜遵詔條無忝寵榮以稱朕意可依前件

李珏册贈司空制

維大中六年歲次壬申五月丁卯朔十六日壬午皇帝若曰國有元老道可咨稟天命不助倏然去我宜加褒命以慰重泉咨爾故淮南節度副大使知節度事管內營田觀察處置等使金紫光祿大夫檢校尚書右僕射兼揚州大都督府長史御史大夫上柱國贊皇縣開國公食邑一千五百戶李珏立德行道繼長增高貴而益修老而彌篤在文宗朝徧歷清近內備顧問嘗摧奸宄外領事權善提故典爰付魁柄實肖象求鎮撫四夷莫不信順訓導百吏皆有程品左官荒服衆寃非罪事君以道知我其天李固之確論無私周公之金縢終啓自朕統御尊敬舊老分委戎輅作鎮孟津訓兵令行治人化洽飽聞聲譽渴見風彩以大冢宰徵歸朝廷讜直忠貞骨鯁魁碁凡所陳啓無非法誡遂乃裂授東夏表率諸侯能救饑艱克爲康泰初陳微恙請捐重寄驛騎奔問待醫臨理旋聞大病却食涕流命也柰何痛悼不及今遣使某官某副使某官某持節册贈

爾爲司空魂而有知鑑茲誠意嗚呼哀哉

歸融册贈左僕射制

勅有祿位而享富貴啓手足而歸壞樹身沒名著生榮死哀蔚爲大臣宜遵贈典故金紫光祿大夫守太子太傅分司東都上柱國晉陵郡開國公食邑二千戶歸融發於文華揚歷清近業冠前輩才高當時揔領屬官預聞政事凡曰繁劇無不踐更刃皆有餘施無不可徧處重位內修典法三乘戎輅外作屏毗富而不驕貴而愈謹曾參三省太

叔九言服以行之終身不倦實士林之君子爲朝廷之表臣未究高年遽聞長夜爰舒痛悼用加顯位命之寵長以慰重泉可贈尚書僕射

令狐定贈禮部尚書制

勑朕有表臣作鎮南服天不助我遽此殲奪用崇飾終之典以舒痛悼之誠故桂州本管都防禦觀察處置等使銀青光祿大夫檢校左散騎常侍持節都督桂州諸軍事兼桂州刺史御史大夫上柱國令狐定始自結髮至於壽考直道而行靡有悔德初以友愛藹閨門之風中以文學膺

鄉里之選終以德業爲名實之臣爰自郎吏至於藩翰聰藂必理刃皆有餘去載桂陽雖云旱耗聞其風俗芬若椒蘭昔爾元昆輔我聖考今汝猶子相予沖人公忠貞正衡鏡法式煥乎當代萃於一門上有佽助急難之名下有慈愛教誨之道聞於論者爾其得之跡去難留川逝不捨追命宗伯以慰重泉往而有知鑑我厚意可贈禮部尚書

李訥除浙東觀察使兼御史大夫制

勑仲尼以舉賢才則理大禹以能官人則安況西界浙河東奄左海機杼耕稼提封七州其間繭稅魚鹽衣食半天下不有可仗豈宜委之正議大夫使持節華州諸軍事守華州刺史兼御史中丞充潼關防禦鎮國軍等使上柱國隴西縣開國男食邑三百户賜紫金魚袋李訥温良恭儉齊莊中正實以君子之德華以才人之辭揚歷清顯昭彰令聞輟自掌言式是近輔子貢爲清廟之器仲弓有南面之才智莫能欺剛亦不吐表率教化皆有法度今者兵爲農器革作軒車言於共理在擇循吏是故用已效之績託分寄之任擁旌旆而服元玉化千里而有三軍儒者之榮莫過於此孔子曰仁者愛人智者知人愛人則疲羸可蘇

知人則才幹不棄土宇既廣殺生在我達此二者可以報政榮加副相用壓大邦爾其勉之無忝所舉可使持節都督越州諸軍事守越州刺史兼御史大夫充浙江東道都團練觀察處置等使散官勳封賜如故

盧博除盧州刺史制

勑夫立人長伯此周文王所以敬事上帝也況盧江五城環地千里口衆賦重豈可輕授朝議郎守尚書刑部郎中上柱國賜緋魚袋盧博以文學策名才能入仕周歷臺閣嘗宰繁劇彰有佳譽兼報善政今者出郎官之帳懸太守

之章。言於清時不爲不遇。上有命則違之。上有好則效之。此乃成王命君陳之言也。故行令不如行化。律人不如律身。念茲二者。可長人矣。無忝分寄。爾其勉之。可使持節廬州諸軍事守廬州刺史。散官勳賜如故。

李文舉除睦州刺史制

勅。夫三尺律令。人情出於其中耳。苟情有不可。亦法無本條。正議大夫權知宗正卿上柱國隴西縣開國伯食邑七百戶賜紫金魚袋李文舉。宗室子孫。初以地進。累居官次。皆著能名。是以取自遠藩。擢爲宗正。大則提舉羣吏。灑掃

守奉。次則整訓屬族。次第昭穆。唯此二者。爾之職焉。今則狂盜公然。侵犯陵寢。毀櫝之罪。已坐首令。責師之義。固難矜寬。勉於分憂。足以補過。可使持節睦州諸軍事守睦州刺史。散官勳封賜如故。仍馳驛赴任。

竇宏餘加官依前台州刺史蘇莊除鄧州刺史等制

勅。朝散大夫使持節台州諸軍事守台州刺史上柱國竇宏餘。朝議郎前使持節虔州諸軍事守虔州刺史上柱國賜緋魚袋蘇莊等。南郡盜作。而蕭育拜。河內政美。而寇恂留。爲人擇官。因重而撫。考於兩漢。行古道也。宏餘廉使上言。父老有請。其爲政也。長育多方。惠訓不倦。凡設教令。皆有科指。莊任南康。悉心爲理。謹身律下。節用愛人。南陽古都。近者小擾。臨海越俗。尤惜良吏。就加超拜。各叶所宜。仕至二千石。可庇人矣。無異文律。不自貴重。副疲羸之望者。須念始終。坐狂愚之罪者。勿理深汚。各膺寵祿。無忝分寄。宏餘可檢校太子右庶子。餘如故。莊可使持節鄧州諸軍事守鄧州刺史。散官勳賜如故。

李暨除絳州刺史魏中庸除亳州刺史曹慶除威遠營使等制

勅。中散大夫使持節亳州諸軍事守亳州刺史充本州團練鎮遏使雲騎尉賜紫金魚袋李暨等。昔貞觀末。遣孫伏伽等二十二人。各以六條巡察郡縣。以能進者止二十人。獲死者七人。流竄黜免。僅千百輩。以太宗皇帝上聖憂勤之切。百執事奉法公謹之心。守臣爲奸如此之衆。況今黜陟久廢。仕進多門。緬思疲人。每渴良吏。牧守之念。予常軫懷。暨實文士。出典兵郡。不薄爲吏。愛我百姓。盜賊奸宄。寢而不作。鰥寡孤獨。皆有所養。中庸再分符竹。聞立善政。凡

爲理者皆高仰之今用已效之才各委共理之任簿書刀筆俗吏事耳慈惠教化君子宜之二者較然爾欲何取慶乃身帶兩綬兵分禁營得佩牛刀立於交戟或有鄉里之譽克肖友悌之風百里長人在王畿内各思答效無忝寵榮可依前件

欽定全唐文卷七百四十九

杜牧二

李誠元除朔州刺史制

敕銀青光祿大夫檢校國子祭酒前使持節都督勝州諸軍事兼勝州刺史御史中丞充本州押蕃落及義勇軍等使上柱國李誠元開元時吐蕃上書悖慢無禮皆邊將造僞交鬬華夷冀立功勲以求爵賞自長慶已降息於制置西北守帥多非其人侵虐種落厚自封殖至使忿鷙之性不甘欺奪之苦近者聚爲内寇至乃騷動天下因令循撫果效信順是以屢詔執事愼於選求僉曰誠元家本北邊志氣慷慨將軍之子頗傳父業學萬人敵知四夷事跡榆林之前政寄馬邑之名邦仍留兼官用震殊俗夫車馬甲兵戰之器也禮樂慈愛戰所蓄也然後要之誠信禦以堅明雖曰戎狄豈不畏服深期國士無賴家聲可檢校國子祭酒使持節朔州諸軍事兼朔州刺史御史中丞散官勲如故

薛逵除秦州刺史制

敕兵者凶器也將者死官也若不擇才必有陷敗銀青光

祿大夫檢校右散騎常侍使持節隴州諸軍事兼隴州刺史御史大夫充本州防禦使上柱國薛逵匈奴犯塞李廣逢時爪牙甚堅翅翼頗健任以汧隴倚戎守封當賜輒分軍租不入士爭爲死虜不敢犯今以天水名郡號爲新都用汝守之期於鎮靜無召戎生事無覬兵邀功正封疆守禮信險走集嚴候伍邊將之道莫過於斯玉印貂冠皆爲榮秩壯爾軍旅惟恐不多勉礪鋒鋩以期報效可檢校左散騎常侍使持節秦州諸軍事兼秦州刺史御史大夫充天雄軍使兼秦成兩川經畧及義寧軍行營鎮遏都知兵馬使本道營田等使散官勳如故

田克加檢校國子祭酒依前宥州刺史制

敕銀青光祿大夫檢校太子賓客使持節宥州諸軍事兼宥州刺史御史中丞充經畧軍使押蕃落副使左神策軍宥州行營都知兵馬使上柱國鴈門郡開國侯食邑一千戶田克加梟俊無敵感激輕生李信之氣蓋關中陳安之勇聞隴上委以邊郡能得士心寇圍陰河守陴甚寡爾乃萬死不顧一奮無前奇兵徑衝驍騎横挑圍開孤壘戰敗豪羌言念忠勞豈愛爵賞貽以崇秩用酬奇功畢萬匹夫也百戰皆獲有馬百乘死於牖下死不在寇此乃趙鞅誓衆之辭也宜念古人之言勉作萬夫之特可檢校國子祭酒餘並如故

薛淙除鄧州任如愚除信州虞藏玘除卭州刺史等制

敕朝議郎前使持節坊州諸軍事守坊州刺史薛淙等仲尼對魯哀公曰人道之大莫先爲政漢宣帝曰與我共治者其唯良二千石乎念先師賢帝之言思疲人良吏之選夙興夜寐不忘於此淙以文科入仕命守邊郡屬當伐叛兵於其郊處劇不繁事叢皆辦如愚進以門子屢爲長吏

其爲政化可差古人藏玘與逢閲官簿而頗多言理名而亦著紹元嘗聞謹慎可宰百里己所不欲勿施於人無忘格言副我優寄可依前件

鄭液除通州刺史李掌除陳州刺史等制

敕朝議郎前守太原府晉陽縣令上柱國鄭液等今之郡守爲人師帥宣上教化者也以液久在官途嘗宰大邑聞其爲治人歌舞之以掌執殳前驅子之雄也光祿護塞居延視胡虜不敢窺士爭爲死各委分寄實曰遷升通州雜

以華夷淮南兩有兵賦爾其往哉今用誠爾爲天子之守臣作百姓之長吏言於仕進可曰顯榮夫君子之道先有諸已後求於人苟能律身始可檢下勉詳詔令用謹理行從規始於門子入仕恭謹無尤自州佐而升在朝班列五尚而職於三服亦爲良遇無忝官常可依前件

王晏實除齊州吳初本巴州陳侹渝州刺史等制

敕正議大夫前使持節淄州諸軍事守淄州刺史上柱國太原縣開國男食邑五百戶賜紫金魚袋王晏實等俟善政而後用或茂無所聞滯序進之常途則怨生於下古今

政柄患斯二者晏實初本侹等三人入仕年多亦嘗爲郡聞無悔吝是熟詔條濟南跨河有兵有賦巴渝夷俗慷慨豪健形於樂曲爾其往哉古之人有言曰子苟爲善誰敢不勉身率以正孰敢不正欲謹於行在於廉平宏宗溫慎有餘王屬咸爲清秩銖以文學嘗佐賢侯作掾京兆亦曰美仕皆有官業愼無自薄可依前件

郭瓊除渠州郭宗元除興州等刺史王雅康除建陵臺令等制

敕大中大夫前使持節文州諸軍事守文州刺史兼侍御史充本州鎮遏使上柱國郭瓊等鄰山順政僻處山谷罕知文律易爲欺奪瓊與宗元守郡宰邑閒無悔吝爾其往哉仲尼曰正身而人正欲善而人善撫我疲俗宜遵格言苟或不臧貽爾之戚雅康入仕嘗在班列青宮贊導陵邑守奉若非謹愼不膺斯任可依前件

吳從除蓬州賈師由除瓊州蕭蕃除羅州刺史等制

敕中散大夫前使持節柳州諸軍事守柳州刺史上柱國賜紫金魚袋吳從等地遠京邑俗雜蠻夷不知文律易爲

欺奪朝廷選置多無名人小則抑鬱不伸大則聚以爲寇蓬緣巴徼其風忽勁瓊處海外在兩漢時往往小反羅居百越磎洞深阻洎爾三吏比嘗爲郡亦報有政勿以荒服侮我疲人或異詔條必寘厥辟稍當叙進優以上佐苟有聞見無忘裨助可依前件

裴閱除溫州刺史伊實除獻陵臺令等制

敕正議大夫前使持節忠州諸軍事守忠州刺史上柱國裴閱等江峽之間其俗剽悍聞爾爲理人惜其去若不遷陟豈酬政能洎師素等久居官常皆無悔吝半刺列郡人

所咨稟衣冠弓劍之地霜露感思之心尤藉謹良以顯守奉各服休命勉於始終可依前件

陸紹除信州刺史封載除遂州刺史鄭宗道除南鄭縣令等制

敕中大夫前使持節申州諸軍事守申州刺史上柱國賜紫金魚袋陸紹等夫以冉求之才方六七十爲之三年然後可使足人今者一州之地五六於此况上饒參以越俗遂寧旁緣巴徼號爲沃野皆有厚賦委之分寄實難其人以紹其先君子仍代作相能以儒學緣飾吏理以載頗有

長者之舉聞於士林之間夫二千石所繫朕常留念舉以授爾能不誨乎卹孤獨逮不足修其教徇其宜凡此四者著於王制勉循古道以活疲民宗道宰邑卓然善政廉使上課書爲第一列於遷陟得以不時無易初心以失前効可依前件

張德翁除歸州刺史李承訓除福昌縣令盧審矩除陽翟縣令等制

敕朝議郎前京兆府渭南縣令上柱國張德翁等德翁承訓審矩爲天子之守臣作百姓之長吏仕而至此斯亦達矣叵夫爲善人猶則之守令所爲誰敢不化詩曰爾之教矣人胥效矣可不勉之量助奉陵邑以謹慎選執臨師晷參諒等各以序進亦爲良遇可依前件

王樟除雅州刺史鄭鎖除右諭德等制

敕朝議郎前守成都縣令上柱國賜緋魚袋王樟等盧山江關扼束控西南夷置吏不善所虞非細以樟嘗宰劇縣在會府中條令和平吏人嘉美跡爾前政撫子遠人禮曰人之所好已亦好之人之所惡已亦惡之以此用心何憂不理暨鎖與緩門子清族閱其官簿入仕已久東南諭導

名藩上察頗爲優閑宜服休命可依前件

傅孟恭除威州刺史宣敏加祭酒兼侍御史依前宣歙道兵馬使防秋事等制

敕開府儀同三司檢校國子祭酒前使持節都督銀州諸軍事兼銀州刺史御史中丞充本州押蕃落及監牧副使兼度支銀州營田使上柱國清和郡開國公食邑二千戶傅孟恭等孟恭山西將門并州壯士雖長鈒都尉黑矟將軍校其忠勇無以過也左官非罪志氣益堅守邦有聞官業克奉今以威州新造蛇豕之衝非爾材力不能控壓遂

以武健佐助戎臣觀其列狀頗著勤效敏於窮塞提挈孤軍樹立和門繕完械用疊飛虹亘者三百間耀雪吹毛者數萬事言其勞績亦少比倫各兼憲班或伏熊軾可曰榮遇無自懈怠可依前件

姚克柔除鳳州刺史韋承鼎除櫟陽縣令王仲連贊善大夫等制

敕中散大夫前使持節利州諸軍事守利州刺史上柱國姚克柔等仲尼曰人道之大莫先爲政之功者其長人乎克柔嘗典一邦愈知爲理承鼎増宙等開敏有材幹能堪

事河池名郡畿内小侯仕於清時皆爲良遇大凡爲理之要先事孤弱譬諸草木無倦栽培仲連荏苒宦途歲月滋久東朝贊道亦曰升遷各愼厥官無忝榮命可依前件

朱載言除循州刺史袁循除渭南縣令張公及除獻陵令韋幼章除京兆府倉曹等制

敕前靈鹽節度掌書記朝請郎試大理司直兼殿中侍御史朱載言等刺史縣令皆古之五等諸侯行詔條紀綱專教化殺生者也得其才則疲人蘇息非其任則百姓愁怨載言循省問遠等或以吏理進官或以科名入仕當此選擇聞無悔尤海豐越俗王畿名邑夫邪正表前之影教令草上之風若非律身不能爲理公及以勤謹膺陵邑愼選幼章以才敏坐京兆劇曹各有官業無自廢怠可依前件

支某除鄆王傅盧賓除融州刺史趙全素除福陵令等制

敕銀青光祿大夫前使持節邢州諸軍事守邢州刺史兼侍御史充本州團練使上柱國支某等近者控名責實事不苟且量材適用咸當所宜咨爾某等各於進官亦以勞久王門爲傅越徼分憂洎守奉園陵毗佐列郡皆曰美秩

盡獲優安各務清勤無掇悔吝可依前件

鄭倰除大理少卿致仕制

敕朝散大夫檢校太僕少卿前兼江陵少尹上柱國鄭倰四代所貴事皆不同至於尚齒其道一也闡爾久居官次年踰月制家惟四壁身無一簪今者致政里居亞列半俸足得安枕几而就頤養敬老之道亦爲優異可守大理少卿致仕散官勲如故

王釗除皇城留守制

敕銀青光祿大夫檢校刑部尚書前兼左金吾衛大將軍

御史大夫充左街使太原郡開國公食邑二千戶王釗。常侍文陛。召見武臺。願以五千獨當一隊。思長策久安之術。避必戰敢死之虜。頗嗝免冑。獨能全師。洎繫纓趨朝。執金入侍。夷險一貫。忠勞兩兼。子尾之疾雖平。郗克之步尚蹇。官崇環衛。職實司武。入座副相。不失舊榮。且務優安。勉於遵養。可檢校刑部尚書兼右領軍衛上將軍御史大夫。充大內皇城留守。散官如故。

王知信除左衛將軍史憲除右監門衛將軍等制

敕。昭武軍校尉前守右驍衛將軍上柱國賜緋魚袋王知

信等。古人之爲理也。不以一眚而掩大功。克黃紹子文之宗。霍陽繼博陸之後。知信烈祖貝邱之戰。可庇十代。豈止曾孫。憲父伯仲。亦效忠懇。提挈全魏。歸於朝廷。今者寵以將軍。旌其舊德。豈惟獨舉賞延之典。亦欲使列士諸將。自爲孫謀。彝鎬明誼。入仕已久。皆無悔吝。故有序遷。臨封遠邦。蔡亳兵部。分憂佐理。無忘謹廉。可依前件。

張直方授左驍衛將軍制

敕。朕據南面之尊。制一代之命。先講百官之法。後行四方之政。若有罪不問。是倒持太阿。有頑不磨。是廢去砥石。則拱視天下。何以爲理。雲麾將軍起復檢校刑部尚書兼右羽林統軍御史大夫張直方。席其先人。任爲邊將。披誠向闕。執玉來朝。近臣勞郊。大匠理第。典兵於禁門之內。立侍於交戟之中。校其寵榮。無與等比。而乃每輕法檢。忩爲遨蕩。擅去宿衛。潛遊異縣。有司問狀。持舌不言。以至再三。姑引愆闕。古人有云。語人必於其倫。觀過必於其黨。念其生自戎旅。素不鐫琢。既觸法網。亦可矜容。加膝墜泉。子常自愼。小懲大誡。爾宜知恩。不失將軍之榮。仍有兼官之重。足得湔洗。以俟甄升。可銀青光祿大夫檢校刑部尚書兼左

驍衛將軍御史大夫。

朱叔明授右武衛大將軍制

敕。金紫光祿大夫檢校工部尚書兼左武衛上將軍御史大夫上柱國吳興郡開國公食邑二千戶朱叔明。司馬軍令。黃帝理法。兵家尚嚴。始可尅敵。邊將破虜。詐增首級。亦罪之小者。漢文時魏尚囚繫。漢宣時田順自殺。開元中幽州長史趙含章大破奚虜。旋坐贓賄。放流瀼州。縱有功勞。不贖罪犯。是以拓土萬里。垂功中興。自長慶已還。益輕邊事。選拔將帥。多非賢良。豪奪種落。蹄角之畜。割削士卒衣

食之賜。見利則往。見弱則欺。罔酬恩榮。不顧廉恥。積帛藏鏹。邱累陵聚。是以戰士離落。兵甲鈍弊。積三十年。擲之不問。近者伐叛。益知其由。屢下詔書。誥誡深切。豈知頑昧。不可鐫琢。嗟爾叔明。材惟樸樕。性命淺狹。其兄叔夜。以贓抵刑。不出私門。可視覆轍。忝據藩翰。已積歲時。料甲峙糧。既乏素效。事虜接戰。不報寸功。而乃公欺降戎。乾沒戰馬。歸充伏櫪。告以儆帷。人之無良。一至於此。昔曹劌請戰。卜式輸財。俱是匹夫。不與公食。爾乃貴擁旄鉞。任倚邊陲。何其用心。與古相萬。諫臣拜疏。前罰未塞。尚為恩貸。不失將軍。分務洛師。可以循省。可右武衛大將軍分司東都散官勳封如故。

梁榮幹除檢校國子祭酒兼右神策軍將軍制

敕。北落親軍。夾峙宮省。選忠勇者。為吾爪牙。右神策軍奉天鎮都知兵馬使銀青光祿大夫檢校國子祭酒兼右威衛將軍御史大夫上柱國安定郡開國公食邑二千戶梁榮幹。射必落鵰。力能扼虎。自晦雄毅。益守謙恭。故能塞護長榆。兵分細柳。恩加士卒。名著勳勞。今日擢掌五兵。榮懸三綬。勉礪鋒鍔。上答寵光。可檢校國子祭酒兼右神策軍將軍知軍事御史大夫充馬軍都虞侯散官勳封如故。

呂衛除左衛將軍李銖右威衛將軍令狐朗除滑州別駕等制

敕。忠武將軍前左武衛將軍兼澧州長史合川郡公賜紫金魚袋呂衛等。衛為天驕之魁。來就諸臣之位。誠敬忠信。不失其常。銖朗入仕歲久。閱官頗多。聞無尤違。是率理道。將軍上佐。半刺之任。言於清時。皆為美仕。帖以祿秩之綬。用嘉慕義之心。慎無自輕。勉於敬畏。可依前件。

張幼彰程修已除諸衛將軍翰林待詔等制

敕。翰林待詔昭武校尉前守左驍衛將軍上柱國賜紫金魚袋張幼彰等。幼彰修已。鴻都奏技。攻於丹青。用志不分。與古爭品。審以武進。晚能知書。屢以辭章。上干丞相。知實以謹良。綰務師儒。以詳練守職。或藝或勞。或遷或拔。將軍佐僚。皆為寵擢。各守職秩。無忘專慎。可依前件。

一品孫李明遠授左千牛備身等制

敕。一品孫李明遠三品孫韓鍔等。立侍交戟。纔能勝冠。出入見君父之尊。師資忠孝之道。流離少好。騏驥老成。宜念聿修。慎無欲速。明遠可致果副尉守左千牛備身。鍔可翌麾校尉守左千牛備身。

李鄠除檢校刑部員外郎充鹽鐵嶺南留後鄭蕃除義武軍推官等制

敕。前鳳翔節度副使朝議郎侍御史內供奉賜緋魚袋李鄠等。五嶺之表。地遠京邑。吏以法制奉公。下以文律自持。蓋亦寡矣。而鹽鐵榷東之籍。延袤萬里。若當其才。非唯山澤之饒歸於公上。亦得以遠人利病聞於朝廷。今吾丞相揣摩親規。改易舊制。以鄠文學廉慎。當官挺然。嘗倅賢侯。號爲名士。以此委任。必有可觀。蕃瑾嗣閔。咸有才賢。佐蕃

評刑。知已所請。各進官秩。皆爲榮遇。宜思報効。無累薦延。可依前件。

韋宗立授檢校倉部員外郎知鹽鐵廬壽院等制

敕。權知鹽鐵廬壽院事朝請郎侍御史內供奉韋宗立等。近者恢復河湟。訓定羌虜。江湖之間。人安而不擾。供饋之費。財有餘而力不慼。實由管榷委之名臣。今者尚書休以爾宗立等上言。咸曰清白處已。勤慎奉公。予安能知。無不可者。暨頡與潛。皆稱名士。自有丞相爲爾已知。守職佐藩。無忝新命。可依前件。

房次元除檢校員外郎充度支靈鹽供軍使等制

敕。前知度支河南院事朝散大夫試太子司議郎兼侍御史上柱國賜緋魚袋房次元等。有司臣各言爾等。或以科名文學。或以清白才用。列於薦籍。其辭甚美。分金穀榷運之務。無忘謹廉。佐諸侯將軍之府。宜竭裨助。報知苟盡。能不達乎。爾其勉之。可依前件。

李知讓加御史中丞依前邠州刺史韋瓊加侍御史充振武軍掌書記等制

敕。大中大夫使持節邠州諸軍事守邠州刺史充兵馬留

後上柱國賜紫金魚袋李知讓等。以知讓所理。雜以華夷。宜假霜臺。用壓戎落。瓊璹觀等。皆吾卿大夫之令子弟也。戎臣知之。請爲佐理。夫幕吏之道。有事必言。知無不爲。考於職分。亦無本局。各思報效。勿事依違。可依前件。

崔彥曾除山南西道副使李詵山東道推官楊元汶京兆府法曹等制

敕。朝議郎行鄭州管城縣令上柱國賜緋魚袋崔彥曾等。戎臣請士。京兆求賢。拔其薦籍。皆曰才能。彥曾左官非罪。理人異等。詵張王賢客。粱苑辭人。元汶官次平之司。無舞

文之過。移爲典獄。陟在賓階。不累已知。惟有直道。可依前件。

李承慶除鳳翔節度副使馮軒除義成軍推官等制

敕。朝議郎前守太常丞上柱國李承慶等。以文學升名於有司。以才能入仕於官。次諸侯辟之。以佐於賓席。天子用之。以升於朝廷。次第等級。大小高下。亦與古之鄉舉里選考德試言無以異也。爾等皆吾卿大夫之令子弟也。清風素範。克肖家聲。屬辭彫章。能取科第。既有知已。皆爲才人。

賢觀與遊。達視所舉。今爾賓主。兩皆得之。義則進。否則退。無爲美疢。以求苟容。可依前件。

夏侯曈除忠武軍節度副使薛途除涇陽尉充集賢校理等制

敕。前昭義軍節度判官朝議郎殿中侍御史内供奉夏侯曈等。曈以科名辭學。開敏多才。久遊諸侯。常蘊令聞。周知吏理。兼能潔身。戎臣上言。願爲毘贊。既諾仕以委質。宜直道以酬知。途以文行策名。節趣清遠。言於後進。實爲秀人。延閣典校。丞相所請。勉循階級。以至堂奧。可依前件。

蕭孜除著作佐郎裴祐之陜府巡官崔滔櫟陽縣尉集賢校書等制

敕。在春秋時。晉爲諸侯國也。尚立公族大夫。教育諸卿之子。富有賢哲。不假搜聘。召同列而會者三百餘年。況今天覆盡得。而禹畫無遺。名卿賢相之家。清風素範之族。子孫森羅。髦俊竝作。次第叙用。豈歎乏才。匭使判官將仕郎守國子監太學博士蕭孜等。或以秀異得舉。文學決科。或以行實立身。遭逢知已。皆後生可畏之士。爲當時有才之人。東觀著述。殿閣典校。參畫幕府。開導獻納。清秩美職。二者

兼之。不由階級。安至堂奧。勉於修慎。以候超升。可依前件。

楊知退除鄆州判官薛廷望除美原尉直宏文館等制

敕。將仕郎前守京兆府藍田縣主簿楊知退等。國家盪定齊魯。餘三十年。多用名儒鎮之。以還古俗。其賓吏皆爲秀彥。宏文館四部羣書。十八學士詳考理亂。鋪陳王道。此乃貞觀之故事也。若非名士。固不與焉。知退文行溫雅。副幕府之求。廷望才學聲華。膺丞相之選。當戰伐之後。切於供饋。庠績自以謹斡稱於有司。予非能知。咸徇其請。各宜率

勵無累所舉可依前件

白從道除東渭橋巡官陶祥除福建支使劉蛻除壽州巡官等制

敕度支東渭橋給納使巡官將仕郎試大理評事兼監察御史白從道等朕以國計出入委於表臣尚書郎當戰伐之餘財穀殫虛斷長補短以無爲有今者上言三吏皆曰國才校其智能足應事役暨守臣貽孫等亦曰祥蛻文學溫愼可在賓階才者得失之端士者功名之本勉於自勵無負已知可依前件

盧籍除河東副使李推賢除殿中丞高湜除湖南推官薛廷傑除桂管支使等制

敕河東節度副使朝散大夫檢校大理少卿攝御史中丞上柱國盧籍等夫諸侯之任重矣其行道也得以阜俗變俗其行法也得以刑人賞人若張政化得以助業某等上言咸舉可用籍等或負才器倜儻不羣或以文章策名俊秀或有幹局可佐囹圄皆徇所請予安能知并州近胡王業茲始艱難已來何戰不會長沙始安頗聞旱秏各宜良士以佐賢侯夫直道枉道無他故也取容盡節而已勿慮後患宜竭報知暨殿省佐僚縣道爲郡豈曰虛授亦當爾才正霜臺之舊名班芸閣之初命各服寵祿勉於自强可依前件

鄭碣除江西判官李仁範除東川推官裴虔餘除山南東道推官處士陳威除西川安撫巡官等制

敕浙江西道都團練判官將仕郎監察御史裏行鄭碣李仁範暨虔餘等咸以文行策名清時諸侯知之命爲幕吏少微四星處士毗輔之宿也天之布列在軒轅前此乃天

意親近賢良先於妃后威者吾能言之耕延陵之皐荷石門之篠沉如魚潛冥若鴻翔非吾賢相爾不肯起勉酬知已以壯在野竝可依前件

裴詒除監察御史裏行桂管支使等制

敕前鄆曹濮等州觀察支使朝散大夫試大理評事裴詒等守臣有司上請諸士皆曰詒等士族之中有政事科名清廉公謹嘗經職守稱有才能古人於一飯之恩尚有殺身以報況於知已得不勉之可依前件

石賀除義武軍書記崔涓除東川推官等制

敕朝議郎行秘書省著作佐郎石賀等朕寄諸侯之事重矣大者教化風俗小者惠養黎庶環千里之疆綰三軍之衆講求倚用不五六人守臣公度仲郢所請賀等各以文學决科愷悌干祿觀其褒舉皆是才名能報所知能用可用在爾賓主予不與焉暨鑲與鈞亦稱智敏神州作掾五庫掌財足展幹能無惰官守可依前件

顧湘除涇原營田判官夏侯覺除鹽鐵巡官等制

敕前振武軍節度判官文林郎監察御史裏行顧湘等近者循名責實科指稍峻諸侯有司亦各搜選才良以佐物

務湘覺本以文進兼通吏理從周暨魯皆稱幹能于以聲韻上獻律呂精工雖曰小道亦有可觀徇請酬勞咸加新命各守職分無忘用心可依前件

趙元方除戶部和糴巡官陳洙除長安縣尉王巖除右金吾使判官等制

敕攝戶部巡官宣德郎試秘書省校書郎兼殿中侍御史趙元方等各爲長才自有知已地官平糴專豐耗發斂之任京尉坐曹决事得操豪猾交戟之內贊佐衞臣言於仕進皆曰得路勉思報效無累所舉並可依前件

韋承鼎除左贊善大夫韋謂除尚食奉御柳謙除壽安縣令韋選除義昌軍推官錢琦除滄景支使等制

敕前度支東渭橋給納使巡官徵仕郎試大理司直兼殿中侍御史上柱國韋承鼎等持身謹潔美才周通奉公當官先勞後祿端雅守道俊秀升名久遊賢侯衆稱君子參東朝之贊諭分五尚之職秩糾大府羣吏之失提王畿生齒之籍方六七十長億萬夫金臺嘉招武幄與食法官憲秩以壯藩垣進於清時皆爲美仕近者屢譴幕吏予豈無

意蓋欲廓賓階敢言之路誡諸侯自是之尊惟滄新造控制兩河付之誠臣尤藉良畫若免後患慎勿苟容各修官業無自媮薄可依前件

康從固除翼王府司馬制

敕新授銀青光祿大夫檢校國子祭酒兼濮州長史殿中侍御史上柱國康從固其父秀榮實爲名將李廣多爭死之士竇嬰無入家之金一收七關易如拾芥念爾跨馬事敵執戈同仇壯比文鴦勇同李敢子之能仕父教之忠古人之言信不虛設今者願留闕下以奉朝請念其垂誨可

見至誠忠悃憲寮用示恩寵宜思終始上報君親可檢校國子祭酒兼翼王府司馬殿中侍御史散官勳如故

張正度除汾州別駕等制

敕中散大夫前守青州別駕上柱國張正度等各以才能仕進謹愼修身積日累時咸有知己或以序進或徇所請皆佐列郡無怠官常可依前件

馬迥除蜀州別駕等制

敕中散大夫前守彭王府司馬上柱國馬迥等以爾入仕歲久愈知爲理半剌上佐得與二千石參校政事短長利

病者也今以名郡藉其佽助各有兼授以峻等衰愼守官常無自偷惰可依前件

高駢除祭酒兼侍御史依前充職右神策軍兵馬使制

敕右神策軍右廂兵馬使兼押衙銀青光祿大夫檢校國子祭酒前靈州大都督府左司馬殿中侍御史上柱國高駢禁旅典兵爲吾爪士言念付祿未稱輸勞外之王官帖以憲秩可曰榮遇無忘盡瘁可檢校國子祭酒兼濮王府司馬侍御史餘如故

忠武軍都押衙檢校太子賓客王仲元等加官制

敕忠武軍節度右都押衙銀青光祿大夫檢校太子賓客兼殿中侍御史王仲元等自艱難以來言念許師何役不行何戰不會居常則長法知禮臨敵則致命爭登摽於和門不忝忠武爾等短衣長劒事寇乘邊觸履艱危無所顧慮將軍列狀憲班酬勞勿矜常勝無忘淬礪可依前件

右神策軍押衙檢校太子賓客尚漢美等叙勳制

敕前件等拔以貔貅之勇籍於禁旅之中大刀長矛重弓束矢林會山立星羅翼舒惟以忠勤拱我宸極錫之勳寵

以酬勞瘁可依前件

右龍武軍大將軍劉誠信等三十三人叙階制

敕右龍武軍大將兵馬都知正議大夫檢校太子賓客上柱國賜紫金魚袋右龍武軍宿衛劉誠信等技以勇聞任以信普力可挾輈以走敵藝能奪矟以制人常礪鋒鋩無所迴避自拱宸極益展忠勞思以報之何惜階級可依前件

欽定全唐文卷七百五十

杜牧三

柳師元除衢州長史知夏州進奏等制

勑夏州節度押衙知進奏朝議郎前權知杭州長史兼監察御史上柱國柳師元等將軍護塞師元主畱邸之職從瑜繼忿以墨縗徇公喪葬告滿珪專書府藂委之務咸有勞能遷奬正名亦其常也各宜專謹勿罹悔尤可依前件

賴師貞除懷州長史周少鄘除虢州司馬王桂直除道州長史等制

勑鳳翔府節度押衙知進奏銀青光祿大夫檢校祕書監前兼亳州長史殿中侍御史上柱國賴師貞等師貞主大藩畱邸之事少鄘專史閣錯雜之務皆公謹歲久官次宜遷元爽俾佐郡符亦有可取湖外飢人相聚爲寇蕩覆鄉縣勢如燎火蓋不得已遂至翦伐桂直用命一舉滅之言念功勤宜有褒賞名郡上佐帖以憲秩耀爾軍旅可增義勇可依前件

景思齊授官知宣武軍進奏官制

勑宣武軍節度押衙知進奏起復銀青光祿大夫檢校太子賓客兼歙州司馬上柱國景思齊等諸侯之任各有職貢小者得循事例大者決於朝廷關白啓導屬在畱邸爾等咸以謹密能膺任使或外除喪服或超授新命不失職祿勉於忠勤可依前件

馮少端等湖南軍將授官制

勑湖南同團練副使馮少端等皆長沙勇士同擢兇徒言念功勤咸宜升奬帖之憲秩試以崇班名郡掾曹亦爲美稱特加恩寵非用彝章耀爾轅門以增忠壯可依前件朱諫周豹二人委本道量事優奬官健陛滿等一百二十八

人弩手并子弟周質等四百八十五人并委本道酌事量加賞給

武官授折衝果毅等制

勑具官某等夫折衝果毅皆吾武位以延勇士國朝用此以進立戰功至將軍者衆矣自府兵一廢名存實亡今之來者豈其人哉近以邊障隙開寇戎患結豈無萬人之敵奮於下位之中但使披文空增拊髀並可依前件

張直方貶恩州司户制

勑朕聞先王之理也設法誤罹雖大必赦不忌故犯縱小

必誅況乎凶狠不悛罪戾日積更欲矜免其如法何銀青光祿大夫檢校刑部尚書兼左驍衛大將軍御史大夫張直方念以來朝嘉其慕善付之寵祿頗極尊榮爲執金吾鞭小過而至死作禁軍統去異縣而恣遊尚以生自邊陲素乏教義退之散秩以懲非心俟其技拭舊痕湔洗前過必欲牽復用存始終豈暴虐得於天生險悍著於心本抵冒刑憲縱恣胷臆法所惡者爾皆爲之白晝九衢指摘萬手作橫日甚而不自知滿於聽聞豈可悉數禮曰凡有罪惡屏於四裔不齒中國唯舜能之況堅頑有不移之姿網

羅無屢開之典荒服作掾猶曰寬恩爾能自新豈惜後命可守恩州司戶參軍員外置同正員仍即馳驛發遣

王著貶端州司戶制

勅守愛州九眞縣尉員外置同正員王著漢家之制雖丞相子亦當戍邊隋文之令盜邊穀一升坐法斬首蓋以西北鎮戍華夏保障法苟不立所虞非細爾當羌寇犯塞之日天子拊髀之時命守關防以爲遮扞而乃占役兵糧自取傭直屏之荒服以謹其類乃令厥子叫閽稱寃再命坐獄備見罪狀幸以得無逋負可以矜寬爲列郡之掾曹換萬里之一尉足得循省吾不負人可守端州司戶參軍置同正員仍即馳驛發遣

李玕貶撫州司馬制

勅朝散大夫守光祿少卿李玕昔開元致理之初冀州刺史平嗣光闕温凊之禮遂奪其官放歸田里是故四十餘年風俗忠厚教化之本豈先斯乎爾爲將相之家窮極富貴坐有大第官爲亞卿母子異居僅將十載有司彈劾事狀昭著於吾用法爾當何罪俾佐名郡尚曰寬恩可守撫州司馬員外置同正員仍即馳驛發遣

姜閱貶岳州司馬等制

勅朝議郎前守景陵臺令上柱國姜閱等盜逆無狀輒犯陵寢侵攘法物聞之震驚爾等官業在於守奉懈怠所致是誰之過言於末減朕不敢議各宜佐官用正典刑可依前件仍並馳驛發遣

武易簡量移梧州司馬制

勅守崖州司戶參軍員外置同正員武易簡寇來乘城不能死節以此播棄爾亦何辭然漢誅李陵是爲虐典魏捨于禁實得中道力不足者法宜矜焉守臣數爲吾爪牙能

與別白使易簡導生還之路朝廷無失入之刑咨爾三事大僚百司庶尹率能守此可期治平各宜盡規朕不惜命可守梧州司馬員外置同正員

王元宥除右神策軍護軍中尉制

勅繁纓趨朝交戟入侍委以兵衛固須信臣內樞密使驃騎大將軍行右威衛上將軍知內侍省事上柱國晉國公食邑二千户王元宥儉而多才忠而能力事君盡禮處己無私自主樞要益見誠信今者十萬全師北落禁旅視吳漢差強人意非韓信無可計事是以輟自心腹寄兹爪牙

以盡爾材出於余志爾戢斂豪猾整肅威容無使鄉閭致有侵害勉酬倚任以報君親可行右驍衛上將軍知內侍省事充右神策軍護軍中尉兼右街功德使散官勳封如故

周元植除鳳翔監軍制

勅控秦塞之西扼胡苑之左乃睠岐隴爲國藩牆命以監撫宜崇班秩鳳翔監軍使銀青光祿大夫右領軍衛大將軍員外置同正員上柱國汝南郡開國公食邑二千户賜紫金魚袋周元植事君以敬處仕無私節操淩霜而不彫肝膽開忠而洞見謙以自得高而益兢累監三軍推誠一貫言念西塞未得高枕用其聲實以護藩垣夫處於兵戎予今誡汝無怨不過於遠利伏衆莫若於律身立事成功酧恩垂美在此二者汝其勉之寵以內省之崇仍兼將軍之貴往服休命無忝恩榮可守右監門衛大將軍知內侍省事散官勳封賜如故依前監鳳翔節度兵馬

朱能裕除景陵判官制

勅新授景陵判官上騎都尉朱能裕朕以橋山弓劍渭北衣冠霜露之心悽感常切以汝端謹有守操尚無尤常在

旁側備見忠孝用是奬擢爰賓守奉夙夜勤敬無忝委任可將仕郎內侍省掖庭局宮教博士員外置同正員餘如故

劉全禮等七人除內侍省內府局丞置同正員等制

勅賜緋魚袋上柱國劉全禮等置在旁側皆有才能既歷歲時合霑班秩各宜敬恭職祿不懈忠勤可依前件

宋叔康妻房氏封河東郡夫人制

勅詩稱鵲巢禮榮翟茀既彰牙爪之效宜齊伉儷之榮左

神策軍護軍中尉兼左街功德使特進左領軍衛大將軍知內侍省事上柱國廣平縣開國侯食邑一千户宋叔康妻清河縣君房氏懿慈柔淑作配忠勳能潔蘋蘩克叶姻族成此內則穆其壺風稱爲令人實光婦道爰疏封爵用舉典章可服寵榮勉於輔佐可封河東郡夫人

吐突士煜妻封鴈門郡夫人制

勑詩美夫人禮稱內子允膺腹心之任宜從家室之榮弓箭軍器等使特進行右領軍衛大將軍知內侍省事上柱國陰山縣開國公食邑一千五百户吐突士煜妻咸陽縣

君田氏生於富貴作配忠貞柔婉自卑儀範可則職勤賓祭道睦姻親既諧閨門克成婦德爰加禮秩之貴以彰輔佐之勤榮我疏封無忘內助可封鴈門郡夫人主者施行

新羅王子金元宏等授太常寺少卿監丞簿制

勑某臣等感恩知義奉贄不闕居大海之外爲有禮之賓爾國是也自列國卿至於署丞皆吾文吏之選次第授爾亦所以表他國不同禮也將我恩寵耀爾殊隣慎勿怠違永作藩屏並可依前件仍並放還蕃

西州迴鶻授驍衛大將軍制

勑古者天子守在四夷蓋以恩信不虧羈縻有禮春秋列潞子之爵西漢有隰陰之封考於經史其來尚矣西州牧首頡干伽思俱宇合逾越密施莫賀都督宰相安寧等忠勇奇志魁健雄姿懷西戎之腹心作中夏之保障相其君長頗有智謀今者交臂來朝稽顙請命文組寸印高位重爵舉以授爾用震殊隣無忘敬恭宜念終始可雲麾將軍守左驍衛大將軍外置同正員餘如故

沙州專使押衙吳安正二十九人授官制

勑沙州專使衙前左廂都知押衙吳安正等自天寶以降

中原多故莫大於虜盜取西陲男爲戎臣女爲戎妾不服弔伐今將百年自朕君臨豈敢偷惰乃命將帥收復七關爰披地圖實得天險遂使朝廷聲聞聞於燉煌爾帥議潮果能抗忠臣之丹心折昆夷之長角竇融西河之故事見於盛時李陵教射之奇兵無非義旅爾等咸能竭盡肝膽奉事長帥將其誠命經歷艱危言念忠勞豈吝爵位官我武衛仍峻階級以慰皇華用震殊俗可依前件

燉煌郡僧正慧苑除臨壇大德制

勑燉煌管內釋門都監察僧正兼州學博士僧慧苑燉煌

大蕃久陷戎壘。氣俗自異。果產名僧。彼上人者。生於西土。利根事佛。餘力通儒。悟執迷塵俗之身。譬喻火宅。舉君臣父子之義。教爾青襟。開張法門。顯白三道。遂使悍戾者好空惡殺。義勇者徇國忘家。裨助至多。品地宜峻。領生徒坐於學校。貴服色舉以臨壇。若非出羣之才。豈獲兼榮之授。勉宏兩教。用化新邦。可充京城臨壇大德。餘如故。

契丹賀正使大首領等授官制

勅幽州道入朝賀正契丹大首領討會等。天子有道。守在四夷。爾今來朝。予亦增愧。綏之玉帛。榮以班秩。宜懷恩寵。

永保封疆。可依前件。仍並放還蕃。

黔中道朝賀牂牁大首長等十六人授官制

勅黔中道朝賀牂牁大首長攝充州刺史趙瓊林等。夫西南諸國。自古多順。在法度之外。居繩墨之表。來朝有禮。歸貢不闕。玉帛以將厚意。階級以峻等衰。各服寵榮。無忘恭敬。可依前件。仍並放還蕃。

黔中道朝賀訓州昆明等十三人授官制

勅黔中道朝賀訓州昆明繼襲部落主嵯阿如弟攝訓州刺史嵯阿蒲等。招攜以禮。懷遠以德。此國家所以殊俗貢聘不倦。命舌人以通志意。委屬國以厚其事。仍峻階級。式爾恩榮。無警邊陲。以愈終始。可依前件。仍並放還蕃。

授劉縱祕書郎制

勅具官劉縱。徒步詣闕。上獻封章。又自敍其先臣陳許間事。皆歷歷可聽。公侯子弟。多溺於驕邪。爾能讀書學文。自可嘉獎。圖籍之府。命爾爲郎。豈惟振滯求能。且不欲使勳勞之後。栖栖於塵土中也。可祕書省祕書郎。

覃恩昭憲杜皇后孝惠賀皇后淑德尹皇后孫姪等轉官制

勅某等。予大祭于廟祧。而哀夫先後之家。寖替而不章。乃詔有司。博求其世。爾等名在戚里。序于王朝。各因其官。增位一等。冀以上稱神靈之意。豈特慰予追遠之心。可闕。

黃州刺史謝上表

臣某言。臣伏奉某月日勅旨。自某官授臣黃州刺史。以其月日到任上訖。臣某誠惶誠恐。頓首頓首。臣某自出身已來。任職使府。雖有官業。不親治人。及登朝二任。皆參臺閣。優游無事。止奉朝謁。今者蒙恩擢授刺史。專斷刑罰。施行詔條。政之善惡。唯臣所繫。素不更練。兼之昧愚。一自到任憂惕不勝動作舉止唯恐罪悔伏以黃州在大江之側雲夢澤南古有夷風今盡華俗户不滿二萬税錢才三萬貫風俗謹朴法令明具久無水旱疾疫人業不耗謹奉貢賦不爲罪惡臣雖不肖亦能守之然臣觀東漢光武明帝稱爲明主不信德教專任刑名二主相繼聯續五十年當時以深刻刺舉號爲稱職治古之風廢俗吏之課高於此時循吏衛颯任延王景魯恭劉寬陳寵之徒止一縣宰獨能不狥時俗自行教化唯德是務愛人如子廢鞭笞責削之文用忠恕撫字之道百里之内勃生古風凡違衆背時狥

古非今王者公侯尚難其事豈一縣宰能移其俗此蓋漢人之爲治以古人之法爲一時之法以治古之教教之卽治古之人以一時之法齊之卽一時之人國家自有天下已來二百三十餘年間專用仁恕每後刑罰是以内難外難作者相繼土地甲兵權柄號令盡非我有終能擒之此實恩澤慈愛入人骨髓俗厚風古不可摇動今自陛下卽位已來重罪不殺小過不問普天之下蠻貊之邦有罹艱凶一皆存䘏聖明睿哲廣大慈恕遠僻隱陋無不歡戴受十四聖之生育張二百四十年之基宇臣於此際爲吏長人敢不遵行國風彰揚至化小大之獄必以情恕孤獨鰥寡必躬問撫庶使一州之人知上有仁聖天子所遣刺史不爲虚受蒸其和風感其歡心庶爲瑞爲祥爲歌爲詠以裨盛業流乎無窮在臣之心則然豈材術之能及無任感激惘懇血誠之至謹奏

賀平党項表

臣某言伏奉三月二十七日勅党項剪除北邊寧静華夏同慶道路懽呼臣誠慶誠抃頓首頓首伏以上天有震耀殺戮王者有攻討誅夷是以不暫費者不久寧不一勞者

不永逸伏以自古夷狄處中華未有不爲患者春秋時長狄攻魯北戎病齊破衛陵燕侵秦撓晉西漢趙充國納先零於内地東朝馬文泉置當煎於三輔自後熾大侵亂關中戰爭十年騷擾四海陵逼京邑發掘園陵段熲不生終不能滅後至曹公因匈奴衰弱分爲五部處在汾晉散而居之元海傑然首亂華夏中原喪没凡數百年國朝貞觀之初突厥破滅太宗惑彦博之利口忽文貞之成算處其降衆置於河南不數十年果殘燕趙興師命將輸轂饋財天下騷然始能殄滅是知今古夷狄處在中土未有不爲

亂者伏以党羌雜種本在河外生西北之勁俗稟天地之戾氣爲西戎所麾舉種來降國家納之置於內地爰受冠帶兼服征徭角觡既成觝觸是務天寶至德之際北燕偏重中原一揪大歷建中之際逆胡餘波巨盜再起党羌因此亦恣猖狂兎伏鳥飛爲戎虜之耳目狼心梟響作郊畿之殘賊比以回鶻未殄吐蕃正強且須羈縻未可重擾於是邊疆日駭種類歲繁每至勁弓折膠童馬免乳以魁健之質張忿鷙之兇刼饋穀以焚舟殺輅車而閉道衆砠盤結羣犬吽牙依據深山出沒險徑近在宇下游於轂中艱難已來不能剷削伏惟聖敬文思和武光孝皇帝皇天縱聖赫日資明威極風霆謀先造化潛運睿算獨決神機箕宿禡牙狼星斂角戌日禱馬太白揚眉棓殞而邊事無遺聚米而兵形盡見披其要地擣以奇兵獸窮搏人鹿急走險囊封赤白雜沓繼來雉走檄書遠近同至蘇辛李蔡傅鄭甘陳十萬齊呼四面同入行軍於枕席之上敗虜於險阻之中或以利戈舂喉或以長矛挾脅僵屍積疊千山之草木飛腥霆雷轟喧萬里之威靈大震詩曰不弔昊天亂靡有定此言中國不振蠻夷入伐下人號天以告亂也復曰宣王薄伐小雅中興是知武功不成文德不洽皐陶無遺之誡史佚非類之言若不殄除何爲家國自此兵爲農器革作軒車泥紫金於常山沉殘戎於青海天覆盡得禹畫無遺統華夏爲一家用夷狄爲四守萬物由道百度皆貞遠超三代之風使無一人之獄臣僻左小郡樸樕散材空過流年徒生聖代尚能爲詩見志作歌極情上詠神功庶垂後代限以守土不獲稱慶無任踴躍款懇之至謹奉表陳賀以聞臣誠惶誠恐頓首頓首謹言

進撰故江西韋大夫遺愛碑文表

右臣奉某月日敕牒令撰故江西觀察使韋丹遺愛碑文臣官卑人微素無文學恩生望外事出非常承命震驚以榮爲懼伏以洪爲州府逾於千年言念疲羸常患水火風俗如此改革無因韋丹受朝廷分憂爲百姓去弊不踐舊跡特建宏謀凡三年苦心去千歲大患兼之灌溉種蒔豐其衣食渤海潁川之治邵父杜母之恩校之於丹未足爲比伏惟皇帝陛下陟降順帝施設如神納諫若轉丸去惡如反掌是以兵刑措寢年穀豐登而猶念切疲人及於循吏緬韋丹已效之績慰江西去思之心特與彰揚創爲碑

記是宜使內直學士西掖辭臣振發雄文流傳後代至於臣者最爲鄙陋明命忽臨牢讓無路俯仰慙懼神魂驚飛臣不敢深引古文廣徵樸學但首敘元和中興得人之盛次述韋丹在任爲治之功事必直書辭無華飾所冀通衢一建百姓皆覩事事彰明人人曉會但率誠樸不近文章受曲被之恩私如生羽翼報非次之拔擢宜裂肝腸無任感激懇悃血誠之至其碑文本謹隨狀封進以聞謹奏

爲中書門下請追尊號表

臣某等言伏以收復河湟廓開土宇北絕梓嶺西過榆溪

壯中夏起塞之雄奪西戎理弓之地至使强虜不敢觸鋒山鏁七關地闢千里歌貍首而息射詠杕杜以勞旋聖德神功超今越古某月日臣某等於延英殿面奉德音陛下以尅定舊疆獲承先志歸功祖考追尊鴻名臣等伏念國家之爲治也溢三皇之軌躅奮百代之上下天寶之末天下泰寧恃富庶而醉飽無虞韜干戈而兇逆潛作大歷貞元之際河北河南之地朝廷行姑息之政郡國皆叛亂之臣苟且之令行畫一之法廢月增日長雄唱雌和李錡宗子劉闢書生東據石頭西斷劍閣朝廷所有唯止兩京伏惟憲宗皇帝順上帝之心酌列聖之法爵不踰等舉不失賢親莊正之人去側媚之士然後提挈綱紀震疊雷霆誅夷羣兇灑掃四海百度如律九功可歌天業益張聖統無極詩曰惠我無疆子孫保之復曰周雖舊邦其命維新伏惟元和之初實開中興之業伏惟聖敬文思和武光孝皇帝陛下修先王之大道行天下之達德廣問延諫褒直盡下首雪寃獄常對法官是則虞舜恤刑文王愼罰無以過也開張聰明延納諫諍守職業者無職不舉被言責者無事不言皆獲甄升豈唯假借夫仲尼以三人有我師大禹

以愚夫能勝予是仲尼之好問大禹之拜言無以過也是以百姓手足皆安於措置四海風俗益臻於平和尚猶午夜觀書日昃聽政下採人瘼上求天瑞帝典曰聖敬日躋湯銘曰日日新是陛下之德有以過之仲尼曰禹立三年百姓以仁仰陛下之至理知孔聖之可驗夫西戎强盛自古無之包有引弓之人盡爲跨馬之國天下獻力備邊不充四海輸賦養兵不足廣川薦草盡爲所有健兵悴馬不可當鋒雖李廣材能充國沉勇但能閉壘豈敢交綏伏惟聖敬文思和武光孝皇帝陛下畜睿算於霄漢之表畫聖

謨於造化之先捕虜將軍射聲校尉羽林突陣之騎酒泉校射之兵親自指蹤同時受命信星效祉靈旗呈祥壁壘巖巖而洞開渠魁纍纍而自縛解辮削衽投戈委弓懾怛威靈歡呼冠帶破種徙域空漠靜邊指北海而封燕然中西域而立幕府鄭吉之理烏壘班超之鎮他乾大庇生人一寬天下昔漢武帝之逐北虜四海耗半殷高宗之伐鬼方三年乃克尚書班史稱德詠功今陛下用仁義爲干戈以恩信爲疆埸所求必至有鬬必先不遺一矢不頓一刃洗八聖旰食之恨雪百年亡地之羞小雅盡興大業無極

爲而不有歸功先帝禮曰天子有善上讓於天仲尼曰武王周公其達孝矣乎蓋以善於繼述能光祖考今者陛下謙讓之道符於禮經繼述之孝稱於孔聖臣等待罪宰相目覩昇平謹具太常追尊順宗皇帝憲宗皇帝謚號如前伏聽勅旨

賀生擒衡州草賊鄧裴表

臣某等言伏見湖南團練使奏生擒衡州草賊鄧裴及徒黨等伏以湖湘旱耗百姓飢荒遂有奸兇敢圖嘯聚今承擒滅已盡根株臣等誠懽誠忭頓首頓首臣聞三代之英兩漢之盛姦宄亂常之類挺災搆逆之黨乘間卽有遇隙便生伏惟聖敬文思和武光孝皇帝陛下威極風霆德滋雨露正開壽域盡納羣生永戢干戈將臻富庶逆賊鄧裴蕞爾小孽敢因艱食漸誘飢人剽亂鄉閭陵驚郡邑徒堅黨合事鉅寇牢或據深山或閉官道遂使湖嶺之外人不聊生慎由指揮義徒總齊武士仰憑睿筭遠仗皇威不經歲時盡翦豺虺党項已寧於朔北妖黨復殄於巴西今擒鄧裴一清湖嶺用夷狄爲四守統華夏爲一家言念秋毫無非帝力臣等備位台鼎日奉聖謨無任忭舞慶快歡呼

踴躍之至

謝賜御札提舉邊將表

伏奉宸翰以邊塞未靜將帥乏才唯務誅求不謀兵食者伏以陛下自卽位已來正朝廷而舉典法肥天下而壽羣生故能不血刃以收河湟用文誥而降羌寇干戈偃戢遠邇安寧今者尚以戍邊未得高枕深憂將帥不副憂勤或但恣於侵貪或不事其兵食須有戒勵形於詔書此乃周文小心克勤大禹不自滿假比於聖德無以過焉臣等備位鼎司親奉睿旨銘鏤肝鬲專令防虞無任忭躍屏營之

至。

謝賜新絲表

右中使某至奉宣聖旨賜臣等新絲者伏以蠶所繫在於纂組言功之大與食爭先陛下仁德動天雨澤順序柔桑沃若蠶女工勤皛比凝霜縈如委霧繭稅不逋於鄉井被覆皆徧於華夷盡荷皇慈同歌帝力臣等備位台席親逢盛時無任踊躍歡忭感恩之至

代裴相公讓平章事表

臣某言伏奉今月日制書除臣某官同中書門下平章事

祇奉成命進退失圖捧詔兢惶銜恩戰慄臣誠惶誠恐頓首頓首臣本書生仕逢聖代掌綸言於西掖作藩守於名邦自顧才能已是踰越陛下奬遇不次拔擢過分春闈典貢地官掌財咸無政能粗免僁闕及擢爲筦榷累受寵榮雖竭盡疲駑欲裨萬一而才智疎拙不效涓塵夫宰相之任前賢有言如涉川有舟如幽室有燭代天理物爲人具瞻豈伊小臣而膺大任今朝廷髦俊並作名德森然或多懋庶官皆有功實或四方屛翰已著勳勞舉而用之無不可者如臣凡淺豈宜委任伏乞俯迴天鑑更擇時賢必能丹青帝圖金玉王度使微臣無尸祿之誚聖主有得賢之名非唯微臣獲安實亦天下幸甚無任悃懇血誠之至

又代謝賜批答表

臣某言臣伏奉今月日批答令臣宜斷來表不許牢讓者仰承鴻澤跪奉芝緘戰越失圖啟處無地臣某誠惶誠恐頓首頓首臣昨奉詔書付以魁柄自顧斗筲之器樸樕之才乘恩寵時竊棟梁任只合效蔡謨堅卧孔霸懇辭尚猶拜謝天顏進見卿士榮忝既積憂惶實深是以拜章上陳懇辭自敍冀迴聖鑑更擇時賢豈意睿旨重臨綸言再下

不令徇志且遣守官大君之成命已行微臣之丹懇不遂誓當戮力盡瘁粉骨捐軀知無不爲見死寧避冀答君親生成之德用酧乾坤覆育之恩無任感激血誠懇惶戰越之至謹奉陳謝以聞

壽昌節宴謝賜音樂狀

右臣某言伏以降誕之辰生靈同慶合均天之廣樂九奏諧和令錫宴於仙祠百辟歡忭臣等幸生聖代獲備台階雖欲殺身豈酬大造無任感恩踴躍之至

又謝賜茶酒狀

右臣某等言伏以大慶吉辰榮霑錫宴鴻恩繼至王人薦臨旨酒名茶玉食仙果來於御府莫匪天慈適口忘憂已滿小人之腹殺身粉骨難酬聖主之恩臣無任感恩忭躍之至

又代裴相公謝告身鞍馬狀

右中使某至奉宣聖旨賜臣告身一通馬一匹并鞍轡臣生逢聖代竊位巖廊奉告令之詔書丹霄之雨露猶濕錫代勞之駿馬內棧之風雲尚隨寶軸煥絲綸之言逸足騁拳奇之態螢光爝火何裨日月之明弱質孤根但荷乾坤

之德殺身寧報撫已知慙無任感恩忭躍悲悃之至

論閣內延英奏對書時政記狀

右舊例宰臣每於閣內及延英奏論政事及退歸中書知印宰臣盡書其日德音及宰臣奏事送付史館名時政記史官憑此編入簡策伏以敷陳時政承奉聖旨事非一端時移數刻退朝循省執筆讚論但記出已之辭或忘同列之對若獻替之說或闕則史策之書不詳臣今商量每閣內奏事及延英對迴陛下所降德音宰臣所奏公事人自爲記共成一篇既得精詳必無遺漏付與史氏便得直書伏乞天恩永爲常式

謝許受江西送撰韋丹碑綵絹等狀

右今月十八日中使某至奉宣聖旨令臣領江西觀察使紇干衆所寄撰韋丹遺愛碑文人事綵絹三百疋者恩隨幸至榮與利并抃躍慙惶罔知所措伏惟皇帝陛下皇天縱聖赫日資明大獎功勞不計存沒舉韋丹江西之績特令微臣撰碑墮淚之思豈慙羊祜黃絹之妙實愧蔡邕今者更蒙恩私廣受絲帛捧戴兢惕無地容身不勝感恩慙悚之至

內宴請上壽酒

具官臣某等言伏惟聖敬文思和武光孝皇帝陛下天覆地容堯仁舜孝四海波靜三春物華故於彤庭大開錫宴竊以三事大僚百司庶府願持玉巵上千萬壽未敢專擅伏俟德音輕瀆宸嚴無任戰越之至

宴畢殿前謝辭

具官臣某等言遲日正麗廣場洞開張仙樂者三千餘人列正羞者二十六豆酒傾瑶觶食置雕盤列圭組以成行酌金罍以爲勞屢饜而止飽德以歸既醉太平之風共樂

仁壽之域千年一遇百辟同歡臣等備位台司親逢聖日歡呼抃躍不能自勝

謝賜物狀

具官臣某等言叨陪錫宴竊覩鈞天百品並陳三酒皆具微臣所志已極滿盈豈意鴻澤重霑錫賚殊等朱綠元黃之繒綵精金文錦之珍奇捧戴自天啟處無地不勝抃躍感恩之至

代人舉周敬復自代狀

前件官執德以進嚮道而行藹有令名備歷清貫掌綸言

於西掖才稱發揮參密命於內庭眾推忠慎自珥貂近侍主鑰東門聲實益重於搢紳磨涅始彰其堅白伏以南省實天下根本兩丞爲百司管轄苟非其選必致敗官今若以臣所任迴授敬復庶能肅清臺閣提舉紀綱既曰陟明實不虛受伏乞天恩允臣所請

代人舉蔣係自代狀

伏準某年月日勅內外文武常參官上後三日宜舉一人自代者伏以前件官仁義素彰文學早著揚歷臺閣宣昭令名嘗爲諫官無所避忌及領藩鎮實惠疲羸頃者不附權臣例遭左官今逢明代猶典小州伏以封還詔書駮正時事職業實重選擇宜精今若以臣此官迴與蔣係既不虛受實爲陟明伏乞聖慈允臣所請謹狀

上鄭相公狀

某啟伏以相公自專魁柄一闡大猷鎮撫四夷訓導百吏無不信順皆有程品猶尚不遺微賤特降慰誨重疊滿幅榮耀閭門捧戴生光啟處無地聞於白屋之輩皆願殺身詢於黃耇之徒以爲異事慰示天下長育人材魚頡鴻冥之潛郎中島上之隱皆可以結戀隨指效用盡心接地際

天日出月入盡得臣妾無不謳歌蒼生禺禺實有所望某一門骨肉皆受恩知效命之誠瀝血自誓無任攀戀感激懇悃之至謹狀

上淮南李相公狀

某啟伏以近日當州人吏往來及諸道賓客行過皆傳相公以淮海之地災旱累年仁憫之心憂念深切廣求人瘼大革土風郵養疲羸抑挫豪猾備職者思勵其已業官者得用其能鰥寡孤惸飛沉動植仁煦必及惠愛無遺吏不敢欺法能必束上行下效家至戶到閭里安泰史冊未聞

竊以聖上倚注既深相公勳業愈重況茲異政卽達宸聰伏料窮邊絕塞將議息兵宣室明庭必思舊德重秉鈞軸固在旬時某忝跡門牆不勝抃躍攀望棨戟下情無任戀結之至謹狀

上吏部高尚書狀

某啟人惟樸樕材實朽下三守僻左七換星霜拘攣莫伸抑鬱誰訴每遇時移節換家遠身孤弔影自傷向隅獨泣將欲漁釣一壑栖遲一邱無易仕之田園有仰食之骨肉當道每歎未路難循進退唯艱憤悱無告今者大君繼統

賢相秉鈞遺墜必舉髦雋並作伏惟尚書秩高天爵德冠人倫爲搢紳之紀綱作朝廷之標表凡遊門館莫非雋賢至於小人最爲凡器頃者幸以屬郡祗事廉車奉約束而雖嚴滌昏蒙而無術實多僭闕每賴恩容敢望尊嚴特自褒舉手示遠降覊魂震驚感激彷徨涕淚迸落便無跛倚如生羽翰全忘鼠循忽欲鳥舉雖闕下一召歲中四遷校其光榮不能踰越禮曰君子愛其死以有待也養其身以有爲也是小人忘生殺身之地刳腸奉首之報今得之矣復何求焉江山絕域登臨已秋猿吟鳥思草衰木隊黎侯寓衛有式微之詩趙王遷房創山木之詠流落多感今古同塵迴望門牆涕戀唯積起居未由無任血誠懇悃之至謹狀

上刑部崔尚書狀

某啟某比於流輩疎闊慵怠不知趨嚮唯好讀書多忘爲文格卑十年爲幕府吏每促束於簿書宴遊間刺史七年病弟孀妹百口之家經營衣食復有一州賦訟私以貧苦焦慮公以愚恐敗悔仍有嗜酒多睡厠於其間是數者相遭於多忘格卑之中書不得日讀文不得專心百不逮人

所尚業復不能尺寸銖兩自強自進乃庸人輩也復何言哉今者欲求爲贄於大君子門下尚可以爲文而爲其禮詩所謂有靦面目視人罔極者也謹敢繕寫所爲文凡二十首伏地汗赧不知所云謹狀

欽定全唐文卷七百五十一

杜牧四

上宣州崔大夫書

某再拜。閣下以德行文章有位於明時。如望江漢。見其去之沓天洸汪瀇漫。不知其所爲終始也。復自開幕府已來。辟取當時之名士。禮接待遇。各盡其意。後進絜絜。以節義自持者。無不願受閣下迴首一顧。舒氣快意。自以滿足。今藩鎮之貴。土地兵甲。及生殺與奪。在一出口。終日矜高。與門下後進之士。摧得失去就於分寸銖黍間。多是其人也。

獨閣下不自矜高。不設塹壘。曲垂情意。以盡待士之禮。然後知後進絜絜。以節義自持者。無不願受閣下迴首一顧。舒氣快意。自以滿足。此固然也。非敢苟佞其辭。以取媚也。不知閣下俯仰延遇之去就。幣帛筐篚之多少。飲食獻酬之和樂。各用何道。閒夜永日。三五相聚。危言峻論。知與不知。莫不願盡心於閣下。壽考福祿。祝之無窮。某雖不肖。則亦千百閒其一人數也。鹿鳴宴羣臣詩曰。旣飲食之。復實幣帛筐篚。以將其厚意。然後忠臣嘉賓。得盡其心矣。吉日詩曰。宣王能愼微接下。無不盡心。以奉其上焉。自古雖尊爲天子。未有不用此。而能得多士盡心也。未有不得多士之盡心。而得樹功立業。流於歌詩也。況於諸侯哉。夫子曰。君子疾沒世而名不稱。司馬遷曰。自古富貴。其名磨滅。不可勝紀。靜言思之。令人感動激發。當寐而寤。在饑而飽。伏希閣下濬之益深。築之益高。緘鐍之益固。使天下之人。異日捧閣下之德。不替今日。則爲宰相。長育人材。與起教化。國朝房杜姚宋。不足過也。某也於流輩。無所知識。承風望光。徒有輸心效節之志。今謹錄雜詩一卷獻上。非敢用此求知。蓋欲導其志。無以爲先也。往年應進士舉。曾投獻筆語。亦蒙亟稱於時。今十五年矣。於頑慵中爲之不已。矣於

其事能不稍工。不敢再錄新述。恐煩尊重。無任惶懼。謹再拜。

與池州李使君書

景業足下。僕與足下齒同而道不同。足下性俊達堅明。心正而氣和。飾以溫愼。故處世顯明無罪悔。僕之所稟。闊略疎易。輕微而忽小。然其天與其心。知邪柔利已。偷苟讒諂。可以進取。知之而不能行之。非不能行之。抑復見惡之。不能忍。一同坐與之交語。故有知之者。有怒之者。怒不附已

者怒不恬言柔舌道其盛美者怒守直道而違已者知之者皆齒少氣銳讀書以賢才自許但見古人行事直當如此未得官職不覩形勢絜絜少輩之徒也怒僕者足以裂僕之腸折僕之脛知僕者不能持一飯與僕僕之不死已幸況爲刺史聚骨肉妻子衣食有餘乃大幸也敢望其他然與足下之所受性固不得伍列齊立亦抵足下疆隴畦畔間耳故足下憐僕之厚僕仰足下之多在京城間家事人事終日促束不得日出所懷以自曉自然不敢以輩流間期足下也去歲乞假自江漢間歸京乃知足下出官之

由勇於爲義向者僕之期足下之心果爲不繆私自喜賀足下果不負天所付與僕所期向二者所以爲喜且自賀也幸甚幸甚夫子曰吾少也賤故多能鄙事復曰不試故藝聖人尚以少賤不試乃能多能有藝況他人哉僕與足下年未三十爲諸侯幕府吏未四十爲天子廷臣不爲甚賤不爲不試矣今者齒各甚壯爲刺史各得小郡俱處僻左幸天下無事人安穀熟無兵期軍須逋負諍訴之勤足以爲學自强自勉於未聞未見之間僕不足道雖能爲學亦無所益如足下之才之時眞可惜也向者所謂俊達堅明心正而氣和飾以溫愼此才之可惜也年四十爲刺史得僻左小郡有衣食無爲吏之苦此時之可惜也僕以爲天資足下有異日名聲績業光於前後正在今日可不勉之僕常念生百代之下未必爲不幸何者以其書具而事多也今之言者必曰使聖人微旨不傳乃鄭元輩爲注解之罪僕觀其所解釋明白完具雖聖人復生必挈置數子坐於游夏之位若使元輩解釋不足爲師安得聖人復生如周公夫子親授微旨然後爲學是則聖人不生終不爲學假使聖人復生卽亦隨而汨之矣此則不學之徒好出

大言欺亂常人耳自漢已降其有國者成敗興廢事業蹤跡一二億萬青黃白黑據實空有皆可圖畫考其來由裁其短長十得四五足以應當時之務矣不似古人窮天鑿元躡於無蹤算於忽微然後能爲學也故曰生百代之下未必爲不幸也夫子曰三人行必有我師焉此乃隨所見聞能不亡失而思念至也楚王問萍實對曰吾往年聞童謡而知之此乃以童子爲師耳既參之於上古復酌之於見聞乃能爲聖人也諸葛孔明曰諸公讀書乃欲爲博士耳此蓋滯於所見不知適變名爲腐儒亦學者之一病僕

自元和已來以至今日其所見聞名公才人之所論討典刑制度征伐叛亂考其當時參於前古能不忘失而思念亦可以爲一家事業矣但隨見隨忘隨聞隨廢輕目重耳之過此亦學者之一病也如足下天與之性萬萬與僕相遠僕自知頑滯不能苦心爲學假使能學之亦不能出而施之懇懇欲成足下之美異日既受足下之教於一官一局而無過失而已自古未有不學而能垂名於後代者足下勉之大江之南夏候鬱溼易生百疾足下氣俊胸臆間不以悁忿是非貯之邪氣不能侵慎防是晚多食大醉纔

飲其他無所道某再拜

投知己書

夫子曰不怨天不尤人下學而上達知我者其天乎復曰知我者以春秋罪我者亦以春秋此聖人操心不顧世人之是非也杜厲叔事莒敖公莒敖公不知及莒敖公有難杜厲叔死之不知我則已反以死報之蓋怨不知之深也豫讓謂趙襄子曰智伯以國士待我我以國士報之此乃烈士義夫有才感其知不顧其生也行無堅明之異才無尺寸之用泛泛然求知於人知則不能有所報不知則怒此乃衆人之心也聖賢義烈之士既不可到小生有異於衆人者審已切也審已之行審已之才皆不出衆人亦不求知於人已或有知之者則藏縮退避唯恐知之深蓋自度無可以爲報效也或有因緣他事不得已求知於人者苟不知未嘗退有懟言怨色形於妻子之前此乃比於衆人唯審已求知也太和二年小生應進士舉當其時先進之士以小生行可與進業可與修喧而譽之爭爲知已者不啻二十人小生邇來十年江湖間時時以家事一抵京師事已即返嘗所謂喧而譽之爲知已者多已顯貴未嘗

一到其門何者自十年來行不益進業不益修中夜忖量自愧於心欲持何說復於知已之前爲進拜之資乎黙黙藏縮苟免寒饑爲幸耳昨李巡官至忽傳閤下旨意似知姓名或欲異日必錄在門下閤下爲世之偉人鉅德小生一獲進謁一陪讌享則亦榮矣况欲異日終置之於榻席之上齒於數子之列乎無攀緣絲髮之因出特達倜儻之知小生自度宜爲何才可以塞閤下之求宜爲何道可以報閤下之德是以自承命以來審已愈切撫心獨驚忽忽思之而不自知其然也若蒙待之以衆人之地求之以衆

人之才責之以衆人之報亦庶幾異日受約束指顧於簿書之間知無不爲爲不及私亦或能提筆伸紙作詠歌以發盛德止此而已其他望於古人責以不及非小生之所堪任伏恐閤下聽聞之過求取之異敢不特自發明導說其衷一開閤下視聽其他感激發憤懷愧恩德臨紙汗發不知所裁某恐懼再拜

答莊充書

某白莊先輩足下凡爲文以意爲主以氣爲輔以辭彩章句爲之兵衛未有主强盛而輔不飄逸者兵衛不華赫而

莊整者四者高下圓折步驟隨主所指如鳥隨鳳魚隨龍師衆隨湯武騰天潛泉横裂天下無不如意苟意不先立止以文彩辭句繞前捧後是言愈多而理愈亂如入闤闠紛然莫知其誰暮散而已是以意全勝者辭愈朴而文愈高意不勝者辭愈華而文愈鄙是意能遣辭辭不能成意大抵爲文之旨如此觀足下所爲文百餘篇實先意氣而後辭句慕古而尚仁義者苟爲之不已資以學問則古作者不爲難到今以某無可取欲命以爲序承當厚意惕息不安復觀自古序其文者皆後世宗師其人而爲之詩書春秋左氏以降百家之說皆是也古者其身不遇於世寄志於言求言遇於後世也自兩漢以來富貴者千百自今觀之聲勢光明孰若馬遷相如賈誼劉向揚雄之徒斯人也豈求知於當世哉故親見揚子雲著書欲取覆醬瓿雄當其時亦未嘗自有誇目況今與足下並生今世欲序足下未已之文此固不可也苟有志古人不難到勉之而已某再拜

上河陽李尚書書

伏以三城所治兵精地要北鏁太行東塞黎陽左京河南

指爲重輕自艱難已來儒生成名立功者蓋寡於前代是以壯健不學之徒不知儒術不識大體取求徼效終敗大事不可一二悉數伏以尚書有才名德望知經義儒術加以儉克好立功名今横據要津重兵在手朝廷縉紳之士屈指延頸佇觀德政況聖主披擢褒俊考校古今退朝之後急於觀書已築七關取隴城緝爲郡縣今親誅虜收其土田取其良馬爲耕戰之具西復凉州東取河朔平一天下不使不貢不覲之徒敢自專擅此實聖主之心事業已彰臣下明明無不知之伏自尚書樹立鍛鍊教訓揀拔法

術尺寸。取於古人。若受指顧。必立大功。使天下後學之徒。知成功立事。非大儒知今古成敗者不能爲之。復使儒生舒展胸臆。得以誨導壯健不學之徒。指蹤而使之。令其心服。正在今日。某多病早衰。志在耕釣。得一二郡。資其退休以活骨肉。亦能作爲歌詩。以稱道盛德。其餘息心。亦已久矣。下情日增瞻仰戀德之切。某恐懼再拜。

上鹽鐵裴侍郎書

伏以鹽鐵重務。根本在於江淮。今諸監院頗不得人。皆以權勢干求。固難悉議停替。其於利病。豈無中策。某自池州

睦州。實見其弊。蓋以江淮自廢留後以來。凡有冤人。無處告訴。每州皆有土豪百姓情願把鹽每年納利。名曰土鹽商。如此之流。兩稅之外。州縣不敢差役。自罷江淮留後以來。破散將盡。以監院多是誅求。一年之中。追呼無已。至有身行不在。須得父母妻兒錮身驅將。得錢卽放。不二年內。盡恐逃亡。今譬於常州百姓。有屈身在蘇州。歸家未得。便可以蘇州下狀。論理披訴。至如睦州百姓食臨平監鹽。其土鹽商被臨平監追呼求取。直是睦州刺史亦與作主不得。非裹四千里糧。直入城役使。卽須破散奔走。更無他圖。其間搜求胥徒。鍼抽縷取。千計百校。唯恐不多。除非吞聲別無赴訴。今有明長吏在上。旁縣百里。尚敢公爲不法。況諸監院皆是以貨得之。恣爲奸欺。人無語路。況土鹽商皆是州縣大户。言其根本。實可痛心。比初停罷留後。衆皆以爲除煩去冗。不知其弊及於疲羸。卽是所利者至微。所害者至大。今若蒙侍郎改革前非。於南省郎吏中擇一清慎依前使爲江淮留後。減其胥吏。不必一如向前多置人數。卽自嶺南至於汴宋。凡有冤人。有可控告。奸贓之輩。動而有畏。數十州土鹽商免至破滅。除江淮之大殘。爲侍郎之

陰德。以某愚見。莫過於斯。若問於鹽鐵吏。卽不欲江淮別有留後。若有留後。其間百事自能申狀諮呈。安得貨財表裏。計會分其權力。言之可知。伏惟俯察愚衷。不賜罪責。某再拜。

與汴州從事書

汴州境內。最弊最苦。是牽船夫。大寒虐暑。窮人奔走。斃踣不少。某數年前赴官入京。至襄邑縣。見縣令李式。甚年少有吏才。條疏牽夫。甚有道理。云某當縣萬户已來。都置一板簿。每年輸檢。自差。欲有使來。先行文帖。尅期令至。不揀

貧富職掌一切均同計一年之中一縣人户不着兩度夫役如有遺户不能來者即任納錢與於近河雇夫對面分付價直不令所有欺隱一縣之內稍似蘇息蓋以承前但有使來即出帖差夫所由得帖富豪者終年閑坐貧下者終日牽船今即自以板簿在手輪流差遣雖有黠吏不能用情某每任刺史應是役夫及竹木瓦磚工巧之類並自置板簿若要使役即自檢自差不下文帖付縣若下縣後縣令付案按司出帖分付里正一鄉只要兩夫事在一鄉徧着赤帖懷中藏卻巡門掠斂一徧貧者即被差來若籍

在手中巡次差遣不由里胥典正無因更能用情以此知襄邑李式之能可以惠及夫役更有良術即不敢知以某愚見且可救急因襄邑李生之績效知先輩思報幕府之深誠不覺亦及拙政以爲證明豈敢自述今爲治患於差役不平詩云或栖遲偃仰或王事鞅掌此蓋不平之故長史不置簿籍一一自檢即奸胥貪冒求取此最爲甚某恐懼再拜

上李司徒相公論用兵書

伏覩明詔誅山東不受命者廟堂之上事在相公雖樽俎之謀算畫已定而賤末之士芻蕘敢陳伏希捨其狂愚一賜聽覽某大和二年爲校書郎曾詣淮西將軍董重質詰其以三州之衆四歲不破之由重質自誇勇敢多算之外復言其不破之由是徵兵太雜耳徧徵諸道兵士上不過五千人下不至千人既不能自成一軍事須帖附地主名爲客軍每有戰陣客軍居前主人在後勢羸力弱心志不一既居前列多致敗亡如戰似勝則主人引救以爲已功小不勝則主人先退至有殲焉初戰二年已來戰則必勝是多殺客軍及二年已後客軍殫少止與陳許河陽全軍

相搏縱使唐州軍不能因雪取城蔡州兵力亦不支矣其時朝廷若使鄂州壽州唐州祇令保境不用進戰但用陳許鄭滑兩道全軍帖以宣潤弩手令其守隘即不出一歲無蔡州矣今者上黨之叛復與淮西不同淮西爲寇僅五十歲破汴州襄州襄城盡得其財貨輸之懸瓠復敗韓全義於溵上多殺官軍四萬餘人輸輦財穀數月不盡是以其人味爲寇之腴見爲寇之利風俗益固氣燄已成自以爲天下之兵莫我與敵父子相勉僅於兩世根深源闊取之固難夫上黨則不然自安史南下不甚附隸建中之後

每奮忠義是以鄆公抱眞能窘田悅走朱滔常以孤窮寒苦之軍橫折河朔彊梁之衆貞元中節度使李長策卒中使提詔授與本軍大將但軍士附者卽授之其時大將來希皓爲衆所服中使將以手詔付之希皓言於衆曰此軍取人合是希皓但作節度使不得若朝廷以一束草來希皓亦必敬事中使言面奉進旨只令此軍取大將授與節鉞朝廷不別除人希皓固辭押衙盧從史其位居四下因潛與監軍相結超出伍曰若來大夫不肯受詔某請且勾當此軍監軍曰盧中丞若肯如此此亦固合聖旨中使因

探懷取詔以授之從史捧詔再拜舞蹈希皓迴揮同列使北面稱賀軍士畢集更無一言從史爾後漸畜奸謀養義兒三千人日夕煦沫及父虔死軍士啗之表請起復亦只義兒與之唱和其餘大將王翼元烏重允第五釗等及長行兵士並不同心及至被擒烏重允坐於軍門喻以禍福義兒三千一取約束及河陽取孟元陽爲之統帥一軍無主僅一月日曾無犬吠況於他謀以此證驗人心忠赤習尙專一可以盡見及元和十五年授與劉悟時當幽鎭入覲天下無事柄廟算者議必銷兵雄健敢勇之士百戰千攻之勞坐食租賦其來已久一旦黜去使同編户紛紛諸鎭停解至多是以天下兵士聞之無不忿恨至長慶元年七月幽鎭乘此首唱爲亂昭義一軍初亦鬱怫及詔下誅叛使温起居造宣慰澤潞便令發兵其時九月天氣已寒四方全師未領中冬衣服聚之授詔或伍或離垂手彊項往往諠語及温起居立於重榻大布恩旨并疏昭義一軍自七十餘年忠義戰伐之功勞安史已還叛逆滅亡之明效辭語旣畢無不懽呼人衣褞褐爭出効命其時用兵處處敗北唯昭義一軍於臨城縣北同果堡下大戰殺賊五

千餘人所殺皆樓下步射搏天飛者賊之精勇無不殲焉賊中大震更一月日田布不死賊亦自潰後一月其軍大亂殺大將磁州刺史張汶因刼監軍劉承偕盡殺其下小使此實承偕侮慢一軍侵取不已張汶隨王承元出於鎭州久與昭義相攻軍人惡之汶旣因依承偕謀欲殺悟自取軍人忌怒遂至大亂非悟獨能使其如此劉悟卒從諫求繼與扶同者只鄆州隨來中軍二千耳其副倅賈直言入責從諫曰爾父提十二州地歸之朝廷其功非細祇以張汶之故自謂不潔淋頭竟至羞死爾一孺子安敢如此

從諫恐悚不敢出言一軍聞之皆陰然直言之說值賓歷多故因以授之今纔二十餘歲風俗未改故老尚存雖欲劫之必不用命伏以河陽西北去天井關强一百里關隘多山井不可鑿雖有兵力必恐無功若以萬人為壘下窒其口高壁深塹勿與之戰忽有敗負勢驚洛師蓋河陽軍士素非精勇戰則不足守則有餘成德一軍自六十年來世與昭義為敵訪聞無事之日村落鄰里不相往來今王司徒代居反側思一自雪况聯姻戚願奮可知六十年相讐之兵仗朝廷委任之重必宜盡節以答殊私魏博承風

亦當效順然亦止於圍一城攻一堡刊木堙井係累稚老而已必不能背二十城長驅上山徑擣上黨其用武之地必取之策在於西面今者嚴紫塞之守備謹白馬之隄防祇以忠武武寧兩軍以青州五千精甲宣潤二千弩手由絳州路直東徑入不過數日必覆其巢何者昭義軍糧盡在山東澤潞兩州全居山內土瘠地狹積穀全無是以節度使多在邢州名為就糧山東糧穀既不可輸山西兵士亦必單鮮擣虛之地正在於此後周武帝大舉伐齊路由河陽吏部宇文弢曰夫河陽要衝精兵所聚盡力攻圍恐難得志如臣所見彼汾之曲戍小山平用武之地莫過於此帝不納無功而還後復大舉竟用弢計遂以滅齊前秦苻堅遣將王猛伐後燕慕容暐大破暐將慕容評於潞州因遂滅之路亦由此北齊高歡再攻後周路亦由此而後周名將韋孝寬齊王攸常鎮勳州玉壁城故東西相伐每由此路以古為證得之者多以某愚見不言劉稹終不能取貴欲速擒免生他患昨者北虜才畢復生上黨賴相公廟算深遠北虜即日敗亡儻使北虜至今尚存公邊猶須轉戰迴顧上黨豈能討除天下雖言無事若上黨久不能

解別生患難此亦非細自古皆因攻伐未解旁有他變故孫子曰兵聞拙速未覩巧之久也伏聞聖主全以兵事付於相公某受恩最深竊敢干冒威嚴遠陳愚見無任戰汗某頓首再拜

上李太尉論江賊書

伏以太尉持柄在上當軸處中未及五年一齊四海德振法東貪廉懦立有司各敬其事在位莫匪其任雖九官事舜十人佐周校於太尉未可為比伏以江淮賦稅國用根本今有大患是劫江賊耳某到任纔九月日尋窮詢訪實

知端倪夫劫賊徒上至三船兩船百人五十人下不減三二十人始肯行劫劫殺商旅嬰孩不留所劫商人皆得異色財物盡將南渡入山博茶蓋以異色財物不敢貨於城市唯有茶山可以銷受蓋以茶熟之際四遠商人皆將錦繡繒纈金釵銀釧入山交易婦人稚子盡衣華服吏見不問人見不驚是以賊徒得異色財物亦來其間便有店肆爲其囊橐得茶之後出爲平人三二十人挾持兵仗凡是鎮戍例皆單弱止可供億漿茗呼召指使而已鎮戍所由皆云賒死易就死難縱賊不捉事敗抵法謂之賒死與賊

相拒立見殺害謂之就死若或人少被捉罪抵止於私茶故賊云以茶壓身始能行得凡千萬輩盡販私茶亦有已聚徒黨水劫不便逢遇草市泊舟津口便行陸劫白晝入市殺人取財多亦縱火唱棹徐去去年十月十九日劫池州青陽縣市凡殺六人內取一人屠刳心腹仰天祭拜自邇以來頻於鄰州大有劫殺沉舟滅跡者即莫知其數凡江淮草市盡近水際富室大戶多居其間自十五年來江南江北凡名草市劫殺皆徧只有三年再劫者無有五年獲安者一劫之後州縣糜費所由尋捉烽火四出凡是平人多被恐脅求取之外恩讐並行追逮證驗窮根尋葉狼虎滿路狴牢充塞四五月後炎鬱蒸濕一夫有疾染習多死免之則蹤跡未白殺之則贓狀不明一獄之中凡五十人中二十人悉是此輩至於眞賊十人不得一濠亳徐泗汴宋州賊多劫江南淮南宣潤等道許蔡申光州賊多劫荊襄鄂岳等道劫得財物皆是博茶北歸本州貨賣循環往來終而復始更有江南土人相爲表裏校其多少十居其半蓋以倚淮介江兵戈之地爲郡守者罕得文吏村鄉聚落皆有兵仗公然作賊十家九親江淮所由屹不敢入

其間所能捉獲又是沿江架船之徒村落負擔之類臨時脅去分得涓毫雄健聚嘯之徒盡不能獲爲江湖之公害作鄉閭之大殘未有革釐實可痛恨今若令宣潤洪鄂各一百人淮南四百人每船以三十人爲率一千二百人分爲四十船擇少健者爲之主將仍於本界江岸創立營壁置本判官專判其事揀擇精銳牢爲舟棹晝夜上下分番巡檢明立殿最必行賞罰江南北岸添置官渡百里率一盡絕私載每一宗船上下交送是桴鼓之聲千里相接私渡盡絕江中有兵安有烏合蟻聚之輩敢議攻劫或曰制

置太大不假如此答曰今西北邊禦未來之寇備向化之戎長傾東南物產供百萬口況長江五千里來往百萬人日殺不辜水滿寃骨至於嬰稚曾不肯留葛伯殺餉童子湯征滅之蓋以童子無知而殺之王者不捨其罪今長江連海羣盜如麻驟雨絕蹤不可尋逐無關可閉無要可防今者自出五道兵士不要朝廷添兵活江湖賦稅之鄉絕寇盜刦殺之本政理之急莫過於斯若此制置凡去三害而有三利人不寃死去一害也鄉閭獲安無追逮證驗之苦去二害也每擒一私茶賊皆稱買賣停泊恣口點染鹽

鐵監院追擾平人搜求財貨今私茶盡黜去三害也商旅通流萬貨不乏獲一利也鄉閭安堵狴犴空虛獲二利也擷茶之饒盡入公室獲三利也三害盡去三利必滋窮根尋源在刦賊耳故江西觀察使裴誼召得賊帥陳璠署以軍中職名委以江湖之任陳璠健勇分毫不私自後廉察悉皆委任至今陳璠每出彭蠡湖口領徒東下商船百數隨璠行止璠去之後惘然相弔安有清朝盛時太尉在位反使萬里行旅依一陳璠某詳觀格律勅條百二十卷其間制置無不該備至於微細亦或再三唯有江寇未嘗言及今四夷九州文化武伏奉貢走職罔不如法言其功德皆歸太尉敢率愚衷上干明慮冀裨億萬之一無任戰汗惶懼之至某謹再拜

上門下崔相公書

天生相公輔仁聖天子外齊武事內治文教被權衡稱量者不失銖黍受威烈慴怛者蚓縮魚藏百職率治中外平一伏惟相公功德無與為比往者彭城驕強頑卒數萬聯三齊舊風振天下餉道重弓束矢大刀長矛不受指揮自有信誓王侍中生於其間稱為健黠奔馬潛出不敢迴顧

高僕射寬厚聞名能治軍事舉動汗流拜於堂下及乎不受李司徒欝食其使者風波不迴氣勢已去自淮北渡由洛東下漕挽行役出泗上者稚長相賀藩鎮欲生事樹功者橫激旁搆廟堂謀議不知所出相公毅一家僮馳入萬衆無不手垂目瞪露刃弦弓偶語腹非或離或伍相公氣壓其驕文誘其順指示叛臣賊子覆滅之蹤鋪陳忠臣義士榮顯之效皇威全湧於言下狼心頓革於目前然後剔刮根節銷磨頑礦日教月化水順雪釋吐飯飽之解衣暖之威驅恩收禮訓法束一年人畏二年人愛三年化成栽

成一邦俗同三輔當此之時遲迴之間有勇力者一唱而起徵兵數十萬大小且百戰然後傳其壘鉤其垣得其罪人天下固已困矣而天下議者必曰某名將也某善用兵也雖疏爵上公裂土千里其酬尚薄此必然之說也故曰見勝不過衆人之所知非善之善者也戰勝而天下曰善非善者也百戰百勝非善之善者也能不戰而屈人之兵乃善之善者也是相公手攜暴虎貪狼化爲耕牛乘馬退數十萬兵解天下之縛衹於談笑俯仰燕享筆硯之間耳以此校之斯過古人萬萬遠矣復自持統大相開張教化

外制四夷內循百度長育人材與起頹弛心迎志釋罔有怨嗟是以天下帖泰蝗死災去饑人復飽流人復安內外遠近率職奉法不聞其他如周有召穆公仲山甫漢有魏相邴吉國朝姚宋二公文事武事居中處外罔不是倚國家有天下二百三十餘年盛溢兩漢功侔三代今復生相公輔佐仁聖天子天時人事卽自將來福祿昌熾卜之無窮天下孰不幸甚某僻守荒郡亦被陶鈞齒髮甚壯志尚未衰敢不自强冀得天造無任感激悃懇之至某恐懼再拜

上澤潞劉司徒書

今日輕重望於幾人相位將權長材厚德與輕則輕與重則重將軍豈能讓焉昔者齊盜坐父兄之舊將七十年來海北河南泰山課賦三千里料甲一百縣獨據一面橫挑天下利則伸鈍則滿鏃而不發約在子與孫血絕而已此雖使鐵偶人爲六軍取不孔易兒席征蔡之弊天下消耗燕蟠趙伏用齊卜我當此之時一年不能勝則百姓半流二年不能勝則關東之國孰知其變化也將軍一心仗忠半夜興義昧旦而齊族矣疆土籍口探出僭物重寶仰關

輦上是以趙一揺燕一呼爭來汗走一日四海廓廓然無事矣伏惟將軍之功德今誰比哉是以初守滑臺爲尚書守潞爲僕射乃作司空乃作司徒爰開丞相府平章天下越錄職等驟得富貴古今之人亦以爲將軍止此而已矣將軍德於國家甚信大國家復之於將軍雖亦無與爲大矣今者上黨足馬足甲馬極良甲極精後負燕前觸魏側肘趙彼三虜屠囚天子書老劫良民使叛銜尾交頸各蟠千里不貢不覲私贍妻子王者在上此輩何也今者上黨馳其精良不三四日與魏決於漳水西不五六日與趙合

於泜水東。縈太原。排飛狐。緩不二十日與燕遇於易水南。此天下之郡國足以事區區於忠烈無如上黨者。明智武健忠寬信義。知機便多算畫。攻必巧。戰不負。能使萬人樂死赴敵。足以事區區於忠烈。天下之人無如將軍者。爵號祿位富貴休顯宜驅三族。上校恩澤宜出萬死以副倚注。天下之人亦無如將軍者。是將軍負天下三無如之望也。始者將軍賴齊。然後得祿仕。入卧內等子弟。一身聯齊累世之逆。卒境上爭首。其恩甚厚。其勢甚不便。將軍以爲大仁可以殺身。大忠不顧細謹。終探懷而取之。今者將軍負

三無如之望。上戴天子。四海之大。以爲緩急所宜。日夜且申喧請。今默而處者四五歲矣。負天下之三無如者宜如是邪。不宜如是耶。是以天下之小人。以爲將軍始者取齊見利而動。今者安潞見義而止。若是。則天下利無窮。義有限。走無窮。背有限。則安可識之哉。其有識者則曰不然。夫桓文之霸也。先修刑政。然後事事。近有山東士人來者咸道上黨之政。軍士兵吏之詳。男子畝婦人桑。老者養孤者庇。上下一切罔有紕事。暨乎政庭。則將軍不知尊。布衣不知卑。諸侯之驕久矣。是以高才之人不忍及門。仁政不施久矣。是以暴亂不止。若此者將軍是行仁政。來高才。苟行仁政。來高才。若非止暴亂。尊九廟。峻中興。復何汲汲如是邪。在漢伯通。在晉牢之。二人功力不寡。一旦誅死。人豈冤之。苻秦相猛。將終戒視後禍。大唐太尉房公。恐死表止伐遼。此二賢當時德業不在諸人。尚死而不已。蓋以輔君活人爲事。非在矜伐邀引爲心也。伏惟將軍思伯通牢之所以不終。仰相猛房公之所以垂休。則天下之人口祝將軍之福壽。目睹將軍盛德之形容。手足必不敢加不肖於將軍之草木。此乃上下萬世烈丈夫口念心禱而求者。今將

軍盡能有之。豈可容易而棄哉。大唐二百年。自外叛者三十餘種。大者三得其二。小者亦包裹千里。燕趙魏潞齊蔡吳蜀同歡共悲。手足相急。陳刺死。帳下死。圍恐死。伏劍死。斬死絞死。大者三歲。小或一日。已至於盡死。曰忠曰義。則有父子同壇。兄弟繼踵。論罪則曰有某功。論功則曰捨某罪。伏惟十二聖之仁。一何汪汪焉。天之校惡滅逆。復何切切焉。此乃盡將軍所識。復何云云。小人無位而謀。當死罪。某恐懼再拜。

授司勳員外郎謝宰相書

伏以睦州治所在萬山之中終日昏氛侵染衰病自量忝官已過不敢率然請告唯念滿歲得保生還不意相公拔自汙泥升於霄漢卻收斥錮令厠班行仍授名曹帖以重職當受震駭神魂飛揚撫已自驚喜過成泣藥肉白骨香返游魂言於重恩無以過此

欽定全唐文卷七百五十二

杜牧五

上周相公書

某再拜伏以大儒在位而未有不知兵者未有不能制兵而能止暴亂者未有暴亂不止而能活生人定國家者自生人已來可以屈指而數也今兵之下者莫若刺伐之法詩大雅維清奏象舞之篇曰維清緝熙文王之典迄用有成維周之禎象者象武王伐紂刺伐之法此乃文王受命（受殷王尊征之命也）七年五伐留戰陣刺伐之法遺之武王武王用

以伐紂而有天下致之清平爲周家之禎祥周公居攝祀文武於清廟作此詩以歌舞文武之德其次兵之尤者莫若鉤援衝壁今之一卒之長不肯親自爲之詩大雅周公皇矣美周之詩曰以爾鉤援與爾臨衝以伐崇墉臨衝閑閑崇墉言言此實文王伐崇墉傅于其城以臨車衝鉤援其城文王親自爲之夫文王何人也周公詩之夫子删而取之列於大雅以美武王之功德手絃而口歌之不知後代之人何如此三聖人安有謀人之國有暴亂橫起戎狄乘其邊坐於廟堂之上曰我儒者也不能知兵不知儒者

竟不可知兵乎。竟可知兵乎。長慶兵起。自始至終。廟堂之上指蹤非其人不可一二悉數。高宗朝薛仁貴攻吐蕃大敗於大非川。仁貴曰。今年歲在庚午。不當有事於西方。此乃鍾鄧伐蜀身誅不返。昨者誅討党羌。徵關東兵用於西方。是不知天道也。邊地無積粟。師無見糧。不先屯田。隨日隨餉。是不知地利也。兩漢伐虜。騎兵取於山東。所謂冀之北土。馬之所生。馬良而多。人習騎戰。非山東兵不能伐虜。昨者以步騎百不當一。是不知人事也。天時地利人事。此三者皆不先計量短長得失。故困竭天下。不能滅樸樕之

虜。此乃不學之過也。不教人戰。是謂棄之。則謀人之國。不能料敵。不曰棄國可乎。某所注孫武十三篇。雖不能上窮天時。下極人事。然上至周秦。下至長慶寶歷之兵。形勢虛實。隨句解析。離爲三編。輒敢獻上。以備閱覽。少希鑑悉苦心。卽爲至幸。伏增惶惕之至。某頓首再拜。

上宣州高大夫書

某頓首再拜。自去歲前五年。執事者上言。云科第之選。宜與寒士。凡爲子弟。議不可進。熱於上耳。固於上心。上持下執。堅如金石。爲子弟者。魚潛鼠遁。無入仕路。某竊惑之。科第之設。聖祖神宗所以選賢才也。豈計子弟與寒士也。古之急於士者。取盜取讐。取於夷狄。豈計其所由來。況國家設取士之科。而使子弟不得由之。若以科第之徒浮華輕薄。不可任以爲治。則國朝自房梁公已降。有大功立大節。率多科第人也。若以子弟生於膏粱。不知理道。不可與美名。不令得美仕。則自堯已降。聖人賢人。率多子弟。凡此數者。進退取捨。無所依據。某所以憤懣而不曉也。堯天子子也。禹公子也。文王諸侯孫與子也。武王文王子也。周公文王之子。武王之弟也。夫子天子裔孫。宋公六代大夫子也。

春秋時列國有其社稷各數百年。其良臣多出於公族及卿大夫子孫也。魯之季友季文子叔孫穆子叔孫昭子孟獻子。皆出於三桓也。臧文仲武仲出於公子彄。柳下惠出於公子無駭。（諸侯之子稱公子。公子之子稱公孫。公孫之子稱公族。以王父字爲氏。展禽是也。）宋之良臣。多出於戴桓武莊之族也。舉其尤者。華元子罕向戌是也。衛之良臣。亦公族及卿大夫之裔也。舉其尤者。公子荆公叔發公子朝。皆公族也。子鮮公子也。史狗史魚寗武子。卿大夫之裔也。齊之晏嬰。晏桓子子也。曹之子臧。公子也。吳之季札。王子也。鄭之良臣。皆公孫公族也。舉其尤

者子封子良子罕子展子皮子産子張子太叔是也楚之良臣子囊子西子期皆王子也子庚王孫也其卿大夫之裔鬬氏生令尹子文後有鬬辛鬬巢鬬懷（昭王反國皆有大功）蔿氏生蔿賈孫叔敖薳啟彊薳子馮薳掩薳罷屈氏生屈蕩屈到屈建六國時有昭奚恤公族也屈原諸屈後也皆其祖先於武王文王時基楚國爲霸者用其子孫其社稷垂九百餘年至於晉國最爲強其賢臣尤多有趙氏魏氏韓氏狐氏中行氏范氏荀氏羊舌氏欒氏郤氏祁氏其先皆武公獻公文公勤勞臣也用其子弟召諸侯而盟之者僅三

百年在六國齊之孟嘗趙之平原魏之信陵皆王子王孫也齊復有司馬穰苴亦王族也其在漢魏已下至於國朝公族之子弟卿大夫之冑裔書於史氏爲偉人者不可勝數不知論聖賢才能于子弟中復何如也言科第浮華輕薄不可任用則國朝房梁公元齡進士也相太宗凡二十一年爲唐宗臣比之伊呂周召者郝公處俊亦進士也爲宰相時高宗欲遜位與武后處俊曰天下者高祖太宗之天下非陛下之有但可傳之子孫不可私以與后高宗因止來濟上官儀李元義皆進士也後爲宰相濟助長孫太尉褚河南共摧武后者後突厥入塞免冑戰死儀草廢武后召元義助處俊言不可以位與武后婁侍中師德亦進士也吐蕃強盛爲監察御史以紅抹額以猛士詔躬衣皮袴率士屯田積穀八百萬石二十四年西征兵不乏食薦狄公爲相取中宗於房陵立爲太子漢陽王張公柬之亦進士也年八十爲相毆致四王手提社稷上還中宗郭代公元振亦進士也鎮涼州僅十五年北卻突厥西走吐蕃制地一萬里握兵三十萬武氏惕息不敢移唐社稷魏公知古亦進士也爲宰相廢太平公主謀以佐元宗及卒也

宋開府哭之曰叔向古之遺直子産古之遺愛兼而有者其魏公乎姚梁公元崇登第下筆成章舉首佐元宗起中興業凡三十年天下幾無一人之獄宋開府璟亦進士也與姚唱和致開元太平者劉幽求登制策科與元宗徒步誅韋氏立睿宗者蘇氏父子皆進士也大許公爲相於武后朝酷吏中不失其正於中宗朝誅反賊鄭普思於韋后黨中小許公佐元宗朝號爲蘇宋張燕公說登制策科排張易之兄弟贊睿宗請元宗監國竟誅太平公主招置文學士開內學館元宗好書尚古封中太山祀后土因燕公

也。張曲江九齡。亦進士也。排李林甫牛仙客。罵張守珪不斬安祿山。謫老南服。年未七十。張巡亦進士也。凡三入判等。以兵九千守睢陽城。凡周歲。拒賊十三萬兵。（出天寶雜記）使賊不能東進尺寸。以全江淮。元和中宰相河東司空公中書令裴公。皆進士也。裴公仍再得宏辭制策科。當貞元時。河北叛。齊蔡亦叛。階此蜀亦叛。吳亦叛。其他未叛者。皆高下其目。熟視朝廷。希衡強弱而施其所爲。司空公始相憲宗。廢權倖之機牙。令不得張。收斂百職。歸於有司。命節度使出朝廷。不由兵士。（始自撫州除袁相爲滑州滑州凡三月無帥三軍無事憲宗始信之自此

不用貞元故事以行軍副使大將軍爲節度使）拔取沉滯。各還其官。（開州取唐舍人爲職方郎中知制誥饒州取李趙公爲考功郎中知制誥在貞元中皆十餘年遷逐其他似謫者亦皆當敘用也）然後西取蜀。東取吳。天下仰首。始見白日。裴公撫安魏博。使田氏盡歸六州。元和中翦蔡。劇賊於洛師脅下招來常山。質其二子。以累其心。取十三城。使不得與齊交手爲寇。因誅師道。河南盡平。當是時。天下幾至於太平。凡此十九公。皆國家與之存亡安危治亂者也。不知科第之選。復何如也。至於智效一官。忠立一節。德行文學。不可悉數。董生云。春秋之義。變古則譏之。傅說命高宗曰。監於先王成憲。其永無愆。故殷道復興。鴻雁美周宣王能復先王之道。西漢魏相佐漢宣帝爲中興。但能奉行漢家故事。姚梁公佐元宗。亦以務舉貞觀之法制耳。自古及今。未有背本棄古而能致治者。昨獲覽三郎秀才新文凡十篇。數日在手。讀之不倦。其旨意所尚。皆本仁義而歸忠信。加以辭彩道茂。皎無塵土。況有誠明長厚之譽於千人中。儻使前五六年得進士第。今可以出入諫官御史。助明天子爲治矣。古人云。三月不仕則相弔。安有凡五六年來選取進士。施設網罟。如防盜賊。言子弟者。噎啞抑鬱。思一解布衣。與下士齒。厥路

無由。於古未前聞也。某因覽三郎文章。不覺發憤。畧言大槩。干觸尊重。無任惶懼。某再拜。

上李中丞書

某入仕十五年間。凡四年在京。其間臥疾乞假。復居其半。嗜酒好睡。其癖已痼。往往閉戶便經旬日。弔慶參請。多亦廢闕。至於俯仰進趨。隨意所在。希時徇勢。不能逐人。是以官途之間。比之輩流。亦多困躓。自顧自念。守道不病。獨處思省。亦不自悔。然分於當路。必無知已。默默戚戚。守日待月。冀得一官。以足衣食。一自拜謁門館。似蒙獎飾。敢以惡

文連進机案特過采錄更不因人許可指教實爲師資接遇之禮過等詢問之辭悉纖雖三千里僻守小郡上道之日氣色濟濟不知沉困之在巳不知昇騰之在人都門帶酒笑別親戚斯乃大君子之遇難逢世途之不偶常事雖爲遠宦適足自寬某世業儒學自高曾至於某身家風不墜少小孜孜至今不怠性顓固不能通經於治亂興亡之跡財賦兵甲之事地形之險易遠近古人之長短得失中丞即歸廊廟宰制在手或因時事召置堂下坐之與語此時迴顧諸生必期不辱恩獎今者志尚未泯齒髮猶壯敢

希指顧一罄肝膽無任感激血誠之至某恐懼再拜

與人論諫書

某疎愚怠惰不識機括獨好讀書讀之多矣每見君臣治亂之間興亡諫諍之道遐想其人舐筆和墨則冀人君一悟而至於治平不悟則烹身滅族唯此二者不思中道自秦漢已來凡千百輩不可悉數然怒諫而激亂生禍者累累皆是納諫而悔過行道者不能百一何者皆以辭語迂險指射醜惡致使然也夫迂險之言近於誕妄指射醜惡足以激怒夫以誕妄之說激怒之辭以卑凌尊以下干上是以諫殺人者殺人愈多諫畋獵者畋獵愈甚諫治宮室者宮室愈崇諫任小人者小人愈寵觀其旨意且欲與諫者一鬬是非一决怒氣耳不論其他是以每於本事之上尤增飾之今有兩人道未相信甲謂乙曰汝好食某物愼勿食果食之必死乙必曰我食之久矣汝謂我死必倍食之甲若謂乙曰汝好食某物第一少食苟多食必生病乙必因而謝之減食何者迂險之言則欲反之循常之說則必信之此乃常人之情世多然也是以因諫而生亂者累累皆是也漢成帝欲御樓船過渭水御史大夫薛廣德諫

曰宜從橋陛下不聽臣自刎以血汚車輪陛下不廟矣（不得入廟祠也）上不說張猛曰臣聞主聖臣直乘船危就橋安聖主不乘危御史大夫言可聽上曰曉人不當如是邪（謂諫諍之言當如猛之詳善）乃從橋近者寶歷中敬宗皇帝欲幸驪山時諫者至多上意不決拾遺張權輿伏紫宸殿下叩頭諫曰昔周幽王幸驪山爲犬戎所殺秦始皇葬驪山國亡元宗皇帝宮驪山而祿山亂先皇帝幸驪山而享年不長帝曰驪山若此之凶邪我宜一往以驗彼言後數日自驪山迴語親倖曰叩頭者之言安足信哉漢文帝亦謂張釋之曰卑之

無甚高論令可行也今人平居無事朋友骨肉切磋規誨之間尚宜旁引曲釋亹亹繹繹使人樂去其不善而樂行其善況於君臣尊卑之間欲因激切之言而望道行事治者乎故禮稱五諫而直諫爲下前數月見報上披閤下諫疏錫以幣帛辟左且遠莫知其故近於遊客處一睹閤下諫草明白辯婉出入有據吾君聖明宜爲動心數日在手味之不足且抃且喜且慰三者交并不能自止吾君聞諫旣且行之仍復寵錫誘能諫者斯乃堯舜禹湯文武之心也聞於遠地宜爲吾君抃也閤下以忠孝文章立於朝廷

勇於諫而且深於其道果能輔吾君而光世德某蒙閤下之厚愛莫於異時賓閤下之知以進尺寸能不爲閤下之喜復自喜也吾君今日披一疏而行之明日聞一言而用之賢才忠良之士森列朝廷是以奮起志慮各盡所懷則文祖武宗之業窮天盡地日出月入皆可洒掃以復厥初某縱不得效用但於一官一局筐篋簿書之間活妻子而老身命焉作爲歌詩稱道仁聖天子之所爲治則爲有餘能不自慰故獲閤下之一疏抃喜慰三者交并眞不虛也宜如此也無因面讚其事書紙言誠不覺繁多某再拜

與浙西盧大夫書

某頓首再拜某年二十六由校書郎入沈公幕府自應舉得官凡半歲間旣非生知復未涉人事齒少意銳舉止動作一無所據至於報效施展朋友與遊吏事取捨之道未知東西南北宜所趨向此時郎中六官一顧憐之手攜指畫一一誘教丁寧纖悉兩府六年不嫌不怠使某無大過而麤知所以爲守者實由郎中之力也去歲乞假路由漢上員外七官以某嘗獲知於郎中惠然不疑推置於肺肝間某侍郎中之知亦敢自道其志公私謀議各悉所懷一

俯一仰如久而深者久欲賓郎中員外之爲階級遠干尊重欲望收郵舐筆伸紙以復踰於三四因曰旣階級矣步欲升堂與排闥而入者事不同日式微詩曰何其處也必有與也言必有仁義與我所以處而不去也進退計忖不宜得罪今敢謹寫所爲文十四首編爲一卷繼進於後愛之不倦爲之不已不至於工今以爲獻無任慙惶然特爲進說之端非敢因此求知不勝攀戀惕懼之至某再拜

上李太尉論北邊事啓

某啓伏以聖主垂衣太尉當軸威德上顯和澤下流諸侯

無異心，百姓無怨氣，星辰順靜，日月光明，天業益昌，聖統無極。旣功成而理定，實道尊而名垂，今則未聞縱東山之遊，樂後園之醉，惕惕若不足，兢兢而如無，豈不以邊障尚驚，殊虜未殄，防其入寇，猶須徵兵。伏以回鶻種落，人數非多，校於突厥，絶爲小弱。今者國破衆叛，逃來漠南，羇縻旅之魂，食草萊之實，白氎羅騂之騎，凋耗已無，湩酪皮毳之資，飢寒皆盡，寄命雜種，藏跡陰山，取之及時，可以一戰。今者度虜之計，不出二者：時去時來，迴翔不決，必有所在，西戎已得要約，伺其氣勢，同爲侵擾，此其一也；心膽破壞，馬

畜殘少，且於美水薦草，暖日廣川，牧馬養習，以俟强大，此其二也。今者徵中國之兵，與之首尾，久戍則有師老費財之憂，深入則有大寒瘃墮之苦，示戎狄之弱，生奸傑之心。今者不取，恐貽後患，敢以管見，上干尊重。自兩漢伐虜，皆是秋冬，不過百日，驅中國之人，入苦寒之地，此時匈奴勁弓折膠，重馬免乳，畜肥草壯，力全氣盛，與之相校，勝少敗多，故匈奴云漢實大國也，但其人不能辛苦爾，此所謂避虛而擊實，逃短而攻長。至於後魏崔浩，因見其理，蠕蠕强盛，屢犯北邊，浩請討之曰：蠕蠕恃其地遠，自寬已久，故夏

則散衆放畜，秋肥乃聚，背寒向暄，南來寇抄。今出其慮表，掩其不備，大兵卒至，必驚駭星分，向塵奔走，牡馬護牧，牝馬戀駒，驅馳難制，不得水草，未過數日，則聚而困斃，可一舉而滅矣。武帝從之，及軍入境，蠕蠕先不設備，民畜布野，驚怖四奔，莫相收攝，於是分軍搜討，東西五千里，南北三千里，凡所俘虜及獲畜産，彌漫山澤，高車因殺蠕蠕，積類歸降者三十餘萬落，虜遂散亂。帝沿弱水西行，至涿邪山，諸大將慮深入恐有伏兵，勸帝停止不追，浩先勸窮追之，不從。後聞凉州賈胡言，若更前行三日，則盡滅之矣，帝深

恨之。以某所見，今若以幽并突陣之騎，酒泉教射之兵，整飭誡誓，仲夏潛發，計陰山與涿邪之遠近，十不一二，校蠕蠕回鶻之强弱，猶如虎鼠，五月節氣，在中夏則熱，到陰山尚寒，中國之兵，足以施展，行軍於枕席之上，詎寇於掌股之間，軏輻懸瓶，湯沃晛雪，一舉無疑，必然之策。今冰合防秋，冰銷解戍，行之已久，虜爲長然，出其意外，實爲上策。議者或云北取黠戛，令討迴鶻。伏以黠戛起於別種，超爲可汗，必是英傑，天時必助，賢才必用，法令必明，滅迴鶻之後，便是勍敵，兄示之以弱，必爲所輕。今者四海九州，同風共

貫諸侯用命年穀豐熟可以瘞元玉於常山子遺人於河壠顧茲疲虜豈遺子孫伏惟太尉相公文德素昭武功復著畫地而兵形盡見按璅而邊事無遺唯一指蹤即可掃跡昔漢武帝之求賢也有上書不足採者輒報罷去未嘗罪之故能羈越臣胡大興禮樂今太尉與仁聖天子同德有志之士無不願死伏惟特寬狂狷不賜誅責生死榮荷無任感恩攀戀惶懼汗慄之至謹啟

賀中書門下平澤潞啟

某啟伏以上黨之地肘京洛而履蒲津倚太原而跨河朔

戰國時張儀以爲天下之脊建中日田悅名曰腹中之眼滯甲十萬籍土五州太行夷儀爲其扃關健馬强弓爲其羽翼自逆黨專有僅及一世頗聞教育實曰精强昨者凶豎專地之請初陳聖主整旅之詔將下中外遠邇皆疑難攻蜂蠆螗蜋頗亦自負伏惟相公上符神斷潛運廟謨伏宗社威靈駈風雲雷電掌上必取彀中難逃纔逾周星果梟逆首周公東征之役捷至三年憲皇淮夷之師尅聞四歲校虜寇之强弱曾不等倫考攻取之敗亡何至容易若非睿算英略借筯深謀比之前修一何遠出自此鞭笞反側灑掃河湟大開明堂再振儒校窮天盡地皆爲壽域之人赤子秀眉共老止戈之代某謬分符竹實由恩知慶快懽抃之誠倍百常品不宣謹啟

上白相公啟

某啟伏維相公上佐聖主獨專魁柄封殖良善修整紀綱練羣臣謹百職考功績覈名實大張公室盡閉私門盛德大功直筆實光於簡策清節細行祝史不愧於神明天下望之爲準繩朝廷倚之爲依據畢公克勤小物周公煥發大猷邴吉陋棄吏於公庭袁安不錮人於聖代衞將軍有

長揖之客張子儒無謝恩之人吉甫率由舊章魏相能明故事房杜不以求備取人不以已長格物姚梁公先有司修舊法下位各得言其志百司各得盡其才求於古人之賢皆集相公之德如以尺量刀解粉布墨畫大小銖黍丸角尖缺各盡其分皆當其任是以庶人不議鄉校無言天下欣欣若更生者自此黃髮之老待哺之子不見兵戈不離抱撫清廟之祭四夷來助蒼生之願百志皆成禺禺萬方實懸斯望某遠守僻左無因起居但採風謠亦能歌詠無任攀戀激切之至謹啟

上周相公啟

某啟伏奉三月八日敕除尚書司勳員外郎史館修撰承命榮懼啟處無地伏以聖主順上帝之則率四海以仁神化風行家至日見古先哲王之德也有求必至有開必先是以傅呂得於夢卜申甫降於山嶽伏惟相公待主乃用爲時而生當考室構廈之時膺篤繩削墨之任贊俊傑遂賢良調陰陽提紀律類能而使度材授官常切如家之憂每懷撻市之恥是以朝廷禮樂天下清明人不凋傷神不怨悵萬物由道百度皆貞雖周獲仁人商得元哲夢卜降嶽之得豈能逾焉某樸樕之才糞朽之賤遭逢盛業三帶郡符自審事宜實以逾忝伏以睦州治所在萬山之中終日昏氛侵染衰病自量忝官已過不敢率然請告唯念滿歲得保生還不意相公拔自污泥昇於霄漢卻收斥錮令廁班行仍授名曹帖以重職當受震駭神魂飛揚撫已自驚喜過成泣藥肉白骨香返遊魂言於重恩無以過此雖買臣懷紱郡邸蕭育召拜扶風揚僕三組垂腰蘇秦六印在手校於榮忝無以爲踰言念微生難酬殊造伏以相公自數載已來朝廷舊老四海俊賢皆因提挈盡在門館毗輔聖主巍爲元勳自有明神以相百祿顧唯賤末報效無門感激血誠涕淚迸溢無任攀戀激切懇款之至謹啟

上安州崔相公啟

某啟某比於流輩一不及人至於讀書爲文日夜不倦凡諸所爲亦未有以過人至於會昌三年八月中所獻相公長啟鋪陳功業稱校短長措於史記兩漢之間讀於文士才人之口與二子並無愧容伏恐機務殷繁不暇省覽今者竊敢再錄啟本重干尊嚴付於史館而不誣懸於後代而不泯其於取重豈在小人復敢別錄所爲新舊文兩卷凡一十九首上陳視聽一希鐫琢重疊過越惶懼伏深伏惟照察謹啟

薦韓乂啟

昨日所啟言韓拾遺事非與韓求衣食救饑寒也御史亦豈爲救饑寒之官乎中丞必曰大梁奏取韓以救饑寒何不去夫幕吏乃古之陪臣以人爲北面雖布衣無恥之士亦宜訪其樂與不樂況有恥之君子乎韓以旅寓洛中非不樂汴也不甘不告之請耳韓及第後歸越中佐沈公江西宣城府罷唐扶中丞辟於閩中罷府歸路由建州妻與

元晦同高祖扶惡晦爲人不省之及晦得越乃棄產避之居常州殷儼者仰韓之道自閩寄百縑遺之及門不開書函而斥去之某比兩府同院但見其廉愼高潔亦未知其道太和八年自淮南有事至越見韓居於境上三畝宅兩頃田樹蔬釣魚唯召名僧爲侶餘力究易嬉嬉然無日不自得也未嘗及身名出處之語未嘗入公府造請與幕吏宴遊因此不爲搢紳所相見禮蕭高二連帥至卽日造其廬詢其政事稱先人梓材有文學高名沒於越之府幕故不顧復爲越賓及高至許下厚禮辟之其爲人也貞潔芳

茂非其人不與遊非其食不敢食蕭舍人考功崔員外是趨於韓交者某復趨於蕭崔二君子者卽韓之去某其間不啻容數十人矣某安得知其賢而言之復不僭乎伏恐中丞謂韓求官以衣食于交朋者中丞初在憲府固宜愼選御史御史固非救饑寒之官某久承恩知但欲薦賢於盛時雖至淺陋亦知不可以交友饑寒求清秩以干大君子者伏恐未審誠懇故此具陳本末伏惟照察謹啟

上知已文章啟

某啟某少小好爲文章伏以待郎文師也是敢謹貢七篇以爲視聽之汚伏以元和功德凡人盡當詠歌紀敘之故作燕將錄往年弔伐之道未甚得所故作罪言自艱難來以卒伍傭役輩多據兵爲天子諸侯故作原十六衛諸侯或恃功不識古道以至於反側叛亂故作與劉司徒書處士之名卽古之巢由伊呂輩近者往往自名之故作送薛處士序寶歷大起宮室廣聲色故作阿房宮賦有廬終南山下嘗有耕田著書志故作望故園賦雖未能盡窺古人得與揖讓笑言亦或的的分其壯貌矣自四年來在大君子門下恭承指顧約束於政理簿書間永不執卷上都有

舊第唯書萬卷終南山下有舊廬頗有水樹當有耒耜筆硯歸其間及髮齒甚壯冀有成立他日捧持一遊門下爲拜謁之先或希一獎今者所獻但有輕黷尊嚴之罪亦何所取伏希少暇誅責生死幸甚謹啟

獻詩啟

某啟某苦心爲詩惟求高絕不務奇麗不涉習俗不今不古處於中間既無其才徒有其意篇成在紙多自焚之今謹錄一百五十篇編爲一軸封留獻上握風捕影鑄木鏤冰敢求恩知但希鐫琢冒黷尊重下情無任惶懼謹啟

薦王寧啟

前渭南縣令王寧前件官實有吏才。稱於眾口。年少强力。一也。遇事必能裁割。二也。既蘊智能無頭角誇誕。三也。廉直可保。四也。處於驕將內臣之間。必能和同。五也。今者邊將生事。雜虜起戎。不憂兵甲。唯在饋運。某過承恩獎。輒敢薦才。伏唯取捨之間。特賜恕察。謹啟。

欽定全唐文卷七百五十三

杜牧六

上宰相求湖州第一啟

某啟。人有愛某者。言於某曰。吏部員外郎例不為郡。子不可求。假使已求。慎勿堅懇。至於再三。答曰。某雖不學。按六典令式及諸故事。多無此例。國史復無賢相名卿懸之以為格言。此乃急於趨進之徒。自為其說。若以例言。貞元初故相國盧公邁由吏部員外郎出為滁州。近者澧王傅李凝為鹽鐵使江淮留後。豈曰無例。人曰。盧事太遠。李為權

用。此不足徵。某曰。不知今者視之古事。在書取為今證。遠自三代兩漢。近至隋氏國初。尚可援引。況前十五年名相故事。反不足為例乎。況盧公邁止以骨肉寒餓。來守滁陽。非如某以親弟廢痼。寒餓仍之。是盧公有一。某有二。與盧公所切。復為不同。仲尼曰。雍也可使南面。今刺史古之南面諸侯。行天子教化刑罰者。江淮鹽鐵留後求利小臣。校量重輕。與刺史相懸。求利小臣。乃可吏部員外郎為之。十萬戶州天下根本之地。曰吏部員外郎不可為其刺史。即是本末重輕。顛倒乖戾。莫過於此。某弟顗世胄子孫。二十

一舉進士及第嘗爲上裴相公書道壯溫潤詞理傑逸賈生司馬遷能爲之非班固劉向輩亹亹之詞流於後輩人皆藏之朱崖李太尉迫以世舊取爲浙西團練使巡官李太尉貴驕多過凡有毫髮顗必疏而言之後謫袁州於倉黃中言於親曹官居實曰如杜巡官愛我之言若門下人盡能出之吾無今日李太尉在袁州顗客居淮南牛公欲辟爲吏顗謝曰荀爽爲李膺御以此顯名今受命爲幕府下執事御李膺矣然李公困謫遠地未願仕宦牛公嘆美之聰明俊傑非尋常人也某自省事以來未聞有後進名

士喪明廢棄窮居海上如顗比者今有一兄仰以爲命復不得一郡以飽其衣食盡其醫藥非今日海內無也言於所傳聞亦未有也自古言喜莫若虢國太子以其死而復生言懇莫若申包胥求救於秦七日七夜哭聲不絕某今懇如包胥但未哭爾若蒙恩憫特遂血懇其喜也不下虢太子詞語煩碎煩干尊重足及軒闥神驚汗流不勝憂恐懇悃之至謹啟

第二啟

某啟某幼孤貧安仁舊第置於開元末某有屋三十間而巳去元和末酬償息錢爲他人有因此移去八年中凡十徙其居奴婢寒餓衰老者死少壯者當面逃去不能呵制止有一豎戀戀憫嘆挈百卷書隨而養之奔走困苦無所容歸死於延福私廟支拄欹壞而處之長兄以一驢遊丐於親舊某與弟顗食野蒿藿寒無夜燭默念所記者凡三周歲遭遇知己各及第得官文宗皇帝改號初年某爲御史分察東都顗爲鎮海軍幕府吏至二年間顗病眼暗無所覩故殿中侍御史韋楚老曰同州有眼醫石公集劍南少尹姜沔喪明親見石生針之不一刻而愈其神醫也某

迎石生至洛告滿百日與石生俱東下見病弟於揚州禪智寺石曰是狀也腦積毒熱脂融流下蓋塞瞳子名曰內障法以針旁入白睛穴上斜撥去之如蠟塞管蠟去管明然今未可也後一周歲脂當老硬如白玉色始可攻之某世攻此疾自祖及父某所愈者不下二百人此不足憂其年秋末某載病弟與石生自揚州南渡入宣州幕至三年冬某除補闕石生自曰明年春眼可針矣視瞳子中脂色玉白果符初言堂兄慥守潯陽泝流不遠刺史之力也復可以飽石生所欲令其盡心此即家也京中無一畝田宜

可同歸遂如潯陽四月二日某於潯陽北渡赴官與弟顗決手哭曰我家世德汝復無罪斯疾也豈遂痼乎然有石生愼無自撓其年四月石生施針九月再施針俱不效五年冬某爲膳部員外郎乞假往潯陽取顗西歸顗固曰歸不可議侯兄慥所之而隨之會昌元年四月兄慥自江守蘄某與顗同舟至蘄某其年七月卻歸京師明年七月出守黃州在京時詣今虢州庾使君問庾眼狀庾云同州有二眼醫石公集是一也復有周師達者即石之姑子所得當同周老石少其術深妙似石不及某嘗病內障愈于周

手豈少老閒工拙有異某至黃州以重幣卑辭致周至蘄周見弟眼曰嗟乎眼有赤脈凡內障脂凝有赤脈綴之者針撥不能去赤脈赤脈不除針不可施除赤脈必有良藥某未知之是石生業淺不達此理妄再施針周不針而去時西川相國兄始鎭揚州弟兄謀曰揚州大郡爲天下通衢世稱異人術士多遊其閒今去值有勢力可爲久安之計冀其所遇其年秋顗遂東下因家揚州與顗一相見別八年矣坐一室中不復有再生意住三十日而西臨歧與決曰此行也必祈大郡東來謀汝醫藥衣食庶幾如志近

聞九疑山南有隱士蔡毋宏者人言異人能愈異疾忠州酆都縣有仙都觀後漢時仙人陰長生於此白日昇天今聞道士龔法義年逾八十精嚴其法人之所謂有前世負累今世還以痼疾者奏章於上帝能爲解之刺史之力二人或可致是以去歲閏十一月十四日輒獻長啟乞守錢塘蓋以私懇有素非敢率然言念病弟夜明坐廢十五年矣但能識某聲音不復知某髮已半白顏貌衰改是某今生可以見顗而顗不能復見某矣此天也無可奈何某能見顗而不得去此豈天乎而懸在相公若小人微懇終不

能上動相公相公恩憫終不下及小人是日月不照兄弟終無相見期況去歲淮南小旱衣食益困目無所覩復困於衣食即海內言窮苦人無如顗者今敢以情事再書懇迫上干尊重伏料仁者必爲憫惻然某早衰多病今春耳聾積四十日四月復落一牙耳聾牙落兼年如七八十人將謝之候也今未五十而有七八十人將謝之候蓋人生受氣堅強脆弱品第各異也堅強者七八十而衰脆弱者四五十而衰其不同也如草木中蒲柳松柏同也某今年四十八矣自今年來非惟耳聾牙落兼以意氣錯寞在羣

衆懽笑之中常如登高四望但見莽蒼大野荒墟廢壠悵望寂默不能自解此無他也氣衰而志散眞老人態也自省人事以來見親舊交遊年未五十尚壯健而死者衆矣況某早衰敢望六七十而後死乎願未死前一見病弟異人術士求其所未求以甘其心厚其衣食之地某若先死使病弟無所不足然死而有知不恨死早湖州三歲可遂此心伏惟仁憫念病弟望某東來之心察某欲見病弟之志一加哀憐特遂血懇披剔肝膽重此告訴當盛暑時敢以私事及政事堂啟干丞相治其罪可也伏紙流涕俯俟嚴命不勝憂惶激切之至謹啟

第三啟

某啟某去歲閏十一月十四日輒書微懇列在長啟干黷尊重乞守錢塘以便家事自嘆精誠不能上動相公不遂私便伏以病弟孀妹因緣事故寓居淮南京中無業今者不復西歸遂爲淮南客矣病孤之家假使旁有強近救接庇借歲供衣月給食日問其所欠闕尚猶慼慼多感無樂生意況乎爲客於大藩喧囂雜沓之中無俸祿之氣勢食不繼月用不給日閉門於荒僻之地取容於里胥遊徼之輩部曲臧獲可以氣凌鼠侵又不能制止所可仰以爲命者在三千里外一郎吏爾復有衣食生生之所須悉多欠闕欲其安活而無嘆吒悲恨不可得也去歲伏蒙恩念出於私曲語令青州鄭常侍云更與一官必任東去某承受仁旨不敢重以錢塘更塵視聽今自勳曹擢爲廢置在某更受一官已榮遇矣在相公必任東去之言鏘然在耳近者累得來書告以羈旅困乏聞於他人可爲酸鼻況於某心豈易排遣今年七月湖州月滿敢輒重書血誠再干尊重伏希憐憫特賜比擬某伏念骨肉悉皆早衰多病常不敢以壽考自期今更得錢二百萬資弟妹衣食之地假使

身死死亦無恨湖州三考可遂此心湖州名郡也私誠難遂也不遇知己豈得如志瀝血披肝伏紙迸淚伏希殊造或賜濟活下情無任懇悃惶懼之至謹啟

上宰相求杭州啟

某啟某於京中惟安仁舊第三十間支屋而已長兄慥罷三原縣令閒居京城弟顗一舉進士及第有文章時名不幸得痼疾坐廢十三年矣今與李氏孀妹寓居淮南並仰某微官以爲糇命某前任刺史七年給弟妹衣食有餘兼

及長兄亦救不足。是某一身作刺史。一家骨肉四處安活。自去年八月。特蒙奬擢。授以名曹郎官。史氏重職。七年棄逐。再復官榮。歸還故里。重見親戚。言於鄙微。已滿素志。自去年十二月至京。以舊第無屋。與長兄異居。今秋已來。弟妹頻以寒餒來告。某一院家累亦四十口。狗爲朱馬。緼作由袍。其于妻兒。固宜窮餓。是作刺史則一家骨肉。四處皆泰。爲京官則一家骨肉。四處皆困。謀於知友。曰杭州大郡。今月滿可求。欲干告吾相。以活家命。以爲如何。皆曰子七年三郡。今始歸復。相國知子。必欲以次第敘用。子今復求

刺史。得不生相國疑怪乎。某答曰。是何言與。某唯恃吾相之知。始敢干求。今天下以江淮爲國命。杭州戶十萬。稅錢五十萬。刺史之重。可以殺生。而有厚祿。朝廷多用名曹正郎有名望而老於爲政者而爲之。某官爲外郎。是官位未至也。前三任刺史無異政。聞於吾相。是爲政無所取也。今若得遂所求。非唯超顯。兼活家私。某若不恃吾相之知。而求之。是狂躁妄庸人也。墜井者求出。執熱者願濯。古人以此二者譬喻所切也。某今所切。是墜於絕壑。而衣掛於樹杪。覆在鼎中。下有熱火。而水將沸。與古所喻。則復過之。輒敢具疏血誠。上干尊重。冀垂恩憐。或賜援拯。懔懔丹懇。不勝惶懼懇悃之至。謹啟。

爲堂兄慥求澧州啟

某啟。庫部家兄昨者特蒙奬拔。郤忝班行。實以聽聞稍難。不敢更求榮進。今在郢州汨口草市。絕俸已是累年。孤外甥及姪女堪嫁者三人。仰食待衣者不啻百口。脫粟蒿藿。才及一飡。伏蒙仁恩頻賜顧問。必許援拯。授以澧陽。活於闔門。無不感涕。伏以相公上佐聖主。蔚爲元勳。恩隨風翔。德與氣游。唯一物之微。四海之大。鎔造所及。罔不得宜。伏

念庫部家兄承一顧之恩。二紀不替。伏恐機務繁重。不時記憶。心迫情切。輒敢重干尊嚴。戰汗憂惶。伏地待罪。謹啟。

太常寺奉禮郎李賀歌詩集序

太和五年十月中。半夜時。舍外有疾呼傳緘書者。某曰。必有異。亟取火來。及發之。果集賢學士沈公子明書一通。曰。吾亡友李賀。元和中義愛甚厚。日夕相與起居飲食。賀且死。嘗授我生平所著歌詩。離爲四編。凡若干首。數年來東西南北。良爲已失去。今夕醉解。不復得寐。即閱理篋帙。忽得賀詩前所授我者。思理往事。凡與賀話言嬉遊。一處所。

一物俟一日夕一觴一飯顯顯焉無有忘棄者不覺出涕賀復無家室子弟得以給養卹問常恨想其人詠其言止矣子厚於我與我爲賀集序盡道其所由來亦少解我意某其夕不果以書道其不可明日就公謝且曰世謂賀才絕出於前讓居數日某深惟公曰公於詩爲深妙奇博且復盡知賀之得失短長今實敘賀不讓必不能當公意如何復就謝極道所不敢敘賀公曰子固若是是當慢我某因不敢復辭勉爲賀序終甚慙賀唐皇諸孫字長吉元和中韓吏部亦頗道其歌詩雲烟綿聯不足爲其態也水之

迢迢不足爲其情也春之盎盎不足爲其和也秋之明潔不足爲其格也風檣陣馬不足爲其勇也瓦棺篆鼎不足爲其古也時花美女不足爲其色也荒國陊殿梗莽邱壠不足爲其恨怨悲愁也鯨呿鼇擲牛鬼蛇神不足爲其虛荒誕幻也蓋騷之苗裔理雖不及辭或過之騷有感怨刺懟言及君臣理亂時有以激發人意乃賀所爲無得有是賀復能探尋前事所以深嘆恨古今未嘗經道者如金銅仙人辭漢歌補梁庾肩吾宮體謠求取情狀離絕遠去筆墨畦逕間亦殊不能知之賀生二十七年死矣世皆曰使賀且未死少加以理奴僕命騷可也賀死後凡十五年京兆杜某爲其序

注孫子序

兵者刑也刑者政事也爲夫子之徒實仲由冉有之事也今者據案聽訟械繫罪人笞死於市者吏之所爲也驅兵數萬撅其城郭係累其妻子斬其罪人亦吏之所爲也木索兵刃無異意也笞之與斬無異刑也小而易制用力少者木索笞也大而難制用力多者兵刃斬也俱期於除去惡民安活善人爲國家者使教化通流無敢輒有不由我

而自恣者其取吏也無他術也無異道也俱止於仁義忠信智勇嚴明也苟得其道一二者可以使之爲小吏盡得其道者可以使之爲大吏故用力少者其吏易得也功易見也用力多者其吏難得也功難就也止此而已無他術也無異道也自三代已降皆由斯也子貢頌夫子之德曰文武之道未墜於地在人賢者識其大者遠者不賢者識其小者近者季孫問冉有曰子於戰學之乎性達之也對曰學之季孫曰事孔子惡乎學冉有曰即學之於孔子夫孔子者大聖兼該文武並用適聞其戰法猶未之詳也復

不知自何代何人分爲二道曰文曰武離而俱行因使搢紳之士不敢言兵或恥言之苟有言者世以爲麤暴異人人不比數嗚呼亡失根本斯最爲甚周公相成王制禮作樂尊大儒術有淮夷叛則出征之夫子相魯公會于夾谷曰有文事者必有武備叱辱齊侯伏不敢動是二大聖人豈不知兵乎周有齊太公秦有王翦兩漢有韓信趙充國耿弇虞詡段熲魏有司馬懿吳有周瑜蜀有諸葛武侯晉有羊祜杜公元凱梁有韋叡元魏有崔浩周有韋孝寬隋有楊素國朝有李靖李勣裴行儉郭元振如此人者當此

一時其所出計畫皆考古校今奇秘長遠策先定於內功後成於外彼壯健輕死善擊刺者供其呼名指使耳豈可知其由來哉某幼讀禮至於四郊多壘卿大夫之辱也謂其書眞不虛說年十六時見盜起圜二三千里係戮將相族誅刺史及其官屬屍塞城郭山東崩壞殷殷馬聲振朝廷當其時使將兵行誅者則必壯健善擊刺者卿大夫行列進退一如常時笑歌嬉遊輒不爲辱非當辱不辱以爲山東亂事非我輩所宜當知某自此謂幼所讀禮眞妄人之言不足取信不足爲教及年二十始讀尚書毛詩左傳國語十三代史書見其樹立其國滅亡其國未始不由兵也主兵者聖賢才能多聞博識之士則必樹立其國也壯健擊刺不學之徒則必敗亡其國也然後信知爲國家者兵最爲大非賢卿大夫不可堪任其事苟有敗滅眞卿大夫之辱信不虛也因求自古以兵著書列於後世可以教於後生者凡十數家且百萬言其孫武所著十三篇自武死後凡千歲將兵者有成者有敗者勘其事跡皆與武所著書一一相抵當猶印圈模刻一不差跌武之所論大約用仁義使機權也武所著書凡數十萬言曹魏武帝削其

繁剩筆其精切凡十三篇成爲一編曹自爲序因注解之曰吾讀兵書戰策多矣孫武深矣然其所爲注解十不釋一此者蓋非曹不能盡注解也予尋魏志見曹自作兵書十餘萬言諸將征伐皆以新書從事從令者克捷違教者負敗意曹自於新書中馳驟其說自成一家事業不欲隨孫武後盡解其書不然者曹豈不能耶今新書已亡不可復知予因取孫武書備爲其注曹之所注亦盡存之分爲上中下三卷後之人有讀武書予解者因而學之猶盤中走丸丸之走盤橫斜圓直計於臨時不可盡知其必可知

者。是知丸不能出於盤也。議於廊廟之上。兵形已成。然後付之於將。漢祖言指蹤者人也。獲兔者犬也。此其是也。彼爲相者曰。兵非吾事。吾不當知。君子曰。叨居其位可也。

送薛處士序

處士之名何哉。潛山隱市。皆處士也。在山也。且非頑如木石也。在市也。亦非愚如市人也。蓋有大知不得大用。故羞恥不出。寧反與市人木石爲伍也。國有大知之人。不能大用。是國病也。故處士之名。自負也。謗國也。非大君子其孰能當之。薛君之處士。蓋自負也。果能窺測堯舜孔子之道。

使指制有方。弛張不窮。則上之命一日來。子之廬。子之身一日立上之朝。使我輩居則來問學。仕則來問政。千辯萬索。滔滔而得。若如此則善。苟未至是而遽名曰處士。雖吾子自負。其不爲矯歟。某敢用此贈行。

送盧秀才赴舉序

治心治身治友。三者治矣。有求名而名不隨者。未之聞也。治心莫若和平。治身莫若兢謹。治友莫若誠信。友治矣。非身治而不能得之。身治矣。非心治而不能致之。三者治矣。推而廣之。可以治天下。惡其求成進士名者而不得也。況有千人皆以聖人爲師。眠而食一無其他。唯議論是司。三人有私。十人公。私半。百人無有不公者。況千人哉。古之聖賢。業大事鉅。道行則不肖懼。道不行則不肖喜。故有不公今進士者。業微事細。如成其名。不肖未所喜懼。寧不公耶。故取之甚易耳。盧生客居於饒。年十七八。即主一家骨肉之饑寒。常與一僕東泛滄海。北至單于府。丐得百錢尺帛。囊而聚之。使其僕負以歸。饒之士皆憐之。能辭明敏而知所去就。年未三十。嘗三舉進士。以業丐資。家近中輟之。去歲九月。余自池改睦。凡同舟三千里。復爲余留睦七十日。

今之去。余知其成名而不丐矣。

杭州新造南亭子記

佛著經曰。生人既死。陰府收其精神。校平生行事罪福之。坐罪者刑獄。皆怪險。非人世所爲。凡人平生一失舉止。皆落其間。其尤怪者。獄廣大千百萬億里。積火燒之。一日凡千萬生死。窮億萬世無有間斷。名爲無間。夾殿宏廊。悉圖其狀。人未熟見者。莫不毛立神駭。佛經曰。我國有阿闍世王。殺父王篡其位。法當入所謂獄無間者。昔能求事佛。後生爲天人。況其他罪事。佛固無恙。梁武帝明智勇武。創爲梁國者捨身爲僧奴至國滅餓死不聞悟況下輩固惑之爲工商者雜良以苦僞內而華外納以大秤斛以小出之欺奪鄉閭戇民銖積粒聚以至于富刑法錢穀小胥出入人性命顛倒埋沒使簿書條令不可究知得財買大第豪奴如公侯家大吏有權力能開庫取公錢緣意恣爲人不敢言是此數者心自知其罪皆捐己奉佛以求救日月積久曰我罪如是富貴如所求是佛能滅吾罪復能以福與吾也有罪罪滅無福福至生人唯罪福耳雖田婦稚子知所趨避今權歸於佛買福賣罪如持左契交手相付至有

窮民啼一稚子無以與哺得百錢必名一僧飯之冀佛之助一日獲福若如此雖舉寰海內盡爲寺與僧不足怪也屋壁繡紋可矣爲金枝扶疏擎千萬佛僧爲具味飯之可矣飯訖持錢與之不大不壯不高不多不珍不奇瓌怪爲憂無有人力可及而不爲者晉霸主也一銅鞮宮至衰弱諸侯不肯來盟今天下能如幾晉凡幾千銅鞮人得不困哉文宗皇帝嘗語宰相曰古者三人共食一農人今加兵佛一農人乃爲五人所共食其間吾民尤困於佛帝念其本牢根大不能果去之武宗皇帝始卽位獨奮怒曰窮吾天下佛也始去其山臺野邑四萬所冠其徒幾至十萬人後至會昌五年始命西京留佛寺四僧唯十人東京二寺天下所謂節度觀察同華汝三十四治所得留一寺僧准西京數其他刺史州不得有寺出四御史縷行天下以督之御史乘驛未出關天下寺至於屋基耕而刓之凡除寺四千六百僧尼笄冠二十六萬五百其奴婢十五萬良人枝附爲使令者倍笄冠之數良田數千萬頃奴婢口率與百畝編入農籍其餘賤取民直歸於有司寺材州縣得以恣新其公署傳舍今天子接位詔曰佛尚不殺而仁且來

中國久亦可助以爲治天下州率與二寺用齒衰男女爲其徒各止三十人兩京數倍其四五焉著爲定令以徇其習且使後世不得復加也趙郡李子烈播立朝名人也自尚書比部郎中出爲錢塘錢塘於江南繁大雅亞吳郡子烈少遊其地委曲知其俗蠹人者剔削根節斷其脈絡不數月人隨化之三牋干丞相云濤壞人居不一銲錮敗侵不休詔與錢二千萬築長堤以爲數十年計人益安善子烈曰吳越古今多文士來吾郡遊登樓倚軒莫不飄然而增思吾郡之江山甲於天下信然也佛熾害中國六百歲

生見聖人一揮而幾夷之今不取其寺材立亭勝地以彰聖人之功使文士歌詩之後必有指吾而罵者乃作南亭在城東南隅宏大煥顯工施手目髮勻肉均牙滑而無遺巧矣江平入天越峯如髻越樹如髮孤帆白鳥點盡上凝在半夜酒餘倚老松坐怪石殷殷潮聲起於月外東閩兩越官遊善地也天下名士多往之予知百數十年後登南亭者念仁聖天子之神功美子烈之旨跡覩南亭千萬狀吟不辭已四時千萬狀吟不能去作爲歌詩次之於後不知幾千百人矣

池州重起蕭丞相樓記

蕭丞相爲刺史時樹樓於大廳西北隅上藏九經書下爲刺史便廳事大歷十年乙卯建會昌四年甲子摧木悉朽壞無一可取者刺史李方元具材刺史杜牧命工南北霤相距五十六尺東西四十五尺十六柱三百七十六椽上下凡十二間上有其三焉皆仍舊制以會昌五年五月畢自初至再凡七十一年丞相諱復實相德宗皇帝焉京兆杜某記

同州澄城縣戶工倉尉廳壁記

縣之所重其舉秀貢賢也今之自外諸侯之儒者曠不能升一人況尉乎次乃戶稅而已史記河渠書曰自徵引洛水至商顏下鑿井深者四十餘丈即此地也徵者俗訛爲澄耳其地西北山環之縣境籠其趾沙石相磚歲雨如注他皆淫灑不測徵之土適潤苗則大穫天或旬而不雨民則蕩然四望失矣是以年多薄稔復絕絲麻蔬果之饒固無豪族富室大抵民戶高下相差埒然歲入官賦未嘗期表鞭一人因徵其來由耆老咸曰西四十里即畿郊也至如禁司東西軍禽坊龍廄彩工梓匠善聲巧手之徒第番

上下戶互來進取挾公爲首緣以一括十民之晨炊夜舂歲時不敢嘗悉以仰奉父伏子走尚不能當其意往往擊辱而去長吏固不敢援復況其養秩安祿者耶加以御女官多盤亢其間遞相占附比急熱如手足自丞相御史咸不能與之角逐縣令固無有爲也非豪吏眞工聯紐相姻戚者率解去是以縣賦益逋徵民幸脫此苦者蓋以西有通潤巨壑叉牙交吞小山峭徑馳鞍馬張機罝者不便於此是以絕跡不到兼之土田枯鹵樹植不茂無秀潤氣象咸惡之而不家焉民所以安活輸賦者殆由此儻使徵亦

中其苦則墟矣尚安敢比之於他邑乎嗟乎國家設法禁百官持而行之有尺寸害民者率有尺寸之刑今此咸墮地不起反使民以山之澗壑自爲防限可不悲哉使民恃險而不恃法則劃土者宜乎牆山塹河而自守矣燕趙之盜復何可多怪乎書其西壁俟得言者覽焉

淮南監軍使院廳壁記

淮南軍西蔽蔡壁壽春有團練使北蔽齊壁山陽有團練使節度使爲軍三萬五千人居中統制二處一千里三十八城護天下餉道爲諸道府軍事最重然倚海塹江淮深

津橫岡備守堅險自艱難已來未嘗受兵故命節度使皆以道德儒學來罷宰相去登宰相命監軍使皆以賢良勤勞內外有功來自禁軍中尉樞密使去爲禁軍中尉樞密使自貞元元和已來大抵多如此今上即位六年命內侍宋公出監淮南諸開府將軍皆以內侍賢良有材不宜使居外上以爲內侍自元和已來誅齊誅蔡再伐趙前年誅滄旁擊趙魏且徵師且撫師且誥且諭勤勞危險終日馬上往監青州新附卧未嘗安復監滑州邊魏窮狹多事今監淮南是且使之休息亦不久之故內侍至焉監軍四年如始至日簡約寬泰明白清淨恕惜軍吏禮愛賓客舉止作動無非典故暇日唯名儒生講書道士治藥而已內侍舊部將校多禁兵子弟京師少俠出入閭里閒俛首唯唯受吏約束故上至相國奇章公下至于百姓無不道說內侍稱爲賢人此不虛也宜其侍衛六朝聲光富貴某謬爲相國奇章公幕府掌書記奉內侍命爲廳壁記某再謝不才不足記序內侍曰掌書記爲監軍使廳壁記宜也某慙惶而書時太和八年十月二十一日記

池州造刻漏記

百刻短長取於口不取於數天下多是也某太和三年佐沈吏部江西府暇日公與賓吏環城見銅壺銀箭律如古法曰建中時嗣曹王皐命處士王易簡爲之公曰湖南府亦曹王命處士所爲也後二年公移鎮宣城王處士尚存因命工就京師授其術創置於城府某爲童時王處士年七十常來某家精大演數與雜機巧識地有泉鑿必湧起韓文公多與之遊太和四年某自宣城使于京師處士年餘九十精神不衰某拜於牀下言及刻漏因圖授之會昌五年歲次乙丑夏四月始造于城南門樓京兆杜某記

宋州寧陵縣記

建中初年李希烈自蔡陷汴驅兵東下將收江淮寧陵守將劉昌以兵二千拒之希烈衆且十倍攻之三月韓晉公以三千強弩涉水夜入寧陵弩矢至希烈帳前希烈曰復益吳弩寧陵不可取也解圍歸汴後數月希烈驍將翟輝以銳兵大敗於淮陽城下希烈且蹙棄汴歸蔡後司徒劉公元佐見昌問曰爾以孤城用一當十凡百日間何以能守昌泣曰以負心能守之耳昌令陴者曰內顧者斬昌孤甥張俊守西北隅未嘗內顧捽下斬之軍士有死志故能

堅守因伏地流涕司徒劉公亦泣撫昌背曰國家必以富貴爾無憂也天寶末淮陽太守薛愿睢陽太守許遠眞源縣令張巡等兵守二城其於窮蹙事相差埒睢陽陷賊淮陽能守故巡遠名懸而愿事不傳昌之守寧陵近比之於睢陽故良臣之名不如忠臣孫武曰善用兵者無赫赫之功斯是也大中二年十一月十八日將仕郎守尚書司勳員外郎史館修撰杜某題

欽定全唐文卷七百五十四

杜牧七

戰論 并序

兵非危也穀非殫也而戰必挫北是曰不循其道也故作戰論焉

論曰河北視天下猶珠璣也天下視河北猶四支也珠璣苟無豈不活身四支苟去吾不知其爲人何以言之夫河北者俗儉風渾淫巧不生朴毅堅強果於戰耕名城堅壘峪辥相貫高山大河盤互交鏁加以土息健馬便於馳敵

是以出則勝處則饒不窺天下之產自可封殖亦猶大農之家不待珠璣然後以爲富也天下無河北則不可河北旣虜則精甲銳卒利刀良弓健馬無有也卒然夷狄驚四邊摩封疆出表裏吾何以禦之是天下一支兵去矣河東盟津滑臺大梁彭城東平盡宿厚兵以塞虜衝是六郡之師嚴飭護疆不可他使是天下二支兵去矣六郡之師厥數三億低首仰給橫拱不爲則沿淮已北循河之南東盡海西叩洛經數千里赤地盡取纔能應費是天下三支財去矣咸陽西北戎夷大屯嚇呼膻腥徹于帝居周秦單師

不能排闢於是盡剷吳越荆楚之饒以啖戍兵是天下四支財去矣乃使吾用度不周徵徭不常無以膏齊民無以接四夷禮樂刑政不暇修治品式條章不能備具是天下四支盡解頭腹兀然而已焉有人解四支其自以能久爲安乎今者誠能治其五敗則一戰可定四支可生夫天下無事之時殿閤大臣偷處榮逸爲家治具戰士離落兵甲鈍弊車馬刓弱而未嘗爲之簡帖整飭天下雜然盜發則疾敺疾戰此宿敗之師也何爲而不北乎是不蒐練之過者其敗一也夫百人荷戈仰食縣官則挾千夫之名大將

小裨操其餘贏以虜壯爲幸以師老爲娛是執兵者常少縻食者常多築壘未乾公囊已虛此不責實科食之過其敗二也夫戰輒小勝則張皇其功奔走獻狀以邀上賞或一日再賜一月累封或凱旋未歌書品已崇爵命極矣田宅廣矣金繒溢矣子孫官矣焉肯搜奇外死勤於我乎此賞厚之過其敗三也夫多喪兵士顛翻大都則跳身而來刺邦而去回視刀鋸菜色甚安一歲未更旋已立於壇墀之上矣此輕罰之過其敗四也夫大將將兵柄不得專恩臣詰責第來揮之至如堂然將陣殷然將鼓一則曰必爲偃月一則曰必爲魚麗三軍萬夫環旋翔佯愰駭之間虜騎乘之遂取吾之鼓旗此不專任責成之過其敗五也元和時天子急太平嚴約以律下常團兵數十萬以誅蔡天下乾耗四歲然後能取此蓋五敗不去也長慶初盜據子孫悉來走命是內地無事天子寬禁厚恩與人休息未幾而燕趙甚亂引師起將五敗益甚登壇注意之臣死竄且不暇復焉能加威於反虜哉今者誠欲調持干戈洒掃垢汙以爲萬世安而乃踵前非是不可爲也古之政有不善士傳言庶人謗發是論者亦且將書于謗木傳于士大夫

非偶言而已

守論 并序

往年兩河盜起屠囚大臣劫戮二千石國家不議誅洗束兵自守反修大歷貞元故事而行姑息之政是使逆輩益橫終倡患禍故作守論焉

論曰厥今天下何如哉干戈朽鈇鉞鈍含宏混貸煦育逆孽殆爲故常而執事大人曾不歷算周思以爲宿謀方且嵬岸抑揚自以爲廣大繁昌莫已若也嗚呼其不知乎其俟蹇頓顛傾而後爲之支計乎且天下幾里列郡幾所而

自河以北蟠城數百金堅蔓織角奔爲寇伺吾人之顚頓天時之不利則將與其朋伍羅絡郡國將駭亂吾民於掌股之上耳今者及吾之壯不圖擒取而乃偷處恬逸第第相付以爲後世子孫背脅疽根此復何也今之議者咸曰夫倔强之徒吾以良將勁兵以爲銜策高位美爵充飽其腸安而不撓外而不拘亦猶豢擾虎狼而不拂其心則忿氣不萌此大歷貞元所以守邦也亦何必疾戰焚煎吾民然後以爲快也愚曰大歷貞元之間適以此爲禍也當是之時有城數十千百卒夫則朝廷待之貸以法故於是乎

闒視大言自樹一家破制削法角爲尊奢天子養威而不問有司守恬而不呵王侯通爵越錄受之覲聘不來几杖扶之逆息虜允皇子嬪之裝緣采飾無不備之是以地益廣兵益强僭擬益甚侈心益昌於是土田名器分劃殆盡而賊夫貪心未及畔岸遂有淫名越號或帝或王盟詛自立恬淡不畏走兵四略以飽其志者也是以趙魏燕齊卓起大倡梁蔡吳蜀躡而和之其餘混澒軒囂欲相效者往往而是運遭孝武宵旰不忘前英後傑夕思朝議故能大者誅鋤小者惠來不然周秦之郊幾爲犯獵哉大抵生人油然多欲欲而不得則怒怒則爭亂隨之是以教笞於家刑罰於國征伐於天下此所以裁其欲而塞其爭也大歷貞元之間盡反此道提區區之有而塞無涯之爭是以首尾指支幾不能相運掉也今者不知非此而反用以爲經愚見爲盜者非止於河北而已嗚呼大歷貞元守邦之術永戒之哉

論相

呂公善相人言女呂后當大貴宜以配季季後爲天子呂后復稱制天下王呂氏子弟悉以大國隋文帝相工來和

輩數人亦言當爲帝者後篡竊果得之誠相法之不謬矣呂氏自稱制通爲后凡二十餘年閒隋文自篡至滅凡三十六年閒男女族屬殺滅殆盡當秦末呂氏大族也周末楊氏爲八柱國公侯相襲久矣一旦以一女子一男子偷竊位號不三二十年閒壯老嬰兒皆不得其死不知一女子爲呂氏之福耶爲禍耶一男子爲楊氏之禍耶爲福耶得一時之貴滅百世之族彼知相法者當曰此必爲呂氏楊氏之禍乃可爲善相人矣今斷一指得四海凡人不欲爲況以一女子一男子易一族哉余讀荀卿非相因感呂

氏楊氏知卿爲大儒矣

塞廢井文

井廢輒不塞於古無所據今之州府廳事有井廢不塞居第在堂上有井廢亦不塞或匣而護之或橫木以土覆之至有歲久木朽陷人以至於死世俗終不塞之不知出何典故而井不可塞井雖列在五祀在都邑中物之小者也若盤庚五遷其都若社稷宗廟尚毁其舊而獨井豈不塞邪古者井田九頃八家環而居之一夫食一頃中一頃樹蔬鑿井而八家共汲之所以籍齊民而重泄地氣以小喻

大人身有瘡不醫卽死木有瘡久不封卽亦死地有千萬瘡於地何如哉古者八家共一井今家有一井或至大家至於四五井十倍多於古地氣漏泄則所産脆薄人生於地内今之人不若古之人渾剛堅一寧不由地氣洩漏哉易曰改邑不改井此取象言安也非井不可塞也天下每州春秋二時天子許抽常所上賦錫宴其刺史及州吏必廓其地爲大宇以張其事黄州當是地有古井不塞故爲文投之而實以土

三子言性辯

孟子言人性善荀子言人性惡楊子言人性善惡混曰喜曰哀曰懼曰惡曰欲曰愛曰怒夫七者情也情出於性也夫七情中愛者怒者生而自能是二者性之根惡之端也乳兒見乳必挐求不得卽啼是愛與怒與兒俱生也夫豈知其五者焉旣壯而五者隨而生焉或有或亡或厚或薄至於愛怒曾不須臾與乳兒相離而至於壯也君子之性愛怒淡然不出於道中人可以上下者有愛拘於禮有怒懼於法也世有禮法其有踰者不敢恣其情世無禮法亦隨而熾焉至於小人雖有禮法而不能制愛則求之求之

不得卽怒怒則亂故曰愛怒者性之本惡之端與乳兒俱生相隨而至於壯也凡言性情之善者多引舜禹言不善者多引丹朱商均夫舜禹二君子生人以來如二君子者凡有幾人不可引以爲喻丹朱商均爲堯舜子夫生於堯舜之世被其化皆爲善人况生於其室親爲父子蒸不能潤灼不能熱是其惡與堯舜之善等耳天止一日月耳言光明者豈可引以爲喻人之品類可與上下者衆可與上下之性愛怒居多愛怒者惡之端也荀言人之性惡比於二子荀得多矣

題荀文若傳後

荀文若爲操畫策取兗州比之高光不棄關中河內官渡不令還許比楚漢成皐凡爲籌計比擬無不以帝王許之海內付之事就功畢欲邀名於漢代委身之道可以爲忠乎世皆曰曹馬且東漢崩裂紛披都遷主播天下大亂操起兵東都提獻帝於徒步困餓之中南征北伐僅三十年始定三分之業司馬懿安完之代竊發肘下奪偷權柄殘虐狡譎豈可與操比哉若使操不殺伏后不誅孔融不囚楊彪從容於揖讓之間雖慙於三代天下非操而誰可以

得之者紂殺一比干武王斷首燒屍而滅其國桓靈四十年間殺千百比干毒流其社稷可以血食乎可以壇墠父天拜郊乎假使當時無操獻帝復能正其國乎假使操不挾獻帝以令天下英雄能與操爭乎若使無操復何人爲蒼生請命乎教盜穴牆發櫃多得金玉已復不與同挈得不爲盜乎何況非盜也文若之死宜然耶

罪言

國家大事牧不當言之實有罪故作罪言生人常病兵兵祖於山東允於天下不得山東兵不可死山東之地禹畫九土一曰冀州舜以其分野太大離爲幽州爲并州程其水土與河南等常重十一二故其人沉鷙多材力重許可能辛苦自魏晉已下衍浮羨淫工機纖雜意態百出俗益卑蔽人益脆弱唯山東敦五種本兵矢他不能蕩而自若也復產健馬下者日馳二百里所以兵常當天下冀州以其恃強不循理冀其必破弱雖已破弱冀其復強大也并州力足以并吞也幽州幽陰慘殺也故聖人因其風俗以爲之名黃帝時蚩尤爲兵階自後帝王多居其地豈尚其俗都之耶自周劣齊霸不一世晉文常傭役諸侯至秦

萃銳三晉經六世乃能得韓遂折天下脊復得趙因拾取諸國秦末韓信聯齊有之故蒯通知漢楚輕重在信光武始於上谷成於鄗魏武舉官渡三分天下有其二晉亂胡作至宋武號爲英雄得蜀得關中盡得河南地十分天下有其八然不能使一人渡河以窺胡至于高齊荒蕩宇文取得隋文因以滅陳五百年間天下乃一家隋文非宋武敵也是宋不得山東隋得山東故隋爲王宋爲霸由此言之山東王者不得不可爲王霸者不得不可爲霸猾賊得之是以致天下不安國家天寶末燕盜徐起出入成皐函

潼關若涉無人地郭李輩常以兵五十萬不能過鄴自爾一百餘城天下力盡不得尺寸人望之若迴鶻吐蕃義無有敢窺者國家因之畦河修障戍塞其街蹊齊魯梁蔡被其風流因亦爲寇以裏拓表以表撐裏混澒迴轉顛倒橫斜未嘗五年間不戰生人日頓委四夷日猖熾天子因之幸陝幸漢中焦焦然七十餘年矣嗚呼運遭孝武澣衣一肉不畋不樂自卑冗中拔取將相凡十三年乃能盡得河南山西地洗削更革罔不順適唯山東不服亦再攻之皆不利以返豈天使生人未至於帖泰耶豈其人謀未至耶

何其艱哉何其艱哉今日天子聖明超出古昔志於理平若欲悉使生人無事其要在先去兵不得山東兵不可去是兵殺人無有已也今者上策莫如自治何者當貞元時山東有燕趙魏叛河南有齊蔡叛梁徐陳汝白馬津盟津襄鄧安黃壽春皆戍厚兵凡此十餘所纔足自護治所實不輟一人以他使遂使我力解勢弛熟視不軌者無可奈何階此蜀亦叛吳亦叛其他未叛者皆迎時上下不可保信自元和初至今二十九年間得蜀得吳得蔡得齊凡收郡縣二百餘城所未能得唯山東百城耳土地人户財物甲兵校之往年豈不綽綽乎亦足自以爲治也法令制度品式條章果自治乎賢才奸惡搜選置捨果自治乎障戍鎮守干戈車馬果自治乎井閭阡陌倉廩財賦果自治乎如不果自治是助虜爲虐環土三千里植根七十年復有天下陰爲之助則安可以取故曰上策莫如自治中策莫如取魏魏於山東最重於河南亦最重何者魏在山東以其能遮趙也既不可越魏以取趙固不可越趙以取燕是燕趙常重於魏魏常操燕趙之性命也故魏在山東最重黎陽距白馬津三十里新鄉距盟津一百五十里陴壘相

望朝駕暮戰是二津虜能潰一則馳入城臯不數日間故魏於河南間亦最重今者願以近事明之元和中纂天下兵誅蔡誅齊頓之五年無山東憂者以能得魏也昨日誅滄頓之三年無山東憂者亦以其能得魏也長慶初誅趙一日五諸侯兵四出潰解以失魏也昨日誅趙一日罷如長慶時亦以失魏也故河南山東之輕重常懸在魏明白可知也非魏强大能致如此地形使然也故曰取魏爲中策最下策爲浪戰不計地勢不審攻守是也兵多粟多敺人使戰者便於守兵少粟少人不敺自戰者便於戰故我

嘗失於戰虜常困於守山東之人叛且三五世矣今之後生所見言語舉止無非叛也以爲事理正當如此沉酣入骨髓無以爲非者指示順向詆侵族鬱語曰叛去酋酋起矣至於有圍急食盡餤屍以戰以此爲俗又豈可與決一勝一負哉自十餘年來凡三收趙食盡且下堯山敗趙復振下博敗趙復振館陶敗趙復振故曰不計地勢不審攻守爲浪戰最下策也

原十六衛

國家始踵隋制開十六衛將軍總三十員屬官總一百二

十八員署守分部夾峙禁省厥初歷今未始替削然自今觀之設官言無謂者其十六衛乎本原事跡其實天下之大命也始自貞觀中既武遂文內以十六衛畜養戎臣之開折衝果毅府五百七十四以儲兵伍或有不幸方二三千里爲寇土數十百萬人爲寇兵蠻夷戎狄踐踏四作此時戎臣當提兵居外至如天下平一暴勃消削單車一符將命四走莫不信順此時戎臣當提兵居內當其居內也官爲將軍綬有朱紫章有金銀千百騎趨奉朝謁第觀車馬歌兒舞女念功賞勞出於曲賜所部之兵散舍諸府上府不越一千二百人三時耕稼襏襫耡耒一時治武騎劍兵矢裨衛以課父兄相言不得業他籍藏將府伍散田畝力解勢破人人自愛雖有蚩尤爲師帥雅亦不可使爲亂耳及其當居外也緣部之兵被檄乃來受命於朝不見妻子斧鉞在前爵賞在後以首爭首以力搏力飄暴交捽豈暇異略雖有蚩尤爲師帥雅亦無能爲叛也自貞觀至于開元末百三十年間戎臣兵伍未始逆篡此聖人所能柄統輕重制障表裏聖算神術也至於開元末愚儒奏章曰天下文勝矣請罷府兵詔曰可武夫奏章曰天下力強矣

請搏四夷詔曰可於是府兵內剷邊兵外作戎臣兵伍湍奔矢往內無一人矣起遼走蜀繚絡萬里事五强寇十餘年中亡百萬人尾大中乾成燕偏重而天下掀然根萌燼燃七聖旰食求欲除之且不能也由此觀之戎臣兵伍豈可一日使出落鈐鍵哉然爲國者不能無也居外則叛居內則篡使外不叛內不篡兵不離伍無自焚之患將保頸領無烹狗之諭古今已還法術最長其置府立衛乎近代已來於其將也弊復爲甚也人囂曰廷詔命將矣名出視之率市兒輩蓋多賂金玉負倚幽陰折券交貲所能也絕

不識父兄禮義之教復無慷慨感槩之氣百城千里一朝得之其强傑愎勃者則撓削法制不使縛已斬族忠良不使違已力壹勢便罔不爲寇其陰泥巧狡者亦能家算口斂委於邪倖由卿市公去郡得都四履所治指爲别館或一夫不幸而壽則戛割生人畧匝天下是以天下每每兵亂湧溢齊人乾耗鄉黨風俗淫窳衰薄教化恩澤壅抑不下召來災殄被及牛馬嗟乎自愚而知之人其盡知之乎且武者任誅如天時有秋文者任治如天時有春是天不能倒春秋是豪傑不能總文武是此輩受鉞誅暴乎曰於

是乎在某人行教乎曰於是乎在欲禍蠹不作者未之有也伏惟文皇帝十六衛之旨誰復而原其實天下之大命也故作原十六衛

書處州韓吏部孔子廟碑陰

天不生夫子於中國中國當何如曰不夷狄如也荀卿祖夫子李斯師荀卿一日宰天下盡誘夫子之徒與書坑而焚之曰徒能亂人不若刑名獄吏治世之賢也彼商鞅者能耕能戰能行其法基秦爲强曰彼仁義虱官也可以置之自董仲舒劉向皆言司馬遷良史也而遷以儒分之爲九曰博而寡要勞而無功不如道家者流也自有天地以來人無有不死者海上迂怪之士特出言曰黃帝鍊丹砂爲黃金以餌之晝日乘龍上天誠得其藥可如黃帝以燕昭王之賢破强齊幾於霸秦始皇漢武帝之雄材滅六强攘四夷盡非凡主也皆甘其說耗天下捐骨肉而不辭至死而不悟莫尊於天地莫嚴於宗廟社稷梁武帝起爲梁國者以筍脯麪牲爲薦祀之禮曰佛之教牲不可殺以天子之尊捨身爲其奴散髮布地親命其徒踐之有天地日月爲之主陰陽鬼神爲之佐夫子巍然統而辯之復引堯

舜禹湯文武周公爲之助則其徒不爲劣其治不爲僻彼四君二臣不爲無知一旦不信背而之他仍族滅之儻不生夫子紛紜冥昧百家鬭起是已所是非已所非天下隨其時而宗之誰敢非之縱有非之者欲何所依據而爲其辭是楊墨駢慎已降百家之徒廟貌而血食十年一變法百年一改教橫斜高下不知止泊彼夷狄者爲夷狄之俗一定而不易若不生夫子是知其必不夷狄如也韓吏部夫子廟碑曰天下通祀惟社稷與夫子社稷壇而不屋取異代爲配未若夫子巍然當座用王者禮以門人爲配自

天子至於庶人。親北面而師之。夫子以德。社稷以功。固有次第哉。因引孟子曰。生人已來。未有如夫子者也。自古稱夫子者多矣。稱夫子之德。莫如孟子。稱夫子之尊。莫如韓吏部。故書其碑陰云。

唐故江西觀察使武陽公韋公遺愛碑

皇帝召丞相延英便殿。講議政事。及於循吏。且稱元和中興之盛。言理人者誰居第一。丞相墀言。臣嘗守土江西。目覩觀察使韋丹有大功德。被于八州。歿四十年。稚老歌思。如丹尚存。丞相敏中丞相植皆曰。臣知丹之爲理。所至人

愛。所去人思。江西之政。熟於聽聞。乃命守臣。嚴于衆上。丹之功狀。大中三年正月二十日。詔書授史臣尚書司勳員外郎杜牧曰。汝爲丹序而銘之。以美大其事。臣某伏念天寶建中艱難之餘。根於河北。枝蔓於齊魯梁蔡。闕爲章句書生。以蜀叛。鎬爲宗室老。以吳叛。其他高下。其目跂而欲飛者。往往皆是。憲宗皇帝高聽古議。廣諫益聖。任賢使能。考校法度。號令未出。威先雷霆。十有四年。擒殛克狠。方行四海。罔不率伏。當是時。凡五徵兵。解而復合。僅八周歲。天下晏然。不告勞苦。實以守土多循良吏。而丹居第一。周召伯治人於陝西。召穆公有武功於宣王時。仲尼採甘棠江漢之詩。絃而歌之。列於風雅。班固敘漢宣帝中興名臣。言治人者。亦首述黃霸龔遂。次將相下。今下明詔。刻丹治效。令得與元和功臣。彰中興得人之盛。懸於無窮。用古道也。謹按韋氏自漢丞相賢已降。代有達官。孝寬有大功於後周。封鄖國公。鄖公曾孫幼平。爲岐州參軍。生抱貞。爲梓州刺史。生政。爲漢州雒縣丞。贈右諫議大夫。雒縣生武陽公。公字文明。以明五經登科。授校書郎咸陽尉。以監察御史殿中侍御史佐張獻甫於邠寧府。徵爲太子舍人。遷起居

郎。檢校吏部員外郎。侍御史。河陽行軍司馬。未行。改駕部員外郎。會新羅國以喪來告。且請立君。拜司封郎中兼御史中丞。章服金紫。弔冊其嗣。新羅再以喪告。不果行。改容州經畧使。築州城。環十三里。因悉城管內十三州。教種茶麥。多開屯田。黃賊畏服。詔加大中大夫。貞元末。拜河南少尹。連拜檢校秘書監兼御史中丞。鄭滑行軍司馬。皆未至。拜右諫議大夫。憲宗即位。劉闢以蜀叛。議者欲行貞元故事。請釋不誅。公再上疏曰。今不誅闢。則朝廷可以指臂而使者。惟兩京耳。此外而誰不爲叛。因拜劍南東川節度使

兼御史大夫。時劉闢急攻梓州。公至漢中。表言攻急守堅。不可易帥。高崇文客軍遠鬬。無所資。若與梓州。綴其士心。必能有功。遂召拜晉慈隰三州觀察使。不半歲。元和二年二月。拜洪州觀察使。洪據章江上。控百越。爲一都會。屋居以茅竹爲俗。人火之餘烈。日久風竹戛自焚。小至百家。大至盪空。霖必江溢。燥必火作。火水夾攻。人無固志。傾搖懈怠。不爲旬月生產計。公始至任。計口取俸。除去冗事。取公私錢。教人陶瓦。伐山取材。堆疊億計。人能爲屋。取官材瓦。免其半賦。徐責其直。自載酒食。以勉其勞。初若艱勤。日成

月就。不二周歲。凡爲瓦屋萬四千間。樓四千二百間。縣市營廨。名爲棟宇。無不創爲。派湖入江。節以斗門。以走暴漲。闢開廣衢。南北七里。盪滌污壅。築隄五尺。長十二里。隄成。明年。江與隄平。鑿六百陂塘。灌田一萬頃。益勸桑苧。機織廣狹。俗所未習。教勸成之。凡三周年。成就生遂。手爲目覩。無不如志。公之爲政。去害興利。機決勢去。如孫吳乘敵。不可當向。輔以經術。仁撫智誘。慈母之心。赤子之欲。求必得之。故人自盡力。所指必就。子產治鄭。未及三年。國人尚謗。黃霸治潁川。前後八年。始曰愈治。考二古人行事。與公相次第不知如何。元和五年薨。年五十八。其銘曰。

章武皇帝。披攘經營。凡十四年。五大徵兵。人不告病。肩於太寧。將相是矣。豈無循良。考第理行。誰高武陽。武陽所至。爲人父母。於洪之功。洞無前古。洪始有居。水火是苦。二者夾攻。死無處所。曰天所然。不嗟不訴。武陽始至。材瓦是聚。公錢不足。以俸爲助。能爲居宇。貰貸付與。日載酒餚。如撫稚乳。不督不程。誘以美語。未二周星。創數萬堵。幾半重樓。如詩翬羽。錮以長隄。繚四千步。明年水平。人始歌舞。災久事鉅。一日除去。灌田萬頃。益種桑苧。俗所未有。罔不完具。

寂寥千年。誰守茲土。大中聖人。元和是師。圖讚功勞。武陽豈遺。乃命史臣。刻序碑辭。寵假武陽。爲人慰思。訓勸守吏。勉於爲治。

自撰墓銘

牧字牧之。曾祖某。河西隴右節度使。祖某。司徒平章事。岐國公。贈太師。考某。駕部員外。累贈禮部尚書。牧進士及第。制策登科。宏文館校書郎。試左武衛兵曹參軍。江西團練巡官。轉監察御史。裏行御史。淮南節度掌書記。拜眞監察御史。分司東都。以弟病去官。授宣州團練判官。殿中侍御

史內供奉遷左補闕史館修撰轉膳部比部員外郎皆兼
史職出守黃池睦三州遷司勳員外郎史館修撰轉吏部
員外以弟病乞守湖州入拜考功郎中知制誥周歲拜中
書舍人牧平生好讀書爲文亦不由人曹公曰吾讀兵書
戰策多矣孫武深矣因注其書十三篇乃曰上窮天時下
極人事無以加也後當有知之者去歲七月十日在吳興
夢人告曰爾當作小行郎復問其次曰禮部考功爲小行
也言其終典耳今歲九月十九日歸夜困亥初就枕寢得
被勢久酣而不夢有人朗告曰爾改名畢十月二日奴順

來言炊將熟甑裂予曰皆不祥也十一月十日夢書片紙
皎皎白駒在彼空谷傍有人曰空谷非也過隙也予生於
角星昴畢於角爲第八宮曰病厄宮亦曰八殺宮土星在
焉火星繼木星工楊晞曰木在張於角爲第十一福德宮
木爲福德大君子救於其旁無虞也予曰自湖守不周歲
遷舍人木還福於角足矣土火還死於角宜哉復自視其
形視流而疾鼻折山根年五十斯壽矣某月某日終於安
仁里妻河東裴氏朗州刺史偃之女先牧若干時卒長男
曰曹師年十六次曰祝柅年十二別生二男曰蘭曰興一
女曰眞皆幼以某月日葬於少陵司馬村先塋銘曰
後魏太尉愚封平安公及予九世皆葬少陵嗟爾小子亦
克厭終安于爾宮

欽定全唐文卷七百五十五

杜牧八

唐故范陽盧秀才墓誌

秀才盧生名霈字子中自天寶後三代或仕燕或仕趙兩地皆多良田畜馬生年二十未知古有人曰周公孔夫子者擊毬飲酒策馬射走兔語言習尚無非攻守戰鬭之事鎮州有儒者黃建鎮人敬之呼爲先生建因語生以先王儒學之道因復曰自河而南有土地數萬里可以燕趙比者百數十處有西京東京西京有天子公卿士人畦居兩

京間皆億萬家萬國皆持其土產出其珍異時節朝貢一取約束無禁限疑忌廣大寬易嬉遊終日但能爲先王儒學之道可得其公卿之位顯榮富貴流及子孫至老不見戰爭殺戮生立悟其言即陰約母弟雲竊家駿馬日馳三百里夜抵襄國界捨馬步行徑入王屋山請詣道士觀道士憐之置之門外廡下席地而處始聞孝經論語布褐不襪捽草爲茹或竟日不得食如此凡十年年三十有文有學日閑習人事誠敬通達汝洛間士人稍稍知之開成三年來京師舉進士於羣輩中酋酋然凡曰進士知名者多趨之願與之爲交生嘗曰丈夫一日得志天子召於座前以笏畫地取山東一百二十城唯我知其甚易耳因言燕趙間山川夷險教令風俗人情之所短長三十年來王師攻擊利與不利其所來由明白如彩畫一一可以目覩開成四年客遊代州南歸某月日於晉州霍邑縣界晝日盜殺之京師名進士聞之多有哭者資其弟雲至霍邑取生喪來長安以某年月日葬於城南某鄉里其所資費皆出於交遊間曾祖昌嗣涿州刺史祖顗易州長史父勸鎮州石邑令某常以生之材節薦生於公卿間聞生之死哭之因誌其墓

唐故進士龔軺墓誌

會昌五年十二月某自秋浦守桐廬路由錢塘龔軺袖詩以進士名來謁時刺史趙郡李播曰龔秀才詩人兼善鼓琴因令操流波弄清越可聽及飲酒頗攻章程謹雅而和飲罷某南去舟中閱其詩有山水閑淡之思後四年守吳興因與進士嚴惲言及鬼神事嚴生曰有進士龔軺去歲來此晝坐客館中若有二人召軺者軺命駕甚速始跨鞍馬驚墮地折左脛旬日卒余始了然憶錢塘見軺時徐徐

尋思如昨日事因知尚殯於野乃命軍吏徐良改葬於下山南去州城西北一十五里嚴生與軺善亦不知其鄉里源流故不得記嗚呼胡爲而來二鬼驚馬折脛而死哉大中五年辛未歲五月二日記

唐故太子少師奇章郡開國公贈太尉牛公墓誌銘并序

唐佐四帝十九年宰相牛公諱某字某八代祖宏以德行儒學相隋氏封奇章郡公贈文安侯文安後四世諱鳳及仕唐爲中書門下侍郎監修國史於公爲高祖文安後五

世集州刺史贈給事中諱休克於公爲曾祖集州生太常博士贈太尉諱紹太尉生華州鄭縣尉贈太保諱幼聞太保生公公孤始七歲長安南下杜樊鄉東文安有隋氏賜田數頃書千卷尚存公年十五依以爲學不出一室數年業就名聲入都中故丞相韋公執誼以聰明氣勢急於褒拔如柳宗元劉禹錫輩以文學秀才皆在門下韋公亟命柳劉於樊鄉訪公曰願得一相見公乘驢至門韋公曰是矣東京李元禮爲後進師隋奇章公仁德祿位二者包而有之公登進士上第元和四年應賢良直諫制數强臣不奉法憂天子熾於武功詔下第一授伊闕尉以直被毀周歲凡十府奏取不下伊闕滿歲鄠公士美以昭義軍書記辟凡三上請詔除河南尉拜監察御史丁母夫人憂制終復拜監察御史轉殿中侍御史遷禮部員外郎都官員外郎兼侍御史知雜事改考功員外郎集賢殿學士庫部郎中知制誥賜五品命服半歲遷御史中丞宿州刺史李直臣以贓數萬敗穆宗得偏辭於中稱直臣寃且言有才宰相言格不用公以具獄奏上曰直臣有才可惜公曰彼不才者無飽食以足妻子安足慮本設法令所以縛束有才者

祿山朱泚是才過人而亂天下上因可其奏曰善賜章服金紫遷戶部侍郎掌財賦事上益親重欲相之會中書令韓宏男公武謀曰大人守大梁二十年齊蔡誅後始來朝今不以財援中外設有飛一辭者誰與保白公武齎宏書獻公錢千萬公笑曰此何名爲公亟持去明年宏公武繼卒主藏奴與吏訟於御史府上憐宏大臣父子併死稚孫將家事走中使至第盡取財簿自閱視凡中外主權多納宏貨獨朱勾細字曰某年月日送戶部牛侍郎錢千萬不納上大喜以指歷簿徧視旁側曰果然吾不謬知人言訖

殿上皆再拜呼萬歲。尋以本官平章事。明年正位中書侍郎。加銀青三品。兼集賢殿大學士。監修國史。敬宗卽位。與武士畋宴無時。徵天下道士言長生事。公亟諫曰。陛下不讀元元皇帝五千言以清靜養生。彼道士皆庸人。徒誇欺虛荒。豈足師法。未一歲請退。不許。連四月日間以疾辭。乃以鄂岳六州建節號武昌軍。命公爲禮部尚書平章事。爲節度使。公始至。問民疾苦。皆曰城土疎惡。歲輸蘘竹爲苫具。奸吏旁緣。主爲侵取。費與稅等。歲久。前後政欲晝計策。訖無所施。公卽除去冗長。用公私錢陶墫甃城。凡五年乃

就。明年文宗卽位。就加吏部尚書。明年急徵拜兵部尚書平章事。重拜中書侍郎宏文館大學士。鄭注怨宋丞相申錫。造言挾漳王爲大逆。狀跡牢密。上怒必殺。公曰。人臣不過宰相。今申錫已宰相。假使如所謀。豈復欲過宰相。有他圖乎。臣爲中丞。愛申錫忠良。奏爲御史。申錫之心。臣敢以死保之。上意解。由是宋不死。大和六年。西戎再遣大臣贊寶玉來朝。禮倍前時。盡罷東鄙守兵。用明臣附李太尉德裕。時殿劍南西川。上言維州降。今若使生羗三千人燒十三橋。擣戎腹心。可洗久恥。是韋臯二十年至死恨不能致。事下尚書省。百官聚議。皆如劍南奏。公獨曰。西戎四面各萬里。來責曰。何事失信。養馬蔚茹川上平涼坂。萬騎綴回中。怒氣直辭。不三日至咸陽橋。西南遠數千里。雖百維州。此時安可用。棄誠信。有利無害。匹夫不忍爲。況天子以誠信見責於夷狄。且有大患。上曰然。遂罷維州議。大和六年。檢校右僕射平章事淮南節度使。經六年至開成二年。連上章請休官。詔益不許。公曰。臣惟退罷。可以行志。夏五月。以兵付監軍使。拜疏訖就道。除檢校司空留守東都。明年拜左僕射。上恐公不起。詔曰。朕比有疾良已。思一面敘公。

不得已至闕下。一拜謝。閉門不出。明年檢校司空平章事襄州節度使。出都門。賜黃彝樽龍杓。凡六品。名出周禮。詔曰。精金古器。用以比況君子。非無意也。襄州七年饑。假軍人入賦不一。公至。據地造籍。免貧弱四千萬。均入豪強。皆曰甘心。不出一怨言。明年武宗卽位。就加司徒。會昌元年秋七月。漢水溢堤入郭。自漢陽王張東之一百五十歲後。水爲最大。李太尉德裕挾維州事。曰修利不至。罷爲太子少師。未幾檢校司徒兼太子少保。明年以檢校官兼太子太傅留守東都。劉稹以上黨叛誅死。時李太尉專柄五年。

多逐賢士天下恨怨以公德全畀之言於武宗曰上黨軋左京控山東劉從諫父死擅之十年後來朝加宰相縱去不留之致禎叛竭天下力乃能取此皆公與李公宗閔爲宰相時事從諫以太和六年十二月十七日拜闕下實以其月十九日節度淮南明年正月從諫以宰相東遷河南少尹呂述公惡其爲人述與李太尉書言禎破報至公出聲歎恨上見述書復聞前縱從諫去疊二怒不一參校自十月至十二月公凡三貶至循州員外長史天下人爲公挼手咤罵公走萬里瘴海上二年恬泰若無一事今天子

卽位移衡州汝州長史遷太子少保少師凡四年復位大中二年十月二十七日薨於東都城南别墅年六十九天子惆傷不朝兩日冊贈太尉天下善人執手相弔哭公忠厚仁恕莊重敬愼未嘗以此八者自勉而終身益篤爲宰相急於銓品凡名清官不忍持一資以假非其人以道德謨於天子每指古義爲據有言機利克迫必觚刮使之摧破三大邦去苛碎條約除大患其輕巧吏欲賊公愛惡希嚮所爲渾然終不能見故所至必大治衣冠單窮出俸錢嫁其子女月與食歲與衣資送其死喪凡數百家李太尉志必殺公後南謫過汝州公厚供具哀其窮爲解說海上與中州少異以勉安之不出一言及於前事鎮武昌時軍容使仇士良爲監軍使公律以禮敬暑甚大合軍宴拱手至暮一不搖扇益自儉克平居非公事不出内屏周三歲語言舉止率有常度仇軍容開成末首議立武宗權力震天下每言至公必合手加額曰清德可服人但過惜官財與人無一毫恩分耳不肯引譽不敢怨毀淡居其中公始自河南薦鄉貢士爲郎官考吏部科目選三開幕府中丞宰相外凡取六十餘人上至宰相次布臺閣皆當時名士

每暇日讌語寮吏必言古人脩身行事旁誘曲指微警教之不以己所長人所不及裁量高下以生重輕後進歸之承望聲光得一言許可必自矜重夫人辛氏以公封張掖郡贈僕射祕之長女士林稱爲婦師凡三十年前公八年歿五男六女長曰蔚監察御史次曰蘩浙南府協律郎皆以文行登進士第不藉公勢次曰奉倩河南府洛陽尉二人皆雅齒長女嫁户部郎中上黨苗愔次女嫁河中節度副使檢校郎中范陽張洙次女嫁河南府户曹集賢校理常山張希復次女嫁前進士鄧叔次女未笄一人始數歲

以某年月日葬少陵南某鄉某里銘曰
道既訛衰必有以扶厥公之生以隆其洿幽以燭明瞑以雨濡以教其徒以佐天子滅絶霸駭如有樞柅摽揭峙倚巍乎二紀臣宗德老鉅傑魁壘孰爲忌畏潛去南海不校不辯旋復顯大百行渾圓鄰於及年以歸其全

唐故東川節度檢校右僕射兼御史大夫贈司徒

周公墓誌銘

周平王太子烈封汝墳侯秦以汝墳爲汝南郡侯之孫因家焉遂姓周氏自烈十八世至西漢周仁繼烈封侯其後

逃西晉亂南去黄岡靈起仕梁爲桂州刺史生炅在陳爲車騎將軍炅生法明年十二一命爲巴州刺史陳滅臣隋爲趙之真定令隋亂歸黄岡起兵取蘄安沔黄武德中籍四州地請命授總管蘄安十六州軍事光祿大夫封國於道太宗命虞世南銘書墓碑相國爲六代孫曾祖惲汝州梁縣令祖沛左拾遺皇考頲右驍衛兵曹參軍贈禮部侍郎公少孤奉養母夫人以孝聞舉進士登第始試秘書正字湖南團練巡官母夫人亡哭泣無時里人過公廬曰無驚周孝子後自留守府監察眞拜御史集賢殿學士李公宗閔以宰相鎭漢中辟公爲殿中侍御史行軍司馬後一年復以殿中書職徵歸時大和末注訓用事夏六月始逐丞相宗閔立朋黨語鉤挂名人凡百日逐朝士三十三輩天下悼懾以目受意附兇者屢以公爲言注訓曰如去周殿中恐人益驚竟不敢議注訓取公爲起居舍人文宗復二史故事公濡筆立石螭下丞相退必召語旁側窺帝每數十顧遷考功員外郎帝曰周某不可不見宜兼前官數月以考功掌言事謝日帝曰就試翰林公辭讓堅懇帝正色以手三麾之遂兼學士遷職方郎中中書舍人政事細

大必被顧問公終身不言事故不傳武宗即位以疾辭出爲工部侍郎華州刺史八禁軍二十四內司居華下者籍役等百姓不敢妄出一辭李太尉德裕伺公纖失四年不得知愈治不可蓋抑遷公江西觀察使兼御史大夫公旣得八州施展教令申明約束發虔守陳弇贓坐弇以法死吏手膠拳窮鄉遠井如公在旁縛出洞寇劉大朴大朴徒數百人斸撥根脈無有遺失彭蠡東口戍五百人上下千里無一賊跡遷禮部尚書鄭滑節度使老將某項領不如教約公鞭背降爲下卒聲北入魏皆曰周尚書文儒能治

百姓仁愛兵士而復敢爾是豈可一犯九歲入拜兵部侍郎度支兼户部吏曹事積邊糧穀九十萬石今天子卽位二年五月以本官平章事後一月正位中書侍郎監修國史就加刑部尚書因河湟事議不合旨以檢校刑部尚書出爲劍南東川節度使明日入謝面加檢校右僕射公自舉進士第非其人不交言旁睨後進鐫心鏤志及爲將相近取遠挽悉置於位李太尉德裕會昌中以恩撰元和朝實錄四十篇溢美其父吉甫爲相事公上言曰人君惟不改史人臣可改乎元和實錄皆當時名士目書事實今不

信而信德裕後三十年自名父功衆所不知者而書之此若垂後誰信史竟廢新本并帥王宰劇所部財貨承事貴倖自請來朝聲言我取平章事鎮大衆公上言曰宰破太原取汴梁不知天下治所凡幾得如太原汴之大者可飽宰欲乞宰還鎮自補其殘後二日還宰詔下駙馬都尉韋讓求爲京兆尹公言曰尹坐堂上階下拜二赤縣令屬官將百人悉可笞辱非有德者京兆不可爲豈止取吏事讓議竟寢自此非道求進者鼠遁自屏及鎮東蜀一歲欲歸閑洛師微得風恙公曰我今去是以疾去疾愈去非晚大中五年歲在辛未二月十七日薨於位享年五十九訃至廢朝三日冊贈司徒命諫議大夫盧懿弔䘏其家公信於朋友公於爲官事發姊出告反面家事不敢自專同曾祖兄弟入門呵笞奴婢衣服飲食無二等免相位西去送公還者雖武將散秩嘆息咨嗟曰周相公無私我惜其去豈有私乎夫人義興蔣氏先公某年終生二男一女長曰寬饒崇入校書次曰咸喜京兆參軍皆孝謹有文學女嫁起居舍人薛蒙大中六年歲次壬申二月十三日歸葬先塋河南府河陽縣穀陽鄉立行里銘曰

姬之支封國自爲姓以周爲氏入唐不盛烈後幾世厥生賢孫當唐中興爲唐相臣文思天子跨古爲治提起王道以公爲倚近蹊隙竅去者鳥駛誰塞誰棘勞公評指三屏大邦駿壯武事哺撫稚老父母赤子曰將曰相公其愧幾指古爲比公其無愧以公遺唐而後公死不錫壽考誰其辨之

唐故宣州觀察使御史大夫韋公墓誌銘 并序

韋公會昌五年五月頭始生瘡召子壻張復魯曰三稚女得良壻死以是託墓宜以池州刺史杜牧爲誌復魯曰公

去歲兩瘡生頭今始一尚微何言之深公曰吾年二十九官校書郎時嘗夢涉滻水既中流有二人若舉符召我者其一人曰墳墓至大萬日始成今未也今萬日矣天已告我我其可逃乎謝醫不問以其月十四日年五十八薨於位公從父弟某書公功行以公命來命牧牧位哭序且銘之公諱温字宏育韋氏自殷周秦漢邱明馬遷班固輩爭書其人以光其所爲書至後周逍遙公夐出世家富貴中隱身行道當其時及後代論者以蜀嚴鄭谷口不能爲比逍遙公五世生潞州上黨尉贈諫議大夫希元上黨生吏

部侍郎贈太尉肇吏部生右補闕翰林學士右散騎常侍致仕贈司空綬常侍生公於逍遙公爲九代孫年十一以明經取第爲太常寺奉禮郎秘書省校書郎選判入等咸陽尉監察御史公曰是官豈奉養所宜耶上疏乞免改著作佐郎當貞元中常侍公事德宗爲翰林學士帝深於文學明察人間細微事事有密切多委之歲久憂畏病心帝曰某之心我其盡之以致仕官屏居西郊公早夜侍側温凊飲食迎情解意一經心手積二十餘年丁常侍喪自毀不欲生後相國李公逢吉以相印鎭武昌皆虛上職書卑

辭至門公起赴武昌未至府拜監察御史還左補闕事文宗皇帝時宰相百吏願條帝功德譔號上獻公獨再疏曰今蜀之東川川溢殺萬家京師雪積五尺老幼多凍死豈崇虛名報上帝時耶帝乃止遂訖十五年不荅尊號事改侍御史尚書吏部考功員外郎當大和九年文宗思拔用德行超出者以警慺天下故公自考功不數月拜諫議大夫召爲翰林學士遂欲相之公立銀臺外門下拜送疏入具道先常侍遺誡子孫不令任密職言懇志決乃命掌書舍人閤下公復堅讓不半歲轉太常少卿一歲遷給事中

皇太子侍讀公復陳先誡以侍讀辭自宰相下皆曰帝以一子請教於公是宜避耶公不聽凡拜三章帝終不能奪靈武節度使王晏平罷靈武以戰馬四百匹兵器數萬事去罪成貶康州司户不旬日改撫州司馬仙韶院樂官尉遲璋以樂官授光州長史晏平以財賂貴倖璋太有寵於上公皆封詔書上還上比諭之公持益急竟以康州還晏平璋免長史莊恪太子得罪上召東西省御史中丞郎官於内殿悉疏莊恪過惡欲立廢之曰是宜爲天子乎羣公低首唯唯公獨進曰陛下唯一子不教陷之至是太子豈

獨過乎上意稍平不數日遷尚書右丞朱衣魚章遷兵部侍郎亟請丞相願爲治人官出爲陝州防禦使兼御史大夫服章金紫回鶻窺邊劉楨繼以上黨叛東徵天下兵西出禁兵陝當其衝公撫民供事就不兩告苦入爲吏部侍郎典一冬選老吏無所賣復以御史大夫出爲宣歙池等州觀察使賦多口衆最於江南公急惡寬窮益自儉苦刑律其俗凡周一歲無所更改自至大治公幼不戲弄冠爲老成人解褐得官超出羣衆中人不敢旁發戲嫚及爲公卿在朝廷省閤中大臣見公若臨絕壑先忖度語言舉止

然後出發其所執持不可者筆一落紙言一出口雖天子宰相知不能奪俯委遂之不以德行尚人人自敬畏不施要結於人人自親慕後進凡持節業自許者獲公一言矜奮刻削益自貴重官卑家貧時主將家事在私閭内高會兄弟鐫琢教誘嫁娶衣食無有二等疾甚將終悉召親屬賓吏稱先常侍詩句云在室愧屋漏因曰今知没身不負斯誠遂涕下不禁當夫子世得七十子國小俗儉復有聖人爲之師使生於今與公相後先必有能品之者夫人隴西李氏贊善大夫從之女先公四歲終生四男長曰確前國子監四門助教次曰璆前明經次曰瓌次未免乳女四人長嫁南陽張復魯復魯得進士第有名於時爲試太常寺協律郎鄂岳觀察支使其下皆稚齒相次銘曰

德則至矣位以充乎如其充兮可大厥功以施生人天先告之萬日之期天實爲之

唐故處州刺史李君墓誌銘并序

君諱方元字景業刑部尚書贈司空貞公長子貞公事憲宗皇帝兄弟受寄四鎮在漢南時戰淮西未利監軍使崔談峻讒言中入爲太子賓客後淮西平李光顔移鄭滑陳

許無帥帝閑讌獨言曰勁兵三萬誰可付者談峻侍側曰有大臣家不三十口俸錢委庫不取小僮跣足市薪此可乎帝曰誰爲者談峻進即以貞公言帝即日起貞公爲陳許帥其儉德服人如此景業少有文學年二十四一貢進士舉以上第升名解褐裴晉公奏以秘書省校書郎校集賢殿秘書聰明才敏老成人爭與之交後以協律郎爲江西觀察支使裴誼觀察判官有殺人獄法曹官斷成當死者十二人景業訊覆數日内雪十二人冤尚書以上下考奏裴公移宣城授大理評事團練判官後尚書馮公宿自

兵部侍郎節鎭東川以監察裏行爲觀察判官不一歲御史府取爲眞御史分察鹽池左藏吏盜隱官錢千萬獄竟遷左補闕遇事必言不知其他丞相固言以門下侍郎出鎭西蜀奏景業以檢校禮部員外郎參節度軍謀事仍賜緋魚袋徵拜起居郎出爲池州刺史始至創造籍簿民被徭役者科品高下鱗次比比一在我手至當役役之其未及者吏不得弄景業常嘆曰沈約身年八十手寫簿書蓋爲此也使天下知造籍役民民庶少活復定戶稅得與豪猾沈浮者凡七千戶哀入貧弱不加其賦堤州南五里以

涉爲衢凡裁減蠹民者十餘事城東南隅樹九峯樓見數十里鑿齊山北面得洞穴怪石不可名狀刊石於巖下自紀其事凡四年政之利病無不爲而去之罷去上道老民攀哭景業季父刑部侍郎建與貞公以德行文學俱高一時時之秀俊半歸李氏門下景業復聰明少銳儉苦溫謹早與長者遊備知天下之所治實慨慷有意於經綸少在諸侯府入爲朝官出爲刺史早夜勤苦爲學不已屈指計量必伸已志雖時之名士亦以此許之罷池廉使韋公溫館於宣城會昌五年四月某日卒於宣城客舍年四十三

七代祖遠後周柱國大將軍都督熊陝十六州陽平郡公曾王父珍玉綿州昌明令昌明生震雅州別駕贈右僕射僕射生貞公遜先夫人滎陽鄭氏贈本縣太君後夫人范陽盧氏男若干女若干人銘曰

顯莫識其端幽莫見其緒已乎景業何付與之多而奪之何遽天顏病冉孔子不知其故矣景業今杳欲何語嗚呼哀哉

唐故歙州刺史邢君墓誌銘 并序

亡友邢渙思諱羣牧大和初舉進士第於東都一面渙思

私自約曰邢君可友後六年牧於宣州事吏部沈公渙思於京口事王并州俱爲幕府吏二府相去三百里日夕聞渙思佽助并州鉅細合宜後一年牧奉沈公命北渡揚州聘丞相牛公往來留京口并州峭重入幕多賢士京口繁要遊客所聚易生譏議并州行事有不合理言者不入渙思必能奪之同舍以爲智不以爲頗并州以爲賢不以爲僭侵遊客賢不肖不能私論議以一辭公事晏懽渙思口未言足未至缺若不圓牧曰往年私約邢君可友今眞可友也盧丞相商鎭京口渙思復以大理評事應府命今吏

部侍郎孔溫業自中書舍人以重名爲御史中丞牧以補闕爲賀客孔吏部曰中丞得以御史爲重輕補闕宜以所知相告牧以湊思言中丞曰我不素知願聞其爲人牧具以京口所見對後旬日詔下爲監察御史會昌五年湊思由戶部員外郎出爲處州時牧守黃州歲滿轉池州與京師人事離闊四五年矣聞湊思出大喜曰湊思果不容於會昌中不辱吾御史舉矣湊思罷處州授歙州牧自池轉睦歙州相去直東西三百里問來人曰邢君何以爲治曰急於束縛黠吏究事弊政不以久遠必務盡根本牧曰邢

君去縉雲日稚老泣送於路用此術也復問閒日何爲曰時飲酒高歌極歡牧曰邢君不喜酒今時飲酒且歌是以不用繫慮而不快於守郡也復問曰日食幾何曰嗜彘肉日再食牧凡三致專書曰本草言是肉能閉血脈弱筋骨壯風氣嗜之者必病風數月湊思正握管兩手反去背仆于地竟日乃識人果以風疾廢舟東下次于睦兩扶相見言澁不能拜語及家事曰爲官俸錢事骨肉親友隨手皆盡蓋壯未期病病未期死今病必死未死得生至洛幸矣妻兒不能知矣君進士及第歷官九歷職八始太子校書郎協律郎大理評事監察御史京兆府司錄殿中侍御史戶部員外郎處州刺史歙州刺史職爲浙西團練巡官觀察推官度支巡官再爲浙西觀察推官轉支使爲戶部員外郎判度支案代劉禎爲制使使鎮魏料軍食賜緋服銀章初副李丞相回再副高尙書銖撫安上黨三面征師大和三年六月八日卒於東都思恭里年五十邢氏周公次子靖淵封爲邢侯國滅因以爲氏西漢宇爲太尉子綏爲司空曾孫世宗光武時爲驃騎將軍世宗元孫禺因居河間禺當曹魏時參太祖丞相事終於太常邢有河閒南陽

君實河間人太常後也後至晉魏巳降皆有官祿唐麟臺郎中舉於君爲曾祖麟臺生奉天令待封奉天生緱氏丞至和君即緱氏子兩娶前夫人隴西李氏忠州刺史佐次女今夫人南陽張氏壽州刺史植女四男曰懌愔溫郎壽郎用某年某月某日葬于偃師縣某鄉某里某原葬有月日其孤立使者哭告於柩來京師請銘銘曰

十五知書二十有文三十登進士五十終刺史才能溫良并包與之而止於斯七政在天一迴一旋差以毫數能窮知賢賢者多夭不肖壽考誰爲聖魁孔不能究無可奈何

付之以命。曰如命何。

唐故平盧軍節度巡官隴西李府君墓誌銘

牧大和元年舉進士及第。鄉貢上都。有司試於東都。在二都輩進士中。往往有言前十五年有進士李飛自江西來。貌古文高。始就禮部試賦。吏大呼其姓名。熟視符驗。然後入。飛曰。如是選賢耶。即求貢如是。自以爲賢耶。因袖手不出。明日徑返江東。牧曰。誠有是人。吾輩不可得與爲伍矣。後二年。事故吏部沈公於鍾陵宣城爲幕吏。兩府凡五年。間同舍生蘭陵蕭寘京兆韓乂博陵崔壽。每品量人之等第。必曰。有道有學有文。如李處士戡者寡矣。是卑進士不舉嘗名飛者。牧益恨未面其人。且喜其人之在世也。大和九年。爲監察御史分司東都。今諫議大夫李中敏左拾遺韋楚老前監察御史盧簡求咸言於牧曰。御史法當檢謹。子少年。設有與遊。宜得長厚有學識者。因訪求得失。資以爲官。洛下莫若李處士戡。牧謝曰。素所恨未見者。即日造其廬。遂旦夕往來。開成元年春二月。平盧軍節度使王公彥威聞君名。挈卑辭於簡。副以幣馬。請爲節度巡官。明年春。平盧府改。君西歸。病於路。卒於洛陽友人王廣恩恭里

第。享年若干。君諱戡。字定臣。七代祖渤海王奉慈。祖杠。衢州盈川令。父整。婺州浦陽尉。浦陽晚無子。夫人吳興沈氏夢一人狀甚偉。捧一嬰兒曰。予爲孔丘。以是與爾。及期而生。君因名曰天授。君幼孤。旁無輩從可以附託。年十餘歲即好學。寒雪拾薪自炙。夜無燃膏。默念所記。年三十。盡明六經書。解決微隱。蘇融雪釋。鄭元至于孔穎達輩凡所爲疏注。皆能短長其得失。一舉進士。恥不肯試。歸晉陵陽羨里。得山水居之。始開百家書。緣飾事業。每有小功喪。訖制不食肉飲酒。語言行止。皆有法度。陽羨民有鬬諍不決。不之官人。必以詣君。所著文數百篇。外於仁義。一不關筆。嘗曰。詩者可以歌。可以流於竹。鼓於絲。婦人小兒皆欲諷誦。國俗薄厚。扇之於詩。如風之疾速。嘗痛自元和以來有元白詩者。纖豔不逞。非莊士雅人多爲其所破壞。流於民間。疏於屏壁。子父女母。交口教授。淫言媟語。冬寒夏熱。入人肌骨。不可除去。吾無位。不得用法以治之。欲使後代知有發憤者。因集國朝以來類於古詩。得若干首。編爲三卷。目爲唐詩。爲序以導其志。居江南。秀人張知實蕭寘韓乂崔壽宋邢楊發王廣皆趨君交之後。皆得進士第。有聲名官

職。君尚爲布衣。然於君不敢稍怠。君在洛中困甚。河陽節度使蕭洪移鎭鄜州。諫議大夫蕭倣以君言於洪。洪素敬諫議。卽欲謁君以請。君曰。人間譁言洪盜籍外戚。一窺其面。能易吾死。尚且不忍。死況爲其黨乎。居數月。洪果敗。娶宏農楊氏女。早卒。子二人。長曰審之。次曰鼎郎。始五歲。以某年月權葬於常州義興縣某鄉里。某於君爲晚交。得君最厚。因爲之銘曰。

命如煙雲。道比宮宅。煙雲飄揚。莫知往來。爲道不至。無以偃息。有道有命。偶然相値。命不在我。不肖亦貴。豈可指此

與彼爲市。嗚呼定臣。曰德孔修。曰學必聖。飭我兢兢。一不言命。可傳其心。以教後生。嗚呼哀哉。

唐故淮南支使試大理評事兼監察御史杜君墓誌銘

君諱顗。字勝之。曾祖涼州節度使襄陽公。贈左僕射。希望。大父司徒平章事太保致仕岐國公。贈太師。佑。皇考駕部員外郎。贈禮部尚書。從郁。君幼孤多疾。目視昏近。先夫人不令就學。年十七。讀尚書十三篇。禮記七篇。漢書止賈誼傳。不復執卷。年二十四。明年。當舉進士。始握筆。茸闕下獻書與裴丞相度書指言時事。書成各數千字。不半歲。遍傳天下。進士崔岐有文學。峭澀不許可人。詣門贈君詩曰。賈馬死來生杜顗。中間寥落一千年。年二十五。舉進士。二十六。一舉登上第。時賈相國餗爲禮部之二年。朝士以進士干賈公。不獲。有傑强毁嘲者。賈公曰。我祇以杜某敵數百輩足矣。始命試秘書正字。匭使判官。李丞相德裕出爲鎭海軍節度使。辟君試協律郎。爲巡官。後貶袁州。語親善曰。我聞杜巡官言晚。十年故有此行。大和九年夏。君客揚州。六月。授咸陽尉。直史館。君曰。訓注必亂。可徐行俟之。至汴

二凶敗。及洛。以疾辭東下。居揚州龍興寺。丞相奇章公僧孺請君入幕府。君謝曰。李公在困。未願副知已。開成二年春。目益昏。冬。遂喪明。李爲淮南節度使。復請爲試評事兼監察御史支使。兄牧自馮翊迎醫石至。曰。是狀腦脂下融。名曰內障。如蠟塞管。蠟去管明。俟脂凝可以抉去。無不愈者。後二年。石曰。可治。治不効。自馮翊別迎醫。醫曰。嗟乎。障有赤脈。如木根橫去。牢不可斷。是法名曰日腳。內障生日腳者。法不可治。君因居淮南。築室治生。不復言治眼事。聞於天下。無不嗟嘆。君安泰自如。令人旁讀十三代史書。一

聞不遺。客來與之議論證引。聽者忘去。年四十五。大中五年二月二十五日卒。一男曰麟師。年十歲。女曰署兒。始五歲。六年二月八日。歸葬先塋。實萬年縣洪源鄉少陵西南二里。牧今年五十。假使更生十年。爲六十人。不夭矣。與君別止三千六百日爾。況早衰多病。敢期六十人乎。忍不抑哀以銘吾弟。銘曰。

古之達人。以生爲寄。爲夢。以死爲歸。爲覺。不知生偶然乎。其有裁受乎。偶然卽泯爲大空。與不生同。其有裁受乎。嗚呼勝之。今旣歸而覺矣。其自知矣。何爲而然乎。嗚呼哀哉

唐故復州司馬杜君墓誌銘 并序

公諱銓。字謹夫。河西隴右節度使襄陽公贈司空之曾孫。司徒岐國公贈太師之孫。司農少卿贈給事中之子。公以岐公蔭調授揚州參軍。同州馮翊縣丞。衛尉寺主簿。鄂州江夏縣令。復州司馬。年六十某年月日。終於漢上別業。岐公外殿內輔。凡四十年。貴富繁大。兒孫二十餘人。晨昏起居。同堂環侍。公爲之親。不以進門內家事。條治裁酌。至於筐篋細碎。悉歸於公。稱謹而治。自罷江夏令。卜居於漢北泗水上。烈日笠首。自督耕夫。而一年食足。二年衣食兩餘。三年而室屋完新。六畜肥繁。器用皆具。凡十五年。起於墾荒。不假人一毫之助。至成富家翁。常曰。忍恥入仕。不緣妻子衣食者。舉世幾人。彼忍恥。我勞力。等衣食爾。顧我何如。後授復州司馬。半歲棄去。終不復仕。以某月日歸葬於長安城南少陵原司馬村先塋。某爲從父弟。泣涕而書銘曰。

公侯之家。所業唯官。薄官業農。墾荒室完。入仕多恥。以農力勞。等衣食爾。勞力者賢。歸全故邱。慶期孫子。

唐故邕府巡官裴君墓誌銘

君諱希顏。字某。裴氏於百氏中獨標其族。曰眷。三分之爲東西中。君東眷裴。在國朝名位最大。曰冕。艱難中定冊立肅宗於靈武。而相之。繼相代宗。僅十五年。國史有傳。冕於君爲堂伯祖。父皇考某。終朗州刺史。娶宣州寧國公滎陽鄭某女。生四男。君爲首。生朗州。爲盩厔河西令。道朗二州刺史。公廉剛簡。强於愛人。凡關百姓一毫事。與京兆尹節度使爭論。大聲於庭府間。前如無人。然未嘗以伏責治家。家人有過失。則諭之。諭不變者。出之爲良人。終不忍牽鬻於市。將終。鄭夫人泣請遺令。曰。吾之廐騾爲盩厔時役之。今踰十年。聽其老死。愼不可賣。言訖而絕。君生寢染仁父

之化溫良柔友窮居鄠縣饑寒餘二十年未嘗出一言以慍不足司農卿裴及爲邕府經畧使辟君爲從事得南方疾歸大中二年某月日卒於其家享年若干不娶無子牧娶裴氏實君之私其弟覺泣來請銘銘曰

淑其性生無位死無子孰識其端

欽定全唐文卷七百五十六

杜牧九

唐故灞陵駱處士墓誌銘

灞陵駱處士名峻字肅之華州華陰人也當建中四年年二十遊京師值泚亂爲其黨源休拘委以事處士逸一日夕行二百里拜親於華陰因啟度賊終不能東出百里間鄉里不足憂願得一見天子於艱危中遂入奉天至漢中屢以兵食干執事者後長安李懷光踵叛關中公私饑李馬渾兵十餘萬計日餉食有司因請授處士岳州巴陵尉

繫職於饋運間後四遷至揚州士曹參軍至元和初以母喪去職哀哭濱死終喪因曰汚吾跡二十餘年者食豐衣鮮以有養也今可以行吾志也乃於灞陵東坡下得水樹以居之相國杜公黃裳在蒲津相國張公宏靜在并州大梁渾尚書鎬在易定潘侍郎孟陽在蜀之東川司徒薛公苹在鄭滑皆挈卑詞幣馬至門曰處士不能一起助我爲治乎皆以疾辭長慶初桂府觀察使杜公凡兩拜章乞爲梧州刺史詔因授之衆皆曰今黃家洞賊熾邕容兵連敗縮首不出猶鼎鑊耳交阯殺都護復旱亂相仍朝廷豈捐

此三處不以公治之而久置公爲梧守耶處士慘而讓祇以疾辭解訖不言其他爾後人知其堅不可復動矣田三百畝菓蔬占其一捽墾辛苦不受人一錢惠朝之名士多造其廬未嘗以栖退超脫之高露於言色温敬畏下如勇於仕進者論及當代利病活人緩邊之策必亹亹盡吐冀達於在位者至於安危機鍵之語默不出口尤不信浮圖學有言者必約其條目引六經以窒之曰是乃其徒盜夫子之旨而爲其辭是安能自爲之善圖山水狀鑒者比之朱審王維之儔鄉里百家鬬訴吉凶一來決之凡三十六

年無一日不自得也以會昌元年十一月某日卒年七十九以某月日歸葬於華陰縣先人之墓處士嘗曰相國劉公晏不急征不橫賦承亂亡之餘食數十萬兵者二十餘年斯過蕭何遠矣每長短校量今古富人強國之術我烈祖司徒岐國公丞相趙國公李公當貞元元和時儒學術業冠天下每與處士語未嘗不嗟嘆其才恨其尚壯不可屈以仕優禮接之嗚呼賢哉銘曰

不見可欲使心不亂古之作者窮栖自斷子伯子至王霸久卧向栩相趙馬良車煥子夏高第心中交戰處士之居落青門畔文駟連轟繡軒交貫危冠自喜前縈後絆言訖揖去一如不見我齒未衰誰知已知岐公主師見必迎喜語必移時論兵計食屈指無遺功名富貴不能釣之諸侯六辟南服一麾笑而不答亦無是非三百畝田百實滋繁三十六年食具衣完今其去矣誰知其端嗚呼賢哉

唐故岐陽公主墓誌銘

憲宗皇帝卽位八年出嫡女冊封岐陽公主下嫁于今工部尚書判度支杜公悰始憲宗時宰相權德輿有壻獨孤郁爲翰林學士帝愛其才因命宰相曰我嫡女旣笄可嫁

德輿得壻獨孤郁我豈不得耶可求其比後丞相吉甫進言曰前所奉詔臣謹搜其人因名我烈祖司徒岐公曰有孫兒悰年始弱冠有德行文學秀朗嚴整臣嘗爲司徒吏熟其家事官族世婚習尚守治臣一皆忖度疑悰可以奉詔帝卽名尚書見與語大悅授殿中少監服章金紫以元和八年某月日主下嫁于杜氏上御正殿禮畢由西朝堂出節幡鼓鐸儀物畢備引就昌化里賜第上御延喜樓駐止主輪尚書及賓侍酒食金帛奏內樂降嬪御送行賜第堂有四廡繢椽藻櫨丹白其壁派龍首水爲洺主外族因

請願以尚父汾陽王大通里亭洺爲主別館當其時隆貴顯榮莫與爲比主實憲宗皇帝嫡女穆宗皇帝母妹敬宗皇帝今天子親姑尚父汾陽王子儀外曾孫太皇太后始以正妃事憲宗以太后太皇太后養愛三朝凡四十年德厚慈恕化充六宮主以一女之愛降于杜氏速事舅姑杜氏大族其他宜爲婦禮者不翅數十人主卑委怡順奉上撫下終日惕惕屛息拜起一同家人禮度二十餘年人未嘗以絲髮間指爲貴驕始與尚書合謀曰上所賜奴婢卒不肯窮屈奏請納之上嘉歎許可因錫其直悉自市寒賤

可制指者自是閨門落然不聞人聲尚書讀書考今古治亂主職婦事承奉夫族時歲獻饋吉凶賻助必親自經手池塞館陊闌毬場種樹不數十年搢紳間雜然稱尚書有賢婦尚書旋出爲澧州刺史主後尚書行郡縣聞主且至殺牛羊大爲數百人供具主至從不二十人六七婢乘驢闒茸約所至不得肉食驛吏立門外舁飯食以返不數日間聞于京師衆譁說以爲異事尚書在澧州三年主始入後出中間不識刺史廳屛尚書治澧州考治行爲天下第一後爲大司徒京兆尹鳳翔節度使朝廷屈指比數以爲

凡有中外重難非尚書不可主賢益彰雖至宮闈貴號亦加尊敬姑涼國太夫人寢疾比喪及葬主奉養蚤夜不解帶親自嘗藥粥飯不經心手一不以進既而哭泣哀號感動他人尚書後爲忠武軍節度使所治許州創爲節度府五十年南迫於蔡屋室卑痺主居無正堂處東支屋恬然六年許軍彊雄且撐劇寇自始多用武臣治各出己部曲家人疵政弛法習爲循常有司用比邊障遠地擲置不問民亦甘心尚書再治之老民相率兩走闕下遮丞相馬叩頭乞畱請樹生祠及詔追去攀轅攜扶哭於道路尚書治

外主治內尚書所至必稱前前爲名公偉人主實有內助爲穆宗以太皇太后敬主尤爲親信俯首益卑車服侍使愈自貶抑覲謁溫凊外口不言他事訖穆宗朝人不以親貴稱當貞元時德宗行姑息之政王武俊王士眞張孝忠子聯爲國壻憲宗初寵于頔來朝以其子配以長女皆挾恩佩勢聚少俠狗馬爲事日截馳道縱擊平人豪取民物官不敢問戚里相尚不以爲窮弱自主降于尚書壁絕外之初怒中笑後皆敬畏累聖亦指示主德以誠警之至于今以主尚書顯重于中外戚里亦皆自檢斂隨短長爲善

於是舊俗滅不復有尚書自許奉急追詔主有疾小愈強不肯留曰去朝興慶宮縱死於道吾無恨以開成二年十一月某日薨於汝州長橋驛享年若干上廢朝三日其年十二月某日主喪至京師比及葬兩宮弔問相繼於道開成三年某月日上御正殿詔丞相嗣復攝中書令正衙宣冊謚曰莊淑大長公主某年某月日祔葬於萬年縣洪原鄉少陵原尚書先塋禮也生男二人長曰輔九年十歲次曰楊十始二歲女二人某於尚書爲從父弟得以實銘銘曰

章武皇帝唐中興主刑于正妃教及嫡女婉婉帝子下嫁時賢影逐響答隨順纏綿杜氏大族枝蔓蟬聯上有舅姑高堂儼然𦈡綬龜章玉佩金軒養色悅意待後承前人不我貴我敬我虔始終盡禮大小周旋餘二十年誰與間言貴不名驕富不期侈是此四者倏相首尾自古名士或泥於此孰謂帝子超脫擺棄婦職是勤夫言是指池荒館陊屛外不履淑德柔風天下傾耳宜乎壽考歸女婿子不錫全祉孰提神紀幽石有誌顯筆有史流于千祀

唐故銀青光祿大夫檢校禮部尚書御史大夫充浙江西道都團練觀察處置等使上柱國清河郡開國公食邑二千戶贈吏部尚書崔公行狀

公曾祖綜皇任醴泉縣令祖佶皇任太子中允贈右散騎常侍父陲皇任檢校吏部郎中兼御史中丞袁州刺史贈太師公諱鄲字廣略威儀秀偉神氣深厚即之如鑒望之如春旣冠識者知不容於風塵矣貞元十二年中第十六年平判入等授集賢殿校書郎陝虢觀察使崔公琮願公爲賓而不樂之挈辭載帑使者數返公徐爲起之且曰不闕上聞攝職可也受署爲觀察巡官後轉京兆府鄠縣尉

遷監察御史殿中侍御史刑部員外丁邠國太夫人憂杖而能起人有聞焉外除拜吏部員外郎判南曹事千人百族必應進而進公親自挾格肖法必留戾程必黜每懸牓舉牘富室權家汗而仰視不敢出口宿吏逡巡縛手係舌願措一奸不能得之凡二年遷左司郎中吏部郎中加朝散大夫旋拜諫議大夫兼知匭使穆宗皇帝春秋富盛稍以畋遊聲色爲事公晨朝正殿揮同列進而言曰十一聖之功德四海之大萬國之衆之治之亂懸於陛下自山以東百城千里昨日得之今日失之西望戎壘距宗廟十舍

百姓憔悴蓄積無有願陛下稍親政事天下幸甚誠至氣直天子爲之動容斂袖慰而謝之遷給事中敬宗皇帝始即位旁求師臣今相國奇章公上言曰非公不可遂以本官充翰林侍講學士命服金紫旋拜中書舍人仍兼舊職侍帝郊天加銀青光祿大夫高承簡罷鄭滑節度使滑人叩闕乞爲承簡樹德政碑內官進曰翰林故事職由掌誥學士上曰承簡功臣允也治吾咽喉地克有善政罷而請紀入人深矣吾以師臣之辭且寵異焉居數月魏博節度使史憲誠拜章爲故帥田季安樹神道碑內官執請亦如

前辭上曰魏北燕趙南控成皐天下形勝地也吾以師臣之辭且慰安焉居數月陳許節度使王沛拜章乞爲亡父樹神道碑內官執請亦如前辭上曰許昌天下精兵處也俗忠風厚沛能撫之吾視如臂吾以師臣之辭而彰其忠孝焉是三者皆御札命公令刻其辭恩禮親重無與爲比歷歲願出守本官辭懇而禮部缺侍郎上曰公可也遂以命之二年選士七十餘人大抵後浮華先材實轉兵部侍郎今上即位四年公亟請於丞相閤曰願得一方疲人而治之除陝虢觀察使兼御史大夫先是陝之官人人必月尅俸錢五千助輸貢于京師者歲至八十萬公曰官人不能贍私安能卹民吾不能獨治安可自封即以常給廉使雜費下至于鹽酪膏薪之品十去其九可得八十萬歲爲代之官人感悅隨治短長不忍爲欺萬國西走陝實其衝復有江淮梁徐許蔡之戍兵北出朔方上郡回中汧隴間踐更往來不虛一時民之供億吏須必應生活之具至于鉼缶匕匙常碎於四方之手公曰此猶束炬以焚民也於是節宴賞截浮費凡金漆陶木絲枲之用悉爲具之可饗數千人民一不知復有詔旨支稅粟輸大倉者歲數萬斛

始斂民也遠遠近近就積佛寺終輸于河復籍民而載之民之巨牛大車半頓于路前政咸知之計不能出公曰管仲曰粟行五百里民有飢色斯言粟重物也不可推遷民受其弊況今迂直之計有不翅習試五百里乎公乃大索有無親執籌而計之北臨黃河樹倉四十間穴倉爲漕下注于舟因隙賞直不敗時務自此壯者斛幼者斗負挈囊裹委倉而去不知有輸他境之民越逸奔走軿軫爭闕願爲陝民政成化行上國下國吏口讚頌凡二年改岳鄂安黃蘄申等州觀察使囊山帶江三十餘城繚繞數千里洞

庭百越巴蜀荆漢而會注焉五十餘年北有蔡盜於是安鎖三關鄂練萬卒皆傖楚善戰寖有戰風稱爲難治有自來矣公始臨之簡服伍旅修理械用親之以文齊之以武大創廳事以張威容造蒙衝小艦上下千里武士用命盡得羣盜公曰刦于水者以盡殺爲習雖值童耇而無捨焉比附他盜刑不可等於是一死之內必累加之盜相誡曰公之未去勿觸其境然後黜弃奸冒用公法也升陟廉能用公舉也撫護窮約用公惠也豪商大賈不得輕役不得隱田父子兄弟不得同販于闔境之內有餘不足自公而

均復建立儒宫置博士設生徒廩餼必具頑惰必遷敬讓之風人知家習八年秋江水漲溢公曰安得長堤而禦之言訖軍士齊民雲鍤雨杵一揮立就令行恩結有如此者千里之內如視堂廡雖僻左下里歲臘男子必以雞黍賀饋女子能以簪瑱相問遺富樂歡康肩於治古凡五年遷浙江觀察使加禮部尚書公曰三吳者國用半在焉因高爲旱因下爲水者六歲矣輕賦兵役不滅於民上田沃土多歸豪強苟悅所謂公家之惠優於三代豪強之酷甚於亡秦今其是也於是料民等第籍地沃瘠均其征賦一其徭役經費宴賞約事裁節民有宿逋不可減於上供者必代而輸之誠禱山川歲穫大稔復曰衣冠者民之主也自艱難已來軍士得以氣加之商賈得以財侮之不能自奮者多栖於吳土遂立延賓館以待之苟有一善必接盡禮因訪里閭益知民之疾苦隨以治之纔逾朞歲而吳民復振開成元年十月二十日薨於治所多士相弔曰使公相天子貞觀開元之俗可期而見也豈公不幸實生民之不幸也主上痛悼輟朝一日贈吏部尚書公生得靈和自于名立朝爲公卿爲侯伯未嘗須臾間汲汲牽率欲顯名于

合道而仁義忠信明智恭儉蓄積發溢自然相隨不立約結而善人自親不設溝壘而不肖自遠不志於榮達而官位自及公內外閥閱源派清顯拔於甲族而復甲焉親昆仲六人皆至達官公與伯兄季弟五司禮闈再入吏部自國朝已來未之有也上至公相方伯下及再命一命幕府陪吏之屬徧滿內外皆公門生公俯首益恭如孤臣客卿惕惕而多畏也自爲重鎮苞苴金幣之貨不至權門親戚故舊周給衣食畢其婚喪悉出俸錢不以家爲在家怡然未嘗訓勉子弟自化皆爲名人居室卑庳不設步廊賓至

值雨則張蓋躡屐而就于外位初鎮于陝或束梃經月不鞭一人至于驛馬令五歲幸全則爲代之著爲定制曰致一物於必窮之地君子不爲其爲仁愛而臻於此及遷鎮鄂渚嚴峻刑法至于誅罰未嘗貫一等後一刻或問於公曰陝鄂之政不一俱臻於治何也公曰陝之土瘠民勞吾撫之不暇尚恐其驚鄂之土沃民剽雜以夷俗非用威刑莫能致理政貴知變蓋爲此也聞者服焉嗚呼公之德行材器眞哲人君子沒而不朽者也易名定謚爲國常典敢書先烈達于執事附于史氏云爾謹狀

唐故尚書吏部侍郎贈吏部尚書沈公行狀

公曾祖某皇任泉州司戶參軍祖某皇任婺州武義縣主簿贈屯田員外郎父某皇任尚書禮部員外郎贈太子少保公諱某字某明春秋能文攻書未冠知名我烈祖司徒岐公與公先少保友善一見公喜曰沈氏有子吾無恨矣因以馮氏表甥女妻之貞元末舉進士時許公孟容爲給事中權文公爲禮部侍郎時稱權許進士中否二公未嘗不相聞於其間者其年禮部畢事文公詣許曰亦有遺恨曰爲誰曰沈某一人耳許曰誰家子某不之知文公因具言先少保名字許曰若如此我故人子後數日徑詣公且責不相見公謝曰聞於丈人或援致中第是累丈人公舉矣某孤進故不敢自達許曰如公者可使我急賢詣公不可使公因舊造我明年中第文公門生七十人時人比公爲顏子聯中制策科授太子校書鄠縣尉直史館左拾遺左補闕史館修撰翰林學士歷尚書司門員外郎司勳兵部郎中中書舍人命服朱紫時穆宗皇帝親任學士時事機祕多考決在內必取其長循爲宰相公密補宏多同列每欲面陳拜章互來告公必取規議用爲進退歲久當爲

其長者凡再公皆逡巡不就上欲面授之公奏曰學士院長參議大政出爲宰相臣自知必不能爲凡宰相之任非能盡知天下物情苟爲之必致敗撓況今百姓甚困燕趙適亂臣以死不敢當願得治人一方爲陛下長養之因出稱疾特降中使劉泰倫起之公稱益篤故相國李公德裕與公同列友善亦欲公之起辭說甚切公終不出因詔以本官兼史職出歸綸閣久處密近思效用於外懇請於丞相不已由是出爲湖南觀察使兼御史大夫凡二歲轉爲人因事繁惡易滋長官人調授少得防寃疎通蹊徑人情

物理無不曲盡。吏欲爲欺於此，照驗之端必明於彼；民有未伸於彼，開張之路必在於此。亹亹循環，皆極根本。九重刑罰，杖十五至死者，每有一犯，必具獄斷刑之後，徧示幕府吏，雖十人有一人以爲小未可者，必再詳究。經費遊宴，約事裁節。歲有水旱，不可減于常貢者，必爲代之。江西宣州聯歲水災，所貸萬計。公善養情性，自居方伯生殺之任，喜怒好惡，是四者閉覆渾然，雖終歲伺之，不見毫髮。故黠吏欲賊公之所向，高下其事，終不可得。每處一事，未嘗不從容盡理，故所至之處，富庶懽康，理行第一。每去任，人吏

泣送出境不絕。自宣城入爲吏部侍郎，二年考覈搜舉，品第倫比，時稱精能，宰物之望，屬於僉議。公每願用所長，復理於外。及薨於位，知與不知，莫不相弔。上悼惜，輟朝一日，贈吏部尚書。公與先少保俱掌國史，撰憲宗實錄未竟，出鎭河南，詔以隨之，成於理所，時論榮之。公生得靈粹，沛然而仁，自幼及長，未嘗須臾間汲汲孳孳，欲及於道。溫良恭儉，明智忠信，內積外溢，自然相隨。自布衣至於達官，凡所交友，皆當時名公，獎美所長，復救所不及，三十年間，無有攜間者。公常居中，雖有重名，每苦於飢寒，而求廉鎭。時宰許之，皆先要公曰：欲用某爲從事可乎？公必拒之。至有怒者，公曰：誠如此，願息所請。故二鎭幕府，皆取孤進之士，未嘗有吏一人因權勢入。嘗擇邸吏尹倫，戇滯闕事，寮佐皆患之，因請易之。公曰：某出京師，面誡倫曰：止可闕事，不可多事。是倫適能如此，受不虛矣。故二鎭號爲富饒，凡十年間，權勢貴倖之風不及於公耳，苞苴寶玉之賂亦不至於權門。雖有怒者，亦不敢以言議公，公然侵公。其爲守道自得，皆如此類。在家無杖笞呵責，家人自化。兄弟甥姪，雖絕服者，入門飲食衣服，指使其奴婢無二等。親戚故舊周給

所得，皆出俸錢，不以家爲。於京師開化里致第，價錢三百萬，訖二鎭孳孳滿之。及在牀之日，周身之飾，易以任器。京師士人雜然言議，以爲非今日之有，指爲異事。嗚呼！公之德行，可以稱古君子矣。牧分實通家，義推先執，復以孱昧叨在賓席，幼熟懿行，長奉指教，泣涕撰記，以備遺闕，以附于史氏云爾。謹狀。

張保皋鄭年傳

新羅人張保皋、鄭年者，自其國來徐州，爲軍中小將。保皋年三十，鄭年少十歲，兄呼保皋。俱善鬭戰，騎而揮槍，其本

國與徐州無有能敵者年復能沒海履其地五十里不噎角其勇健保皋差不及年保皋以齒年以藝常齟齬不相下後保皋歸新羅謁其王曰遍中國以新羅人爲奴婢願得鎮清海使賊不得掠人西去其王與萬人如其請自大和後海上無鬻新羅人者保皋既貴於其國年錯寞去職飢寒在泗之漣水縣一日言於漣水戍將馮元規曰年欲東歸乞食於張保皋元規曰爾與保皋所挾何如奈何去取死其手年曰飢寒死不如兵死快況死故鄉耶年遂去至謁保皋保皋飲之極歡飲未卒其國使至大臣殺其王

國亂無主保皋遂分兵五千人與年持年泣曰非子不能平禍難年至其國誅反者立王以報王遂徵保皋爲相以年代保皋天寶末安祿山亂朔方節度使安思順以祿山從弟賜死詔郭汾陽代之後旬日復詔李臨淮持節分朔方半兵東出趙魏當思順時汾陽臨淮俱爲牙門都將將萬人不相能雖同盤飲食常睇相視不交一言及汾陽代思順臨淮欲亡去計未決詔至分汾陽兵東討臨淮入請曰一死固甘乞免妻子汾陽趨下持手上堂偶坐曰今國亂主遷非公不能東伐豈懷私忿時耶悉召軍吏出詔書讀之如詔約束及別執手泣涕相勉以忠義訖平劇盜實二公之力知其心不叛知其材可任然後心不疑兵可分平生積忿知其心難也忿必見短知其材益難也此保皋與汾陽之賢等耳年投保皋必曰彼貴我賤我降下之不宜以舊忿殺我保皋果不殺此亦人之常情也臨淮分兵詔至請死於汾陽此亦人之常情也保皋任年事出於己年且寒饑易爲感動汾陽臨淮平生抗立臨淮之命出於天子摧於保皋汾陽爲優此乃聖賢遲疑成敗之際也彼無他也仁義之心與雜情並植雜情勝則仁義滅仁義勝

則雜情銷彼二人仁義之心既勝復資之以明故卒成功世稱周名爲百代人師周公擁孺子而名公疑之以周公之聖名公之賢少事文王老佐武王能平天下周公之心名公且不知之苟有仁義之心不資以明雖名公尚爾況其下哉語曰國有一人其國不亡夫亡國非無人也丁其亡時賢人不用苟能用之一人足矣

竇烈女傳

烈女姓竇氏小字桂娘父良建中初爲汴州戶曹掾桂娘美顏色讀書甚有文李希烈破汴州使甲士至良門取桂

娘以去將出門顧其父曰愼無戚必能滅賊使大人取富貴於天子桂娘旣以才色在希烈側復能巧曲取信凡希烈之密雖妻子不知者悉皆得聞希烈歸蔡州桂娘謂希烈曰忠而勇一軍莫如陳先奇其妻竇氏先奇寵且信之願得相往來以姊妹敘齒因徐說之使堅先奇之心希烈然之桂娘因以姊事先奇妻嘗間曰爲賊兇殘不道遲晚必敗姊宜早圖遺種之地先奇妻然之興元元年四月希烈暴死其子不發喪欲盡誅老將校以卑少者代之計未決有獻含桃者桂娘白希烈子請分遺先奇妻且以示無

事於外因爲蠟帛書曰前日已死殯在後堂欲誅大臣須自爲計以朱染帛丸如含桃先奇發丸見之言於薛育育曰兩日希烈稱疾但怪樂曲雜發晝夜不絕此乃有謀未定示暇于外事不疑矣明日先奇薛育各以所部兵譟於牙門請見希烈希烈子迫出拜曰願去僞號一如李納先奇曰爾父悖逆天子有命因斬希烈及妻子函七首以獻暴其尸於市後兩月吳少誠殺先奇知桂娘謀因亦殺之請試論之希烈婦桂娘者但劫之耳希烈僭而桂娘妣復寵信之於女子心始終希烈可也此誠知所去所就逆順輕重之理明也能得希烈權也姊先奇妻智也終能滅賊不顧其私烈也六尺男子有祿位者當希烈叛與之上下者衆矣豈才力不足耶蓋義理苟至雖一女子可以有成

大和元年予客遊涔陽路出荊州松滋縣攝令王淇爲某言桂娘事淇年十一歲能念五經舉童子及第時年七十五尚可日記千言當建中亂希烈與李納田悅朱泚朱滔等僭詔書檄爭戰勝敗地名人名悉能記之聽說如一日前言竇良出於王氏實淇之堂姑子也

燕將錄

譚忠者絳人也祖璒天寶末令內黃死燕寇忠豪健喜兵始去燕燕牧劉濟與二千人障白狼口（原注山名契丹路）後將漁陽軍畱范陽元和五年中黃門出禁兵伐趙魏牧田季安令其徒曰師不跨河二十五年矣今一旦越魏伐趙趙誠虜魏亦虜矣計爲之柰何其徒有超佐伍而言曰願借騎五千以除君憂季安大呼曰壯夫哉兵決出格沮者斬忠其時爲燕使魏知其謀乃入謂季安曰某之謀是引天下之兵也何者往年王師取蜀取夏莫不失一是相臣之謀今王師越魏伐趙不使者臣宿將而專付中臣不輸天下

之甲而多出禁甲君知誰爲之謀此乃天子自爲之謀欲將誇服於臣下也今若師未叩趙而先碎於魏是上之謀反不如下且能不恥於天下乎既恥且怒於是任智畫策仗猛將練精兵畢力再舉涉河鑒前之敗必不越魏而伐趙校罪輕重必不先趙而後魏是上不上下不下當魏而來也季安曰然則若之何忠曰王師入魏君厚犒之於是悉甲壓境號曰伐趙則可陰遺趙人書曰魏若伐趙則河北義士謂魏賣友魏若與趙則河南忠臣謂魏反君賣友反君之名魏不忍受執事若能陰解陴障遺魏一城魏得

持之奏捷天子以爲符信此乃使魏北得以奉趙西得以爲臣於趙爲角尖之耗於魏獲不世之利執事豈能無意於趙乎趙人脫不拒君是魏霸基安矣季安曰善先生之來是天眷魏也遂用忠之謀與趙陰計得其堂陽原注縣名屬冀州忠歸燕謀欲激燕伐趙會劉濟合諸將曰天子知我怨趙今命我伐之趙亦必大備我伐與不伐孰利忠疾對曰天子終不使我伐趙趙亦不備燕劉濟怒曰爾何不直言濟以趙叛命忠繫獄因使人視趙果不備燕後一日詔果來曰燕南有趙北有胡胡猛趙孱不可捨胡而事趙也燕

其爲予謹護北疆勿使予復挂胡憂而得專心於趙此亦燕之功也劉濟乃解獄名忠曰信知子斷矣何以知之忠曰潞牧盧從史外親燕內實忌之外絕趙內實與之此爲趙畫曰燕以趙爲障雖怨趙必不殘趙必不爲備一且示趙不敢抗燕二且使燕獲疑天子趙人既不備燕潞人則走告于天子曰燕厚怨趙今趙見伐而不備燕是燕反與趙也此所以知天子終不使君伐趙趙亦必不備燕劉濟曰今則奈何忠曰燕孕怨天下無不知今天子伐趙君坐全燕之甲一人未濟易水此正使潞人將燕賣恩於趙敗

忠于上兩皆售也是燕貯忠義之心卒染私趙之口不見德於趙人惡聲徒嘈嘈於天下耳唯君熟思之劉濟曰吾知之矣乃下令軍中曰五日畢出後者醢以徇濟乃自將七萬人南伐趙屠饒陽束鹿原注二縣屬深州殺萬人暴卒于師濟子總襲職忠復用事元和十四年春趙人獻城十二原注德州管平原安陵長河棣州管猒次滴河陽信樀平昌將陵蒲臺渤海冬誅齊三分其地忠因說總曰凡天地數窮合必離離必合河北與天下相離六十年矣此亦數之窮也必與天下復合且建中時朱泚搏天子狩畿甸李希烈僭于梁王武俊稱趙朱滔稱冀田

悅稱魏李納稱齊郡國往往弄兵者低目而視當此之時可爲危矣然天下卒於無事自元和已來劉闢守蜀棧道劍閣自以爲子孫世世之地然甲卒三萬數月見羈李錡橫大江撫石頭全吳之兵不得一戰反束縛帳下田季安守魏盧從史守潞皆天下之精甲駕趙爲騎鼎立相視可爲強矣然從史繞塹五十里萬戟自護身如大醉忽在檻車季安死墳杵未收家爲逐客蔡人被重葉之甲圓三石之弦持九尺之刃突前跳後卒如搏鶵一可支百者累數萬人四歲不北二三可爲堅矣然夜半大雪忽失其城齊

人經地數千里倚渤海墻泰山塹大河精甲數億鈐其阨可爲安矣然兵折於潭趙（原注地名鄆西六十里）首竿於都市此皆君之自見亦非人力所能及蓋上帝神兵下來誅之耳今天子巨謀纖計必平章於大臣鋪樂張獵未嘗戴星徘徊顛玩之臣顏淟不展縮衣節口以賞戰士此志豈須臾忘於天下哉今國兵駸駸北來趙人已獻城十二助魏破齊唯燕未得一日之勞爲子孫壽後世豈能帖帖無事乎吾深爲君憂之總泣且拜曰自數月已來未聞先生之言今者幸枉大教吾心定矣明年春劉總出燕卒于趙忠護總喪未數日亦卒年六十四官至御史大夫忠弟憲前范陽安次令持兄喪歸葬于絳常往來長安開元年孟夏某遇於馮翊屬縣北徵中因吐其兄之狀某因直書其事至於褒貶之間俟學春秋者焉

黃州准赦祭百神文

會昌二年歲次壬戌夏四月乙丑朔二十三日丁亥皇帝御宣政殿百辟卿士稽首再拜敢上仁聖文武至神大孝尊號於皇帝受冊禮畢御丹鳳樓因大赦天下咸告天下刺史宜祭境內神祇有益於人者可抽常所上賦以備供

具牧爲刺史實守黃州夏六月甲子朔十八日辛巳伏准赦書得祭諸神因爲文稱讚皇帝功德用饗神云皇帝嗣帝天飭天付前壬申年坐統大業慈仁寬恩聖明文武或曰誅殛曰我父母譬彼嬰兒豈不可恕或曰畋遊苑大林深嗜嗲跳突千毛萬羽豹裂鵰擒其樂無伍皇帝曰不匪我不知言豈假汝未撫四夷未考百度天地宗廟未陳簠簋如寐未寤如痒未愈斥退狗馬未可以御或曰酒飲順氣完神莫習樂工自祖自父瑤簪繡裾千萬侍女酣以觥觥助之歌舞富貴四海不樂何哉皇帝曰不如聞四海蝗

蔽田畝或曰亢旱或曰淫雨稚老孤寡未盡得所聞一有是首不能舉乃拔俊良乃登耆老夕思朝議依規約矩詳刑定法深刻不取標揭典制酌之中古遠師太宗近法憲宗怵慄思惟不治是懼四國既平六職攸序黍稷稻粱嘔啞俯僂父子供養嬰兒撫乳萬里齊俗實皇帝力緊眠而食罔知其故皇帝乃曰予見郊廟嚴法物旆旐旗五帝坐壇百神立坫嵬嶷肸蠁捧爵是醮海外天內戎狄蠻夷奇服異貌伏于除外懽喜叫噪迴御丹鳳大赦四海改元會昌滅論有罪紹功嗣德搜剔幽昧寒暑合節風輕雨碎穀

溢陳菌蓄繁腯大東南西北限岸量紀無有頓憚不識災害三事大夫邦伯諸侯曰皇帝德古不能侔謳歌謠詠安能可稱百工庶人亦有聚謀拜章口呼願上大號神聽天聞欲揚宏休皇帝曰無功不可虛受懇請不已出涕叩頭皇帝不能止曰予慚羞日因大赦惟新九州不窮不詐不飢不偷有窮有饑實吏之尤予實天吏許之省修約束敎誡纖悉丁寧品類細偉各當源流皇帝曰俞股肱耳目誠示竭力寒暑風雨宜神是酬匪神之力其誰能謀凡爾守土各報爾望劉烹羹胾無愛羊牛天下聞命奔走承事牧

實遭遇亦忝刺史齋齋惕慄淵谷臨墜視牲啟毛濯爵置冪不委下吏餚羞具潔罔有不備衣冠待曉坐以假寐步及神宇蹐足屏氣神實在前敬恭跪起詩不云乎皇天上帝伊誰云憎天憎罪人天可指視止殃其身豈可傍熾刺史有罪可病可死其身未塞可及妻子無作水旱以及閭里皇帝仁聖神祇聰明唱和符同相爲表裏黃治雖遠黃俗雖鄙皇帝視之遠近一致洋洋在上實提人紀無負皇帝自作羞愧月惟孟夏日惟辛巳實神降祉神如有言我答皇帝寒暑風雨其期必致瘥癘水旱永永止弭爾爲官

人勉其爾治某敬再拜汗流霑地

祭城隍神祈雨文

下土之人天實有之五穀豐實寒暑合節天實生之也苗房甲而水湮之苗秀好而旱莠之饑即必死天實殺之也天實有人生之孰敢言天之仁殺之孰敢言天之不仁刺史吏也三歲一交如彼管庫敢有其寶玉如彼傳舍敢治其居室東海孝婦吏冤殺之天實冤之殺吏可也東海之人於婦何辜而三年旱之刺史性愚治或不至厲其身可也絕其命可也吉福殃惡止當其身胡爲降旱毒彼百姓

謹書誠懇本之於天神能格天爲我申聞

第二文

牧爲刺史凡十六月未嘗爲吏不知吏道黃境隣蔡治出武夫僅五十年令行一切後有文吏未盡削除伏臘節序牲醪雜須吏僅百輩公取於民里胥因緣侵竊十倍簡料民費半於公租刺史知之悉皆除去鄉正村長強爲之名豪者尸之得縱強取三萬戶中多五百人刺史知之亦悉除去蠶絲之租兩耗其二銖稅穀之賦斗耗其一升刺史知之亦悉除去吏頑者笞而出之吏良者勉而進之民物

吏錢交手於市小大之獄面盡其詞棄於市者必守定令人戶非多風俗不雜刺史年少事得躬親苴抉其根矣苗去其莠矣不侵不蠹生活自如公庭晝日不聞人聲刺史雖愚亦曰無過縱使有過力短不及恕亦可也殺亦可也穉老孤窮指苗燃鼎將穗秀矣忍令萎死以絕民命古先聖哲一皆稱天舉動行止如天在旁以爲天道仁卽福之惡卽殺之孤窮卽憐之無過卽遂之今旱已久恐無秋成謹具刺史之所爲下人之將絕再告於神神其如何

祭木瓜山神文

維會昌六年歲次丙寅某月某日某官敬告于木瓜山之神惟神聰明格天能降雲雨郡有災旱必能救之前後刺史祈無不應去歲七月苗將萎死禱神之際甘雨隨至穡然凶歲化爲豐年仰神之靈感神之德願新祠宇以崇祭祀今易卑庳變爲華敞正位南面廟貌嚴整風雷雲雨師伯必備侍衛旗戟羅列森然惟神繫雲在襟貯雨在缶視人如子渴卽與之不容凶邪不降疾疫千萬年間使池之人敬仰不怠伏惟尙饗

祭故處州李使君文

維會昌五年歲次乙丑某月日池州刺史杜牧謹遣軍事押衙王鏶謹以清酌庶饈之奠敬致祭于亡友李君起居之靈憶昔相遇兩未生鬚京師衆中跡猶甚疎一言道合盡寫有無我於宣城忝跡賓吏君隨幕府東下繼至復與友人故薛子威邂逅適願如相爲期放論劇談各持是非攻強討深張矛彀機怒或赩赫終成笑嬉於後七年君拜左史來蜀西川我官補闕云愧我先拜章請代蓋私我焉我有家事乞假南來循行里第君出離杯令弟在席恣爲詼諧耳熱膽張觥聯相豗我歸墜馬一支幾摧君來我坐

側倚旁偎。持簡酸吟。戲口猶開。云君我殺。以酒相加。忌我之才。及我南去。君刺池陽。我守黃岡。葭葦之場。惟君書信。前後相望。辭意纖悉。勉我自強。律我性情。補短裁長。一函每發。沈憂并忘。幸會交代。公檝若飛。江山九月。涼風滿衣。爲別幾時。多少懽悲。志業益廣。不可窺知。長人之術。首爲吏師。縱酒十日。舞袖傲垂。語公之餘。且及其私。許以季女。配我長兒。莫云稚齒。可以指期。各負少壯。輕後會時。寓居宣城。書札日馳。一疾不起。訃來猶疑。嗚呼哀哉。惟先僕射。儉德冠古。凡二十年。四領茅土。所至所治。曰人父母。官俸

餘半。委庫不取。京師里第。蓬蒿數畝。慶餘生君。曰天酧補。何聰明才智兮。不使施爲。何付與之多兮。折之何暴。天陽地陰。高厚相侔。上有河漢。鈲天橫流。百刻晝夜。平分不饒。皎不陰晦。一月幾朝。二男三女。俗率如此。三男二女。無有其地。君子小人。鼻目並列。與小人校。會無百一。於百一中。以秀奪實。凡稟陰陽。生於其間。陽常不勝。賢者宜艱。自古皆然。欲復何言。撫孤一弔。拍棺一哭。咫尺不遂。涕下相續。期於沒齒。盡力嗣子。嗚呼哀哉。伏惟尚饗。

祭周相公文

維大和五年歲次辛未七月辛未朔八日戊寅。故吏朝議郎知湖州諸軍事守湖州刺史杜牧。謹遣軍事押衙司馬素。謹以清酌庶羞之奠。敬祭于故相國僕射贈司徒周公之靈。伏惟相公之道。徧於天下。至如牧者。受恩叢深。爰自稚齒。即蒙顧許。及在宦途。援挈益至。會昌之政。柄者爲誰。忿忍陰汙。多逐良善。牧實忝幸。亦在遣中。黃岡大澤。葭葦之場。繼來池陽。棲在孤島。僻左五歲。遭逢聖明。收拾冤沈。誅破罪惡。牧於此際。更遷桐廬。東下京江。南走千里。曲屈越嶂。如入洞穴。驚濤觸舟。幾至傾沒。萬山環合。才千餘家。

夜有哭鳥。晝有毒霧。病無與醫。飢不兼食。抑暗偪塞。行少臥多。逐者紛紛。歸軫相接。唯牧遠棄。其道益艱。相公憐憫。極力掀拔。爰及作相。首取西歸。授之名曹。帖以重職。號國太子。絳市諜人。死而復生。未足爲喻。旌旆西去。拜於都門。賢士大夫。無不嗟惜。皆曰相公事君盡忠。保道輕位。大張公室。盡閉私門。彼由徑者。跛倚不進。天下賢彥。明知所趣。重德壯年。眾期再入。牧守吳興。繼奉手示。但云休退。不言疾恙。訃問忽至。慟哭問天。嗚呼。蒼生未濟。而喪我相。爲蒼生慟。豈獨私恩。想像音容。思惟恩紀。期於令嗣。可以効死。

吳洛相遠。踰於二千。無因拜柩。見歸九泉。哭送使者。致誠奠筵。伏惟尚饗。

祭龔秀才文

維大中五年歲次辛未五月朔二日。湖州刺史杜牧謹遣軍事十將徐良。敬致祭于故龔秀才之靈。死者生之極。折脛而夭。復死之極。言於前定。莫得而推。出於偶然。魂其寃哉。鄉里何在。骨肉何人。卞山之南。可以栖魂。嗚呼哀哉。伏惟尚饗。

欽定全唐文卷七百五十七

崔黯

黯字直卿。大和二年進士。開成初爲青州從事。入爲監察御史。遷員外郎。會昌中以諫議大夫出爲江西觀察使。

乞勅降東林寺處分住持牒

江西觀察使崔黯奏。東林寺山秀地靈。實爲勝境。而寺中莊田錢物。各自主持。率多欺隱。物力稍充者。常無凍餒。貧用不足者。盡抱飢寒。本立常住。全爲衆僧。只合同奉伽藍。寧容別開戶牖。供膳但資於私家。施利不及於大衆。今與

各立條令。刻石題記。伏慮歲月稍深。依前紊亂。山深地僻。人少公心。住持乞降勅處分。奉勅依。

復東林寺碑

佛之心以空化執。智化也。以福利化欲。仁化也。以緣業化妄。術化也。以地獄化愚。劫化也。故中下之人。聞其說。利而畏之。所謂救溺以手。救火以水。其於生人。恩亦宏矣。然用其法。不用其心。以至於甚。則失其道。蠹於物。失其道者。迷其徒。蠹於物者。覆其宗。皆非佛之以手以水之意也。爲國者取其有益於人。去其蠹物之病。則通矣。唐有天下。一十

四帝見其非理而汰之而持事之臣不以歸元返本以結人心其道甚乖幾爲一致今天子取其益生人稍復其教通而流之以濟中下於是江州奉例詔余時爲刺史前訪兹地松門千樹嵐光熏天蜩嘒湍鳴松籟泠然可別愛而不剪利以時往至是卽善而復之民物之困不可橫賦得舊僧正言問能復東林乎曰能卽斷其髮佳而勉之又命言擇其徒得二十九以隸其下皆心生力完臂股相用言則隨才賦事分命告復所至響應下虔江之木鳩食訪工陶土治鐵匠成於心授規於手日而不笠雨而不屐饗飪

煮湯優犒執藝若殿若廡若門之三若閣之左右爲擔若講若食若客之館若庫若樓若廚激飛泉而注於鬱銙之間若梁蜺於武若亭臨於白蓮若僧之房若聖之室若突據勝若卻居幽奇可不尋雅不出位則爲間三百一十三爲架一千八百七十六爲楹爲梁爲棟爲桷爲牖爲闔爲屋之事數爲級塼爲蓋瓦凡役工合六十五萬三百二十八緡緼端明嚴若有主大中六年二月十四日言命以圖及其備錄訪余爲刻石之文且曰自遠公至今若干歲而傳法之地滅矣賴君復之君宜主書其事余則曰復之者上也主其事而書之於言公不辭余嘗觀晉史見惠遠之事及得其書其辨若注其言若鋒足以見其當時取今之所謂遠師者也吾聞嶺南之山峻而不秀嶺北之山秀而不峻而廬山爲山峻與秀兩有之五老窺湖懸泉墜天秔香藥靈鳥閑獸善烟嵐之中悅有絳節白鶴使人覩之而不能回眸也且金陵六代代促時薄臣以功危主以疑慘潯陽爲四方之中有江山之美惠遠豈非得計於此而視於時風耶然騖者搏羶襲者抅素前入不暇自歎者多則遠師固爲賢矣是山也以遠師更清遠師也以是山更名

暢佛之法如以曹溪以天台爲號者不可一二故寺以山山以遠三相挾而爲天下具美矣今言師愍佛之法推遠之心修廢之勤任其事不宰其功讓功於義明義明曰余何能言之績也讓功於建省建省曰某何能言之力也讓功於境賜以緡物元諫以眾材清特以播植景仁以化施皆曰某何能言之方也非言不顯義非義不顯言推與讓至於是而不宏大敏固始終一致者未之有也移之於邦國之理何故不成哉銘曰

萬竅怒號羣波猛起刑戮不加仁義莫止有得佛心則滅

諸熾慧以性生性以悟理山增惠臺鑑闢妄執根深則定葉茂則死可用理人不獨養已峩峩匡峰矯矯惠子梁以崇山津以江水不騫不竭吾道曷已上復其道吾以塞詔惟師正言勤以克肖四五年來休功再紹推能與類類以言妙不曰良能就臻此要山川不改舊物復新誠汝其徒誕將又淪

雍陶

陶字國鈞成都人大和中進士自國子博士出爲簡州刺史

一

學然後知不足賦 以君子強志然後成立爲韻

士有倦乎耕耘求其典墳每下學以爲已期千祿而事君雖歷三冬詞軋軋而未能足用雖觀百代意歎歎而常如闕聞復得散帙如初攻堅茲始謂尺璧兮易得歎分陰之難止隱居就道欲名垂於千萬年嗜學從師將繼志於二三子當其敦詩說禮存誠自强恃少壯而能勉勵懼老大而有悲傷儆覆簣之遺事慕絕編以同芳親賓兮莫往莫來晝夜兮無怠無荒始勵已而功疑誠爲矻矻乃收心而貴復學茫茫豈九流之深豈六義之秘抑由情學者請益而尚少雖勤而未至又安得食而求飽困而欲寐志匡氏之心無蘇君之志由是其意彌堅其業彌專開卷且爾服膺拳然不出戶期知萬里不下帷寧止三年欲罷不能所求廣矣大矣以思無益故得藏焉修焉始也儻易足於謏聞無求備乎講究顧羣籍而是棄雖勤師而莫誘若然者足見微功併棄於前洪名疾沒於後所以大器不愧晚成時習以資其學殖日就而冀其經明靜而專敝疑而立既勤勤而曾不息又孜孜兮如不及大矣哉學者之心信地芥而必拾

千金裘賦

良冶之子兮不墜舊規製珍裘兮巧意無遺非一狐之成此直千金而在茲盍以表盛服之麗者舉高價而美之倘以負錙如當市骨之日如將貰酒偏宜買笑之時如疑其選擇亦求粹白資衆毛取羣腋極貍製之狀殊豹飾之跡俾裼襲之有加欲曳婁而無斁紉針既就振領提裳一作生光乍掩孔雀全欺鷫鸘有斯而死不於市衣此而坐不垂堂何必獻武帝之時人來西域受平公之處鳥下東方宜乎在笥見珍滿籯非貴將示美以爰御豈救寒而乃衣時彰

節用乃三十年而尚存俗竟疑奢妍乃十萬軍之所費觀其皓練漸潔輕埃莫沾巾幣之酬猶少外飾之態俄添日影遥臨豈見犬羊之易雪花傍射自宜狐貉之兼爾乃取其諷諭其衆亦猶多士補於兖職羣材構於時楝豈比夫告敝於黑貂誇煥於青鳳然則乖惡衣之義生侈服之心既傷三德之數徒稱千鎰之金所以披鶴氅於王公獨標耿潔焚雉頭於晉帝用戒奢淫況乎衣褐可以備卒歲挾纊足以禦寒夜何勞寶劍伴貲豈要驪珠同價委此裘茸之資被乎勤儉之化使狗盜之人盡息其偷詐

殷侑

侑陳州人貞元末五經及第元和中爲桂管觀察使寶歷時拜義昌軍節度使徙天平加右僕射進刑部尚書開成中領忠武軍節度卒年七十二贈司空

請禁度支鹽鐵等官收繫罪人奏

度支鹽鐵轉運户部等使下職事及監察場柵官悉得以公私罪人于州縣獄寄禁或自致房收繫州縣官吏不得聞知動經歲時數盈千百自今請令州縣糾舉據所禁人事狀申本道觀察使具單名及所犯聞奏

請試史學奏

歷代史書皆記當時善惡繫以褒貶垂諭勸戒其司馬遷史記班固范蔚宗兩漢書旨義詳明懲惡勸善亞於六經堪爲代教伏惟國朝故事國子學有文史直者宏文館宏文生並試以史記兩漢書三國志又有一史科近日已來史學都廢至於有身處班列朝廷舊章昧而莫知者況乎前代之載焉能知之伏請量前件史科每史問大義一百條策三道義通七策通二以上爲及第能通一史者白身請同五經一傳例處分其有出身及前資官應者請同學

究一經例處分其有出身及前資官稍優與處分其三史皆通者請錄奏聞特加獎擢仍請班下兩都國子監任生徒習

請試三傳奏

謹按春秋二百四十二年行事王道之正人倫之紀備矣故先師仲尼稱志在春秋歷代立學莫不崇尚其教伏以左傳卷軸文字比禮記多較一倍公羊穀梁比尚書周易多較五倍是以國朝舊制明經若大經中經能習一傳卽放冬集然明經爲學者猶十不一二今明經一例冬集人

之常情趨少就易三傳無復學者伏恐周公之微旨仲尼之新意史官之舊章將墜於地伏請置三傳科以勸學者左傳問大義五十條公羊穀梁各問大義三十條策三道義通七以上策通二以上與及第其白身應者請同五經例處分其先有出身及前資官應者請准學究一經例别處分

論崔元武贓罪奏疏

官法不及法律三犯不同即坐其所重元武所犯枉法取受准律枉法十五匹以上絞律疏云即以贓致罪頻犯者

並累科據元武所犯合當入處絞刑

何籌

籌號栖夷子潛江人

唐雲居寺故寺主律大德神道碑銘并序

昔者金人教演西方化流東土神功莫測妙用難窮日月不能擬其明聖賢無以究其奧歷河沙之世界論億刧之修行既立三乘又開不二執之則纖毫有别契之則絲髮無差共證菩提俱登解脱巍巍蕩蕩無得而稱末代宗徒隨性而入大德諱真性俗姓闕氏涿郡范陽人也爰祖及父晦跡夷名嘉遁林泉勤業皐壠大德逸步孤立介然而貞性自天鍾議非師得觀色身之假立潛趣真宗知至道之可求精修梵行既端清而秉志乃受具以依年薰然律風輝振前古萬行由兹浸起六事於是齊修堅剛迴持清淨靡雜狂風雖振寧摇赤箭之莖欲浪徒飜不著青蓮之色割煩惱之繫利蘊剸鐘斷貪愛之緣鉒含切玉而乃聽讀忘倦慈忍兼習操持勇猛佩服精進非唯二百五十淨戒洞達元關抑以八萬四千法門游泳真際則知鴻鵠飛翔必造雲霄之上龍象跌躍寧留沼沚之間繇是四遠嚮

從一方瞻敬高行苦節時爲美談頃者合寺耆年至於初學同誠壹志請闕字一寺綱大德固執撝謙抑而不許乃曰雲山異境禪律雜居若非通明何以悦衆大德曰顧無撻連統衆之術且乏耒田乞地之功凡練紀綱必資德業非安於已不利于人寺衆愈堅其辭志不可奪乃唱言曰佛刹戒嚴固難條貫考詳視履非上德而誰師之不從吾將安附三請而後許之四衆欣然合寺相賀大德至性平等慧用圓明規繩既陳高卑自序奉精勤以敬策隋慢以嚴共樂推誠咸稱悦服遂使施財者松門繼踵齎供者溪路

相望佛宇益崇常住滋贍是知道行高而歸依雲赴福德具而感應響從又以巾錫之餘牀榻之外曾於本院別起道場請高行數人轉藏經七徧大德宿植精進專至饒益孺寒飫餒每損節其衣盂拯溺持顛寧顧蹈其水火殊蹤異行難可思量寒暑屢移始終一貫元和中廉察使相國彭城劉公慕其高節亟請臨壇手字疊飛使車交織大德以情田不產鑒用忘機久處山林已遂平生之志邴能師證更登名利之場徒觀馬勝之威儀誰識羅侯之密行懇寫牢讓持堅不迴暨大和有九祀方伯司徒史公之領戎

也常目重山聆風仰德乃曰昔三藏傳經於天竺六祖宏化於曹溪方知涿鹿名區時有異人間出佛法漸遠吾宗繼明益傾南望之誠兼陳北巷之敬奇香異藥上服名衣使命往來難可稱計以其年季秋下旬有三日示疾歸寂於本寺東院俗年八十四法歲六十五猿鳥悲鳴松筠改色淒涼士庶喟悼元戎於戲火宅方然羊車脫轄師之已矣人何歸依大德學行該通威德端肅所依上足皆是名人難具升堂耶書入室曰仲說恒智鑒直惠貞志千文展寶定等七人焉惟增也早歲辭鄉游京就學曾於薦福寺講大花嚴經聲振洪都藝交清級衆稱開士時謂入流細行密用難具詳紀直與千業擅小乘學游多地盡得南山之要皆揚東埨之能彼四人者精通秘奧博遠多聞虎步蓮宮鸞翔梵苑感師之教報師之恩焚宮於碧岫之陽起埨於清流之左雖朝昏展敬未盡所誠更議刋乎貞珉紀其盛德良工方購朴而未形俄屬先朝大興沙汰寺皆毀廢僧遁林巖洎佛日重明屢更星歲七人之內唯寶定存焉其誠則闕其力不匱有說公門人前寺主僧宏信郎釋門之孫也戒律清肅義心堅勇悲本師之早歿宿志未陳

與定公之相扶再議崇立訪余以至感而直書萬巡禮往來披文知行銘曰

圓覺真乘多不能造吾師正性盡入其奧操持淨行契叶流教意馬忘奔心猿不躁戒月圓滿律風清涼白璧無點明珠有光利根精進密行包藏披暗燈炬濟難舟航宰寺開經施財供食但益勤勵曾無退息時遵其義衆悅其德不可思議多所饒益法性無滅色身有移悲纏上足追慕先師既崇靈埨又立豐碑遺風餘烈千古長垂

鄧衮

衮。大和初進士。

望雪樓記

上纘位年。京兆公繇亞荆牧彭。搜鰥治蠹化者耘而革之。不易節而政成。既而府署亭臺之敝壞者咸理新之。明年秋作望雪樓訖功。俾進士鄧衮銘之。圜蜀之鄙。截如巨砥。厥郡維彭。北西天屏危碧峭青。戞霄磨宾。鯨跳虬奔。限蠻隔番。上排雪峯。延疊萬里。鶴鶩瑶駢。月積綃鮮。振古不泐。四節一色。皎皎披飄。寒錮陰膠。光涵二水。冷射千里。往哲所嘉名之玉壘。公來未期。畢完瘵凋。乃於崇墉作爲麗譙。

長材羨工。不伐不徭。趾故規新。不僭不驕。經之浹辰。翬飛迢迢。三伏赫曦。九野如燒。斯焉一登。神滌煩銷。他日徵黃羊碑邵棠。下客貢銘。永播德芳。先是王僕射潛蕭桂州祐繼守斯郡。二公陶奇掇幽。不乏心匠。於西湖臺島花竹列植布置罔不究妙。維雪山彭之殊觀。獨莫經意。豈非天待我公作賞跡乎。昔西漢進儒術。臣多貞方。魏晉扇虛元。吏采風流。孰若公精六籍。練衆務。藴張趙之幹敏。兼王謝之清雅。辨辭盈庭。奮毫電飛。具牘百幅。歷眸冰釋。前可以折穆之之角。近可以挫戴胄之銳。則不止有逸暇覽眺。矗雄節大旆。師長列侯。方鈞平衡。肅和神人。迫期矣。衮不佞。鑑公奇績。覬識士和望雪不取於澄心瑩目。將以思潔白。登樓不取於櫛清冰曠。在據上睨下。察人之利病。亦數政之嘉術也。大和元年九月記

李朋

朋。大中六年官刑部員外郎。

平贓定估議

贓謂罪人所取之贓。皆平其價直。准犯處當時土絹之價。依令每月旬別立三等估。其贓平所犯旬估定罪。所取犯

月旬土絹之價。假有蒲州盜鹽。嶲州事發。鹽已費使。依令懸平。即取蒲州中估之鹽。准蒲州土絹之價。於嶲州決斷之。縱有賣價貴賤。所估不同。亦依估爲定。

丁居晦

居晦。大和中官起居舍人。集賢院直學士。擢拾遺。改司勛員外郎。開成中轉司封郎中。知制誥。遷中書舍人。拜御史中丞。遷戶部侍郎。卒。贈吏部侍郎。

重修承旨學士壁記

尚書元稹承旨學士廳壁記。舊題在東廡之右。歲月滋久。

日爍雨潤。牆屋鏬缺。文字昧沒。不稱深嚴之地。院使郭公王公皆以茂器精識。參掌院事。顧是言曰。吾儕釐務。罄盡心力。細大之事。人謂無遺。而茲獨未暇。使眾賢名氏。翳不光耀。失今不治。後誰治之。遂召工賦程。不日而成。峭麗齊平。粉繪耀目。玉粹雲輕。隨顧而生。貫列豪英。使千萬齡無缺無傾。工役告休。命予紀完緝之美。舊記所載。今皆不書。

開成表號之二年五月十四日記。

裴處權

處權文宗朝官戶部員外郎。大中時遷司封郎中。出為河東少尹。

禱何侯廟記

明皇帝懷柔百神。以功濟四瀆。蒲股肱郡實祠宗。縣是刻舊圖新廟貌甚設。國有祀典。蒲侯職之。然天下郡縣瀕於我者多曲架檯楹。廟神乞靈。滑臨洪波。神有寧宇。且曰瀆古侯也。故神以侯稱。六年夏不雨。尚書博陵崔公懼茲農事。凡明神靈跡有可以膏稼穡者。必命犧牲簫鼓以動之。卒無應。一旦監軍使閻公曰。郡瀕何侯廟具存。姑用申禱宜斡流以蘇大田。五月庚午。公會閻公幄河壖。列旌旆。率府從事。合牙門諸將郡縣吏。羅為侯拜。磬以具樂。醴以清觴。腥爛燔炙。苾芬交錯。版書精意。以聳侯聽。六月辛未雨。乙亥始霽。自乙亥至秋七月壬子。以烈日下爍。南畝復燥。公曰。時雨難再。將柰秋成何。閻公曰。何侯利吾州。前應如答。吾且祈且報。庶終侯功。癸丑。公復會閻公。儀若庚午。丙辰雨。已未乃霽。噫。公禱之虔。神應之速。禱不虔。無以徼侯貺。應不速。無以協農時。既貺既應。多稼織野。寒耕熱耘之子。其有京坻之望乎。昔王尊捨熊軾。卧金隄。卻驚波也。公仗戎鉞。禱於河濱。勤甘雨也。驚波縮。所以完居邑也。甘雨

零。所以遂嘉穀也。則知前賢後賢之推誠濟物。脗若符契。矧乎食民天也。宜拜侯賜。閻公揖曰。齊誠以動神者尚書公之德也。公揖曰。始謀而獲應者。將軍氏之力也。於是相與拜宇下。或曰。昔河流濫汎。將魚滑人。滑人祝侯。駭浪帖息。今日拜侯賜。未若記侯之感通。公乃召從事河東裴處權文其功。客有博陵崔應書於石。會昌六年九月一日記。

魏扶

扶字相之。大和四年進士。宣宗朝官司封員外郎。考功郎中。累遷御史中丞。兵部侍郎。同中書門下平章事。

請委錄事參軍專判錢物斛斗文案奏

下州應管當司諸色錢物斛斗等前件錢物斛斗。散在天下州府。緣當司無巡院覺察。多被官吏專擅破除。歲久之後。卽推在所腹內徒煩勘詰。終無可徵。今後諸州府錢物斛斗文案。委司錄事參軍專判。仍與長史通判。每至交替各具申奏。並無懸欠。至考滿日。遞相交割。請准常平義倉斛斗例與減選。仍每月量支紙筆錢。若盜使官錢及將借貸與人。並請准 闕 元勅以贓論。如徵收欠折。及違限省條並請量加懲殿。如缺司錄。卽請令選諸强幹官員專知。不得令假攝官權判。

對毒藥供醫登高臨宮判

甲聚毒藥以供醫事有死傷者造焉十失四乙

告違法

又景登高臨宮法司斷徒一年半景訢云令所

人生百年。飲食過而生疾。帝臺三襲。趨拜乖而則刑。故良醫之門。固多病者。而望苑之地。胡可窺焉。甲則業謝醫工。景乃行同惡少。雖有求於毒藥。失此疕瘍。乃無狀而登高俯其宮闕。彼非上藥。疾者無瘳。此昧古人。行不由徑。況驗蛇盃之影。輒欲蠲痾。而識龍樓之尊。方能起敬。醫未三代得無恥之。登而四臨。過亦甚矣。徵周禮而已失宜。其息言按呂刑而故違。合從減坐。則使有疕之者不俗 疑 而自除無賴之徒。伏軾而知禮

康僚

僚。文宗朝官考功郎中。

漢武帝重見李夫人賦 以神仙異術變化通靈爲韻

漢武帝諸宮此夫人兮。恩意難同。悲豔質以長逝。恨深情之莫通。夢想徒勞。寧及九泉之下。神仙有術。能生一夕之中。帝乃暫釋幽懷。將觀異變。儼宸儀於玉座。張翠幄於蘭

殿。清風拂户。疑髣髴以徐來。皎月臨軒。尚朦朧而未見。且其駐視潛聽。虔思效靈。燎金鑪之馥馥。爍銀燭之熒熒。寂寞而求。瞥爾而風生綺席。從容以俟。俄然而影在花屏。於時漸出形儀。暗聞珠翠。初半面以呈姿。忽全身而表異。盈盈不笑。如羞久別之容。脈脈無言。莫問平生之事。是則嬋娟可訝。隱映難親。不有如有。非真似真。旣揚翹而掩袂。亦流盼以疑神。翡翠簾前。悵望三千之女。芙蓉帳裏。分明二八之人。况乎麗服逾春。美顏多暇。揚襜如之羅綺。飄藹若

之蘭膏非因不死之藥豈便長生何用返魂之香自從神化及夫弄花態以遺妍望君王兮不前復認吹簫之侶終疑獻果之仙目眄眄以徒極心摇摇而詎傳迷甚化宫周穆之遊固爾地非巫峽楚襄之夢應然已而頓解前思詳窺舊質爰將托方士展神術謂傾城之且驗豈同輦之無日殊不知事本憑虛功難責實夜如何其夜已闌悵飄然而復失

日中烏賦 以輝光映出棲迹中在爲韻

相彼烏矣超然莫同不振羽於域上自呈形於日中儀鳳

肯媲信五色而都混高天已及豈三年之始沖懿此生成貫乎今昔東西必隨於運動昇降寧離於赫奕俯黄人而更助金光映王宇而偏疑鳥跡既乃騰陵霄漢披拂雲霓那楚幕而堪處匪霜臺之足棲分明而不似籠中固非仙鶴髣髴而還如鏡裏豈是山雞曷九雛之莫對乃三足而長在黑羽雖同於不黔白頭詎得而終待始來何地誰見入於重輪爰止何年孰可問於眞宰徒訝其煒煒煌煌形標翼張縱横弄色宛轉和光風起而遥疑飛動烟含而杳若潛藏足令人子閑窺因寄情於反哺日官頻測空懷望於殊祥嘉其靄爾無匹裒然斯出鳴琴安得寫其啼流火焉能變其質復不知見也何期隱也奚歸有咸池兮飲不飲有蟠桃兮依不依誰使梯航景象沐浴光輝炫晃乎清晝優游乎翠微靡顧稻粱志士囿之而莫得無猜彈射夸父驚之而不飛客有指寥廓之儀形訪前時之歌詠且彼素姿神異赤羽輝映下爲陰隲之符葢本陽精之命今仁風已扇孝理方盛烏之靈兮得不降休而瑞聖

裴恭

恭開成元年爲邕管經略使

請賜草馬奏

洞賊雖深居山谷當其刦掠多在平地防禦之道切在馬軍請賜草馬二百匹置監牧以爲備

王玠

玠大和時人

大唐鄜坊丹延等州節度軍前討擊使銀青光祿大夫檢校太子賓客上柱國北平環公故夫人廣平郡程氏墓誌銘 并序

夫人爰自閨幃素聞令淑以秦晉之芝叶琴瑟之和聘于

環公。二八載矣。公門館洞開。賓寮日至。長林之下。蕭灑清風。曲岸之傍。丰茸細草。或臨流而笑語。或對酒以笙歌。飲膳足供。壘罇不燥。茲乃夫人有中饋之德。副君子好士之心。上客翕然。衆口談一。不亦美矣。不亦罕歟。豈圖積善無徵。忽遘斯疾。狂飈震激。綠樹摧芳。於戲。四隣傷慟哭之聲丹旐慘高懸之色。弔賓盈路。孰不歎嗟。實乃夫人之節行也。夫人則大和八年五月廿八日。終於鄜州洛交私第。享年卌有二。女子廿四娘。號泣無時。悲哀詎止。則以其年六月廿四日。權厝于鄜州洛交縣西北八里廟原谷之。闕禮

也。於戲。貞石永存。厥銘不朽。代述其事。慘然筆端。其銘曰所期偕老。何乃忽分。哀哀慟哭。逝者寧聞。其一忠心是思。無休歇時。人來蹔解。客去還悲。其二生前所執。于此威儀。夜臺長閉。冥路何之。其三音容永謝。覿覿無因。鏡匣粧奩。但委埃塵。其四拱樹森森。旌竿孑孑。淚滴草頭。露珠和血。其五

王直方

直方。梁州城固人。大和中官左補闕。

諫厚賞教坊疏

臣伏見近歲已來。災害不作。兵革休息。百穀豐稔。四方寧泰者。非他。是陛下事。異于前時。中外之心。有所驚惜。比者雖有教坊音樂。陛下未嘗賞悅。因有賜宴。與人共之。如此則雖有伶人。不害于事。陛下即位之始。宣徽教坊。悉令停減人數。或聞近來稍不如此。樂工弟子。賜與至廣。每有此事。向外流傳。傷陛下聖德。豈容易也。臣以爲鄭聲娛人。新音動聽。能使人情迷亂。捨棄萬事。而爲樂不足也。臣伏以聖體未安。加以聲色之翫。侵蠹聖祚。得不憂乎。

崔瑤

瑤。清河武城人。太和三年進士。累仕至中書舍人。大和時

拜禮部侍郎。出爲浙西觀察使。終鄂岳觀察使。

授蕭寘充翰林學士制

勅。揮翰金門。諒屬詞華之妙。論思玉署。尤資周慎之才。選署惟精。寔授斯重。朝議郎行尚書兵部員外郎蕭寘。内蘊沉識。外揚清和。羣居不流。雅尚歸厚。文摛錦繡。學富縑緗早命中於射宮。遂從知於壺奥。靜無違心。動有餘裕。用雖繫於通塞。道自保於歲寒。藹然休聲。布在公議。是宜擢居密地。掌我命書。勵夙夜之講求。備朝夕之視聽。副茲寵榮佇有宏益。可守本官充翰林學士。

杜顗

顗字勝之，牧之弟。舉進士，授秘書省正字。李德裕奏爲浙西府賓佐。太和末爲咸陽尉直史館，以喪明卒。

集賢院山池賦

鬱乎羣賢之林，有山其秀，有池而深。幽流澮汸，蒼翠嶔崟。千門下隔，三殿旁臨。引彤庭之佳氣，涵碧樹之清陰。連緜芳草，游泳仙禽。對石渠之鉛粉，會金馬之衣簪。宛雲霞而在目，眇江海而爲心。何扁舟之獨往，何倒影之遠尋。懷我魏闕，浩爾長吟。山池之陰，可以清吾襟。山池之所，可以狎

吾侶。涼風忽起，白雲時舉。步苔岸之周流，藉松溪之積阻。邈矣幽興，颯然清暑。乃登玉巒，撫金渚。圖書載暇，纓弁以序。此焉游處，於茲宴語。發菱花而不能歸，攀桂枝而久延佇。日落池上，雲無處所。爾其秋風既起，秋興爰至。見藤篠之幽娟，弄石泉之明媚。禁林餘雨，增曲霤之華；清御苑晴煙，借遥巖之積翠。是以洗雪煩想，優游雅思。嗟乎山中人兮猶未識，池上鮫兮焉可得。顧蘭芳與菊滋，從此賞兮無極。

對省官員判

有司議户口減耗，請省州縣。百姓訴云：州縣廢則所隸闊遠，罷人益困，請省官員。

列地之圖，辨邦之數。制以廛里，設其井田。居無遊人，地不曠土。頃因羣寇，且有大軍。既爲患於凶年，每屬想於美歲。方今國步將泰，人心盡歸。久悲風土之殊，咸戀枌榆之舊。則百堵皆作，三農聿修。既富之教已興，食貪之惡將息。故郊遂絕不毛之地，郛閈鮮無名之人。商旅厚生，無屑心於倚市；黎甿樂業，必食力於代田。然後地不耕耘，稅以三家之粟；宅無樹藝，罰其一里之泉。何必具以寮案，而欲省其

州縣，與其削邑寧愈減官。是爲政先實，亦教本。咨爾户部，恤我人言。將以攻乎異端，不如坐進此道。

石文素

文素，醴泉縣人。太和中舉明經。

白鹿鄉井谷村佛堂碑銘

天竺一人，師億劫行化，衆生得悟，永離苦海者哉。則有我此邑耆宿長幼士女等，知身覺悟，共發齊心，且好人惡煞，謁弊崇善，所以賢達君子多愛法焉。於是矻矻勤心，孜孜不怠。從元和初遞相謂曰：各減毫分，施捨共修功德，預造橋

梁者矣。日來月往。世事如流。俄爾之間。二十餘年。凡修功德七八餘件。從元和六載辛卯歲。崇立石燈臺一所。又十年乙未歲。剏造講堂一所。又十一年景申歲。飜瓦佛殿。安鵄鶥螭頭。修換覆堦。又十三年戊戌歲。後輩小邑社十四五人。崇立尊勝陁羅尼石幢一所。又十四年己亥歲。造泗州石和尚一鋪。又寶歷元年乙巳歲。造西廊全五間。今又發心起修鐘樓。捨施青凫上至十年五千。下至百十五十。或則社例均率。造諸功德。亦如之。有諸圖畫幡額。不能備書。我徒一輩。能種善因。梵宇修飾。與日月而爭輝。丈六金身。坐多寶墖而自見。金燈焰焰。照於十方。寶幢巍巍。侵於月殿。像坐蓮花。經鐫貝葉。微塵一聚而福生。（闕一字）風散拂而罪滅。聖僧瞻禮。利益衆生。所求獲福。更能招僧設講。讖念歸依。念彼大乘。冀有利於生死。遂記其善。揚其名。召匠琢石。故立碑矣。神龜負背。蚪龍傲身。琢成野草之花。鏤出雲霞之色。立斯之地也。東望仲子之峯。侵侵凌於青漢。雲飛半嶺。霧戴壓巖。西瞻豆盧之神山。依依接於温嶺。多饒祈禱。雩則應時。南有碧嶂橫遮。遥望峨峨聖闕。北有涇水長川。出自朝那。殊流滄海。如黃河之崛曲。似巨海之洪波。

其名水也。或眺走馬之山。遥依天際。白雲覆嶺。碧霧攢峯。此地多饒谿㵎。秀氣氤氳。長岡連連。接於石水。長幼同福。遇此勝因。伏願上資人主帝王。百寮文武。及代代先亡。下霑黎庶。蠢動含靈。及子子孫孫。同霑此福。文素不才。社邑相推。聊筆畧述。直書其事。故立碑銘。以貽後世。其辭曰。

修善兮消殃。崇福兮降祥。光明兮東照。歸依兮西方。照耀兮金燈。清淨兮華堂。讖念兮鐘磬。行道兮行廊。生我兮地久。育我兮天長。松柏兮青青。刻石兮永貞。尊勝經兮救護。泗州僧兮聖形。神龜兮兀然。蛇龍傲兮冲天。日月照兮永古。風雨摧兮何年。

景炎

炎。大和時進士。

唐故楚州兵曹參軍劉府君墓誌銘 并序

公諱崟。字子嵩。望美彭城。家寄京邑。曾皇祖禰。德行咸高。仕位佳政。屬干戈亂動。告牒失遺。畧而不言。公青春懷橘。白面凌雲。出事公卿。奏成品秩。解褐任洵陽縣丞。才繼陸安。政敷五德。次任寧國縣丞。上司勒留。下士遠慕。雖不親臨百姓。（闕一字）亦播顯多能。三任楚州兵曹。位亞題輿。道益熊軾館驛事集戎旅獲安公累任清肅上考成高（闕三字）有殊何壽年不永大和八年七月一日逝懷德私第享年六十有二仁兄悲切痛失鴒原哲弟浦陽縣（闕三字）職度支不後同衾郙堪異鄉夫人趙氏頓罷鼓瑟（闕一字）失悴容德繼敬姜聲齊孟母嗣子歎郎年未志學（闕二字）少孤（闕三字）天未能主葬女三人長適楊族次居（闕二字）在襁褓（闕二字）親戚慘愴實亦行路悲傷子壻楊氏（闕一字）報泰山之恩淚送逝川之落室又泣血難報罔極（闕三字）石（闕一字）農意焉以大和八年十一月廿六日葬于長安縣（闕二字）鄉窀穸禮也恐陵谷遷變乃刻石爲銘辭曰

永壽（闕二字）楚楚劉君（闕四字）刀筆淩雲（闕一字）於難紀善政易聞兩贊大邑一椽理（闕一字）身歿名揚不朽蘭芬棣蕚斷腸孀妻晝哭雅合更榮如何不祿墳起曠野殯毀華屋天然（闕一字）崗長埋片玉長女佳壻祖奠潛然下淚卽日霑恩早年安魂紀德萬古稱傳

欽定全唐文卷七百五十八

謝觀

觀官荆州從事

上陽宮望幸賦

宮闕崇崇縈帶洛河之上據臨天地之中儼百司以環拱流百川兮會同曷君王之未顧屹樓臺而鎭空或斑白里人或前後近侍覩周公之舊制憶開元之故事當域中之正寢實王者之定位何乃内外如一東西有異思紫泥而日日將來仰玉輅而年年未至徒使萬室向曙千門洞開藹臣心以西望希天睠之東迴見紅輪之漸晚又翠華之不來及夫玉漏報更蟾輝永夜皆傾耳以闇屬恐飛詔之潛下徒玉兎之屢虧尚金龍之未駕是必左右獻書股肱啓謀以爲王者一德合居上游以爲金城千里能制諸侯殊不知四海無虞五兵載戢與殷周而抗節豈秦漢之能及在仁義而聿修奚險固之是急且夫中岳爲内四岳爲藩此則前控伊闕右關轘轅乃文公立圭之地是成王定鼎之原寧勞百二之勢足居九五之尊所以乾乾屬望戀戀何言尚軫憂人之念未垂巡狩之恩雖年華不負於照

灼而煙花暗老於宮垣。况復伊洛王畿。崤函近地。往復無勞人之役。邐迤有行宮之備。冀我王之臨兮。示天下爲家之意。

以賢爲寶賦 以昜名霸道邪家之託爲韻

楚國之君。賢人爲寶。彼則貴於無脛。此爲尊於有道。琢磨仁義而不緇不磷。淬礪鋒鋩而既堅既好。皎皎神爽。稜稜貌清。志一潔而靡垢。行百鍊而逾精。非暗投以取誚。不韞匱以沽名。廉謹在心。命爵而蔑聞銅臭。文章滿腹。擲地而自有金聲。洞徹不欺。光芒相燭。砥名而可尚。礪節而自昜。

吐清詞之粲粲。心水含珠。見正色之溫溫。情田積玉。言錯落而無玷。性貞明而不瑕。袖懷荆璞。握有靈虵。以鑒姦察邪之煥爛。比照乘映廉之光華。足可充盈軍國。輝耀邦家。何必積滿堂以遞矜。易連城而助詐。一非克儉之教。一損不貪之化。虞君受垂棘而滅。楚國得王孫而霸。徒美其色映層闕。光能耀夜。殊不知寸陰踰尺璧之珍。一經奪滿贏之價。所以愛茲被褐。重彼迷邦。以清德之惟一。奚白璧之能雙。况各藏器俟時。見機而作。直若弦矢。穎如鋒鍔。誠席珍之可任。洵柱石之有託。以此綏撫而上下康寧。以之守禦而內外胥樂。既三復之可驗。奚衆口之能鑠。則知金玉爲寶者德義之衰。賢人爲寶者邦家之基。國無日而無事。賢無代而無之。如此則何必楚也。獨二三子之可師。

中堂遠千里賦 以心曲聲光此時忽阻爲韻

峻宇沉沉。朱門阻深。豈爲遥遠。有蔽徽音。跬步之中。易在一言之地。踰時之達。難于千里之心。莫不佇立盤桓。瞻風躑躅。或持穹崇以懈傲。或麗欺誣之阨束。遂使阼階之上。迢遞於天子之田。蕭牆之間。緜邈於黃河之曲。且夫百里之遠。一日致之。中堂之近。經旬履之。而所以借淹留之喻。

等邂逅之期。豈君子同風之地。在小人革面之時。瞻廊廡之不遥。便成燕宋。念庭除之匪邈。差若毫釐。是絕音塵。有睽言語。若非入室之士。過作脫巾之阻。布武之中。疲赤驥於崇朝。及肩之牆。困鴻鵠之一舉。唖井之路。寥夐及門之子迴翔。希日日以見德。尚朝朝以覿光。每望恩波。如桂水之流淼淼。時瞻德宇。若金城之路茫茫。似蔽黃雲。纔同明月。高深起於顧盼。山岳生於倏忽。於是以南軒北宇之嶔岑。作河東河西之間越。如此禮讓無成。薰猶不明。東閣苔滿。西園草平。倒屣之餘風頓削。握髮之清規不行。自杜其匡諫之路。詎聞乎哀樂之聲。是使咫尺蕭條。人遐室邇。空施帳闈之橫壯。但見樓臺之邐迤。則可以自勵於己。寧求於彼。君子勿嗟行路難。古來如此。

舜有羶行賦以天下歸之如蟻慕肉爲韻

肉不愛蟻。蟻自來依。舜不求人。人自來歸。爾則以羶生嚮慕。我則以思深側微。祁祁子來。竟歡懷於德飽。侁侁類聚。各霑濡以家肥。是知取喻於彼。欲明於此。播薰風於酷烈。比黎庶於螻蟻。溫恭允塞。諒不阻於幽微。元德升聞。固無間於遐邇。是故四海紛會。千門競追。共仰來蘇之日。誠非

逐臭之時。以孔甘爲味。以潤下爲脂。率從其旨。爰度邇私。應其欲而狥矣。思所利而啖之。各竭血誠。汝則如饑如渴。無勞肉視。吾乃龍章鳳姿。載求而羶不在身。三嗅而羶不在服。在乎安長幼。資亭毒。行葉揚芳。言蘭芬馥。以膏腴及萬姓。萬姓熙熙。以霈澤滂四門。四門穆穆。咸遂其性。各安其族。並飲其風順雨調。豈止於觴酒豆肉。若乃望之如日。戴之如天。不銷不歇。沛然靄然。如此乃聞羶者焉。如或失之於上。迷之於下。四罪之徒。三苗之野。如此乃聞羶之者。喻既斯大。義豈憑虛。以心求芬芳者得。以鼻求芬芳者疎。自發德馨之惠。寧同乳臭之餘。服媚媿之而孰可。芬香擬之而豈如。由是烝黎子來。蠻夷蟻附。八方咸戴其煦育。九土共臻其道路。惠然若歸。往也如慕。煥重瞳而日月清朗。齊七政而恩威布濩。至矣哉。巍巍堂堂。可謂承天有裕。

王言如絲賦以有云如絲演若綸組爲韻

君言之重兮發彼加人。如絲之細兮出已成綸。將愼樞機之本。必滋秒忽之因。初具體而微。降一已之繩準。俄觸類而長。入百司而縷陳。是知作彼紀綱。從而推闡。密旨欲布。殊私以展。透冕旒以尚細。入鈞衡而漸演。及爾如貫審知

詞理緜緜。搏之則微。益見言容藹藹。且夫謂至密而已著。將未聞而已聞。遂意淫繹。隨聲糾紛。無類而洪纖起散。有條而派脈別分。離一庭之間。聽皆歷歷。出九門之外。遠已云云。是故遐邇羈縻。上下聯絡。毛舉之讚是恤。蠶食之譏詎作。詔多事而折藕難比。寫綢繆而曳緒不若。遇終軍之一請。便吐長纓。偶龔遂之載言。俄陳亂索。不同抱布而取。詎等茹柔而吐。孜孜下問。義同小往大來。軋軋若抽。事符以索繼組。不可卷也。引而伸之。不滯異維舟之紼。無點殊墨子之絲。與奪而起於分寸。傾危而失在毫釐。夫如是。上

言也不可不精下聞也不得不受知駟足之難及保三緘之可守語不墮而寰宇歸心思無邪而蠻夷稽首可以網羅八表可以倫貫九有然後緝熙不紊條章有餘自契不言化矣豈假聞斯行諸方知微細之喻也敢願戒慎之所如

越裳獻白雉賦 以周德方興遠夷入貢爲韻

憬彼越裳南之一方感皇化於蠻貊獻白雉於周王原夫獲皎潔之姿奉鴻私之德閉靈質于雕玉馳星使於絕域夕辭南土形迷夜月之光曉向北風影混朝霜之色嗟乎跋涉空闊江山阻修途程萬里星歲幾周過吳門而練影光透染曹風而麻衣色浮然後達成周之大廷陳本國之所執歷雉門而捧進隨鴻臚而叅入俯雕題而就位拱疏趾以前集利觜玉植修領縞戢風摇細尾當軒而練帶長垂日照輕毛在手而雪花孤立懿其耿介無比貞明可稱距列瑶刺身摛鶴翎徘徊而隟駒其轉奮迅而振鷺將興其淨珉潔其神露凝皎皎數粉亭亭卓冰自稟時清之化誠非日浴之能勿以臣之賤所獻無徵勿以禽之微所來自遠蒙恩覃而化及似風行而草偃是以齊此嘉瑞唯憂

後時欲以明誠上答敢以遐阻爲詞作獻靡遑東之豕不細殊墨子之絲一以見澤兼鳥獸一以彰德被蠻夷王乃愀然色動沉然念茲發明南國之忠汝之遠矣舉奏殊方之瑞予甚嘉之方知雉之潔兮可珍士之潔兮殊衆可珍猶尚於夷俗殊衆可標於歲貢儻援引而不遺願舉白之一送

得意忘言賦 以去象棄詞根乎幽眹爲韻

易意難見言以存之得意之後而言可遺本憑詮以指昧既達誠而去詞昔者先王元通默想以深指難可擬議嗟後世無不瞻仰是以錯綜六爻森羅萬象立文以寓其吉凶頤隱以知其來往憑有狀之狀而定其範圍因可名之名以徵其影響悟影響則可名之名息達範圍則有狀之狀無執可名爲常名者謬定有狀爲常狀者愚方知禮以適變作事之符符以觀設導意之樞但魚兎之得也於筌蹄而已乎然則言者意之苗得意而根源有據意者言之本得本而枝葉不御假以寄誠明爲定據如鑽燧求火獲火而燧之可忘似剖蚌求珠得珠而蚌之可去於戲置文字之館植元化之根自入存存之室廢乎察察之門不爽

毫釐經濟無爲之內匪差黍累彌綸有截之垠旣而搜未形之形索無眹之眹變以喻而立幽籍明爲準則可棄喻取變卽明討幽不可以理縛難可以文囚遇陽則明豈必離乃爲日遇陰則順何須坤乃爲牛夫如是稽其意窮其事旁通其閫閾曲盡其精義英華可採桯桔斯棄儻究忘言之機庶叶表微之思

禹拜昌言賦 以聖人之心聞善必拜爲韻

大禹君臨勤求意深苟一言之入耳必載拜以明心蓋以勵華夷形古今所以旨酒盈前莫縱彈絲之響美詞將貢

俄聞擳玉之音豈不以詢彼芻蕘防乎驕逸旣可大而可久亦無固而無必所以嘉謀乍聽當業業以折腰直語纔聆復虔虔而屈膝蓋以廣乎所見求其所聞欲使善惡之源自別賢愚之路斯分況乎傳舜之規受堯之命得不固社稷根本察風俗利病是以臣不能諫君兮非曰忠君不能納諫兮非曰聖執至理以垂教採昌言而化人苟有言可佐王道正人倫陶也不得不進禹也不得不遵所以聞妙畧以開容拖冕旒而拂地覽宏謨而致敬低珩珮以鏘身懼溝洫之未通憂禮樂以將壞以正直爲龜鏡以忠讜爲規戒是以蘊昌言兮不可不陳聞昌言兮不可不拜遂使共守丕業長光帝基若魚水相逢之日同雲龍會合之時符郊時以陳儀固難比矣望竹宮而設禮曷可方之我皇紹九聖之雄圖舉百王之令典急於求士樂於聞善所以獻昌言之忠臣必待之台鉉

周公朝諸侯於明堂賦 以九垓向序外方同心爲韻

赫赫明堂居國之陽巍巍特立鎭壓殊方所以施一人政令所以朝萬國侯王面室有三總數惟九間太廟於正位處太室於中霤啓閉乎三十六戶羅列乎七十二牖左个

右个爲季孟之交分上圓下方法天地之奇偶時也六年之初孟春之首有截而至無脛而走將欲交正於成王之命所以立辟於周公之手洞入闥以臨八極闢四門而來萬有所司備班品於庭除執事肅文物於前後及夫諸位散設三公最崇當中階而列位與羣臣而不同諸侯東階之東西面而北上諸伯西階之西東面而相向諸子應門之東而鷺立諸男應門之西而鶴望戎夷金木之戶外蠻狄水火而位配九采外屏之右以成列四塞外屏之左而遥對朱干玉戚森聳以相參龍楊疑豹韜抑揚而相倚肅

肅沈沈巒崇壑深煙收而卿士齊列日出而天顏始臨戴冕旒以當軒見八紘稽顙負斧扆而南面知萬國歸心於是鏘金石揚律呂動埧篪搖柷敔儼若思而山立悄不言而雁序一拜一起擬抃而齊傾舞之蹈之雷屯而復舉俄而翠華轉仙仗迴恩覃率土化溢九垓合蠻貊而畢至盡梯航以爰來彼禹有太室武作靈臺曷與此而同哉

朝呼韓邪賦 以煥乎盛儀遐掩前古爲韻

偉哉惟漢至德鴻融元功絢煥敷仁義於異域俾華夷而同貫故能臣匈奴來單于超沙漠越余吾棄穹廬而雲起

望高闕而風趨屈膝而來有以見其蠢爾垂拱以待是用表於巍乎況當行幸祠祀之禮崇甘泉泰畤之儀盛肅肅乎文物是備昭昭乎威容既正象胥以譯豈言語以不通司儀式班示進退之必敬然後差行列辨尊卑序璧羔皮帛之等第示要荒守衛之威儀冠帶之容間彼荷氈被毳韶濩是作雜夫僸佅兜離雍容之禮有則倔强之心不施元塞永安寧蝟起兮於彼青蒲方奏猶蟻伏而在斯信純化之雲布俾遠戎之星馳不然何以其國則睽其人不遐修臣之節爲國之華朝一人於寓縣涉萬里之窮沙則周公明堂之儀寧九采之足美而夏禹塗山之會雖萬國而何嘉且夫懷我有方所由者漸德之爲被我不可掩非慕義而有求奚尊君之自貶是知撫御之道莫善於漢宣威儀之設莫盛乎甘泉美舞徒稱乎干羽鑴勳何媿於燕然布令陳辭之義行豈事成而後樹引領稽顙之容作乃瞻之而在前自可光九功服九土曠萬代而一時宜耀今而榮古

漢以木女解平城圍賦 以國娥行止蓄妾固忌爲韻

漢七年兮海内已清恃兵强兮深入平城將耀武於窮邊絕域欲用壯於四夷八紘舉國興師婁敬之言莫聽七日不食陳平之計方行於時命雕木之工狀佳人之美假刻

劂於繢事寫嬋娟之容止逐手刃兮巧笑俄生從索綯而機心暗起動則流盼靜而直指似欲排君之難匪憚陋容如將報主之讐無辭克已既拂桃臉旋妝柳眉目成可望肉食一作視無遺擒粉藻而標格有度傅簪裾而樸略生姿節操堅貞狀剞劂之刑無懼穠華窈窕見削成之肩不疑然後迴出孤域逍遥獨步向鋒刃之形稿高秉松柏之心堅固既而踟躕素質婉娩靈娥日眠顏色風牽綺羅靚從

繩之容楚楚。混如椎之髻峩峩。有貌而自爲飾詐。無情而不轉橫波。時也匈奴合圍。孌人與事。故持娉婷之淑態。用撓閼氏之所忌。果驚如劍之眸。不識運斤之鼻。觀其玉立漢壘。花生女垣。香飛大漠。名動雄蕃。各揣蕞陋之姿。胡顏恃寵。競念腥膻之質。苟且孤恩。乃儲讐以極諫。並懷禮而獻言。以爲漢之與蕃。本爲殊國。冀兩地之無患。曷二主之相殛。落日而鳴鼙自怨。中夜之重圍暗失。

招李夫人魂賦以所思逝魂傷春榮落爲韻

李夫人月墜香焚。花沉九原。繁華委地。零落何言。有少翁兮術通神鬼。爲漢帝兮夜致精魂。於是詔未央之宮。備通靈之所。五位之壇離立。九奏之音克序。珠籠翠幰。龍師虎旐。銀燭之煌煌次列。金管之愔愔慢舉。帝乃坐中寢。御纖幃。森羽衛。儼天師。佩符籙以威重。拂香花而步遲。左止簫韶之奏。右啟甲乙之旗。播霜珪而斂色。執紅旌而盡思。立北斗星文之下。當中壇月午之時。萬籟寂寥。發清音於漢殿。九天空闊。寫招魂於楚詞。詞曰。白玉潔兮紅蘭芳。忽玉折兮蘭已傷。魂兮勿復遊他方。盍歸來兮慰我皇。又曰。彩雲裾兮流霞袂。倏而來兮忽而逝。魂兮勿復遊四裔。歸來兮膺萬歲。已而愴恨沾巾。淒涼侍臣。窸窣而房櫳變色。熒煌而戶牖生春。如扇如花。開覩恍惚之中。事非煙非霧。卷見希夷之外人。珠璫瓊珮。鬢髮絳脣。髣髴平生之貌。依稀歌舞之身。顧步嬋娟。迴翔綽約。似發言而尚默。若將前而復卻。於是斜漢將傾。繁奏爰作。琳瑯璀璨。綺羅迴薄。風淒雨切。忽消散於杳冥。鳳去鸞歸。空珠翠之寥落。自是妖妄日恣。虛無念作。侮萬乘爲脫屣。陋百載之浮榮。幸河海之無事。賴干戈之暫平。不然。少翁此夕。豈宜一拜於文成。

東郊迎春賦以天子率公侯共行事爲韻

元冥之政已息。青帝之令將行。太史先三日以奏。天子率千官以迎。是知齋沐夙興。虔恭慎慄。命奉常按東郊以嚴備。詔金吾肅中禁以警蹕。內外相比。上下是率。俄而斗轉招搖。日當甲乙。礮元冕於殘漏。掛青衣於曉律。翠華忽舉。見閶闔之初開。蒼龍啟行。與朝陽而對出。覩夫飛蓋輅儼。珠旒萬騎而前。分儀仗千乘而後。列公侯。出青門之郊。至祈神之地。簨簴羅植。珍羞有次。陳靈威於中宮之座。設大昊於配享之位。東嚮西嚮。勾芒歲星而對列。左之右之。三辰七宿以相廁。既竭百辟之心。用展一人之事。帝乃玉色以進磬折而前求發生之候不忒祈溫和之氣罔愆盡敬於地奠佑於天一拜而北陸之寒去矣再拜而東方之風煦然獻酬既已尊卑備矣拂祥光於龍顏之上納和氣於御衣之裏鳳詔還闕金輿返軌遂舉措而凝令載行隨指顧而發生四起我風有截郊祀無假於文王我化無爲律呂不勞於鄒子故乃布德施政遠達幽通高卑咸沐貴賤攸同始振蟄蟲在好生惡殺遂行慶賜可滅私徇公乃得化洽方隅恩光岐雍遵古典以立則授人時而敬用願迎乎千春萬春與夷夏之所共

誤筆成蠅賦 以象從誤致補之如眞爲韻

曹氏之蠅因誤而致既失手以傷善乃象形而取類胡能有定將飾非於寡尤變而從宜善奪眞而不異原夫裂素凝壁纖毫露鋒展霜花以雲薄墜松煙而漆濃於不可爲之處見不可去之蹤處小瑕之間義寧有怒居太白之上汚實難從由是潤色成功從權善補遂手見營營之狀隨筆長薨薨之羽乍若蟋蟀之居壁復類蠨蛸之在戶然而迴立素絲不失毫釐俾止樊之貌類附驥之姿當似是似非之前吾與點也於一顧一盼之際默而識之將起枚生之說那虞翟子之悲然而就之不爽酷得其象雖違心以著可悅目而賞隱映纖絺之內囊螢處中附麗綱組之間牖蟲將上嗟乎巧以飾詐假能亂眞始自不材之典俄成有用之身捷捷幡幡誘讒人之思發跂跂脈脈透輕綃而色新已而吳主是臨奇工斯布左右歷覽徘迴周顧覩詩人止棘之體絕王思立筆之怒迷邂逅之所致載揮拂而方喻將特模於手成了莫知其筆誤懿夫汚不足誚瑕豈難除知過善改巧思橫舒卒能珍賞翫之不失成奇文而有餘彼田夫之禾麥景山之鯉魚方之不如

惚恍中有象賦 以形象無實全在精至爲韻

惚不可視無臭無聲恍不可聽希夷杳冥於不可爲之內有不可狀之形則可徇其惚徇其恍於無是無非之間見有若存若亡之象似菖蒲之秀聞之而不見其形同合浦之珍知有而難期入掌且夫視之不見將謂虛聽之不聞將謂無則虛無之內有罔象之珠及夫視之可見以爲眞聽之得聞以爲實則眞實之外有强名之質故執無而求者理則謬焉執有而求者理亦不然寄精於從無之地韜光於入有之權其象也虛其體也元謂皦兮尚默謂虧兮

復全其方不中於矩而規不中於圓自索隱於心契可忘形於意筌靜以神觀黃帝得之於三月反於目聽列子寤之於九年然後舍兮如容浩兮如海體混沌而不殆成胚渾而不宰先天地之始已塊然而生後天地之終尚澹然而在何者爲在何者爲生生萬物兮吾象不顯成萬物兮吾象不呈謂之有兮無眹謂之無兮有精故道我者非常道名我者非常名及夫清有形而爲天濁有形而爲地列而爲九疇八卦播而爲五行六位此皆非其象此乃象之器自可外廢其境內存其至一喻老氏之言曷無爲之不

致

執柯伐柯賦 以觀則於手人道寧遠爲韻

手運斧而方圓自縱斧有柯而規模可觀誠取則之非遠曷持心以常難是知選材於山操刃於手將散樸於大巧是俾形於妙有則可審分寸定妍醜不脫故而圖新亦瞻前而顧後然後擬議是啟經營靡停方坎坎以無撓聿丁丁而未寧觀所措而舉措因其形而制形且勿謂效之難尚俟乎繩墨勿謂象之遠仍憂乎差忒左手將舉其樸斷右手足見其成式不離指掌之旁自有短長之域龜鏡頗邇儀容在側見幾而作成於目擊之間殷鑒不遠便契握中之則何必公輸是集梓匠具陳雖欲遠徵其類不如近取諸身於造次顛沛之時尚思行已於一顧一盼之所何必求人庶得揣稱攸宜諮謀可考冀析薪之入用知鈌斯之足保終懷繼踵之誠未爽從繩之道嗟乎柯在手兮至近不能觀者有諸道於身而豈遠不能行者信歟故取則於人者失聞道於人者疎乃可端其末慎其初反視於周旋之內收心於躁動之餘因而利焉是可宗也譬以身者方或同於夫如是正其規從其本揆度而枉柄無阻睥睨

而迷途自返儻忠恕之內存信率性之非遠

清明日恩賜百官新火賦 以題爲韻除清字

國有禁火應當清明萬室而寒灰寂滅三辰而纖靄不生木鐸罷循乃灼燎於榆柳桐花始發賜新火於公卿由是太史奉期司烜不失平明而鑽燧獻入匍匐而當軒奏畢初歘猶短新煙未密我后乃降睿旨兹錫有秩中人俯僂以聳聽蠟炬分行而對出炎炎就列布皇明於此時赫赫遥臨遇恩光於是日觀夫電落天闕虹排内垣乍歷闈璅初辭渥恩振香爐以朱噴和曉日而歘翻出禁署而螢分

九陌入人寰而星落千門於時宰執具瞻高卑畢賜降五侯以殷渥歷庶僚以簡易煖逐來命風隨逸騎入權門見執熱之象閱有司識燭幽之義咸就第以照臨示廣德之遐被於是傳詔多士同歡令辰將以明而代暗乃去故而從新均於庭燎睍彼元臣熠熠當門煙助松篁之茂熒熒滿目睒如桃李之春羣臣乃屈膝辟易鞠躬踧踖捧煦育之温惠受覆載之光澤各罄謝懇競輸忠赤拜手稽首感榮耀之無窮舞之蹈之荷鴻私之累百然後各爨鼎鑊傳輝膳宮爭焚爐灶競爇膏蘭銷冷酒之餘毒卻羅衣之曉寒方知春秋故事未逾於我周禮救災徒稱變火曷若賜於百官萬方同荷

大演虛其一賦（以首先處虛用隨數爲韻）

大演之數五十其用四十有九未諭一之本末徒訝數之奇偶於是稽所據推所受以不用爲用端以非數爲數首方知一不可見上不在天一不可尋下不在田是太極含三之本居混元不二之筌成出天入地之契秉屈伸合散之權作數之本爲唱之先伏質於無體之體反形於自然而然則無者有之宗有者無之據一從虛而體立數憑一而神助舒而用萬象自虛無而來攝而終萬象復虛無而去安得不存我而立因我而著昧者以此一爲無用之徒先聖以此一爲庶幾之處是以捨此則數不足兼之則義有餘終萬物之末始萬物之初在窮理以考賾勿存形而課虛亦猶一人無爲兆人欣從一氣無體羣生所共本立而道存主適而臣從若十二月之輪轉不宰者歲之宗三十輻之運行無有者車之用今則以未分而象太極中分而象二儀未分而百事隱中分而百事隨然後四四而布七七而具可以明淺深可以明好惡總而舉也叶仲尼知命之籌考其成焉契伯玉識非之數儻明得一之義庶達傳心之路

卻走馬賦（以天下有道無所用之爲韻）

貞元初既平凶醜海縣安阜歸戎人於田里卻戰馬於隴畝所以示力爭之無益昭靜勝之足有乃命司武闢御皁出羣騶於紫陌閱衆驥於黃道吉行之乘存六駮而有餘無戰之時惜萬蹄而空老於是脫羈鞅任超逾騰驤於古塞之外飲齕於洪地之隅恣蕭蕭之永逸免逐逐之長驅天廄初辭誠貴人而賤畜農車儻駕亦以有而之無留之

則踠其駿足而不與人共捨之則遂其生適而省其國用顧東道之常來淩北風而遠縱羈者揚鑣噴沫擐甲鳴鞭角紫燕以行地隨飛龍而御天追風於陣表絶電於君前功德難忘信彌多而不厭驕奢作戒故雖愛而必捐任物自然仁之上者修文偃武德之要也屏危事之形影張禮容於宗社尚兹恬淡見道發宸衷釋彼權奇知化成天下材雖駔駿用亦有時艱難則雲從而騁力開泰則野逸而呈姿昔常代於人勞良多効矣今則遂其天性非曰棄之感君恩之有序彌天壤而得所望騄駬而躑躅依水草而

容與彼周武之歸漢文之卻曷足方我王之明舉

吳坂馬賦 以下覩泥驥迴知貴駒爲韻

吳坂之馬兮駿且奇伊孫陽兮知不知伏櫪而誰憐拘絆倚輈而但見清羸兩耳長垂不斷於嘶風噴月四蹄可試何愁於玉勒金羈當其初出渥洼孰分駑驥雖白日之可逐曷青雲之自致頓銜驤首逢人兮不鳴强鳴弄影超羣知已兮未至須至嗟乎全無芻粟半卧沙泥况精靈之粗有亦毛骨以非低金埒行時儻拔風塵之跡玉鞭垂處願親桃李之蹊於是將躍未騰欲眞尚假徘徊龍廐之側跼躅鹽車之下良時易失常憐過隙之光朗鑒難逢多是迷途之者善相爰來精神陡迴奮迅而蝟毛俱聳嘶鳴而星眼俄開舊皁云辭步步而風雲借便長衢一去行行而珂珮相催曩夕猶賤淩晨已貴羣心惕惕以暗伏衆口喧喧而相謂乍同曲突收將宮徵之音又似豐城指出斗牛之氣蓋非斯人無以辨龍駒非斯馬無以動宸匠固二者之冥契擢一時之令圖馬兮雖遇新知還因舊主儻一顧之未替必載馳而可覩更有瑤池方外之程願著鞭於造父

驥伏鹽車賦

有驥子兮維之朽索服鹽車兮困於絶漠將發憤於一哀遂求知於伯樂由是騰健步奮奇毛連嘶自若驤首彌高負調鼎之責空慚引重持向人之意終願代勞當其迢遞燕郊蒼茫吳坂悲東道之莫及念北風之將晚既同跼跡載馳之用靡分儻遇知音千里之期何遠寧曳輪之是辱恐負軛之非名欽歔誰憐其垂耳鞭驅奚敢以抗衡是使元黃莫遇款段無譽汗血匪難一日有祈於用力求人未易三年何恨於不鳴今也勞役駑臻高名斯曠將激昂以待顧願奔馳而徇欲重伸羸氣自殊要駕之難載發哀聲

幸比擊轅之曲或有賤同牛皁用匪龍媒亦在異於剪拂辨以駑駘夫如是則當於輗軏之下自然不媿於羣林

初雷起蟄賦

蟄處於冬雷生自震啓一聲於春候知萬類之奮迅虺虺初動祁祁始振首出庶物爲陰陽號令之端有開必先作天地發生之信原夫飛走各志羣分處陰旣不慭以不竦尚聲銷而影沉及夫勾芒御辰夾鐘應律整雲師布露之澤迫和氏春分之日温風載扇重陰四啓動豐隆之大聲發昆蟲之暗室跂行喙息聞塡塡而鼓舞爭馳肶振翼鳴

隨虩虩而雷同競出隱蔽雖久騰揚有期變軒轟而作矣俱引領以從之見羣生嚮風之義知大鈞播物之時是則感之於彼而乃乘之在茲且遂隱隱以起予各侁侁而挺爾穴處者聆之而厲志泥蟠者聞斯而舉趾均發萬品非唯百里各騰聲實鶯出谷而載飛競逐明時范彈冠而思起搖車效之而可也聚蚊因之而有以然後舍彼卽此違陰就陽角觡奮迅羽翼弛張殷南山之粗厲啓出地之潛藏似桴鼓之纔終戈鋋熠熠如擊石之止後鳥獸蹌蹌有若衆彙居蒙一呼而告羣生未覺一言以導曾無震寢之虞誰有擊臺之暴於是桃吐其秀鷹化爲鳩助發生之德省囹圄之囚潛匿假之而振拔毛介因斯而處休大哉震元利拯羣生而出幽

琴瑟合奏賦

琴蘊雅兮閑暢瑟合音以高張忽雙聲以動作合六律之短長一則玉軫金徽無爽於清濁一則瑟絃疏越不間於宮商君王政美和同化能率舞放鄭聲於域外屏優雅於樂府所以顧絲綺之韻高愛清廟之器古憑曾晢之所奏與師襄而對撫滌慮而匪隔毫釐共坐而自齊徵羽靜而

各守動而合矩左諧乎蔡炎之音右扣於湘靈之鼓况復素女絃怨重華調清以風中之響入雲和之輕便契虛徐之節雅符閑淡之名誠二體之區別能九奕而混并流水一聽柱間而涇渭合派簫韶共奏指下而鸞凰和鳴彼弄互揭此意還發一曲之金飈颺颺再奏而玉堂清越寫斷續於秋空激寥亮於雲中琴絃促而影細瑟絃繁而體殊伊和樂之假主俾合散之同途理心而寧乖高下盈耳而不離笙竽故若出有入無唱予和汝覺肸蠁於輕重等洪纖於律呂播南風於大道秩秩無差配上古之希聲愔愔

備舉。遂使敦本志切。去邪義深。淫濫之亂不作。非僻之思不侵。由自內而率外。皆謂樂而不淫。

欽定全唐文卷七百五十九

周鉞

鉞。開成時人。

積土成山賦 以費其不已成此崇高為韻

彼山之峻兮稟氣而成。此山之峻兮積壤所營。何人功之彙聚。致邱壑之崢嶸。始假一坏。已見進吾於往。終成九仞。還宜景行而行。當其率性作勞。因高立趾。將覆簣而可久。念極天而有俟。道既長而彌專。力雖勤而未已。於是資地勢。建土功。區區而日不暇給。矻矻而樂在其中。以不拒物為心。因成高大。以不讓塵為德。遂至穹崇。所謂從微而至著。有感而必通。致峯巒而因人立。跡侔造化而與古爭雄。故得日就月將。天長地久。小既資於坎窞。大豈遺於培塿。非辭形倦。將欲必致於雲霄。所冀道成。亦以兼容之妍。不有始有卒。乃勤乃勞。依依漸長。日日增高。以力為謀。比大不唯於熊耳。將勤喻學。成功豈謝於牛毛。是謂積小以稱奇。哀多而為貴。既稠疊於委輸。亦縱橫於經緯。則聚米者固不足云。累臺者於斯殊未。所以塊然凝質。翠爾成姿。千峯可數。五色無遺。以此驗巨靈之神。誠為怪也。以此想愚

公之事亦可凄其別有十載施勞三冬率是常負荷以相勉每勤求而自揣所冀必成無虞中毁倘若因我而出雲庶亦降神而在此

海門山賦（以峭立如門終古無易爲韻）

大壑天接雙山闕如作鎭而巍峩對峙象門而中外皆虛拆萬仞於長霄共持神秀納八紘之積水開閉靈居合沓龍蟠連延壁立懸崖嶄崒而不動駭水喧豗而自急每使盈虧之月向裏升沈能令蚤暮之潮由兹出入故得周天柱作海門峻軋空碧高城混天奔疊浪而若容車馬拔跳巒而似列藩垣當晴晝而纖霧豁開大吞江漢値陰霾而濃雲交鬱暗鎖乾坤外布雄稜內施巖嶠波聲相切以澎湃山狀並分而竦峭呀吳呷越總舟楫之隄防發電轟雷轄魚龍之衝要岌岌崇崇橫西截東風濤莫犯乎永固天地將齊乎不終況乎據是水德鑿非禹功海若抱關於其側陽侯擊柝乎其中彼岱輿因顓頊漂流太行爲愚公遷易一則屹要道而徙在一則滔洪波而何適未若是山也專百靈捍禦表羣聖光宅吐晴虹以爲楣森古木以成戟故能咽喉水府掩映仙都長鯨透而謂呈魚鑰曉日照而

疑啟金鋪以歡而言巡八州而何有以門而視指三海而則無異乎勢壓坤維氣連淮浦作巨浸含宏之闕爲百谷委輸之戶所以知開闢之元功豈止亙億齡而窮萬古

胡權

權開成時人

飲貪泉賦（以言飲此泉心終不易爲韻）

吳隱之擁節南海停驂石門遇貪泉之廣陌若旨酒於汙樽由是徵圖籍所載考耆舊之言云注兹而難窮地理或飲者而能移性原公乃斯言已察其事惟審十目所視表執心而不回一勺之多遂舉杯而就飲重言曰所執在我寧由此泉瀉泠泠而反同潔已恃惴惴而過甚防川恬淡相資漸滂沱於德澤清廉是守何汩沒於情田將正浮俗而去彼覩濫觴而在此臨川而不覺起予命酌而甘從率爾盈科卽挹聊抒思以盤桓健筆忽飛寫緣情之綺靡旣而威臨俗鎭塵靜邊空闔境而皆知嚮化四方而靡不趨風量比滄溟能控清而引濁心如白水可原始而要終當其境接遐荒郡維幽僻山川而多含瘴霧草木而少蒙膏澤道之云遠人不願適公藏器以俟時方遇君之側席泉

云飲而名乃益彰。心秉直而誓當不易。則如眞清特立。瑕穢莫侵。人飲酒而蕩志。我飲泉而洗心。胡不誇於一石。而不愧於千金。於以明好惡。定能否。不貪爲寶。而可憐不飲盜泉而非偶。懿哉君子之鴻名。竹帛永垂於不朽。

李蟾

蟾太和三年官浙西觀察留後。

烹小鮮賦 以理國之道有如烹鮮爲韻

刀匕之任。庖人是司。將修火以烹矣。取小鮮而作之。洶洶之中。似有躍泉之勢。炎炎之上。猶憐漏網之姿。則無復游

小沚。奮纖鬐既逢鼎鑊之患。永絕江湖之思。其始也出彼清瀾。委茲嫩筍。落細鱗於方寸之質。煦微沫於喁喁之口。齊一指而未弁。事寸刃而纔受。驗星星之若無。升鼎俎而何有。瞻其沈浮若水。洶湧如驚。不有大觚。奚假良庖之妙。無容尺素。何必呼兒。以烹是知將善其事。亦叶於道。若運動之不息。則完全而莫保。如或罷其紛紜。任其顛倒。則偶鹽梅之側。宛若銜珠。映莫疑蕭之中。猶如在藻。是知至人以魚小者國可喻焉。其化而敦。夫德善其烹而委之火。傳則味不慝。道乃全。將成其心。齊之化。無貴乎獺祭之鮮。且夫烹之煩而魚必毀。政之撓而人不理。魚不以煩爲貴。人不以撓爲美。反覆無極。必爲糜潰之道。簡易不修。自作滋彰之始。是知求全者動不如靜。務理者語不如默。動之則一鼎渾渾。語之則萬人慼慼。想瀲瀲之微質。不可而求。俾浩浩之澆風。無由自息。今聖人任一意。朝萬國。盡以體元元而得諸靜。寰海而宴如。豈徒以窮高極厚之內。喻之於一魚者哉。

崔鉉

鉉字台碩。博州人。第進士。會昌三年拜中書侍郎同中書

門下平章事。罷爲陝虢觀察使。宣宗朝擢河中節度使。進尚書左僕射兼門下侍郎。封博陵公。出爲淮南節度使。兼宣歙池觀察使。加檢校司空。咸通初徙山南東道荆南二鎮。封魏國公。

遣司封員外郎充史館修撰權審於衢路突尚書左僕射平章事判

宰相之統庶僚。僕射之臨郎吏。豈有導騎已過。按轡橫衝。權審久在班行。合諳典故。便知素履。且舉舊條。送省罰七直 闕

竇紃

紃宰相易直子。官渭南尉。武宗朝入爲戶部郎中集賢校理。貶秦州司戶參軍。

五色筆賦 以徵諸嘉夢藻思日新爲韻

物有燦奇文抽藻思。含五彩而可寶。煥六書以增媚。豈不以潤色形容。昭宣夢寐。漬毫端於一勺。潛含水章。施墨妙於八行。宛成錦字。言念伊人。光輝發身。拳然手受。灼若迷眞。戴帛鷩纈。文漸出。臨池訝蓮影長新。效用詞林。分宿鳥之丹羽。呈功學海。間遊魚之彩鱗。所以成畫飾之規。得和

光之道。輕肆力於垂露。觀流精於起草。俾題橋之處。轉稱舒虹。當進牘之時。尤宜奮藻。掌握猶重。文章可矜。糅松煙以霞駮。操竹簡而淚凝。儻使書紳。糊黻之容斯美。如令畫像。丹青之妙足徵。卓爾無雙。班然不一。摛握彩以冥契。刷孤鋒而秀出。紛色絲兮宜映練囊。暈科斗兮似開緗帙。動人文之際。懷豹變于良霄。呈鳥跡之前。想鳥凝於瑞日。當其色授之初。念忘形而獲諸魂交之次。驚目亂以相於。將發揮於煉石 闕 書秉翰苑之間。媚花陰而蔚矣。耕情田之上。臨玉德以斑如。是能潛映丹誠。暗彰吉夢。嘉不亂之如削。意相宣而載弄。混青蠅之點。取類華蟲。述皓鶴之書。思齊彩鳳。故可以彰施薤葉。點綴桃花。舒彩箋以增麗。耀丹管以孔嘉。彼雕翠羽而示功。鏤文犀以窮奢。曾不如披藻翰而發光華。

崔倬

倬官宋州刺史。

石幢敘

會昌中。有詔大除佛寺。凡鎔塑繪刻。堂閣殿宇。關于佛祠者。焚滅銷破。一無遺餘。遣御史覆視之。州縣震畏。至于碑

幢銘鏤贊述之類。亦皆毀拆瘞藏之。此州開元寺先有太師魯郡顏公。以郡守僚吏州人等爲連帥田氏八關齋會鐫記大幢。立石袤丈。而圍幾再尋。程材巨異。八觚如砥。偉詞逸翰。龍躍鸞翔。時刺史邑宰以其大不可拆。遂鑿鑿鈌敗以仆之。蓋三面僅存。委埋於土。倬大中己巳歲守郡。明年嘗暇日訪求前賢事蹟。郡從事涂君因言有魯公石幢。索而得之壇壞之下。瘢痍壞失。文義乖絕。尋繹研究。不可復知。意其邑居之中。必有藏錄其文者。果於前刺史唐氏之家。得其模石本。末完備。炳然輝耀溢目。倬自幼學慕習

魯公書法纔不能窺涉其門宇然惜其高蹤堙沒遂命攻治其傷殘補續其次雖眞贋懸越貂狗相屬且復瞻仰魯公遺文昭示於後矣大中五年正月一日敘

黎埴

埴開成初官學士

出使官不得乘檐子奏

伏以朝官出使自合驛馬不合更乘檐子自此請不限高卑不得輒乘檐子如病即任所在陳牒仍申中書門下及御史臺其檐夫自出錢雇節度使有疾亦許乘檐子不得

便乘臥轝宰相三公師保尚書令正省僕射及致仕官疾病者許乘之餘官並不在乘限其檐子任依漢魏故事準載步輿步輿之制不得更務華飾其三品以上官及刺史赴任有疾亦任所在陳牒許暫乘病差日停不得驛中停止人夫並須自雇

裴延翰

延翰宰相度從子

樊川文集後序

長安南下杜樊鄉酈元長注水經實樊川也延翰外曾祖司徒岐公之別墅在焉上五年冬仲舅自吳興守拜考功郎中知制誥盡吳興俸錢創治其墅出中書直亟召昵密往遊其地一旦談啁酒酣顧延翰曰司馬遷云自古富貴其名磨滅者不可勝紀我適稚走於此得官受俸再治完具俄及老爲樊上翁既不自期富貴要有數百首文章異日爾爲我序號樊川集如此則顧樊川一禽魚一草木無恨矣庶千百年未隨此磨滅矣明年遷中書舍人始少得恙盡搜文章閱千百紙擲焚纔屬留者十二三延翰自撮髮讀書學文率承導誘伏念初出仕入朝三直太史筆比

四出守其間逾二十年凡有撰制大手短章塗藁醉墨碩夥纖屑雖適僻阻不遠數千里必獲寫示以是在延翰久藏蓄者甲乙籤目比校焚外十多七八得詩賦傳錄論辨碑誌序記書啟表制離爲二十編合四百五十首題曰樊川文集嗚呼雖當一時戲感之言孰見魄兆而果驗白耶嘻文章與政通而風俗以文移在三代之道以文與忠敬隨之是爲理具與運高下採古作者之論以屈原宋玉賈誼司馬遷相如楊雄劉向班固爲世魁傑然騷人之辭怨刺憤懟雖授及君臣敎化而不能霑洽時論相如子雲瓌

麗詭譎諷多要寡羨漫無歸。不見治亂。賈馬劉班。乘時若君之善否。直谿己臆。奮然以拯世扶物爲任。纂緒造端。必不空言。言之所及。則君臣禮樂。教化賞罰。無不包焉。竊觀仲舅之文。高騁夐厲。旁紹曲摭。絜簡渾圖。勁出橫貫。滌濯滓窳。支立欹倚。呵磨皺瘃。如火照焉。爬梳痛痒。如水洗焉。其抉剔挫偃。敢斷果行。若誓牧野。前無有敵。其正視嚴聽。前衡後鑾。如整冠裳。祇謁宗廟。其聒蟄爆聾。發慄若大呂勁鳴。洪鐘橫撞。撑裂噎喑。戞切韶頀。其砭熨嫉惡。堤障初終。若濡槁於未焚。膏癰於未穿。栽培教化。翻正治亂。變醨養瘠。堯醲舜薰。斯有意趨賈馬劉班之藩墻者耶。其文有罪言者。原十六衛者。戰守二論者。與時宰論用兵論江賊二書者。上獵秦漢魏晉南北二朝。逮貞觀至長慶數千百年。兵農刑政。措置當否。皆能採取前事。凡人未嘗經度者。若繩裁刀解。粉畫線織。布在眼見耳聞哉。其譎往事則阿房宮賦。刺當代則感懷詩。有國欲亡。則得一賢人決遂不亡者。則張保臯傳。尚古兵柄本出儒術。不專任武力者。則注孫子而爲其序。褒勸賢傑。表揭職業。則贈莊淑大長公主及故奇章公汝南公墓誌。標白歷代取士得才。率由公族子弟爲多。則與高大夫書。諫諍之體。非訐醜惡與主鬬激。則論諫書。若一縣宰因行德教。不施刑罰。能舉古風。則謝守黃州表。一存一亡。適見交分。則祭李處州文。訓勵官業。告東君命。擬古典謨。以寓誅賞。則司帝之誥。其餘述喻讚誡。與諷愁傷。易格異狀。機鍵雜發。雖綿遠窮幽。朧腴魁碞。筆酣興健。窕眇碎細。包詩人之軌憲。整揚馬之牙陣。聳曹劉之骨氣。掇顏謝之物色。然未始不撥斷治本。縆幅道義。鈎深於經史。觝禦於理化也。故文中子曰。言文而不及理。王道何從而興乎。嘻。所謂文章與政通。風俗以文移。果於是以卜盛時理具。踔三代而蔭萬古。若躋太華臨溟渤。但覩乎積高而杳深。不知其磅礴澶漫。所爲遠大者也。近代或序其文。非有名與位。則文學宗老小子。既就其集寤寐思慮。反覆不翅逾年。苟墜承顧付與之言。雖晦顯兩不相解。在他人無知其狀者。然以高有天。幽有神。陰有宰物者。可自誣抵。以甘罰殛。故總其條目。強自後序。至於裁判風雅。宰制典刑。標翊時濟物之才。編志業名位之實。則恭俟叔父中書公於前序。

段瓌

環王茂元帥陳許表爲判官

舉人自代狀

右件官言思無謟。（集作郡）學就有道。屢爲從事。嘗佐正人。加以富有文辭。精於草隸。雋而且檢。通亦不流。臣所部稍遠京都。每繁章奏。敢茲上請。乞以自隨。伏請依資賜授憲官。充臣節度掌書記

東都不可立廟議

禮之所立。本乎誠敬。廟之所設。實在尊嚴。既曰薦誠。則宜統一。昔周之東西有廟。亦可徵其所由。但緣卜洛之初。既

須營建。又以遷都未決。因議兩畱。酌其事情。匪務於廣。祭法明矣。伏以東都太廟。廢已多時。若議增修。稍乖前訓。何者。東都始制寢廟於天后中宗之朝。事出一時。非貞觀開元之法。前後因循不廢者。亦踵鎬京之文也。記曰。祭不欲數。數則煩。天寶之中。兩京悉爲寇陷。西都廟貌如故。東都因此散亡。是知九廟之靈。不欲歆其煩祀也。自建中不葺之後。彌歷歲年。今若廟貌惟新。即須室別有主。舊主雖在。大半合祧。必几筵而存之。所謂宜祧不祧也。孔子曰。當七廟五廟無虛主也。謂廟不得無主者也。舊主如有畱去新廟便合創添。謹按左傳云。祔練作主。又戴記云。虞而立几筵。如或過時成之。便是以凶干吉。創添既不典。虛廟又非儀。考諸禮文。進退無守。或曰。漢於郡國置宗廟凡百餘所。今止東西立廟。有何不安者。當漢氏承秦焚燒之餘。不識典故。至於廟制。率意而行。比及元成二帝之間。貢禹韋元成等繼出。果有正論。竟從毀除。足知漢初不本於禮經。又安可程法也。或曰。几筵不得復設。廟寢何妨修營。候車駕時巡。便合於所載之主者。究其終始。又得以論之。昨者降勑參詳。本爲欲收舊主。主既不立。廟何可施。假令行幸九

州。一一皆立廟乎。愚以爲廟不可修。主宜藏瘞。或就瘞於埳室。或瘞於兩階間。此乃萬代常行不易之道也。

寇可長

可長。文林郎。試大理評事。

唐故平盧軍節度押衙兼左廂兵馬使銀青光祿大夫雲麾將軍檢校國子祭酒兼御史中丞上柱國食邑二千五百戶劉公夫人隴西辛氏墓誌銘 并序

夫人辛氏。隴西郡人也。父諱行儉。夫人即府君長女也。聘

于彭城劉公公不幸早䘮夫人稟山嶽之粹靈受人倫之大福博行而多聞發言而合禮素德全備淑慎威儀迨於姻親俯仰咸若挺霜操而馳其聲稟女功而發其譽夫人六十有六以大和九年秋七月廿日而䘮夫人有子二人長子平盧節度衙前虞候雲麾將軍試殿中監上柱國克勤次子節度散列將克恭生女一人日引子等哀毀過禮杖而能起乃扶護靈柩當年冬十月七日祔葬于青州益都縣永固鄉廣固之里以先塋不利故別遷宅兆西據于麓倚山邱之崇秀東極于荒南眺青山北臨於郡仍書銘

于墓内曰

白玉無瑕青松有節德儀咸備行階先烈弃塵世而歸天流芳華而不歇蒼茫野邑雲悲鴻咽林撼撼兮悲風光娟娟兮夜月

令狐緒

緒贈太尉楚子以廕仕歷隋壽汝三州刺史轉河南少尹賜金紫

請停汝郡人碑頌奏

臣先父元和中特承恩顧弟綯官不因人出自宸衷臣伏覩詔書以臣刺汝州日粗立政勞吏民求立碑頌尋乞追罷臣任隨州日郡人乞留得上下考及轉河南少尹加金紫此名已聞於日下不必更立碑頌乞賜寢停

令狐綯

綯字子直太和四年進士宣宗朝襲封彭陽男拜御史中丞轉戶部侍郎徙兵部同中書門下平章事懿宗立由左僕射門下侍郎拜司空檢校司徒充河中節度使徙宣武又徙淮南副大使封涼國公僖宗立爲鳳翔節度使徙封趙卒年七十八贈太尉

請詔男滈就試表

臣男滈爰自孩提便從師訓至於詞藝頗及輩流會昌二年臣任戶部員外郎時已令應舉至大中二年猶未成名臣自湖州刺史蒙先帝擢授考功郎中知制誥轉充翰林學士累叨寵澤遂忝樞衡事體有妨因令罷舉自當廢絕一十九年每遣退藏更令勤勵竊以祿位逾分齒髮已衰男滈年過長成未沾一第犬馬私愛實切憫傷臣二三年來頻乞罷免每年與男取得文解意望纔離中書郎却令赴舉昨蒙恩制許寵近藩伏緣已逼禮部試期便令就試

至於臨時與奪，即在省司。臣固不敢輒有干撓，但以初離機務，合具上聞。臣近於延英奉辭，輒擬面對，伏以戀主方切，陳誠至難，伏冀睿慈察臣丹懇。

請申禁天門街左右置私廟並按品定廟室數奏

准太常禮院奏中書侍郎兼吏部尚書平章事崔龜從奏，准令式合立私廟。祔准會昌五年十二月勅，百官並不得京城內置廟。如欲於京城內置者，但准舊於所居處置廟，即不失敬親之禮。伏以武宗時緣南郊行事，見天門街左右有廟宇，許令私第內置。若令依舊會昌五年勅文，盡勒

於所居處置廟，兼恐十年間私廟漸逼於宮墻，齋人必苦於吞併。臣具詳本末，冀便公私。今請夾天門街左右諸坊不得立私廟，其餘圍外遠坊，任取舊廟及擇空閑地建立廟宇。應立廟之初，先取禮司詳定，兼請准開元禮二品以上祠四廟，三品祠三廟，三品已上不須兼爵者，四廟外有始封祖，通祠五廟。三品已上不得過九架，並廈兩頭。其三室廟制，合造五間，其中三間隔爲三室，兩頭各廈一間虛之。前後亦虛之。每室中西壁分之一，近南去地四尺，開一埳室，以石爲之，可容兩神主。廟垣合開南門、東門，并有門屋，餘並准開元禮及元和曲臺禮爲定制。其享獻之禮，除依舊禮使少牢特牲饋食外，有設時新及今時熟饌者並聽，仍請永爲定式。

薦處士李羣玉狀

右苦心歌篇，屛跡林壑，佳句流傳於衆口，芳聲籍甚於一時，守道安貧，遠絕名利。當文明之聖代，宜備搜羅，俾典校於瀛州，佇光志業。臣綯等今日延英已面陳奏，狀伏奉聖旨，令與一文學官者。臣等商量，望授宏文館校書郎。未審可否，謹具奏聞，伏聽勅旨。

楊發

發字至之，同州馮翊人。大和四年進士，書判拔萃，累遷禮部郎中。大和時遷嶺南節度使，貶婺州刺史，卒。

太陽合朔不虧賦 以聖德元通陽精通照爲韻

懸象告祥，垂衣表聖，陰慝將作而潛滅，陽光當虧而更盛。羲和率職，徒降物以宵興；堯舜臨軒，方並明而曉映。上方以憂勤御極，濬哲承天，聲教旣昭乎下土，災蝕因消於上元。景麗高雲，已照臨於物外；位移正寢，空警戒於事先。曉次箕中，時惟冬仲，天子夕惕而懃慮，太史先期而誓衆。於

是霧霽閑原雲歸幽洞圓規杲耀發瑞彩於踆烏愛景沖融動和鳴於彩鳳是月唯朔昇輪自東煥大社之晨氣照清朝之曉風幣奚假於詞祝鼓寧煩於奏工遂使皆仰之人既無虞乎薄蝕惜陰之士咸有望於再中諒天聽之自邇信宸心之遂通仰稽聖謨遐考天則運行雖由於黃道感應自符於元德輝華增煥觀光必達於幽陰氛祲皆消揆影無差於晷刻道敷陽教德叶炎精麟趾而不闕葵向影而皆傾觀臺登望之時漸欣光被史冊退書之際益訝文明至乃揚彩宮闈增華廊廟人動佳色物含清照若

合璧之無瑕比重輪而有耀黃琬之巧言莫啟由此緘詞叔輒之妄歎無聞從茲載笑道契元化禎同太陽躔次罔虧於順晷貞明以合於重光固齊天而比德垂永永於皇唐

大音希聲賦 以希則能大物理之常爲韻

聲本無形感物而會生彼寂寞歸乎靜泰含藏於金石之中緘默於肺腸之外喻春雷之不震時至則興比洪鐘之未撞扣之斯大靜勝永合於人心元同遠符於天籟大道沖漠至音希微叩於寂而音遠求於躁而道違三年之鳥不鳴驚人可異五絃之琴載絕知音蓋稀人生而靜物本無機修以誠而上下交應臻其極而禽獸咸歸遐想古風緬窮太始以彼聲音之道娩夫動靜之理方歌擊壤堯人式貴於心和未夢鈞天趙簡尚勞於傾耳鼓能興雨鐘亦候霜沖用可齊於道性善應方契於天常興公之賦欲成已含金韻夫子之宮未壞猶閟樂章無象無名不知不識守此虛淡終乎妙極豈逐物而感通諒與時而消息損之而益潛運將契於天功聽之不聞元化極符於帝則幽元之旨足以明徵海內於焉而自正天下無得以爭能由是

廣可喻於人細可齊於物聲希者其響必大聲煩者其理斯屈常呼萬歲維嶽有時而降神將異三人點爾無心於鼓瑟理歸若訥事契寡詞既不言以足教必於聲而可遺存而不論馳神於六合之外語不如默箝口於三緘之時是各從其類也吾將一以貫之

慶雲抱日賦 以雲日暉映精彩相耀爲韻

太陽之昇兮鑠景氣而澄氤氳聖人之德兮上蔚結而生慶雲外浮相煥中映成文郁郁昱昱繽繽紛紛粲兮若組繡之縈寶鏡翊兮若申甫之相明君無心而生應德而出

不曜青以干呂能叶慶以扶日。縹緲蜿蜒遊龍相逐而不
如斐亹葳蕤彩蜺舒狀而難匹。始流形於孤嶽終垂象於
九圍。麗碧霄以增媚捧金烏而徐飛感覆燾之仁効靈表
瑞憑元黃之氣耀影含暉夫天道無言以物應聖聖功不
宰物自効命故有非烟非雲爲祥爲慶附我元吉彰我元
盛豈徒衆彩錯出重輪交映者哉且日者實也象君而貞
明雲者運也應時而發生就日而浮若就君之朝聘五色
成象告五方之和平騰乎天假其陰隲見於晝資厥炎精
懿乎煌煌燭空煜煜呈彩域中之目無不仰觀天下之心

若有所待何必蒼梧稱美橫汾是載者乎夫變化倏忽希
夷混茫理至則無幽不感德盛則化妖爲祥煥厥霄極亘
於天光彼丹甑玉燭蓂莢芝房孰若此感化而見五彩其
相者焉是知聖與冥通理由感名故我后之盛德不求彰
而自耀

加謚追尊改主重題議

臣等伏尋舊典栗主升祔之後在禮無改造之文亦無重
加尊謚改題神主之例求之曠古買無其文周加太王王
季文王之謚但以德合王周遂加王號未聞改謚易主且
文物大備禮法可稱最在兩漢並無其事光武中興都洛
陽遣大司馬鄧禹入關奉高祖以下十一帝后神主祔洛
陽宗廟蓋神主不合新造故也自魏晉迄於周隋雖代有
放恣之君亦有知禮講學之士不聞加謚追尊改主重題
書之史策可以覆視今議者惟引東晉重造鄭太后神主
事爲證伏以鄭太后本瑯琊王妃薨後已祔瑯琊邸廟其
後母以子貴將升祔太廟賀循請重造新主改題皇后之
號備禮告祔當時用之伏以諸侯廟主與天子廟主長短
不同若以王妃八寸之主上配至極禮似不同時謟神貪

君之私用此謬禮改造神主比量晉事義絕非宜且宣懿
非穆宗之后實武宗之母母以子之貴已祔別廟正爲得
禮饗薦無虧今若從祀至尊題主稱爲太后因子正得其
宜今若別造新主題去太字即是穆宗上仙之後臣下追
致作嬪之禮瀆亂正經實驚有識臣當時並列朝行實知
謬戾以漢律擅論宗廟者以大不敬論又其時無詔下議
遂默塞不敢出言今又欲重用東晉謬禮穢媟聖朝大典
猥蒙下問敢不盡言臣謹按國朝前例甚有明文武德元
年五月備法駕於長安通義里舊廟奉迎宣簡公懿王景

皇帝神主。升祔太廟。既言於舊廟奉迎。足明必奉舊主。其加謚追尊之禮。自古本無其事。自則天太后攝政之後。累有之。自此之後。數用其禮。歷檢國史。並無改造重題之文。若故事有之。無不書於簡冊。臣等愚見。宜但告新謚於廟。而止其重題改造之文。開元初。太常卿韋縚以高宗廟題武后神主云天后聖帝武氏。縚奏請削去天后聖帝之號。別題云則天順聖皇后武氏。詔從之。即不知其時削舊題耶。重造主耶。亦不知用何代典禮。禮之疑者。決在宸衷。以臣所見。但以新謚寶冊告陵廟。正得其宜。改造重題。恐乖

禮意。

盧商

商字爲臣。第進士。又中拔萃科。累官兵部侍郎。名拜中書侍郎同中書門下平章事。封范陽郡公。大中元年。罷爲武昌節度使。以疾解職。拜戶部尚書。卒。

請增加鹽額奏

常州自開成元年七月二十六日勅。以茶務委州縣。至年終所收。以溢額五千六百六十九貫。比類鹽鐵場院正額元數加數倍已上。伏請增加正額。

盧鈞

鈞字子和。范陽人。徙京兆藍田。第進士。以拔萃補祕書正字。累拜山南東道節度使。兼領昭義軍。進檢校左僕射。宣宗立。改吏部尚書。封范陽郡公。守太子太師。大中十年。同中書門下平章事。尋以檢校司徒爲東都留守。懿宗立。以太保致仕。卒年八十七。贈太保。謚曰元。

嶺南官吏請停吏部注擬奏

伏以海嶠擇吏。與江淮不同。若非諳熟土風。即難搜求人瘼。且嶺中往之弊。是南選。今之弊。是北資。臣轄管二十二州。唯韶廣州官僚。每年吏部選授。道途遐遠。瘴癘交侵。選

人若家事任持。身名眞實。孰不自負。無繇肯來。更以俸入單微。每歲號爲比遠。若非下司貧弱令使。即是遠處無能之流。比及到官。皆有積債。十中無一肯識廉恥。臣任四年備知情狀。其潮州官吏。伏望特循往例。不令吏部注擬。且委本道求才。若攝官廉慎有聞。依前許觀察使奏正。事堪經久。法可施行。

唐元度

元度。開成中官翰林待詔。權知沔王友。

九經字樣序表

臣聞秦焚詩書塞人視聽漢興典籍以廣聰明伏以龜鳥之文去聖彌遠點畫訛變遂失本源今陛下運契黃虞道從經籍觀人文以成俗念鳥跡之乖方繇是遂徵臣之上請許於國學創立石經仍令小臣覆定字體謬當刊校晢盡所知大歷中司業張參掇衆字之謬著爲定體號曰五經文字專典學者實有賴焉臣今參詳頗有條貫傳寫歲久或失舊規今刪補冗漏一以正之又於五經文字本部之中採其疑誤舊未載者撰成新加九經字樣一卷凡七

十六部四百二十一文其偏傍上下本部所無者乃纂爲雜辨部以統之若體畫全虧者則引文以證解於雅言執禮誠媿大儒而辨體觀文式遵小學其聲韻謹依開元文字避以反言但紐四聲定其音旨今條目已舉刊削有成願竭愚衷以資後學當開成丁巳歲序謹上

奏九經字樣狀

準太和七年十二月五日勑覆定九經字體者今所詳覆多依司業張參五經文字爲準其舊字樣歲月將久點畫參差傳寫相承漸致乖誤今並依字書參詳改正訖諸經之中別有疑闕舊字樣未載者古今體異隸變不同如總據說文即古體驚俗若依近代文字或傳寫乖訛今與校勘官同商較是非取其適中纂錄爲新加九經字樣一卷或經典相承與字義不同者具引文以註解今刊削有成請附於五經字樣之末用證紕誤

九經字樣牒文

右國子監奏得覆定石經字體官翰林待詔朝議郎權知沔王友上柱國賜緋魚袋唐元度狀准大和柒年拾貳月伍日勑覆定九經字體者今所詳覆多依司業張參五經

文字爲準其舊字樣歲月將久點畫參差傳寫相承漸致乖誤今並依字書參詳改正訖諸經之中別有疑闕舊字樣未載者古今體異隸變不同如總據說文即古體驚俗若依近代文字或傳寫乖訛今與校勘官同商較是非取其適中纂錄爲新加九經字樣壹卷或經典相承與字義不同者具引文以註解今刊削有成請附於五經字樣之末用證紕誤者其字樣謹隨狀進上謹具如前中書門下牒國子監牒奉勑宜依牒至准勑故牒開成二年八月十二日牒

論十體書

古文黃帝史蒼頡所造頡首有四目通於神明觀察衆象而爲古文暨嬴氏之代法務徑促隸書是興古文殆絕漢魯恭王壞孔子舊宅得尚書論語孝經皆科斗文字是也又河內女子壞老君屋得古文二篇乃書之秦誓顧命也或絕塵之客高蹈遠遊深巖邃谷丹經秘訣往往遇之今之所傳是其遺文也大篆周宣王太史史籀所造始變古文著大篆十五篇秦焚詩書惟易與此篇得全遇王莽之亂此篇亡失建武中曾獲九篇章帝王育爲作解說所不

通者十有二三暨晉世此篇都廢今畧傳字體而已八分後漢章帝時上谷王次仲所造以古書字形少波勢乃作八分楷法始有楷法也其後師宜官蔡邕梁鵠善之故蔡邕勸學篇云上谷王次仲初變古形是也小篆秦丞相李斯所造妙於篆法乃刪改史籀大篆而爲小篆其銘題鐘鼎及作符璽至今用焉爲楷隸之祖乃不易之軌也書曰作謨作則其斯之謂也今相承或謂之玉筋篆飛白漢靈帝飾理鴻都門時陳留蔡邕所撰聖皇篇待詔門下見役工以堊箒成字心有悅焉歸而爲飛白書漢末魏初並以題署宮闕後有張敬禮者隱居好學獨師邕法備極其妙倒薤篆仙人務光辭湯之禪隱於清泠之陂植薤而食清風時至見葉交偃象爲此書以寫太上紫經三卷光遠遊時有得此者因傳焉散隸晉黃門郎衛巨山所作祖覬父瓘皆蟲篆草隸著名巨山幼得其法又創造散隸體及著四體書勢古今并皆法之懸針後漢章帝建初中秘書郎曹喜所造喜工篆隸著名尤善垂露之法後代行之用此以書題五經篇目鳥書周史官史佚所撰粵在文代赤雀集戶降及武朝丹鳥流室今鳥書之法是寫二祥者也

用此以書題幡者取其飛騰輕疾耳一說鴻鵠有去來之信故象之也垂露漢曹喜所造喜以工篆聞於京師章帝見而善之又作垂露法字如懸針而勢不纖阿郍若濃露之垂蔡邕勸學篇云扶風曹喜建初稱善是也

裴夷直

夷直字禮卿第進士歷右拾遺累進中書舍人武宗立出爲杭州刺史斥驩州司戶參軍宣宗初內徙復歷江華二州刺史終散騎常侍

張克勤恩蔭請迴與外甥判

一子官恩在報功貴延賞典若無已子許及周親今張克勤自有息男妄以外甥奏請移於他族知是何人儻涉賣官實爲亂法雖援近日勅例難破著定勅文國章既在必行宅相恐難虚授具狀上中書門下并牒中書省克勤所請不允

韋澳

澳字子斐宰相貫之子大和六年進士復擢宏詞科累遷户部兵部侍郎大中時授河陽節度使懿宗朝累徙邠寧節度使貶祕書監分司東都遷河南尹卒贈户部尚書謚曰貞

解送進士明經不分等第牓文

朝廷將裨教化廣設科場當開元天寶之間始專用明經進士及貞元元和之際又益以薦送相高當時務尚切磋不分黨甲絶僥倖請託之路有推賢讓能之風等列標名僅同科第既爲盛事固可公行近日以來前規頓改互爭強弱多務奔馳定高卑於下第之初決可否於差肩之日曾非考覈盡繫經營奥學雄文例舍於貞方寒素增年矯貌盡取於黨比羣強雖中選者曾不足云而爭名者益熾其事澳叨司畿甸合貢英髦非無藻鑒之心懼有愛憎之謗且李膺以不察孝廉去任胡廣以輕舉茂才免官況在管窺實難裁處況禮部格文本無等第府廷解送不合區分今年合送省進士明經等並以納策試前後爲定不在更分等第之限

欽定全唐文卷七百六十

蔡京

京初爲僧令狐楚鎭滑臺勸之學登進士第官御史歷澧撫饒三州刺史咸通中拜嶺南西道節度使以貪愽爲下所逐貶死崖州

李肇東林寺碑陰記

元和初武陽公廉刺江西和惠多暇歎二林精舍之最佛書闕如以月俸家財經始大藏廬岳師資坐閱貝教皆懷德於公也昭肅皇帝患僧繁濫詔省其居以嚴其人因是

林藏毀經逸先帝卽位許勝地復寺東林振焉僧行言立心至勤完集經教走丐歷歲克就無期大中十二年洪廣潭宣四鎭兵擾先帝以中丞韋公英果多知詔馳鎭舊地先德在人詠歌不忘江湖老叟有懷惠泣下者聞公至皆願縛賊出迎故公未至而人已安纔至而賊遂平皆如先帝之策闕洎訪舊事德績盡在獨經藏闕焉因名行言傾俸使復不一歲而藏成經備如初繼先志也

吕受

受大和中鄉貢進士

佛頂尊勝陀羅尼經幢序

妙道闕三字難智窮歸心是崇敢闕三字心感而著事因而生有唐義成軍節度使檢校禮部尚書兼御史大夫西平公我尚書性闕二字繼祖風國重闕詔委旄鉞自臨雄鎭事理數行而能習武不威韜光匿耀政模造化信叶大時以十闕二字是以三州有和樂之化五載無造次之刑上下咸安中外悅服天明聰聽聞亦何闕一字押衙田伓等咸以闕一字遲契符君臣際會職位皆重寄任匪輕持盈若虛惣無怠謙若居敬恭如處閑内迫奉公外寬從闕一字玆謂誠性自然

風敎被焉易獲其全斯所以分也未闕一字以報也遂僉議佛經有尊勝陀羅尼者功德宏廓道義幽元而能普濟生靈博救品物陰影纔及莫大罪銷飛塵略沾福履將至欲以命工刻石當道建幢冀得惠風接吹白日迴照輕飄遠景長及百靈仰其佛功用答殊造所望節幢等法幢同立比石齊堅仁壽等並長承時偕慶天照誠感人願必從卑誠共陳果遂其志凡曰慶幸無以過焉

譚銖

銖吳人會昌元年進士爲蘇州鹾院官

盧州明教寺轉關經藏記

大唐咸通庚寅歲廬之佛寺曰明教有禪那僧文珦創轉關經藏成命銖記其事銖常學釋氏因錄其義以喻之曰經曰佛滅度後像法存焉夫像似也俾迷者覩其像得其意乃曰經心也藏藏也如心之含藏萬法者也故曰一心生萬法萬法由一心其動靜弛張在我而已寧窮其義略舉其大斯藏也本於一心靈通無礙動用自在靜則萬法空寂動則三界彌綸虛僞唯心所造作其在斯乎周迴八角角覺也佛以眼爲八邪耳爲八患鼻爲八苦舌爲八難

迴八邪爲八覺迴八患爲八解脫迴八苦爲八安樂迴八難爲八王子指四八爲三十二相由此八關返邪歸正成佛之境矣止則寂然無用引則轉而不窮動雖有聲靜乃無跡以此現相俾人歸依知佛之心體道之要使迷徒瞻禮自識根源移於身心可見微密迷者若悟知三乘妙旨未脫輪迴一法正宗不離眞性性而非性眞何所眞乃知三界本空十方一相相而無相知何所知如始當語言道斷心行起滅其藏貯修多羅教數千軸募金長者禪那弟子蘄州長史殿中侍御史上柱國王師貞特力營構果獲成就噫己丑歲屬徐方兵亂援軍屯集雖存根本幾失護持今則色相端嚴典教漸備所表法輪常轉心不動搖略諭因緣以示道俗云爾讚曰

修多羅教函於藏輪周迴八角正道斯陳動用一心爲萬法因忘因無法得本歸眞鐫於金石用導迷人

劉約

約官水部員外郎歷滄州天平節度使徙宣武卒

請王叔泰歸宗奏

王鍔之子故德州刺史王稷在任有善政郡人愛之爲李

全畧所殺家無遺類有男叔泰年五歲郡人宋忠獻潛收養之今已成長臣察知其事忠獻已補軍職叔泰送歸其宗

余知古

知古文宗時人

謝段公五色筆狀

伏蒙郎中殊恩賜及前件筆竊以趙國名毫遼東仙管曾進言於石室亦奏議於圓邱經阮籍而飛動稱神得王珣而形製方大妙合景純之讚奇標逸少之經利器莫先豈

宜虛授某藝之鴻彩膺此緣沈降自成麟翻將畫虎空懷得手之趣實多過眼之迷春蚓未成豐狐濫對喜並出圖而授驚逾入夢之徵將欲遺於子孫清白莫比更願藏之篋笥瑞應那同捧戴明恩伏增感激謹狀

陳去疾

去疾字文醫侯官人元和十四年進士會昌中官蔡州刺史終邕管副使

王師如時雨賦 以慰悅人心如雨枯旱爲韻

惟唐十二葉盛德如春雖幽無不被而獲有未臣帝曰苟非我武焉能庇人於是考龜策諧諮詢投干戈於苗扈之地拯黎庶於塗炭之辰是師也以勝殘爲心以除暴爲主得周宣之薄伐非漢皇之黷武爾乃誓六師命吉甫鼓而出兮俯而取始天聲作發闞若雷霆終聖澤旁流霈如甘雨既殲元惡不問其餘誠與之更始而待之如初簞食壺漿將爭先以邀路緇黃耆艾知弛負以寧居是以足蹈手舞怨釋憤攄洗心靈而沃若類草木之賁如始其聞金鼓之聲疑殺戮之謂及其蒙霑濡之賜眾乃欷歔以相慰曰豈圖汙俗猶軫聖心殷雲雷以作解與枯槁而爲陰濟濟

烝徒一以貫乎睿旨禺禺噍類闕一字得滌其煩襟渥恩既溥幽憂爰泄愛離畢之時見覩燎原之燄滅始憑鼓怒信天步之不回終乃發生諒人情之大悅既而新厥政華其謨遂開儒風與文教載櫜越棘與燕弧正皇綱於寒暑變下國之榮枯夫如是莫不沐仁澤以愉愉詠恩波之侃侃方且觀濠梁之魚樂豈復比農人於歲旱

張元審

元審開成時人

唐故李氏夫人墓誌

河南府河陽太平鄉臨泉村鄭宏禮適妻以開成四年三月十四日昊天不祐終於長夜夫人祖諱海尊諱士安以元和十五年二月十七日殯於河南府濟源縣清廉鄉官橋村平原禮也其先隴西郡人也嘗觀懷洛之士公門惟積善琴瑟調和天資柔順常能克己以惠於人性自沖和母儀親戚有兄弟兩人兄從簡大和七年九月十日終于長夜弟道士元慶住奉仙觀夫人有四女幼小長女丞登三和娘子皆以形毀絕漿不食日月推移痛盡晝哭之深夫人忽自寢疾而未經旬遂終于開成四年歌變爲哭傷

嘆不期享年卌至開成四年己未歲四月壬子朔十日辛酉殯於河南府河陽縣太平鄉西洺村北卅五步高岡之前其地阜勢前引後從中之如堂安殯必固誰言有虧猶恐桑田變改年代不同若不標於貞石何可留於千載迺爲誌云其一曰憶念平生日曾爲濟上人芳聲傳海內誰是不知聞其二曰死隔恩憐女悲闕四字空闕一字何處去聲聲堪斷腸其三曰葉落終歸本人生闕二字然泉臺空寂寞來路永無還

李宏慶

宏慶開成中檢校太子庶子金州刺史兼御史中丞

大慈恩寺大法師基公塔銘 幷序

按吏部李侍郎乂碣文法師以皇唐永淳元年仲冬壬寅日卒於慈恩寺翻譯院有生五十一歲也後十日陪葬於樊川元奘法師塔亦起塔焉塔有院太和二年二月五日異時門人安國寺三教大德賜紫法師義林見先師舊塔摧圮遂唱其首率東西街僧之右者奏發舊塔起新塔功未半而疾作會其徒千人盡出常所服玩洎向來箕斂金帛命高足僧令檢俾卒其事明年七月十三日令檢奉行師言啓其故塔得全軀依西國法焚而瘞之其上起塔焉又明年十月齋行狀請宏慶撰其銘予熟聞師之本末不能牢讓師姓尉遲諱基字宏道其先朔州人累世以功名致爵祿先考宗松州都督伯父鄂國公國初有大勳力宏道身長六尺五寸性敏悟能屬文尤善于句讀凡經史皆一覽無遺三藏法師元奘者多聞第一見宏道頗加竦敬曰若得斯人傳授釋敎則流行不竭矣因請於鄂公鄂公感其言奏報天子許之時年一十七旣脫儒服披緇衣伏膺奘公未幾而冰寒於水矣以師先有儒學詞藻詔講譯

佛經論卅餘部草疏義一百本大行於時謂之慈恩疏其餘崇飾佛像日持經戒瑞光感應者不可勝數嗟乎宏道其家世在朔漠宜以茹毛飲血闘爭煞戮背義妄信爲事今慕浮屠教苦節希聖采入其奧與夫鄂公佐聖立國功成身退出于其類爲一代賢人實稟間氣習俗不能染也明矣退爲銘曰

佳城之南兮面南山元奘法師兮葬其間基公旣歿兮陪其後甲子一百兮四十九碣文移入兮本寺中曇景取信兮田舍翁義林高足兮曰令檢覩承師言兮精誠感試具

畚鍤兮發元堂。全身不朽兮滿異香。銘誌分明兮是宊道。齒白骨鮮兮無銷耗。瑞雲甘雨兮晝濛濛。神祇悉寧兮羅壽宮。依教荼毘兮得舍利。金瓶盛之兮埋厚地。建塔其上兮高巍巍。銘勒貞石兮無愧辭。深谷爲岸兮田爲瀛。此道寂然兮感則靈。

陳嘏

嘏字君錫。莆田人。開成三年進士。累官刑部郎中。

霓裳羽衣曲賦

我元宗心崇至道。化叶無爲。制神仙之妙曲。作歌舞之新

規。被以衣裳。盡法上清之物。序其行綴。乃從中禁而施。原夫采金石之清音。象蓬壺之勝概。俾樂工以交泰。儼彩童而相對。漓灑合節。初聞六律之和。搖曳動容。宛似羣仙之態。爾其絳節迴互。霞袂飄颻。或眄盼以不動。或輕盈而欲翔。八風韻肅。清音思長。引洞雲於丹墀之下。颯天風於紫殿之旁。懿乎樂洽人和。曲含仙意。雜絃管之繁節。澹君臣之元思。清淒滿聽。無非冲穆之音。颯沓盈庭。盡是雲霄之事。吾君所以凝清慮。慕元風。無更舊曲。用纂成功。既心將道合。乃樂與仙同。悅康平於有截。延聖壽於無窮。美矣哉。調則冲虛音惟雅正。於以臻逍遙之境。於以暢恬和之性。遂使俗以廉平。人無紛競。見天地之訢合。致朝廷之清淨。小臣忭而歌曰。聖功成兮至樂修。大道叶兮皇風流。願揣俾於竹帛。贊元化於鴻休。

張次宗

次宗。宰相宏靖子。開成初爲起居舍人。累遷考功員外郎知制誥。出爲澧明二州刺史。卒。

謝賜端午衣物狀

右伏以中暑良時。沐蘭令節。王人乘驛。初降於九霄。內府

頒衣。遠霑于千里。臣忝膺寄任。未展涓埃。節候每移。尸曠增懼。陛下殊私荐及。寵賜不忘。天書覩經緯之文。麗服見裁縫之妙。捧其珍玩。價重於兼金。賜以絲絺。恩深於延算。況寵周將校。問及偏裨。爭馳就日之誠。益勵酬恩之節。

謝賜冬衣狀

右伏以元律戒時。祁寒應候。王人傳詔。御府頒衣。伏惟皇帝陛下盛德御天。至仁育物。每念藩方之任。屢加寵錫之恩。臣績効未施。塵忝玆久。捧溫密之詔。喜若朝天。被輕纖之衣。暖同就日。況撫寒之問。下及師人。錫服之榮。遍周戎

校喜氣乍傳於封部陽和先及於荆衡爭馳戀闕之誠各勵酬恩之志

謝賜冬衣狀

右中使劉泰伸至伏奉勅書手詔宣慰臣及將吏僧道百姓等并賜臣手詔及冬衣兩副大將衣十副者清風戒寒元律將至未及嚴凝之候已霑輕暖之衣承寵命而載懽啟緘封而增感伏惟皇帝陛下至德御時深仁育物光武十行之詔每覩憂勤魏后五時之衣未爲寵錫況臣叨榮漸久受賜彌多寒暄之節候驟移新舊之光華相委被服

悉須於御府裁縫僅度於私家挾纊之恩已周於列校維鵜之刺尤媿於微躬

薦前漢州刺史薛元賞狀

右件官明敏多才幹能有用嘗列班行之任亦專繁劇之司廣漢在蜀川之中最爲大郡凋瘵之後爲理甚難流庸自占者過九千家田業開闢者踰五百頃修兵甲則戎備斯足置什器則公用有餘事無不周去有遺美臣任當廉察備覩政能伏望聖恩特垂甄奬

薦前淮南節度掌書記殿中御史李騭狀

右件官稟性端方臨事果毅有清介之節擅文華之名操心不回居約可久臣去年有狀已具薦論累月在京未蒙奬擢儻置之諫署或授以憲官視其爲人必能稱職輒再具論奏伏望天恩俯賜裁酌謹奏

薦前澧州刺史崔芸狀

右伏以前件官業尚儒學才通吏事言行無玷終始可觀有古人歲寒之心得君子時中之道所歷五郡去皆見思或在危疑之中能全名節或當徵發之際不擾疲人自理澧陽課績尤異得賦斂變通之法置郵館供待之資創立

隄防修築城洫事必可久政皆有經臣任忝宣風諳其履行若在郡無此實効豈敢輒有薦論伏望聖恩特加奬擢

薦觀察判官陸暢請章服狀

右件官植性謹和涖事周敏詞賦中第篇什成名應物而精力有餘處煩而變通靡滯所委公事案牘雖多巨細無遺剖斷尤速領刑獄之重人自不寃須廉察之條法皆可久準勅文使下檢校官凡至五品便得賜緋今陸暢前任秘書丞已是登朝五品即頗與格文相當又職事修舉合當甄奬臣先已有狀未蒙允許今輒敢再具論奏伏望天

恩特賜章服。

請立前節度使李德裕德政碑文狀

右伏以勳著王室者則銘於景鐘功及生人者則刊於樂石故扶風存必拜之地峴山有墮淚之思固有舊章蓋無餘美竊以李某纘慶相門伏膺儒業得郤縠詩書之學兼祭遵儒雅之風自授任坤方鎮安全蜀亭戍多警灾旱相仍外有定戎之功則城柵相望內有繕完之備則器甲雖新強寇將罷其東漁鄰敵自止其南牧況令行屬郡威肅連營來暮之謠已章於昔歲去思之美無謝於古人今合

境同詞諸郡獻狀雖黃霸入用寵方盛於登賢而鄧侯不留情猶深於愛樹臣謬當交代備聞政能願嗟卧轍之情特允紀功之請

韋溫

溫字宏育京兆人年十一舉兩經及第以書判拔萃補校書郎累遷尚書右丞出為陝虢觀察使武宗立召拜吏部侍郎出為宣歙觀察使卒年五十八贈工部尚書諡曰孝

請治修葺太廟慢官並止委中使鳩工疏

臣伏見今月五日敕將作監等修葺太廟稽遲各已罰俸特命親臣專知繕理有以見陛下奉宗孝思之至也臣聞吏舉其職國家所以治事歸於正朝廷所以尊夫設制度立官司事存典故國有經費而最重者奉宗廟也伏以太廟當修詔下踰月有司弛墮曾不加誠宜黜慢官以懲不恪之罪擇可任者責以繕完之功此則事歸於正吏舉其職也而聖思不勞百職不曠今慢官不恪止於罰俸宗廟所切便委內臣是許百司之官公然廢職以宗廟之重為陛下所私羣官有司便同委棄此臣竊為聖朝惜此事也事關宗廟皆書史策苟非舊典不可率然伏乞更下詔書

得委所司營繕則制度不紊官業交修

請止上尊號疏

德如三皇止稱皇功如五帝止稱帝徽號之來乃聖王之末事今歲三川水災江淮旱歉恐非崇飾徽稱之時

歐陽秬

秬字降之國子監四門助教詹從子開成中進士劉從諫鎮澤潞表佐幕府其子稹拒命上表斥損時政或誣秬為之詔流崖州賜死

移陸司勳洒書

月日。歐陽秬移書郎中閤下。夫百女蕩。一女貞。蕩者紛然。爲貞者笑。脫使貞者始貞而後蕩。奈百人之笑一人耶。嗚呼。一之笑百。百者有比。恥於一人而已。百之笑一。一者舉目無比。其如恥何。伏唯閤下少垂聽覽。秬在閩中時。聞閤下之名十年矣。及來京師。又逾一紀。嘗期閤下不出則若南陽劉子驥。會稽謝慶緒。出則如蜀孔明。殷傅說。不然亦如賈誼朱雲之徒。庶幾於直道也。今皇帝起閤下爲郎。閤下俁俁而來。秬謂斯來也。嚮數年有見必言。有聞必論。日復一日。僅三百日矣。豈九牧之民皆治矣。無有術耶。四夷

之患皆平矣。無有策耶。天下之無賢者不可舉耶。天下之無倖者不可黜耶。天下之無贓者不可劾耶。天下之無寃者不可雪耶。天下之無屈者不可伸耶。天下之無驕者不可誡耶。既無所聞。又無所見。則樂堯舜之道。讀周孔之書劉驎之謝敷。斯人也。閤下亦斯人也。豈徒鼓動以朝廊飡而退。是何前倨而後恭。若彼始貞而後蕩。如此且一之笑百。雖有比也。正今百人之反笑矣。閤下欲何比焉。夫名利之心不可卷。正直之心亦不可轉。秬謂閤下今之爲。不及昔時不爲明矣。且逢萌不掛冠。孰有萌耶。孫楚不漱石。孰有楚耶。閤下始心爲直。苟在爲郎。國家有明經進士史傳諸科。孰不郎也。後達者雖在閤下之左。先達者雖在閤下之右。秬所謂爲郎不若不爲。蓋悲閤下身未死而名已滅雖然。尚有可復之計。何者。閤下有所見勿惜其位而言。有所聞勿顧其身而論。論或不行。言或不用。則乞骸歸去。斯謂可復之計也已矣。吳越勝景山川如繡。鱸鱠蒓羹。放歌長嘯。夫如是。永爲陸司勳。庶幾乎不朽。伏維念之。秬再拜

韋琮

琮字禮玉。第進士。武宗朝以中書侍郎同中書門下平章事。遷門下侍郎兼禮部尚書。無功罷爲太子賓客分司卒

月明星稀賦（以大明流光羣曜自戢爲韻）

伊圓光之未呈。觀列象之繁星。忽昇輪以委照。齊掩縟而韜精。天宇無雲。意姮娥之可覩。金波出海。覺婺女之迷明。爾其兎影高輝。榆光潛靄。沖融者寥落。或存隱映者蒼茫自昧。仰著明而下分。融朗鶩有爛而全迷。光大美矣。夫星沈四裔。月麗中央。以合璧之華彩。埽連珠之眾光。有北微分於辰極。維南屢失於昊蒼。奕奕三台。既慙容於出沒。熒熒五緯。亦具體而微茫。時則俯燭地隅。斜臨海嶠。寫碧落

以增麗。拂金風而引耀。使占蜀國。當曖昧而何知。賢聚潁川。豈低昂而自照。的的悠悠。蟾孤桂秋。離離兮弄影。如晦皎皎兮澄明不流。萬家盈手之時。望女牛而纔見。千里同心之際。美烏鵲而追遊。且樂彼無私。失乎躔次。焜煌河鼓羃歷天駟。初曈曨出地。似懷德以增輝。忽燦爛經天。知畏威而有自。既而夜久凝澈。時無埃氛。銀華炫晃以將落。珠彩蕭疎而掩羣。且共歎於陰靈。因悲鵲化。如欲覩其分野。豈辨天文。儼若咸賓。稀然且集。知至明之難競。故不耀而相襲。則水朝宗未足以爲喻。火就燥孰云其可及。吐皓魄

以流空。掩繁光而載戢。

明月照積雪賦 以孤光上燭寒彩下凝爲韻

月麗天而配陽。雪抱陰而體剛。輪合太虛。類呈祥於往漢。尺盈平地。亦表瑞於我唐。清輝洞照。皓質練張。配金精而可久。稟水德而爲常。月吐危峯。自掩瑤階之跡。雪凝平野。誰分玉兔之光。高卑交映。靜動有方。一則向晦而引曜。一則俟明而昭彰。罔聖人之潔白。類君子之行藏。俯而察之。謂履玉山之玉。遠而望也。謂覩燭龍之燭。影能相扶。德且不孤。曈曨相映。若有若無。虧盈足爲物鑒。樸素可與道俱。夜久彌明。鵲遶林而就侶。室虛生白。人味道以自如。當其雲卷天高。氛銷鏡朗。曠碧霄明媚之色。失白鷳飛舞之狀。臨北堂而可鑒。曳穿履以遐望。娟娟若晝。高臨舊井之中。漸漸驚風。疑落孤松之上。光臨皓壁。氣引凝寒。混金波而曜潘室。交素彩而鄙齊紈。入秦臺且不慙於清鏡。彈楚曲寧有愧於幽蘭。懿夫夜已深兮月猶在。雪未消兮夜將改。照耀冰壺之質。掩映瓊林之彩。月之德也明而升。雪之體也白已凝。圓虛邑澈。柔祗氣澄。故得二美相貫。兩氣合宏。謝莊翫而成詠。袁安寢而莫興。原夫象在於上。形成於下。

德無不施。物無不假。比同塵之叶美。異投珠而見舍。倘委照以無私。願不遺於微者。

楊漢公

漢公字用乂。虢州宏農人。大和八年進士。累拜荆南節度使。名爲工部尚書。宣宗朝同州刺史。更宣武天平兩節度使卒。

干祿字書後記

太師魯公忠孝全德。儀刑古今。存道沒身。煥乎國史。文學之外。尤工隸書。盡鍾繇之精能。極逸少之楷則。頃因左宦

曾牧茲郡。才大事簡。居多餘閒。錄干祿字樣。鐫於貞石。仍許傳本示諸後生。一二工人。用爲衣食業。晝夜不息。刓缺遂多。親姪禺頃牧天台。懼將磨滅。欲以文字移於他石。資用且乏。不能克終。漢公謬忝宗陰。獲覩墨妙。得以餘俸成禺之意。自看摹勒。不差纖毫。庶筆蹤傳於永永。時開成四年六月廿九日。

房千里

千里字鵠舉。太和中進士。官國子博士。終高州刺史。

骰子選格序

古之序班位。列爵祿。非獨以理萬民。總百事也。用以別白賢不肖。堯爲君。舜爲相。其下有共鯀焉。成王爲君。周公爲相。其下有管蔡焉。舜周公之貴。非幸也宜也。共鯀管蔡之殛放。非不幸也宜也。故賢者宜進之。雖已貴益其祿。厚其爵不爲幸。不肖者宜退之。雖已賤奪其廩。削其秩不爲歉。由是人用自勵。遷善去惡。強奮自篤。後代衰微。升於上者不必賢。沈於下者不必愚。得不必功。失不必過。賢者知其善不足恃。恥比肩而趨。故賢未嘗進。不肖者知其惡不果棄。惟奮臂而逞。故不肖未嘗退。有賢者退。人雖心知之。卒無奈何。且曰非人也命也。有不肖者進。人雖心知之。又無可奈何。亦曰非人也命也。以是善不勸而惡不悛。率曰付諸命而已矣。果如是。聖人所謂仁義忠信者。何足道哉。姑徵其有命無命耳。悲夫。斯後代之不可復古。豈不由是也。開成三年春。予自海上北徙。舟行次洞庭之陽。有風甚急。繫船野浦下三日。遇二三子號進士者。以六骰雙雙爲戲。更投局上。以數多少爲進身職官之差。數豐貴而約賤。卒局。座客有爲尉掾而止者。有貴爲相臣將臣者。有連得美名而後不振者。有始甚微而歘升於上位者。大凡得失酷似前所謂不繫賢不肖。但卜其偶不偶耳。達人以生死爲

勞息。萬物爲一馬。果如是。吾今之貴者。安知其不果賤哉。彼眞爲貴者。乃數年之榮耳。吾今貴者。亦數刻之樂耳。雖久促稍異。其歸於偶也同。列禦寇敘穆天子夢遊事。近者沈拾遺述枕中事。彼皆異類微物。且猶竊爵位以加人。或一瞬爲數十歲。吾果斯人也。又安知數刻之樂。果不及數年之榮耶。因條所置進身職官遷黜之目。爲骰子選格序。

遊嶺徼詩序

有進士韋滂者。自南海邀趙氏而來。十九歲爲余妾。余以

鬢髮蒼黃倦於遊從將為天水之別尚有數秋之期縱京洛風塵亦其志也趙屢對余潸然恨恨者未得偕行即泛輕舟暫為南北之夢歌陳所契詩以寄情

廬陵所居竹室記

凡天地之氣煦嫗乎春曦彤乎夏淒乎秋而冽乎冬楚之南當冬而且曦燕之北當夏而且冽是皆不得氣之中正人之百骸上陽而下陰陽戒於燠故膏肓欲寒陰戒於溺故腎腸欲燠人之外好欲軒冕文綵以為榮似若動且陽焉人之內好欲寡慮恬默以為泰似若靜且陰焉其門外欲肥馬大車以為熱者其室內欲虛堂廣廈以為清者果反是必為災且妖且病且亂且窮矣天地之性當夏而冽當冬而曦其歲時惡人之百骸上陽而不能寒下陰而不能煦其神瘵外飾文采不能動且榮而必慊其心踈內思恬默不能靜且泰而必汩其志亂外門淒淒而寒者內室彤彤而熱者其士窮乎三年夏待罪於廬陵其環堵所棲者率用竹以結其四周植者為柱楣撐者為榱桷破者為霤削者為障臼者為樞篾者為繩絡而籠土者為級橫而格空者為梁方大暑火烘爆霤坼壞若墜於鑪若燎於原舌呀而不能持支墮而不自運赫赫爐爐如列千萬炬於室內視其門即寂寥虛閒若清秋之山焉若寒浦之波焉予乃知嚮所謂天地之氣人之百骸與其心形之內外居室之寒燠反是果為災且妖且病且亂且窮也今予方窮不能奮果窮也其處於是亦宜矣天地之氣不能易者也鄒子有吹律之變人之生死不可制者也俞扁有鍼砭之術是二者尤不可革且有道而得之今予室之曦子門之寒予亦姑思其治之之道將爇其廬而斬其工竹室其能永永以爍予書其詞於壁

知道

世之所以為達者貴爵富祿威刑不勝其用珠玉不勝其計耳熱聲口飫味目厭色斯所謂常情之大欲也世所以為窮者秩不足以庇身祿不足以充用侮不能威辱不能刑聲色不足於耳目滋味不甘於口舌斯所謂常情之大不欲也然而聖人汲汲於祿仕者豈為是耶曰非也聖人為人者也恒人為己者也聖人負其資得其地逢其時有其祿然後因其鎡基流其德澤猶水之居高者決而溉之其浸必廣聖人之所以為榮者導人於仁誼然後使千萬

年載其烈光爲巍巍之德功以浹於生人者也恒人之爲已者期於厚祿貴位位以私尊祿以私富益尊而愈驕益富而愈汰以逞快一日之欲縱放肆於氣未絕之間者也聖人有其時有其位行其道以及於人無其時無其位奉其道以自飾故聖人進不爲榮退不爲戚而常得其道恒人幸其時竊其位恣其所爲竭人以自足無其時失其位任其愚以自困故恒人進以爲已榮退以爲已辱而常失其道孔子曰鳳鳥不至河不出圖吾已矣夫孔子嘆行已之道足以致是而時王不用已之道道無所施非嘆其身

食不方丈衣不文繡也恒人之所悲不達者率曰吾妻不能羅襦吾兒不能肉食耳豈常少及於外物哉聖人以德澤流於人雖九命崇錫不以爲厚以其所賞果當外其身而公於天下非已幸也恒人無毫毛以裨於人苟幸得祿仕即逸豫以自怡以竊取偷得爲大黠其所得幸也孔顏聖賢也豈嘗闕伐樹瓢飲以爲已辱哉姬旦亦聖人也豈嘗聞受封攝理以爲已幸哉是知聖人之樂也內而恒人之樂也外內故常有餘外故常不足有餘故推於人不足故取於人有道之人雖鹿裘帶索而人不鄙之者取其內而忘其外也豪民俠士紫衣金鉤而人不貴之者文飾於外也若然者富貴文飾於外也彼之所以仁誼者質充於內也西子不華嫫母錦縠是不能易其美惡後之君子窮於時者當思負其內以自篤無以其外而諂人達於時者當思勉其內以自飾無以其外而驕人苟如是庶幾乎知道矣

許渾

渾字用晦丹陽人故相圉師之後太和六年進士第當塗太平二縣令以病免起潤州司馬大中三年爲監察御史

歷虞部員外郎睦郢二州刺史

烏絲闌詩自序

余丱歲業詩長不知難雖志有所尚而才無可觀大中三年守監察御史抱疾不任朝謁堅乞東歸明年少閒端居多暇因編集新舊五百篇置於几案閒聊用自適非求知之志也時庚午歲三月十日於丁卯澗村舍手寫此本

欽定全唐文卷七百六十一

鄭涯

涯太和朝官司勳員外郎

武宗祔廟議

會昌六年五月禮儀使奏武宗昭肅皇帝祔廟并合祧遷者伏以自敬宗文宗武宗兄弟相及已歴三朝昭穆之位與承前不同所可疑者其事有四一者兄弟昭穆同位不相爲後二者已祧之主復入舊廟三者廟數有限無後之主則宜出置別廟四者兄弟既不相爲後昭爲父道穆爲

子道則昭穆同班不合異位據春秋文公二年躋僖公何休云躋升也謂西上也惠公與莊公當同南面西上隱桓與閔僖當同北面西上孔穎達亦引此義釋經文賀循云殷之盤庚不序陽甲漢之光武上繼元帝晉元帝簡文皆用此義蓋以昭穆位同不可兼毀二廟故也尚書云七世之廟可以觀德且殷家兄弟相及有至四帝不及祖禰何容更言七代於理無疑矣二者今以兄弟相及同爲一代矯前之失則合復祔代宗神宗於太廟或疑已祧之主不合更入太廟者案晉代元明之時已遷豫章穎川矣及簡文即位乃元帝之子故復豫章穎川二神主於廟又國朝中宗已祔太廟至開元四年乃出置別廟至十年置九廟而中宗神主復祔太廟則已遷復入亦可無疑三者廟有定數無後之主出置別廟者按魏晉之初多同廟蓋取上古清廟一宮尊遠神祇之義自後晉武所立之廟雖有七主而實六代蓋景文同廟故也又按魯立姜嫄文王之廟不計昭穆以尊尚功德也晉元帝上繼武帝而惠懷愍三帝時賀循等諸儒議以別爲主廟親遠義疎都邑遷異於理無嫌也今以文宗棄代纔六七年武宗甫爾復土遽移

別廟不齒宗祖在於有司非所宜議四者添置廟之室案禮論晉太常賀循云廟以容主爲限無拘常數故晉武帝時廟有七主六代至元帝明帝廟皆十室及康穆二帝皆至十一室自後雖遷故祔新大抵以七代爲準而不限室數伏以江左名儒通曉禮奧事有明據固可施行今若不行是議更以迭毀爲制則當上不及高曾未盡之親下有忍臣子恩義之道今備討古今參校經史上請復代宗神主於太廟以存高曾之親下以敬宗文宗武宗同爲一代於太廟東間置兩室定爲九代十一室之制以全臣子恩

敬之義。庶協大順之宜。得變禮之正。折古今之紛互。立羣疑之杓指。因心廣孝。永燭於皇明。昭德事神。無虧於聖代。

武宗祔廟合祧遷議

夫禮經垂則。莫重於嚴配。必參損益之道。則合典禮之文。況有明徵。是資折衷。伏自敬宗文宗武宗三朝嗣位。皆以兄弟考之前代。理有顯據。今謹詳禮院所奏。並上稽古文。旁摭史氏。協於通變。允謂得宜。臣等商議。請依禮官所議。

鄭處誨

處誨字廷美。贈僕射澣子。太和八年進士。累遷工部刑部

侍郎。出爲浙東觀察使檢校刑部尚書宣武軍節度使。

授鄭薰禮部侍郎制

敕。儀曹劇任。中臺慎擇。總百郡之俊造。考五禮之異同。必求上才。以允僉屬。中散大夫尚書工部侍郎鄭薰。高陽茂族。通德盛門。秉莊氏之遺風。藴名卿之品業。文諧騷雅。鼓吹前言。譽洽搢紳。領袖時輩。操守必修其謙柄。進退常蹈於德藩。壘中詞科。亟升清貫。持槖列金華之侍。揮毫擅紫闥之工。貳職冬官。克揚休問。是用俾司貢籍。以振儒風。朕以化天下者。莫尚於人文。序多士者。以備乎時選。育材之本。惟善是從。搴拔既尚於幽貞。聳勸勿遺於曹緒。無求冠玉。無採雕蟲。當思取實之方。必有酌中之道。爾其盡慮。以率至公。可守禮部侍郎。

邠州節度使廳記

邠爲古國。其俗質而厚。其人樸而易理。業尚播種畜擾。有后稷公劉之遺風。始皇并天下。地屬右輔。後漢析爲新平郡。後魏改置豳州。國朝因之。開元中。詔以豳幽爲疑。因改爲邠。天寶已前。太平歲久。西通伊涼。萬里而遠。邠實爲近郡。申王薛王以親賢之貴居之。太尉房公以盛德之重居

之。洎逆胡勃起幽朔。西戎塵坌蕩湧。乘艱難際。盜據河右。蕃兵去王城不及五百里。邠由是爲邊郡斥候近郊鎮要害。大歷中。尚父汾陽王始以朔方軍壯其威容。後益選武勇驍健有膽決奇謀者繼之。今天子三年。西戎款關。獻河湟數州故地。西鄙益拓。邠爲近藩。上念兵戎方息。邊備愈遠。始詔司空白公由丞相府持節來鎮。丞相功成。繼命文雅忠恕之風。煦然而起。邊人若寢寤拭目。心意蘇醒。始知禮讓文化之爲急務。廷議以我季父尚書公前爲夏帥。夷毗乂安。寇盜弭息。儲廩果實。兵械果完。懋賞休績。遷鎮是

軍。季父又以理夏之政。移之於邠。邠人嬉嬉。薰爲太和。嘗覩屋壁志前帥是軍者之名氏因曰。曩之帥此者。豈不知是耶。始務公車而角材堅壘。未暇及此爾。吾既承數君子大理之後。敢不勤督吾之未至者。況今戎醜既夷。不宜獨以鳴鼓鼙教擊刺爲事。因命疏自開元以來。刺是郡帥是軍者。追書於屋壁。季父尚書公曰。吾思將有以警於吾前警於吾後者。邠之土實。婦人無桑績。不能自衣。朔方之軍雄。男子勇於公戰。無他業以自厚。故郡之人以耕稼爲事。軍之卒以勇敢得賞。後之撫於人者。宜勉農畝。時其徵調。

人不擾而完富矣。帥於軍者。宜嚴其刑賞。時其衣食。卒不驕而勇敢矣。人既完富。卒既勇敢。生聚之。訓練之。吾知青海之西。不數年爲內郡矣。命處誨記其始終。序於前後。處誨謹以季父之言志於後。將允於後之人俾無怠。大中二年三月二十日記。

孫簡

簡。華州刺史宿孫。舉進士。官兵部尚書。

請改定百官班位奏

伏以班位等差。本係品秩。近者官兼臺省。立位稍遷。頗紊彝制。理亦未通。今據臺司重舉元和元年所奉勅。常參官兼大夫中丞者。准檢校官立在左右丞之上者。承前列曹侍郎兼大夫者。至少。准京兆尹往往帶此官。其京兆尹是從三品。至今班位只在本品同類官從三品卿監之上。在太常宗正卿三品之下。其尚書左丞是正四品上。戶部侍郎是正四品下。今戶部侍郎兼大夫只合在本品同類官正四品下諸曹侍郎之上。不合在正四品丞郎之上。與京兆尹在正三品卿監之下無異。又據尚書右丞是正四品下。吏部侍郎是正四品上。今吏部侍郎班位在右丞之下。

蓋以右丞官居省轄。職在糾繩。吏部侍郎品秩雖高。猶居在下。推此言之。則左丞品秩既高。又處綱轄之地。戶部侍郎雖兼大夫。豈可驟居其上。今據散官自將仕郎上至開府特進。每品從上下名級各異。則從上下又不得謂之同品。今取於理近者。用以比方。今京兆河南司錄及諸州錄事參軍。皆操紀律。糾正諸曹。與尚書省左右丞紀綱六典略同。設使諸曹掾因其功勞。朝廷就加臺省官。立位豈得使在司錄及錄事參軍之上。施於州縣。尚謂非宜。況在朝廷。實爲倒置。且尚書左丞自置此官。職業至重。按六典得彈射八座主省內禁令及宗廟祠祭之事御史糾刻不當得彈奏之豈可不究是非輕爲措施今臺司所奏但言往例曾不揣摩事若循理雖無往例亦合遵行事若非宜雖有往例便合改正今據元和元年臺司所奏勑戶部侍郎兼大夫班位合在兵部侍郎之上在左右丞吏部侍郎之下今若因循往例不改正遣戶部侍郎兼大夫位在左右丞之上則京兆尹兼御史大夫班位合在太常宗正卿之上不惟有紊典章實恐重違元勑謹具貞元二年以後勑旨如前伏乞重賜參詳庶合事理

奏置本錢狀

准赦書節文量縣大小各置本錢逐月四分收利供給不乘驛前觀察使刺史前任臺省官等晉慈隰三州各置本錢訖得絳州申稱無錢置本今使司量貸錢二百貫充置本以當州合送使錢充

李愬高崇文配享次序議

伏以蜀蔡之功實皆超卓勳力雖等艱危則殊高崇文憲宗御宇之初朝廷討叛之始雷霆斯赫物力方全劉闢起參佐而爲凶魁行惡者勢同烏合崇文統百萬而命羣帥起行者理足鷹揚所以嚴道雖深劒門不能恃其固汚俗未久刀州莫與結其恩大勳誠集於忠勞作孽本無其根據此崇文所以不辱專征之寄克成定蜀之勳至於李愬之所立適當伐蔡累年旁有包荒數鎭元濟襲父業而成邪計凶黨皆爲其致命同惡懼脣寒而爲陰援軍須必從以有資是故垤窟益深毒爛不誅愬於此時獨能善貸行權竄謀沈斷跳驅閒道乘凌堅壁不俟拔幟而坐失金湯未暇請纓而已纍俘虜斯實軍鋒之冠萬夫之將由是言之伐蜀當專征之始衆銳且同於楚金攻蔡承連兵之餘

羣疑頗同於魯縞及成功而雖一在出奇而尤高昔者光武比耿弇於韓信優之獨收勍寇今陛下令臣等挍崇文與李愬之功迴出等夷儻聖慈以格言所著德宜有鄰武功之中功皆難掩則愬居第一崇文次之庶盡公言上符詔旨

憲宗廟配享功臣議

伏以憲宗皇帝元德英猷邁越千古神機睿算恢復四方始者既戮惠琳連誅闢錡睿求良輔果集大勳乃覆淮蔡之妖巢大芟河朔之餘孽皇威震耀寰宇和寧偃武修文

幾無遺事陛下崇嚴享禮爰彰孝思將舉元勳以顯丕績臣等伏思故司徒兼中書令贈太師裴度天縱忠公道施康濟始處司言之任屢陳憂國之誠常因別召深得聖旨乃貳邦憲使於藩方處嫌疑者悉付心誠懷顧慮者必得要領俄登相位專任大事遂乃擒元濟梟師道承宗効順劉總叩頭程權來朝同捷就戮蓋憲宗有知人之明而度盡致君之道也於是息瘡痍培根本宇內無獷悍之俗元和爲盛明之代薰灼天下將明帝圖古往今來善無與讓即祇配聖德光揚大勳詳考功行無先於度

狄中立

中立會昌初官華州下邽縣尉武陵軍事判官

桃源觀山界記

桃源山洞開顯廡宇興剏神仙異境具武陵經今有言者道士朱法虔以狀來曰有觀在山有戶在疆圖籍且久事不能辯農人曰斧某林田某墟而養侵競未能以遵清淨之化公賢其辭實疑漁蠹之未弭迺詢故實刻石定所至而明白之滎陽公之臨武陵實開成五年也桃源觀在州西水路去州城一百四十里陸路八十里准天寶七年五月十三日制取近山三十戶蠲免租賦永充灑埽守備山林此觀山四至准建中二年所定山界東西濶七里南北長九里周迴三二里東至厮羅溪五里西至大江二里南至障山四里北至大江五里障山在祠堂南四里以山嶺分水爲界直南屏蔽如障故以名八跡壇在祠堂北一百八步瞿童上昇處足印八跡後人思之立壇於其所因以爲名今奉勑醮祭皆在斯壇秦人洞在障山中峯之陰厥狀如門巨石屏蔽靈跡猶存有水自中涓涓不絕竹樹陰森雖盛夏炎熾凜然若秋又多奇花奇木禽獸非凡信仙

境也朱老師閣在觀西一百步老師名靈翌於此朝禮常聞異香仙樂既終後人莫敢居年久摧毀厥址尚存今有杉木十餘株枝幹盤屈若龍蛇之形凌冬不凋有松柏之操桃源洞在祠堂北大江南岸漁人黃道真見桃花處備於陶淵明伍安貧記云會昌元年十二月二十一日軍事判官前華州下邽縣尉狄中立記

褚藏言

藏言江西人

竇常傳

府君諱常字中行扶風平陵人也祖亶同昌郡司馬贈水部郎中皇考叔向仕至左拾遺贈尚書右僕射當代宗皇帝朝善五言詩名冠流輩時屬貞懿皇后山陵上注意哀挽卽時進三章內考首出傳諸人口者有禮逝生前貴恩追歿後榮又命婦羞蘋蘩都人插椓花又禁兵環素帟官女哭寒雲備在文集故刑部侍郎包佶製序府君同氣五人各載首序府君大歷十四年舉進士與故吏部侍郎奚陟商州牧卞倪祕校獨孤授同年上第迨拾遺下世力養繼親家無舊產百口漂寓繇是棄高科於盛時就泉府之

少職邅迴者十年厥後載罹家禍因卜居廣陵之柳楊西偏流泉種竹隱几著書者又十載繇擢第至釋褐凡二十年洎貞元十四年秋成德軍節度使太尉王公命從事御史盧泚覗五百金辟爲掌記不就其年淮南節度左僕射覇陵杜公奏爲參謀授祕書省校書郎厥後歷泉府從事繇協律郎遷監察御史裏行居無何湘東倅戎轉殿中侍御史賜緋魚袋元和六年繇侍御史入爲水部員外郎亦旣二歲婚嫁未畢求牧守之官出爲朗州刺史轉固陵潯陽臨川三郡旣罷秩東歸舊業時宰嘉招固辭衰疾因除國子祭酒致仕寶歷元年秋寢疾告終於廣陵之白沙別業卒時年七十其年詔贈越州都督會昌元年武宗卽位恩覃中外嗣子宏餘任黃州刺史准赦改贈太子少保有文一十八卷西江逸民褚藏言製序

竇牟傳

府君諱牟字貽周家世所傳載於首序府君貞元二年舉進士與從父弟故相贈司徒易直故相贈少師李公夷簡故兵部侍郎張公賈故工部侍郎張公正甫同年上第府君初授祕校東都留守巡官歷河陽昭義從事累轉協律

郎評事監察御史裏行府罷復爲留守判官轉殿中侍御史尋爲昭義節度判官累遷檢校水部員外轉本司郎中兼御史賜緋魚袋後爲留守判官檢校尚書都官郎中出爲澤州刺史改國子祭酒長慶二年春寢疾告終於宣平里之私第享年七十四嗣子周餘任祕書監今上卽位恩覃內外准赦文大中四年贈給事中府君和粹積中文華發外惟琴與酒克儉於家時人以爲有前古風韻世爲五言詩加以筆述文集十卷未暇編錄

竇羣傳

府君諱羣字丹列家世所傳載於首序府君由弱冠不樂進士之科便於著書耕墾墳籍既孤以蔬素自適著書於毘陵之西偏給長兄之俸而與諸季安於膝下者十稔洎再罹內艱殆盡而復前者數四厥後郡守給事中京兆韋公夏卿知公以爲江左文雅無出其右適貞元十年詔徵天下隱居邱園不求聞達之士韋公遂薦焉與桂山處士劉明素同表公之言云受天清氣與道逍遥時人以爲孔北海拔禰衡之文不之過也其時天下慰薦九人公獨不除授其後韋公移牧吳郡又以公所著史記名臣疏三十

四卷進入皆寢而不報人皆異之公自以爲通塞繫於命靜而俟之厥後韋公入爲天官侍郎改京兆命中謝之日德宗與之緒言韋進曰臣忝居達官而竊負其位上曰卿有何負奏曰臣守毘陵日薦處士竇羣於時獨蒙不錄後臣在蘇州又進竇羣所著名臣疏又蒙不答臣以爲以人而廢在臣則當然言羣則屈上乃驚曰卿之知人固無疑卒不問者乃宰執之失也便宣卽令召對此貞元十八年也公卽日起於衡泌白衣召見上謂公曰夏卿知卿卿有何蘊蓄得以盡言公從容對曰臣無蘊蓄第讀書俟時夫蘊蓄者迹在近班進有所不納諫有所不聽臣卽蘊蓄如臣處於草茅但仰元化而已實無蘊蓄上甚奇其對便宣令付中書卽除諫官釋褐授右拾遺居無何祕監張公薦和蕃請公爲判官因改侍御史其後有故不行請復本列上不許遂守侍御史俄兼領雜務德宗晏駕改膳部員外郎兼侍御史知雜事出爲唐州刺史司空于公鎮漢南奏公爲節度副使檢校兵部郎中兼中丞加金紫居無何除吏部郎中遷御史中丞以舉職太過出爲黔州觀察使後以十洞擾亂准詔用兵翦伐事平公坐貶開州刺史亦既

周歲除容管經畧使憲宗以公守官無隱思欲大用因急詔追入中途遘疾終於衡州旅館享年五十贈左散騎常侍公有子曰謙餘審餘偕孝敬相率審餘應進士公天授和粹亮直孤峻著書俟用隱於衡泌未嘗以名利枉其所守時論以公有公輔之筆卒無所伸文集散落未暇編錄

竇庠傳

府君諱庠字胄卿家世所傳載於首序府君初應進士感於知己一言遂從事於商洛授國子主簿未幾而罷後吏部侍郎韓公出鎮武昌美公之才辟爲節度副使遷監察

御史俄而昌黎移鎮京口用爲節度副使改殿中侍御史昌黎却入公至輦下遷澤州刺史秩滿時光祿卿范公由吳郡領宛陵奏公試太子中允兼侍御史爲團練副使加章服府罷除奉天縣令遷登州刺史昌黎公留守東都又奏授公爲汝州防禦判官改檢校戶部員外郎兼侍御史後遷信州刺史三載轉婺州亦既二載遘疾告終於東陽之官舍享年六十有三公天授倜儻氣在物表一言而合期於歲寒爲五字詩頗得其妙嗣子匡餘疾沒世次曰絲晉州司法次曰載國子監直講皆克荷素風聿修官業詩

筆散落編錄未遑

竇鞏傳

府君諱鞏字友封家世所傳載於首序府君元和二年舉進士與今東都留守左僕射孫公簡故吏部侍郎興元節度使王公源中中書舍人崔公咸制誥李公正封同年上第府君世傳五言詩頗得其妙故相淮陽公鎮滑臺辟爲從事釋褐授秘校淮陽移鎮渚宮遷峴首改協律郎二府專掌奏記淮陽下世司空辟公平鎮青社辟公爲掌書記又改節度判官副使累遷至大理評事監察御史裏行殿中侍御史檢校祠部員外郎加章服後辟公入爲民籍府君除侍御史轉司勳員外郎遷刑部郎中文昌故事文酒之爲由公復振也故相左轄元稹觀察浙東固請公副戎分實舊交辭不能免遂除秘書少監兼中丞加金紫無何元公下世公亦北歸道途遘疾迨至輦下告終於崇德里之私第享年六十有子六人長曰景餘疾歿世次師裕見任晉陽令俱力學修文孝敬相率公溫仁華茂風韻峭逸遇境必言詩言之必破的佳句不泯傳於人間文集散落未暇編錄

曹確

確字剛中河南人開成二年登第累拜兵部侍郎咸通五年以本官同平章事進中書侍郎加右僕射罷爲鎮海節度使加太子太師徙河中卒

請令揚監錢絹直納延資庫奏

戶部每年合納當使三月九月兩限絹二十一萬四千一百疋錢五萬貫自大中八年已後至咸通四年積欠五十萬五千七百餘貫疋前使杜悰申奏請起咸通五年正月已後於諸道州府揚監院合送戶部八十文除陌錢內割

十五文當時收管以塡積欠續據户部牒稱州府除陌錢有折色零碎請起咸通五年所合送延資庫錢絹逐年兩限須足其餘陌十五文當司仍舊收管前使夏侯孜具事由申奏且請以户部論請期限其咸通五年錢絹户部已送納自六年至八年其錢絹依前不旋送納又積欠三十六萬五千五百七十貫文者伏以所置延資庫初以備邊爲名至大中三年始改今號若財物不充則名額虛設當置制之時所令三司逐年分攺減送當使收管元勅只有錢數但令本司減割送庫不定色目以此因循漸隳舊制

年月既久積欠轉多既無計以徵收乃指色以取濟稍稱備邊名號得遵元勅指揮乃割户部除陌八十文内十五文收管及户部請逐年送庫具票從今既積欠又多終慮不及期限臣今酌量請諸道州府場監院合送户部錢絹内分配令勒留下合送納延資庫數目令本處別爲綱運與户部綱同送上都直納延資庫則户部免有逋懸不至累年積欠

諫用伶官李可及爲威衛將軍疏

臣覽貞觀故事太宗初定官品令文武官共六百四十三員顧謂房元齡曰朕設此官員以待賢士工商雜色之流假令術踰儕類止可厚給財物必不可超授官秩與朝賢君子比肩而立同坐而食太和中文宗欲以樂官尉遲璋爲王府率拾遺竇洵直極諫乃攺授光州長史伏乞以兩朝故事別授可及之官

李貺

貺吏部侍郎漢之子登進士第

連山燕喜亭後記

余自㓜伏覽外王父昌黎文公燕喜亭記則知連州山水

之殊亭之稱因記爲天下所嘉連爲郡既遠且秀亦因亭而高時談山水可娛者較數連矣中州人既以連遐遠不可得與遊皆依記以圖爲館宇飾味山水者莫不目登心到焉如此則亭豈可荒記豈可仆乎三年冬余侍行承詔於連水陸南馳幽無所攄志無所用乃縱業於山水以資養志況又外祖所記亭在是耶昔聞今見必矣踵於郛則訪焉耆老曰無矣吁昔奚寵遇而讚詠之如彼今遭何人廢棄之如此豈亭之屯耶竊歎數月得刺史武公至歡之尤甚且曰不修則過及余矣遽揮徒而窮尋之冒翳履淖

抵巇孽蔓得餘址焉級磚鈌擲棟榱垣瓦寸折片碎蓊汙其甚石記斷僵苺昧其字公整而修之徵記本於余家易石而琢之不旬就矣於舊不移不損煥而爲新命余記其跡余辭小子豈敢措筆以並前記公曰不與記實此則又毀後人知子至而不顧子過矣余何別不修者乎余曰諾時會昌五年十一月五日連州刺史武興宗書

李濆

濆武宗朝官洛陽令遷滁州刺史

荇溪新亭記

上臨御明年濆自洛陽令之太守詔牧滁民之三月得右溪郡之東北十里按地圖志在皇道山之右昔始皇途經是山因以名焉其下西永陽嶺迸流於荇溪此溪是也不濬川導廣泉演漾潭島影溢江漢埇中流衺平壇四浪滉朗雙派委輸襟帶一川斜界千畝無麥苗蘋萍之雜其淼練如也有廢亭占勝之地其狀依然也照晴而空水相鮮澄遠而霽山瀉色趨向奇狀不可窮竟訪郡之長老考亭之廢興皆曰三十甲子二周星而不知其所由來矣驗圖籍亦昧其始興之歲也秋七月前河中監察汝南公況前武寧軍殿中隴西公拱州遷客司馬宏農公紹復咸以勝概爲宴之須乃卜於亭是咨是謀遂古創今僉曰惟允不越月他工具洎六旬有六日新亭就楹不茀茀昭其儉也甍不佗佗示無僭也內不重門曠其景也外不崇墉達其望也繇是四時之氣成象不絕春卉秀容夏雲奇峯秋天爽空冬日暖濃觸類有景與溪無窮雖羊公峴溪曷足以加其勝矣於戲物之廢興時也苟非其時聖人微言矧其蒙者乎時會昌二年正月八日建

蔣儇

儇武宗時人

石壁院記

縣城西郭七十里有東漢春穀縣之遺址後因以名鄉鄉之北鄙抵於大山之峯巖秀異於他山山之林巒温潤於他木議者以爲下有泉洞故爾洞門如圭勢實天鑿四面來東兩崖相撑腹內周圓似刳而成仰視嵌空怪狀非一若羽若鱗若動若植不知所以然者蓋疑山川陰陽有吐納蓄洩之道下有流泉淺深未測洞門右擁復穿石竇達於洞外注爲澄潭下灌良田功侔造化若乃松韻秋景鳥

鳴春林野花爭芳吐火噴雪不可得而名也洞之西偏有石壁屹立高三十餘仞廣袤等夷有類丹青元黄錯雜垂蘿引蔓布列纓緌石壁之下復有名園流泉繞其兩面巖翠環其四隅先是故吏部常選樂安蔣公諱誦有之未遑經始而傳於故明州司功參軍蔣公諱珵司功之季年顧命其子係曰是地也鄰接靈境不樹藝桑麻可請名僧崇建蘭若依託寺宇而根固焉是以君子避之係既免喪於太和七年有禪僧超覺自金陵杖錫而至曰我尋山水者度量宏博珠融月圓係乃以前意見託忻然而受覺公乃

經文尺具畚揭芟治繁蕪鑿石夷壞建置方丈而景象旋生矣於戲天作靈奇而覺公潤色之以合天地之心開成二年請附屬於隱靜寺時上座僧文度寺主僧道琮都維那僧文昱皆道門樞轄釋氏師長迺曰此地斯來符西徵矣貞元中故工部尚書博陵崔公字斯邑也嘗遊玆洞崔公佳之有紀行之什自洞迴驂親翰於寺之壁事既契叶不其休哉遂兼以公之作聞於官司因隸於隱靜寺焉覺公欲刊石爲記使後人知其所由來乃有處士南陽左歡實邱明之遐裔亦當今之俊選好述錢媛始契宜家惜夭桃之芳晨痛梧桐之先落鳳琴罷響魚目常開捨其服翫粧奩獨致豐碑之用昔羊公遺愛墮淚於峴山今左氏思賢淒涼於石壁偘固不才詎識文章之紀律以宗室之休美輒受命而爲記蔣秀士前序其事即會昌二年九月二十七日樹碑慶讚悉皆周備至五年天下廢寺遂被隨例廢毀今逢明代精舍重興左公恐絕其靈跡盡忠竭誠又出數緡再留後紀貴其存歿福壽無疆永爲不朽

崔于

于會昌三年官庫部郎中知制誥

請御史大夫中丞在尚書左丞上奏

伏以御史大夫中丞掌邦國憲法朝廷紀綱兼此官者皆以所領務重特爲寵異近來諸行侍郎兼御史大夫者並在左右丞之上相承不改行之已久況今使下監察御史裏行朝謝時列在左右司郎中之上以此參彼足可辨明況奉去年十月二十八日敕御史大夫進爲正三品中丞進爲正四品郎官望等尤爲重任酌從宜之文定可久之法合崇憲職式叶朝章請准前例諸行侍郎兼御史大夫中丞者在尚書左右丞之上

欽定全唐文卷七百六十二

石貫

貫字總之會昌三年進士

藉田賦 以復收壂典以期農祥爲韻

大皡御辰勾芒定位天子率躬耕之禮有司謹親載之事以爲帝籍斯闕皇猷久墜不修耒耜之功是墮粢盛之義於是擇元日戒農期本千畝而敬矣齋三日以告之然後內外清謐上下肅祗文物之儀備列戈鋋之衛在茲猶窺紫禁共仰丹墀儼南面凝旒之所當東方欲曉之時漏水

聲盡爐香上遲俄而閶闔開羽儀展揚青旗以肅事備朱紘而戒典上乃望靈壇御玉輦蒼龍整駕以前導蔥犕遵途而右轉六轡齊舉八鸞啟行向緣野公田之所至青郊展禮之方紺轅塞路青輅巡場叶農經而授事指農正而告祥由是別土宜分彊理入滌場而肆目撫御耦而舉趾遂乃執紅紖親黛耜四顧而溝塍砥平三推而土膏脈起發生有在播殖茲始諸公諸侯而次進或五或九而皆止見京坻之流衍可期覩稼穡之艱難有以禮樂既備人神告休事雖兆於東作稔以見其秋收豈獨親耕於甸內實亦種德於道周羣臣乃伏葦而進曰臣聞歷代務農百王重穀陛下與古典之已墜紹前修之不復故得人勤稼穡天降景福帝曰予上事天地次奉祖宗惟舊章是率惟古典是恭今將返鑾輅而宴於太寢又欲展禮而勞農

千畝望幸賦 以將興壂典允屬聖期爲韻

國重農事帝遵時令惟千畝之可覩望三推而闓盛田畯方勤於稟法甸師已切於承命暘和初布庶平東作以勸人逕術既端終俟南郊而見聖當其融風式協韶景方遲金根爲順動之馭葛葉表親耕之期度以地狹難容足列

公車之數顧其土膏潛動可陳農器於茲修隴惟直遐阡甚夷是宜率諸侯大夫以行乎周禮不可使四年正月獨稱於晉時言瞻耒耜志惜墳衍謂畇畇而足得天臨想澤澤而正宜春淺空爲散地尚鬱新典載芟未及勾萌之出何因一撥爲期螻蟻之誠願展翠幕猶闕朱紘未至當人力可借而成功使農祥失正而奚利滌場之屬期剡剡以輕移撫籍之衣想襜襜而如墜且夫事尊禮動法貴聖興顧井田之君是可出而偕作懿初耕之帝宜其德以相成不然則無以知土宜慰人欲使其種稑克備粢盛乃足庶

見其耘之耨一一具陳必報乃求之倉纍纍交屬况以近甸堪樂元辰以良借百步之疇冀停雲罕修三班之令期在月將如此則樹德咸滋訓農惟允畢力克符於地事致誠不昧於畦畛儻禮備而必行實以表乎仁之至義之盡

觀農賦

歲起於東丁壯就功則知富民必資於廩實彊國亦在於年豐是時也杏花疏樹蒲葉抽叢曉出鳳城疲道路之攸往迴瞻鶉野知耕鑿之斯崇美夫原隰底績溝塍剋鏤耒耜交橫煙雲輻湊人沮溺而為伴水鄭白以分溜一稃二米禾同北里之禾苗盛草稀豆異南山之豆觀夫田畯至喜室家相歡揮鎡去莠築堰澆蘭野餉曉持於斜徑畚插暮荷於層巒鄰近山之樹密悦臨流之地寬葵腰鐮而乍采黍簑杖而時看且人生在勤勤則不匱欲抑末以敦本在用天而分地思文后稷濟時敷播殖之功惟彼陶唐申命掌嵎夷之事八政之中食居一四人之裏農為二倬彼甫田習無不利故土爰稼穡含靈是資歲稔則家知禮讓食足則國贊邕熙無辭艱難服先疇之畎畝皆當備峙救黎人之阻飢九年殷憂於堯日萬箱發詠於周詩迹忝門

人得承規於孔父心將請學恐貽責於樊遲

宋言

言字表文初名嶽屢舉不售改今名大中十二年及第

漁父辭劍賦 以濟人之急取利誠非為韻

彼子胥兮亡命江湄賴漁父兮停橈在茲既橫流而濟矣因解劍以酬之厚意殷勤何惜千金之器高情特達竟陳三讓之辭稽其去國無途迷津獨立前臨積水之阻後有追兵之急躊躕而鶴髮相哀顧盼而漁舟可入憂心盡展憑刳木以何虞渡口雖遥挂輕帆而已及縣是拂拭青萍披陳素誠念險難以知我顧提攜而賜卿拔三尺之熒熒波間電落橫七星之凜凜掌上風生叟乃莞爾興言措頤話志本期浩淼以排難詎可愴惶而徇利酬仁報惠誠多公子之心害義傷廉且異老夫之意况乎楚令方急嚴刑且陳盡索奔亡之黨先誅隱匿之人若以爵祿為念榮華是親則械爾躬而赴國持爾劍以防身整棹西歸自受執珪之賞論功北面寧亡切玉之珍蓋由惻隱為心艱危是濟方圖散髮之樂豈假吹毛之銳情高而俗慮難量語罷而鳴榔忽逝連環吐月空臨玉匣之間一葉乘風漸入寒

煙之際豈不以識達精微言窮是非棄霜刃以長往弄雲濤而不歸寂寞巖煙沉東流之淼淼淒涼浦樹含落日以依依異乎義立一朝名超萬古決雲之異狀徒遑皎日之深誠不取則知美范蠡而述魯連信斯人之可伍

數雞鳴度關賦

雞司晨而風雨不渝人懷詐而關防可圖效長鳴於頃刻排大難於斯須近取諸身俾羣情而莫測出於余口將五德以無殊昔者田文久爲秦質東歸齊國之日夜及函關之際顧追騎以將臨念國門之尚閉君臣相視方懷累卵

之危豪俠同謀未有脫身之計下客無名潛來獻誠君禍方垂於虎口臣愚請數於雞鳴於是鷹揚負氣鶚立含情迴夜遥天未變沈沈之色攢眉鼓臂因爲喔喔之聲審聽眞如遥聞酷似高穿紫塞之上深入黃河之裏一鳴而守吏先驚三唱而行人盡起迴瞻滿座皆默默以無言散入荒村漸膠膠而不已想夫計卽成欺人皆不疑重門似洞以俱闢駟馬如龍而莫追雖師曠之聰誠難辨矣縱冶長之慧未必知之於是考智謀察能否君於士兮誠重士於君兮亦厚念秦關之百二雖逞狼心笑齊客之三千不如雞口旣而美播彊隣名聞上賓暫解咽喉之急永爲心膂之臣想季路之危冠相侔未可任秦皇之利觜欲數無因豈非志在酬恩居然造響淸濁如一高低不爽迷翰音之類應若同聲關反拒之門易於覆掌始知戰國之多才是招賢之道廣

鶴歸華表賦 以去家千歲今始歸爲韻

昔丁令威登仙紫微念故鄉之久別化靈禽之一歸翻瑤臺而遂下見華表而堪依淒涼而舊跡猶存徘徊有戀寂寞而故人誰在悵望難飛原夫託玉羽以潛遊歷丹霄而

暫憩閟閶天之逸響駐凌雲之遠勢疑思慮於木末俯閭閻於煙際光陰可惜歡娛肯誤於當年邱壟相望凋落徒悲於晚歲旣而人事難爭俄成古今野逕榛亂烟墟草深歧路之黃埃不已桑榆之白日空沈眷戀無窮誰識孤高之貌悲傷莫測空聞嘹唳之音至若似帶烟霞情深恨賒遲迴而脩趾不動眄睞而圓吭暫斜松檟蕭蕭徧是幽魂之宅蓬茅歷歷今爲誰氏之家少別層城長思故里似有求而不見若將飛而未起住仙界之長日痛人寰之逝水念當時之親識安問存亡窮累代之子孫莫言終始極目

晴煙凝思悄然別離而塵事不一倏忽而芳春且千邪求飲啄自惡腥膻歸處而雲空慘澹望中而封樹連延笑彼乘軒不離乎金闕喜茲警露迴降於遼天已而卓爾無羣超然將翥思杳杳之空際戀亭亭之高處迴朱頂以長望疊霜毛而永慮蓄恨無窮忽矯身而飛去

左牢

牢字惪膠會昌三年進士

蟬蛻賦（以一體區分雙形酷似爲韻）

物之化兮則多蟬之類兮惟一棄捐無用之甲振奮有聲

之質彼則曲拳攣跽附麗脩條此則遠害全身飛鳴永日當其閟園向久輕吹無聞衝孔之異狀初出寓物之雙形欲分暗入幽叢上纖莖而繚繞時搖殘蕚散芳氣之氤氳於以警素秋於以戒炎酷進退如懼攀援欲速兢兢而恐墜微躬步步而竟升高木來能應候禍豈避於刳腸去乃乘時智終期於剖腹烟月思寡懸垂勢孤以抱膏肓之疾待成胡越之區拳跼而投足既定蹙縮而脫身是圖漸呀然而甲折俄豁爾而形殊前程而遠寄園林如矜得路下視而若遺枯朽孰肯守株由是乍舉輕躬初留具體薄翼而朝陽始照元緌而宿露新洗纔發響於林下已傳聲於澗底驗形有二責實無雙啾啾而送恨蓬户嘒嘒而添愁瑣窗吟遠樹於荒郊思盈秋野噪寒花於別浦韻繞晴江則知造化之旨難窮其理何末異而本同何一生而一死其死信不自以爲辱其生信不自以爲美能彼我而兩忘則榮枯而相似別有甘穴居於聖代期羽化於天庭久羡出身之術多慙負贅之形高枝尚遠短景難停儻遭逢於此夜冀音響之堪聽

任疇

疇會昌六年官太常博士

正獻懿二祖昭穆疏

去月十七日饗德明興聖廟德廟直候論狀稱懿祖室在獻祖室之上當時雖以爲然便依行事猶牒報監察使及宗正寺請過察詳窺玉牒如有不同卽相知聞奏爾後伏檢高祖神堯皇帝本紀伏審獻祖爲懿祖之昭懿祖爲獻祖之穆昭穆之位天地極殊今廟室奪倫不卽陳奏然尚爲茍且罪不容誅仍勅修撰朱儔檢討王皥研精詳覆得報稱天寶二年制追尊咎繇爲德明皇帝凉武昭王爲興

聖皇帝十載立廟至貞元十九年制從給事中陳京右僕射姚南仲等一百五十人之議以為禘祫是祖宗以序之祭凡有國者必尊太祖今國家以景皇帝爲太祖太祖之上施於禘祫不可爲位請按德明興聖廟共成四室祔遷獻懿二祖謹尋儔等所報卽當時表奏並獻居懿上伏以德尊諡爲孝君臣嚴敬有司愼恪是歲以還不當失序四十餘載理難尋詰伏祈聖鑒卽垂詔勅具禮遷正

第二疏

伏聞今月十三日勅以臣所奏獻懿祖二室倒置事宜令

禮官集議聞奏者臣去月十七日緣遇太廟祫饗太祖景皇帝已下羣主準貞元十九年所祔獻懿祖於德明廟共爲四室準元勅各於本室行享禮審知獻祖合居懿祖之上昭穆方正其時親見獻祖之室倒居懿祖之下於後遍校圖籍實見差殊遂敢聞奏今奉勅宜令禮官集議聞奏者臣得奉禮郎李岡太祝柳仲年協律郎諸葛畋李潼檢討官王皥修撰朱儔博士閔慶之等七人狀稱謹按高祖神堯皇帝本紀及皇室圖譜并武德貞觀永徽開元已來諸禮著在甲令者並云獻祖宣皇帝是神堯之高祖懿祖光皇帝是神堯皇帝之曾祖以高曾辨之則獻祖是懿祖之父懿祖是獻祖之子卽博士任疇所奏倒祀不虛臣等伏乞卽垂詔勅具禮遷正

孫玉汝

玉汝會昌四年進士官御史咸通中出爲衢州刺史

金柅賦 以貞而能一斯可制動爲韻

聖人患人情多遷物象不一爰指道樞之要因明金柅之質蓋以金則持堅而有常柅則制動而無匹當全模於大治曾因鼓鑄之功及入用於生民克保安貞之吉原易道

之所施得器度之攸宜任重而難勝者非剛莫能致其定利轉而不息者非一無以止其隨所以適其所適斯焉取斯在如輊如軒之時自能勁挺處無輗無軏之地物莫稱推美其叶範選而見辭取鍜鍊而與制雖成形於槖籥不假飾於磨礪常無銷鑠懷可以明確稟安排之理端居退止之旌首於萬化之內而乃百度惟貞然以上經之旨難分先儒之見無果一以節驅馳而爲事一以當徑路而待我苟在鎔而備物固察其所由如持重以知名則用無不可是則寓質之時惟工所資將永平於軌轍亦致理於麻

絲不爲事遷。可類仁之方也。終然靜勝。固知道豈遠而。夫如是。觀六爻之所總。皆遵乎不動。驗一德之可稱。莫與彼爭能。我皇由是立心堅固。引義依憑。躁競者息之於靜域。回邪者制之於直繩。然則金柅之爲器也。於今而其道益宏。

金厚載

厚載字光化。會昌三年進士。

昆吾切玉劍賦（以利刃無儔堅鋼必截爲韻）

劍者金之利器。玉者寶之至堅。韜百鍊之形。迥倚天而入用。斷十德之質。信如泥而莫全。蓋以淬礪呈彩。磨礱發鮮。開寶匣之炯爾。切連城而爛然。原其周穆西征。戎王獻至。刃決雲以增價。鍔開蓮以逾利。明星耀色。固已直於千金。白玉雖堅。纔可當於一試。於是搜韞匵。示精鋼。謀剸割。輝鋒鋩。舉連環而動。月。掌盈尺以凝霜。投刃皆虛。無駭然之異響。應機立斷。俄凜若以分光。暎日惟明。搖容轉潔。乍毀方以旁達。忽離堅而中絕。仰鋒亂起。初每謂如花。飛應手全開。終有疑於冰裂。固可以鄙牛斗之氣。衡陋蛟螭之精截。應用無敵。清貞莫儔。銷白虹以影碎。耀青蛇而色秋。

顯文開。獨庭中而電轉。熒熒屑落。類掌下以星流。素彩交光。清文耀質。既衛身之可保。豈化龍而無必。色離溫潤。光開縝密。形錯落以膚寒。彩璘玢而皆溢。是知器有異而神符。物至精而用殊。向若鍛非良冶。質匪昆吾。則安能充遠戎之獻。斷抵鵲之徒。儻遇英雄。必提攜而可以。時逢琬玉。固翦截之如無。嘉乎資礪乃之功。剖溫其之潤。剸犀莫比其銛鍔。斬馬難齊於利刃。夫如是。知鍛鍊之至精。切璠璵而可信。

都盧尋橦賦（以勢極高空罔思顛墜爲韻）

彼修竿兮迴立天中。有都盧兮身輕若風。始發地以直上。漸陵煙而轉崇。歘捷無儔。恣飛翻於白日。孤高可尚。任迴環於碧空。初其委質員來。當場獻藝。耀百戲於君所。仰千尋於天際。干霄迴出。將爲悅目之娛。舉步俄升。自有翻雲之勢。孤標上聳。兆庶同嬉。信超騰而自若。罔危懼以凝思。質勁挺以無倫。人皆見也。衣籭襜而不定。風以動之。挺影難儔。乘高罔墜。臨廣街以堪望。騁趫材而自異。拂雲端之縹緲。似欲升天。跨橦末之攲危。若有餘地。徒觀其遠望翩翩。輕如列仙。形翻碧落。足動晴煙。杳杳難分。宛在長天之外亭亭迴映全高衆木之顛其態可喜其功不測旣穹崇以獨立每緣循而至極將以騁輕趫恣登陟旁臨旣分乎遠近上達必資乎孤直仰而望也始似出於煙霄逼而察焉又若生乎翅翼事契鴻漸情非教猱旣翻身而自下漸託質以彌高迴匝花塲見千夫而共憙間臨紫陌瞰萬井以無逃故得衆目咸窺羣心是仰若丹梯之已踐類遷喬之可上每所以恣攀援助觀賞誠哉乎子之言先賢之匆罔

張良器

良器會昌中擢進士第

集靈臺賦 以聖君宏道景福會昌爲韻

希夷乎人皇居明堂闢陰開陽冠通天兮蔭華蓋發大號兮流耿光將樂瑶池之宴集由喜玉京於壽昌降清問於宣室討眞經於柏梁乃因高爲臺順時謀築披翳薈翦林麓鏟重岡移峻谷量其遠近以議夫土功命彼般倕再度乎山木使人以悅無告於勞均力取材不遠而復屹九重以初超焉一簣而始覆其爲勢也峨峨嵦嵦粉壁光兮朱門開若方文與蓬萊其爲麗也崢嶸鬱煜星柱浮兮雲楣肅狀靈光與景福有時鳴猿告曉貞松欽露千峯轉日迎秀色於瓊樓萬歲傳聲和幽音於地籟磅礴壓乎人境崺岪聳乎天外王喬飛舃見鳧影之翩翩神女窺牕聽鸞歌之噦噦俯衆山兮如東縈八川兮如帶上方向晦宴息齋心防戒乘金根肆玉軑夸父秉鉞蚩尤揚旆鐵衣沸渭以焜煌寶馬騰驤而沛艾環鉤陳而列武士震砰訇兮軼埃壒登夫集靈之臺謂天帝而爲會奏無聲之樂寂寞而難分展無體之禮質素而無文晬容綽約元化氤氳聖主湛恩散作八方之雨清都喜氣凝爲五色之雲彼昇龍鑄鼎

之後捧盤承露之君徒髣象於前載孰能成乎此勳然大造之德曰生大君之位曰寶未有離於兆庶而復謂之至道願獻華封之壽上祝唐堯之盛股肱爲良元首作聖用壯辟雍之美乃經靈臺之政豈必沐咸池陵倒景朓扆乎寓縣棲眞乎絕嶺居中天之峻極從化人兮習靜然後居無何之鄉去有爲之境者也於是情冥其欲德貴惟恒可大可久不騫不崩動植風靡雍熙日宏宜其四溟式宴而人和年登

素絲賦 以貞素持實功濟爲韻

羽雖白賁然而輕玉雖白堅然而貞未若素絲之爲用以轉化而爲名匪剛克以居禮實柔立而有成其正也可以如繩之直其順也可以繞指而縈故能紛以隨時浩然養素揮流水則轉增其姸染繪色則不吝其汚動必隨人寸無恒度其來也何所自園客而出茲厥賦也何地由岱畎而貢之俯乎列井將稽慌氏之練實乎澤器徒爲墨子之悲信干旄之望美非庶士之可持不願充嫠婦之緯不願託寒女之絲因弄杼以成績庶補袞而爲期代若好五采我則大白以受質代若厭羣居我則衆縷以爲匹非異俗而招累將矯世而摭實夫其公孫命駕長倩趨風贈以生芻之束鼎以素絲之總蓋取諸自微之著積小成功君無謂我微君無謂我細若綦之可織則假手以成勞如裳之可縫則因緣而善繫功無不給物無不濟彼服卉佩蘭衣荷帶蕙念牽絲之無日傷考槃之失計今將佯潔白以修身詠羔羊而取媲儷黃絹之可比希菅蒯而無替

海人獻冰蠶賦 以四夷即敘海不藏珍爲韻

圓嶠之人兮迥踴遐壤旁臨窮海嘉冰蠶之底貢彰遠人之無怠原其稟氣斯異含靈有特鱗角是帶育七寸之殊形雪霜載加發五彩之異色資纖縷以成績弄杼攸勤美重錦之可持女工能即施勞且異於三盆爲用寧同於五緎致美之厚罔差其姸不入獻之先必資於善良驚楫云邁懿（一作承）筐是將涉三山之重阻躋萬里之遐荒越溟漲屆帝鄉昇玉殿薦明堂示彼有誠則申屈膝之贄樂我無事願充垂拱之裳蓋威靈之有及故珍物之不藏懿乎生乃因地育乃非時四氣平分屆嚴冬而成止五方異俗在中國之莫爲自堯年而效美暨今日而來思足以彰德風之普洽表王道之清夷不然則修路崎嶇洪漣澍瀵較道里而累億羅寒暑而數四匪化理而無虞曷員來之可致彼躬桑載育獻繭爲均浴濯龍之水漲川館之春而後羅紈是緝筐筥攸陳固在常而可悅殊自遠而爲珍是知化之所被物無不臻德之所加人無或阻託茲賦以極思臻皇猷之焯敘

烏臺賦

士有利於鴻漸者觀乎憲臺降太液通蓬萊風威四警霜氣旁催地疏曹而獨秀居對禁而分開提綱必理舉職惟才門凌晨而豸出樹夕陽而烏來旌良表正癉惡繩愆乍

以飛鶱淒其疑矣時爲搏擊吁可畏哉嚴城岑寂靈臺蹇
嵯直狀臨而逾明僞迹投而遠剗故座有彝法門無濫板
理從擾而庭幽事雖繁而人簡及夫貪吏無厭豪宗不戒
酷奮黠俗洪威桎械致中典之淪否令下人之凋瘵百城
相師而自若五兵乂安而不恡是司也故以矜遠擘哇長
喟苦恠切奉絲綸以遐察騰錦車而遥屆則跋扈顔沮强梁
志懾望驄馬而踽踽仰繡衣而下拜是知上能贊聖下足
安凡顧眄而朝班已肅推彈而邦度增嚴庶究厥能請循
其始官則秦置臺從漢起或掌方書或稱柱史朱何以忠

雅標懿桓陳以剛直著美上封則起於鄭均埋輪則遠聞
張紀虞詡之人方側目暴勝之名兼直指皆玉秀珠明鷹
瞵鶚視既斡時而助化亦圖國而遠恥莫不才挾主以成
功主因才而共理唐纘玉葉藎臣惟哲法省巖劉臺兼貢
薛昂凉階宇奮迅霜雪耿獨坐而情雄邈羣司而位絶稠
人廣衆望影而魂褫暴黨奸雄覩形而膽折豈徒以聳動
僚寀邊巡朝列儻吾道之將行庶從兹而振節

賈嵩

嵩著有賦三卷見藝文志

夏日可畏賦 以昔聞宣子之於政也爲韻

赫爾陽精當朱仲兮厥狀難明杲杲而威棱四序炎炎而
火烈羣生九野飛塵破氛昏而下燭六龍銜耀亘天地而
横行其初也陰魄落彼大明生矣踆烏洶洶以飛來蒼龍
黭黮而光死輾煙霞而炎駕旁轉洞寰海而紅輪徐起煙
勃乎扶桑之津鼎沸乎咸池之水八紘疑火井之内六合
若炎邱之裏路歧難處傷哉行役之人稼穡堪憂嗟爾耕
耘之子始驚出地漸見摩天曈曨逾盛翕赩彌宣赫曦而
光碎波濤血殷江海達勃而氣蒸林麓欻起山川然則居

上克明當中益熾想羲氏於執熱當亢龍之用事照邱陵
而恐是焦原蒸壟畝而皆成赤地仰之者目眩精眊處之
者神昏體悖草木爲之生煙峯巒以之減翠千里無雲炎
風不鬬木而棲者翕其翼泉而躍者伏其羣不黨黎甿有
異恩覃之士無私蠻貊終同炎德之君可流金而爍石可
焦頭而爛額浩浩兮坌紅埃融融兮過虛碧遂使無生禪
子愛其孤鶴片雲休影逸人戀此幽松古柏斯則晉卿執
法於前代魯史立言於往昔於戲猛以濟威剛以馭下牧
於外而寇亂咸戢升於朝而諂諛斯寡如夏日之赫焉孰

云不足畏也。

華陽陶隱居傳序

或曰。貞白先生在梁書高士傳。今而為傳。何謂。曰。梁書之傳先生。猶史記之述老氏也。其敘事頗刪畧。俾仙聖行業不得昭著。而紛綸其間。夫先生識洞古今。事炳山世。神棲寂泊。精鶩元樞。定三品以黜浮僞。分五域以鏡區貫。著隱訣以析綱目。述真誥以旌降受。激揚隱微之外。馳騁清虛之際。乃元中之董狐。道家之尼父也。况發揮墳典。游泳百家。窮天地星辰之文。究陰陽龜筮之術。至於鯨死彗出。麟

鬪月蝕。銅山崩而鐘鐸響。蠶珥絲而商絃絕。龍吟雲起。虎嘯風生。此性理冥濛。僉謂之感。先生商摧其微。非感非應。夫然。將叔向子產京房郭璞擬先生。以為博乎。齊永明十年。謝詹事瀹自吳興聞先生棄官隱華陽。乃於道中作傳。傳疎畧不用。陶翊乃作本起錄。至齊末遂已。亦事多遺闕。其後潘泉文復踵其作。始天監元年至七年夏四月。於時先生改名氏。潛訪遐嶽。旁無知覺。於是泉文又絕筆於此。於戲。前二傳既太簡。門人編錄。復無條貫。俾君子辟世之道。清真養翮之跡。其幾乎磨滅歟。乃於登真隱訣及真誥秦清經先生文集。揣摩事迹。作三卷焉。

鄭還古

還古號谷神子。會昌時人。謹按博異記晁公武讀書志以為馮鄘撰。胡應麟二酉綴遺以為詩人鄭還古撰。今据舊本博異記原題谷神子還古撰。還古所著殷七七傳又與此記相類。當即博異記之逸篇。故定從應麟說。

博異記序

夫習識譚妖。其來久矣。非博聞強識。何以知之。然須抄錄。且知雌黃事類。語其虛則源流具在。定其實則姓氏罔差。既悟英彥之討論。亦是賓朋之節奏。若纂集克備。即應對

如流。余放志西齋。從宦北闕。因尋往事。輒議編題。類成一卷。非徒但資笑語。抑亦粗顯箴規。或冀逆耳之辭。稍獲周身之誡。祇求同已。何必標名。是稱谷神子。

李景讓

景讓字後已贈太尉憕孫寶歷初爲右拾遺沈傳師觀察江西表以自副歷中書舍人禮部侍郎商華虢三州刺史自右散騎常侍出爲浙西觀察使入爲尚書左丞拜天平節度使徙山南東道封酒泉縣男大中中進御史大夫拜西川節度使病丐致仕以太子少保分司東都卒年七十二贈太子太保謚曰孝

望春宮賦 以春望郊野順時布和爲韻

青門之左兮層宮嶙峋資睿覽以臨下得嘉名於望春故在東以就乎陽位當出震必俟於良辰乃發惠和式遵夫月令無勞轍跡自表於時巡其初也度宏規法大壯標上苑而獨出儼複道而明望遠天聽以遂於羣生浹皇情用交乎四暢鮮飈微扇籠輕靄於高臺淑氣初臨鑠浮光於綵仗吾君於是縱目前檻馳神遠郊散晴煙於地表拂佳氣於林梢覩青陽之煦然載懷祈穀聽倉庚之鳴矣不使覆巢布政有孚宸遊是假察微明於遠嶠睇新綠於平野南山之翠色盈前渭水之素光在下蓋將賦籍田於晉代豈比選吉日於周雅美矣哉矗雲楣以重疊煥藻井以輝潤居高而遠無不臨涵澤而動無不順諒可裨於恭默非取樂於崇峻況乎流鶯欲囀初柳生姿懿祥風之習習增麗日之遲遲偉鳳闕之樓臺萬邦仰止盼龍鱗之原隰五稼惟時聖上所以成化用彰克勤是務元功廓以遐及仁術盼其大布斯宮寧泰侈之爲斯望匪盤遊之故既而天地叶神人和修文以昭士耀武以止戈然則賦望春之事宜乎播大雅而登歌

南瀆大江廣源公廟記

戴禮有之曰五岳視三公四瀆視諸侯古之禮於嶽瀆尚矣在昔夏后氏隨山濬川以畫九州華陽黑水界我庸蜀劍閣之陽盆都饒焉岷山導江東别爲沱禹績也瀆者曰江曰河曰淮曰濟導積石桐柏沇水凡四流皆發源注海者也唐天寶六載開元神武皇帝加封南瀆爲廣源公其三者亞焉瀰沛滈汗自峽奔荆且北且東百川會同爰及吳楚萬里歸海水府怪神非江不安水物族生非江不全海門二山送我爲滄由岷潋滟遠邁無壅斯所謂祇上天而被下土南瀆之爲大也壯矣開元皇帝古禮是式詔曰

惟夏四月肇辰迎氣太守其率祭官祀南瀆於益州設玉筐及洗罇罍簠簋既舉冪初獻祝進神左右跪揚我詞其文曰維某年歲次月朔闕子嗣天子遣某官某昭告于南瀆大江惟神包總大川朝宗於海功昭潤化德表靈長今因夏首用率常典敬以玉帛犧牲粢盛庶品明薦于神尚饗至于今不衰詔之歲歲直丁亥迨及戊寅當大中十二年合一百一十有二歲越五月朔辛酉日甲戌臣景讓承聖敬文思和武光孝皇帝詔自御史大夫檢校吏部尚書尹成都鎮蜀西川又五日戊寅復加檢校尚書右僕射其

他如故凡再命皆以兼御史大夫寵焉秋七月庚午乘軺至止遂謁瀆廟惟神盛烈著金石刻他所必見於斯闕耶惟神奉大禹之休得鼉黿魚鼈望帝之勳開明之没玉壘李冰之穿二江嘉而保之沃此黎首水旱不作于今賴之赫哉成功其可默耶乃作銘曰

滔滔沲江發自岷山浪溢流飛走峽之荆迨及吳楚百川以歸南北東西萬里湯湯電激雷馳水府神宅鮫人陽侯世不可窺南瀆之功載主載張陰烈希夷上戴大禹丕承我唐開元其期先主不容天絕劉宗匪瀆殆而洸洸孔明鞠躬墮星匪瀆不悲念此下民於萬斯年九穀繁滋我來守土敬揚神休以琢豐碑

沈珣

珣宣宗朝官中書舍人以禮部侍郎出爲浙東觀察使

授紇干泉嶺南節度使制

門下周禮將軍以六官參選漢庭拜郡俾九卿迭處出入中外發揮聲績選用之重古今所難銀青光祿大夫行尚書工部侍郎紇干泉惟爾元和中以文學德行升爲甲科貞規藹然雅有公器火化而方知玉性歲寒而益見松心

洎振拂朝纓抑揚官閥章羽儀於省署煥詞藻於綸闈朕以瀕江之西悍俗難理輟爾禁掖委之藩條果能宣愷悌之風著循良之迹南臺起部無展爾庸所宜將我舊章化彼南服於戲朕垂衣裳以臨四海因性分以撫羣生必欲叶軌而同文不敢重近而輕遠況駱越故地蠻夷錯居尤須謹廉以察封部青綬繫趙堯之印阜幰分鮑永之兵同升將壇式表予意爾其往哉勉移風俗不挹於貪泉無使珠璣獨還於合浦

授白敏中邠寧節度使制

門下。昔孫宏以儒學進身。寵兼裂土。鄧禹以勳庸著効。儀比三司。是皆内外同規。古今所重。再揚新命。允屬元臣。特進守司空兼門下侍郎同中書門下平章事充招討山南平夏招撫黨項兵馬都統制置等使白敏中。才智可以贊元功。誠明可以匡大務。事君惟恐不盡。守道惟恐不遜。而能以無心爲待物之心。以無用爲當官之用。朕君臨之歲。首付台衡。六更星霜。勤節如一。自羌戎犯塞。師旅屯邊。招懷莫來。征伐無狀。爰用命爾。往其鎮之。果能潛移梟獍之心。坐絡豺狼之首。始自夏半。及于秦正。大建功勞。克寧烽

驛。終此誠意。非卿而誰。今封部既清。是用休爾之討伐。馬牛皆散。是用罷爾之統臨。不務論道之榮。更帖持衡之貴。纂乃舊事。對予勤懷。可守司空同中書門下平章事充邠寧節度觀察使。

授康季榮徐州節度使鄭涓昭義節度使制

門下。彭城重鎮。西楚故都。壺關奧區。上黨雄寄。一則控長淮之津要。一則衛洛邑之封疆。撫制稱難。才謀是急。爰得二帥。乃建戎麾。前四鎮北庭涇原節度使康季榮。方面信臣。軍旅良將。氣振金鼓。義激風雲。慕耿恭拜井之誠。有王翦請田之計。武寧軍節度使鄭涓。杞梓宏材。珪璋秀質。明能燭物。利可劘犀。挺翁歸文武之能。繼叔度循良之美。武藝習韜鈐。性惟忠義。擅威聲於百戰。布雄名於五營。作鎮邊方。克彰勳業。或早踐華資。夙揚休問。騰芳猷於詞圃。振官業於吏途。累膺寄任。必流政聲。並用推騶衆才。蘊幹時器。績効既宣。獎擢是命。建高牙於徐土。移大旆於邢郊。用展良能。務從委著。爾其分莅茲土。敬敷國恩。嚴號令於三軍。信賞罰於百吏。使轅門推戴。閭井謳歌。再膺九授之榮。更峻六卿之命。仍兼亞相。式寵中權。無替前功。勉收壯節。

授杜琮淮南節度使制

門下。星以斗牛。鎮臨吳楚。有重江複關之奧。實通都大邑之雄。控制上游。儀刑羣后。自非台衡舊德。廊廟宏材。則何以膺茲喬嶽之求。副彼經邦之寄。高選中外。無踰碩臣。劔南西川節度使杜琮。間氣孕賢。相門襲慶。韓安之國器。宏茂。元凱之武庫深嚴。禮樂文身。守而勿失。政刑體要。用之則行。風振英聲。薦登相位。廟堂之上。有所不爲。縉紳之間。共稱其道。象賢祖德。嗣美前修。體平陽之纘窬。暢黃瓊之練達。自持瑞節。作鎮靈關。盛有建明。衆推理行。故疆畫復

嚴道益清夷洛威懷軍儲流衍德政有同於冬日邊封不犯於秋毫朕以禹貢九州淮海爲大幅員八郡井賦甚殷分閫權雄列鎮罕比通彼漕運京師賴之自江已南近聞歲歉黎民稍困流庸是虞思得慈惠之師以行惻隱之德黄霸在位朕無憂焉汝爲司空兼持邦憲慎乃出令以臨其人務遵訓誡勉宏休績

授白敏中西川節度使制

門下寅亮天工既稱星琯葺寧戎塞頗茂功庸信出入之有勞顧優崇而宜及况梁岷巨鎮全蜀奥區有彭濮之富

饒帶巴峽之險要非圖舊德難洽新恩邠寧節度使白敏中嶽降英靈時推才傑周旋文雅城府寛宏久侍禁闈備流聲績及居鈞軸頗茂芳猷朕起滯淹網羅賢彥外野無孤鴻之響歸軒有連茹之征揚於王庭鬱矣皇士莫匪爾績動契予衷洎羌冠憑陵殿兹西土戎醜飲路柵堡相望既收功於邠郊宜移旆於井絡於戲勿以地遠而怠於躬親無以位高而忽於微細勗思後効無替前勞懋哉懋哉服我成命

授李景讓襄州節度使制

門下漢制郡守有善政者增秩賜金周官諸侯有聲名者加地進律前代令典我將因之天平軍節度使李景讓早以文學德行列於四科中舍柔嘉表以堅白直比汲黯孝如曾參素懷澹然清節可貴峻風規於臺閣流愷悌於方州居爲國楨出作藩柄朕惟憲宗親除狡穴手復全齊付任在予敢不祇授以爾事親既孝於我必忠俾之鎮臨果茂聲績是用載新社土攺築齋壇不可使萃美於東方所宜遷仁於南國况荆衡舊服江漢上游天作城池地連襟帶昔曹王以法繩封部歲久則弊除于峴以共東征徭人流而賦在不有斯惠安能理之勉圖官守式副令聞

授韋損鄆州節度使制

門下登壇仗鉞訓整爲先攬轡登車澄清是切膺一方之寄任兼二事之重難不有宏才孰允兹選銀青光祿大夫守刑部尚書韋損稟天之粹體道之和接物如冬月之温操心若寒松之勁導詞源而不竭泛學海而莫窮久服大僚早揚休聞累更中外迭處清崇善政克著於藩方雅量見推於朝右朕以天平巨鎮慎擇帥臣劃據會衛之封控帶山河之壯臨制綿遠戎旅驍雄非仁惠無以蘇疲人非

威信無以正師律。以爾才周物務。識洞事先。斷自余懷。得之長理。爾其推誠撫士。布德安人。容易則惠姦。苛察則撓政。害於事者必去。無顧慮以妨公。利於俗者必行。勿因循而不決。當竭乃力。副我知人。昇崇班於五兵。啟元戎之十乘。服茲寵渥。勉恢令圖。

授盧鈞太原節度使制

門下。陶唐古郡。晉國全服。掌北門之管鑰。控朔塞之河山。貔虎連營。氐羌萬落。用鎮興王之地。必求易俗之才。果獲碩臣。允膺謀帥。銀青光祿大夫檢校司空兼太子少師盧

鈞。玉山當晝。水鑑澄秋。揣摩政經。淬勵心術。藴賢人之大業。蹈君子之中庸。進取不爭於險夷。操尚無移於風雨。歷踐華貫。早揚淑聲。便蕃大僚。始終一致。屢委戎寄。亟聞獻功。番禺清紹於隱之。江漢愛侔於叔子。壺關所復。汙俗惟新。解亂繩而有條。遷惡子而從化。洎佩囊天府。受鉞夷門。克樹風猷。薦舉方策。今以塞垣未靜。虜族多虞。莫善綏懷。愈生疑貳。道路既聞於漁奪。兇殘頗見其鴟張。尚念前勞。猶寬肆伐。爰擇待時之器。式觀禦衆之能。輟於朝端。俾之鎮府。爾其賞罰無私。德刑公用。以清靜之方。闡吾聲教。以愷悌之義。宣我化條。理必成於恩威。政無庸於煩紊。勉爾令典。副予知人。於戲。北虜熾周。南仲有往城之績。西羌擾漢。營平陳保勝之方。疇其嗣之。必有能者。寵秩既光於論道。恩榮仍亞於台庭。以壯戎旃。勉服休命。

授李業鄭滑節度使契苾通振武節度使制

門下。鎮臨白馬。介趙魏之封陲。地控黑山。振羌渾之衝要。儔茲並命。允屬長才。前河東節度使李業。宗室誠臣。幹時良傑。傳山西之將略。襲隴右之家聲。右金吾衛大將軍契苾通。早擅英姿。常推壯志。挺鶚立鷹揚之操。知玉鈐金匱

之書。或建旆雄藩。功宣保塞。或馳軺異俗。績茂和戎。咸竭器能。載光任使。穆撝謙於大樹。藴風望於長城。以爾威足靖邊。故委以疆埸之事。政能檢下。故授以統馭之權。於戲。整旅訓戎。觀風泣俗。仗誠明以懷獷悍。布惠化以郵疲羸。將務息人。無或生事。明典刑以謹侯度。示恩信以洽戎心。用叶睦鄰。宜籌經遠。換騎省八貂之貴。仍地卿六職之榮。勉恢壯猷。無忝登壇之寄。行膺休命。用收制閫之功。

授畢誠邠寧節度使制

門下。太公經武。首述文韜。春秋謀帥。亦啟義府。大暢弛張

之道。必求通變之才。況乎撫易動之羌戎。扞難集之關郡。安邊禦侮。斷付能臣。權知刑部侍郎畢諴。端懿知善。文學致身。氣則沉詳。思有高妙。早馳榮問。亟踐清途。該洽憲章。抑揚臺閣。聿來禁署。益茂芳猷。孔光之溫樹不言。王褒之洞簫曾諷。憲慮必振於遠大。抗志不避於重難。擢於文昌。以酬職效。強明不滯。朕心器之。固可以式是師干。授之龍節。況地雄秦塞。境壓邠郊。壯南牧於盛秋。作西陲之巨屏。是宜平其險難。繕彼甲兵。貞律臨戎。推誠馭衆。遠明邊務。贍闕軍儲。厚衣食之恩養。闕闕之勇。稱於無事之日。常爲

有備之謀。連營苟示於嚴莊。種落自當於柔服。布我大信。深伏親規。於戲。寶嬰賜金。不爲廊廡之有。營平積粟。免煩餽輓之勞。減費惠人。於斯爲急。節宣柄任。稱朕意焉。貴視漢貂。榮兼趙印。玆爲寵數。以耀啟行。

授韋慤鄂岳節度使制

門下。王者建諸侯以鎮撫方域。立將帥以藩屏皇家。受任惟難。選命斯重。而況控三江之黎庶。總六郡之賦輿。必得兼能。乃膺成獎。前鄭滑觀察使韋慤。紳冕令才。人倫粹器。業光經濟。道茂溫恭。蘊冒雪之貞姿。挺發硎之利。及自馳聲詞苑。耀價儒林。雅範蘭馨。詞雄綺麗。踐更華貫。揚歷顯途。懿效彰明。布於臺閣。洎職司誥命。參貳春官。業彌振於訓詞。道愈光於得士。及再遷會府。休聞尤彰。由是嘉乃良才。俾升節制。流美化於洪河之曲。布威聲於白馬之津。宜舉寵光。用酬休績。乃眷夏口。實曰雄藩。通波遠接於荆衡。作鎮式臨於漢沔。由是再新戎旆。改築齋壇。興滑臺之詠歌。慰鄂渚之黎庶。爾其以信義爲理本。以賞罰爲政柄。法亞夫訓旅之術。以肅轅門。採龔遂理人之方。以清郡國。崇秩兼寵。無易舊恩。勉乃令圖。勿替前志。

授李彥佐鄜坊節度使制

門下。撫千里者必伏於誠信。統三軍者固資於良帥。況地雄鄜畤。壤接王畿。總貔武精銳之師。制犬羊雜種之俗。聿求上將。以鎮近郊。守太子少傅李彥佐。夙負雄明。早通軍志。生知忠義。旁閱詩書。計擬六奇。功高百勝。聚米而山川可料。變幟而壁壘盡傾。奮廉藺之明謀。蓄關張之妙用。頃者常膺獎任。累踐藩垣。信洽戎夷。愛深師旅。有馭衆安人之効。著在邊方。有廉平貞慎之規。騰於朝論。自避榮私室。物論尤歸。朕以雕陰重藩。羌渾小擾。盖由乖於撫馭。遂失

和寧思得長才。往圖鎮理。爾其敷我恩信。戢其猖狂。靜彼戎疆。用資壯略。於戲。廉頗雖老。尚請臨戎。李牧居邊。未嘗生事。遐觀前舉。勉副徽猷。榮加五教之尊。仍帖三臺之貴。服茲休命。無忝寵光。

授崔珙鳳翔節度使制

門下。乃眷岐陽。襟汧擁漢。古稱右輔。以扶助王圻。今爲別京。以屏翰戎落。載煩元老。往撫舊邦。實資經國之謀。高副安邊之寄。守太子少保崔珙。稟粹嶽靈。挺生國戚。門容駟馬。族盛八龍。胷襟洞開。智略輻輳。早以茂業。踐於台衡。宣

力致君。有犯無隱。怙叔敖之喜慍。體伯玉之卷懷。洎服休天朝。保釐洛邑。誠明之道。華皓不踰。能全素履之貞。雅得大臣之體。方叔之猷克壯。師尹之望攸歸。朕以保塞禦戎。深圖良算。餽軍艱食。常在勞懷。由是渴王商之儀刑。佇營平之籌畫。伏蒲之奏。前席忘疲。既符咨嶽之求。宜舉齋壇之典。自閫以外。爾實專之。斷守宏才。庶集吾事。勉敷恩信。務洽華夷。且慰恩思善圖政柄。峻槐庭之禮命。寵茅社之侯封。服我徽章。敬茲有土。

授韋博淄青節度使制

門下。乃眷營邱。表於東海。富強號千乘之國。繁雜聚四方之人。假上將之威權。壯中軍之垣翰。將疇閫寄。必在信臣。守尉衛卿韋博。文苑騰芳。儒林擢秀。襟靈曠遠。風度詳閑。周通爰表於器能。強濟式彰於事任。早以重價。踐還清途。諫垣流謇諤之名。通邑擅神明之稱。頃自務曹九棘。綏步八磚。冲澹安身。卷舒惟道。應茲圖任。允叶僉諧。懿彼全齊。實爲右壤。禹貢別九州之域。海濱綜五郡之雄。昔周命太師。漢封韓信。啟土用申於帶礪。分茅克懋於藩維。選任之隆。古今攸重。於戲。平仲盡規之節。夷吾當俗之方。經堂阜

而徽猷可循。指牛山而忠讜如在。餘波未泯。遺愛斯存。禮節既洽於里閭。風謠尚傳於古老。爲政之暇。無忘諮詢。盛鐵馬於師壇。帖金貂於騎省。祇膺成命。勉服寵光。

授裴休汴州節度使制

門下。將相大臣。中外迭任。入奉股肱之寄。出爲藩翰之雄。無爽具瞻。式彰注意。金紫光祿大夫守中書侍郎兼戶部尚書同中書門下平章事充集賢殿大學士上柱國河東縣開國子食邑五百戶裴休。氣稟嶽靈。夢叶巖瑞。威鳳孤翙於玉圃。仙鶴獨步於芝田。學精典墳。文緯邦國。自彤庭

對策諫列升班粉署擅貳卿之榮綸闈迴五字之妙洎司饋運整葺牢籠策畫每得於親聞功庸必見於顯効章程軌範歷試無差是用付以權衡宜承任委咨之遠略炳然大綸四后協心萬邦繫爾今百度有截庶績其凝前時屢以疾辭猶煩卧理豈無優賢之道因遂由衷之意乃眷梁苑實爲重藩荒大東於周疆接小沛於漢壤富庶將及悍勇無譁仁化已洽於一方清風漸扇於全境閉關自固懸厳不鳴可伏台臣寘之靜理爾其踐厥位暢厥庸侯服既增相印不解輔弼莫繫於遠邇謦欬暫間於朝昏敬哉戒哉服我重命可檢校户部尚書同中書門下平章事使持

節汴州諸軍事行汴州刺史充宣武軍節度副大使知節度事汴宋亳等州觀察處置兼亳州太清宮等使散官勳封如故

授李玭鳳翔節度使制

門下秦之舊都漢爲右地扼戎疆之要害作上國之藩籬旁聯封畿前抗巴蜀其所受任必擇忠良刑部尚書兼宗正卿李玭生王侯之大家傳帶礪之盛業夙負才術顯於官名周旋令圖佩服義教信以自立誠而致明北海著輯睦之規南方流愷悌之化潔清知足寬猛協中連委翰垣載高理行朕心所屬物議與能洎擢處月卿掌我天旅不忝維城之寄副予同姓之求今以昆夷來朝願納故壤將復河湟之境必資整訓之方遂結疆埸付爾汧隴於戲惟昔乃祖曾顯是邦勿隳貽謀光膺分閫兼尹正察廉之重帖文昌憲府之崇勉副家聲以酬殊奬

鄭吉

吉大中時人

楚州修城南門記

今上元年春正月楚州新作内城之南門何以言新因舊之云也何以言作更從王制也王制若何曰天子諸侯臺門也何稱内城别於外郛也春秋傳曰南門者法門也南面而治者政令之所出也楚大邦也日者草創南雖設譙門卑且陋但闔兩扇爲露棚於前振軍旅焉露棚不能蔽風雨亟理而亟壞由是刺史兼御史中丞李公新作之公名荀隴西成紀人用文學德行進譽言於賓客曰走前爲戎曹郎白於執政曰太平時天下有府兵今散矣而折衝果毅郎將戍官等輩尚冗食焉艱難後天下有府兵而軍

籍多空名庫兵皆刓腐安不忘危易道也有備無患軍志也晉室尚清言胡馬躁河洛天寶怙富庶燕盜腥中原職司其守言非出位幸相公財之當時執政雖似不爲意他日揖走於列曰泝淮而上達於潁而州兵之益團練者纔聯五郡焉楚最東爲名郡疆土綿遠帶甲四千人征賦二萬計屯田五千頃凡兵賦食三者相通也公嘗亟言兵願試鋒潁焉召對延英得列以聞可脂轄矣故遂授銅虎符竹使符來此公始下朱轓遽視城洫簡兵甲閱卒伍若不適於意者楚人再無歲負租逋穀甚多乃去鄉胥之啄害

良民歛賦與之緩期人戴其惠征租力人入矣得善用籌者勾稽公物之出入抉負財且二百萬俾軍吏之敏察者覘公田之稼得將隱謾之穀不翅萬斛掌公財而坐於市占軍籍而蔽其家計其入僅足其廩食牧財而斥其人外廄有征馬雖不滿四千蹄而藁粟脂藥之用圉牧將卒之列繁且耗公曰幸天下無事就有道而此悉罷去之月省費三萬藏有𢶀財矣乃完補卒伍乃犀利甲兵乃飫飽吏士乃恢崇規制掾曹有公膳牙門有常饔胥史有官廚衛卒有給食合而言之曰廩食錢者三百七十人先是以歲用不足常自正月迄于仲夏凡曰廩食錢者皆半之俟斂新賦而后復之或災沴水旱賦不畢入亦終歲不復公曰寧損他費焉有責其盡力而使之歉復耶悉賙之仍筆於檢日用約若今歲後或不易羊羹之敗其無虞乎由是吏胥醼其德將卒許之死矣士伍寒燠有若賜衣詔以歲貢征緡賦之鄉者泉輕而幣重賦之以帛而士得其贏今也泉重而幣輕猶賦之以帛官受其利公曰吾心有不安焉盍賦之以緡苟不足卽與帛而時其物之價而直之旣聞令讙聲動壁壘皆曰有君如此使我蹈水火可也乃新南

門巋然而樓增以舊五之二焉劃爲雙門出者由左入者由右夾築高阜類觀闕而非者九軍壘皆爾命之曰却敵處壚土之喜陂陁也鱗臂而塗固之周施檻楯其腸也建大旆鳴笳鼓以司昏曉焉其兩也卷旆援枹於樓中以謹擊柝以嚴教令以壯都鄙以張軍聲爲理若此足塞執政之云兵賦食三者相通試鋒潁之說矣凡畚築攻木瓴甓塗墍者無慮備於軍伍而州閭人皆來縱觀耳旣休役勞工顧謂吉曰子學舊史願爲我記日月不願黼飾空言曰古者國有史舉事必書國有詩王者採之知其國之風自

秦郡縣天下史之與詩皆止矣獨有銘功記事文之金石者近於國史國風之類歟然言之不文不能播遠請將俟作者公曰否子焉用辭既不得命乃考三實以書往歲有將作少監李姓陽氷名善籀書尤工爲大字瓌碩多力郡邑省寺得其署題者榮而祿之大歷中客有楚因大署州門昔人措之於西偏至是公易之於南門以表揭遠近或曰宏制異蹟公相期於數十年間斯盛事也不可以不識故著之於末仲春貞陵復土羣臣上言請御端門赦天下改元上思慕未許故猶以大中紀年十四年四月二十一

日謹記

盛均

均字之林泉州南安人官昭州刺史

送建安郡守之任序

大禹分九州之產生物各有其處獨人之善惡無區別之地是聖人知民心牽於所化也夫理有風而化有本國者風帝王之理邪者本牧守之化二漢以還風化相蕩貪波教漲人不棲身故有得一郡若豪虎之暴豚羊焉猛既有餘化宜不善也有唐洗叔世之弊惟牧守不新其規實乃知風化之本未可移去然則祿食者任國不務其理爲邦不徹其化愚而不知夫祿食之道也惟閩嶠拔一臂西指則建安在焉其郡襟山而束水其人獷黠而易隨等閩之支屬特稱聞善化者得非地深法壅會歛無時猾吏坐恣姦欺黎庶日爲蜂蠆哉皇帝遠懷疲俗樂有嘉政使君前刺三郡雅稱善化今茲東授必能伸病俗以紓重寄矣將期後賀特以序行

桃林塲記

唐武宗二年余邊斯境其塲由西十里右協精廬前距危

岫形拘勢促不似公門故其人輕而險其官屑而殘時非厭遷殆有數也今巳卯年覲季父于此覩歷里若巨邑覽風物如大邦鱗鱗然廨宇之羅靄靄然煙火之邦一派趨碧羣峯走青橫飛而野鶴冲壑曠望而晴郊遠去是以俗阜家泰官清吏閑凌晨而舟車競來度日而笙歌不散故知興廢有時吉凶由地不然何勞於舊宇而逸於新亭耶吾友王顓字還古鶯泊未遷祿爲親屈莫邪曾試犀象無全是年冬枉車再至蓋有爲也先是知子謀展覲覘驟謁簾幃去纔旬月歸諸素志知還古不日青雲暫適我願耳

徒服其所刊變風易俗嘗聞期月之内變爲大縣乎是亦斯場人士之所願也其他故事前記已詳其或加予未可無述

人旱解

涒灘歲越垠曠旱塞諸陽遷市不雨祈山川庶神又不雨鬺土龍舞巫覡愈不雨或言邦有術人能捕退龍而誅之昔歲嘗然農剩其澤及召術人至而旱色如故太守怒巫命擒之術人遁去矣其遺囊有書一幅目曰人旱早有三曰天旱國旱人旱曷爲天旱蹇陽肆凶下土祇愼雖六七

歲黎人不饑曷爲國旱君道熾災德涸仁枯貪風暴氣蒸爲時癘曷爲人旱邪𣪠其政吏賊其行千里人心燥不爲陰夫天旱求諸仁仁洽而時豐國旱求諸德德潤而澤流人旱求諸政政清而俗阜今貨遊於上刑黷於下百姓焦愁結成恨暑所謂人旱者也邦守不清其政而逮龍貨雨是猶乘檣適海豢羊望翼於何可冀乎太守得書增怒是歲自正月不雨至於五月明年殍死者數千人而太守亦以財禍

仲尼不歴聘解

學者多稱仲尼歴聘不遇吾謂仲尼觀禮行道不歴聘不遇吾謂仲尼觀禮也夫二國交驩曰聘以臣使於君亦曰聘男輸財於女國駕帛於士皆曰聘故無財與無君國之命不曰聘也當德蝕衰周道徂七國蓋仲尼傷禮樂不起是以學韶於齊求師於周將欲鑄義以鏡國張仁以羅俗使明筍爲宗質也且去魯適衛蓋辭在於仕矣自宋之鄭殆非臣矣絶糧於陳蔡亦無財矣官至司寇果不爲士安謂聘哉吾聞夫子觀夏道則之杞觀殷道則之宋較是而言雖他國可知也安謂歴聘哉

眞龍對

客有抽時賢待巳之禮舉葉君愛龍意於座曰葉公好假而憚其眞誠然乎均曰卽飛出丹青者殊未眞翔來庭宇者愈假矣何則夫靈濟於物無求於物無求於人實龍徒也今聞葉公鱗畫其象則摹形趨之是欲滋乎豢育宛蛇魚類耳眞烏在哉曰然則擾於夏鬭於鄭者非邪曰妖而怪所以幽王啻身子產不禮焉率假物矣彼其眞龍者道能神化其流多派或蟠於天或巢於田或翼於人或爲馬或爲劍有伴於此靡徒不居其在天也機紐陰陽不蹉厥

常其在田也膽腴疆土庶彙蕃廡其在人也珠媚心瀾呀成智門其爲馬也匪體柔油徧崇九州其爲劍也鬼淚淫淫秋江萬箏至如挾雲則十雨時濡銜照則三光遞舒是羣龍也縣古今而不僵渥生人以無倦聖賢在上將利益於物天下無道必亢悔於時豈獨矯矯欄端露威於葉公而誇爪喙哉是謂妖怪假物也客皺眉而俯不復抽言

黃頗

頗宜春人會昌三年進士官監察御史

受命于天說

孔子曰唯天子受命於天士受命于君故君命順則臣有順命君命逆則臣有逆命嗚呼君人者得不鑒戒於是言乎王者將順天行道而臣下自修德矣苟逆於天命而臣下隨所化矣然忽湯文居其下則將因是逆以原於德摇民心於宇內爲其上者無危乎故爲君不易而作臣者知難不易則德明知難則畏命是故夏殷周秦漢魏晉宋齊梁陳隋末之爲理內逆於心外亂於身豈不以受天命者耶故夫十二朝之亡也十二朝之作矣雖小民女童必知其過矣何者爲君以爲賢爲臣以爲然常不覩于前無慮于後大渙一時之榮而已矣歷以度之咸失於此嗚呼君人者得弗鑒戒於是言乎

朱景元

景元吳郡人

唐朝名畫錄序

古今畫品論之者多矣隋梁已前不可得而言自國朝以來惟李嗣眞畫品錄空錄人名而不論其善惡無品格高下俾後之觀者何所考焉景元竊好斯藝尋其蹤跡不見者不錄見者必書推之至心不愧拙目以張懷瓘畫品斷神妙能三品定其等格上中下又分爲三其格外有不拘常法又有逸品以表其優劣也夫畫者以人物居先禽獸次之山水次之樓殿屋木次之何者前朝陸探微屋木居第一皆以人物禽獸移生動質變態不窮凝神定照固爲難也故陸探微畫人物極其妙絕至於山水草木粗成而已且蕭史木鴈風俗洛神等圖畫尚在人間可見之矣近代畫者但工一物以擅其名斯卽幸矣惟吳道子天縱其能獨步當世可齊蹤於陸顧又周昉次焉其餘作者一百二十四人直以能畫定其品格不計其冠冕賢愚然於品

格之中略序其事後之至鑒者可以詆訶其理爲不謬矣

伏聞古人云畫者聖也蓋以窮天地之不至顯日月之不照揮纖毫之筆則萬類由心展方寸之能而千里在掌至於移神定質輕墨落素有象因之以立無形因之以生其麗也西子不能掩其妍其正也嫫母不能易其醜故臺閣標功臣之烈宮殿彰貞節之名妙將入神靈則通聖豈止開厨而或失掛壁則飛去而已哉此畫錄之所以作也

程邈

邈天成四年官主客郎中知制誥

請禁割股疏

臣聞身體髮膚受之父母不敢毀傷所以樂正子春下堂傷足三月不出而有憂色民間多有割股上聞天聽者伏以堯代則共推虞舜孔門則首舉曾參皆以至孝奉親不聞割股肉療疾或眞有懷怙恃之感報劬勞之恩孝起因心痛忘遺體實行此事自是人子之常情不合鼓扇聲名希霑邺賚伏惟陛下道齊覆載孝治寰區漸致昇平全除矯妄乞頒明勅徧下諸州更有此色之人不令舉奏所冀眞誠者自彰孝感詐僞者免惑鄉閭咸歸樸素之風永布雍熙之化

蘇絳

絳會昌時人

賈司倉墓誌銘

公諱島字浪仙范陽人也自周康王封少子建侯于賈因而氏焉誼則大漢太傅寅則晉尚書由是徽音流遠祖宗官爵顧未研詳中多高蹈不仕公展其長材間氣超卓挺生六經百氏無不該覽妙之尤者屬思五言孤絕之句記在人口穿楊未中遽罹誹謗解褐授遂州長江主簿三年

在任卷不釋手秩滿遷普州司倉參軍諸侯待之以賓禮未嘗評人之是非丰骨自清冥搜至理悟浮幻之莫實信無生之可求知矣哉又工筆法得鍾張之奧所著文篇不以新句綺靡爲意淡然躡陶謝之蹤片雲獨鶴高步塵表長沙裁賦事略同焉攸望遭時紫泥必降優游華省遊泳清塗噫修短定期數豈能越會昌癸亥歲七月二十八日終于郡官舍春秋六十有四嗚呼未及浹旬又轉授普州司户參軍榮命雖來於公何有痛而無子夫人劉氏承公遺旨粤以明年甲子三月十七日庚子葬于普南安泉山

慮陵谷變遷刊石紀時絳忝公知已見命爲誌詞仍爲之
銘曰
猗歟賈君天縱奇文名高天下鶴不在雲蚤振聲光高步
出羣今則已矣馨若蘭薰

欽定全唐文卷七百六十四

趙造

造官通直郎試大理評事

中大夫行内侍省内給事員外置同正員上柱國
賜緋魚袋王公墓誌銘并序

公諱文幹字强之其先即秦將翦公之洪允也自時厥後子孫衆多文能出羣武蘊異畧貴則善虜其將戊乃下筆成龍功業居高名施於後秦霸天下斯皆王氏之力也遂使高秋朗月瀚海澄波諸屬難儔家世雄盛皇朝中散大夫内侍省内侍賜紫金魚袋奉詔和蕃使兼安西北庭使諱奉忠公之曾王父也德重名高情見義立西戎斂迹不敢東窺北狄戢羣不敢南牧内侍省内侍賜紫金魚袋内弓箭庫使奉天定難南朝元從功臣諱英進公之祖王父也義勇冠時見危致命親承聖旨獨步中朝右神策軍散副將雲麾將軍試殿中監奉天定難隨駕南朝元從功臣諱臣端公之烈考也功高位下命不待時慶流有徵果有令子榮高處厚德抱雄圖公即雲麾將軍第三子也憲宗踐阼時公年始童舞入趨紫闥出踐丹墀敷奏詳明鬱爲

俊彥遂拜供奉官恪居官次務謹去奢臨事無渝爲官不昧斯乃沖天逸翰出澗喬松錫以朱紱之榮帶以銀章之命改梨園判官奉八音之禮專五菓之名藝就日新功勤益著遷鷄坊使翦拂珍禽在闕自我羽翼奇特利用絶羣每蘊能名誰之與匹轉宣和殿使載離寒暑日往月來每候鑾輿晷刻無失金石磨而不磷璧玉琢而彌堅改軍器監判官專任武庫奠體有程幹苛必時實謂戎備尋遷左神策軍宴設使庖厨有節饔餼無遺修饌必善於精華宴飲實慙其醉飽鎮幕歌晚坊局拖留拜同官鎮監軍地居

畿甸鎮壓要衝路接塞垣命之監理虬龍豈與蚯蚓爲伍鸞鳳難可枳棘長棲時當用才俾之密侍依前充供奉官使於四方善能專對利於一事罔不克堪未幾息車改栽接使公墾園樹菓殖地生苗供億猶勤庶事無闕有司惜才戀德公乃布義行仁開成五年詔遣充新羅使拜辭龍闕指日首途巨海洪波浩浩萬里一葦濟涉不越五旬如鳥斯飛届於東國王事斯畢迴檣累程潮退反風征颿阻駐未達本國恐懼在舟夜耿耿而罔爲魂營營而至曙嗚呼險阻艱難備嘗之矣及其不測妖怪競生波滉瀁而滔天雲靉靆而蔽日介副相失舟檝差池毒惡相仍疾從此起扶持歸國寢膳稍微藥石無功奄至殂謝享年五十有三會昌四年歲在甲子夏四月蓂生五葉日終於京兆萬年廣化里私第雖違三月之期終遂九原之禮是歲冬十月十五日葬於鳳城東龍首原禮也嗟乎命之不偶李廣豈遂於封侯梟在官門士衡終聞於歎鵩公婚於榮陽鄭氏克諧琴瑟相敬如賓有子三人男曰義仙義立女適齊郡史氏孤子銜恤茹荼哀號罔極恐田成碧海谷變爲陵片石未鐫防墓何辨用憑不朽之石以誌永存之詞銘曰

猗嗟大夫短折不祿歷事五朝白圭三復賈誼促齡士衡歎鵩許國一心居家可理善則稱君過則稱已君臣道合如魚如水嫉惡如讐見善必遷愛如冬日畏若夏天臨官廉平無黨無偏奉命出使汎海東夷洪流滉瀁陽烏攸危大波汨起天地變移王事斯畢車騎辭迴臨達本國魍魅爲災幽魂何往遊岱不來聯緜經歲四體轉衰辭恩處順闔門銜悲吾將安仰哲人其萎美玉永沈寶劍斯折聖心哀慟孤子泣血福祚長存恩光無歇

裴坦

坦字知進第進士累官禮部侍郎授江西觀察使華州刺史拜中書侍郎同中書門下平章事卒

貶温庭筠勅

勅鄉貢進士温庭筠早隨計吏夙著雄名徒負不羈之才罕有適時之用放騷人於湘浦移賈誼於長沙尚有前席之期未爽抽毫之思可隨州隨縣尉

王龜

龜字大年宰相起子大中末拜兵部郎中知制誥咸通末改太常少卿檢校右散騎常侍同州刺史徙浙東觀察使

爲盜所害贈工部尚書

陳情表

臣才疎散無用於時加以疾病所嬰不任祿仕臣父年將九十作鎮遠藩喜懼之年闕於供侍乞罷今職以奉晨昏

姚謩

謩開成時鄉貢進士

大唐潤州句容縣大泉寺新三門記 并序

句曲之東實曰崙峰居峰之陽厥生大泉寺因泉而題焉後劉宋昇明二年有邑令顔繼祖捨宅移寺南去泉五里而遥年代寖遠碑記埋没粗所詳者乃顔氏十三代孫今寺之惠誠也太和初監寺僧惠明與寺僧道琳等見三門破壞乃言於衆曰此教東流設象爲法牢落如是瞻仰何依乃請今寺主僧常誼昔旅於是者戮力誓心募緣祈化如響斯應人咸歸之遠近趨走投施香積算財度費功用果足乃革舊制恢新謀延袤縱廣中闕無攺自太和庚戌至於癸丑凡四年厥功告成崇軒峨峨三闔其門飛簷翼張丹栱霞煥刳兹寺以重岡疊嶺采入崖谷行樹葱翠煙蘿蒙密雲收霧卷宛若仙闕俾得道者同指歸於覺路由

徑者詎深著於迷途非我師之志誠其孰能逮於此今天下學佛道者多宗旨於五臺靈聖蹤跡往往而在如吾黨之依於孔門也誼本鄭人冠歲因往遊焉遂剃髮於五臺金閣寺元和再歲乃於潤州龍興寺依年具戒振錫經行見色相之皆空識衣珠之無價又六年始到江南初止於近寺蘭若其明春又之嶺南詣禪訪道酌水步雲心契如期不遠千里十一年還至兹寺初寺每有僧俗大會五十餘衆號曰龍華常患錡釜之器不周於用物有所闕人多告勞誼乃發願鑄一大鑊求布金之長者得鎔範之良工

歸依一念之間，成就堅牢之質。獲落有用，碩大無朋，使天人畢會於龍花，香積普沾於法味，由此故也。寺衆僉曰：誼實有力於寺者，非宿習德本，沾諸善緣，豈能誘掖羣心，終成喜捨？太和初歲，乃聞諸府邑，請繇名焉。繇是三門洊興，功致一貫，則誼之行業，前修推可鏡矣。人有語余於師爲文者，誼因錄所載，請識門焉。寺之備新，記詳矣。辭曰：

寺之興，大泉是生，覷沸猶在，既温且靈。寺之移，顏氏之基，宋室舊邑，桑野離離。寺之終，誼實是工，大鼎渠渠，三門崇崇。煙霞棟梁，松桂香風，周匝巖壑，警迷其鐘。文入於石，播

之無窮。

崔立

立官雒縣令，充採訪判官，拜監察御史。

莊憲皇后山陵奏

伏准正月二十九日勅，除陵寢外，其並約莊憲皇后山陵制度者。伏以莊憲皇后合祔豐陵，不別置宮寢；今義安皇太后於光陵東別擇陵地，與莊憲皇后祔禮不同，其宮殿并諸色官員等，今與詳定官等同商量，伏恐合議建置。

蕭鄴

鄴字啟之，梁長沙宣王懿九世孫。及進士第，大中時累拜户部侍郎，以工部尚書同中書門下平章事。懿宗初，爲山南東道觀察使，歷户禮二部尚書，拜右僕射，以平章事節度河東，卒。

大唐故吏部尚書贈尚書右僕射渤海高公神道碑

公諱元裕，字景圭。六代祖申國公諱士廉，皇朝闕二字中尚書右僕射，有仁儉之闕二字文闕二十三字在陶唐氏闕五字以隱德起，爲周文王師者，號爲太公望，始受封於呂，子孫世仕

於齊闕一字世孫公子闕二字孫闕一字與管敬仲俱爲齊上卿，合闕一字侯有功闕十一字廿七世孫洪後闕二字爲渤海太守，因家焉，高氏故著闕三字平闕四字後魏闕二字錄尚書事，生岳，北齊侍中，封清河王，生敬德，開府儀同三司，改封闕一字安王，申公闕三字之令闕十二字皇朝闕一字州長闕三字之行闕二字曾祖諱闕二字州餘杭令，贈尚書户部員外郎。大父諱彪，祕書省著作郎，贈右闕二字大夫。皇考諱闕一字太原少尹，兼御史中丞闕十二字之少子也。幼而穎悟，及長，魁岸秀發。弱冠博學，工文，擢進士上第，調補祕書省正字，佐山南西道、荆南二鎮

為掌書記。轉試協律郎大理評事。攝監察御史。入拜真御史。轉右(闕四字)侍御史(闕五字)豪舉(闕一字)拜司勳員外郎。轉吏部員外郎。公之佐山南西道也。節度使崔公從以清明藻鑒推重。簪組洎公抗揖上席。雅望益洽。及登御史府。好為犖犖事。自荊涉(闕十一字)急宣居常摧秣在櫪廄吏多(闕四字)條制爭(闕二字)客(闕一字)呵(闕一字)導者必恐遽恇廹。授以驛馬不敢問。積習為弊。刺史不能治。有道士趙歸真者。長慶初用黃老祕言得恩倖(闕二字)旁(闕二字)言(闕一字)怪在驛(闕四字)自給驛馬。俾爾鼠輩疾驅耶。且黃冠驛馳用何條制。顧左右牽(闕一字)之。歸真沮撓不敢仰視。(闕四字)以(闕五字)歸真(闕四字)聞者憚焉。公之為柱國也。當寶歷初。天子年少新即位。事多決於內。或坐朝頗曠旬朔。大臣罕得(闕一字)謁。公上疏指斥。極言(闕二字)中外之(闕一字)以鎮(闕五字)公(闕三字)之偈然公之為吏部郎也。精(闕一字)簡峻。胥徒(闕一字)戢若踐刀戟。未竟南曹事。會與銓長以公事爭短長。剛憤不能下。請急(闕六字)道除左司(闕二字)遷(闕四字)中書舍人。公之為諫議也。屬朝廷多故。李訓鄭注貽禍(闕一字)亂。欲先立威定事。公察其必變。銳以勁

(闕二字)其頭角。章疏(闕一字)上。文宗知而不能用。及為中書舍人。逆注益用事。注初以藥道進。至是(闕一字)然以才望自居。會注遷秩(闕七字)揚其(闕三字)狀。注方倚恩自大。恚不能堪。遽出公為(闕一字)州刺史。注敗。復入為諫大夫。兼充侍講學士。尋兼太子賓客。文宗重儒術。尊奉講席。公發揮教化之本。依經傳納上。傾心焉(闕八字)筵(闕二字)為(闕四字)護之授(闕一字)公(闕二字)通經文雅。任職而操剸(闕一字)濟素重朝廷。上復欲(闕一字)之。未幾。擢拜御史中丞。兼金章紫綬之錫。公正色立朝。百吏震肅(闕一字)暑(闕七字)下(闕二字)僚吏率多(闕三字)獎體(闕一字)不篤濟辦(闕一字)倪甚威。邪朋自遠。班行相顧聳動。屏息議者以為風憲振職。自元和以來。惟公為稱首。進尚書右丞。改京兆尹。未幾。授左散騎常侍。遷兵部侍郎。轉尚書左丞。知吏部尚書銓事。會恭僖皇太后陵寢有日。充禮儀使。公為左右轄也。郎吏籍公岸谷之峻。皆砥(闕四字)事迎理。及銓綜衡鏡之務。抉奸與善。如見肝膈。猾吏(闕一字)勿又(闕二字)竄(闕一字)記(闕一字)為防(闕二字)迷視聽。公指摘(闕一字)病是非。立辦標為成憲。迄今賴焉。不杖一人。九流式(闕一字)彝攺宣歙池(闕四字)使兼(闕四字)入拜吏部尚書(闕五字)懿(闕十七字)為(闕二字)使(闕一字)

字事遷檢校吏部尚書山南西道節度觀察等使公友睦清約車服飲食比寒士而闕二字吏闕一字奉公闕二字汲汲如嗜慾居一室凝塵積機澹如也於宛陵闕一字二郡理於漢南闕一字八郡化率用闕一字興利除害刊爲故實在漢南奏免闕一字內積年逋租七千八百餘萬貫節用而已公私闕二字百姓闕二字之初公自侍講爲御史中丞文宗久闕六字內舉母兄少逸上喜納而遂其志少逸果能闕一字二帝三王之業發明闕二字上益敬重闕三字者咸謂公以誠事君者也愛闕二字不忘舉其親舉其親不忘存其義眉壽景福闕三

字歸公爲闕一字州之五歲慨然有懸車之念累章陳懇故復有闕四字之闕一字卽日渡江將休於闕二字行闕一字志闕一字大中四年夏六月廿日次於鄧無疾暴薨於南陽縣之官舍享年七十六上聞撫機震悼廢朝闕一字日闕七字年十一月十日歸葬於闕一字南府闕二字縣闕二字之南原以李夫人合窆從祔於闕一字府君之兆次闕二字公前娶隴西李闕一字吉州刺史宣之女也再娶京兆韋氏鄭國公孝寬七代孫闕十字先考司徒府君闕二字衽席闕三字國太夫人闕一字氏陰教修備及公貴闕五字服闕四字哀榮之禮渥縟矣闕一字子闕一人曰璩李出也進士擢第試祕書省校書闕一字文行闕字記曰有大德者必得其祿其位其名其壽闕一字公始終可謂全闕二字銘曰

烈山之闕三字太古闕十三字功錫姓申公嗣興闕二字佐命闕三赫闕二字秀令降闕一字公生闕五字爲闕一字師闕一字爲廿資闕六字二闕一字行茂闕三字高終賈霜闕一字迴闕九字政嚴官闕二字競囂闕一字我敦德義時闕十一字大美闕一字味闕九字妄闕七字我堅豸闕一字大方闕二字以闕三字禁林密侍講席陪升因經納誨承問闕一字能輔道闕七字以闕二十五字多闕五字

嶺南節度使韋公神道碑

韋氏之世系尚矣陶唐氏之後有國豕韋者實爲商伯周衰遷於楚之彭城漢興韋孟爲楚元王傅繇孟五世至丞相賢韋氏遂顯大賢封扶陽後徙平陵及子元成別徙杜陵子孫家焉遂爲京兆人云元成生寬寬生育育生後漢尚書令浚浚生梓潼太守豹豹生東海相著著孫胄仕魏爲詹事胄少子曰穆後著號爲東眷八世至隋郁城莊公諱元禮距四世入唐有爲陝州刺史者諱岳子於公爲曾祖是生京兆少尹河北採訪使府君諱恒爲王父少尹生

贈刑部侍郎衡州别駕府君諱平奉天之難寇兵圍逼時
鳳翔已害其帥張鎰且應賊矣公與從父弟皋能扞朱泚
於隴州斬其使者乃折其勢公乃間行西走奉天夜縋城
下蠟丸發表具獻功狀德宗把手喜泣曰富貴惟卿所欲
口授御史中丞公辭以素卑無貲願從州縣祿竟遂其志
改萬年尉從上至興元道苦風疾廢居優游散地既慊當
世其後宜有達人娶彭城劉爲嬪女而生公公諱正貫字公
理幼而神靈長而聰異目所繫覽不忘於心耳剽音聲洞
識節奏季父太尉公皋特見器屬且必能大其家門故名

之曰臧孫年十有五先君歿於衡陽奉喪歸北裴僕射均
在江陵故少公爲表弟欲擅有外家吉凶之事且致賵焉
公泣曰不專於孤有諸父在如將聽命恐傷叔父之義不
敢拜賜之辱蜀使俄至他日反告太尉深德異之既除喪
調補單父尉太尉有大功於國家德勢甚盛韋氏子姓可
以坐掇朱青公深自懲刻遂博極羣書自三代已降損益
制度無不稽其典要相國韋公處厚及韋湖南辭皆以學
識相高每與公論摧當世之務咸服其深切事情雖賈生
不能過也長慶初遂棄官改名對賢良極諫策登乙卯科

授太子校書敬宗朝又以華原縣尉再登詳閑吏理科遷
萬年主簿考京兆進士能第上下頗得一時之俊尋授監
察御史裏行爲北都留守推官入臺爲眞監察避同儕素
嫌辭不與薦除河南府司錄旋爲天平軍節度判官得改
員外郎所奉之主即故相國令狐公也丁内艱服闋故李
相國紳請爲浙東團練副使賜緋魚袋後辭職居洛授檢
校主客郎中知鹽鐵福先院非其好也擢萬年令澤州刺
史又改太原行軍司馬兼御史中丞加金紫從狄僕射之
幕徵爲太府少卿改泗州刺史歷光祿卿晉州刺史入拜

司農卿時内尚食供億縣官有闕爲其奏累貶均州刺史
歷壽州團練使公當官剸據率有良筭雖繁劇之來千變
萬態一以成機應之故日用公事圭稜歲校能有餘裕所
謂循良高妙無跡可尋者耶今上初即位以理行徵拜京
兆尹京師稱難治者日有生事隨時抵巇間不容髮未易
以繩墨一面律也潤淡小失其機則見立敗雖有神明之
用無及已公能勺藥其間安然無一事如弄小方州云奉
南郊備赦令上下百役抑揚豪弱無不得其平居二年乞
退除同州刺史長春宮使加左散騎常侍兼御史大夫百

粵之地其俗剽輕獵浮淫之利民罕著本又遠天子之法稅調寬急一舞於吏手故細胥假校益豪民用是困從公至鋤侵牟之竊削冒名之吏盡反爲民煩促頓舒流庸盡復先是海外蕃賈贏象犀貝珠而至者帥與監舶使必擭其偉異而以比弊抑償之至者見欺來者殆絕公悉變故態一無取求問其所安交易其物海客大至越人尚鬼事有寘冥者不質於醫而交於神寢以成風公醜其邪命撤屋塗扉禁絕紛紛之禱或曰將不利於公公不聽他日秋水大溢將没民居訛言毀神而致公謏服登城向水酹酒而

聲曰苟如云云長吏身存無嫁下人俄而斂退卒無害焉鍼肓反正皆此類也政成亟上疏請覲優詔留之越三歲寢疾薨於位實大中五年七月二十三日享年六十有八天子爲之不視朝一日贈工部尚書明年二月庚申祔葬少陵原之世墓比薨醫問相屬比葬弔贈之使交逢凡在嶺之南軍吏與民及部屬鰥寡士子髦髻之族聞公之喪皆哭失市與宴公篤孝睦親羣昆弟之貧與子姓之孤者收接如歸婚配慰薦惟恐不得其所居弟誨之喪傷哭變白惻動君子與朋友盡誠信於然諾踐報之道不怠如癖名人偉士多與深善樂後儁特露精誠比比得之力仁誼懲華侈下席之日家無池館疏屬出滯平生行事可知已娶監察御史博陵崔昇女先公而殁二子長曰參文太子校書次曰温文華州參軍一女始歲方大病囑其後曰無厚葬無用鼓吹無煩謚於有司志我墓者無如故人趙君檜焉若夫碑則俾我外姪蕭鄴爲之銘庶乎實而詳也其敢以辭遂爲銘曰

雄操京兆奄宅大州太尉之後惟公得侯儒衣極摯公慊人優業術益然及親勇誼善植牧全始卒無媿融鴻清洋

式彌乃嗣茲圖石刻以永厥懿商伯以遷汪洋其源至漢始著聿爲盛門徙居杜陵承繼遂蕃用儒持家世世顯尊歷隋入唐或軒或庳起墜誠難肖隆匪易尚書之生實屬太尉有肅有基可席而位公獨後之孑孑自致追念顯考詘於其身如不我力曷顏於人由卑至鉅能以才振小大之治有脊有倫

李涪

涪昭宗時歷官金部郎中河南少尹國子祭酒詹事府丞

刊誤序

余嘗於學古問政之暇而究風俗之不正者或未造其理則病之於心爰自秦漢迨於近世凡曰乖盭豈可勝道哉前儒廣學刊正固已多矣然尚多漏畧頗惑將來則書傳深旨莫測精微而沿習舛儀得陳愚淺撰成五十篇號曰刊誤雖欲自申專志亦如路甕以掇其譏也

裴敬

敬官祕書省校書郎

翰林學士李公墓碑

李翰林名白字太白以詩著名召入翰林世稱才名占得

翰林他人不復爭先其後以脅從得罪既免遂放浪江南死宣城葬當塗青山下李陽氷序詩集粗具行止敬嘗遊江表過其墓下愛其才壯其氣味其嗜酒知其取適作碑於墓且曰先生得天地秀氣耶不然何異於常之人耶或曰太白之精下降故字太白故賀監號爲謫仙不其然乎故爲詩格高旨遠若在天上物外神仙會集雲行鶴駕想見飄然之狀視塵中屑屑米粒蟲睫紛擾囷蠢羈絆蹂躪之比又嘗有知鑒客并州識郭汾陽於行伍間爲免脫其刑責而奬重之後汾陽以功成官爵請贖翰林上許之因免誅其報也又嘗心許劍舞裴將軍予曾叔祖也嘗投書曰如白願出將軍門下其文高其氣雄世稱其本懼失其傳故敘傳之太和初文宗皇帝命翰林學士爲三絶贊公之詩歌與裴旻將軍劍舞泊張旭長史草書爲三絶夫天付上才必同靈氣賢傑相投龍虎兩合可爲知者言非常人所知也夫古以名德稱占其官謚者甚希前以詩稱者若謝吏部何水部陶彭澤鮑參軍之類唐朝以詩稱若王江寧宋考功韋蘇州王右丞杜員外之類以文稱者若陳拾遺蘇司業元容州蕭功曹韓吏部之類以德行稱者元

魯山陽道州以直稱者魏文貞狄梁公以忠烈稱者顔魯公叚太尉以武稱者李衛公英公以學行文翰稱者虞祕監唐之得人於斯爲盛翰林其以詩稱之一也予嘗過當塗訪翰林舊宅又於浮圖寺化城之僧得翰林自寫訪賀監不遇詩云東山無賀老却棹酒船迴味之不足重之爲寶用獻知者又於歴陽郡得翰林與劉尊師書一紙思高筆逸又嘗遊上元蔣山寺見翰林讚誌公云水中之月了不可取刀齊尺量扇迷陳語文簡事備誠爲作者附於此云會昌三年二月中敬自滻水草堂南遊江左過公墓下

四過青山兩發塗口徘徊不忍去與前濮州鄄城縣尉李劭同以公服拜其墓問其墓左人畢元宥實備灑掃留縣帛具酒饌祭公知公無孫有孫女二人一嫁劉勸一嫁陳雲皆農夫也且曰二孫女不拜墓已五六年矣因告邑宰李君都傑請免畢元宥力役俾專灑掃事噫享名甚高後事何薄謝公舊井新墓角落青山白雲共爲蕭索巨竹拱木如公卓犖天長地久其名不朽此爲祭文寫授元宥又爲碑曰

貴盡皆然名存則難故余重名不重官作李翰林碑十五字而已

裴素

素平州人寶歷初進士太和二年舉賢良方正直言極諫第三等官中書舍人

重修漢未央宮記

皇帝嗣位之年衆靈悅附日月所照莫不祗屬是以遠夷慕義琛賫鼎來用文明以爲理洞風露之所啟草木暢茂山川景清擊壤鼓腹莫識由乎帝力矣嘗因勝日聖思閒遠倦大廈之講習想鮮原之遊衍乃命法駕備宮馭細草迎輦神飈引衣超然肆行造適自得視往昔之遺館獲漢京之餘址邈風光以遐矚眇思古以論都襟靈洋洋周視若感者久之於是召左護軍中尉志宏指示之曰此漢遺宮也其金馬石渠神池龍闕往往而在朕常以古事況今亦欲順考古道訓齊天下也至是遐歷恍然深念且欲存列漢事悠揚古風耳昔人有思其人猶愛其樹況悅其風登其址乎吾欲崇其頹基建斯餘構勿使華麗爰舉舊規而已庶得認其風烟時有以凝神於此也於是命工度林審曲面勢裁成法度以就斯宮櫕櫨栱密玉石碧瓦龍錯層軒鳥跂崇墉粉靜璇題月照舒廊四注以雲委隆臺分據而山屹蟠虯蜿蜒鱗動梠桷蹲獸却騁姿雄欄檻宏袤乎豁達跨臨乎涇渭綠竹凝遠繁松藹深奇樹流光丹墀迴遠於是闢戲馬之廣場開遠目之閒館天地景新山川勢重迴太華之秀氣列終南之翠屏九嵕巀嶭而固護八水分流以縈帶而又揚太液之波繚周帝之垣原隰成文丹素含華翼樓杳以分張雄虹直而中峙神機一發廓若懸寓祥煙瑞彩鬱鬱葱葱瞻迴途以下濟撫璇璣而高視見秦川風物漢原邐迤感前王興廢知稼穡艱難吾君用

此鏡是非闡思慮豈獨資耳目縱遊玩也凡殿宇成構總三百四十九間工徒役指萬計武夫奮力將校呈魏然而材匪藻棁塗惟儉靜經之營之不日而成也按漢史高祖初定天下悅卜洛之邑爲天地之中有周室遺風將都之婁敬諫曰陛下取天下與周室異不可居也夫洛陽四戰之地豈若秦川天府之國山河形勝眞百二之勢乎高祖是日駕如長安其後七年北擊韓王信相國蕭何居守而營未央宮因龍首山作前後殿建觀闕街道周迴七十里臺殿四十所帝還見之怒曰何治宮室之過度也何曰天

子以四海爲家非壯麗無以重威德帝悅而就居焉自漢元年乙未歲至聖唐會昌元年之辛酉凡一千四十有七年矣其傾頹毁圮悠然邈然竟無有存之者我后緬慕古昔之興時卽其舊而新是圖築摧基而繩脩木不侈不約巍然嶷然時以通覽無方周視有截則有若志宏奉聖君之旨也志宏姓魚氏代宗皇帝之功臣朝恩之孫也以績効而封國公由忠義而位上將自總右廣貞心冠古陛下龍昇大寶光啟帝運左右同德東西一心變生人之耳目煥大明之徽懿武力忠壯元機天啟式是萬旅吾唐有人由是委以腹心寄之環列上曰忠爲令德有若士良志宏爲吾左右矣明年上親見祖考郊天神雪灑川原塵清城闕陽和風扇綠野煙澹是月也三辰承初以表無事上乃顧新宮迴玉輦列騎雲動彩仗天旋乃出金風由是乎造於未央俯仰周視肅威神而煌煌遊焉息焉容與悅懌晴山屏開以四遠故城巉然而隱嶙鮮風美景薰然入座上從容言曰吾今建是殿且錫之以嘉名其殿曰通光其東曰韶芳亭其西曰凝思亭乃立皐門曰端門其應門題曰未央宮所以志大臣之忠力且不忘吾好古也乃命侍臣

曰爾爲我記之刻以貞石傳示乎不朽臣素任當承旨不敢固讓惶恐拜舞而文之時會昌元祀濡大澤之明月也謹記

欽定全唐文卷七百六十五

李遠

遠會昌九年官尚書司門員外郎

蟬蛻賦 以變化從時飛鳴有日爲韻

勿謂乎蟬之至微能變化以知機因挺質以竦拔遂脫身而奮飛餘殼連拳抱綠葉而猶在新聲嚮亮喍清風而不歸原夫深穴初開空庭始夜步夌兢而微進形磊磈而將化託身而去上風篁投迹而來緣月榭履險微駐愁危却下纖枝不定懼裊裊以頻移弱蔓難窮騰搖搖而盡亞於是輕軀暫息一足才容時驚鬥鼠乍怯鳴蛩跼促而初安利爪逡巡而欲改前蹤想黃雀之飢腸先憂見捕念螳螂之怒臂預恐相逢已而蹴踖拳形穹隆奮質既罅發而微斷若苞開而漸出擘肌分理有謝於昔時露膽披肝請從於今日騰超稍異竦擢如驚新緌薄嫩舊翼羅輕觀腋分之拆裂訝脈散之縱橫嗟累卵之勢危方求上達歎含風之力寡未敢先鳴及夫據崄形柔挐空股戰方疑乎蠖屈終類於龍變洞胷達腋玲瓏而素甲皆虛潔已全身輝赫而元光已遍俄分曙色似遇良時便有凌空之意還生去故之悲嘒嘒而頻遷碧樹淒淒而若紡寒絲嚮繞晴雲傳楚岸之風遠聲催晚景怨陶家之柳衰至若委蛻難留冲虛已久體將泰而是望皮不存而何有儻假一枝願飛聲而不朽

題橋賦 以望在雲霄居然有異爲韻

昔蜀郡之司馬相如指長安兮將離所居意氣而登橋有感沉吟而命筆爰書儻並遷鶯將欲誇其名姓非乘駟馬誓不還於里閭原夫別騎留連鄉心顧望銅梁杳杳以橫翠錦水瀰瀰而迸浪徘徊浮柱之側睥睨長虹之上神催下筆俄聞風雨之聲影落中流已動龍蛇之狀觀者紛紛嗟其不羣染翰而含情自負揮毫而縱意成文渥澤尚遥滴瀝空瞻於垂露飄飛未及離披且覩其崩雲意以立誓無疑傳芳不朽人才既許其獨出富貴應知其自有潛生肸蠁之心暗契縱橫之手於是名垂要路價重仙橋離離迴出一一高標參差鳥跡之文旁臨綵檻踊躍鵬摶之勢下視丹霄既而玉壘經過金門寵異方陪侍從之列忽奉西南之使乘軺電逝於遐方建節風生於舊地結搆如故高低可記追尋往跡先知今日之榮拂拭輕塵宛是昔時

之字想夫危梁蘚剝漬墨蟲穿長含氣象久滯風煙幾遭凡目之見嗤徒云率爾終俟瓌姿之後至覺始昭然所謂題記數行寂寥千載何擲管而無感如合符而中在誓後進而慕前賢亦丁寧而有待

日中爲市賦 以日中而市易志所明爲韻

曜靈正中交易必萃諒農皇之善制著噬嗑之明志盖取諸酌中以晝一用取夫定準於列肆遂得販繒之子候當午以員來抱布之徒恐後屢以忽至於是旗亭滅影賈旅協時睹稠人之並湊測端景以交期雜錯相酬而豈畏日

之將夕貿遷以退寧憂其室信遠而是前王之所則實後代之攸資當夫相高以夸美言爲市競駕肩以求進爭掉舌而明旨貨聚於未央之標州處於巳逾之紀咸寸陰而時惜望兼贏以晝履衆寶麕至族蟻同風當大明之方盛求善價以不窮葵藿未傾而靡僭其候有無交鬻而久執厥中物各以時貨遷乃日瞻陽烏之未昳索青蚨以競出質劑由是與行權儈於焉積實則知日以中爲政市以利爲名不求端以取表奚立法而作程俾居物致富之流心之有待方不盈不縮之際時卽可明景既惟恒人得其斂何遠珍之不至曷近利之爲阻賈用不售者當此之歸求之不得者於焉獲所此乃時不差利同射亘五都之所共歷百王而不易是以知日中爲市之義豈空書於往籍

送賀著作憑出宰永新序

會稽賀憑以著作郎出宰永新其行也其色似若有不懌者一時學省憲府之友咸共語之舉杜甫詩云樽前失詩流塞上得國寶乃相與賦詩送別秦東亭隴西李遠獨後至舉杯而前曰子毋以邑小去國萬里而難治古者公侯之地方百里自秦以來大縣且倍而過之小縣亦不下十

室而有餘漢晉以士爲之宰俾教其鑿井耕田養生送死而無憾歲賦其租以供軍士且以償士之直非以榮祿之也特養其廉以教民爾士既得民社之寄則早作夜止盡心以理之使訟平賦均老弱無懷詐暴慴斯無愧於取直而不負其所寄矣今永新之爲邑也僻在江南西道吾聞牛僧孺之言與荆楚爲隣其地有崇山疊嶂平田沃野又有寒泉清流以灌溉之其君子好義而尚文其小人力耕而喜鬭而其俗信巫鬼悲歌激烈嗚嗚鼓角雞卜以祈年有屈宋之遺風焉今子往而宰之勿以險遠難治而自

貽伊戚也以樂易近之均其賦息其爭因其利而役之則無怨明文王之政以教之使知禮讓則尊君親上養老慈幼悉知而勸於爲善自無懷詐暴憎之習矣然後手揮五絃於堂上樂其志高山流水間一動一靜居仁由義皡皡熙熙同登壽域矣吾屬在憲府與考績黜陟之事待子三載而來歸報政也勉之行無忘

靈棋經序

夫靈棋經者不知其所起或云漢武帝命東方朔使之占兆無不中者朔之術用此書也或云黃石公以此書授張

子房又有客述淮南王神祕之書亦此書也蓋好事者倚聲借價以重其術豈盡數公爲之乎雖然余聞之久矣以其非經史之書不以留意及開成末予將適閩中聞其有建溪者石鬬而湍激舟子猱立嵲屼雖有賁育皆汗而慄況予之懦者乎以其懦不自解及至泗上遇宗兄安遂以懦狀告安曰予聞建溪不應至此蓋談者之過也安有卜書能決其惑遂請而卜之其詞云上下俱安心不生奸挺然無憂勿信流言乃笑曰果流言不足信也安卽授予遂攜之閩怡然無事固信其書又取決他疑無不若目見嗟乎世所特輕者未必不爲至寶也世之所重者未足爲美一編之書後顯前疑而況他乎以是知士之顯達窮餓各有命數不可以一途辯也予觀其書似若有道者之爲以十二棋子三分之上中下各四一擲而成卦卽考書批詞盡得其理意者上爲天中爲人下爲地三才之象也十二棋子皆有文其辭猶周易之辭也棋布而成卦遂目之曰靈棋後予福州從事居多暇日凡集數十本參而校之去謬存眞備集於此後賢觀之可以無疑予在閩時以其遐邈鄉國萬里水陸綿遠心常不安一日卜之得坦坦天衢之卦其言甚美意中以爲信然離閩數日忽宸書降召爲

御史則卦之前定不其神乎時唐會昌九年秋九月尚書司門員外郎李遠序

杜宣猷

宣猷開成時官監察御史咸通中爲宣歙觀察使兼御史大夫

懿宗先太后謚議

議曰臣聞慶都誕堯唐風稱盛塗山育啟夏道克昌坤德旣刑於邦家帝籙方傳於悠久況母儀風著壼教自高夢

日昭其休祥俔天表其鴻慶暉耀未兆逢時乃彰殊榮不在於生前縟禮必行於身後詳觀國史遜聽皇王步驟以來其道一貫伏惟先太后應二儀而作合齊兩曜而降祥派流弄印之榮道叶握圖之聖柔明初進慈儉用光蘋蘩遵助祭之儀紘綖展親蠶之禮四德之姿始耀六宮之望攸歸服浣濯而自修抑華侈而不御大行皇帝道資內助禮冠中闈越辭輦之遵聞體蘿降之盛則二何之族難並五鹿之慶方遥進賢才而益恭辭進封而奪志子一人而不享其福毋四海而不居其尊行成楷模言著箴誡名器

尚虛於椒掖輝華俄缺於桂輪全德則崇備物猶爽當海晏河清之日屬賓天上漢之朝故劍軫皇情之深新阡赴丹禁之慟於是痛環珮之絕響感詩禮之無聞爰詔近臣俾詠明淑神筆添句用寫悲情豈八字之能倫與三光而齊朗歎纒綿悽愴之痛陋撫存悼亡之詞天文照臨哀榮兼極其後必大倚伏有徵皇上繼明之初遠思顧復遂發宮女副以內臣恭告薦之誠虔陵寢之制實遵近禮即兆爲山改馬鬣之形就鮒隅之式璇宮對立蘭殿煥開想像如覆於玉衣肸蠁疑遊於金屋上仙之日都人不覩於柰花追榮之辰國風空賦於芣苢處虞嬪之列今當文毋之崇體內範而素深因子貴而昭慶泰原松檟佳氣久凝漢后褘褕盛禮俄及道光前古德冠後宮發睿感於賜衣彰孝思於遺鏡遂揚翟黻之禮以慰昭靈之慈謹按易曰元者善之長謚法曰宣慈惠和曰元又曰明德有功曰昭伏以先太后待年之初已標仁懿之則儷極之後益彰柔煦之風得不謂宣慈惠和乎輔佐昌期聿修陰教克生聖嗣光啟中興得不謂明德有功乎請上尊謚曰元昭皇太后謹議

大祀宜差重臣攝祭奏

伏准開元二十三年正月二十四日勅自今後有大祠宜差丞相特進少保少傅尚書賓客御史大夫攝祭行事者伏以郊祀烝嘗國家大典肅將明命合差重官苟異於斯則爲瀆祭臣伏見近日大祠差王府官攝太尉行事人輕位散不足交神昧陛下恭潔之誠阻百靈正直之福事有不便實資改更臣請起今春季以後祠祀南郊薦獻太清宮宰臣行事外其餘大祠攝太尉司徒司空伏請差六尚書左右丞列曹侍郎諸三品以上清望官充其中祠小祠

官員不足卽任差王府官充臣職監祠事不敢因循

鄭左丞祭梓華府君碑陰記

今左丞鄭公之廉宣城也視人如子潔已奉公爲政指歸則以抑强扶弱爲意操斷之下邪正別白懷姦之徒有李惟眞康全參者平地起戎迫脇賢帥避難歸闕恓惶草間此時前潮郡押衙汪玗秀才薛復百姓姚元貞前當郡衙前虞候胡政繼來救護食膳檝棹霈然大備況江神指途歸風送帆信宿之間遂達江都惟眞輩不知兵已在頸釃酒高會恣行攻劫兗勢甚張朝廷命今廷尉溫公自雎陽

守杖劍來討以順伐逆無敢礙及軍令明肅曾無寃人築二京觀於西郭門外宣猷故與鄭公游詳熟理行仁誼廉白是其佩服文章學藝乃其緣飾自闕王傳改太常少卿揚歷數四備極華顯今鳳翔司徒相公頃在台庭仰公材術俾司邦計方且傳印公確乎固執乞守六曹又擬轉爲刑部帖以臺丞公堅讓如初今僕射相公登庸之初擧公自代約以同歷公亦撝挹逡巡自牧聞其名則氣欻光赫覯其貌則貞素和裕則知曩時懽難適丁厄運今茲遷擢方見道勝爲善者雖否必通爲惡者蹔通終否禮云君子居易以俟命小人行險以徼幸不其信歟宣猷去歲三月到官擇日謁梓華府君見公眞文紀當時之事板於梁間恐久遠隳落遂移於貞石刻而立之咸通七年七月十一日宣歙觀察使兼御史大夫杜宣猷記

唐朝請大夫試絳州長史上柱國趙郡李君故夫人京兆杜氏墓誌銘

夫人諱瓊字瓊本京兆杜陵人後因家邢州遂爲邢之堯山人焉曾祖知愼皇將仕郎守冀州南宮縣尉祖昌運皇守忻州定襄府左果毅上柱國父西岩皇朝散大夫試左

武衛長史夫人長史之叔女也笄年歸於李君明正清劭輔以材能落落焉有賢傑之操門闕李君隨牒襄州夫人亦來漢上宣猷與夫人別業接連得敍宗族日漸月深情同密親始子隨進士貢路出漢濱時寓夫人里第稅駕之後徒馭如歸開顏拂闕主禮甚渥李君賢厚少事以儒書自適門之治實夫人主之者其奉夫也以敬其訓子也以義其睦親也以誠其接下也以德吹惠布明家政煥然擧如是言雖賢大夫何以過也嗚呼材智方遠光景不借以太和五年十二月三十日薨於襄州旌孝里之私第春秋

六十五。明年十月十一日。安厝於襄陽縣習池鄉之西把里。夫人生二女二男。長女適太原王儀。次女適扶風馬寧。長男德元。次男德章。德元幼奉擇鄰之訓。明經擢第。釋褐隨縣尉。德章休休然亦以詩禮充業。今則泣血崩心。若無所容。先遠有期。託予誌德。濡毫寫悲。不羞不能。銘曰

杜氏之先。陶唐同源。遠派搖漾。爲傑爲賢。夫人奉之。令範昭然。身同朝露。門閉幽泉。

王俞

俞會昌時人。

漢焦小黃周易卦筮敘

大凡在變化象數之中者。莫逃乎易。唯人之情僞最曰難知。繫稱卜筮尚占。憂患與慮。彼山上有火。明入地中。周孔之情。緜是觀變。自三古以降。雜說歧分。別卜筮多門。亡羊殆盡。雖京房奇中。然皆不免其身。夫自知知人。乃曰明哲。則隗照易數於龔使。焦贛發誠於明君。照既沒不顯其占。贛明且哲。乃留其術。俞巖耕東鄙。自前困蒙。客有枉駕蓬廬。以焦辭數軸相示。俞嘗讀班史列傳及歷代名儒系譜。諸家雜說之文。咸稱自夫子授易於商瞿。僅逾十輩。延壽傳經於孟喜。固是同時。當西漢元成之間。凌夷厥政。先生乃或出或處。外比包蒙。輒以易道上干梁王。遂爲郡察舉。詔補小黃令。而邑中隱伏之事。皆預知其情。得以尤異。當遷。無亦卒於官次。所著大易通變。其卦總四千九十六題。事本彌綸。同歸簡易。其辭假出於經史。其意雅合於神祇。但率潔精專。事無不中。而言近意遠。易識難詳。不可瀆蒙。以爲辭費。後之好事。如君山者。則子雲之書。爲不朽矣。以聖唐會昌景寅歲周正五日敘。

顧德章

德章。會昌六年官太常博士。

上中書門下及禮院詳議東都太廟修廢狀

伏見八月六日勅。欲修東都太廟。令會議事。此時已有議狀。準禮不合更修。尚書丞郎已下三十八人皆同署狀。德章官在禮寺。實忝司存。當聖上嚴禋敬事之時。會相公尚古黜華之日。脫國之祀典有乖禮文。豈唯受責於曠官。竊懼貽恥於明代。所以勤勤懇懇。將不言而又言也。昨者異同之意。盡可指陳。一則以有都之名。更合立廟。次則欲崇修廟宇。以候時巡。殊不知廟不合虛主。惟載一也。謹按貞

觀九年詔曰太原之地肇基王業事均豐沛義等宛譙約禮而言須議立廟時祕書監顏師古議曰臣旁觀祭典遍考禮經宗廟皆在京師不於下土別置昔周之豐鎬實爲遷都乃是因事便營非云一時別立太宗許其奏即日而停由是而言太原豈無都號太原爾時猶廢東都不立可知且廟室惟新即須有主主既藏瘞非虛而何是有都立廟之言不攻而自破矣又按曾子問曰古者師行必以遷廟主行乎孔子曰天子巡狩必以遷廟主行載于齋車言必有尊也今也取七廟之主以行則失矣皇氏云遷廟主

者惟載新遷一室之主也未祧之主無載行之文假使侯時巡自可修營一室議構九室有可依憑夫宗廟尊事也重事也至尊至重安得以疑文定論言苟不經則爲擅議近者勅旨凡以議事皆須一一據經若無經文任以史證如或經史皆無據者不得率意而言則立廟東都正經史無據果從臆說無乃前後相違也書曰三人占則從二人之言會議者四十八人所同者六七人耳比夫二三之喻又何其多也夫堯舜之爲帝迄今稱詠之者非有他術異智者也以其有賢臣輔翼能順考古道也故堯之書曰若稽古帝堯孔氏傳曰傳說佐殷之君亦曰事不師古匪說攸聞考之古道既如前驗以國章又如此將求典實無以易諸伏希必本正經稍抑浮議踵皐夔之古道法周孔之遺文則天下守貞之儒實所幸甚其餘已具前議

上中書門下及禮院議東都太廟修廢第二狀

夫宗廟之設主于誠敬旋觀典禮貳則非誠是以匪因遷都則不別立廟宇記曰天無二日土無二王嘗禘郊社尊無二上又曰凡祭有其廢之莫敢舉也有其舉之莫敢廢也則東都太廟已廢多時若議增修稍違前志何者聖歷

神龍之際武后始復明辟中宗取其廟易置太廟焉本欲權固人心非經久之制也伏以所存神主既請祧藏今廟室維新即須有主神主非時不造廟寢又無虛議如修復以俟時巡惟載一主備在方冊可得而詳又引經中義有數等或是弟子之語或是他人之言今廟不可虛尊無二上非時不造主合載一主行皆大聖祖及宣尼親所發明者比之常據不可同塗又邱明修春秋悉以君子定褒貶至陳泄以忠獲罪晉文以臣召君於此數條復稱君子將評得失特以宣尼斷之傳曰危疑之理須聖言以明也或

以東都不同他都地有壇社宮闕欲議權葺似是無妨此則酌於意懷非曰經據也但以遍討今古無有壇社立廟之證用以爲說實所未安謹上自殷周旁稽故實除因遷都之外無別立廟之文

東都神主議

夫禮雖緣情將命厥要實在得中必過禮而求多則反虧於誠敬伏以神龍之際天命有歸移武氏廟於長安即其地而置太廟以至天寶初復不爲建都而設議曰中宗立廟於東都無乖舊典徵其意不亦謬乎又曰東都太廟至

於睿宗元宗猶奉而不易者蓋緣嘗所尊奉不敢輒廢也今則廢已多時猶循莫舉之典也又曰雖貞觀之始草創未暇豈可謂此事非開元之法者謹按定開元六典敕曰聽政之暇錯綜古今法以周官作爲唐典覽其本末千載一朝春秋謂考古之法也行之可久不曰然歟此時東都太廟見在六典序兩都宮闕西都具太廟之位東都則存而不論足明事出一時又安得曰開元之法也又三代禮樂莫盛於周昨者論議之時便宜細大取法于周遷而立廟今立廟不因遷何美之而不能師之也又曰建國神位右社稷而左宗廟君子將營宮室宗廟爲先者謹按六典永昌中則天以東都爲神都邇後漸加搆宮室百官於是備矣今之宮室百司乃武氏改命所備也上都已建國立宗廟不合引言又曰東都洛陽祭孝宣等五帝長安祭孝成平三帝以此爲置廟之例則大非也當漢兩處有廟所祭之帝各別今東都建廟作主與上都同概而論之失之甚者又曰今或東洛復太廟有司同日侍祭以此爲數實所未解者謹按天寶三載詔曰頃四時有事於太廟兩京同日自今已後兩京各宜別擇日載在祀典可得而詳且

立廟造主所以祭神而曰存而勿祀出自何經當七廟五廟無虛主而欲立虛廟法於何典前稱廟貌如故者即指建中之中就有而言以爲國之先也前以非時不造主者謂見有神主不得以非時而造也若江左至德之際主並散亡不可拘以例也或曰廢主之瘞請在太微宮者謹按天寶二年勅曰古之制禮祭用質明義兼取於尚幽情實緣於既沒我聖祖澹然常在爲道之宗既殊有盡之期宜展事生之禮自今已後每至聖祖宮有昭告宜改用卯時者今欲以主瘞於宮所即與此敕全乖又曰主不合瘞請

藏夾室者謹按前代藏主頗有異同至如夾室儀用以序昭穆也今廟主俱不中禮則無禘祫之文又曰君子將營宮室以宗廟爲先則建國營宮室而宗廟必設東都既有宮室而太廟不合不營凡以論之其義斯勝而西周東漢並曰兩都其各有宗廟之證經史昭然又得以極思於揚搉詩曰其繩則直縮版以載作廟翼翼大雅瓜瓞言豐廟之作也又曰於穆清廟肅雍顯相洛邑既成以率文王之祀此詩言洛之廟也書曰成王既至洛烝歲祭文王騂牛一武王騂牛一又曰祼于太室康王又居豐命畢公保釐

東郊豈有無廟而可蒸祭非都而設保釐則書東西之廟也逮于後漢卜洛西京之廟亦存建武二年於洛陽立廟而成哀平三帝祭於西京一十八年親幸長安行禘禮當時五室列於洛都三帝留於京廟行幸之歲與合食之期相會不奉齋車又安可以成此禮則知兩廟周人成法載主以行漢家通制或以當虛一都之廟爲不可而引七廟無虛主之文禮言一都之廟室不虛主非爲兩都各廟而不可虛也聯出征之辭更明載主之意因事而言理實相統非如詩人更可斷章以取義也古人求神之所非一奉神之意無二故廢桑主重作栗主既事埋之已明其一也或又引左氏傳築郿凡例謂有宗廟先君之主曰都而立建主之論按魯莊公二十八年冬築郿左傳爲築發凡例穀梁譏因藪澤之例公羊稱避凶年造邑之嫌三傳異同左氏爲短何則當春秋二百年間魯凡城二十四邑唯郿一邑稱築城其二十二邑豈皆宗廟先君之主乎執此爲建主之端又非通論或又曰廢主之瘞何以在於太微宮所藏之所宜舍故依新前已列矣按瘞主之位有三或於北牖之下或在西階之間廟之事也其不當立之主但隨

其所以瘞之夫主瘞乎當立之廟斯不然矣以在所而言則太微宮所藏之所與漢之寢園無異歷代以降建一都者多兩都者少今國家崇東西之宅極嚴奉之典而以各廟爲疑合以建都故事以相質正即周漢是也今詳議所徵究其年代率皆一都之時豈可以擬議亦孰敢獻酬於其間詳考經旨古人謀寢必極於廟未有設寢而不立廟者國家承隋氏之弊草創未暇後雖建於垂拱而事有所合其後當干戈寧戢之歲文物大備之朝歷于十一聖不議廢之豈不以事雖出于一時廟有合立之理而不可一

一革也今洛都之制上自宫殿樓觀下及百辟之司與西京無異鑾輿之至也雖廝役之賤必歸其所理也豈先帝之主獨無其所安乎時也虞主尚瘞廢主宜然或以馬融李舟二人稱寢無傷於偕立廟不妨於暫虛則是馬融李舟可法於宣尼矣以此擬議乖當則深或稱凡邑有宗廟先君之主曰都無曰邑邑曰築都曰城者謹按春秋二百四十年間惟郿一邑稱築如城郎費之類各有所因或以他防或以自固謂之盡有宗廟理則極非或稱聖主有復古之功簡冊有考文之美五帝不同樂三王不同禮遭時

爲法因事制宜此則改作有爲非有司之事也如有司之職但合一一據經變禮從時則須俟明詔也凡不修之證畧有七條廟主應遷一也已廢不舉二也廟不可虛三也非時不造主四也合載遷主行五也尊無二上六也六典不書七也謹按文王遷酆立廟武王遷鎬立廟成王遷洛立廟今東都不因遷而欲立廟是違因遷立廟也謹按禮記曰凡祭有其廢之莫敢舉也有其舉之莫敢廢也今東都太廟廢已八朝莫果立之是違已廢不舉也謹按禮記曰當七廟五廟無虛主今欲立虛廟是違廟不可虛也謹按左傳丁丑作僖公主書不時也記又曰過時不祭禮也合禮之祭過時猶廢非禮之主可以作乎今欲非時作主是違非時不作主也謹按曾子問古者師行以遷廟主行乎孔子曰天子巡狩必以遷廟主行載於齋車言必有尊也今也取七廟之主以行則失之矣皇氏云遷廟主者載遷一室之主也今欲載羣廟之主以行是違載遷之主也謹按禮記曰天無二日土無二王嘗禘郊社尊無二上也今欲兩都建廟作主是違尊無二上也謹按六典序兩都宮闕及廟宇此時東都有廟不載是違六典不書也遍考

書傳並不合修寢以武德貞觀之中作法垂範之日文物大備儒彥畢臻若可修營不應議不及矣記曰樂由天作禮以地制天之體動也地之體止也此明樂可作禮難變也伏惟陛下誠明載物莊敬御天孝方切於祖宗事乃求於根本再令集議俾定所長臣實職司敢不條白

鄭路

路會昌六年官太常博士後爲吏部員外郎司封郎中

東都神主奏

東都太微宫神主二十座去年二月二十九日禮院分析

聞奏訖伏奉今月七日勑此禮至重須遵典故宜令禮官學官同議聞奏者臣今與學官等詳議訖謹具分析如後獻祖宣皇帝宣莊皇后懿祖光皇帝光懿皇后文德皇后高宗天皇大帝則天皇后中宗大聖大昭孝皇帝和思皇后昭成皇后孝敬皇帝孝敬哀皇后已前十二座親盡迭毀宜遷諸太廟祔於興聖廟禘祫之歲乃一祭之東都無興聖廟可祔伏請且權藏於太廟夾室未題神主十四座前件神主既無題號之文難伸祝告之禮今與禮官等商量伏請告遷之日但瘞於舊太微宮内空閑之地恭酌事

理庶協從宜

顧陶

陶會昌四年進士大中時官校書郎

唐詩類選序

在昔樂官采詩而陳於國者以察風俗之邪正以審王化之興廢得芻蕘而上達萌治亂而先覺詩之義也大矣遠矣肇自宗周降及漢魏莫不由政治以諷諭繫國家之盛衰作之者有犯而無諱聞之者傷懼而鑒誡寧同嘲戲風月取懽流俗而已哉晉宋詩人不失雅正直言無避頗遵漢魏之風逮齊梁陳隋德祚淺薄無能激切於事皆以浮艷相誇風雅大變不隨流俗者無幾所謂亡國之音哀以思王澤竭而詩不作吳公子聽五音知國之興廢匪虛謬也國朝以來人多反古德澤廣被詩之作者繼出則有杜李挺生於時羣才莫得而並其亞則昌齡伯玉雲卿千運應物益適建況鵠當光羲郊愈籍合十數子挺然頹波閒得蘇李劉謝之風骨多為清德之所諷覽乃能抑退浮僞流艷之辭宜矣爰有律體祖尚清巧以切語對為工以絕聲病為能則有沈宋燕公九齡嚴劉錢孟司空曙李端二

皇甫之流實繁其數皆妙於新韻播名當時亦可謂守章句之範不失其正者矣然物無全工而欲篇詠盈千盡為絕唱其可得乎雖前賢纂錄不少殊途同歸英靈閒氣正聲南薰之類朗照之下罕有孑遺而取捨之時能無少誤未有遊諸門而英菁畢萃成篇卷而玷纇全無詩家之流語多及此豈識者寡擇者多實以體詞不一憎愛有殊苟非通而鑒之焉可盡其善者由是諸集悉閱且無情勢相託以雅直尤異成章而已或聲流樂府或句在人口雖靡所紀錄而關切時病者此乃究其姓家無所失之或風韻

標特識與深遠雖已在他集而汨沒於未至者亦復掇而取焉或詞多鄭衛或音涉巴歈苟不虧六義之要安能間之也既歷稔盈篋搜奇畧罄終恨見之不徧無慮選之不公始自有唐迄於近歿凡一千二百三十二首分爲二十卷命曰唐詩類選篇題屬興類之爲伍而條貫不以名位卑崇年代遠近爲意騷雅綺麗區別有可觀寧辭披揀之勞貴及文明之代時大中景子之歲也

唐詩類選後序

余爲類選三十年神思耗竭不覺老之將至今大綱已定

勒成一家庶及生存免負平昔若元相國稹白尚書居易擅名一時天下稱爲元白學者翕然號元和詩其家集浩大不可雕摘今共無所取蓋微志存焉所不足於此者以删定之初如相國令狐楚李凉公逢吉李淮海紳劉賓客禹錫楊茂卿盧仝沈亞之劉猛李涉李璆陸暢章孝標陳罕等十數公詩猶在世及稍淪謝卽文集未行縱有一篇一詠得於人者亦未稱所錄僻遠孤儒有志難就粗隨所見不可殫論終愧力不及心庶非耳目之過也近則杜舍人牧許鄂州渾洎張祜趙嘏顧非熊數公並有詩句播在人口身沒纔二三年亦正集未得絕筆之文若有所得別爲卷軸附於二十卷之外冀無見恨若須待見全本則撰集必無成功若但泛取傳聞則篇章不得其美已上並無採摭蓋前序所謂終恨見之不徧者矣唯歙州敬方才力周備興比之間獨與前輩相近亡歿雖近家集已成三百首中間錄律韻八篇而已雖前後覽接或畏多言而典型具存非敢遐棄又前所謂無慮選之不公者矣嗟乎行年七十有四一名已成一官已棄不懼勢逼不爲利遷知我以類選起序者天也取捨之法二十通在故題之於後云

爾

楊收

收字藏之同州馮翊人開成末進士懿宗朝拜中書侍郎同平章事遷門下侍郎刑部尚書進右僕射封晉陽縣男咸通八年罷爲宣歙觀察使貶端州司馬尋削官流驩州賜死後三年詔雪其辜

與安況論樂意

樂亡久矣上古祀天地宗廟皆不用商周人歌大呂舞雲門以俟天神歌太蔟舞咸池以俟地祇大呂黃鍾之合陽

聲之首而雲門黃帝樂也咸池堯樂也不敢用黃鍾而以太蔟次之然則祭天者圜鍾爲宮黃鍾爲角太蔟爲徵姑洗爲羽祭地者函鍾爲宮太蔟爲角姑洗爲徵南呂爲羽訖不用商及二少蓋商聲剛而二少聲下所以取其正裁其繁也漢祭天則用商而宗廟不用謂鬼神畏商之剛西京諸儒惑圜鍾函鍾之說故其自受命郊祀宗廟樂唯用黃鍾一均章帝時太常丞鮑業始旋十二宮夫旋宮以七聲爲均均言韻也古無韻字猶言一韻聲也始以某律爲宮某律爲商某律爲角某律爲徵某律爲羽某律少宮某律少徵亦曰變曰比一均成則五聲爲之節族此旋宮也

乞貸弟嚴死罪疏

臣畎畝下才謬當委任心乖報國罪積彌天特舉朝章賜之顯戮臣誠悲誠感頓首死罪臣自出寒門旁無勢援幸逢休運累污清資聖獎曲流遂叨重任上不能罄輸臣節以荅寵光下不能迴避禍胎以延俊乂苟利尸素頻歷歲時果至聖朝難寬大典誠知一死未塞深愆固不合將梟壞之詞上塵天聽伏乞陛下哀臣愚蠢稍緩雷霆臣頃掌擢在台衡不敢令弟嚴守官闕下旋蒙聖造令刺浙東所有罪愆是臣自負伏乞聖慈貸嚴微命臣血屬皆幼更無近親只有弟嚴才力尫悴家族所恃在嚴一人俾存殁曲全在陛下宏覆臣無任魂魄望恩之至

欽定全唐文卷七百六十六

魏謩

謩字申之。司空魏徵五世孫。擢進士第。文宗讀貞觀政要。思徵賢。詔訪其後。楊汝士薦之。累遷宏文館直學士。武宗朝貶信州長史。宣宗即位。拜御史中丞。進同中書門下平章事。大中十年領劒南西川節度使。召拜吏部尚書檢校尚書右僕射太子少保。卒年六十六。贈司徒。

請不取注記奏

臣以自古置此。以爲聖王鑒戒。陛下但爲善事。勿冀臣不

書。如陛下所行錯誤。臣不書之。天下之人皆得書之。臣以陛下爲太宗文皇帝。乞陛下許臣比職褚遂良。

請令判官推劾訴事奏

諸道州府百姓詣臺訴事。多差御史推劾。臣恐煩勞州縣。先請差度支戶部鹽鐵院官帶憲銜者推劾。又各得三司使申稱院官人數不多。例專掌院務。課績不辦。今諸道觀察使幕中判官少不下五六人。請於其中帶憲銜者。委令推劾。如累推有勞。能雪冤滯。御史臺闕官。便令奏用。

諫納李孝本女疏

臣聞治國家者。先資於德義。德義不修。則國家必壞。故王者以德服人。以義使人。服使之術。要在修身。修身之道。在於孜孜。夫一失百虧之誡。存乎久要之源。故前王遺言曰。勿以小惡而爲之。勿以小善而不爲。斯則懼於漸也。臣又聞君如日焉。顯晦之微。人皆瞻仰。照臨之大。何以掩藏。是以前哲設敢諫之鼓。立誹謗之木。貴日新其德。日聞其過也。陛下自即位以來。誕敷文德。不悅聲色。出後宮之怨婦匹。在外之鰥夫。洎今十年。絕其採納。大雅既作。淫風不行。則上超三皇。次出五帝。凡百相賀。前王比隆。斯實天下之

幸甚也。臣竊觀近自一兩月已來。天睠稍迴。留神妓樂。至於教坊百人二百人選試未已。莊宅司收市亹亹有聞。昨又宣取李孝本女一人。遽將入內。宗姓不異。寵幸何名。如此之事。皆不益慎。修有虧一簣。臣竊惟陛下九重之內。不得聞之。凡此之流。大生物論。實將乖道理之本。徒起塵穢之言。夫欲人不知。不若不爲。諺曰。止寒莫若重裘。止謗莫若自修者也。伏惟陛下照鑒不惑。稍抑將來。絕其漸門。使無怨欲。崇千載之盛德。去一旦之翫好。教坊停息。宗女遣還。則大正人倫之風。深宏王者之體。昔漢光武坐側設

列女屏風。時宋宏正色諫曰。未有好德如好色者。光武因爲徹之。謂宏曰。聞義有改。可乎。宏曰。陛下進德。臣不勝其喜。前史以爲美言。今陛下柰何不思宋宏之諫。而若居光武之下乎。臣切不願也。職當規諫。敢盡血誠。伏地叩頭昧死陳達。

論董昌齡量移硤州刺史疏

臣聞王者渙汗之恩。凡罪寬宥。唯故殺人者死。乃王者不易之典也。其董昌齡比者錄以微効。任之方隅。不能祇慎寵光。恣其狂暴。無辜專殺。事迹顯彰。妻孥銜寃。萬里來訴。

伏蒙陛下睿聖慈憫。念其狂橫。特令鞫劾。尋得罪源。尚以微績曲全性命。中外言議。竊爲未當。今授之牧守。以理疲人。則殺人者遭拔擢。寃苦者何申訴。此則法理所係。交謂不可。臣忝備諫列。不敢不言。況陛下慎恤刑獄。朔望循省。慮有寃濫。以及生人。儻事理稍乖。則傷聖化。今茲寵授物議囂然。伏乞陛下速回成命。以警列士。則天下幸甚。

論呂令琮毀罵江陵縣令疏

臣見諸司雜報。韋長送狀。西院分析監軍下凌毀縣令事。伏以州縣侵屈。只合上聞。中外關連。須存舊制。韋長任唐廉使。體合精詳。公事都不奏聞。私情擅爲偷越。況事無巨細。不可將迎。縣令官業有乖。便宜理罪。監軍職司侵越。卽合聞天。或以慮煩聖聽。何不但申門下。今則首紊常典。理合糺繩。伏望陛下宣示宰臣。速加懲誡。

請將賀蘭進興等重付臺司覆勘疏

臣伏聞傳說官中捕捉造妖徒黨。在外人情洶洶。深所不安。恐涉詿誤之嫌。或爰愛憎而起。況事出軍鎭。未經臺府。咸懷斯懼。遞不保生。滋蔓儻深。爲患不小。今切在早去枝葉。不遺蔓延。嗚呼。如事繫軍人。卽委軍中推勘。如名該百

姓。宜從府縣鞫尋。冀各盡情。免稱寃死。臣伏以當聖代。不宜有陷平人。如罪狀昭然。始可從法。其間輕重須有等差。臣竊知陛下近對法官。必將訪獄。臣伏想此際官吏。豈能直言。如能直言。卽皆戴胄之守職也。且獄不在有司推劾。法官亦焉得細知。伏以陛下愛育生靈。不欲一物失所。此則事關刑戮。不可輕易處置。臣深慮旦夕詔下。忽有寃人。既當發生之時。切要審令詳覆。成陛下好生之德。契前哲恤刑之心。伏請重勑法司。再令疏理。豈惟全其大體。冀不紊於刑章。

李蔚

蔚字茂休，隴西人，開成末進士，咸通朝累官禮部侍郎，轉尚書右丞，拜京兆尹、太常卿，尋以本官同平章事，出爲山南東道節度使，入爲吏部尚書，加檢校右僕射、宣武軍節度使，乾符四年復爲吏部尚書、檢校司空，六年拜河東節度使，卒。

諫禁中飯僧疏

臣聞孔子聖者歟，言則引周任之言；苻融賢者也，諫必憑王猛之誡。以事求師古，詞貴達情。臣伏覩陛下自纘帝

圖，克崇佛事，止當修外，未甚得中。臣畧採本朝名臣啟奏之言，以證奉佛初終之要。臣聞天后時曾營大像，功踰百萬，狄仁傑上疏云：夫寶敎殫於綴飾，瓌材竭於輪奐。功不使鬼，必在役人；物不天來，皆從地出。非損百姓，將何以求？物生有時，用之無度，臣每思維，實所悲痛。至如往在江表，像法盛興，梁武簡文，施捨無限，及至三淮沸浪，五嶺騰烟，列刹盈衢，無救危亡之禍；緇衣蔽路，豈有勤王之師？況近年以來，風塵屢擾，水旱不節，征役稍繁，必若多費官錢，又苦人力，一隅有難，將何救之？此切當之言一也。中宗時公主外戚皆奏度僧尼，姚崇奏曰：佛不在外，求之於心。佛圖澄最賢，無益於後趙；羅什多藝，不救於姚秦。何充、苻堅皆遭敗滅，齊襄、梁武未免災殃。但志發慈悲，心行利益，使蒼生安樂，即是佛身。此切當之言二也。睿宗爲金仙、玉眞二公主作大觀，辛替否諫曰：自夏已來，淫雨不解，穀荒於壠，麥爛於場；入秋已來，亢旱爲災，苗而不實，霜損蟲暴，草菜枯黄，下人咨嗟，未知賑貸。今陛下愛二女而造兩觀，燒瓦運木，載土塡沙，道路流言，皆云計用錢百萬餘貫。伏惟陛下聖人也，遠無所不知；陛下明君也，細無所不見。旣知且

見，知倉有幾年之儲，庫有幾年之帛，知百姓之閒可存活乎？三邊之士可轉輸乎？當今發一卒以扞邊陲，遣一兵以衞社稷，多無衣食，皆帶飢寒，賞賜之間，迴無所出，軍旅驟敗，莫不由斯。而乃以百萬貫錢造不急之觀，以賈六合之怨，以違萬人之心。此切當之言三也。替否又諫造寺曰：夫釋敎以清淨爲基，以慈悲爲主，故常體道以濟物，不利已而害人，每去已以全眞，不營身以害教。今三時之月，築山穿池，損命也；殫府虛帑，損人也；廣殿長廊，營身也。損命則不慈悲，損人則不濟物，營身則不清淨，豈大聖至神之心

乎佛書曰一切有爲法如夢幻泡影如露亦如電臣以爲滅雕琢之費以賑貧人是有如來之德息穿掘之苦以全昆蟲是有如來之仁罷營葺之直以給邊陲是有湯武之功迴不急之祿以購清廉是有唐虞之理陛下緩其所急急其所緩親未來而疎見在失眞實而冀虛無重俗人之所爲輕天子之功業臣實痛之此切當之言四也臣觀仁傑天后高宗朝上公也元崇先天開元中賢哲也替否中宗睿宗時直臣也臣每覽斯文則未嘗不廢卷長歎而感慕之伏以陛下深重緇流妙崇佛事其爲樂善實邁前蹤

但細詳時代之安危眇鑒昔賢之歎奏則思過半矣道遠乎哉臣過忝渥恩言慙匡諫但舉從繩之義少裨負扆之明營繕之閒稍宜停減

薛逢

逢字陶臣河東人會昌中進士累遷侍御史尚書郎大中末出爲巴州刺史徙蓬州入爲太常少卿遷祕書監卒

鑿混沌賦 以清濁忽分物來傷己爲韻

有物混成先天地生言乎地兮不濁謂乎天兮不清物我俱亾莫究希夷之際元黃未判因標混沌之名有南海之帝曰儵北海之帝曰忽胥遇於玆一言相發伊人以視聽食息滋養觀爾則耳目口鼻俱闕將欲擿爾聽以寘音聲抉爾明以分日月疏爾準而通氣翕爾喙而容齕厥議既臧厥臂用攘揕顙春脰眞隨手傷一之二之日視之茲茲三之四之日聽之鏘鏘六日而穹鼻齁息七日而巨口箕張於戲奸僞玆始回邪作矣中明役神外物攻己一彼一此無終無巳痛乎道德喪而仁義生亦由形兆分而混沌死嗜欲悲哀聲牽響來蘧然寤覺劃然形開日月星辰強配陰陽之數輪轅棖桷爭標曲直之材徒觀夫執仁斥橫

義斵剖圭角析清濁投伊礪乃之器入彼敦弓之樸勢騰凌聲瀺灂靜者地而動者天融爲河而結爲嶽則知樸能成器器成樸分木能生火火盛木焚蓋所謂聰明著而勝負交戰知勇昭而是非糾紛夫如是又安得二氣凝而不流萬有來而不拂吾欲寂唱和於聲響緩文章於黼黻然後棄爾見而阻爾聞復歸於無物

天上種白榆賦 以垂陰天上歷代不彫爲韻

象帝之先種白榆於自然布歷歷之眞質偏高高之遠天攀折何因杳在寰區之外陰陽不測永無彫落之年徒觀

夫夾帝座以分行直天街而互對婆娑乎黃道之側蔭映乎端門之內匪據險以稱關詎臨戎而設塞星槎去日曾莫問其短長鶴駕來時又不言乎年代易古移今烟濃霧深當空耀本向日舒陰攢柯於貝闕之前圓光靄靄倒影於瑤池之上寒彩沈沈輪囷既出於中台偃蹇亦臨乎上將分土明得地之勢編珠表連理之狀或全或缺陋蟾桂於月中莫往莫來鄙蟠桃於海上美素莢之規規狀列錢之離離苒蒻雲竦玲瓏露垂崇朝而顯氣常積永夜而元風自吹發端既異於乾行成象或殊於隰有曲直之號徒

爾斤斧之虞則否始或叢邛墟依培塿與槎枿混枯朽歎頹齡之日既不殊桑充燧火之時焉能異柳夫於是又安得越漢排霄含芳振條聳靈根而萬古長爛披素葉而千霜不彫所謂向晦而明終天而覩衰榮不繫乎寒暑運動罔差乎經歷榆之壽兮誠大椿之莫敵

謝西川白相公寄賜新詩書

某啟伏蒙仁恩猥垂下顧兼賜新詩三十首向風長跪齊思探元如畏途咀冰若旱苗蒙澤瑩心冷骨潤葉滋莖曠無津涯杳失顧視秋日懸而氛昏息雅音作而聾瞶醒輒欲再顧幽元重開戶牖旁窺陛級漸冀升堂徒循夫子之牆未夢江生之筆今則緘之瑞錦貯以盤囊不獨榮耀於子孫實亦發揚於流輩生死幸甚伏計即離征鎮當赴闕廷鼓萬有而鑪冶重開序羣倫而權衡再設使鄭衛不作咸韶更張吹歟而寒谷春生霑灑而枯荄萌動天下幸甚某此時或希匠化獲序宗彝願承舟檝之功得出風波之路嗟歎不足繼之詠歌謹錄長句七言詩一首獻上塵黷尊嚴惶恐無狀

與崔學士書

賢弟過岐山賦謁讓帝陵二篇自三兩復莫究津涯煥乎與日月齊明洶乎與江海爭大苞若天地遠如鬼神迎之不見其前隨之莫覩其後波瀾之外懲勸在焉崛立當今峭若嵩華是以謂之文矣歎之不足繼之詠歌霜霧興懷未即拜賜謹先奉狀代申誠欵不宣謹狀

上鹽鐵崔尚書書

伏承相公忽承明詔遠赴闕廷天子傾心廟堂虛席沙堤尚在復瞻丞相之車蓮幕重開再理將軍之第伏想華軒擁路賀客盈門喜集鵷原風隨鴈序昨者幸從祇拜獲貢

姓名言及曩時期於遠路鉛黃入鏡顧陋質而多宜金石宣聲覺巴歈之和寡因敢專馳狀啟遠謝恩知伏慮方倦將迎未暇披覽實虞奬拔失在毫釐其啟狀本謹別錄上伏望聯行之際一賜發揮俾風波之路不迷見常稱譽數四心期旦夕必擬提攜伏見吾兄當數集會時望深賜重言也某頓首

與崔況秀才書

自今日春楊到縣當日差人持狀到京方乘車騎尋已東去恨結之至空積下情不審自歸淮南尊體何似伏計不

乖將息遠想淮山秀潤水木幽奇扇枕之餘謳吟自適甚盛甚盛某龍鍾山縣忽忽過時素秋軫懷華髮棲鬢昔日淩雲之志自覺泥蟠今茲失路之人誰爲鄉導但飲冰勵節食蘗苦心用省刑名以安疲瘵除此之外非愚所知故人恩憐曾不惆念秋風已戒關路須西雄文與誰儔比一日千里今也其時居安敗名古人所愼某頓首

上白相公啟

某啟某聞杞梓居林掄才必藉其良匠驊騮伏阜發迹用章於圉人將假激揚必先紹介如某者關中士族海內窮人幼遭憫凶壯知傳導南窮海裔北濟河源勤苦一經悽惶三紀家門板蕩亾惠子之五車風樹哀纏痛虞邱之三失加於元昆抱瘵孀妹無家同氣六人半歸泉壤嗟乎郭氏之昆多疹顔生之室屢空縱白首粗霑一名或終身不知五味哀凶荐及沈痛可知往往晝臥及昏夜坐達曉長安甲第羅列九衢朱門大開欲往誰訴因大中四年冬蒙相公念以苦心拔授官職期於旦暮必使奮飛旋遇羌寇犯邊相公北討風雲一失流落十年尉萬年而郎祕書宰四畿而糺東洛凡所莅守皆立涓塵但以時尚恌浮不熟

根本以親庶務者爲俗吏以能矯枉者爲令人聲名看門簿高低流品出人家子弟豎罝童騃儕排老成遂使清貫華資蔑聞於擬議塗趨坌走久困於風塵自相公再秉鈞衡重開罏冶私門相慶如春發榮山妻斂衽而前曰爾以詞賦擢高科以詩篇達天聽以政事取章綬以孤直沈下僚今相國司徒公鼓鑄元和疇庸品物風俗日益厚泰階日益平是懷才抱器之人雲飛雨化之秋也何尚悒悒於蓬茅者乎於是整某之冠急某之帶驅策僕御促某出門仍授某洛下所著百篇再拜祝而送之曰飛龍在天雲雨

閫閾賢相秉鈞倫方序圜時哉時哉君其勉焉某離鞍拜賜超乘而出茲茲然而又不知其所自平生坎壈難自梯媒進退囁嚅終莫上達亦猶魘者夢逐聲愈哀而言愈不宣足愈勤而身愈不進孤影無援危燈在旁幽憂旅魂逼迫中夜獨能振臂呼而寤之者唯相公乎伏惟明誠燭兩曜大信鈞四時綱維設而天地闢陰陽順而風雨若一物失所如推諸隍某所以滌慮嚮風齋心卜日細將肝膽具以披陳伏惟念以迷邦釋之網罟幸甚每自握朝鏡潛窺壯猷恭守門風不敢墜地或乘秋搏擊或載筆芟夷或獻

替而定否臧或從容而備顧問儔諸流輩亦不後人誠知自炫自媒士之醜行但以日暮途遠倒行逆施若俟陟級循涯必慮塡委溝壑而又搜尋志尚爰及成人役思慮者三十年著詩賦者千餘首雖不足誇張流輩亦可以傳示子孫豈料尚與麼弟小兒蹴蹋中途而爭先後抑又聞哀音入耳達者動容伏惟示以長途指之中道俾入懷之鳥重明夏漢之心曳尾之龜再有巢蓮之望不獨銜環報寶矯印酬愉必能當場効尅敵之功灼骨獻非熊之兆伏以國政初畢機務尚繁敢罄腹心先致門闌僭越之狀無所逃刑伏惟俯賜省覽百生幸甚百生幸甚不宣謹啟

上崔相公啟

某啟某聞臃腫之林動乖於繩墨琤瑽之韻自合於宮商雖觀聽以由人實否臧而在己所以困驥見稱於伯樂焦桐取譽於伯喈咸發迹一時垂芳千祀某自開成建號則執藝求知迹忝及門名叨中選或緣情序美移時而獎導再三或體物達誠一席而稱揚數四遂使聲華振耀誼動輩流桂折高枝名登上第但以依仁歲久軒墀之桃李成陰趨岸年深門巷之椅桐暗老徒蒙蔭覆莫自根牙良辰

幾何元鬢倏改伏惟相公推名意切錄舊情深朝宣一言夕濟千里俾平生志業不負於辛勤向者恩知果成其遠大生死幸甚生死幸甚頗將偃頓屢瀆堦墀日暮途遙誠堪憫念

上翰林韋學士啟

學士文章拔俗嵩華讓其孤標學海無邊乾坤以之涯涘優游仙署偃息禁闈筆灑王猷硯涵天澤成霖而雨露非遠吐氣而虹霓坐舒流品人倫衣冠仰其衡鏡扶持大廈社稷思其棟梁不有伊人孰爲邦彥某頃因章句獲達門

牆雖大匠翦拂之間多慚臃腫而貧女鉛黃之飾豈讓娉婷故得桂枝先攀楊葉高中始謂陵躍出泥滓指顧生風雲嗟乎九仞將成而一簣莫前三年欲飛而長風不借顧影增歎誰將寤言嘗聞通義相公爐冶新開陶甄是切儻閤下猶傷墜履終許埽門信執鞭之亦為奚指蹤而不可方今選限猶遠官秩未期伏希度以短長擇其任用上可以考校書府下可以羽檄戎藩庶竭駑駘稍裨萬一聊將肝膽輒自梯媒躁進之辜不敢逃責

上宰相啟

伏以玉燭開年金儀應歷軒律風暖羲輪馭遲草木以之萌芽禽魚以之翔泳伏以相公化宏動植道洽雍熙吹歔必至於幽深暄潤不遺於枯株如某兀如枯木性若寒灰沐和風而莫振柯條應陽管而纔知動息伏惟相公模於心匠待以天成鼓鑄賢愚區分貴賤動用陰陽之炭開張天地之爐量其小者則為盎為盂舉其重者則成鐘成鼎苟圓方式序幽陋不遺及茲發生俾遂春氣生死幸甚

上虢州崔相公啟

相公河嶽鍾靈芝蘭蘊德頃因直道常中佞人阻絕九重播遷萬里無非中正發言而天地鑒知不負神明冒險而靈祇附助所以恬和自得寢膳長安雖經夷貊之長遂不爍江山之沴氣皇天眷祐於焉有徵伏惟相公道濟中興仁歸厚德即當重開爐冶再設權衡俾器用各適圓方錙銖不失輕重天下幸甚逢此時或因陶鑄得敘宗彝佇從長養之時復覩昇平之代自相公歸官虢略尋欲附狀起居伏以縣令卑微不敢輕肆塵黷昨者從孫薛誠過此令候方便咨達姓名瑣瑣形骸或希記憶謹啟

上崔相公罷相啟

某聞川梁壅而舟楫施禾黍登而霖雨霽天地常數古今共然伏惟相公理達卷舒用明進退調陰陽以成歲受功於天執謙讓以歸仁宏道於己所謂進退惟正卷舒適時某每念庸虛常蒙匠化當幽滯之求振拔則且願持權在卑懇之望瘉痳復稍思稅駕從古難者於今見之雖范蠡登舟子房避世方之高蹈何足比肩懷懷懇誠伏望深鑒

上前鄭滑周尚書啟

尚書筆綜文經機參武緯虛己應物推誠濟時澄明而識內融操割而鋒不露在文宗時以詞藻參近密峭若孤峯

在武宗時。以韜略鎮藩維。般然巨障。謂往無不利。動皆適時。今者急詔徵還。開襟待見。必當付以舟楫。委之陶甄。康濟兆人。鎔範庶物。天下幸甚。此時或希匠化。獲備圓方。盜天地之太和。沐唐虞之至化。生死幸甚。

上前易定盧尚書啟

尚書文從心匠。武自天機。西南貞右界之師。東北振中山之旅。莫不皆爭死節。願荅深仁。乃者訓撫二州。折衝四境。飲成德盧龍之帥。盡醉禮容。啖天雄橫海之師。被充文教。故得人知俎豆。俗廢干戈。嚴城夜開。外戶不閉。遂使常山

蛇陣。翻成干戚之文。易水劍歌。遽變鹿鳴之奏。雖去病不師吳起。世祖常合伏波。方之變通。曾何比數。佇見翺翔溫樹。刷盪天池。代著中興。風還太古。此時或將歌詠。獲贊雍熙。心醉堯鐏。神迷舜樂。百生幸甚。

上中書李舍人啟

某啟。某聞枝枯幹悴。助莖葉者烟蘿。棟橈梁欹。能扶持者匠石。是以茂盛自豐於莖葉。孤危全賴於扶持。若不爲枝梧。則立見傾弛。某因緣恩顧。輒吐肺肝。伏惟念以風波。必垂拯濟。某死幸甚。某家望陵遲。眇然孤藐。飄流勤苦。垂三十年。分分自登。粒粒自啄。取第不因於故舊。蒙知皆自於儁賢。每用飲水清心。閉門守道。南宮試藝。三篇徒獻於九重。東觀讐書。七稔纔登於一邑。同時流輩。盡列班行。獨此後時。有慚先達。得不沈吟俛首。局促哀鳴。某自守一官。倏爾兩考。惟將勤儉。用免悔尤。刻意撫綏。纔成條貫。曹無冤案。獄罕繫囚。孤弱者貸之以恩。豪強者繩之以法。置公廨一胥。公署無喧。雀羅可設。縣南峽口。羣盜所居。白晝劫人。赤丸殺吏。某自到縣。百計方圓。峽南北各置一鋪。仍選有

身手健。兩處共置十人。給與園場。兼之杵臼。往來應援。旦夕提防。自此以還。盜賊彌息。其餘恢張廨宇。搜抉姦欺。澄清鎮軍。檢轄僚吏。乃至招攜戶口。役使人夫。利物之由。不可遽數。昨者秋收自京回。具舍人面喚。詢諸所圖。上戴恩知。莫能比喻。某比者依投仁宇。首尾三年。苟非同聲。未嘗接武。輒將勤苦。勉自進修。豈暇再言。素應詳熟。尚想罇前即席。月下談詩。偏於才儁之場。曲借吹噓之便。其奈驚湍暗激。利觜潛傷。清要班資。寂寥擬議。自料於家必孝。於國必忠。於事必勤。於身必正。刑於兄弟。至於家邦。亦何必貴

擬齊桓富倖盜跖復念誓志不識古人盟府策勳用爲已事至於亭障山川之險易儲蓄經費之有無戈鋋利便之短長戎狄土風之好尚莫不心摹意揣慮計神籌言從智符事與機會陳思王之自試不獨古人班定遠之東書焉知來者既蒙憂軫得以咨謀伏惟念以迷方指其捷路生死幸甚今所期者國庠博士赤縣子男儻蒙歷試諸艱便作秦隴刺史不妨緣階取貴因効建功事列尊彝名光史冊生死幸甚所謂射已之鵠無信旁人苟能自審行藏不致甚費恩力伏望憫其孤立曲賜重言俾枯荑再生於青

暘枯骨重肥於白日誓當觸槐全盾結草抗回生爲厮養之臣死作埽除之鬼生死幸甚如或責以狂妄校以尊卑躁僭之辜生死惟命伏惟俯垂仁恕幸甚不備謹啟

林滋

滋字後象閩人會昌三年進士官金部郎中

文戰賦 以士之角文當如戰敵爲韻

爲學之人會友以文念斯文之樞要無極將一戰而是非可分索隱窮微既不愢於夫子解經挫銳爰取譬於將軍由是推匪石之心召如林之士六籍之奧斯究萬夫之雄莫擬且曰戰也者所以分勝敗之端文也者所以明盛衰之理必將抑浮僞考深旨措詞苟得於朝聞游刃寧甘於夕死是用徵師於伐善之所命將於角勝之場鶚視而鵰鶻斯列豹變而貔貅莫當利口縱橫已有摧堅之意雄姿踴躍邪無露穎之囊得失未分切磋斯見張弛既出於心術向背寧虞於色戰忠爲甲而信爲胄豈憚重圍筆有陣而詞有鋒誠能萬變既區以別矣乃則而象之拂湘褭作鼓鼙之響卷絳紗爲旌旆之姿波駭九流苟再揚而盡委心攢百箭終一貫而無遺乃考擊蒙諒無前敵決勝既返

於三隅請命俄分於四壁是以及門之子互騁其成功無勇之徒空悲於敗績已而探討無餘詞林晏如九合之剛腸斯弭千里之秘思潛舒深淺既分盡洗兵於學海姦回云革皆棄甲於德車益以振此芳塵仰於先覺苟能立分於閭閫曷愧坐籌於帷幄今則仗其信志其學幸從戰之有聞願無慚於挫角

陽冰賦 以海上沙前光耀清景爲韻

考庶物於朱垠得陽冰於碧海託巨浸以潛結泛驚波而長在堅乎自得栽栽之素色寧虧渙若無虞皎皎之清光

詎改始其孕太陰之精因積水而成勁飈飀之遠吹澄滉瀁之餘清別浦宵凝狐聽之聲乍絕迴汀曉合蟲疑之質俄生由是外肅重溟中分萬景滄淵掩巨蚌之魄碧落奪寒蟾之影幽疑玉樹露皓氣之皚皚淨若銀河亘秋光之耿耿既叶數九寧將屢遷乍瑩洪濤之末時明綠岸之前不解東風諒難資於履薄非藏北陸復何患於攻堅炎炎之畏景雖臨冽冽之寒威益壯曷輝想冰始之日洞澈得夏須之狀鮮飈乍觸無慚於雲母屏中纖翳不生曷愧於琉璃地上淨拂霜影輕籠月華稟質苟因於涸沍分形詎委於泥沙既異在陰彩射鮫人之室非同向晦光寒漁父之家至若浪息瑤川烟收遠嶠焱晶灼野以增熾皓色澄空而引耀清含上善曾無泮渙之期素激中流豈憚赫曦之照所謂出自靈長居然異常苟惟貞而自守雖盛暑其何傷亦由抱素者絕陷己之患履道者為終身之防幸消釋之無日庶永託於朝光

木人賦 以周穆王時有進斯戲為韻

何伊人兮異常爰委質以來王想具體之初既因於乃雕乃斲及抱材而至孰知其為棟為梁原夫始自攻堅終資假手雖克已於小巧之下乃成人於大樸之後來同辟地舉趾而根柢則無動必從繩結舌而語言何有心遊刃兮在茲鼻運斤兮罔遺兀若得木公之狀塊然非土偶之資曲直不差既無蠹於今日短長合度寧自伐於當時莫不脫枯槁以前來投膠漆而自進低回而氣岸方肅佇立而衣裾屢振穠華不改對桃李而自遲芳顏朽質莫侵指蒲柳而詎驚衰鬢既手舞而足蹈必左旋而右抽藏機關以中動假丹粉而外周生本林閒苟有參乎之美立當君所何慚柴也之儔是則貫彼五行超諸百戲誤穿節以瞪目疑聳幹於奮臂如令居杞梓之上則樹德非難若使赴湯火之前則焚軀孔易進退合宜依然在斯既無喪無得亦不識不知跡異草萊其言也無莠情同木訥其行也有枝可謂暗合生成潛因習熟雖則挫身於斤斧曷合守身於林麓宜乎削爾肩刳爾腹既有亂於眞宰寧取笑於周穆

小雪賦 以寒律變時因風有漸為韻

偉茲雪之霏霏應元冥而不失其期賦象於虹藏之日成形於冰凍之時委地則微庶表三冬之候翻空雖小那無六出之姿當其寒氣初升陰風始變既淅瀝於遙野卻飄

颻於廣甸。邊城一望。龍山之淨色猶睎。上苑再瞻。鳳闕之清光未徧。眇若毫端。輕飛可覩。細細而千巖送冷。飄飄而萬戶迎寒。霏微墀廡之間。瑤臺月曉。髣髴草茅之上。玉樹花攢。迴拂陰軒。高翻曉律。縈枝分盈尺之象。帶月誤如圭之質。微交月影。天邊之孤鴈應迷。稍助山明。松際之浮烟已失。細糝長空。纖絛綺櫳。淨若蘆花之覆水。輕同柳絮之因風。是則謝氏林亭。盡在迴眸之內。梁王池館。無非跬步之中。於以明潔白之姿。於以表陰凝之漸。雖見晛而無滯。詎因污而成染。初疑畫閣。妝奩之香粉微微。又若瓊筵。玉

著之凝酥。點點既而纖細。繽紛呈祥。是因掩日而難分。薄霧開簾而不辨。輕塵影入。空帷預想。映書之子。光侵遠水。潛思訪戴之人。可謂不遠而來。自無而有。始縈盈於階砌。終散漫於林藪。安得不燎薰爐。命芳酒。作小雪之賦。繼大夫之後。

欽定全唐文卷七百六十七

沈詢

詢字誠之。贈吏部尚書傳師子。會昌初進士。累遷中書舍人。出爲浙東觀察使。除戶部侍郎。咸通四年爲昭義節度使。奴結牙將爲亂。滅其家。贈兵部尚書。

封棣王制

門下。朕聞王者建植子弟。胙以茅土。將欲蕃昌磐石。深固本根。周漢之隆。率由斯道。及我列聖。每用舊章。所以撫安生靈。保祐中外。朕恭承天序。敢忝前規。爰加立愛之恩。庶

廣推公之義。憲宗第十八子惴。生則溫柔。性惟聰達。神邁氣朗。聞禮知方。蘊積中之粹和。資奉上之孝敬。必能副子友愛。始終令圖。以耀金枝。以輔王室。是命俾開朱邸。盛建戚藩。載啓唐虞之風。用崇麟趾之慶。嗚呼。惟茲盛典。用別親賢。必思繼美二南。紹休五等。佩維城之重。思外屏之尊。無怠無荒。服我丕命。可封棣王。仍令擇日備禮冊命。

授曹確充翰林學士制

勅。職奉命書。選歸於鴻藻。名參侍從。任切於端人。由具美而方升。非一善而能進。我今慎擇。得自僉言。起居郎曹確

秀發人倫行修儒闥保此全器彰乎令名負賈生之才識窺夫子之牆伋禮樂盡在襟情甚夷貞而能和用則善晦遐志陵厲早超脫於池中茂業宏深動聲華於日下爰自侯府列於王庭踐霜臺而職舉方書立文階而事光載筆持以風表居然羽儀稽其行能雅副銓擢是用寵爾良吏為予近臣俾從瑣闥之榮更侍玉堂之奧皇猷思暢用宣秘密之文清秩不移尚受無私之旨秉心勿替於正道視草勉高乎訓詞無忘懿圖佇答休命可守本官充翰林學士

崔鉉魏扶拜相制

門下潤色王業允俟於良臣丹青帝圖必資於宰匠朕嗣膺大寶思闡鴻猷永惟化源實屬髦傑斯所以調六氣以遂物總萬幾而富人夢帝賚予爰立作相正議大夫守御史大夫崔鉉山河秀氣經緯長才金聲含正始之和玉立在風塵之表正議大夫行兵部侍郎判戶部事魏扶天與全德性惟中庸有致遠之宏謀負王佐之盛業並操身特立抱器挺生高標旁暎於羣倫明識動符於大雅早登華顯備閱休嘉穆然清明鬱有素望居易求己秉仁立誠每懷憂國之心益竭徇公之志或早以精慮升於鼎司深陳造膝之言密厲匪躬之節或嘗以敏用服於大寮智有洞於機權才復深於練達爰委綱憲仗名節而立朝亦總地卿當會計而經國紀綱式敘征稅益饒陟其休庸付以大柄朕欲宣明號令宏濟生靈致寰海之乂安復河隍之土宇爾從容奏議朝夕揣摩副華夏之具瞻展舟航之大用輔教化本乎無隱辨雅正在於至公俾踐中台同參庶務敬服明訓式揚茂勳鉉可中書侍郎同中書門下平章事扶可守本官同中書門下平章事

魏謩拜相制

門下天不能獨運任寒暑而成歲功君所以稱尊仗股肱而熙帝載高拱巖廊之上卒成天地之宜故風后登庸軒圖以穆文終佐理漢業遂昌何莫斯由夫豈相遠爰感風雲之會果符夢卜之求屬在休期俾升良弼戶部侍郎判戶部事魏謩膺賢運之間氣負王佐之宏材山岳孤高圭璋特達道德忠信資以修身文章政事乃其餘力自騰芳詞苑振跡諫垣文宗知臣深加寵遇檢校甚峻守道不回未至達官蔚為國器星霜屢變流落幾途秀木摧風燎原

見玉汲黯心存乎廊廟望之志在於本朝朕獲奉寶圖勵精理本盡伸人隱思變時雍佇聞宣室之言是有夕扉之拜偉其風望委以憲綱正色立朝不仁自遠貳於卿秩掌我地征吏不敢欺身無伐善彌見精强之用頗聞流衍之能朕常咨以謨謀觀其識畧動中理會慮必輸忠切劘每賴其沃心慷慨不忘於造膝是宜樹爲名表載之休聲俾增輝於三台允僉諧於四岳於戲調鹽梅之元鼎濟舟楫之巨川上維四方之安危下繫羣生之舒慘居是任者不其重歟夫激濁揚清衆自聳善著誠去僞人斯歸厚爾其

開張教化之具導迎陰陽之和使萬物各遂其宜百官得任其體昔爾先祖爲唐輔臣人鏡之名阿衡比德爾尚纂承義訓克嗣清風勉思貽厥之謀以闡將明之業勿畏嫌而避事無執謙以自疑永孚於休用觀乃績可守本官同中書門下平章事依前判户部事

授裴休中書門下平章事依前判鹽鐵制

門下我國家之稱至理其惟貞觀開元乎雖盛德成於祖宗而致君存乎輔弼委是丕構付予沖人實資獻臣共荷洪業俾登玉鉉用振金聲正議大夫守禮部尚書充諸道鹽鐵轉運等使裴休明堂棟梁清廟瑚璉道崇五美學綜九流持去邪與善之心蘊尊主濟時之術早昇甲乙首冠賢良諫垣馳讜正之名史氏動直言之筆羽儀著定律呂縉紳仙闈道播於彌綸右掖詞推於潤色三臨藩郡皆垂良吏之能四貳卿曹益見大臣之體洎乎司泉府之重筦山澤之財用適變通法均寬猛大計如富强之業常覩多饒羨之功人無告勞及有餘地是可以載光袞職爰陟台階式贊雍熙宜膺夢卜爾其允釐庶績盛起訏謨涉大川而示吾津涯馭六馬而遺吾銜策俾臻皇極克嗣前修於

戲人代天工予違汝弼悉乃心力作吾股肱無使阿衡專美於殷家山甫獨稱於周室勉宏懿德勿忝虛懷可守本官同中書門下平章事依前充諸道鹽鐵轉運等使

左遷工部尚書楊漢公秘書監制

考三載之績爾最無聞致多士之朝人言未息既起風波之論難安喉舌之司

鄭畋

畋字台文桂管觀察使亞之子會昌二年進士乾符中以吏部侍郎同平章事僖宗上尊號加中書侍郎轉門下侍

郎兼禮部尚書集賢殿大學士封滎陽郡侯中和三年復拜司空門下侍郎平章事罷授檢校司徒太子太保卒年六十三贈太尉又贈太傅昭宗時追贈司徒謚文昭

授武臣邠寧節度使制

門下推轂總戎朝廷之重寄登壇受鉞將帥之殊榮况地接燕山境連京甸兵雄俗阜拱我宸居宜擇英賢以壯垣翰具官某乙雷泉稟氣邳石降籌習起翦之兵書用闞張之戰畧雄嚴可憚忠赤無疑彰勇藝於轅門顯勤勞於禁旅言皆許國志在忘家驊騮豈戀於縶維雕鶚常思於振

擊令故錫之旄鉞授以土田俾侯於邠用示殊寵爾其申嚴斥堠訓習師徒增疇隴以竢豐穰飭器甲以圖精利蒐乘補卒無惑於情游禦冦安人必期於靜謐尚父之英威未殄古公之風化猶存勉揚政經無負優寄可檢校某官充邠寧節度使主者施行

授李師望定邊軍節度使制

門下全蜀之南封部遐廣屏限蠻貊巂爲要衝間者守將不嚴冦兵來陷蕭條故地寂寞有年與其黷武開疆孰若屯師固圉况精甲可用腴田可耕苟得其人豈復訩冦是用割分州里崇建輸垣思其長才付以重事簡求中外格於旬時果得良臣實契朕志朝議大夫前鳳翔少尹上柱國賜紫金魚袋李師望早以才幹彰於吏途縱横不羈沉毅有斷頃歲王師伐叛命爾供軍糗糧相繼於路歧兵士皆忻於飫飽裘甫之役爾守天台克以偏師大挫狂孽厥後繼領符竹咸推器能二尹岐山既從休罷鸞羽豈閒於轉上神鋌終躍於腰間朕以荒服未寧坤維多慮式當經制尤渴英奇知其可行召與之語嘉謀響答雄論風生奏刀而髖髀皆虛聚米而山河盡覩築壇驟拜余無悔焉於

戲初造之邦詎有堅敵種落雜處兵糧未殷全資智謀克在威愛爾其投醪共味立法推誠理軍猶家養士如子闢汙萊以務稼穡籌險阻以制關防弓矢戈矛當嚴鍜礪風雲氛祲無忽視瞻熟孫武之韜鈐慕孔明之事業使苴咩城下常驚鼓鼙之威大度河南永保金湯之固勉思報國勿負知臣擢握兵符銜榮憲印統諸軍之鈇鉞兼六部之賦輿上應星辰貴爲侯伯將旌殊渥匪限彝章敬之戒之無忝休命可巂州刺史兼御史大夫充定邊軍節度使眉蜀邛雅黎等州觀察處置統押近界諸蠻幷統領諸道行

營兵馬制置等使

切責高駢詔

省表具悉卿一門忠孝三代勳庸銘於景鐘煥在青史卿承祖父之訓襲弓冶之基起自禁軍從微至著始則囊鞬露穎稍有知音尋則天驥呈才急於試效自秦州經略使授交趾節旄聯翩寵榮汗漫富貴未嘗斷絕僅二十年卿報國之功亦可悉數最顯赫者安南拒蠻至今海隅尚守次則汶陽之日政聲洽平洎臨成都脅歸驃信三載之內亦無侵淩創築羅城大新錦里其爲雄壯實少比儔洎宮

不假於施爲便當移鎭建鄴纔聞於安靜旋卽渡江自到廣陵倂鍾多壘卽亦招降草寇救援臨淮大約昭灼功勳不大於此數者朝廷累加渥澤靡悋徽章位極三公兵環大鎭銅鹽重務綰握約及七年都統雄藩幅員幾於萬里朕瞻如太華倚若長城凡有奏論無不依允其爲託賴豈愧神明自黃巢肆毒咸京卿並不離隋苑豈金陵苑水能遮鵝鸛之雄風伯雨師終阻帆檣之利自聞歸止寧免鬱陶卿既安住蕪城鄭畋以春初入覲遂命上相親領師徒因落卿都統之名固亦不乖事例仍加封實貴表優恩何

遁疑忿太深指陳過當移時省讀深用震嗟聊舉諸條粗申報復卿表云自是陛下不用微臣固非微臣有負陛下者朕拔卿汶上超領劍南荆潤維揚聯居四鎭綰利則牢盆在手主兵則都統當權直至京北京南神策諸鎭悉在指揮之下可知董制之雄而乃貴作司徒榮爲太尉以爲不用何名爲用乎卿又云若欲俯念舊勳佇觀後效何不以王鐸權位與臣主持必能糾率諸侯誅鋤羣盜者朕緣久付卿兵柄不能翦滅元凶自天長漏網過淮不出一兵襲逐奄殘京國首尾三年廣陵之師未離封部忠臣積望

勇士興譏所以擢用元臣誅夷巨寇心期貔武便掃欃槍卿初委張璘請放却諸道兵士辛勤召置容易放還璘果敗亡巢益顛越卿前年初夏逞發神機與京中朝貴書題云得靈仙教導芒種之後賊必蕩平尋聞圍逼天長必謂死在卿手豈知魚跳鼎釜狐脫網羅遠過長淮竟爲大憝都統既不能禦遏諸將更何以枝梧果致連犯關河繼傾都邑從來倚仗之意一旦控告無門凝睇東南惟增悽惻及朕蒙塵入蜀宗廟汚於賊庭天下人心無不雪涕既知歷數猶在謳謠未移則懷忠拗怒之臣貯救難除姦之志

便須果決安可因循況恩厚者其報深位重者其心急此際天下義舉皆望淮海率先豈知近輔儒臣先爲首唱而窮邊勇將誓志平戎關東寂寥不見干羽洎乎初秋覽表方云仲夏發兵便詔軍前并移汝上喜聞兵勢渴見旌幢尋稱宣潤阻艱難從天討謝元破苻堅於淝水裴度平元濟於淮西未必儒臣不如武將卿又云若不斥逐邪佞親近忠良臣既不能保家陛下豈能安國忽當今日棄若寒灰者未委誰是忠良誰爲邪佞終日寵榮富貴何嘗不保其家無人捍禦寇戎所以不安其國豈有位兼將相使帶

銅鹽自謂寒灰眞同浪語卿又云不痛園陵之開毀不念宗廟之焚燒臣實痛之實在茲也且龜玉毀於櫝中誰之過也鯨鯢漏於網外抑有其由卿手握强兵身居大鎭不能遮圍擒戮致令脫漏猖狂雖則上繫天時抑亦旁由人事朕自到西蜀不離一室之中屛棄笙歌杜絕遊獵蔬食適口布服被身焚香以望園陵雪涕以思宗廟省躬罪己不敢遑安姦臣未悟之言誰人肯認陛下猶迷之語朕不敢當卿又云自來所用將師上至帥臣下及裨將以臣所料悉可坐擒用此爲謀安能集事者且十室之邑猶有忠信天下至大豈無英雄況守固城池悉嚴兵甲縱非盡美安得平欺卿尚不能縛黃巢於天長安能坐擒諸將只如拓拔思恭諸葛爽輩安能坐擒耶勿務大言不堪垂訓卿又云王鐸是敗軍之將兼徵引釁相射義者昔曹沫三敗終復魯讐孟明再奔竟雪秦恥近代汾陽尚父咸寧太師亦嘗不利鼓鼙尋則功成鍾鼎安知王鐸不立大勳卿又云無使百代有抱恨之臣千古留刮席之恥但慮寇生東土劉氏復興即軹道之災豈獨往日哉我國家景祚方遠天命未窮海内人心尚樂唐德朕不荒酒色不虧刑名不

結怨於生靈不貪財於寓縣自知運歷必保延宏況巡省已來禎祥薦降西蜀半年之內聲名又以備全塞北日南悉來朝貢黠憂善闡並至梯航但慮天寶建中未如今日清宮復國必有近期卿云劉氏復興不知誰爲其首遽言刮席之恥比朕於劉盆子耶仍憂軹道之災方朕於秦子嬰也雖稱直行何太罔誣三復斯言尤深駭異卿又云賢才在野憸人滿朝致陛下爲亡國之君此子等計將安出伏乞戮賣官鬻爵之輩徵鯁直公正之臣者且唐虞之世未必盡是忠良今巖野之間安得不遺賢彥朕每令銓擇

亦遣訪求其於選將料兵安人救物但屬收復之業講求理化之基自有長才同匡大計責官鬻爵之士中外必不有之勿聽狂辭以資游說且朕遠違宮闕寄寓巴邛所失恩者甚多尚不興怨鄉落一都統何足介懷況天步未傾皇綱尚整三靈不昧百度猶存但守君臣之軌儀正上下之名分宜遵教約未可隳淩朕雖沖人安得輕侮但以知卿歲久許卿分深貴存始終之恩勿貯猜嫌之慮所宜深省無更過言

擢官自陳表

臣年十八登進士及第二十二書判登科此時結綬王畿便貯青雲之望洎一沉風水久換星霜厭外府之鐏罍渴明庭之禮樂咸通五年方始登朝若非遭逢聖君無以發揚幽迹臣任刑部員外郎日累於閤內對歇去冬叢擢宰萬年又得延英中謝傾藿幸依於白日捨盆終覩於青天昨以京縣浩穰苦心為政疲羸初息强禦無蹤方專宰字之心用副憂勤之化陛下過垂採聽超授恩榮擢於百里之中致在三清之上纔超翰苑遽改郎曹

加知制誥自陳表

臣會昌二年進士及第大中首歲書判登科其時替故昭義節度使沈詢作渭南縣尉兩考罷免楊收以結綬替臣詢則備歷顯榮歿經數載收則寵極台輔絀巳三年臣則外困賓筵內甘散秩仰窺霄漢空嘆雲泥雖云賦命屯奇實以遭人排忌

謝承旨自陳表

禁林素號清嚴承旨尤稱峻重偏膺顧問首冠英賢今之宰輔四人三以此官騰躍其為盛美更異尋常豈謂凡流繼茲芳躅臣所以憂不稱承旨之任也至若繼劉瞻之慎

密守保衡之規程瀝懇事君披肝翊聖以貞方為介冑用忠信之藩籬丹青帝文金玉王度臣亦不敢讓承旨之職況沉舟墜羽因聖主發揚有薄藝微才受鴻恩知遇再周寒暑六忝官榮由郎吏以至於貳卿自末僚而遷於上列

與韓君雄書

勅魏博權知兵馬留後韓君雄及將士等何全皞藉祖父之餘基受朝廷之重寄身居節制位極公台所宜慮危圖安忘私濟衆乃驕矜失道滿假為心刻削衣糧恣行殺戮致三軍之怨怒乘馬匹以奔逃忽以敗亡良可驚歎君雄

素聞奇節久著威聲權於衆情主彼留事果能撫安戎旅鎭定軍城將士等義激英雄名光壯武雖從權而選帥終請命以聞天況知乂寧尤用嘉矚今遣高品康道偉等專往宣慰其他續議指揮想宜知悉秋凉卿比平安好否遣書指不多及

與張文裕及魏博軍書

勅文裕及魏博三軍將士等駱全諷至知全皥紀綱失制軍府離心衆議不容脫身潛遁再三省問驚嘆良深且何氏一門將相三代進韜則首推誠義宏敬則屢建勳庸全

皥紹襲其芳主張軍旅亦能輸心向義赴難興師雖無盪定之功頗著勤勞之節朝廷念其壯武益以官榮位列上公寵兼台座一時之美無以過焉豈謂弛慢生災驕荒致患鼓師徒之怨怒貽祖父之包羞三軍將士等義勇無倫忠貞有素負山西之壯氣因河北之威聲必當洞明禍福之源深悉變更之體因以物情積憤軍令乖張不可保安致滋騷動大凡恤人者則父母虐我者則仇讐訓傳所言古今無異何全皥既敗戎律卽當舉正朝章韓君雄若合羣情權可主其留事更俟奏報當有指揮將士等切宜禁戢兵戎肅清疆境勿因驚擾妄有殺傷特遣高品康道偉等專往宣慰言不盡意當識朕懷秋凉三軍將士等各得平安好否遣書指不多及

討巢賊檄

鳳翔隴右節度使檢校尚書左僕射同中書門下平章事充京西諸道行營都統上柱國滎陽郡開國公食邑二千戶鄭畋移檄告諸藩鎭郡縣侯伯牧守將吏曰夫屯亨有數否泰相沿如日月之蔽虧似陰陽之愆伏是以漢朝方盛則莽卓肆其姦凶夏道未衰而羿浞騁其殘酷不無僭越尋亦誅夷卽知妖孽之生古今難免代有忠貞之士力

爲匡復之謀我國家應五運以承乾躡三王之垂統緜區飲化匝宇歸仁十八帝之嘉猷銘於神鼎三百年之睿澤播在人謠加以政尚寬宏刑無枉濫翼翼勤行於王道孜孜務恤於生靈足可傳寶祚於無窮御瑤圖於不朽近歲螟蝗作害旱暵延災因令無賴之徒遽起亂常之暴雖加討逐猶肆猖狂草賊黃巢奴僕下才豺狼醜類寒耕熱耨不勵力於田疇媮食靡衣務偷生於剽奪結連兇黨驅迫平人始擾害於里閭遂侵凌於郡邑屬以藩臣不武戎士

貪財徒加討逐之名竟作遷延之役致令滋蔓累有邀求聖上愛育情深含宏道廣指萬方而罪己用百姓以爲心假以節旄委之藩鎭冀其悛革免困疲羸而殊無犬馬之誠但恣蟲蛇之毒剽掠我征鎭覆没我京師凌辱我衣冠屠殘我士庶視人命有同於草芥謂大寶易竊如奕棊而乃竊據宮闈僞稱名號爛羊頭而拜爵續狗尾以命官驚巢幕以誇安魚在鼎而猶戲殊不知五侯拗怒期分項羽之屍四塚既成待葬蚩尤之骨猶復廣侵田宅濫瀆貨財比谿壑以難盈類鳥鳶而縱攫芒芒赤縣僅同夷貊之鄉

惴惴黔黎若在狴牢之內固以人神共怒行路傷心畋謬領藩垣榮兼將相每枕戈以待旦常泣血以忘餐誓與義士忠臣共剪狐鳴狗盜近承詔命會合諸軍皇帝親御六師卽離三蜀霜戈萬隊鐵馬千羣雕虎嘯以風生應龍驤而雲起淮南高相公會關東諸道百萬雄師計以夏初會於關內畋與涇原節度使程宗楚秦州節度使仇公遇等已驅組練大集關畿爭麾隴右之蛇矛待掃關中之蟻聚而土蕃黨項已久濡皇化深憤國讎願以沙漠之軍共濟盪平之捷此際華戎合勢藩鎭連衡旌旗煥爛於雲霞劍戟晶熒於霜雪莫不持繩待試賈勇爭先思垂竹帛之功誓雪朝廷之恥矧茲殘孽不足殄除况諸道世受國恩身縻好爵皆貯匡邦之畧咸傾致主之誠自函洛搆氛鑾輿被敵莫不指銅駝而眥裂望玉壘以䰟銷聞此勤王固宜投袂更希憤激速殄寇讎永圖社稷之勳以報君親之德迎鑾反正豈不休哉

唐故上都龍興觀三洞經籙賜紫法師鄧先生墓誌銘

據眞格功行滿千者身登仙五百者子得之三百者孫得

之昔許子何陰功密德流於七世洎東晉而遠遊長史小掾三人登昇主簿而下七人度世是知元根靈廕必有所逮太元眞人茅長君乘雲龍白日上昇常恨以激俗警弟不能潛通隱化爲劍解術則終始混世乃靈眞之本也二事者先生宜其得之鄧氏得姓在春秋兩漢魏晉繼有賢傑洪源演派或仕或隱自累世咸居撫州麻姑山涵樂天和不以軒冕嬰累洪嗣道高於世開元中詔贈臨川太守生福唐尊師諱紫陽以道法佑明皇帝爲元門之師嘗用下元術使神卒朱兵討西戎之犯境若雷霆變化犬戎大

敗時稱爲神人福唐生華封尊師諱德誠少隨福唐侍內禁元宗奇其穎悟曰斯子必爲教主因以巾簡授之使居華封觀其交神通靈除害利人之事備於先生所撰家紀先生卽華封之從子也諱延康天機元挺法相沖雅貞元初隨師於會稽受三洞筆籙尋復麻姑山葆神茹氣澹然與天倪元合三景五牙二星八道之秘雲章龍篆齋元醮會之法神悟靈契悉臻宗極屢爲廉使郡守請敬師受排邪救旱顯應非一元元張寇之道大行於鍾陵閒寶歷中舊相元公制置江夫人有疾忽夢神人云何不求麻姑仙

師元公遽命使禱請既至而疾果愈夫人稽首奉籙俱爲門人復以明威上清之道授鄭平公文於廣陵凉公逢吉於夷門自是藩服大臣爭次迓勞太和八年秋又詔至闕下嘉其道德籍隸太清宮暇日遊龍興觀見壇宇蕪圯怵然曰豈可使勝地堙廢吾其居而化之遂精嚴像法建濟靜治（音持）泊幢節龍縉之用約數萬計不一二歲其功成皆齋章符醮之賜固不封殖於民也開成初鴻臚少卿屈突謙妻李氏魅狐得孕厥害濱死先生以神篆針砭既服而誕則妖雛數首皆斃矣道尊而神昶每與帝王言歸於清淨與公卿言戒其止足與將進者言勉於澹泊與其徒弟子言勗之勤久每傳法授籙持爐焚章儼容虔慮間不容髮故自三事已降多執香火之禮神都威儀與名德道士半出於門下法教之盛近未有也昭肅皇帝幸興唐觀訪先生修眞之道宸旨嘉豫錫以紫服後帝受籙於南岳廣成師請先生爲監度上嗣位爾時於內殿訪其元言第以道德黃庭西昇經旨應對若丹砂硫黃之事置而不論居常惟食元氣微飲旨酒熊經鳥伸而已故甲子餘八十而顏朱無皺文豈非噓吸沖和棲眞通粹之效歟前歲季冬

以墜足告疾止不能履他無所患今年十月忽簡料經典告牒及所撰科法儀軌一以焚之弟子請其故默而無復下會夜夢遊神鄉殆非人間世後輒獨坐叩頭稱善門人問之答曰吾今在天台修齋汝去無擾吾也十一月庚申形解於觀之清室享年八十有六據眞爲右弼王眞人治桐柏金庭山卽天台之洞臺也先生其授事於斯乎且法不可絕家風宜有人承之道德經以子孫祭祀不輟爲貴則眞胄之續宜其然哉先生有子三人長曰道牙棄舒州太湖丞授三洞經籙次曰道石（本缺一字）試協律郎假職閩越

次曰道苗。襲經符。奉齋戒。以法教之。系駐於龍興道牙奉遺告。護元輿歸於故山。以十三年十二月三日。葬於撫州南城縣故鄉諲潭里湖頭村靈山硤。祔曾祖父塋。嗚乎。浮遊於四方。雲無心也。光赫於上京。教可行也。神於故鄉。孝不忘本也。畋授正一法於先生宇下。今令似以銘石見託既熟元範。非所宜辭。乃揮涕爲銘曰。修之身。其德乃眞。眞不渝。與化爲徒。嬗乎劍乎。後何斯年。舉空衣於山隅。

謁昇仙太子廟詩題後

余大中八年。爲前渭南縣尉。閒居伊洛。常好娛遊。春夏之

交。獨登嵩少。路由緱嶺。謁昇仙太子廟。雲霞之志。於斯浩然。遂搆詩一章。用申凝慕。今者謬塵樞務。已及四年。忽覩成庶大夫奏牒。請以元元廟李尊師配住賓天觀。則知緱巖靈宇。儀像重新。輙寫舊詩。寄王公。請標題於廟內。乾符四年閏二月三日。開府儀同三司行門下侍郎兼兵部尚書平章事監修國史鄭畋記。

陳黯

黯字希孺。潁川人。舉進士。計偕十八上而不第。隱居同安

代河湟父老奏

臣等世籍漢民也。雖地沒戎虜。而常蓄歸心。時未可謀。則俛僶偷生。既遭休運。詎可緘黙。伏思中國之患。邊戎其來久矣。唐虞夏殷之前。則淳風未漓。夷夏自判。故干戈不興。事亦宜矣。泊周以降。或侵或伐。無代無之。然則享國長久。君臣有謀。唯是其餘不足徵也。周漢討邊之事。臣知之矣。請較而論之。以爲國朝比。且周之伐獫狁也。以斥逐爲心不常事之。故進則遄征。退則息兵。致其邊鄙無備。壁壘不營。此乃周之謀失於不固矣。漢之討匈奴也。秉時之豐。恃兵之雄。深入窮荒。莫計遠邇。故雪山青海。皆爲內封。其後

財匱力殫。厥功不就。遂交和親之好。自兗帝屬延法後時斯爲漢之謀失於太廣矣。唐有天下。邁於周漢之道。一家其六合。一心其兆人。唯茲犬戎。未能無患。當開元中。有將臣善於攻戰。振張皇威。殲殄醜虜。自秦地而西。有地數千里。此則展拓周疆。翦截漢域。所謂廣袤得其中矣。其後國家以內寇時起。不遑西顧。其蕃戎伺隙。侵掠邊州。臣等由此家爲虜有。然雖力不支而心不離。故居河湟間。世相爲訓。今尚傳留漢之冠裳。每歲時祭享。則必服之。示不忘漢儀。亦猶越翼胡蹄。有巢嘶之異。噫。其怨慕也。有是。陛下新

統寰區以慈仁化育聞之得不惻然而軫念乎夫事有可行勢有必尅苟懈而不爲是失古人見幾之義今國家無事三方底寧獨取邊陲猶反掌耳矧故老之心觖望復然儻大兵一臨孰不面化今陛下采臣之言則先選良將不以前貟勳業者與更授節制者爲之何者彼功崇矣彼位極矣復將悉力營之哉以此臨事必多自顧願陛下詔班行之中器識有殊籌畫可用者踰一資一級授鉞將兵俟見功庸而後加之爵賞必能摧兇破敵無所愛矣戎翟者亦天地間之一氣耳不可盡滅可以斥逐之伊周漢之事

如前所陳今之所取願止於國朝已來所没秦渭之西故地朗畫疆域牢爲備禦然後闢邊田飽士卒可以爲永遠之謀迥出周漢之右則臣得棄戎即華世世子孫無流離之苦生死幸甚

送王棨序

黯去歲自褒中還輦下輔文出新試相示其間有江南春賦篇末云今日併爲天下春無江南兮江北某即賀其登選於時矣何者以輔文家於江南其詞意有是非前眹耶今春果擢上第夏六月告歸省於閩命序送行某辭以未第言不爲時重輔文曰吾所知者惟道與義豈以巳第未第爲重輕哉愚謂是不得讓鱗羣之衆也必聖其龍羽族之多也必瑞其鳳鳳非四翼龍非二首所以異於鱗羽者惟其稀出耳鄉使日百時千盈川溢陸則虵虺鳩雀無非龍鳳矣其誰曰聖且瑞哉進士科由漢迄唐爲擢賢之首也寰瀛之大億兆之衆歲貢其籍者數纔於千有司升其名者復止於三十其不爲貴而且稀乎輔文早歲業儒而深於詞賦其體物諷調與相如揚雄之流異代而同工也故角於文陣而聲光振起今之中選是榮其歸想寧慶之晨爲鄉里改觀孰不謂人之龍鳳乎懿哉輔文是行也足

以自重

禦暴說

或問爲物之暴者出於狼虎也何暴攫搏於山藪之間爾權倖之暴必禍害於天下也狼虎焉得而類諸夫狼虎之暴炳其形猶可知也權倖之暴萌其心不可知也自口者不過於噬人之腥咋人之骨血自心者則必亡人之家赤人之族爲害其不甚乎然則權倖之暴不能抑亦有國者不能設備以禦之俾民罹其害曰虎狼吾知其能禦者弓

矢也權倖如之何能禦也曰刑法曰彼秦漢其弛刑法耶何趙高王莽之肆暴而不能禦哉曰彼秦之高漢之莽得肆其暴者皆由刑法之不明也苟明暴何自矣噫田鄙者由能執弓矢以彌其暴耳有國者反不能施刑法而禦其暴豈有國者重其民不若田鄙者重其生哉

本猫說

昔有兎類而小食穀於田及穀熟農者獲而歸之兎類而小者亦隨而至遂潛於農氏之室善爲盜每竊食能伺人出入時主人惡之遂題曰鼠乃選才可捕者而舉焉人曰

蒼莽之野有獸其名曰貍有爪牙之用食生物善作怒才稱捕鼠遂俾往須其乳時探其子以歸畜既長果善捕遇之必怒而捕之爲主人搏鼠既殺而食之而羣鼠皆不敢出穴雖爲已食而捕人獲賴無鼠盜之患即是功於人何不改其貍之名遂號之曰猫猫者末也蒼莽之野爲本農之事爲末見馴於人是陋本而榮末故曰猫猫乃生育於農氏之室及其子已不甚怒鼠蓋得其母所殺鼠食而食之以爲不搏而能食不見捕鼠之時故不知怒又其子則疑與鼠同食於主人意無害鼠之心心與鼠類反與鼠同爲盜農遂嘆曰猫本用汝怒爲我制鼠之盜今不怒鼠已是誠失汝之職又反與鼠同室遂亡乃祖爪牙之爲用而誘鼠之爲盜失吾望甚矣乃載以復諸野又探貍之新乳歸而養既長遂捕鼠如曩之者

答問諫者

或問古之士能直諫不君之君者其誰爲最曰有諫秦者齊人茅焦也曰夏無龍逢耶殷無比干耶曰不以之無而功德相違耳夫諫者不獨以言忠而欲其氣雄不獨以名彰而欲其事立四者克備是爲難矣昔嬴氏貪噬羣雄以

取天下豪暴奢侈古初無先故非必爲而諫必距當其遷太后於雍有及泉之誓凡戮諫者二十七人矣天下忠赤之士莫不囚氣鎖詞是時焦能獨奮勇果不顧其威且肉視虎狼冰顧湯鑊諤諤造庭折其四失俾暴主悔非遷善敬從其言繇是骨肉之恩斷而再續君臣之義捨而再交諫諍之路塞而再啟皆由焦之功也噫忘軀徇忠亦諫者之職然決死於二十七人之後不難乎其心哉進諫於二十七人之後不難乎其詞哉斯可謂言忠氣雄名彰事立備矣豈若龍逢諫桀比干諫紂徒自柔聲婉詞而又身不

免事不立其足爲茅先生之徒歟問者喜而退

詰鳳

嘗得揚雄云君子在理若鳳在亂亦若鳳謂隱見之得宜也將欲神之以爲鑑遠覽其劇秦美新則有異乎是雄仕漢遇新室之亂以不能去之又懼禍及乃爲斯文以媚而取容嗚呼鳳固若是耶果若是則鳳遇矰繳而猶回翔其間耶夫君子之仕也所以行其道道之不行也則可以明其節彼莽之不臣雄時在列宜以君臣之義興亡之理匡救之以行其道苟畏其威愛其死則可投簪高謝以明其

節詎有苟祿貪生徇非飾詐廣引秦過以譽惡德是稔其篡逆也與古之持顛扶危死名節者背而馳也則向者所著若鳳之說得不爲誣鳳也哉雞常禽也晦曉而不昧其候鳳靈鳥也理亂而不知其時耶噫言之不思有如是耶或曰古之人臨危制變亦有權焉雄知莽之不可匡也故矯爲其辭姑務脫禍是亦權也子何過之深歟曰不然夫權者聖人有焉所以不失其道未見捨其道而從其權昔仲尼仕魯以季桓子荒齊樂知其不可匡也乃去之曾不聞矯爲其辭以求容於魯雖仲尼日月其德人之不侔然雄亦慕仲尼之教者以著書立言爲事得自易哉夫立言者豈不欲人從教耶且已不能信人況求信於人乎語曰君子先行其言而後從之豈斯言可欺也哉

華心

大中初年大梁連帥范陽公得大食國人李彥昇薦於闕下天子詔春司考其才二年以進士第名顯然常所賓貢者不得擬或曰梁大都也帥碩賢也受命於華君仰祿於華民其薦人也則求於夷豈華不足稱也耶夷人獨可用也耶吾終有惑於帥也曰帥眞薦才而不私其人也苟以

地言之則有華夷也以教言亦有華夷乎夫華夷者辨在乎心辨心在察其趣嚮有生於中州而行戾乎禮義是形華而心夷也生於夷域而行合乎禮義是形夷而心華也若盧綰少卿之叛亡其夷人乎金日磾之忠赤其華人乎繇是觀之皆任其趣嚮耳今彥昇也來從海外能以道祈知於帥帥故異而薦之以激夫戎狄俾日月所燭皆歸於文明之化蓋華其心而不以其地也而又夷焉作華心

拜嶽言

黯自關東隨計來闕下經華嶽祠有巫導以祈謁廼徹蓋

整衣馨爐漉觴頫拜而前緘默而退巫曰客是行也務名邪官邪胡爲乎有祈禮而無祈詞神之肸蠁而答盍舒乃誠曰余其來拜以嶽長羣山猶人之有聖賢草木之有松蘭百川之有河海鱗羽之有虬鸞屹屹崇崇干霄拄空載國祀典宜人攸宗拜之思盡乎余之敬詞之默懼乎神之聽且神覌果高而聽果深必福其善而禍其淫余行合乎神也必照而臨如欺乎神也祈之乎何心巫兮余言無妄兮爲妄言者之箴

禹誥

禹賢益以天下授益采其謳謠之所歸卒讓於啟故啟不由父授而書無典訓黷追其旨作禹誥嗚乎惟位於君惟父於民禪授無踈親親惟其人德之肖仇敵可道之違昵愛不可苟昔堯舜傳人今吾傳家孰不知其私耶所以然者天人之意然也汝其念之陶者土之器也持之得其人則完不則毀位者國之器也持之得其人則治不則亂吾得之惟艱汝繼之無忘其難苟汝後之不克肖宜復於堯舜之道歸於有德勿以吾傳之爲世有之嗚乎不賢而毀其器俾後援私而罪我也汝其念之

辯謀

覆載之中胸有心者有其謀然其謀則必爲巳而鮮爲人也故有孜孜汲汲力於謀者得之則逸身豐家不得則嫉時怨命噫此眞澆風薄俗者之心也豈古聖賢之心乎夫古聖賢未始無謀而不求利於身也不求利於身而利自及也何以明之堯舜有大寶之位不傳於子而傳於他人是爲天下之謀得其君也大禹疏鑿橫流過其門而不顧啼嬰是爲天下之人謀出其溺也后稷勤耕播植百穀是爲天下之人謀粒其食也其謀信何如哉古今語帝王者

必首於堯舜論功德者無出於禹稷風馨億齡不復磨滅其利身又何如哉近世之謀則不然小者不過於謀衣食大者不過於謀祿位督之利天下者或未見謀嗚乎持是心而希其道侔於古人是猶欲越山海而捨梯航其進也無由矣雖今聖人在上賢人在位其謀靡爲不然恐豈甞者日用而不知也故因文以辯之且欲賢不肖皆公其心苟賢不肖皆公其心則上古之風日可復矣

欽定全唐文卷七百六十八

盧肇

肇字子發袁州宜春人會昌三年進士第一除著作郎遷倉部員外郎充集賢院直學士咸通中出爲歙州刺史歷宣池吉三州卒

如石投水賦 以聖舜忠直從諫如流爲韻

石比臣心水猶君德誠見投而不阻如從諫而無極蓋所以作仁聖思正直清逾萬頃能容落落之姿操或一拳以造沉沉之色惟我聖后啟乎宸聰每以淡然之德能取確爾之功言乎水也逾漢祖之虛受稱乎石也遇留侯之盡忠是以王事竭誠羣臣報政具懷鑿鑿之美允納洋洋之聖君心潤下已覃滂沛之恩臣志補天願表堅貞之性故得朝廷肅穆上下交慶小伊傅以輸忠配唐虞而比盛者也當其欲進嘉謀心懷隱憂思袞職而有補隨諫鼓以來投於是咸趨丹陛若蹈洪流且推誠而上達亦虛心而下求既乃契皇情承天獎介然允臻乎浹洽渙若盡納其忠讜一言初進開龍顏而似激圓波萬國皆聞入宸心而若流清響乃知窺日月之光有虧必諫震雷霆之怒有諫必

從雖磊落以難進乃廣大而見容既無悔以無尤子產徒言於狎水邪將恐而將懼韓非奚患於攖龍且夫瓊瑤爲報而匪珍夜光處暗而多患未若我喻水於盛德比投於納諫允當上善之求勿謂下流之訕遂用握金鏡臨玉除忠言得進以無隱聖慮每徵於往初如是則祥符出惠澤舒將無事而無諫見寰瀛之晏如

海潮賦 有序

夫潮之生因乎日也其盈其虛繫乎月也古君子所未究之將爲之辭猶懼人有所未通者故先序以盡之肇始窺堯典見歷象日月以定四時乃知聖人之心蓋行乎渾天矣渾天之法著陰陽之運不差陰陽之運不差萬物之理皆得萬物之理皆得其海潮之出入欲不盡著將安適乎近代言潮者皆驗其及時而絕過朔乃興月弦乃小贏月望乃大至以爲水爲陰類牽於月而高下隨之也遂爲濤志定其朝夕以爲萬古之式莫之逾也殊不知月之與海同物也物之同能相激乎易曰天地睽而其事同也男女睽而其志通也夫物之形相睽而後震動焉生植焉譬猶烹飪置水盈鼎而不爨之欲望膳羞之熟成五味之美其

可得乎潮亦然也天之行健晝夜復焉日傅於天天右旋入海而日隨之日之至也水其可以附之乎故因其灼激而退焉退於彼盈於此則潮之往來不足怪也其小大之期則制之於月大小不常必有遲有速故盈虧之勢與月同體何以然日月合朔之際則潮殆微絶以其至陰之物通於至陽是以陽之威不得肆焉陰之輝不得明焉陰陽敵故無進無退無進無退乃適平焉是以月之與潮皆隱乎晦此潮生之實驗也其朒其朓則潮亦隨之乃知日激水而潮生月離日而潮大斯不刊之理也古之人或以日

如平地執燭遠則不見何甚謬乎夫日之入海其必然之理乎且自朔之後月入不盡晝常見焉以至於望自望之後月出不盡晝常見焉以至於晦見於晝者未嘗有光必待日入於海隔以映之受光多少隨日遠近近則光少遠則光多至近則甚虧至遠則大滿此理又足證夫日至於海水退於潮尤較然也肇適得其旨以潮之理未始著於經籍間以類言之猶乾坤立則易行乎其中易行乎其中則物有象焉物有象而後有辭此聖人之教也肇觀乎日月之運乃識海潮之道識海潮之道亦欲推潮之象得其象亦欲爲之辭非敢衒於學者蓋欲請示千萬祀知聖代有苦心之士如肇者焉賦曰

開圓靈於混沌包四極以永貞赩至陽之元精作寒暑與晦明截穹崇以高步涉浩漾而下征迴龜鳥於兩至曾不愆乎度程其出也天光來而氣曙其入也海水退而潮生何古人之守惑謂玆濤之不測安有夫虞泉之鄉沃焦之域棲悲谷以成暝浴濛汜而改色巨鰌隱見以作規介人呼吸而爲式陽侯玩威於鬼工伍胥洩怒乎忠力是以納人於聾昧遺羞乎後代曾未知海潮之生兮自日而太陰

裁其小大也今將考之以不惑之理著之於不刊之辭陳其本則晝夜之運可見其影響言其徵則朔望之候不爽乎毫釐豈不謂乎有耳目之疾而燿將判乎神醫者也粤若太極分陰分陽陽爲日故節之以分至啟閉陰爲水故霏之以雨露雪霜雖至賾而可見雖至大而可量豈謂居其中而不察乎渺漠亡其外而不考其茫洋者哉故水者陰之母日者陽之祖陽不下而昏曉之望不得成陰不升而雲雨之施不得覩因上下之交泰識洪濤之所鼓胡爲乎歷象取其枝葉而迷其本根也棄其涓滴而輿其泉源

也於是欲抉其所迷而論之採其所長而存之光乎廓乎汩磅礴乎差漻滇之無際曷鴻濛而可以盡度乎乃知夫言潮之初心遊六虛索蜿蜒乎乾龍駕轇轕乎坤輿知六合之外洪波無所洩識四海之內至精有所儲不然何以使百川赴之而不溢萬古揆之而靡餘也是乃察乎濤之所由生也駭乎哉彼其爲廣也覩之而盪盪矣彼其爲壯也欲乎其沆沆矣其增其贏其難爲狀矣當夫巨浸所稽覩無巔倪洶涌澒洞窮東極西浮厚地也體定半圓天而勢齊謂無物可以激其至大故有識而皆迷及其碧落右

轉陽精西入抗雄威之獨燥卻衆柔之繁濕高浪瀑以旁飛駭水洶而外集霏細碎以霧散屹奔騰以山立巨泡邱浮而迭起飛沫電烻以驚急且其日之爲體也若熾堅金圓徑千里土石去之稍邇而必焚魚龍就之雖遠而皆靡何海水之能逼而不澎濞沸渭以四起故其所以凌鑠其所以薄激者莫不魄落焯爍如爨巨鑊艴兮不可探乎流蓅之內呀焉若天地之有齦齶其始也漏光迸射虹截寓懸拂長庚而尚隱帶餘霞而未殄其漸没狗兮若后羿之時平林載馳驅貙虎與兕象懾千熊及萬羆呀偃蹇而矍鑠忽劃礫而巉巖其少進也若兆人繽紛填城溢郭蹋相蹂蹙轂相摩錯閧闘澶漫凌彊侮弱倏皇輿之前躍孰不奔走而揮霍及其勢之將極也滔兮若牧野之師昆陽之衆定足不得駭然來奔騰千壓萬蹴搏沸亂雄稜後鬭憍勢前判懾仁兵而自僵倏谷呀而巘斷此者皆海濤遇日之形聞者可以識其畔岸也賦未畢有知元先生諷之曰斯義也古人未言吾將揮乎文墨之場以貽永久爲天下稱揚爰有博聞之士駭潮之義始盱衡而抵掌俄頫齗而愕眙擘衣下席蹈足掀臂將欲致詰領畫天地久之而乃

謂先生曰伊潮之源先賢未言枚乘循涯而止記其極末華指近而未考其垠焉有末學後塵遽荒唐而敢諭先生矍然而疑乃因其後推車捧席執腒伺顏言之少間請見徵之所如客乃曰人所不知而不言不謂之訥人所未識而不道不謂之愚彼亦何敢擅談天之美斡究地之揄指溢漭之難悟欲蠱聽於羣儒今將盡索乎彼潮之至理何得與日月而相符且大章所步東西有極容成叩元陰陽已測陽秀受乎江政元冥佐乎水德莫不窮海運稽日域及周公之爲政也則土圭致晷周髀作則裨竈窮情乎天

象子雲贊數於幽默張衡考動以鑄儀淳風述時而建式彼皆凝神於經緯之間極思乎圓方之壼胡不立一辭於茲潮以明乎繫日之根本也先生苟奇之胡不思之先生將寶之胡不考之苟由日升當若準若繩何春夏差小而秋冬勃興其逾朔也當少進何遽激而斗增其過望也當少退何積日而馮陵晝何常微夜何常大何錢塘洶然以獨起殊百川之進退何仲秋忽爾而自異三時之霶霈日之赫焉猶火之烈火至水中其威乃絶入洪溟以深漬何日光而不滅潮之往來既云因日日惟一沉潮何再出

萬流之多匪江匪河發自昳瀹往成天波終古不極盍沉四國何成彼潮而小大一式爲潮之外水歸何域又云水實浮地在海之心日潛其下而逢彼太陰且其土厚石重山峻川深投塊置水靡有不沉豈同其芥葉而泛以蹄涔繫坱圠之至大何水力之能任吾聞之天地噫氣有吸有呼晝夜成候潮乃不踰豈由日月之所運作誇誕以相誣者哉先生閱賦之初深通厥旨及聞客論訢然啟齒於是謂客徐坐善聽厥辭蓋聞南越無須冰之禮鄭人有市璞之嗤常桎梏於獨見終沉溺於羣疑既别白而不悟爰提耳而告之然事有至理無爭無勝猶權衡之在懸審錙銖而必應稽海潮之奧旨諒余心之足證當爲子窮幽而洞冥豈止於揆物而稱哉夫日北而燠陽生於復離南斗而景長逼中都而夜促當是時也氣蒸川源潤歸草木既作雲而洩雨乃襄陵而溢谷魚龍發坼於胎卵鳥獸含滋於孕育且水生之數一而得土之數六不測者雖能作於溟渤苟窮之當無羨於升掬其散也爲萬物之腴其聚也歸四海之腹歸則視之而有餘散則察之而不足春夏當氣散之時故潮差而小也及其日南而涼陰生於姤退東井

而延夕遠神州而減晝當是時也草木辭榮風霜入候水泉閉而土涸滋液歸而下湊瘁萬物以如燔運大澤而若漏縮於此者盈於彼信吾理之非謬秋冬當氣聚之時故潮差而大也兩曜之形大小唯敵既當朔以制威陽雖盛而難廹其離若爭其合如擊始交綏而並鬭終摩壘而先釋日沮其雄水凝其液既冒威於一朝信畜怒乎再夕且潮之所恃者月所畏者日違日以漸遥水畏威而乃溢亦猶羣后納職來造王門獲命以出望宁而奔引百寮而盡退何一跡之敢存此潮象之所以逾朔二日而斗增也

黃道所導。退邇已均。肆極陽而不礙。故積水而皆振。自朔而退。退爲順式。自望而進。進爲干德。伊坎精之既全。將就晦而見逼。勢由望而積壯。故信宿而乃極。此潮之所以後望二日而方盛也。自曉至昏。潮終復始。陽光一潛。水復迸起。復來中州。逾八萬里。其勢涵澹。無物能弭。分晝於戌。作夜於子。子之前日下而陰滋。子之後日上而陽隨。滋於陰者。故鑠之於水而不能甚振。隨於陽者。故迫之爲潮而莫肯少衰。此潮之所以夜大而晝稍微也。嘗信彼東遊。亦聞其揆。賦之者究物理。盡人謀。水無遠而不識。地無大而不

搜觀古者立名而可驗。何天之造物而難籌。且浙者折也。蓋取其潮出海屈折而倒流也。夫其地形也。則右蟠吳而大江覃其腹。左挾越而巨澤灌其喉。獨茲水也。夾羣山而遠入。射一帶而中投。夫潮以平來。百川皆就。浙入既深。激而爲鬭。此一覽而可知。又何索於詳究。羣陰既歸。水與天違。當宵分之際。避至烈之輝。因圓光之既對。引大海以羣飛。夫秋之中而陰盛。亦猶春之半而陽肥。事苟稽於已著。理必辨於猶微。故濤生於八月之望者。尤岌岌而巍巍也。萬物之中。分日之熱。叩琢鑽研。其火乃烈。吹煙得燄。傳薪就爇。附於堅則難消。焚於槁則易絕。所依無定。遇水乃滅。太陽之精。火非其匹。至威無燄。至精無質。入四海而水不敢濡。照八紘而物莫能屈。就之者咸得其光輝。仰之者不知其何物。其體若是。豈比夫寒灰死炭。遇濕而同漂汨哉。方輿之下。陽祖所迴。歷亥子而右盛。逾丑寅而左來。右激之遠兮遠爲朝。左激之遠兮遠爲夕。既因月而大小成。亦隨時而前後隔。此日之所以一沉。而潮之所以兩析也。天地一氣也。陰陽一致也。其虛其盈。隨日之經界。寒暑之二道。將無差於萬齡。故小大可法。而乾坤永寧也。若夫雲者

雨者。風者霧者。爲雪爲霜者。爲雹爲露者。雷之所鼓者。龍之所赴者。羣生之所賦者。萬物之所附者。彼皆與日而推移。所以就其衰而成其茂也。然後九圍無餘。而萬流爲之長輔。談未竟。客又勸而言曰。若乃寒暑定而風雨均也。吾聞之洪範云。豫常燠。急常寒。狂乃陰雨。爲沴僭則陽氣來干。苟日月之躔一定。又何遠於王政之大端。彼有後問。姑紓前言。夫三才者。其德之必同。天以陽爲主。地以陰爲宗。參二儀之道。在一人之功。一人行之。三才皆協。德順時則雨霽均。行逾常則凶荒接。僭慢所以犯陽德也。故暴庇莫

之哀狂急所以犯陰德也故離畢爲之災此則爲政之所致非可以常度而剸裁也客曰唯其餘如何復從而解之曰惟坤與乾余常究焉清者浮於上濁者積於淵濁以載物爲德清以不極爲元載物者以積鹵負其大不極者以上覢奠其圓故知鹵不積則其地不能載元不運則其氣無以宣夫如是山嶽雖大地載之而不知其重華夷雖廣鹵承之而不知其然也氣之輕者其升乃高故積雲如嶽不駐鴻毛輕而清也而物莫能勢及其干霄勢窮霏然下墜隨坳壑而虛受任畎澮之疏潰著則重也故舟檝可以

浮寄至夫離九天堙九地作重陰之膠固自堅冰以馴致固可以乘鴻溟以自安受萬有而不圮者也聽茲言較茲道定一陽之所宗何衆理之難考且合昏知暮而鶡音司晨安有懷五常之美預率土之濱苟無諒乎此旨亦何足齒於吾人子以天地之中元氣噫嘰爲夕爲朝且登且没泛辭波而甚雄處童蒙而未發孰觀地喙乎深泉之涯孰指天吭乎巨海之窟既無究於茲源寧有因其呼吸而騰勃者哉客謝曰辭既已矣欲入壼奥願申一問先生幸以所聞教之嘗居海裔觀潮之勢或久往而方來或合沓而相際曷舛互之若斯今幸指乎所制先生撰屨旁眄亦窮其變吾因訊夫墨客當大索其所見彼亦告於余曰日往月來氣迴天轉其激也大則體甚而相疎其作也小則勢接而相踐惟體勢之可準故合沓而有羨其何怪焉客乃跽軀斂色交袂而辭彼圓元方曠古惑今疑歎載籍之不具恨象數之尚遺方盡迷於閫域非先生親得於學者而孰肯諭之於是乎若卵判雛生鼓擊聲隨雷電至而幽蟄起蛟龍升而雲雨滋形開夢去醒至酲離既手之舞之足之蹈之乃避席而稱詩爲賀演知元先生之辭辭曰噫哉

古人迷潮源兮刓編蠹翰曾未言兮羅虛列怪無藩垣兮名儒幽討理可尊兮高駕日域窺天門兮潮疑一釋永立言兮若和與扁祛吾惛兮昔之論者何其繁兮意摩心揣祇爲讙兮陰陽數定水長存兮進退與日遊混元兮一升一降兮寒暑成下凝濁兮上浮清隨盈任縮兮浮四溟釜鬴蒸爨兮擬厥形願揚此辭兮顯爲經高誇百氏兮貽億齡先生曰彼能賦之子能演之非文鋒之破鏑何以解乎羣疑客乃酣然自得由然而退也

湖南觀雙柘枝舞賦

瀟湘二姬。桃花玉姿。獻柘枝之妙舞。佐清宴於良時。始其金罍欲陳。象筵宿設。考清音於絃管之部。選麗質於綺羅之列。何彼姝之婉孌。媚戎服之豪俠。司樂以魚符發詠。待兒以蘭膏薦潔。華燈張。翠被徹。聽銅壺之刻漏。瞻銀漢之明滅。佇新詞以潛習。隱含具而纔閱。恐急節之將差。撫柔荑而不絕。及夫陽烏浴彩。寒鷄早晨。登妝臺而鸞鳳比翼。對寶鏡而菡萏爭春。袪裳馥以彩翠。玉指皓以嶙峋。互飾鉛華。畏濃澹之殊態。共聽金管。恐高低之不均。須臾。夔正奉羞。司尊舉酌。左肴兮右胾。兕觥兮玉爵。朱題艶以垂虹

素幕翩以騰鶴。羅異果之芬芳。映雕盤之錯落。時也。羣工合奏。絃悲管清。升歌闋。賓禮成。於是乎擊鼉鼓。啾鳳笙。雲駢四座。花芬兩楹。舞師巧誨於蹈厲。諸優飾辨以縱橫。且曰。不巾不櫛。匪鐸匪舌。古也。郅支之伎。今也柘枝之名。因清角之繁奏。見韶華之並榮。佳人乃整金蟬。收玉燕。襲舞衫。突舞弁。珠彩熒煌。鈴光炫轉。外實帶以連玉。中丹裾而疊蒨。則有聲鑑透迤。瓊瑰四垂。靴瑞錦以雲匝。袍蹙金而雁欹。將翺將翔。惟鸞惟鷟。稍隨緩節。步出東廂。始再拜以離立。俄側身而相望。思東南之美兮。清風甚長。凝情頃刻兮靜對鑒鏘。再撫華裾。巧變修袂。將匀玉顔。若抗瓊瑤。懷要妙以盈心。望深思而滿背。彼工也。以初奏迎。我舞也。以次旅呈。乍折旋以赴節。復婉約而含情。突如其來。翼爾而進。每當節而必改。乍慘舒而復振。驚顧兮若嚴。進退兮若愼。或迎兮如流。卽避兮如慘。傍睨兮如慵。俛視兮如引。風裊兮弱柳。煙羃兮春松。縹緲兮翔鳳。婉轉兮游龍。相迴兮如借。相遠兮如謝。忽抗足而相蹴。復和容而若射。勢雖窘於趨走。態終守乎閑暇。飛飈忽旋。驚鶴聯翩。擬帝子之瑶珮。觸仙池之玉蓮。擁驚波與急雪。捲祥雲及瑞煙。詞方重

陳。鼓亦再歇。俄舉袂以容曳。忽吐音而清越。一曲曲兮春恨深。一聲聲兮邊思發。傷心兮隴首秋雲。斷腸兮戍樓孤月。歌扇兮纔斂。鳴鞞兮更催。將騰躍之激電。赴迅疾之驚雷。忽如厭乎揮霍。戢餘勢以徘徊。屹而立。若雙鸞之窺石鏡。專而望。似孤雲之駐蓬萊。輕攢翠蛾。稍拂香汗。暫爾安逸。復騁陵亂。抽軋軋於蕙心。耀纖纖之玉腕。躊躇曠望。若戀虞以南馳。俯僂迴旋。非爲劉而左袒。拾華袵以雙舉。露輕裾之一半。花灼灼。鼓逢逢。帽瑩隨蛇。熠熠芝蘭之露。裾翻莊蝶。翩翩獵蕙之風。來復來兮飛燕。去復去兮驚鴻。善

睞睢盱。偃師之招周伎。輕軀動盪。蔡姬之讋齊。公則有拂菻妖姿。西河別部。自與乎金石絲竹之聲。成文乎雲韶咸夏之數。然後能使燕趙慙妍。威嬙掩嫮。我之服也。非妹喜之牝雞。我之容也。非木蘭之雄兎。既多妙以多能。亦再羞而再顧。鼓絕而曲既終。倏雲朝而雨暮。

鸜鴿舞賦 以屈伸俯仰傍若無人爲韻

謝尚以小節不拘。曲藝可俯。願狎鴛鷟之侶。因爲鸜鴿之舞。於是褫貂裘。岸章甫。在容止可觀之際。方見翼如。當管絃互奏之時。俄遑退旅。伊昔王導。延爲上賓。陪謁者讓登

之處。遇羣賢式燕之辰。俎豆在列。尊卑且倫。始服膺於末席。方酬賞於主人。導曰。久慕德音。衆皆傾想。願覩傞傞之態。用答嚶嚶之響。非敢玩人以喪德。庶使棲遲而偃仰。徒欲見長觜利距之能。豈比乎弋林釣渚之賞。公乃正色洋洋。若欲飛翔。避席俯僂。樞衣頡頏。宛修襟而乍疑雌伏。赴繁節而忽若鷹揚。由是見多能之妙。出萬舞之傍。若乃三歎未終。五音鏗作。頷若燕而戲頻。德如毛而矍鑠。衆客振衣而跂望。滿堂擊節而稱樂。且喤喤之奏未終。而洩洩之容自若。於是媿飲啄。盡歡娛。聽式歌而調兼吐鳳。觀屢起而勢若將雛。以樂慆憂。既醉者於焉已矣。手舞足蹈。驩然者豈得而無。是知因此名聞。邪辭跡屈。同漁陽之慷慨。鄙五原之噎鬱。將美其率爾不矯。怡然任眞。自動容於知己。非受侮以求伸。況乃意綽步蹲。然後知鴻鵠之志。不與俗態而同塵。

天河賦 以天空色際寧見浮槎爲韻

惟天有河。是生水德。凌浩渺之元氣。挂崢嶸之遠色。所以正辰極。莫南北。其清莫挹。濯星斗以滋上元。其惡可流。蕩雲霓以臨下國。赫赫融融。自西自東。沿大象而其源不竭。

横中古而其運無窮。磅礴九霄。浸潤豈沾於土宇。輕清一氣。波瀾寧動於天風。匪湯湯而就下。但耿耿而浮空。處晝則潛。由昏則見。俟良夜之延矚。故高明而自擅。光連月窟。何慙媚以懷珠。影照天津。豈愧淨而如練。至若白榆風勁。析木煙秋。吹玉葉而將落。泛金波而共流。皎晶無際。闌干自浮。渡蟾魄之孤輪。不聞濡軌。漲鵲橋之遠岸。詎見操舟。莫議高深。孰能揭厲。演漾必滋於若木。氛氳更襲於丹桂。映蒼山而漸出。想積石於河源。拂遠樹以將低。謨一葦於天際。遥思濯手。遠憶乘槎。流合璧之輝。幾疑沉玉。映散金

之氣或類披沙辨牛豈見其津涘聞雞遽隱於雲霞是宜以河之名居天之大閣道蛇橫於曲渚驪珠蚌剖乎淺瀨源流自遠清無可美之魚分野甚明皎若誓封之帶鑿自太古疏於圓靈奔注肯隨於川瀆高明自貫於日星夫其濟黃道決青冥蔭地軸灑天經悠矣久矣配吾君之永寧

上王僕射書

天不自明垂之以日月聖人不自理付之以公卿日月所以成天之文者無私照故也公卿所以成人之文者無私心故也爲天之明行帝之德是公卿與日月同體者也然

日月未嘗私晝夜以序明晦以時人生而戴之固無驚慄耳目延頸企踵而望之也及碩人重德恢宏綱於將絕時人莫不拭眥假聽僕其聲明矣如是則又雖與日月同體與人望之心過之也伏以文物之勢業乎將頹聖上一旦惕然思高祖太宗經天緯地之勤基美於千萬世其術祇在乎人文之中人文之中則不踰擇士之賢否也故度天下之德莫重於僕射計天下之學莫深於僕射觀天下文章莫富於僕射兼是三美然後詢於廟堂之上使諮於僕射俯而莅之其實不啻萮移太山之重以鎮之也夫如是則預於貢士者何敢造次而進哉某本孤淺生江湖間自知書已來竊有微尚窺奧索幽久而不疲垂二十年以窮苦自勵伏念當太平之辰不預兵役農商之伍得盡其志則將欲發其身大其家盡心於明時以竟其歲也乃志望士林之中及來輦下再試皆黜觀望於時而揆於事至於得之者未必盡賢失之者未必盡愚意謂隨天下貢士且進且退可以無咎今乃不意遇聖君賢相以僕射爲日月照臨多士莫不屏氣攝息人之自咎若抱罪戾其在王門公族少讀文學尚爲憂惕啟僕射之德振於文機其必得

天下苦心之人而進之然後優游盛明爲皐爲伊以茂生植者也不然豈至於是逾二十載復匡之乎是知天啟德於僕射在此時也某於此時若不得循牆以窺則是終身無竊望之分也敢布愚拙伏惟特以文之光明而俯燭之幸甚幸甚并獻拙賦一首塵冒尊嚴無任悸慄之至

海潮賦後序

夫以璿樞顯視周四七而成文玉琯潛聆載十二而分統肇有憑翼生乎象先雖迷放屬之源終識踆蹷之數是以迎推洞乎三合分至貞乎四禽既測洪荒瞭分清濁於是

九圍所沓必揆於靈臺萬古無差可徵於幽贊且彤車白馬先命羲和紫極黄龍次分甘石雖東流不溢天問猶疑而北户承陽地維何隱稽乎儒氏之業也莫不咸思蟻轉盡愧難如安可命曰三靈或至迷其二大愚以始聞方歎側揆元黄亦嘗以大寶酬嘲敢云早慧既不用蛉膠習戲自鄙童心及竊譽里中拘塵長者執經堂奥避席嚴師自悟牖間愧非胡廣頻依廡下虚感伯通而日月居諸榆槐屢改管窺之心妄切瞽史之學難修而又爛額焦頭方思馬褐捉襟見肘久困牛衣颯垂領以若驚顧生髀而增歎

信天人之際難可究思考經緯之文固有宗旨竊以海潮之事代或迷之今於賦中盡抉疑滯輒依洛下閎張平子何承天等以渾天爲法水與地居其半日月繞乎其下以證夫激而成潮之理并納華夷郡國環以二十八宿黄道所交及立北極爲上規南極爲下規以正乎日月之所由升降其理昭然可辨謂之潮圖施諸粉繢庶將無闕緗螢囊之已久撫魚網而多慙敢避識者之識固受不知之罪云耳

日至海成潮入圖法

八月之望日在翼軫之間此時潮最大今立此望之夕日入初於時在戌見潮初生之候

渾天載地及水法

地浮於水天在水外天道右轉七政左旋日入則晩潮激于左日出則早潮激于右潮之小大則隨于月月近則小月遠則大

右此賦中具論之矣

新定海潮集解渾天古今正法圖自古説天有六

一曰渾天（張衡所述）二曰盖天（周髀以爲法）三曰宣夜（法無師）四曰安

天（虞喜作）五曰昕天（姚信作）六曰穹天（虞聳作自盖天以下並好奇徇異之説非至説也先儒亦不重其術也）

右經撰賦及圖定取渾天爲法其增立渾天之術自張平子始言天地狀如雞子天包於地周旋無端其形渾渾故曰渾天也

渾天法

晉葛洪謂天形如雞子地如雞子之黄周天三百六十五度四分度之一半覆地上半繞地下二十八宿半隱半見宋何承天云遍觀渾儀研求天意乃悟天形正圓水居其

半中高外卑水周其下梁祖暅云渾天之形內圓如彈丸其半出地上半隱地下

右今撰圖正用此法但諸家能言天形而未知日之激水而成潮也又按周易離爲日坤爲地日出地上於卦在晉日入地下卦爲明夷乾爲天坎爲水天右旋入水爲夕則天在水下於卦爲需天左旋昇出爲潮於卦在訟又離爲日坎爲水日出水上卦爲未濟濟之言涉也日東出而未西涉水此其象也日入水下卦爲既濟言日右隨天入巳涉于海則周易之象其事較然

右今撰潮圖探於周易合乎渾天推于爻象故賦指復姤二卦以定陰陽

言不及渾天而乖誕者凡五家莊子逍遥篇元中記王仲任論衡言日不入地山經釋氏言四天乙巳占具解訖

右並無證驗不可究尋王仲任徒肆談天失之極遠桓君山攻之已破此不復云莊生則假物爲喻以論眞宗而學者多誤故列之爲難信之首元中山經一無可取釋氏俱舍乃自立心法非可以表測而度量也又按吳王蕃法云余因周禮鄭衆鄭元之言用勾股之術以求天之里數夏至之日以八尺之表求晷於陽城表南得影一尺五寸南至日南下無影則日南去陽城一萬五千里立八十而旁十五則日高八萬里日南邪去以勾股法得八萬一千二百九十四里有奇蓋天頂至地之數也倍之得十六萬二千五百八十八里有奇卽天徑之數也以周徑之法乘得五十一萬三千六百八十七里有奇卽周天之數也

右肇始學渾天法於度支推官監察御史太原王軒軒以王蕃之術授焉自後因演而成圖既知夫天地之薄厚則日月之行寒暑之候皆由自得之遂用覃思巨溟稽萬流之昇降果見潮生之候由是博考羣言以證遇晦而自得之旨無所疑焉

渾儀之制渾儀法肇得自虞舜以琁璣玉衡以齊七政鄭康成云其轉運者爲璣其止息者爲衡皆玉爲之七政者日月五星也則渾儀之本法晉侍中劉智云顓頊造渾儀黃帝爲蓋天則此二器皆古聖王之制作也但學者失其用耳說者乃云始自張衡今考其事張乃巧述其法而授之非始造者也虞喜又云洛下閎爲漢武帝於地中轉渾天定時修太初歷又知此術在張平子前也後漢左中郎

將賈逵以永元十五年造黃道渾儀張衡以延熹七年更造銅儀以四分爲度于密室中以漏水轉之令伺者閉戶而唱以告司天者云琁璣所加某星已中某星今沒皆如合符契其後吳王蕃修之如陸績及後魏太史令晁崇隋河間劉焯皆修渾儀之法李淳風因爲遊儀葢與靈憲同也

右以物象天謂之渾儀則日月四海在渾儀之內日月盈縮之度可察而獨迷潮水生來之候豈古人未之思乎肇祇於此術究而得之不爲怪誕無據之說猶恐時之學者

尚有所疑故以著之

閬城君廟記

吁天地之至賾天地之元精升降變化因時而發者惟聖人焉惟神物焉聖人理乎陽神物理乎陰故能靈淡乎寰區功濟乎動植君大道而不屈運元德於無窮者天之爲也夫能知天之爲者必探乎坤輿之涯必有司宰當夫萬物不振百姓不親虎豹虺蝮搏鷙騰觸骨月冰泮害毒草靡於斯時也天地既否雲電將屯則有軒虓乎繞樞商生乎元乙姜嫄履歆而后稷誕慶都夢龍而伊祁興五精在天迭降於代是三才不理乃生聖人也聖人既生品物既盛德刑政事克傳克修其或山冢崒崩高岸爲谷道隱乎功德隱乎奢貪敗生災風雨不若於斯時也草木失滋胎卵殈殰則有至精下降乃生神物既坼既塥光明蜿蟺則温姥之毓龍義斯在矣昔者秦毒天下神鬼乏主英精怪質潛躍失次故龍遁乎漲海之涯托乎婺姥之室圓苞不陣霞錦相光鱗鬣未生風雨如晦姥既躬之在手囊之以衣一夕威靈欲震雷電皆至龍遂育焉厥後姥以母龍以子提護縈繞如乳如嬉或遊於泉或躍於澥姥方朝膳必

薦鮮鱗他年姥斮鱗於溪龍遊於刃下而尾觸銛鋒姥駭視之則墮數尺矣因泳去於是盤天乘風出幽入冥惚怳變化潛乎乾戰乎坤不知其往矣姥恨其誤傷竟不復至而姥亦逾乎鮐鯢克慎厥化姥無姻戚閬城人葬之水涯惟龍乃寓形於人衰杖如瘵洟苫涕塊哀呼泣日謂人曰藏我母畢矣他日潮水齧之非葬之所也其將假爾牛馬爲役以遷於顯爽一夕風雷大至明日視之則姥之封若覆夏屋矣在於山巔里之中牛馬皆殆不飲齕齊衰者亦亡所在閬城人立姥及龍之像以禮祠之既而龍降於祠

堂形類虺從日而不見其趾尾端之柄突而圓焉其大小長短視無常質人或誠禮之則飲巵酒循衣繞軀玩狎如喜其能司人禍福若有權衡度量焉自秦至於聖唐千六百餘歲其靈不泯今乃有龍伯龍叔龍季焉伯則舊也叔季不知何代相踵而來也今皆在閿城元和中故宜春縣令盧府君嘗遊宦南越乞靈於龍契乎其旨嘗夢龍伯謂之曰君將宰邑江西其致我焉許之及太和五年歲在壬子府君來宜春遂立祠於邑東昌山津右府君諱嶠舉孝廉三遷爲宜春令始至遇邑大饑令豪族以陳積周賦貧

民故得不佻不病不橫不流民從其化矣夫神物莅乎陰府君之美政徵龍之輔乎予於府君爲宗姪予爲兒而府君多之曰乃異日其聞乎故予始終龍姥之事及載府君置祠之旨焉姥溫姓閿城人也閿城爲秦南越邑代謂之曰龍母龍母古矣其言甚質吾思以文之追書姥爲閿城君焉刻銘於祠之闑西云天地何寶聖人之道天有五精惟聖迭生聖道未弭百靈奉祉惟周之湮稔毒於秦龍迷所奉棲於越人伊姥何慈惟龍克孝如持天綱示越人教涕洟封樹有禮有容豈惟神物是謂孝龍孝龍之靈宜崇宜薦巖巖此祠君子攸建有雲在山有水在川龍德永永爲民有年惟蘭斯叢惟芷斯茂龍德馥馥作爲民祜嗚嗚之飛在于灌木彼哺者烏亦謹其族龍有孝思俾民敦睦瓜紹惟瓞麥秀其歧龍錫民福子孫嗣之逐逐蹄輪汔汔檣檝龍靈可依且不爾愜惟龍之祠涖于此津千萬其祀福于袁人

進海潮賦狀

右臣聞神農立極先定乾坤軒后統天始宏歷象蓋以大聖有作而大法乃明必自臣子之所爲克成君父之至德

只如陳韶奏夏允諧聖帝之音而伐鼓鏗鐘元在工人之手業雖成於微賤事乃表於皇王臣今所陳竊用此道伏惟睿文明聖孝德皇帝陛下德邁伊嬀道包覆載垂衣而九有無外執契而萬國來庭日月貞明天地交泰珍圖瑞物允膺得一之符伯益皋繇共佐千年之聖臣實陋賤亦忝方州而微臣始自知書志在稽古或觀天地之道得於經史之間既察置圭亦聞測管究黃鍾於玉律窺碧落於璿樞伏念司馬遷則書載天官張平子則儀鈞地動臣仰遵前哲輒揆圓虛偶識海潮深符易象理皆摭實事盡揣

摩。既當鳳紀之朝。願陳蠡測之見。臣肇誠惶誠恐頓首頓首。臣又聞天垂象而六合成。道生一而三才具。皆由日月運乎陰陽。是謂神明。分乎晝夜。伏知此道。盡在陛下睿鑒之中。故不俟微臣因此別白。然自古以來。莫不以地厚難測。日既入而人不見。其行海大無涯。潮潛生而人不知其候。上古聖人則之於八卦。學者演之成六家。而有講論未明。根本不圖。天垂大法。假乎微臣獲在聖朝。彰此愚見。臣門地衰薄。生長江湖。志在爲儒。弱不好弄。研求近代寒苦莫甚於斯。臣伏念爲業之初。家空四壁。夜無脂燭。則爇薪

蘇。聽恨頑冥。亦嘗懸刺。在名場則最爲孤立。於多士。則時負獨知。累竊皇恩。遽變白屋。臣於會昌三年。應進士舉。故山南節度使同中書門下平章事王起擢臣爲進士狀頭。筮仕之初。故鄂岳節度使盧商自中書出鎮。辟臣爲從事。自後故江陵節度使贈太尉裴休。故太原節度使贈左僕射盧簡求。皆將相重臣。知臣苦心。謂臣有立。全無親黨。不能吹噓。悉賞微才。奏署門吏。臣前年二月。蒙恩自潼關防禦判官除秘書省著作郎。其年八月。又蒙恩除倉部員外郎。充集賢院直學士。去年五月。又蒙恩除歙州刺史。臣謹行。陛下法令。常懼愆違。理郡周星。未有政績。潛被百姓詣闕。以臣粗能緝理。求欲留臣。奉七月二十二日敕。又蒙聖恩。賜臣金紫。臣素無強近之援。不異草澤之人。忽荷寵光。及此叨忝。臣不以平生志業上奏於宸慈。實懼犬馬之微。忽先於溝壑。則臣積年無所闡揚。非唯自負片心。實亦上辜聖代。是敢竊以所撰前件潮賦并圖進上。臣爲此賦。以二十餘年。前後詳參。實符象數。願潢汚之水。輒赴溟渤之流。而雕蟲所爲。刻鵠難肖。塵冒天聽。罪當鼎鑊。今差軍事押衙盧師泊隨狀奉進。上瀆宸嚴。敢期睿覽。臣肇無任惶懼戰越屏營之至。謹錄奏以聞。伏俟誅責。

震山巖記

宜春郡東五里有山。望之正若冠冕。同麓而異峰。四首相屬。兩仰成形。況在東方。如畫震卦。郡人名之曰呼崗。意者亦謂其若長幼相呼。同在一處。其義不顯。予無取焉。其西北有石室。臨游溪之涘。邑人彭先生嘗釣此巖下。先生諱搆。雲善黃老言。寶應中。詔以玉帛召先生。不至。時太守命其鄉曰徵君鄉。巖曰徵君釣臺。咸通七年。予罷新安守。以俸錢易負郭二項。在震山之西。又得楓樹之林。於溪南。日

與郡守高公遊其下公名厚衣纓之茂士也爲政嚴簡民悉安之咸瞻仰之而以震山易呼岡之名白公公喜命刋其事於巖下予既得西林而羅鳥罝兎挾彈走馬於其間亦請命其林曰盧氏弋林以對其東彭氏釣渚也因謂高公使郡人無得樵漁於是林之檀欒杉檜不日豐茂以冠於郡主帥高公因戒吏以丹書貽盧氏使西疇之人世世掌之時郡民相率言曰二刺史俱好事者吾儕幸寓目焉遂以刋之是歲景戌十一月二十三日謹記

宣州新興寺碑銘 并序

至哉邃古已來天之永錫正命者其惟帝唐乎聖祖神宗光啟土宇垂億萬祀克承休嘉莫不以禮樂先兆人以慈儉任天下仁居惠往營魄離者而其施猶存揭淺厲深心跡泯者而厥功亦在常善救人常善救物非至德誰能普行之故鬼神受祉黎元樂康寶祚延洪率由此道也於是表大覺爲靈根與羣生共有叩眞空而不壞惟聖者獨知非崇夫金輪氏之教則焉得窮理盡性齊萬法於物我哉是以沉善惡於洗妄之泉擢枝莖乎植性之圃嘗令學者崇飾精廬顯有堂皇亦如庠序郡國分理必付元臣將俾羣生罔不開悟且夫斯干秩秩止在周邦靈宮彤彤唯居魯國曷有列刹映乎霄顥飛甍麗乎陽光瞻彼玉毫儼然金地暈軒鵰睆岫聳雲攢遍於州郡若斯之美與若夫宣城新興寺者會昌四年既毀大中二祀故相國太尉裴公之所立也公諱休字公美河東聞喜人代濟文德洎公彌大擢進士甲科登直言制首未三十由拾遺遷殿內鴻名偉望迭處清雄入奉絲綸出省風俗拜春官則齊驅驥騄視民部則克阜生齒至於調入王府貨出水衡洎陟台司亦勞厥事凡三拜廉察五授節旄孫先生有愧知兵山巨

源當慙視史揆路既長乎百辟荊門復平乎水土公降由辛未歸以甲申爲唐碩臣作佛大士光珉顯竹此不復書所至之邦必興修淨行大中二年拜宣城常與名緇會難有設疑以試公者曰三界虛妄羣生顚倒可有修行能解纏縛孰爲智慧可化凡愚胡爲乎公之區區徒自撓耳公曰噫嘻珠玉在櫝啟之則見其珍聖賢有門行之則踐其閫分塗而往惟善惡焉善惡如東西耳趣之不已則至其所焉在乎推心於不染馭馬於無塗也如是三界信眞實羣生非顚倒但學者不能窒慾攘貪遺名去利弗捨有漏

而思住無爲耳。然捨之自我。取不由人。非用智慧解彼纏縛。如此則了無一物。以撓吾眞也。他日。門人有謂公曰。敢問三界之言未立。人不知修行。不知因果畏陰隲者不爲之多。介景福者不爲之少。理亂增損。繫乎其時。洎斯教也。行乎諸華。愚人畏罪以損其惡。賢者望福以增其善。增之不已。則至今當盡善矣。損之不已。亦至今宜無惡矣。何昏迷暴虐。無減於秦漢之前。福慧聰明。不增於魏晉之後。歸之者殊塗輻湊。立之者萬法雲興。稽諸天不見其文。求諸古莫有其法。號爲大聖。作天人師。是宜使吾人盡升覺路。

不宜使蚩蚩庶類。由古迄今。若斯之迷者也。設使像法至今未行。將盡墮惡道。爲鬼爲蜮乎。夫法未始有。今而有之。希聖之徒。可存而知之也。其由之之固。庸非溺乎。公笑謂之曰。大昭肇啟。法不齊備。聖人繼作。代天爲工。結繩畫卦。質文滋變。一聖立。一法生。天道人事。顯若符契。夫燧人氏之未爲火也。則天無火星。人無火食。龜無火兆。物無火災必矣。少昊氏之未理金也。則天亦無金星。人亦無金用。龜亦無金兆。物亦無金災必矣。及聖人攻木出火。鍛石取金。於是乎精芒主宰。騰變上下。則知世法時事。隨聖而立。佛聖人也。考精神之原。窮性命之表。作大方便。護於羣生。羣生受之而不知。蓋由天道運行。物以生茂。皆謂自已。孰知其然也。於是問者廓然自得。佛味武宗時毀寺。而宣之新興。故有崇基廣廈。文甓雕甍。鞠爲土梗。唯喬柯灌木。森聳澗瀍。祥煙翠靄。交覆巖麓耳。及宣宗詔許立寺。宣之四人相鼓以力。請先立之於宣郛。公獨不許。遂命苾蒭上首元敬謂之曰。吾聞之新興寺大歷初有禪師巨偉。南宗之上士也。與北宗昭禪師論大慧綱明實相際於此。始作此山道場。後有浩禪師作草堂於道場西北。其旁有藻律師居

之。律師去世。門人立塔院。貞元中。巨偉之門人靈翹始請於太守。合三院而爲寺。彼皆智慧傑出。親啟山林。今之立寺。無以易此也。議定。郡東故有妙覺寺。寺雖毀而杉檜多大十圍。一旦有二龍鬬谷中。拔大樹三十二。視之皆殿宇之材也。公嘆曰。將立寺而龍拔巨樹。天其有意乎。遂用之。於是霜斤沐楹。玉砂瑩礎。上下其響。音中桑林。不朞年而雲攢四榮。風摇寶鐸。螺拏六扇。月照金鋪。勝紀一源。繚牆百雉。繕修多羅爲攝受。置無盡藏爲莊嚴。窅窱幽邃。輪奐博敞。蓋江南之首出也。初奉詔隸僧三十人。今其存者大

半搆殿立門有軒有廡則律師元敬法華道延首其事編經立藏不遺句偈則維摩從省禪門眞會著其功善集檀施備修房廊學於三時旁窺六義則金剛清越服其勤而法華遂言涅槃明則洎法林超度皆以禪學爲宗律師道隨宜春人幼植淨行得泥丸妙旨一日以披文相質之事造余於新安余既許之道隨復言繼二十人者皆若修持能遺物累則有應元友恭道幽仁寶懷貴從儉惟恭文明師迴師宗思靜常政文暢宏暢契蒙景先法進惟勤志宏元操與前輩又爲三十人矣而太尉所立有殿内千佛有

地藏院有上方石盆院又以俸錢入膏腴之墅爲地藏香火定中之謀始於太尉太尉作之門人述之有作有述誰曰不然乃爲銘曰

奕奕新興敬亭南麓鉅構崇基崢嶸煜煜伊昔既毁神愁鬼毒洎將再營天人合福乾有違龍其怒則觸助作棟楹拔此巨木雨運風移騰川跨陸神怪戮力老幼同心蚨翼飛貨龍鱗布金揭立赫奕化成嶔崟玉礎方丈花臺百尋日明香刹雲生寶林太尉裴公聳其學者宏以戒光甘露披灑示厥有爲取彼難捨必有精靈扶持大厦小儒刻石有慙史野永言歌之庶近風雅

林韞

韞咸通末爲州刑掾

撥鐙序

韞咸通末爲州刑掾時盧陵盧肇罷南浦太守歸宜春公之文翰海内知名韞竊慕小學因師于盧公子弟安期歲餘盧公忽相謂曰子學吾書但求其力爾殊不知用筆之方不在於力用於力筆死矣虛掌實指指不入掌東西上下何所關焉常人云永字八法乃點畫爾拘於一字何異

守株翰林禁經云筆貴饒左書尚遲鈍此君臣之道也大凡點畫不在拘之長短遠近但勿遏其勢俾令筋骨相連意在筆前然後作字若平直相似狀如算子此畫爾非書法也吾昔授教於韓吏部其法曰撥鐙今將受子子勿妄傳推拖撚拽是也訣盡於此子其旨而味乎韞加以久罹戎事筆硯多亡終不能窮其妙亦猶古人有得不死之術者人將從學焉未至得術者物故歎恨不極人或譏之曰彼尚不能自免何恨之有耶客曰昔有善算術者臨終傳於子終不能曉乃傳於人他人盡其妙彼何妨得而不能

演哉愚雖受盧公之命既不能自益其要妙敢恡復傳於智者

欽定全唐文卷七百六十九

王棨一

棨字輔之福清人咸通三年進士杜宣猷鎮山南請爲團練巡官李騭爲江西觀察使辟爲團練判官調大理司直除太常博士遷水部郎中

元宗幸西涼府觀燈賦以春夕遊幸見天師術爲韻

昔在明皇帝召葉尊師當新歲月圓之夜是上元燈設之時帝謂京洛他處固難比也師言良夜今宵亦可觀之於是請宸遊憑妙術將越天宇俄辭宣室扶鳳輦以雲舉揭

翠華而飇疾不假御風之道倏忽乘虛如因縮地之方逡巡駐蹕已覺夫關隴途盡河湟景新到沓雜繁華之地見駢闐遊看之人千條銀燭十里香塵紅樓邐迤以如晝清夜熒煌而似春郡實武威事同仙境彩摇金像之色光奪玉蟾之影一遊一豫忽此地以微行不識不知竟何人而望幸於時有露霑草無雲在天金鴨揚輝而光散氷荷含耀以星連樂異梨園徒笙歌之滿聽人非別館空羅綺以盈前既而斗轉玉繩漏深銀箭周迴未愜於睿旨歷覽尚勞於宸眷莫不混跡尊卑和光貴賤亦由鳳隱形於衆鳥

衆鳥莫知龍匿影於羣魚羣魚不見俄而歸思潛軫皇情不留髣髴而方離邊郡斯須而已在神州稍異穆王至自瑶池之會非同漢武來從柏谷之遊一自風滅蘭釭雲迎羽客塵昏蕃塞之草煙暝秦陵之柏空令思唐德之遺民最悲涼於此夕

詔遣軒轅先生歸羅浮舊山賦 以題中八字爲韻

帝以先生久駐長安應思故山新恩而綸綍云降舊德而崖巒許還令朝北闕之前已辭丹陛幾日南溟之下再啟元關始者棠谷傳眞羅浮隱耀造恬澹之深域達希夷之

衆妙來親玉輦膺再禮於鴟書去憶石樓契初心於鳳詔詔曰朕聞軒后求其大隗唐堯師乎務成雖則臨治皆思養生是以深殿延佇安車遠迎久處形闈恐鬱池魚之性永懷碧洞難忘雲鳥之情乃曰陛下頊厚英明旁求固陋既容出入於仙禁復許潛歸於海岫常慚羽服相逢而道異君臣詎荷鴻私欲別而情深故舊於是磬風馭奮電衣千年之靈鶴將去一片之閒雲欲飛有異二疏出都門而惜別寧同四皓指商嶺以言歸持青囊兮藥使傍隨執絳節兮橋僮先遣道尊而不顧名位德重而如加轍冕當九重之宮裏思山之意則深及萬里之途中戀闕之誠不淺既臻蘿洞乃闢松軒別後而嵐光未老來時之春色猶存白鹿青牛却放煙霞之境玉芝瑶草終承雨露之恩懿夫來協皇情去全眞趣於秦無徐市之惑在漢免文成之誤臣知其史筆已書故聊詳於斯賦

端午日獻尚書爲壽賦 以誠以古書貢乎聖壽爲韻

節乃端午經惟尚書當煬帝窮奢之際見蘇公爲壽之初五日嘉辰欲有裨於聖德百篇奧義敢將獻於皇居始夫奬賓既調星火初正雖爲祭屈之日合有祝堯之敬咸求

玩好冀盡竭於忠勤競薦珍奇願延長於睿聖惟公以邦紀將紊洪圖漸傾欲諷江都之幸思停(一作亦由)遼水之征懸是訪註於安國求篇於伏生既逢採艾之時合祈(一作稱)洪算遂託獻芹之禮庶達微誠蓋以文盡雅言事傳上古前王之善惡皆載(一作足徵)歷代之安危可覩自然於禮無爽(一作然以禮無爽)於君有補豈效辟兵之法專用靈符寧依續命之儀祇陳綵縷既而對面丹(一作彤)墀虔而進之其爲贄也非雁非羔非玉非帛其爲書也非易非傳非禮非詩且曰臣則有志匡主無心順(一作徇)時竊以百王之典可爲萬歲之

資願陛下察所以是究所以非豈不知(不知一作以)枕推虎魄之珍褻有雉頭之美誠未若典謨訓誥閱斯而北闕長存虞夏商周鑒此而南山相似所以鼓篋斯至稱觴自殊藉手則惟臣矣而服膺其在君乎願因犬馬之心取爲龜鏡欲取絲綸之筆用作規模且浴蘭獻物兮古豈無捧酒祝釐兮今亦有誰能將十三卷之雅誥上千萬年之洪壽向使其乙夜能覩豈死乎賊臣之手

白雪樓賦（以樓起碧空名標雅曲爲韻）

余嘗自雍南遊經過郢州此地曾歌乎白雪後人因創其

朱樓觀夫迢迢山峙奕奕雲浮屹臨江岸之旁將其麗曲傑起郡城之上得以消憂是何棟觸晴霞簷侵虛碧旁瞻目盡於千里俯瞰心懸於百尺何年結構取宏制於庾公此日登臨仰嘉名於郢客其爲狀也巙巙隆崇攢煙過空勢聳晴蜃梁橫曉虹偉殊覲之罕及猶清唱之難同試問郢生豈似梁王之館如延孟子何慚齊國之宮莫不高與調侔妙將雅比籠輕霧以轉麗帶微霜而增美浮雲齊處疊櫺檻之幾重明月照時引笙歌而四起斯則虛凉無匹顯敞難名天未秋而氣爽景當夏以寒生風觸芬楣髣髴雜幽蘭之響煙分井邑依微聞下里之聲且樓之爲號也有翠有紅或瓊或玉豈若表此名地彰斯妙曲況復楚山入座黛千點而暮清漢水橫簾帶一條而春綠亦足以認(一作任)彼清暢憑茲麗譙掩露臺之高峙軼煙閣之孤標似繼餘聲謝朓閒吟於暇日疑遺妙響劉琨長嘯於清宵有旨哉每見岧嶢如聞宛雅覽宏模之特秀知屬和之彌寡人或誇黃鶴奇落星予云俱弗如也

盛德日新賦（以修乃無已堯舜何遠爲韻）

皇德彌盛宸心未休雖昭昭而光啟猶日日以勤修常懷

姑務之情漸宏帝道轉見增光之美益闡王猷豈非濬契無爲思齊不宰誠蕩蕩之可及故汲汲而罔怠所以宅八極家四海實憲文之道長信鑒武之功倍惕如馭朽化行克協於明哉憂若納隍令出必資乎慎乃是故將致丕洽克勤誕敷亭育旁覃於九有英明上合於三無每儼形容建前王之標表未嘗晷刻廢哲后之規模懷德兮如斯好生兮何已承昌運兮咸稱鼎盛在聖躬兮寧惟玉比旋立後圖亟更前軌蓋垂法於列辟非取規於君子由是祚既起漢仁惟纂堯式乎已及於千品克懋匪由乎一朝振三

代之風咸知允叶紹百王之業是謂光昭自可國肥詎徒身潤焦思無慚於夏禹蹔行遠符於虞舜遂使卿雲瑞露皆感之以呈祥鑿齒雕題具懷之而納贄況乎混文軌倒干戈惟馨之義斯在既飽之人若何播以樂章八音而盡善盡美導乎邦政萬物而無偏無頗大矣哉垂拱端居風行草偃全臻教化之要漸積邦家之本臣知合天地而日新又新豈致君之云遠

一賦（以爲文首出得數之先爲韻）

昔庖氏爲君斯文始分畫卦而初成陽位造書而肇見人

文豈非本自道生終云神得俾大衍以虛數從黃鍾而立則君子守以制性聖人抱而臨極然後形弓是錫天王嘉重耳之勳簞食見稱夫子美顏回之德萬物生焉惟玆處先況乃聞而知十用以當千名立兮卓爾形標兮孑然許子之瓢既棄陳公之榻猶懸或有錢囊識世芻束稱賢改其月而爲正月號其年而曰元年若夫李陵呼時荆軻去日歌興三歎之唱智慚百慮之失爲山用簣魯論之義足徵載鬼以車周易之文斯出借如寒暑相推薰蕕可知鶚百鳥而匪匹龍三人而共爲儉德彌彰平仲之衆裘安在仁心遠播成湯之三網猶施既聞興國之言亦有傾城之顧措辭雖屈於子夏重諾常推於季布天得地得曆千年出聖之期彼時此時叶四海爲家之數琴瑟專矣車書混之分杯羹而孰忍縫尺布以堪悲雖云管仲能匡因成覇業未若蕭何如畫永作邦基是知王居四大之初日冠三光之首目所加而可取毛不拔而何有愚則立節無二干時不偶幸麟角以成功庶桂枝而在手

神女不過灌壇賦（以飄風疾雨慮傷仁政爲韻）

有女維神徘徊恨新既入文王之夢方明尚父之仁君莅

灌壇自其來而有感妾臨（一作歸）西海將欲過以無因豈非受命上天禀靈下土苟當鑒德（鑒德一作國）之職誠是福謙之主然而出則駕疾風鞭暴雨雖娉婷淑態所行皆正直之心而倏閃陰徒在處有晦冥之苦今則望彼仁境居惟太公於國而棟梁斯喻於民而父母攸同謐爾封疆無破塊之時雨恬然草木絕鳴條之曉風安得暗恃威靈長驅徒御不惟流麥以斯恐抑亦偃禾而是慮舊祠已別固難返駕於今辰直道須遵豈可取途於他處是使渙臉紅失愁蛾翠銷駐霞車而色斂停寶蓋以香飄潛羨羿妻明月先

踰於清夜。却慚巫女。輕雲已度於晴朝。誰見其迴。感蕙心。跏蹰蘭質。感教化之均適。患奔驅之迅疾。花顏慘淡。非嫌勝母之時。玉趾遲留。異惡朝歌之日。王乃愍彼彷徨。詢其感傷。既非失珮於江上。亦非遺簪於路旁。入夢之姿。經三日以方過。非熊之道。歷千秋而更彰。則知執德感幽者。繫乎眞。操心謇物者由乎正。苟在神而猶懼。豈於人而不敬。若夫蝗越境而虎渡河。未可與斯而論政。

沛父老留漢高祖賦 以願止前驅得申深意爲韻

漢祖還鄉兮鑾駕將還。沛中父老兮留戀潸然。憶故舊於

干戈之後。敘綢繆於旌旗之前。白髮多傷。鳳輦願停於此日。翠華一去。皇恩再返於何年。昔以羣盜并興。我皇斯起。英明天授其昌運。神武日聞於舊里。今則秦楚勢傾。鼓鼙聲止。聖代而陽和煦物。元首明哉。暮年而蒲柳傷秋。老夫耄矣。然而黃屋才降。丹誠未申。豈可風馳天仗。雷動車輪。一則以情深閭里。一則以義重君臣。隆準龍顏。昔是故鄉之子。捧觴獻壽。今爲率土之人。乃曰陛下創業定傾。順天立極。臣等犬馬難效。星霜屢逼。窺泗水則凄若舊風。指芒碭則依然故邑。眷戀難盡。汍瀾易得。昔日望雲之瑞。豈有明言。當時貰酒之家。堪驚默識。帝乃駐天步。遂人心。戈矛山立。貔虎煙深。草澤初興。雲露而蛟龍奮翼。鄉園重到。煙空而鸞鶴歸林。時也親友咸臻。少年并至。縱兆民如子。恩更洽於故人。雖四海爲家。情頗深於舊意。往事如覩。流光若驅。望幸誠異。攀轅則殊。交遊既阻於秦時。堪悲今昔。黎庶正忻於堯日。自恨桑榆。已而雙淚盡垂。一言斯獻。請沛爲湯沐之邑。實臣懨死生之願。是使萬歲千秋。杳冥無恨。

四皓從漢太子賦 以俱出山中共輔明德爲韻

夏黃綺季角里園公。抗跡君臣之外。潛身商洛之中。高帝

搜揚。竟不歸於北闕。儲皇搖動。皆來衛於東宮。漢之初也。鳳輦情乖。龍樓恩失。將謀廢嫡以立庶。欲易黃裳而元吉。呂后憂深。留侯計密。且曰四人可致。一匡永逸。洎安車奉迎之後。當彤亭侍宴之日。森爾離立。皤然間出。似八公而少半。疑五老而無一。高皇問曰。從者誰乎。安得鶴鬢斯衆。霜髯與俱。乃言曰。臣等質同蒲柳。景迫桑榆。是商嶺卧雲之士。皆秦朝避世之徒。邦無道則隱。邦有道則愚。上曰。自朕之興。待賢而用。顧朝廷之未治。念先生之所共。昔何遠迹。不爲率土之臣。今乃辱身。盡作承華之從。對曰。陛下掃

蕩寰宇。秦降楚平。未有稱臣之意。惟聞慢士之名。太子則卑謙守節。柔順利貞。理有承聖。斯宜繼明。臣等惟義所在。非道不行。雖蹈夷齊之潔。更無伊呂之情。故得隨難戟之差肩。向龍墀而接武。星星於朝行之列。濟濟於王人之伍。帝曰空勞遁客。來撫藐爾之孤。可謝周人。已有良哉之輔。旣而問安之位。克定肥遯之心。共還其來也鶴集丹陛。其去也雲歸故山。懿夫出彼巖巒。成兹羽翼。一則免扶蘇之危。一則祛獻公之惑。誰知惠帝立而劉祚安。乃採芝公之德。

手署三劍賜名臣賦 以特書嘉號用獎賢能爲韻

漢章帝以錫賚情重。君臣道全。示署劍推恩之禮。表經邦佐命之賢。雖彼百官。分恩光之渙汗。惟兹三者。覩御墨以昭宣。是知器挺臣功。名由天獎。非霜刃無表汝之庸勳。非乾文無重予之慶賞。所以昭沖和。勸忠讜。皎函盡啟。決雲之狀盈眸。彩筆初題。垂露之文在掌。豈不以良佐斯得。深謀可嘉。或染翰而紀其敦樸。或揮毫而志以文華。彼錫彤玈。我乃頒其秋水。彼銘鐘鼎。我乃鏤以蓮花。一則薛燭未逢。風胡不識。提攜可助於雄勇。佩服必資其挺特。能使巨闕慚價。豪曹失色。乃署龍泉之名。以表韓稜之德。一則龍藻日耀。霜風雪凝。麾之而氛祲以歇。帶之則威儀可聆。斯亦剸鐘難媲。斷馬奚稱。乃署漢文之號。以旌郅壽之能。一則利可衛身。威能禁暴。愜項伯以將舞。宜趙王之所好。豈美乎五色奇形。千金美號。乃署椎成之字。以彰陳寵之操。故得光生環珮。榮冠簪裾。見魚水相逢之際。是雲龍契會之初。數比夢刀。各獲君前之賜。功齊神筆。長吞天上之書。洎吾皇威被華夷。德安岐雍。鋒鋩不自其手署。頒賜盡歸其公共。蓋以韓魏爲鋏兮宋爲鐔。異漢朝之所用。

牛羊勿踐行葦賦 以皇化所加德同周道爲韻

育物恩廣。垂衣道豐。流德澤於行葦。示仁心於牧童。且曰驅爾牛羊。勿近萋萋之道。恐其蹄角。踐傷泥泥之叢。斯乃家國攸用。華夷所同。俾遂生榮之性。仍敦忠厚之風。是以發自睿情。指乎幽渚。伊方苞方體之地。匪或寢或訛之所。未逢至化。其生有類於蒿萊。今被仁風。所貴不殊於稷黍。懿夫拂水沙際。搖煙路傍。安可縱三犧而蹂躪。放千足以跳踉。莫不欽聖教。感吾皇。戒彼畜之奔逸。免斯條之折傷。由是緣野分驅。蒼葭共保。但踢桃林之坂。自齕金華之草春風澤畔。如生腓字之心。落日山邊。盡認下來之道。況乎挺本方茂。爲航可嘉。靃靡而爭芳若葉。參差而競秀蘭芽。若使大武斯履。柔毛所加。則八月洲前。無復凝霜之葉。三秋江上。難逢似雪之花。是以咸仰嘉猷。式遵元德。牧者既以承其教。虞人得以修其職。故能隔瑩蹄於平野。莫往莫來。限犢首於荒郊。自南自北。然後澤靡不洽。恩無不周。國有殷充之實。家無罄匱之憂。網不入於污池。斯言莫偶。斧以時於林藪。厥義難侔。偉夫至理彌彰。前經可駕。遠符大雅之什。允協文王之化。因知皇王之教。所憂不惟禾稼

聖人不貴難得之貨賦 以題爲韻

披老氏之遺文。見聖人之垂則。戒君上之所好。慮天下之爲惑。且物有藏之無用。求之難得。若將其一作貴也。則廉貞之風不生。吾苟賤焉。庶嗜慾之源可塞。斯乃復道德之本。爲政化之端。雖聞乎無脛以至。會忘其拭目而觀。於以息黷欲激貪殘。皆重黃金。我則捐山而孔易。咸嘉白璧。我則抵谷以奚難。莫問瑕瑜。詎論妍不。節儉之德既著。饕餮之名何有。裘因焚後。應無爲狗之勞。珠自鍛來。已絕伺龍之醜。祇如照車於魏。徒稱徑寸之貴。易地於秦。虛重連城之珍。一則受欺於強國。一則見屈於聖人。豈若端耳目。寂形神。視彼瓊瑰之類。齊乎瓦甓之倫。義動貪夫。皆少私而寡欲。化移流俗。盡背僞以歸眞。可使路不拾遺。人忘好貨。顧予有擿玉之志。俾爾無攫金之過。則以此行道而大道復隆。以此移風而元風再播。且夫君教矣人效之。若不去其奢而返其本。必將胠爾篋而控爾頤。亦何必樹美珊瑚。競列華筵之翫。布求火浣。長充內府之資。方今闡靈符。握金鏡。若能來淮夷之琛。不以爲貴。入王母之環。不以爲盛。上崇樸素之道。下率廉隅之性。豈惟咸五而登三。可與大庭而齊聖。

耀德不觀兵賦 以聖德照臨寰區清泰爲韻

聲教斯播。戎夷自平。祇在推賢而耀德。豈由命將以觀兵。垂彼衣裳。示朝廷之有序。橐其弓矢。俾海內以惟清。皇帝以眇屬前聞。遐觀列聖。謂修文而可致其肅穆。謂立武必傷乎性命。將欲來萬國之好。去百王之病。鴻私元澤。常昭天子之仁。豹略龍韜。不授將軍之柄。故得地協三無。風清八區。混軌文於殊俗。銷劍戟於洪爐。況其德乃車也。兵猶火乎。豈宜執以二三。臨於下土。安可封其十萬。擾彼邊隅。

所以修之爲勤戢之不惑湯修而葛伯斯服舜舞而有苗自格是知失德者由乎縱五兵偃兵者在乎興七德今則朔野烽滅遼陽戍閒堯心非樂乎丹浦周馬已歸乎華山使政行喙息之微咸躋壽域見執鋭被堅之役盡復人寰然後澤溢區中塵消塞外四方忘覆載之力百姓免殺傷之害雕題辮髮傾心而俱喜子來率土普天鼓腹而悉歌時泰蓋由煦嫗仁廣含宏道深慕羲農之化洽鄙湯武之君臨曉月彤庭共覩乾坤之量秋風榆塞不聞金革之音斯乃帝道潛融宸襟洞照得允文允武之體臻一張一弛之要可謂超五帝而越三皇合二儀而齊兩曜

倒載干戈賦 以聖力克彰兵器斯戢爲韻

欲廓文德先韜武功倒干戈而是載鑄劍戟以欣同千里還師迴刃於戎車之上一朝偃伯垂仁於王道之中皇上以心宅八紘威加四極有罪必伐無征不克旌旗西嚮競納款於中原鞞鼓東臨咸獻俘於上國然後軫宸慮惻皇情萬姓苟宜於子視三邊可俟其塵清由是罷師旅休甲兵干櫓勢傾壓雙輪而委積戈鋋色褫滿十乘以縱横蓋以戰乃危事兵惟凶器欲令永脱於禍機必使先離乎死地所以前鐏俄覩迴轅繼至虞舜舞而曾用比此寧同魯陽揮以員來於斯則異既不授其豹畧乃長包於虎皮諒櫜弓而若此詎返旆以如斯徵彼禮經折軸苟聞於山立考諸易象盈車徒見其離爲豈慮自焚誠同載戢五兵從此以皆弭七德於焉而復立遂使頑凶之子無日可等更憐忠烈之臣徒云能執故得殺氣潛息嘉猷孔彰以此懷柔而何人不至以此亭育而何俗不康罷刃銷金道無慚於齊帝放牛歸馬德寧愧於周王大矣哉因爾仁天用藏兵柄得東征西怨之體見師出凱旋之盛小臣伏覩乎櫜鞬敢不歌揚於明聖

握金鏡賦 以聖人執持照臨寰宇爲韻

至明者莫尚乎金鏡可類者莫先於聖心既施之於日用如握此以君臨有象必昭含萬靈於睿聖無幽不燭若百鍊於宸襟稽夫稟氣於無形成功於至妙苟取喻於在掌詎有疲於屢照外發皇明中凝德耀克符磨瑩之體允叶提攜之要故能洞達千里高臨兆人等元而光彩盈手考理而貞明在身雖跂行喙息之微形容無隱信率土普天之士肝膽俱陳莫不深貯乾坤大極區宇誠非出匣以斯

舉詎謂臨臺而下取。潔澈在心。深沈似古。笑飛鵲以將繞。鄙芳菱而欲吐。懿夫皎皎斯在。兢兢自持。異樞衡之是秉。見藻鑑之無私。所以辨愚智。洞華夷。豈惟分大小別妍媸。塵垢不染。英明在茲。魑魅於焉而遠矣。姦邪無所以藏之。是知懸魏宮者難侔。掛秦臺者莫及。詎端拱而見舍。諒臨朝而盡執。孕玉燭以光動。寫珠庭而影入。蓋以持察羣品。非窺聖顏。迴出聲身之表。如存指掌之間。事異軒皇。得元珠於物外。功逾羲叔。御白日於人寰。宜乎永保清平。長稱明聖。當宣室以潔朗。逗皇圖而輝映。臣知六五帝而四三皇。實由握乎斯鏡。

義路賦 以言有君子得行斯路為韻

義則本在。路猶強名。雖無有而為有。亦時行而則行。人或未知。謂投足以山險。心如能制。信在躬而砥平。既絕回邪。無差正直。居則思之而可見。忽爾覓之而安得。默識終始。潛名南北。昧其所在。迷吾道之康莊。能此是敦。造先王之閫閾。然而視之者不為好徑。赴之者豈曰多歧。邁德而謂其達矣。立身而何莫由斯。聖人每修。孰慮乎崩榛所塞。君子常踰。寧求其老馬能知。稽夫近遠甚夷。往來無苟。周朝之柱史奚棄。鄘國之貞妻自守。旁生行葉。於列樹以寧殊。中引德車。在摧輪而何有。莫不亘深仁宅。遥通禮闈。匪豺狼之所到。惟干櫓以斯存。若乃循其軌。遊其藩。有如入顏巷之中。恬然自樂。復似經桃蹊之上。寂爾無言。可以導彼深誠。臻乎奧旨。相逢盡重氣之士。相護皆舍生之子。徘徊其側。多感分以遺身。馳騖於中。必先人而後已。厥大斯著。其高或聞。異邪途之徑捷。與左道以歧分。五霸三王。既適此以圖業。忠臣烈士。亦從茲而報君。夫如是。則跬跂所為。坦夷斯踰。於以闢百家之蔽塞。於以洞五帝之旨趣。悲夫衝蒙行險之徒。曷不遵乎此路。

鳥求友聲賦 以人自得求友聲之道為韻

日暖風輕。有黃鳥兮。關關嚶嚶。始乘春而出自幽谷。俄擇木而求其友聲。尚沮羣猜。每念載鳴之侶。方期類聚。詎無相應之情。於是紅破園桃。青勻禁柳。韶光媚原野之始。宿雨霽池塘之後。由是睍睆遷喬。棲翾寡友。潛符切切之義。爰發嘐嘐之口。林間乍囀。誠謂乎知音可期。陌上頻啼。似恨其離羣已久。既而雅叶交應。如懷故人。得鸎鵡之流言不信。見靈鳥而白首如新。灌木煙中。念友朋而有待。楊園景裏豈鳩集之無因鳴亳既殊攀稽靡異猶角徵之先奏俟宮商之有自遂使夕陽橋畔人人增感別之愁曉色樓前處處動傷春之思族類安在間關未休想王睢兮從吾所好知斥鷃兮謂我何求豈比蜀魄銜冤啼巴月於長夜燕鴻失侶叫邊雲於凛秋懿夫隔霧彌幽含風轉好似宏三益之旨足警寡聞之抱想伊鳥也猶推故舊之心矧乃人斯忍棄友朋之道取則寧遠流音在茲爾苟嚶鳴而占矣吾將德義以求之雖慕惠莊願定交於他日如令管鮑得擅美於當時夫如是則結綬何慚彈冠不惑伐木將廢

而莫可谷風欲刺而安得已乎弗謂斯鳥之聲至微而忘其是則

松柏有心賦

彼木雖衆何心可持惟松柏其生矣稟堅貞而有之所以固節千歲凝芳四時積翠森疎見冒雪停霜之性攢空蕭瑟無改柯易葉之期懿夫外聳森稜內扶剛直或盤根於幽磵之畔或挺質於高山之側豈儕蘭桂何慚荆棘葉殊而可謂不同節厚而盡云難測相連夾路在戍城而稍侔未可為薪比死灰而莫得媲匪石而枝勁叶懸旌而影摇苟無懼於早落亦何憂於後凋聳幹山巔且甚長於衆植成行陵上終不亂於驚飆矧乎萬樹含秋千林向晩方見夫鶴棲之所彌茂麝食之餘不損天台溪畔若有意以垂陰太華峯前豈無情於固本既立端操寧驚大寒似蓋而秦封翠斂如愁而殷社煙攢勢迴蒿萊競高標於塵外時當摇落爭秀出於林端豈無井上之梧亦有園中之栁當春色以自得在歲寒而則否曾未若方寸斯抱層空可凌雚雖傾而莫比蓬非直而何稱至如嚴氣方勁翠色猶增亦何異君子仗誠處艱危而愈厲志人高道當顛沛以彌

宏是知斯木惟良因心所貴各固結其修幹共青蒼於四氣然則喻禮於人欲舍此而何謂

跬步千里賦 以審乎致遠行之在人為韻

彼道雖遠惟人可行積一時之跬步臻千里之遥程亦如塵至微而結成山嶽川不息而流作滄瀛是則大自小成遐因邇至理苟均於積習（一作素）義必資乎馴致莫不究其攸往明其所自不因布武之間那及同舟之地終每高蹈必可繼於飛鴻不躡前蹤安得齊於赤驥是則欲追迢遞無或踟蹰始謂與其進也不亦遠乎玉趾勤遷諒金城之

可越方城漸近寧漢水之難踰矧夫高以下爲著顯以微爲本旣曳踵以將至蓋執心而忘返行行莫止豈辭明月之程去去不停寧憚黃雲之遠但勉行之終能及之苟循途而坦坦盍履道以孜孜如肯裂裳自等聚糧之義豈勞由徑當齎命駕之期得非務進彌專遄征有稟念踽踽以無怠故儦儦而滋甚自勤跋涉邯鄲之學全殊不暇因循燕宋之遥可審然而志弗休者雖難必易行不止者雖遠必臻亦猶積水爲瑩氷之始層臺實累土一作木之因大道能遵終及奔馳之子中途儻廢誠慚跛躄之人別有跼蹐

員來躊躕斯在將欲拔跡霄漢超蹤寰海或能開道路解縶維則千里之途可待

樵夫笑士不談王道賦 以題爲韻

多辯名士能文碩儒或有不談於王道終知取笑於樵夫幸遭仄席之時遂皆沈默遂使執柯之子因此胡盧當其野集遺賢朝稱多士九土咸歡乎富庶四夷俱混於文軌盡合讚洪猷歌至理而懸河健口未聞袞袞之辭擲地清才不述便便之美有夫則野其業惟樵或怡情於磵側或放志於山椒乃曰凡在吾儕猶欣渥澤之汪濊豈伊作者長使聲歌之寂寥所以向彼息肩因茲掩口是山中拾箭之際正洞裏觀棋之後尤堪撫掌念牧豎以知無聊用解顏問樵人之信不況乎德邁三代功超百王士非君則好爵奚取君非士則休聲不揚豈言泉之杜竭抑辯囿之荒涼側耳聽時嫌寂寂於都下負薪歸處輒怡怡於路傍蓋以沐浴昌期優游元造俱爲卷舌之輩不及擊轅之老覊然未已殊主人之答賓莞爾難持異下士之聞道豈謂乎力伐摧柏聲騰夕嵐足令墨客增愧詞人有慚是知運屬無偏合著奚斯之頌時當有截須陳吉甫之談方今君則

唐虞臣惟周召稱揚者皆白馬之辯贊咏者盡雕龍之妙可以流播千古鏘揚八徵若然則採樵之徒歟又何由而竊笑

耕弄田賦 以宮裏爲田勸率耕事爲韻

漢昭帝之御乾時猶䶵年能首率於農務遂躬耕乎弄田理叶生知早識邦家之務一作本事殊兒戲斯爲教化之先當其天駟旣端土膏初起命開鉤盾之側將幸上林之裏有司於是整溝塍修耒耜別置膏腴之所取法百壥旁觀齷齪之間如方千里帝乃駕雕輦出深宮展三推而不異

籍千畝以攸同且曰朕位極元首身慚幼沖每訪皇王之業無先播殖之功未遂躬親於彼神皋之內聊將樹藝於茲禁苑之中然後俯天顏擁農器向畎澮以懋力對鋤耰而多思豈無宴樂不如敬順於天時亦有遊畋莫若勤勞於農事是則非同學稼粗表親耕既留心於東作寧無望於秋成環衛近臣盡起西疇之興宫闈侍女徵生南畝之情於是稼政既修稻人是率千牛之列有序九扈之官咸秩神農舊務嘗廢於他年后稷餘風復興於此日嘉夫戲或是戲爲勝不爲審殷阜之由此知艱難之在斯自昔庸

君多昧三時之務惟茲少主能分五地之宜故得教化下敷皇猷上建人忘荷鍤之苦俗有一作靡帶牛之願因知翦桐葉以命封未若耕斯田而天下勸

延州獻白鵲賦 以聖德遐及靈禽表祥爲韻

我后君臨九有仁被諸華伊炳靈之白鵲倏效祉於皇家變爾羽毛以表恩沾於飛走生乎邊鄙是彰澤及於幽遐始其決起春巢輕翻素翼不類雕陵之異狀自受金方之正色羅氏潛藏封人既獲且曰昔聞興咏於召南今見呈祥於塞北乃發天慶昭皇德望雲將獻鴿歸齊使之籠拜表初行雉别越裳之國既而臻鳳闕進彤庭紛煥成橋之羽霜凝化印之形奚稽瑞牒克叶祥經異丹雀之呈質同素烏之效靈帝嘉其賁然斯來一作來思皭爾難及俾遂性以飲啄頷無羣而翕習由是繞樹星飛依枝玉立乍捕蟬於上苑不羨鶯遷或報喜於丹墀何慚鳳集故得彩迴羣類名超百祥播休徵於有截昭聖祚之無疆月下南飛過銀河而混色風前東嚮映瓊樹以增光若乃潛下庭隅遠分林表迷彼鳥之翯翯奮爾駒之皎皎狼生殷代誠福應之未如魚躍舟中諒貞符之尚小曾未若影度簾櫳聲來殿

深美掩條支之獻珍逾隴坻之禽昔在遐方玉每抵於崑岫今以至德巢可窺於禁林是知斯鵲來儀惟天瑞聖俾爾羽之潔朗彰我時之清淨臣聞雁有歌而雉有詩又安得不形於贊詠

闕里諸生望東封賦 以聖德光被人思告誠爲韻

魯國諸生欣逢聖明咸西嚮以迎睇望東封而勤誠習禮空勞日日而徒瞻嶽色凝旒何處年年而尚鬱人情豈不以兵偃三邊塵清萬邑欲行登禪之事猶執勞謙之德是使想黄屋以心傾斂青襟而目極乃相謂曰自古帝王功

成業昌盛皆增博厚報穹蒼所以山呈瑞應水出榮光國泰財阜時豐俗康固合陳俎豆捧珪璋高踐天壇之上遥昇日觀之傍而乃闕其儀寢其議蓋九重之鳳詔欽歎四海之鴻恩未被空令漢史願陪檢玉之行更切孔徒渴見泥金之事莫不引領延佇凝情盡思未遂相如之請空吟叔寶之詩夫子壇邊恐雲龍之會晚顔生巷裏憂日月以來遲況可後示百王前觀萬姓三千徒兮今日斯懇七十君兮當時稱盛潛期山下得聞萬歲之呼每想封中獲仰千年之聖嗟夫跡居洙泗魂斷咸秦俟南面之鸞駕問西

來之路人當河清海晏之時宜遵古典是率土普天之幸豈但素臣近雖下國梟鳴邊夷鼠盜既有征而無戰盡推兇而翦暴宜允儒者之心登泰山而昭告

欽定全唐文卷七百七十

王棨二

三箭定天山賦 以遠伏皇威大降番騎為韻

醜虜侵塞將軍耀威弓一彎而天山未定箭三發而鐵勒知歸驍騎來時疊利鏃以連中宮人祭處收黃塵而不飛始夫寇犯朔方檄傳邊壤高宗乃將鉞斯授仁貴而君恩是仗初持漢節鷹揚貔虎之威爰臂燕弧肉視豺狼之黨軍壓亭障營臨塞垣九姓猶憑其桀驁六鈞亦昧於戎蕃既而胡兵鳥集賊騎雲屯將軍於是勇氣潛發雄心自論

拈白羽以初抽手中雪耀攀雕鞍而乍逐磧裏星奔由是控彼烏號伸茲猿臂軍前而弦開邊月空際而嚮鳴朔吹聲穿勁甲俄駭膽於千夫血染平沙已僵屍於一騎斯一箭之中也尚猖狂而背義是用再調弓矢重出麾幢曜英武於非類昭雄稜於異邦赤羽遠開騁神機而未已胡雛又斃驚絕藝以無雙斯二箭之中也猶憑陵而未降且曰志以安邊誓將去害苟犬羊之衆斯舍則衛霍之功不大又流鏑以重飛復應弦而狼狽斯三箭之中也遂定七戎之外昔在秦漢嘗開土疆或勞師於征伐徒耀武於張皇

未若彎弧手妙於主皮大降虜衆騁伎心同於偃月遂靜沙場故得元化覃幽皇風被遠烏嶺之烽已息靈臺之伯斯偃然知魯連雖下於聊城豈定窮荒之絕徼

離人怨長夜賦 以別思方深寒宵苦永爲韻

離思難任長宵且深坐感夫君之別誰憐此夜之心念雲雨以初分何時促膝俯衾裯而起怨幾度沾襟始其歌罷東門袂揮南浦征車去兮塵漸遠匹馬歸兮情自苦閒庭已暝對一點之銀釭別酒初醒聞滿檐之寒雨且夕也悄悄何長悠悠未央向銀屏而寡趣撫角枕以增傷蓋以緬行役兮路千里邈音塵兮天一方我展轉以空牀固難成夢君盤桓於旅館豈易爲腸由是觸目生悲迴身弔影雲積陰而月暗鳥深棲而樹靜凝情漸久訝古寺之鐘遲會面猶賒柰嚴城之漏永於時階滴飄冷窗風送寒徒抱分襟之恨全忘秉燭之歡遠林而未有烏啼偏嫌耿耿幽壁而徒聞蛩響頓覺漫漫嗟夫昔每同袍今成兩地既覩物以遐想復支頤而不寐鄰機尚織重增蘇氏之懷詞客猶吟更動江生之思況乎燕宋程遠關山道遙怨復怨兮斯別長莫長乎此宵使人元髮潛變紅顏暗凋杳嚮晨而若

歲嗟達旦以無聊且夫名利猶存津梁未絕苟四方之志斯在則五夜之情徒切然哉吾生既異於匏瓜又安得不傷乎離別

秋夜七里灘聞漁歌賦 以明月白露光陰往來爲韻

七里灘急三秋夜清泊桂棹於遙一作南岸聞漁歌之數聲臨風斷續隔水分明初擊檝以興詞人人駭耳既艤舟而度曲處處含情彤籟微收濃煙乍歇屏開兩面之鏡璧碎中流之月逃名浪跡始蕩槳以徐來咀徵含商俄扣舷而迥發一水喧䬝旁連釣臺羣鳥皆息孤猿罷哀激浪不停高唱而時時過去涼颷暗起清音而一一吹來潺潺兮跳波激射歷歷兮新聲不隔初聞而彌覺神清再聽而惟憂鬢白遠而察也調且異於吳歌近以觀之人又非其郢客杳裊悠揚深山夜長殊採菱於鏡水同鼓枻於滄浪泛濫扁舟逸興無慚於范蠡沈浮芳餌高情不減於嚴光況其岸簇千艘巖森萬樹湍奔如雪之浪衣裛如珠之露寂凝思以側聆悄無言而相顧此時遊子只添岐路之愁何處逸人頓起江湖之趣由是寥亮清潯良宵漸深引鄉淚於天末動離魂於水陰究彼轉喉似感無爲之化察其鼓腹

因知樂業之心既而暗卷纖綸潛收密網灘頭而猶唱殘曲水際而尚聞餘響漁人歌罷兮天已明挂輕帆而俱往

貧賦 以安貧樂道情旨逸然爲韻

有宏節先生棲遲上京每入樵蘇之給長甘藜藿之羹或載渴以載飢未嘗挫念雖無衣而無褐終自怡情其居也滿榻凝塵侵階碧草衡門度日以常掩環堵終年而不掃荒涼三徑重開蔣詡之蹤寂寞一瓢深味顔回之道則有溫足公子繁華少年共造繩樞之所相延甕牖之前但見其緼袍露肘曲突沈煙僮不粒以愁坐馬無芻而困眠俱

曰先生跡似萍泛家如罄懸且何道而自若復何心而宴然先生曰子不聞蜀郡長卿漢朝東郭器雖滌以無媿履任穿而自樂蓋以順理居常冥心處約當年雖則羇旅終歲曾無隕穫又不聞前惟曾子後有袁安或蒸藜而取飽或臥雪以忘寒斯亦性善居易情無怨難不汲汲以苟進豈孜孜而妄干盡能一榮枯齊得失顧終窶以非病縱屢空而何恤是以原憲匡坐而不憂啓期行歌而自逸況乎否窮則泰屈久則伸負薪者榮於漢鬻畚者相於秦更聞楊素之言未能圖富苟有陳平之美安得長貧釁然二子相顧而起乃曰幸承達者之論深見賢哉之旨而今而後方知君子固窮小人窮斯濫矣

魚龍石賦 以一川中石無不似之爲韻

隴山下汧水中有石類魚龍之狀成形匪追琢之功半隱翕淪若噞喁而斯在餘依磧礫將蟠蟄以攸同嘉夫地出貞姿天成詭質雖騎鯨之勢可類而跳獸之規莫匹厥象有二其堅惟一水清見處如欣得水之秋雲起觸時稍叶名雲之日豈非自從凝結有此規模既異織女還非望夫或似罷江湖之游泳又如收雲雨之虛無徒使漁人川上

而幾回顧盻仍令秦氏路旁而終日踟躕蓋以磊磊漸分磷磷酷似溜穿而煦沫無別苔駁而成章可擬曾經飲羽若銜索以斯存或用紀功疑負圖而載止由是密聚鱗次孤標介然設頳尾於五色認胡髯於一拳初驚獺祭於地復謂劍化於川覩岸草以旁生不殊在藻遇春流而乍沒又若潛淵既將轉以揚鬐亦因泐而無首比岫居而苟可於泥蟠兮曷不中猶蘊玉尚含呂望之璜誰取支機已在葉公之牖造化難知雕鐫者誰何莓苔之古色有鱗鬣之奇姿謂湘水之燕且殊寧俟飛也與金華之羊自別何勞

叱之旣表元功永存靈蹟映一水之晴綠對羣峯之暮碧彼結網垂綸之士與攀髯採珠之客或命駕而西遊試迴眸於此石

珠塵賦 以輕細若塵風來遂起爲韻

丹海之濱青珠似塵蓋輕細以無滯遂飛揚而有因或煦或吹自得霏微之象乍明乍滅誰分圓潔之眞稽夫始自水涯俄從風起縈空而燿燿奚匹散彩而冥冥相似又云來或鳥銜積如邱峙半穿圓隙影寒於雲母屏中或委空林一作牀光亂於水晶簾裏徒觀夫的皪晶熒星流雪輕集

素衣而不垢侵曉鏡以逾明落淵容之盤驚炫燿以同色撲江妃之佩訝依微而有聲至如琪樹春歸王樓景霽揉瓊蕊以光碎浮瑣牕而影細闌干輕舉同羅襪之生時璀錯斜飛有歌梁之下勢由是散亂清景光芒碧空昔隱燿於泥沙之地今揚輝乎堀堁之風不逐軒車之後不在京洛之中雨過而光騰鮫室扇迴而影動龍宮如是則可用增山難將彈雀惹晴葉以垂樹間游絲而綴箔自南自北低瑤席以紛然匪疾匪徐拂璇題而炯若見海日方盡陰飈乍迴與白駒而競起將野馬以俱來魏國飛時頓失照車之體陳王望處全無凝榭之猜懿夫朗潔難逾飛騰自遂非罔象之見索異無脛而斯至或曰泰山猶不讓微塵況是珠璣之類

燭籠子賦

器假人舉名因燭彰顧虛薄以中朗亦輝華而外揚銀缸始然俟提攜而就列香塵久暗希拂拭以增光懿夫煥爛潛融周旋宥密含明而每謙清晝處晦而寧欺暗室由是常患影孤終期勢出儻明時而不用在手何年或薄質以見知升堂有日觀乎表裏無隱方圓可分亦猶春晝而花

藏穀霧秋宵而月在羅雲照瓊堵之中雖孤潔以由己置瓊筵之上實高低而在君矧其稟量旣宏爲功亦倍韜光之義可見内熱之情斯在今則抱影求眞虛心有待若此許設於高明亦願發其光彩

綴珠爲燭賦 以有光照夕深宮朗然爲韻

碧雲初合兮金烏已藏深宮欲暝兮歡娛未央因綴明珠之彩將爲列燭之光出寶篋以規圓呈姿璀璨入彫籠而豔發香照熒煌當其竹葉迎昏蘭林向夕司烜氏卻朱火之耀守藏吏進驪龍之魄然後縈纏花抱籠紗霧隔亦猶

燎紅蠟而爇靈麻。可得燒椒房而煥瑤席。風來不動。凝四座之清輝。夜久逾明。貯一堂之虛白。由是價掩聯璐。形疑列錢。誠非其人火曰火。可謂乎自然而然。本出一作自蚌胎。翻爲龍銜於玉宇。從離蛇口。幾驚蛾拂於瓊筵。觀其布質闌干。含輝晃朗。分持而清夜星列。迴舉而寒軒月上。纍纍交映。曾無見跋之嫌。爛爛相鮮。誰起偷光之想。莫不揚彩金屋。增華桂宮。幕以烟綠。布而燄紅。欄檻如曉。杯盤若融。孕美於琉璃窗裏。淪精於雲母屏中。是以名擅夜光。功參庭燎。妍醜無隱。毫芒必照。故得結綠懸黎之寶。不敢稱珍。

龍膏豹髓之燈。於焉寢耀。且飾履者於義尤侈。爲簾者其功未深。曷如做此圓潔。資乎照臨。遂使或怨長宵。得縱秉遊之樂。有居幽室。不生欺暗之心。雖則魚目難儔。金釭非偶。終罹好寶之誚。不免窮奢之詬。燭兮燭兮。儒執智以爲之。視隨侯而何有。

琉璃窗賦（以日爍烟融如無礙隔爲韻）

彼牕牖之麗者。有琉璃之製焉。洞徹而光凝秋水。虛明而色混晴煙。皓月斜臨。陸機之毛髮寒矣。鮮飆如透。滿奮之神容凜然。始夫創奇寶之新規。易疏寮之舊作。龍鱗不足專其瑩。蟬翼安能擬其薄。若乃孕美澄凝。淪精灼爍。棟宇廓以冰耀。房櫳炯其電落。深窺公子。中眠雲母之屏。洞見佳人。外捲水精之箔。表裏玲瓏。霜殘露融。列遠岫以秋綠。入輕霞而晚紅。滿榻琴書。杳若冰壺之內。盈庭花木。依然瑤鏡之中。故得繡戶增光。綺堂生白。覩懸蝨之舊所。疑素蟾之新魄。碧雞毛羽。微微而霧縠旁籠。玉女容華。隱隱而銀河中隔。幾誤梁燕。遙分隙駒。比曲櫺而頓別。想圭竇以終殊。迴以視之。雖皎潔兮斯在。遠而望也。則依微而若無。由是蠅泊如懸。蟲飛無礙。光寒而珠燭相連。影動而瓊英

俯對。不羨石崇之館。樹列珊瑚。豈慚韓嫣之家。牀施玳瑁。如是價重瑣闥。名珍綺疏。徹紗帷而晃朗。連角簟而清虛。倘徵其形。王母之宮可匹。若語其巧。大秦之璧焉如。然而國以奢亡。位由侈失。帝辛爲象箸於前代。令尹惜玉纓於往日。其人可數。其類非一。何用崇瑰寶兮極精奇。置斯窗於宮室。

吞刀吐火賦（以方士有如此之術焉爲韻）

奇幻誰傳。伊人得焉。吞刀之術斯妙。吐火之能又元。嚥卻鋒鋩。不患乎洞胷達腋。噓成豔赫。俄驚其飛燄浮煙。原夫

自天竺來時，當西京暇日。騁不測之神變，有非常之妙術。初呈握內，豈吹毛之銳難親；復指胷中，雖爍石之威可出。於是叱咤神厲，谽谺氣恣。旁駕肩而孰不觀也，忽攘臂而人皆異之。俄而精鋼充腹，熾烈交頤。罔有剖心之患，曾無爛額之疑。寂影滅以光沈，霜鋒盡處；炯霞舒而血噴，朱燄生時。素仞兮倏去於手，紅光兮遽騰其口。始蔑爾以虹藏，竟爗然而電走。隱於笑語，迴看而鞞琫皆空；出自咽喉，旁取而榆檀何有。莫不刻意斯效，焦心已舒。想剛腸之礪，乃驚爍吻以焚如。胡爲引鏡之形，銷於咀嚼；安得燎原之色，

發自吹噓。亦足以道冠幻人，名傾術士。食鐵既可以增媿，噀酒亦宜乎讓美。且夫神仙兮不常，變化兮多方。或漱水而霧合，或吐飯而蜂翔。曾未若彼用解牛，我則虛喉而挫銳；彼皆鑽燧，我則鼓舌以生光。然眩惑如斯，云爲徒耳。雖誇外國之獻，本匪王庭之伎。吾謂吞詞鋒者可尚，吐智燭者爲是。所以安處先生，終去彼而取此。

沈碑賦 以陵谷久遷名績終在爲韻

元凱立功，銘其始終。欲播美於萬年之後，乃沈碑於一水之中。剖彼貞姿，餘烈必期乎不朽；藏斯濬壑，垂名庶及於無窮。豈不樹佐晉之洪勳，立吞吳之巨績。思後世以不顯，俾中心而是惕。將紀乎竹帛，時移則令聞應亡；若銘以盤盂，代異而嘉聲恐寂。然則千古無壞，雙碑可憑。博約之辭既著，雕篆之功亦興。有美皆述，無勞不稱。一則置彼高山，謂高陵爲谷；一則投茲深水，憚深谷爲陵。且言曰：水以柔而虛受，石以堅而可久。雖此隱而彼見，彼若泉而此阜。不知我者，笑淪棄於目前；庶知我焉，諒昭彰於身後。既而憑岸委舉，臨川載傾。逆洪漣而星落，殷白浪以雷聲。始觀其文，徒謂憂於没齒；終窺其理，方知叶於流名。由是影動深

泉，響連通谷。莫不讋波神，駭水族。靈龜將負以股戰，陽侯既覽而心服。盡驚是日，謨墮淚於斯源；卻想他時，閱色絲於誰目。至今五百餘年，英聲自傳。沔水之恩波尚遠，峴山之嵐翠猶鮮。但覺潭邊春盡，而遺芳不歇；更憐川上時移，而茂躅難遷。然則伊尹之作阿衡，姬公之爲太宰。邁古之芳猷克著，迄今而英風未改。是知事若美於一時，語自流乎千載。亦何必矜盛烈，沈豐碑，欲功名之長在。

夢爲魚賦 以故知人生不似魚樂爲韻

梁世子以體道安居，逍遙有餘。宴息而魂交成夢，分明而

身化爲魚恍若有忘顧物我以何異悠然而逝失形骸之所如其初也漏滴寒城月籠涼牖悄爾人靜溘焉夜久於銀屏既設之所是角枕已攲之後遽因神遇能游之質斯成漸覺形遷相望之心曷不是則髣髴川闊依稀浪輕始訝沈浮而在此俄驚鬐鬣以俱生恍兮惚兮豈悟益刀之兆今夕何夕空懷畏網之情由是涵泳無疑噞喁未已值良夜之寂寂泝清波之唯唯腹上之松俯暎在藻雖殊懷中之日旁明銜珠稍似既掉赬尾還張紫鱗維熊維羆而自遠有鱣有鮪以相親沙際禽去汀旁草春遇周公而疑

爲釣叟逢傅說而謂是漁人於時砌竹無風庭梧有露既異爲雲之事空驚徵禹之故翻成浪迹全忘枕上之身卻憶浮生寧異蓮東之趣其夢也何樂如之其覺也何愁若斯復是魚由我變抑當我本魚爲莊生化蝶之言昔時未信公子爲烏之驗今日方知悲夫何事蘧然欲思咸若良由塵世之多故難及深淵之或躍人兮不因一夢之中豈信濠梁之樂

蟭螟巢蚊睫賦 以天壤之間大小殊稟爲韻

萬物生兮巨細相懸蚊之睫兮蟭螟在焉雖受氣以具體亦成形而自天取以比方事著茂先之賦齊其大小理符禦寇之篇眇矣麼蟲生乎積壤名爲造化之內質類希夷之象離婁仰視莫得見其形容師曠俯聽曾未聞乎聲響既而遊元氣入無間就彼蚊而悽宛止其睫以迴環日往月來顧我而因依自得晨趨暮見覺伊而瞬息長閒由是拂背謀安沿眶可賴喜榮乎嚌膚之際懼覆於成雷之會仰觀厥首謂如山嶽之崇旁睨其肩意似叢林之大逼螢火兮豈慮焚其逢聆蠻兮何憚居之每保勁同於枝幹詎知細甚於毫釐未能鵲起安肯蟲疑常笑鷦鷯立彼葦苕

之上寧同元燕集於危幕之時豈比夫蠕動微生蛸飛異稟蠅附尾以非類蝨處頭而殊品言乎蚊也則是睫而可知向彼巢焉乃斯形而因審想夫影與塵混身將道俱察其生而洪纖則別論其分而物我何殊似菌朝生不羨千春之壽如蜩秋起無慚六月之圖悲夫謂無至道者多信有茲蟲者少蓋述齊物之域未遂忘形之表若能效三月以齊心必見斯蟲而不小

江南春賦

麗日遲遲江南春兮春已歸分中元之節候爲下國之芳

菲烟羃歷以堪悲六朝故地景蔥蘢而正媚二月晴暉誰謂建業氣偏句吳地僻年來而和煦先徧寒少而萌芽易坼誠知青律吹南北以無殊爭柰洪流亘東西而是隔當使蘭澤先暖蘋洲早晴薄霧輕籠於鍾阜和風微扇於臺城有地皆秀無枝不榮遠客堪迷朱雀之航頭柳色離人莫聽烏衣之巷裏鶯聲於時衡嶽雁過吳宮燕至高低兮梅嶺殘白邐迤兮楓林列翠幾多嫩綠猶開玉樹之庭無限飄紅競落金蓮之地别有鷗嶼殘照漁家晚烟潮浪渡口蘆筍沙邊野葳蕤而繡合山明媚以屏連蝶影爭飛昔

日吳娃之徑楊花亂撲當年桃葉之船物盛一隅芳連千里闘暄妍於兩岸恨風霜於積水羃羃而雲低茂苑謝客吟多萋萋而草夾秦淮王孫思起或有惜嘉節縱良遊蘭橈錦纜以盈水舞袖歌聲而滿樓誰見其曉色東皋處處農人之苦夕陽南陌家家蠶婦之愁悲夫豔逸無窮歡娛有極齊東昏醉之而失位陳後主迷之而喪國今日并為天下春無江南兮江北

黃鍾宮為律本賦 以究極中和是為天統為韻

王律奚始黃鍾實先潛應仲冬之候仍居大呂之前聲既還宮初協乎八音七始數從推歷終由其兩地參天當其黃帝命官太師授職參六呂以迭用本一陽而立則八風自此以條暢萬物於焉而動植權衡有準知累黍之無差寒暑相生諒循環而不極是知召呂者律為君者宮既從無而入有可原始而要終聲雖發外氣本從中或煦或吹根初九爻而立紀日來月往首十二管以成功懿夫肇啓乾坤潛分節候見歷數以無紊顧萌芽而欲秀革彼應鍾先乎太蔟克諧韶濩惟子野以能知自得厚均匪伶倫而莫究故洪纖溥暢上下無頗騰葭灰而漸散映緹幕以方

多初感於人復京房之姓氏終昏於地成燕谷之陽和俾玉燭以調均與璇璣而錯綜於以宣於四序於以貞乎三統自然功歸不宰理叶無為蓋陰陽之變化信氣序之推移雄鳳鳴而雌鳳應蓋皆類此商為臣而徵為事未足方斯為律之本兮既如彼為天之統兮又如此明廷樂協寧俟於李延年皇上聲為豈慚於夏后氏既而榮發枯槁春流遐邇願一變於寒枝復生成兮若是

馬惜錦障泥賦 以因立路旁愁濡美飾為韻

王武子所馭之駒障泥特殊念美錦以斯製對深泉而不

適拂玉鐙以雙垂常憐煥爛突金羈而屢顧豈忍沾濡始夫駿骨是求奇蹤斯得將以偉革之盛遂備連錢之飾莫不價重千金絲分五色初傾豪貴矜誇之意則多誰謂驊騮顧惜之心亦極觀其蕣菲熒煌霞舒翼張隱映桃花之色鮮明紫貝之章況乎還鄉曾衣照地出光得不春苑閒遊愁露溼於花下長衢載驟恐塵侵於道旁若夫噴玉柳隄揚鞭蘭路通步障以齊美映流蘇而掩嫮瞻前顧後雖無還淖之虞時止時行似有漸車之懼一旦滉漾將涉權奇少留誠淺深之未測眄侍從以如愁頻頓紅纓雖造父

而寧知所以潛憂綠地縱孫陽而莫究其由武子於是探彼柔心察其深旨善知驌驦之欲必爲蒲桃之美令左右以解之果騰驤而濟矣然覆被其身旁迷繡輪夾汗溝而綺麗排畫尾以花新向若輕華煥渡奫淪則王氏櫪中空有代勞之用晉朝書上全無稱德之因懿夫特稟超奇非由服習苟嘶風之性斯惠豈戀主之名空立若論彼滋侈則錦障非所急

迴鴈峯賦 以色峙晴空迴翔此際爲韻

衡嶽雲開見一峯兮秀出崔嵬彼羣雁以遙翥抵重巒而盡迴豈非漸木有程宜從茲而北嚮隨陽既遠不過此以南來觀夫蒼翠遐標嶔岑孤峙輕嵐侵碧落之色斜影染晴江之水彼則俟時而動渺塞外以爰來此惟無得而踰望巖前而載止拂此穹崇歸心忽同遇瀑布而如驚飛嫩映垂藤而若避虛兮絕頂千仞懸崖半空遙觀增逝之姿似隨風退潛究知還之意不爲途窮蓋以應候無差來賓有則斂飄飄之雲翰阻巖巖之黛色亦猶鴝鵒踰淸濟以無因何異鷓鴣度澄江而不得於時洞庭木落雲夢霜晴肅肅方臨於鳥道嗈嗈俄背於猿聲稍類乎王子乘舟已

盡山陰之興曾參命駕因聞勝母之名若夫壁立天南屏開空際信紫閣以難匹何香爐之可媲徒見其似恨山遥如悲迢遞遽旋遵渚之心倏別參雲之勢殊不知識其分而不越守其心而有常若戢藻以咀羨可居彭蠡若浮深而越廣自有瀟湘志在養毛羽違雪霜何集九疑而棲息歷五嶺以翶翔大鵬聞而笑之曰余北海而來南溟是徙高飛而萬里倏忽下視而千峯邐迤嗟乎衡蘆違漠之羣年年至此

芙蓉峯賦 以峯勢孤異前望似之爲韻

疊翠重重數千仞兮峭若芙蓉非華嶽之高掌是衡山之一峯朝日耀而爭鮮嵐光欲拆秋風擊而不落秀色長濃懿乎凝若削成端然傑起雖千尋之直上猶一朶之孤峙聳碧空而出水無別倚斜漢而淩波酷似吐榮發秀非因沼沚之中固蔕深根已在乾坤之裏徒觀夫壁立莖直霞臨彩鮮上下邐迤而九疑失翠旁側參差而五嶺迷煙秋夜彌高宛在金波之側晴光半露遥當玉葉之前似吐江南如開空際高低鬬紫蓋之色向背異香鑪之勢劒雖合質匪三尺之微茁石縱同規殊一拳之瑣細況乎高列五

嶽光留四時名芳熊耳影秀峨嵋然而只可登也誠難採之幾處樓中送目有池塘之景誰家林表凝情忘草樹之姿帳號既同冠形無異對夏雲而競峭映花巖而增嬌遂使娥皇曉望潛憐覆水之規虞帝南巡暗起涉江之思由是楚澤陰遠湘流影孤挺烟蘿之蔥翠寫菡萏之形模本不崩而不騫誰人欲拔若無冬而無夏何代能枯余嘗迥野遥盼晴天遠望見國風隰有之體嘉離騷木末之狀乃曰亦可以獻君王之壽助山河之狀夸娥二子胡不移來與蓮峯而相向

涼風至賦 以律變新秋蕭然遂起爲韻

龍火西流涼風報秋届肅殺而金方氣勁奪赫曦而朱夏威收五夜潛生聞桂枝而騷屑千門溥至覺玉宇以颼飀於時北斗杓移西郊禮畢蓐收行少昊之令夷則代林鍾之律颯爾斯風生乎是日俄而徹鬱蒸揚慘慄減庭草以芳靡掠林梢而聲疾繇是淅瀝晴景浸淫暮天起蘋葉而有準應葭灰而罔愆無近無遠淒然凜然條搖曳於紅梁潛催歸燕乍離披於碧樹漸息鳴蟬然後掃蕩千山蕭條萬里飄爽氣以極目厲秋聲而盈耳恨添壯士朝晴而易

水寒生愁殺騷人落日而洞庭波起但遠戍烟薄遥村杵頻磨玉蟾而月色初瑩泛瑤瑟而商絃乍新虛檻清泠頗愜開襟之子衡門淒緊偏驚無褐之人北牖閒眠西園夜宴紅蕖將碧蕙香減珍簟與纖絺色變張翰庭前暗度正憶鱸魚班姬帳下爰來已悲紈扇故得苦霧晨卷蒸雲晝銷望裏而林端嫋嫋夢餘而窗外蕭蕭悄絲管於上宮陳娥翠斂颭檐楹於華省潘鬢霜凋既而冷遍中原陰生兌位幾人離避暑之所何處軫悲秋之思雖令蛩響東壁鴻辭邊地又安得吹賦客而促征車自是功名之未遂

曲江池賦（以城中人日同集池上爲韻）

帝里佳境。咸京舊池。遠取曲江之號。近侔靈沼之規。東城之瑞日初昇。深涵氣象。南苑之光風纔起。先動淪漪。其地則複道東馳。高亭北立。旁吞杏圃以香滿。前喻雲樓而影入。嘉樹環繞。珍禽霧集。陽和稍近。年年而春色先來。追賞偏多。處處之物華難及。只如二月初晨。沿隄草新。鶯囀而殘風裊霧。魚躍而圓波蕩春。是何玉勒金策。雕軒繡輪。合沓沓。殷殷轔轔。翠亘千家之幄。香凝數里之塵。公子王孫。不羨蘭亭之會。蛾眉蟬鬢。遥疑洛浦之人。是日也。天子降鑾輿。停彩仗。呈丸劍之雜伎。間咸韶之妙唱。帝澤旁流。皇風曲暢。固知軒后。徒遊赤水之湄。何必穆王。遠宴瑤臺之上。復若九月新晴。西風滿城。於時嫩菊金色。深泉鏡清。浮北闕以光定。寫南山而翠橫。有日影雲影。有鳧聲雁聲。懷碧海以欲垂鉤。望金門而思濯纓。或策蹇以長愁。臨川自歎。或揚鞭而半醉。繞岸閒行。是日也。樽俎羅星。簪裾比櫛。云重陽之賜宴。顧多士以咸秩。上延良輔。如臨鳳沼之時。旁立羣公。異在龍山之日。若夫冬則祁寒裂地。夏則晨景燒空。恨良時之共隔。惜幽致以誰同。孰見其冰連岸白。

蓮照沙紅。蒹葭兮葉葉凝雪。楊柳兮枝枝帶風。豈無昆明而在乎畿內。豈無太液而在乎宫中。一則但畜龜龍之瑞。一則猶傳戰伐之功。曷若輪蹄輻湊。貴賤雷同。有以見西都之盛。又以見上國之雄。願千年兮萬歲。長若此以無窮。

水城賦（以有言河伯因作水城爲韻）

呂公子兮誰與營。魚爲庶兮水爲城。雖處至柔之地。還深作固之情。不假人徒。構神功而日就。寧勞版築。疊素浪以雲平。帝始封之於河。爵之爲伯。既奄有其涯涘。遂恢張于基墉。因上善以中抱。若崇墉之外隔。赤魴掉尾。非經谷利之勞。紅鯉暴鰓。似困蒙恬之役。豈不以還茲淼淼。象彼言言。高標貝闕。洞設龍門。於以示神祇之化。於以昭鱗介之尊。霞影晴臨。四面之旌旗火烈。湍聲霧急。一樓之鼙鼓雷喧。彼則險阻可依。此則靈長是託。周圍而一帶斯繞。控引而百川皆作。曉遇撇波之子。稍類登陴。夜聞鼓枻之音。終疑擊柝。莫不外羅蜃蛤。中集黿鼉。蕩蕩而欲吞江漢。沈沈而自恃山河。似慮交侵。益廣容刀之所。如虞勁敵。長流急箭之波。乃與川后爲鄰。陽侯共守。奚鮫室之能匹。信龍宫而是偶。沙留聚沫。豈粉堞之云無。岸轉盤渦。實湯池而自有況乎左負滄海前臨孟津樂毅將攻而莫可魯連欲下以無因測彼淺深豈有不沈之板司其啓閉誰爲堅守之人偉夫勢壓重泉功齊百雉咽喉苟有於九曲襟帶詎雄乎千里雖則都於坎據於水賴吾唐之聖君四郊清矣

多稼如雲賦 以偏野連山如雲委積爲韻

暇日閒望秋田遠分彼盈疇之多稼乃極目以如雲壟隴畝以青連作疑一作凝散漫疊菑畬而綠合長帶氤氳豈不以膏澤調均薰風順適致南畝以豐稔若西郊之重積芒既抽而散紫花已飛而帶白幾多嘉穗高低稍類於垂天

無限芳田遠近有同於抱石旁觀夫曼衍平川綿延大田接層阜而如從岫出極低空而若與天連農夫既愜於望歲野老咸欣其有年滿原隰以蒼蒼遙迷曉霧被溝塍而彧彧常混晴煙有地皆勻無川不徧何秋成之色可羨疑暮斂之容斯見似能扶日帝堯之日上臨如欲隨風后稷之風旁扇故得郵落心泰田家景閒競秀發於郊坰之外同垂陰於疆理之間生因桀溺之耕寧由觸石起自樊遲之學豈肯思山市高下以鮮若纍東西而波委苟含穎以斯在諒無心而若此不稂不莠同玉葉以紛敷彌阜彌岡異奇峯之還迤是知黍翼翼以相雜麥芃芃而不如誠匪揠苗之後猶疑荷鍤之初若昧躬親奚百畝以斯盛將其刈穫獲千箱而有餘且君之寶以穀而爲人之寶惟食是假觀稼盛於五地若雲凝乎四野若不屬此以歌謠終慮取嗤於樵者

武關賦 以海內無事重關不修爲韻

路入商山中橫武關呀重門之固護屹峭壁以孱顏昔在危時屯千夫而莫守今當聖日致一作置一卒以長閑觀乎地勢爭雄山形互對西連蜀漢之險北接崤函之塞鎖百

二都縣幾千代一作載世亂則阨限區宇時清乃通同一作流外內想一作當其六國連謀關防日修則斯地也雲屯貔虎雞鳴將開莫可任公孫之馬白欲度無由洎夫一作及乎塵起雪耀戈矛一誤干戈張儀出以行詐懷王入而竟留縱下客之九州波搖四海秦鹿失而襟帶難保漢龍興而山河詎一作遽改豈料禦衡之所此日全憑未知擊柝之徒當時安在所謂以兵而備之一作者莫之能守以道而居者無得而踰千里之金城湯池終爲漢有二世之土崩魚爛自是秦無今則要害何虞隆平已久雖設險而如在一云雖設險以猶在顧戒

嚴而則不蕭條故一作古壘豈臧文之廢來歷漠一作寂寞空扉似楊僕之移後斯蓋一作蓋以文修武偃國泰時雍濬四溟而作塹廓八極以爲墉遂使鼙鼓無喧一水之秋一作寒聲決決旌旗常卷千巖之暮色重重嗟夫一作乎昔謂洪樞今成隙地信無外以斯見實善閉之猶在一云實善閉之攸至儒有經其所感其事乃曰今朝西去苟一作豈無隨老氏之人他日東來一作還誰是識終童之吏

欽定全唐文卷七百七十一

李商隱一

商隱字義山懷州河內人少爲令狐楚巡官開成二年登進士第會昌二年又以書判拔萃王茂元鎮河陽辟掌書記爲侍御史久不調會鄭亞廉察桂州請爲觀察判官大中初亞貶循州商隱隨赴嶺表三年入爲京兆尹盧宏正掾曹又從爲掌書記補太學博士柳仲郢鎮東蜀辟爲節度判官檢校工部郎中大中末卒

蝨賦

亦氣而孕亦卵而成晨鳧露鵠不知其生汝職惟齧而不善齧回臭而多跖香而絕

蝎賦

夜風索索緣隙憑壁弗聲弗鳴潛此毒蠚厥虎不翅厥牛不齒爾兮何功既角而尾

爲彭陽公興元請尋醫表

臣某言臣聞長育之功允歸於天地疾痛所迫必告於君親是以今月某日竊獻表章上干旒扆備陳舊恙當此頹齡乞解藩維一歸京輦衰羸則甚戰灼猶深臣某中謝臣

早以庸虛久塵恩渥四朝受任二紀叨榮華省黃樞皆驚竊位專征處守每愧非才豈不願竭螻蟻之微生盡桑榆之暮景靡敢言病罔或告勞然事有不可因循力有不堪勉彊苟懷情不盡則事主非忠且漢上雄藩褒中重鎮統臨至廣控壓非輕以臣昔年尚憂不理在臣今日其何敢安亦既揣量豈容緘默固合卽時離鎮隨表歸朝伏料睿慈必從丹款拜親闕而獲伸積戀訪秦醫而冀愈沉痾乞絶之時馳驅未晚臣已決取今月某日離本道東上無任祈恩危迫之至

代彭陽公遺表

臣某言臣聞達士格言以生爲逆旅古者垂訓謂死爲歸人苟得其終何恒于化臣永惟際會獲遇昇平鐘鼎之勲莫彰風露之姿先盡雖無逃大數亦有負清朝今則舉纊陳詞對棺忍死白日無分元夜何長淚兼血垂目與魂斷臣某中謝臣早緣儒學得廁人曹克紹家聲不虧士行詞賦貢名于宗伯書檄應聘于諸侯東汎西浮南登北走時推倚馬人或薦雄西掖承榮得以言之無罪曲臺備位贏明物有其容永謂才難便叨郎選振衣華省歷履名曹高步內庭光揚密命憲宗皇帝以臣行多餘力忠絶它腸進無所因靜以有立過蒙顧問深降褒稱乃于同列之中獨許非常之拜殊恩旣浹當路相排旅翮未高孤根已動河潼爲郡盟津統師溺以待援痿而念起憲宗旁求輔相卽記姓名果遣急徵仍加大用戴君之力雖弱許國之誠在茲實有微衷可裨元化況初誅背叛務活疲羸方伏奏于鳳扆之前忽庇徒于鳥耘之次小吏抵罪邪臣結謀指之有名嘿不得訴空甘罪戾仰托聖明贏得生還幾臨死所其後官移督護四年不謁于承華任改察廉一日蹔留于

分陝欲舉而墜將安更危賴敬宗皇帝纘乃丕圖是思求舊振于洛宅榮彼東門自茲以來敢虛其遇周旋五紀鎮守惟切分憂前後兩歸闕庭皆非久次拙直不同于衆讒毁每集其躬含意未宣救過不暇伏思自長慶厥後開成之前凡幾忝遷昇幾遭退斥若非不欺天地不負君親至於幾微尋合顚隕伏惟皇帝陛下道超覆載仁極照臨旣委鹽鐵又分端揆逮今控壓亦在重鎮陛下之恩微臣何益微臣之節陛下方知興言及斯碎首殊晩然臣從心之年已至致政之禮宜遵尋欲拜章以求歸老伏以諸道節

制頻歲更移其于送迎倒多積累臣在此雖無一毫侵損亦無纖介誅求帑藏甚殷倉儲可羨特緣行李忍過秋冬而江山之氣候難常蒲柳之蕭衰易見自夏則膝脛無力入冬則腸胃不調對冠冕而始訝儻來指墓墳而已知息處今月八日臣已召男國子博士緒左補闕綯左武衛兵曹叅軍綸等示以殁期遺之理命使內則雍和私室外則竭盡公家兼約其送終務遵儉約勿為從容以致慮居至十二日夜有僕夫告臣云大星隕地雅當正室洞照一庭臣即端坐俟時正辭無撓臣之年亦極矣臣之榮亦足矣

以祖以父皆蒙褒寵有弟有子並列班行全腰領以從前人歸體魄以事先帝此不自達誠為甚愚但以將掩泉扃不得重辭雲陛更陳尸諫猶進瞽言雖叫呼而不能豈誠明之敢忘伏惟皇帝陛下春秋鼎盛華夏鏡清是修教化之初當復理安之始然自前年夏秋以來貶譴者至多誅僇者不少伏望普加鴻造稍霽皇威殁者昭雪以雲雷存者沾濡以雨露使五稼嘉熟兆人樂康用臣將盡之苦言慰臣永蟄之幽魄臣某云云臣當道兵馬已差監軍使竇千乘勾當其節度留務差行軍司馬趙褫觀察留務差節度判官杜勝訖有舊規模無新革易悉當輯睦決無諠驚臣心雖澄定氣已危促辭多逾切鳴急更哀升屋而三號豈來赴壑而一去無返忠誠直道竟埋没于外藩腐骨枯骸空歸全于故國迴望昭代無任攀戀永訣之至謹奉表代辭以聞臣某誠號誠咽頓首頓首

為安平公謝除兖海觀察使表

臣某言今月某日中使王士岌至奉宣恩旨改授臣某官并賜臣前件告身一通者寵命天臨恩光春煦兢惶無措抃蹈失容臣某中謝臣幸逢昭代本自諸生文以飾身學

實為己寧韞玉而待賈竊運甓以私勞春闈再中于明經天官一昇於判第階級甚薄際會則多芸閣讐書藍田作吏中間因依知己契濶從軍其後超屬憲司驟登郎署埋輪而出高懸八使之威起草以居遠謝三臺之妙每含香而自歎常襆被而待行伏惟皇帝陛下鈞陶庶彙亭毒萬方憂心同堯好諫若禹東掖垣內封章何有于日閽青瑣門前列位徒參于夕拜擺波濤而鯤鱗纔變望烟霄而鸞翮初高誓將竭誠非敢養望然虛受難處忝據非安忽擁隼旟竟辭龍闕猶賴雲日未遠闕城不遙虔奉國章麤免

官謗豈意便升亞相之班秩復委大藩之廉問魚箋帝語象軸神工拜受而若捧千鈞伏讀而如聽九奏誠雖深于負荷戀實切于違離況曲阜遺封導河舊壤列九州之數帶五岳之雄古爲詩書俎豆之鄉今兼魚鹽兵革之地訓整合資于武幹撫循宜屬于柔良豈伊孱微堪此委寄謹當冰霜勵志金石貫誠駑馬奮十駕之勤鉛刀淬一割之用即以今月二日雪泣西拜星馳東下帝城恩入雖有類于陳咸關外耻居安敢同于楊僕無任瞻天戀闕之至謹附中使某奉表陳謝以聞

爲安平公兗州謝上表

臣某言臣自承明詔移鎭東藩望闕而雪涕以辭戒途而星奔不息即以今月五日到任上訖當時集軍州官吏等宣布皇風闡揚元造歡聲雷動喜氣雲高臣某中謝臣本由儒業獲厠朝榮粤自烏臺至于青瑣累更近地皆奉休期用盡心以書紳長憂福過取知足而銘座敢傲時來旋屬皇帝陛下垂意關城推心甸服俾之防遏兼使緝綏横被天波未移星琯豈期非次忽致殊遷察俗雄藩分榮大憲地濱河濟山奄龜蒙本孔里周封有堯祠舜澤九州之名數甚古三代之禮樂舊傳退省何人合安兹地撫躬而浹背汗下仰恩而溢眥淚流況所部驍雄素兼節制爲於當代便屬文臣畫武聚螢昔惟久事筆硯佩鞬帶鶡今寧能執干戈幸臣前在華州日虔奉詔條克宣戎律檢下而羊無九牧馭黠而犬用左牽用令去任之時大有遮留之請盡三屬縣至萬餘人不放即途皆來卧轍竟稽朝發遂致宵奔請于兹時亦因前政冀漸令蘇息長使謐寧然後遠訪云亭高尋日觀備萬乘登封之所設諸侯朝宿之儀盛禮獲窺微願斯畢過此以往不知所圖無任戴恩隕越之至謹差某官某奉表陳謝以聞

代安平公華州賀聖躬痊復表

臣某言今月某日得本道進奏院報以聖躬痊和右僕射平章事臣涯等奉見聖躬訖社稷殊祥生靈大慶臣忝分朝寄四奉國恩無任抃舞踴躍之至臣聞天普覆也應運而健若龍行日至明焉有時而氣如虹貫伏惟皇帝陛下道超普覆迹邁至明思社稷之靈惟德是輔念蒸黎之廣以位爲憂求衣未明觀書乙夜壽域既臻於躋俗大庭徵闕於怡神是以自北陸送寒暫停禹會及東郊迎氣爰復

堯咨四海方來百辟咸在六幽雷動萬壽山呼惟臣獨以一麾載離雙闕犬馬之微誠徒切鵷鴻之舊列難階提郡印而通宵九驚對使符而一食三起今幸已俗臻殷富年比順成伏惟稍簡萬幾以迎百福託調爕于彼相責綏撫于列藩承九廟之降祥副兆人之允望臣某不勝慺慺慊慊之至謹差某奉表陳賀以聞

代安平公遺表

臣某言臣聞風葉露華榮落之姿何定夏朝冬日短長之數難移臣幸屬昌期謬登貴仕行年五十五歷官二十三

念犬馬之常期死亦非夭奈君親之厚施生以無酬是以時及含珠命餘屬纊心猶向闕手尚封章撫躬而氣息奄然戀主而方寸亂矣臣某中謝臣少而羈[illegible]長乃遭逢常將直道而行實以明經入仕王畿作吏非州府之職徒勞侯國從知媿軍旅之事未學憲宗皇帝謂臣剛决擢以憲司穆宗皇帝謂臣才能登之郎選忝霜威而無所摧拉歷星紀而有忝次躔旋屬皇帝陛下大明御宇至道承乾澄汰之初臣不居有過超擢之際臣獨出常倫高選掖垣嚴覲未效入居瑣闥論駁無聞自去年秋來典河關兼臨甸服惟當靜而阜俗清以繩姦纔致豐穰幸逃譴責豈意陛下謂臣奄有三縣未稱其能謂臣出以一麾未足爲貴爰降綸綍移之藩方錫以海隅與之岳鎮將吾君之驍果萬計使得總齊聯吾君之牧伯三人以居巡屬時雖相羨臣實深憂旣屬聖恩果遭鬼瞰況臣素無微恙未及大年方思高掛鎮魚不然官蠲成陛下比屋可封之化分陛下一夫不獲之憂志願未伸大期俄迫忽至今月十日夜暴染霍亂并兩肋氣注當時檢驗方書煎和藥物百計療理一無痊除至十一日辰時轉加困劇漸不支持想彼孤魂已

游岱岳念茲二豎徒訪秦醫對印執符碎心殞首人之到此命也如何戀深而乏力以言泣盡而無血可繼臣某誠哀誠戀頓首頓首臣當道三軍將士準前使李文悅例差監軍使元順通勾當訖臣與順通近同王事備見公才假之統臨必能和協其團練觀察兩使事差都團練巡官盧涇勾當訖臣亦授之方畧示以規模伏惟聖明不致憂軫臣精神危促言詞失錯行當窮塵埋骨枯木容身螻蟻卜隣烏鳶食祭黃河兩曲長安幾千生入舊關望絕班超之請力封遺奏痛深來歙之辭迴望昭代不勝荒懵眷戀之

至謹差某奉表代辭以聞

爲汝南公華州賀赦表

臣某言伏奉正月九日制書南郊禮畢改元爲某大赦天下者奉郊禋以定天位新歷象以授人時乾健離明震動兌悅跂行喙息罔不慶幸臣某中賀臣聞禋昊天而旅上帝者聖王之重事覃殊休而發大號者哲后之宏猷故必致四圭以達誠制六器而伸敬將崇嚴配必在元旬先之以蒼璧騂牲重之以雲門大呂然後王猶有闕於薦敬爽彼告虔周官三代之文絕而不續漢氏萬靈之位失而莫

尋豈若皇帝陛下以大道遂羣生以至公臨寶祚上苞元象下總皇祇黜幽陟明興廢繼絕靈芝甘露鄙之而不告史官赤雁白麟陋之而不編瑞牒然後因孟月卜上辛率于國南式是歲首且天以陛下爲子故必饗明誠人以陛下爲天故必流睿澤踰千越萬邁五登三何則取直言之科則聽輿論者不足算設宥過之令則除鄉議者未可儔延賞推恩用以勸禦災捍患之士減租退責將以矜火耕水耨之人養庶老頒淖糜暖帛之資走羣望潔刳牲瘞幣之禮古不覩者復覩古不聞者復聞萬蟄蘇而六幽盡開五刃藏而九土咸闢臣當時集軍州官吏等丁寧告示訖况臣嘗備論思獲叨侍從當時仙禁慙視草以無能此日泰壇望給薪而靡及徘徊甸服踴躍關城雖有慶于文明竟無階于奔走司馬談闕陪盛禮没齒難忘蕭望之願立本朝馳魂莫及無任抃舞結戀之至

爲汝南公以妖星見賀德音表

臣某言臣伏奉某月日德音以妖星謫見思答天戒者臣當時集軍州官吏丁寧宣示訖仁深覆載恩極照臨究祖宗之令圖極皇王之盛事圓首方足罔不欣慶臣某中賀

臣聞覆載莫大於天地而升降之氣或不接照臨莫大于日月而薄蝕之度或有差豈惟休咎之徵自是陰陽之事旋觀彗孛載考策書雖欲爲災曷嘗勝德伏惟皇帝陛下荆枝載茂棣蕚重輝既居正以體元亦觀文而察變仰觀星彩稍越天常於是深軫皇情重迴宸眷省躬之懼洞感于幽明及物之恩畢沾于華夏戒田游則成湯祝網之意釋寃滯乃大禹泣辜之慈罷去修營惜漢氏十家之產勸課耘耔復周邦九歲之儲德已厚矣仁已極矣然猶避寢自責撤膳貽憂以此延休何休不至以茲備患何患能爲

足以高步三王平窺百古鞭撻守成之主秕糠中代之君抑臣又聞之昔貞觀之理也太宗文皇帝呑蝗而災沴息泰岱之封也元宗明皇帝露坐而風雨消炯戒猶存神靈未遠陛下永懷貽厥有切欽承爲其所不爲至其所不至佇見地泉流醴天酒凝甘人知朱草之祥家識白麟之瑞又豈芒角足懼晷度可憂者哉臣素乏器能謬當任使東雍西岳雖首化于百城日遠天高但心存于雙闕聽金石而慙殊舞獸無羽翼而恨異冥鴻惟當虔奉詔條須宣德澤成陛下無偏之道畢微臣盡瘁之勤所冀不寘簡書免

拘司敗如其禮樂非臣所能無任感恩戀闕懇悃屏營之至

為汝南公賀彗星不見表

臣某言得本州進奏院狀報今月某日夜彗星不見宰臣某等奉表稱賀請御正殿復常膳者天道甚邇聖心不遐感極而災亦爲祥誠至而妖寧勝德臣某中賀臣聞殷湯以六事責躬止七年之旱宋景以一言修德退三舍之星歷代以來咎徵常有苟君能克己則禍不移人伏惟皇帝陛下寅奉丕圖恭臨大寶遵符列聖酌憲前王昨者天象之間星文稍異載深歸咎爰用覃恩倉箱畢復于九年羅網並開其三面去營繕絕蕩心之巧申冤結除減耳之俘而又正殿不居大庖盡減精誠昭達懇惻數聞芒熖遽銷晷度如舊况曩爾戎羯正犯疆埸載思星見之徵恐是虜亡之兆伏惟稍寬聖慮以擁皇休遵九廟之降祥副兆人之欽屬臣又聞皇王之事天也雖至理之時不遺於憂畏雖至和之氣不忘于將迎是故神農焦勞軒帝顦悴堯既癯瘠舜亦胼胝此四主側身于昔時陛下用心于今日千載符契萬方懷柔臣常忝内朝今居近甸拱辰不及空瞻

北極之尊就日無因忽覺長安之遠惟知忭躍莫可奮飛况時及初正禮當元會華夷畢至玉帛皆陳小國行人外藩下士皆得入趨鳳闕仰望獸樽臣獨限關河坐縈符竹戀既深而詞懇慶已極而涕零無任感恩賀聖鬱戀屏營之至

為汝南公賀元日御正殿受朝賀表

臣某言臣得本州進奏院狀報稱元日皇帝陛下御含元殿受朝賀者上正三辰下臨萬國事雖舉舊命則維新臣某中賀臣聞聖祖垂訓王者處域中之尊公羊紀時春者

為一歲之始載稽故實抑有典章近歲以來此禮多闕或事因惜費或時屬告休伏惟皇帝陛下道被無垠政敷有截全取發生之德無非訢合之仁蒼昊降符黃輿告瑞石碑既見文作太平銀甕旋臻字成萬歲而又憂勤不輟刻責方深精誠旁達于八紘懇惻上通于九廟仙厨撤味獸館休畋遂使化妖宿為壽星變小饑為酺飲慶由聖感令屬神行爰在新正式修闕典彤庭列位丹陛陳儀凝旒而天啟其門服袞而日昇於觀巽風發越解澤滂沱左右賢臣駿奔多士國無諛佞擢靈草而不搖朝絕姦邪儼神羊

而莫動禮成而退物有其容足以光耀瑶圖丹青玉版耀前映後邁五登三臣竊訪碩儒遠徵舊典帝堯華封之祝惟止匹夫神禹塗山之義且非元會然猶堯有多憂之戒禹存後至之誅在和平而尚乖孰歡呼之可致豈與茲日而得同年臣方守河潼正分符竹不獲躬承玉帛首率梯航況又嘗以藝文叨居禁密雖遠離天上猶近關西忭賀空深就望無所心馳紫闥非夢寐而不通魂繞皇闈羨歸飛而莫及無任荷恩祝壽戀闕屏營之至

為京兆公陝州賀南郊赦表

臣某言臣伏奉正月九日制書郊禋禮畢改元為某大赦天下者既事虞郊復新堯歷天潢瀉潤日觀揚輝普天率土罔不慶幸臣某中賀臣聞君人之孝莫大於尊祖王者之敬孰踰于事天故必用因高之儀伸嚴配之禮百神攸序萬靈昭蘇乃可覃殊澤渙大號禮成而德備惠敷而慶宏然而秦尚武功先祈禳之事故柴燎蕭薌未必饗漢稱文物重神仙之道故雲門太蔟未必和既不講于禮官終致譏于儒者伏惟皇帝陛下與春生育並日照臨究三代之質文酌百王之損益定午位卜上辛潔齋之誠先掃除

而遐達孝思之志協氣臭以升聞然後推作解之恩降惟新之令設科以招諫諍宥過以務哀矜已責既恤于三農錄勳無遺于十代頒粟帛而養耆老走牲幣而徧山川舉皇王之廢官盡古今之能事臣當時集軍州官吏丁寧告示訖況臣嘗奉恩光叨居華顯當太史撰日之際猶立漢庭及宗伯相儀之時已辭魏闕怊悵郡印徘徊使車徒深傾藿之誠實積懸匏之歎召公邑內敢思棠樹以追蹤尹喜宅中惟望靈符之復出臣不勝慶幸踴躍之至

為漢陽公陳許謝上表

臣某言。臣伏奉去月八日制書。授臣前件官。臣卽以某月日到任上訖。當時集軍州官吏僧道耆老等。揄揚王化。宣布睿慈。連營咸鼓于巽風。闔境均霑于兌澤。臣某中謝。臣才謝漢飛。義慙燕使。獻書求試。學劍邀勳。大舸千艘。早竊樓船之任。勝兵萬數。晚兼車騎之名。雖任在啟行。而時當柔遠。珠崖銅柱。祇務廉平。麻壘艾亭。莫能恢復。旋屬皇帝陛下荆枝協慶。棣蕚傳輝。臣得先巾墨車。入拜丹陛。蘭臺假號。棘署參榮。奉漢后之園陵。獲申送往。掌周王之廩庾。方切事居。不謂遽董戎旃。還持武節。賜國既高于七命。承

家又慶于重侯。維彼壁田。實聯鼎邑。古之近甸。今也雄藩。想像汝南。星聚而先賢未遠。經過潁上。水濁而強族皆除。況在昔年。常鄰多壘。載睹軍額。深見士心。貴忠孝之兩全。則忠可移孝。正文武之二道。則武可輔文。將謀將領之能。必重英豪之選。豈虞拔擢。乃去孱微。謹當阜俗而必致人和。貞師而不爲兒戲。使流庸自占。驍悍知方。任棠水韲之規。臣當可復。黃霸米鹽之政。臣亦不遺。麤勤報效之資。用贖貪叨之責。奉違軒鏡。幾落堯蓂。比園葵以自傾。晝惟向日。羨海槎之不繫。秋則經天。感激而淚血沾衣。兢憂而汗雨浹背。無任感恩戀闕兢惕屏營之至。

爲濮陽公陳情表

臣某言。臣聞事君以忠者。所宜效死。食君之祿者。亦戒妨賢。苟非內懷私誠。外憂官謗。則安肯固辭武節。強委信圭。拒七命賜國之榮。捨萬里封侯之策。必知不可。安敢無言。臣某中謝。臣因緣代業。遭逢聖時。竊嘗有志四方。不掃一室。奉隨武之家事。無媿陳辭。纂鄧傳之門風。不傷清議。屬者每憂不試。深恥因媒。自薦之書朝投。象魏殊常之澤暮降。芸香其後。契濶星霜。爵離戎旅。從軍王粲。徒感所知。草

檄陳琳。亦常交辟。呂元膺東周保釐之日。李師道天平畔援之時。潛入其徒。盈于留邸。臣此時尚持白簡。猶著青袍。元膺知臣傳劍論兵。本于仁信。佩鞬插羽。亦識孤虛。俾以發姦。假之捕盜。幸無容刄。以及焚巢。旋帶銀章。俄分竹使。隼旟楚峽。出以分憂。熊軾郢城。忽然通貴。豈意復踰五嶺。更授再麾。中間叨相青宮。忝司緹騎。纔通閨籍。又處藩條。越井朝臺。備經艱險。貪泉湞水。益勵平生。是甘馬革之言。常懼武皮之誚。及聖造遠流。南極許拱北辰。黃犢留官。胡牀掛柱。如生羽翼。若出嬰羅。誓以歸彼冗員。處之散地。俄

以朝那闕守。昆壤須人。一去闕庭。五羅寒燠。處京畿五百里之地。控蕃寇數十州之多。提鼓燒烽。增埤濬洫。雖國家遠追上策。不事交爭。然蛇豕難防。犬羊易縱。苟罷嚴徼警。則負約渝盟。臣自受命以來。爲日斯久。未嘗一日不修戰格。未嘗一日不數軍儲。使士有闕心。人無虛額。使之偵候。咸亦聞知。尚未能率厲驍雄。揣摩鋒鏑。遠收麻壘。直取艾亭。成大朝經武之威。畢微臣報主之分。可書竹帛。不辱旂常。蓋以久處炎荒。備薰瘴毒。內搖心力。外耗筋骸。雖馬援據鞍。尚能矍鑠。而班超攬鏡。不覺蕭衰。恐無以早就大功

久當重任。自思已熟。求退爲宜。伏惟皇帝陛下道冠百王。功高三代。照臨若日。覆露如天。況今國不乏人。時稱多士。有才畧在臣之右。齒髮少臣之年。俾代處是邦。遞臨斯位。以之責效。誰曰不然。俾前達後生。皆無蔽滯。由中及外。得以交相。成陛下適時之方。減微臣固寵之責。臣不勝祈恩懇迫之至。謹差某官奉表以聞。

為濮陽公論皇太子表

臣某言。今月某日。得本道進奏院狀報。今月六日。宰臣鄭某等率三省官屬入論皇太子事者。褫魄疆埸。馳魂輦轂。莫知本末。伏用驚惶。臣某中謝。臣聞禮贊元良。易標明兩。是司匕鬯。以奉宗祧。華夏式瞻。邦家大本。自昔質文或異。步驟雖殊。既立之以賢。則輔之有道。北宮養德。東序承榮。務近正人。用光繼體。周則周公爲太傅。太公爲太師。漢則疏氏二賢。商山四老。內揚孝道。外盡忠規。猶在去彼嫌猜。辨其疑似。不由微細。輕致動搖。乃得守三十代之丕圖。延四百年之景祚。著于史冊。煥若丹青。伏惟皇帝陛下道冠百王。功高三古。事窺化本。謀洞幾先。皇太子自正位春坊。傳輝望苑。陛下旁延雋乂。以贊溫文。並學探泉源。氣壓浮

競。嗜魚不進。求玦莫從。有王褒之獻箴。無卞蘭之奏賦。今縱矗乖睿旨。微嫌聖心。當以猶屬妙齡。未加元服。或攜徒御。時縱逸游。樂野夏儲。亦常觀舞。南皮魏副。屢見飛觴。陛下睿發慈仁。殷勤指教。稍踰規戒。即震威靈。雖伐木析薪。必循其理。而逝梁發笱。亦有可虞。抑臣又聞父之於子也。有嚴訓而無責善。君之於臣也。有掩惡而復錄功。故得各務日新。並從夕改。同寘于道。不傷其慈。儻犯在斯。須便遺天性。過當造次。遽抵國章。則以古以今。孰爲令子。在朝在野。誰曰全臣。虛牽復之微言。失不貳之深旨。伏惟陛下俾

覆育于天地霽赫怒于雷霆復許省勵宮闈卑謝師傅賂殊休于列聖慰欽矚于兆人臣才則荒涼志惟朴騃因緣代業叨蒙被官榮竊諸侯之土田領大將之旗鼓當車折檻合首他人瀝膽刺心正當今日而名非朝籍務切軍機道阻且修佇立以泣龍樓獻直戴逵之詞翰莫聞鳳闕拜章張儼之精誠未泯干冒宸極無任隕涕祈恩之至謹遣某官某奉表陳論以聞

為尚書濮陽公涇原讓加兵部尚書表

臣某言今月某日中使某至奉宣恩旨加授臣某官依前

充四鎮北庭行軍兼涇原等州節度營田觀察處置等使散官勳賜如故并賜臣官誥一通者初謂風傳忽從日下怔忪自失忭舞不能臣某中謝臣夙探史冊頗究職官尚書則虞曰納言兵部乃周之司馬是司九法爰統六師歷代以來非賢不處田穰苴之文武始議超居張孺子之尊崇方宜入拜罕有以茲名器遠假藩維況臣識媿通人號非名士芸香補吏方同班固之私循象魏獻書有異東方之自薦因緣蔭第齒列周行乃藉時來不期官達屬者出征海嶠再撫蠻陬獨向一隅遂踰萬里王邵伯之犢生則還官吳隱之之魚食寧去骨贏無悔咎得及旋歸纔望京華又分旄節擁戎馬于涇上獲田穀于回中罷講艨艟學燒熢燧四須堯歷一別漢庭葱嶺猶氈雪山未復拔劍而憤彎弧不平豈謂皇帝陛下收雲中長者之名錄義陽絕域之志甄寬乃聆即議酬勞借寵于總軍分榮于整武前叨末塞後忝轉加紀在綵縢卷之瑤軸然臣退思其所內顧其能貪天之功前經攸戒受爵不讓古人所非富哉是言服之無斁高封大邑君親誠用以推恩銘座循墻臣心詎忘于揣分自昔避乎全盛懼彼高明度其私誠豈徒虛

飾直恐任踰其量事過其涯則鬼亦害盈天能槩滿因循且爾顛覆隨之雖在至愚實知斯義伏惟皇帝陛下溫以煦物暾而燭幽待乞追還使臣寢息嚴命苟臣重憑廟畧纛振兵威少能斷臂扼吭下城徇地此而進律庸敢自媒俟陶侃之書勳方加羽葆待班超之立績始議鼓鼙使遷擢之有章亦望位而相稱臣某不勝志願懇迫之至謹差押衙某官某馳奉恩告陳讓以聞

為濮陽公奉慰皇太子薨表

臣某言今月某日得本道進奏院狀報今月某日以皇太

子奄謝東宮輟今月十三日至來月一日朝參者前星失色少海驚波欷結一人悲纏萬國臣某誠悲誠咽頓首頓首伏以皇太子地當守器賢可承祧金馬銅羊早開正位鸞旌雞戟方慶脩齡豈謂疊屬黃離禍生蒼震宜猷庭內秋冬之學空存博望苑中監撫之儀莫覩伏惟皇帝陛下悼深伊將念切瑤山嗟上賓之不留惜外陽而無驗青宮掩涕元圃酸心臣限守邊隅久違京闕不獲奔走奉慰闕庭無任悲咽惶慕之至

代僕射濮陽公遺表

臣某言臣聞螻蟻知雨雖通感于元天蒲柳望秋必凋華于厚夜況臣攝生寡要將命無方寒暑頻侵精神坐竭竈之傳薪之火餘熠幾何隙無留影之駒殘光即盡叩心戀闕忍死封章叫白日而不回望青天而永訣臣某中謝臣雖忝望族本實將家自先臣出總郊圻遇大國靜無師旅被服元化翺翔盛時遂與季弟參元俱以詞場就貢久而不調因以上書自薦求通于時預試芸香作吏始筮仕于德宗瑞節臨戎復分憂于陛下雖性分有限而忠誠不移固無韓彭爲將之能實慕趙竇散財之義兩踰嶺嶠四建牙旗約已潔身絕甘分少良田五頃慮莫及于子孫厚祿萬鍾惠頗霑于賓客恭承詔命以守藩條而掌事者徒以元和中呂元膺留守東都李師道潛謀洛邑託以郡邸入之甲兵臣當時爲元膺賓僚值師道竊發藍衫不脫竹箭仍持因爲魔兵虜其元帥遂以將材相許戎統見期頡頏退途纂修舊服光陰荏苒遷授頻仍昨者分領許昌兼臨河內當上黨阻兵之始是孽童拒詔之初臣方將奮勵疲駑指揮精銳所冀解鞍赤狄息駕晉城大攘蜂蠆之羣以雪人神之憤自前月某日後軍聲大振賊勢少衰人一其

心士百其勇鷰頷有相曾無定遠之期馬革裹尸實負伏波之願而精誠靡著志望見違援桴之意方堅就木之期俄及忽自今月某日疾生腹臟弊及筋骸藥劑之攻擊愈深神祇之禱祠無益固已騰名鬼錄收氣人寰復然無望於死灰更起難同于仆樹然臣素窺長者曾慕達人省知變化之端麤識死生之理豈其有貪富貴敢冀長延但以未報國恩未誅賊黨視胄長免對弓莫彎思犬馬以自悲悼鐘漏之先迫志有所在傷如之何撫節而乏淚可流伏弢而無血可略臣某中謝其行營三軍已舉牒差某官某

河陽留務差某官某懷州留務差某官某訖並皆授之方畧各有司存竊計旬日必無逗撓臣又伏思任司農大卿之日授忠武統帥之時紫殿承恩彤庭入對躬瞻堯日親沐舜風獲覩陛下神武之姿獲聞陛下憂勤之旨即北藩小寇東土微妖亦何足煩陛下之甲兵污陛下之鈇鑕伏願時推明畧光啟睿圖内則收德裕讓夷紳鉉之嘉謨外則任彥佐元逵宰沔之威力廓清華夏昭薦祖宗然後瘞玉勒成鏤金垂烈臣雖百死復何恨焉臣精爽已虧言辭失次氣無復續蒙以纊而莫勝口不能言飯用貝而何益

故國千里明君萬年永捐覆載之恩長入幽冥之路殘魂不昧雖温序之思歸枯骨有知遇杜回而必亢迴望昭代哀號不能無任荒惘攀戀之至謹奉表代辭以聞

欽定全唐文卷七百七十二

李商隱二

為滎陽公賀老人星見表

臣某言臣得本道進奏院狀報司天監李景亮奏八月六日寅時老人星見於南極其色黄明潤大者聖惟合德神實效祥必垂有爛之文以表無疆之祚臣某中賀臣聞元象示人昊穹疑命曜為經而宿為緯則有常名斗把酒而牛服箱或標虛號未若候時而出有道則彰居五福之先在三辰之列伏惟皇帝陛下昭明老契游泳莊寰式是中

秋呈兹上瑞况見於午位又屬寅時仰考元符乃有深意自南耀彩將宏解慍之心近曉流光欲助無私之日皇心載裕靈鑒孔昭况居率土之濱皆慶後天之壽臣誤蒙重寄實遠清光送元鶯於梁間傷時自切望白榆於天上厥路無由賀聖戀恩無任蹈舞屏營之至

為中丞滎陽公赴桂州至湖南勅書慰諭表

臣某言今月八日宣告使某官某至湖南觀察府賫賜臣勅書一通并慰諭臣所部將吏僧道耆老等乾文昭錫兄澤旁流雖聞訃以銜哀亦感恩而竊忭臣某中謝臣伏聞

積慶太后爰初遘疾皇帝陛下即不視朝慮切宸襟時連燀暑載想大庭之養實懸萬國之心乃運屬歸眞書留具位陛下又能咨宰輔酌中之請稟聖賢推遠之懷始率義以致憂終據經而順變獲情理兼修之旨成古今莫易之文伏讀綸言實榮藩守伏以時逢積水行滯長沙擁阜蓋而久留載青旌而莫濟未獲宣傳童艾號召蠻夷謹具當時宣示所將兵吏及迎候將校訖唯冀下車已後食蘗自規仰憑垂露之文麤守宣風之職臣與將吏等無任感恩望闕屏營之至

爲滎陽公至湖南賀聽政表

臣某言臣得本道進奏院狀報月日宰臣某等懇悃上言請從聽斷特降優旨俯賜依從普天率土莫不慶幸臣某中謝臣聞道唯應變合變則道昭禮貴酌情踰情則禮廢苟非至德曷取大中伏惟皇帝陛下孝德兼躋聖猷允塞日兄稟義邸嫓延恩始自爽和遂停庶政絕臣僚之陛見奉藥膳於宮朝及眞宅言歸寢園將祔喪紀既闋於約禮克奉已布於成規遵大臣陳義之方得王者自家之化臣方叨廉問猶在道塗雖清攬轡之心且阻執圭之覲湘波附奏嶺嶠含誠敢思璣闥之前榮實慕金閨之舊籍無任望闕瞻天結戀屏營之至

爲滎陽公桂州謝上表

臣某言臣奉違禁掖祇役遐陬雖懸就日之誠懼曠宣風之寄柔轡載揚於永路輕舠利濟於大川即以今月九日到任上訖臣某中謝臣系承儒訓生屬昌期初掛弁髦即親筐篚嘉樹無忘於封殖青氊不落於冠偷再擢詞科一登冊府徂遷歲律浮泛軍裝忽影華纓俄列通籍極望郎於南省備給事於左曹中間帖掌臺綱分修國史旋值孽

童拒詔狂虜亂華副中憲以急宣佐維城而遥護晉氏遷延之役絕戎人偵邏之姦敢伐善以攘揄固盡誠於養棟伏惟皇帝陛下武推時夏文號欽明方將虔奉紫泥恭拜青瑣豈意遽分專席叨賜再麾首南服以稱藩控西原而過冦塞帷廉部猶恐墜於斯文橫槊令軍實致憂於不武雖期竭力終懼敗官況俗雜華夷地兼縣道文身椎髻漸尉佗南越之餘叩鼓鳴鐘傳士燮交州之態網踈則魚漏繩急則麏驚欲經緯以合宜顧韋弦而匪易伏願陛下務修儉德廣扇廉風拾翠採珠不勤異物驅犀逐象用示

深仁始於問俗之時便獲稱君之美臣亦當求規水難取戒脂膏冀少息於羣黎庶免拘於司敗三粱路阻九嶠山遥浮江遇楚澤之萍望國隔番禺之桂遐思白鳥鎮颺音於周囿之中遠羨仙蓂永固本於堯階之上無任感恩望闕結戀屏營之至

爲滎陽公賀幽州破奚寇表

臣某言臣得本道進奏官某狀報某月日幽州節度使張仲武奏破奚北部落及諸山奚除舊奚王匿舍朗所管外殺戮首領丁壯老幼并殺戮羊牛焚燒車帳器械等計二

十萬剌史已下面皮一百具耳二百隻奚車五百乘羊一萬口牛一千五百頭者天聲遠疊廟畧遐宣白虜獲于穹臺赤夷浮於燕路臣某中賀臣竊窺舊史逖聽前朝有天子憂邊清宵輟寐將軍出塞白首言歸至乃或勝或奔一彼一此竟困塞邪之柝邪停絶漠之烽猶欲敘烈旂常告功祧廟用其暫勝謂曰難能況幽朔巨都全燕重地薦臻奚寇猾亂華人田豫之護鮮卑莫能深入祭肜之軍遼水惟遣相攻近歲以來爲患滋甚走單于偵邏之路懷騶支漏泄之姦張仲武重感國恩習知邊事同三師而肆楚伻五餌以間戎乘其疊情之時俄得翦除之便燕犀密掛冀馬潛羈超距投石者動過千羣戟手科頭者畧踰萬計坎三鼓而河流自卻聲六校而屋瓦皆飛自是鷃懼喪林兎忙迷穴無舟掬指有地僵尸未驚紫陌之烏前軍已饜不唉淮山之鶴後隊仍窮遂分袁尚之頭顱仍裂蚩尤之肩髀穹廬落燼同甲揚灰山積雲屯大收其車乘角羸耳濕盡獲其牛羊椰水載澄桑河無事爰施吉語入解皇威此皆皇帝陛下功格上元運膺下武授茲成算於彼當仁震肅九圍歡呼萬國昔艱難云始胡塵首起於盧龍今開泰

有期漢將先清於涿鹿人謀允若靈貺昭然固已上慶祖宗下光編簡籙圖洪範競三古之殊尤玉檢金泥有百神之靈祐臣雖當防遏不介邊陲空增氣於懦夫實叨榮於下將日圍千里天蓋九重奉一月之捷書唯知抃蹈獻萬年之壽酒尚隔班行念風水於遐藩寄夢寐於宣室無任望闕結戀之至

爲滎陽公奉慰積慶太后上諡表

臣某言臣得禮部牒奉六月二日敕大行積慶太后册上尊號曰貞獻皇后者慶屬堯門諡遵周道兎罝考義麗館

流輝臣某中謝臣聞刑于寡妻文王之令德恕及邱嫂漢后之深非詩傳所存褒貶斯在伏惟皇帝陛下用周典訓滌漢瑕疵報皇后友愛之仁如文宗引進之念積慶太后始蒙敬養終受崇名掩沙麓以傳祥軼河洲而抒美天長地久式崇清廟之尊奕萬歲千秋永慰光陵之牀帳天下臣子不勝感抃限以守藩江嶺不獲奉慰闕庭無任惶恐屏營之至

爲令狐博士緒補闕綯謝宣祭表

草土臣某言今月某日中使某至奉宣恩旨致祭臣亡父

贈司空臣某者存沒願終哀榮禮備荒迷觸地號叫瞻天臣某中謝臣先臣某生遇昌期早司國柄沒留懿德上惻宸襟特降王人迂臨私第陳其醆斝潔之豆登招遺魂於幽陰旋歸莫睹視殘生於晷刻報效無期臣等無任戴恩荒殞之至謹附中使某奉表陳謝以聞

爲柳州鄭郎中謝上表

臣某言臣伏奉某月日制書授臣某官者卽以今月日到任上訖臣某中謝臣緒承舊族師事通儒萬里成功雖無壯志九夷不陋庶慕前蹤二紀蠻陬三提郡印唯貞若節以奉休辰牙管一雙未嘗闕慮竹書兼兩何敢經懷渭水之陰敝廬斯托每還初服常慊上農今者又卽殊方復臨雜俗固蒙聲教終遠文明謹當宣舉詔書撫安縣道媒官學舍畢納於人倫畜蠱帶牛盡移於地利至於因遐弄法挾遠生情縱漏嚴科必貽陰責山兼象縣江帶龍城撫己跼天敢忘元造舉頭見日何處皇居憑宵夢以銜誠託歸飛而結懇無任瞻天戀闕之至

爲懷州李中丞謝上表

臣某言臣伏奉某月日制書授臣某官者天旨下臨星言

東騖卽以今月某日到任上訖臣某中謝臣聞漢分剌舉之條三河最重唐制郊圻之數二宅惟均況蘇公舊田懷侯故邑太行會險德水通津在申畫之時素爲清地語翁張之勢號曰要區自河上置軍以幕中分理地雖密邇事異躬親伏惟神聖文武至仁大孝皇帝陛下神以運機聖而制變將鎭頑梗更務恢張由是開三壘之新規復數朝之故事喬壇將節重加廉郡之雄皁蓋朱轓各有爲州之貴遥徼三紀間有兩人陶某以吏理當財鄭某以名家正授清塵不遠餘烈猶存頒條之寄繼組爲難若臣者品以

勳昇官由賞達徒慕益恭之美以承猶宥之恩過奬在朝承乏充使將聖代懷柔之德率昆夷畏慕之心萬里以遥三時而復副介不離於痼疾故人免嘆於凋零敢矜跋涉之勞自被生成之賜豈謂皇帝陛下謂能專對遽委牧人仍其栢署之雄賜以竹符之重遂使霍氏固辭之第早建雙旌于公必大之門更屯五馬賢無所象分可自量入祖廟而歔欷瞻父堂而益懼况潞潛逆孽許出全師緊此州兵横制賊境兼聲勢之任有資扉之須謹當懋舉詔書聽求人瘼思理行之第一誠媿昔賢奉忠孝於在三亦惟先

訓苟愆素誓則有神明伏遠雲天已逾旬朔獻封人富壽之祝未卜其時懸子牟江海之思莫知其極無任感恩攀戀闕庭之至

爲河南盧尹賀上尊號表

臣某言臣得本道進奏院狀知宰臣某等奉上尊號以光洪休耀列聖之睿圖表三宫之義訓凡在生物孰不歡心臣某中賀臣聞善言天者必推功於廣覆善言日者必詠德於大明然後物仰元穹人知景曜皇王擬象今古同規伏惟仁聖文武章天成功神德明道大孝皇帝陛下體天垂蔭法日流輝宏上德以纘戎啟下武而膺運頃從臨御旋致治平雨塊風條時推順適苗螟葉蟥坐致銷亡是以銀甕石碑非煙浪井神而告瑞史不絶書且獯鬻爲災周秦乏策金行火運不絶於侵陵瀚海陰山幾渝於約誓而敢乘衰運來犯昌朝陛下乃赫以天威授之宏畧一伐而單于僅免三鼓而貴主來還滅大邦之仇讐攄累聖之忿憤及晉陽逐帥代馬新羈陛下又濬發宸襟委諸廟畫浹辰而前軍就路踰月而元惡膏碪静豐沛之遺疆舉陶唐之故俗蕞爾潞子復生孽童脱縗冀恩上樞拒詔據九折

之險有五州之人藪澤逋逃冀土租税陛下又遠揚神斷深詔徂征合鎮魏之强藩出韓彭之鋭將夷其巢窟去彼根株清明皇之舊宫復金橋之故地曾非曠歲集此丕功固已至化潛融事光于玉版元機獨運理溢于瑶編况又志切希夷道存沖漠慕遺踪于姑射載動堯心思順請于崆峒欲勞軒拜遠揚聖祖載佇神孫俾異法皆祛多門就掩麟殿正元元之座鳳書招黄老之徒將以休有萬齡臨兹兆衆使咸踐壽昌之域俱游富庶之鄉巍乎煥乎盛矣美矣故得人祇協欲華夏均懷願加尊顯之稱以報財成

之美宰臣等果能陳大義允建鴻名伊尹暨湯咸有一德咎繇謨禹克纘九功述盡善於王猷標具美於帝籙南山稱壽北辰降光永終無極之年長奉上清之號臣幸丁昌運方守洛京空深戀闕之誠不在稱觴之列舉頭見日雖悲千里之遥側管窺天且慶百年之幸無任徘徊望闕蹈舞踴躍之至

爲王侍御瓘謝宣弔并賻贈表

草土臣瓘言今月某日某官呂述某官任疇等至奉將聖旨以臣父某官某亡殁賜弔臣等并賻贈臣亡父布帛三

百匹米粟三百石者大夜銜輝窮泉漏澤以隕以越終哀且榮臣某中謝臣先臣某託體元侯榮名任子象賢傳鉞餘力攻書歷七廟而在公秉二道而非墜一昨氛興赤狄兵聚晉城先臣受律臨戎忘家徇衆士卒均食罔愧于前修廓廡散金遠齊乎舊說上憑玉畧下振軍威旬月之間慶捷相繼並親桴三鼓躬運九章如臣弟兄皆冒矢石豈意奇功垂立大願莫從傳食失時衉血成疾奄至凋落長違盛明此皆由臣等抱釁既深就養無素遂延家難仰惻宸襟止偷生于晷刻亦何顔於天地伏惟皇帝陛下悼深撫几悲軫聞鞞降憫惻於上公厚賻禮於遺體昔魏優死事止分食邑之餘漢養孤兒但有羽林之聚方於今日惟媿推恩叫號失容戴履無所軍前結草必自於幽靈石上澆松敢忘於遺訓無任感恩荒殞之至

爲安平公謝端午賜物狀

右今月某日中使某至奉宣恩旨賜臣手詔一通兼前件端午紫衣銀器百索并大將衣者乾文昭融睿賜稠疊恩生望外榮積懼中臣已當時宣布給散訖伏以正陽令月端午佳辰渥澤合止於勳賢錫賚宜先於戚屬臣遠臨東

魯久去上京豈望仁時同躋壽域入行明詔伏讀而不啻千鈞一襲輕衣跪捧而若無三伏況又綵縷出仙蠶之蠒貞金凝姹女之魂持可戒盈帶堪延算豈微臣獨忝在列校不遺華萼成行永願千春而奉聖縣長共保常期五日以霑恩臣與大將等無任感激懇悃之至

爲大夫安平公華州進賀皇躬痊復物狀

右臣聞藩方舊德臣子私懷將稱慶於天朝必展儀于土貢伏惟皇帝陛下道苞乾象德總坤靈肇自元正載康福履九廟不忘于繼志兩宮無闕于問安鼓舞萬靈波濤四

國驗推測則咸如周卜聽祝辭而皆若華封臣坐擁伏熊行驅畫隼值一人之有慶當春日之載陽心但葵傾跡猶匏繫伏蒲之覲謁未果獻芹之誠懇空深況又地邇宸居俗薰儉德更無玉帛以率梯航前件石器等瑞匪土砅珍慚龎磬並取諸地産皆勤以工名茯苓茯神等品載仙經奇標藥錄通靈祛疾不惟色若凝脂延壽安神豈是心如枯木干冒陳進無任兢惶云云

爲安平公兖州奏杜勝等四人充判官狀

杜勝

右件官流慶相門策名詞苑當仁罕讓見義敢爲符彩極高涯涘難挹臣前任已奏爲判官臨事而每見公方與語而每相宏益今臣寄分團結任切訓齊將奉廟謨實在賓彦伏請賜守本官充臣團練判官

趙晳

右件官洛下名生山東茂族仁實堪富天爵極高妙選文場亟仕侯國珪璋特達蘭杜芬馨今臣廉問大藩澄清列部藉其謨畫共讚朝經伏請賜守本官充臣觀察判官

李藩

右件官文囿馳聲賓階擅美口含言瑞身出禮門前任已奏爲判官馭下而和易不流臨事而貞方有執今臣移參國用務切軍需實假平均以同計畫伏請賜守本官充臣觀察支使

盧涇

右件官博涉典經該核流畧自魯壁所壞汲冢之藏三篋能知五車盡究加之文采兼以器能前者爲臣屬寮常在州推獄明斷而不容吏黠哀矜而莫有人寃今者團練之司稽巡是切直思獎效非敢用情伏請依資賜授法官充

臣部團練巡官

以前件狀如前伏以長人者必以吏分勞逸開幕者亦用士爲輕重若不樹人何以報國況臣素無勳效謬竊寵榮至於賢才敢悋筐篚前件官並推賓彦堪贊藩條伏希殊私盡允誠請謹錄奏聞伏聽敕旨

爲安平公赴兖海在道進賀端午馬狀

右臣伏以浴蘭令節採艾嘉辰百辟合祝於堯年萬方宜修於禹貢臣方夙駕之部馳傳出關欲獻琛而未識土宜願祝壽而已悲日遠前件馬伏櫪斯久著鞭亦多麤覺柔

駙未嘗奔逸雖非龍孫驥子遡一舉以絶塵願陪月駟雲螭慶千嘶於扈蹕干冒宸扆無任兢惕之至

爲汝南公賀元日朝會上中書狀

右得本道進奏院狀報今月日皇帝御宣政殿受册尊號爲仁聖文武至神大孝皇帝禮畢御丹鳳樓大赦天下者當時集軍州官吏等丁寧宣示訖鴻名有赫慶澤無偏上光宗廟之明靈下慰蒸黎之欽屬功勞必表逋負咸蠲出縲繫於狴牢復流竄於魑魅撫安鰥寡存省耄期有國之闕政咸修前代之遺文必舉此皆相公富臯夔之事業秉

伊說之材謀協贊神功導宣睿化符瑞沓至天人允咸慶雲非煙浪井不鑿然後率多士陳大儀致君於堯舜之前驅俗於勛軒之上四維仰化萬國承流况某忝典州兵嘗聞廟算雖阻陪班列亦遠接歡呼鳳闕雙標應開天上雞竿百尺想在日邊顧奮飛而不能亦攀望而何及無任抃躍之至

爲侍郎汝南公華州謝加階狀

右臣伏奉今月某日制書加賜臣階朝散大夫者榮從日下恩自天中臣聞周室設官實重大夫之號漢臣異禮則加朝請之名若臣者辨乏談天文非擲地貪叨華寵縣歷光陰當陛下御極之初分陛下憂人之寄金章紫綬已塵求瘼之榮崇級清階更切昇高之望循揣斯久怔忪莫寧惟當勤奉詔條所希蠲贖官謗誠深感勵情切違離犬戀主而空深蚉負山而何力無任感恩望闕結戀屛營之至

爲京兆公乞留瀘州刺史洗宗禮狀

臣得當管瀘州官吏百姓李繼等及瀘州所管五縣百姓張思忠等并羈縻州土刺史韋文賞等狀稱前件官到任已來勵精爲理多方以蘇疲病况郡連戎僰地接巴黔作

業多仰於茗荼務本不同於秀麥宗禮闕十二字貊之邦盧識囷倉之積伏冀宸嚴俯哀縣道特許量留宗禮更一二年

爲濮陽公附送官告申使回狀

右今月某日中使某至奉宣恩旨賜臣前件勅書手詔官告者已准詔旨示軍吏僧道耆老等其官告已差押衙某奉表陳讓訖臣才謝適時知非周物承私門有後之慶當大朝猶宥之恩頡頏漸高騰凌必遠雕蟲可恥揚子雲不以爲文跨馬莫能杜元凱于何稱武遂叨旗鼓及建麾幢南犯瘴烟遠提龍戶西當爟火密控犬戎臨長萬人董齊

千乘可以專殺未嘗負租況又榮假冬卿顯分霜憲軍前列秦時御史幕下辟漢日郎官碧落仰瞻已參星象丹霄迴望了別塵泥滿盈之戒是虞富貴之願斯足而九國未至六戎尚存爾懸藁街阻作飲器礙白環之貢獻隔青鳥之神仙閱軍實而皆裂兵符視戰格而髮衝武弁苟拘司敗已漏嚴科豈可授列五兵任兼八座詔開垂露降自天家中使飛星來從日域紫泥猶濕黃紙未乾宣傳而誰則懦夫感激而孰非死士固不合更稽成命重曠殊恩竊以君人者在度材而命官臣下者宜論功而受賞易憂且乘詩戒斯亡上斁彝倫下招顛隕實關國柄非止臣身是敢輒黷晃旒亟陳章疏言之必可顯孫寧忘於書紳汗出而收漢祖何妨於銷印伏惟皇帝陛下深迴睿鑒曲被鴻慈從國僑讓邑之言獎成季辭卿之志俾無賞疑僭以激當官倘麤得揚威稍能陳力恢復河右收禹貢之地圖蕩定隴西雪皇唐之祖業則亦不敢更辭竹帛復拒鼎彝明神所知丹慊具在臣不勝感恩陳乞悃款屏營之至

為濮陽公奏臨涇平涼等鎮准式十月一日起燒賊路野草狀

右臣當道最近冦戎實多蹊隧每當寒凍須有隄防今變畢秋收未甚霜降井泉不合草木猶滋雖已及時未宜縱火臣已散帖諸鎮訖候皆黃落即議焚除稍越舊規不敢不奏謹錄狀奏

為濮陽公涇原謝冬衣狀

右某月日中使某至奉宣聖旨賜臣及大將兼諸鎮防秋兵馬等前件敕書手詔并冬衣者臣並已准詔旨宣示給散訖恩極解衣榮加降璽戴山未重負日非踰臣謬領藩垣適當戎狄唯憑廟算麤振軍威絕漠獵迴幸無警急高烽火過但報平安直以地勢多陰川形稍背三伏常聞於屏箑九秋尋訝於垂繒代馬蹔嘶隴山無葉燕鴻未過涇水先冰是以每降王臣仍迂御筆緘封垂露寵錫禦冬非玉女裁成即仙人織出徒驚在笥莫匪因鍼始顧孱微深懼不勝冠帶旋裳被服便如能執干戈遍逮軍前歷霑麾下達喜氣而陳根復秀動歡聲而蟄戶潛開華楚成行曳婁塞路其山南宣歙三道大將等雖久居炎燠不慣嚴凝亦既更衣皆忘易地賈餘勇而例思盡敵感鴻私而咸願殺身各限征行不獲陳謝臣與大將等無任瞻天戀闕感

恩屏營之至。

爲濮陽公謝罰俸狀

右臣伏准御史臺牒奉恩旨以臣不先覺察妖賊賀蘭進興等宜罰兩月俸料者。伏以霧市微妖。潢池小寇。有乖先覺。上黷宸聰。昔漢以捕盜不嚴。猶加黜削。晉以發姦無狀。亦峻科條。豈若皇帝陛下恩極好生。德惟宥過。與其漏網。止以罰金。臣與寮屬等無任戴恩宥罪屏營之至。

爲濮陽公陳許舉人自代狀

某官崔蠡

右臣伏准某年月日敕。内外文武上後三日舉一人自代者。臣伏見前件官欒郤舊族。鄒魯名儒。鏡納無私。山高不讓。而又循墻戒切。銘座規深。蘭省辭榮。竹符出守。漢悲來暮。晉有去思。晦而轉彰。免而尤白。既還綸閣。復掌禮闈。人驚吞鳳之才。士切登龍之望。及司版籍。以副地官。比按西羌。孤忠靡失。居然國器。實暎朝倫。今汭水無兵。武昌非險。用爲廉問。尚鬱廟謀。臣所部乃秦韓戰代之鄉。周鄭交圻之邑。軍踰千乘。地控三州。若以代臣。必爲名將。敢希睿澤。曲遂愚衷。俾寬竊位之譏。冀獲進賢之賞。干冒陳薦。無任兢越。謹録奏聞。伏聽勑旨。

爲濮陽公陳許奏韓琮等四人充判官狀

韓琮

右件官早中殊科。榮推雅度。弦柔以直。濟伏而清。頃佐憲臺。且丁家難。當喪而齒未嘗見。既祥而琴不成聲。逮此變除。未蒙抽擢。臣頃居鎭守。琮已列賓僚。謀之既臧。剛亦不吐。願稽中選。榮借外藩。伏請依資賜授憲官。充臣節度判官

段環

右件官言思無邪。學就有道。屢爲從事。常佐正人。加以富有文辭。精於草隸。儻而且檢。通亦不流。臣所部稍遠京都。每繁章奏。敢茲上請。乞以自隨。伏請依資賜授憲官。充臣節度掌書記

裴遼

右件官魯國名儒。鄴鄉右族。松寒更翠。馬老不迷。臣昔忝鑿門。辟爲記室。屬辭而宿構無異。論兵而故技多歸。委以前籌。見其餘地。伏以前任大理評事。已三十三箇月。比於流輩。已是滯淹。伏請特授憲官。充臣觀察支使。

夏侯疃

右件官藏器於身。爲仁由己。齊莊難犯。勁挺不揺。臣任切拊循。務繁稽勾。思留仙尉。以重賓階。伏請依資改授一官。充臣節度巡官。

以前件狀如前。臣四朝受任。三鎭叨榮。慕碣石之築宮。廣延儒雅。效西河之擁篲。樂得賢才。韓琮等並無所因依。不由請託。久諳才地。堪列幕庭。伏希殊私。盡允誠請。謹錄奏聞。伏聽敕旨。

爲滎陽公桂州舉人自代狀　李商隱

某官裴俅

右臣伏准某年某月日敕。內外文武官上後舉一人自代者。伏見前件官耆鄉茂族。洛下名生。處家國以必聞。善兄弟而無瘉。而又南翬輝彩。東箭含筠。身先較藝之場。首出觀光之籍。從外府而允稱賢佐。立中臺而克號清郎。洎時急昌言。官登大諫。揚阜常規於法服。陳羣盡削其封章。實於不咈之朝。能守勿欺之旨。臣所部俗分蠻徼。地控越城。藉威畧以靖封隅。資簡惠而安疲瘵。顧迴殊渥。以授當仁。豈微敬仲之才。兼有伯游之長。俯從牢讓。克免曠官。特冀宸嚴。曲垂矜許。干冒陳請。惶越無任。

爲滎陽公謝除盧副使等官狀

新授某官盧戡　新授某官任繕

右臣得進奏官某狀報。臣所奏盧某等二人。奉某月日敕旨。賜授前件官充職者。臣謬當廉印。合啟幕庭。撫魚單以興懷。懼羖皮之廢禮。盧戡與臣同年登第。少日論交。學富文雄。氣孤志逸。玉清越而爲樂。女舒脫以求媒。實懷難進之規。不起後時之歎。任繕幼學孝悌。潔靜精微。得君子之時中。友鄉人之善者。匪因請託。實自諳知。皇帝陛下俯照遠藩。咸加命秩。南臺貼職。延閣分班。使戡有紆朱之榮。繕無衣白之見。已經聖鑒。可謂國華。冀收覩畫之功。共奉澄清之寄。不勝感恩荷聖之至。

爲滎陽公舉王克明等充縣令主簿狀

以前件狀如前。伏以臣所部控聯谿洞。參錯蠻髦。水接重湖。山當五嶺。縱有天官注擬。多緣地理幽遐。或不出上京。已發徒勞之歎。或蹔來屬邑。即聞歸去之辭。既經久而不謀。亦柔良而曷寄。臣謬膺廉部。慮在曠官。儻旬朔以無言。則賦輿而必闕。前件官或膏粱遺胄。或英俊下寮。雖寓遐陬久從試吏假之銅墨有意於鳴琴委以簿書不羞其棲棘既聞續用合有甄昇一則復遠俗之凋殘一則輕微臣之憂責苟事因請託跡涉貪殘將有負於斯人豈敢逃於舉主伏希早聽咸賜即眞干冒宸嚴無任兢越

爲滎陽公論安南行營將士月糧狀

使當道先准詔發遣行安南行營將士五百人其月糧錢米並當道自般運供送者右臣當道繫勅額兵數只一千五百人内一千人散於西原防遏三百人扭在邕管行營入界内分捉津橋專知鎭戍計其抽用略無孑遺至於堅

守城池備禦倉庫供丞職掌傳遞文書並是當使方圓衣糧招收驅使其安南行營將士皆是勅額外人又當管去安南三千餘里去年五月十五日發遣八月二十日至海門遭惡風漂溺官健一十三人沉失器械一千五百餘事其年十二月六日差綱某等般送醬菜錢米今年五月八日至烏雷又遭颶風打損船三隻沉失米五百餘石見錢九十貫其月十八日至崑崙灘又遭颶風損船一隻沉失米一百五十石至今姜士贇等尚未報到安南臣到任已來爲日雖淺懸軍在遠經費爲虞竊檢尋見在行營將士等從去年六月已後至今年六月已前從發赴安南用夫船程糧及船米賞設并每月醬菜等一年約用錢六千二百六十餘貫米麪等七千四百三十餘石大數雖破上供餘用悉資當府不唯褊匱且以遐遥有搬灘過海之勞多巨浪颶風之患須資便信動失程期臣忝守戎行不勝憂結伏以裴元裕既開邊隙又乏武經抽三道之見兵備一方之致寇曾無戎捷徒曜軍容昔者淮陰驅市井之人尚能破敵晉伯假紀綱之僕亦不常留苟元裕能均食散金絶甘分少便可收功於故校豈資别立於新家側聞容廣

守臣亦欲飛章上請臣緣乍到未敢抗論已牒韋廑李玭并牒元裕請詳物理續具奏聞伏惟皇帝陛下道邁羲勛盛加華夏南蠻以茲脆弱宜慕聲猷伏乞特詔元裕使廣布仁聲遠揚朝旨無邀功以生事勿耗國以進兵庶令此境之人無擁思鄉之念唯茲裁照實屬皇明今前綱姜士贇等沉失至多逗留未達復須遣使以續見糧雖欲無言懼不集事儻未蒙恩允特賜抽還則長慶二年安南有奏請借便當軍糧米五千石經略使王承業請一二年内勸課輸塡頻有文符並未支送伏乞天恩憫其州鄉闕乏哀

以海路漂淪且新疑安南併還欠米庶行營將士等得存宿飽無乏晨炊臣所守藩方粗獲通濟謹錄奏聞伏聽勅
旨

為滎陽公奏請不敘錄將士狀

使當道將士及管內昭賀等州軍士共二千一百二十六人準去年五月五日制敘勳階使司去今年四月二十五日具將士姓名及甲授年月日申省訖右臣當道將士等遠當戎寄式控遐陬乘解愠之和寧親矢石望拱辰之列實隔煙波近者朝廷奄靖北方惟荒東道當陰山之哭虜

靡效纖埃及天井之摧凶不橫寸草徒以皇帝陛下非煙結彩瀼露流光向明纔及於鳳樓布澤遠霑於蠻徼固合同成國慶共稟朝榮伏以當管近無豐年亦經小水海上有分屯之卒邕南有未返之師歎冗食於居人困裹糧於戎士臣初叨廉問方切拊循雖拾綴升階各思受寵而濡毫執簡無以為資仰慮後期敢忘積懼伏見比者諸道有物力未足者聖恩洪貸許且權未敘錄竊緣往例冒此上陳伏冀天慈曲垂矜許臣與將士等無任感激冒昧戰越之至

欽定全唐文卷七百七十三

李商隱三

為滎陽公謝賜冬衣狀

右中使某至奉宣恩旨賜臣冬衣一副大將衣四副兼賜臣手詔一通者八行帝語俯降于重霄一襲天衣俯迴于窮節臣當時準詔給散訖臣叨蒙重寄適控遐陬地雖五鎮之衝氣得四時之正每元冥應律顓頊司辰當二日之鑿氷則殊幽野及兩楹之飛雪無異朔山重以賨布少溫蠻緜乏暖方求麗密以禦嚴凝豈望司服頒衣貴臣傳詔

綾裁飛鶴絮裹仙蠶白分椒壁之光紫奪蘭牙之色已均下將仍逮連營晏子狐裘故弊何彰于國儉王恭鶴氅風流不自于君恩被服有輝負戴無力謹當上宣殊渥下拊多寒均大貂于瑯琊變無襦于蜀郡儻令康泰以塞貪叨臣與大將等無任望闕感恩抃舞屏營之至

為中丞滎陽公謝借飛龍馬送至府界狀

右中使某奉宣恩旨以臣赴任特借飛龍馬一匹并鞭轡等送至京兆府界者臣謬奉恩榮出叨廉問豈期蹇步深軫皇慈特命內臣俾騰上駟梁懸蜀鐙几覆吳鞍每多曳

練之疑不假著鞭之力倏踰秦甸將復周開照地迴光瞻天送影長亭欲別未期東道而來雙闕尚賒顧附北風之思無任感恩戀闕雪涕屏營之至

爲滎陽公端午謝賜物狀

右中使某至奉宣恩旨賜臣端午紫衣一副百索一軸銀器二事大將衣三副并賜臣手詔一通者伏以五神定位祝融司長養之功六律鈞和蕤賓有酬酢之義故節推戴禮日著漢儀彼艾人遠具于歲時角黍近標于風土乃耆舊傳聞之末亦君親慶賜之原伏惟皇帝陛下克協樂章

允符時訓恩霑近戚惠浹元寮臣守介蠻圻程遥鳳闕敢希瘴嶠特降乾文輕縞染衣真金備器海綃掩麗渠盌藏珍拜受若驚跪捧如失常衣國僑之紵被服多慚久攜顔氏之瓢捧持未慣當晝而不假文扇向日而惟宜飲冰况又將以綵絲縈諸畫軸用禳故烝兼續修齡爰自微臣頒流諸校鞠躬被寵全踰錫帶之榮覩物傳輝實動請纓之恩唯當仰成帝力麤舉藩條誓相率於明時庶同登于壽域臣與大將等無任望闕感恩抃舞屏營之至

爲中丞滎陽公赴桂州長樂驛謝敕設餼狀

右今月某日中使某奉宣進止就長樂驛賜臣及將吏等設餼者將承藩寄尚忝朝恩絡繹八珍芬芳九醞臣階緣薄伎塵辱修塗揚執戟之讀書雖無非聖董大中之對策何補清時忽委廉車乍離閶籍誠欣列土實耿辭天然猶食指告祥朶頤有慶爰于近驛式降貴臣酒自堯罇餼分殷鼎下霑將校旁耀路岐况臣平生本實孤賤懷書奉役久無黔突之謀入國展儀且惜殽烝之禮飽期滿腹醉更憂心終虞負乘之災無報雲天之施臣與將吏等無任望闕感恩結戀屏營之至

爲滎陽公進賀正銀狀

伏以運當聖日節在王春近則入金門而排玉堂歡于上壽遠則梯重山而浮漲海務以獻琛臣受國恩深守藩地阻明珠大貝南異于百蠻翠羽犀皮北殊于三楚前件銀出非大冶貨在中金敢以元正式陳方賄望闕憶銀臺之嶠尚隔仙寮瞻天仰銀漢之流莫階霄露馳心獻祝因物達誠干冒宸嚴不任兢越

爲滎陽公赴桂州在道進賀端午銀狀

右臣伏以握丕圖而御物必相見於離推小正以辨時則

盛德在夏。故著爲令節。稽以舊章。通修任土之宜。仰續後天之壽。臣方乘傳置。未至藩維。前件銀巳及中塗。實從前政。拜章獻祝。雖令尹以告新。納貴展儀。欲長府之仍舊。謹以前觀察使楊漢公封印進上。千春屬慶。億載儲休。繫以藩條。闕覲丹墀之下。徵諸貨志。且媿白金爲中。干冒宸嚴。無任兢越。

爲滎陽公進賀壽昌節銀零陵香麂靴竹靴狀

右臣伏聞烈山神井。開農皇降聖之時。南頓嘉禾。茂漢后誕祥之日。伏惟皇帝陛下系傳太素。瑞掩前朝。貢南訛致

育之功。演北極居尊之慶。臣方叨廉察。已去班行。莫階貢重之儀。徒切維祺之禮。前件物等。或潔凝圭錫。芳厠蘭蕪。可傳御器之間。儻助薰風之末。其餘則攻皮合巧。截竹呈能。豈納職于屨人。願永康于天步。干冒陳進。兢越無任。

爲滎陽公進賀冬銀等狀

右臣伏以黃鍾應候。白琯舒和。近訪晉儀。禮同元日。遐觀魯史。事重朔朝。伏惟皇帝陛下與天同休。如日之盛。將融漢道。兼舉周正。臣方駕廉車。闕稱壽酒。心懸土炭。空循太史之書。身遠江湖。徒積子牟之戀。苟無納贐。曷慶履長。前件銀等。稟和于天地之爐。擢粹于神仙之府。豈爲方賄。且自地征。對三品之金。庶陪白璧。厠一九之藥。請瑛元霜。私白身等。雖長在退鄉。而生知望闕。比從訓示。堪備指呼。冀因物以達誠。竊先時而效祝。七百年之卜。願過成周。八千歲爲春。敢徵蒙叟。干冒陳進。兢越無任。

爲懷州刺史舉人自代狀

右臣伏准建中元年正月五日敕。内外文武官到任三日舉一人自代者。臣伏見前件官汾陽啟冑。沙麓遺芳。佩觿之辰。平居不戲。加冠巳後。出言成章。本以詩書。緯有機斷。

奉陰郭之良。蹈御馬鄧之成規。臣與其祖禰以來。蕃宣相接。雲臺高議。同承鐘鼎之餘。麟閣舊圖。共著河山之誓。交深志見。年齊道均。今河内名邦。覃懷巨郡。南蕃鳳闕。平分晉鄭之交。北控羊腸。方有干戈之役。推讓雖循于故事。薦聞實切于私誠。伏乞聖恩。特允臣志。無任感恩推賢之至。謹錄奏聞。伏聽敕旨。

爲尚書渤海公舉人自代狀

某官周墀

右臣伏准某年月日敕。内外文武官上後舉一人自代者。

伏以京邑爲四方之極咸秦乃天下之樞必命英髦以居尹正臣謬蒙抽擢素乏材能將何以風采章臺羽儀華省況又方營咸鎬肇建園陵苟推擇之不先則顛覆而斯在前件官莊栗以裕簡嚴而寬玉無寒溫松有霜雪頃居內署實事文皇引裾而外朝莫知視草而中言罔漏洎分符近甸廉印雄藩不狗物以沽名善推誠而立斷渾若全器宜乎在庭儻召以急宣被之眷渥必能明張條目峻立隄防肅千里之封畿總五都之貨殖軒臺禹穴無虧充奉之儀漢苑秦陵盡絕樵埋之黨特乞俯迴宸斷用授當仁免

今日之叨恩冀他時之上賞干冒陳薦兢越殊深

某官崔龜從

伏以內史故事例帶銀青尹正舊儀平揖令僕必資髦碩方備次遷臣特以鯫儒猥丁昌運位崇八座官紹三王況駕有上僊車當晏出務煩㕔置役重津途儻讓爵之不思則敗官而斯疾前件官判岑挺價赤堇揚鋒稟松筠四序之榮包金石一定之調由中及外自誠而明昨者故鄭利遷朝臺受律隱之清節無媿于投香江革歸貲唯聞于單舸必能集同軌之會奉因山之儀使桴鼓稀鳴建瓴流化

伏乞特迴鳳詔以命龜從成聖朝棫樸之詩滅微臣維鵜之刺干黷旒扆伏用兢惶

爲鹽州刺史奏舉李孚判官狀

某官李孚

右件官克生公族早履宦途器實幹時辯能專對加之夙明韜畧久逐旌旃頃爲知已屈從吏議許文休之流浪萬里非賒王仲宣之播遷三年未遇儉而不懟困且能通雖何恤于無家良可悲其絕藉去歲以維新之命大洽鴻私亦既旋還合從敘用開成五年十一月十三日吏曹已注

右威衛倉曹參軍授官未謝又蒙挾名除替初云牽復仍迫屢空京口劉生方思鵝炙洛陽蘇子已弊貂裘方今崇帝堯敦厚之恩推魏文崇樂之旨豈令棄良材于散地化王孫爲旅人臣素乏器能叨膺任使控綠池之要地守清澤之堅城將以宣布威靈彈壓氛祲苟咨謀失所佐理非林豈惟衂此軍聲兼且傷于朝寄臣深自訐孚實當仁況又得於諸宗且兼通舊諸葛均有因依之分龐士元多鑒裁之恩是敢輒黷宸階乞榮賓席使得盡其風力佐彼邊陲錐處平原之囊必將脫頴劔拭華陰之土龘雪幽沈請

依資賜授一官。充臣防禦判官。干冒宸旒。無任戰越。

為楊贊善奏請東都灑埽狀

右臣先臣贈太保某塋在河南縣界。臣自終喪紀。便參朝倫。三年贊道於宮庭。千里違離於墳墓。竊惟令式。合許芟除。追遠興情。敢希榮于陸煜。報恩未死。寧自誓于義之。伏乞聖慈特從丹懇。

為閑廄使奏判官韓勵改名狀

右前件官名與再從叔故嬀州叅軍自勵向下一字同。伏以韓自勵頃因宦遊。歿于幽朔。羈孤未返。親黨莫知。近始

言歸。因之合族。雖為子之道。則慎更名。于巳孤而諸父之來。固難舉諱于其側。伏請改名融。謹錄奏聞。伏聽勅旨。

為彭陽公上鳳翔李司徒狀

某謬蒙朝委。實異時才。先憂素餐。有負疲俗。司徒道光纂服。功著干城。朝廷慮切河湟。每難節制。非洞知軍志。夙練武經。則無以完輯師人。撫安戎落。自承鎮定。大洽謳謠。雲臺議功。烟閣畫像。必留殊渥。以俟元勳。伏惟為國自愛。某方祇遠役。未獲拜塵。瞻戀之誠。翰墨無喻。到任續更有狀。

為安平公賀皇躬痊復上門下狀

右今月得本州進奏官狀報。今月十二日。皇躬痊復。相公躬率百寮。奉見奉賀訖。伏以聖上祇膺大寶。虔奉睿圖。務此憂勤。稍虧頤攝。相公輔宣元首。翊贊靈猷。戴宗廟之垂休。慰黔黎之允望。金縢玉檢。悉藏請代之書。黃屋丹墀。每進先嘗之藥。至誠斯著。休問旋臻。然後率百辟以雲趨。導九重之日朗。百蠻傾耳。萬國企心。某愧守關河。忝分符竹。不得少塵班列。共展懽呼。對熊軾以自悲。淚如雨墜。望鳳池而結戀。心逐雲飛。無任抃賀攀戀之至。

為汝南公上淮南李相公狀

某初到京。即附狀伏計上達。某幼嘗困學。晚亦獻書。自顧宦途。常依德宇。果蒙陶冶。遂至顯榮。無陸賈籍甚之名。遂王華富貴之願。然實脂膏不潤。冰蘖居懷。頃在藩方。常憂典憲。請田五輩。遠戒于貪夫。投香一斤。近追于廉士。及移邊鄙。屢易星霜。魏尚莫計于收租。李牧不聞于捕虜。獲修覲禮。復忝卿曹。位重大農。榮兼右揆。當金穀之任。為后稷之官。供億既切于堯廚。主掌實關于周庾。諒非巧宦。亦異當仁。相公顧遇特深。音徽遠降。存十年之長。垂一字以褒。雖蕭何之自下。周昌曾難比數。仲尼之兄事子產。莫可等

夷捧緘悸魂伸紙流汗方縈職署獨曠門墻仰望恩輝伏馳魂夢

爲汝南公上淮南李相公狀

伏承恩詔榮徵聖上肇自漢藩顯當殷鼎必先求舊以謹惟新夫昭貴族而理近官爲邦之遠筭險不懟而怨不怒事君之大忠相公受寄累朝允懷明德傅巖克申三命未盡嘉謀晉室更作五軍尚慚多讓喜愠罔形于用捨是非無撓于去留簡素騰輝鍾彝溢美而又志唯逃富道惡多藏闞尹之糗一筐皆因君賜江氏之田半頃豈爲孫謀固

合長在廟庭永光帝載使庶政絶貪婪之患大朝無黨比之憂況今者時逼藏弓禮當輔主元侯功大獨申攀送之哀伯父位尊使率駿奔之列移寒在律鼓物須雷凡在含靈莫不延頸某早蒙恩異獲奉輝光蔣琬牛頭省占佳夢謝安麈尾屢聽清談果得叨忝圭符留連旗鼓捫心自愧没齒難忘竊計軒車已臻伊洛佇見方明展事庭燎陳儀雨將至而柱礎先知風欲來而巢居盡識下情無任欣抃踴躍之至伏惟特賜恩察

爲汝南公上淮南李相公狀

不審自跋涉道路尊體何如伏計不失調護昔周文纘十五王之緒顯正舊邦襄孫總十一德之基方寧故國今惟新之歷始叶卜于姬公作輔之臣又徵言于單子以今況古千載一時某竊思章武皇帝之朝元和六年之事鎮南建議初召羊公征北求人先咨謝傅故得齊剗封豕蔡剔長鯨伏惟相公清白傳資馨香襲慶始自辛卯至于庚申雖號歷四朝而歲纔三紀淮王堂構既高大壯之規漢相家聲復有急徵之詔桂苑之舊賓未老金滕之遺事猶新燮理雖繫于陰陽怵惕固深于霜露且廣陵輿壤江都巨

邦爰在頃時亦經蕪政風移猒劾俗變侵凌家多紛若之巫戶絶孌兮之女相公必寘于理大爲其防鄴中聚河伯之祠蜀郡破水靈之廟然後教之厚俗諭以有行用榛栗棗脩遠父母兄弟隱形吐火知非鬼不祭之文抱布貿絲識爲嫁曰歸之旨化高方岳威動列城陳於太史之詩列在諸侯之史今者重持政柄復注皇情便當佐禹陳謨輔堯考績鄉誅下比朝舉養廉中臺獎杌杜之郎外郡表靳芻之婦然後司成立學謁者求書大講廢官咸修闕政致于仁壽煦以和平凡在生靈孰不欣望某早塵下顧曾奉

指蹤江左單衣每留夢寐柳城素几行覲尊顏伏限守官莫由迎謁空知忭賀不可奮飛下情無任瞻望踴躍之至

爲汝南公與蘄州李郎中狀

某本無宦業過沐朝恩罷護六戎歸塵九署以任兼金穀時逼園陵有媿文親未遑簡問解攜稍久諸趣如何山公醉時謝守吟罷茗芽含露籠簟迎風遠想音容杳動心素惟珍重珍重

爲濮陽公皇太子薨慰宰相狀

右今月日得本道進奏院狀報今月日皇太子奄違儲貳

伏以皇太子道著武闈位高象輅方將傳輝蘭殿積慶桂宮花枕畫幡永綏福履銅扉銀牓克懋溫文豈謂釁結滄雷禍纏重海商山羽翼嗟綺季之俱還緱嶺雲霞與浮邱而莫返相公恩深銘釜地屬持衡攀東序以心傷望春坊而目斷某忝蒙委寄常竊寵榮不獲齒列班行奔波慰敘下情無任悲咽遑迫之至

爲濮陽公官後上中書門下狀

右今月日當道押衙劉石迴伏蒙天恩重賜加授檢校兵部尚書官告不許更陳讓者某幸承餘慶遂會昌期早慕修途獻書試吏晚存遠略傳敘論兵自擁節旄頻移星歲常虞尸曠或抵憂章往在番禺已分風憲及臨安定又假冬卿善政蔑聞奇勳莫建而有不循階陛超授班資且周禮設官邦政莫先乎司馬漢史解詁士貴無過于尚書外顧輩流內量涯分遜而不免居亦何安蔡氏歷遷楊公累代方茲尊顯殊曰寂寥此皆相公假借軍聲贊揚聖澤感而益懼榮以宏憂謹當切誡滿盈遐加率勵古者不辭于三仕必願致身昔人雖取于十官終期無黍纖申報効以謝貪叨苟遺此言是不能享鎮守有限不獲奔走陳謝伏

增惶悚之至

爲濮陽公許州請判官上中書狀

韓琮段環裴蘧夏侯疃右件官等或斷金舊友或傾蓋新知既有藉于賓榮敢自輕于主擇輒以具狀奏請訖伏乞相公曲賚殊恩盡允私懇使免孤鄭驛不辱燕臺謹錄狀上

爲濮陽公上李太尉狀

伏見除書伏承光膺新命伏惟感慰四海事畢兩階遇隆式光謙愨之誠克見隆崇之寵今者長君惟睿元子有文

當深慮之所關必殊勳而是賴山濤則曰禱天下之選張秩則曰用天下之賢西漢之命元成以相門才子東都之昇鄧禹因先帝舊臣休哉二公叶我一德雖曰曠代乃若合符伏惟愼保起居俯鎭風俗俟金縢之有見俾玉鉉之重光某竊憶春初曾蒙簡賜故欲琴樽嵩嶺魚釣平泉豈貪行意之言便阻具瞻之懇伏惟少以家國爲念也方抵藩任未卽門闌攀戀恩光不任輸罄伏惟特賜恩察

爲濮陽公上楊相公狀

伏見今月某日制書伏承相公由大司徒之率屬掌中祕

書之樞務寵延注意榮叶沃心凡備生靈莫非陶冶伊昔帝賚良弼岳降名神夢出傅巖高宗才得于胥靡卜從渭水西伯止逢于釣翁豈若相　公涵泳天池翱翔雲路然後光膺爰立顯副僉諧接庾亮之分曹必資孔演列王濛之對掌宜屬劉惔允契同昇果聞並命祇神塞望華夏式瞻某夙奉恩光今叨任使守朝邪之右地鎭安定之遺封不獲趨賀黑幡拜伏金印空知踴躍莫可奮飛下情云云

爲濮陽公上華州陳相公狀

伏蒙榮賜手筆某揣摩莫効躭翫無闋不過功曹平生素分願爲小相曩昔殊榮而幸遇清朝遂階貴仕玉門關外何成異域之功灞水亭邊徒有舊時之號此皆頃在邊上日相公方調殷鼎正運漢籌不復軍租仍寬虜級已得入叨九扈克罷再麾恩顧未酬音徽仍繼禮踰名品事越等倫望星宿于三台背惟浹汗感春秋之一字心不容銘仰望旌門恨無羽翼下情云云

爲濮陽公上陳相公狀

伏見今月某日制書奉承相公顯由起部光踐黃樞唯彼秦宮必加漢相是能超絕庶尹冠映羣倫昔荀悅榮登止

通左氏張華寵拜空對建章豈若相　公翊贊皇猷發揮清問恥君不及堯舜欲人盡若胥庭式叶具瞻爰從正位馮參帷幄式展于矜嚴杜恕紀綱不資于交援曠百千歲無三四人某忝沐陶甄謬居藩服心懸廊廟同邊馬之嘶鳴身繫節旄羨塞鴻之騫翥無由拜賀伏用兢惶

爲濮陽公上陳相公狀

某少乏能名長無清譽書非十上劍敵一人而命與時偕道將運會南踰祝髮西扼狄鞮分起部而未淹遷司戎而何速飛章雖達丹款尚稽顧此尸承實爲塵忝相　公上宏

信及仰贊恩覃優柔列藩容易好爵得雖有自居亦甚危銘在座隅鏤之心骨唯當策無妄舉令有必行慮以前茅馭之長轡克成戎律以奉廟謨伏惟始終恩察

為濮陽公上陳相公狀

某當道行軍司馬崔瓘朝奏在城今月十七日得狀云今月十二日于太清宮齋宿處獲謁見相公伏承首座相公特論某所請不許吐番交馬事合大體當時魏謩起居備錄其事者伏以本道與鳳翔節制雖殊封疆相接俱當料敵同切成謀曩爾冠戎不循盟誓稽留重使侮易大朝既

以非時又稱繼好深慮得請便有乘機遂敢竊獻情誠屢陳牋疏言雖當病事且侵官加以恩惟方憂罪責不謂相公更因敷奏深賜褒稱使賈誼上書達于天聽山濤立論著在史官榮冠一時名留百古顧茲非望皆有所因仰戴恩輝略踰涯分謹當坐以待旦居無求安墾叔子之田疇修李興之政具忽承後命有以先登麤異驅馳用為報效伏惟始終恩察

為尚書濮陽公賀鄭相公狀

右伏見今月某日制書以相公累請退閑特從休澣式崇階級無廢平章元老道尊必用三王之禮中樞務重猶當五日為期伏惟相公德契昭融言成啟沃太邱家法若守官司京兆門風宜書甲令仰攀日月高拱星辰為堯闢四聰禹來五諫始者以疊生鼎飪禍接藩維前殿朝迴莫收金印凶門師出空委油幢當是非擾攘之間卽內外危疑之際相公克凝庶績顯執大權為易于難制動以靜阜禧斯入無聞鮑永之兵黃閣洞開倒醉曹參之酒然後澄清流品提挈紀綱補吏盡去刻深用人不由黨援咸有一德于今三年深惟逃責之規載切避榮之旨削藁章數免冠

請頻張良却粒之懷錙銖軒冕范蠡扁舟之志夢想江湖異代結交殊時合志果當渥澤爰峻等威祇奉青宮監臨東觀教温文于漢字總端揆于秦官百辟之劍佩以隨六館之生徒是屬手扶帝座身帶天光何澄闕朝寧妨理事杜夷就第無曠執經煥發丹青光昭簡素乾惕無咎謙尊以光某謬奉詔條嘗承廟算敢指蹤而未曾獲兔仰儀刑而徒歎登龍亦冀終遂息肩永當挽帶地遊蒙穀更趨方外之神人洞入華陽猶詔山中之宰相羈牽尚爾抃賀無期瞻望輝光伏增攀戀

爲濮陽公上賓客李相公狀

不審近日尊體何如相公踐履道樞優游天爵功無與讓故勇于退能不自伐故葆其光自罷理陰陽就安調護鳳池來者守咎繇之矢謨難樹後生奉蕭何之畫一用而無喜成則不居求諸古今實煥緗素某早蒙恩顧累忝藩方本冀征軒得由東洛伏以延英奉辭之日宰臣侯對之時止得便奏發期不敢更求枉路限于流例莫獲起居瞻望恩光不任攀戀倘蒙知其丹赤賜以始終則雖間山川若在軒屏伏惟特賜恩察

爲濮陽公上賓客李相公狀

不審近日尊體何如此方地控淮徐氣連荆楚不惟土薄兼亦冬溫維揚居萬國之中得四方之正或聞今歲亦不甚寒相公百祿所綏五福攸集伏料調護常保康寧從古以來大賢所處未有不功高而去德盛而謙以烟水爲歸塗指神仙而投分名高百古事冠一時然而內難外憂不常而起深謀密畫須有所歸則呂望老于渭濱始持兵柄周公還于洛邑復秉國鈞亦不草芥軒車埃塵祿位不關通介葢屬安危相公昔在先朝實康大政當君子信讒之日寘達人大觀之規據梧但歌反袂無歎及爲賓望苑分務洛師徐勉園中唯餘卉木陶公嶺上空有白雲小竹帛之所傳鄙鼎彝而不問夫以行藏定分用捨通方當遭時復生之前立功立業者甚易及受簡被疑之後不怨不怒者至難遠則狼跋胡鴟憂毀室近則越蠡扁舟而獨往漢良却粒以辭榮雖同畏危機亦不得中道伏惟閣輿實冠品流令寶歷既初聖政茲始將安丕祚必屬宗臣凡在隱微莫不祠禱某早蒙獎拔得被寵榮番禺將去之時獲醉上樽之酒許下出征之日猶蒙尺素之書便道是拘登門莫遂向風弭節掩泣裁牋恩恎戀軒不勝丹款伏惟終始恩照謹狀

爲濮陽公與丁學士狀

近頻附狀伏計相次達上自學士罷領南臺復還內署朝委攸重時論愈歸夫一時効功逐惡者鷹隼千年呈瑞應聖者鸞皇擊搏殊能翱翔異品當在紫庭無事應韶濩以來儀豈復白野有求與雲羅而並出唯聽後命爰副具瞻某才謝適時仕無明略久乘亭障長奉鼓鞞猿臂漸衰燕領相誤弊廬仍在白首未歸顧卑壤以興嗟念路歧而增

歎當依餘眷庶慨後圖仰望音徽不勝丹赤

爲濮陽公與度支周侍郎狀

伏見除書伏以小司馬掌邦計伏惟感慰侍郎致君業廣圖國功深頃在內朝則裨大政昭獻御極名高侍從之臣昭肅握圖迹在循良之傳今上講求羣辟深念大藩以自江之西雖豫章爲奥壤而居河之上推白馬爲要津爰陟廉車以登將席長城萬里大國三軍雪諸儒之懦名盡將軍之威令果承紫詔來駕墨車向闕馳心駁廷識貌清秋一鶚碧海孤峯天子動容羣僚服美便合入居台鉉以慰

華夷然以天下之賦輿海內之財幣是資經費宜屬成謀苟失當仁則乖大計故晉室有覈練之乏漢臣興造幣之端是不得人何以爲國仰惟餘地已不同年矧又秩貳夏官任毗司馬昔祈父爪士未有兼官方朔侍郎不聞釐務倚之爲相今也其時某伏限守藩莫由申賀山河百二已抱歸心風水五千况兼離戀瞻望門宇不任懇誠

爲中丞滎陽公桂州上後上中書門下狀

右某自解北闕出守南荒嘗犯露以脂車無侵星而擁棹即以今月日到任上訖桂陽始至荔浦初臨警宵鐘而尚誤晨趨聞暮鼓而由斯夕拜仰瞻鑪冶實隔烟雲唯當恭守詔條欽承廟算寬其竭馬任其鞭羊襦袴麤及于疲人禮樂必資于君子伏惟俯賜恩察

爲滎陽公賀幽州破奚寇上中書狀

右得進奏院狀報幽州張相公大破奚寇斬馘刺史已下並焚燒驅獲車帳器械牛羊等伏以近歲以來北番微擾奚寇恣其狗盜頗復鴟張相公鈞格傳能崆峒禀氣克揚戎略式靖邦讐始用火攻未加湯沃剌雎盱之面貫聾瞶之耳帳幕如掃干矛盡燔聚輪轂于戍樓出羊牛于塞草

此皆相公授其軍令雄此邊聲顧崇九伐之威且舉一隅而示昔越平吳國實立賀臺楚勝晉軍將爲京觀固不可銘山示績畫閣傳勳盡良相之廟謀豈將軍之天幸某謬掌任使竊慶翦除伏限守藩闕陪賀列無任抃躍攀戀之至

爲滎陽公請不敘將士上中書狀

右某當管將士本一千五百人有北境兩度行營有西京十鎮防戍既部伍皆更招收數額則轉增加糧料不經申破留州自備累政相成况近年不甚登穰亦經水潦挐舟

負弩尚嘆于征途稽穀神叢未豐于下舍今縱仰承渥澤合進勳階將徵簡禮之資盡有橐裝之許雖祁寒暑雨小民不識于天時而露冕褰帷長吏合宣其人願輒以具狀奏聞訖伏乞相公俯推近例許且權停于冒尊嚴無任戰灼之至

為滎陽公謝集賢韋相公狀

花犀腰帶一條右伏蒙仁恩俯寵行邁駭鷄等貴畫隼增輝徒勤萬里之肺肝愧乏十圍之腰腹仰從台衮來飾藩垣縱拜賜而有期懼立朝而無取謹依處分捧領訖下情

無任戴荷之至

為滎陽公上集賢韋相公狀

某行役以今月二十八日達潭州訖橐裝簡薄賓御單輕但承霖雨之功免值風波之阻計塗非遠到任有期方積懼于貪叨豈暇懷于敵處當道適臨遐徼奉遠宸居輒亦導以簡書頒之詔旨省迎新之費謀卽舊而安匪務先聲實行素志其于脂膏有戒氷蘖自覘不唯稟以廟謀固欲誓于神道冀傾駑蹇用副恩憐苟渝斯言是不能享伏惟終賜恩察俯揚征棹仰望台庭敢階開閤之賓唯羨吐茵之吏下情無任結戀感激之至

為滎陽公上集賢韋相公狀

某素乏異能驟蒙殊寵實幸藩宣之日得承陶冶之餘不敢遑安以須至止卽以今月某日到任上訖數屬城之地半雜遠夷稽守器之人多非命士雖欲釐修理行終憂不致殊尤唯當惠撫疲甿智籠獷俗則蒲盧之善養冀桑椹以懷音兼宏獄市之覘以奉巖廊之化伏惟特賜恩察

為滎陽公上集賢韋相公狀

伏見制書伏承加集賢殿大學士恩極台階榮兼秘殿通

鳳池于冊府擢雞樹于書林中外具瞻遐邇增慰相公黃中稟氣素尚資仁片玉一枝巳光于昔日前籌五鼎果慶于茲辰況又高步瀛洲領官仙掖佇見亡書必復墜簡重編使三千之徒並受其義俾百家之說各有所安芟翦繁蕪整綴差謬某早承重奬今守遐藩雖榮廉問之權實羨校讐之吏仰瞻門闥俯抱肺肝陳賀末由伏深感戀

為滎陽公上宏文崔相公狀

某行役以今月二十八日達潭州訖波恬風止帆駛舟輕遠承般檝之餘利濟熊湘之水況茲樂土嘗扇仁風式訪

顛毛。兼詢慰樹。吏皆攀轅之士。民皆遮道之人。縣以歲時。深在肌骨。何武以兖州之政。黃霸以潁川之能。或入作尹京。或登爲國相。向若非相公清門重德。士範詞宗。則安能俾兖潁之佳聲。兼何黃之盛拜。況運當惟睿。聽屬虛襟。仰贊治平。固在朞月。伏惟善保尊體。以副沃心。某實乏異能。叨當問俗。未識褰帷之後。何酬大冶之恩。唯當務以躬親。蠲其疾瘼。頒宣詔旨。諮稟廟謨。冀免尤違。庶可避辟。伏惟遠賜恩察。

爲滎陽公上宏文崔相公狀

伏見制書。伏承天恩榮加崇文館大學士。某竊尋舊史。常仰清門。魏齊以來。閥閱相繼。皆當代才子。翰林主人。相公傳慶降祥。重規疊矩。漢籌殷鼎。已慶于台階。玉軸芸籤。重光于冊府。仰惟成命。實屬當仁。某過沐恩光。末由陳賀。感激瞻戀。不任下情。

爲滎陽公上宏文崔相公狀

得進奏院狀報。伏承尊達上京。賢相還朝。元侯入覲。皇闈曉闢。朱旗將金印同歸。碧落宵清。台座與將星俱耀。事光聞聽。道合休明。況相公瑞玉揚輝。貞金抱質。冠明舜日。袖舉堯風。挺山立之奇姿。參鼎角之殊相。固已表儀朝列。傾注宸襟。鳳澡刷其前池。鸞翺翔于故閣。淺深魏邴。陟降蕭曹。凡在含靈。莫不增抃。況某忝當寵寄。曾奉恩光。伏想嚴道來儀。方明展事。漢營前箸。張子房不讓成功。齊井新柴。管敬仲豈辭殊禮。限縈廉察。闕備班行。且未卜於登門。徒有賀於華國。抃躍攀戀。伏深下情。

爲滎陽公上河中崔相公狀

某因緣薄伎。獲奉休期。左掖中臺。已踰厥任。廉車憲印。轉過其林。即以今月七日赴任。相公早於寮故。俯察孤愚。寄

以夙期。霑之好款。今者辭違稍遠。拜謁末由。捨魯首燕。不勝私戀。河中帶朔方之兵甲。爲皇都之股肱。竊思宸襟。嘗注碩德。下車數化。期月有成。則必復還廟堂。重執時柄。雖欲固讓。如蒼生何。伏惟俯爲明時。善加保重。到任當差專使起居。諸續陳啟。

爲滎陽公上河中崔相公狀

天恩刑部相公登庸。伏惟感慰。刑部相公盛烏衣之遊。相公稟青雲之秀。更歷股肱之郡。咸登鼎鼐之司。凡在生靈。不任欣慶。昔疏廣家榮兩傅。止當儲護之朝。王儉門有二

台不在休明之運將煩擬議又豈同塗某方守藩條闕陪賀客唯願壽昌姜姓恢大崔門永令阮巷之間迭奉堯階之化伏惟特賜恩察

欽定全唐文卷七百七十四

李商隱　四

爲滎陽公上僕射崔相公狀

伏見除書伏承新命相公廟鼎調味戎麾著功佩印來歸執圭入覲朱暉黃髮尹勳清操想名氏而疑古儼風容而在今固合重處化源再毗昌運而道唯養退志在遠權慮不節以成嗟恐知進而無亢飡鋪典訓寢興儁賢堅拒注懷退守師長然竊惟故實式見優崇胡廣五遷方膺此寵荀顗四讓始受今榮皆名絕品流事高銓攝伏想當仁有

裕得請爲娛從容於鳳池雞樹之間焜燿以蒼玉皁襜之飾雅稱鎮物孤風動人凡在含靈孰不仰止某早承重顧今守遐方唯嘆羈留莫伸抃賀望蘭臺之秘邃天上人間附桂水之平生一日千里攀戀之至無任下情伏惟俯賜恩察

爲滎陽公上僕射崔相公狀

某以今月九日到任上訖疆分楚越民雜華夷殫獷俗巫風帶三居五宅須條之寄稱職爲難伏幸過潭州日得與輿人詠我台座閒寇恂之理行窺樊仲之官司誓欲拔拂

仁風。禱祈膏雨。麤師遺愛。俯惠疲甿。伏料清光。必亮丹款。至於酌泉投香之戒。飲冰食蘗之規。實惟素誠。敢有貳事。伏惟特賜恩察。

爲滎陽公上史館白相公狀

某行役以今月二十八日達潭州訖。輕帆直渡。長檝橫飛。仰承金鉉之恩輝。幸免石郵之留滯。但以素無勳效。謬奉寵榮。俯憂攬轡之時。有辱洪鑪之賜。然亦欲簡惠以臨雜俗。誠明以待遠人。秉王符麴豉之規。略王霸米鹽之政。使疲羸措手。頑梗革心。伏見恩制。伏承相公因緣新壓懇讓

兼榮。仰讀綸言。實光鼎味。凡在生植。孰不歎呼。昔齊氏主盟。亦分三鼓。晉人興讓。遂立五軍。彼皆列國之僚。尚煥素臣之史。豈若相公顯夫睿哲。克致昇平。當注意於作相之時。盍同心於官僚之事。況典冊之任。古今所難。繫百代之觀瞻。垂一王之楷法。固在專修凡例。謹授諸儒。則麟殿刪儀。瀛洲集論。校其輕重。良有等夷。將令能業其官。必在各司其局。某早蒙榮顧。遙奉休聲。徒勤仗節之心。未有望塵之路。抃賀之外。結戀伏增。

爲滎陽公上史館白相公狀

不審自經哀苦。尊體如何。王丞相之還臺。不無深感。潘黃門之歸路。諒有餘悲。然訪以元言。推之大觀。苟陶埏於莊惠。豈帶芥於彭殤。伏惟上答皇私。下裁沈痛。俯安寢膳。以定樞機。不以鍾情。或虧常理。東門吳向無之說。則近傷慈。魏陽元自損之言。實存深旨。某早承恩顧。方此睽離。憂望之誠。頃刻無喻。伏惟俯收卑款。以慰遐藩下情云云。

爲滎陽公上史館白相公狀

以今月九日到任上訖。地當嶺首。封接蠻陬。猿飲鳥言。罕覩政令。銀簪銅鐫。本主羈縻。實憂下才。無以布政。唯當推

誠處物。潔已臨人。畏楊震之四知。從士伯之三務。所冀麤攀方國。無失賦輿。然後宣布朝經。闡揚廟算。設學舍媒官之令。峻頑人罷女之科。仰奉恩知。敢同荒墮。伏惟特賜恩察。

爲滎陽公上門下李相公狀

某行李今月二十八日已達潭州訖。某曾無材術。謬忝恩榮。雖曰小藩。且兼雜俗。處物斯至。撫躬不任。昨者迎迓之初。麤停浮費。至止之後。務扇仁風。苟或滿假。爲心墮偷在念。豈爲顯責。當道幽誅。伏計亦賜信察。南郡旬時。方集水

瀠重湖吞吐。實亞滄溟未濟之間。臨深是懼。及揚帆鼓枻。則浪靜風和。不昤行路之難。乃仗濟川之便。儻聞見之下。指教所存。苟可輕其悔尤。敢不聳於諮稟。伏惟特賜留念。

爲滎陽公上門下李相公狀

某以今月某日到任上訖。漢縣舊封。越城遐嶠。夷貊半參於編戶。賦輿全視于奥區。不知疎蕪。曷處盤錯。唯當仰承指訓。俯事躬親。合農功於國僑。思馬志於文子。冀申豪髮。用贖簡書。至於生事沽名。迷方改務。實於他日。則已誓心。庶遵丙吉之規。稍厲賈琮之志。伏惟特賜恩察。

爲滎陽公上門下李相公狀

伏見恩制。伏承屢貢昌言。請均兼職。副天道福謙之旨。遵元元象易之文。果降絲綸。式光鈞軸。永言欣荷。難以鋪陳。且詩戒從事獨賢。傳美同班相邺。知者甚衆。行之實難。苟未研味道樞。探詳物理。則安得盡賢哲之至賾。合經典之大猷。凡在含生。罕不伏義。況朝廷道先報本。業重承祧。必用親賢。以奉宮廟。若華委照。仙李垂陰。恢大君無忝之功。稟聖祖永存之慶。某早蒙恩異。雖遠拜辭。擊節鸞風。撫牀竊抃。末由陳賀。攀戀伏深。

爲滎陽公上荆南鄭相公狀

某謬蒙恩渥。寄以察廉。退省庸虛。實深兢惕。伏幸塗經荆楚。行拜旌麾。冀於侍讌之餘。得受發蒙之教。即以今月七日赴任桂林。不唯雜俗。實介遐荒。然處於上游。嘗是重德餘波所及。孔道是因。麤仰仁聲。必康疲俗。況某早緣宗族。辱奉恩知。便路起居。率誠諮稟。庶常祗佩。用免悔尤。慰忭之深。先積卑懇。上路後續更有狀。伏惟照察。

爲滎陽公謝荆南鄭相公狀

伏蒙仁恩。賜及銀器綾紗茶藥等。某雖征途遐嶠。亦守小藩。

就道已備資糧。到鎮麤有俸入。實無闕乏。可軫恩憐。方幸經途。得遂拜覲。稟同姓異殊之禮。展小國事大之儀。實好頻仍。言教懇至。長途方卽。厚賜仍加。俯稽推讓之誠。益重違離之戀。謹依榮示。別教捧領訖。下情云云。

爲滎陽公上荆南鄭相公狀

不審近日尊體何如。道濟明時。德彰暗室。固已神祇薦祉。寒暑均和。竊料寢興。常保休祐。下情無任忭慰之誠。近者上臺出爲外相。伏思元老。已注宸心。況十叔相公師律克貞。功成允懋。運籌調鼎。已著於他年。反風起禾。更在於今日不唯宗族實係蒸黎伏爲俯爲休明善加頤養某實無材術叨處察廉唯當覲奉上游因依下顧庶將兢惕以免悔尤尋欲慎擇時才式將好幣屬楚南越北苦異繁華捆載橐裝更無珍妙又虞菲薄以辱藩條覼冒之誠陳喻無所李支使商隱雖非上介曾受殊恩常願拜叔子於荊州更諮魯史謁季良於南郡重議齊論抒其投迹之心遂委行人之任其他誠款附以諮申伏惟俯賜恩察

為滎陽公上淮南李相公狀

某素無材術謬竊寵榮論駁靡效於掖垣廉問更叨於藩服此皆相公十一丈早迴掄覽曲賜丹青知其平生未始鄰曲振毛羽於衝風之末脫氛埃於剛氣之中雖曰至愚實佩嘉貺即以今月七日赴任瞻戀旌旆徘徊路岐杳然向風魂動心至相公十一丈早參大政克建殊勳成則不居惕而無咎然今茲昌運實屬長君優游雖縱於宗臣融冶必資於宰匠竊計明臺衡室已懸夢思豈復龍節霓旌可淹偃息伏惟特加寢膳以副禱祠歸奉休期遠登壽域內修百職外庇庶藩則某雖僻在遐方仰違德宇片心朽質萬里不孤特希終始恩亮到任即差專使起居諸續陳

啓謹狀

為滎陽公賀幽州張相公狀

得本道進奏院狀報相公親鼓上軍大破奚寇威加元朔慶動紫宸凡在生靈莫不欣快伏以北邊諸虜最強者奚車帳既雜於華風弓戟頗窺於漢制馬牛銜尾羔駱交驂朝廷常壓以雄軍處之重將訪於耆舊不絕侵漁相公太白傳精雷泉稟氣黃公授略元女與符綦連四弓常推其百勝蘭子七劍不顧於萬人建牙旗而草樹分形橫琱戈而烟雲斂氣而又以功勳任己感激事君每雪涕以論兵顧風驅而掃寇永言異類曾不畏威或獸搏於桑河或鴟張於遼水彼專其暴我務於仁彼輕進以易奔我薄威而養銳待人百其勇士一其心然後分命驍雄尅期討伐珍國見賊唯懼其少韓信用士每辦於多一麾而大野朝昏再鼓而窮荒晝赤朱旗喪斧逸馬迷輪耳盡貫而無所伏聽面皆夷而不容泥首熸焚殆盡孳息全空向若非動有成謀舉無遺算以廟堂之決勝佐沙漠之橫行則何以致此一朝平其積患昔漢時驍將多以後期周室虎臣唯稱薄伐比於今日詎可同年某嘗讀兵書誤兼文律馬援聚

來會或留心奚反持矛未至無力遠廉嶺表遐仰邊功闕申賀於行臺空抒懷於尺牘執筆撫劒欣慕無任伏惟俯賜照察

為滎陽公上西川李相公狀

伏見除書伏承新命某竊惟故事頗服前言令王之守四海也尊胥附之友立禦侮之臣周室之均五等也命晉楚更盟俾周召分理必配之重德倚以奧區然後可以祗承大君表率羣辟今中秘黃門之重胥禦之所處也井絡廣陵之大侯伯之所分也本以英靈烜之事任猶在神明所

祐禱祝有成苟非上林曷處斯寄伏惟相公指南儒術華蓋詞林擅揚馬之文章富伊皐之業望自顯扶皇極允踐台階不如蕭何見漢祖之高論以告仲父識齊桓之格言故得四翟八蠻九流萬國波恬巨浸草偃高風而又成則不居亢而知退雖延睿想終協元機況井鬼分疆岷峨會險殷富則銅山丹穴精靈則雁水犀津池留萬歲之名橋有七星之號碧雞使者部下時來白鳳詞人座中常滿以功成名遂之日處既富且貴之尊意氣良辰優游豐福為古今之圭表兼將相之安危訪於前修無以擬議某早承顧念曾被陶埏今者五嶺之衝再麾是守灌漏危而填巨壑尚隔盃盤朝白帝而暮江陵空吟風水感知懷戀無喻下情更須旬月遣專使起居伏惟俯賜照察

為滎陽公上西川張相公狀

不審近日尊體何如玉壘延清錦城致爽伏料撫寧多暇福祐來成相公白琯正音黃夔重器道既著於燮理績復彰於旬宣方今化切修文時當偃伯必資元老以冠庶僚雖羽儀未集於方明而夢想固通於中夕佇見坤維返駕宣室虛襟更躋湯禹之姿重講胥庭之化訪諸動植望在

旬時況某仰奉恩知獲階廉問既殊常品實倍私懷赴任有程瞻風未卜結款詞誠依仁路睽冀申毫髮之功永奉陶甄之賜即以今月七日進發到府續差專使起居伏惟恩察

為滎陽公賀牛相公狀

伏見除書伏承遷寵相公允膺四輔光贊六朝靜則龍蟄存神在一水而無悶動則鳳翔覽德自千仞以來儀雖世塗則有汙隆而吾道終無消長憶昨蹔非利往遠適荒陬仲尼之不陋九夷子文之能安三已永言闕闕實冠品流

今者復自衡陽去臨汝水以舊丞相兼老成人竊計中塗即有新命俯移高尚還處燮和欲將不爲蒼生其若仰孤清廟某昨者幸因行役得奉輝光伏蒙賜以從容降之談吐語百代之損益定九流之否臧調以道心附之禪理始知全德不可度思此時退以語人便將心卜恐未可絕張良之粒具范蠡之舟今則果然不差懸料伏望遠離下土促動前騶復昔日之九遷慰今晨之四海某限當廉察未冀趨承於抃賀而則深顧辭離而漸遠南荒受任方榮便道而來東閣重開畏在他人之後瞻戀思顧不任下情伏

惟俯賜照察

爲滎陽公賀牛相公狀

相公才爲時生道應夢得六月一息宜濯刷於天池五色成章必騫翔於雲路嵇山莫峻黃波未宏朱紘奏廟而八音以和瑞玉禮天而百神斯肅不有人傑誰康帝家始者名入紫宸親承清問仲舒演春秋之奧孫宏闡洪範之微抉摘姦豪指切貴近雲霞動色日月迴光超絕古今喧傳華夏蒙恬之筆鋒斯挫張永之紙價彌高言在必行得之何讓運祚唯深源是繫富貴逼安石不休密勿平章從容輔翼或武思禁暴則暫別鳳池及功著于藩則復還龍節夷險一致左右皆安爰自保釐遂昇端揆納言名愼進賢號冠師長羣僚協宣庶績得人之盛非才不居王詢在朝晉室每多其經籍徐宣留務魏帝不視其文書式究彝倫是稱尊顯固當允諧羣議克注上心重秉國鈞復執人柄某謬逢嘉會素乏殊能而受寄疆場假名省署清光莫覩丹慊徒深望京華而甚遙聽邊吹而增欷下情伏增抃賀攀戀之至

爲滎陽公上衡州牛相公狀

不審近日尊體何如相公早輔大朝顯有休績伊尹同德皐陶矢謨並著在典經垂於名命而又載懷達節不有成功神理佑謙天道保退伏料調護常極和寧然某竊計前經遐追曩躅險而不墜郤公所以能謙約而無釁重耳所以復還況今慶屬休期運推常武必資國老以立台庭伏料即時入膺榮召凡在華夏莫不禱祠某實乏勳庸謬當廉察將因行役獲報尊嚴俯執輕橈恨無飛翼會昭潭積雨南楚增波尚滯旬時若隔霄漢齊心結念常存李固之匿犀倚寐銜誠已夢孫宏之脫粟攀戀之至猶積下情

爲滎陽公上通義崔相公狀

門下相公出鎭坤維相公進扶宸極某竊尋前史仰考昌時必有上台號曰當國姬姓則魯周公居君牙君陳之上漢室則蕭相國在張良韓信之先專吐嘉猷獨融明命伏惟相公克懷懿德允遇休期一自燮調屢彰勳伐恥君不及於堯舜遠過前人舉賢不避於親讎深符直道果茲優寵首在注懷外耀國華內榮官族鳳池浴日聊均潤於同人雞樹侵雲憶分陰於遊子曠百千歲無三四人凡在含靈敢不從化況某早蒙恩顧今獲驅馳伏限須條莫由陳

賀檻猿絆驥敢嘆於拘留邱室膺門實懸於誠抱抃賀攀戀不任下情伏惟俯賜恩察

爲滎陽公與昭義李僕射狀

某素無才能謬忝廉察實憂尸祿有負疲人僕射地處親賢情殷家國累更重寄亟立殊勳上黨頃集兇徒近爲王土瘡痍未復愁怨尚多果枉雄才以孚至化南則揚河橋之威斷北則煦上谷之仁聲下車政成投刃節解厚承恩顧抃賀伏深拜謁末由無任瞻戀到任續更有狀

爲中丞滎陽公與汴州盧僕射狀

某謬蒙渥恩叨受廉察顧循虛薄頗積兢惶僕射克著殊勳允承寵重所至皆理無難不更宣武兵多大梁地要承言今昔常繼風流不唯寄以安人多是倚之爲相況當碩德尤注羣情某厚蒙恩知倍深倚望卽以今月七日赴任續更有狀

爲滎陽公與浙西李尚書狀

某材術素空寵榮疊至未申論駁俄忝察廉尚書允贊休期克抱全德直以高堂指訓外地優閒尚稽廉部之名實積具瞻之望然賢豪出處典用傳流故有移孝作忠自家

刑國推曾顏之至行參邴魏之嘉猷將使爲臣皆規令範出征入輔尤叶羣情厚承恩憐倍注誠款卽以今月十日赴任到鎭更當有狀

爲滎陽公與度支盧侍郎狀

某今月九日到任上訖不任感惕職重賦輿俗參夷獠務便宜於五嶺或有可觀同剌舉於三河竊將不可但期尅苦用答恩榮侍郎早立清朝久持重任未處平章之地猶孤動植之心昔周室均財司會且參於太宰漢朝主計丞相仍兼於列侯故事具存殊恩允屬側聆注懇實倍常情

伏惟俯賜照察。

爲滎陽公與京兆李尹狀

伏承榮膺新命。伏惟感慰。閣下深蘊材謀。久未登用。雖當劇任。猶屈壯圖。然五歲之中。二都咸歷。東京圭表。已肅於殷頑。西雍山河。佇奔於晉盜。便承寵擢。入贊休明。注望之誠。頃刻斯至。某實無材術。謬忝察廉。方蘇瘴嶠之疲。羸闕覲章臺之風彩。受釐辱召。對策叨名。雖羈旅於小藩。實寤寐於餘眷。未期拜賀。無任馳思。

爲滎陽公與河南崔尹狀

某實無績效。謬竊寵榮。顧憂菲陋之姿。必負澄清之寄。十五丈周旋華貫。彰灼休聲。尋合光輔大君。俯成嘉運。直以避榮爲意。勇退是謀。大鬱物情。未副公議。然民資先覺。材爲時生。苟卷懷而太深。則燮理而何望。伏惟時以爲意也。末由拜謁。瞻戀伏深。到任後續更有狀。

爲滎陽公與魏中丞狀

某以九月九日到任上訖。映帶谿洞。錯雜蠻夷。剛鹵石田。事殊於農政。賨幪越紵。功異於桑均。實懼疎蕪。有辱廉撫。至於屏除苛黠。賞慰柔良。敢忘深薄之規。以累準繩之地。伏惟特賜照察。

爲滎陽公與容州韋中丞狀

伏料旌旆將及容州。先以仁聲浹之和氣。遠夷畏服。疲俗乂安。豈待經時。然後報政。某素無材效。忽被恩榮。實幸小藩。得親輿壤。仰承餘論。庶免曠官。即以某月日進發。到任續差專使馳狀。

爲滎陽公與裴盧孔楊韋諸郡守狀

某素無材效。謬忝恩榮。實積兢惶。罔知啓處。大人盛名典郡。碩畫佐時。將以俯歷州鄉。深求疾瘼。然後入膺寵命。以副具瞻。不唯卑誠。實在公議。末由拜謁。結戀無任。

爲河東公上楊相公狀

某少乏高標。本無遠韻。徒以堅同匪石。直慕如弦。遂忝人曹。乃行官牒。略無淺效。以答明時。豈謂復冠六聯。又司九法。柳營莫從於多讓。蘭臺超假於前行。若非相公允輔朝恩。克成人美。將其加秩。可以雄邊。則安得及茲。無容而授。謹當以身爲率。剋己而行。義若霜明。斷如劍剸。使其有勇兼且知方。兔穴雖多。盡思堙塞。梟巢任固。皆誓焚除。微振軍聲。以緩官謗。伏惟特賜恩察。

爲河東公上楊相公狀

右件官是某親弟頗長政事早履宦途爲宰而績著一同作掾而學推三語脂膏莫潤珪玉無瑕然至於稽勾緡錢掌司財幣未嘗留意素非所長自某年月日蒙令荆州李相公差知埇橋院後常所兢惶每虞敗累上虧國用旁負已知况又務控淮河地鄰徐汴居然深薄已歷炎涼某年過始衰念深同氣實憂非據有辱至公迫於情誠輒祈休罷相公推友悌之憂於天下妙咳唾之末於藩條爰擇良林俾代其任獲殊常之福事過禱祠蒙不次之恩疾同影

響閨門大慶手足增榮未知殺身復在何日下情云云

爲河東公上鄭相公狀

某學輕筐篋略昧韜鈐仰藉時來因成福過夙當分土早竊持符皆已淹時未始報政一時特迴天鑒超授厚官仍常伯之榮兼司馬之職而豐憂器滿懼切泉深旋避莫能陳遜不獲此皆相公優重干城之寄導揚錫爵之恩不計負叨但思獎賞自卜斯審所得尚多謹清厲冰霜堅同金石漸期豐羨麤振稜威少謝武皮實甘馬革伏惟特賜恩察

爲河東公賀陳相公送土物狀

右伏以相公蘭臺克成於故事黃扉顯正於嘉謀道協五臣名高六相遠流休問實激含靈某忝建高旌方掀大旆軍中之執既闕於請纓土貢之餘尚盈於厥篚前件物等薄如蜩甲輕甚鴻毛是願達誠敢求覩物延陵至鄭不隔紵衣之微孔聖刪詩無廢木瓜之興貴賤雖聞有異古今未始無兹干觸威嚴伏增兢懼

爲河東公賀楊相公送土物狀

右伏以相公光由版籍顯拜樞衡浴威鳳於池中問喘牛

於路左華夷共慶陰陽以調某雖久在民間常居軍右早識薛宣之必相夙知蔣琬之爲公情異常時事殊庶品敢申野外之贄麤罄橐中之裝前件物等價纔數金重非兼乘同炙背之願獻况藉手以無因姚察養廉何妨於花練謝安敦素猶取於蒲葵塵黷尊嚴伏深兢越

爲河東公賀李相公送土物狀

伏以相公脫屣華省振衣中樞溫樹人問而莫知非熊帝感而斯兆軸青史而祇將紀德列景鐘而唯待銘功某任屬啓行志唯盡敵誰言樗散最沐陶甄是敢竊獻芹輒

羞行潦前件物等非因杼軸不曰苞苴曾未足云殊無所直溫孫宏之被纔可禦寒易晏子之衣尚猶爲隘輕冒威重伏用慙惶

爲河東公上李相公狀

某頑謝雕鐫散慙繩墨敢言人地可至圭符三刀之占已聞於爲郡萬里之相復起於封侯而效若豪輕功如髮細縱欲志兼冰蘗性約韋絃纔可立身未能報主昨者誰謂尤異忽致遷昇官踰三命之尊秩總六條之首深惟速謗是切固辭而假器如前循牆無及方茲有靦敢以爲榮相

公優禮藩維宏宣渥澤與之不悋期以有成亦既思維莫能負荷但當驅羊而鞭其最後牧馬而去其害羣極力訓齊悉心董正冀無虞前敵取效他年用報國恩兼酬廟算伏惟特賜恩察

爲河東公上李相公狀

伏見今月某日制書伏承相公假道版圖正位機密俞膺帝曰歌叶臣哉動植具榮飛沈咸若爰稽往誥載考前經齊定霸威由皆以告仲父漢興王道常謂不如蕭何此所以顯重輔臣光昭宰匠以今況古千載一時且溫嶠累遷尚見讓而不拜張華敘進亦聞久始卽眞斯實重難常勞倚注苟非才標棟幹味極和羹莫可比肩孰能接武六戎傾首百辟寄心某早被蔭庥常聞咳唾今者適從亭障方事鼓鼙不敢擅棄虎符輒趨鳳詔下情云云

爲河東公與周學士狀

學士時仰高標世推直道果當清切以奉恩私地接蓬山居遙閬苑敢期塵路獲望冰容然前者猶蒙問以好音致之尺牘是何眷遇孰可欽承某自領藩條累蒙朝獎皆因學士每於敷奏輒記姓名深憂李廣之不侯曲辨孟舒之

長者不有所自安能及茲方限征行末由款謁空餘深戀貯在私誠伏惟特賜信察

爲宏農公上虢州後上中書狀

右某伏奉某日制書出守以某日到任上訖伏以境臨東雍地帶上陽爲匪沃饒外繁傳置邇驕陽積潦之患困苗螟葉蠶之災將活齊人在擇良牧某因緣儒術塵汙郡符皆由相公假以羽毛飾之丹雘隼飛旟上懼失於頒條熊伏軾前恐乖於求瘼唯當夙宵罔懈深薄爲虞冀勞來而有成庶疲羸而獲泰下情無任云云

爲宏農公虢州上後上三相公狀

某本無遠韻。實謝修途。鄒衍文辭。敢逃怪怍。揚雄鉛槧。終取寂寥。豈意相公拔自曲臺。致之近郡。貴從剖竹。感在維桑。雖恩獎之是懷。亦憂兢而斯在。但當課其錢鎛。督以杼機。使渤海田中。永無佩犢。平原境內。盡死飛蝗。免斯人溝壑之虞。贖他日簡書之責。伏惟特賜恩察。

爲宏農公上兩考官狀

伏見前月十九日恩制。座主相公登庸。某科等受恩。伏增榮抃。閤下同德比義。契重交深。載惟爰立之榮。佇見彙征

之吉。下情不任迎賀踴躍之至。伏惟照察。

爲懷州刺史上後上門下狀

右某伏奉月日制書。授持節懷州諸軍事守懷州刺史兼御史中丞者。以今月日到任上訖。某特以門資。早登朝選。嘗奉出疆之任。曾非泛駕之材。直以揚大國之稜威。奉良相之成算。幸無挫屈。兼免滯留。業官未多。無罪爲幸。豈意相公上引睿旨。下念勳家。既假寵於中司。又頒條於名部。去神州二百里而近。無正守三十年已來。記室參軍。代司符印。中兵祭酒。分理城池。今各額更新。官司復舊。用威寇敵。兼壯郊圻。當此之時。授任尤重。豈伊庸懦。可以指令。唯當非憂人之不思。非利物之不念。罄忠武在行之衆。奉盟津攬轡之威。冀無後艱。以答殊獎。伏惟俯賜恩察。謹錄狀上。

於江陵府見除書狀

伏承榮兼史職。伏惟感慰。十三大學士。學同九流。文窮三變。果解殊選。允用當仁。千載與懷。一時定法。使馬遷死且不朽。猶畏後生。若王隱魂而可知。必慙非法。凡厥儒學。以爲光榮。況某嘗被恩知。曾蒙講教。唯望精聞變例。竊見先

經。雖類偃商。終一辭而不措。庶同公穀。許二傳以兼行。伏計清光。必賜念記。方之遐嚮。臨上孤舟。仰望玉音。俯佩金諾。下情不任攀賀結戀之至。

上令狐相公狀

不審近日尊體何如。太原風景恬和。水土深厚。伏計調護常保和平。某下情無任忭賀之至。豐沛遺疆。陶唐故俗。自頃久罹儆亢。頗至荒殘。軒車纔臨。日月未幾。旱雲藏燎於天末。甘澤流膏於地中。堡鄣復完。汙萊盡闢。此皆四丈膺靈嶽瀆。稟氣星辰。繫庶有之安危。與大君之休戚。再勤龍

闕。復還鳳池。凡在生靈。翼在朝夕。伏惟爲國自重。某才乏出羣。類非拔俗。攻文當就傅之歲。識謝奇童。獻賦近加冠之年。號非才子。徒以四丈東平。方將尊隗。是許依劉。每水檻花朝。菊亭雪夜。篇什率徵於繼和。盃觴曲賜其盡歡。委曲款言。綢繆顧遇。自叨從歲貢。求試春官。前達開懷。後來慕義。不有所自。安得及茲。然猶摧頹不遷。拔刺未化。仰塵裁鑒。有負吹噓。倘蒙識以如愚。知其不佞。俾之樂道。使得諱窮。則必當刷以羽毛。遠謝雞烏之列。脫遺鱗鬣。高辭鱣鮪之羣。透迤波濤。沖唳霄漢。伏惟始終憐察。

上令狐相公狀

伏蒙仁恩。賜借太原日所著歌詩等。伏以四丈翊戴大君。儀刑多士。鬱爲邦彥。早司國鈞。盛烈殊勳。已光於帝載。徵音清論。復播於仁謠。尚或研美二南。留情四始。峻標格而山聯太華。鼓洪濤而河到三門。望絕攀躋。理無揭厲。足使清風知媿。白雪懷羞。縱金懸而誰得求瑕。但紙貴而莫不傳寫。某者頃雖有志。晚無成功。雅當畫虎之譏。徒有登龍之忝。淮邸夙叨於詞客。梁園早厠於文人。每至因事寄情寓物成命。無不搦管興歎。伏紙多慙。思遲已過於馬卿。體弱復踰於王粲。豈可思當作賦。任竊言詩。空懷博我之恩。寧發啓予之歎。謹當附於經史。寘彼縑緗。永觀大匠之宏規。長作私門之秘寶。伏惟特賜照察。

上令狐相公狀

前月末八郎書中。附到同州劉中琴書一封。仰戴吹噓。內惟庸薄。書生十上。曾未聞於明習。劉公一紙。遽有望於招延。雖自以數奇。亦未謂道廢。下情無任佩德感激之至。彼州風物極佳。節候又早。遠聞漢水。已有梅花。繼兔園賦詠之餘。不有博奕。蹈漳渠宴集之暇。以挹酒漿。優游芳辰。保

奉全德。伏思昔日。嘗忝初筵。今者縣隔山川。違擧旌旆。託乘且殊於文學。受辭不及於大夫。仰望恩輝。伏增攀戀。

上令狐相公狀

伏奉月日榮示。兼及前件綃等。退省孱庸。久塵恩煦。致之華館。待以嘉賓。德異顏回。簞瓢不稱於亞聖。行非劉實。薪水每累於主人。束帛是將。千里而遠。緼袍十載。方見於改爲。大雪丈餘。免虞於偃臥。下情無任捧戴感勵之至。

上令狐相公狀

今月二十四日禮部放榜。某徼倖成名。不任感慶。某材非

秀異文謝清華幸忝科名皆由奬飾昔馬融立學不聞薦彼門人孔光當權詎肯言其弟子豈若四丈屈於公道申以私恩培樹孤株騫騰短羽自卵而翼皆出於生成碎首糜軀莫知其報效瞻望旌棨無任戴恩隕涕之至

上令狐相公狀

前月七日過關試訖伏以經年滯留自春宴集雖懷歸若無其長道而適遠方俟於聚糧卽以今月二十七日東下伏思自依門館行將十年久負梯媒方霑一第仍世之徽音免墜平生之志業無虧信其自强亦未臻此願言丹慊

實誓朝曒雖濟上漢中風煙特異而恩門故國道里斯同北堂之戀方深東閣之知未謝夙宵感激去住彷徨彼謝掾辭歸繫情於皐壤楊朱下泣結念於路岐以方玆辰未偕卑素況自今歲累蒙榮示軫其飄泊務以慰安促曳裾之期問改轅之日五交辟而未盛十從事而非賢仰望輝光不勝負荷至中秋方遂專往起居未間瞻望旌旄如闊天地伏惟俯賜照察

上令狐相公狀

伏承博士七郎自到彼州頓痊舊疾無妨步履不廢起居某頃在東郡久陪文會嘗歎美疹滯此全林今則拜慶之初累歲之拘攣頓釋承歡之始一朝而跪起如常理絕言詮道符神用且相如痟渴不聞中愈士安痺疾乃欲自裁爰在前賢亦有沈痼豈若此蹣跚就路傴僂言歸念彼良方始憂病在骨髓徵諸大易終聞蹇利西南此皆四丈德契誠明七郎行敦孝敬纔當撫覯并愈疲羸某素受恩私不任抃賀

李商隱 五

上座主李相公狀

伏見恩制相公以五月十九日登庸清廟降靈蒼生受福動植之內歡呼畢同某下情不任忭賀踴躍之至相公稟潤咸池承光太極業傳殷相族預周盟爲羣生之司南作九流之華蓋自頃文場鞠旅册府揚鑣坐奮英詞折班馬之方駕入陳嘉話納晁董之降旗百家無抗禮之人六藝絕措詞之士一昨秋官分寵風憲兼司克揚典刑肅整嚴

裁重以潞潛逆孽帝命遄征貴赫之告變雖來蒯徹之說詞未已人懷顧望師有逗留相公斂笏忘家單車就路明宣朝旨密授兵機謀窮遁甲之精辯得鈐經之要遽使戎臣釋位謀士資忠兇渠討盡而就誅逆黨死前而知悔太行九折復連洛宅之封疆啟聖千門更降明皇之歎息寧聞伐善愈恐書勳魯司寇三日之間戮正卯於兩觀之下漢司隸一旬之內取張朔於合柱之中並罪得匹夫功非方面苟將擬議良匪同途而又代朔舊戎沙陲小梗旣謀元帥果在賢王相公復以全謀副司戎重遠揚威畫尋以懷柔牋函屢獻於懿宗氈罽亟征於內府雖西京哲輔例有重封東晉元僚率多兼領亦罕有下韝必中投刃皆虛曠百代以求人誰一日而爭長今果允扶下武顯踐中樞贊光宅之大猷調復古之元氣往者傅巖佇相唯升版築之夫渭水載占正獲竿緡之叟又豈若相公本枝分慶出自疑流輝襲康叔之親賢稟太邱之道德蕭何家諜不聞代有鼎司鄧禹外門詎是族傳宰匠苟非君子之澤寧光史氏之書佇見扶祐休期修明盛禮南鶼東鰈徒須饗帝之羞魯甸梁山待瘗事天之檢某嘗因薄伎猥奉深知麟

角何成牛心早啖及玆沈滯獲際變調瞻絳帳以增懷望台星而興歎昔吳公薦賈非宜銓管之司孔子鑄顏未是陶鈞之力比誼恩重方淵感深嗟覩奧以未期但濡毫而抒懇崔氏之乃心紫闕陳生之思入京城千古揆懷一時均慮臨風託使指景依人桂礎成潤於興雲轅軿何階於泛海下情無任忭賀踴躍攀戀感激之至

上漢南李相公狀

不審近日尊體何似彼州是號奥區又稱勝槩羊叔子之事業方爲用武之邦庾元規之風流更是徵文之地人疆

而壽氣厚且深伏討戎律既貞詔條盡舉峴山同峻漢水俱清遠想亭皋如飛木葉柳宮務閒蓮幕才多杜鎮南曾史之餘山太守習池之宴非留車允卽送范雲歌郢中繞雪之姸舞江上弄珠之態樂而不極歡且無荒況彼親鄰又其令季當時鈞軸已相推於弟瘦兄肥此日藩方復共慶於家齊國理外威諸夏内屏明廷昔晉室簪纓宋朝人物謝萬已稱富貴孟昶尋處威權而安石東山尚爲疋士彥重白屋猶是布衣未有鴻雁成行鶺鴒接翼入共鏘金鳴玉出聯大邑高封擁甲多踰萬人列土盡方千里政同

魯衛地則冉康方將稟慶於高廟之靈誰敢不忠於大君之側某爰初筮仕卽奉光塵接班固於蘭臺陪東晳於東觀悲歡三紀契濶四朝算存殁之途數弔慶之問永惟庇賴獨在高明而方限山川遠違門館嚮風慕義鏤骨銘心儻蒙識以後凋知其不謟敢以尊主安人之誓遠承左提右挈之恩下情無任瞻望攀戀之至

上李太尉狀

伏奉別紙榮示伏承以所撰武宗一朝册書誥命并奏議等一十五軸編次已成爰命庸虛俾之序引捧緘汗下揣已魂飛久自安排方見髣髴作春秋而救亂由有素臣删風雅以刺時寧遺小序式蒙善誘安敢固辭伏惟武宗皇帝英斷無疑睿姿不測緣疇緝美瑞鼎刊規太尉妙簡宸襟式光洪祚有大手筆居第一功在古有夙搆之疑食時之敏片辭相炫小道可嗤將以擬人固不同日榮示中所引國朝文字實炳儒林然其間有行實非優附會成累終衰鳳德或露圭瑕豈若世顯華宗代光相座潔隨武之家事纂鄧傳之門風廟戰之權風行於萬里國儉之禮日聞於四方言不失誣事皆傳信固合藏於中禁付在有司居

微詰說命之間爲帝典皇墳之式某更祈旬月庶立紀綱先深鄙陋之慙已望優容之德甘瓜苦蒂必興歎於墨子羔裘豹袖足貽刺於詩人荷戴之餘兢惕又積伏惟特賜照察

上河中鄭尚書狀

不審近日尊體何如尚書居敬行簡自誠而明踐履華資彰灼休問頃者廉居察俗露冕臨人當分陝水旱之餘控二京舟車之會空懸竹使不坐棠陰閉閤而四民自安移書而百城向化爰歸司會是總掄林且去四總八達之謡

鄗拔十得五之少不容私謁大闢公途論辯有光訾相無失蔡廓之不署紙尾王惠之莫發書封欲以疑人實在異日固合便登台座光贊帝謨蓋以德水名都條山巨鎮北控并代東接周韓作皇都之股肱擁朔方之兵甲是以甄勞大旆惠此一方浹以仁聲先之和氣昔何武之揚州入輔黃霸自潁川登庸今古一時賢哲相望側聆後命是亦非遙某早獲趨承常深奬眷末由祇謁無任馳誠

上許昌李尚書狀

伏承旌幢尋達忠武二十五翁尚書克有懿德允叶休期

式揚扞屏之功嘗在重難之地頃者河橋作鎮當衝亭失律之初上谷受符值鄉子喪元之後折簡之詔單車繼來致伊覬覦之邪服我平明之化況茲間歲亟立殊勳虜帳夷妖壺關伐叛旁資巨拔遥藉聲言十萬橫行樊噲長思破敵三千有勇仲由且使知方實兼文武之全才以處親賢之重寄今者靈臺偃伯衡室歸尊永言台鉉之司合屬間平之允豈令歲序久滯藩維潁水云清許田斯闢汝南古多賢士維揚舊號勁兵政令既明歡娛多有投壺雅宴祭遵豈以爲妨望月登樓庾亮祇應不淺載懷往歲屢奉初筵今則貧病相仍起居未卜遠思鄒馬方陪密雪之遊遐望荀陳尚阻德星之會瞻望恩顧不任下情

上許昌李尚書狀

王十二郎十三郎扶引靈筵兼侍從郡君今年八月至東洛訖聲塵永已門館依然仲宣非女壻之才昔慙劉氏安仁當國士之遇今感戴侯仰計交情良深軫悼下情不任感慟之至

上李尚書狀

昨者伏蒙恩造重有霑賜兼假長行人乘等以今月十日

到上都訖既獲安居便從常調成茲志願皆自知憐伏以無褐無車古人屢有饋飧受館諸侯不常皆才可持危扶顛辯或離堅合異尚有歷七十國而不遇其主曠五百歲而方希一賢道之難行運不常會苟至於此知如之何某始在弱齡志惟絶俗每北窗風至東臯暮歸彭澤無絃不從繁手漢陰抱甕寧取機心巖桂長寒嶺雲鎮在誓將適此實欲終焉其後以婚嫁相縈弟兄未立陽貨有迷邦之誚王華生處世之心靡顧移文言從初服幸李公之闢者不拒孔融讀蔡氏之家書未歸王粲麗閑六藝聊翫九流

行與時違言將俗背方朔雖彊於自舉匡衡竟中於丙科駕鼓未休搶榆而止然竊覩古昔之事遐聽上下之交有合自一言契因片善不以齒序不以位驕想見其人可與為友近古以降斯風頓微處貴有隔品之嚴於道絶忘形之契中間柳澹年猶乳抱李北海因與結交裴逖跡困泥塗王右丞常所前席時之不可人以為悲愚雖甚微頗嚮斯義自項昇名貢籍厠足人流未嘗輒慕權豪切求紹介用脅肩諂笑以競媚取容袁生之門但聞有雪墨子之突曾是無烟每虞三揖之輕畧以千鈞自重閣下念先市骨

志在采葑引以從游寄之風興玳筵高敞畫舸徐牽分越加籩事殊設醴憐賈生之少恕禰衡之狂此際舉觴而恨異漏巵對案而慙非巨壑謝家東土延賓而別待車公王令臨卭爲客而先言犬子彼之榮重殊謂寂寥伏聞聲塵已移弦晦隋王朱邸方同故掾之心燕地黃金更落他人之手追攀未及結戀無任瞻望門牆若在霄漢伏惟始終識察

上漢南盧尚書狀

某項以聲跡幽沈音輝懸邈空滅許都之刺竟乖梁苑之遊於服義而徒深顧歸仁而尚阻今幸假塗奧壤赴召遐藩越賈生賦鵩之鄉過王子登樓之地豈期此際獲奉餘恩而又詢劉苑之世親問欒卻之官族優其通舊降以清談言念古人重難兄事季布始拜於袁盎蕭何近下於周昌將用比方彼有寥落徒迫於袛役嘗抱沈痾空思韋曜之茶莫及孔融之酒遂不得仰霑美祿一中聖人歌山簡倒載之歡暗定國益明之量草感上道徘徊樂鄉況蒙衛以武夫假之駿馬前騰郢路却望漢皋俯緣逐逐之姿翻阻遲遲之戀封牋寫邈下筆難休尚書三兄鎮靜上游儀

刑羣后平南讓勇征北推能固當已注宸襟即歸台席夫歲星降氣嵩岳生神茍鼎鉉之可逃則天爵而何寄伏惟特以蒼生爲慮也某材誠漏薄志實辛勤九考匪遷三冬益苦引錐刺股雖謝於昔時用瓜鎮心不慙於前輩倘得返身湖嶺歸道門牆龐依鳴益之餘以奉陶鎔之賜則尚可濡毫抒藝殺竹貢能記録咎繇之謨注解傅巖之命庶於此日不後他人伏惟始終識察

上易定李尚書狀

某疾殲餘生偶存晷刻豈期妻族亦搆禍凶故司徒公内

行政聲。鬱爲人傑。一昨奉辭伐罪。克壯其猷。躬節鼓旗。親臨矢石。家財給於公用。子弟散於行間。始退舍以致師。終設奇而覆寇。敢問古之名將。何以加焉。安知垂立大功。遽茲薨落。伏弦撫斂。實有遺音。行路之人。莫不相弔。某竊辱之地。早受深知。遂以嘉姻。託之弱植。雖冶長無罪。堪成子妻之恩。而呂範久貧。莫見夫家之盛。今則車徒儼散。棟宇蕭衰。撫歸旐以興懷。弔病妻而增歎。酸傷怨咽。敢類他人。伏以姻懿年深。交游跡密。遠味復圭之美。當追命駕之恩。謁敘末由。悲慨無地。

上忠武李尚書狀

不審跋涉道路。尊候何似。伏計不失調護。先皇以倦勤厭代。聖上以睿哲受圖。系萬國之往居。集兆人之悲慶。况二十五翁尚書望兼勳舊。地屬親賢。績久著於藩垣。任合歸於陶冶。今者果應急召。咸副僉諧。凡在有心。莫不延頸。竊料皇闈入謁。紫殿承恩。覲山卯之端容。瞻鼎角之殊相。便當講惟新之政。備爰立之儀。伏惟促動前騶。速光後命。發仲父新棨之井。運留侯前箸之籌。允贊呂圖。亟登壽域。天下幸甚。某猥以庸薄。厚沐恩憐。荏苒光陰。纏綿詞旨。難屯少裕。違奉淹時。家艱頻臻。人理中絕。未經殞訴。莫獲祈迎。仰望清光。實動丹款。伏惟特賜恩照。

上度支盧侍郎狀

某行己及鄧州。迴望門闌。如隔霄漢。感知佩德。不任血誠。某揣摩莫聞。疎拙有素。侍郎獎其薄伎。夙降重言。而時亨命屯。道泰身否。屬茲淹蹟。不副提攜。今者萬里銜誠。一身奉役。湖嶺重復。骨肉支離。交廣之歎哀忠。荊蠻之悲王粲。思人撫事。古亦猶今。惟當幽禱鬼神。明祈日月。伏願榮從司計。入贊大猷。鼓長檝以濟時。運洪鈞而播物。則某必冀

言還上國。來拜恩門。一吐漢相之茵。一握周公之髮。斯願畢矣。伏惟圖之。伏計亦賜念察。薛郎先輩早敦分好。實慕風規。是敢託以緘題。致之几案。就有心懇。資其口陳。攀戀之誠。輸罄無地。

上度支歸侍郎狀

不審近日尊體何如。伏計不失調護。昔周以冢宰治國用。漢以丞相領軍儲。典故具存。選倚爲重。侍郎自膺新寵。益副僉諧。竊計旬時。便歸樞務。某幸因科第。受遇門牆。辱累已來。孤殘僅在。機封曠絕。歲序淹遐。棄席遺簪。託誠無地。

伏許亦賜哀察至冬初赴選方遂起居未間下情不任攀戀

上華州周侍郎狀

某文非勝質黯不半癡辛勤一名契濶九品獻書指佞遠媿南昌懸棒申威近慙北部竊思頃者伏謁於遊梁之際受知於入洛之初彭羕自媒率多徑進禰衡懷刺幸不虛投爾後以地隔仙凡位殊貴賤十鑽槐燧一拜蓮峰眄睞未忘吹噓尚切已吟棄席忽詠歸荑倘或求忠信於十室之間感意氣於一言之會聖人門下不聞互鄉童子車中

匪輕壯士則猶希薄伎獲蔭清光雖曠闕於門牆長髣髴於旌棨驥疲吳坂已逢伯樂而鳴蝶過漆園願入莊周之夢下情無任攀戀感激之至

上江西周大夫狀

不審自到鎮尊體何如德修於身功及於物伏料福履常保康寧皇帝體上聖之姿膺下武之慶爰從近歲式建崇功俶北清夷山東靜謐雖神謀獨運首開樽俎之間而國用取資終賴江湘之入今者方體三革欲鑄五兵燧火庖犧鴻名肇建明臺衢室鳳歷將新固當繁省以正幽明更中外而化勞逸有周室分陝之相有漢庭就國之侯則必夢想外藩東來羣后以文武兼資者持政柄以理行尤異者講化原實惟明公合首列辟伏惟爲國自重某叨蒙恩顧頗漸歲時瞻賴之誠造次於是伏惟特賜信察

上崔大夫狀

今早七弟遠衝風雪特迂車馬伏蒙榮示兼重有郵賚謹依命捧受訖某才不足觀行無可取徒以四丈頃因中外最賜知憐極力提攜悉心指教以得內誇親戚外託友朋謂於儒學而逢主人謂於公鄉而得知己竊當負氣因感

大言豈謂今又獲依門牆備預賓客禮優前席貺重承筐欲推讓而不能顧負荷而何力倘或神知孔禱師恕柴愚玉真而三獻不疑女貞而十年乃字纔期率勵以報恩知伏惟特賜鑒察

上河陽李大夫狀

不審自拜違後尊體何如二十五翁尚書挺生公族作範儒流踐履道義之門優遊名教之樂伏計頤衛無爽康寧此蓋人所禱祠神保正直下情伏增忭賀之至富平重鎮成皋巨防自頃太守非魏尚之才司馬失穰苴之令坐縻

戎律乾沒軍租譎謂殷若長城翻見盡爲敵國二十五翁允膺宸眷出總藩條心作靈臺潛運黃公之畧手爲天馬暗開元女之符單車以馳杖節而入盡羈駭獸先殪捷猿然後蘇彼疲羸惠此鰥寡免飛芻輓粟之弊除橫征擅賦之門昨者故侯實有逆子敢因微策密有他圖人得而誅天奪之魄盡窮餘黨半在中權此際誠合絕洹水之波腥長平之草二十五翁曲分蘭艾大別淄澠飛魂不冤枯骨猶媿此眞所謂仁者之勇無敵文人之師以貞名冠百城功高一代而又梁園竹苑素多詞賦之賓淮浦桂藂廣集

神仙之客以恩柔之旨酒用順氣之和聲初筵有儀一石不亂某才非鄴地辯乏談天著撰不工王隱文寧遠意嬾慢相會嵇康志有所安而早預宗盟又連姻媾曲蒙賞會畧過輩流况拔自州人昇爲座客將何以詠歌盛德祇奉深恩覥冒不容顧瞻自失伏以仍世羈宦厥家屢遷占數爲民莫尋喬木晝宮受弔曾乏獎廬近以親族相依友朋見處卜鄰上國移貫長安始議聚糧俄霑厚賜衣裾輕楚疋帛珍華負荷不勝推讓何及雖婁公說漢不問乎褐衣帛衣而孔子觀周亦資於一車二豎策微往哲事過前修倘非因不失親愛忘其醜退惟寒薄安所克堪白露初凝朱門漸遠西園公子恨軒蓋之難攀東道主人仰館穀而猶在丹霄不泯白首知歸伏惟終始憐察

上河陽李大夫狀

祇承人迴伏奉誨示幷賜借騾馬及野戍館熟食草料等將遠燕昭之臺猶入鄭莊之館退自循揣實踰津涯况又郵以長途假之駿足一日而至借車非類於東方千里以遙乘騾更同於薊子拜違漸遠負荷彌深還望恩光不勝攀戀

上孫學士狀

學士長離耀彩仁壽含明奮詞鋒而赤堇虧鋩鈞雅音而泗濱韜響纔踰壯室榮入禁林况自近年仍多大政藩方逆豎夷虜饑戎於雷霆赫怒之時在朝夕論思之地謀惟入獻事隔外朝載覩掃蕩之勳密見發揮之力便當輟於內署錫彼庶方推禹謨殷誥之文贊堯日舜風之化伏惟爲國自重某早遊德宇嘗接恩門童冠相隨陪舞雩於沂水星灰未幾隔高宴於柏梁蘭薄懷芳瑤波佇潤竊期光價微借疎蕪濡筆臨牋不勝丹慊

上容州李中丞狀

二十一翁儒學上流簪纓雅望自還郡印復坐卿曹激水摶風匪伊朝夕不謂復行萬里又擁再麾竊料徵還不出歲杪馬伏波遠征交阯去歷三年葛丞相深入不毛時當五月苟夙夜匪懈即福祿無疆區區下情誠望在此某方卧痾一室收跡他山仰望伏熊但羨飛鳥下情不任結戀之至

上韋舍人狀

舍人發揮帝業潤飾王言三代典謨煥然明具兩漢文雅

庸可比儔今者運屬長君理當哲輔固以復中書之典法舉政事之本根贊助嘉猷裨成睿化則書辭典册乃綸閣之餘事也況舍人以至公御物盛德當官率周廟之駿奔極漢庭之議論佇見顯司樞物允致昇平況在諸生倚望猶切某淹滯洛下貧病相仍去冬專使家僮起居今春亦憑令狐郎中附狀伏審職業殷重朝直頻繁雖榮翰之未臨豈遺簪之或忘某疎愚成性采和難移徒以頃蒙舍人獎以小文致之高第果成荒棄上負維持無田可耕有累未遣蓆門晝永或曠日方餐蓬户夜寒則通宵罷寐懷書竊媿拂硯增悲違奉音徽若隔霄漢量陂結戀但傾鳧藻之誠德宇近心尚阻燕泥之託下情無任攀戀感激之至

上劉舍人狀

違闊稍久結戀伏深前月獲望門牆值有賓客吐辭未盡受顧如初某孤僻寡徒懶慢成性虔生治易眾論同侵揚子草元當時共笑因緣一命羈絏三年常賴恩知免至顛殞伏以士之營道抱器處世立名誠宜俟彼時來亦在申於知者内惟庸薄切有比方陳蕃甚貧未欲掃除一室孟光雖醜已嘗偃蹇數夫倚望光輝實在造次伏惟終始念

察

上鄭州李舍人狀

伏奉榮示伏蒙賜及麥粥餅啖餳酒等謹依捧領訖某慶耀之辰早蒙抽擢孤殘之後仍被庇庥獲於艾薙之時累受珍精之賜恩同上客禮異編氓桑梓有光里閭加敬負米之養雖無及於終身求粟於人幸不慙於往聖下情不任感恩隕涕之至

上鄭州李舍人狀

伏承中元進受治籙兼建妙齋十二叔叶潤靈津凝華霄

極既窮理於多能之聖復格神於衆妙之門固以紫簡題名黃寧虛位合兼上治式統高真況齊直是因符圖載演敕地官而校善合天衆以標虔湯谷傳經當同昔日寨林合唱復現今時信九館之靈遊實三清之盛會某常憑元慶屬預嘉招今者遐啟雲裝且縈塵累不獲觀光鶴領贊禮鹿堂空吟有待之詩徒鬱非才之恨伏惟亦賜鑒察

上鄭州李舍人狀

昨者累旬陪侍坐下賓賜稠疊宴樂頻仍雖曾參不列於四科昔嘗爲恨而徐穉再升於上榻今實爲榮庥蔭光塵

激切誠抱鬱望門館不任下情伏惟特賜恩亮

上鄭州李舍人狀

陳尊師至伏承紫極宮中大延法衆還受治職加領真階景氣晏清章辭御徹此固誠通無始跡契自然不然者又安能於憧憧四達之衢建眇眇三清之事某良緣夙薄俗累多縈夏秋已來疾苦相繼仰瞻道會有間初心悔責之來夙宵斯積然但以望恩憐所至乘濟度之因期於異時必獲覩奧則燕昭雖乏於靈氣陶君亦覬於頑仙伏惟照察某十月初始議西上續勤家僮齋狀起居諸具後幅諮謹狀

上李舍人狀

不審近日尊體何如伏計不失調護去冬二十八叔拜迎軒騎已託從者附狀起居及二十三叔歸闕之時某適有私故淹留他縣阻拜清光自春又爲鄭州李舍人邀留比月方還洛下以此久闕附狀用抒下情頃者二十三叔固辭內廷屈典外郡避榮之心有素頒條之績又彰今則假道選曹復登綸閣光揚星次煥發天聲爲一代之宗師留萬古之謨訓凡在儒墨孰不歡忻況某早奉輝光猥至成

立下情豈任抃賀踴躍之至

上李舍人狀

前者伏奉指命令選紀紫極宮功績某自還京洛常抱憂煎骨肉之間病恙相繼章詞雖立黜竄未工已懷鄙陋之憂復有淹延之罪更旬日始獲寄上伏惟寬察

上李舍人狀

紫極刋銘合歸才彥猥存荒薄蓋出恩私牽彊以成尤累非少遠蒙寵獎厚賜縑緗已有指揮卽命鐫紀文詞所得妙非幼婦之碑惠賚踰涯數過貫園之帛下情無任捧授

戴荷之至

上李舍人狀

比者伏承尊體小有不安今已平退下情無任欣抃時向嚴冽伏惟特加頤攝某已決取此月二十一日赴京東望門牆違遠恩顧寄誠誓款實貫朝曦伏計亦賜識察舍弟羲叟苦心爲文十二叔憫以弟兄孤介無徒辛勤求已唯當明祈日月幽禱鬼神願令手足之間早奉陶鈞之賜下情不任倚望感激隕涕之至

上李舍人狀

不審近日尊體何如伏想冲虛真筌融心妙域神明是保戩穀來成榮上淹留軒車已曠圭律井德無改玉音愈清此固擺脫常懷秉持極摯去關鍵於寵辱忘階阯於高卑彼般浩空函幾勞開閉仲文枯樹屢歎婆娑比之清光實有慙德今春華以煦時服初成竹洞松岡蘭塘蕙苑聚星卜會望月舒吟羊侃接賓共其醒醉謝安諸子例有風流優游名教之間保奉希夷之道伏思受遇素異諸生去歲陪遊頗淹樽俎今茲違奉實間山川曲水氷開章臺柳動子牟豈忘於魏闕嚴助蓋厭於承明仰望恩憐豈任攀戀

況某冗煩有素刻畫難施韓信少時罕蒙推擇揚雄終歲唯有寂寥向非月旦貽評陽春獲賞則孤根易拔弱羽難飛答賓戲以那停草客嘲而莫暇撫躬誓款委已銜詞下筆難休戀柯何極龍門不見將同故椽之心麟史可傳徒立素臣之位祗迎榮誨遲慰孤誠伏紙臨風杳動心骨

上李舍人狀

伏承尋到東洛不審尊體何如伏計不失調護近數見崔劒言協律伏承已卜江南隱居轉貼都下舊宅道心歸意貫動昔賢然外以安危所注內以婚嫁之累竊惟時論或

阻心期況古之貞棲固有肥遁衣食不求於外藥物自有其資乃可謝絶塵閒棲遲事表儻猶未也或撓修存若更駐歲華稍優俸入向平無家事之累葛洪有丹火之須然後拂衣求心抗疏乞罷東都帳飲見疏傅之云歸勾曲樓居樂陶公之不返亦可以光昭紫籍振動元門留孤風以動人垂雅裁以鎮俗欽德歸義之士所望在茲伏惟更賜裁度某識雖蒙騃業繼元虛一官一名祗添戮笑片辭隻韻無救寒饑實於浮泛之中早有潛藏之願異時仰陪仙裝去聲歸從元遊庶或收楊許之靈文纂成真誥按烏張之

藥法薄駐流年丹赤之誠造次於是其他並令義叟口啟不敢繁有諮具

上李舍人狀

不審至今來尊體何如伏以冬年例寒不並常歲伏惟善加攝護下情所望十七郎文華質氣掩軫輩流便當一鳴以赴衆望舍弟介特好退龍鍾寡徒獲依彊宗頻見榮路忻慰之至遠難諮陳伏計亦賜鑒察十二叔淹留伊洛已變炎凉龍蟄存神鳳翔鑒德賢人事術益以彰明忝預生徒敢用為賀某羈官書閣業貧京都徒成拜遠門闌違奉

恩教東望結戀夙宵匪寧至來歲專欲求假起居未間伏惟特賜榮誨謹狀

賀翰林孫舍人狀

伏承榮加寵命伏惟感慰舍人文苞雅誥道叶皇猷爛雲藻以敷華叶天聲而應律載遷星次爰奉夏官煥綵服於蘭堂耀瓊枝於粉署女侍使虛薰錦帳中謁者方奉芝泥聊用望郎以為假道佇當仰承睿旨近執化權侶四輔以燮和合萬錢於供養某厚承恩顧未獲趨承欣賀莫任瞻戀斯極

上鄭州蕭給事狀

某簪組末流邱樊賤品倏忽三載遭迴一名豈於此生望有知己兖海大夫時因中外嘗賜知憐給事又曲賜褒稱便垂延納朱門纔入歡席幾陪辱倒屣於蔡伯喈合先王粲枉開罇於孔文舉宜在禰衡豈伊庸虛便比叨幸今者方牽行役遠又違離躡屐食魚兼預原嘗之客御車登榻俱參陳李之門生死之寄皆深去住之誠並切伏惟特賜亮察

上河南盧給事狀

不審近日尊體何如考履納祥為善降福伏料寢味常保康寧給事顯自璅闈出臨鼎邑登茲周甸訓此殷頑鋒芒不鈍而胥宵自分桴鼓稀鳴而囊橐輒露方今惟新庶政允佇嘉謀載考前人聿求往躅袁司徒入膺論道杜鎮南出授專征並資尹正之能適致超昇之拜伏惟特為休運善保起居下情所望某頑魯無堪退縮有素賦成誰薦食絕唯歌上累門牆頗淹星律屬人生之坎坷逢世路之推遷浮泛常多違離蓋數臨風仰德伏紙含誠緬洛方清瞻嵩比峻敢同上客曾疑樂廣之弓惟羨小民慙倚庾雲之

碣下情無任瞻戀感激之至

上張雜端狀

保定賢弟昨至纔獲披承已欽東雅是觀王季如對金昆陸有機雲劉惟繇岱豈惟昔日獨有齊名況不羞小官無辭委吏一枝桂既經在手五斗米安可折腰候館屈才固難維縶前籌佇美郎誠轉遷端公厚賜眷知又聯姻好今茲折簡復輟吹虀此時敢曰恩門他日便為世故永言欣會難以諮陳伏惟亮察

上任郎中狀

伏以華省名曹南臺雜事秩雖亞於獨坐事實同於二丞向非十九兄貌可窒邪名堪鎮俗郎孰得允膺邦直顯副帝俞在望實之猶歸固選倚而爲重竊惟後命且踐中司詎比晉臣獨號一臺之妙豈同梁代先資八幅之詳某被沐恩知淹延歲序徒嗟却埽久曠升堂望赤棒以兢魂想絳紗而增戀下情無任抃賀之至

與白秀才狀

杜秀才翱至奉傳旨意以遠追先德思耀來昆欲俾虛蕪用備刊勒承命揣已悲惶莫任伏思太和之初便獲通刺昇堂辱顧前席交談陳蔡及門功稱文學江黃預會尋列春秋雖跡有合離時多遷易而永懷高唱嘗託餘暉遂積分陰俄踰一紀今弟克承堂構允紹家聲將欲署道表阡繼志述事必在博求雄筆鴻生豈謂愛忘忽茲謀及悚怍且久辛酸不勝欲遂固辭慮乖莫逆表嚴平於蜀郡誰不願爲敘郭泰於介休亦惟無愧庶磨鉛鈍聊慰招扃伏紙向風悲憤交積

與白秀才第二狀

前狀中啟述事比者與杜秀才商量只謂卜於下邽克從

先次所以須待相國意緒方敢遠應指揮今狀聞便龍門仰遵遺令事同踴塔兆異佳城敢於不朽之文須演重宣之義則不敢更稽誠意俟命強宗敬惟照亮

欽定全唐文卷七百七十六

李商隱六

爲河東公上西川相國京兆公書

姚熊頃時闕毆偶在坤維阿安未容央平遽詣風憲當道頻奉臺牒令差從事往推去就之間殊爲未適顧惟敝府託近貴藩雖蒙與國之恩猶在附庸之列仰遵教指尚懼尤違敢遣賓僚往專刑獄自奉臺牒夙夜兢惶今謹差節度判官李商隱侍御往以今月十八日離此某素無材効早沐恩憐獲接仁風實爲天幸願希終始以奉恩光事大之心朝暾是誓其他並附李侍御口述伏爲照察

上崔華州書

中丞閣下愚生二十五年矣五年讀經書七年弄筆硯始聞長老言學道必求古爲文必有師法常悒悒不快退自思曰夫所謂道豈古所謂周公孔子者獨能邪蓋愚與周孔俱身之耳以是有行道不繫今古直揮筆爲文不能攘取經史諱忌時世百經萬書異品殊流又豈能意分出其下哉凡爲進士者五年始爲故賈相國所憎明年病不試又明年復爲今崔宣州所不取居五年間未曾衣袖文章謁人求知必待其恐不得識其面恐不得讀其書然後乃出嗚呼愚之道可謂強矣可謂窮矣寧濟其魂魄安養其氣志成其強拂其窮惟閣下可望輒盡以舊所爲發露左右恐其意猶未宣洩故復有是說某再拜

別令狐拾遺書

子直足下行日已定昨幸得少展寫足下去後憮然不怡今早垂致葛衣書辭委曲惻惻無已自昔非有故舊援拔卒然於稠人中相望見其表得所以類君子者一日相從百年見肺肝爾來足下仕益達僕困不動固不能有常合而有常離足下觀人與物共此天地耳錯行雜居蟄蟄哉不幸天能恣物之生而不能與物慨然量其欲牙齒者恨不得翅羽角者又恨不得牙齒此意人與物畧同耳有所趨故不能無爭有所爭故不能不於同中而有各異耳足下觀此世其同異如何哉兒冠出門父翁不知其枉正女笄上車夫人不保其貞汙此於親親不能無異勢也親者尚爾則不親者惡望其無隙哉故近世交道幾喪欲盡足下與僕於天獨何稟當此世生而不同此世每一會面一分散至於慨然相執手顰然相感泣然相泣者豈於此世

有他事哉惜此世之人率不能如吾之所樂而又甚懼吾之徒孑立寡處而與此世者踣尾紛然蛆吾之白擯置譏誹襲出不意使後日有希吾者且懲吾困而不能堅其守乃捨吾而之他耳足下知與此世者居常紿於其黨何語哉必曰吾惡市道嗚呼此輩眞手搔鼻皻而喉嚱人之灼痕爲癩者市道何肯如此輩邪今一大賈坐墆貨中人人往須之甲得若干曰其贏若干丙曰吾索之乙得若干曰其贏若干戊曰吾索之既與之則欲其蕃不願其亡失口舌拜父母出妻子伏臘相見有贅男女嫁娶有問不幸喪

死有致饋葬有臨送弔哭是何長者大人哉他日甲乙俱入之不欺則又愈得其所欲矣迴環出入如此是終身欲其蕃不願其亡失口舌拜父母益嚴出妻子益敬伏臘相見贅益厚男女嫁娶問益豐不幸喪死饋贈臨送弔哭情益悲是又何長者大人哉惟是於信誓有大期漫然後罵而絕之擊而逐之訖身而勿與通也故一市人率少於大賈而不信者此豈可與此世交者等耶今日赤肝腦相憐明日衆相唾辱皆自其時之與勢耳時之不在勢之移去雖百仁義我百忠信我我尚不顧矣豈不顧已而又唾之

足下果謂市道何如哉今人娶婦入門母姑必祝之曰善相宜則祝曰蕃息後日生女子貯之幽房密寢四隣不得識兄弟以時見欲其好不顧性命即一日可嫁去是宜擇何如男子者屬之邪今山東大姓家非能違摘天性而不如此至其羔鴈在門有不問賢不肖健病而但論財貨恣求取爲事當其爲女子時誰不恨及爲母婦則亦然彼父子男女天性豈有大於此者耶今尚如此況他舍外人燕生越養而相望相救抵死不相販賣哉細而繹之眞令人不愛此世而欲往走遠颺耳果不知足下與僕之守是耶

非耶首陽之二士豈蘄盟津之八百吾又何悔焉千百年下生人之權不在富貴而在直筆者得有此人足下與僕當有所用意其他復何云云但當誓不羞市道而又不爲忘其素恨之母婦耳商隱再拜

與陶進士書

去一月多故不常在故屢辱吾子之至皆不覿昨又垂示東岡記等數篇不惟其辭彩奧大不宜爲冗慢無勢者所窺見且又厚紙謹字如貢大諸侯卿士及前達有文章積學者何其禮甚厚而所與之甚下耶始僕小時得劉氏六

說讀之嘗得其語曰是非繫於襃貶不繫於賞罰禮樂繫於有道不繫於有司密記之蓋嘗於春秋法度聖人綱紀久羨懷藏不敢薄賤聯綴比次手書口詠非惟求以爲已而已亦祈以爲後來隨行者之所師稟已而被鄉曲所薦入來京師久亦思前輩達者固已有是人矣有則吾將依之繫襮出門寂寞往返其間數年卒無所得私怪之而比有相親者曰子之書宜貢於某氏某氏可以爲子之依歸矣即走往貢之出其書乃復有置之而不暇讀者又有默而視之不暇朗讀者又有始朗讀而終有失字壞句不見

本義者進不敢問退不能解默默已已不復咨歎故自大和七年後雖尚應舉除吉凶書及人憑倩作牋啟銘表之外不復作文文尚不復作況復能學人行卷耶時獨令狐補闕最相厚歲歲爲寫出舊文納貢院既得引試會故人夏口主舉人時素重令狐賢明一日見之於朝揖曰八郎之交誰最善綯直進曰李商隱者三道而退亦不爲薦託之辭故夏口與及第然此時實於文章懈退不復細意經營述作乃命合爲夏口門人之一數耳爾後兩應科目者又以應舉時與一裴生者善復與其挽拽不得已而入耳

前年乃爲吏部上之中書歸自驚笑又復懊恨周李二學士以大法加我夫所謂博學宏辭者豈容易哉天地之災變盡解矣人事之興廢盡究矣皇王之道盡識矣聖賢之文盡知矣而又下及蟲豸草木鬼神精魅一物已上莫不開會此其可以當博學宏辭者邪恐猶未也設他日或朝廷或持權衡大臣宰相問一事詰一物小若毛甲而時脫有盡不能知者則號博學宏辭者當有罪矣私自恐懼憂若囚械後幸有中書長者曰此人不堪抹去之乃大快樂曰此後不能知東西左右亦不畏矣去年入南場作判比

於江淮選人正得不憂長名放耳尋復啟與曹主求尉於虢實以太夫人年高樂近地有山水者而又其家窮弟妹細累喜得賤薪菜處相養活耳始至官以活獄不合人意輒退去將遂脫衣置笏永夷農牧會今太守憐之催去復任遲使不爲升斗汲汲疲瘁低傫耳然至於文字章句愈帖息不敢驚張嘗自呪願得時人曰此物不識字此物不知書是吾生獲忠肅之諡也而吾子反殷勤如此者豈不知耶豈有意耶不知則可有意則已虛矣然所以拳拳而不能忘者正以往年愛華山之爲山而有三得始得其卑

者朝高者復得其揭然無附著而又得其近而能遠思欲窮搜極討灑豁襟抱始以往來番番不遂其願間者得李生於華郵爲我指引巖谷列視生植僅得其半又得謝生於雲臺觀暮留止宿旦相與去愈復記熟後又復得吾子於邑中至其所不至者於華之山無恨矣三人力耶今李生已得第而又爲老貴人從事雲臺生亦顯然有聞於諸公間吾子之文粲然成就如是我不負華之山而華之山亦將不負吾子之三人矣以是思得聚會話既往探歷之勝至於切磋善惡分擘進趨僕此世固不待學奴婢下人

指誓神佛而後已耳吾子何所用意耶明日東去既不得面寓書惘惘九月三日宏農尉李某頓首

爲濮陽公上四相賀正啟

伏以春日青陽歲當更始思將萬壽以奉三台伏惟相公與國同休自天逢福唐堯之八十六載永奉宸聰周文之九十七年長承睿算某方臨征鎮伏賀無由攀戀禱祠不任丹懇

爲濮陽公上白相公杜相公崔相公馬相公鳳翔崔相公賀正啟

伏以律中太蔟月貞孟陬迎祥既積於元正善祝方資於難老伏惟相公金相轉瑩玉德踰貞小甘茂之十官倖叔敖之三相使巖廊之上永作吾家塤篪之功長爲巳任某方臨戎鎮拜賀末由攀戀禱祠不任丹懇伏惟鑒察

爲濮陽公賀丁學士啟

學士位以才昇官由德舉光揚中旨潤飾洪猷允謂當仁果從眞拜墨丸赤管豈滯於南宮黃紙紫泥聊過於禁掖鳳池甚邇雞樹非遥副此具瞻當在後命某燒烽邊郡題鼓軍門仰鸞鶴於煙霄空悲路阻顧蟣蝨於介胄尚恨形

留拜賀未期欽戀無喻

爲滎陽公與魏博何相公啟

不審近日尊體如何伏計不失調護鄴都奧壤漢相威名出則主諸侯之名以除叛亂入則峻將軍之令以養疲羸作大君之膂腸樹列國之標表名光圖史勳溢旂常凡在小藩永佩高義屬封疆僻左民落凋殊奇貨難求使材莫稱相公曲垂記獎先降尊嚴李押侍御右職名家多聞好禮遠持書幣逕冒風波受賜踰涯傳情曲盡載思復命未得其人輒託還裝用申微獻路遥漳水夢隔頓邱未期胥

命於藩但仰餘波及晉勤拳夙夜師慕忠貞伏惟仁恩亦
賜知察

爲滎陽公賀白相公加刑部尚書啟

相公克佐昌期允符俊德耀握中之至寶高價難酬縱堂上之奇兵善師無敵逮成徽冊導降恩波由中祕書兼大司冦羅含吞鳳追佳夢於當年少皞爽鳩集芳塵於此日百蠻仰化九縣畏威某早奉陶甄謬當藩服雖深抃賀末卜趨承遵呂刑而但戒守官望魯酒而必期盡醉抃躍瞻戀不任下情

爲滎陽公上宣州裴尚書啟

近已有狀不審諸况比復何如待詔漢廷但成老大留歡湘浦蹔復清狂思如昨辰又已改歲以公美之才之望固令早還廊廟速泰寰區而辜負明時優游外地豈是徐公多風亭月觀之好爲復孟守專生天成佛之求幸當審君子之行藏同丈夫之憂樂乃故人之深望也李處士藝術深博議論縱橫敢曰賢於仲尼且慮失之子羽云於江沔要有淹留便假以節巡託之好幣十一月初離此訖未由披盡勤戀增誠其他並付使人口述

爲滎陽公上浙西鄭尚書啟

不審近日諸况何若第高標令範早映朝端惠露仁風載光藩寄况地雄東海郡控南徐當皇心妙簡之難是國用取資之地斯焉假道以副具瞻况忝亢宗允傒嘉會此方且多雜俗又異奧區但餘江山記在方誌然將以比西州東府白下朱方則亦遼豕爲懃葉龍知懼矣而里閭凋弊谿洞幽遐内惟短材常愧尸祿道路綿邈懷抱淒凉未期雲霧之披空屬池塘之思餘并附某乙口述

爲滎陽公上陳許高尚書啟

伏見制書尚書克懷懋德心贊明時殊祥取貴於龜龍大樂受鈞於金石以秩宗典禮以司馬總戎况潁水遺封許田奧壤鞏洛亘其後宛葉居其前版籍則方城之外人幕府則淮陽之勁卒唯茲巨防（疑）實屬當仁荀爽驟拜司空黃霸入爲丞相遺踪且在後命非遥早忝恩加倍注誠款

爲滎陽公賀太尉王司徒啟

近者黨項侵擾西道崛强北邊仰聞天威將事電掃果從貴府首建行臺蓋以藉司徒大鹵之先聲壺關之舊戍謀於羣后允屬當仁凡在藩方不勝欣愜伏計上軍已有行

日諸將并受嚴期是賈復先登之秋乃樊噲橫行之日弓聲破漢劍氣凌雲但恐犬羊不足以當誅鋤鐘鼎不足以銘功業某素無韜畧謬忝恩榮當悲苦之餘值空困之後前驅負羽不展平生瞻望中權唯積私懇伏惟俯賜亮察

為滎陽公賀韋相公加禮部尚書啟

相公祥金淬及羣玉排峯樂和而穴鳳來儀氣正而路牛無喘歸美既彰於天載懋官旋踐於春卿周官則曰諧萬人虞書則曰典三禮苟非全氣孰贊昌期係萬國之懸誠加一人之德色某早蒙恩異今創辭離蘭省春深伏謁尚遥於八座桂林夜靜仰占唯見於三台抃賀末由戀結空

極

為滎陽公上馬侍郎啟

蒙恩左遷不任感懼某謬居職守實昧官常不能東矢窮辭鈞金就直屢移時序竟致紛披故府李相公案吏之初具獄來上某久為賓佐方副臺綱若其間必有阿私則先事固當請託實無一字難誣九泉崔監察是湖南李相公門生是某所拜雜端日御史遠差推事既無所囑求近欲叫寃豈遽能止遏不知何怨乃爾相窮容易操心加誣唱首門生之分尚或若斯常僚之情固無足算九重邃邈五嶺幽遐若從彼書辭信其文致即處於嚴譴未曰當辜直遇侍郎察以疎蕪知非侮黷照姦吏之推過略崔子之枝辭特念遠藩獲用寬典纔移廉部尚處頒條實繫如燭之明敢不知風所自末由謁謝空抱款誠

為滎陽公與浙東大夫啟

不審近日諸趣何如越水稽峯乃天下之勝概桂林孔穴成夢中之舊遊遐想風姿無不暢愜一分襟袖三變寒暄雖思逸少之蘭亭敢厭桓公之竹馬况去思遺愛遐布歌謠酒與詩情深留景物庾樓吟望謝墅遊娛方知繼組之

難不止頒條之事今者冰消雪薄江麗山春訪古跡於豐羅探異書於禹穴不知兩樂何者為先幸謝故人勉自遵攝未期展豁唯望音符其他并附喬可方口述

為滎陽公與三司使大理盧卿啟

蒙恩左遷不任感懼某頃以疎拙謬副紀綱不能辨軍府之獻囚折王庭之坐獄將踰五載終辱三司過實已招咎將誰執故府李相公知舊之分與道為徒戎幕賓筵雖則深蒙奬拔事蹤畫跡實非曲有指揮逝者難誣言之罔媿

且崔監察元藻是湖南李相公首科門生是其所薦御史將赴淮海私間尚不囑求及還京師公共豈能遏塞非業辨引稍近加誣座主既不免於款中雜端固無逃於筆下乘時幸遠背惠加誣既置對之莫由豈自明之有望若據其證遠按彼詞連則處以嚴科無所逃責猶賴九天知其乖運伏念非欲固用深文不從鍛鍊之科得在平反之數揣心知幸感分增榮拜謝末由惶戀無極

為滎陽公與前浙東楊大夫啟

近已遣押衙喬可方齎少信幣聘謁計程已過衡湘方將遐仰清風不謂先霑膏雨今月二十日專使林押衙至緘詞重疊贈貺豐厚皆晉地之所生也而秦不產一物焉使乎方來已承徵詔下車投兩則致謳謠高浪順風難窺飛止滎聞休暢何樂如之某頃副憲綱昧於官守早乖審克久乃發揚舊吏常僚微有誣引小藩遠地難自辨明若從文致之科合用投荒之典尚蒙恩宥獲頒詔條省罪撫心不任感懼鄙人嚮學之後操心有歸至於率履公塗承迎親友雖多乖時態或不愧座銘又用高明常所照信至於機微之會用捨之間既有命有時亦何恩何慮更將尚口

彌失處躬以今月二十三日南去家無甚累官忝古侯外以勸課蠻夷內以訓摩子弟惟將悔過以立後圖鄧禹之止望功曹赤也之願為小相古猶有是余獨何人不因遭值聖明階緣叨竊則修揚郡守乃山東書生禱祠之所求也負責雖懼循涯則驚多謝故人慎加頤保騰凌紫闥步武青雲時因南風不至遐棄厚幸

為河東公謝相國京兆公啟

某啟今月某日得當道萬安驛狀報伏承遣兵馬使陳朗賫幣帛鞍馬辟召小男者未敢籌盟遽茲聞喜遐瞻閶闔恨乏羽毛伏以自有搢紳誰無交結朋友不全素諾在古殊多父子同受深知當今罕見豈期令德圖於所難男珪曾未成人纔沾下第辦仲謀之菽麥雖則有餘況安石之芝蘭竊將不可忽依大府便廁英僚東吳之哈恐自此始西園之讌未知如何此皆相公以某謬接藩維久依繩墨克降由衷之信將酬事大之心不然則安得拔童子於舞雩禮諸生於白社身枝獲慶城府知歸感激恩光丁寧教誡永言銘鏤尚昧端倪伏候簡書來至敝邑則專請張覲評事奉啟狀申陳慕義無窮措辭莫盡攀附惶戢不能究

陳謹啟

爲河東公謝相國京兆公第二啟

某啟伏奉榮示伏蒙辟署某第二子前鄉貢進士珪充攝劍南西川安撫巡官并賜公牒舉者某去月得楊侍御書題微傳風旨初如吉夢終謂戲談非不尋思莫得端緒今乃竟詢仲允果降嘉招伸紙發緘悸魂流汗何者某頃居班列已奉陶甄口裏雌黃屢加雕煥胷中雲夢過沐涵濡掀之以順風暖之以愛日茲辰議報不在他門一昨叨列土田謬分旗蓋適當東道獲事西鄰豈望信在言前榮流

意外坤維接畛何酬上相之知坎卦成名遂報中男之喜且渠譽乖郗桂名媿謝蘭未學周南召南纔得一科一第縱解問絹不能負薪將何以與先生並行從大夫之後仰塵帷幄佇雜簪纓況襟帶禺同咽喉巴濮求於安撫必也機謀深慮異時莫副虛佇然竊尋史傳所載語父子之間雖石苞獨異石崇而山濤不知山簡亦豈敢保其孱陋遽遣退藏但當授以一經訓之大杖庶將寡過以謝明恩染翰銜情封牋寫抱小人多事拜台席以猶賒童子何知上賓階而在即瞻望閣闥死生以之伏惟深賜鑒信謹啟

爲河東公謝相國京兆公第三啟

伏奉別紙榮示欲令男珪仰從麾旆感激重顧寢興失常相公爰自奧區將臨巨鎮當求國器以耀戎旃渠書劒無聞凝黠相半昨者謬蒙與國命厠羣僚發遣已來憂慙未定豈可再升上梱重託後車混七子之聲塵列三公之掾屬所虞辱命安敢顧私況古之在三父生師教今世既無師道所奉之主當爲渠雖甚愚亦知斯義倘得永依油幕長侍絳紗雖闕晨昏乃在霄漢向垂詢度伏用兢惶以渠將遠依投猶須教督伏望許乘驛馬假道弊藩三五日卽

遣榜小舟倍程下水必令界內得及軍前恩紀綢繆光榮浹洽雖萬里將遠實人心不孤言路情塗所難申喻伏紙搦管死生以之

爲河東公復相國京兆公啟

今月某日已遣某職鮮于位奉啟狀謁賀新寵至某日復遣腳力某乙奉啟仰諮行李願就坦夷今日蒙降專人且云告別正書輝握橫涕霑襟實影響以疚懷豈平生之易感伏承決取峽路東指廣陵相公亟歷雄藩惟循儉德空持經笥不事橐裝固以忠貫波神仁懷風伯自然利涉安

有異途雖二江雙流懸蜀土去思之懇而一日十旦慰揚州來暮之謠封域匪遐藩宣爲累不獲仰瞻使節竊止仙舟感戀之誠寄喻無所今遣節度判官李商隱侍御往渝州及界首已來備具饌牽指揮館遞伏惟俯從祖軷暫駐征帆南望烟波恨無毛羽下情不任瞻戀感激之至

爲河東公復相國京兆公第二啟

今月某日潘押衙侍御至伏蒙仁恩榮賜手筆數幅某獲依大國切日親隣將欲違離彌驚顧遇但當眴涕用對緘封伏承鳳詔已頒鷁舟期艤日臨端午路止半千不獲親

祝松年躬攀檜楫持百錢而莫追劉寵聞五鼓而空憶鄧攸仰望旌幢恨非巾履自觀符竹乃是網羅縱詞窮於刀筆之間終事溢於肺腸之外感恩戀德不知所爲

爲河東公上尚書侍郎給事賀冬啟

伏以水謝舊箭灰驚新律乘陰閉陽開之候見詠功祝壽之辰伏惟某官道以和光謙而受益皇恩三接且聞宣室之言清禁九重續奉台階之寄膺時納祐與國同休某方守藩維闕趨門屏無任結戀之至

爲河東公上西川白司徒相公賀冬啟

伏以水謝舊箭灰驚新律乘陰閉陽開之候見詠功祝壽之辰伏惟相公便自坤維更承兌澤遽收武節長轉洪鈞昔風后之佐軒皇不爲外相傅說之毗殷帝無敢專征獲奉恩知實所欣賴屬緣戎鎮闕詣軒庭數攀戀以誠深與願望而俱切

爲河東公上四相賀冬啟

伏以節在一陽慶歸三壽君子既聞於齋戒小人寧望於禱祈伏惟相公芝鶴延年松龜定命上毗左契下轉洪鈞立蒿柱之前長辭舜琯侍土階之側永數堯蓂某方限戎

行不獲拜賀攀戀之至實倍常倫

爲河東公上翰林院學士賀冬啟

伏以周正具至魯朔爰來禱祠既集於良辰戩穀且歸於內署伏惟學士靈龜薦壽威鳳均祥居石室於西崑自通仙路坐銀臺於東海不接人寰豈惟與國同休兼亦後天而老某方叨戎律正遠霄階珪賀末由結戀增劇

爲河東公上方鎮武臣賀冬啟

伏惟克隆多福永對休辰以竹苞松茂之姿奉周宸漢帷之化某方叨藩任款賀無由瞻戀之誠寄喻無所

爲湖南座主隴西公賀馬相公登庸啟

伏見某月日恩制相公登庸凡在藩方莫不稱慶相公恢宏廣度疎越正聲君子卷舒不違於仁義丈夫憂樂唯繫於邦家吳漢之不離公門袁安之每念王室今果明臺納諫武帳陳謨寧勞夢卜之資自契鹽梅之望況聖上儲精垂思保大定功推軒后師臣之規得周成畏相之道三古之英華未遠百王之損益可知仗乎元臣佇啟休運以不忽不忘貞百度以無偏無黨定九流仁遠乎哉古猶今也斯固祖宗降意華夏同誠某早忝恩光今當譴責思昔時

之叨位愧汗仍流賀今日之登賢歡心莫寄矧復系通屬籍任處藩條至於馳誠實倍常品伏惟鑒察

爲尚書范陽公賀吏部李相公啟

伏見今月某日制書伏承榮加寵命伏惟感慰伏以天垂北斗國有南宮伊法象之所存實根源之是繫伏惟相公中邱降瑞太昴垂芒列子以謂神全孟子之言性善抑揚今古秀絕天人動之則舟檝鹽梅不忘於康濟靜之則風松霞月莫究其孤高擅文武之無雙處品流之第一自頃事有消長時屬往居未啟金縢且分竹使而能用元元易守之道體金人不動之徵神明無闗於保持柯葉罔聞於易置龍樓入護虎節出征重安四海之心實慶一人之福今又薦承雨露顯執銓衡惟彼天官是稱冢宰周以太保領晉以侍中兼步驟雖殊考課斯在固當復持大柄重上泰階未求李重之箴已作臯陶之誥伏計仰緣宗社慎保寢興某早奉恩知又牽事任支離門下辛苦兵間非騏驥盛壯之時有手足凋零之痛遐思賀訴唯動禱祠戀德依仁不勝丹赤

爲度支盧侍郎賀畢學士啟

伏見除書伏承榮加寵命伏惟感慰伏以振域中之綱紀

屬在南臺極河內之文章歸於西署唯茲出入不在尋常郎中學士吞鳥推華奪袍著美纔端風憲俄上雲衢昨暮繡衣尚遺蒼鷹出使今辰綵筆遂令丹鳳銜書聞仙家勿洩之言見人世未知之事便當圖南勢就拱北功成擊水摶風一舉千里某常懷嚶囀叨奉眷知乏仰冰雪之清標空聞金石之孤韻敢言投分自賀知人今則坎軻藩維淹留氣律兵法雖慙於金版夢魂猶識於銀臺恨非犯斗之星蹔經寥泬徒用映淮之月遠比輝光抃賀之餘兼有倚

望伏冀必賜監察

為同州任侍御上崔相國啟

憲啟憲質異楚材寶同燕石重以羈丱即定憫凶瞻遺構以闕然不堪多難奉成書而未就無處求生藐覷流離屢經寒暑逮於既冠猶恤無家叨承師友之覘獲忝簪纓之列此皆相公推孔李之素分念高國之舊家鏤朴雕頑拔聾扶瞶沐膏雨以令植假順風而使飛不然則安得獲驪龍之珠假獬豸之角榮皆過望感豈勝言而猶悵望下風徘徊高義望賀燕以難去撫棲烏而不安者蓋以相公以

伊皋之事業佐大君以揚馬之文章輔昌運一登宣室遂借前籌以有征無戰之方彰明下武以永逸蹔勞之勢恢拓中華不舞梯轞不鳴金鼓復數千里之沃野刷十五聖之包羞彼圍榖而榖人不知入鄭而鄭陴皆哭方茲決勝彼有多慚今百職聿修九功咸敘萬國佇登封之禮五山傾望幸之祥鰈至鶼來茅歸楛入馳湯騶夏轢漢陵周若憲者雖不能行舞舜戈坐耕堯壤至於獻千載河清之序裁二王助祭之詩歌咏相庭發輝帝載則其志願亦或庶幾伏希孫閣時開丙茵多恕克懋山公之德終全趙氏之

孤擁篲瞻門封函即路苑沙宮樹雖吟左輔之風煙良夜慶霄唯望中台之晷度感恩撫己誓志投誠仰惟輝光終賜埏埴下情無任感激攀倚惶戀之至

為賀拔員外上李相公啟

某啟某聞被彩飾於無用之姿斯須或可垂休光於不報之地始卒攸難至有馬疲而尚服輕軒席敝而猶存華幄懷仁則極備用無聞雖有切於戀思宜自量其涯分嗚呼某者今甚類焉翰柔莫申語苦難聽聊憑牋素用寫肺腸伏惟少霽尊嚴猥賜披省某伏思早歲仰累深知龍尾貽

讖敢通交契牛心前啗實愧時才世故推遷年華荏苒葭灰檀火屢變於寒暄靈濟泥涇遂分於清濁羈離管劉僶俛絃歌名汙柳營顏慚花縣竟以千金之產三徑無歸初服莫從迷津亟問屬者伏幸相公羹梅調味川楫濟時起塌翼於衡風活枯鱗於涸轍登諸蘭署轄彼芸籖臺閣移文語薛夏而無取東南才子並張率以何能未報前叨旋承後顧版圖被召花幕分榮收駑駘於阜棧之中刻蚣蝑於樂懸之上勢高足跌道泰身屯未竭私誠已嬰沈痼況某素無靈氣夙昧攝生之單豹養內之功闕王吉實下之

效湫底莫適節宣失中然猶深願待年少酬厚德三醫畢訪百藥皆投竟非无妄之災莫見有瘳之候濱於九死曼彼十旬取煖則煩加寒必痢髪寧支弁帶不成圍謝述心虚方茲未逮田光精竭比此猶强豈可尚占職員但尸俸入久塵物議且速殘骸况相公職統藩違時登衆寡任崇按比務繫孤終職是賓僚豈宜虚曠固不可下私微物曲降深慈憫將盡於桑榆妨得材於杞梓是以推枕興感攝衾占辭願申斂跡之期以贖曠官之咎祇聽裁旨用息兢惶必也舊履流恩遺簪結念恤以孀孤非少婚嫁未終不

使哀羸便辭祿仕致乎外地睎以末光未乖念錄之仁稍減憂慚之累亞尹諸府別乘近郊負荷無羞饘餬有繼則猶冀逢十全之藝延一日之生重登門牆再就埏埴是所願也非所望也詞多力殆感極涕繁避席承言未卜曾參之侍封函抒款异遺殷浩之書瞻望清光實動魂守伏惟特賜優詧

為桂州盧副使謝聘錢啟

戩啟錢若干伏蒙賜備行李謹依數捧領訖多若鑿山積如別藏丙科擢第未全染於桂香盛府從知却自驚於銅臭禮於是重富而可求既不憂貧惟思報德伏惟俯鑒微懇謹啟

李商隱七

爲舍人絳郡公上李相公啟

某聞量力省躬。典刑之深旨。度材任事。聖哲之良規。某雖甚愚。頗嚮斯義。屬者謬圖仕進。因藉時來。伏值相公顧以外藩。夙通襟契。憫羊曇之未立。早託謝家。憐康伯之無歸。常依王氏。拔於幽滯。處以周行。遂俾南憲中臺。屢承闕乏。內庭西掖。比辱昇遷。邁越時流。塵汙中旨。恩渥非次。性分難移。徒當侍從之榮。莫有論思之效。竟使懼因福過。疾以憂成。外雖全人。中抱美疢。常願青蒲瀝懇。紫殿披誠。進退未聞。過累仍積。及正名綸閣。收跡翰林。尋欲竊候休旬。伏拜蕭屏。謝昔年之朝獎。抒他日之私誠。而機事且繁。燮和少暇。齋沐累至。肝腸莫從。旋屬虜帳夷氛。壺關伐叛。絳臺北控。有元戎大集之師。鄭國東臨。過列鎮在行之衆。任當調發。事屬供須。豈斯擇林。皆在非據。周旋三郡。綿歷兩霜。頒宣詔條。祇惕廟畫。雖無咎悔。亦乏殊功。今幸四海無塵。六州嚮化。靈臺偃伯。衞室歸尊。是修明禮律之初。舉拔俊賢之始。而鄭之爲地。右臨梁苑。左倚成皋。比之列藩。實爲

劇郡。山東望族。幾同屈畀之強。洛邑頑民。常雜萑蒲之聚。永言出牧。豈易其人。而又孔道所因。使車旁午。送迎或闕。則怨讟流詞。館餼稍乖。則職司貽辱。託之金器。猶或難居。矧在朽材。寧宜久處。某伏思自隨宦牒。遽忝恩榮。位至圭符。寵當金紫。或筋骸無苦。心志有餘。即豈願踞熊軾以告勞。指隼旟而辭疾。直以攝生寡妙。舊恙無全。儻或形言。懼塵清聽。每朝昏改候。霧露消威。則或至問俗有違。在公多廢。坐爲尸祿。行有媿顏。而又貪明盛之時。有婚嫁之累。未敢高論止足。直乞退休。是以輒疏精誠。上干陶冶。伏惟相公雲龍協應。舟檝呈功。比屋可封。期於屈指。一夫不獲。固以動心。如蒙曲鑒深情。猥從志願。置之他所。以遂其愚。則吳楚列城。江關別郡。雖居鄰佐。亦委緝綏。獲安病躬。豈敢擇地。猶希磨淬鉛鈍。撫養疲羸。積以歲時。少裨塵路。伏惟試賜恩照。圜減帶緩。髮稀弁傾。窅然向風。目極心往。下情無任攀戀感激惶懼之至。

爲絳郡公上李相公啟

某少悲羈絏。不承師友之親規。晚學文章。麤致鄉曲之名譽。謬汙官秩。遂影華纓。握蘭清曹。視草禁掖。貪叨過極。憂

責非寧蚤爲寒暑所侵頗染肺腸之疾自頃以慶雲結蔭宸極繫心當就望以推誠於煎調而寡裕前歲伏蒙任使奉遠承明值朝廷興問罪之師原野有宿兵之餽絳城甚苦鄭馹非完加之以降虜移鄉仍之以貴臣銜命飛輓之外將迎實繁旁奉廟謨上尊詔旨動繁調發居勞撫安抱疾以臨爲日斯久伏幸姦兇克乂濡澤橫流是大朝黜陟之初良治埏鎔之始此郡路通四境名冠六雄軒蓋以來原野交錯萑蒲有聚武吏貽憂雖清時無杼柚之虞而常日有逋懸之賦必在假之賢守屬以強林然後謠詠克興

公私不廢豈可使某素兼痾恙本乏良能久於是邦以主東道饋飧將藥甌並進假牒與公案相隨含意不言貪榮是罪相公漢籌始運殷鼎將調度材任官歸於至當存誠愛物決在無頗竊敢自託緘封遠干樽俎俯期恩意以保衰微且某運偶昌期年初知命豈不願臨劇郡稍冀榮途但以力有所不任心有所不逮雖欲勉強實憂傾敗彼吳楚偏鄉非舟車要路永言凋瘵亦藉緝綏儻特降優容遂閒擬議則朽質有報恩之所羸軀收曠位之譏宿疢或痊理劇未晚伏惟試賜裁度鄉風披懇服義陳詞仰台耀以瞻輝望洪鈞而佇惠干冒尊聽伏積兢惕謹啟

爲絳郡公上史館李相公啟

某啟伏以秉大鈞者以物得其所爲先執大化者以材適於任爲急將以致理在明命官使輕重合宜大小有裕然後人稱其職職無廢人此相公之所明知也某材術素寡聲光莫聞偶叨承平謬登華顯洎分符竹使絕籍金閨一授專城再易灰琯且解巾臨郡前賢攸重一麾出守昔人所榮雖積戀於本朝實俯光於單緒況又此州管叔舊國帝鴻遺墟接彼崤巉浸以京索聚山東之右族通洛表之

宸居內揣非才頗虛信任而復以通莊所自假道攸繁載惟餞迓之勞實半頒宣之務必屬於壯齒付彼全人用以責功僅能集事某早年被病晚歲加深衣袴無取於潔清藩溷動淹於景刻徇己則坐墮物務業官則立致蕭衰欲俱濟於公私實加憂於寤寐矧茲仍歲適有外虞降卒征人旬時併集飛芻輓粟星火爲期以此疚心彌深舊恙今寰瀛大定雨露旁流高步翰飛一呼而至雲羅場藿萬里無遺將調斯人以求良牧得才爲美今也其時儻蒙允贊聰明曲聽奏記俯憐哀薾稍賜優容則亦不敢便掛簪纓

遠離陶冶江湖偏郡襦袴須人無根節之難少舟車之會俾之養理使得便安庶麤致人謠以酬廟算則某所謂材有稱職時無廢人凡在宦途皆仰時化伏惟試賜恩察違離漸久刺謁末由昔在孔門常忝四科之列今瞻魯史將期一字之恩下情無任感戀兢惶之至

爲絳郡公上崔相公啟

某啟某本洛下諸生山東舊族麤霑科第薄涉藝文謬籍時來因成福遇青縑赤管已忝於清華黃紙紫泥仍參於宥密相公早容薄伎獲寄光塵別殿朝迴禁林夜直每披

襟素常賜話言知蔣琬之爲公敢矜先見哀馬卿之多病亦辱來言圭律未遐銘鏤斯在相公鹽梅調味舟楫濟時晉水擒兇韓都蕩梗以不剛不柔貞百度以無偏無黨定九流若某者實有何能可叨出牧絳田巳非厥任榮波轉過其林間歲以來爲政非易有南遷之降虜有西出之戎師資扉所供餼牽之備未嘗造次敢怠躬親今梟獍埽除馬牛歸放將使坐臻富庶必先用得才能此地名高六雄實控東道分憂之寄自昔爲榮況在疏蕪敢忘涯分但以輶軒坌至賦貢川流非惟撫字之難兼有送迎之遽舊痾加甚朽質難堪假故稍頻曠廢爲懼又以宦游既久故里多違陶令之田園將蕪向平之婚嫁未畢顧惟羈絆未可歸休竊敢遠疏丹誠上干清重非獨祈恩於時宰實將誓款於已知儻蒙以然諾爲心誠明濟物垂憂不逮賜議所安則吳楚之間郡邑非少不當衝要或異膏腴使之須條庶可求瘼昨賊平之後啟事尋成冰霜始嚴筆札未暇又伏慮內庭展覲稱已推遷外郡寓詞頗乖流品沈吟有日鬱抑經時今則情素坐煎驅馳行久若猶緘嘿是負陶甄伏惟曲賜恩鑒誠懸書殿戀積台階比殷浩之空函情同

事異望孫宏之東閣魂往形留下情無任感激攀戀之至謹啟

爲興元裴從事賀封尚書加官啟 裴即封之門生

伏承天恩榮加寵秩伏惟感慰伏以蓬果兇徒遂爲逋寇三里霧未能成市五斗米乃欲誘人聯接坤維依憑艮險釁跳鋒刃冒觸罾罻尚書四丈機在掌中兵存堂上爰擇幕府俾帥軍行羊祜理戎輕裘緩帶祭遵臨敵投壺雅歌一舉而張角師殲再戰而孫恩黨盡長清沴氣永變巫風雖合勢於三川實先鳴於二子仰惟殊渥允謂簡勞當從

鈐管之榮便執陶鈞之柄蒼生之望孰不喁喁某早忝生
徒復叨參佐漢祖以蕭何爲人傑晏子以仲尼爲聖相當
今昌運繫我師門雞樹鳳池不勝心禱無任抃賀之至

爲崔從事寄尚書彭城公啟

福啟福聞雀辭楊館常懷寶篋之恩燕别張巢永結雕梁
之戀推誠況物某有類焉始者尚書晞髮丹山騰身紫府
曉趨清禁則瓊樹一枝夜直皇闈則金釭二等人寰莫見
塵路難逢而某志在諱窮勇於求益輒干阜隸自露菲葑
寶肆迴腸只期和氏豎門投足永念倉公果蒙愍彼顓愚

溢爲品目勾萌始達依周囿以揚翹滴瀝纔分託靈光而
振響輕軒短羽驟化窮鱗每欲陶冶肺肝耕耘筆硯麤調
宮徵以謝陽秋而義有多塗情非一概辭繁轉野意密彌
賒雖塗逭如韓遂之書反覆若葛洪之紙終無髣髴可得
端倪去歲洛陽獲陪良宴頻趨絳帳累坐青氈況聞懇拒
台階請從藩屏舉郗超之幕畫數阮瑀之軍書懸以嘉招
形於善謔何言違阻復積光陰潼水千波巴山萬嶂接漏
天之霧雨隔嶓冢之煙霜皓月圓時樹有何依之鵲悲風
起處巖無不斷之猿煎向義之初心軫懷仁之勁氣竊惟
秦鏡當簪衛桃一昨伏承擁節浚郊建牙隋岸將求捧幣
申好裂裳就塗接枚叟之餘光奉鄒生之末座又伏慮旋
登殷夢俄奉周畋徵詔已行拜塵無及徘徊失措抑鬱誰
聊必也華榻長懸簡書無廢郎割任安之席堪哂無圖負
田叔之鈐可嗟非據伏惟慎安寢膳勉護興居早秉信圭
速調大鼎至於禱祝實倍等倫半菽思貯於神倉一勺願
投於靈海道之云遠更開殷浩之函書不盡言重灑楊朱
之淚攀戀感激不知所裁伏惟俯賜鑒照謹啟

爲白從事上陳許李尚書啟

某啟伏奉公牒辟署節度巡官兼伏奉榮示賜及疋帛等
才異當仁事從非望拜受失度跪捧難勝某符彩無奇局
量有限徒以杜林外氏學富文華謝朗舉宗皆親儒墨齠
年有志壯歲無名瞻遺構以自驚奉成書而未遂重以零
丁屬釁息類非蕃決稚圭之甲科則行有違離之苦效敬
通之卻掃則坐無供養之資徘徊盛時鬱抑衷懇敢思聘
召忽賜降臨尚書分戚天家揚輝王國攻文而丹青讓巧
論兵而鉤鈐慙能頃者言自執金雄推受脤河橋三壘當
弟子之輿尸易水一城值將軍之下世功深式遏道著綏

和中間衞朔拒君邢洺起亂紀侯去國汾晉挺災語其巢穴之間在我封鄰之側而又潛調遠勢密運良籌輕敵殘人則勇於不敢伐謀持重則令在必行今者趙北變風淮南受賜戎麾始至賓驛初開固合大選英髦以充僚屬豈期思慮遂及孱微賁帛豐盈寓圭重復慈親喜問孀姊號驚姓名遂列於羣英簪笏遽光於單緒感深肌骨戴重邱山未伸投刺之誠已定糜軀之誓伏以久將栖託兼議扶迎更涉旬時方遂行李漆園之蝶濫入莊周之夢竹林之蝨永依中散之身蓮幕含誠金臺結想瞻仰恩顧伏撓精

魂謹奉啟陳謝謹啟

爲東川崔從事謝辟啟

福啟伏奉公牒伏蒙辟署觀察巡官某早辱梯媒獲沾科第吳公之薦賈誼未塞前叨竇融之舉班彪仍當後忝仰觀蓮幕俯度桂科卵翼不自他門頂踵實非己物但齎灰粉遠逐旌旛雖有命以酬實無言可謝伏惟俯賜鑒諒

爲東川崔從事謝聘錢啟

福啟錢若干伏蒙賜備行李竊以白馬從軍青凫受聘磨文難滅校貫知多陸賈方驗於火花郭況莫矜於金穴感戴之至不任下情謹啟

爲山南薛從事謝辟啟

傑遜啟今月某日伏蒙辟奏節度掌書記敕下徒有長裾曾無綵筆初疑誤聽久乃知歸感激慚惶不知所喻某受天和氣而鮮雄才幸承舊族之華遂竊名場之價頃者湮淪孤賤緜隔音塵其後從事梓潼經塗天漢初筵末席披霧覩天自爾以來懷恩莫極鄭元之腰腹若掛丹青崔安之鬚眉常存夢寐方思捧持杖屨廁列生徒豈望便上仙舟遽塵蓮府尚書士林圭臬翰苑龜龍方殿大藩將求記

室是才子懸心之地詞人效命之秋豈伊疎蕪堪此選擢恩曾顏之供養念陳阮之才華自公及私終榮且忝伏以家室憂繁初解山川跋涉未任須至季秋方離上國撫躬泣下尚遥郭隗之門閉目夢遊已入孔融之座下情無任攀戀銘鏤之至

爲同州張評事謝辟啟

濳啟伏奉榮示伏蒙猥賜奏署今月某日敕旨授官承命恐惶不知所措某文乖綺繡學乏縑緗負米東郊止勤色養獻書北闕未奉明恩撫京洛之塵素衣穿穴訪江湖之

路白髮徘徊大夫榮自山陽來臨沙苑固以室盈東箭門咽南金豈謂搜揚乃加孱眇府稱蓮沼慚無倚馬之能地號雲門竊有化龍之勢便居帷幄遽別蓬蒿袁生有望於樵蘇楚子永辭於篋縷刻諸肌骨知所依歸伏惟特賜鑒察謹啟

爲同州張評事謝聘錢啟

潛啟錢若干伏蒙仁恩賜備行李重非半兩輕異五銖子母相權飢寒頓解細看銅郭徐憶牙籌雖云神有會衰便恐癖如和嶠辦裘無闕通剌有期感戴之誠不知所喻謹

啟

爲李貽孫上李相公啟

月日從姪某官某謹齋沐裁誠著於啟事跪授僕者上獻於司徒相國叔父閤下某伏遠牆藩亟踰年籥抱徵音於故器雖賞逐時遷竊餘潤於輿雲亦情由類至中阿弭節末路增懷沈吟易失之時悵望難邀之會石崇著引徒願思歸殷浩裁書其如慕義伏惟相公丹青元化冠蓋中州羣生指南命代先覺語姬朝之舊族莊武慚顏敘漢代之名門韋平掩耀將鄰三紀克佐五君動著嘉猷行留故事陶冶於無形之外優游於不宰之中始者主上以代邸承基瑯琊纘業明發不寐懷清廟之景靈日昃忘飧念蒼生之定命爰徵元老允在賓臣五載於茲六符斯炳頃單于故境獯鬻遺孽屢緣喪荒亟致攜貳夙沙自縛其主冒頓忍射其親遂去北邊欲事南牧旣赫斯而貽怒乃密勿以陳謀管氏將來屢發新柴之井留侯每入便聞借箸之籌羣帥受成中樞獨運前軍露板方事於羽馳清禁壽觴旋聞於月捷仍其貴種慕我華風或辨姓寫誠推諸右校或釋兵伏義列在周廬潞子離狄而春秋書徐夷朝周而大

雅詠其餘鴈鶩鳥散風去雨還亘絕幕以銷魂委窮沙而喪膽胡琴公主已出於襜襤毳幕天驕行遣其湩酪向若非薛公料敵先陳三策充國爲學盡通四夷則何以雪高廟稱臣之羞全肅宗復京之好此廟戰之功一也惟彼參伐實輿皇家天漢美名方之尚陋春陵王氣比此非多而物衆藏姦地寬長孽敢起在行之衆因輿逐帥之謀遂使起義堂邊台臣夙駕晉陽宮下逆豎宵奔翻勢將冀於連雞勇鬬尚同於困獸詎知長算已出奇兵金僕靈鉦靡留於旬朔優輿貫木已集於都街此廟戰之功二也潞寇不

懲兩豎之兇徒恃三軍之力干我王略據其父封袁熙因累葉之資衛朔拒大君之詔人將自棄鬼得而誅蛙覺井寬蟻言樹大招延輕險曾微吳國之錢藏匿罪亡又乏江陵之粟所謀者河朔遺事所恃者巖險偷生今則趙魏俱攻燕齊併入奉規於帷幄遵命於指蹤亞夫拒吳驚東南而備西北韓信擊魏艤臨晉而渡夏陽百道無飛走之虞一縷見傾危之勢計其反接當不踰時是則陳曲逆之六奇翻成屑屑葛武侯之八陣更覺區區此廟戰之功三也三寇殄滅萬方率同將盪海騰區夷山拓宇高待泥金之

禮雄專瘞玉之辭煙閣傳形革車就國盡人臣之極分煥今古之高名況又奉以嘉聲諧茲國檢闕文賜粮遠箴醉飽之徒晏子朝衣橫勵輕肥之俗比周息慮孤介歸仁紹績勳家扶持舊族罔容私謁皆事公言景風至而慶賞先行仲呂協而賢良必遂豈直杜伯山之令子大邑傳家陶彭澤之孤孫西曹受署重以心游書圃思託文林提枹於絕藝之場班揚掃地鞠旅於無前之敵江鮑輿尸故矯枉則黃冶之賦興游道則知止之篇作辭窮體物律變登高文星留伏於筆間綵鳳翱翔於夢裏此固談揚絕意倣效何階若某者徒預宗盟早塵清鑒而行藏遷貿岐路差池令將抽實吐誠推心敘款緘猶未寫詞已失煩某爰自弱齡實標孤操寒郊映雪暑草搜螢雖有謝於天姿或無慚於力學庚持奇字信未皆通敬禮小文頗常留意太和中敢揚微抱竊獻短章方候明誅忽蒙復命荆州一紙河東百金叨延月旦之評長積竹林之戀竟以事將願背蹇與身期離索毎多交攀莫遂武陵被病洛表求醫未及上言先蒙受代肩輿而至杜門以居蓬藋荒涼風霜迅厲今已稍痊美疢獲託休辰般鈎體羸尚能爲郡馬卿疾罷猶可

言文退無井臼之資進乏交朋之助是以徘徊軒幄託附緘封冀陳蔡之及門庶江黃之列會敢渝孤直仰累清光東浪驚年西飈結歎矢心佩賜畢命銜輝道阻且躋書不盡意金楹假蔭望同相賀之禽珠岸迴光庶及不枯之草明懸肝膽唯所鑪錘干冒尊嚴伏用兢灼謹啟

爲柳珪上京兆公謝辟啟

某啟散兵馬使陳朗至伏奉榮示兼奉公牒伏蒙召署攝成都府參軍充安撫巡官者師襄鼓缶或近翫人和氏搜珉能無驚物跪受高命莫知所裁某藏豹不堅雕龍未巧

徙承庭訓遂廁人曹比衞家之一兒天懸鵬鷃望鄴中之七子風逸馬牛已忝決科敢思筮仕伏惟相公以仁義禮智信爲基構用溫良恭儉讓爲藩籬堯時則業貫夔龍殷代則道符尹說入秉文教出曜兵權揮神鋒而劍合陰陽述雅誥而筆開造化況天有井絡地稱坤維控三巴百濮之雄帶南詔西山之險人稱奥府帝謂殊藩固已廣集英豪用資參佐珧簪珠履綠水紅蓮成籍籍於淮山致憧憧於燕路若某者徒將慕藺何足望回又安敢拂其塵埃加以冠履伏思相公直以大人頃居班列獲奉恩私羅照乘

於驪淵覬歸昌於鳳穴未見其可處之不疑曾不念木朽石頑雕鐫莫就榆瞑豆重性分難移古人所以有以榮爲憂受恩如敵斯言之作珪也有焉今月六日辰時輒奉辟書具聞晨省仰承嚴旨便定行期而又內奮弟兄外誘交友傳翼類虎生角如麟事誠實於顯榮勢莫知其報效但須旬日方拜旌旄當洗心爲齋延頸以望持千尋之建木想像瓌姿周萬頃之澄波比量曠度戴恩揣己投命依仁神之聽之百生如一謹啟

爲柳珪上京兆公謝衣絹啟

某啟伏蒙榮示賜及前件衣服段及束絹等謹依處分捧受訖伏以大人自處通班彌修儉德田園惟恐蕪没子弟不免飢寒去春成名首秋歸覲雖才非張載未刊劍閣之銘而志慕胡威敢問荆州之絹豈意相公復以簡書召署筐篚加恩古者贖百里奚纔持五羖誚程不識猶惜一錢況某碌碌無奇容容自守敢邀厚幣來自雄藩品目難名珍纖可玩仰李膺之德尚未登門讀戴聖之書已驚潤屋下情無任戴荷悚懼之至謹啟

爲柳珪上京兆公謝馬啟

某啟伏奉榮示令將前件馬及行官延接者某將仕大藩苦無遠道得蒙恩禮曲賜優崇扶以武夫濟之良馬經過燕館將耀於鳴騶夢寐梁園只思於飛鞚感佩之至不任下情謹啟

爲張周封上楊相公啟

某啟某聞不祥之金大冶所惡自衒之士明時不容斯實格言足爲垂訓然或顧逢伯樂但伏鹽車聽屬鍾期不調綠綺皋壤搖落老大傷悲同劉勝之寒蟬效子綦之枯木則亦跡歸棄世行闕揚名某價乏琳琅譽輕鄉曲麤沾科

第薄涉藝文錐不穎於囊中水竟深於山上淹留侯國祇事戎麾插羽佩鞬從相公於關右東書載筆隨校尉於河源自北徂南已秋復夏心驚於急絃勁矢目斷於高足要津而又永念敝廬空餘喬木山中桂樹遠媿於幽人日暮柴車莫追於傲吏捋鬚理鬢霜雪呈姿弔影颺音煙霞絕想徒以相公遠敦世故容在恩門存趙氏之孫受梁王之禮竽將濫吹石有參璵咳唾隨風眄睞成飾追維疇曩會是逢迎蜀郡登文翁之堂上國醉曹參之酒吹噓盡力撫愛形顏雖以捧承莫能銜戴況許之高遝光彼官情以曲

臺之任用猶輕憲署之發揮方盛仍期官牒不越歲時今則節邁白藏候臨元律燕雖戀主馬亦嘶風郭伋還州尚不欺於童子文侯校獵寧爽約於虞人苟四時之信是孚亦一諾之恩斯及況自元和以後公侯家嗣卿士子孫與之同時歷然可數莫不翔踰鳥道泳出龍津或並命南臺或迭居青瑣金朱照耀軒蓋追隨某雖忝伊人亦惟華冑比王謝之子弟誠有重輕在嵇呂之交朋宿常連接而獨分光鄰女貸潤監河野鶴天麟絕比倫於朝右髯參短簿困擬議於軍前竊聽重言常與深嘆是以願馳蹇步誓奉光塵儻或廁錯薪之斯翹詠歸荑之自牧少窺上路試睨重霄擊水三千蹔隨鵬運墱流十二免使魚勞猶能贊敘燮調謳歌鎔範庶無雅拜以累於君公不使繁聲見憂於仲子心懷台席夢結邊城寓尺牘而畏達空函寫丹誠而慙非健筆仰望恩顧下情無任攀戀感激惶懼之至

為某先輩獻集賢相公啟

某啟某竊覩貞觀朝書伏見文皇帝因夢吹塵方求風后於畋問卜始載磻溪事偉於王圖道光於帝載下惟敷袵上則虛襟纏綿圖緯之前窈窕天人之際崇基立極四足

雖斷於神鼇開物成功七竅仍沾於混沌禹羞乘檋舜恥彈琴白烏已見於將雛朱草仍聞於滯穗共工蚩尤之輩與貳負同拘豕韋晉耳之徒與七騶共御是以今上以貽謀負扆相公以餘慶持衡用十一德之資贊七百年之祚古猶今也仁豈遠乎伏惟相公日觀同光天球並價揚鋒露鍔則武庫常開散藻摛華則文星鎮見一言悟主三接承恩季孟伊緜友朋蕭邴漢皇發論十萬常媿於淮陰齊后推誠一二皆歸於仲父百度既已貞矣九流又復清焉牆東竄北隱淪者咸欲呈材猿飲鳥言僻陋者皆思入貢

莊生獻臂楊子拔毛三百篇之詩更無諷刺二百年之史永絕譏嫌斯乃百代可知一言以蔽豈立錐側管可折齒尋環巍乎煥乎盛矣美矣若某者剖心寡竅對面多牆小比焦螟敢矜巢窟微同觸氏寧務戰爭徒以簪紱承家階庭受訓堂中得桂已有前叨幕下開蓮仍當後忝所宜括囊無咎綵服爲榮絕方朔之上書罷禰衡之投刺直以措心賢路誓志昌時既慕義無窮思有道則見伏惟相公霧能蔚豹雷可燒龍爲百氏之指南作九州之木鐸任安彥國已在於廄中揚子馬卿並歸於門下而猶渴飢未副影

響無寧請客者不解衾裯當關者空存皮骨此某所以淮山遠至漢棧斯來望姬旦之吐飧冀張華之倒屣以昇堂客衆擁篲人多苟無醱醆之言難佐仲宣之陋今輒以常所著文若干首上獻伏惟少迴巖電微駐台星固無望於討論庶或觀於指趣儻蕭稂可刈管蒯無遺蒙文宣一字之褒得元晏三都之序便若神巫去厲司命添年禱祝之誠造次於是門遙閶闔路隔瀛洲於人世存思空移氣序以塵中仰望未見端倪希陪上士之流終預羣仙之末祈恩望德乃百斯生干冒威嚴下情無任惶懼感激之至謹

啟

為韓同年瞻上河陽李大夫啟

某啟某材術空虛行能無取因緣慰薦蒙記姓名劉宏一紙之榮方斯未重季布百金之諾比此猶輕昨者李涿侍御北來又蒙降以重言將之厚意望輝光而便同簪履在負荷而何啻邱山況某婚姻早聯門館外舅以列藩之故家人延自出之恩重疊依投綢繆顧遇東牀坦腹早以媿於郗公朱邸曳裾復欲階於謝掾儻復清風時至丹慊獲申實於生前識其死所伏希恩鑒謹啟

為舉人上翰林蕭侍郎啟

某啟某聞師曠之琴不鼓之則無以召元鶴楊義之石不用之卽無以聘應龍物既有之言亦猶是伏惟侍郎學士絪縕降秀翕闢資華天上比方但有文星矗爾人間擬議未將太華爲然爰自妙齡遂肩名輩當時人物何戰惟效於褚公邇日風流杜乂難方於衛玠加以宏成與石郭璞傳毫渙水倘來皆逢藻績荆峯若至只有瓊琳合沓縑緗縱橫筆硯三都作序不勞皇甫士安萬乘爲寮只有東方曼倩況從近歲且有外虞傅介子在樓蘭國中奇功未就

班仲升於玉門關外報命猶賒雖太平之業已隆而震耀之威尚作侍郎又綢繆武帳密勿皇圖九天九地之兵寧因舊學七縱七擒之術固已元通用視草之工解按劍之怒手爲天馬心繪國圖九重之中蹔煩前箸萬里之外輒散衡車位誠在於論思功已參於鎮撫圖書之府鼎鼐之司伊咎懸遺恨之誠夔說貯妨賢之媿載惟後命夫豈踰時抑某又聞之昔管仲經邦賓客有二周公待士吐握皆三丙丞相之車茵寧彈醉客平津侯之賓館不礙布衣並脂粉簡編冠纓圖史後之披卷皆若升堂侍郎美譽旁流

高節彌折擔簦者成市躡蹻者如雲此乃前賢後賢不殊軌轍往哲來哲非異門牆縱燕有黃金之臺齊爲碣石之館料其棟宇必已荒蕪若某者陋若左思醜同王粲鬢眉不及於崔琰腰腹無預於鄭元若值庭蘭固多慙德如逢巖電不望齊名重以惠劣彌生專非董氏殊顏回之易鑄若宰我之難雕徒欲萬卷咸披且乏五行俱下叨從歲賦勉致文編戶戶醬瓿唯聞見辱人人蓋臼不肯留題再困於魚登一慚於雁序（其長兄兩舉及第）然天付直氣家傳義方雖在顓蒙不苟述作廣絕交之論抑有旨焉移太常之書非無爲也頃者曾干閽侍獲拜堂皇既容納之有加遂希望之滋甚爾後以毛傷垣彈鱗損任鉤拔刺不遷噞喁無暇既乖受教便以經時今孝秀爰來風霜已積秦人屢出自欲焚舟楚卒數奔誰敎拔旆是以更持魚目當夜肆以沽諸復挈豚蹄祝天時之未已義誠多媿志亦可憐倘蒙猶枉鉛華更施丹艧俾其恩地不在他門雖不及采椽備枝梧於大廈亦庶乎稊米增流衍於神倉與夫九九之能猶或萬萬相遠誠深詞切聲急響煩仰郭泰之龜龍望仲尼之日月濡毫伏紙億萬常心干冒尊嚴伏用戰灼謹啟

爲舉人獻韓郎中琮啟

某啟某少承嚴訓早學古文非聖之書未嘗關慮論都之賦頗亦留神徒以不授彩毫未吞瑞鳥馳名江左陸機莫及於才多擅譽鄴中王粲終聞於體弱上下羣士差池累年頃者輒露疏蕪不思狂簡捧爝火以干日御動已光銷抱布鼓以詣雷門忽然聲寢不謂郎中授材路廣登客門寬望犬附書冀雖談易特垂題目曲賜丹青旋屬榮幡從行神州視膳同孟陽之覲蜀比孝若之歸齊雖佩恩私竟乖陳謝光陰荏苒誠抱勤拳今此秋期遂有天幸更奉禰

衡之刺。敢無譏蔑之言。某在京多時。自夏有疾。失外郡薦名之限。俯神皋試士之期。物情既集於宗師。公選果歸於令季。懷材者皆云道泰。抱器者自謂時來。以卞和爲玉人。無不收之瓊玖。得蹇修爲媒氏。無不嫁之娉婷。是以願託一拳潛布百兩。顧方流而有託。慮良會之猶賒。伏惟郎中與先輩賢弟。價重兩劉。譽高二陸。比李膺則仙舟對棹。方馬融則絳帳雙褰。若某者雖陋若左思。瘦同沈約。無庾信之腰腹。乏崔炎之鬚眉。然至於感分識歸。銜誠議報。將酬楊寶則就雀求環。欲答孔愉則從龜覓印。推其異類。不後

他人。謹復軸新文。重干清鑒。馬卿室邇。孔子牆高。遲面莫由。瀝肝無所。任重道遠。方懷驥坂之長鳴。一日三秋。空詠馬嵬之清什。知深可恃。言切成煩。幽谷未見於鶯喬。曲沼空勤於鳧藻。仰瞻几閣。伏待簡書。謹啟。

謝座主魏相公啟 爲弟作

羲叟啟。伏奉前月二十八日敕旨。授秘書省校書郎。知宗正表疏。續奉今月五日敕。改授河南府參軍。依前充職者。小宗伯之取士。早辱搜揚。大宗正之薦賢。又蒙抽擢。未淹旬日。再授班資。任重本枝。職齊載筆。方殊王逸。惟注楚辭。有異郗隆。但攻蠻語。此皆相公事均卵翼。勢作風雲。特於汩沒之中。俯借扶搖之便。孔龜效印。未議於酬恩。楊雀銜環。徒聞於報惠。感忭之至。罔知所裁。謹啟。

謝宗卿啟 爲弟作

羲叟啟。伏蒙奏署知表疏官。伏奉前月二十八日敕旨。授秘書省校書郎。續奉今月五日敕。改授河南府參軍者。某少實艱屯。長無才術。徒以與周同姓。從魯諸儒。託阮籍之竹林。攀郗詵之桂樹。曲蒙題目。猥被薦聞。惟我大朝。克崇宗祏。敘文昭武穆之位。敦紹堯纘禹之親。豈以斯文。失於

能者。況一蒙旌錄。再忝恩榮。班資將廁於郗超。職業幾踰於孫楚。感結所至。死生以之。即以今月某日發赴所職。登門在近。縮地是思。惟勒肺肝。恨無毛羽。伏惟特賜恩鑒。謹啟。

欽定全唐文卷七百七十八

李商隱 八

獻相國京兆公啟

某啟人稟五行之秀備七情之動必有詠歎以通性靈故陰慘陽舒其塗不一安樂哀思厥源數千遠則鄘邶曹齊以揚領袖近則蘇李顔謝用極菁華嘈囋而鐘鼓在懸煥爛而錦繡入翫刺時見志各有取焉某爰自弱齡側聞古義留連薄宦感念離羣東至泰山空吟梁父南遊郢澤徒和陽春游於自得之場實竊德音之選伏惟相公既康大

政復振斯文論風雨則秋柎芬華語霜霰則春條零落發軔於風力解鞍於伊咎宮商賁正始之音寒暑協中和之序是故贊其纓拾俟彼斧斤神氣雖怯於大巫名字願聞於下客舊詩一百首謹封如別延之設問希鮑昭之一言何遜著名繫沈約之三讀干冒嚴重延望恩輝進退之間若據泉谷伏惟俯賜容納謹啟

獻相國京兆公啟

某啟昔師曠薦音元鶴下舞后夔作樂丹鳳來儀是則師曠之絲桐以元鶴知妙后夔之金石以丹鳳彰能然而師曠之前撫徽軫者不少后夔之後諧律呂者至多曾不聞元鶴每來丹鳳常至豈鳴皐藻質或有所私巢閣靈心不能無黨以今慮古愚竊疑焉伏惟相公正始敦風中和執德衛玠談道當海內之風流張華聚書見天下之奇祕自頃出持戎律入踐台司暗合孫吳乃山濤餘力自比管樂亦孔明戲言斯皆盡紀朝經全操樂職雖魯庭更僕魏館易衣欲盡揄揚終成漏畧而復調元氣之暇居外相之餘偃仰縑緗留連章句亦師曠之元鶴后夔之丹鳳不疑矣若某者幼常刻苦長實流離鄉舉三年纔霑下第宦遊十

載未過上農顧筐篋以生塵念機關而將蠹其或綺霞牽思珪月當情烏鵲繞枝芙蓉出水平子四愁之日休文八詠之辰縱時有斐然終乖作者去前月二十四日誤干英聽輒露微才八十首之寓懷幽情罕備三十篇之擬古商較全疎過豐隆以操槌對西子以窺鏡比其潤畧仍未等倫然猶斧藻是思丹青不足亟揮柔翰屢黷神鋒詎成褒德之詞自是抒情之日言無萬一讀有再三不謂恕以蕭稂加之金蘘頻開莊驛累泛融尊揖西園之上賓必稱佳句攜東山之妙妓或配新聲是以疑元鶴之有私意丹鳳

之猶黨者葢在此也始榮攀奉俄歎覲屯以樂廣之清羸披揚雄之癲眩遥煩攻療旋曠趨承遊梁苑以無期寫漳濱而有日矧以游丁鰥孑不忍羇孤期旣迫於從公力遂乖於攜幼安仁揮涕奉倩傷神男小於嵇康之男女幼於蔡邕之女每蒙顧問必降咨嗟撫身世以知歸望門墻而益懇當今允推常武將慶休辰軒后之憶先鴻殷帝之思盤說詳觀天意取在坤維弼光宅之功議置器之所載求列辟誰取抗衡愚此際黨必辨杯蛇不驚牀蟻尚冀從下執事爲太平民望謝傅之蒲葵詠召公之棠樹恭惟愼調

寢膳克副人祇伏恐本府已有追符即日徑須上路倚大夏之節杖入彭澤之籃輿不復拾級賓階致辭公府故欲仰青田之敘感瞻丹穴以興懷禿逸少之鹿毛書情莫竭盡休明之璽紙寫戀難窮企望旌幢無任隕淚感激之至謹啟

賀相國汝南公啟

某啟日者慶屬中興運推常武仰窺金版遐考瑤圖順祖之孝思丹青曾閟憲皇之功烈刀机彭韋聖上初九潛泉登三佩契以后稷岐嶷爲小慧故人莫得知以漢皇雲物爲下群故神無所豫洎陟元后洪維長君固必降非常之人輔維新之政伏惟閤下昭回降彩沆瀣融精往執靈鉦正星辰之分野今調鏤鼎猶日月之得天昔軒后師臣咸王畀相殷奉伊尹則謂之元聖周事呂尚則命爲太公此王者之所以尊賢傑而不以爲疑也至於姬旦金縢不與燕召同列仲尼麟史不令游夏措辭甘盤尊舊學之名夷吾居仲父之位此又賢傑之所以自負其道而不以爲讓也上下交感人祇協從是我后夷姦秉哲之辰實閤下宰物匡時之日清廟係心蒼生延首允也無閒樂哉惟時某

早奉輝光常蒙咳唾牛心致饗麈尾交談而契濶十年流離萬里扶風歌則劉琨抱膝白頭吟則鮑昭撫膺重至門闌空餘皮骨方從初服無補大鈞穿履敝衣正同北郭槁項黃馘乃類曹商未知伏謁之期徒切太平之賀下情無任抃舞踴躍之至謹啟

上兵部相公啟

商隱啟伏奉指命令書元和中太清宮寄張相公舊詩上石者昨一日書訖伏以賦曠代之清詞宣當時之重德昔以道均稷契始柒江亳今幸慶襲韋平仍鐫宋石依於檜

并蹈彼椒墻扶持固在於神明悠久必同於天地况惟菲陋早預生徒仰夫子之文章曾無具體辱郎君之謙下尚遣濡翰空塵寡和之音素乏入神之妙恩長感集格鈍慚深但恐涕洟終斑琬琰下情無任戰汗之至

賀崔相公轉戶部尚書啟

伏見某月日恩制伏承榮加寵命伏以聖上能順考古道相公以浚明有家夜思晝行則裴安之每念王室柔遠能邇則吳漢之不離公門躬贊休辰首獻明號克宣天澤榮轉地官擾周禮之兆人選同農父寬虞書之五教任比司徒宗社降輝華夷快望況某叨蒙任使早被恩知未期黃閣之趨預祝緇衣之美抃賀瞻戀不任下情

上時相啟

商隱啟暮春之初甘澤承降既聞霑足又欲開晴實關燮和克致豐阜繁陰初合則傳說爲霖媚景將開則趙衰呈日獲依恩養定見昇平絕路左之喘牛用驚丙吉無廄中之惡馬以役任安偃仰興居惟有歌詠瞻仰闈閫不勝肺肝謹啟

獻襄陽盧尚書啟

伏蒙仁恩賜及前件衣服疋段漆器等謹依榮示捧領訖衣雜綵繒重輝褻褐器兼丹漆載耀顏瓢悚戴之誠不任陳謝昨日伏奉榮示猥以拙製形於重言夫廣野之氣或成宮闕擊轅之音有中風雅蓋其偶會豈曰必然又安足介寵慎之仰占動夔牙之傾聽三兄尚書早貞文律久味道腴永惟一字之褒便是百生之慶昨晚又復蒙遠遣軍吏重降手箋揄揚轉極撫納茲深某爰自弱齡叨從名輩邅迴二紀慶弔一空詞苑招魂文場出涕重曆疊翮零落無遺高幹修條凋摧畧盡乘風匪順無水憂沉豈謂窮塗再逢哲匠昇堂辱顧披卷交談不獨垂之空言屬又存之眞蹟爰增懦氣載動初心庶或武陵之溪徼接桃源之境平昌之井暗通荆水之津況異物以達誠弭中阿而攀德南嚮旌旆實所知歸

上河東公啟

商隱啟兩日前於張評事處伏覩手筆兼評事傳指意於樂籍中賜一人以備紉補某悼傷以來光陰未幾梧桐半死方有述哀靈光獨存且兼多病眷言息允不暇提攜或小於叔夜之男或幼於伯喈之女檢庾信荀娘之啟常有

酸辛詠陶潛通子之詩每嗟漂泊所賴因依德宇馳驟府庭方思效命旌旄不敢載懷鄉土錦茵象榻石館金臺入則陪奉光塵出則揣摩鉛鈍兼之早歲志在元門及到此都更敦夙契自安衰薄微得端倪至於南國妖姬叢臺妙妓雖有涉於篇什實不接於風流況張懿仙本是無雙曾來獨立既從上將又託英寮汲縣勤銘方依崔瑗漢庭曳履猶憶鄭崇寧復河裏飛星雲間墮月窺西家之宋玉恨東舍之王昌誠出恩私非所宜稱伏惟克從至願賜寢前言使國人盡保展禽酒肆不疑阮籍則恩優之理何以加焉干冒尊嚴伏用惶灼謹啟

上河東公第二啟

商隱啟某聞周朝貝葉列妙引於王褒梁日枳園灑芳詞於沈約必資乎鴻筆麗藻刻乎貞金翠珉然後可以充足人天發揮龍象苟其瞹昧卽匪莊嚴爰託亨塗夙聞妙喻雖從幕府常在道場猶恨出俗情微破邪功少二百日斷酒有謝蕭綱十一年長齋多慚王奐仰戀東閣未歸西林近者財俸有餘津梁是念適依勝絕微復經營伏以妙法蓮華經者諸經中王最尊最勝始自童幼常所護持或公幹漳濱有時疾薾或謝安海上此日風波恍惚之間感驗非少今年于此州長平山慧義精舍經藏院特㧞石壁五間金字勒上件經七卷既成勝果思託妙音伏惟尚書有夫子之文章備如來之行願不逢惠遠已飛廬岳之書未見簡棲便制頭陀之頌是故右繞三匝仰希一言庶使鵝殿增輝龍宮發色流傳沙界震動風輪報恩于蓮目果脣奪美于江毫蔡絹伏希道念特降神鋒瞻望旌幢攜持硨斧曝身晞髮以候還辭無任懇迫之至謹啟

上河東公第三啟

商隱啟伏奉榮示伏蒙仁恩賜撰金字法華經記一首正冠薦笏跪捧伏讀聽儀鳳之簫管祇恐曲終對仙客之棋枰仍憂路盡欣榮羨慕造次失常前者爰託翠珉將翻貝夾方資護念麤冀標題換骨惟望於一丸劉身止求于半偈豈謂尚書載持夢筆仰拂文星入不二法門住第一義諦儒童菩薩始作仲尼金粟如來方為摩詰鋪舒于無上藻輝于至真而又以七喻之徽較五常之要脗然合契永矣同塗既令弟子言詩又與聲聞受記一佛出世萬人所望不知孱微何以負荷便當刻之鳥篆置彼龍宮此則吹

之以宋玉之風。照之以謝莊之月。彼則傳之於赤髭疏主。示之以白足禪師。然後負幕趨門。前騶入廄。以鉗奴爲歡友。與車御爲良朋。冀必從公。以謝嘉命。過此而往。不知所圖。下情無任距躍感激歡喜信受之至。謹啟。

上河東公謝辟啟

商隱啟。伏奉手筆。猥賜奏署某少而孱薾。長則艱屯。有志爲文。無資就學。雖雜賦八首。或庶于馬遷。而讀書五車。遠慙于惠子。契濶湖嶺。淒凉路岐。罕遇心知。多逢皮相。昔魯人以仲尼爲佞。淮陰以韓信爲怯。聖哲且猶如此。尋常安

能免乎。是以艮背却行。氷心自處。羅含蘭菊。仲蔚蓬蒿。見芳草則怨王孫之不歸。撫高松則歎大夫之虛位。不可終否。屬于高明。伏惟尚書春日同和。秋霜共烈。叔子則九代清德。稚春則七葉素儒。君子立言。永爲周禮。正人得位。長作歲星。今者初陟將壇。始敷賓席。射洪輿壤。潼水名都。俗擅繁華。地多材儁。指巴西則民皆譙秀。訪臨邛則客有相如。舉纖繳以下冥鴻。執定鏡而求西子。惟所指命。便爲丹青。若某者。又安可眩露短林。叨塵記室。鹽車款叚。徒逢伯樂而鳴。土鼓迂疎。恐致文侯之卧。承命知忝。撫懷自驚。終無喻蜀之能。但誓依劉之願。未獲謁謝。下情無任感激攀戀之至。謹啟。

上河東公謝聘錢啟

某啟。伏蒙示及賜錢三十五萬。以備行李。謹依榮示捧領訖。伏以古求良林。必有禮幣。一束芻皆堪睍美。五羖皮未曰輕齎。况某跡忝諸生。名非前哲。尚逋玉帳。已賚金錢。訪蜀郡之卜人。懸之莫竭。遇河間之姹女。數且難窮。未草檄以愈風。不執鞭而獲富。敢將潤屋。且以騰裝。戴荷之誠。寄喻無地。

謝河東公和詩啟

商隱啟。某前因假日。出次西溪。旣惜斜陽。聊裁短什。蓋以徘徊勝境。顧慕佳辰。爲芳草以怨王孫。借美人以喻君子。思將玳瑁。爲逸少裝書。願把珊瑚。與徐陵架筆。斐然而作。曾無足觀。不知誰何。仰達尊重。果煩屬和。彌復兢惶。某曾讀隋書。見楊越公地處親賢。才兼文武。每舒繡錦。必播管絃。當時與之握手言情。披襟得侶者。惟薛道衡一人而已。及觀其唱和。乃數百篇。力均聲同。德鄰義比。彼若陳葛天氏之舞。此乃引穆天子之歌。彼若言太華三峯。此必曰潯

陽九派神功古跡皆應物無疲地理人名亦爭承不闕後來酬唱罕繼聲塵常以斯風望於哲匠豈知今日屬在所天坐席行衣分爲七覆煙花魚鳥置作五衙詎能狎晉之盟實見取鄶之易不以鼙鼓惠莫大焉恐懼交縈投措無地來日專冀謁謝伏惟鑒察謹啟

上尚書范陽公啟

某啟仰蒙仁恩俯賜手筆將虛右席以召下林承命恐惶不知所措某幸承舊族蚤預儒林鄴下詞人夙蒙推奬洛陽才子濫被交遊而時亨命屯道泰身否成名踰于一紀

旅宦過于十年恩舊彫零路岐悽愴薦禰衡之表空出人間嘲揚子之書僅盈天下去年遠從桂海來返玉京無文通半頃之田乏元亮數間之屋隘傭蝸舍危託燕巢春畹將遊則蕙蘭絕徑秋庭欲掃則霜露霑衣免調天官獲昇甸壤歸惟却掃出則卑趨仰燕路以長懷望梁園而結慮尚書道光士範德冠民宗愷悌之化既流鎮靜之功方懋竊思上國投刺東都及門惟交抵掌之談遂辱知心之契載惟浮泛頻涉光陰豈期咫尺之書終訪蓬蒿之宅感義增氣懷仁識歸便當焚遊趙之蹙毀入秦之屩束書投筆仰副嘉招謁謝未間下情無任感戀之至謹啟

上尚書范陽公第二啟

某啟某猥以謏聞仰承嘉命處囊引喻未施下客之能在握稱珍遂忝上卿之列循揣斯久兢惶不任况尚書學總百家術窮三畧文鋒筆力抉揚馬之壍門斂氣弓聲割韓彭之右地永言賓晝宜在民宗豈意非才旋蒙過聽末至居右既乏相如之譽後來在上終興汲黯之嗟手足分縈里閭交慶行吟花幕卧想金臺未離紫陌之塵已夢清淮之月依仁佩德白首知歸伏惟俯賜恩察謹啟

上尚書范陽公第三啟

某啟絹若干右特蒙仁恩賜備行李謹依數捧領訖嘉命猥臨厚賚仍及捉襟見肘免類於前哲裂裳裹踵無取於昔人感佩私恩不知所喻謹啟

獻侍郎鉅鹿公啟

某啟今月某日舍弟新及第進士義叟處伏見侍郎所制春闈放榜後寄呈在朝同年兼簡新及第諸先輩五言四韻詩一首夫元黃備采者繡之用清越爲樂者玉之奇固以慮合元機運清俗累陟降於四始之際優游於六義之

中竊計前時承榮內署柏臺侍宴熊館從畋式以風騷仰陪天籟動沛中之舊老駭汾水之佳人非首義於論思實終篇於潤色光傳樂錄道煥詩家況屬詞之工言志爲最自魯毛兆軌蘇李揚聲代有遺音時無絕響雖古今異制而律呂同歸我朝以來此道尤盛皆陷於偏巧罕或兼材枕石漱流則尚於枯槁寂寥之句攀鱗附翼則先於驕奢豔佚之篇推李杜則怨刺居多效沈宋則綺靡爲甚至於秉無私之刀尺立莫測之門墻自非託於降神安可定夫衆制伏惟閣下比其餘力廓此大中足使同寮盡懷博我

不知學者誰可起予某比興非工顓蒙有素然早聞長者之論夙託詞人之末淹翔下位欣託知音抃賀之誠輸墨無寄況乎仲氏實預諸生榮沾洙泗之風高列偃商之位仰惟厚德願沐餘輝輒慶鄙詞上攀清唱聞郢中之白雪媿列千人比齊日之黃門慙非八米干冒尊重伏用兢惶其詩五言二首謹封如別

獻華州周大夫十三丈啟

大夫以南陽惠化爲東雍先聲旬日之來謳歌已洽今者北誅雜虜西却諸戎蓮岳分憂雖期於河潤雲臺佇議終動於天慈伏料即時必降徵詔某方從羈宦遠違深恩昔日及門預三千之弟子今晨即路隔百二之關河瞻望清光不任攀結

謝鄧州周舍人啟

伏奉榮示兼賜及腰褥靴裁具酒筒盞杓匙筯等捧戴感激不知所爲伏念仰辱恩光嘗多違遠風波結懷臯壤銜誠始邂逅於江津又差池於門宇遽蒙厚賜以重離憂文革錦茵終成虛飾杯杓七筯誰與爲歡孤燭扁舟寒更永夜迴腸延首書不盡言伏計亦賜信察

獻舍人彭城公啟

某啟即日補闕令狐子直顧及伏話恩憐猥加庸陋惶惕所至感結仍深某長於邱樊早慙師友雖乏許靖幹時之材具實懷殷浩當世之心機而運與願乖言將俗背一邱一壑遠媿於幽棲十辟二徵近慙於籍甚已迫地勢屬此門衰覬念流離莫或遑息喬木空在弊廬已頹遂與時人俱爲歲貢三試於宗伯始忝一名三選於天官方階九品俸微五斗病滿十旬李陵空奮勇而無益陳平裸體美亦何爲方今聖政維新朝綱大舉徵伊臯爲輔佐用夔向以

論思大室澆風廓開雅道縲囚為學重見程生掌固受經復開晁子沉淪者延頸逃散者動心是敢竊假非詞仰干哲匠果蒙咳唾以及泥塗王遜之遥舉董聽方斯未逮蔡邕之出迎王粲與此非同得水可期摶風有望坐生羽翼平視煙霄儻或不悋鑄人必令附驥雖不足深窺閫奥遠及幾微然比於鼠識吉凶鸞知戊巳既殊異類盍有深誠延望光雲尚隔仙路伏紙魂動濡毫氣增伏願始終念察

獻舍人河東公啟

某啟前月十日輒以舊文一軸上獻即日補闕令狐子直

至伏知猥賜披閲今日重於令狐君處伏奉二十三日榮示特迂尊嚴曲加褒飾捧緘伸紙終慙且驚某本乏英華且無聲采雖成書有託而為裘未工重以迫於世資窘此家素管寧木榻坐已膝穿孔伋緼袍行而肘見然猶開卷獨得懸頭自强韋編鐵撾屢聞斷折亡書墜冊麤識篇題而投足多難寫誠無所舉非高第仕怯上農虞寄為官何嘗滿秩王華處世寧願異人况在下寮獨無誰語一至於此欲罷不能每念大漢之興好文為最悅洞簫之製則諷在後庭美子虛之文則恨不同世然猶揚雄以草元見誚馬卿亦用貲為郎何賓實之紛綸而名義之乖爽况乎志異數子事非當時司寇棲棲反歎為幸嗇夫喋喋誰為非賢又安可坐榮於寒谷之中自致於剛氣之上矧灰管難駐圭管無停若使蜀臣之九考不移漢郎之三朝莫過人嘲染鬢帶憤減圍即葛洪命迍永處跛驢之伍田光精竭必為駑馬所先伊秀鋭之既衰亦銑頴之都盡方今外無戰伐内富英賢閤下文為世師行為人範廓至公之路優接下之誠是願竊望門闌仰干閽侍果蒙旌異特損緘題夫收掌上之妍者在假之長袖騁櫪中之駿者必資於坦

塗然後可求其宛轉之能責其滅没之功是當延望實在深誠倘蒙一使御車輿之下座雖不足丹青時輩領袖諸生冀獲預於游談庶少賢於博奕伏惟念録謹啟

端午日上所知劍啟

商隱啟五金鑄衛形威邪神劍一口銀裝漆鞘紫錦囊盛傳自道流頗同古製未遇良工之鑒常為下客所彈龍藻雖繁鶻膏稍薄敢因五日仰續千齡厠玉玦于君侯擬象環于夫子所冀更蒙干灌重許三卿使武士讓鋒佞臣喪魄無荆王之遇敵手以麾城有漢相之策勳腰而上殿嘉

辰祝願平日禱祠伏惟恩憐特賜容納謹啟

端午日上所知衣服啟

商隱啟右件衣服等弄杼多疎紉鍼未至免李固之竒表累王衍之神鋒敢恃深恩竊陳善祝伏願永延松壽常慶蕤賓遠比趙公三十六年當國近同郭令二十四考中書肝膈所藏神明是聽仰塵尊重實用兢惶謹啟

為濮陽公涇原署營田副使賓牒

員外簪裾傳芳珪璋挺秀藴請纓之壯志擅夢筆之雄才諷于後庭賦推麗則試于前殿策號賢良猶以有感一言從來三揖早棲嶺表遠蹈海隅綿歷四周往還萬里洎節旄移所省闈將歸永懷求舊之誠尚鬱圖南之勢且為邦猶聞乎去食制敵難曠于運籌兼仗折衝是資談笑諸葛亮意在蔣琬果以成功趙莊子善彼欒書竟能集事既見君子竊慕古人幸當屈以求伸無惜翔而後集事須請攝節度副使

為濮陽公補保定尉張鵾巡官牒

前件官早棲州縣富有文辭過蘭成射策之年誠思屈跡當陸展染髭之日難議折腰屬賓榻方施使車旁午假其

俟館聊免没階事須差攝館驛巡官仍立行隨副使行軍已下

為濮陽公陳許補王琛衙前兵馬使牒

牒奉處分我之偏裨琛最夙舊且思往歲嘗從孤軍衣偏裻之衣靡求盡飾掌維婁之事未始告勞晚節彌堅壯心不改土田漸廣士卒逾多念此老成豈令新問事須補充衙前兵馬使

為濮陽公補盧處恭牒

右件官家承禮訓學肄樂章屬陳國東門古多長袖楚王下邑俗漸南音將陳饗客之儀兼切移風之雅其謹防三惑無奪八音杜濮水之遺聲絕吳宮之竊笑勿驕予官事須補充樂營使

為濮陽公補仇坦牒

牒奉處分昔坦綺紈主吾筆劄二紀相失一朝來歸惜其平生老在書計今重之侯國亦有私朝豈無他人不可同日舉為列校合屬連營尚有藉于專精俾兼司于稽勾事須補充散兵馬使兼勾節度觀察兩使案

為濮陽公補顧思言牒

右件官山棲自高棊品無敵空縱爛柯之思未逢賭郡之時以其勢協爭雄事同攻昧易局中之急刼佐麾下之權謀事須補充州衙推方將對局寧在沒階仍宴集不用公服趨走

爲滎陽公桂州署防禦等官牒

段協律

判官稟訓台階從知侯國庭蘭並馥巖電齊明且憶非才嘗分曩顧梁園辱召淮館陪遊今者獲守小藩適經舊地茲川之上方顧慕于廉堂穀水之旁亦徘徊于既曲實欣

餘慶豈謂嘉招願持謙下之姿俯贊訓齊之令事須請攝防禦巡官

李幼章

前件官籍在五陵學通三畧不露才而務進能仗氣以適恭所宜率彼紀綱記爲親信屬貧封部稍遠宸居是用輟自私朝仍其舊邸遠分尺籍遥押牙璋爾其斂以在公幹而集事達封章于鳳闕底方賄于蠻圻勿替前勞以承後弊事須補充防禦押衙知上都進奏

羅贍

前件官早從官序實負公才每服節以存誠亦約言而顧禮惟是造次不敢尢違今者位重察廉務煩按鞫既資明練兼藉哀矜勿輕東海之寃無縱梗陽之畧俾夫縣道畏我簡書事須充觀察衙推

陳公瑾

右件官學精三畧藝極六鈞斂以竄疑謀恭而仗氣事子莊主奉我郡侯誰言越嶺之名藩仍自梁園之下客既叨防遏深藉材能將致果於戎行俾同登于勇爵事須補充同散兵馬使

崔兵曹

兵曹出于華胄早履宦途郤宛直而和大叔美而秀能暇豫于恩義不造次以違仁盤錯有彰脊肯無頓雖思濡足安可折腰希茂彔賢之能兼佐宣風之職事須請攝觀察巡官兼知某縣事

段球

右件官太倉稟術何宴傳能既通九歲之宜兼善五禽之戲湘南越北蠻落華人雖其土厚水深豈忘二臣三佐勉將剖浣用息痌瘝勿矜麥麴之庾辭審辯藋茶之輟寐事

須補充醫博士

鄉貢明經陶標

牒奉處分。昔漢時高手。周室上醫。將崇三代之功。亦謹一經之遺。以標實稱幹父。且又名家。佇有濟于瘥痾。在先須于祿廪。爾其精詳桐籙。憤（疑）別農經。且繫孝廉之船。勉用李孫之石。事須補充要籍。

前攝臨桂縣令李文儼

右件官我李本枝。諸劉貴族。能彰美錦。令肅陽鱎。臨桂既有正言。豐水方思健令。無辭久假。勉慰一同。已聞言偃之

絃歌。更佇潘仁之桃李。事須差攝豐水縣令。

突將凌綽

牒奉處分。我所羈縻。未爲遐陋。既懸版籍。實集賦輿。言念蕃州。雖無漢守。豈得久容懦吏。有負疲人。以綽早處中軍。嘗爲突騎。既負抉門之武。仍聞免胄之恭。是用暫假撫綏。聊資控遏。爾其載敷仁勇。式慰州邦。無挾遠以生情。勿憂貧而易操。獎能舉罪。兩不敢私。事須差知蕃州事。

盧韜

右件官族茂燕臺。譽高藩閫。末從鵾化。聊屈鸞棲。州縣誠歎于徒勞。煙火嘗欣其相接。勉全素分。佇振嘉聲。事須差攝靈川縣主簿。

林君霈

牒奉處分。古者三人擇師。一社立宰。所冀稟規有自。制事無偏。雖在邊隅。且分州里。語地既踰于一社。料民何啻于三人。將求綏撫之才。必極柔良之選。以君霈策名麾下。歷軾軍前。身弓六鈞。心鐵百鍊。無擊跽曲拳之志。有飲冰食蘗之貞。是用輟自私門。介于廉部。勉承委寄。慎保始終。有祿食以獎能。有簡書而謫過。惟茲二道。汝自執焉。事須差

知環州事。

李克勤

右件官始在宦途。便彰政述。瓊枝瑶萼。且異于良倫。黃綬青袍。尚淹於末路。屬吾屬縣。有令曠官。芒蝎既蠹于良林。碩鼠又妨于嘉穗。匪聞讓畔。遽致盈庭。聿求可人。用革前弊。其在推公以分疆理。潔己以抑奸豪。使麻不爭池。桑無競隴。蔣琬沉醉。未如巫馬之戴星。王衍清談。豈若韓稜之去蠹。勉修實効。勿徇虛名。苟善否之有聞。于賞罰而何恡。事須差攝修仁縣令。

韋重

右件官頊佐一門。實揚二職。襲韋賢之經術。有崔爰之鬚眉。久爲旅人。不遇知已。今龍城屬部。象縣分封。雖求瘼須條。允歸于通守。而提綱舉轄。必藉于外臺。子其正色當官。潔身照物。逢柔莫茹。有蠹必攻。羅含擅譽于琳瑯。猶聞謙受。梁竦徒勞於州縣。未曰通材。勿耻上官。以渝清節。事須差攝柳州錄事參軍。

曹讜

牒奉處分。郡督郵縣主簿。古之任重。今也材難。得其人則

四隣無侵刻之虞。失其人則一府壞紀綱之要。昭邱舊郡。平樂屬城。雖州將在焉。而縣尹耄矣。苟忘管轄。何寄準繩。前件官實富公才。嘗參侯服。削大刃而只思髖髀。茂長材而惟憶風霜。辯瀉口河。志堅心石。委之稽勾。必慰疲羸。夫專于雷同。則無以貴吾道。苟務從泒別。則無以致人和。允執厥中。唯理所在。無從潔操。以負求才。事須差攝昭州錄事參軍。

陳積中

牒奉處分。地處一同。有移風易俗之務。雷震百里。有驚遠懼邇之威。聿求共人。良不易得。況荔江屬邑。桂嶺通津。停弦待調。鋪錦俟製。前件官秩爲仙尉。名下蘇卿。聊借效于牛刀。蹔輟遊于鷺翽。勉將廉白。以慰逋遺。事須攝荔浦縣令。

李遇

牒奉處分。使君代緒清華。襟神秀朗。恭而負氣。勇以求仁。屢試絃歌。比分符竹。處雞舌龍身之地。不侮鰥寡。居明珠大貝之間。盆清冰蘗。每聞受代。便至徒行。戰勝紛華。儀形暇豫。比陶潛之乏食。遠過二旬。方江革之歸資。兼無一舸。

爰徵舊史。想見其人。某幸忝廉車。每懷屬部。詎忘賢守。薦自良朋。敢滯鑾圻。同須鳳詔。噫。處盤錯而願彰利刃。虞升卿是以爲能。有民人而遂不讀書。仲子路于焉見矩。疑盛名典郡。學古入官。苟直操之罔渝。豈層臺之足累。勉思所自。以保克終。事須請攝嚴州刺史。

呂佋

牒奉處分。前件官吏道長材。故人令弟。一言相託。萬里爰來。未及解巾。俄悲斷手。牙絃載絕。徐劍寧欺。且資典午之權。終正頒條之請。佇揚仁隱。用慰疲羸。無恃舊故。事須差

攝判官

秦軻

牒奉處分廉介不潤于脂膏忠信可行於蠻貊不唯今也古猶難哉予始輟廉車軻素爲州將召至與語得其可人書劍有成腰腹甚偉是用返于故部慰彼遐陬職次牙璋務兼銀冶俯資軍用兼助地征雖處之不疑將委爾以山澤之利而義然後取不蓄爾爲聚歛之臣其在無失舊規不踰素節感小人之草咸使偃風護姹女之神無令得火佇聞集事更議酬勞事須假同兵馬使職依前知古州事

兼專勾當都衆營務

劉福

牒奉處分前件官襲慶儒門儲精吏道不銛庖刃思處囊錐今廉部之初求人是切爰將折獄用寄長材子其斟酌蜀科評詳漢令勿令門下意盜璧于張儀無使獄中溺然灰于安國佇觀法理更俟甄昇事須差攝觀察衙推

欽定全唐文卷七百七十九

李商隱九

爲滎陽公桂管補逐要等官牒

田仲方

右件官掌予書計積爾光陰臨文乃辨於魯魚問數能知於身首昨者始從藩寄初啟戎行有廊廡所散之金有篋篚是將之帛資其出納益見廉隅不惟錄舊之誠且切隨材之用事須補充逐要

嚴君景

右件官當參戎旃洎從廉車殿後驅前拉朽穿蠹既展在公之績宜當職祿之科聊比秩於中璋用承榮於建旆事須補充同兵馬使

王公衡

右件官素樂從軍少來歸我勁勇而敢探雛虎誠明而可涉呂梁屢變星灰益彰氷蘖今兵屯越嶠播控蠻圻無淮陰市井之人有秦伯紀綱之僕是焉求舊以壯中權宜思干命之刑用保克終之美事須補充某營十將

劉淮

牒奉處分。我之上軍。實首南服。靜則拔距投石。用養其威。動則振鐸挺鋋。以揚其武。爰求訓整。是屬偏裨。前件官頗歷星霜。爲予御右。望通軍志。誓在戎行。是用挾以楚轅。分之齊鼓。勉思脫兔。勿暴將羊。事須補充某營十將。

徐適

右件官嘗從州兵。實懷戎略。聽晉卿之馬首。識齊壘之烏擊。使以履軍。冀無堅敵。屬熊湘南戍。於越北疆。思揚建隼之威。用警跕鳶之俗。爾其撫子後勁。聽我先庚。深宏戰器之資。用叶師貞之美。事須補充某營十將。

鄭楚

牒奉處分。爾之嚴君。頃於冢宰。守無假器。行不易方。慶襲身枝。名登尺籍。是用分乘楚廣。均領晉藩。刻思及父之賢。以奉丈人之吉。事須補充同十將。

李郇

右件官族傳隴右。氣蓋關中。藏蒙瑜獨出之鋒。蘊頗羽先登之志。今者疆分楚越。俗雜蠻夷。貧中江下瀨之師。鎮祝髮鏤膚之俗。無替爾勇。挫我軍威。事須補充討擊副使。

張存

右件官早輸丹赤。頗涉星霜。雖懷暴武之鋒。不起戡彈之色。唯玆沈毅。可使訓齊。今則登以五符。列之三鼓。爾其聿修戰器。精講軍書。勉膺擊刺之名。用獎勤劬之節。事須補充討擊副使。

王政

右件官一心事我。三歲食貧。奉崔瑗之嘉賓。曾無惰色。收陳遵之尺牘。不失片辭。既愿愨以可規。亦聖明而有守。宜攜刀筆。從我牙旗。事須補充要籍。

劉公實

右件官早在戎藩。素推武藝。堇父敢登於懸布。養由無失於穿楊。屬徼外無虞。軍前罷警。且從散秩。勿慮遺才。事須補充散將。

鄭琡

右件官嘗在壯圖。亦從薄宦。解庚戌之書帶。精鬼谷之鈐經。不殫遐方。忽玆投迹。雖云小國。寧忘亢宗。將有俟於先勞。固未登於眞守。事須補充同散使。

爲大夫博陵公充海署盧鄑巡官牒

判官地實清門。人稱端士。和以接物。謙而飾躬。自贊藩條。

益推實彦。幸今休遲。無惜辱臨。事須請攝觀察巡官。

為潼關鎮使張琯補後院都知兵馬使兼押衙牒

右件官質茂松筠。誠高金石。謙能養勇。義實輕生。頃分職近關。別屯要地。時奮猿臂。誓探虎雛。既守禦而有經。諒追奔之可犯。況又秦中共事。海內相從。酬知能誓於始終。于役不辭其暴露。脂車秣馬。昔嘗為我以前驅。被甲執兵。今合撫予之後勁。仍縈心膂。兼總牙璋。事須補充押衙。

陳寧攝公井令牒

聞寧前為公井令。疲羸之甿。戴之如父母。囊橐之盜。畏之

猶神明。所謂伊人。何臻此術。還臨舊部。勉繼前修。

周宇為大足令牒

宇君子人也。詩家者流。常亦觀光。厄於時命。噫有卓魯之政事。與顏謝之篇章。較其為名。不相上下。無謂大足小而辭之。

為濮陽公檄劉稹文

足下前以肺肝布諸簡素。仰承復命。猶事枝辭。夫豈告者之不忠。抑乃聽之而未審。擇福莫若重。擇禍莫若輕。一去不廻者良時。一失不復者機事。噫嘻執事。誰與為謀。延首北風。心焉如灼。是以再陳禍福。用釋危疑。言不避煩。理在易了。丁寧懇款。至於再三者。誠以某與先太傅相國。俱沐天光。並為藩后。昔云與國。今則親鄰。而大年不登。同盟未至。飯貝纔畢。襚衣莫陳。乃睠後生。遽乖先訓。遷延朝命。迷失臣職。不思先穀之忠。將覆欒書之族。此僕隸之所共惜。兒女之所同悲。況某擁節臨戎。援旗誓衆。封疆甚邇。音旨猶存。忍欲賣之以為己功。間之以開戎役。將祛未寤。欲罷不能。願思苦口之言。以定束身之計。昔先太尉相公。常蹈亂邦。不從逆命。翻身歸國。全家受封。居韓之西。為國之屏。

棄代之際。人情帖然。太傅相公以早副軍牙。久從征旆。事君之節已著。居喪之禮又彰。故乃獎其象賢。仍以舊服。納職貢賦。五十餘年。於我唐為忠臣。於劉氏為孝子。人之不幸。天亦難忱。纔加壯室之年。奄有壞梁之歎。主上深固義烈。是降優恩。益將顯足下之門。為列藩之式。不欲劉氏有自立之帥。上黨為辜恩之軍。俾之還朝。以聽後命。其義甚著。其恩莫偕。昨者秘不發喪。已逾一月。安而拒詔。又歷數旬。秘喪則於孝子未聞。拒詔則於忠臣已失。失忠於國。失孝於家。望此用人。由茲保族。是亦坐薪言泰。巢幕云安。智

士之所寒心謀夫之所齚舌矧於僕者得不動心竊計足下之懷執事之論當以趙氏傳子魏氏襲侯欲以逡巡希恩顧望謀立耳夫事殊者趣異勢別者跡睽故度其始而議其終奪其華而尋其實願爲足下一一而陳之夫趙魏二侯於其先也親則父子於其人也職則副戎賞罰得以相參恩威得以相抗義顯事順故朝廷推而與之今足下之于太傅也地則相近職非副戎賞罰未嘗相參恩威未嘗相抗秘喪則于義爽拒詔則於事乖比趙魏二侯信事殊而勢別矣此施之於太傅趙魏則爲繼代象賢之美施

之於足下足下則爲自立擅命之尤得失之間其理甚白又計足下未必不恃太傅之好賢下士重義輕財吳國之錢往往而有梁園之客比比而來將倚以爲牆藩託以爲羽翼使之謀取使之數求細而思之此又非計山高則斫羊自至泉深則沈玉自來已立然後人歸身正然後士附語有之曰政亂則勇者不爲鬭德薄則賢者不爲謀故吳濞有姦而鄒陽去燕噲無德而樂生奔晉寵大夫卒成分國之禍衛多君子孰救渡河之烖此之前車得不深鑑代憲四祖文明繼興當時燕趙中山淮陽齊魯連結者幾姓族拒者幾侯咸逆天用人背惠忘德據指掌之地謂可逃刑倚親戚之私謂能取信一旦地空家破首裂支分闇者不能爲謀明者固以先去悔而莫及末如之何先太尉與李洧尚書齊之密戚楊太保與蘇肇給事蔡之懿親並據要地方州領精甲銳卒及其王師戾止我武維揚則割地驅人以降送款輸忠以入非不顧密戚非不念懿親非不思恩非不懷惠直以逆順是逼死生實難能與其同休不能與其共戚故也況足下大未侔齊蔡久未及李吳將以其人動於不義僕恐夙沙之國縛主之卒重生彭寵之家

不義之侯更出又計足下當恃太行九折之險部內數州之饒兵士尚强倉儲且足謂得支久謀而使安危哉此心自棄何速昔李抱真相國用彼州之人破朱滔於燕困田悅於魏連兵轉戰縣歲經時而潞人子死不敢悲夫死不敢哭何者李相國奉討逆之命爲勤王之師義著而誠順故也及盧從史釋喪就位賁降冀功將乘討伐之時欲肆凶邪之性計未就而人神已怒事未立而兵衆已離以萬夫之長困一卒之手驅檻北闕棄尸南荒而潞之人猶老者捫胷少者扼腕謂朝廷不即顯戮深爲失刑其故何哉

以從史不義不聽去安就危衆黜其謀下不爲用故也二帥去就非因傳聞鳩杖之人鮐背之叟知其本末尚能言之則太行之險固不爲悖者之守數州之衆固不爲邪者之徒此又不足恃也由此言之則以何名聽家聲何事捨君命何道求死士何計得人心此僕者所以對案忘飱推枕不寢爲足下惜爲足下危而不知其所以然也况太傅比者養牛添卒畜馬訓兵旁招武幹之林中舉將軍之令然而聽於遠近頗有是非雖朝廷推赤心宏大度然而不逞者已有乖異之說橫議者屢興悖惡之歎人之多言亦

可畏也誰爲來者宜其弭之今足下背季父引進之恩失大朝文誥之令則是實先太傅之浮議彰昭義軍之有謀爲人姪則致叔父於不忠爲人孫則敗乃祖於無後亦何以對燕趙之士見齊魯之人耶又計足下旬日之前造次爲慮今茲追攺懼有後艱此左右者不明而咨詢之未盡也近者李尚書祐董常侍重華之輩並親爲賊將拒我官軍納質於匪人效用於戎首久乃來復尚蒙殊恩皆受郡符咸領旗鼓不能悉數厥徒實繁豈有足下藉兩代之餘資委數萬之舊旅俛首聽命舉宗效誠則朝廷又豈以一山之稽遲片辭之疑異而致足下于不測沮足下於後至故事具存可以明驗幸請自求多福無辱前人護龍旐以歸洛師秉象笏而朝魏闕必當勳庸繼代富貴通身無爲鄰道所資使作他人之福倘尚滯歸款未整來軒戎臣鼓勇以爭先天子赫斯而降怒金玦一受牙璋四馳魏衛壓其東南晉趙出其西北拔距投石者數逾萬計科頭戟手者動以千羣兼驅扼虎之材官仍率射鵰之都督感義則日月能駐抝憤則沙石可吞使兵用火焚城將水灌魏趣邢郡趙出洛州分二大都之間是古平原之地車甲盡輸

於此境糗糧反聚於他人恃河北而河北無儲倚山東而山東不守以數州之殘孽抗百道之奇兵比累卵而未危寄孤根於何所則老夫不佞亦有志焉願驅敢死之徒以從諸侯之末下飛狐之口入天井之關巨浪難防長飈易扇此際必當驚地底之鼓角駭樓上之梯衝喪貝躋陵飛走之期既絶投戈散地灰釘之望斯窮自然麾下平生盡忘舊愛帳中親信卽起他謀辱先祖之神靈爲明時之哂笑靜言其漸良以驚魂今故再遣使車重申丹素惟鑒前代之成敗訪歷事之賓僚思反道敗德之難念順令畏威

之易時以吉日蹈茲坦途勿餒劉氏之魂勿汗潞人之俗封帛增欷含毫益酸延望還章用以上表成敗之舉慎惟圖之不宣河陽三城節度使王茂元頓首

太尉衛公會昌一品集序

唐葉十五帝謚昭肅始以太弟茂對天休遂臨西宮入高廟將以準則九土指麾三靈乃顧左右曰我祖宗並建豪英範圍古昔史卜宵夢震嗟不寧是用能文惟睿掌武以永大業今朕奉承天命顯登乃辟庸不知帝賚朕者其誰氏子焉左右愓兢威靈迷撓章指周詢揚吃不能仰酬既

三四日乃詔曰淮海伯父汝來輔予霞披霧銷六合怏望四月某日入覲是月某日登庸淵角奇姿山庭異表爲九流之華蓋作百度之司南帝由是盡付元機允厭神慶左右者咸不知其夢耶卜耶金門朝罷玉殿宴餘獨銜日光靜與天語帝亦幽闡徵召誥說命之旨定元首股肱之契曰我將俾爾以大手筆居第一功麒麟閣中霍光且圖於勳伐元洲苑上魏收別議於文章光映前修允兼具美我意屬此爾無讓焉公拜稽首曰臣某何敢以當之在昔太宗有臣曰師古曰文本高宗有臣曰嶠曰融元宗有臣曰說曰瓌代宗有臣曰衮至於憲祖則有臣禰廟曰忠公並稟太白以傳精神納非煙而敷藻思才可以淺深魏邴道可以升降伊皐而又富僧孺之新事識庾持之奇字清風濯熱白雪生春淮南王食時之工裴子野昧爽之獻疑王粲之夙構無禰衡之加點然後可以宏宣王畧輝潤天文豈伊乏賢可纂舊服帝又曰舜何人也回何人也朕思丕承汝勉善繼無忝乎爾之先公復拜稽首曰易曰中心願也詩曰何日忘之臣敢不夙夜在公以揚宏烈會一日上明發於法宮之中念兆人之衆顧九州之廣永懷不待之

痛式重如存之敬公伏奏曰惟先后懋守丕基允資內助秀南頓嘉禾之瑞開烈山神井之祥德篤河洲淑肩沙麓將顯降媯之配未宏褒紀之恩渝美椒塗掩華蘭掖緣山破苆夙聞齊主之悲採石傳形早降漢皇之慟今繞樞有慶鳴社承輝而懿號未彰貞魂莫祔恐無以懋建聖緒光慰孝思公於是承命有宣懿祔廟之制初文宗皇帝思宗社之靈祧祖之重傳於夏啟既不克終歸於與夷又未能立乃推帝堯敦敘九族之道宏魏文棠棣諸弟之志常曰潁邸吾寧忘邪及武宗讓踰三四位當九五出潛離隱躍

泉在天揚八彩於堯眉挺二肘於湯臂故外則上公列辟內則常侍貴人咸願擬議形容依稀彩飾公搢圭歸美吮墨摛詞詠日月之光華知天者之事也贊乾坤之易簡作易者之事乎公於是有聖容之贊天寶季年物豐時泰骨鯁者慕周偃武肉食者效晉清談豕不豶牙蠆因搖尾氛與燕易駕狩巴梁九十年鑾輅不東三千里華戎遂隔日者上元降鑒元聖悈奇遂於首亂之邦先有納忠之帥復我疆理平我讎仇負羽蒙輪已聞於深入赤茀邪幅將事於駿奔陳萬賄以展儀備四旂而告捷仍願於箕星之分

巫閭之旁追琢貞珉彰灼來葉以文上請屬意宗臣公乃更夢江毫重吞羅鳥町疃河濟呼嘯神祇述列聖之英猷答藩維之深懇既事包理亂思屬安危不惟嵩岳降神固亦文星助彩螭蟠龜戴蟲篆鳥章構思而君苗硯焚灑翰而元常筆閣公於是有幽州紀聖功之碑天街之北獯鬻攸居結以閼氏降我皇女奉春君婁敬嘗爲遠使下杜人楊望長作畫工乘以無年遂忘舊好分偵邏於甌脫遺祭酹於蹛林俾我刁斗晨驚兜零夜設公乃上貢宸斷旁耀軍謀心作靈臺手爲天馬充國四夷之學此日方知薛公三策之徵他時未爽既而鬼箝飛辨邳石降籌不使郭閎仍譏於段熲寧教李邑更毀於班超勢協聲同火熸水灌遂得朝還貴主暮遁名王轒柳塞之歸車復梅妝而向闕及晉城赤狄喪帥歸珪有閼伯之弟兄誕景升之兒子將憑蜀闕欲恃吳錢姑務連雞靡思縛虎既垂文誥尚有羣疑公乃挺身而進曰重耳在喪不聞利父衛朔受貶祇以拒君今天井雄藩金橋故地跨搖河北脅倚山東豈可使明皇舊宮坐爲汙俗文宗外相行有匪人忠謀既陳上意旋定俄又埃昏晉水霧塞唐郊殊懿公之東徙渡河若紀

侯之大去其國稽於時議憚在宿兵公又揚笏而言曰彼地則義師帥惟宗室乃元王勤商之邑后稷造周之邦瓜瓞具存堂構斯在苟虧策畫不襲仇讎則是獎夙沙縛主之風長冒頓射親之俗昔武安君用鉞坑卒四十一萬齊桓公受胙立功一十二國今真將軍爲時而出賢諸侯代不乏人況其俗產代地之名駒富管涔之良璞有抱樹辭榮之節有漆身報德之風邪躡足以謀屈指而定謝安之圍棊尚掇曹參之飲酒正酣適有軍書果聞戎捷牛邯謝衆丕豹出奔樂毅不歸鄒陽已去砥磨周鉞水淬鄭刀萬

里來袁尚之頭顱二冢㚇蚩尤之肩髀何其纂立大效樹建嘉績若是之速與宗英可汗既畏王威遂聞請吏留犁徑路對潼酪以知羞毳幕氈裘望衣冠而有慕大單伯士之允呼韓單于之師或執玉而朝靈囿或解辮而拜甘泉並垂於冊書光彼明命百王共貫三代同規公於是奉命有討北狄之詔伐上黨之制諭回鶻之命五慰堅昆之書四每牙管旣扳芝泥將乾上輒曰爾有獨斷朕無疑謀固俟沃心可不假手公亦分陰可就落筒如飛故每有急宣關於密畫內庭外制皆不與聞此又豈可與美洞簫而諷

於後庭聞子虛而嗟不同世者論功而校德邪其有勢切疾雷機難終日屬宣室未召武帳不開公莫暇昌言且陳密疏賈太傅之憂國固動深誠山吏部之論兵詎因夙習凡所奏御罕或依違及武宗下武重光崇名再易公又觀圖東序按牒西崑率億兆歸心列公卿定議以一十四字垂百千萬年藻縟辭華鋪舒名實秦晉於玉檢瑤繩之內平勃於綠疇讓鼎之間方將命禮官召儒者訪匡衡后土之議採公玉明堂之圖考肆覲之禮於梁生取封禪之書於犬子盡皇王之盛事極臣子之殊功而軒鼎將成禹書

就掩然猶進先嘗之藥獻高手之醫藏周旦請代之書追漢宣易名之義作爲大誥祈於昊天始終一朝紹續九德其功伐也旣如彼其制作也又如此故合詔誥奏議碑贊等凡一帙一十五卷輒署曰會昌一品集云紀年追聖德也書位旌官業也不言制集崇論道也惟公字文饒姓李氏趙郡人蓋大昴中邱有風雨翕張之氣蘋臺高邑有山河隱軫之靈萃於直躬慶是全德許靖廊廟之器黃憲師表之姿何晏神仙叔夜龍鳳宋玉閒麗王衍白皙馬援之眉宇盧植之音聲此其妙水鏡而爲言託丹青而爲裕至

於好禮不倦用和爲貴敬一人而取悅謙三位而無咎意以默識確乎寡辭車匠胡奴罔迷於半面背碑覆局無俟於專心聿成儉訓不有長物昔猶早官端坐心齋江革分謝朓之舊襦便爲卧具周正得袁憲之談柄常在講筵五車自娛三篋能識麗則孔門之賦清新鄴下之詩重以多能推於小學王子敬之隸法道媚皇休明之草勢沉著異時相逼當代罕儔不妄過人愼於取友與李杜齊名者少顧僑札交冺者稀故能應是昌時媚於天子憲章皇極燮理元穹燭爟家聲粉飾國史侔帝典之灝灝噩噩尊王道

之蕩蕩平平而又不節怨嗟知進憂亢張良竟稱多病王充方務頤神無賴陽之善田乏好畤之巨產何曾之食既去虞悰之鮓方嘗憂其厚味有爽和氣肴覈無在琴鶴有餘成萬古之良相爲一代之高士緊爾來者景山仰之某昔在左曹毎事先帝雖詭詞望剩不接於話言而深義約文庶歸於風采代天之言既集蟠地之樂難忘蓋屬才華用爲序引以鄒衍之迂怪將穎嚴之淺近忽焉承命何所措辭五嶺幽遐八桂森爽莫逢博約寧遇切磋處無價之場率然占玉登不枯之岸麤爾論珠雖常有意焉亦不知

量也某叩頭再拜上

容州經略使元結文集後序

次山有文編有詩集有元子三書皆自爲之序次山見舉於弱夫蘇氏始有名見取於公浚楊公始得進士第見憎於第五琦元載故其將兵不得授作官不至達母老不得盡其養母喪不得終其哀間二十年其文危苦激切悲憂酸傷於性命之際自占心經已下若干篇是外曾孫邃東李惲辭收得之聚爲元文後編次山之作其緜遠長大以自然爲祖元氣爲根變化移易之太虛無狀大賁無色寒暑攸出鬼神有職南斗北斗東龍西虎方嚮物色欻何從生啞鐘復鳴黃雉變雄山相朝捧水信潮汐若大壓然不覺其興若大醉然不覺其醒其疾怒急擊快利勁果出行萬里不見其敵高歌酣顏入飲於朝斷章摘句如娠始生狼子豹孫競於跳走剪餘斬殘程露血脈其詳緩柔潤壓抑趨儒如以一國買人一笑如以萬世換人一朝重屋深宮但見其脊牽緪長河不知其載死而更生夜而更明衣裳鐘石雅在宮藏其正聽嚴毅不滓不濁如坐正人照彼佞者子從其翁婦從其姑豎麾爲門懸木爲牙張蓋乘車

屹不敢入將刑斷死帝不得赦其碎細分擘切截纖顆如墜地碎若大咽餘鋸取朽蠹櫟蟒出毒刺眼楚齒不見可視顧顛蹈錯雜汙潴傷損如在危處如在夢中其總旨會源條綱正目若國大治若年大熟若君君堯舜人人義皇上之視下不知有尊下之望上不知有篡辮頭鑿齒扶服臣僕融風彩露飄零委落耋老者在童齔者蕃邪人佞夫指之觸之薰薰熙熙不識其故吁不得盡其極也而論者徒曰次山不師孔氏爲非嗚呼孔氏於道德仁義外有何物百千萬年聖賢相隨於塗中耳次山之書曰三皇用眞

而恥聖五帝用聖而恥明三王用明而恥察嗟嗟此書可以無乎孔氏固聖矣次山安在其必師之邪

樊南甲集序

樊南生十六能著才論聖論以古文出諸公間後聯爲鄆相國華太守所憐居門下時敕定奏記始通今體後又兩爲秘省房中官恣展古集往往咽噱於任范徐庾之間有請作文或時得好對切事聲勢物景哀上浮壯能感動人十年京師寒且餓人或目曰韓文杜詩彭陽章檄樊南窮凍人或知之仲弟聖僕特善古文居會昌中進士爲第一

二常表以今體規我而未爲能休大中元年被奏入嶺當表記所爲亦多冬如南郡舟中忽復括其所藏火燹墨汙半有墜落因削筆衡山洗硯湘江以類相等色得四百三十三件作二十卷喚曰樊南四六四六之名六博格五四數六甲之取也未足矜十月十二日夜月明序

樊南乙集序

余爲桂林從事日嘗使南郡舟中序所爲四六作二十編明年正月自南郡歸二月府貶選爲盩厔尉與班縣令武公劉官人同見尹尹即留假參軍事專章奏屬天子事邊康季榮首得七關數月李玭得秦州月餘朱叔明又得長樂州而盆丞相亦奪取維州聯爲章賀時同寮有京兆韋觀文河南房魯樂安孫朴京兆韋嶠天水趙璜長樂馮顓彭城劉允章是數輩者皆能文字每著一篇則取本去是歲葬牛太尉天下設祭者百數他日尹言吾太尉之薨有杜司勳之誌與子之奠文二事爲不朽十月尚書范陽公以徐戎凶悍節度闕判官奏入幕故事軍中移檄牒刺皆不關決記室判官專掌之其關記室者記室假故余亦參雜應用明年府薨選爲博士在國子監太學始主事講經

申誦古道教太學生爲文章七月尚書河東公守蜀東川奏爲記室十月得見吳郡張黯見代改判上軍時公始陳兵新作教場閱數軍實判官務檢舉條理不暇筆硯明年記室請如京師復攝其事自桂林至是所爲已五六百篇其間可取者四百而已三年以來喪失家道平居忽忽不樂始尅意事佛方願打鐘掃地爲清凉山行者於文墨意緒濶略爲置大牛篋塗逭破裂不復條貫十月宏農楊本勝始來軍中本勝賢而文尤樂收聚筬刺因懇索其素所有會前四六置京師不可取者乃强聯桂林至是所可取

者以時以類亦爲二十編名之曰四六乙此事非平生所尊尚應求備卒不足以爲名直欲以塞本勝多愛我之意遂書其首是夕大中七年十一月十日夜火盡燈暗前無鬼鳥一如大中元年十月十二日夜時書罷永明不成寐

太倉箴

險哉太倉險若太行彼懸車束馬爲陟高岡此禍胎怨府起自斗量無小無大不可不防澄波萬頃不廢汪汪火烈人畏不廢剛腸曷若寬猛處於中央泉穀之地勿言容易貪夫狗財有死無二御黠馬銜不得不利下或諛吾過人

之聽是人甘言將欲相聾下或誇我秋毫必睹是人甘言將欲相瞽長如欲戰莫捨强弩長如獲禽莫忘縛虎衆人之言有訛有眞如彼五味有甘有辛口自嘗取無信他人天生五色有白有黑目自別取無爲人惑而況乎九門崇崇近在牆東天視天聽惟明惟聰問龠合斗斛何以用銅取寒暑暴露不改其容亦象君子介然居中終日戰慄猶懼或失銜用何利銀之以淸虎用何縛援之以明弩用何射發之以誠俾後來居上無由以生有餘不足無由以爭心爲準槩何憂乎不直不平各敬爾職一乃心力倉中水外人馬勿食陶母反魚以之歎息豈無他粟豈無他芻薏苡似珠不可不虞倉中役夫千逕萬塗桀黠爲炭雎盱爲鑪應事成象無有定模緣私指使愼勿以呼賓朋姻婭或來讌話食中酒醴愼勿以貰海翁無機鷗故不飛海翁易慮鷗乃飛去是以聖人從微至著不遺忠恕借借貰貰此門先塞須防蒼蠅變白作黑嗚呼孰慮孰圖昔在漢家倉令淳于致令少女上訴無辜陷身致是不亦悲乎敢告君子身可殺道不可渝

劍州重陽亭銘 并序

陪臣未嘗屢覲天子宮闕矧得彝殿陛下耶然下國伏地讀甲乙丙丁詔書亦有以識天子理意尺度堯舜不差毫撮於絕遠人意尤在不然者安得用江陵令使上水六千里挽大小虎牙灩澦黃牛險以治普安闕一字令既爲侯講天子意三年大理田訟斷休市賈平獄户屈膝落民不識胥吏四方賓頗來繫馬靡牛闕一字樹膚不生乃大鏟險道緄石見土其平可容考工車四軌建爲南北亭以經勞餞又亭東山號曰重陽以醉風日南北經貫若出平郡無有噫闕二字三年民恐卽去遮觀闕二字請留闕二字東山實在亭

下侯蔣氏名侑文曰
仁之爲道隆磊英傑天簡其勞羨以事物爲君之闕二字蔣是闕一字撮取不窮如武有庳蔣之有世以仁爲歸伯氏之宜仲氏之思厥弟承之繩而不紈以令爲侯天子之德汝侯爲理斂有盈昃君南臣北父坐子伏飲牛漚菅田訟以直市正獄清謁歸告休朝雨滂沱濕其帩頭民樂以康願有顯庸侯作南亭北亭是雙至於東山乃三其功摧險爲夷大石是扛亦既三年民走乞留伯氏南梁重弓二矛古有魯衞惟我之曹惟仁之歸有世在下其攄其超尾馬鬣

馬惟蔣之融由唐麗蝦惟是亭銘得其麤且唐大中八年九月一日太學博士河南李商隱撰

梓州道興觀碑銘并序

總天下之事教分爲三處域中之大道居其一發軔於希夷之境解鞍於寥廓之場覽若士之遊九垓尚臨稽豎亥之步六合非遐徒欲洞覷焦螟遐驅野馬折尺捶而求盡循白環而待窮則元籥猶嚴空筌尚滯輸推地盡莫知象帝之家益朽天穿未覩谷神之隧柔皮具紙折骨疎毫雖竭慮於九三終致迷於萬一洎飛龜藏義猛馬垂文貫王屋之深珠方擢中冀封吳宮之合璧始會塗山變浩刼之桑田注犂黎之耳目聞其大較未可殫論及夫祕篆抽奇隱書詮奧摧藏鳥跡鬱勃龍光太上七言撥靈才之縹緣元中九錫賁神物之便蕃則固可促軫求音援柯搴秀存之則總橐籥於虛空遣之則喪輜重於修塗故泣辜痺坐之君挺紀握圖之主何嘗不留連於太一怊悵於上元考名都爲望幸之宮因爽塏爲集靈之地一言以蔽百代可知梓州道興觀者五帝盤遊九仙卜築銅梁對軫還疑鑄鼎之山錦浦均流未怯乘槎之水天彭劃壤井絡分纏挺

夏后之靈妃滯震蒙之遊女乃知君王化鳥資是思歸力士挽牛非將適遠往者大夫遺行著文自貶於巴歌中聞協律設官作樂豈遺於渝舞照以火井潤之窗房五色九苞鎮飛神鳳三毛孫疑孔屢集文犀雖膏雨常霑使星時入而君平至死不出靈關元彥平生未離嚴道亦中州之藩服上古之名區昔隋室以綠字騰芳赤符宣慶尋思馬湮悅閬苑之遐遊顧慕龍鱗羨喬山之僞葬爰依翠阜式寫丹邱其始也漢苑澄泉華陰移七林中夸父卽貢宏林橋畔秦皇仍分怪石取方中於絳闕摹大壯於元都臺實

九層。觀惟一柱。瑶房疊葺。陽樹攢融。俄以九縣告哀。三靈改物。五芝八柱。芻蕘者往焉。四户三階。椎埋者至矣。祝融有醉。回祿無厭。始爝火以興端。終熛煙而合氣。五明之扇。將刼燒以爭飛。十絶之幡。逐崑熛而亂墜。既災巢鳦。亦斃池魚。悲哀欲甚於戊辰。厭勝不聞於壬癸。旅爲散地。便接蕪城。田鼠誰燻。封狼莫射。梧雕碧甃。光風聚失於孫枝。草没彤闈。浩露空溥於弟蔓。我國家克將威命。允富貞期。李出伊墟。洪惟命氏。檜生陳郡。藹有昇仙。誓牧野之辰。則盤古與天皇秉鉞。入咸陽之後。則尊盧與栗陸輦車。納萬國

於堂皇。攜九州於掌握。彼獨夫之所廢。侯明辟以攸興。斯觀復建蜺旌。還張翠蓋。不勞置梟而鷗閣飛來。無待直繩。而虬堂化出。三宫主籙。八治威魔。羅郁倘遊。遽分條脫。安妃乍至。或送交梨。開元十七年。太守張公重構石臺。弃投火齊。九枝散影。二等分光。且異金華。送江南之夜讌。寧同蠟炬。佐洛下之晨炊。號爲殊庭。多歷年所。元和初。妖興盆部。釁稔坤維。鍾會之窺覦。劉璋之闇懦。梁横宋矢。樓舞袁幢。將禾麥於親鄰。欲邱樊於福地。遂使秫瓜斷蒂。董杏分株。瓊蘇入燃腹之間。飿飯在抽腸之裏。黄昏望斷。不見青牛。昧旦神興。唯逢白馬。殆逾三紀。闕校二官。開成元年。連帥馮公擁蓋巴西。揚麾左蜀。永惟愛女。名列通仙。許長史之全家。皆推道氣。茅東卿之繼世。並有靈風。乃夢寐假規。丹青往制。既分趙璧。兼施魏珠。擬聳闕於天台。狀重樓於句曲。頓還舊觀。且介通莊。嗟乎。欻駕方留。化機潛迫。削墨則公輸復去。飛梯則宋翟還歸。或沙版仍虚。或芝寮未豁。或菡萏闕垂於倒井。或椒聊罕遍於周垣。圖石室於西崑。猶資粉墨。畫銀臺於東海。尚渴鉛黄。仙家寧有廢興。人世自多休戚。今皇帝駢闐靈貺。合沓真符。爰顧寶臣。來頒瑞

節。尚書河東公華嵩衡霍。麟鳳龜龍。霈膏雨於豐年。燿禍星於分野。加以融嶶妙闡。棲照元津。書聖琴言。論衡碁品。徵君虚幌。未遠軍牙。都講曲標。更聯賓閤。周柱史之論上士。張河間所謂仙夫。有猷而九牧具瞻。無待而三元共獎。女道士長樂馮行真。廬江何真靖等。並下元受事。大洞刊名。積雪通襟。高霞映抱。鍊氣則穀仙留訣。迴顔則桂父陳方。華岳洗頭。豈肯秦臺吹管。陽城捽臂。安能魯殿窺窻。永念洪紛。每勤元貺。義行於得衆。事集於和光。郡人焦太元等若干人。卓鄭遥源。嚴枚遠胄。懸情紫簡。稟化朱陵。爭攜

莫逆之交共就列眞之宇靈姿載穆景從多儀岳瀆奔趨人天雜集十州倘見三島加昇氣轉金樞則雲歸鴛瓦漏移銅史則星入鰕簾煥冰碧以交輝儼環玭而迭映縱時更溟涬代變鴻濛於元黃未判之中存轇轕無垠之狀行眞等因摽石闕來訪銀書予也五郡知名三河負氣顔延年之縱誕未能斟酌當時王子敬之寒溫徒欲保全舊物屬以魚車受寵璧馬從知子虛賦旣恨别時樂職詩空勞動思况乎無仲祖之韶潤有彥輔之清羸髮短於孟嘉齒危於許隱謝文學之官之日岐路東西陸平原壯室之年

交親零落方欲春臺寫望秋水凝情問句漏之丹砂餌華陽之白蜜惠而好我式契初心聊復攀逸軌以裁襟撫空懷而選義揚子雲醬瓿之說蔡伯喈韲臼之言斯文倘繫於汚隆後世何妨於知罪稽首歸命乃爲銘曰

道實彊名先天地生淵默未朕寂寥無聲中黃立極元陽降精隱軫金闕開華玉京其一於穆猶龍誕予靈族尼山設問函關著錄開以九籥轉之一轂乃命雲孫納于大麓其二雲孫有慶開國於唐允文允武宜君宜王充庭疊瑞馨宇儲祥連珠合璧氣紫雲黃其三大澤斬蛇新野得馬泗水亭長邯鄲使者乾在地上豐照天下仁及隱微謙稱孤寡其四載蘿五緯肆覲三尊虔恭眞質偃曝靈恩彌縫宇宙把握乾坤邐迤邃宇參差妙門其五惟此左川西南奧壤古有經始今存顯敞瑶林瓊樹銅林寶網玉女雲衣仙人露掌其六吳宮火爇爽道兵來聊於一氣示有三災壞因化往成由運開太顛寶貝聲伯瓊瑰其七長樂肇端廬江纘美英蕤秀萼旋綱步紀克蹈前武能新舊址婚此綺都鄰於錦里其八疇庸沈研勝韻款至元蹤其九載念弱齡恭聞隱語蕙纕蘭佩鴻儔鵠侶願騰華藻請事充舉如日不然吾將誰與其十

欽定全唐文卷七百八十

李商隱十

唐梓州慧義精舍南禪院四證堂碑銘 并序

聖敬文思和武光孝皇帝陛下在宥七年尚書河東公作四證堂於梓州慧義精舍之南禪院圖益州靜無相大師保唐無住大師與洪州道一大師西堂知藏大師四眞形於屋壁化身作範南朝則閣號三休神足傳芳東蜀則堂名四證乃令銓義與古求徒綵扎既新睟容伊穆爰命詞客式揚道風蓋惟麾玉柄於元津初流二諦隱金椎於覺

路終駕一乘理在無言情殊有待慧聞雲布誰爭潤礎之功禪際河流匪競浮槎之遠旁詢地志遐考山經昆陵未曰天齊泰岳徒稱日觀定竺乾於身毒郭璞之言有徵證羅衛於華胥王邵之書可信雖復一緣旣演五夢斯呈闕寂雙林崩騰八國而心心授印寧關乾鵲之祥頂頂傳珠未待驪龍之寐吾知之矣代有人焉惟無相大師表海遐封辰韓顯族始其季味 疑 夙挺眞機見金夫以有躬援寶刀而敗面大師得因上行豁悟迷塗載驗土風東國素稱君子旋觀沙界西方是有聖人遂西謁明師遇其堅卧俄烘一指誓續千燈火鼠衣光燭龍引燄燿如燈蠟雪若煎膏師乃引與之言歎未曾有退從谷隱惟製草衣曳屨用自牧之薫結束引難圖之蔓農夫乍去或議栽縫薙氏云歸方聞襲積寧思天柱詎學水田鮮華不望於鬱泥密致那期於刻貝加以峰危鳥道林絶人蹊梁罝之鹽鄰殊莫致鬱單之米界絶難通於是橡栗無求蒐芘不掘想餘糧於蓬堁調美膳於苔垣吞沙了異於羅旬得塊返欣於重耳昔平輿釋子猶餌石帆隴右沙門尚餐松葉比若斯等方信莫同章仇兼瓊擁節内江分符右蜀因其百請始議

一來遇羯虜亂華鑾旌外狩局皇圖於巴濮指赤縣於犍牂猰貐磨牙鯨鯢奮鬣上皇顯圖内禪自恃眞期久披宸襟徐叩妙鍵無慚漢室空禮清涼之臺有陋魏朝徒建須彌之殿道含九主恩浸四生獲永固於靈根實仰資於圓智時無住大師尋休劍術早罷鈐經韜綦連之四弓捨步陸之七箭逕欣道在罔憚人遐坎軻汾陰飄遙益部聿來胥會默合元符本惟肅於尊顏竟克諧於妙果優孟之同楚相不亦遼哉丑父之類齊侯竟何爲也事雖可引義則殊歸宴坐窮嵒化行奥壤頂輪降祉肉髻開祥及將寓信

衣乃誤因罷士經過九隧流落六羣彼既懸定於傳刀此
亦熱驚於祛篋壁留曲阜詎爲張伯所藏劍出豐城豈是
雷華可佩適來適去悉見悉知故得大梵下從通僊右繞
臂舒百福眉曜千光靈禽倒散於覺花瑞獸常銜於忍草
寧止山神且屆但送甘松藩后絕臨空分沈水凡茲異迹
未可殫論杜相國鴻漸崔僕射旰並望切龍門情殷荷擔
留迷待楯出病求攻克揚靜衆之名特峻保唐之號蜀誠
有矣楚亦宜然惟洪州道一大師古相標奇足文現異俯
愛河而利涉靡頓牛行過朽宅以銜悲頻迴象馭早從上

首畧動遐心攜仁壽之剃刀振天台之錫杖遄違百濮直
出三巴拂衡岳以倘徉指曹溪而悵望都遺喻筏盡滅化
城罷懸析於頓門抗前旌於超地披荊西裏坐樹南康有
感則通無聞不聳醫龜思遇哽虎求探化漢水之漁人奚
求往哲度青蘿之獵客肯愧前修智藏大師以松關之英
梓潭之靈目廣青蓮脣飴赤果自有來而致敬由無取以
相歡綿邈星霜留連几杖初聞四句誠爲入實之賓末聽
三幡了是無師之智遽援坐席令傳了經非取履於下邳
還稱可教異服膺於泗水更謂不如明牧前歸英人後感

相紫階則生金吐義禮白塔則盡竹書名彼四大士者皆
行貫迦維名高記莂且夫紛綸藻繪列慈氏之雲臺合沓
緗囊貯聖王之蓬閣我幕府河東公天瑞地寶甘雨卿雲
總海內之風流盛漳濱之模楷號鳴文苑陟降朝階自作
我上都統以京尹輦轂之下紱冕所興本之以强宗近親
因之以豪猾大俠丙吉爲相出遇橫屍袁盎免官歸逢刺
客公貞能蠹蠱正可辟邪殷貨殖於五都無勞走馬屛椎
埋於三輔何必問羊託宿於天官假道於雒宅五年夏以
梁山蟻聚充國鴟張命馬援以南征委鍾繇以西事大張

鄰援尋覆賊巢既而軍壘無喧郡齋多暇紗爲管帽布是
孫衾神仙中人方其攜手風塵外物乃以關身夢裏題詩
醉中裁簡臨池筆落動草琴休至於三堅八正之言四攝
六通之說則理超文外照在機先修竹長松不曾形迹孤
峰澹淵未覺親疎鄙物物以肇端自如如而取證讚同范
泰律若張融王澄徒服其嘉言孟顗不知其慧業屬者以
洪州三大師靈儀未集華構將成乃進牘求眞移書抒意
江西廉使大夫汝南公黃中秉德業尚資仁動之則瑤瑟
瓊鐘鏘洋淸廟靜之則明河亮月浩蕩華池遠應同聲函

緘遺貌試殿中監會郡鄒從古家承作繪藝有傳神授以齋修俾之雕煥情勞若病思苦如癡拂壁但見其塵鶩倚柱不知於雷震妙分塗掌巧寫應身如安所洗之腸若見不沾之足詎同袁奮畫一室之維摩畧等戴逵寫五天之羅漢況刹懸慧義山聳長平花市分區香城轉軫龕流迴漢梯倚重霄桂處吳剛榆邊傳說響迴羲仲則日欲推輪門啟蘇林則天堪倚杵斯堂也爰初置梟靡託金林或以質當參於棼橑如堪韜布恐劉肇以裁筒苟可當邁處蔡邕而製笛公遂養之宏棟易以榮椽黃楠可訪於下巢翠

篠罔攀於清渭漸鴻得槅賀鷰依衆望同老氏之春臺牢若文翁之石室本乎初念逮彼成功自一毛半菽之微至雕玉布金之麗皆不資官廩無取軍租非飲馬之餘錢則遺盜之舊布將遺涪川習定郪道降魔苟能浣爾之塵勞莫不涉子之閫奧又院有緇叟族高隴西頃據方壇時稱律虎晚修圓覺世謂義龍石磬朝吟銅瓶夜滿不扃外户靡立中闆公喻以傳香假其譚柄且山毛綜褻未挂支提許郭輩流偏遺梵行斯固天機有裕世網無纏盍裏繟於緣緗可鋪舒於琬琰愚也中兵被召上士聯榮敢同譙郡之功曹顧作山陰之都講何言此事叨謂當仁刔紅磴時尋多逢翠磵紫榛乍倚每見丹碑龍門慕新野之能江夏服盈川之富恨不疆埸俯接旗鼓親交貫其三屬之犀皮焚彼十重之鹿角以靈才結課用逸思酬恩來者難誣前言不戲庶使禰衡讀後重峻文科王粲背時更昇鄉品其詞曰

熙矣無上怡然至真壽長瀰海劫遠吹塵蒼茫去聖造次求仁誰從多轍自涉殊榛婆斯南遊達摩東止智劍拭土信珠澄水道在肝膽化行竹葦廬阜伸拳城安得髓猗歟

靜衆來隔天澤遺珪擲組爐指求心柔管代毳掬土延陰辭舍檀鉢露瀣瓊釬鳴光天靈倉緣地望勢隔嚴道人同寶相梵衆來格魔軍內向犀枕金爐冰崖雪嶂從容大寂挺拔曹溪情超地位意小天倪呦呦苑鹿喔喔園雞融心露鏡刮瞙模篦末有西堂克流英盼翦拂慧炬貫穿戒線金浦涵月瓊崑躍霤雲母飄花流黃舉扇我公有命咨爾丹青恢崇大厦寫載真形簷垂義網户綴元扃三生聚石九子垂鈴公實挺姿襄涵天壤捧日孤起橫秋直上謝安麈尾王恭鶴氅灰琯迎和霜鐘進爽六通勝範四證微詮

蜂音出妙鳥偈留元傳眞得果聚福成田遼遼鵬鶱眇眇
龜年掩靄巴山繁華蜀國世界嚴靜人天腷臆崇基式圖
芳音無斁長現優曇永觀摩勒

道士胡君新井碣銘 并序

梓潼帥所治城東北一里有宮曰紫極宮宮有道士曰胡
君宗一東都佐漢尚書郎諫於探籌南國仕梁遊擊還開
於奉鏡既還闈紫府納陛丹臺遂擺落家聲而削除世系
今乃元元之遐胄玉皇之後昆青骨綠筋元卯白誌洞士
之鬚面處子之肌膚舌響瓊鐘骨搖金鑠霞烘帔薄籜嫩

冠歃開天上之文房應收筆硯入人間之武庫未見戈矛
其稟質之秀也如此青囊藥墅緗展方神華陽之洞裏茯
苓湯谷之肆中甘草神憂智藏鬼謝秋夫以刮雲長者爲
凶以鍼孟德者爲忍郭太醫兩難之說無乃疎乎徐從事
九轉之方既聞命矣其造微之術也又如此膺是美祿以
資元遊歎楚俗之醉稀怨中山之醒早歷城伏日會稽暮
春麴枕凌晨蓮筩落晚覆景升之伯雅倒季倫之接䍦比
者解醒多調琬涎向來巳渴俱用瓊漿千鍾初戒於初筵
百榼未成於荒宴其寄情之遠也又如此不横何筋靡對

朱杯崑崙之禾徒稱於商徵桃榔之麪浪出於丹丘朱鳥
含津蒼龍鍊氣用庖書爲外典以食蔬爲空言日彩九芒
便同業鼎露華五色已當僊盤其絶累之至也如此至於
直置形骸混齊歌笑或久留白社或蹔詣丹墟遲迴而稍
至牆東倏忽而遷居竈北由來箕踞稱正平未曰狂生所
過糞除王彥伯齊稱道士則固非一端可定二教能拘諒
不測於仙階亦難論其鄉品然而能持慈實不竄元樞忽
聞濟物之功聊有寄言之路尚書河東公作鎮之三載也
兩苗均惠風草馳聲鄭元帥之詩書那宜奪席曹相國之

黃老未足爭鞭君忽唱曰斯民也凡帶城闠畢趣宮井且
蠻沙易濫賨壤多疎不可家置銀牀人開玉甃其或跂烏
未上趙尊之户扇方扃顧兔猶覊曼倩之窗欞未啟則詞
人卧病莫冀露唇窮子號寃無容灑面況北通上路南際
殊鄰有渡漢之靈牛有還燕之駿馬少陽用事抱瑩角以
來思畏景無陰踠奔蹄而至止苟虧上善或致中乾君乃
於宮之西南載攷水經仍窮井德一八四八鮑侍郎遽爾
庚辭九二九三鄭司農藹然深義將就厥志必求所同時
則有若我同僚六君子者實將軍之府內元甲朱旗王太

尉之幕中紅蓮綠水偕崇虛室並攝靈臺陰功共矢於三千久睽同期於八百倒夫筐篋竭以抒機君乃指此甘涼畢其溝沼烟移宋畚雷動劉鍬晉塊咸除涇泥盡漉靡踰浹日遂冽寒泉復博采貞珉遐求怪琭混沌之鑿幾裂雲根樸屬之車爭馳風磴武都引鏡東海分橋下壁立以呈堅上觚稜而顯巧方流與潔靈沼分清丹竈飛華寧有代僊之李赤簫遺響終無半死之桐隅落松門藩蘺檜殿未飛劫燼尚紐坤維武夷重讌於曾孫宣岳更歌於阿母亦永絕無禽之咎終微射鮒之虞君更以我輩數人一時之彥具惟方臭盍議雕刊疑余曾夢綵毫或吞文石屢迴隆顧亟（闕一字）斯文八斗知慚四科奚取天長地久同銜瀉爻之規古往今來無復結茆之困言之不足乃作銘云

光芒井絡鬱勃天彭於惟教父誕此仙鄉聞（闕一字）秦時見臘嘉平黃寧虛位綠字題名（其一）徐鄰留犀扁桑分水虢靈趙夢齊痁秦痔金繩續脉玉管損（疑）髓蛇膽明眸虎鬚牢齒（其二）酕醄過市酩酊經壚潯陽傲令富渚狂奴三春竹葉九日茱萸延年裸袒孟祖號呼（其三）龜咽存元熊經養秀曠矣鼎彝悠哉籩豆穢若食帶鄙同探鷇竹實雖繁山梁不鶂（其四）爰嗟繘井載隔搴林拜異踈勒穿殊漢陰膏融土脉乳濆泉心匠得冕嶲上分鳳簪（其五）吾黨具采藩條是贊千尋建木萬丈絕岸華裾上榻白衎素桑明月離雲鈎星在漢（其六）燕齊賓客楊許師資養生著論招隱裁詩元中領悟塵外襟期共防綆短同慮瓶羸（其七）古有三巴今分二蜀縈紆九折峥嶸七曲元鶴華表仙人棊局我刻斯銘永聊朝旭（其八）

刑部尚書致仕贈尚書右僕射太原白公墓碑銘（幷序）

公以致仕刑部尚書年七十五會昌六年八月薨東都贈右僕射十一月遂葬龍門子景受大中三年自潁陽尉典治集賢御書侍太夫人宏農郡君楊氏來京師胖胖兢兢奉公之遺畏不克旣乃件右功世以命其客取文刻碑文曰

公字樂天諱居易前進士避祖諱選書判拔萃注秘省校書元年對憲宗詔策語切不得爲諫官補盩厔尉明年試進士取故蕭遂州澣爲第一事畢帖集賢校理一月中詔由右銀臺門入翰林院試文五篇明日以所試制加段佑

兵部尚書領涇州遂爲學士右拾遺滿將擬官請椽京兆以助供養授户曹時上受襄陽荆州入疏獻物在約束外公密詆二帥且曰非善良後雖與宰相不厭禍其後禮官竟以多殺不辜謚于頔爲厲李師古襲父事逆務作項領以讒儕曹上錢六百萬贖文貞故第以與魏氏公又言文貞第正堂用太宗殿材魏氏歲臘鋪席祭其先人今雖窮後當有賢即朝廷覆一瓦魏氏有分彼安肯入賊所贖第耶上由是賜錢直券以居其孫在職三年每讌見多前笏留上輦是否意詔湔剔抉摩望及少年見天下無一事五

年會憂掩坎廬墓七年以左贊善大夫著吉武相遇盜殊絶賊棄刀天街日比午長安中盡知公以次紙爲疏言元衡死狀不得報即貶江州移忠州刺史穆宗用爲司門員外四月知制誥加秩主客眞守中書舍人敘緋受旨起田孝公代衡陽孝公行贈錢五百萬拒不内燕趙相殺不已公又上疏列言河朔畔岸復不報又貶杭州既至築堤捍江分殺水孔道用肥見田發故鄴侯泌五井渟儲甘清以變飲食循錢塘上下民迎濤祠神伴侶歌舞徙右庶子出蘇州授秘書監換服色遷刑部侍郎乞官分司得太子賓客除河南尹復爲舊官進階開國九年除同州不上改太子少傅申百日假又二歲得所薨官白氏由楚入秦秦自不直杜郵事封子仲太原以有其後祖某鞏縣令考季庚襄州別駕贈太保一女妻譚氏始生公七月能展書指之無二字縱橫不誤既長與弟行簡俱有名故李刑部建庾左丞敬休友最善家居以户小飲薄酒朔望晦輒不肉食擕鄧同韋楚白服遊人間姓名過海流入雞林日南有文字國爲中書舍人三日如建中詔書上鄭公覃自代後爲相質直文宗晞文貞公果有孫起使下數歲至諫議大夫

賢可任爲令上御史中丞他日景受嘗跪曰大人居翰林六同列五具爲相獨白氏亡有公笑曰汝少以待其曾祖弟令右僕射平章事敏中果相天子復憲宗所欲得開七關城守四州以集巨伐仲冬南至備宰相儀物擎跪齋栗給專寡嫂永寧里中有兄弟家指嚮健慕以信公知人集七十五卷元相爲序系曰

公之先世用談說聞肅代代優布蹤河南陰德未校公有弟昆本枝不搖乃果敷舒匪豁匪騰噫其醇腴於鄉洎邦取用不窮天子見之層陛玉堂徽徽其中上汰唐禹帝爲

韡留續緒襞纏歲終當遷户曹是取煜白其華𥎞不痕緇用從棄遣至道天子疇誰與伍率中道止納筆攝麾綍三郡理既去刑部條東其居大尹河南翦其暴逋君有三輔臣有四歊臣衰君强謝不堪守翊翊伸伸君子之文不僭不怒惟君子武君子既貞兩有其矩孰永厥家曾祖之弟坤柄巽繩以就大計匪哲則知亦有教詔益裒其收擢秀而薦刻詩於碑以報百世公老於東遂葬其地

請盧尚書撰故處士姑臧李某誌文狀

曾祖諱某皇美原令祖諱某皇安陽縣尉父諱某皇郊社

令處士諱某字某郊社令第二子也年十八能通五經始就鄉里賦會郊社違恙出大學還榮山就養二十餘歲乃丁家禍廬於壙側日月有制俛就變除遂誓終身不從祿仕時重表兄博陵崔公戎表姪新野庾公敬休平陽之郡等以中外欽風處在師友誘從時選皆堅拒之益通五經咸著別疏遺畧章句總會指歸韜光不耀既成莫出麤以訓諸子弟不令傳於族姻故時人莫得而知也注撰之暇聯爲賦論歌詩合數百首莫不鼓吹經實根本化源味醇道正詞古義奧自弱冠至於夢奠未嘗一爲今體詩小學通石鼓篆與鍾蔡八分正楷散隸咸造其妙然與人書疏往復未嘗下筆悉皆口占惟曾爲郊社君造福於墅南書佛經一通勒於貞石後摹寫稍盛且非本意遂以鹿車一乘載至於香谷佛寺之中藏諸古篆衆經之內其晦跡隱德率多此類長慶中來由淮海塗出徐州時有人謂徐帥王侍中曰李某真處士也遂以賓禮延於逆旅顧枉上介與爲是邦處士謂徐帥曰從公非難但事人匪易長揖不拜拂衣而歸其詞蓋譏其崔相國事也復歸滎上講道如初享年四十有三以太和三年三月二十六日棄代以其

年十月卜葬於滎陽壇山原望於先域夫人滎陽鄭氏合焉二男珹瑱時甚幼孺猶子思晦寔尸其禮至會昌三年以風水爲患松檟不立二子號叫顧更蓍龜商隱與仲弟羲叟再從弟宣岳等親授經典教爲文章生徒之中叨稱達者引進之德胡寧忘諸顧襄改卜之禮敢遺撰美之義閤下獨執文律首冠明時頃於篇翰之間惠以交遊之契竊書遺事敢請刊銘冀推族類之恩用永隱淪之德伏紙酸哽十不存一謹狀

請盧尚書撰曾祖妣誌文狀 故相州安陽縣姑臧李公夫人范陽盧氏

北祖大房

夫人姓盧氏曾祖諱某某官父諱某兵部侍郎東都留守夫人兵部第三女年十七歸於安陽君諱某字叔洪姑臧李成憲滎陽鄭欽說等十人皆僚壻也安陽君年十九一舉中進士第與彭城劉長卿中山劉眘虛清河張楚金齊名始命於安陽年二十九棄代祔葬於懷州雍店之東原先大夫故美原令之左次美原諱某字既濟其墓長樂賈至爲之銘一子邢州錄事參軍諱某字叔鄉始夫人既嫠教邢州君以經業得祿寓居於滎陽不幸邢州君亦以疾

欽定全唐文　卷七百八十　李商隱　十五

早世夫人忍晝夜之哭撫視孤孫家惟屢空不克以邢州歸祔故卜葬於滎陽壇山之原上俾自我爲祖百世不遷後十年夫人始以壽歿諸孤且幼亦未克以夫人之柩合於安陽君懷鄭相望二百里而遠仍世多故塋兆尚離日月遄移將逾百歲曾孫商隱以會昌二年由進士第判入等授秘書省正字所以稱家䘏謀啟合罪戾增積降罰於天卜吉之初再丁凶釁永唯殘喘寄在朝夕懼泉阡乖隔松檟摧殘銜哀扶血盡力襄事䘏以來年正月日啟夫人之櫬歸合於懷之東原永瞻貽厥之恩詎忘論撰之義閤下我祖妣之族子今天下之文宗深惟託分之重實仰錫類之旨敢祈刊勒薦慰尊靈叩心獻狀辭不宣德謹狀

請盧尚書撰李氏仲姊河東裴氏夫人誌文狀

昔我先君姑臧公以讓弟受封故子孫代繼德禮蟬聯之盛著於史諜王考紀曹君以隱德不耀俛仰於州縣烈考殿中君以知命不撓從容於賓介惟我仲姊實漸清訓年十有八歸於河東裴允元故侍中耀卿之孫也既歸逢病未克入廟實歷周歲奄歸下泉時先君子罷宰獲嘉將從他辟遂寓殯於獲嘉之東厥弟不天旋失所怙返葬之禮

欽定全唐文　卷七百八十　李商隱　十六

闕然不修至會昌三年商隱受選天官正書秘閣將謀龜兆用釋永恨會允元同謁又出宰獲嘉距仲姊之殂已三十一年矣神符夙志卜有遠期而罪釁貫盈再丁艱故且兼疾瘵遂改日時明年冬以潞寇憑陵擾我河內懼惟樊發載軫肝心遂泣血告靈攝總襄事卜以明年正月日歸我祖考之次滎陽之壇山仲姊生稟至性幼挺柔範潛心經史盡妙織紝鍾曹禮法劉謝文采顧此兼美自乎生知而上天賦壽不及二紀此蓋孽弟不肖之所延累也銘表之託本於文人將慰歸來之魂實在不刊之筆銜哀摧咽

五情已崩。孤苦蒼天。永痛蒼天。

李賀小傳

京兆杜牧爲李長吉集序。狀長吉之奇甚盡。世傳之。長吉姊嫁王氏者語長吉之事尤備。長吉細瘦。通眉長指爪。能苦吟疾書。最先爲昌黎韓愈所知。所與遊者。王參元楊敬之權璩崔植爲密。每旦日出與諸公遊。未嘗得題然後爲詩。如他人思量牽合。以及程限爲意。恒從小奚奴騎距驢。背一古破錦囊。遇有所得。即書投囊中。及暮歸。太夫人使婢受囊出之。見所書多。輒曰。是兒要當嘔出心始已耳。上

燈與食。長吉從婢取書。研墨疊紙足成之。投他囊中。非大醉及弔喪日率如此。過亦不復省。王楊輩時復來探取寫去。長吉往往獨騎往還京雒。所至或時有著。隨棄之。故沈子明家所餘四卷而已。長吉將死時。忽晝見一緋衣人。駕赤虯。持一版。書若太古篆或霹靂石文者。云當召長吉。長吉了不能讀。欻下榻叩頭。言阿㜷（長吉學語時呼太夫人云）老且病。賀不願去。緋衣人笑曰。帝成白玉樓。立召君爲記。天上差樂。不苦也。長吉獨泣。邊人盡見之。少之。長吉氣絕。嘗所居窗中勃勃有烟氣。聞行車嘒管之聲。太夫人急止人哭。待之如炊五斗黍許時。長吉竟死。王氏姊非能造作謂長吉者。實所見如此。嗚呼。天蒼蒼而高也。上果有帝耶。帝果有苑囿宮室觀閣之玩耶。苟信然。則天之高邈。帝之尊嚴。亦宜有人物文彩愈此世者。何獨眷眷於長吉而使其不壽耶。噫。又豈世所謂才而奇者。不獨地上少。即天上亦不多耶。長吉生二十四年。位不過奉禮太常。中當世人亦多排擯毀斥之。又豈才而奇者。帝獨重之。而人反不重耶。又豈人見會勝帝耶。

紀事

象江太守

滎陽鄭璠。自象江得怪石六。其三聳而銳上。又一如世間道士存思圖畫人肺胃肝腎次第懸絡者。又一空中而隱外。若癭瘤殃疝病不作物者。又一色紺冰（去聲）而理平漫。彈之好聲。璠爲象江三年。不病瘴。平安寢食。及還長安。無家居。婦兒寄止人舍下。計輦六石道費。傳六十萬。璠嗜好有意。極類前輩人。

華山尉

陶生有恒人。善養。又善與人遊。又善爲官。會昌時生病骨

熱且死是年長安中進士爲陶生誄者數十人生在時吾已得之矣及既死吾又得之

齊魯二生

程驤

右一人字蟠之其父少良本鄆盜人也晚更與其徒畜牝馬草廐一私作弓矢刀伎學發冢抄道常就迥遠坑谷無廬徼處依大林木蚤夜偵候作姦李師古貪諸土貨下令卹商鄆與淮海競出入天下珍寶日月不絶少良致貲以萬數每旬時歸妻子輒置食飲勞其黨後少良老前所置

食有大臠連骨以牙齒稍脫落不能食其妻輒起請黨中少年曰公子與此老父椎埋剽奪十數年竟不計天下有活人今其尚不能食况能在公子叔行胡浪反耶公子此去必殺之草間毋爲鐵門外老捕盜所狙快少良默憚之出百餘萬謝其黨曰老嫗真解事敢以此爲諸君别衆許之與盟曰事後敗出約不相引少良由是以其資發舉貿轉與鄭伍重信義卹死喪斷魚肉葱韲禮拜畫佛讀佛書不復出里閈竟若大君子能悔咎前惡者十五年死子驤率不知後一日有過其母罵之曰此種不良庸有好事耶驤泣問其語母盡以少良時事告之驤號泣數日不食乃悉散其財踰年驤甚苦貧就里中舉負給薪水灑掃之事讀書曰數千言里先生賢之時與饘糗布帛使供養其母後漸通五經歷代史諸子雜家往往同學人去其師從驤講授又其爲人寬厚滋茂動静有繩墨人不敢犯烏重允爲鄆帥喜聞驤與之錢數十萬令市書籍驤復以其餘賚諸生其里閭故德少良者亦嘗來與驤葺息其貲數年復致萬金驤固不以爲已有繩契管揵雜付比近用度耗費了不勘詰道益高開成初相國彭城公遣其客張谷聘之驤

不起

劉乂

右一人字乂不知其所來在魏與焦濛閻冰田洿善任氣重義大軀有膂力常出入市井殺牛擊犬豕羅網鳥雀亦或時因酒殺人變姓名遁去會赦得出後流入齊魯始讀書能爲歌詩然恃其故時所爲輒不能俯仰貴人穿屐破衣從尋常人乞丐酒食爲活聞韓愈善接天下士步行歸之既至賦冰柱雪車二詩一旦居盧仝孟郊之上樊宗師以文自任見乂拜之後以爭語不能下諸公因持愈金數

斥去曰此諛墓中人所得耳不若與劉君爲壽愈不能止復歸齊魯乂之行固不在聖賢中庸之列然其能面道人短長不畏卒禍及得其服義則又彌縫勸諫有若骨肉此其過人無限

宜都内人

武后篡既久頗放縱耽内習不敬宗廟四方日有叛逆防豫不暇時宜都内人以唾壺進思有以諫者后坐帷下倚檀机與語問四方事宜都内人曰大家知古女卑於男耶后曰知内人曰古有女媧亦不正是天子佐伏羲理九州

耳後世嬢姥有越出房闥斷天下事者皆不得其正多是輔昏主不然抱小兒獨大家革天姓改去釵鈿襲服冠冕符瑞日至大臣不敢動眞天子也然今者内之弄臣狎人朝夕進御者久未屏去妾疑此未當天意后曰何内人曰女陰也男陽也陽尊而陰卑雖大家以陰事主天然宜體取剛亢明烈以消羣陽陽消然後陰得志也今狎弄日至處大家夫宮尊位其勢陰求陽也陽勝而陰亦微不可久也大家始今日能屏去男妾獨立天下則陽之剛亢明烈可有矣如是過萬萬歲男子益削女子益專妾之願在此后雖不能盡用然即日下令誅作明堂者

析微

斷非聖人事

堯去子舜亦去子周公去弟後世人以爲能斷此絶不知聖人事者斷之爲義疑而後定者也聖人所行無疑又安用斷聖人持天下以道民不得知聖人理天下以仁義民不得知害去其身未仁也害去其家未仁也害去其國亦未仁也害去其天下亦未仁也害去其後世然後仁也宜而行之謂之義子不肖去子弟不順去弟家國天下後世

皆蒙利去害矣不去則反宜然而爲之堯舜周公未嘗疑又安用斷故曰斷非聖人事

讓非賢人事

世以爲能讓其國能讓其天下者爲賢此絶不知賢人事者能讓其國能讓其天下是不苟取者耳湯故時非無臣也然其卒佐湯有升陑之役鳴條之戰竟何人哉非伊尹不可也武故時非無臣也然其卒佐武有牧野之誓白旗之懸果何人哉非太公望不可也苟伊尹之讓汝鳩仲虺太公望之讓太顛閎夭則商周之命其集乎故伊尹之醜

夏復歸太公望之發揚蹈厲當此時雖百汝鳩百仲虺伊尹不讓也百太顛百閎夭太公望亦不讓也故曰讓非賢人事

爲滎陽公黃籙齋文

臣伏聞系自象先道尊元教有無名之璞不可雕鎪開衆妙之門未嘗關揵達人大觀上士勤行始有胥連爰交尊陸皆稟混成之教以凝懸解之功及至化漸漓眞元稍散七十神虎窮蹈籍之姿九百毒龍恣貪殘之患乃復吳宮合石王屋流珠方班萬國之朝始定百靈之位大之則籠

羅八極居蔕芥之微小之則陶冶一身後天地而老上維皇屋下及蒸人莫不受煉朱陵施功酆部故五臘二直八節三元咸開懺拔之科用顯修崇之旨臣某幸生昭代素稟元風每秋水凝情春臺寫望暢靈襟而抽思若振羽毛動元籥以開懷如餐沆瀣因循官牒漸染君恩既乖紫氣之占遂阻丹邱之會五嶺之表再麾始臨撫凋瘵之民人壓蠻髦之雜俗竊恐見聞所及未契元科舉措之間有踰眞裕或散爲疾癘或遘作凶饑敢薦眞師式陳妙會況此府水環湘桂山類蓬瀛固亦武陵之谿桃源接境平昌之井荆水通津洞乳凝華嵒煙結氣浮邱別館薊子郵亭豈直發地五千獨稱於大華去天三百惟迷於武功實幸廉車得親靈境今則涼飈已戒溽暑尋徂九外八遐靜無氛翳二元三景藹有輝光雲篆鳥章珠巾琳几畧皆備物粲有加儀伏乞太上三尊十方衆聖曲流元澤大降鴻慈先俾清朝克逢多福南面慶千春之壽北辰康億載之歡三事百官共綏天祿四夷萬有長叶帝謨然後所部封疆當州寮屬皆無虛士屢有豐年臣齋功獲申道念增厚式揚藩任妙選宸心慶靈長被於身枝清裕永霑於家屬則仰

荷大道無極之恩臣限以嚴扃屬茲戎寄不獲躬齋素簡親詣黃壇望紫府以馳誠向清都而潔慮謹附臣李道琮墨辭上啟惶恐謹辭

爲相國隴西公黃籙齋文

臣忝系仙枝獲蒙道蔭早佩相印屢登齋壇雖八景三清麤聞科戒而七情五賊未勉修持入輔出征綿時歷歲伏慮政刑非當賞罰或乖積愆咎於元司負委寄於皇渥今謹齋薄具仰獻微誠伏乞太上三尊十方衆聖曲垂保祐大賜滌除俾善業克成良願無擁金柯玉葉奉聖祖於千

秋黃屋丹墀戴吾君於億載百蠻康樂萬國乂安然後散及冥塗霑諸酆部寒靈罷對滯爽騰輝俱升仁壽之方共奉太平之化

爲馬懿公郡夫人王氏黃籙齋文

唐某年月日朔上清大洞三境弟子妾某本命某年若干歲某月日生屬北斗某星住河南府河南縣正平坊安國觀內今謹攜私屬弟子某等詣京兆府萬年縣永崇坊龍興觀內奉謁受上法師東岳先生鄧君奉依科儀於三聖會仙堂內修建黃籙妙齋三日三夜轉經行道奉爲先受

法尊師並道場男女官衆及九元七祖弟子門徒等懺罪拔苦祈恩辭上謁虛無元始自然天尊太上大道君太上老君金闕後聖李君十方靈真三界官屬三十六部尊經元中大法師天地水三官北斗尊神本命星尊神洞天林谷一切棲隱諸靈仙等妾夙值師尊欽聞教旨伏以元皇布氣時播羣生太一傳形肇流品庶皆陶無始成彼自然及三古已還九皇秘迹羣妖衆孽黷亂眞元鬼道尸邪干迷至正於是大分治化廣闡章符金板玉繩載演修存之術河源酆部重明考治之科故得三靈無墊壞之虞萬物被生成之德妾內惟幼騃晚遂修持爰在童蒙被諸僭咎去元和某年獲託於故戶部尚書贈左僕射臣馬總極紛華於少壯結胎血之因緣況臣總被沐君恩久居藩鎮受專征之寄擅外閫之權殄寇下城所傷者不記用刑持法所坐者至多雖事上之心誠無顧避而奉行之際或爽重輕故臣總平生之時許妾以虛無爲念冀因晚節同結良緣及臣總捐家妾終喪紀婚姻饑單門戶如初故東都某觀道士南岳先生符君哀妾香火之勤成妾巾褐之願爰從披度驟歷年光雖積穢行尸感通莫冀而三蟲六賊制

伏無虧流輩之中吹噓驟至謂可以奉三洞之尊法稽七眞之異聞勸請殷勤推許重疊妾雖榮從非望亦念切良時遂於某年於某處奉詣大洞師東岳先生鄧君奉受上法迴車畢道交帶紫紋負荷元科叨忝眞位妾夙宵感勵寢食慙惶於今五年益勤一志兼誓除俗累漸慕清修休絕已來志念愈潔所希稍存眞氣可降衆靈又按仙記云師與弟子能相保七年法者當得道況今國家奉元元之裔聖上崇清淨之風妾師奉爲君親廣存濟度妾又筋骸非病齒髮未衰仰佩元恩實爲罔極是敢重投靈地再獻

徽誠遂有同學男女官某嘉妾至心勉妾上路卽以今夕再次仙都慶百生有幸之辰登三聖會眞之室修崇始畢朝禮云初何必銀臺遠居東海詎資瑤闕近到西崑窺觀而羽翼疑生行列而雲霓交映欣榮過極感泣不勝謹用上按仙儀旁徵齋法特延清衆重請本師伏乞太上三尊十方衆聖曲流元澤大降鴻私錄妾一念之清心赦妾億劫之重罪伏願善緣益長丹懇獲申君王冀保於千齡輔弼永綏於百福五穀豐稔四方乂寧先授道師遷洞天之位今傳法主享龜鶴之年道俗二緣咸蒙覆露幽明兩代

並洗愆尤先魂無冢訟之辜同志絕干城之患陰幽滯爽狌犴窮冤皆獲遷昇盡從寬釋妾誓持女弱永奉元微苟負盟文冀當冥考妾某無任懇惻祈恩之至謹辭

為馬懿公郡夫人王氏黃籙齋第二文

唐會昌三年太歲癸亥十月丙辰朔十五日庚午上清大洞三境弟子中岳先生黃帝眞人張抱元於所居宮內奉依科儀修建下元黃籙妙齋兩日兩夜轉經行道懺罪乞恩拜上諸虛無自然元始天尊太上大道君太上老君十方衆聖三界靈官三十六部尊經元中大法師崇岳山諸靈官等妾聞至極含虛眞人在巳陶混元於無始稟靈性於自然莫不麗贅有為粃糠非道摽北門而高視泛虛舟而不羈及夫淳化漸離眞元稍秘於是教垂三洞文演九辰地紀天元因斯立極北酆南霍自此分區猶以修崇之旨未宏懺援之科尚昧故七神五藏降虛黃之上經三日元時開青女之秘訣事踰元象道介希夷正一眞人餘文具在三天教主遺法斯存妾慶自多生時丁休運永惟女弱早服師門佩秘籙於上清階衆眞之高位雖限存性分而事繫因緣丁寧湯谷之遊髣髴朱陵之會貪叨斯極負

荷不勝故八慶三元良時吉日莫不廣開龜座大闢龍山耀銜燭於幽都稽欻駕於元路況所居觀宇乃肇於貴主創自平時絳館清宮居惟帝女珠囊錦帙來自天家通仙之象設可憑大國之慶靈無泯自開元厥後天步攸艱閬苑融臺倒遘鬱攸之毒霓旌絳節咸罹竊發之災而斯觀棟宇無虧圖書不蠹綵扎如舊靈文若新況鎭我神州正當午位北瞻翔鳳自傾臣子之丹誠南眺鑿龍宛是神仙之福地雖浮邱尚阻而佳氣遙通先皇帝重振元風今天子廣明至道恬神姑射系志崆峒銀甕告存非假華山之

出珠胎展瑞不因赤水之遺平陽之絳鬣時來崑岳之白環屢入故二京法衆四海名流咸得蔭藹天光睎霑睿澤雲竈盡期於九轉靈階畢慕於三清高功臣抱元捧日降精因星命氏骨鳴金鑠響振瓊鐘昔自綺紈遂辭祿仕倦蓟子之都尉厭東方之侍郎固已名列紫書位通丹岳調三關而自適通九館以忘憂頃以台嶠名遊雲臺高邁清溪萬仞丹桂八重爰以金慈忽聞至止故妾及男女官等因下元大慶之日水官校籍之辰稽首求哀摽心奉請願攜清衆爲按元科將有望於感通冀必聞於御徹今則元

冥司候陰魄將圓魚鑰開簧麟廚備味列炬而房名流靄燎鑪而館號明霞伏乞太上三尊十方衆聖曲垂鑒映大降優恩使妾等齋功克成道分增益聖君萬壽良輔千秋凡在生靈悉蒙休祐上通清漢下及幽淵長育咸絕於夭傷窮滯皆蒙於開釋又伏以山東逆豎代北饑戎負義背恩興兵動衆亦願元惡面縛而歸罪羣校倒戈而顯忠汗俗惟新迷塗復正溥天之下率土之濱永無草擾之虞長保升平之福妾幽明兩代道俗二緣在位者長簡於帝心求道者早升於仙籍誓盡軀命欽奉香燈苟違斯言分當冥考

爲馬懿公郡夫人王氏黃籙齋第三文

妾以微生幸蒙嘉運得因師友奉佩符圖品在高眞文參上法而塵泥賤質肉血微軀未能絕迹人寰棲心物外永懷眞格有負元科然至於澡雪身心修勤香火五臘二直八節三元誓以嚴持不敢怠志然恐舉措之際未合元機過咎之來積於鄷部年深月遠釁重責深罹寒靈考治之科辱大道興隆之運夙夜自念冰炭交懷今謹因中元大慶之辰地官校籙之日輒於靈地敢獻微誠伏乞太上三

尊十方衆聖曲流元澤大降慈恩錄一念之清心赦億劫之重罪使元功克就良願大成君王長享於萬年臣庶咸離於五苦上自雲鳥下及泉魚凡曰生靈皆蒙覆護然後及於私室資彼幽魂見存名上於南宮過往神離於北部河源滯爽狴犴幽冤咸乞蕩除俾從遷適即仰荷大道罔極之恩

爲故麟坊李尚書夫人王鍊師黃籙齋文

以妾某所佩圖籙先經遺墜今復尋獲乞恩歸罪據辭上詣虛無自然元始天尊太上大道君太上老君太上丈人

三十六部尊經元中大法師所佩籙中靈官將吏三界官屬一切靈化嵩洛名山眾真高隱妾運從往業慶及今生獲以愚蒙早佩經法而注念不謹修奉多違殃與時增善隨日削莫忘塵累備極艱虞兒息凋零孫姪孤藐一辭西雍久寓東周五遷家居十變年序昨者以所授寶籙盛以雕奩既忘誨盜之資果有擔囊之酷遂使金科玉篆見辱於宵人神將靈官久淩於暴客尋求未獲披露無因分已名繫幽官位標黑籍萬劫永沈於狴犴九元同役於河源而罪重憂深誠卑感遠始聞尋索旋得蹤由爰以吉辰迎歸靜曲修存香火拂拭塵埃瑤緘錯落以如新錦帙斕斑而若舊永懷釁戾不敢遑安今輒請高真仰陳薄具負荊泥首引劍投軀伏乞太上三尊十方眾聖曲流殊渥旁勅元司錄其歸咎之誠許以自新之路使良緣漸圓真路稍通既勤肉血之餘長奉靈仙之戒苟其重渝今誓猶涉初心請候真科以從冥考

欽定全唐文卷七百八十一

李商隱十一

為舍人絳郡公鄭州禱雨文

年月日鄭州刺史李某謹請茅山道士馮角禱請於水府真官伏以旱魃為虐應龍不興困杲日於詩人苦密雲於易象生物斯瘁民食攸艱某叨此分憂俯慙無政爰求真侶虔禱陰靈減哺表勤褰帷引咎伏乞下通榮播上達天潢合為膏澤之原用息蘊隆之患其於效信或敢逡巡暴露託詞焦勞結慮泉間候氣樹杪占風惟望玉女之披衣敢駭商羊之鼓舞竊希元感聽察丹誠

為李懷州祭太行山神文

謹按禮經云諸侯得祭名山大川之在其地者今刺史乃古之諸侯太行實介我藩部險雖天設靈則神依豈可步武之間便容孽豎磅礡之內久貯妖氛今忠武全師河橋銳卒指賊庭而將掃望寇壘以爭先神其輔以陰兵資之勇氣使旌旗電耀桴鼓雷奔一麾開天井之關再舉復金微之地然後氣通作限雲出降祥長崇望日之標永作倚天之柱酒肴在列蔬菓惟時敢潔慮以獻誠冀通幽而寫

祂

為安平公兗州祭城隍神文

年月日。致祭於城隍之神。四民攸居。是分都邑。五兵未息。爰假金湯。惟神受命上元。守職斯土。擁長雲之壘。提却月之營。主張威靈。彈壓氛祲某方宣朝旨。來總藩條。帳中之列既安。幕下之籌敢失。神其守同石堡。護等玉關。長令卒若岸焉。無使復於隍也。

為懷州李使君祭城隍神文

年月日。致祭於城隍之神。某謬蒙朝獎。叨領藩條。熊軾初

臨。虎符適至。敢資靈於水土。冀同固於金湯。況彼潞人。實逆天理。因承平之地。以作巢窠。毆康樂之民。以為蝥賊。一至於此。其能久乎。惟神廣扇威靈。劃開聲勢。俾犯境者望飛鳥而自遁。此滔天者。聽唳鶴以虛聲。崇墉載嚴。巨塹無壅。今來古往。永無川竭之因。萬歲千秋。莫有土崩之勢。神其聽之。無易我言。

為中丞滎陽公祭全義縣伏波神文

年月日。觀察處置使兼御史中丞鄭某謹遣全義縣令韋必復。以酒牢之奠。昭賽於漢伏波將軍新息侯馬公。越城舊疆。漢將遺廟。一泒湘水。萬重楚山。比潁川袁氏之臺。悲同異日。方汝水周公之渡。感極當時。嗚呼。昔也投隙建功。因時立志。隗將軍坐談西伯。棄去無歸。梁伯孫自降王姬。雖來不起。以若畫之眉宇。開聚米之山川。扶風里中。詎守錢而為虜。德陽殿下。寧相馬以推工。悵望關西。趨馳隴右。事嫂冠戴。誡姪書成。龍伯高之故人。出言有所。公孫述之刺客。相待何輕。鳶泊蔽行。蠻溪請往。銅留鑄柱。革誓裹尸。男兒自立邊功。壯士猶羞病死。瀟湘之滸。祠宇依然。豈獨文宣之陵。不生刺草。更若武侯之壠。仍有深松。向我來思。

停車展敬。一樽有奠。五馬忘歸。及申望歲之祈。又辱有秋之澤。雲興柱礎。電繞檣藩。何煩玉女之投壺。方聞天笑。不待樵人之取箭。已見風迴。敢忘黍稷之馨。用報京坻之賜。屬以時非行縣。不獲躬詣靈壇。詞託煙波。意傳天壤。既謝三時之降。兼論千載之交。勿負至誠。以孤元契。

為中丞滎陽公桂州賽城隍神文

惟大中元年歲次丁卯六月甲午朔十四日丁未。都防禦觀察處置等使桂州刺史兼御史中丞鄭某謹遣登仕郎守功曹參軍陸佚。以庶羞之奠。祭於城隍之神。夫大邑聚

人。通都設屏將英雄走集。必假高深。不惟倚仗風雲。兼用翕張神鬼。其初蒙朝獎。來佩藩符。既禦寇於西原。亦觀風於南國。始雖畫鷁。將下伏熊。屬楚雨蔽空。湘雲塞望。晦我中軍之鼓。遲予下瀨之師。遂以誠祈。果蒙神應。速如激矢。勢等却河。及茲報薦之期。敢怠馨香之禮。神其干霄作峻。習坎爲防。合烽櫓以保民。導川塗而流惡。使言言堅壘。侔地道以無疆。活活深溝。如井德之不改。勿違孔禱。以作神羞。尚饗。

爲中丞滎陽公賽理定縣城隍神文

都防禦觀察處置等使兼御史中丞鄭某。謹差理定縣令某。具酒肴昭賽於縣城隍之神。曰者穴蟻不封。商羊未舞。爰憂卽日。將害有秋。我告於神。神能感我。雲纔作葉。雨已垂絲。既開豐稔之祥。敢怠馨香之報。神其無羞小邑。勿替元功。永作蔭於城郭溝池。長想報於禾麻菽麥。守臣奉職。孰敢不虔。

爲中丞滎陽公祭桂州城隍神祝文

維大中元年歲次丁卯八月甲午朔二十七日庚申。桂州管內都防禦觀察處置等使正議大夫使持節桂州諸軍事守桂州刺史兼御史中丞上柱國賜紫金魚袋鄭某。謹遣直官攝功曹參軍文林郎守陽朔縣令莊敬質。謹以旨酒庶羞之奠。敬祭於城隍之神。濬洫崇墉。所以固吾圉。春祈秋報。所以輔農功。今露白雷收。蟲坏水涸。念時暘而時雨。將乃積而乃倉。敢以吉辰。式陳常典。神其保茲正直。歆彼馨香。聿念前修。勿虧明鑒。昔房豹變樂陵之井。味任延易九眞之土風。豈獨人謀。抑由冥助。今猶古也。神實聽之。

賽靈川縣城隍神文

年月日。賽於靈川縣城隍之神。高壘深溝。用資固護。興雲澍雨。諒俟威靈。惟神能感至誠。將成大稔。逐清泠之耕父。不使揚光。迴沮澤之蟠龍。皆令灑潤。式陳微報。願鑒惟馨。

賽荔浦縣城隍神文

年月日。賽於荔浦縣城隍之神。嗟我疲民。每虞艱食。寒耕熱耨。始望於秋成。鑠石流金。幾傷於歲事。遠資靈顧。式布層陰。無煩管輅之占。不待欒巴之噀。竊陳薄奠。用答豐年。神其據有高深。主張生植。同功田祖。比義雨師。無假怒於潛龍。勿縱威於虐魃。守茲縣邑。富我京坻。

賽永福縣城隍神文

年月日。賽於永福縣城隍之神。夫考室立家。先立戶竈。聚人開邑。首起城池。固有明靈降而鑒治。惟神克揚嘉霔。廣育黎民。聊爲茨梁。少申肴醽。神其節宣四氣。扶佑三時。勿使畢星。但稱於好雨。無令田祖。獨擅於有神。永馨蘋藻之忱。長挾金湯之勢。

賽城隍神文

年月日。賽於城隍之神。惟神據雉堞以爲雄。導溝池而作潤。果成飄注。以救惔焚。敢恡斯牲。用報嘉種。神其永通靈感。長懋元功。導楚子之餘波。霈晉國之膏雨。苟能不昧。報

亦隨之。

賽堯山廟文

年月日。賽於堯山之廟。伏以帝巡遐徼。天作高山。旣比敬於軒臺。亦分功於農井。是留遺廟。以慰斯民。昨者時雨忽愆。秋陽稍亢。永言嘉霔。實自元恩。大驅蟠澤之龍。盡發潛泉之蛟。倉箱興詠。將慶於農夫。灌浸呈功。不愆於豎子。敢茲昭報。冀降明靈。

賽舜廟文

年月日。昭賽虞舜之祠。伏以帝狩南荒。神留下土。翠華莫返。積怨慕於他年。大麓不迷。烜威靈於終古。比憂嘉種。少冒愆陽。抗簡陳詞。潔樽引咎。果蒙憑離。掣電跨巽。揚風布。霑渥於九皐。起焦枯於一瞬。敢陳瑤席。輒事蘭羞。帝其罷奏南琴。停吹西琯。使東皇太乙。兼預於靈遊。俾山鬼江婓。無藏於沴氣。庶將善政。以奉明輝。

賽越王神文

年月日。賽於越王之神。惟神輝焯殊姿。抑揚奇表。秦魚旣爛。則聊帝南荒。漢鹿有歸。則稱臣北闕。覽英雄之載籍。信王霸之朋遊。言念遺祠。猶存屬邑。尚與甘雨。以救公田。敢

陳沼澗之毛。用報京坻之積。神其永司茲土。長庇吾人。福佑柔良。驅除疫癘。今來古往。常教威著越城。萬歲千秋。勿使魂歸眞定。神乎不昧。來鑒斯言。

賽北源神文

年月日。賽於北源之神。惟神雖臨南服。實號北源。湘浦降神。近驚於騷客。滮池浸稻。遠協於詩人。果能橐籥風頭。索綯雨脚。不資畎澮。將致倉箱。聊申信於澗毛。庶通靈於水府。神其抑揚蘭佩。麾掉桂旗。拍川后之肩。攬波神之袂。共來於此。饗報留思。

賽曾山蘇山神文

年月日賽於曾山蘇山之神惟神守在出雲職惟通氣果從望歲載潤嘉生將申昭報之儀敢闕馨香之獻神其遐瞻惟岳廣納遊塵勉揚少女之風勤詠曾孫之稼無令渥澤盡歸涇水之湫泉勿使威靈不及歷山之仙室我辭有激神儻聽焉

賽白石神文

年月日賽於白石之神惟神載烜明靈克標懿號軒珠耀彩儻非瑤水之源荆璞流輝即是玉山之路昨者俯憂旱

歲俾禱遺祠果能愛我大田貺余膏澤不俟于公之雪獄無煩洛令之曝身敢命子男爰修蘋藻神其仰濟天澤俯佑歲功無萌可轉之心以負惟馨之禮尚饗

賽龍蟠山神文

年月日賽於龍蟠山之神惟神降治山川流恩縣道龍蟠鳳蓋克懋於靈司蟻穴鸛巢式揚於利澤至誠有達昭報無虧神其叱宅飛廉鞭驅屏翳尚令吾土屢有豐年不無行潦之羞以謝油雲之會

賽陽朔縣名山文

年月日賽於陽朔縣名山之神惟神受命上元奠茲南服雲臺日觀遠讓於高標蓬島崑邱遐通於爽氣峻若藏刀之嶺崇如倚劍之門是宜銓管陰司拘囚異物爲神仙之下府開龍虎之殊庭屬歲不寧旱既太甚馳誠疊嶂託意通波果聞雷出地中電流巖下既茲霑足敢薦香芬願終如響之靈無怠孔明之鑒尚饗

賽海陽神文

年月日賽於海陽之神頃傷多稼將困驕陽未逢玉女之披衣空見土龍之矯首式祈嘉霔果降明輝神其享彼蘭

羞挹茲桂酒輔成於多黍多稌助施於好風好雨庶厲業官以酬元澤

賽古欖神文

年月日賽於古欖之神惟神爰因碩果遂啟靈祠瓜美邵平且傳舊志李標朱仲亦茂前經昨者癉暑爲災油雲不起式存心禱應作神羞神能感氣蛟泉傳祥鸛垤使宋生抒賦始悅於雄風高氏讀書忽驚於暴雨化太甚旱爲大有年將見助於歡康敢忘懷於昭賽

賽侯山神文

惟神越嶠分雄魯畱學峻慰農夫之望歲揚少女之微風變俾枯荄化爲嘉穀將期大稔敢薦惟馨神其貺我秋成羨余民食無俾董生之說空閉陽門勿令夷水之風屢鞭陰石苟歲既登矣則神永歆焉

賽建山神文

夫神必依人山惟鎮地式融靈命必建元司前者憂切蘊隆念深流鑠詎言膏澤忽致有秋敢備杯盤黀陳肴蔌神其留歡屏翳通意馮夷叶時雨於東皋卷陽雲於南裔我民奉事無或不虔

賽莫神文

惟神克扇明靈居余屬邑能作殷臣之雨欲豐唐叔之禾輒以良時爰陳薄奠神其俯臨上席少解靈衣舞朱鳳於南方召元龍於北極永調和氣無易至誠

賽石明府神文

惟神化洽虙琴享存欒社銅章墨綬應非百里之才嘯虎吟龍猶續三時之雨余也謬當廉部未及行春飛梟懷鄰令之庭沸井想延陵之廟神其論交異代降福斯民常俾旗雲庇我嘉穀聊茲薦報庶或感通

祭蘭麻神文

年月日祭於蘭麻之神頃者杲日揚威融風扇暴禾乃盡偃人何以堪神能倏忽應時逡巡布潤雲旗直集不資秦地之決渠雨陣斜飛更甚成都之救火永懷靈祐敢薦嘉肴神其與蕙同芳爲蓬扶直勿虛嘉號以累豐年

爲濮陽公祭太常崔丞文

年月日惟靈泰岳繁祉安平望族潤地勢於長源構堂基於修麓藍田之產宜有良玉徂徠之林宜無凡木昔我待子松玉之間冀十城之得價望千尋而可攀大年不登遄

足方駛松欲秀而先蠹玉將攻而遽毀聞問之時歎悼何已惟我承乏受命南征一言相許攜手同行夐絕萬里飄泊雙旌念兩婢之價倍媿五羖之酬輕地接殊鄰風移中土五嶺三江炎風瘴雨釣犀之潭跕鳶之渚席上從容幕中宴語先防載苡之謗更示投香之所因使庸虛不罹罣罟越井之酋甘綏之女時清則銅鏑納廚歲稔則銀簪叩鼓豈我之自惟子是與相從來覲又往於涇風埃古戍霜雪孤亭徧衩之服纓胡之纓塞迥而晨嚴刁斗沙平而夜警兕零指吾以虜隙勉吾以武經正慰窮邊俄還京邑北

庭減價，南轅雪泣。章臺辟掾，方喜趙嘉之來；棘署選丞，仍見譙元之入。是焉踐歷，更俟飛翻。況乎鳳沼又接，鴒原何譽？成乎燥溼，而厲結乎寒暄。未及西山之藥，旋爲東嶽之魂。憶昔舊許，員歸青門，出餞樂作，而歎起杯行，而淚泣。但容與於風波，共沈吟於鐘箭。揮袂如昨，郵書甚頻。雖遙道里，未濶聲塵。孰謂念歸之日，翻爲有慟之晨。嗚呼哀哉！髣髴荒阡，依稀古陌，徐動丹旐，永歸元宅。顧執紼而身遠，想移舟而莫及。迥夜秋思，羣山暮色。恨白髮之衰翁，哭青雲之舊客。聊茲寄奠，莫寫西悲。已乎崔子，爲吾歆之。

爲司徒濮陽公祭忠武都押衙張士隱文

惟爾業傳元女，胄自青陽。三河設辦，五郡推良。廉用苞含立節，柔將恭謹摧剛。伊昔頑民，實鄰舊許。豺終覆族，犬猶戀主。從諸侯之鈇鉞，逐大將之旗鼓。任重前馳，衆纔一旅。許伯則摩壘而旋，曹仁亦逢溝不渡。舉無遺算，仕匪遭時。何茲皓首，不識丹墀。劍折而空留玉匣，馬死而猶挂金羈。刮骨瘡深，通中毒作。昔夢膏肓之豎，靡効君臣之藥。休拔趙幟，空張衛幕。塵凝而筆聚，先投蟲蠹而書攢，舊閣余方守職，爾欲埋魂。想鬢視虎，料臂看猿。泉驚夜壑，草變寒原。荒陌是永歸之里，老松無重啟之門。嗚呼！聽挽心傷，覩轝目眩。苟公忠之義著，雖古今而情見。冀幽壤之是聞，饗臨棺之一奠。

爲賈常侍祭韋太尉文

至道之世，君臣聖明。必有才賢，爲之挺生。昭昭我公，得一居貞。窺神靈之壼奧，涵天地之淳精。胷襟洞達，方畧縱橫。文房啟而風雅斯在，武庫開而禍亂乃平。甲子之歲，逆泚變節。河海沸騰，宗社杌隉。孤軍隴上，勢窮援絕。激臨危之肝肺，成曠世之勳烈。帝有寵命，擁旄蜀川。威聲烜赫，德禮

昭宣。家有美政，人無宄賢。熙熙穆穆，二十餘年。機謀內發，英明獨照。頓挫西戎，經營南詔。通驃國之幽阻，導彌臣之奔窮。咸屈膝於君王，信萬古之榮耀。方期驅兵率乘，覲謁帝庭。承汪濊之殊澤，陳訏謨之大經。如何尊重，遽茲殞靈。地偃喬岳，天沈輔星。昨者疫癘之日，咸望再起。頻造屏內，候公動止。憂國慷慨，請立太子。事苟未行，歿而後已。今上嗣位，人神交喜。哀傷大賢，不見如此。某謬以菲薄，監臨此軍。參蕭曹之議論，覩伊霍之功勳。淒涼門館，顧慕風雲。非百身之可贖，寄一慟於斯文。

爲西川幕府祭韋太尉文

維年月日祭於某官之靈聖歷應數今古同風五百年間運屬我公長河噴射太華穹崇鬱起生人之表獨棲顥氣之中往者鯨鯢蕩海波濤洶洶京洛風塵人神震恐公遂屹立天授智勇斬刈師徒扶持汧隴逆黨斂頷心摧討擁繇是安危繫之輕重天子報功禮數乃殊既握龍節亦執金吾國之西南實曰成都夷夏混合山川盤紆苟非哲人莫起令圖咨我賢達付之方隅公乃厭坤維以厚德注羣生以和氣應變參乎杳冥布政歸乎簡易剗風俗之姦宄

平人心之險詖肅貔虎以雲屯禮英髦而麕至蠲萬病於藥草新百貨於鄽肆綢繆賓客之歡肅穆鬼神之祀補前人之漏略極當時之能事道尊而獷俗承風聲烜而殊鄰慕義狺狺犬戎背約報仇疆場蠆毒大邦寇讎公動機權控扼咽喉闢其陬落係其魁酋峨和窣雲大度橫流伏不敢動垂二十秋伊昔南蠻嚮化虔奉朝旨將率非良撫綏失理興兵戰伐深入邊鄙十萬之師蕩爲癘鬼公以誠往彼由感起拜新詔於皇都歸舊封於越巂提攜椎髻之類遵列青衿之齒驃國之與彌臣伏聯蹤而疊軌臣製樂以奉聖聖裁文以敘美考一德之輝光諒有德而已矣方期五福之壽享九命之尊致雍熙於宇內相玉帛於天門何至業之堙鬱逢逝水之迅奔竭涸滄海摧頹崑崙精靈一去嶽烈空存嗚呼哀哉錦城秋暮北郊長路寂寞山川蕭疎草樹雖蘋藻之屢薦終轜車而不駐慟軍府之悲涼增煙霞之思慕某等俱以孱鈍獲事旌旄庇蓮府之光彩無汗馬之勲勞戴恩愧厚顧位慚高問沈痛之何有與二江以滔滔

代李元爲崔京兆祭蕭侍郎文

年月日惟靈傳芳華冑稟慶靈源漢朝輔相之流輝梁室帝王之遺懿克生俊德彰我休期高表百尋澄波萬頃及春闈獻藝會府試才騏驥出塵蛟龍得水頓纓而駑駘盡喪乘風而鼇蜃皆空憑陵遠天躞蹀長道是將筮仕光乎縉紳侯國從知大朝就選秘寶宜陳於東序朱紱必降於上元錦幔而居青縑以覆建禮推盡瘁之績明光多伏奏之勤亦既遷榮乃司論駁高居青瑣封還紫泥使明時無失政之機大邦無不便之詔暫辭朝籍往分郡符借寇莫從徵黃甚急方將啟乎良友進彼令人志豈愛身誓將許

國不謂疎網猶漏斯民未康作礪爲鹽正俟理平之運依城憑社深懷翦滅之虞上蔽聰明內求媒近故鴻猷不得而協贊睿化莫可以輔成藐是流離有窨陰雨嗚呼令惟逐客誰復上書獄以黨人但求俱死銜冤遠往吞恨孤居目斷而不見長安形留而遠託異國屈平忠而獲罪賈誼壽之不長纔易炎涼遂分今昔粵自東蜀言旋上京郭泰墓邊空多會葬鄧攸身後不見遺孤信陰騭之莫知亦生人之極痛某等頃同班列獲奉周旋分結死生地兼族類依仁既切慕德方深始驚南浦之悲俄軫下泉之訃今則

年良月吉筮協龜從顧埋玉之難追歎焚芝之何及牲牢麤潔酒醴非多聊寫丹忱以伸永訣

爲絳郡公祭宣武王尚書文

伏惟曾構高基往修峻址俯爲明時載生奇士杜林舅族本富文理楊惲外孫素多圖史朱檻有裕括羽成美逸足輕從東之道巨背狹圖南之水匡生明習董氏精專魯壁墜簡汲冢遺編坐忘流麥出記懷鉛淹中莫敵稷下誰先朝有曲臺時推輿學明博士之高選資眾儒之先覺般周損益夔夷禮樂既得根源盡除踳駁粉闈假道諫署揚輝吾寧許訕時好依違周舉上章惟求主悟賈生草疏豈畏人非用之則至捨之則歸旋領藩符俄司國計鋤革煩冗修明課第鄗晉室之鬻綀小漢朝之造幣前籌未借斂笏還家再北非罪三黜何嗟淮陽勁兵潁水豪族既佩新印仍推舊轂杜當陽何嘗跨馬雄士爭推祭征虜不廢投壺師人自睦夷門地古梁苑藩雄雙旌大旆二矛重弓無忌御車惟求隱者相如謝病乃慕高風方將副帝注心從時大願率周廟之奔走總漢庭之議論人之不幸今也則亡莊子孰分其魍魎秦醫莫救其膏肓雁沼波瀾空聞悲咽兔園臺榭祇見荒涼某獲顧尤深蒙知甚早公昔分茅愚

嘗視草於劉向論思之時贊孟舒長者之號及茲出守實介親鄰音徽繼好寤寐依仁常期異日克奉清塵何言永慟屬此嘉辰訃哀如昨歸轍攸遵林薄莽蒼川原隱轔想諸葛之旗鼓空還舊壘念伯喈之書籍已付何人候館攸開丹旛遠至瞻望衛幕連緜秦時寄奠申訣緘詞寫意終阻願於躬親徒加哀於殄瘁嗚呼哀哉尚饗

爲裴懿無私祭薛郎中袞文

伏惟靈佐商宣業朝薛傳規門崢層構堂嶸崇基玉生藍

岫芝產銅池梧高佇鳳蓮馥停龜有美令人再稱清劭訓在詩書樂惟名教王謝標格曹劉才調清如濯熱之風明若覩朝之燎靈臺委鑒虛室融和秋水望潤春臺上多鄉塾掉鞅文林厲戈硯橫河漢紙落煙波澤宮貍首棘場楊葉箭去星懸弓懸月怯雨書上第五辟名公馬卿賦雪陳琳愈風平臺竹苑淮山桂叢營分細柳幕染芙蓉顯備臺僚榮從憲秩冠峨鐵勁衣明繡窓霜下簡端風生落筆庭夜烏迴天秋隼疾帝念充職任於諫垣依違絕想從容敢言攀檻而空留跡在削藁而不見書存女史護衣大官供

食伏奏多可分曹著績帳煖錦麗闈明粉白既題柱以如田亦償金而類直漢榮出牧晉議州兵廉袴歌送劉錢贈行濟南之誅巨猾揚州之試諸生虎去江靜珠來岸明神豈好謙天寧秩禮蠹華國之明品喪士林之模楷使爲善者奪氣求仁者解體已不駐乎卿雲竟何窺於伏濟長洲樹古茂苑山春橘稅既集茶征是親鴒度雲而去遠鶺下亭而唳頻翟虜氛興殷楹夢起帳入飛鵩牀驚鬪蟻鄭元知數阮瞻無鬼終自膏肓傅於骨髓嗚呼哀哉丹旐萬里建木千尋坦坦清路曈曈翠陰三襲臺迴九重禁深中懸旒扆下集華簪無非東箭盡是南金或扶傾作棟或望旱爲霖顯允明公宜膺百福夜暗神昧天長景促青女變霜羲和納旭悄隨掌以銷璣慨周開之喪駿永惟清族本富才人有弟則陸無兄不荀原鴒奕奕沼雁馴馴珩奇動楚璧貴傾秦永矣彼蒼胡然人事但續椿壽徒高鶴位摧壓光價掩淪聲味顏不濁而殄灌宗淮未絕而傾王氏某因承中外獲奉恩知通孔李道德之舊兼盧劉姻戚之私鑄顏有契全趙爲期靜龍門之風水剷羊腸之嶮巇空欲銘恩何酬樹德庇孤根於高援許嘉姻於弱植將歡宗子俄

放湘南綬黃楚徽鬚白昭潭歸止未卜葬子是甘許靖之悲方極王粲之憂不堪猶辱重言將敦故約玉無改行金不如諾勗大義於幽沈軫遐心於漂泊使者尚在凶書已來雁足空遠魚腸不回淚和峽雨哭振巴雷孰澆枯鮒誰熱寒灰今則言去郴江當移澧浦稍脫疑網猶罹罪罟念申慟以無期豈沈冤之可吐嗚呼哀哉執紼路阻佳城望賒凌空乏翼上漢無槎或期他日式返中華認楊公之石鳥撫周苞之辟邪況良治規存遺經業在臧孫有後魏萬必大敢期陋質終託餘光韋平之紹續無望秦晉之婚姻

豈忘絮酒無幾生芻是將辭多失次淚數無行冀桂旌之不遠降蘭佩之餘芳嗚呼哀哉尚饗

爲李郎中祭舅竇端州文

始虞命夏纂於元穹功垂刊木德協堙洪洎帝相之難作誕少康於竇中由屯獲吉因生受封降及後代傳勳繼庸西京則嬰爲外戚東漢則融居上公愍陽城之不享始移籍於扶風源遠更清基高自峻有焯明靈靄然休問陋巷不憂坦途方進月遠標儀霞高映論玉寧韞匱錐安處囊宜伸尚屈將集猶翔潛師大易謙尊以光誓安老氏債少

易償爰紆銅墨是宰濠梁宓琴時奏潘樹逾芳入贊朝儀言揚事舉圭璧蠻夷弁冕文武吐辭合韻知今博古進抑退揚從規合矩復陶啟位殿省承榮孔門之束帶無忝叔孫之緜蕝難更君子信讒小人道長未暇閉關難期稅鞅暫持竹符遠出羅網誰識卑飛因成利往銅梁改秩錦里經時人去而琴臺壞棟文移而石室摧基劉宏之重銘葛廟王商之更立嚴祠隴首云歸端溪遽逐角豈觸藩臀終困木海濶天盡山深霧毒許靖他鄉有名無祿馬超正色宜歌反哭何爲善之無憑而降災之甚速某欽惟教義夙所依因在昔家世勤王實殷高旌大旆結駟飛輪慶豈遺於自出榮實萃於外姻一紀以來艱凶遄及嗟宅相以無取懼堂構之不集詎言渭水之乖離竟絕西川之出入嗚呼哀哉遠京背闕古陌荒阡松門積露隴首停煙祖庭是日乞墅何年淚有眥而皆裂憤無膺而可塡況玗剖郡符璟持使節塞遠城迴河窮路絕顧後瞻前形孤影孑長號出次重拜臨穴酒醴清濃肴羞羅列庶有鑒於斯文冀不同於虛設嗚呼尚饗

爲李兵曹祭兄亳州刺史文

伏惟靈天枝挺秀帝系傳芳材高杞梓價重珪璋蘭芷斯茂先以馨香干鏌將用不剉鋒鋩始備千牛俄仕諸衞逸意方起絕足猶縶爰佐羣僚亦掾神京邑惟二宅曹實五兵地峻流急官閒政清嵩少曉霽伊洛秋明侶能吟之謝客伴作賦之賈生遂擢堯廚曾調湯膳位列大朝名參內殿朱紱輝華銀龜稽粲漢有宗正委之親賢貳彼惟月人寧我先外夷求騁天子憂邊皇華始賦紫綬俄懸雄其出塞之任假以中臺之權不拜無慙於蘇武去節寧類於王焉銜鬚誓死齧雪獲全帝仗使者吾無愧旃既返中華止

同屬國蒼蠅難袪貝錦方織好丹非素點白爲黑遭時不知非予有感既失志於絳灌遂不容於巢卻竟陵山水鍾離拉扼名貴隼旟時贍熊軾人以功遷吾由謗得其明若神其惠如春先除黠吏且活疲民汙萊盡闢邑室重新草祥木瑞獸去鳥馴方俟徵還俄嬰美疢積微而桓侯竟晚達命而徐公待盡悅悅空驚遲遲未信誰知泉路之高低孰測夜臺之遠近永惟良配亦實女師庶姜尤茲君子是宜異室無怨同穴有期河魴著詠皎日裁詩嗚呼哀哉龜筮協從日時斯卜將去荒郊言辭華屋草樹縈帶川原迴

複白髮孤弟臨棺慟哭失慈撫於終身宛聲容之在目心摧則冰炭交集血下而綆縻相續萬古永訣百身何贖酒滿未御肴乾未臨已矣伯氏來慰哀心

欽定全唐文卷七百八十二

李商隱十二

代諸郎中祭太尉王相國文

維太和四年月日某官等敬祭於故相國贈太尉太原王公之靈嗚呼天以和氣鍾於貴人含光不曜煦物如春發自貢士驟爲庭臣鴻雁聯行共凌青雲既操利權兼秉國鈞食祿甚厚奉身如貧井絡之隅益部爲大斗牛之下揚州繁會受社臨戎油幢曲蓋印綬重疊恩華霧霈簿領如山處之若閒權筦之權往而復還炎炎暐暐出入二紀未

嘗傷物屢有薦士急難友弟謹厚訓子顏閒熙熙不形愠喜處已無咎得君如此若木方高香飆欻起三台之氣變見在時五福之來盛衰有期晚下黃閣車騎威遲夕歸華堂言笑嘻怡詰朝憖然有惹求醫未撤琴瑟俄懸素旗宸衷震悼朝右悽悲詔下褒崇恩殊等夷靈輀既駕眞宅將歸笳簫咽而復揚風日慘而無輝元亮等或蚤挹清塵或晚承泛愛昔修禮於門櫛今纏悲乎祖載幽顯雖異音徽未昧神之格思歆此誠酹尚饗

韓城門文請爲子姪祭外姑公主文

伏惟靈圖蓋垂慶方輿薦祉彩炯金沙芳流瑤水振馥掩蕙懷穠耀李前朝則稟謝成篇東漢則儀班問史後宮承露別殿相風屛高雪透簾虛霧蒙武帝之黃金屋裏阿母之碧綺疏中方星婺對比月娥同魯館未築堯親尚宴吹管邀雲投壺笑電憑淑倚柔含芳吐蒨樓欲起而鳳來橋將橫而鵲遍唐推姜姒周重崔門王子敬以筆箚取何平叔以姿貌論女媿前師嬪慙後則比神仙而作配豈工容而校德揚歷中外便蕃寵榮旁規不替內助無傾劍分沈躍桐半死生機殘緯斷瑟怨絃驚唐邑荒臺沁園古木往往遺翰依依灺燭皋平風緊川斜日速雖有祭以呈文終無城而驗哭怨能感物憂可傷人膏肓語夜痟首藏春五聲誰驗九折非神空留遺範竟掩光塵嗚呼哀哉某自辱嘉姻亟移年序試種玉而有感實坦床之無譽因依高義俛仰清規假華（闕一字）之繩墨保私門之鼎彝恩重事著德流慶垂既歎琴瑟亦賦螽斯今則窀穸有期聲容漸隔表著古道敢揚曲陌九醞斯在八珍如昔縱有寫於千辭終難期於再覿嗚呼哀哉敢緣愛女冀望遺靈固將不昧儻或來聽

爲馮從事妻李氏祭從父文

有美吾門實繁公族絳霄結廕皇極流輝自嚴君以交辟延榮仲父以立朝衍慶叔父雖禮疎五服而義協一家焉援於兒姪之間一情無異王華在兄弟之列數從猶親吉人寡辭君子無爭屬者以獻賦不遇投筆從戎鏡水稽山聊屈觀書之望甬東淛右始開傳劍之名經途幾千去國數載爰因職貢來奉闕庭傳車方馳朝露溘至禍生朽索釁起揚鞭始驚香而不禁俄折臂而無瘳嗚呼存亡恒理修夭常期所悲者方次中塗所痛者非因美疢稅鞅告痛肩輿數晨旣鍼艾之莫徵果含襚而斯及況乎合室遠在海涯一女方羈二子未丱人生甚痛天道奚言今以家國載寧干戈未息尚稽歸祔乃議從權定鼎城東永通門外南瞻嵩嶺北望邙山式崇寓殯之封且作藏神之室必也慶延異日時屬通年先溫序之思歸侯臧孫之有後二十一姪女早蒙慈撫久歎違離今又從夫山東食貧洛水將療無及驚悲有加敢因祭酹之馨聊冀精靈之降嗚呼叔父永鑒卑誠

爲王從事妻万俟氏祭先舅司徒文

新婦豐吝所招。重罹天譴。始釋縗而就吉。俄解悅以聞凶。衰禍所延。或深諸婦。冤號之地。良異他人。爰在高堂。嘗依諸舅。聿來我族。實號儒門。雖傳業於詩書。冀同光於軒冕。羽書銅印。東泛西浮。及世難旋臻。家徒壁立。望萍蓬而結歎。指溝壑以貽憂。竟蒙念切諸生。言憂幼女。卜云其吉。天也來儀。蓮幕高華。蘭階秀異。尊卑共感。里巷同歡。豈謂百兩纔歸。雙旌遽改。雖在途稱婦。已蒙羔雁之榮。而辭家適人。未具箴鞶之敬。詎言不日。奄背深慈。永痛長號。五情分裂。嗚呼哀哉。遠國千里。夜泉九重。側聞龜筮之言。將備塗芻之禮。今以干戈未息。途路多虞。清貧昭糦食之憂。遐阻難舉家而往。不獲躬隨絳旐。親詣松扃。撫行引以傷摧。抱眇孤而惋毒。酒醪粗列。蔬果空陳。身叩盃盤。血沾匙筯。榮同子婦。雖稱美於他宗。念繫孫甥。亦兼情於血屬。敢希神理。賜監哀衷。

爲王秀才妻蘇氏祭先舅司徒文

奉違慈顏。將涉半載。追攀莫及。號毒無任。恭惟尊靈。好是懿德。其修身克己之規矩。誓心奉國之忠誠。武畧文經。官方政術。既外言不入於中壼。故殊勳無預於斯文。今瀝血寫誠。叩心寄酷。祇欲以閨庭見聞之事。申泉扃永遠之哀。三舅未終。五情先潰。嗚呼不祐。天實爲之。昔我門外。首啓侯服。傳鼎銘於百代。稱玉潤於十家。新婦之先。實繼儒德。羔鴈克先於宋子。丹青遠比於瀛州。秦府學士之後 三紀以前。六姻推最。俄巳吉凶相反。中外貽悲。蕞爾鶵孤。邈無依怙。孱形弱質。言歸自出之私。五嶺三江。遠食分憂之祿。結愛異諸生之列。延慈於衆妹之中。雖手足乖離。鄉關綿邈。而蘇氏魂靈有寄。門構無虧。言念慈仁。實動肌骨。新婦禱昧成性。誨誘難移。大家以恤孤嚴室而悔過。面授刀尺。躬傳織紝。常憂許嫁之時。未盡宜家之美。俄乃守龜有兆。贄鴈來儀。克以眇軀。榮陪諸婦。爰忘於醜。姻不失新。良人既託於外兄。邱嫂復榮於猶女。朞緦百口。咸蒙衣食之仁。昆弟三人。並受簪纓之賜。況茲屢歲。時遘沉痾。煎餌延憂。禱祠積費。田巫密召。秦緩旁求。迴幽魂於再三。割廩俸之千萬。重以某郎祇蒙嚴訓。投迹名場。載深惟疾之憂。常有于飛之命。辭離蓋數。就奉多違。或榮寵屢加。每乖於獻賀。或起居有恙。盇闕於煎調。日月其除。盇斯寡裕。使二男繼夭。重貽門戶之憂。雖一女出家。未有莊嚴之力。方將澣腸洗胃。易慮兢魂冀收慶於將來用承光於厥後豈謂疊深無禱祜薄難修方於百戰之中忽降兩楹之夢追摧酷裂五內崩傷嗚呼士誰不榮者風義人誰不貴者勳庸八綰州符兩司廉印三遷省座四陟齋壇玉帛賢豪畧盈於管第袴襦疲病橫勵於藩維雖清閑之事業無虧而大國之依憑未極般輸莫返撫節歸全上軫九重旁淒五服銀章拾級遽爲告弔之恩水土分官飆作追榮之美天乎不憖神也何依今則龜筮有從日月叶吉指祁連而啟引復京兆以開阡絳旐前指桐棺後出嚴姑永慟以觸地令嗣長號而怨

天變霜景於春朝灑夜泉於晝景況奉御諸子服紀纔終三川伯郎喪制未畢哭泣遂延於數院縗麻畧滿於一門何昔時榮樂之多而今日奪傷之併短長有數冥寞難分新婦誠合徒步叫哀臨穴申禮屬稚姑季叔或有止畱家老與臣尚多依庇既無冢婦難曠門庭嗚呼哀哉憤莫切於冤痛永違尊蔭者痛之極不登遐壽者冤之深痛極冤深碎心殞首百身非贖九死何追蔬果盈前酒漿在列繐帷儼撤哀挽成行昔爲供養之資今作幽明之訣冤號圮裂觸目崩摧伏希明靈一賜臨降

爲外姑隴西郡君祭張氏女文

吾配汝先世二十餘年七女五男撫之如一往在南海令子云亡藐爾兩孤未勝多難提挈而至踰涇涉河十年之間母子俱盡念汝差長慰吾最深女德婦容光映姻表秭歸爲牧官閑俸優實獲我心因選良對笄梳纚纚環珮鏘鏘螽斯鳳皇兩有深慶汝夫文章播於朋友身否命屯久而不第郎寧合浦萬里乖離汝寄京師食貧終歲頃吾南返又往朝那汝實從夫適來岐下道途雖邇面集猶妨金馬碧雞長懸魂夢及登農扈去赴天朝汝罷蒲津聿來胥

會朝堂夜闇曲榻溫爐稚子雛孫滿吾懷抱汝時不佑忽爾孀殘撫視冤傷載慟心骨旋移許下念汝支離卜室築居言遷潁上潞童作尉使節啟行崎嶇關山暴露戎旅汝失所怙吾猶未亡念汝弟昆莫任堂構羣哀挽痛踰此殘生日往月來旋更歲序吾衰汝少吾病汝強誰謂一朝汝先吾逝五男未冠二女未笄哀憤之深難全禮道章兒盧七取以依吾汝夫先邱遠在江渚羣從之內官名且稀劉四頃年固難返葬始議權厝遂得嘉占白馬呈祥眠牛薦吉里名三趙地邇九城風水無虞巒岡信美葬於所始古

爲達生將命來雲自我爲祖今汝之柩斯焉是歸嗚呼言自淮陽已臨洛宅素棺丹旐託宿城隅盤具杯醪儼然已備吾將臨汝用雪沈冤介婦諸孫憂吾衰齒俯令推測云有相妨俗忌巫言吾非甚信韋衣擁路固不可違女使僕奴寄辭而往肝腸兼潰血淚無行嗚呼曩昔容華生平淑婉漠然不見永矣何歸將籍掛諸天遙歸眞路將福與淨域須赴上生將爲釁累所招遂淪幽界將是療治不至枉夭齠年千感裴懷萬疑疊慮觸途氣結舉目心摧天實爲之復將何訴嗚呼汝弟言護靈轜自始及今必誠必信棺

衾華好封隧幽深永從汝夫以安元路冤摧債結殆不勝書嗚呼有靈領吾此意

奠相國令狐公文

戊午歲丁未朔乙亥晦弟子玉谿李商隱叩頭哭奠故相國贈司空彭陽公嗚呼昔夢飛塵從公車輪今夢山阿送公哀歌古有從死今無奈何天平之年大刀長戟將軍樽旁一人衣白十年忽然蜩宣甲化人譽公憐人譖公罵公高如天愚卑如地脫蟺如蛇如氣之易愚調京下公病梁山絕崖飛梁山行一千草奏天子鐫辭墓門臨絕丁寧託爾而存公此去耶禁不時歸鳳棲原上新舊衮衣(公先人亦贈司空)有泉者路有夜者臺昔之去者宜其在哉聖有夫子廉有伯夷浮魂沈魄公其與之故山巍巍玉谿在中送公而歸一世蒿蓬嗚呼哀哉

祭呂商州文

惟靈族光釣渭慶顯歌齊竹分東箭玉奪南珪委蛇霄路睥睨雲梯淺牙洞鼠短刃分犀古聖堂奧前賢町畦瀹腸效藥刮膜畱篦彈琴而放臣見釋買賦而妬后還閨既步京國亦薦鄉里與田蘇游有太叔美鄰都才運洛陽年齒

何晏神仙張良女子禮闈之擅譽也如彼冊府之傳名兮若此囊成內殿之帷書貴皇都之紙中臺南省諫署戎藩才難價重政舉人存蓮池易曉蘭圃多暄涵波獨躍弄影孤翻王粲樓中常經暇日揚雄宅裏幾弔遺魂參差覯閔萋菲成冤漢庭毀誼楚國讒原建禮門內明光殿外直金既肆於猜疑魏被竟從於沙汰蒙犯霜露支離埃壒厲山遙鬱於朝嵐滻水傍奔其素瀨猶懷毒草過農井以低窺尚憶神珠向隨臺而獨酹渚宮貳尹相府中郎將申蘐屈欲復鶩行朱轓意氣早蓋輝光訓說則馬季長之居南郡

風流則殷仲文之守東陽劉寵一錢鄧攸五鼓遂解郡符來登書府儒林文囿瑤山瓊圃鉛槧朝閱芸籤夜數瓜當鄭灼之心雖在蘇秦之股是從佐理於彼東周雷喧洛派電掣嵩邱玉泉嘉月金谷清秋陳思王之羅韈郭有道之仙舟不無賦詠聊以優游漢入嶢關晉分陰地藉賢太府之政有古諸侯之貴載揚筆陣復清劍氣長卿消渴士安風痺逝川幾歎於不迴朝露俄聞於溘至嗚呼昔也風塵投分平生少年雕龍競巧倚馬爭妍開襟隨岸促膝伊川月中乃共誇科桂池裏亦相矜幕蓮劉楨屢擲畢甕多眠

中以世務紛綸物情推斥撫事傷年減歡加戚路泣楊朱絲悲墨翟縱風至而音來竟月同而地隔逮予廉部及子頒條華樽旨酒綺席嘉肴各懸章綬俱失簞瓢誰論金而契在終照玉而顏凋子牟之思魏闕望之之憶漢朝誠知舌在不覺魂消書斷三湘哀聞五嶺天涯地末高秋落景重疊憂端縱橫淚綆漏蚪夜促隙駒朝馳怨藻繢之無雕惜陽春之亂郢言念令季託余屬城鴒原雁序昔日懽情蠻圻瘴嶠今日哭聲愍支體遽亡於手足況弟兄不如其友生嗚呼厚夜依臺窮泉訪路已已金骨嗟嗟玉樹莫和哀挽空陳薄具銜萬里之遐誠託千辭之寄喻異時松楸枯朽羊虎傾頹草宿苔厚門平闕摧尚期越禮用寫餘哀靈今不昧儻或來哉

祭長安楊郎中文

年月日謹以云云之奠祭於宗尹郎中之靈昔莊南華之言物故則曰若巨室之偃歸人陶貞白之語元機則曰雖頑仙不如才鬼邈矣高論嚼然深旨有感斯文屬在之子黃河九曲泰華三峯潼亭之右陰晉之東泱漭佳氣肸蠁孤風生民之秀惟子之宗既懼四知亦畏三惑昔佐赤符

實毗皇極坦蕩王道昭宣帝則丹青不朽琬玉是刻狀日昇東侔辰在北子之伯仲不忝前人粉飾賢路抑揚薦紳雲間日下國華席珍排龍掩陸突鶴摧荀卓爾風標朗然流品妍若春輝烈如冬凜燕石知媿齊竽自審咸指路以光銷盡登門而聲寢難售者價重難知者聲清披沙揀金由是不媿鳥散花落於今有情劉儒十行孫宏三道直路猶弦蠹政如埽筆海驚波詞園鞠草文場不寫於中心冊苑空留於秘寶晉千里國漢第一功建幢油碧啟幕蓮紅賓高主擇韻合人同固不能加減陳掾亦可以喜怒桓公

衣繡舍香省蘭臺柏赤管朝操青綈夜襲佐計相則生聚
有經贊地官而孤終協籍于惟荔浦言念金昆毀冠裂帶
雪泣星奔宅裏之荆枝半謝嶺頭之梅蕚空繁陟岡望兄
詞客之情何極歸縣見姊騷人之恨猶存乃擢戎曹遂荒
京令將換清切以扶明聖不知者壽難言者命未謁季良
之醫已華會參之病嗚呼平生世路纏綣交期孫金盧米
百賦千詩桂林崑嶠一片一枝終以浮沈因兼險夷對隼
壤之搖落成老大之傷悲尚冀他年或陶良夜酒筵琴席
燈闌月榭俱開怨別之襟並息分岐之駕短景未果良辰

不惜竟鬱結於深衷倏淹淪於大化況南康解榻早降清
光會稽繼組昨辱餘芳情分逾極銜哀更長三十年之間
難追往事五千里之外正恨殊鄉地濶山深川寒樹古杳
杳元夜荒荒宿莽生金認石埋玉恨土寄奠緘辭呼風泣
雨噫嘻噫嘻宗尹之魂來否

祭張書記文

維會昌元年歲次辛酉四月辛丑朔二十日庚申隴西公
滎陽鄭某隴西李某安定張某昌黎韓某樊南李某謹以
清酌之奠敬祭於故朔方書記張五審禮之靈嗚呼古有
不重千金殊輕尺璧或號百夫之防或作萬人之敵雖爭
雄角秀殊途異跡念閱水於千齡若衝飈之一息吁嗟審
禮寧或免之曦暉巨鼻方口疏髭始自渚宮來遊帝里論
激懸河文酬散綺體物稱最登高擅美良時不來躁進為
恥門巷蓬高荒涼如此藩溷筆硯寂寥而已梁多文士漢
有賢王猶市駿骨肯驚夜光長裾既曳健筆誰當職高蓮
幕官帶芸香青袍如草白簡如霜東閣朝曙西園夜涼震
豈殺公誰惟故吏渭濱迴流馬之運峴首奉辭曹之諱松
鵠不改琴罇有寄三徑方營一畝乏地文多為富無事當

貴亦解客嘲還答賓戲迴翔逸軌傲睨重霄將期晚節更
峻清標懸蛇結釁鬭蟻成妖迴生乏祖洲之草續斷無弱
水之膠陳尸重來而何望楚魂一散而難招嗚呼神道甚
徵天理難究桂蠹蘭敗龜年鶴壽在長短而且然於妍醜
而何有某等早承餘眷晚獲聯姻或感極外家延自出之
念或恩深猶子多引進之仁或敬屬丈人之行或情兼內
妹之親有美吾姨靈慶攸屬尊公則師長庶僚夫人則儀
刑六族門高再世之侯家享萬鍾之祿經過款狎出入遊
陪映人玉潤覆水蓮開春歸別墅月滿高臺稽山傾倒謝

雪徘徊。惜景而持繩欲繫。邀歡而秉燭相催。中歎乖離。今多至止。仲叔辭辟而方返。梅福罷官而未幾。一則歸從回鴈之峯。一則至自跕鳶之水。方將爲笛裁竹。緣箏斬梓。驅羿射鴻。招任釣鯉。豁契濶於屯夷。極平生之宴喜。良覿雖屢。深懷未從。三靈莫效。一夢俄終。露先寒而隕葉。漏未盡而聞鐘。今則列樹開封。揲蓍得吉。絳旐前引。桐棺後出。隱轔原野。凄涼雲日。將歸宿莽之庭。欲閉青松之室。殷勤舊偶。冀望諸孤。未歸下國。且寓皇都。江遠惟哭。天高但呼。必有餘慶。非無後圖。嗚呼哀哉。壺有芳醪。俎多肥羜。呼嘷不

聞。精靈何處。鬱憤徒極。含辭莫敘。冀有鑒於酸嘶。庶無乖於酣飫。

祭外舅贈司徒公文

維某年月日。子壻李商隱謹遣家僮賫疏薄之奠。昭祭於故河陽節度使贈司徒之靈。惟昔積德卜年。源長慶延。岐山之走馬胥宇。嵩邱之控鶴尋仙。重疊規矩。蕃昌億千。邂逅中代。支離數賢。豆籩失君。隨庾謝而南度。桃葉興詠。弃江徐而北旋。已失晉陽之菜地。因開濮水之松阡。時非得已。吾寧固然。王殷別祁縣之居。未傷於敎。王濬占宏農之籍。果振其先。既而斷葦更緝。脫簡重編。二掾則齊翔謝鳳。兩令則庭落楊鱣。緊彼家聲。重嬰世故。值冀寇之北至。屬晉馬之南渡。肇允成公。悲丁國步。悼犬馬之戀主。愴梟狼之據路。投筆三歎。彎弧一怒。斃斷後之王雙。縛難寬之呂布。鈇鉞賜殺。圭符錫祚。實誕上公。載揚垂裕。兩樂蓄響。百丈端標。重侯有寄。任子來朝。書通軒禹。文合韺韶。熊館中涓。方奏揚雄之羽獵。露臺法從。已賦王褒之洞簫。乃郎秘邱。乃登延閣。愈高赤之疴癢。變服鄭之糟粕。麟臺秩滿。龍樓籍通。輟春闈之贊謁。佐夏口以觀風。魏太子之寓書歡

娛不足。桓司馬之英氣喜怒皆同。復因所託。往保於東。齊師拒名。洛邸與戎。雖得兎穴。未摧隼墉。保鼉不敎之兵。纔餘百數。羲和難駐之晷。寧復再中。上陽將鳴於夜柝。東人半逐於飄蓬。公請於帥。願當其鋒。搢白簡以腰劍。擐青袍而手弓。咄嗟則前隊鼓勇。喑嗚而後騎爭雄。纔餘數刻。盡翦羣兇。山濤論兵。此中不淺。魏舒善射。知之何晚。尚踠迹於天朝。更從公於蒲坂。旋衣朱紱。入謁皇闈。乃乘驄馬。來臨秭歸。峽東遐路。灘舍駭機。桂檝之不用。安得布帆之無恙者稀。公誘以利。公申以威。明拯人之賞。示伊水之非。却

張禹之江濤非因行縣戢溫公之水怪寧候照磯遷去鄖城仍臨蔡壞釋杼軸之悲解秋荼之網救旱平怨停霜辨枉褚義興之部內枯樹重榮傅安城之郡中淫祠罷饗容山至止郎寧去思跕鳶息厲毒虺停吹臨海之密岩不禁合浦之珠蚌休移既相溫文旋遷徼衛複道親警嚴更密隸統臨緹騎東都之上將令官意氣朱旗南岳之諸劉昔誓番禺是宅漲海攸瀦瘡痏金寶糞土犀渠跨馬將軍有雙標之柱酌泉太守無去骨之魚已乏斷牙之筆兼無汗簡之書江華船輕空險西陵之渡邢公宅湫曾無正寢可

居安定求才朝那闕帥衛室晏罷雲臺夜議虞雪嶺之驚烽忽玉關之滯使李廣名重王商貌異征轂方推行臺遽至塞水分濡邊城早寒見鍾響遠鼉鼓聲乾九國遺戎咸憂其族滅三州戍卒休歌於路難排闥無及持符載泣荷紫泥之降數馳墨車而來急省揆名在農官望集鄗鄉曹之四至小承明之三入鄗畢之地軒轅之臺葛綳將掩柏陵始闢會稽之象猶未去鼎湖之龍不歸來代邸迎騶將極事居之禮喬山護駕猶深送往之哀許下舊都淮陽勁卒帳督千乘人殷萬室獯鬻潛動偏裨遠出指授籌謀丁寧紀律秋膠方折塞月未虧寇屯日逐師分谷蠡薛公之揣敵情不過三策充國之爲兵學遠及四夷千牛不燧六贏已馳沁園歸主細柳屯師赤狄違恩晉城告變假三齊之餘醜犯神州之近甸懷邑營匜河橋旆轉城東陽而萊子懼事在晏桓壁武牢而鄭伯憂功存孟獻示嬴策密誘敵謀深子陽之降奴失許袁熙之別將先擒元子能官季男善賦咸移俎豆之業共集干戈之務金僕陷堅以深入勁弩飛空而亂注誓與族以忘生報時君之善遇陳球家室終避難以無聞去病子孫亦成功而有素大勳垂立定

命難言長城遽壞秦岳俄驚星墜營中先時盡見兒啼地下此兆難原遂稽誅於賊壘遠貽慟於天闕綏服無禮衰劒加恩誠蘊蓄之非盡在始終而可論嗚呼哀哉惟公之膺秀璆筠稟和鍾呂青海萬里丹霄一舉季布金諾延陵劒許既辨冠於燕齊亦信聞於梁楚揚親業就繼代名高永言氣類莫匪英髦謝萬有安石之兄見推時俊王宏以曇首爲弟遠映人曹故得行有二矛居懸重綬赤羽若日金印如斗賜衣千襲罷加寒暑之初宸翰萬重誓在河山之後重以東門下士楚館求才御車表敬比飰除猜同羊

偘之接賓共其醒醉異蔡凝之待士畧彼蒿萊而又理達圓空道通無著水月觀定春臺寄樂赤髭疏主椰麈尾以無言絲髪仙翁攝霓裘而自却嗚呼哀哉其世榮也如彼其全材也若此忽東輝之云宴雖西山而莫起語先陰之代謝石火風燈追平昔之音容驚波逝水今則青烏薦卜白馬臨塋弁移黃石始啟滕城元甲等嫖姚之禮荒阡改京兆之名魏冢竹書幾年復出燕邱華表終古含情某早辱嶽音夙當採異晉霸可託齊大寧畏持匡衡乙科之選雜梁蝀徒勞之地雖餉田以甚恭念販春而增媿京西昔日輦下當時中堂評賦後榭言詩品流曲借富貴虛期誠非國寶之傾險終無衛玠之風姿公在東藩愚嘗再調責帛資費銜書見名水檻幾醉風亭一笑日機中昃月移朒朓改頻水之辭違成洛陽之赴弔嗚呼哀哉漢陵搖落秦苑冰霜將觀祖載遂迫瘥瘍謝長上聲度之虛羸升車未可沈休文之瘦瘠執紼猶妨林薄終焉關河永矣抱痛酸骨銜悲沒齒潘楊之好琴瑟之美庶有奉於明哲既無虧於仁旨僧虔筆拙葛洪紙空裁詞有盡抆血無窮希降先於寓奠聊照恨於徽衷

重祭外舅司徒公文

嗚呼哀哉人之生也變而往耶人之逝也變而來耶冥寞之間杳惚之內虛變而有氣氣變而有形形變而有生今將還生於形歸形於氣漠然其不識浩然其無端則雖有憂喜悲歡而亦勿能措於其間矣苟或以變而之有變而之無若朝昏之相交若春夏之相易則四時見代尚動於情豈百生莫追遂可無恨倘或去此亦孰貴於最靈哉嗚呼公之世胄勳華職官揚歷並已托於寄奠備在前文今所以重具酒牢載形翰墨蓋意有所未盡痛有所難忘以公之平生恩知曩昔顧盼屬纊之夕不得聞啟手之言祖庭之時不得在執紼之列終哀且痛其可道耶嗚呼七十之年人誰不及三公之位人誰不登何數月之間不及從心之歲聞天有慟方登論道之司時泰命屯才長運否爲善何益彼蒼難知昔澤怪既明告敖釋桓公之病陰德未報夏侯知丙吉不亡何昔有其傳今無其證豈人言之不當將天道之或欺雖北海懸定甍期長沙前覺灾至偃如巨室去若歸人處順不憂得正之喜在公之德斯盛在物之痛何言矧乎再軫慮居屢垂理命簡子將戰之誓惟止

桐棺晏嬰送死之文寧思石槨素車樸馬疎巾弊帷成一代之清規揚百年之休問所謂有始有卒高明令終嗚呼往在涇川始受殊遇綢繆之迹豈無他人樽空花朝燈盡夜室忘名器於貴賤去形迹於尊卑語皇王致理之文考聖哲行藏之旨每有論次必蒙褒稱及移秩農卿分憂舊許竊聾少暇陪奉多違跡疏意通期賒道密紵衣縞帶雅貺或比於僑吳荆釵布裙高義每符於梁孟今則已矣安可贖乎嗚呼哀哉千里歸塗東門故第數尺素帛一爐香煙耿寘從之云歸儼盤筵而不御小君多恙諸孤善喪登

堂輒啼下馬先哭含懷舊極撫事新傷植玉求歸已輕於舊日泣珠報惠寧盡於茲辰況邢氏吾姨蕭門仲妹愛深猶女恩切仁兄撫嫠緯以增摧闔孀閨而永慟草茇土梗旁助酸辛高鳥深魚遙添怨咽嗚呼精神何往形氣安歸茍才能有所未伸勳庸有所未極則其強氣宜有異聞玉骨化於鍾山楸柏實於裒氏驚愚駭俗佇有聞焉嗚呼姜氏懷安之規既聞之矣畢萬名數之慶可稱也哉篋有遺經匣藏傳劍積茲餘慶必有揚名愚方遁跡邱園游心墳素前耕後餉并食易衣不忮不求道誠有在自媒自衒病或未能雖呂範以久貧幸冶長之無罪昔公愛女今愚病妻內動肺肝外揮血淚得仲尼三尺之喙論意無窮盡文通五色之毫書情莫既嗚呼哀哉公其鑒之

祭處士十二房叔父文（謹按房字上應有十二二字）

某爰在童蒙最承教誘違訣雖久音旨長存近者以檀山舊塋忽罹風水壽堂圮壞冢樹凋傾雖崩則不修聞諸前哲但墜而罔治那俟他人況隱德貽芳鴻儒著美豈可令趙岐之表墊彼元扃郭泰之碑淪於夜壑載惟珹項藐爾孤沖誠叫號之不停顧營辦之無素某等輒考諸著筮別

卜邱封使羲叟以令日吉時奉移神寢奢無僭縟儉免虧疎是期永閟尊靈長安幽穸眠牛有慶自及於諸孤白馬垂祥豈均於猶子追懷莫及感切徒深更思平昔之時兼預生徒之列陸公賜杖念榮益以何成殷氏著文媿獻酬而早屈引進之恩方極禍凶之感俄鍾誰言一紀之餘又奉再遷之兆哀深永往情極初聞矧宗緒衰微簪纓殆歇五服之內一身有官將使澤底名家翻同單系山東舊族不及寒門靜思肯構之文敢怠成書之託珹等既幽明無累年志漸成則當授以詩書諭其婚宦使烝嘗有奉名教

無虧靈其鑒此微忱助夫至願敢以求於必大庶免歎於忽諸迫以哀憂兼之瘵恙曾非遐遠不獲躬親瀝血裁詞叩心寫懇長風破浪敢忘昔日之規南巷齊名永絕今生之望冀因蘋薁少降明輝延慕酸傷不能堪處苦痛至深永痛至深

祭韓氏老姑文

猗歟我家世奉元德讓弟受封勤王賜國名芳彝鼎勳盈史冊季孟國高秦晉欒郤恭惟柔範載稟淵塞既作女師乃爲嬪則頻水波清梁園月明言旋百兩且拜雙旌訂侯

令弟配國名卿入從述職出輔專征螽斯不妒鳳凰和鳴此時同慶東郡分榮使者責梁公子專魏帝念元昆人思仲氏杖節赴敵斬芻盡瘁無以家爲或從王事禮優內子詩美夫人冕紘塡紞山蕨澗蘋子元罕見冀缺如賓緣衣有感翟茀仍新遽歎夜川遄聞晝哭原阡舊署丕鄰斯卜閒居獻壽作賦之官弓裘望襲菽水承歡福善餘慶好謙舊祉復自良人集於之子爰從上蔡去臨易水空報登壇未聞曳履量父先歸莫之能比趙母上言蓋不得已寒暄結患燥濕爲疵徒虛百祿靡效三醫嗚呼壽夭所賦彭殤不移誰能了悟孰不憂悲何茲達識乃克先知同易簀以就正如買棺而指期苟有所累安能及斯道遠轘轅程遙河洛建旐臨塗移舟就窆日慘林嶺風凄灌薄積藹茫茫行烟漠漠某等誠深通舊情協先親始自童子至於成人年將二紀恩冠六姻念升堂之如昨慟幽夜之無晨歌停行路舂輟比鄰雖寓辭之有所終含酸而莫伸壺清媿酎俎薄羞芹惟餘彤管有美清塵嗚呼尚饗

祭徐姊夫文

嗚呼以君之文學以君之政術幼以自立老而不倦亦可

以爲君子人矣君子人歟而不卽清途不階貴仕此其命也夫何慊焉始者仲姊有行獲託貴族半產以資於外姓闔門寄託於仁人將以衰微倚爲藩援不圖薄佑天奪初心仲姊凋殂諸甥不育以親以懿翻爲路人再號再呼莫訴蒼昊尚以君子存伉儷之重敦行李之私二十年以來雖事睽而意通跡遙而誠密神當賜鑒愚豈敢忘遠愚不天再丁凶舋泣血偷息餘生幾何君方赤紱銀章澌東從務道途悠邈時序徂遷訝弔緘之不來忽訃書之俱至感舊懷分情如之何埋玉焚芝固未可喻嗚呼今來古往人

誰不亡於君之亡其酷斯甚藐然一女纔已數齡乞後旁宗又未能立賢弟扶服東路遇疾洛師徘徊十旬淹不得進浮泛水陸厥途四千建旐云歸曠然無主尼姑居宗老之地騶奴總家相之權獲及故阡信爲餘慶其所以爲附身附棺之具又豈礙平生之曠達耶日月次遷卜筮斯協幽明之異始於今辰愚方纓哀憂瘵恙縻寢不及一拳冢樹一慟荒阡謝濬成之交申永訣之禮矧余仲姊君其與歸撫心骨以皆驚拔血淚而無算嗚呼已哉其何言耶襚衣非華奠物殊薄靈其鑒此慰我哀心嗚呼尚饗

祭徐氏姊文

嗚呼追訣慈念一十八年罪積行違上下無禱天怒猥集不誅其身再丁憫凶藐無怙恃號潰荼裂心摧骨崩獲見諸甥來奉遷合舊物半同於泥滓新阡方列於松楸斷手折足厥痛非擬終天沒地此誠莫伸冤痛蒼天孤苦蒼天始某兄弟初遭家難內無強近外乏因依祇奉慈顏被蒙訓勉及除常制方志人曹以頑陋之姿辱師友之義獲因文筆實忝科名三千有司兩被公選再命芸閣叨跡時賢仲季二人亦志儒墨於顯揚而雖未在進修而不墜永惟幽靈盍亦垂鑒今者苴麻假息糞土偷存不卽殞傷益亦有以伏以奉承大族載屬衰門三弟未婚一妹處室息允猶闕家徒索然將恐忝嘗有曠闕之憂邱隴絕芟除之主延駐晷刻不敢自私又以祖曾之前未一完兆骨肉之內猶有旅魂將自來兹克用通便以顯之義雖不敢望無忝之訓庶幾或存靈其聞之必將加憫然有以沒齒懷恨粉身難忘者以靈之懿茂而不登遐壽不生賢人使別女致哀猶子爲後哀哀天地云胡不仁默默神祇其何可訴今嵩與二子既爲我甥誓當撫之以慰幽抱男勸其學使得

祿仕女求其耦必擇賢良縱乖宅相之徵庶泯忽諸之歎壽堂宿啟潛舟既移那期永訣之悲復見重開之兆以祥忌云近哀憂載迷不獲臨壙達誠撫柩致奠東望景亳摧心仆身具襚擇蔬灑以淚血日慘風遠叫號無聲伏惟明靈一賜臨鑒孤苦蒼天不孝蒼天

祭裴氏姊文

嗚呼哀哉靈有行於元和之年返葬於會昌之歲光陰迭代三十餘秋得不以既笄闕廟見之儀故卜吉舉歸宗之禮不幸不佑天實爲之椎心泣血孰知所訴恭惟先德實

紹元風良時不來百里爲政愛女二九思託賢豪誰爲行媒來薦之子雖琴瑟而著詠終天壤以興悲謂之何哉繼以沈恙禱祠無冀奄忽凋違時先君子以交辟員來南轅已轄接舊陰於桃李寄蹔殯之松楸此際兄弟尚皆乳抱空驚啼於不見未識會於沈冤淛水東西半紀漂泊某年方就傅家難旋臻躬奉板輿以引丹旐四海無可歸之地九族無可倚之親既祔故邱便同逋駭生人窮困聞見所無及衣裳外除旨甘是急乃占數東甸傭書販舂日就月將漸立門構清白之訓幸無辱焉既登太常之第復忝天

官之選免跡縣正刊書秘邱榮養之志纔通啟動之期有漸而天神降罰艱棘再丁弱弟幼妹未笄未冠允緒猶闕家徒屢空載惟家長之寄偷存晷刻之命號天叫地五內崩摧然亦以靈寓殯獲嘉向經三紀歸祔之禮闕然未修是冀苟全得終前限屬劉稹叛換逼近懷城懼罹焚發之災永抱幽明之累遂以前月初吉攝縗告靈號步東郊訪諸耆舊孤魂何託旅櫬奚依垂與欲墮之悲幾有將平之恨斷手解體何痛如之灑血荒墟飛走同感伏惟朝夕二奠不敢久離遂遣羲叟一人主張啟奉抱頭拊背戒以信誠附身附棺庶無遺闕檀山滎水實惟我家靈其永歸無或栖寓嗚呼哀哉靈沈緜之際殂背之時某初解扶牀猶能記面長成之後豈忘遷移頃者以先妣年高兼之多恙每欲諮畫卽動悲感涕洟既繁寢膳稍減雖云通禮亦所難言荏苒於斯非敢怠忽今則南望顯考東望嚴君伯姊在前猶女在後克當寓邸歸養幽都雖歿者之宅兆永安而存者之追攀莫及又以十二房舊域風水爲災胡子彭兒藐焉孤小雖古無修墓著在典經而忘禮約情亦許通變今則已於左坎別卜鮮原重具棺衾再立封樹通年難

遇同月異辰兼小姪寄兒亦來自濟邑駭魂稚魄依托尊靈遠想先域之旁纍纍相望重溝疊陌萬古千秋臨穴既乖飲痛何極唯安陽祖妣未祔仍世遺憂昨本卜孟春便謀啟合會雍店東下逼近行營烽火朝然鼓鼙夜動雖徒步舉櫬古有其人用之於今或爲簡率潞寇朝弭則此禮夕行首夏已來亦有通吉儻天鑒孫藐神聽至誠獲以全玆免負遺託卽五服之內更無流寓之魂一門之中悉共歸全之地今交親饋遺朝暮饘餬收合盈餘節省費耗所望克終遠事豈敢溫飽微生苟言斯不誠亦神明誅責老

舊僕使綫餘兩人靈之組繡餘工翰墨遺跡並收藏篋笥用寄哀傷嗚呼哀哉葬夭當年骨還舊土箕帚尋移於繼室兄弟空哭於歸魂終天銜冤心骨分裂胞胎氣類寧有舊新叫號不聞精靈何去寓詞寄奠血滴緘封靈其歸來省此哀殞傷痛蒼天孤苦蒼天伏惟尚饗

祭小姪女寄寄文

正月二十五日伯伯以果子弄物招送寄寄體魄歸大塋之旁哀哉爾生四年方復本族既復數月奄然歸無於鞠育而未深結悲傷而何極來也何故去也何緣念當稚戲之辰孰測死生之位時吾赴調京下移家關中事故紛綸光陰遷貿寄瘞爾骨五年於茲白草枯荄荒塗古陌朝飢誰飽夜渴誰憐爾之栖栖吾有罪矣今吾仲妹返葬有期遂遷爾靈來復先域平原卜穴刊石書銘明知過禮之文何忍深情所屬自爾沒後姪輩數人竹馬玉環繡襜文褓堂前堦下日裏風中弄藥爭花紛吾左右獨爾精誠不知何之況吾別娶已來嗣緒未立猶子之誼倍切他人念往撫存五情空熱嗚呼滎水之上檀山之側汝乃曾乃祖松櫝森行伯姑仲姑冢墳相接汝來往於此勿怖勿驚華綵衣裳甘香飲食汝來受此無少無多汝伯祭汝汝父哭汝哀哀寄寄汝知之耶

欽定全唐文卷七百八十三

穆員一

員字與直祕書監寧子杜亞留守東都署佐其府授侍御史

為汝州刺史謝上表

臣某言伏奉正月九日勑授臣使持節汝州諸軍事守汝州刺史充本州防禦使臣祗荷寵命兢逞戒路以今月二十五日到州上訖臣聞位非所據榮實為憂任過於量勤不補敗伏自省懼心魂震驚臣某誠惶誠恐頓首頓首臣

項佐方鎮本逃饑寒推遷歲時累忝班序而身遠跡賤才薄官微宣力中朝事將望絕昨者一介陪隸萬國朝元不寤日月垂明幽隱斯燭荒徼未効記意於勞問之初愚懇微誠畢辭於朝賀之次亦能信宿遽承寵光況地屬王畿任當時要憂寄所切文武是資何堪負乘又過獎擢唯當以竭誠自勵戒懼自持庶副所受安人理戎之命少酬萬一無任懇悃屏營之至謹遣某官奉表陳謝以聞

同德寺湊禪師院羣公會集序

歲五日杜揚州出鎮東洛羣公禮賓用餞會於此堂以候於戲從公車俗道機交態僕息得於此樂道得於此果君子同之員亦同之況乃竹深寒庭雪淨禪室境捐世染坐對天涯甘茗代醪清論如藥蓋勞生之少息羣心之一勝會耳惜乎夕鳥集暝客散候人至車馬行各從爾司復返吾患嚮來所聚倏爾成空索過風於前林求往夢於旣寤不可及也尚書郎李君曰其可及者詩猶庶乎詩之哉

奉送前合州徐使君赴上都詩序

二月中節時芳為人柳先攀折而垂水待臨泛而滿花迎酒客而笑鶯隨詩人而吟有良二千石徐公解印南國將

赴鎬京與東風還日偕至洛中賢士大夫以公著名茂實詩言酒態相從於賞春之場其潤色也與鶯花並東溪南陌詩鋒函合迭為晉楚者日有聞焉惜乎偕賦不疲羣芳未老而不謀者別中道間之嚮之待人攀折臨泛與笑而吟者又似有意乎傷且怨矣矧同游者之心乎僕也貧不知春病不遠會諸公以異日徵文之籍不獲辭焉所以敘作者之意共歎春未去而公去故其思也同

緱山道中五詠詩序

仲春之節洛帥還近郊亞尹尚書郎御史元公李公韋公

將事如軍賞心百里子時有所繫不克與偕三君子賦嵩峯漢陵維源竹澗仙壇五篇遺我居者善乎詩之時用也如繪出其芳鏡涵羣象暈呈鮮彩琴韻雅音俛仰吟詠之間若在春原之上晴峯之下境移衆目勝集我心詩之時用也如此否則一時得之人與閑雲並散興與夕陽俱盡春與殘花共謝游者居者等無及焉他日屬和之聲洛陽爲之動旣編次盈什則不可不紀其所以然

蝗旱詩序

甲子歲秋大旱蝝蝗生其爲異也聽如疾風視如飛雨仰

如陰雲俯如流水乃至天降其高地增其厚明爲之昏其災也如農夫薙草繁霜凋木烈火燎原嗚呼甚矣矧夫旣枯之稼僅遺之粒其可望也余時從師於東周居鎭之府僚友竇總賦蝗旱詩一章七十有二句其指兵生蝗蝗生和和生瑞猶夫空谷之響立表之影以其類至必然若乃春秋書災紀異之法詩人風化美刺之義備閱章句則知其文余味之深敍以爲引

送與平鄭少府歸上都覲省序

凡我東周之遊誰非君子之門吏子之至也惠羣公之思且惜其去之速子有別墅我爲甘棠富清溪翠竹豐流鶯家樹比而遐幽而曠美而不華野而不陋用厥羣勝甲於東溪四月之節其芳始茂蘖成清陰花結朱實中林惟籜碧玉呈鮮麥風之秋與輕暑偕至二三子春醪夏服於是乎宜之陟則在處降則在舟湍泠竹韻合如簫管時有山鳥雜乎其間羣籟同音俱以留客而嚴城暮日與林泉意殊奪我當歡趣子命駕諸公以爲他日過庭之問次詩禮者其惟吾黨與東溪乎屬事徵詞實假會文之友況吾子以言以立可久可大作者之意不惟系召南之什宜用緇

衣之美副焉

新修漕河石斗門記

分洛爲漕斗門在都城東南中橋之右舊制喉不深口不束其流隨之水斯溢旱斯涸東有斜堰俾其來往終歲不修輒壞修則水積高而迤南北北傷則洛亘邙趾南傷則魚遊井鄽不修則漕復於陸且其地與岸皆寘薪焉不再閏不一易每歲繕塞斜堰洎南北隄橋之費相與盈萬其斗門之功不訐蓋其獘者也安平公治三川之暇顧念於此之疾未去且曰水之性導無不順壅無不害善爲水者

唯其所趣使若自然其要在於不與之競而已是用浚斗門之下以量其入庳斜堰之上以歸其餘庶乎饒不爲增傷不爲減盈萬之費歲收於公而通海之波率土之運東西交鶩合朝宗之義焉中橋之旁有古堰廢石沈於泥沙公乃發而轉之以代寘薪之制省於自他山而致者蓋百之一猶懼剛之不勝柔岸化於水乃授規矩俾之追琢如斧斯銳以分其衝如月斯仰以折其勢積石山闢中流湯湯南鄰鑿龍永代無愧上濟行邁是爲通橋歲三月興作四月畢事人不見始而覩其終埒其功用不足於常歲之數而不朽之利與皇都洛水垂之無窮焉嗚呼物之至柔者水不得其理甚者懷山襄陵其次決隄防隤城邑夫惟不爭之力然後勝之天下之理一理也制天下之至強者其唯不爭乎於水也見公之政於政也見公之德異日觀易簡久大之業此非其一隅哉公以爲成公之志者實肆其勤命以名氏刻於岸石仍俾末吏謹而書之貞元四年四月丁亥日記

繡西方大慈大悲阿彌陀佛記

儒之執喪也極其哀止於毁其於既往也則無及焉西方聖人以大慈大悲爲功追護往生爲誓凡爾銜卹靡至克窮罔極如有求而不獲者何末由斯而減之貞元八年百一旬有六日我伯姊前烏程令宏農楊萃故夫人之喪再周先是哀子秦衡嵩復觀洎女子相與號曰我之生也自親之生今我報親幾何而旣何先王制禮不即人心何義和迅節不恤余慕於是合哀僝聖誠而禱之男寘其心女集其指迨茲日而阿彌陀佛現嗚呼西方之教念焉斯至刻是像也一縷一哀一哀一聖凡億萬縷爲億萬聖億萬大慈大悲一之乎爾願其爲追護也可訾量哉秦等毁傷見者之神號墮鄰人之淚是月之慕有逾其初舅氏員撫而廣之曰親之於子也生三年而免於懷子之於親也喪三年而免於服是則服之終也豈哀之終乎記所謂君子有終身之憂蓋哀之終也此又哀之終也豈孝之終乎經曰立身揚名以顯於後世夙興夜寐無忝爾所生此孝之終也若然者爾之孝爾之哀偕爾身齊爾性於是始孝何痛夫終焉員悲不能文強爲之記

畫千手千眼大悲菩薩記

貞元七年孟夏月再旬有六日我伯姊宏農楊氏夫人之

喪期女祕書省正字河東裴求已妻痛夫四序往而還萬化周而始慈顏復覩終天無期伏念身體髮膚重於所受不敢以毀生爲報其發於一號者則昊穹可聞泉壤可徹恭西方之教有追護之功崇建是像庶乎有及吾聞之古之泣血不必以血爲淚痛之至者如泣血焉是像也起爾一心成千手千眼自素爲繢自繢爲相自相爲聖自聖爲福所以復於爾所生者庸非爾之血乎希微窅冥之間惟至可至之至者孰至於哀哀爾思舅氏員自以一虧而不可復續者骨肉之謂泣撫其事從而記之

尊勝幢記

我生同氣者七人先五後二兄姊弟妹半之不弔天降割于我今年春夏次妹安國寺大德尼伯姊前烏程令宏農楊夫人逾月繼酷先是兩兄郴州刺史贊前右補闕貶連州司馬質從官於遠員洎弟妹前監察御史河東裴某妻痛支體一斷終天不續乃相與鬻衣庀直揭茲靈幢願得輕風微塵洎日月度影之所及也深茲至念慘與之俱然則巍巍永永斯乎風土日月相無極焉是幢也實表安國之塔伯姊之隧貞元六年秋七月七日前侍御史穆員記

東都龍興寺鎮國般舟道場均上人功德記

按經文我以神力供養不如以身供養故曰若能燃手指乃至足指者是名第一之施蓋菩薩之行也今我上人以兩臂爲爐爇香千度用夫苾芻蕭之義以簡萬望夫以百福莊嚴之垂千度焚燒之苦與夫一指之功不爲多乎又刺體之血以嚴經像若素爲塗若繪爲綵若寫爲墨凡成就阿彌陀佛一軀觀音勢至二善二菩薩各二事經千卷經以皮爲紙以血爲墨書寫經戒亦菩薩之行也曷若加之圖像三十二相八十種好盡取諸身乎上人姓王氏東

周河南人七歲喪所恃十一喪所怙童蒙孤子無兄弟之親自毀其生用集封樹已而嘆立身揚名無遠旣往乃發大宏誓以報罔極大歷五年始居龍興寺鎮國般舟道場爾來足不踰閾者垂三十載其爲業也形不住心夜不息晝外不舍百刻之一中不遷萬化之二勞其形與天健精其志與日新蹈極樂於自竭之操前後以一月有一旬旬有九日爲一息者不記百數其願以本尊本以願爲願其病以衆生之病爲我病我生未已我病曷祛我病未祛我願曷已然則大慈大悲之誓竟我願云竟無邊生生之苦

盡我病云盡我生有滅我願與生生俱生我形或勞我心與極樂無極巍巍乎可思量哉員太夫人河東郡太夫人性合眞如業通禪寂嘗謂學者千萬達者二三苟未至於心離有無跡超生滅則苦行爲難爲至誠格諸天念嚮羣望亦足使見聞聳善遠邇歸心況乎嗤嗤迴向之徒聞道甚稀睹相且衆則上人所以持本教濟衆生與夫禪門諸祖迭爲舟梁可無愧矣又懼夫物之尤者見異於類行之殊者或疑於常申命小子以紀精苦之能所以題之於此

貞元十年五月二十五日前侍御史河南穆員記

新安谷記

京洛佳賞盡走乎關塞次則東城以桃李繁華相高北山瀍陽有崖谷谿洞之勝蓋天然疏鑿以遺來者而人不之爭我公懸車之三年探得其最凡遠於國門邇於關塞者四之一買之直減於東城之貴者亦如之連岡疊磴中斷夾隰爲其拱跱如狀如意翠竹茂樹縈環森羅爲其緣飾如繢如織泉出山腹釀而爲池釃而爲派帶於竹樹蔥籠之間池可行舟派能流響果園蔬圃用以爲溉其餘與瀍水合於山下臨玩之美耳潺潺目磷磷不俟漱浥而煩襟如洗於是卜瀍之上泉之側周奇顧盼擁抱之勢作爲新亭春之日百花流鶯笑語滿谷迭相爲主待人爲賓始至也若讌賞之之疎將去也若怨棄之之速夏之日清風入林徘徊不散若爲繁暑與之競夕而流泉娛客亦奏雅音秋之日霜淒氣肅萬象畢清亭中一望超忽天外而片雲行鴈又似與賞心遠目相期於前冬之日木落天迥遥山入戶可愛之景照於陽坡遲遲爲人人散而斂凡四時暇日公與大夫從甥姪子孫攜琴罇翰墨游於斯燕於斯慈顏怡天和熙一觴舉萬福隨穆穆雍雍翼翼夔夔中外具

慶如塤如篪公曰人生知足爲富當時爲貴奚俟外獎則此地足以忘年何必陸賈擊鮮疏廣散金然後爲適與王氏之少長咸集潘家之兒童稚齒吾之適也爾輩子識之謹按春秋之義地從主人今我公開國新安則家谷宜以新安爲稱新安之爲解也旣所以旌新之安亦所以祝吾家之慶與茲山之賞日月新而永永安安之謂也又江南有新安者山水之異絕於中國維其似之是以命之第三子員受命紀石且若從者名位列之於陰也

新修漕河石斗門亭記

斗門卒事之月。安平公罷尹杜公實來。明日。公會杜公觀厥成績。即得洗心遠目之所盡。一覽四時之美。乃授中制。刱爲此亭。有若嵩高二室。萬安闕塞。實簷前之山。清洛麗都。類夫河漢。實砌下之池。春流夏雲。露風霜月。殊狀異態。同歸於勝。實座中之器。修橋曳虹。左右扶翼。層樓飛鳳。前後擁抱。實四楹之飾。而顥氣清風。徘徊旦暮。若有所爲。凝爲清陰。不唯待羊公之登眺。李膺之臨汎。使忘機佬俗之客。得人人而私之。或曰。二公之來也。境與耳目共清其心。心爲事源。政得於靜。有以助清靜之理。可無述乎。刊諸珉

石之陰。是爲亭記。

繡地藏菩薩讚 并序

今年天之不佑我也甚矣。春三月。謫我以次妹安國寺律師之喪。夏四月。繼以伯姊楊氏夫人之酷。季妹前監察御史裴氏妻泣曰。人皆有姊妹。而我獨亡。所以發於骨髓者深。宜格於神明之聽。先是太夫人嘗爲安國繡地藏菩薩。逮卒哭而就。是夜季妹夢伯姊謂之曰。嘗知是像追護於我。是用鬻衣充直。緘淚俾工。亦逮卒哭而就。嗚呼。萬聖一致乎慈悲。莫大於救苦。苦有生死之異。聖者亦隨之而殊。如周之六官。分天地四時之職。蓋同歸於理。而各有典司。若乃拔三塗。謐六道。紓有生追往之慟。則菩薩超羣聖焉。時貞元六年孟秋初七日也。將以謹功之始。旣月而日之。且系之以讚曰。

維我素履景福崇。嵯爾至聖元感通。有赫大士願力同。五綵萬縷相好備。一心十指聖靈萃。振幽冥兮如髣髴。

畫釋迦牟尼佛讚 并序

貞元八年九月二十八日。員傷神之慟至是而期。外姑故河南令裴君夫人鄭氏。雅有天性之愛。加人一等。而疾視

之勤。喪慼之甚。則又加焉。至哉母之於子也。想其方娠。想其旣育。想其乳抱。想其稚戲。想其習教。想其有行。生十九年而夭。歲一周矣。無一日不同其十九年之愛。見其遺跡。見其同類。見其所從。見其所嗜。則哀與之新。訴於神明而不聞。禱之寤寐而莫瘖。索於太虛而無像。追之往事而日遠。乃求大聖之旨。裂素黕絢。丹青睟容。願以已之深慈。託於佛之巨力。且曰。吾子之生也。以至仁爲性。積善爲行。二者之報。同期於福。今也夭。而不深慈託福。施不在於生。不在於後。宜在於旣往。矧聖者以巍巍赫赫。從而振之。然則

是像也。金蓮之品。安知非爾往生乎。讚曰。

生如花兮夭如花。先笑後號鍾我家。喪有殺兮悼無涯。哀慈母兮晝夜哭。歲一期兮聲相續。懇元聖兮降冥福。

繡藥師佛觀世音菩薩讚 并序

萬聖本願。同歸乎慈。一致乎至。有若東方藥師琉璃光佛。洎大悲觀世音菩薩。其威神德力。最著於羣生。倬然於人間者也。我季妹是用圖厥睟容。永以成功。其發念也。淚逐聲盡。福隨響至。其成功也。靈以指集。慶將縷延。如其經文。則曰火不焚。水不溺。鬼不災。祅不厲。殀乃無妄之疾。有生

之害。何從而來哉。且聖功元化。陰騭潛護。宜於自然。動亨元吉。彼解焚拯溺。禳災祓厲之功。又安得而施之。讚曰。

伊聖力溥如天。吾何願。壽百年。

繡西方阿彌陀佛讚 并序

唐故監察御史河東裴府君捐館舍。二十五月而祥。貞元乙亥歲仲秋再旬有七日。其孀員季妹也。號曰。吾觀天道。日昃月虧幾何。而追吾觀四時。寒來暑往。往來如奔。吾觀萬物。秋落春榮。榮落相續。吾觀人事。禍福倚伏。則維其常。何天道人事。四時萬物。同歸於復。其運如環。而逝者棄於川流日遠。未亡之酷。終於此生。恭聞西方之教。有三塗報應之事。大聖拯護之功。是用發念髣髴有無之間。躬現是像。嗚呼。若聖功則亦無幽冥之苦。蓋魂氣無不之也。其返於太初乎。苟有三塗。則聖者之力。唯誠是據。宜乎罪消一念。福積萬指。可思量耶。讚曰。

嚴哉有赫。自爾誠睟容巨力。於是并能使往生生彼國。餘及未亡無終極。

繡救苦觀世音菩薩讚 并序

惟元精之和。惟元聖之功。惟善之報。惟人之心。順之則冥

感之所契。蓋善積而福會。心至而靈應。類夫有開必先之義。存乎恍惚杳冥之間。天不言。神無像。發於寤寐者。其昭昭歟。我裴氏弱妹疇昔之夜。夢老僧意夫聖者。祈太夫人之福懇懇焉。聖者復之曰。當繡若繪救苦觀世音菩薩。且視其形則如是。覺而念之。誠矣未果。越旬朔。嗣夢如初。是用心冥聖功。指集睟容。圓光具發。朝日曈曨。歲八旬有六日。我慈親生之辰也。願於是畢。工於是終。聖於是興。福於是始。同氣不類。神明我遺。禎夢靡臻。斯文敢闕。讚曰。

猗經文兮頌聖德。非知知兮焉識識。我夢願兮永符巨力。

如四維虛空兮夫何有極

繡藥師琉璃光佛讚并序

東方藥師琉璃光佛事具本經今我季妹裴氏嚴是像也誠而禱之其嚴之何裂素黕絢攢針緝縷以五采章成三十二相八十種好意夫十二上願從之其祝之何况我太夫人福如上願而壽如縷數夫以大聖之力加於積善而赴於精識宜乎其至也如歸其答也如響其久大無極而不可思量也如東方虛空抑經之有得所以啟廸誓願發揚聖德者也苟以至誠爲用員敢讓於文乎讚曰

上天報應爲福爲極有赫大聖與天同力而我景行與聖同德存存如山念念如川大聖擁護同符自然十二願我之事億萬縷我之年

畫元始天尊釋迦牟尼佛讚并序

聖人之教有三儒之先師曰孝者德之本教之所由生又曰立身揚名以顯父母孝之終也若乃崇樹景福追護既往有無上無邊之力非智智識識之功則道釋二宗其用一致記曰君子有終身之憂忌日之謂也歲孟秋晦我王母太原郡夫人棄養之辰我公霜露永懷發是上願謂夙夜種德以無忝爲念裕蠱垂範立家開國不足以爲顯鼎鼐之豐蘋蘩之潔不足以爲饗蓼莪罔極石窌啟封不足以爲報且曰元始天尊大道之原也釋迦牟尼佛萬聖之祖也以五綵繪圖二睟容及此辰而就眷命小子贊揚聖功其詞曰

嚴哉煥乎觀者迴向有類夫朝日初昇圓月始望又若二聖現於空中髣髴乎不知其像我公孝思福應如響於戲聖力巍巍蕩蕩

鮑防碑

有唐尚書東海宣公姓鮑春秋六十九公從三十六載致政二三一作年歷官二十五凡居達官之長十二領四嶽十三州牧之寄三貞元六年秋八月景申薨於洛陽私第冬十月旬有七日從先公於北邙南原一作郊詔贈太子少保給鹵簿鼓吹旌其卒葬後三年嗣子宗由惟中古封樹之制且曰邱壠與年代相推幾何而平松柏霜露相薄幾何而盡將令百代之後遊九原者徘徊不朽之烈歎息可作之美其惟金石刻乎是用建碑墓以揚先懿公諱防字子愼河南洛陽人其先蓋夏禹之苗裔春秋時杞公子有仕

齊者。食采於鮑。因以命氏。曾祖標。一作譓皇朧州汧陽令。祖仁爽。雅州飛越尉。贈眉州刺史。父思溫。彭州唐昌丞。贈工部尚書。皆盛德下位。發祥於公。天寶中。天下尚文。其曰聞人。則重侔有德。貴齒高位。公賦咸遇十七章。以古之正一作名法。刺譏時病。麗而有則。屬詩者宗而誦之。舉進士高第。調太子正字。中州兵興。全德違難。辭永王去來瑱。為李光弼所致。光弼上將薛兼訓授專征之命於越。輟公介之。始兼訓之奉光弼也。以順命為忠。不及於義。公知光弼之不終也。諭而絕焉。東越仍師旅饑饉之後。三分其人。兵盜半

之。公之佐兼訓也。令必公口。事必公手。兵兼於農。盜復於人。自中原多故。賢士大夫以三江五湖為家。登會稽者如鱗介之集淵藪。以公故也。徵尚書郎。優游公卿間。執政者以代言之司見屬。無何。薛兼訓寢疾太原。上以北門寄重。軫念於薛。思所以貳而代之者。莫與公比。召對勞賜。寵而遣之。公之至也。人不知其帥之疾。帥不自知其疾。及其代也。由亞尹中丞洎居守專征之倅。各遷其任。一作各還其長兵自勇厲。至於輯睦。人自安業。至於移風。政自無闕。至於有典。代宗嘉歎之不足。圖寫公形。列於別殿。蓋麟閣名臣之次也。三載朝覲。屬今上嗣位。惟新大政。授公紀律。俾作典刑。拜御史大夫。旋以文武之柄。方鎮為大。南國萬里。俾之師長。統閩越。轉江南。公之撫人也。以家勤之。以子愛之。利用用之。厚生生之。詔加銀青光祿大夫右散騎常侍。紀成績也。眞拜右常侍。扈從巡狩。轉禮部侍郎。上還鎬京。展謝郊廟。公預太常折無文之禮。進封東海公。詔徵賢良。求其讜言。時薦一作員仲兄不敢違詔承詔。原注絕句實蒼生利之。宰臣病之。與公並命考第者。以為異日故事。言或有犯。投之不疑焉。公曰。使上聞所未聞。聖朝之瑞也。擢居甲第。每歲貢

士。充於王庭。心為靈龜。事絕請托。京師仍歲蝗旱。務殷人耗。拜京兆尹。詔下風行。令宜政舉。威革難理。惠周無告。既而痿痺生疾。陳乞遂閑。上置上將軍員以待功臣。先用文儒耆耋。以寵其選。拜右武衛上將軍。厥疾加劇。優詔授工部尚書致仕。徙家東周。富天祿貴天一作人爵。樂天命。順天和。以終夫天年。嗚呼賢哉。公德本於孝。才歸於用。從王牧人。即戎臨事。大畧以忠肅慈惠沈毅莊敏為稱。喜善怒惡。不必為己。論交任人。必惟其終。入為羽儀。出作藩翰。夔夔然以家人嚴君之義。屬於長兄蓋什卿之祿千乘之賦一

以奉之四時賓客之事車服器用之費一以稟之公與夫人視諸孤羣從唯所授公不敢以禮秩異夫人不敢以居有私而敬公和樂之道於是乎久御史中丞武威賈全公之甥也少長於我登朝異門教切義方慈均天性故全之報也稱天下甥舅加禮焉（一作加愛焉）鄭滑節度使隴西李融公之吏也推以腹心齊厥憂寵歷佐三道其間如一故融之報也類天下賓主加歡焉於全也見公之內如融也見公之外然則公之行已與人可知矣夫人蘭陵郡夫人蕭氏始佐公賢終成公貴及公旣沒清風如同二孤前左衛

兵曹參軍殿中省進馬宗參以文學世公之業孝友繼公之志猶曰不足以抒夫罔極於是發揚垂裕之義作爲銘曰

穆穆宣公爲王藎臣終始明哲優游寵勛在昔理平逢時尚文高唱寡和長才不羣星河麗天卉木榮春羽翰方陸雲雷構屯乃佐戎師名屈道伸乃登天朝盛美惟新茫茫南國赫赫北門股肱王室父母生人執憲承式尹京作則春官主文宗（一作常）伯尚德出捍牧圉入趨宸極望實攸弁謀猷允塞賢宜翼聖道戹於命方叔元員（一作老）冉耕所病明明天子禮優致政曳履散金頤眞保性良辰何遠厚夜何長歸全故邱（一作邙）鞏洛之陽貞石是勒德音孔彰於戲宣公百世不忘

欽定全唐文卷七百八十四

穆員二

相國崔公墓誌銘

皇唐相國博陵公姓崔氏諱渙字某佐元宗扶正厄運保維宸極戴肅宗紹復大業底綏生人事代宗朝羽儀百辟歷官二十三享年六十二以大歷三年冬十有二月二日薨于道州刺史之寢明年歸祔于洛陽北邙山今上六年追贈尚書左僕射夫人滎陽鄭氏華陰郡太夫人以子貴也公三娶前夫人生冢子常山公公之清德重望洎天官

亞相之位事後夫人滎陽鄭氏恭公之理命以無違爲大而黽俛拘忌出入銜恤推周公合祔之事凡龜從筮逆者數嗚呼天不以西漢韋平之美惠于吾君使常山下世永懷不集故有沒代之庸著遺令焉貞元元年秋九月季子京兆府三原丞揚孫前渭南尉元方哀奉常山之志逮乎在殯是月壬午啟博陵公之墜明月丁酉以華陰郡太夫人洎繼夫人隴西李氏之喪歸禮也公大父諱元暐中書令博陵王於皇唐有再造勳事具國史考璩禮部侍郎襲博陵王與魏元忠趙貞固爲友出處齊名公則禮部之第二子也天寶中歷屯田左司二員外郎出爲歙州刺史換綿州錫金印紫綬大駕南巡以至誠大義感悟聖主中興之業見於言下擢拜門下侍郎平章事靈武接位與上宰房公琯奉冊書國璽唯新景命是時也中原有羿浞之亂東南有吳濞之釁乃三分天下之一以八柄付公俾公仗節督護河南山南江南淮南之地凡受脤專征者由公以律二千石以降唯所遷置公於是度用均賦息人繕兵外攘四封內敘多士望高寄重怙寵者排之降左常侍領杭州刺史俄轉常州徵拜祕書監太子賓客大理卿坐失繫囚移信王府傅轉尚書左右丞吏部侍郎御史大夫大歷

中元載顓政中外附之公對敭內庭數其不赦之罪上頷之未諭公抗詞焉寺人屬垣漏言于載未幾有道州之役逞憾故也公標鑒遐明姿度宏粹松茂玉潔風清雨潤文以經邦爲用學以爲己爲宗承祖禰以付子孫者清白孝友其哲人哉夫人磁州刺史會之孫潁州太守長裕之女年若干捐公之館子曰撫實常山公繼夫人舒州刺史紹之孫左羽林錄事參軍晃之女年若干遺公之祿子曰摠仕萬年尉不幸早夭二夫人地清天和夫賢子孝四者均

有之清之發祥和之應壽賢之用貴孝之報榮四者皆達之哀哉孝孫元方痛先人存歿不伸之志其號天也與吉凶俱咨于叔父揚曰先志未從不敢以見先祖是日也奉二夫人合於此室既定而常山祔焉員常山門吏見託銘石其詞曰

於穆元輔歸全故邱列樹已拱清風悠悠邈矣夫人同凋上春配忠生孝翊聖懷民賴及於國慶達其身五父雙啟九泉同閉遺厥嘉祥及爾昆裔

相國義陽郡王李公墓誌銘

皇唐九葉天啟元聖運并中否荄有苗不恭舜德於是乎盛獫狁孔熾周道於是乎輿而我相國太保義陽王文武命代經綸應期柱石將傾舟楫未濟腹心王略爪牙天罰芟夷大憝覆冒生人公諱抱眞字太眞本姓安氏世爲凉州盛族高祖修仁佐太宗征伐益大其家寵位本州啟封申國曾祖永達開府儀同三司左驍衛大將軍祖懷恪陳州司馬贈兵部尚書考齊管贈太子太保或才光于時或道屈于命從父兄司徒凉國公抱玉事肅宗代宗勳著王室錫以天姓代宗之初僕固懷恩怙兵犯順公時再命汾州別駕隨州陷焉懷恩雅奇公才而懼公之不同所以待公與衛公者備物公竟以智勇自脫投身京師上方以懷恩爲憂不啻于祿山思明之難遣公進討公曰郭子儀領朔方之衆人多思之懷恩因人之心以邀其勢給其衆曰子儀爲魚朝恩所戮刼而用之今若復子儀之位可不戰而克上嘉而納之其後懷恩父子皆敗朔方有衆洎西北兩蕃望子儀而頓伏皆如公策拜殿中少監擢纓清列澤盛當時卿大夫賢者從之遊朝論美價於斯爲重大駕幸陜欲遂都洛陽公入陳婁敬子房之說且曰臣見犬戎今

已遁去翌日長安告至如公之言代宗器公之才將試其用詔兼御史中丞充陳鄭澤潞節度留後公以所奉之主則從父兄司徒公乃深惟大雅明哲之義罷請留府願効列郡優詔從之拜澤州換覃懷二邦之人得公失公皆如父母未幾復統留府之政累加御史中丞左散騎常侍幷領磁邢二州增秩加邑國之報也今上卽位用聰明神武照臨不庭命方叔召虎鎮衛四國是用授以黃鉞俾以專征而方命之徒長威先舉田悅以暴兵五萬寇我東鄙刼邢州圍臨洺守將乘城如山不拔忿志且恥既悉索境內

且乞師于鄰掘地干雲壕壘數合上絕飛鳥下及黃泉公躬執鉦鼓屢挫其鋭詔命太原節度使令侍中馬公與公合從且曰盡敵由是摧堅陣于雙岡釋重圍于二城殲逆徒於洹水凡三戰三北退伏于魏窘如囚拘逆將朱滔誘令司徒王公合范陽恒山之衆來爲悅援公與馬公洎羣帥屯于魏橋相持卒歲無何京師有朱泚之亂鑾輿外次羣帥失圖蒼黃還師惟恐在後公徐統士馬退次洺州旋奉詔書俾勤所職于時將卒倦戍久矣及其還也如川壅而潰勢不可遏公以至誠大義發爲號令俾四郊激勤王

之志三軍忘思歸之心進師漳河獨壓強寇先是與公戮力太原朔方盟津泊神策四帥十萬之旅一朝雨散孤軍特立天下危之公忠貫天地機先鬼神動如雷霆峙若山岳銷難於未眹成功於無戰氛祲四廓豺狼坐馴上在奉天躬禹湯勃興之德曰萬方有罪罪予一人發號改元與人更始公奉揚天澤浹于四鄰增日月之明廣雷雨之施由公而復爵位者今司徒王公洎魏博青齊三帥凡三道數十州百萬旅歸于聖理公之功也朱滔以幽燕勁卒獯虜驍騎將欲横行咸洛崛强中原輔其兄泚窺伺神器公以奇謀正義間說成德成德與滔爭重婚姻事同艱阻與公交鋒對壘積爲敵讐乃爲國爲公忿滔如讐將欲自竭先誠於公投我以可疑報之以必信公與王公之相見也王公旌旆車騎亘如長雲晦日蔽天風驅而至公以數騎徑造其前王公叱去左右躍鞍而下交臂號讙聲聞昊天即日兩軍億萬之師悉如兄弟公遂入其壘授之以晝明日合勢大破滔軍于涇城之西滔鼠竄舊巢至死不振逆泚折臂羣兇奪魄諸將聞風益壯踵武獻功既而妖彗滅星躔復鯨鯢戮海水清而振曜靈威與復昌運自我而始

其天啟與公使將如臂使卒如指決勝于千里之外者則河中拔淮夷殄分彼成功什三四焉初臨洺之解還工部尚書洹水之勝轉兵部魏橋之勤加右僕射漳濱之固轉左僕射同中書門下平章事朱滔之敗遷司空食實封五百戶貞元初上有事于上帝列祖公得請會朝宣室受釐明堂布政對揚丕顯錫命蕃庶方寄股肱而藩屏是切方屬周召而桓文是賴數月受命還鎮公之鎮於潞也垂三十年撫五郡四封之人作之醫作之師生成之富庶之耆老詣闕願刊金石詔俾時宰揚其頌聲迺者大梁東平二

帥交惡僉使上介質正於公公以天道助順神明與直栽而辨之司徒王公以不二心合公一德資稟明略有如元龜議者謂上黨之俗地狹尚力氣寒堅冰盇戰國武卒之餘也故長於步冀之北土馬之所生故長於騎而公與王公天下之傑也各因其俗之所長以伯諸侯嗚呼使公將步王公將騎以征四方以奬王室亂臣賊子誰敢萌心上天爲何而降公疾頤守謙損固辭崇高請罷三公拜章七還天子重違宗臣之請又迫蒼生之望退授僕射而安危注意之任猶以煩之十年六月一日薨于位春秋六十有

二皇上震悼輟朝三日所以贈襚之品禮極數殫中貴護喪達于洛汭冬十月九日葬於澠池祔先君太保之塋禮也公自生勳門幼被儒術長覽太史公班孟堅書服從衡之言至於兵法尤其天性而體乾之剛利坤之貞煦春之仁厲秋之義蹈禮之節包樂之和是以文昭扶翊武著戡清行備九德政成百度忠與勳偕業與時併兵符相印與身終始開國傳家與國無窮盛矣哉公再娶于鄭華宗令德其偶如一前夫人滎陽郡夫人皇洛陽令伋之子也不幸早世後夫人沂國夫人皇洛州壺關令肇之子也昔以賢輔貴今以哀報榮旣大公門且肥公室初公之棄三軍也嗣子前殿中侍御史緘爲墮淚所迫俾嗣公位緘曰爲先人之嗣者苟生非忠冒死非孝深惟自免之計旣而忠孝全焉次子幼成季子幼清次女適清河崔宏雅有幹父裕母之美長女幼女並從西方之教各得其旨緘等以公成功盛德列于史策流于歌頌傳于故老之口巍巍乎其不朽矣若邱壟遷化歲序超忽則貞石是賴不可以不識焉爰假菲詞俾鋪元壤銘曰

陰陽成歲百物以生聖賢撫運天下以平神武嗣統朝陽

啟明照臨萬邦震曜不庭蠢彼昏迷乃命徂征風行王化雷動天聲靡守不固何攻不傾狺狺豺武率馴忠貞茫茫氛祲於變廓清入覲于王惟周之楨帝念藩翰復我長城宜錫難老以主夏盟奈何昊穹天椓壯齡善積存沒報窮哀榮勒勳王府遺業生靈歸我眞宅封山表塋永閉泉戶與天壤并

福建觀察使鄭公墓誌銘

唐貞元八年四月十六日福建團練觀察使福州刺史兼御史大夫鄭公薨于位明年孟夏己酉朔歸葬于東都萬

安山之南原。龜吉筮吉。即于人謀。且曰。前望先君。俾公之體魄。列侍于後。與茲山久。還顧洛邑。俾爾子孫。盈如市朝。生拜於前。沒會於斯。公諱叔則。字某。滎陽人。自元魏中書令周小司空金鄉文公穆。凡五葉至皇朝遂州刺史。老萊代以婚姻德義。俱爲家法。相授。公則遂州之冢子也。未冠以明經擢第。凡五命至御史府。又再遷歷尚書省。以屯田員外郎介吏部侍郎李卿觀風之命。議者韙之。李公出納稱職。且多貢巖藪幽滯。充于王庭。緊公是賴。轉庫部。相國王縉受居東之寄。又資公以畫。拜檢校吏部員外郎。使罷

而眞。凡吏部分天下之疑。析無文之中。曰廢置。清九流之路。坦多士之門。曰南曹。公酌其會通。守以貞固。七考二職。日新厥聞。丁繼母艱。免服。拜刑部郎中。皇上即位。思與四方萬姓。垂家至而日見之制。臨遣八使。必朝之良。公爲首冠。清選分命。于西江閩越之地。所至蠲疾。所去遺利。並命者取而法焉。兩河不開。命帥梁汴。所求卻轂之比。爲其中軍。授檢校秘書少監兼御史中丞。充天平軍節度副使。之官。拜御史中丞。廉問東夏。俄領東都留守。兼河南尹。就加戶部侍郎。仍再位副相之寵。持憲以清明。律下牧人以禮讓和俗。保釐以威重。懷遠寇不敢犯。吏不忍欺。扶危以安。制動以靜。罷鎮歸省。轉尚書左丞。未幾。兼御史大夫。撫淮夷反側之俗。四牡莅止。萬人革心。如風之清。如雨之滌。復命遷太常卿。國有大事。主辦多儀。加銀青光祿大夫。轉京兆尹。理行三載。惟遭權臣講慝。貶永州長史。謫去之日。京師酈空巷。臨車不得前。怨咨之聲。雷動天聽。旋以非罪。拜信州刺史。居數月。又有四嶽十二牧之換。方以和風清德移蠻貊之風。何斯人之幸。與上天之佑。較彼炎瘴。而不勝焉。夫人范陽盧氏。著作郎侑之女也。望申北州。德成公家。

不幸早世。事具前誌。生一子曰約。河南府洛陽縣主簿。後夫人范陽郡夫人盧氏。華宗美行。與前人如一。加繁祉餘慶。續公之榮。生二男一女。納前宏文生紳。右千牛衛備身。女未笄。是日。約奉范陽夫人命。舉前夫人柩。會公之喪。禮也。公之爲德也。溫純深潤。高厚博達。文以禮樂。本於中和。犯不違仁。慍不傷善。滔然如川澤。無不容之者。及其秉操厲俗。好是正直。不畏非畏。不疑可疑。酷惡春秋之左巫。疾陰陽之拘忌。嶷然如斷山絕巘。不可以邪徑造乎。嗚呼。使公之得志也。天下之人。非法言不言。非大道不蹈。此可以

爲天子大臣未絕遑數其餘哉是以壽七十有一歷官二十有八政朝仰故事人懷遺德門列朱戟家垂清風而遊公藩者猶以不期頤爲歎問神明焉約等以爲哀報揚名莫如紀述謂員昔備吏末嘗司斯文將期飾終何敢廢職銘曰

嗟哉公居此室猗夫人會琴瑟萬安南山瑞氣浮洛陽北闕家聲流實千祀兮日悠悠

陝虢觀察使盧公墓誌銘

唐貞元四年夏六月陝虢都防禦觀察轉運等使陝州刺

史兼御史中丞范陽盧公壽六十中疾於位優詔得謝家東都履信里秋七月甲戌終於其寢冬十月乙酉歸於此堂禮也萬安之腹因山而封嵩邱伊流環帶捧抱龜筮叶吉神宅是宜府君諱嶽字周翰其先齊太公之後公子高奚食采於盧因以命氏乃自東漢中郎植及元魏秘書監陽烏第四子都官尚書道虔凡十葉代代得祿其兄子思道所著家譜詳之道虔生齊左庶子昌衡昌衡生隋澤州內部長寶素寶素生皇朝綿州長史安壽安壽生汝州司馬正紀正紀生絳州聞喜令抗惟是婚姻其類爲義方相襲禮樂冠蓋侔其盛焉府君聞喜之第二子也發地之祥鍾天之和處爲孝而友悌從之出爲忠而貞諒從之施於事物爲聰明純粹而寵位從之天寶末擢明經調宋州襄邑主簿歷婺州夔州二錄事參軍以大理評事兼監察御史始佐湖南觀察之政前帥韋之晉倚之以清後帥辛京杲藉之以立旣眞拜又稍遷殿中侍御史京杲入覲咨以留府時有驕將數人京杲實父子兄弟之其蹈罪姦令率以爲順府君告之以刑辟明之以無赦而羣帥如故乃盡戮之由是軍政理而庶政舉初朝廷之任京杲也以恩舊

用不責之以龔黃之績至是還之不可易之不能留之京師以盡府君之美若是者五載累錫銀印朱紱金章紫綬加侍御史建中初今上嗣位有自屬部謫官入爲相者謂公才膺方鎭授容管經略招討等使未一年黜陟使奏課爲五嶺之表轉桂府觀察經略等使就加御史中丞南越獷俗井稅之入鮮具其布帛之幅通流之貨悉異中土府君以美利利之王制制之又每歲有西原之警府君布政羣盜爲人元年季春賦入貞元三年來朝拜少府監上以陝郊之守藩垣二京冠冕諸夏非沃心之臣勿授前此元

臣授之。是爲郡伯。原註今相國中書侍郎李公自陝徵拜思嗣其事。重難其選。府君於是乎有由衷之拜。惟事小不敢不戒。大不敢不懲。日嚴祇恪。惟新厥舊。由是軍服其嚴明。而報之以肅。吏從其簡易。而報之以理。惜乎其自下車及遘癘。不十月焉。嗚呼。有其才無其時之歎。不甚於有其時而無其命。今之方鎭。蓋唐虞四嶽十二牧之職。而周漢股肱爪牙之任。府君承堯之咨。庸舜之俞。畀分共理之憂。方咨薄伐之效。淩風拂翼。徘徊于冥冥之間。何天奪上心而命孤人望。是可以爲歎歟。府君前娶隴西李氏。實姬姜之偶。先春早落。今

也力不及遠。未遑合祔。繼室以同宗同德。而年位異之。三子載戩戩。長齒未童。幼哀及禮。洎兄子嘉猶稟伯父永州司馬嶠之命。泣血裏事。見託於銘。詞曰。

世重五姓。冠于百族。倬彼山川。來宗嶽瀆。帝慈烝黎。命分司牧。愼選良臣。俾之戩穀。猗歟府君。受天之祿。未見其止。如何不淑。邱隴何所。郊原重複。瑞氣嘉祥。於是乎育。前川爲陵。北地爲谷。世系德代。於是乎獨。

刑部郎中李府君墓誌銘

有唐趙郡李府君。春秋四十有三。歷官十有二。政以尚書郎。柱下史。分王命於江淮。上元元年秋八月十三日。遘疾終揚州官舍之次。夫人范陽盧氏。先府君三年而少六歲。至德二年九月乙亥。捐于吳興郡長史之館。屬以國難家窶。靡遑還埜。乃各於交而卜宅焉。然其引也。蓋殯。貞元三年。嗣子騰世先人之文行。仕殿中侍御史。惟周公合祔之事。得請于龜。冬十有一月。奉府君夫人之喪。至自吳楚粵。明月五日。遷窆于某原。禮也。府君諱澥。字堅水。京源宗派。冠蓋功伐。史氏志其大家。牒詳其細。曾祖行敷。皇朝曹州離狐縣主簿。祖懷一。左千牛并州晉陽縣尉。父雍問。虢州

湖城縣令。代有令聞。而無違德。府君生而博厚。長而敏達。超特簡厲。中和直淸。著書屬詞。居處執事。非中道不蹈。非聖言不聞。天寶中擢進士。調太子校書。當時海內無事。縉紳之徒。以能賦爲賢。及門爲貴。其望登朝也。如天之不可階而升。而言語侍從主文典憲之列。充其選者必第一流。府君以通事舍人轉左補闕監察御史。元宗季年。逆帥兆亂。亂成於寵。上莫得聞。府君奉使朔陲。復而露奏。其後以直道不可得而親疎。爲誅其不附己者所中。配流盧溪郡。至德歲起家宰江陰。歷佐晉陵吳興丹陽三郡。或參將府

張公鎬軍事其佐郡也廉使輒移鎮守以避府君大率以古良二千石之理爲之其佐戎也王師賴焉明年克復二京博求多士徵拜金部員外郎稍遷刑部郎中言達於上而惠及于下者非一上元中帝念宗室大臣總東南節制時危任重咨忠賢以貳之詔加府君御史賜銀印朱紱輟爲其介府君方勤王侯伯之事啟其所奉道之將行也未如命何夫人皇朝刑部郎中瀛汝二州刺史宏憚之孫吏部員外郎汝州刺史偡之子年若干歸於府君孝友禮樂得之性命越自齠齔聞于家人率是道也移於夫族而夫

族之長幼內外受其厚者報亦如之惟府君才中公卿而位止下大夫爵宜難老而年天强仕夫人憑善之積作賢之合天與之偶命與之違命也雙劍相從萬里同穴始者鳳凰之兆豈吉凶類乎員辱命長僚託志卒葬而已銘曰

具美德豐椒蘭年夭桃李似續惟賢永懷奉先成周還葬於萬斯年

河南少尹裴公墓誌銘

唐貞元八年冬十月二十有八日前河南少尹裴公諱濟字莊時春秋五十卒于京師靖安里之旅舍明年夏四月朔葬於絳州聞喜縣之故原從先公居禮也高祖懷節皇朝洛州刺史生太府少卿昭昭生蔡州刺史剛剛生扶風郡雍縣令捸公則雍縣府君之長子也生而頴秀長而博辯質如瓊枝文如春林尤長記誦之學酷重許與之契耳目一歷輒在心口意氣相合坐遺形骸天寶末學優藝全方登俊造之貢俄屬國難家疢崎嶇險難以喪往事居之孝稱於所至服闋襄陽節度使來瑱表襄州參軍事屬有勢勝而理負與人爭官者州府畏之公時攝功曹掾守文

與直不爲之撓瑱嘉其所執升之賓介有疑焉輒以咨之他日瑱自相位獲譴已而伏誅凡百門吏逃難解散公與陳郡殷亮始冒危於保衛終毀家於葬喪君子難之故司徒李公勉聆公之節辟以爲屬自江西入尹京兆洎節制廣滑汴三府以公明可折獄利可撥繁權可贍給清可澄察而武可臨戎官歷金吾掾萬年尉三御史二尚書郎以至於御史中丞職更推官洎度支觀察二判官以至於行軍司馬公之奉李公也若體從心李公之任公也若素受采李公制用公爲利器李公翺翔公爲羽翼厥後李公罷

鎭還河南少尹故孜孜勵精貳前後之政與我同志者必以吳公李鄘之名歸之其有所執賴于周人者非一貞元五年受代來朝上京燕息衡門詠歌卒歲以俟道長未如命何初公之在滑也方屬兩河之驚不敢以非疾之憂貽於高堂堅請退閑亦既終養其在汴也有二千石結根貴幸怙寵傲慢收小惠於下竊大計於上公數其不供之咎請以去之言而未行拂衣自免未幾彼果顚覆李公於是厚禮還公且有中軍中憲之授益進退終始不違於道多此類也毋弟澄檢校膳部郎中潤大理司直涇前潁州刺

史少失先府君之教入學入仕爲郎爲邦皆公之訓誘也夫人隴西縣君李氏故太子賓客翼之子有淑媛之美成公之家事公姑之孝聞焉奉叔公之友聞焉其輔佐之力由中及外者出處聞焉今也髽首泣血自疵及絳一號千里行者悲之子曰鋋弱而有立毀過成人謂員平生交親見託爲誌其文曰

猗歟裴公昭朗直清奭來發跡和李騰聲處則全養出能保貞蒸蒸穆穆爲子爲孫夭閼遐志摧頹壯齡哀哉哲婦爲代之程

監察御史裴府君墓誌銘

嗚呼有唐君子河東府君之墓公諱某字某先伯益之苗裔分秦封晉史牒詳之元魏河北太守萬虎兄弟三人時稱三虎並仕於魏魏都河洛在天地之中故裴氏始有中眷之號公則萬虎八代孫也曾祖某冀州都督府長史祖某溫州樂城縣令父某蔡州司田參軍初命左領軍衛倉曹參軍倅商州刺史李佐戎事遷同官縣丞李侯移鎭桂林統師南服表公爲監察御史介澄察之政至今二府思李公之美繫公是賴使罷閒于洛陽不幸遇疾以貞元六

年秋八月庚申終於立德里之第享年四十有五明年辛卯葬于首陽山之陽龜筮與人三者皆吉有子四人男曰綽曰約長方齔幼能言女子孟少綽季少約母弟佐洪州南昌縣尉充本道廉使從事訃之未及河南夫人穆氏秘書監新安公之季女惟是一日二日洎踰月之事實弱妻主之吾聞之生也全其道沒也全其素是之謂君子公性充天醇氣與道冥行本忠恕文以禮樂可不謂全其道乎遘癘彌年待變彌月疾能銷公之體而不能滅公之和命能夭公之生而不能汩公之正可不謂全其數乎表之以

君子言之者無愧銘曰

壽不與仁相會貴不與才相期福不與善相報命不與事相隨何四者之乖剌而不并集於斯已矣乎非夫人之爲慟而誰爲

秘書監致仕穆元堂誌

唐貞元十年十一月二十一日公薨於東都歸義里私第適寢明年四月嗣子贊洎質員賞奉遷靈座祔會王父母于偃師首陽山之北原贊等惟刻石識墓非周孔之訓宋齊以來有之所以藏馨香俟陵谷不可闕也太夫人河

東郡太夫人命曰禮經三月之事所以必誠必信勿之有悔焉者蓋孝子自盡之謂然則自盡之大莫大於紀述平素貽簡幽明假詞他人不足以厭自盡之義公諱寧字某十一代祖崇元魏宜都王其後孝文自代遷洛陽遂爲洛陽人奕葉王公與魏終五代祖伽皇朝殷州安陽令贈刺史太常卿高祖宏遠水部員外郎曾祖固禮秘書郎祖思恭稷州錄事參軍贈光祿少卿考元休相州安陽令贈同州刺史自宜都至殷州以淳粹之氣相遺自殷州至同州以清白之風相授傳洪範九疇究天人之際皇王得之不出戶庭而天下治學者得之爲王者師公則同州君之元子鍾天元和發地禎祥性得於孝友忠烈生齊于聰明正直淵深峻極溥博閎厚用先王之禮樂節而文之是以外富直道中積至行始厲高節終全盛德宣尼稱道之將行命也將廢命也命也者似繫一人之謂小子則曰公之道將行時也將廢時也使我公之得志也天下至公立大道行風教厚人倫正天之未俾當時臻乎此也豈繫公之命乎蓋天能使公道可奮乎百代而不治乎當年才可周乎萬物而不極於所莅天之不全歟時之不全歟天寶中一

命景城郡鹽山尉在官五年凡七宰旁邑三紀郡政二介使臣祿山作亂以郡有煮海之富屬城之乘使其黨曰劉道元以假守之公乃糾合同志首唱大義梟道元以絕祿山而郡佐畏懦多與公駁史思明統眾來寇郡俾公保東光縣拒之思明駭公之才使騎將持書通好公立斬其使以狗于邑且封其書于郡郡佐逾恐且慮思明之見讐也趣公罷攝公嘗佐黜陟使分巡列郡與平原守顏公真卿陰圖祿山當亂所以禦之之畫至是密遣家僮以手疏詣顏公書無他辭曰夫子爲衛君乎六字而已顏公執書感

泣卽日以軍師之禮致公公之許顏公也以長子屬于毋
弟曰唯所往苟不絶先人之祀吾無累也旣而從顏公登
陴誓衆以必死與之倶生援絶孤城公志愈厲顏公麾下
有非公所制者伺公請沐中夜迫顏公跳比及於河公方
自拔他日顏公詣行在所自訟有立者公之力無成者已
之咎肅宗嗟歎以璽書徵公且謂顏公曰由廷尉評以諫
議大夫待之旣至會顏公以言事忤旨其議遂寢上元乾
元之間累官史府尚書省分王命于河南征鎭之軍僅十
餘帥憑勳怙寵乘國艱危自以不叛爲文靡顧文法公以

至誠格之大順激之淸明律之由公徵令者相率如響元
帥李光弼將貳於上屢奸於公公守正不遷積與之隙日
宣不令之言欲公畏之公自泗抵徐馳驛輒至理折其口
義勝其心泄其愠於包藏奪其謀於將發代宗聞焉爲一
二宰臣話之至於歎息于時周鄭路塞東南貢賦之入漕
漢江轉商山詔擇文武全才以守夏口我于是有專城連
率之寄金印紫綬之寵詔書下日百城肅然淸風先翔甘
雨隨灑荆越吳蜀之富期月傾之俄封長江與淮西對境
厥帥董秦多俾腹心爲其津戍拉商旅斷中流畏公明威

拱手如梏舟檝上下如行其家萬里來臻若赴于市部有
酷吏姻連勳臣敢爲貪狠靡所畏忌公糺發贓罪暴之于
朝且以鞭朴懲其侮慢我於是有再黜之咎勳臣故也居
五稔有詔徵入牽復臺省大歷七年淮南旱和州以師旅
後瘡痍深慎選良牧用膺明命視人如子理事如醫居一
閏人忘其傷又一閏人忘其化無何受代代者冒以天寶
季年版籍之額洎卽日所授數上聞是時兵興二十年矣
異日版籍百無一存代宗震驚以爲亡失在我故有泉州
之貶初公屬以徵發之弊抗于刺舉之司旣而代至則不

知代者之指斐然歟將有爲歟贊守闕訟寃三歲聞徹降
而御史卽州訊問則公初年季年戶增數倍使者還報會
今上龍興拜太子右諭德詔曰令子申父之寃憲臣受君
之命楚劍不銜於牛斗秦臺自洗於埃塵其明如此宮坊
養德優游卒歲每台輔易位宜以舉直措枉或曰公卿缺
員僉議所屬以中外之望必集于公而前後宰政率以不
附離之見憚故久滯於次公嘗自卜進退以深識爲元龜
且時不我容我不時徇則非吾之進也在於退乎默默然
有浩歸之志凡謝病垂滿十旬而時議迫隘公望充塞不

得已而起者。朱泚之亂。公方杜門請急。出無車馬。假乘于故人太子少師韋公倫。棄家逃汙。出城信宿。方審乎所在而奔焉。轉秘書少監右庶子。錄奉天興元之勤也。大駕還宮。百官復位。公曰。可以行吾志矣。移疾罷免。東歸吾土陵後五年。就加秘書監致仕。遂公之志也。考槃于瀍洛之上。卜勝于北山之陽。良辰暇日。盡四時之賞。以仁自富。以道自貴。以孝慈爲稼穡。以友愛爲壎篪。十年春。喟然手疏述麟德中高宗天皇大帝詔問張公藝九代同居故事。撰爲家令。賜諸子諸婦人各一通。贊等暨諸婦拜泣受賜。公曰。

吾之理命也。是年秋違豫。冬棄背。壽七十九。公伯姊元夫人與公同稟至性。有高世之德。公率太夫人所以敬養之道。達於神明。公之教育成人者。高祖曾祖兄弟洎孤甥姪與贊等所以威以勸之。慈以撫之。壹之乎天性之至。外姻僮僕。不知所以別焉。性嗜讀書。無學不綜。經窮入室之奧。史精歷代之博。非聖人之教道。則知而不言。每語及三代損益。以逮於國朝典故。莫匪成誦。聞者退徵於卷。則文字甲子。靡差毫釐。或爲卿大夫話其世代。蓋鄭子范子自言其祖。不之逮也。仕四朝。更三紀。歷官二十五。政德義政事。無非殊劾。且未嘗有如分之報。而三黜一免。由之善與人交。始不以諂瀆合。終不以生死異。嘗從王事。歷佐權臣。入於朋家之門。雖周鄭交惡。田竇奪移。彼不我疑。我不彼貳。嘗宴居誨羣子曰。吾聞君子之事親也。養志爲大。吾之志也。直道而已。爾事君事人。或枉其道。日以三牲五鼎充吾庖。非養也。苟繼吾志。或承患難。則義重於生。宜從其重焉。贊等祗荷嚴訓。仕於天朝。贊以御史中丞。質以右補闕。皆以守職不避强禦。並罹譴逐。員以侍御史佐東都留守。不敢詔所事殺無辜。賞以監察御史叫帝閽解兄難。迭逢困

阨。公申誡曰。先王之道。洎爾友朋之議。及吾異日之訓。爾無虧焉。愛子者教之以義方。不聞以諂。爾其勉之。贊等永惟古人有欲養不待之痛。公高尚不事。待養十年。而贊等官薄命奇。不自極於不才不孝之分。內乏擊鮮之獻。外貽非疾之憂。是以上天神明。罰以不得自死之苦。夫不死之道。有不敢不能。贊等伏念爲公之嗣。且太夫人在堂。是則不敢貧。不肖不逮於義。劣不能死。荒不及文。哀舉大端。永閟幽宅。

京兆少尹李公墓誌銘

有唐故京兆少尹隴西李府君諱佐字公輔年未充其志位未半其才君知其賢天不躋其用親待其養命不偕其榮貞元六年年六十有一三月丁巳終于長安興仁里閏四月丁未夫人范陽縣君盧氏奉公之喪達於洛汭月日壬午弟前監察御史俛承公之喪于告成從先公居且曰理命初公以疾得謝沉痼累載三事羣公僉謂公仁可長人武可訓戎正可持刑權可調賦其忠肅明敏尤宜尹京前後執事當趙張三王吳公李膺之選輒遲遲其授以俟公之起而公未聞然及時賢聞此凶訃嗟歎之聲浹于上

下詔贈同州刺史賻以布帛故事公卿薨位有以震悼于上心者則及追贈其或加等申之以賵公以貳尹去職禮優飾終有以見才拔乎萃恩超于時若假之永年以極其遇詎可涯也嗚呼惜哉五代祖禮成隋禮部尚書絳郡公祖元恭皇大理少卿知吏部選事父誦高名下位陳州宛丘縣公十歲而孤居喪有過成人之戚太夫人滎陽鄭氏抑之然後復於禮弱冠擢明經調婺州武義縣尉以清白苦節聞故相彭城公辟以從事凡三遷至監察御史領江西之賦又遷申州刺史戎師作亂移公隋州其後僭逆以

公先奉太夫人在外疑焉折簡招公公以自脫之計未售辭疾者再元兇使其徒來劫公語以疾愈自祇赴者與逆徒偕先是熟與舅氏克鈞期於境上克鈞日涕泣於襄陽節度使賈公公感而義之爲出敢死之士克鈞亦毀家行賂以賈勇奇兵如約公以輕騎脫焉表公爲倅者荆南江西鄂岳三府上以鄂岳請命先至除檢校戶部郎中兼侍御史充都團練使鑾駕還京公奉章朝奏是時梁汴圮隔漕運不至逆將跋扈屯于近郊關輔困於兵蝗帑藏索於錫與上以貢賦之入必由江津擇全才領商於之地以闢

南門於是有刺史防禦中丞之命公心周庶政手集庶物明於理身勤於理家俾天收其災地盡其利峻嶺重負至如川流詔加朝議大夫賜金印紫綬封太夫人滎陽太君賜一子官其事刻之金石實吏部侍郎李公爲之頌無何授桂管觀察經畧使部内不及朝貢之羈縻州者十八舊例首領賣於官署爲刺史一州所貢悉以奉之其或魚肉斯人之甚有來訟者率以遐遠阻險非文法所及置之公於是易之以中土溫良之吏越人之男女不爲所鬻資産不爲所奪恱而戴之相與稟令其移風俗如此者非一累

以親老陳乞故有亞尹之拜是則假道無如命何初宛邱之人吏感府君之明惠而矜公之孤藐相與竭於賵子所以送死養生之異兼焉太君曰昔吾夫之所以爲生也今以沒而受賵則是死吾夫也畢以辭之公由是奉先公之貽訓太君之清德常恐失墜三爲郡一爲帥從公者二十六年退居無具藥之資沒代無護終之直室有孀姊妹挈孤甥者數房孀與孤者亡無怙之恤一女煢然俛以其弟二子彥主公之後焉嗚呼爲富不仁爲仁不富信矣積善餘慶何其不信哉不然公之所豐者仁義所不絕者遺愛

故事風流於後豈物莫兩大而使然耶俛以員兄弟偏公之遇辱命爲誌悲而不文銘曰

君之生葉成官達尊親揚名天錫純孝古之遺清君之沒背高堂去白日恨榮養之不終吐遺言於將絕祔君於先嗣君於後賢哉悌弟之心有以復君之友

國子司業嚴公墓誌銘

公諱某字某馮翊臨晉人其先有漢太子太傅彭祖爲左馮翊子孫家焉十二代祖翰林東漢末復守本郡後四葉至元魏平南將軍郃陽侯稚玉又四葉至皇朝洮州都督君協協生魏州司功參軍贈太常少卿方約公之祖也方約生銀青光祿大夫左庶子贈宋州刺史損之公之禰也自平南至洮世以侯國相襲事名聲稱之府君迪奕葉之祥鍾生知之美用爲孝悌用爲忠貞用爲循良用爲道藝出處終始小大由之天寶中以門子經行擢宏文生調參江陵府軍事時所奉之主永王璘陰有吳濞東南之亂致公賓友之禮公迨其將兆而未發也以智勇免之受命南國泊督王賦者或咨公以畫或倚公以辦三遷至大理司直賜銀印赤紱慎選京邑從容臺署歷京兆府戶曹掾殿

中侍御史虞部員外郎河洛思其理理行發聞拜河南令刑部郎中雅素儒學選國子司業建中宰政怙威朋家構閔公以親累貶潮州司戶時泰道長公議與能推連州刺史換彬州累加朝議大夫封馮翊縣男雄異政也公母弟士良並襲黃之寄蓋不勝形影分離之憂及聞士良罷歸公亦陳乞自免願言相視而終老焉既至京師復拜國子司業無何士良出牧公悼別加等忽忽不樂燕居如失貞元八年某月某日歸全于長安新昌里之私第春秋六十有五初公自彬之歸也有從祖姑世父母身沒嗣絕旅殯

越公鄉甸匐發護毀家襄事各遷祔于先塋服仁義者歸心焉夫人彭城劉氏右僕射彭城公之女生子男三人先公而沒祔先姑于龍門山之北原事具前誌嗣子纂次子筠季子篆皆感過于纏毀疑于滅冬十一月二十有一日奉公歸夫人之室且從先君銘曰

嚴氏阡北原上先賢後賢如相望我歸曷歸歸我室我友俟我以琴瑟杳長夜兮無白日

驃騎大將軍劉公墓誌銘

公諱海賓彭城人也祖滔皇朝散大夫徐州別駕父元銀青光祿大夫澤州刺史公以義俠聞于汧隴之間洎天下兵興以身許國累功百戰全生萬死歷官十七政至於開府儀同三司御史中丞樂平郡王食實封五千戶充涇原節度兵馬使建中初逆將劉文喜竊涇州叛皇上以神武肅殺齊一四海欲使亂臣賊子作誡于涇六月興戎羣帥奔命前事之日公挈長子光國度文喜將叛而不支也始以奏請造于帝庭敷露姦慝陳獻忠款期以父子爲其膏肓上撫而還之嗚呼天地啟公之謀果有雷電之誅假于光國之手梟磔文喜獻其元于蠻夷之邸城池師旅與功全焉天子御正殿朝百辟引公父子同日封拜公拜驃騎大將軍左驍衛大將軍依前兼御史中丞又賜實封一百五十戶封光國五原郡王是時軒陛之下龍驤虎賁之士相賀且勸不旬時而名布天下宿衛中禁爲王爪牙後二年長安有朱泚之亂公與故太尉段秀實約曰公爲曹沫我爲荆卿期以一劍而復大駕故公先機而發有害其成段公與公是日并命君子謂二公之歿千古如生時建中四年十月十日享年六十有二明年鑾輅還宮於公有未及下車之詔追贈太子太保又賜實封五百戶所以賄襚之品禮極數殫而宸衷羣望猶未之塞先是淮夷叛命光國東征厥後王事龜筮差池未協蓋不遑五月同盟之會者七年于玆矣貞元七年六月四日夫人鴈門郡太夫人田氏壽若干棄養于東都安國光國銜恤卜兆得北邙山之南原西遠國門三十許里乃以日月有時之事請于居守吏部尚書杜公公列狀以聞而飾終之典如初禮十月乙卯太保公之喪至自京師十月己巳啟太夫人之殯壬申遷而合祔焉夫人承夫以禮訓子以義享其豐報鍾慶於身然而太保有命代之勳寵位未半光國有日躋之孝

色養遑遑。各從其策。不極其分。悲夫。光國以太子詹事兼御史中丞。襲樂平郡王。充東都防禦左廂兵馬使。次子某試太常卿。清國太子通事舍人。潤國。未仕。皆大夫之特也。光國繼忠襲貴。終以哀報。願奉不朽銘之墓門。其詞曰。赫赫太保。自天降忠。見危致命。有始有終。佐戎于涇。涇師不龔。父心子手。震踣元兇。皇家中否。大盜遘逆。偉哉段公。與我同德。將滅妖彗。載清宸極。天之方稔。運奪其力。悠悠青史。異代悽惻。抑抑夫人。率禮無違。夫忠子孝。寵祿由之。九原何許。雙劒同歸。鼓吹晨發。霜清風咽。生榮死哀。加等

備物。于嗟後人。無忘忠烈。

欽定全唐文卷七百八十五

穆員 三

冠軍大將軍檢校左衛將軍開國男安定梁公墓誌銘

公姓梁氏。諱慎初。字智周。其先安定烏氏人。高祖曰宜春郡公。諱某。當隋末喪亂。豪傑並興。其宗人師都雄據朔方。自號梁王。置百官。以宜春為宗正。有唐貞觀初。梁亡。梁宜春首謀率其黨來降。拜金紫光祿大夫右金吾衛大將軍。贈涼州牧。涼州生左千牛衛。諱叔裕。千牛生太子司議郎。諱穆之。議郎生頓邱令。名犯肅宗廟諱。頓邱生公。少孤家

貧落魄。不得就經學。既冠。有勇力。以弧矢為事。性嚴簡直方。不苟合於時。博物涉史書。一覽歷代成就山川地形攻守奇正之術。已而天寶末函夏寇亂。西平王哥舒翰之守潼關也。公上書論兵勢。且勸深壁不戰。以挫賊鋒。西平異之。命居戲下。表授左武衛冑曹。四遷至左衛郎將。時賊臣當國。而與幕府不協。公曰。難將至矣。遂間行而南。無何。西平潰敗。公嘗善岐國公魯炅。炅方守襄鄧。乃往從之。表遷右羽林中郎將。屢以果銳為軍前鋒。而搴旗陷堅者四五。

數奏岐下。帝甚嘉之。錄前後功。超拜左衛軍。加號冠軍。封鶉觚縣開國公。既拜命而告人曰。徒以蠢爾材力。遭亂乘勢。以獲爵位。傳曰。無德而祿。殃也。吾懼及焉。遂移疾請告。解印綬。退耕於野。春秋若干。以寶應二年秋八月寢疾於河内。薨於私館。没顧命嗣子賁曰。始愛夫太行山之陽。將營而老焉。又常懼蹈白刄。不獲墓墳。今幸以天年終。宜從吾志。薄葬於此。縱汝不忍。爲元晏故事。當歛以時服。有棺而無槨可也。是歲卜筮不吉。至大歷九年冬十二月。賁始奉先公之繐帷。以安宅焉。夫陳力就列之謂忠。見機不仕

之謂智。名遂身退之謂達。全而歸之之謂孝。夫如是。宜刻貞石。遺於後嗣。是吾宗也。實能言之。銘曰。

肅肅鶉觚。敬義直方。履柔履剛。出處行藏。與時弛張。弧矢之利。以從王事。乃行其志。允焯厥位。帝命將軍。受茲蒲璧。鞗革金軛。乃蔚乃赫。人鮮克終。獨守謙沖。繪繳不及。冥冥高鴻。於嗟鶉觚。生也有涯。令聞無窮。

汝州刺史陳公墓誌銘

唐貞元五年秋七月。汝州防禦使汝州刺史兼御史大夫東都畿汝州都防禦左軍兵馬靜戎郡王陳公疽發首。巳酉。命牙門將鮮于侍進奉書告辭元戎尚書安平公。以受恩忘死非其死爲恨。又命嘗同百戰之將王進達等十餘人。以忠蓋王事爲别。又命嗣子少英。以孝敬繼夫人爲誡。庚戌歸於私第。辛亥薨。八月。孤少英與家老故吏及龜筮謀得宅兆於州東石樓山之陽。辛酉葬。公諱利貞。范陽人。祿山之亂。始自平盧越海歸國。累建戎効。從太尉臨淮王光弼軍於河南。寇攻睢陽垂陷。太尉常遣心腹爪牙之師郝廷玉合諸侯之衆趨之。公輒以輕騎赴如林之旅。入其腹。出其背。如飇如星。庭玉奇公之才。謂已不逮。拔於行間。

以其子妻之。縻於臨淮。列爲重將。其後庭玉入備宿衞。出鎭河隴。公實從之。凡十遷大將軍太常卿太子賓客。特進開府靜戎郡王。至御史中丞隴右都知兵馬使。其所置者皆如釋宋之事。希烈之亂。詔以哥舒曜爲汝洛節制。俾公之前隊佐之軍。次汝墳。不終日城拔。又以次襄郟。寇軍大至。公以馬步五百當强寇萬人。立爲奇兵。橫擊其右。兇黨退卻。數月不前。襄城守拒有備。由此効也。希烈自統豺狼之衆至。而圍合。矢石雨下。晝夜不息。外築埇道。與城相屬。公登陴捍敵。身均士卒。勞則先之。逸則後之。凡不櫛不沐

非以我事當見戎帥不下城者七十餘日戎帥蒼皇自拔亂不能遏叛將庭芝謀害之者數四陰爲之制使不得發俄而朱泚以關中僭逆凡幽薊河隴之卒嘗隸於泚千里之外應之公與庭芝所統皆泚之舊也庭芝果以其衆作亂公之麾下亦帶甲而從之中宵難作公仗劍當轅門而立呼曰如有過此門者當殺我而後過由是其衆定而庭芝逸故有專城之拜其爲州也奉上以不違撫下以不擾是以廉使盡其政疲人安其理春秋五十有八前後歷官二十二封爵四從戎許國垂四十年不須臾忘忠敬之心

不一日蹈汙染之跡起鼓鞞之下登諸侯亞相與茂勳寵祿相與終始可不謂之大丈夫之致乎安平公出涕之外復有餘慟將吏等遑遑相弔往往如在前夫人早夭後夫人隴西辛氏實大原節度相國金城王之女鬓首頳血以庀喪具長子少英幼子壬癸永懷陵谷見託爲銘其詞曰蒼蒼平原鬱鬱高墳下有泉户永閉虎臣豈伊虎臣亦曰賢守勤銘貞石示千古後

舒州刺史鄭公墓誌銘

有唐循吏故舒州刺史榮陽鄭府君諱甫字某享年五十有四歷官一十有二以貞元六年冬十月辛丑卒於東都崇讓里第十一月諸孤家老得請於元龜奉府君之喪歸祔於祖實鄭州滎澤縣廣武原庚寅下其先史足徵也十代祖煜元魏建威將軍南陽公魏氏定五姓冠百族煜以官婚人物甲於時選厥後歷周隋洎皇朝凡六葉至於曾祖仁愷密亳二州刺史祖慈明銀青光祿大夫濠州刺史考令璡銀青光祿大夫國子祭酒重名貴仕照燭相續府君少以門資奉俎豆於太廟調習書判超等擢秘書省校書郎歷京兆府藍田尉大理評事二宗山陵詔求多士以

集大務攝京兆府户曹參軍畢事改授大理司直遷監察御史實佐時宰充營田使判官轉殿中侍御史罷授尚書祠部員外郎兼侍御史充宣歙青苗稅户使朝於京師拜和州刺史廉使今居守公奏課第一錫命屢降凡兩加特階一賜金印紫綬且以借留之典副之後遷舒州刺史而歷陽之績累載之美布於下車之初乃至訟不煩於聽令不費於言賦調事理吏勸人逸初祭酒府君殞於鎬惟王事世故洎龜筮之不叶未遑還葬至是累疏陳乞優詔曰俞解印遄歸遵殯於道哀哉夫人清河崔氏故中書令趙

國公圓之子也以地之貴天之淑致善乎府君之家不幸早世殯於所次俟夫異日遷而合焉有子九人長男曰適左衛率府倉曹參軍次曰奉方志於學未齔有女二曰闕長適范陽盧士深妻未笄者四其執喪致毀長過於禮幼如成人兄子前鄉貢進士權遵諸孤之請見訪爲誌嗚呼今方夏之内靡攻伐之患忝嘗所匱在於富而教之府君之生蓋明主歎息之所求也其歿也豈獨舒人和人之相弔歎迹其二府已然之理可使太史公班孟堅之徒從而紀之以及於後今也遺愛故事結於人之深者止於輟春

墮涣日月至而逝焉然則銘之於墓亦其次也銘曰

生貴行道道貴及物苟有可稱其誰不没猗歟府君政乃生人自我煦育二邦如春不知者命溘至孔亟託體山河與之終極

河南兵曹元公墓誌銘

公諱盛字某河南洛陽人魏昭成帝之十二代孫皇朝金紫光祿大夫司膳卿汝陽公善應之曾孫集州司馬崇敏之孫處士履清之季子生五十有五年官歷憲府法寺宰邑掾京者十政以貞元十一年六月十五日卒於東都綏福里第十月四日孀妻孤女奉喪歸葬於偃師首陽山之北原嗚呼哀哉公忠竭於事上孝終於報親許與然諾著於氣類其涖官也剛決堅利致用如金易人之所難敢人之所畏累佐戎府獨步神州肅肅羽儀方漸於陸何年官偕半而不知者命迫焉初處士府君之逝也公二兄孟幼仲嬰公方孕太夫人則我伯姑來歸於我惟是内外同氣兄無常弟弟無常兄入學過庭雁行三紀既而從宦方始異門孟仲早落公終養焉嗚呼我伯姑深仁如天高行鄰古昔有三子今無一孫悠悠彼蒼與善焉在仁人之祀奄

焉忽諸夫人河東柳氏從公致養奉公歸祔存没成公之志賢乎哉女子藐爾未笄煢然主奠聞者悲之公方大漸以埏隧之銘見託何以爲報哀而不文銘曰

歸全舊邱列侍先人有知當樂無知返眞

成都功曹蕭公墓誌銘

公諱某字某其先事具梁史蓋宣武皇帝七代孫也曾祖文憬皇朝朝散大夫湖州司馬祖元禮湘州刺史贈太子詹事父詮大理評事昭穆相遺者曰清白孝友人稱之君幼以明經登第洎天下多事投家遠迹而所至聞焉或吏

或賓報之如一歷任曹州冤句杭州富陽二邑轉都水監主簿左金吾衛兵曹調大理評事地官司國計使臣督王賦迭咨公以分其重公受命事集而輿頌隨之劍南節度使表公成都功曹掾兼佐蜀州戎事錫以章紱不幸遇疾退閒於荆楚之間貞元八年歸故國於洛汭秋九月十四日終於康裕里第春秋五十八其冬十月二日遷祔於某縣某鄉從先公居公之志也公之生也和其發也清其行也晦其用也明其文也餘力其學也存誠其從事也口不言祿其爲善也心不近名是故歷仕無報勞之寵終身無

充量之榮汨沒下位摧頹壯齡傳曰天下有道貧且賤焉恥也若乃道富而家貧德貴而身賤才合而奇跡高位下恥在夫天焉如蕭公者處退而退求仁得仁焉恥焉既非所恥則又何怨夫人某郡暢氏故尚書左丞某之子昔佐公義今成公家生男四人三子早夭一子曰範方齠而嗣毁如成人姪纂遭世母幼孤之請見託爲誌其詞曰

吁嗟古人不貴貴仕義猶重生德豈輕位猗歟蕭公其道不匱何以表墓唐之君子

河南府洛陽縣主簿鄭君墓誌銘

鄭君諱約字某元魏中書令周小司空金鄉文公穆之七代孫皇朝東都留守京兆河南尹福建觀察使御史大夫懿公叔則之冢子擢明經調大原府參軍歷興平尉洛陽主簿娶范陽盧氏生二男未齠二女未笄春秋四十六貞元十年四月八日卒於東都尊賢里第十有一月某日從先君於萬安山陽哀哉君事先大夫以聞禮爲業奉繼太夫人以無違爲志孝也地貴門高蓋羣從外姻歸之者如市身爲冢嫡率以和氣煦其歡心行也不籍世資自求於古立也餘力學文會友藝也前者先大夫出入貴仕羽儀

中朝君仲父季父皆以令名列於清貫赫奕高明之盛莫之與京既而季父陷於國讎先大夫薨於遐裔仲氏繼歿於位二夫人次夭於家君與諸父兄弟斬焉相從藐爾相弔曰昊天之不我卹也逮三年矣柰何聲未絕口而君又往焉於戲積善餘慶之道信乎何其於始也信未及其終而欺繼之季弟納柔明而文次迫當室孔懷加等之外似有怨且懼焉謂員先公下賓仲季之執疏君景行俾勒泉扃銘曰

人生盛衰如朝夕可歎繁華與凋落高門冠蓋者如雲一

旦弔賓何寂寞盛德之後仁所歸嗟嗟之子何福違我從先君終此山讓厥嘉祥貽後昆

陸渾尉崔君墓誌銘

崔君名泳字君易清河東武城人皇朝刑部尚書贈太傅忠公隱甫之孫河東少尹微之子進士擢第調同州參軍陸渾尉生四十有三年以貞元四年冬十月景子卒於洛陽毓德里之第丁酉從先尚書少尹於此邱禮也崔族著明洎忠公德如其謚焯乎代之聞見其所憑者厚矣惟先王之樂實祖考之世及君子之所以爲構爲穫者加生知

之力行之故其事親也以無間言無違志無失色無過行其執喪也視禮經有加等而惡用吾情之歎異夫古焉其蒞官也才無不器事至以鋒致理者以備羣司陟明者以充首賦其會友也以晏平仲久敬子路無宿諾植之爲本而游夏之藝文嚮使錫厥永年被之資仕俾自家刑國以及生人未始涯也嗚呼才長命短古有之矣君之所以隤諸公之淚使有餘恨者方兄弟燕言之次無分陰之疾如寐如息而不反焉夫人范陽盧氏令族美行宜爲君之伉儷四子男曰某女孟仲季未笄未弁初河南府君祥踰月夫人范陽縣君違養又祥踰月君繼夭君長兄河南府司錄參軍泚不勝其哀乃至謂其身之存不若君之没而無知也當無窮之苦如有知也先人在焉託我友生銘其遂延詞曰

有生有死彭殤同致德義爲宗嵩高匪貴雲收於山曷爲時雨嗟我哲人脩邙之土

殤子穆若愚墓誌

穆若愚唐秘書監新安公之孫前御史中丞公之第五子貌宜貴壽神宜才藝氣宜淑哲生七年而夭痛莫如之時

諸父不夭方集荼蓼一慟之外且相諭曰老氏謂身爲大患然則人之生也適與患並男子既齔以往患於是始此子也生無有生之患没有無患之樂欻然與大化潛契曠然與太古爲鄰齊彼彭聃爲歸坯土命也如何偃師首陽山之北原吾祖宗之所宅翌日遷祔於先府君之後又翌日窆焉貞元十一年六月二十五日叔父員記

裴處士墓誌銘

唐貞元四年春正月員太夫人惟杜氏西階之事命長子贊咨於家君習於卜筮展孝思於罔極抒孔懷於同氣躬

備如新之庶物洎一日二人之具授從父之弟湊浮舟於河啟殯於淇二月癸巳舅氏奉我外王父朝城府君王母豐縣君劉氏洎伯舅之喪至自衛先是卜兆於偃師首陽山之北原壬寅遷朝城豐君歸於貞宅伯舅祔焉伯舅諱浩字某皇朝并州石艾縣丞文行曾孫絳縣令元度孫魏州朝城令翔之第二子也孝弟篤實可移於事君肅恭信順可施於有政行成於進而名未之歸學優於用而祿未之及天寶末天下亂藏於衛州之別墅昏氛四塞豺虎狺狺行無所從退迫唖嗌殷憂不壽發疾而終時至德三年

二月二日春秋三十有五夫人京兆韋氏挈未童之孤孫是逃鋒刃保朝夕之不遑而踰月之禮蓋闕乃於其所殯焉我慈親念羇魂之靡託者心不忘痛永言改葬與大事俱世道多故坎壈未集嗣子佐餘力能學含章而文仕潤州參軍杭州司田越在東南計之靡及夫人後元年棄養於潤州官舍將謀同穴蓋時趨道遠如佐之不至且俟佐焉然則夫人之家聲美行請讓於來者之誌銘曰

嗚呼没而無知也盡我慈親之情成爾孝子之志而已矣如有知也父母與子相見泉隧其樂融融其樂洩洩彼美家室昔如琴瑟他年令嗣祔元堂使我長夜覩白日

嗣曹王故太妃鄭氏墓誌銘

大唐貞元景寅歲秋七月己酉荊南節度觀察使戶部尚書御史大夫江陵尹嗣曹王皋奉先太妃滎陽鄭氏之喪歸於先王贈尚書左僕射諱職之居實洛陽邙山之原先是皇帝使中謁者詔東京有司備鹵簿鼓吹洎祖載儀衛之物且監視之事之前日嗣王有虞平山壤泉隧不常陵穴迺以百世之後貽厥來者之義屬於小生太妃諱仲字正和恒州司兵文恪之孫郴州司戶休璿之子鄭之於百

族也如羣嶽之聳衆山焉溢於世間事不待紀太妃以禮之節爲質以樂之和爲性以詩之鵲巢采蘩小星殷雷易之坤蠱家人爲德小大由之且以其餘施之於外夫是以賢子是以貴以利於家邦年十有四歸於公族又十四歲而先嗣王即世王屋天壇之下有別墅焉太妃挈今之嗣王與女子子洎夫族之叔妹未冠笄者與本族凋喪之遺無告者合而家之居無生資勤儉自力仁以恤智以圖使夫飢待我粒寒待我纊婚姻宦學蒸嘗之禮待我以時嗣王年甫及笄其所以導成慈訓者則以父嚴師教之道兼

而濟之於時天下晏然而事有將亂之兆太妃念嗣王之壯必及經綸不患不貴患不更踐不患不聞先王之訓患不知下人之生率以仲尼鄙事爲教及其長也見其爲襲黃見其爲方召享其孝敬勳榮祿位三者日躋之報焉嗚呼月墜而虧天之道也以建中三年冬十月九日遘疾薨於潭州官舍之寢壽七十有二嗣王奉喪歸葬達於南荆國難方興天下否塞朝廷倚宗周維城之固加於郡帥一等乃用魯公伯禽有爲之變俾復其位且使即其次而窆焉嗣王銜恤奉詔以戰克以攻拔統江西援江陵其事綦

也如生平之養其哀號也執干戈者悲之今玆龜筮叶謀優詔惟允議者或曰東南之鎮荆州爲大降寇僅滅多虞未息遺羊杜之重徇曾閔之節越三千里執喪釋位謂安危何員以爲嗣王之於朝廷也罄竭之以忠朝廷之於嗣王也今遂之以孝君臣家國之際於是乎古無以踰況其奉先之志不可以奪臨下之政必可以保且用崇厥孝理始於本枝使爲子者悅事君者勸以感人心以順天下不然何卒葬弔贈天王之錫命視於同盟有加等焉初湖南部將有王國良者嘗危疑負固歷年不下嗣王爲帥恭太妃之教以子召之國良捧檄如歸撫之以信其後入衛中禁錫名維新乃曰爾來之生今日之寵罔極之德也哀請赴葬上嘉而許之其執禮致慕視於苦凷是以係之於篇銘曰

抑抑母儀稟訓德門來嬪王族慶集宗臣如彼崇山應時出雲霈然作雨澤潤生人裕我之蠱啓玆寵勛匡戴中興爲唐晉文宜爾百祿享玆萬春運奪其養天胡匪仁清洛之陽偃邙之阜我歸我居我徒我友維邙與洛將安宅之相久

秘書監穆公夫人裴氏元堂誌

員不天不死先公棄背迫先王制禮免喪五月太夫人河東郡太夫人以貞元十三年六月二十四日違養又不孝不滅以及龜筮遠期十月二十一日孫子贊洎賀員賞奉遷靈座自東都歸義里私第正寢歸於偃師首陽山北原先公之居第三子員伏念常稟慈訓撰述前誌當時實聞不忍聞之命俾繼斯文不敢不茹血吐迷麤舉大略裴氏自漢魏以還蓋爲天下著姓外族之於本宗也若泉有源山有峯披圖按牒可明徵矣五代祖諱鴻琳周易郡太守

高祖諱客兒。隋長平丞。曾祖諱文行。官皇朝并州石芝縣丞。祖諱元度。絳州絳縣令。父諱翙。魏州朝城縣令。世以懿德令名。清風和氣。昭穆授受。宜於家邦。太夫人則朝城府君之季女也。淳仁如天。博厚如地。精識如神。中節如時。少喪怙恃。長於季母諸姑。以孝友誠明。俾見懿慈有天性之答。所至家政。輒聞於未成人之年。洎有行君子。作配盛德。移内則之美。盡家人之義。居上齊下。視人以身。主祭祀。以心爲馨香。事賓客以手集中饋。先公厄於未濟。困於屢空。太夫人以樂道爲貴。肥家爲富。先公初仕河朔。蹈難平原。

太夫人以勤儉成清白。誠義佐名節。先公出入崇貴。間逢遷黜。太夫人居常以天不假易自警。處否以泰道自安。先公直道高義。不容於時。剝落當年。優遊晚暮。太夫人始則以不磷不緇何憂何懼爲韋弦焉。中則以不容何病然後見君子爲塤篪焉。終則以施於有政是亦爲政爲琴瑟焉。先公孝以立家。仁以合族。太夫人輔佐之德。達於神明。員伯姑元夫人。高明純至。不幸早孀。太夫人就養於堂。服勤以力。視色先意。主於無違。伯姑嘗顧小子同氣曰。自吾歸爾家。安爾母也。自忘孤寡。自忘長老。嘻嘻然如未笄之初。

承歡於父母之前。夜夢吾先君。則爲爾父。夜夢吾先夫人。則爲爾母。豈爾父母乃吾宿世之父母乎。不然。何迷我心靈。發於夢寐者。三十年如此。中外孤幼。以先公之祿爲待哺待絮者。其來如歸。太夫人所以衣服飲食之。蓋有竭無倦。有不足無不均。有孤惸老幼之先。無親疎厚薄之別。若乃甥姪羣從之衆。賢愚恭狠之差。太夫人用不慍不校不欺不伐。積爲至德。以嫗煦之。不違直心而曲順其理。不越中制而各厚其宜。是故寢我無私有常之化者。歸我懷我。如服天地。豈無忮戾之性。多言之口。不忍以造次幽昧遷

焉。員三從叔寂。感太夫人少長子愛之慈。以爲生成罔極之重。及壯納室。則先請於女氏之介曰。吾嫂吾母也。苟能服事如姑。則爲某妻。不者則否。女氏許諾。然後贄幣行焉。太夫人自痛早孤。終鮮兄弟。惟周公蓋祔。仲尼合葬之事。咨於先公曰。絳雖故鄉。世乏喬木。洛汭中土。首陽家山。今將奉先人於北原。卜鄰舅姑。吾與公存没之志也。命長子行之。本族凋落。蒸嘗殆曠。鞠孤兄子。以涕泣教之。使學古入官。承家主祭。乃至宗從之祀。興廢繼絕。繫太夫人是賴者非一。先公享懸車之榮。太夫人受偕老之福。河洛安宅。

京師就養板輿所至讌喜相從旬朔獻壽子孫成列歲時稱慶冠葢盈門當時士族以爲榮羨晚年學道於聖善寺法疑大師所受方便平等則家政也忍辱慈悲則素行也眞如正覺則天性也皆異積舊習彼於德施盡大師之法吾無得焉贊等從事守官世道多故太夫人以爲苟不虧先王先公之訓則義在不辱是爲無忝未始見責而姑勉之祿俸供養不給於家之經費太夫人每顧念有一飢一寒者則爲之不飫不暖其遇窮獨無告不獲其所輒心體以之不康是以甘旨輕鮮之獻未嘗以尊高自異常有汲

汲不足之患而不患焉初太夫人之從先公也公方褐衣家無數口太夫人以繁祉元福阜興德門男女爲人父母爲人大父母爲人師者七內外孫洎曾孫四十有三食先公洎諸子之祿者五十一政主家主祀者五十一年壽七十四封河東縣君先公故也河東郡太夫人贊故也列郡啟封爲妻爲母論者以兼命斯貴同時難之然天下公議稱先公位不稱德雅知贊者亦謂贊等命不偶時而太夫人五福百祿之徵蓋上有所不充下有所未極贊質員賞皆自痛欲養欲報各孤其分號天訴天天不我聞伏念昔罹荼毒備承至誡以爲殺身無逮揚名有補忍死爲重徇情則輕煢獨苟至不敢自滅謹哀纂生德密行之可傳者勒之貞石以永厚地嗚呼蒼天

崔少尹夫人盧氏墓誌銘

嗚呼有唐河南少尹清河崔府君諱徽從先大夫於北邙山平樂原卜年惟三而泉戶啟夫人歸歸而復閉閉而終此山矣禮也哀哉夫人諱某字某姓盧氏以府君爲大夫封范陽縣君其先自東漢中郎植十有三葉至於烈考皇朝大理司直孝孫代以禮樂婚姻相遺爲氏族冠冕縣君

泉源發清峻極憑厚孕和緼粹吐芳如春其在弱笄雅有君子之度諸姑從母有若韋太師見素裴尚書寬二夫人稱之曰吾見此女使人思齊不自知其所爲長開元季年先舅尚書忠公尊顯於代高明克家思配子之賢愼承我之重縣君以姬姜之盛發聞之美誕集嘉命旣而有行先姑隴西夫人才之傳之以政於是資顧復之報以孝舅姑推友于之愛以睦娣姒和琴瑟之樂以諧所從閱詩易之義以修所職婦儀母訓垂五十年不一日違仁不須臾忘禮溫顏和氣物莫之侵朗識清機道與之接雅好黃老且

精禪慧嘗謂要本無二教焉有三吾將貫之以一守之以一蓋生知免習而寤寐以之是以寢疾恬然臨危不亂謂生爲旅舍歿爲歸次而我行邁之得息焉壽六十有一終於洛陽毓德里之私第時貞元二年五月二十九日二孤溉泳殿中侍御史陸渾尉恭合祔之禮卽命於蓍龜曰仲秋甲申吉先是溉泳執河南府君之喪一號三年既踰月而縣君繼酷雅知溉者以今之宰政與中朝賢卿大夫多溉之遊其顯有時其養可待何昊天壓之之甚而縣君棄之之早蓋以不可知者曰天與命相弔爲員則溉等瀆交

之執也見託銘石其銘曰

北邙古原起新阡仁賢同穴閉下泉哀哀孝子不終養蒼蒼正色誰問天物之常久有貞石我以德音誌神宅千年邙隴不可期白日佳城俟來覲

崔太常長女墓誌銘

崔氏長女名某先笄之某年不幸遘癘未幾丁烈考太常卿贈吏部尚書常山公難至哀乘之共迫正氣以貞元七年秋八月己酉夭於東郡冬十月乙巳兄元方哀奉尚書從先相國於北邙山以長女祔於尚書之側嗚呼女之生也乘高祖博陵王之殊勳曾祖禮部府君之令望先相國之盛業先尚書之重德何四葉垂裕合爲禎祥與夫惡疾至性推之不勝豈天所助不能移定命乎不然者烈祖顯考之德之純假以溢我我其收之宜施之有年移之他族宜乎起家而居有公卿之位雅人之所歌韓姞者嚋離之哉夫內則之美不傳於外禮也辱命於其兄者誌卒葬焉銘曰

崔之九原實維邙阜孝女祔先與天地久

爲留守鄭侍郎祭劉僕射文

維年月日某官謹遣某乙敢用少牢之奠致祭於故尚書左僕射彭城公之靈巨唐中否八葉嗣興天爲生公爲公啟運公受天所授事與時并實爲鄭侯立我王國於時方夏之內瘡傷未平兵餘於人賦倍於產公施以損益權其重輕自我竭心爲國強力歲歉靡瘠師興忘勞羣帥不虞怙兵自擅典章靡及職貢莫修律我清明徵令如響凡所辟選府傾時賢若金我礪若玉我琢爾材我器爾用我功至今會計之司食貨之政法公之法其事集吏公之吏其利興守公之成揚公之盛執云公歿吾謂公存嗚呼何日

不夕何榮不落何亢不悔何高不危終沒裔夷凡百稱嘆
皇明昭滌丹旐言旋澤及九原魂歸萬里大名備禮返葬
故邱哀哀遺孤銜恤靡至毀瘠於滅必復是徵某昔官南
宮嘗參末吏玉音如在哀挽長違祇命禁省不敢離局禮
闕執事悲儲永懷敢以精誠寄於祖奠神遠聽邇庶乎降
歆嗚呼哀哉尚饗

為淮西宣慰使鄭右丞祭顏太師文

維年月日某使某官某奉勅以清酌庶羞之奠致祭於故
顏太師贈司徒魯公之靈嗚呼天有晦明人有理亂當其

厄運則有盜臣至乃憑寵肆凶竊權搆逆蛇吞虎噬擇肉
中州天子思所以解將燎之焚拯方割之勢道開景命銷
遏亂源惟公道冠四朝位先百辟望安社稷名動神祇期
以日照天臨風清雨滌受命以出視途如歸嗚呼肇有君
父孰如堯舜臣惟共鯀子亦朱均稟沴而生雖聖勿化父
不能得之於子君不能得之於臣矧夫禍亂之興蓋乘中
否天之方稔公若之何獨立虜庭卒致君命激昂大義潛
革冠心全道為全天年非夭期頤非壽得死為終惟彼凶
殘殲我明哲罪均僭逆怒發天人否閉未通鬱翳茲久上
帝厭亂忠臣應期坐使鯨鯢化為葅醢庸非精爽達於明
神幽贊元勳昭蘇宿憤詔旌大節追冊上公寵以飾終禮
惟加等某肅將密命敷播皇猷慰拊瘡傷勞勉忠義拜手
天闕躬承德音命以觴牢備茲俎豆發於聖旨斯謂馨香
公其降靈歆我明德尚饗

為留守賈尚書祭顏太師文

維年月日某官某謹以清酌少牢之奠敢昭告於故太師
贈司徒顏公之靈天寶季年幽都首亂生人流血中夏為
夷公守在一麾援絕千里居鯨之腹而刳其腸履虎之尾

而拊其背率先大義以集中興歷事四君匪躬一致全德
邁俗正詞興邦堯朝孔門兩造其極羿浞閒釁東南不開
帝謂師臣予厭征伐往以至化勝其凶殘於時公請老未
獲蓋三年矣曾不俟駕豈公安車惟物之生善惡有性豺
狼犬馬罔克相遷天能生之而不能化況彼元惡逆成膏
肓針藥靡攻仁智何及奉命所在顧身如遺柰何明神孤
我積善帝念忠烈國恩典刑棟折將壓哲萎安放嗚呼哀
哉昔者仰挹重名遐跂明德邈焉當代如望古今敬慕高
風感歎大節卓爾不朽凜然如生巨猾殲夷幽魂昭奉靈

車歸路千里同悲永惟忠勳宜在祀典況臨紼縭敢廢蘋蘩嗚呼哀哉尚饗

爲留守崔尚書祭袁給事文

維年月日某官某謹遣某官某以清酌少牢之奠敬祭於故給事中汝南公袁三丈之靈昔我烈祖洎公先哲同力王室惟歡世家俾爲塤篪且秩昭穆殆玆小子恭事丈人於惟丈人義切師友間氣全德稟之自然資元精之餘和邁生人之宏致遵周孔之軌躅行天下之直道是用萃厥孝友發於文儒播乎循良峙以謇諤出納帝命時惟掖垣

政之或虧期不奉詔義之所激挺不顧身寤天聽於未聞反大號於已出吐羣公之所茹垂聖朝之直聲雖霖雨舟楫之用未躋於位而股肱耳目之任獨冠於時其生也公相讓德有臧文竊位之歎其歿也縉紳相弔有國僑將壓之懼惟昔遘癘萬心禱天天之愛人宜有所錫如何大運不卽我謀君子於是乎始疑神明而信定命輤車何所從先公居前有伊川萬古流美其離次是懼臨穴莫從百身靡追一慟何及哀塡意竭式寄蘋蘩嗚呼哀哉尚饗

爲留守鄭侍郎祭鳳翔張相公文

維年月日某遣某官某敢以猳牢之奠昭告於故相國贈太子太傅張公之靈嗚呼天之不可問也信矣災不避聖禍不擇賢在昔禹湯實逢水旱今我堯舜厥有羿浞公如季路終以結纓蓋君以避狄爲仁臣以死難爲義不朽是貴全生曷榮嗚呼哀哉公性本生知學成全德跡踐教極心遊聖源始以耕雍終以咎稷取其餘事猶爲龔黃用其末學亦謂方召若昊天之將喪斯民也則不當生德於公錫公於主旣執其柄載行其道方俾我后格於皇天一夫不獲引以爲咎而奪我靈府移於四支使魚爛自中原燎

斯及主辱臣死誠不在公守位以終是爲不沒明明元首始喪股肱凡百縉紳靡所冠冕伏念平昔交如弟兄同則塤篪相和異則韋弦迭佩公頃自郎署往蒞東南秦楚相望音容不隔逮於晚歲又忝倅戎時迫登賢事止中道恩加前好名在舊賓今寵贈表榮詔葬旌烈官司是蔡弔哭無從泣遺行人哀將菲薄執云觴豆可盡平生嗚呼哀哉尚饗

爲留守鄭侍郎祭李相公文

維年月日某官某謹遣某官某以酒酌少牢之奠敢昭告

於故相國尚書左僕射贈司空李公之靈惟靈天鍾地資生備五福昔者元宗之代天下治平時重文儒禮俾齒爵公始之鴻漸蔚爲羽儀從容主文在帝左右既而皇家中否寶歷嗣興明明肅宗康難致理天地交泰聖賢相逢其所以濟川救旱和羹作醴稽視說命事符古文嗚呼才之用捨繫乎時道之行否存乎命珪組遺累江湖爲家興協騷人我無其怨詠歌堯舜二紀忘年皇唐建中天子纘服維新庶績先禮舊臣授公成均以舉政本爰降徵命典司春官先是昆夷不庭歲爲邊患亦既款塞願歸聖理帝曰

春秋之義許之不一而足和之五利斯在歷選列辟繄公簡心資王商之威容將魏絳之故事公感恩自奮耆齒方剛寵兹肩舁遵彼絕域俄屬賊臣間釁罕畢在邦公昭格外夷俾爲內援嗚呼風沙勤瘁共薄頹齡王事畢矣我勞盡矣僅履吾土亦終天命原夫始終實盡善美湛恩縟禮論者宜之至若史氏立言訓辭作誥祕在天府式爲國經世有五姓冠於百族有如姬姜取貴春秋擢秀天人惟公而已有司備物返葬故邱觀者哀榮況承眷舊敢憑奠酹以降明靈尚饗

祭福建鄭大夫文

維年月日故吏某官某敢薦薄奠於故福建都團練觀察處置使福州刺史兼御史大夫鄭公之靈伏惟自天降靈爲國之楨渾博閎達昭融粹精中和植本體禮敷榮應物以順違時中清爰自筮仕之初及乎懸車之期惟天命是信惟聖言是思德合明神心爲元龜動享黃裳之吉不稽洪範之疑論交審其始其結也不解用才要其終其報也不欺仲山吐茹吉甫文武四國羽儀蒸乂父母憶昔高門照灼寰宇榮冠一時名列三虎我公南遷返旆東土仲也

壯齡相從萬古季兮不幸昔陷於虜忽如嚴霜殞落繁柯倏爾成空天乎謂何某常以斯文忝膺辟吏載筆如昨攀車何自我有甘棠東城桃李悠悠清溪永代流美願託遺孤以奉恩紀黍稷非馨微誠所至嗚呼哀哉尚饗

爲留守賈尚書祭嗣曹王故太妃文

維年月日某官某乙謹遣某官某以清酌少牢之奠敬祭於荆南節度觀察使戶部尚書兼御史大夫嗣曹王故太妃之靈名山大川列於祀典以其所育能利於人恭惟太妃享用元福乘運之啓受天之終間生親賢爲國藩屏人

賴德施祀之攸宜。樂貴自生。禮宗其本。維厥分闈。資於卜鄰。報我以榮。則公侯其位。養我以志。則嬰孩其心。如何風樹之悲。遽奪晨皅之慶。哀哀嗣王。泣血終制。既及先遠。疚焉如新。中貴護喪。有司備物。詔臨祖奠。弔集同盟。風物含悽。簫笳啟路。泉扉一閉。松月千秋。黍稷非馨。精誠所至。尚饗。

欽定全唐文卷七百八十六

溫庭筠

庭筠本名岐。字飛卿。太原人。數舉進士不第。徐商鎮襄陽署為巡官。歷方城隋縣尉卒。

再生檜賦

檜有再生之瑞。天符聖運之興。挺松身而鱗皴。迥出布栢葉而杳藹相承。隨道既窮。則沒身於亂土。唐朝將建。故發德於休徵。原夫日將興而幽暗皆明。君應期而纖微必表。生於枯朽。諧受命於敗德之時。長則繁華。示實祚於延慶

之兆。想夫拔陳根而已茂。聳修幹以方妍。凌朝而還宜宿露。向晚而尤稱新煙。以狀而方生荑之枯楊。若此以理而喻。易葉之僵柳。昭然效殊祥以示後。願眾瑞而居先。嘉其擢本旁榮。抽條迥秀。歷朱夏而彌盛。冒霜雪而不朽。應昌業於龍潛之際。豈曰無心。彰聖德於虎視之前。孰云虛受。徒觀夫載光紫府。效祉皇家。竦亭亭之柯葉。擢鬱鬱之輝華。可以播之於萬古。可以流之於四遐。是知歷數歸唐。禎祥啟聖。何厚地之朽木。報上天之明命。殘陽未落。宮庭之林藪忽生。明月初懸。玉砌之桂華復盛。矧夫貞節獨異。高

標自持散芳氣而微風作動入重陰而宿鳥猶疑蓋天所贊也亦神以化之客有生遇明時身蒙至德窮勝負於朕兆慕休祥於邦國敢獻賦以揚榮遂布之於翰墨

錦鞵賦

闌裏花春雲邊月新耀粲織女之束足嬿婉嫦娥之結璘碧繶緗鉤鸞尾鳳頭軃稱雅舞履號遠遊若乃金蓮東昏之潘妃寶屧臨川之江姬匍匐非壽陵之步妖蠱實苧蘿之施羅韈紅蕖之豔豐跗皜錦之奇凌波微步瞥陳王旣蹀躞而容與花塵香跡逢石氏倏窈窕而呈姿擎箱回津

驚蕭郎之始見李文明練恨漢后之未持重爲系曰瑤池仙子董雙成夜明簾額懸曲瓊將上雲而垂手顧轉盼而遺情願綢繆於芳趾附周旋於綺楹莫悲更衣牀前棄側聽東晞珮玉聲

答段柯古贈葫蘆管筆狀

庭筠累日來洛水寒疝荊州夜嗽筋骸莫攝邪蠱相攻蝸眦傷明對蘭釭而不寐牛腸治嗽嗟藥錄而難求前者伏蒙雅賜葫蘆筆管一莖久欲含詞聊申拜貺而上池未效下筆無聊慚怳沈吟幽懷未敘然則產於何地得自誰人而能絜以裁筠輕同舉羽豈伊蓍草空揲九寸之長何必靈芝獨號三株之秀但曾藏戢冊省永貯仙居却笑遺民遐玆佳種惟應仲履忽壓頻聲豈常見已墮遺犀仍抽直幹青松所染漆竹藏珍足使玳瑁慚華琉璃掩耀一枚爲貴豈異陸生三寸見珍遂兼揚子謹當刊於巖竹寘以郊翰隨纖管而爲牀擬凌雲而作屋所恨書裙寡媚釘帳無功實醜凡姿空塵異貺庭筠狀

答段成式書七首

庭筠白節日僮幹至奉披榮誨蒙賚易州墨一挺竹山奇

製上蔡輕煙色奪紫帷香含漆簡雖復三臺故物貴重相傳五兩新膠乾輕入用猶恐於潛曠遠建業庛贏章曜名方即求雞木傅元佳致别染龜銘恩加於蘭省郎官禮備於松櫺介婦汲妻衡弟所未窺觀廣記漢儀何嘗著列絮又元洲闕上苑青瑣西垣蠻字猶新疑籤尚整帳中女史猶襲青香架上仙人常持縹袟得於華近辱在庸虛豈知夜鶴頻驚殊慚志業秋虵屢縮不稱精研惟憂瘵物虛投蠟盤空設晉陵雖壞正握銅兵王詔徒深誰磨石硯捧受榮荷不任下情庭筠再拜

昨夜安東聽倡牖北追涼枏枕才攲蘭釭未艾縹繩初解紫簡仍傳麗事珍繁摛華益贍雖則竟山充貢握槧堪書五九二兩之精英三輔九江之清潤葛龔受賜稱下士難求王粲著銘想遐風易遠俱苞闕盡入闕遺逸皆存纖微悉舉鷃觀鵬運豈識逍遙鯢入鮒居應嗟坎窞願承謦欬以啟愚蒙庭筠狀

伏蒙又抒沖襟詳徵故事蒼然之氣仰則彌高毖彼之泉汲而增廣方且驚神褫魄寧惟衿甲投戈素洛呈祥翠嬀垂貺龜字著象鳥英含華至於漢省五丸武都三善仲宣佳藻既詠浮光張永研工常稱點漆逸少每停質滑長康常務色輕闕乃韋書知為宋畫荀濟提兵之檄磨盾而成息躬覆族之言削門而顯敢恃蛙井猶望鯤池不任慚伏宗仰之至庭筠狀

竊以童山不秀非鄒衍可吹眢井無泉豈耿恭不拜墨丸之事謂之獲麟筆聖之言翻同倚馬靜思神運不測冥搜亦有自相里而分豈公輸所削流輝精絹假潤清泉銘著李尤書投蘇竟字憂素敗不長飛揚闕研蛙胎而合美配馬滴以成章更率荒蕪益慚疎畧庭筠狀

驛書方來言泉更湧高同泰畤富類敖倉怯蒙叟之大瓠駭王郎之小賊尤有闕中巧製廟裏奇香徵上黨之松心識長安之石炭馬黔靡用龜食難知窺虞器以成奢闕梁刑而嚴罪便當北面不獨棲毫庭筠狀

庭筠閱市無功持揭寡效闕蝸睆傷明庸敢撫翼鶤鵬追蹤驥騄每承函素若涉滄溟亦有叢嵥尚存箋餘可記至於繅從墨制既禦秦兵綬匪舊儀仍傳漢制張池造寫蔡碣舍舒荷新淦之恩空沾子野發冶城之沼獨避元規窘類頡籞辭同格飭其為愧怍豈可勝言庭筠狀

昨日浴籤時光風亭小宴三鼓方歸臨出捧緘在醒忘答亦以蚳蝝久罄川瀆皆隕豈知元化之盃莫能窮竭季倫之寶益更扶疎雖有瀚海疊石須陽水號煙城侄詠剩出青松惡道遺蹤空留白石扇裏止餘烏牸屏間正作蒼蠅豈敢猶彎楚野之弓尚索神亭之戟謹當焚筆不復操觚矣庭筠狀

謝襄州李尚書啟

某啟某櫟社凡材蕪鄉散質殊無績效堪奉恩明曷當紫極牽裾丹墀載筆顧循虛淺實過津涯豈知畫舸方遊俄

昇於桂苑蘭扃未染已捧於芝泥此皆寵自昇堂榮因著錄勵鴻毛之眇質託羊角之高風日用無窮常仰生成之德時來有自寧知進取之規競惕彷徨莫知所喻末由陳謝攀戀空深

謝紇干相公啟

某啟某材謝楩柟文非綺組間關千里僅爲蠻國參軍荏苒百齡廿作荊州從事寧思羽翼可勵風雲豈知持彼庸疎栖於宥密迴顧而漸離緇垢冥昇而欲近煙霄榮非始圖事過初願此皆揚芳甄藻發跡門墻邱門用賦之年相

如入室楚國命官之日宋玉登臺一日光陰百生輝映末由陳謝伏用兢惶

上蔣侍郎啟二首

某聞有以疎賤而間至貴者古人之所譏笑有以單外而斬末契者君子之所兢戒何則無因以至豈庸辨其妍媸有爲而然曾不計於能否有談嘲異狀詭激常姿希彼顧瞻斯爲衒造則亦受嗤於識者見詆於通人者矣抑又聞三月而行士人之常準十年乃字女子之常期永爲干世之心厥有後時之嘆某尋常爵里謬嗣盤盂離方遁圓因陋成寡亦嘗研窮簡籀耽味聲詩頗識前修之懿圖蓋聞長者之餘論顓愚自任弁介相忘質文異變之方驪翰殊風之旨粗承師法敢墜緹緗伏以侍郎宏繼濟之機謀運搜羅之默識思將菲質來掛平衡遂揚南紀之清源謹効東皋之素謁越石父彼何人也夙佩遺文趙臺卿敢欺我哉敬承餘烈輒以常所爲文若干首上獻

某聞朔禽違雪海鳥知風苟曰含靈咸思擇地況乎謬窺墳素常稟盤盂從師於洙泗之間擢跡於湘江之表能不成周問道先詣伯陽故絳侍言惟從叔向伏惟侍郎稟生

成之秀窮先哲之姿言成訓謨信比暄燠某率茲孤植動彼單家持擊缶之凡音嗣操琴之舊事於是持謁自警割席相徵味謝氏之膏腴弄顏生之組繡勞神焦慮消日忘年雖天分不多尚慚於風雅而人功斯極劣近於謳歌頃常撰刺門人投書齋帥蒙垂盼飾致在褒稱既而文圖求知神州就選遂得生芻表意腐帚生姿永言棲託之懷不在翾飛之後今者商飈已扇高壤蕭衰楚貢將來津塗悵望高堂有念末路增悲願持款啟之心先偵生成之施倘或洛陽种暠猶記姓名建業張達方宏采拾則百靈斯畢

一顧爲榮。謹以新詩若干首上獻。延露蚩聲。皇華下調。有慚狂瞽。不稱仁私。無任依投之至。

上裴相公啓

某啓。聞効珍者先詣脩和。鬻養者必求倉扁。苟無懸解。難語奇功。至於有道之年。猶抱無辜之恨。斯則沒爲癘氣。來撓至平。斅作冤聲。將垂不極。此亦王公大人之所慷慨。義夫志士之所歔欷。某性實顓蒙。器惟頑固。纂修祖業。遠愧孔琳。承襲門風。近慚張岱。自頃爰田錫寵。鏤鼎傳芳。占數遼西。横經稷下。因得仰窮師法。竊弄篇題。思欲紐儒門之

絶帷。恢常典之休烈。俄屬羈孤牽軫。藜藿難虞。處默無衾。徒然夜歎。修齡絶米。安事晨炊。旣而羇齒侯門。旅遊淮上。投書自達。懷刺求知。豈期杜摯相傾。臧倉見嫉。守土者以忘情積惡。當權者以承意中傷。直視孤危。横相陵阻。絶飛馳之路。塞飲啄之塗。射血有冤。叫天無路。此乃通人見愍。多士具聞。徒共興嗟。靡能昭雪。竊見元宗皇帝初融景命。遽惻宸襟。收拭瑕疵。申明枉結。劉丞相導揚優詔。蘇許公潤色昌謩。五十年間。風俗敦厚。遠及翔泳。未安其所。雨暘不得其和。匹夫匹婦之吁嗟。一聚一鄉之幽鬱。欲期昭泰。必仰陶鈞。某進抱疑危。退無依據。暗處囚拘之列。不沾涣汗之私。與煨燼而俱捐。比昆蟲而絶望。則是康莊竝軌。偏哭於窮途。日月懸空。獨鄣於豐蔀。伏以相公致堯業裕。佐禹功高。百姓咸被其仁。一物不違於性。儻或在途興歎。解彼右驂。彈劍有聞。遷於代舍。瞻風自卜。與古爲徒。此道不誣。貞明未遠。謹以文賦詩各一卷。率以抱獻。縑緗儉陋。造寫繁蕪。干冒尊高。無任惶灼。

上令狐相公啓

某聞邱明作傳。必受宣尼。王隱著書。先依庾亮。或情憂國

士。或義重門人。咸託光陰。方成志業。抑又聞棄茵微物。尚軫晉君。壞屩小姿。每干齊相。豈繫効珍之飾。葢牽求舊之情。某郵第持囊。嬰車執轡。旁徵義故。最歷星霜。三千子之聲塵。預聞詩禮。十七年之鉛槧。尚委泥沙。敢言蠻國參軍。纔得荆州從事。自頃藩牀撫鏡。校府招弓。戴經稱女子十年。留於外族。稽氏則男兒八歲。保在故人。蘋是流離。自然飄蕩。叫非獨鶴。欲近商陵。嘯類斷猿。況隣巴峽。光陰詎幾。天道如何。豈知蕞陋之姿。獨隔休明之運。今者野氏辭任。宣武求才。倘令孫盛緹油。無慚素尚。蔡邕編錄。獲偶貞期。

徽迴磬欬之榮。便在陶鈞之列。不任覗冒彷徨之至。

上崔相公啟

某聞石苞羈賤。早遇何曾。魏武尊高。猥知徐晃。其後咸成閒氣。訖立鴻勳。簡冊增輝。尊彝動彩。則道惟熙載。皆資甄藻之時。德邁賡歌。必用搜羅之道。是以皇綱克序。茂範咸凝。某荆氏凡材。雕陵散質。謬傳清白。實守幽貞。釁圃彎弓。何能中鵠。邱門用賦。尋恥雕蟲。常患荒蕪。殊非挺拔。依劉薦禰。素乏梯航。慕呂攀嵇。全無等級。分甘終老。莫有良期。旣而竊仰洪鈞。來窺皎鏡。墳壚下土。敢望頒形。甕盎頑姿

寧希鑒貌。豈謂不遺孤拙。曲假生成。拔於泥滓之中。致在煙霄之上。遂使龍門奮發。不作窮鱗。鷽谷翩翻。終陪逸翰。此則在三恩重。吹萬功深。空乘變律之機。未得捐軀之兆。豈可猶希鼓鑄。更露情誠。伏念良馬嘶風。非堪伏阜。饑鷹刷羽。終恥棲籠。誠知豢養之恩。頗有飛翔之志。而又專門有暇。曾習政經。閉戶無營。因窺吏事。旣辨張湯之鼠。深知子產之魚。書劍彷徨。年光倏忽。徒思効用。無以爲資。倘蒙再扇薰風。仍宣厚澤。庶使晏嬰精鑿。獲脫於在塗。醜蔑徽班。得昇於收器。纔聞磬欬。便是扶搖。

上首座相公啟

某聞舉不違宗。得於王濟。近因其族。聞自謝元。雖通人與善之規。亦前哲睦親之道。某謬參華緒。得庇餘陰。固已鯉庭蒙翼長之恩。阮巷辱心期之許。遂得遷肌改骨。擁本揚英。則窮鳥入懷。靡求他所。羈禽繞樹。更託何枝。昨者青壤五秋。川塗萬里。遠違慈訓。就此窮棲。將卜良期。行當杪歲。通津加嘆。旅舍傷懷。相公河潤餘津。雲行廣施。調羹之味。未及宗親。育物之餘。希沾幼弱。倘或假一言之甄發。隨百蟄之昭蘇。庶令葛藟之陰。均其煦育。椒聊之實。遂彼扶疎。

成鍾儀操樂之規。寬顧悌拜書之戀。下情無任。

上宰相啟二首

某聞日麗於天。洪纖必及。月離於畢。枯槁皆蘇。斯則推彼無私。彰於大信。苟關於宰匠。咸仰以生成。其或潤接西郊。流金未已。光承北陸。豐蔀猶深。則亦分作窮人。甘爲棄物。歲華超越。京洛風塵。忽爾號咷。固非阮籍。泫然沾灑。不爲楊朱。晷亡覗冒之辜。惟以哀矜爲主。伏念三餘簡墮。六尺伶俜。臨濟輝華。昔懸陳榻。洛陽羇旅。今造膺門。已驚於自葉流根。敢望於衰多益寡。但以謝家故墅。事屬臨川。陸氏

先疇名遷好時同氣雖均於昭泰連枝或累於榮枯是以更就洪鈞來呈瑣質雖戴逵之弟志尚無聞而何準之兄恩輝已遍豈宜茍希河潤更望餘波投驥尾以容身執豚蹄而望歲然則迹同袁子質異山郎梓柱雲楣獨居蝸舍綺襦紈袴已卧牛衣若乃清旦問安長筵稱壽貂璫畢集少長俱來膏沐之餘則飛蓬作鬢銀黃之末則青草爲袍莫不顧影包羞塡膺茹嘆倘或王庭辨貴許厠九疑京縣坐曹令懸五色校於同列未越彝章則衛館遺孤常聞出涕山陽舊曲不獨傷心誓將居必在勤行惟鞭後潛知寄託所望於江州必効忠貞得酬於吏部無任惶懼之至

某聞仁祖乘流先知彥伯張憑植棹正値劉惔豈惟俄頃遭逢抑亦初終汲引當其羈遊臨汝旅泊丹徒遐思謦欬之音杳絶煙雲之路茍無直道將委窮途何異於懸水揚音九弄有潺湲之曲嚴霜戒節兩欒含清越之儀某融襟蟻術造跡龍門三千子之聲塵曾參講席十七年之鉛槧夙預元圖而性稟半癡機無兩可收堯甑而寡術舉舜鳳以無緣使何準之兄皆爲杞梓戴逵之弟獨守蓬茅至於詞藻辛勤儒林積習自期燕笱不愧秦臺伏以相公周輅輪轅虞琴節奏早振經邦之業果敷華國之姿伊尹安危本同於兆庶深源行止必繫於興衰既而放跡戎軒遺榮畫室劉尹秣陵之柳尚有清風召公陜服之棠空留美蔭竊聞謠詠卽付樞衡是以負笈趨塵贏糧載路願奏書於台席思撰屨於侯門倘張禹尊高猶爲戴榮說禮鄭元嚴毅便令服愼聞詩敢嘆朝飢誠甘夕死加以旅途勞止末路蕭條不無悽惻之懷豈只羈離爲主仰瞻旌棨如望蓬瀛不任懇迫之至

爲人上裴相公啓

某聞瘦馬依風悲皆感土秋鷹厲吻飢卽投人能知豢養之恩頗識歸飛之兆是以臺卿瀝懇先告孫賓越石棲身惟親晏子觀賢達始終之趣察古今行止之規必有良知願諧依託某伶俜弱植憔悴孤根詞林無渙水之文官路乏甘陵之黨每持踈拙久謝紛華既而曳履侯門經時不遇牽裾憲府越月而昇九衢獨愧於迷津五省纔霑於掌庾相公初締鄭棟肅潤殷林寧知蕞陋之姿首在陶甄之列拔於郎吏委在絃歌元日縱囚殊無異政清晨採賊未報殊恩豈期遽露精誠猶煩鼓鑄近者私門集釁同氣貽

災孀幼流離關河綿邈涙變萇宏之血髮同園客之絲蚩里銷魂孤燈弔影蓋生人之大痛行路之同悲泉壤長辭何緣取决人琴併絶不得申哀端居則有愧簪纓乞告而會無事例又以孔懷酷遠先塋非遙永言龜告之期遂在蟈鳴之月倘解其所任契彼私心絶緬冒於官曹獲優遊於教義孤誠所願九死如歸其或念以艱虞難於罷免亦有虛閑散秩不漏於幽微終鮮之悲無慚於顯晦伏增哀迫懇款之至

上鹽鐵侍郎啟

某聞珠履三千猶憐墜屨金釵十二不替遺簪苟興求舊之懷不顧窮奢之飾亦有河南撰刺徵彼通家虢畧移書期於倒屣志亦求於義合理難侔於言全某菅蒯凡姿邾滕陋族釋耕耘於下邑觀禮樂於中都然素勵顓蒙常耽比興未逢仁祖誰知風月之情因夢惠連或得池塘之句莫不冥搜刻骨默想勞神未嫌彭澤之車不嘆萊蕪之甑其或嚴霜墜葉孤月離雲片席飄然方思獨往空亭悄爾不廢閑吟强將麋鹿之情欲學鴛鴦之性遂使幽蘭九畹傷謡詠之情多丹桂一枝竟攀援之路斷豈直牛衣有涙蝸舍無煙此生而分作窮人他日而惟稱餓隸頃者萍蓬旅寄江海羈遊達姓字於李膺獻篇章於沈約特蒙俯開嚴重不陋幽遐至於遠泛仙舟高張妓席識桓溫之酒味見羊祜之襟情既而哲匠司文至公當柄猶困龍門之浪不逢鸎谷之春今日俯及陶鎔將裁品物輒申丹懇更竊清陰倘一顧之榮將迴於咳唾則陸沈之質庶望於騫翔永言進退之塗便决榮枯之分如翩翻賀鷰巢幙何依觳觫齊牛釁鐘將遠苟難窺於數仞則永墜於重泉空持擁篲之情不識叫閽之路不任懇迫之至

上封尚書啟

某跡在泥塗居無紹介常思激勵以發湮沈素稟顓愚夙躭比興因得誅茅絶頂薙草荒田默想勞神冥搜刻骨遂使崇朝覽鏡壯齒成衰暇日歆冠元髫變白望將蕪菲來貢文明伏遇尚書秉甄藻之權盡搜羅之道誰言凡拙獲預恩知華省崇嚴廣庭稱獎自此鄉閭改觀瓦礫生姿雖楚國求才難陪足跡而邱門託質不負心期一旦推轂貞師渠門錫社顧惟孤拙頻有依投今者正在窮途將臨獻歲曾無勺水以化窮鱗俯念歸蒐猶憐棄席假劉公之一

紙達彼春卿，成季布之千金，沾於下士。微迴咳唾，即變昇沈。羈旅多虞，窮愁少暇，不獲親承師席，躬拜行臺，輕冒尊顏，伏增惶懼。

投憲丞啟

某聞古者窮士求知，孤臣薦拔，或三歲未嘗交語，或一言便許忘年。奇偶之間，彼何相遠。則運租船上，便獲甄才；避雨林中，俄聞託契。此又無由自致，不介而親者也。某洛水諸生，甘陵下黨，曾遊太學，不識承宮；偶到離庭，始逢种暠。懸蘆照字，編葦爲資，遂竊科名，纔沾祿賜。常恐涸中孤石，

終無得地之期；風末微姿，未卜棲身之所。侍郎議合機象，望遍台衡，每敘羣才，常推直道。昨者攝齊邱里，撰刺膺門，伏蒙清誨垂私，溫言假煦。內惟孤賤，急被輝華，覺短羽之陵飈，似窮鱗之得水。今者方祗下邑，又隔嚴扃。誰謂避秦，翻同去魯。佇見漢朝朱博，由憲長以登庸；願同晉室徐寧，因縣僚而遷次。下情無任。

上裴舍人啟

某自東道無依，南風不競，如擠井谷，若泛滄溟，莫知投足之方，不識棲身之所。孫嵩百口，繫以存亡；王尊一身，困於

賢佞。伏念濟絕氣者命爲神藥，起僵屍者號曰良醫。自頃常奉緒言，每行中慮，猥將瑣質，貯在宏襟。今則阮路興悲，商歌結恨，牛衣夜哭，馬柱晨吟，一笈徘徊，九門深阻，敢持幽款，上訴隆私。伏以舍人十六兄法上聖之規，行古人之道，俯敦中外，不陋幽沈。跡在層霄，足有排虛之訐；身居大艑，寧無濟溺之方。伏在庭除，希聞謦欬。下情無任。

上蕭舍人啟

某啟：某聞孫登之樊嵇康，鬷蔑之逢叔向，蓋亦仙凡自隔，豈惟流品相懸。雖三秀鮮華，終難苟得；而一言輝發，因此

相期。曷嘗不仰企前修，追懷逸躅，豈期陋質，偶竊貞規。某器等缾筲，居惟嶺嶠，徒然折簡，非孔門之詞；率爾中科，忝劉錄之第。殷硎協律闕　頃因同籍，遂及論交，竊示裏言，奉揚嚴旨。張司空汲引，先及陸機；楊丞相銓衡，竟遺劉炫。實亦義同得祿，榮甚登門。伏以舍人川瀆降靈，星辰効祉，所冀陶鈞之日，不忘簪履之餘。報不先期，竊比齊門座客；情非自外，欲爲顧氏家丞。徒自捐軀，安能報德。下情伏增依託。

上學士舍人啟二首

某聞七桂希聲契冥符於渌水兩欒孤響接元暎於清霜感達眞知誠參神妙其有不待奔傾之狀寧聞擊考之功亦有芝砌流芳蘭扃襲馥已困彫陵之彈猶驚衛國之弦而暗達明心潛申讜議重言七十俄變於榮枯曲禮三千非由於造詣始知時難自意道不常艱某荀鐸摇車邕琴入爨委悴倌人之末摧殘膳宰之前不遇知音信爲棄物伏以學士舍人陽葩搴秀夏采含章靜觀行止之規已作陶鈞之業遂使枯魚被澤病驥追風永辭平坂之勞免作窮途之慟恩如可報雖九死而奚施軀若堪捐豈三思而

後審下情無任

某步類壽陵文慚渙水登高能賦本乏材華獨立聞詩空尊詣道在蜀郡而惟希狗監泝河流而未及龍門常嘆美玉在山但揚異彩更恐崇蘭被逕每隔殊榛徒自沈埋誰能攀擷一旦雕於敏手佩以幽襟免使琳慚寧貽蕙嘆潛虞末路未有良期今乃受薦神州爭雄墨客空持硯席莫識津塗既而臨汝運租先逢謝尚丹陽傳教取覓張憑輝華居何準之前名第在冉耕之列俄生藻繡便出泥沙誰言獻輅車軨先期畢命猶懼吹竽樂府未稱知音倘更念毛軸終思翼長贖彼在途之厄仍遺生芻脫於鳴坂之勞兼貽半菽平生企望終始依投不任感恩干冒之至

上杜舍人啓

某聞物秉其勢則筭氾畫塗才戾於時則荷戈入棘必由賢達之門乃是坦夷之逕是以陸機行止惟繫張華孔闓文章先投謝朓遂得名高洛下價重江南惟彼歸藁同於拾芥某弱齡有志中歲多虞模孝綽之辭方成殘奏竊仲任之論始解言談猶恨日用殊多天機素少援牛涔於巨浸持蟻垤於維嵩會是自强雅非知量李郢秀奉揚仁旨

竊味昌言豈知沈約扇中猶題拙句孫賓車上欲引凡姿進不自期榮非始望今者未塗悒悵羈宦蕭條陋容須託於媒揚沈痼宜蠲於醫緩亦嘗臨鉛信史鼓篋遺文頗知甄藻之規粗達顯微之趣倘使閣中撰述試傳名臣樓上妍媸暫陪諸隸微迴木鐸便是雲梯敢露誠情輒干牆仞

上吏部韓郎中啓

某識異旁通才無上技幸傳丕訓免墜清芬衡軛相逢方悲下路弦弧未審可畀前朝郭翻無建業先疇稽紹有縈陽舊宅故人爲累僅得豬肝薄技所存殆成雞肋分陰屢

轉尺涕難收仲宣之爲客不休諸葛之娶妻怕早居惟數畝不足棲遲智効一官靡能沾沃荒涼散社流寓窮途高堂之甕社難充下澤之津蹊可見竊以棄茵懷舊尚動深仁投鈞言情猶牽末契敢將幽懇來問平衡昇平相公簡翰爲榮巾箱永祕頗垂敦奬未至陵夷倘蒙一話姓名試令區處分鐵官之瑣吏厠鹽醬之常傜則亦不犯脂膏免藏縑素豈惟窮猿得木涸鮒投泉然後幽獨有歸永託山濤之分赫曦無恥免干程曉之門進退彷徨不知所喻

上蕭舍人啟

某啟某聞周公當國東伐淮夷陸抗持權北臨江漢或陳師鞠旅或築室反耕然後王府圖功合庭陟恪猶垂壯烈尚播雄圖屬者邊塞失和羌豪俶擾煙塵驟起烽燧相連犬牙秦雍之疆蠆尾河汾之地雖登壇授鉞屢選中權而禁暴安人殊無上策相公手捐相印腰佩兵符威不搴旗信惟盈缶莫不周勤體物煦嫗垂仁足食足兵化成於富庶惟風及雨立致於生成今者再振萬機重宣五教方從易簡及表優崇凡列陶鎔咸增抃賀從此鑄彝著德鐘鼎流芳四海遐瞻共卜歸還之兆一陽初建便當霖雨之期某忝預恩知實踰倫等

爲前邕府段大夫上宰相啟

某聞欒氏垂恩延於十世屈生罹譴不過三年雖行一切之科宜聽九刑之訴某謬因門蔭獲忝朝私雖位以恩遷而官由政舉累經重事皆立微勞頃年初忝邕南頗常釐弊事皆條奏不敢曠官冰蘗自居膏腴不染南蠻俶優邊徼先聞始事詳觀飛章備述黃伯選根基深固溪洞酋豪準詔懷來署之軍職李蒙妄因非罪忽使誅鋤某雖任之初濫稱遺愛伍營校隊千里農桑叫譟盈途牽留截鐙爰

從初任以至罷還不戮一夫聞於衆聽其後旣經焚蕩又遣統臨糠粃不充菅蓬自覆曾無祿賜惟抱憂危至無尺絹貫緡以爲歸費及蒙罪狀煥在絲綸以爲徒忝官常曾無制置且經營甫爾物力未周拜疏將行替人俄至仰恩波而不浹駐官局以何由懦怯請兵才非將帥今者九州徽發萬里喧騰憑賊請鋒已至城下則以三千土著衆寡如何兩任經年會無掩襲雖有煙塵之候不踰朝貢之州無勞北軍已自抽退伏念至德建中之際長虵大豕之間願報國恩盡糜家族松楸未拱帶礪猶存顧慙無用之軀

旋漏不私之貸僑居乞食蓬轉萍飄生作窮人死爲醜鬼伏惟相公業開伊呂朗鏡臨人運值堯湯平衡宰物伏乞錄其勳舊假以生成免令家廟豐碑尚垂蟲篆秋庭陋巷長設雀羅戀闕傷魂臨途結欷無任懇迫

上崔大夫啟

伏承已踐埋輪光膺弄印夙承知遇欣賀伏深大夫二十三兄銑社光輝珠庭宅慶居方可裕秉直無從誠宜便捨圭符來調鼎鼐而乃芝田挺秀不許於三農蕙畝流芳寧同於百卉伏想嵇山靈爽鏡水澄明仰止尊高居然勝絕

隱貧居而坐聞絲管調仙家而行有旌旗竊料已飾廉車行離郡界高風在律爽氣盈軒未窮皋壤之秋已領江山之秀瞻望恩顧攀結倍深

牓國子監

右前件進士所納詩篇等識略精微堪裨教化聲詞激切曲備風謠標題命篇時所難著燈燭之下雄詞卓然誠宜牓示衆人不敢獨專華藻並仰牓出以明無私仍請申堂並牓禮部咸通七年十月六日試官溫庭筠牓

欽定全唐文卷七百八十七

段成式

成式字柯古宰相文昌子以蔭爲校書郎累遷尚書郎出爲吉州刺史終太常少卿

寄余知古秀才散卓筆十管軟健筆十管書

竊以孝經援神契夫子搢之以拜北極尚書中候周公援之以出元圖其後仲將稍精右軍益妙張芝遺法庾氏新規其毫則景都愈於中山麝柔劣於羊勁或得懸蒸之要或傳痛頡之方起自蒙恬蓋臻其妙不惟元首黃琯之製

含丹纏素之華軟健備於一牀雕鏤工於二管而已尉則大白麥穗臨賀石班格爲仙掌之形架作蓮花之狀限書一萬字應貴鹿毛書紙四十枚詎兼人髮前寄筆出自新銓散卓尤精能用青毫之長似學鐵頭之短況虎僕久絕桐燭難成鷹固無慙兔或增懼足使王朗遺鬮君苗欲焚戶牖門墻足備其闕也

寄溫飛卿葫蘆管筆往復書

桐鄉往還見遺葫蘆筆管輒分一枚寄上下走困於守拙不能大用濩落之實有同於惠施平原之種本慚於屈轂

然雨思茶器。愁想酒杯。嫌苦菜而不吟。持長柄而爲贈。未會安筆。却省歲書。八月斷來。固是佳者。方知綠沈赤管。過於淺俗。求大白麥穗。獲臨賀石斑。蓋可爲副也。飛卿窮素緗之業。擅雄伯之名。沿泝九流。訂銓百氏。筆洒瀝而轉潤。紙襞績而不供。或助操彈。且非玩好。便望審安承墨。細度覆毫。勿令仲宣等閒中詠也。成式狀。

與溫飛卿書八首

近集仙舊吏獻墨二挺。謹分一挺送上。雖名殊九子。狀異二螺。如虎掌者非佳。似兔支者差勝。不思吳興道士。勿過

因取上章。越王神女。得之遂能注易。但所恨雞山松節。絕已多時。上谷檞頭。求之未獲也。成式述作中躓。草隸非工。惟茲白事。足以驅策。詎可供成塚之硯。奪如椽之筆乎。

昨獻小墨。殆不任用。藉根之力。殊未堅剛。和雞之餘。固非精好。既非懷化所得。豈是筑陽可求。況某從來政能慚伯祖之市果。自少學業。愧稚川之代薪。飛卿掣肘功深。焠掌闕倦齊奮五筆。掟發百函。愁中復解元嘲。病裡猶屠墨守。闕十字承訊忻懌兼襟。莫測詖辭。難知古訓。行當祇謁。條訪闕疑。

昨更拾闕四字之餘。自謂無遺策矣。但愧井蛙。尚猶自恃醯雞。未知大全。忽奉毫白。復新耳目。重耳闕徽闕三字生慙張奐致闕研味難盡。詎同王遠。術士題字。入木班孟。仙人噴墨竟紙。雖趙壹非草。闕十五字肝膽將破。翰苔已疲。有力負之。更遲承問。

赫日初昇。白汗四匝。愁議墨陽之地。嬾窺兼愛之書。次復八行。盈襞交互。訪伏牛之夜骨。豈望登眞。迷艮獸之沈脂。虛成委任。更得四供。晉寢五入。漢陵隱侯。辭著於麝膠。葛元術成於魚吐。寧止千松政染。三丸可和。僧虔獨擅之才。

周禺自謂無愧而已。支策長望。梯几熟觀。方困九攻。徒縈十部。齊師其遁。詎知胑局。

藍染未青。元嘲轉白。責羝羊以求乳。耨石田而望苗。殆將闕賸。豈止愴貌。猶記烟磨青石。黛漬闕書。施根易思。號介難曉。蘇秦同志。傭力有而可題。王隱南遊。著書無而誰給。今則石流琅硯。光滴彩毫。腹笥未減。初不停綴。疲兵怯戰。惟願堅降。

飛卿慱窮奧典。敏給芳詞。吐水千瓶。有才一石。成式寸紙寒暑。素所不閑。一卷篇題。從來蓋寡。竊以墨事故有巾箱

先無可謂附騏驥而雖疲遵繩墨而不跌者忽記鄴西古井更欲探尋號略鏤盤誰當倣效況又劇間可答但愧於子安一見之賜敢同於到惲乎陣崩鶴唳歌怯雞鳴復將晨壓我軍望之如墨也豈勝（闕）居懾處之至韞櫝遍尋緘筠窮索思安世篋內搜伯喈帳中更覩沈家令之謝箋思生松黛楊師道之佳句才發煥華抑又時方得賢地不愛寶定知灾祥不兩誰識穹昊所無還介方酬鬱儀未睍羽驛沓集筆路戴馳豈知石室之書能迷中散痲襦之語獨辨光和底滯之時徵引多誤殫筆搦紙慚怯

倍增問義不休攬筆卽作何嘗懸鼓得槌也小生方更陪鰓尚自舉尾更搜屋犬得復刀圭因記風人辭中將書烏阜長歌行裡謂出松烟供椒掖量用百丸給蘭臺率以六石棠梨所染滋潤多方黎勒共和周遮無法傳元稱爲正色豈虛言歟飛卿筆陣堂堂舌端袞袞一盟城下甘作附庸

諾皐記序

夫度朔司刑可以知其情狀葆登掌祀將以著於感通有生盡幻遊魂爲變乃聖人定璇璣之式立巫祝之官考乎十煇之祥正乎九黎之亂當有道之日鬼不傷人在觀德之時神無乏主若列生言竈下之駒掇莊生言戶內之雷霆楚莊爭隨兕而禍移齊桓覩委蛇而病愈徵祥變化無日無之在乎不傷人不乏主而已成式因覽歷代怪書偶疏所記題曰諾皐記街談鄙俚輿言風波不足以辨九鼎之象廣七車之對然遊息之暇足爲觀覽（一作鼓吹）云耳

塑像記

在世間攘巨寇必思衽金浴鐵強矯雄毅者雖空門亦忿怒鏖撲爲法大防也據內典下天處蘇迷盧之半爲忉利

尉候北方毘沙門統藥乂衆所治水精宮城護世其住處曰紛陀利曰質多羅曰七林曰摩偷曰如意等下壓象跡當歡喜之地上接蜂歌雜莊嚴之境常憍尸迦將破怨敵聖者奪勇健臂出甲冑林獨揭勝幢不頓一戟雙迎妻而垂翅掖修羅而束手猶怒折蓮柄狂搜藕絲蓋多聞位居初地離十二失故經云毗沙門得方便救護之門昔縛喝伽藍北虜感夢而懺悔近于闐聚落西羌覩相而來降其威神營衛肸蠁靈應事無虛譯世不絕書相傳北方天王與瞻部有緣謂西域瞿薩國本天王棲神之處也廬陵龍

與寺西北隅先有設色遺像武宗五年毀廢至大中初重建寺其處爲僧乾立所居乾每謁囈不安旬日方晤遽徙他室昉誓造化方變請押衙熊略爲導首略遂與執白籌者郭宣熊師佐等縱臾閻伍爲說第一施結增上緣獲零㡜貨貝共二十萬略厚自損徹周歲功就乃多聞儀形嚴毅如生肴結雲聚目稜電擊猛焰彗肩蚑蜂搶軒金塗錯落而燐亂形彩陸離而苙角得工巧明矣其或蘷魖蠱側覘是不翅擊三屍磔五冢也及素天女主藏神凡四四事堂內三壁寫載部落雷公掬怒忖留惡覷吁可畏也吉之

人香火徼福林尊乞靈福既據我靈詎乏主噫予曾閱正法念經說摩醯陀山六齋日四天於此會計閻浮提善業豈容不歸敬與略爲學性端介敏辯王公多伏之復晤禪那宗要得總持契訣常持北方眞言大中三年病且死忽夢天王揉戟卓地有泉迸射搏之及面因驚覺汗洽而愈十二年洪州狂賊盜兵殺吏尋定州差略上府至新塗夢天王支塑張目曰世途若此爾欲何往卽宿留數日賊毛鶴果膾肝飲頭尢恣殘酷其踐較著如是十三年秋予閑居漢上略爲交趾使入京請予紀釋氏事以上事請予明張北方故實焉

好道廟記

大凡非境之望及吏無著績冒配於社皆曰淫祠然肸蠁感通無方不測神有所臚鬼有所歸苟不乏主亦不爲厲或降而觀禍格而饗德能爲雲雷誅殛姦宄俾苗之碩俾貨之阜鏁魃籍虎磔螟與蠱可以尸祝者何必著諸祀典乎縉雲郡之東南十五里抵古祠曰好道詢於舊云置自後周莫詳年月好溪本曰惡溪時有陳氏子失名嘗任永嘉長史秩滿北歸卒於溪陰意乎骨青獨勇目紫方視貿

垂冠之一敵恥結綬於千石齋志就木竟不呼醫豈泰山伍伯敦道而行昊天藏吏請告而返何魂不歛於秋柏氣不散於焄蒿若伯有見怪據傳巫語是時陸擅蛇虎水制蛟螭道茀路絕一境相恐吏民始爲建廟木人長史徒儼衣冠桐郎諸侯未加印綬州內昉定畏塗坦夷安流漣漪遂名溪曰好溪路曰好道里人因以署廟焉計其歲月踰六甲子矣廟據水之陽有堂一區連甍四注庭幅甚褊圖像偶像觀怪多駭繒罩旋風楮錢流蘇馬竊銜而欲蹀犬搖銛而欲嗾神狀憑怒幘而褰衣讋伏寇厲政在阿堵其

匡床古媛蓋南帝女郎也萱支紡績狎十巫之語言甘羅伯求遵五路以巡邏闔境畢事咸若戶到致敬不瀆徼福有徵豈同度朔地袁蔣山靈歟予大中九年到郡越月方謁至十年夏旱懸祭沈祀毒泉壘石初無一應始齋沐詣神以誠附箒一擲而吉其日遠峯殷雷犯電焮雲半夜連震大雨如瀑自一更至二更中如散絲遲明稍止溝塍湧況斥鹵沈淖信宿又作梓潼之祠納著王門之廟輸磯事豈虛傳歟以後涉旬不雨田無蔭者復懼再命大將鄭達一杯直視來日雨一時陰一夕田苗斗長其長隱隱稻巨

葆禾長稠菽多旋麻疎節農夫大慶乃撰日而祭焉標二牲首香列方丈參平捨稌捐黍徹犬以魚乾松陽之鰲䑋石亭之鯷蟹螯蠁額備海錯之珍三菁七菹䄠陸毛之品酹泥九醞瀝溜十漿伐鼓交符笙竽狂會巫忽嚏云神大喜因效神軒渠焉手又爲迎神曲著辭七章俾優巫踏之予學儒外遊心釋老每遠神訂鬼初無所信常希命不付於管輅性不勞於郭璞至於夷堅異說陰陽怪書一覽輒棄自臨此郡郡人尚鬼病不呼醫或拜鰪壇閒火焚楮鏹故病患率以鈞爲名有天鈞樹鈞簷鈞所治曰吹曰方其病多巳子曉之不迴抑知元規怠解牛太眞因燬犀悉能爲禍前史所著以好道州人所嚮不得不爲百姓降志枉尺非矯舉以媚神也因肆筆直書用酬神之不予欺大中歲在景子季秋中丁日建

寺塔記

武宗癸亥三年夏予與張君希復善繼同官祕書鄭君符夢復連職仙署會暇日遊大興善寺因問兩京新記及遊目記多所遺略乃約一旬尋兩街寺以街東興善爲首二記所不具則別錄之遊及慈恩初知官將併寺僧衆草草

乃泛問一二上人及記塔下畫跡遊於此遂絕後三年予職于京洛及刺安成至大中七年歸京在外六甲子所留書籍揃壞居半於故簡中覩與二亾友遊寺瀝血淚交當時造適樂事邈不可追復方刊整纔足續穿蠹然十亾五六矣次成兩卷傳諸釋子

送窮文

予大中八年作留窮辭詞人謂予辭反之勝也至十三年客漢上復作送窮祝是年正之晦童稚戲爲送窮船判筒而檣比篺而閶細泉纏幅楮飾木偶家督被酒請禳窮將

酳地歌舞。予謂窮曰。予送非嚵餜歷感。循陰索隙。骭蓳淪餅直脰涎瀝者。非寒哭蔟嫾敗衣網身。惡覿牆間。冷嘯淒辛者。非嚇覞噈巫。欺癡嬈衰。燼藪豬泉。擾押狐狸者。噫有才歘升窋。朘腸嘁喀。幾童其筆。爍心汗滴。以是而歿者去些。有開卷數幅。窒心妨目。褻經攻史。方寸日感。以是而歿者去些。有議古酳今。左淩右侵。麓埡酒涔。短淺不禁。以是而歿者去些。

毀

古之非人也。張口沫舌。指數於衆人。人得而防之。今之非

人也。有張其所違。嚬慽而憂之。人不得而防也。豈雕刻機杼有淫巧乎。言非有乎。

寂照和尚碑

釋氏徒毗尼者。雖不轍乎意地。而形骸之外。是釭是輻。火宅熇爀。羊鹿効駕。亦各也。視中夏聖人。刑自墨數三千。或由性奐。將墨而之贖金也。將贖而之畫衣慚懼也。以至黶務視袷。未嘗犯者。信生於手。鄉可約束。至顏氏子也。西方聖人設戒二百五十。俾隄限身口。徑出生死。今言法者彀喉舌鏑鎧其人。我性鏝奐垢。不常澡雪。近非延裝。或不能孕業人天也。言禪者失之理地。漸磴一念。五位不及能者。吾見其爲泥人。若射鵠也。至乎畛生死之流。閫身口之歧。其在毗尼乎。國初有宣聲乎毘尼。寂寂然將二百年。有照公嗣焉。大德號寂照。字法廣。族麗氏。京兆興平人。父詮。灌鍾府折衝。鎮於咸陽馬跑泉精祠。母竇氏。嘗夢禮掌塔。旣而有娠。不嗜葷腴。及產。吮而不啼。憖而始誰。竇氏日滋善種。福滕穎碩。請介處不餘。其夫許之。塊然若居士之室。太常之齋也。雖蚖口於牀。將螫不觸。遂同謁總持寺積禪師。始具五戒。大德祿執筭。年昉七歲。宇泰定者。仡如顚白。積

公異之。父卽留爲童。俾勤汲煬。不難辭別。初讀法華經五行俱下。次授維摩經俱舍論。未終熱際。腹三百幅。衆號神童。遂毀髮焉。如匠之度木。中若蠹蝎。心入震火。叩之其聲虛嘶。爲桴則速腐。不能久持大廈。故鼓地之桐。大士之種也。澗梓之腹。大士之聲也。荆氏之林。大士之用也。而猊弦號種。一鼓般然。大歷十四年。西明寺遇方等壇試得度。祿於慈悲寺。初肄四分。勤不交睫。卽開講於海覺寺。著名兩街。後弋志於涅槃經起信論。功汰六塵。理混四生。壞隄瀵激。宗流于性。或有墨守慢埭。利喙三尺。一被偈荅。暗革埏

範固毘耶比邱不足以解疑悔也貞元六年詔啓無優王寺舍利因遊鳳翔檀律學者從而響臻大德規規不怠處衆如表影惟直矣或珥多羅葉者鉢蒲蔔蔓者不病面而鑑壁者染瓜而半月形者志慚由右門而出也十年春將夏于清涼山清涼山曼殊大士是司鱗長遊之不誠必有疾雷烈風大德胝趼膜拜終日不息見若白構而梁木散而釭虞乳剽於霓末戟網栂於曦表其光大而緛直細而瑩滴詭狀雲互瞥影電焱千變萬化不可窮極居山雪首者驚曰自有此山未有此相由大德行潔誠著也因履及

蔚州入到此山險如楞伽勢如喬陟榎檜駢植衢柯四布夏籟所及百備苔色其下楬車夜千錦攣芊芊相傳云普賢地也大德望麓一禮五雲觸石越一年之太白復賓於號止發會福慶寺往來於渭濱鄠塢間十餘年後教授隴州稠林槎枿魔界日蹙時昭義劉公邕在普潤息女出家請大德具戒焉元和初疊鐘創鉅感難跂及至三年於感陽魏店立尊勝幢祈磃法界也其年功德使請住安國寺尋移聖容院俾二望僧主之錫二時服各緣七人大德一數也自長慶中寶歷末太和初皆駕幸安國寺大德導於前蹕儀容偈答不隔旒纊因詔入內夏於神龍寺太和二年來延唐寺數乎菩提恤乎禪那洎七年冬季上弦而疾下弦而病將化之夕異香滿風體可折支其月闍維於寺北原僧年七十六僧夏五十七置幢於積祖師塔院門人神晏啓初紀日於幢其詞蔚然矣門人律大德智文其行唯肖門人契元篤說者也大德設臬元構心跡規矩若日出於湯谷至於昆吾是謂正中其徒化之賓賓然不差淨觸噫大德之去佛日虞泉矣門人興善寺實相上人惡俗決疣顚處塵外嗣師之志以成式腹笥三藏請詞其德銘

曰

汗汗元流導於港溝覺路坦夷踰麿其輈燧明厚夜業白東晷由之不懈二乘其軌惟宣斯述惟寂斯紹傴盤樛枉影直其表性苦擢筠貌寒聳冰珠數絕貫衣持壞幓志完海囊爲正法朋隄防意地林猨不騰蒼蔔惟嗅多羅不斷鳴癡翼慧無明破卵燼其業茀弦厥乘緩馳絕中流平漚抉潭一雨濯枝嵐飈鼓翰偈古雲碧庭秋桂丹羣木繩方衆景圭端資糧趼跣長途僅半倏然而往慧曦晼晚卯樹蝤實柰萎霜苑甚垢斯濘衆縛斯覉覺源昉醨大宅災爗

迪豪詎昏品蓮詎凋行著高石劫窮不消

韋斌傳

韋斌雖生於貴門而性頗厚質然其地望素高冠冕特盛雖門風稍奢而斌立朝偘偘容止尊嚴有大臣之體每會朝未嘗與同列笑語舊制羣臣立殿庭旣而遇雨雪亦不移步於廊下忽一旦密雪驟降自三事以下莫不振其簪裾或更其立位獨斌意色益恭俄雪甚至膝朝旣罷斌於雪中拔身而去見之者咸嘆重焉斌兄陟早以文學識度著名於時善屬文攻草隸書出入清顯踐歷崇貴自以門

地才華坐取卿相而接物簡傲未嘗與人款曲衣服車馬猶尚奢侈侍兒閹豎左右常數十人或隱几搘頤竟日懶爲一言其子饌羞猶爲精潔仍以鳥羽擇米每食畢視廚中所委棄不啻萬錢之直若宴於公卿雖水陸具陳曾不下筯每令侍婢主尺牘往來復章奏常自札受意而已詞旨重輕正合陟意而書體遒利皆有楷法陟唯署名嘗自謂所書陟字如五朶雲當時人多倣傚謂之郇公五雲體嘗以五彩紙爲緘題其侈縱自奉皆此類也然家法整肅其子允課習經史日加誨督夜分猶使人視之若允習讀不輟旦夕問安顏色必悅若稍怠惰卽遽使人止之令立於堂下或彌旬不與語陟雖家僮數千人應門賓客必遣允爲之寒暑未嘗輟也頗爲當時稱之然陟竟以簡倨恃才爲持權者所忌

欽定全唐文卷七百八十八

李顧行

顧行元和六年進士官監察御史金部員外郎

上元縣開善寺修誌公和尚堂石柱記

蓋六度爲萬行之本施檀其一焉然以不住相而爲者其用大不希福而捨者其道宏故我廉察使御史大夫贊皇公是以有法財之施焉亦猶眞諦無像因像以教立至人無功由功而用顯誌公和尚者實觀音大士之分形者歟然跡見於近代梁書具載其事夫妙覺本寂法身圓對應

羣品而必呈觀衆生而常度故利見則洪鐘待扣感畢乃慈航息運初誌公之未遷滅也梁武帝命工人審像而刻之相好無遺儼然若對建窣堵波於金陵之開善寺聖功冥化歷代瞻敬人欽其神者二百餘祀公乃具綵舟設旛蓋而迎至則置於聽事西偏方丈之淨室每旦散名花爇靈香時復膳百味鼓八音以展誠敬以申供養公曰觀其寂然不動契定惠於眞宗杜口無言若息心於了義夫色相如影則遺像與全身不殊文字性空則言語與寂默奚異吾知之矣吾得之矣亦既觀相爰歸本寺幢幡贊唄如始至焉公乃減清俸解上服命修珠帳飾花座因陀之網如懸上帝之寶咸在其餘則置膏腴之田以供香火之用所以崇像設顯靈蹤宏有爲之教俾蒙昏之類永有所依歸僧徒等欲昭示於後以圖不朽請刻石以紀事小子承命而述焉長慶四年三月十一日記

韋籌

籌宣宗時官博士

原仁論

救天下者皆曰仁得天下者皆曰利則可乎曰不可也不

得已而有天下則曰仁得已而有者則曰利也善畏其利善決其仁皆聖也湯文王是也原意曰聖人視生民以天下禍福在焚溺無不拏者然則拏而授其家乎將遂拏而有之乎彼家無人而有之不得已而仁矣有人而有之則得已而利矣夏無人也湯有以仁殷有人矣文王畏其利前賢明湯意故曰無伯夷後聖明文王意故曰周之德可謂至德也已矣

文之章解

垂日月所以爲天也光盛而形物於地備禮樂所以成人

也言成而著訓於簡非是而光者燭龍燿火亦光矣非是而言者狂童詖子亦言矣故定曰天文曰人文自文而之於地之於簡者章也然而文在帝則簡在史是以堯文思章於典舜文明亦章於典文王性堯舜之文也文治於西伯章於詩易仲尼性堯舜文王之文而弗帝弗伯也盛章於禮樂經記回性仲尼之文也文不及章偃商學仲尼文而之於人也故學章武城民而經章魏國君伋性其祖者也參以學而章於中庸軻性伋者也勤其道而章於七篇由偃至軻無有禮樂者乎是必由人文而章者也未見不

由而章者也人視影於地者仰而見燭火而不見日月必曰非天文之章也視辭章於簡者久而見狂濫而不見禮樂則不曰非人文之章也浸有不自文而章易曰觀乎人文以化成天下使章不自人文也天下孰觀而孰化

李蠙

蠙字懿川宣宗朝歷官倉部考功員外咸通元年遷諫議大夫

請自出俸錢收贖善權寺事奏

臣竊見前件寺在縣南五十里離墨山是齊時建立山上有九斗壇頗謂靈異每准赦令祭名山大川即差官致奠凡有水旱祈禱無不響應寺內有洞府三所號爲乾洞者石室通明處可坐五百餘人稍暗處執炬以入不知深淺其中石有鳥獸之形及鹽堆米堆怪異之狀極多洞門直下便臨大水洞潺湲宛轉湍瀨實繁於山腹內漫流入小水洞小水洞亦是一石室室內水泉無底大旱不竭洞門對齋堂廚庫似非人境洞內常有雲氣昇騰云是龍神所居之處臣太和中在此習業親見白龍於洞中騰出以爲雷雨寺前良田極多皆是此水灌溉時旱水小百姓將水

車於洞中取水車聲纔發雨即旋降會昌中毀廢寺宇之後爲一河陰院官鍾離簡之所買宣宗卻許修崇佛寺簡之便於寺內所居堂前造一逆修墳以絕百姓收贖建立之路其塋纔成忽見一大赤蛇長數丈據於墳前簡之驚悸成疾遂卒於此子息亦固恡寺前良田竟葬簡之於其間萬古靈跡今成塋域鄉邨痛憤不敢申論往來驚嗟無不嘆息況簡之男姪家業見居揚州海陵縣松櫝亦元在彼處衹以固護廢寺田產一二兒姪在此今伏遇陛下至明至聖凡是墜典已皆舉明今以古跡靈境恐遊翫喧嘩

居人褻瀆肸蠁無依神祇失所尚令官中收贖復置寺宇豈有此靈異古跡兼是名山大川之數今爲墓田理似不可臣懷此冤憤近三十年儻不遇陛下睿思通幽聖慮徹古特降勅命盡許卻收卽難特有論請齊朝梵宇永爲邱墟神仙窟宅終被蕪穢臣今請自出俸錢依元買價收贖訪名僧主持教化同力卻造成善權寺其連寺田產收贖之後竝卻捨入寺家永充供養伏乞聖慈勅下常州差官檢勘勒簡之男姪等移旅櫬歸海陵其寺地及林木莊田等竝重出公驗交付臣勾當軍將待揀定僧徒後施入常

住其收贖價錢亦請便交付簡之男姪等其寺仍請准近勅格度僧住持靈泉勝境因陛下重遂灑掃洞府仙宮因陛下再獲依據佛刹重興於舊地鐘磬復聞於故山臣旣沐元澤獲畢素願臣無任踊躍忭荷屏營之至謹錄奏聞伏聽勅旨

蔣伸

伸字大直祕書監乂子第進士歷佐使府大中二年入爲右補闕史館修撰轉駕部郎中知制誥白敏中領邠寧節度使表伸自副加右庶子入知戶部侍郎九年爲翰林學士進承旨十年改兵部侍郎判戶部以本官同中書門下平章事解戶部加中書侍郎懿宗立兼刑部尚書監修國史咸通二年出爲河中節度使徙宣武俄以太子少保分司東都七年爲華州刺史再遷太子太傅致仕卒贈太尉

對鄂王制

門下周家受命諸子疏封漢氏造邦二等垂制式崇藩屏思固本根逮於國朝必稽典憲太宗創久長之業乃建親賢列聖遵繼守之文廣分土宇朕獲承丕構敢廢彝章非惟永保於皇基蓋亦無私於天下第六男潤生而聰敏性

則溫恭孝敬夙彰誠明日至能服詩書之教居然禮義之姿雖在幼年動由義訓周旋知爲善之樂謙和無自伐之心足可以膺犬牙之封厚麟趾之慶授以茅社錫其桐珪俾爲戚藩以輔王室爾宜繼二南之美躅習三雍之舊儀敬服斯言用光禮命可封鄂王令所司備禮冊命

封盛唐公主制

門下展親外館則必待年廣愛中闈宜光啓邑第七女祥開銀漢秀發金枝孝敬生知柔閑早稟克奉姆師之訓每遵詩禮之文法度自持穠華益茂爰申彝典載錫嘉名俾

承湯沐之封式示邦家之慶可封盛唐公主備禮冊命

授李珏揚州節度使制

門下維揚右都東南奧壤包淮海之形勝當吳越之要衝閭閻星繁舟車露委若非人倫碩望台鼎舊臣則何以鎮撫巨藩允膺僉屬金紫光祿大夫守吏部尚書李珏器量宏深襟靈沖粹道光朝彥德契人師文章窮三變之風學術洞九流之奧莊敬形外溫和積中松筠自高珪玉不耀負經國之策蘊致君之謨輔弼兩帝始終一心忠直貫於金石節操厲於冰霜邦家克寧毗倚是屬敭歷斯久聲猷

益光洎受鉞孟津宣風列郡而能訓齊師旅潤澤蒸黎姦豪懼秋霜之威孤弱懷冬日之愛載膺參選望洽冡卿銓管無差操鑒惟允惟爾早踐驪龍之位再分邵武之雄儒臣之榮可謂全美式崇端揆之重仍兼亞相之權勉思令圖副我嘉寵

授鄭涓徐州節度使制

門下地控淮沂俗推豐沛將軍處右既膺分閫之權元戎啓行必仗貞師之節爰畢成命屬於信臣平盧軍節度使檢校左散騎常侍鄭涓峻直無徒堅明有立渾金發彩夷玉不雕屬文能搴其菁英聚學必窮其根本誠同匪石利可劓鐘早踐華資備揚稱述憲府常聞於避馬外台亦致其擁轅遂列粉闈旋升瑣闥彌高素望深竭忠規洎尹正神州益彰才用不施鉤距之術自銷桴鼓之鳴論洽縉紳名喧輦轂爰授征鉞出臨全齊先路馳聲下車報政黃霸布理人之績寇恂推馭衆之材閱乃器能式光委寄今以彭門重鎮禹貢名區兵車素號於精堅舟楫適當其津要求我良翰惟爾僉諧是宜節費通商均勞齊佚剛柔無忘於迭用威惠必在於兼行約己豐財正身率下俾夫三軍

畏愛一境澄清懋昭厥庸祇服休寵加紫曳履以壯登壇勉副知人佇酬明獎

授孫範青州節度使制

門下作朝廷之巨屏實利建侯委兵旅之大權必先謀帥況地雄北海境接東萊任貢鹽絺俗尚經傳所付至重擢才惟難守太府卿孫範文學傳家清貞厲己以詞律振跡用吏理揚名周旋臺閣之間浹洽休嘉之稱連分符竹出撫蒸黎所至皆號爲循良秉心不爽於誠信洎徵還朝籍服在大僚物情與能公論彌暢俾列象河之位仍司長府

之殷出納有程帑藏無耗念此勤効爰議酬勞乃眷全齊名高中域州實分於伯禹化則起於太公具五方之人成一都之會其所撫制必俟通明夫務穡勸分之謂勤秣馬訓兵之謂備保大定功之謂德救患睦鄰之謂仁率彼三軍行茲四美藩垣東夏羽衞中邦勤修武經靜致俗阜先副朝獎用答予知旣超鄭默之官又進周昌之秩皆謂殊寵佇聞休聲可檢校左散騎常侍青州節度使

授王宰河陽節度使李拭河東節度使制

門下盟津雄屏大鹵名都上控三川旁聯七邑風俗近陪於卜洛山河舊壯於列京苟非謀叶理戎惠能及物則何以並膺閫寄服我朝章河東節度兼諸道行營招討黨項使王宰業貫韜鈐家傳帶礪備五才爲戰器講七德爲武經氣本沉雄望高宿將河陽節度檢校禮部尚書李拭學深堂奧慶襲軒裳以言行爲樞機以禮義爲干櫓才推通變時號正人咸早分武符頗識兵要頃總師旅共平壺關旣宏偃伯之功並著勤王之節嘗酬顯効久殿參墟歷涉清途動聞直道爰自太府出戍涖河載申攬轡之能果稱宣風之美用稽懿績乃踐齋壇朕以雜虜犯邊天兵在野

盡護諸將屬於長材而宰以微恙所嬰全師難進虜成逋寇始務更張宜擁旆於中軍復建旄於善地久以晉陽作鎭戎索所鄰撫其四封必資碩望而拭臨人著術整衆有方克樹休聲允膺茂選俾旼轅於東夏盛推轂於北門爾其肅彼戎行條其吏職內安凋弊遠贍征徭勉副虛懷佇振紀律不移鄭武之位再居陳寵之班懋乃有終式承丕命

授幽州留後張允伸充節度使制

門下統制方隅昭宣威略苟非績効之茂孰當委寄之權故開幕任青登壇拜信建置斯重古今爲常幽州節度留後檢校左散騎常侍張允伸性稟誠明才推倜儻端已每存於忠孝嗜學早習乎天人偘然器能冠於戎籍自維城遘領留務在躬惟專報國之心以洽奉公之道節度旣換儉恪彌勤況遼陽甲兵之雄幽都控馭之遠假機謀以董雜俗資刑賞以靖朔鄰由是錫鈇鉞之正名授喉舌之顯秩升以亞相示之殊榮於戲施令在嚴失之者則虐爲仁由惠過之者則非所宜政不遠苛法不隳制講武備以禦寇舉化條而育人服吾寵光佇爾休問可檢校工部尚書

幽州節度使。

授田牟靈州節度使制

門下。秦築城以備虜。未若選將爲長城。漢設策以禦戎。吾知得人爲上策。況朔野之北。全涼以東。兵臨五城。地遠千里。非籌勞無以分爵土。非用武何以示恩威。副吾勤求。允屬雄傑。檢校金部尚書金吾衞大將軍田牟。才度間生。智能兼資。家承弓冶。業擅韜鈐。而又揭厲儒流。詳嫺吏術。不戰而烽煙自息。言兵而勝負已知。洎早服官榮。常參羽衞。流五原之懿績。播三鎮之威聲。風猷藹然。令望斯著。如爾

兄弟之孝友。化於閨門。祖父之忠貞。書於竹帛。是用擢在環列。爲予警巡。覩其形容。益見誠意。朕以黨羌未滅。邊障是憂。藉汝通明。與我安撫。所宜勵清廉於虜俗。宣惠澤於戎人。恢紀律貴乎齊刑。理蠻夷惡其生事。藩垣北地。控帶長河。仍加毛玠之榮。不攺趙堯之秩。可檢校吏部尚書靈州節度使。

授鄭光河中節度使鄭朗汴州節度使制

門下。蒲津重鎮。式居關輔之榮。梁苑故都。上應房心之野。若非德繼周舅。才超漢臣。誰當重難。允彼僉議。銀青光祿大夫檢校兵部尚書兼左金吾衞大將軍鄭光。風宇沖曠。襟懷坦夷。常推陰識之心。早慕竇嬰之美。浙江道觀察使檢校工部尚書鄭朗。氣韻黃鍾。文含大雅。退食著羔羊之節。進身無茅茹之連。或業擅宏圖。名高懿績。鎮青方而謳謠未息。總緹騎而績効已宣。或誠由事彰。行與言契。踐三署而風猷暗襲。廉四方而惠愛相輝。而皆並立本朝。藹然時傑。品乃才用。副吾深憂。錫瑞分珪。以示恩寵。嗚呼。國家自天寶之後。中原宿兵。元和以來。信義方洽。近者或任非所付。官不敬常。莅事者以依阿爲雅尚之名。將軍者以姑

息爲苟安之計。爾宜攺轍而理。貞師以嚴。吏姦必除。法弊當革。是以再題陳寵之劒。不易趙堯之印。授彼戎律。榮登將壇。勉揚休聲。罔忝厥命。

盧鄴

鄴大中二年官檢校禮部員外郎。

姚婆墓誌

范陽盧鄴幼女姚婆。年八歲。生而穎悟。皙而秀妙。纔能言而知孝道。纔能行而服規繩。纔能誦而諷女儀。纔能持而秉鍼組。動有理致。婉而聽順。衣服飮食。生知禮讓。先意承

志不學而能常期長成必有操行芳譽流於親戚之間何圖玉樹先秋蕣花早落敏而不壽痛何言耶以大中六年十月三日夭於襄州官舍以明年七月十三日葬於鄭州滎澤縣廣武原祔叔祖贈給事中府君之松檟冀冥寞之內魂而知歸以其封樹不廣懼年代未遠而邱隴夷平聊刊片石以敘其年月與事實冀千載之後不至湮沉耳大中七年七月十三日前檢校禮部員外郎盧鄴記

李儉

儉大中二年爲幽州節度使掌書記

銀青光祿大夫太子中允贈工部尚書清河張公神道碑銘

天垂四序所以表成歲之功地別九州所以分代天之治寒燠之運行叶度河岳之感應有期是故體五常而承五福贊九德而著九功盛業克著於旂常佳名攸傳於竹帛素行蘊蓄於至德積慶必貽於後昆傳曰名德若不當代其後必有達人富哉言乎有唐贈工部尚書張公孕靈有道之邦懷抱縱橫之略宏圖推於一德奇表出於萬人操筆運六體之工彎弧倍六鈞之力輕財扶義急病攘夷然諾信於友朋賙給行於州里不以一隅自束不以一節自恃情懷久約常從結駟之遊座列嘉賓遍受脫驂之惠視公家之祿於我如浮雲顧金玉之藏比之於纖芥居如列土譽若置郵語默順時浮沉樂道偃俛從事逍遥不羈嘗仕本州歷居右職貞元初勅授銀青光祿大夫太子中允四年薨於昌平縣之官舍春秋七十有五旋窆於文安縣之西北安樂鄉原夫人扶風郡太夫人魯氏左廂兵馬使太子詹事福之女行符箴頌禮具蘋蘩後公二十二年而沒至是祔焉禮也公諱仁憲字仁憲其先清河人五世相韓文成見稱於漢代三臺輔晉壯武克大於當時昭彰四

表厭飫八極祖諱烈爲瀛州刺史封清河伯遂家於燕王父諱佐明宣威將軍行幽州游徼府右果毅都尉烈考諱元皎宣節校尉幽州潤德府折衝都尉奕世載德克廣前修輝華閥閱之門錯綜崆峒之秀元子諱神寂無祿早世嗣子諱光朝冠軍大將軍行左威衛大將軍檢校國子祭酒遷兵部尚書訓稟義方才推命世學該典禮識洞機符倜儻不羣洞達無撓出則摧敵鋒居則筦韜鈐珠履嘗館於三千鐵衣時駐於十萬勳銘彝器譽冠縉紳銀黃坐致

琴筑自娱膺福履以樂天坦襟懷以卒歲積慶垂範高朗令終誕生元臣爲國巨鎮兵部嗣子仲武今幽州盧龍節度副大使知節度使兩蕃經略盧龍軍兼充招撫迴鶻等使銀青光祿大夫檢校司空同中書門下平章事兼幽州大都督府長史蘭陵郡王食邑三千户星辰降祚而秉政清熙帝圖立言而金玉王度嚴干戈以衛社稷推彖象以究天文側席求賢勞心致理歷階清級夙奉鴻私洎受鉞專征登庸任相和羹鼎鼐圖治六卿之先爲國幹楨論道三臺之列破獯鬻之衆帳盈七千拓鮮卑之疆地開千里

七狄稽顙百蠻投誠張國四維承天八柱實生靈之藻鏡爲明主之腹心由是賞受二帥職承閫外之專澤被壹宗闕受專城之寄伯氏諱仲斌蔚州刺史靜塞軍營田團練等使兼侍御史季諱仲至今涿州刺史永泰軍營田團練等使檢校工部尚書光祿大夫姒續家寶蟬聯國楨黃霸爲列郡之雄關羽乃萬人之敵相國有子曰直方國子祭酒兼御史中丞蔚州有子長曰得輔國子祭酒兼侍御史次曰得平兼監察御史審州司馬敬鉉幽都主簿敬殷幽州參軍洎長房有子曰沛早亾琇兼監察御史有孫曰惠達兼殿中侍御史皆珪璋特達冠蓋相望丹青克紹於形容蘭菊聯芳於英蕤所謂勳業卓冠儒史名家穆然清風高視羣品相國以逮事逾遠聿修漸遥松楸既行貞珉未勒景行安仰思心罔寧是用伐石他山建碑立隧以倹居其家常窺舊史竊熟華宗授簡勒銘期於直筆盛德難名扣元關而常思嚾涣謏聞強繹媿黄絹而徒媿受辛終惟恐惶敢載銘曰

自泮元黄郎垂載籍華宗上德奇謀異跡問道赤松受兵黄石道著昭晰慶流輝赫當塗代漢典午承曹地分東西

位列卑高爲郎著節作宰操刀國儲俊乂代有英髦降及元魏清河運偶爲郡臨燕卜居戴斗公卿寵宅德義泉藪史不絕書士無虚口惟唐八葉誕生尚書文章軌範禮義權輿揮金滿路載德盈車清風穆若善貫沽諸泳遊道德藴蓄儒史力荷千鈞名馳萬里不享眉壽不登貴仕道邁前修慶流後嗣克生令子實曰時英魁梧器宇性格恢宏爵位隆重度量襟靈業惟匡國學表過庭厥有孝孫作唐丞相肅穆鳳池崢嶸玉帳持衡任重仗節心壯龜鶴齊年山河比量藉藉羣從愔愔德音或臺或閣如玉如金日星

照地。桃李垂陰。雪霽崑閬。花繁鄧林。晉勒景鐘。衛刊彝鼎。金石既刻。丹青重炳。

孫諫卿

諫卿。金陵人。大中時鄉貢進士。

唐明州象山縣蓬萊觀碑銘 幷序

聞圖經寶書之蓬萊山。其迹近古。昔相語秦始皇帝使乎仙闕輩徐福也使泛滄海訪神仙之術於蓬萊山。此闕四字遊止之樂。竈蹤殘丹井泉在。觀名焉。自隋君統宇之二年廢去之。考乃遺址。肅皇在上。汝南袁仲宣守臨闕四字聞能

祈福闕二上字興起焉。神龍之初。縣肇名翙城。詔屬於台。及乎廣德之二年。爰移於明。台守仲宣得闕四字已七十年闕屋伐闕荆榛叢荒山屬層疊翠寒冷。其徒無名人不能宣舉闕十一字霖闕五字老闕幾還闕歎闕遺壓闕今上登御之元年。縣令宏農楊宏正帝命而官也。精苦吏事。操心義闕五字白玉投闕者也。喟然而嗟之。闕四字沒於高蒿。牛羊牧之。狐兎馳之。許乎葺全不最細。其事任刀未堪足。闕五字今世吾且不能率不能不闕爾子來乃日計之。日計之不足。以月而年。必爲之成功。一唱也而人罔不感。而闕六字人闕二字思嘗望之闕二字不闕三字其爽者也。縣令然之。告刺史隴西李公敬方。既知不私也久矣。賞舉闕五字人私以闕太守登進士闕三字試爲美。豈知乎大惠生民。苦心建業而異之。我守明歲餘年矣。闕恩更於陳闕五字事無隋焉。彭城劉操郡督鄮也。職禦謹闕二字繩無闕三字悉力而前闕行其道者也。念此蓬萊。非宏農君不能闕五字隴西公莫從也。乃召工之能匠庸作闕甃高闕四字是壇刻華疊砌。築室架棟。上搆崇崇。屹倚橫巘虛巒闕五字起自下而高。龍翔鳳舉。勢壓奔嶺。海日闕照赫赫融融。亦孔之闕縣闕二字肆民之病。請禱而

已。大字書貞元闕五字之御序而初止方之闕數十闕二字俸無悔以答爾。家無餘儲。縣令仁乎民乎。知乎既了事他山鑿石。是闕五字負荷之力闕入地壯勢。如走爲秉筆者書之文章。銘曰。

周祚將衰。老聃隱也。其道明明。溥天之下。其一教言何有。可得聞乎。維道與德。古今共宇。其二誰言隱去。厥德不死。闕四字上善若水。其三道不可道。邈哉微言。衆妙之門。元之又元。其四廢與定矣。敗斯必成。在昔隋朝。當道毀平。其五與言何自。自肅皇帝。天半瀑泉。高秋鶴唳。其六七十許年。猶孤殿闕愁大

風起吹落滄海其七爰力爰謀有宏農人功而不費煥然而新其八海月微明仙衣翩翩高壇步虛聲入松雨其九建此大猷實揚之功報言其徒自高清風其十

李節

節大中時進士嘗爲河東節度使盧鈞巡官後官戶部郎中

餞潭州疏言禪師詣太原求藏經詩序

業儒之人喜排釋氏其論必曰禹湯文武周公孔子之代皆無有釋釋氏之興衰亂之所奉也宜一掃絕刬革之使

不得滋釋氏源於漢流於晉瀰漫於宋魏齊梁陳隋唐孝和聖真之間論者之言麤矣抑能知其然未知其所以然者也吾請言之昔有一夫膚腯而色凝氣烈而神清未嘗謁醫未嘗禱鬼恬然保順罔有札瘥之患固善也卽一夫不幸而有寒暑風溼之疴背瘫而足躄耳聵而目瞑於是攻熨之術用焉禳禬之事紛焉是二夫豈特相反耶蓋病與不病勢異耳嗟乎三代之前世康矣三代之季世病矣三代之前禹湯文武德義蕃之周公孔子典教持之道風雖衰漸漬猶存詐不勝信惡知避善於是有擊壤之歌由庚之詩人人而樂也三代之季道風大衰力詐以覆信扇澆而散樸善以柔退惡以强用廢井田則豪窶相乘矣務封略則攻戰亟用矣務實帑則聚斂之臣昇矣務勝下則掊尅之吏貴矣上所以御其下者欺之下所以奉其上者苟之上下相仇激爲怨俗於是有汨羅之客有負石之夫人人愁怨也夫釋氏之教以清淨恬虛爲禪定以柔謙退讓爲忍辱故怨爭可得而息也以菲薄勤苦爲修行以窮達壽夭爲因果故賤陋可得而安也故其喻云必煩惱乃見佛性則其本衰代之風激之也夫衰代之風舉無可樂

者也不有釋氏以救之尚安所寄其心乎論者不責衰代之俗而尤釋氏之盛則是抱疾之夫而責其醫禱攻療者也徒知釋因衰代而生不知衰代須釋氏之救也何以言之耶夫俗既病矣人既愁矣不有釋氏使安其分勇者將奮而思鬭知者將靜而思謀則阡陌之人皆紛紛而羣起矣今釋氏一歸之分而不責於人故賢智儁朗之士皆息心焉其不能達此者愚人也惟上所役焉故離衰亂之俗可得而安賴此也若之何而翦去之哉論者不思釋氏扶世助化之大益而疾其雕鏤絲繪之小費吾故曰能知其

然不知其所以然者也會昌季年武宗大翦釋氏巾其徒且數萬之民隸具其居容貌於土木者沈諸水言詞於紙素者烈諸火分命御史乘驛走天下察敢隱匿者罪之由是天下名祠珍宇毀撤如掃天子建號之初雪釋氏之不可廢也詔徐復之而自湖以南遠人畏法不能酌朝廷之體前時焚撤書像殆無遺者故雖明命復許制立莫能得其書道林寺湘川之勝遊也有釋疏言警辯有謀獨曰太原府國家舊都多釋祠我聞其帥司空范陽公天下仁人我第往求購釋氏遺文以惠湘川之人宜其聽我而助成

之矣卽杖而北遊既上謁軍門范陽公果諾之因四求散逸不成緼帙者至釋祠不見焚而副剩者又命講丐以補繕闕漏者月未幾凡得釋經五千四十八卷以大中九年秋八月輦自河東而歸於湘焉噫釋氏之助世既言之矣嚮非我君洞鑒理源其何能復立之耶既立之且亾其書非有疏言識遠而誠堅孰克宏之耶吾喜疏言奉君之令演釋之宗不憚寒暑之勤德及遠人爲敘其事

陳會

會官恒州刺史

彭州九隴縣再建龍興寺碑

郡之雉東方萬楹橫空屹然麗譙之欲造乎天倪者某名曰再建龍興之佛寺焉厥初寺號太空天授二年爲大雲我唐開元中詔號龍興會昌五年廢爲閒地巾像示滅鐘磬絕耳樓臺爲薪吁呼表成毀之數者其實在言然而不知言者徒行咨坐歎以爲吾釋門之大教將灰燼於今日矣殊不知流濁者攪而清粃多者簸而精繇是未經歲我皇馭九土懷八荒以爲我之提大化也無欲其一事之不得其所於我也而況釋之教毗我之爲理者深可取焉宏

大法則生死皆無是鎖我之七情也推小乘則禍福皆有是劃人之衆惡也惡之興我刑止於殺惡之釋我刑惟其生繇是澄上流禁浮俗曾何以異我之理焉繇是我夏庚元郊而復詔天下使率土郡府各復其寺寺之數郡府有差釋之數男女一致其於天彭爲郡得復寺之二焉二之數龍興居一一寺度僧三十精選潔行能臻不二之門者居其右焉開須達之園者抑其次矣謹住持善完緝使材無遺用衆有所歸肩一心紹前搆不瞬目使其寺如從涌出者其慎選得人力焉其始也披蒿萊劃榛莽重疊敗棟

草創危梁嚴贊頌晝夜以聳其信心示因果教化以開其衆意既而遠近咸萃耆艾畢臻浹月疊旬資糧山峙嘯良工度貞木繚以周牆七百餘尺亘以修廊閒百十四然後中堂雲構三門洞開儼八臂之瑞容豔丈六之金質崢嶸矗落哉飾邃宇而鳳欲狂飛抱危梁而蟉將掬力吁呼窣窱瓌麗固不可一二言之也況乎列開講宇周繪四牖東序設以聖神部伍合沓西廂施治無畏常睟慈容然後做以天途寫其地府笙鏞鐃鈸嘗聞眞界之音鼎鑊砧鎚盡載酆都之苦是使卽之者勇善望之者悛惡誠象設之多

岐亦箴規之別戶者也況創浮圖建寶刹請金口之妙典萬軸玉崇銘佛頂之眞言講幢珠綴是知摩騰建寺豈滯有爲如來葺門寧妨無著以是因復寺而破性相者以爲空寂兩忘方歸眞諦性相俱在未入妙塗如是則理乖圓對法闕影從俾迷方者盡不得出於三途溺川者何緣拯於五衍茫茫八表盡從心猿浩浩羣生誰調意馬因知空寂與性相同途性相與空寂易軌非性相無以臻空寂非空寂無以見性相是知性相爲空寂之筌蹄空寂因性相而超度如是則寺不得不復道不得不宏捨之不可猶四教之在躬爲之則無何三乘之別載大矣哉釋教之復興者其於誨誘弼化不可得而名也而況彭門地控山河俗多獷猂邪正相軋是非堅明雖五刑具設誠足以攝其威而百法俱陳固可以歛其惡予剖符是郡星欲二周守成之下螟蝝望境而他飛行化之初商旅乘風而沓至以是公多暇日因諸衆長老與鄉之鮐耋之請而書復寺之歲月以廣其一二焉銘曰

吾皇混一三教兮復建仁祠復之多少兮其數甚宜不屈土木兮不奪耕機吮筆糾窮兮日用不知上或以之爲定

制兮不熾不衰寺之一復兮衆知其非

賈防

防咸通中鄉貢進士攝鄆曹濮等州館驛巡官

新修曲阜縣文宣王廟記

皇帝御寓之十年歲在己丑夫子三十九代孫魯國公節鎭汶陽之三載秋霜共凜冬日均和里閭無桴鼓之聲耆艾有袴襦之詠道已清矣政已成矣於是瞻故鄉以徘徊想廟貌而怊悵乃謂僚佐曰伊子聖祖實號儒宗英靈始謝於衰周德教方隆於大漢爰因舊宅是構靈祠粤自國

朝屢加崇飾文榱繡栭雖留藻繪之功日往月來頗有傾摧之勢故老動淒涼之思諸生興嗟歎之音今悉鎮東平幸邇鄉里雖無由展敬而敢忘修營既而飛章上陳請以私俸葺飾由是命工庀事飾舊加新浹旬之間其功乃就門連歸德先分數仞之形殿接靈光重見獨存之狀睟容穆若更表溫恭列侍儼然如將請益丹楹對聳還疑夢奠之時素壁高標宛是藏書之後槐影疎而市晚杏枝暗而壇孤不假大夫幽蘭自滿無煩太守刺草全除稷門之舊業俄興闕里之清風再起既可以傳芳萬古亦可以作範

一時且聞闢以來霸王之道言其德也莫踰於湯武語其功也無尚於桓文墳土未乾而邱隴已平子孫縱存而蒸嘗悉絕夫子無尺寸之地徽一旅之衆修仁義者取爲規矩肆強梁者莫不欽崇生有厄於棲遲歿居尊於南面而樵蘇莫採廟貌長存道德相承簪裾不絕則夫子之道既可章於積善魯公之德實無愧於聿修防目覩靈蹤躬尋盛績仰聖姿而如在歎休烈而難名承命紀功讓不獲已刻諸貞石深愧菲才謹記

欽定全唐文卷七百八十九

劉蛻

蛻字復愚自號文泉子長沙人大中時擢進士累遷右拾遺中書舍人忤宰相令狐綯出爲華陰令終商州刺史

論令狐滈不宜爲左拾遺疏

臣伏見新除左拾遺令狐滈大中之時其父執政傳家之子弟之法布衣干宰相之權瘡痏者莫匪浮憎進拔者悉皆有謂凡四方節鎮價同交關三署官司精專與奪潛行遊宴頗雜倡優鼓扇輕浮以爲朋黨籌謀日夜聚蚊如雷變化施張赤地成海天下側足有識寒心竊以官列諫垣

號爲供奉縱遣人同列鶴然則職貴存羊夫陷父之義居家不爲孝子事君之後見利豈爲忠臣伏惟陛下敦崇教化懲艾澆漓凡曰名器不當猥濫事之可惜體難盡言臣於滈家本無嫌璺于陛下則是職司謀其身則身輕舉其職則職重不然臣何故結冤權豪之族輕踐危亡之機白日所臨赤誠可見況物如脂膩近則汙人官若薰蕕固難同器誓以愚見義不比肩干冒聖聰乞迴成命

投知己書 一作與大理楊卿書

復何事哉。弓矢乎制敵之事。今爲導衛羽儀。金革乎勇衆之器。今爲節奏和聲。射宮蓬蒿。幽燕少年恥蹈其下。文之用莫過乎當時文之人。莫過乎閤下。復何事哉。漢旣治世。詩書禮樂皆已逸墜。求亡書者。冬官考工開千金之購。議帝制者。進退贊拜。定茅蕝之中。而今河洛塚壁圖簡編修。登降俯仰。不倒步序。便蕃之儀。莫過乎當時優游之學。莫過乎閤下。復何事哉。材力旣以相譽。忠正得以相扶。及秦世爲之妖言。東漢爲之黨禁。公道畏忌。相顧而野死。今布衣匹夫得歌。王公大人之盛德。先進達生。得薦布衣匹夫

之事業。唯其公當舉之不以爲疑。扶之不以爲黨。無私之道。莫過乎當時舉能之心。莫過乎閤下。嗚呼。茍有其時而無其人。雖有舉能之心。斯爲閤下惜。有其人。有其時。而閤下茍不留意屬念。斯爲來世弔。蛻生二十餘年。已過當時之盛。棲遲困辱者。未遇當時之人。書成而嘗樂乎其時。出車滿於道路。而才高於蛻忌蛻侵。已才下於蛻畏蛻擅名。是以深知之者不得終其朝。欲振之者又自無其力也。謂其書空爲來世弔。已矣乎。不意得與閤下不爲異世。同乎文字。所謂當時之人。斯非閤下者乎。則其人未死。口能言。手能書。閤下見之。復用何禮以接之。旣接之。復用何詞以譽之。譽之得盡其才。接之得盡其禮。斯人也讀書業文。得有知己。居窮守道。死且不朽。復何事哉。

答知己書 一作謝舊恩書

蛻嘗感近世知己驪離。交道沈廢。不忍終日疚之於心。思出其門閭。上謁於公卿。水行吳楚之城。陸走商周之甸。旁聽天下。歲晚而歸。卒無所遇。是十六國之故墟。四瀆之隅落。未足爲大也。卒不能副蛻也區區之望。況有一言解相印。一見爵上卿者乎。斯不無人。晚乃遇之。不自紹介之口

不因媒屬之勢。纓綏車佩下入蓬蒿。一言而膠附不離。有憂其終始出處之事者。況蛻之遇執事於南康也。其來六月而餘。無不得日奉論議。欲變陰谷爲生植之地。起死人爲奔走之夫。返覆踰時。將止復動。雖人有昆弟親戚之愛。哭其死。憂其病。禁其違。則或過於執事之心。至於誘掖殷勤。不遽以違命見絕者。則昆弟親戚相强一不相從。則終身不復意之。蛻前日來求人爲知己交道之心。一旦得遇昆弟親戚之愛。又自思之。而夫人之身。宜如何以報謝。將報謝。復與執事何所補哉。然有意益厚。違命固難者。則不

敢書具式託之於韓繁秀才風雪滿硯不獲多書

上宰相書

天下固有良時旣去而悲歌嘆泣之不同故當時則嘆已去而泣過時而歌然君子居其位則恥聞之不在其位則恥不能言之其爲士君子之心不忍聞之與聞之而不忍棄之則一也夫思慮可以精安危步驟可以負戈殳彊勁莊勇持久有守臨事不亂然而良時不與斯不得不嘆旣而信不見任知不見謀周遊而晚歸風雨相半苦其精力良時不集而畏事之不成斯不得不泣及其田園已暮始

反鄉里白頭無成或反自疑斯不得不歌是其爲人皆有憂天下而欲用其道者也不私其身之安佚而休者也旣不私其身則公於悲歌者歎泣者也而是人豈以富貴而後天下之心哉蛻也歌之則已太蚤泣之則不得不豫訐嘆之則正當其時而君子未聞雖然閤下及其少壯而用之無使後時泣歌恥累君子幸甚太元曰當時則貴已用則賤其不可後也已矣況當今巖無人矣溪無人矣佐王活人之術一皆以文學進苟文學進而君子不動心則蛻也不知其所以得罪

獻南海崔尚書書

所謂大丈夫豈天使爲之哉以其進爲天下利退有百世名顯爲諸侯師默成萬世法而已爲退默者爲避人得時而退默者爲自進爲進顯者爲必行不得時而進者爲失志是以雄才盛德不可以不兼其時故無其時不可行也有其時而志未達又不可行也志達而未信於天下又不可行也上位之人有不可故下位之人有踰垣塞牖而自遁者又豈惟退默而已矣方今天下百姓不敢爭步畝四夷不敢犯守陲自元和已後國家不傷一夫不亡一矢雖

有豎子弄兵曾無根穿皮蠹之患尋已伏誅然而閤下不謂無其時乎昔雍邱不能以才達求討吳蜀以自試班超不能守其家儒然後得官校尉夫文家之不遇清世不免操弓矢而擐甲冑也今則仕由文學著官自清顯尊閤下不謂志未達乎夫南海實筦榷之地有金珠貝甲修牙文犀之貨非茂德廉名國家嘗重其人閤下不謂未信於天下乎當其時士亦故不以天下之廣居自臨其身不以天下之道自負以不知已故賂媒請介則不忍爲守媒待介或有所自棄故退默者不得不自進矣閤下以爲時乎未

可也嗚呼蛻之生於今二十四年雖天有南無可置其門雖天有東不得開其序伏臘不足於糗糧冬夏常苦於皲濕然而因時著書滿十卷自謂不有得於今必有得於後不有得於人必有得於鬼神今則力疲而天下笑日暮而郵舍閉今閣下進爲天下利而又顯爲諸侯師之時柰何得爲踰垣塞牖之蛻乎故先自棄南嚮再拜不勝懇懇窮泰有時未可知也謹貢舊投刺書一卷以其最近於情雜歌詩共二卷以其頗有逸事伏惟周賜觀覽無憚僇笑

復崔尚書書

男子生而射四方所以有四方之志故懷其道不可以退已非其人又不可以動心今蛻也伏念仁人在位野無君子不敢隱忍自匱削簡授僕夫堂上猶遠況千里之悠悠哉亦將天未甚棄果遇閣下嚮不私岸谷與高下爲應不戮其使得復廬下而又重幣厚辭素未嘗遇知者嘗爲齊桓公之明活俘而相晏平仲之賢贖隷而友夫俘未至而鮑子先言之桓雖智不逮安得勿相隷未言而晏子已見其色雖智不逮安得勿友豈如左右無先言之人閣下未見蛻之色而與之歎息乎與之教道乎然後心因閣下而動已爲閣下而知不復遺恨幸甚幸甚雖然敢不再拜以謝知已而自道其所得罪蛻早不量已嘗欲與其道以死生樂之自以得其位即欲立殊節於君友不得其位即欲垂長幅於後世然而以爲身屈則道不勝語卑則道不明以其諠譁不敢安已矜道也不敢矜於口也伏惟閣下以忘道而圖已執若道勝而已勞乎從俗而飽其親執若道在有君子而後顯其親乎閣下不以行已失態天命拙塞乃復書問曰恃才傲物歟論議險直歟儕伍擠毁歟夫承責仕之後身尊而食足然踞辱卒吏猶有陷人於急況蛻

近世無九品之官可以藉聲勢而又當時無綿絡之舊無一簞之食設有乘人之氣而窮賤奪其氣矣何能爲也使蛻一日爲病狂妄人而行之俄而自成怪笑不止人之怪笑也然則希權門以媚嬖媵讙衆口以贊曲私瞻視行坐傾身預起則信乎對南面如濠壁之相峙也如此豈曰恃才傲物乎險直之在已不得其人而盡言之則有殺身磔尸之禍得其人而盡言之則有忠義諒正之名使蛻前不得其人而言之則身死已久得其人而言之則安得困而至此故豈曾論議險直乎蛻伏以冠衣不完潔趨拜未識

威儀又伏念春秋時四人受縣而後見魏子則古之人之見也其不在受恩之後乎謹重遣前使以謝殊遇以結後計蛻再拜

賀友人拜右拾遺書 自外府協律召拜

今日街東見詔書以執事拜右拾遺朝廷之意將有在擇能言者而使之言哉雖執事材氣壯健它日無不乘之若驟以地遷邪未嘗有也故蛻謂朝廷之意將有在也會欲用樂正子爲政孟子聞之喜而不寐僕不止爲執事且爲天下不寐也丞相致主上復貞觀之業自此敢伺察者必

得伺察敏口舌者必得口舌舊所嫌忌出棄者稍稍引用蛻幸未老一二年得見朝廷治平著歌謠爲訓詁也然人世幾何時不可遭伏惟執事飲食起居無忘丞相意

上禮部裴侍郎書

臨其事不能苟有待而先自請者閤下以爲難乎贊功論美近乎諂餙詞言已近乎私低陋摧伏近乎鼠竊廣博張引近乎不敬鉤深簡尚則畏不能動乎人偕儷相比又畏取笑乎後情志激切謂之躁詞語連綿謂之黷夫臨其事而自言者其難如此也然不有聽者之明言者無病則固當背惶踖蹴俟乎知者而自知也用者而自用也安得持一言於已難之時者哉然或不得已而言之者亦將自言而已矣又豈敢因其時而遽言大體哉蛻少時不知小人通生有自可之事樹之爲梔茜種之爲穀粟賈於市釣於江亦以老也無何羅絡舊簡附會時律懷筆啟於縉紳家十二三年矣謂丱而習之齔而成基壯而歷級乘時無難梗寒苦之疲今者欲三十歲矣所望不過抱關輸力求粟養親而已何者家在九曲之南去長安近四千里膝下無怡怡之助四海無强大之親日行六十里用半歲爲往來

程歲須三月侍親左右又留二月爲乞假衣食於道路是一歲之中獨留一月在長安王侯聽尊媒妁聲深况有疾病寒暑風雨之不可期者雜處一歲之中哉是風雨生白髮田園變荒蕪求抱關養親亦不可期也及今年冬見乙酉詔書用閤下以古道正時文以平律校郡士懷才負藝者踴躍至公蛻也不度入春明門請與八百之列負階待試嗚呼蛻也材不良命甚奇時來而功不成事修而名不副將三十年矣今而後閤下進之蛻亦得以至公進閤下退之蛻亦得以至公退進退者由閤下也未可知也干黷

尊嚴敢忘僇辱情或須露豈曰圖私不然則蛻也豈敢蛻再拜

與韋員外書

蛻性甚冥頑識不及高嘗以當今由文學求用遲其顯遇在執事未知如何蛻輒自愛而庶幾不惑也故進不暇視地食不及卒哺起居不忘於文窮泰不忘於文雖分不出畛實愛且專也執事以爲愛乎未也蛻爲人子二十二年唯初七年持瓦石爲俎豆戲其餘卒不離前之志也執事以爲專乎未也伏念方今人人自謂力然沛若有餘今日

以執事如重星輪月爭下堂而觀之畏已後耳宜乎人之心適在往越而使去有人正從越來執車而問於路執事以爲可教與否如曰吾幸知其徑途安得勿教則執事正可以其手呼而指畫也果遇他人以其有往而猶不逆則蛻云所愛而專者有謁執事之餘勇也深如此而已可則道合而服從不可則道異而更學

移史館書

蛻早懷忿懥常有所欲言而卒不得發今雖蠱惑病妄猶將自復其意況逢足下以中正許身以仁義自任者乎伏以釋氏之疾生民也比虞禹時曷嘗在洪水下比湯與武王時曷嘗在夏政商王下比孔子孟軻時曷嘗在禮崩樂壞楊墨邪道下然而聖主賢臣欲利民而務除民害如此其勤也今釋氏夷其體而外其身反天維而亂中正自晉以來相率詭怪而往之半天下而化其衣冠苟未往者不其欺亦不資其生矣聖人之教棄不相守者幾數百年唐初有天下以爲刑政禁民乘間作詐僞以欺刑政果所不能公禁之也故寖護其事以愚其民爲殃罪疾苦隨所作詐僞而及諸身也是欲教化固天下之心以助行政教化

之一道耳今天子聰明以爲中正衣冠之所棄則刑政教化亦無所取故絶其法不使汙中土未半年父母得隷子夫婦有家室是以復出一天下也僕故謂其功業出禹湯武王孔子孟軻之上萬萬不類然而洪水開則有禹貢商周平亂則有誥誓孔子孟軻則至今歌誦之足下以文用於時爲百家所託善惡焉其不爲則已若爲之斯其時也勿疑夫立言者不唯能言亦欲言得其時得其時不汙若奚斯史克者也無其時雖多述前事猶有譏焉僕早傳古學身處草野知其時而無位敢言又竊見足下未有其意

故以移云

與京西幕府書

漢武帝聞子虛賦初恨不與相如同時既而復喜其人之在世也若然者居蓬蒿而名聞於天子富貴固不足疑其來爵土固不足異其大今按其本傳云官則止於使者居家初則甚貧嗚呼有才如相如有好才如武帝然而不達者蛻知之矣於時武帝以四境爲心中國耗弱爵土酬於謀臣金帛竭於戰士雖念一篇之子虛固不能減十夫之口食宜矣蛻也生值當時天下無事以文爭勝得居第一

獨蛻居家甚困白身三十過於相如者蓋無人先聞子虛於天子今又不然使有聞之於今藩翰大臣則其人自不廢棄老死者也嗚呼時異矣事古矣相如之時雖遇天子不能致富貴於今之時遇藩翰大臣則足以敘材用伏惟執事以文學顯用士之得失無不經於心謂小子之言何如哉

諭江陵耆老書

太原王生嘗移耆老書以江陵故楚也子胥親逐其君臣夷其墳墓且楚人之所宜怨也而江陵反爲之廟世享其仇謂耆老而忘其君父也吾以爲不然楚人之性慓悍大能復其仇讐其後自懷王入武關楚人怨秦不忘干戈況其人之性能忘胥之所以破其國家而事之乎且今江陵之人牽牛羊而祀其廟者將祈年穀而獲凶荒禱疾病而得死亡者乎如厚其饌而虛其報則江陵知胥之不可祠而不祀矣若果祈年穀而得豐穰禱疾病而獲康彊有其饌而尋其報則破人之國而居其土辱人之君而受其饗遇一食而自忘楚人之殺其父兄則胥自爲無勇也何獨江陵之人而忘習讐乎吾以爲其廟申包胥之廟也包胥

有復楚之功年代寖遠楚人以子胥嘗封諸申故不謂包胥耳不然則子胥何爲饗人之食而江陵何爲事仇人之神乎耆老得書速易其版曰申胥之廟無使人神皆媿耳

江南論鄉飲酒禮書

昨日送貢士堂上得觀大禮之器見籩豆破折尊盂穿漏生徒倦怠不稱其服賓主向背不習其容嗚呼天下所以知尊君敬長小所以事大者抑非其道乎天下之用其道不過於一日尚猶偷惰如此況天下尊君敬長能終日者乎是以朝廷時誅不順鄉里日起紛爭固當然也夫布衣

匹夫始則用其道自達故化耕稼而王侯化陶漁爲公卿其變化不測若此然而一旦居上位既不預興俯拜揖之事尚不能素嚴有司時閱其威儀乎嗚呼則蛻謂王公大人耆老衰罷固當然也然而有擊跽稽首於髡褐之前畏敬戒慎有終日不敢嗜酒殽不敢近妾婦者其于誣惑之道尚能去其情自化之術則不能一日勤其容唯王公大人無慚髡褐乎髡褐尚能自大其法王公大人反以其道信之乎即其奉髡褐能速化其耕稼陶漁者則髡褐者可以有土地而制王公大人矣是不知升乎科者不由夷狄

言遷乎資者不由髡褐授昭昭然柰何哉抑不知孔子之道如商君乎以其法自敝也伏惟閣下務速有司按諸禮圖修其器服戒將事而癡者時訓習之毋使每歲臨事而黷其容幸甚幸甚蛻再拜

文泉子自序

於西華主之降也其三月辛卯夜未半埜水入廬漬壞簡筴既明日燎其書有不可玩其辭者噫當初不能自明其書十五年矣今水之來寇余命也已矣故自禍衣以來辛卯以前收其微詞屬意古今上下之間者爲外內篇焉復收其怨抑頌記嬰於仁義者雜爲諸篇焉物不可以終雜故離爲十卷離則名之不絕故授之以爲文泉泉之時義大矣哉蓋覃以九流之文旨配以不竭之義曰泉崖谷結珠璣昧則將救之雲雷亢粢盛乾則將救之予豈垂之空文哉自辛卯迄甲午覆研於襄陽之野

太古無爲論

不得時者之言太古也無爲而人化其禁畏也以使待令而從之也夫既爲之君又爲之師以受令而教其供也畏生而自禁畏令而後從則是不待君令而爲太古時人也

既君令之不立與人且猶不辨孰能得人心而化其無爲哉夫天下之服一人也必其有所相須果身服歟自化也已果心服歟而心無爲也已誰爲太古之人也而勤何居焉夫庖犧氏之用契書也始代結繩則太古之政安用契無爲之心太古之家安用契無爲之信果使有其心則是賤教而尚不教者也夫人之祭也必待詔相教而後能敬若豺獺也則不教而祭君子苟受其不教而能則豺獺亦敬也何貴人爲故曰不得時者之言

嬴秦論

無有天下而不知秦之焚書也無世而不謂不用聖人之道所以亡也嗚呼秦亡自亡也安能焚書爲秦亡耳天下不用秦如聖人之道故秦不得其道而用也當其時天下一家而尊己外無非心之人故深法禁人之惡也則不當去法以禁人之善是則果習天下之離心而背己也豈秦區區之心歟葢天必以秦之强暴非大敗無以叛其四海之心故先絕其事君敬長之術而後從天下以亡其天下焉夫天與秦則書存不與秦則書焚而秦終無自焚之心也且聖人官先自藏其書是秦未始有焚書之心聖人之

家先有其心矣故曰秦亡其自亡矣且聖人之道與天地合其久與鬼神合其微則不得毀置之在秦也久矣陶唐氏之水前有聖人之化後有聖人之勤而後民知事君敬長之術自秦之火前聖已遠後聖不作而其術不數世亦已成矣豈非天之欲有絕而先絕其術欲有立而先立其術歟今或怨秦之火不全其道也不知秦火息矣

刪方策

古之記惡將以鑑惡而後世爲昏諛淫逆徒而將徵於古謂古不盡善若其涕泣以信其詐罪己以固其恩陰謀反覆從書以滋其智矣然而記惡者將以懼民也去善者不足懼昔紂讀夏書而嘗笑其亡國嗚呼惡旣不足以鑑則刊可也古無其迹可也無其迹可也

憫禱辭 有序

小子出都城見邑大夫爲民之禱者屬石燕不飛商羊不鄰民有焦心請大夫祈龍波祠以厭民望役巫歌伶吹竹鼓桴呼空者訖唱屢夕俄然微灑輕霎若神之來意似憫巫之役是也作辭以弔民云

公邑之南兮禱龍之潭空波鄰天兮雲物中涵鱗颸轂碧

兮淵怪相參風翼輕翔兮帶直煙嵐吏不政兮胥爲民蠹政不繩兮官爲胥酣彼民之不能口舌兮爲胥之緘進不得理兮若結若鉗陰戾陽返兮民之不堪爍日流熖兮赫奕如惔彌泉沸涌兮如湯而炎役巫女兮鼉鼓坎坎平聲叶韻風笛搖空兮舞袂衫衫胥不虔祈兮官資笑譚胡不戮狡胥兮狗此潔嚴胡不皋已之不正兮去此貪婪苟天子之優祿兮胡爲而不廉又何役巫女而一作兮禱此空潭

朱氏夢龍解

吳郡朱氏言昔之夜夢龍入井客之好誕者作佳占以祥

朱氏子曰予未嘗識周公孔子者也然而使予得夢一丈夫苟冠衣之古者因謂之周公孔子人必知其自欺也未嘗識越不知越之城郭宮室途巷苟或夢之未可自知其何城也然則朱氏之所夢入井者朱氏安知其龍乎豈非嘗見畫工者屈其脊拏其爪施甲鬣雲氣於身則似乎其所入井者邪是朱氏之夢畫者也殆非夢龍矣自夏后以來人不見龍然而言龍者信其畫而已漢魏之數見者見其畫者也薄姬之娠者亦畫者也時門之鬬者亦畫者也史皆謂之龍且明史之妄況朱氏之學妄哉夫龍不輕出

又不可褻乎婦人有德不鬬故知皆非龍乎嗚呼龍以變化爲德也故孔子曰惟龍也不可知是則德也而如螾如蠖如虵如魚未可知不爲龍也或者謂如所畫亦可謂之龍也則朱氏所夢曾何龍乎

禹書上

以功不就而受誅則可謂勤民而死乎曰不然然則夏之郊也奚不尋其先安得以縣配曰以功不就則不可謂勤民而死也以誅其身則可謂勤其家也不怨君誅而尋父功縣當誅也傳曰不以家事辭王事既勤其家爲天下故報其勤家於夏郊而已矣有縣之誅而不廢其功禹爲其子也不得以天下而擇其功者禹爲之事鬼神也徼禹之爲子先人之罪將不食矣故其子之功由勤父嗣也然則夏郊宜矣于是君誅其怠也而子不怨其家祭其勤也民神弗畔蓋禹以天下不逮事其父而致孝乎鬼神云

禹書下

治天下之野見之於夏功而未見先於夏功者久矣夫八年之間生聚非不壞也委積非不耗也帝憂則民愁樂則民喜故以憂樂隱顯而助之常能治其心者故禹後雖以

身先天下而不以一身負天下之土石以其得治世之心而易使也嗚呼必不得和心之人而爲可以智治則豈羽山之下忍不以智獻其父者歟天下見濡手足之禹則不見土階之上以治憂樂者也故曰心治乎人也功治乎水也其可獨禹云乎

山書一十八篇 并序

予於山上著書一十八篇大不復物意茫洋乎無窮自號爲山書

天地之氣復則結者而爲山也融者而爲川也結於其所

者安靜而不動融於其時者疏決以忘其及。其及一作反故山之性爲近正川之性爲革爲。革爲一作融是以處其結者有一作爲君子處其融者爲利人。

天地之先未嘗有形故字其形爲人民爲禽蟲萬物然後受其字據其形之動曰生形之靜曰死嗚呼我苟不生乎天地先而未嘗用其形竅以出納斯非混沌之似乎故吾以混沌不嘗在天地先而在我之不爲萬物鑿者而已矣

壞人者天地也使其數出故觀數以象動則有爭殺亂患夫數始乎手足故離吾之指爲五視其指而心亦離則數

數入乎心矣故知指生六而爲有餘生四而爲不足不足與有餘也爲體不備嗚呼心旣分身之有餘與不足也則爭殺亂患何嘗不足盡其數出

聖人重其生以榆出光濟其用故甘羶之臭出於榆未而後網罟不足於野以牢養於宮中故天下忘身以自給嗚呼上古食而棄其餘一作榆熱而棄其皮亦足矣是知聖人欲化而更亂其死生聽鳳鳴而吹管果象也故有象竹之聲者必有象蕢之器然則造其爲一作鳴而聽蕢學者鳳也故不世而來造其象而恥人學者聖人也故末世而不出

嗚呼

江河鑿而山木泣以爲川旣出而必伐舟也舟旣入水而蛟魚相市以其居泉而遠於殺者也今則造泉之具成是

大道存而異其質大道亡而運一作連其禍

利以觀天下利盡而天下畔道以歸天下道薄而天下去嗚呼爲利物所間一作惡爲道亦不僞故始受其應者終亦將以應人然則利盡所畔者必滅其後道薄而所去者貴不殺其孤而已

城郭溝池以固民也有竊城郭溝池以盜民者則殺人甚

於不固夫有竊固之具必有攻固之利苟有利之物寇必生其下是以太古安民以巢故於野則無爭巢固民則相殺

車服妾媵所以奉貴也然而奉天下來事貴者賤夫有車服必有雜佩有妾媵必有娛樂聖人旣爲之貴賤是欲鞭農父子以奉不暇雖有杵臼吾安得粟而舂之嗚呼教民以杵臼不若均民以貴賤

古之弓矢所以防惡也懷惡者在內所以能避一作持弓矢也故射惡未及死而奪械可以殺人於天下天下從而禁

畜私械者。嗚呼。古之弓矢所以防惡也。今則不然。反防人之持弓矢也

萬物無常聲。而主聲者定其悲歡。則聽在心而耳職廢也。謂雷爲可畏。則以畏聲聽之。不知有時雷可長養也。謂瑟爲可狎。則以狎聲聽之。不知有時瑟可流哀也。則有幽思之深。砧聲之悲也。去家日遠。雨聲之愁也。嗚呼。悲愁果在心也。雷與瑟無常聲也

爲學豈有歲。故勞於農夫。以其有遇世也。故佚於使人。然而雖佚不忘學。以其勞而未嘗遇。是故死而不得止一作正

其心古有志者。猶悲日月之易於人也。故謂飛鳥走兔在其中。付大藏之鑰未必有信之友也。夫取人之鑰。必薦信以入其中。受人之託。必有情以寄其內。故大信者不使人付一作信　有道者不使人求

棺衣之厚葬。以王禮。百姓不貪其死。以其愛名不甚於愛身。任時之重。必多怨借君之權。必易死。是於名則君子愛身不甚於百姓焉

聖人有意哉。故勸善以爵。使利爵者樂修。夫惡殺人與殺盜鈞。爲仁人之心則亦召盜以爵。嗚呼。使聖人無意則勸善不以爵矣。故君子爲善不獨樂。欲爲一作與　聖人而出。是以見仁人之術。使爵以召盜乎

食秦人之炙。則懷其妻子。聞秦婦之嫁。則垂涕悲其身。當是時亦疑天下之妻矣。吾過富貴之門。則懷其爵矣。及聞秦人有以爵死者。則垂涕悲其身。當是時。不顧天下之貴矣

有惡雀鹿之甚者。揮帚以驅雀。結罟以禁鹿。夫帚罟既可以駭物。則帚罟必足以取物。嗚呼。執其具以逐雀鹿。安知不有學其具以取之。故善去惡者不必惡其名。善逐者不

必示人以其具

猿鳴不過蔣蘺。以其有蔓。蔓者必組物。夫能過其組。必自硋一作駭　其心。嗚呼。髻之組吾髻也。帶之組吾腰也。線之組吾衣也。亦是矣。今蔓在天下。安得復硋一作駭　其心哉。謹案題云一十八篇。文祇十六篇。當有闕誤

較農

功以救於民。賴其功者有達順德以化於民。敦其民者有疾徐。夫以三月除穀地。五月穀入土。雖當世不拔其苗。後世不毀其穀。其飲食之道。順於情也。故生不疵癘其道。死

則俎豆其功聖人救壞以禮垂世以法當世伐其樹後世毀其法所以禮違其情法違其欲者也是以生爲旅人疵癘於天下肉腐於俎酒乾於器然後爲聖人是愚民賴聖人之功忘聖人之道嗚呼禮亡而爭器矣雖有粟弱者安得而食之法壞奪其三時矣雖有山澤農者安得而種也

疏亡

盜惡名也取之有以合聖人若取其亂而理之取其死而名之則民樂其取也後豈擇其故歟故昏夜之盜爲小人衰亂之盜爲丈夫能知其取者而嘗蹈其背也故不以無

人而棄其守者有大棄天下者仁義盜其名有小棄其國者小人有盜其器故春秋不貶其器聖人以正其名嗚呼盜非惡名也左右前後亦可懼哉

古漁父四篇

叟行山逐禽而逢虞人虞人反以罟而獵叟叟欺虞人以事鬼神而得逸他日叟之子壯圍山而讐獵吾父者曰今日凡在山澤殺無赦虞人亡于大澤虞之父教之以漁漁利厚于罟末之年富於澤上反聞叟將殺其子于帝側帝教之以漁天下天下之利厚于陶稼末之年富于九州漁者常以此自笑而聞于士師士師以濮執之漁者對曰始臣學漁不學笑天下而天下又以笑舜聞之亦曰始朕學事叟不學受天下禪而天下禪朕

晦冥之後漁者啼而奔帝辛曰始風微水上魚聚臣舟臣垂之十鉤魚方眠臣鉤未及吞而雷驚臣舟夫雷不發而震盍戮于燮理者辛應曰爾不得魚市不闕魚亦殷人得魚耳夫多魚而垂之十鉤魚必爭而且威後其餌然而猶相與眠其鉤豈非君其餌薄乎何戮之有微子自旁聞之亦曰殷餌薄矣臣不受戮殷民驚矣抱祭器而入周

暮有二舟還而爭一舟于中流空舟中者恃其無傷舟中也則盛鬬以薄兩舟果與俱覆明日訟于王王以其罪均也乎于二漁既而空舟者歸告其子曰吾勝矣覆彼所載載魚者歸亦告其鄰曰吾勝矣其鄰笑曰罪均而子獨覆所載孰謂勝乎

有罝魚于葦間仰見鳴鳶集其上乃冠木于器旁以懼之明日澤西漁者乃刻材澤畔前日罝魚者目眠而去而三年不敢漁其妻笑曰始僞以紿一器之魚學僞得盜一澤之利

篇後序

會昌甲子歲予于西塞巖下見版洗而得漁父書七篇尚多古文然其三篇甚怪妄淺近類詞賦今皆捨之其四篇予特爲之箋正其文字然前二篇文有高致後二篇則託寓鄙狎以其頗有識勸余亦存之然不知其年代故謂之古漁父

弔屈原辭三章并序

吁三閭大夫之事司馬相如班孟堅各有言蛻不載故也噫大夫之賢懷王之事蛻得之涕泗下衣濡毫瀝辭集作血

噫大夫之爲臣千萬年其誰肖宋玉淮南王劉向東方朔王襃繼有悼語蛻一小儒也思賢人之作悲罪人之佞著弔屈原集無原字辭三章弔公之志也雨瀟湘波浮檝搖歌既集無既字而悲伸紙波辭祈公兮采之

哀湘竹

悵二妃之淚竹圓紅滴滴兮臨乎湮沚竦枝與脩榦兮吟哀風之不已搖勁節而錦舒兮垂高蔭而自美招翔鸞之與翠鳳兮緝晴霞之數里繁柯重乎舜祠兮瘦影疊乎湘水諒高節之自任一作佳兮匪庭篠之云比鄙衆蔭之延接兮恥凡羽之棲止入清溪之浪聲兮無笙簧之相擬恨蕣翻波兮騷屑之風露滴煙蒙兮濯纓之子悵靈均之節兮依然想貞姿兮千年若此

下清江

清江之上兮心夷猶清江之下兮煙波浮風軟雨絲兮湘波高雲昏竹暗兮鬼神愁遠霞開兮鳥文苑作鳥帆隨碧江平兮歸檝移帶隱虹兮衣凝雲拔一作被薜荔兮扈江蘺歲華高兮水東注秋色下兮紅蘭渡瓴甋合兮荆和喪岐鳳翔兮龍媒去又曰心既潔兮道雲端水之浪兮人之一無之字波

瀾浪可平兮人心不可平波瀾一翻兮孰測其情水之深兮不曰深悵前恨兮淚沾襟

招帝子

招湘靈兮澄瀾之滸雲蔽煙沈兮明月之浦唱宵歌兮撫雲璈擊鳴根兮薦清醑鸞去鳳飛兮雲不歸九疑疊翠兮横湘雨颸輕颸兮揚微波激楚怨兮下湘娥緝荷蓋兮集雲壇潔桂席兮紉芳一作奠椒蘭霞爲裳兮瓊爲珮舉雲旗兮持風旛若有來兮窸窣敲懸珂兮珊珊張孔蓋兮臨瑤臺月凝袖兮雲裁冠目眇眇兮千里春悵一作恨無言兮蒼梧

瀆戢蕙帶兮握芳芬撫（一作拂）瑤琴（一作瑟）兮淚斑筠乘桂華兮下清湘拖無（一作金）波兮涉滄浪（一作茫）九疑之翠兮不可尋懷沙之水兮恨之深

梓州兜率寺文冢銘

文冢者長沙劉蛻復愚爲文不忍去其草聚而封之也蛻愚而不銳於用百工之技天不工蛻也而獨文蛻焉故飲食不忘於文晦寘不忘於文悲戚怨憤疾病嬉遊羣居行役未嘗不以文爲懷也適當無事而天下將以文爲號文明代生殖明晦皆效文用故日月星辰文乎旂常昆蟲鳥

獸文乎彝器徐方之土文于侯社夏翟之羽文於旌旄登龍於章升玉於藻百工婦人雕礱染練以供宗廟祭祀之文用豈獨蛻也生知效用不及時文哉然而意常獲助於天而不獲助於人故其窮雖窮無憾也當勤意之時不敢噫不敢咳不敢唾不敢跛倚嗜慾躁競忘之於心其祇祇畏畏如臨上帝故有粲如星光如貝氣如蛟宮之水又有黯如屯雲如久陰如枯腐熬爍之色則有如春陽如華川透透迤迤則有如海運如震怒動盪怪異夫十爲文不得十如意少如意則豈非天助乎帝欲使天下聞之而必行覩之而必蹈散之茫洋以爲道演之浸淫以及物然後爲農文之使風雨以時兵文之使戎虜以順文于野文於市使得其所幽隱之士以出口者使之言材者使之用然而自振者無力終知者甚稀豈非不獲於人助乎嗚呼十五年矣實得二千七百八十紙有塗者乙者有注揩者有覆背者有朱墨圍者於是以周易筮之遇復之同人筮者曰鳴於地中殷殷隆隆七日其復復來而天下昭融乎他日更召龜而令之將聽襲吉卜於火如秦兆惟曰不吉卜於水不成乎河洛兆則亦惟曰不吉卜於土而闔之土叶吉

纍纍爲冢則汲之兆乎峭峭爲壁則魯之兆乎且其占曰土之文爲山河爲華英將不崩不竭爲滋味而傳乎結爲邱陵爲其設險乎融爲川瀆率其朝宗乎華爲百穀以絜祭祀之粢盛乎不然使其速腐爲墟壤生芻藁以食牛羊乎化塗泥爲陶旊以作器乎將塊爲五色而茅社分封乎流於樂爲土鼓爲由桴以洩其和聲乎夷爲都邑以興宮廟坎爲洿池以澤生殖乎祀爲壇竈乎窾爲井墓乎吾皆不得而知也當既不爲吾用惟速化爲百工之用愼無朽爲芝菌以怪人自媚愼無堅爲金鐵以作貨起爭愼無濡

爲醴泉以味乎詔口。愼無禱爲城社。以狐鼠憑妖。愼無聳爲良材。以雕斲傷性。愼無萌爲蘭茝。以佩服見褻。嗚呼。介而爲石。使之能言。舒而爲螾。使之飲泉。旣而他年遊魂之未返者。亦命巫師而弔。三招之。號曰在几閣而來歸兮。奄爲塵垢在耳目而來歸兮。奄視聽汝醜在口吻而來歸兮。譽不汝久。噫絶筆之年。而麟見祟文。其無祟乎。唅非珠玉。歛無裙襦。後世詩禮之儒。無驚吾之幽墟。其冢也在莽蒼之野。大塊之邱。時有唐大中之丁卯。而戊辰之季秋。銘云

文乎文乎。有鬼神乎。風水惟貞。將利其子孫乎。

欽定全唐文卷七百九十

許籌

籌宣宗朝官觀察使。

嵩嶽珪禪師影堂記

籌僅童知佛。業儒雜老。嚴德慕元空。靡極。嘗儒身及進士第一年。尉告成。明年遊是嶽。謁律德惟珙上人。引將布覽。至珪大師影堂。珙公曰。子嘗識珪公覺否。曰未。云珪公覺道靈感。莫可周名。獨有嶽神爲大師移植松栢於東巖。事。碑塔所不書。珪公之誠。杜從祅也。且佛說羣經。事又焉可

徇。珪公謙勝哉。珙欲頌之。患辭不文。子進士也。矧僅童知佛。尚信珪公謙勝乎。籌惟藏感。偶得嵩陽居士喻應眞與洛陽處士陳惟復書言。岳神爲珪公植樹事甚備。曰。大師法諱元珪。俗姓李氏。伊闕縣人也。太宗朝甲辰歲生。高宗代癸亥歲具戒。元宗帝丙辰歲化滅。歷年七十三。始隸閑居寺。習律。安少林咊禪。後廬龐塢。將化。謂其徒仁素曰。吾始志閑居寺東嶺。我滅。爾必塔吾骸於茲。開元十一年。素力允師之志。喻陳二高士曰。大師嘗寂定。結廬戔山巖。時嶽神輕步謁大師。大師覺精神不世。謂曰。仁者胡來而復

何往神曰師寧識我耶大師曰吾觀佛於衆生等吾一目之豈分別識耶神曰我斯嶽神也能以怪死痛害生死於人師安得一目我哉大師曰汝能生於人吾本不生汝焉能死吾視身與空等視吾與汝等汝能壞空與汝乎苟能壞空及壞汝則不生不滅也汝上不能若是又焉能生死吾也神稽首禮曰我亦聰明正直於餘神而謂是神豈知師有廣大過空之知辯也願授以正戒梯拔世間大師曰神既乞戒卽既戒也所以者何戒外無戒又何戒哉神曰此理也非濟岸梯杭之事止求師戒我身爲門弟子大師

辭不獲卽爲張座焚香秉燭正几曰付汝五戒汝能奉持卽應曰能不能卽曰否神曰敬奉戒大師曰汝能不淫乎神曰亦娶也大師曰非爲此也謂無羅欲也神曰能大師曰汝能不盜乎神曰何乏我也焉有盜取哉大師曰非爲此也謂饗取而福淫不供而禍善也神曰能大師曰汝能不殺乎神曰正柄在吾焉曰不殺大師曰非爲此也謂有濫誤混疑也神曰能大師曰汝能不妄乎神曰我本正直焉能有妄乎大師曰非爲此也謂先後不合天心也神曰能大師曰汝能不遭酒敗乎神曰能大師曰如上是爲佛戒也又言以有心奉持而無心拘繫以有心爲物而無心想身如能是則先天地生不爲精後天地死不爲老跳身爲帝王不爲崇高命子爲輔相不爲富貴終日變化而不爲動畢竟寂默而不爲休悟此則雖娶非妻也雖饗非取也雖柄非權也雖作非故也雖醉非惛也若能無心與萬物則羅欲不爲淫福淫禍善不爲盜濫誤混疑不爲殺先後違天不爲妄惛荒顚倒不爲醉是爲無心也無心則無戒無戒則無心無衆生則無我無我則無汝孰能戒哉神又曰我神通亞佛大師曰汝神通十句五能五不能佛神

通十句七能三不能神竦然避席跪啓曰可得聞乎大師曰汝能拔上帝東天行而西七曜乎神曰不能又曰汝能奪地祇融五嶽而結四海乎神曰不能大師曰是爲五不能也佛能空一切相皆滅萬法而不能卽滅定業佛能知羣有性窮億劫事而不能化導無緣佛能度無量有情而不能盡衆生界是爲三不能也定業亦不能牢久無緣亦謂一期衆生界本無增減恒無一人能主有法有法無主是謂無法有主無法是謂無心如我悟佛亦無神通也但能以無心通達一切法爾嶽神頓首作禮曰我誠淺昧未

聞空義大師指我戒我我當化矣更何業因何拘塵界我願報慈德效我所能大師曰我觀身無物觀物無常法窟塊然更有何欲神曰師必命我爲世間事展我小神功使已發心初發心未發心不信心必信心五等人目我神蹤知有佛有神有能有不能有自然有非自然者也大師曰無爲是無爲是神曰佛亦使神護法師寧隳㧞佛耶須請告我大師意不獲遂言曰東嶽寺之障也莽然無樹北岫有之而能屏擁汝能神力移北樹於東嶺乎神曰謹奉命矣又陳我假昏夜風雷擺摇震運師無駭卽作禮辭去大

師門送且觀之見儀衛逶迤如王者之狀又復碧煙紅霞紫風皓氣錯散四遠幢幡鉞珮淩高寖空其夕果有迅風吼雷奔雲震電大壯棟宇岌業將圯定僧膽動牙捉仆叫大師安衆曰無怖無怖神與我相契矣啓旦和霽則北巖松檜盡移東嶺森然行植焉而大師謂其徒曰吾歿有塔我者有碑我者無紀是事人將袄我也籌得開元中喻陳二居士狀師之行因珙公請爲影堂記遂据而書之

晉東萊太守劉將軍廟記

將軍晉永嘉初守萊種德藝政萊人恩之旣歿諸劉將西扶葬洛萊人曰我萊不降數萬家將軍子視我我父母戴之將軍於諸劉天戚也於我人戚也天之戚也寡而邈人之戚也衆而邇安有捨邇衆而歸邈寡哉敢以數萬家之命請於諸劉遂之於是散捧封土趨持樹本旣墳於此饗用春秋禱災徼祐餘靈影響大中十一年四月癸巳太守辛公肱去太守姚公琯未臨籌以當道觀察支使奏承空闕到郡之三日軍吏疏拜歷祠羣望卽日將軍祠在郡署之東端簡肅入而見廟寢卑狹畫像彫暗旣違有德豈謂祭恭乃命押衙兼修造使李公霸度木戒工新此殿構想

像塑繪居月而成心非貿福者將使有德者垂昆無窮無德者警敃操行萊人受裕當稔於茲大中十一年五月二十三日記

蘇滌

滌武功人大中四年自尚書右丞充翰林學士知制誥五年遷兵部侍郎進尚書

宣宗謚議

議曰伏以皇天平分盛王全用施雷雨之廣澤則庶物生成務恩威之至仁則四海亭育遂使含靈受泰觸類知懷

美謚大名。固當稱謂。伏惟大行皇帝爰自盤維。膺茲九五。行越今古。仁被黔黎。孝惟生知。略不代出。以天下爲己任。視宇內於掌中。坐朝而不問風霜。弭亂而不愓府帑。動惟思古。慮必歸周。聞善若驚。去疾務盡。前王之美事。列聖之令典。必擴而行之。加以講信修睦。任賢興能。思念勳庸。則發凌煙之彩繪。敦序友于。則置雍和之宴錫。俯閱才彥。則命法官諫官之次對。愛憫生育。則禁三月五月之採捕。一物之不得其宜。納隍在慮。四方之稍有未泰。降食爲心。命將則千里坐知。指縱則三邊克定。是以人並爲便。物得自

安。加以西平羌戎。南殄蠻寇。三州七關之地。坦然無虞。四鎮際海之甿。晏然自靜。然後賑廩恤人。蠲農命使。遠無不肅。邇無不安。姦宄戢心。權豪屏息。京輦絕桴鼓之響。邊陲無烽爟之虞。可謂超三躋五。度契踰繩者也。故有識曰。佇其云亭。齊人已臻於仁壽。不享堯運。不升軒雲。豈獨唐俗有喪考之悲。杞人懷崩天之怨而已。謹按謚法。敬祀享禮曰聖。闢土斥境曰武。聰明睿知曰獻。經天緯地曰文。慈惠愛親曰孝。先皇帝肅祇禋祀。非禮不行。得不謂之聖乎。收復舊疆。誅剷梗驁。得不謂之武乎。好文樂賢。興善不倦。得不謂之獻乎。虔奉天道。銳意典法。得不謂之文乎。五十而慕。問安不懈。得不謂之孝乎。謹上尊謚曰聖武獻文孝皇帝。廟號宣宗。謹議。

鄭薰

薰字子溥。亾鄉里世系。第進士。歷考功郎中翰林學士。出爲宣歙觀察使。以清力自將。牙將素驕。逐之。奔揚州。貶棣王府長史分司東都。懿宗立。召爲太常少卿。累擢吏部侍郎。以太子少師致仕。

移顏魯公詩記

顏魯公既用貞鯁爲元載所忌。由刑部尚書貶夷陵郡別駕。大歷六年。又以前秩轉廬陵郡。道出宣州之溧水縣。縣之南經古烈士左伯桃墓。節槩交感。卽於墓下作詩一首。自題於蒲塘之客舍。詞韻淒激。點畫蕲壯。窮國藝之奇事。厥後洎於大中之丁丑歲。八十七年矣。孤宇貿閒。扃滕不固。久爲飄暴薪牧所困。一挑半剔。往往洿缺。余作鎮到此。有客謂余者。惜之。立召工將王少儒領其部匠。鑿垣複匣。移寘於北望樓之西隅。且以爲郡居之勝絕。鐫石其下。俾後之觀者知改置之意無忽。大中十二年十一月十九日。

宣歙池觀察使檢校右散騎常侍兼御史大夫鄭薰記

內侍省監楚國公仇士良神道碑

運巨壑者必資帆檝之便以鼓其波濤築廣廈者必堅柱石之林以完其結構故明王聖帝立國保家莫不求竭忠宣力之臣配帆檝柱石之用懋崇基業宏濟艱難百代通規千載相遇孰稱全德其故開府儀同三司內侍監致仕楚國仇公乎公諱士良字匡美海豐興寧人也宋大夫牧以忠烈正直書於春秋公實其裔焉其後香以文雅仕於東漢儒以議論貴乎北燕蟬聯珪冕暉映簡冊代著奇節

率多令人史編家譜一二詳焉顯公之曾祖考皇朝正議大夫內給事賜緋魚袋諱上客府君忠昭事任績懋聲猷躬行正途克嗣先業烈祖皇朝朝議大夫內常侍賜紫金魚袋諱奉詮府君名以才彰功由道著王氏教讓義之巳行于公高門定國方大皇考諱文晟府君精持貞廉高挹塵俗位以命屈慶因善餘厥惟楚公克振勳德追贈特進左監門衛將軍賜紫金魚袋申公之誠孝也公年未弱冠入仕東朝是時憲宗皇帝主器承華體元儲兩親奉再飯共懽九齡助澄少海之瀾更闡前星之耀永貞十年授掖庭局宮教博士賜緋魚袋元和初以舊恩本固新渥彌隆旣頒侍從之勤首舉寵遷之命加宣徽供奉官賜紫金魚袋檢身極敬奉輦施勞勵自牧於撝謙表無私於應對閏六月轉朝散大夫內侍省內給事宣徽供奉官如故材力彰於省局周旋美於禁闈驟議甄升更加命秩冬十月拜內常侍餘如故未周星紀三歷顯途旣洽謳謠且明恩澤彼虞卿再見爲趙上卿荀爽九旬登漢三事允膺時議彼或多慚三年以本官充內外五坊使尋兼宣徽供奉官發彼五豝輔騶虞之仁化殪此大兕詠吉日於春蒐外撫

之暴橫自消中野之井間知感十年加大中大夫內侍省內常侍尋以本官充平盧軍監軍使全齊舊壤繼代邀恩甲兵盛充貢賦不入公聞其叛渙諭以忠貞爰革非心幾至效順明年詔徵又以內侍依前宣徽供奉官吳寇據淮天兵在野逗遛不進沮敗爲憂求使臣往諭中旨遂命公以本官及職充淮西行營宣慰使至則大布皇澤益厲軍威四遠瞻風萬夫振氣而又盡得機要旣還奏聞竟至成功期爲顯效十五年遷雲麾將軍右監門衛將軍充內外五坊使仍賜上柱國又進封南安縣開國男食邑三百戶

驅獸而無害五穀充庖而有事三田蕙圃蘭塘落飛駐走助開三面之網勤施一目之羅鄙長楊之大誇胡人笑上林之務矜楚使條令既肅巡遊盡懽其冬復加冠軍大將軍長慶初罷五坊使以本縣進封開國子尋進侯爵食邑一千户宣徽供奉官皆如故二年除鳳翔監軍使又進封開國公食邑一千五百户亶父舊疆繆公遺政郡邑則武安留守扶風則馬謨擅名雜於阪屋之郊號爲難治之俗公攬轡即路下車撫戎三軍畏威百姓懷惠寶歷二年徵復爲宣徽供奉以本爵進封郡公食邑二千户尋除鄂岳

監軍使傍連荆楚南接湖湘閭閻皆土著之安貨貝有山積之富兵不堅利人皆惰游公深賛訓齊同爲勖勉知方有勇自我而能太和元年入爲宣徽供奉官轉内坊典内侍省秩清事簡優逸自娛莫展長才鬱於羣論俄拜右神策軍副使公於是端肅以貳戎政廉讓以播軍聲屏衛益嚴暴悍知禁二年擢爲右領軍衛將軍内外五坊使講事一時農不易隴選徒百隊人不告勞鮮扁而布青林行事而無遺豙驅獲古法蒐獮新規指顧之間莫非盡善六年眞拜内侍知省事餘如故明年轉大盈庫領染坊依前知省事恩澤浹於寰瀛寵賜周於藩服綺羅萬段錦繡千億每極珍華曾無濫惡又元黄朱紫染彩文章靡不精鮮悉中程度以賞能陟於飛龍使本官並仍舊御閑二六天驥三千異骨峯生深溝血溢親習盡馳驅之妙羣分多駔駿之奇芻秣尤精犒秸常羨九年五月拜左神策軍中尉兼左街功德使將軍知省事如故練達戎機總親護禁典理爪牙之衛左右心膂之師寛不喪威簡不曠務氣勵熊羆之勇手持虎豹之韜恩由忠深士以誠感張孺驂乘孝宣乃安趙喜宿衛顯宗加厚轉左驍衛將軍餘如故既而鄭

注挺妖李訓附會列奏僞瑞固邀鑾輿圖害腹心漸逞奸毒公先機立斷禁旅遽齊坐遏兇渠保護帝輦指名魁首俄頃追擒其餘躁競進取之徒枝連葉著之黨或志諧狂計罔自正身或跡比頑童居然就禍莫不盡芟恢網同抵國章由是宗社乂寧中外協睦非夫忠謀天假廣業神通其孰能如此乎及於廟堂議功公在第一優詔加特進本衛上將軍中尉知省事如故位輕於德賞不配勲難許冲謙終昇峻級尋遷驃騎大將軍開成五年加開府儀同三司左衛上將軍封楚國公食邑三千户食實封三百户領

恩常例非私受也會昌元年又加食實封二百户尋擢爲觀軍容使兼統左右三軍獎舊常儀昭異渥也公每念禍伏福中祿爲身累將持盈滿莫過退休三年夏以寒暑内侵針鑿罕效因求散秩用遂素懷乃除内侍監將軍知省事如故尋又連表陳讓固辭恩榮優詔以本官致仕其年六月二十三日薨於廣化里之私第享年六十有三嗚呼身隨運往名寄勳留一代推雄九原表傑天子悼之罷朝兩日贈揚州大都督公弱冠以辨智取位強仕以幹蠱居官及涖大政以機略致勳勞臻於貴壽以恬退保終始事

在簡冊爵極天人出入七朝顯揚三紀秩以功藝進道由忠直彰擊鞠廣場則馳先百馬彎弧迥野則飛落雙雕故得侍娛遊則三領五坊承顧問則八加供奉元和中盧從史倚上黨兵勁陰結叛臣憲宗皇帝命護軍中尉吐突公統戎專征密勿神算誘至幕下縛送闕庭是時公適在軍助成丕績其或揚鑣宣命電掃雷驚每播深恩覩當横陣兩河平殄頗預其功雖不自矜實傳衆口而多材多藝強記博聞舉策畫若應神明閱簿書無逃心目而又精鑑冠絕當時門館賓僚薦延功行必求明德用輔聖朝則有秉忠正之心荷匡贊之任才表正佐出爲國楨康濟羣生輝華四海者矣然後知衛將軍七擊匈奴封侯九國崔驃騎六征絕塞列將八人特美高勳豈膺賢弼以今方古我德爲優以四年正月二十三日歸葬於萬年縣寧安鄉鳳栖原祉季村夫人安定胡氏祔焉禮也夫人故開府儀同三司檢校太子賓客兼御史大夫贈户部尚書承恩之女性德天才儀標冠族叶組紃之懿範彰圖史之貞規法度所以正家柔閑所以遵道洎祥開鳳兆德協鵲巢芳徽溢於閨闈令則洽於姻族以公勳位峻重累封至魯國夫人壬

戌歲先公而歿有男五人長宣徽使銀青光祿大夫行内侍省内給事賜紫金魚袋曰從廣次光祿大夫檢校散騎常侍持節曹州諸軍事守曹州刺史兼御史中丞上柱國南安縣開國公食邑一千五百户曰亢宗次閤門使朝散大夫行内侍省内府局丞賜緋魚袋曰從源次邠寧監軍使中散大夫行内侍省内侍局丞賜緋魚袋曰從渭幼曰從濮皆稟訓過庭早通詩禮承恩入仕共効忠勤爲明庭之羽翰作私室之符瑞不忘素業自致青雲宜乎懿德有後信不誣矣大中紀號五年克平四裔東南款化西北開

疆三耀舒光八紘無事皇帝念功軫慮錄舊申恩惟楚公永貞時祖宮有翼戴之勞元和時宣徽有委遇之遲今則已悲封樹未刻松銘乃命舉其殊庸勒在貞石用傳不朽昭示將來特詔詞臣俾其撰述臣薰恐惶直敘不敢虛美謹爲銘曰

仇氏之先本宋大夫就義輕死名昭冊書厥後聞人漢香燕儒乃生楚公前修不渝其一　焯焯楚公俊乂邁德克抱才器必循典則天資忠孝神助正直高揭勳名幾摧姦慝其二　從史負力潛通鎮郊上將授詔縛歸天朝楚公佐成衆不

敢搖東國大定塵氛自消其三　蔡寇不庭誅行原野犨校傷敗師無進者楚公銜命汗血波瀉貔貅鼓氣城壘連下其四　注訓勃矣妖淩北宮和鑾在御狂猘來衝楚公奮臂甲士趨風克殲渠孽乃建殊庸其五　五坊三居公畋有節宣徽八人密議攸竭再監戎閫將校咸悅一牧郊坰驊騮覔絕其六　佐佑帝室手提禁師士伍胥附皇心勿疑持滿先戒居高不危懸車告謝彭薛肩隨其七　駭起截飈哀纏逝水空留洪烈永載青史精爽何之壯猷已矣京兆開阡壽堂在此其八　仕承泰運歿偶昌期徽音不泯令嗣銜悲聖念既勤爰斷豐碑事功難究有覥色絲其九　川常不移松檟已列元室雖閟清風靡歇作皇代之英臣期終古今無絕其十

祭梓華府君神文

維大中十二年歲次戊寅十月己丑朔二十一日己酉中散大夫守棣王府長史分司東都上柱國鄭薰謹齋沐馳心請前潮郡軍事押衙兼孔目院知勾汪玕以清酌庶羞之奠致祭於敬亭山梓華府君之靈薰以丙子歲自河南尹蒙恩擢受宣歙觀察使至止之後修祀府君愚以爲聖朝愛人上有堯舜藩方重任體合捐軀直誠徑行仰託神

理遂不顧姦豪之黨惟以貧病爲心疲人受屈必與伸雪有押衙李惟眞者家道巨富久爲橫害置店收利組織平人薰召看店行人痛加科責其子自長姦穢狼籍都押衙崔敬能頻來相見懇請科懲以惟眞年齒甚高特爲容庇乃自疑懼潛蓄奸謀討擊使余雄置石斗門絕却一百三十戶水利自取此水獨澆己田推鞫分明止於退罰其子余悅公然殺人方繫獄中尚未斷割遂爲同惡以出其兒小將康全泰兇賊無賴被妻告言屠狗盜驢罪戾頻發兩度決杖止於笞臀過皆不輕斷悉非重而乃不顧恩義侮

易朝章同謀翻成白刃脇逐薰此時深念謂無神理雖乏良術且是苦心猖狂若斯靈祈不救其後一家百口同時出郭之後首有百姓前潮郡押衙汪玗走來相接扇蓋畜乘便濟危途秀才薛復尋亦同到汪生又招舟船初則未有來者汪生乃大呼曰李惟眞康全泰等交扇兇黨迫逐大夫口云怨大夫護惜百姓今者無船可發豈得不救舟船遂來得以卽路至山莊後有百姓姚元貞饋餼兼錢二緡續有前宣郡衙前虞候胡政借船兩隻及食物之輩兼與汪生同在船中慰安引接及夜分到水陽南數里有長

樂氏子其名曰康借一大船供給食物兼贍粥藥與錢五千殷重慰安分逾骨肉當此之際兇徒充熾白刃如雨冤聲震地此五人者乃致其性命繼來相救雖義心所激亦神理潛施自此北去一路順風若有牽持更無阻滯將取蕪湖去路已過丹陽湖口聞一人語聲云不如丹陽湖過卽便迴船數里却取丹陽湖路丹陽湖水淺草深過者多須兩日此時緊風吹渡食頃百里及到當塗乃知蕪湖路尋被賊黨把斷不許船過方悟言者得非神欺入江路後四面雷雹惟有此船更無風浪兩日兩夜遂達揚郡然後知如此之事皆非人力固是神靈暗助念其朴愚直守章程以理訛弊昭昭之報事實不誣今則中丞溫公以忠孝明誠嘉猷碩畫遠稟宸算親臨亂邦凡曰兇徒皆就梟戮各通手狀自謂不冤玉石大分黑白無誤立功將士等聽溫公之激厲受溫公之指撝共成勳庸皆傳史冊薰陰蒙府君救導之德顯沐溫公披雪之恩遠將血誠冀達神鑒惟馳懇到用代馨香觴酒豆肉一願歆受伏惟尚饗

衛洵

洵大中時官盧江縣尉

佛頂尊勝陁羅尼經石幢讚并序

貞如至言大僊妙說一句一偈千衷萬緗殷勤破煩惱之門曉了示慈悲之行尊勝陁羅尼經者光揭日月功貫生靈闕四字與京得彼岸於斯爲盛昔如來爲諸天說善住消七返之殃帝釋親啓德音波利傳乎秘密粤有內侍省衆寮等悟佛知見信佛勝因虔是念於有爲冀我躬之無咎謂貝葉之速朽不足紀其言謂卷石之至貞可以刻其字於是捨清俸鳩金錢徵良工琢貞堅鎚丁丁以火發刃戛戛以冰裂以元和歲在單閼月臨太蔟十有五日庚戌之

所建也從此幢前香起石上塵飛落輕衣以拂災厯諸境而戩穀元功不測銘曰

大覺妙力尊勝其强增壽益齡夷災殄殃六趣之闕七返之闕聞我一言熱得清涼火爲蓮池獄作天堂通言非謬證自梵王

高元謩

元謩大中時人

侯真人降生臺記

大唐大中五年五月二十日河南府永樂縣中條山陽道

靜院有道士姓侯名道華修道昇仙時年三十四芮城人也真人生而如愚默悟真道是非泯絕笑傲雲水初常庶人之服師事道靜院主周悟仙以其器貌鈍懦遇之以施力之儔常役之以農耕勞之以樵採悟仙弟子十餘輩共輕而賤之真人内自敏曉外貌哈哈然口亦咄咄而吟言道也者不可離也又鷃安知一舉九萬乎悟仙聞而奇之及授之冠帔雖服道衣執勞無替師役之暇則採藥草鍊五粒松脂子及根葉或湯而飲之或丸而吞之莫識其術一旦暴疾如中惡毒久而乃活因而不食鹽米之氣好作詩歌獨吟朗詠人或覺其聲音清暢亦或覩其鬚髮清光肌骨洞徹真人曾省兄歸芮之故里經進士崔珵墅居書齋之壁有一芝草真人看而笑指一芝曰曾於五老峯側得而食之其年夏之清旦有一羽客幷一童子從忽至廬中真人異而禮敬及坐曰吾居且非遥聞君至道故相訪耳君道已成仙籍有名其期不遠天人來迎言訖而去真人送行北昇山坂數里仍令侯君改姓與名爲李内芝名繫上清宫善進院真人曾爲尊殿之前松林暗翳三光燿蔽啓其師請削去繁枝松百株皆真人手植而高聳忽有

范陽盧顏自蒲罷幕寄居永樂閒遊道靜因詰削松枝者誰曰道華盧君詬責欲請邑宰治之真人曰得非宿殃乎乃詣道士姚黄中請筮及卦成姚曰兆之無憾有喜自天卜何也真人笑而不答姚乃飲以巵酒而歸及中途遇一老人衣破敝與之俱行忽覺喉中塞而且痒老人開口乃折桑樹枝攪其喉遂吐其蟲出約有三升頭黑身白長寸餘行數里喉又痒老人方漱口掬澗流而漱復出蟲三升狀若前者逡巡失其老人是夜歸院來曰師令出刈麥三十畝不終日而擔負積院路有山櫻桃食之曰此後永不

再食也是夜同院道流但見沐浴以爲收斂因熱夜之及牛烈風雷雨折樹驚人及曉道華之户尚閉衆開而覓之不知所從房中惟有燒書之燼其尊殿有一喬松六丈下鋪一席上有香爐烟火未絶及並所穀雙履在地其冠帔繫結松梢不可得而取之房中鏡子帶上有詩曰鍊得大還丹多年色不移前宵盜喫却今夜碧空飛慚愧深珍重珍重鄧尊師（師與司馬山人燒得大丹封在尊殿内未服而謝）多時鍊得藥留著待内芝吾師知此術速鍊莫爲遲三清專心待大羅的有期於是具聞廉察廉察上奏於時官吏士庶瞻禮稱歎焚

香供養日有千衆歲餘不絶元謩宰芮之日備聞斯實欲旌顯之事力未及恩命除替固遺恨也果有河東薛公謫牛刀割雞利刃多暇有惡必懲聞善必舉乃於縣西北約二里古道之石卽眞人降生之地築臺刻石永傳不朽

張彥遠

彥遠桂管觀察使文規子乾符中官大理卿

歷代名畫記源流序

夫畫者成敎化助人倫窮神變測幽微與六籍同功古先聖王受命應籙則有龜字效靈龍圖呈寶自巢燧以來皆有此瑞庖犧氏發於滎河中典籍圖畫萌矣軒轅氏得於溫洛中史皇蒼頡狀焉是時也書畫同體而未分象制肇創而猶略無以傳其意故有書無以見其形故有畫按字學之部其六曰鳥書在幡信上書端象鳥頭者則畫之流也顏光祿云圖載之意有三一曰圖理卦象是也二曰圖識字學是也三曰圖形繪畫是也又周官教國子以六書其三曰象形則畫之意也是故知書畫異名而同體也洎乎有虞作繪繪畫明矣既就彰施仍深比象於是禮樂大闡敎化由興故能揖讓而天下治廣雅云畫類也爾雅云

畫形也說文云畫畛也象田畛畔所以畫也釋名云畫掛也以采色掛物象也故鐘鼎刻則識魑魅而知神姦旂章明則昭軌度而備國制清廟肅而尊彝陳廣輪度而疆理辨以忠以孝盡在於雲臺有烈有勳皆登於麟閣見善足以戒惡見惡足以思賢故陸士衡云宣物莫大於言存形莫善於畫此之謂也

法書要錄序

彥遠家傳法書名畫自高祖河東公收藏珍祕河東公書跡俊異尤能大書本傳云不因師法而天姿雄勁定州北

嶽碑爲好事所傳曾祖魏國公少稟師訓妙合鍾張尺牘尤爲合作大父高平公幼學元常自鎮蒲陝跡類子敬及處台司乃同逸少書體三變爲時所稱金帛散施之外悉購圖書古來名迹存於篋笥元和十三年憲宗累訪珍迹當時不敢緘藏遂皆進獻長慶初又於幽州散失傳家所有十無一二先君尚書少躭墨妙備盡楷模彥遠自幼至長習熟知見竟不能學一字夙夜自責然而收藏監識有一日之長因採掇自古論書凡百篇勒爲十卷名曰法書要錄又別撰歷代名畫記十卷有好事者得余二書書畫

之事畢矣豈敢言具哉

三祖大師碑陰記

大歷初彥遠曾祖魏國公留守東都兼河南尹洛陽當孽火之後寺塔皆爲邱墟迎致嵩山沙門澄沼修建大聖善寺沼行爲禪宗德爲帝師化滅詔謚大晉即東山第十祖也洎鎮於蜀皆有崇飾在淮南奏三祖大師謚號與塔額刺史獨孤君爲之碑張從申書字夫稟儒道以理身理人奉釋氏以修心修性其揆一也會昌天子滅佛法塔與碑皆毀像雖毀而法不能滅是法也不在乎塔不在乎碑大中初塔復置而碑未立咸通二年八月遂與沙門重議刊建舒州刺史河東張彥遠遂書於碑之陰

搨本樂毅論記

彥遠家有馮承素蘭亭元和十三年詔取書畫遂進入內今有承素樂毅論在並有太宗手批其後張彥遠記

論鑒識收藏購求閱玩

夫識書人多識畫自古蓄聚寶玩之家固亦多矣則有收藏而未能鑒識鑒識而不善閱玩者閱玩而不能裝褫裝褫而殊亾銓次者此皆好事者之病也貞觀開元之代自

古盛時天子神聖而多才士人精博而好藝購求至寶歸之如雲故內府藏書謂之大備或有進獻以獲官爵或有搜訪以獲錫賚又有從來蓄聚之家自號圖書之府蓄聚既多必有佳者妍蚩混雜亦在銓量是故非其人雖近代亦朽蠹得其地則遠古亦完全其有晉宋名跡煥然如新已歷數百年紙素彩色未甚敗何故開元天寶間蹤或已耗散良由寶之不得其地也夫金出於山珠產於泉取之不已爲天下用圖書歲月既久耗散將盡名人藝士不復更生可不惜哉夫人不善寶玩者動見勞辱卷舒失所者

操揉便損不解裝褫者隨手棄捐遂使眞跡漸少不亦痛哉非好事者不可妄傳書畫近火燭不可觀書畫向風日正飡飲唾涕不洗手並不可觀書畫昔桓元愛重圖書每示賓客客有非好事者正飡寒具以手捉書畫大點汚元惋惜移時自後每出法書輒令洗手人家要直一平安牀褥拂拭舒卷觀之大卷軸宜造一架觀則懸之凡書畫時時舒卷卽免蠹溼余自弱年鳩集遺失鑒玩裝理晝夜精勤每獲一卷遇一幅必孜孜葺綴竟日寶玩可致者必貨斂衣減糲食妻子僮僕切切嗤嗤或曰終日爲無益之事

竟何補哉既而歎曰若復不爲無益之事則安悅有涯之生是以愛好愈篤近於成癖每淸晨閑景竹窗松軒以千乘爲輕以一瓢爲倦身外之累且無長物惟書與畫猶未忘情既頹然以忘言又怡怡然以觀閱常不得竊觀御府之名跡以資書畫之廣博又好事家難以假借况少眞本書則不得筆法不能結字已墜家聲爲終身之痛畫又跡不逮意但以自娛與夫熬熬汲汲名利交戰於胸中不亦猶賢乎昔陶隱居啓梁武帝曰愚固博涉患未能精苦恨無書願作主書令史晚愛楷隸又羨典掌之人人生數紀之內識解不得周流天壤區區惟恣五慾實可愧恥每以得作才鬼猶甚頑仙此陶隱居之志也由是書畫皆爲精妙况余凡鄙於二道能無癖好哉

崔珝

珝宣宗朝知制誥

授李丕鄜州節度使制

門下天垂星而分將帥北極是尊地列嶽以體藩垣四方乃定自古王者因而法之旁求俊髦應彼形象前振武節度檢校刑部尚書李丕天資壯勇代習韜鈐追奔而不務

前茅處已而常慚背水頃者壺關不順方事阻兵爾能蹈白刃而來推赤心向國洎累更符竹咸布謳謠陟其所明以邊事首遂著平戎之効遥張破虜之威致使黃河陰山寇盜皆息朕以燒羌作梗朔塞成榛禍結兵連兩經春夏是用輟爾代北委之雕陰作吾金湯翼衛邦甸所宜以伐謀爲上策以無戰爲奇功禁暴安人克靖烽驛秋曹貳憲再飾旌旄往惟欽哉順我休命

授柳仲郢東川節度使制

門下擁旄作鎭授任分憂訓師旅以恢武經厚風俗以闡

文教膺茲重寄允屬勳臣正議大夫守河南尹柳仲郢清嚴蒞職禮樂承家動惟執中居必慎獨稟端慤之正氣抱通濟之宏才早踐華資備揚懿業會府著彌綸之美諫垣留謇諤之規洎領郡符亦茂休績出入十載尹正兩京堅貞不回沉毅有斷歷試斯久聲猷（疑闕）必能克終令圖副我專委是用付以戎律登茲將壇乃眷左綿實爲右屏控壓夷落保衛皇都非慈惠博施不可以乂安黎庶非威懷並舉不可以綏靖封疆所宜霑潤一方澄清八郡簡條章以檢郡吏齊法令以肅三軍大宗伯大司憲衆而寵之以

表殊獎勉承新命無怠前修

林簡言

簡言字欲訥福清人大中時第進士官漳州刺史

上韓吏部書

人有儒其業與孟軻同代而生不遂師於軻不得聞乎道閣下豈不謂之惜乎又有與揚雄同代而生不遂師於雄不得聞乎道閣下豈不謂之惜哉有習於琴者問其所習必曰吾師於某某所傳師曠之道也習於弧者問其所習必曰吾師於某某所傳灌孺子之道也脫二人未至於古然亦無敢是非者以所習有據故也儻曰吾自能非授受於人也必知其音俚音也其能庸能也嗚呼聖人之道與琴弧之道相遠矣而琴弧尚能自習之如此況聖人之道乎去夫子千有餘載孟軻揚雄死今得聖人之旨能傳說聖人之道閣下耳今人睎閣下之門孟軻揚雄之門也小子幸儒其業與閣下同代而生閣下無限其門俾小子不得聞其道爲異代惜焉

漢武封禪論

仲尼以季氏旅於泰山爲僭漢武封泰山爲僭歟抑聞無其位無其德爲事僭也有其位無其德爲事亦僭也又聞

封泰山報成功也斯皆德稱乎位者爲之若伏羲神農者也若軒轅顓頊者也若堯舜禹湯者也漢武封禪奚慕哉泰乎伏羲乎堯舜乎秦封禪二代而秦滅固不可慕也若以伏羲堯舜爲心亦宜訪伏羲堯舜之道與所以行之道俾之乎不俾之乎彼茅茨不翦而木不呈材豈曰俾哉彼舞於兩階而黷武窮邊豈曰俾哉彼用夔典樂而李延年進豈曰俾哉彼設謗木而捕人誹者死豈曰俾哉凡所舉雖厮養之人亦知不俾矣在漢武計宜罷去不俾行其俾

者已行之則卿大夫行之卿大夫行之則國人行之夫如是雖不封禪而伏羲堯舜之德之美自至矣柰何不遵此道取司馬相如諛佞遺草內欺於方寸外欺於千古矯名竊德冒煙雲躡凌兢封泰山禪梁父好商辛夏癸之奸迹伏羲堯舜之迹季氏之僭安可逃乎昔齊桓公議封禪管夷吾用他辭以罷之以其無帝王位故也無德與無位相去幾何儻漢朝有人如管夷吾應用三脊茅以籍固不使其君與季氏等

言贈

長慶壬寅歲簡言賃居善和里貧寠蕭落交親罕至無何一日門有扣聲合申疾薄部疑得何紹姓字延乎賓客具酒爲識再至亦如之既熟至之又至之乃至於日至嘗從容談及忠孝之道無位無陳力之所無聞非過也孝之道以色爲至難貧如黔原無聞非過歟予聆其詞得其心知其孝道篤也後曰吾違親久矣趨庭之意無曠日時今越七日歸古有贈言豈無曠乎曰慈烏返哺孰謂禽也吳起不歸孰謂人也

紀鵶鳴

東渭橋有賈食於道者其舍之庭有槐焉聳幹舒柯布葉凝翠若不與他槐等其舍既陋主人獨以槐爲飾當乎夏日則孕風貯涼雖高臺大屋諒無慚德是以徂南走北步者乘者息肩於斯稅駕於斯亦忘舍之陋長慶元年簡言去鄜得息其下觀主人德槐之意亦高臺大室者也洎二年去夏陽則槐薪矣屋既陋槐且爲薪遂進他舍因問其故曰其與鄰俱賈食者也某以槐故利兼於鄰鄰有善作鵶鳴者每伺宵晦輒登樹鵶鳴凡側於樹若小若大莫不懍然懼悚以非鬼物之在槐也不日而至也又私於巫者

俾於鬼語槐不去鵶不息主人有母者且瘵慮禍及母遂取巫者語後亦以稀賓致困簡言曰假爲鵶鳴滅樹殃家甚於眞鵶非聽之誤耶然屈平讒謗非不利於楚也靳向一鵶鳴而三閭放楊震訐譖非不利於漢也樊豐一鵶鳴而太尉死求之於古主人亦不爲甚愚

欽定全唐文卷七百九十一

鄭遂

遂會昌六年官太學博士直宏文館

東都神主議

夫論國之大事必本乎正而根乎經以臻於中道聖朝以廣孝爲先以得禮爲貴而臣下敢不以經對三論六故已詳於前議矣再捧天問而陳乎諸家之說求於典訓考於大中廟有必修之理主無可置之理何則正經正史兩都之廟可徵禮稱天子不卜處太廟擇日卜建國之地則宗

廟可知則廢廟之說恐非所宜廢謹按書詩禮三經及漢朝兩史兩都並設廟而載主之制久已行之敢不明徵而去文飾援據經文不易前見東都太廟合務修崇而舊主當瘞請於太微宮所藏之所皇帝有事於洛則奉齋車載主以行

史重厚

重厚會昌六年官秘書少監

重建司空溧陽侯廟記

宗廟之作其來尚矣宗言尊也廟言貌也尊祖考容貌之處尤不可不嚴其制司空禦災捍患東漢光武錫青社於兹土襲封累代作世嗣之始焉世列祀典牲奠罔缺朝列九禪澤垂千載古木岑樓堞絲蘿鑾幃帳而尢不動而敬不怒而威郡邑仰其靈封境承其祐無誠不感有禱必通而殿堂古遠土木力盡鴛瓦分散虹梁攲傾漏雪過風彌年積月雖鶴駕如在而翬翟罔形於是二十三代孫朝議郎前杭州臨安縣令上柱國（疑）有則官居五命之尊長冠諸枝之首化一宗之德輯千門之睦言發響逐人胥樂成以謂難仍舊貫爰立新規詢謀僉同得心應手子孫願施

力輸緡疾風之靡草矣不浹時而轇轕道累軒楹蔽日飛甍過雲宏麗固護周環密緻神靈得以永安也其承稟有若此者伏聞非常人立非常事誠言乎哉宜採能文刻書金石永俾來裔審茲重典秘書少監從孫重厚撰唐會昌六年歲在丙寅八月庚午朔二十一日庚寅宗長二十三代孫朝議郎臨安縣令上柱國有則幷諸院弟姪及諸枝長孔目職司等同勾當修建一十五處宗人之名列於後

韋煥

煥京兆人大中三年攝館驛巡官以文林郎守涇縣尉雲

騎尉

新修湖山廟記

山川視公侯之外凡有益於人者國命徧祭雖十室之邑有主於民民得以奉其威而賴其祐焉者按金籙經云小山小水必有神當隸近嶽今宛陵涇縣十八鄉戶四萬民奉湖山神蓋所以奉其威而賴其祐爾邑圖牒載山高三百丈上有湖水山名因也涇民札瘥禱之必瘳涇田水旱禱之必豐曲誠嘉志神無不荅民遂立廟其下以祀斯亦涇之民得歸其心而保其身也京兆人韋煥曰天地之氣

結而著形形於氣而有神今山川之神亦天隸下土付其地而宰之或靈或否在人愚智斯見矣今莫徵其初舊祀且陋遠文宗皇帝更歲號之初宰邑者裴公鍔祈神有徵遂徹其故以廣之高堂敞宇土質彩衣歲聿其久復將顚崩邑人恂恂相與謀新重基列阼帳幕其塵丹故模駮輝光照人儀衛必備奇貌醜身輿馬必全翠飾金陳烏乎山神能靈於民民必來臻苟違舊德民將何親肥牷脂醴民之餱糧哀簫鳴鼙奪民耕功神之永福涇民山壤而后已乎煥尉涇畢期未代府公以簡召將行邑有王洌者纂聚其由來啓前庭遂爲洌書修廟之歲月於右且異示於後生庶涇之人日有來者歎曰某年有韋尉子雖無他及我憐其爲我紀兹事以思之大中三年十一月二十一日也

劉濛

濛字潤之宣宗朝官大理卿

請石刻准勘節目奏

古者懸法示人欲使人從善遠罪至於不犯以致刑措准太和二年十月二十六日刑部侍郎高鉞條疏准勘節目一十一件下諸州府粉壁書於錄事參軍食堂每申奏罪

人須依前件節目歲月滋久文字湮淪州縣推案多違漏節目今後請下諸道令刻石置於會食之所使官吏起坐觀省記憶條目庶令案牘周詳

林珽

珽大中時鄉貢進士

福州侯官縣丞湯府君墓誌銘 并序

湯有大德於天下戴之如日仰之如春其後也君諱華字知新曾祖備祖賓考嵒皆簪組相繼官烈當時頗有功於國以載於譜諜此略而不書公幼耽墳籍將欲振於時立

大來之器。以晨昏是切。仕不擇祿。釋褐衡州參軍。珪璋美璞。州縣良林。記室之芳。秩罷猶在。再調授福州侯官丞。兼總感德場。人不告勞。征賦皆集。伉馴雉之化。致象雷之聲。謀而有方。簡以莅事。授亮而庶務皆決。正色而羣吏瞻風。公之器用。未盡宏遠。秩滿寓居南方。以土風有殊。瘴厲所染。沈痼既搆。天壽不遐。以大中十一年六月五日。終於嶺中連江邑之客第。春秋五十八。道路民慟。風雲助悲。先權殯於竹林。原夫人瑯琊郡王氏。故衡陽縣明宰之女。以禮節奉君子。以慈和訓閨門。感形影之未亡。歎梧桐之半死。望故鄉以泣血。泛滄溟以護喪。蓬首逝波。沒身徇義。艱險不憚。旌旐之情。今古罕及。男二人。長曰宗鉉。次曰宗鎬。女五人。咸匍匐愴地。哀號訴天。以日月有時。窀穸斯議。以大中十二年十一月二十八日。歸葬於明州鄮縣龍山鄉江上里庚向之原。禮也。銘曰

修與短兮胡可知。聖與賢兮莫能窺。器未展兮誠足悲。存者有恨兮淚如絲。哭丹旐兮一家。隨風九原兮滿松枝。

王密

密京兆杜陵人。德宗朝登進士第。歷官明州湖州刺史。遷越州都督。充浙東西團練副使。

明州刺史河東裴公紀德碣銘 并序

皇唐御神器一百四十二載。天下大康。而海隅小寇敢肆蠆毒。結亂於甌越。而句章闕三字之口。戰卒數萬。皆由此之故。是郡罹災逾苦。井邑焚爇。遺骸積而不掩。生民僅有存者。闕二字未完。其危猶未安。天子哀之。詔擇可以子物拯艱者以鎮卹之。乃命長安令河東裴儆殿於茲邦。詔書既下。而罷民歡煦。若幼子之望慈父焉。彤襜員來。則收合創痍之境。熙熙如衣之食之。一年而驚逋復田。疇闢茨墊興。然後以禮義利物之教教之。人之呰窳者。教之以溫恭惇質。人之卉服祝髮者。教以儀飾之度。人之匱財乏食者。教以耕耨之事。羣吏懷其仁而畏其嚴。罔敢射其利焉。故爲政三年。其賞人也不用財。其屬人也不闕二字於戲。長人之體不一。若乃華夏之人。習性純純。其理之也可朞月而致。若海裔之人。土風闕二字暴殘嗜殺。寬之則法令非行。威之則圜視而兇心勃生。其欲馴之也難矣哉。及公之化夷俗。爲鄒魯。使父子長幼各得其宜。則知中庸清靜之德感人深矣。夫理一邑而能人和闕二字者。則可以移於一郡。而能導

之以德教者則可以施於天下公之所理之行豈止郡邑而已實宜佐彼大化輔皇王以昌經邦國以康調元氣於陰陽者也公尋而進秩州民共思願紀詞於碑予忝躡高蹤竊跡前事敢不頌厥美貽諸億祀銘曰

美裴公兮肅肅清風純和積中兮德顯融爰踐華省爰宰赤城克成厥功帝曰咨爾休懿可建旗於東美裴公兮於郡斯牧是祇是肅化流比屋變此夷風迄成魯俗人之父母匪公而誰慰我惸獨羨裴公兮胡棄我而適他邦惟我下民思心徘徊般焉不忘願頌休績播億萬載刊於珪璋

李宏簡

宏簡大中六年官宗正卿

請磨勘宗子百官屬籍奏

當司修圖譜官李宏簡伏以德明皇帝之後興聖皇帝以來宗祊有序昭穆無差近日修撰率多紊亂遂使冠履僭儀元黃失位數從之內昭序便乖今請宗子自常參官并諸州府及縣官等各具始封建諸王及五代祖及見在子孫錄一家狀送圖譜院仍每房納於官取高處昭穆取尊卽轉送至本寺所司磨勘屬籍稍獲精詳

王諷

諷大中朝官司勳員外郎遷郎中自吏部侍郎謫守漳浦乾符中入爲工部尚書檢校戶部尚書東都留守劍南東川道節度使

漳州三平大師碑銘 并序

得菩提一乘嗣達摩正統誌其修證俾人知方則有大師法名義中俗姓楊氏爲高陵人因父仕閩生於福唐縣年十四宋州律師元用剃髮二十七具戒先修三摩鉢提後修奢摩他禪那大師幼悟法印不汩幻機日損薰結元超

冥觀先依百巖懷暉大師歷奉西堂百丈石碧後依大顛大師實歷初到漳州州有三平山因芟薙住持傚爲招提學人不遠荒服請法者常有三百餘人示以俗諦勉其如幻解脫示以眞空顯非秘密度門虛往實歸皆悅義味知性無量於無量中以習氣所拘推爲性分知智無異於無異中以隨生所繫推爲業智以此演教證可知也大師一日病背疽閉戶七日不通問洎出疽已潰矣無何門人以母喪聞又閉戶七日不食飲武宗皇帝簡併佛剎冠帶僧徒大師至於三平深巖至宣宗皇帝稍復佛法有巡禮僧

常肇惟建等二十人。刺史故太子鄭少師薰俾藏其事。旬歲內寺宇一新。因舊額標曰開元。於戲。知物不終。完成之以神教。知像不盡法。約之以表微。晦其用而不知其方。本乎跡而不知其常。咸通十三年十一月六日。宴坐示滅。享年九十一。僧臘六十五。諷自吏部侍郎以旁累謫守漳浦。至止二日訪之。但和容瞪目。久而無言。徵其意。備得行止事實。相見無間然也。問曰。周易經歷三聖。皆合天旨。神道注之者以至虛而善應。則以道爲稱。以不思而元覽。則以神爲名。達理者也。經云。隱而顯。不言而喻。不疾而速。不行而至。後之通儒有何疑也。異日又訪之。適有刑獄。因語及師曰。孝之至也。無所不善。有其跡乃匹夫之令節。法之至也。莫得而私。一其政則國之彝典。其於適道適權又如此。言訖。頷之。不復更言。今亾矣。夫强擬諸形容。因爲銘曰。

觀跡知證。語默明焉。觀證知教。權實形焉。體用如一。曷以言宣。太素浩然。吾師亦然。觀其定容。見其正性。不閱外塵。朗然內淨。智圓則神。理通則聖。師能得之。隨順無競。吾之行止。師何以知。得性之分。識時之機。達心大師。邈不可追。

崔涓

涓。宰相珙子。大中四年登第。歷杭州刺史。終御史大夫。

賜許國公韓建鐵券文

維光化元年歲次戊午九月戊辰朔八日乙亥。皇帝若曰。咨爾宣力興復功臣鎮國匡國等軍節度管內觀察處置修葺宮闕同州長春宮等使開府儀同三司守太傅兼中書令興德尹使持節同州諸軍事兼同州刺史上柱國許國公食邑四千戶食實封一百戶韓建。朕以前代功臣。實重信賞。至有刻於鼎鼐。紀在旂常。垂帶礪之言。保金石之誓。勳賢所付。宜茂明恩。況卿秉謙蹈和。持重守正。屬朕前歲巡狩。而乃躬親奉迎。季孫之道。在事君。周勃之心。唯安國畢力。扈駕爲我出車。克奉行朝。更無遺事。可謂忠於社稷。光映簡書。旋以歸復京都。葺修宮闕。載宏舊制。皆叶規程。睠是殊庸。實用嘉矚。雖迭增崇數。而未足酬功。宜申誓券之文。以示旌勳之典。矧夫黃河不竭。青山非窮。比此賞延。錫於苗裔。使卿永荷祿位。長受寵榮。對銘鏤以同堅。煥聲徽而轉美。卿恕九死。子孫恕二死。或犯常刑。所司不可加責。禮命甚重。往惟欽承。宜付史館。頒示天下。

王洮

洮大中時鄉貢進士

慧聚寺天王堂記

有釋氏子宅於馬鞍山下者一日忽扣太原王生洮促足角坐涵意欲洩不能者數四頃乃作曰欲以天王堂事勞筆端謹按釋氏書云天王生于闐國作童兒時猶能血鏃射妖遂去走天竺遇金仙子授記護閻浮提補多聞王騰雲跨漢毅鬼撚魔霞幟雪戟指勾擢絆竟鎮妙高北面水精宮中爲藥义官長吁奇怪事孔子弟子慙於語然儒以正直爲神今天王能射妖摧魔用壯護世是亦正直也復

慙之哉按馬鞍山湧出平原中絕頂睛望他山百餘里緣援培壞咸溝穿塍纖坦然鋪出復多奇石支疊危柱釋氏築室鑿倚山半今天竺堂實翼西北隅塑狀若聳屹然拄空金精獰瓌力溢膺腕毿卒象伍作爲部落堂宇宏麗四檐飛翬庥靈庇像若鄭膴被甲擔戈立於煙靄洮因勞其費進曰非某力能皆邑民爲之塑實成於張宏度堂實成於俞師甫吁大凡力於耕者一人切於穫者三人豈偶然於天王哉釋氏子姓闞號清建姓趙號良顗時唐大中三年鄉貢進士王洮立

鄭顥

顥宰相絪孫舉進士累遷起居郎尚宣宗女萬壽公主拜駙馬都尉歷禮刑吏三部侍郎大中十三年檢校禮部尚書河南尹卒

進科名記表

自武德已後便有進士諸科出鶯谷而飛鳴聲華雖茂經鳳池而閱視史策不書所傳前代姓名皆是私家記錄虔承聖旨敢不討論臣尋委當行祠部員外郎趙璘採訪諸家科目記撰成十三卷自武德元年至大中朝謹專上進

方俟無疆

趙璘

璘字澤章南陽人從平原開成三年進士大中時官祠部員外郎歷度支金部郎中遷左補闕出爲衢州刺史

請元正權御宣政殿疏

伏以新正大慶萬國來朝華夷願覩盛儀士庶固當胥悅但竊聞關輔之內頻歲不登自冬以來降雪極少尚須祈禱方軫聖慈伏見去歲之初權御宣政從宜之制出自宸衷事簡禮全人心爲便伏乞且推此例停御含元待至豐

年卻依舊典所冀觴稱萬壽不愆元會之期禮酌一時益表聖明之美臣官忝諫列合陳管見

書戒珠寺

浙東觀察治句踐故城其東北二里有山曰蕺蕺蔬類也傳云昔越君所嗜常採於此遂用名之在晉爲王逸少別址尚留故池與祠堂又云陳太建初有天竺徒聽門踰顯辨博神異及死葬山上其形數見後夢語其門人曰必爲臥像屋之壓我則不見爲之果如言而所搆華壯敞絜甲於郡內所謂昌安寺者其後二百七十餘年學人懷表猶

病正位未廣繕治益嚴又十年值會昌廢毀之數獻文皇帝君天下大中初復許郡府量立寺宇而越州得其五昌安在詔中六年六月又別以戒珠爲名觀察使尚書李公褒實司其事當是時其徒多罷去或不任事而懷表復顯其勞今則崇構眞就矣學者或去或沒獨懷表齒且耄精恪如初可歎乎余長慶中始冠將爲進士生寓此肄業時懷表已名字衆人中及開成繕治始休工余以前肄校祕書遊越與懷表復相遇斬余爲記逮今二十二換四時矣中間遭罹邱墟又重樹立於人事悲歡不可遽數循分累寸奇褰塵寰晚守江鎭强號顯達而表公不離繩榻幾覩廢興雪頂絲眉始終一趣可謂行充於內而福持於外者矣余既詳其本末思有以傳於綿長客有前藤州刺史駱巽與聞之喜曰某蕺山之下寄居人也且與表公遊甚久歸願買石以刻遂筆以授之咸通三年正月二十五日中大夫守衢州刺史趙璘書

劉伸

伸大中時人

唐故清河郡張府君夫人安定郡胡氏合祔墓誌銘　并序

府君諱君平字君平其先燕國公纂集羣書家有鳩金復撰才命論教流天下分派周室即是公之苗裔宗枝矣公本深州饒陽縣之人也別業樂亭積有餘載曾顯皇朝任絳州長史祖徵高尚不仕考承泰頃以城戍艱虞此城被幽州攻圍公負倜儻之材輸誠展効去元和四年授成德軍節度使牒補充十將兼充樂壽鎭過都知兵馬使菀公押衙公君平將子之家赴赴軍前干城之志信義立身孤標作操東西欽企南北共談辯說伸由迺文迺武孝悌成

家垂訓禮樂克著始終可以龜鏡焉公寢疾享年三十有六以太和八年八月廿日終於市坊私第也嗚呼良木斯傾哲人其殞銜哀有餘可謂珠沈洛浦寶劍一鈌促我遐壽孀居洞房遲遲飲恨蒿藟無託夫人久嬰瘥瘵醫療無痊夫人以大中六年正月十五日歿於私舍夫人春秋卌有九女師娘子年齒初笄髫齔悤立春花欲發秋葉已凋割慈母之恩憐痛膝下之痞瘵皇天不祐夭折妙年小娘子年一十有九以大中三年四月四日殂矣新婦天水趙氏纔入貴門積善無瑕苗而不秀遂埋紅粉傷瘞九泉新

婦年廿有二以大中四年六月十一日喪矣皆附塋安厝可惜可惜孰謂痛哉實謂悲哉嗣子弁號叫攀慕糜潰骨體可以曾參同年而語哉遂乃庀冢修葬合祔元扃禮周終竟南沈漳水北望燕幽巍屹墳封雙靈再合卜取大中七年十月四日窆於縣城之東南三里故塋域殯焉禮也所慮年代深邃陵谷變移勒石記之千載無朽其詞曰

燕公之孫苗裔深根常爲儔闕變作弔賓空留七德兮千載書劒舊跡兮生塵夫人令德合巹同牢哀哉白駒兮西憑柰何松柏兮蒼蒼

韋宙

宙江南西道觀察使咸陽郡公丹子以廕調河南府司錄參軍宣宗讀元和實錄美丹政事拜宙侍御史出爲太原節度副使召拜吏部郎中出爲永州刺史還爲大理少卿拜江西觀察使遷嶺南節度使加檢校尚書左僕射同中書門下平章事咸通中卒

東林寺題名

大理少卿兼御史中丞賜紫金魚袋韋宙大中十二年准詔嶺南宣問六月二十九日再過此藏經舊日刱置隨寺

毀廢賴道深和尚藏諸石室言上人明上人以補其闕獲覩舊績觸緒摧殞施三百千再建堂宇時湖南江西皆擾亂一辭京闕三踐危邦到此數刻與言明話道又乘軺北去男澤侍行

余今年七月銜命按撫嶺南中旬之初自番禺赴闕聞洪兵大擾乃直趨鍾陵既至留一夕察其陰謀備知情狀明日渡章江二十九日憩此與言明二上人談元兼訪經藏遺址晚晴西去六十四日余廉問江西乃帥襄鄂許蔡四軍赴鎮十一月二十七日兵次北田余雖擐甲戎事方殷

經過松門。遲遲不能去之。以示暇。送駐前鋒於峴。再與言公遊。時明上人已物故。悲愴久。復跨馬前去。因書行止。題於水堂壁。大中十二年十一月二十七日。江南西道都團練觀察處置等使兼御史中丞韋宙題。

溫璠

璠大中九年由郎中出爲袁州刺史。

淨觀聖母記

大中壬申歲夏五月乙未。詔高平守璠曰。汝在澤以能聞。今輟於袁。宜用前心以爲理。璠再拜奉詔南之。秋七月哉

生魄。入浪於盟津。鼓雙翼飛波抵鍾陵。及仲月。既維舟於觀步。觀以淨爲名。昔東晉許眞人棲息之舊地。輦氈汙觸。必有變怪。按僊籍云。神僊中有孝道明王授道要於聖母。母傳法於吳猛許遜。遜字敬之。以孝廉上第補旌陽令。則聖母爲旌陽之師矣。璠既昇堂謁眞人。禮成而退。傍有香木。設位而無像質。北墉有掛繢畫爲少女者。曰眞人之聖母也。璠謂聖母之嚴顏華髮。不宜爲幼婦必矣。詢於耆舊求聖母之遺像。一無可取者。後數月。春光滿湖。繁花壓枝。會郡之文士於望湖亭。俄假寐於嘉蓮閣。恍若有睹。疑非在夢。見老母涉菱波步浮芹至於閣前。云神母之儀祇爾。不必他求。璠遽起。命畫工施古脫其所見。增減信宿方定。儀相如涉菱之母矣。迺於郡齋軒置座。以塑畫像。踰月而功就。端嚴儀表。威容凜然。豈靈僊憑託而致是乎。爰命道門都監易智周與威儀易景詵道士施契虛等。以香花時果迎聖母歸淨觀。時八年三月十五日記。

孔溫裕

溫裕。禮部尚書戣子。登進士第。宣宗朝歷官京兆尹天平軍節度使。

請修孔廟狀

右軍曹濮等州觀察使孔溫裕奏。伏以禮樂儒學。教化根本。百王取則。千古傳風。國朝宏闡文明。尊尚祀典。不違古制。大振皇猷。今曲阜縣乃魯國故都。文宣廟即素王舊宅。興儒之地。孕聖之邦。所宜廟宇精嚴。禮物具舉。近者以兗州頻年灾歉。都廢修營。徒瞻數仞之牆。纔識兩楹之位。雖春秋無缺於釋奠。而揖讓頗紊於彝章。遂使金石之音。靡聞於肸蠁。俎豆之設。常列於荒蕪。聖域儒門。豈宜堙墜。臣忝爲遠裔。叨領重藩。咫尺家鄉。拘限戎鎭。望闕里而無由

展敬。瞻廟貌而有願興功。臣今差人齎持料錢。就兗州據廟宇傾毀處。悉令修葺。皆自支費。不擾州縣。所需獲遂。幽懇克申。私誠伏緣兗州非臣本界。須有申奏。伏乞天恩允臣所請。無任悃迫屏營之至。謹具如前。

鄭朗

朗字有融。宰相珣瑜子。始辟柳公綽山南幕府。入爲右拾遺。開成中累拜御史中丞。戶部侍郎。爲鄂岳浙西觀察使。進義武宣武二節度使。歷工部尚書同中書門下平章事。罷爲太子少師。卒贈司空。

請停直館增修撰奏

當館修撰直館共四員。准故事。以通籍者爲直館。伏以修史重事。合選廷臣。秩序或卑。筆削不稱。其直館伏請停廢。更添修撰二員。

牟瓚

瓚。大中時鄉貢進士。

修方山證明功德記

此山前面有石龜。龜有石像。從彌勒佛并侍衛菩薩至神獸等計九軀。案寺記云。唐初有一童兒名善子。十歲已下。自相魏間來。於此山捨身。決求無上眞正之理。（闕一字）啟首（闕一字）四體遂墮。未及半虛。五雲封之西去。其音樂（闕二字）天風錯（闕一字）畢寺緇白。無不瞻聽。乃鑿此山成龜立像旌之。（闕一字）證明功德。暨乎會昌五年。毀去佛（闕一字）天下大同。凡有額寺五千餘所。蘭若三萬餘所。麗名僧尼二十六萬七百餘人。所奉驅除。略無遺孑。惟此龜佛像儼（闕一字）微有薰殘。大中五年。奉旨許於舊蹤再啟精舍。寺主僧從（闕一字）聞於州縣。起立此寺。有杭州鹽官縣人僧子儒。俗姓董氏。不遠江湖。訪尋名跡。至六年五月七日得度。既果前（闕三字）懇

誠金采裝餝方山證明功德。兼（闕三字）神及師子各二隻。（闕一字）金彩色（闕一字）功價（闕三字）五十貫文。施主二百餘人。（闕二字）一鐫姓名（闕二字）左其山龜寺。寺之艮直上可四里。下思人（闕一字）井以（闕一字）處星端旁眎（闕一字）滄溟有同蓬島（闕一字）龜石（闕一字）有泉不（闕一字）來源從細竇泄（闕一字）石盆（闕六字）而已玉液金漿莫得（闕一字）其甘（闕三字）香山（闕二字）質乎香（闕一字）子如公明山巒之（闕三字）固敬石之像長牢。冀賢刧盡而同盡自（闕二字）外胡可傾移哉。大唐大中八年四月八日鐫記。

王鉉

鉉大中時處士

佛頂尊勝陁羅尼經幢記

竊惟金人西（闕一字）雷音絕唱於（闕一字）筮至教（闕三字）業空傳於漢地雖法門繁（闕一字）俱（闕二字）梁（闕五字）其（闕一字）陁羅尼焉于公稱惟則本河南人也家贍溫恭人稱英亮忠信先聞於（闕一字）室深崇（闕一字）志於三乘有悲（闕一字）之心具利（闕一字）之行（闕一字）王（闕一字）之暇（闕二字）興懷將構禎模冀崇妙（闕一字）有緣（闕一字）德同心爲（闕二字）之利而居（闕十二字）乎存沒逝者不（闕字）于厥願存之豈爽以前心既屬道泰時通亦乃樹茲本

意爰（闕二字）刻密言徵良匠以呈奇採元石而鑽鏤厥功既就乃卜（闕一字）縣城艮隅之立（闕一字）足使霑塵（闕一字）影（闕一字）屣（闕一字）舟瞰矚承風永辭（闕二字）鉉實不敏輒（闕四字）申（闕三字）述（闕一字）猷雖不足以成文（闕一字）深心於能事矣

對借確打破佩刀刺人判

郈人借確人家確未出門打破未離本處又有人持佩刀傷人縣以爲用刃州以爲非仰正判

九野太清兆人承慶鑿井而飲方闢射鮒之泉持刃以雄仍均佩犢之日澄瀾可汲思抱甕而無階銛刃將揮提劓鐘而可擬故乃旁求假器甫當於銅瓶何輕用傷人有類於鉛筑衡門未出遽覩虧全疎網難容俄聞寘罰訟端斯起異共弊而無憾刑柄終疑遂殊條而靡決慎非投鼠破則宜陪法在鵁鳩傷固難逭比盜之訴不亦厚顏用刃之科誠非次骨文慚陸海辱落三睎空有薦於芻詞諒輕塵於藻鏡

濮陽宁

宁鄉貢進士攝館驛巡官

閬遷新社記

大中十年夏六月公命遷社於州坤築四壇壇社稷其廣倍丈有五尺其高倍尺有五寸主以石壇風師其廣丈有五尺其高尺有五寸壇雨師廣丈而高尺自初獻迄終獻專一室有廈橫附二室皆南鄉備犧帛西鄉之楹凡二室軀甎脊道凡十有三條其縈折則三百九十有七尺繚垣凡百堵其高逾尋苞亘榕凡二十本南北行延崇豐展階揭雙扉於東鄉具扃鑰焉其外北東闢二室有廈其南立雙表及建功以十七日戊子起冬十一月庚子畢謹按閬故壇坫南邪西隙蚌蝌污穢負蒲葦之豪家禽野牧觸蹊

無禁至祈報時卒戒闔侯官責辦與胥譁庀權事其晴也雖重菅不免於濡爲其雨也必撐篷以護綾瀆神勞人未嘗有寤者元侯關西公既莅閩其春由郡儀卽社喟然顧曰吾鄉理蘇厥壇惟更仍歲穰穰蘇人宜之今閩饒化期將丕革首在玆乎由是擇謹事者行故壇西躬取其地受之節儉嚴帑靡隱者除鳩工以掉畚斲材以陶坯肩有歡謠杵無怨築故擘錢垂十萬不徭一丁不斂一户而爽潔開拓四壇鑱焉夫遷社於州坤右位也不書稷風雨尊社也禮稱諸侯爲百姓立社曰國社而厲山氏之農棄配祀

焉共工氏之后土勾龍兼饗焉風秩雨班光昭舊典葢先聖王尊以示本均以行政未之改也惟我元侯敬恭乎上撫臨於下戢苛薙慢顯晦咸寧繁條陰森如肅其饗自然克靈克序德致元侯而施於一方也是月牙將翁行全牘其績歸成於公公曰壇倚浮屠祠爭出眉睫吾患將來有醉浮屠或易於遷徙焉茍非鑴琢則本末無所彰遂以記徵下寮宁宁不得辭且拜命之辱謹用二十九日戊辰獻記云

薛詢

詢河東人官縣尉

侯眞人降生臺後記

余嘗作尉甸服聞侯眞人昇仙之說而未熟其事洎辛巳歲宰於斯邑與渤海高公爲交代方覩其文及詰諸耆耋皆與前文符驗噫神仙之術雖賢哲猶疑而道華登高松躡雲路繫衣松杪鑪香尚煙杳然昇天孰能致詰高公博學好古欲旌其跡俾蹈道之士勵志精勤故授受於予克成其事豈子晉吹笙來緱山令威化鶴憩華表獨留名於前代而不斐還故鄉是刻石舊居以期於絳節

周遇

遇大中時守彭王府諮議參軍

劉氏太原縣君霍夫人墓誌銘 幷序

天地之大德曰生剛柔之毓質曰性盛衰相攻存亾淩替理達希夷之旨竟歸終極之原至若生有令淑而顯茂則紀述而銘焉有唐故銀青光祿大夫行內侍省內侍伯致仕彭城郡開國劉公夫人霍氏世系文之昭也當周之興封建子弟因而氏焉其後代變時移今爲京兆居人也皇父晟將仕郎守家令寺藏署丞公孝履資身恪勤莅事歷

官秩而益著勤瘁之名奉春儲而出納之功無愆幸以慶鍾德門是生愛女夫人即公之長女也夫人幼聞詩禮早肅端姿齋潔持心溫柔飾性霜松比操寒竹孤貞閨門悅懌之儀晨昏問安之禮皆主之矣榛栗告修將移他族遂適彭城公百兩之後一與之齊嚴奉舅姑敬恭戚族服澣濯之衣儉而達禮遵婉娩之教婦道日新飾其德而不飾其容嚴其家而不嚴其身名同夫貴德與家崇寵錫降封太原華邑昔公謂曰我以代傳鐘鼎門蔭蟬聯先開府秉左廣之權吾令弟統右護之師朱紫赫奕棣萼鮮歟者四

人而悉忠於國孝於家學大戴禮諷毛氏詩堅白自持秋毫無隱功備史冊銘在景彝戒滿盈而慕冲謙棄軒冕而好疎逸功與名皆全矣而思內則雍穆吾心至矣夫人結褵作配三十三年履正居中其道益彰洎浙右歸闕累移星歲頤攝乖宜寢成沈痼夫人侍執湯藥饍奉飲膳所舉者無不親嘗不顧寒暄不離座隅日月迭居近於二載夫人自此憂患亦已成疾先常侍奄從薨逝祭祀蒸嘗不失如在之敬至於卜遠之日疾將就枕諸孤曰違裕若是豈在力任夫人曰吾逝生死同塵何愛身命一閉泉壤永爲終天但無虧於節義豈望苟自偷安踴哭而往畢遂其志爾來日遘綿惙針醫不減遽至彌留以大中九年十一月十八日終於來庭里之私第享年五十七嗚呼人之所貴者福與壽積善旣昧於徵應隙光難駐其檐楹青春路遙白日將謝妝樓儼設玉匣漸見其塵封輕影忽飛夜臺已知其息處有子三人嗣曰復禮威遠軍監軍使行內侍省內僕局丞賜緋魚袋仲曰全禮內侍省內府局丞充內養季曰伸禮皆才聞五美學贍三冬孝敬承家忠貞蘊志總戎而理遵約法專對而辯注懸河自鍾艱疚茹毒銜哀泣

血絕漿罔顧晨夕因心之孝冀報其劬勞思養之情徒悲於風樹以明年正月二十九日祔葬於萬年縣龍首鄉先常侍塋西禮也遇奉命述敘敬爲銘曰

夫人懿德蘊其明識端姿潔朗惠質柔直工修內範容無外飾玉鏡孤光珉瑤潤色問名成禮作合君子四德道隆九族稱美門崇鼎列功高嶽峙澤及華封輝光青史雲路碧落霜折瓊枝其往如慕其返如疑龍首之壃滻川之湄魂遊九原與公同歸

盧恕

恕大中時官蘇州府掾。

楚州新修吳太宰伍相神廟記

捨人事而介福專人事而薄神皆君子不爲也苟不以仁惠愛民而止以墮怠理道持甘酌芳饎以交神神在聰明正直豈許之乎若憂勤焦思訪接無怠於賢人且不遺況賢神乎所以大德君子以厚人故不薄神楚州淮壖涘太宰伍相廟置在吳時臨邗溝當伐越時爲餽運所開太宰經畫及因讒而沒其神憑大波雄憤無所泄蓄爲猛颷駭衆吳人恐之故相與立祠邗溝上歷代皆崇其祠椎牛釃

酒小民有至破產者比齊清河王勱刺此州申教部民不宜荒瀆非神之意其風稍革國朝龍朔中爲狂人郭行眞所焚乾封初準勅重建大中十歲四月十八日上以山陽荐災當宁憂軫曰非朝之顯德清望有材者不可分吾憂子衆姓於是詔兵部郎中滎陽公守郡立政行道得民之心每雨小差期晴少失候公一至請之靈貺立答連歲豐穰豈非神之陰贊耶舊廟蔽隘淺迫前橫岸道塵坌玷褻公默圖將顯大之且俟誠化更廣卽增張神宇俄有州人蔣容者啟公請合財葺之殆天啟乎何冥契如是耶於是開其前伸其後重肖神像及儀從等畢新廟之成也面河距淮巖然崇堂蜿然修廊像設新而英姿益明旗旓新而靈衞愈嚴庭可以長布武階可以勞拾級笙籥朝奏一何和神也風月夕清一何宜神也祭法曰夫日月星辰民所瞻仰也山陵林谷川澤民所財用也今太宰之高不啻星辰太宰之利不啻山谷彼青骨而邀食於民者豈得同日而語洎詔徵公爲左諫議大夫釋符之日恕蒙公付以留務行及祠前顧謂恕曰有事或誠存太宰其應也如響今去能無感焉君爲我編其修建之由恕謹奉教一無僞飾

公之始至也承菑沴之後廬井殘矣廩藏空矣道旣殣殍牢亦充塞及公之布德也四時洽暢千里醉歌帑廥皆溢庭無訟人鄉縣郭邑致十倍之繁富廓宇亭肆與萬堵之宏麗休祥表見仁聲流揚傳車云歸者少遮道竟夕不得前雖古之良二千石實有慙色素負謙損不先之道至於理功皆不欲人言恕親吏也其可隱而不書已唐大中十二年七月十一日記

褚符

符大中時河南人。

唐故下邳郡林氏夫人墓誌 并序

夫人林氏。其先下邳郡人也。曾祖闕一字皇任廣州參軍。祖景闕二字任潮州長史。父闕十七字鄉里咸謂闕一字高闕六字夫人則府君之仲女也。未笄而柔和冰潔。既鬟惟闕二字蘭馥。由親族闕二字黨闕二字以闕二字也闕三字而閨中闕一字族富春孫氏子以闕四字作闕二字婦闕二字媒闕八字夫人闕一字得以闕三字得闕一字配闕而闕慈闕一字仁闕一字繩闕也闕奠闕三人長曰闕二字娘闕以闕闕一字墳峨峨。闕一字山之旁。懿德美行。不隨闕二字高山有一闕

字雕琢無妨。闕五字之闕六字陵谷改張。此石若出。斯文闕一字昌。

欽定全唐文卷七百九十二

路巖

巖字魯瞻。陽平冠氏人。大中中登第。累遷中書舍人戶部侍郎。咸通三年以本官同平章事。進左僕射。罷爲劍南西川節度使兼中書令。封魏國公。貶新州刺史至江陵免官。流儋州。賜死。

義昌軍節度使渾公神道碑

叙曰。天業光昭。寶臣間出。雲臺重沓。旂常紛綸。吾巨唐乎。鎮寧社稷。纘揚忠烈。勳居第一。代代不絕。其渾氏乎。能遵祖法。不失家聲。立朝守土。所居可紀。其康公乎。公諱偘。字

復貴。其先姜姓之後。漢郡渾邪王之裔。始居於蛸北。後遷於河南。今爲代人。爲山西右族。七代祖潭仕隋玉鈐衛大將軍。生迴貴。以兵從我高祖神堯皇帝佐平暴亂。拜豹韜衛大將軍。生元慶。爲右玉鈐將軍靈邱伯。生大壽爲太子僕。贈廣府大都督。生釋之。爲開府儀同三司太常卿寧朔郡王。廣德中拒扞西戎身殁王事。贈司空。公大父諱瑊朔方副元帥河中節度檢校司空中書令咸寧王。贈太師。有大勳績。其秩錄封賞埒汾陽西平。皇家中興。此三人力也。

父諱鎬義武軍節度易定觀察使檢校工部尚書贈太子少保取隴西李氏女實生公公爲兒時則柔敬敦厚篤志於學九歲由宏文生擢孝廉第釋褐參同州軍事既冠益以通敏密靜稱於人因從先少師於藩方不忍去庭闈諸侯有以幣以馬取者一無所就元和十二年先少師奉詔以中山兵伐叛而卒與寇遇以數千當數萬力戰而歸坐黜循州公憂蹙內結晨夜在側從容道否泰之理以解發於至誠少師爲之洒然少師薨屏勺飲壞容貌幾不全者數矣嚴護踰大江長號動神明親友見者莫不悽惻憂其

困絕往往罷弔既而外除大戚不衰遂退不肯仕居處飲食若執喪者是時朝廷詢勳臣後或言曰咸寧功累代不可及其子身當聖朝以譴終未復無以示天下執政立言之天子感其事趣詔盡還少師爵土由是勳閥之家皆喜長慶中又有言公之材行不宜在閭巷者上亦以追顯咸寧功德未足遂授公右龍武軍倉曹參軍歷太常寺主簿太府寺丞由是以吏事自喜明習文法咸寧王股肱王室卑體下士召置幕府得一時之人少師仕官早成不廢法度有譽於士大夫間公又脩潔謙遜辭禮閑雅由是仁人與之遊長者訪其廬矣稱述日甚聞於廷中擢爲左贊善大夫轉太子僕能勤其官改太府少卿始用利器貨泉事聚不頓鋒鋩益爲試可一日昭獻皇帝讀國史至咸寧王卒嘆渾氏時無大官者欲用公未有緣即日以銀魚朱袍賜之俄拜金吾衛將軍寵以金紫公愈益小心俯僂不暇武宗時至太僕卿以謹良選宣宗即位改少府監以繕理稱又拜左金吾衛大將軍肅環衞明年遷司農卿練經制每以處逸樂悖勤勞非忠也求出補吏不憚劇郡久之壽陽歲數饑有盜賊上選能理者丞相舉公可用公至則猛

糾緩化曉告慰養先是有貨茶盜鬻變難制至是皆解散走匿又勺陂之水溉田數百頃爲力勢者幸其肥美決去其流以耕公隄防約束水復盛溢沃野之利歲歲增多徵爲殿中監服用如法頃之爲昭王傅多稱惜之再爲少府監遷檢校工部尚書金吾大將軍日在彤庭宣宗器其能遂賜高牙暢轂鎮於回中公門有將帥風習知四夷事以故綏邊之績不日而成西戎別種王黨數爲邊害公曰胡夷剽刦亦常事不煩兵鏖可以信取諭以咫尺之書果相率逭去居無何又遣其舍人董英粲歸誠且貢錦繡物公

必其善意乃許互市竟不敢負約反覆初有戍卒子爲族長所掠奴畜之至是董英粲輒搆而歸之曰用報德關城無警早開晏閉矣邊兵之衣輦自京師吏緣爲奸纊帛惡濫公始周察變法犯必收按至乎聚給親往觀之舊調軍食倉廩庾回遠不克往取率爲空名又度其途以便之自是寒無皸瘃戍益伉健既衣又食之撫士至矣萃戰馬凡五百二十疋牛騾稱是脩革器五萬具備丁壯卒三千人聚新粟五萬斛邊備完富戎心震悚天子使使者齎詔即軍中加公檢校刑部尚書以報之居歲餘復召爲大金吾

升三品階三領緹騎日益親貴今天子即位謀滄海帥視公曰無以易爾咸通二年遂授義昌軍節度使其理如在涇始至則表蠲水旱逋甚衆先是井爲海染人不可飲遂關河以汲舟行則決決又輒塞公視而計之派鑿扃蓄舟來不留綆垂不息厥功亟就於今賴之有田千頃遊惰者不顧公乃勸闢悉爲膏腴既飲之又食之養人至矣窮民有鬻子者爲之贖歸故校有孤女者時其配偶喪不辦葬骨暴於野皆爲調棺柩具粟帛郵亭相遠道里患苦作室其間以庇來往歲比不稔給軍未贍峙糧十六萬石以爲儲蓄大抵能推誠於下辛苦率先民愁未解公費未足致致爲之雖人之求去已疾謀致家溫不如也以故感神貺來瑞鸞百姓洎文武吏謳謌借留護戎者奏其狀天子嘉焉詔曰幸卒敎化之許留旬歲五年秋受代朝廷方圖其功會其冬以疾聞明年三月二日薨於大寧里私第享年六十九其年十二月某日葬於京兆府萬年縣洪固鄉胄貴里於戲豹韜以義兵顯寧朔以邊患死咸寧以殊勳著少師以威名用洎公以材能選陳力無曠廢渾氏之風類是自穆宗後天下少事由是公未嘗有鬬戰功始則以王

行好學恂恂若儒者中則以精力辦疑爲循吏終則以和衆靜邊名之良帥不矜輿馬之飾不嗜粱肉之味家產稍贍則以振昆弟賓客士有賢者雖貧賤必與之均敵名以脩飭先位以功効進自解褐數十年歷九卿爲二千石繼父位臨方面榮當代焉保身守道一無塗汙於戲渾氏陰德代封之慶則大於于公虞詡戰勳忘家之跡則優於平陽去病子孫支屬之榮則高於萬石耿氏然若公之材未大施設不繼乎台鼎不逼於期頤斯慊慊於五福也薨之日天子軫悼不朝贈大司馬葬之日給太常儀仗博士定

謚曰康斯可以自見於後代矣長子曰衎詹事府司直早終次子徵特擢普阜皆幼父病篤召從父弟右威衛上將軍佶泣告曰先少師以後事託吾季父爾必繼之佶涕泗遵用禮儀備具他日持故吏行狀託余斯文是以敘而銘之曰

命氏自姜有後于唐咸寧達人實護玉璜功德愈甚其緒乃昌少師宜之龍節煌煌尚書有繼卓然卝歲執喪之日厥生幾逝渾氏有子天子下制擢爲大官如翼高戾帝前謹恭俾牧於東盜走年豐後爲元戎簪煙息波兩有顯庸

厥庸惟富施之無窮宜久饗樂神報何薄厥德有本頌之靡泯實銘於斯不銷不落

李景儉

景儉憲宗朝官侍御史大中時累遷御史大夫

諫宣宗爲鄭光輟朝疏

鄭光是陛下親舅外族之愛誠軫聖心況皇太后哀切之時理合加等而賜之粟帛隆其第宅自家刑國允謂合宜今以輟朝之數比於親王公主則前例所無縱有亦不可施用何者先王制禮所以防微大凡人情於外族則深於宗廟則薄所以先王制禮割愛厚親士庶猶然況當萬乘親王公主宗屬也舅氏外族也今朝廷公卿以至庶人據開元禮外祖父母及親舅喪服小功五月若親伯叔親兄弟卽服齊縗周年所以疎其外而密於內也有天下者尤不可使外戚強盛故西漢有呂氏之侈幾滅劉氏國朝有則天之篡殆革唐命豈非一朝一夕其所由來漸也今鄭光輟朝日數與親王公主同設使陛下速改詔命輟朝一日或兩日示其升降有差恩禮無僭使四方見陛下欽明之德青史傳陛下制度之文垂之百王播之芳烈臣愚不

肖謬竊恩私實願陛下處於堯舜之上羲軒之列所以甘心鼎鑊伏進危言

王凾

凾大中時人

大佛頂尊勝幢銘

琅邪王讜字達夫探至聖之元言得秘密之妙理以大佛頂及尊勝爲衆福之王懇立二幢祈報所怙攀號不及創鉅痛深衰麻在躬茹荼吞蓼若不憑其教跡何以洩此哀懷徵其志誠起自純孝旣而候聽戒遣式遵理命令將在

日衣物造此功德始乎因想形於心匠有工應召巧與意合將期經久須擇勝處絲若扳種必求厚地（闕一字）得其所爲益多乃謀於老宿得在精舍同諷於（闕一字）門護其基趾鑿去黑沙築以黃壤土脈相（闕二字）力彊（闕一字）若非願力宏持（闕一字）得人心叶贊以大中十一年歲在丁丑四月二十七日立於開元尊像殿前繫其地也每幢高三十五尺各有二十五重重重狀名窮侈極麗唐言梵語備載二經此之不書削其繁也昔者曾子嘗謂人曰諭父母於道方始得爲孝也參者直養者爾（闕七字）諭父母於道孝（闕二字）必如

讜之（闕二字）可謂（闕二字）父母於道矣（闕二字）光有（闕四字）斯幢（闕二字）人（闕五十五字）也且（闕一字）一石（闕一字）樹一字補（闕一字）教徒（闕一字）嵌空峻峭積翠凝青尚蒙移植列在廣庭但能與人娛目不能使其（闕五字）界（闕十四字）械我（闕一字）對峙（闕四字）稜層怪屢犇妭（闕三字）乃（闕一字）陽高映圓魄斜臨同一解脫不二光陰（闕一字）灑（闕一字）滴煙籠霧羃霶（闕二字）離（闕一字）漫霏微聖澤流布（闕一字）雲在衣忽而銷歇罪垢（闕五字）清福裕（闕三字）颭飄瞥（闕三字）塵四發毛峯（闕一字）彼卽是加被何必張喉（闕一字）後爲（闕二字）哉有以見陁羅尼（闕二字）不思議也二幢既立就工（闕一字）訖功（闕一字）我釋門光（闕四字）不（闕四字）何（闕二十三字）行孝（闕十字）悼（闕十字）聖（闕四十四字）秘印密契各鐫在石（闕一字）之者誰我知其人曰讜曰謜衆咸及（闕一字）咸遵父言同村廣（闕一字）巍巍二幢不泐不泯資汝來世千祟萬信承此福源曷有窮盡

韋岫

岫字伯起宰相宙弟盧攜舉進士陋甚岫獨謂必大用攜執政岫自泗州刺史擢福建觀察使

土賦（以中方正色繁育生類爲韻）

質付坤元形分地類有持帶山川之力有長養稼穡之利

結爲大塊中含萬物之根充彼方輿外定九州之位於是黃帝后土怒而交爭曰天有兩曜日爲最明地有五行土爲至精人無我而不立子無我而不成故禮得之而以壇以墠君得之而以社以城子言各執其一端子智不出乎四生向者夸競交肩紛紜未息殊不知皆在五土何自德色木之始叢榮本茂葉秀枝繁不依於土何因託根火之重赫奕華夏照耀乾坤無吾爲土雖猛不存金生於山山吾所育水出於地地吾之族若藏礦朴於峰巒化江湖之原陸子何有哉吾爲五方之主爲萬聖之雄造邦本立大

中布而爲金木水火分而爲南北西東使百王之傳授若四氣之始終皆德非博厚故號不統同國家保大定功體元立正法土德受天命陵無一抔之盜貢有五色之盛合爲應鼓擊六氣以還淳杲作春臺熙萬人之遂性子盡鳩合異類率賓殊方歸有極贊無疆帝乃約束遠近神乃糾合要荒咸鞠躬離位厥角來王自是盡四夷之君長皆朝我唐

金賦 以至寶堅剛無所爭也爲韻

山育良金世名重寶當用事於素節實稟靈於元造由是司歲之士斂秋之道其神曰蓐收其帝曰少昊相與搜瑰異發鏗鏘取我於麗水淬我以輕霜用爾之寒可以革溽暑之候用爾之勁可以摧烈火之剛遂重其珍遂宣其利披沙之狀咸出從革之形悉至含宇宙則範之以景名壓寰區則鑄之以神器其難得也黍累不棄分銖是爭納人以懸市遺子以滿籯國用築臺之禮賦揚擲地之聲或三緘而永保或一諾而必行斷以同心斯爲盡善鑠以衆口喻彼相傾是以王者之時令修彝倫序泥封是用職貢有所垂衣守滿堂之誡命相與作礪之語則金爲世出雨示

天與乃懷貪以恣攫重諾而不捐鑽山砦石斷樸攻堅大有鎔範小有雕鐫玩物既奢其器用窮兵又縱於戈鋋則地將愛矣君胡得焉又尅木之意深輔火之功寡傷水之閱世疾土之處下以勁挺司一方以滅裂視四者曰吾常卓爾子不知也況有百鍊之秀三品之殊藏之則潤屋可恃鍛之則切玉如無子豈能馳善價入巨冶隨我躍於洪鑪

賀劉相鄴敕賜及第啟

用敕代牓由官入名仰溫樹之煙何人折桂泝甘泉之水獨我登龍禁門而便是龍門聖主而永爲座主三十浮名每年皆有九重知己曠代所無

秦貫

貫試太常寺奉禮郎攝衛州司法參軍

滎陽鄭府君夫人博陵崔氏合祔墓誌銘 并序

鄭之先自周皇封舅之地因而氏焉別派五流深源一至是以滎陽之望得爲首冠其下公侯接武台衡繼迹雕軒繡軸之榮羽蓋朱轓之盛由魯史記迄於唐春秋實鄭氏爲衣冠之泉藪也高祖世斌皇左司郎中磁隰二州刺史

新鄭縣開國男食邑三百戶會祖元嘉皇新都長水縣令
襲封新鄭縣開國男祖有常皇吏部常選襲爵新鄭縣開
國男烈考探賢皇衛州昌樂朝城莘縣令府君諱遇（一作恒）
字行甫皇試太常寺協律郎文業著於當時禮義飾於儒
行少有倜儻之志長負瓌奇之名不苟譽以求容每親仁
以竭愛爲中外模範（一作成）友朋宗師樂善孜孜不慍知
鮮量涵（一作苞）江瀆氣合風雲今之古人人雖上士（一作出）神
不優德配壽胡耇（疑）先夫人之亡蓋卅一霜也享年六十
夫人博陵崔氏令門清族慶餘承善四德兼備六親雍和

仁讓得於天眞慈惠立於素尚毋儀內則動靜可師禮行
詩風進止成法雖婕妤女史大家經教承之於諷習推之
於行源若亦異代殊人其歸一也（一作旨）未亡之歎孀齡杳
然玉沒何先蘭凋遽（一作繼）至以大中九年正月十七日病
終於淇澳之私第享年七十有六以大中十二年二月廿
七日合祔於先塋之側其鄉里原隰之號載於舊記此闕
而不書女一人適范陽盧損之嗣子六人長曰頊攝汲縣
丞知縣事早亡次曰珮早亡次曰瑾次曰玘次曰璿次曰
琬咸繼遺芳克修至行銜哀茹毒追攀罔極將營護窆泣

告於業文者爲之銘云
仕門雙美兮令德咸芳甲族齊盛兮英華克彰允文武兮
書劒名揚蘊儀度兮閨門譽長珠沈玉沒兮人誰靡傷桂
殞蘭凋兮共泣摧香垂修名兮允謂不亡傳盛事兮多載
彌光聽悲風兮松韻連崗刻貞石兮永志元堂

盧攜

攜字子升郡守求子大中九年登第授集賢校理咸通中
累拜諫議大夫乾符中以戶部侍郎進同中書門下平章
事加門下侍郎兼兵部尚書罷爲太子賓客分司東都舉

高駢可爲統帥復召輔政及黃巢陷潼關乃罷爲太子賓
客是夜仰藥死

乞蠲租賑給疏

陛下初臨大寶宜深念黎元國家之有百姓如草木之有
根柢若秋冬培漑則春夏滋榮臣竊見關東去年旱災自
虢至海麥纔半收秋稼幾無冬菜至少貧者磑蓬實爲麪
蓄槐葉爲虀或更衰羸亦難收拾常年不稔則散之鄉境
今所在皆饑無所依投坐守鄉閭待盡溝壑其蠲免餘稅
實無可徵而州縣以有上供及三司錢督趣甚急動加捶

撻雖撤屋伐木雇妻鬻子止可供所由酒食之費未得至於府庫也或租稅之外更有他徭朝廷儻不撫存百姓實無生計乞勑州縣應所欠錢稅並一切停徵以俟蠶麥仍發所在義倉亟加賑給至春深之後有菜葉木牙繼以桑椹漸有可食在今數月之間尤爲窘急行之不可稍緩

臨池訣

第一用紙筆第二用認勢第三裹束第四眞如立行如行第五草如走第六上稀第七中勻第八下密用筆之法拓大指擫中指斂第二指拒名指令掌心虛如握卵此大要

也凡用筆以大指節外置筆令轉動自在勿令大緊名指拒中指小指拒名指此細要也皆不過雙苞自然虛掌實指永字論云以大指拓頭指鉤中指拒此言單苞者然必順氣脉均勻拳心須虛虛則轉側圓順腕須挺起粘紙則輕重失準把筆淺深在去紙遠近遠則浮泛虛薄近則搵鋒體重用水墨之法水散而墨在迹浮而稜斂有若自然紙剛則用軟筆策掠按拂制在一鋒紙柔則用硬筆衮努鉤磔順成五指純剛如以錐畫石純柔如以泥洗沙既不圓暢神格亡矣書石及壁同紙剛例蓋相得也

盧潘

潘文宗朝官戶部員外郎大中時出爲新安太守徙廬州刺史

廬江四辨

凡作事必法古名地者必求於古地而不古失其地矣秦一天下破國爲郡名地者唯求於禹貢與山海經故始皇二十六年以揚州之地爲九江鄣郡會稽九江會稽出禹貢鄣出山海經按海內南經云三天子鄣山在閩西注云在歙縣東浙江出焉海內東海云廬江出三天子都入江

彭澤西注云即彭蠡今彭澤縣西是也經又曰一名天子鄣江南之鄣由此名也廬江在彭蠡西涯因廬江以立名項羽封英布爲九江王盡有揚州之地漢高改九江爲淮南即封布爲淮南王十一年布誅立皇子長爲淮南王孝文八年長死徙封長子安爲淮南王賜爲廬江王勃爲衡山王應劭曰廬江故廬子國也考尋載籍古無廬國之名是劭以廬江爲廬戎之地也按左氏傳廬戎亦曰廬在宜城西山中劭誤以中廬之廬爲廬江之廬後人因迷而不悟按漢書諸侯王年表北界淮瀕畧廬衡爲淮南顏注云

廬衡二山名也衡卽今霍山按東漢地理志建武十年省六安國以縣屬廬江郡郡十四城有舒潯陽襄安郡南有九江東合爲大江大江之南與彭澤相接旣得潯陽潯陽有廬山廬山因廬江而名古矣廬江之地包江南北而有之周景武廬山記云匡俗周威王時生而神靈居於此山上世稱廬君則是俗因山爲號不因俗爲廬而名山爲西域法者曰惠遠作廬山記不知所始乃曰匡俗出殷周之際結廬山上因名曰廬其謬甚矣按豫章舊志俗父與番陽令吳芮佐漢定天下而亡漢封俗於潯陽武帝南巡封俗爲明公是山不因俗而名愈明矣余故曰事必法古名地者必求於古廬江自山海經所謂出三天子都者是也今山在彭蠡之上亡其所謂廬江者事移事古名與地改故也又按經云浙江出三天子都在其東地理志云浙江出黟縣南率山東入海率則歙今浙江是也今率山在歙州南連延而西曰浙嶺浙水實出其陰又西走彭澤凡三百里幷水出山陽者皆西流滙於彭蠡廬江遠乎哉是必一水也又按今潯陽在江州大江之南古潯陽在大江之北名地爲國者豈限江之南北哉求於古而已矣廬江之

國自山海經而名者爲是

右廬江辨

同食館不知名於何時或謂自廬以往振廩同食因以爲名按左氏桓十三年傳楚屈瑕伐羅羅與廬戎兩軍之杜注云廬戎南蠻也音義云盧本或作廬也文十六年經楚人秦人巴人滅庸注云庸今上庸也（今房州上庸卽其地）傳曰楚人出師自廬以往振廩同食注云今襄陽中廬縣也振發倉廩也同食上下無異饌也次於勾澨楚境也使廬戢黎侵庸戢黎廬大夫也又按漢書地理志當陽之中廬在襄陽縣南今猶有次廬村顏注云隋室諱忠故改爲次又按楚莊王時都郢卽今之江陵由郢而伐西北密邇之庸安有發東北數千里之廩上下同食哉此非廬江之廬明矣噫夫命名者不詳國地之本末俾後世地因名而生惑余今以廬江所治故六地也六與蓼皆滅於楚臧孫辰嘆曰皐陶庭堅不祀忽諸德之不建民之無援哀哉足以爲後代鑒因更是館名曰建德

右同食館辨

漢書淮南王殺開章葬之肥陵肥陵肥水之上也在壽春

應劭云夏水出父城東南至此與肥合故曰合肥今按肥水出鷄鳴山北流二十里許分而爲二其一東南流經合肥縣南又東南入巢湖其一西北流二百里出壽春西投(去聲)於淮二水皆曰肥余按爾雅歸異出同曰肥言所出同而所歸異也是山也高不過百尋所出唯一水分流而已其源實同而所流實異也故皆曰肥今二州圖記皆不見夏水與父城惡睹所謂夏與肥合者乎合於一源分而爲肥合亦同也故曰合肥而云夏與肥合者亦應氏之失也

右合肥辨

按圖記今治父山在廬江東北即左氏所謂莫敖縊於荒谷羣帥囚於冶父茲山是也余按杜注及地理志荊州記皆云冶父城在荊州荒谷西北小城即冶父城莫敖縊於荒谷羣帥囚於冶父是也廬非廬戎之地同食異振廩之所安得復有冶父哉後人妄加之明矣矧囚於城豈囚於山乎余按今治父山實有鐵冶乃作此告縣更名曰冶山不疑

右治父山辨

萬敬儒孝行狀碑

當州合肥縣揚名鄉桃子村百姓萬敬儒自大中九年荒儉其年四月父母併亡至五月五日送葬後廬墓不歸今已五年先截下兩手指并甲各長半寸已來今見刺指血寫恩重經三百六十卷者差衙前子將胡師玗將茶藥就廬所弔問并勘驗得胡師玗狀謹具如後據州申勘孝子萬敬儒年二十七叔祖瑛見在廬去宅一里餘每日一食齋王時時禮念從大中九年五年葬父母後跣足披髮至今於兩手十指更互刺血寫恩重經三百六十卷先於大中九年五月及十一年五月兩度截下兩手指并甲各半寸已來今再生長復舊訖勘縣先有申報處問得經二百

七十卷已抄寫訖內三卷州司今送到便是金剛經九十卷見刺血抄寫次州司又勘得萬敬儒叔祖瑛及繼曾祖母年八十見在兼有親兄弟五人親叔祖等並同居其萬敬儒在墳所嘗有一狗在側要水火等物即書帖子繫狗項下令歸家其家人解看隨所須供至今見在右淮南觀察使檢校司空同中書門下平章事兼揚州大都督府兵部侍郎平章事蔣伸工部尚書平章事夏侯孜中書侍郎兼禮部尚書平章事蕭鄴右僕射兼門下侍郎平章事陶

檢校司空平章事崔闕使檢校司徒平章事白闕使檢校司空兼太傅平章事使疑闕大中十三年十月十五日朝議郎使持節廬州諸軍守廬州刺史柱國賜紫金魚袋盧潘立。

王孟諸

孟諸大中時人。

唐故軍器使內寺伯賜紫金魚袋贈內常侍袁公夫人太原郡夫人王氏墓誌銘并序

夫舉族稱官蓋製作之常意況王氏承帝王之後派分貴

仕代亦衆矣斯皆增輝圖牒稱望天下若乃復序述祖宗之盛德謂悠悠繁詞故略而不書也夫人襄陽人也性稟專貞早貪詩禮閑柔淑慎叶窈窕之風規纂組女工得家人之深旨軍器常侍先娶穎川祿氏數奇不耦夫人祿氏早亡軍器常侍時護漢南鼓盆歌罷曰粢祀之職禮不可虧潔以蘋蘩必資中饋由是思鵲巢之共理詠鷄鳴以求賢慕王氏奕世之宗以夫人繼室夫人承訓結褵移天配德克崇婦道懿績可嘉閨門之美實光彤管軍器常侍自漢南更命荊門歲滿入覲復領軍器使柰何天不福善偕老願乖軍器常侍尋臥疾薨於私第夫人居喪晝哭髮鬖誓志動循法則不尚繁華言必洽於族姻喜怒不形於色棲心象外宏譽宜家其仁賢體度蓋爲外戚之表儀矣將及魚軒荷寵昭示懿圖麟角功高隙駒難駐嗚呼徽音潛翳閱水興悲賦命有涯奄隨川逝以大中十四年春正月十二日終於長安縣修德里享年卅有五以其年四月五日窆於萬年縣灞陵之原鄰軍器常侍之塋禮也嗣子五人或腰金備寵近侍丹墀或朱紱青袍皆宣翊贊德門之盛世莫能儔而復泣銜哀俾述遺範言必實錄託而用文

誌而銘曰

青門道兮國之旁素滻北兮龍之鄉紛旗旐兮引靈襄泉路永兮歌白楊生何促兮死何長音容寂兮雲泱泱唯有松楸樹悲風起夕陽

沈瑊

瑊吳興人。

大唐蘇州華亭縣顧亭林市新剏法雲禪寺記

院在市西北隅其地阜勢極秀有二大長者朝議郎前試左金吾衛長史上柱國吾仁約及兄瑛弟緒并諸子姪處

士楊仲欽及男敬琮仁敬敬璿發心相謂曰此市信人極衆僧徒頗多可以買此地爲瞻禮之所尋請堅修上士二僧詣於京洛請其院名不旬月而返果遂其志廣慕信心便築基址貿他山之棟林召彼郡之良工不逾二載大中十三年春建至十四年冬成月殿巍峩屹如涌出門廊壵匝可謂化城工費之間不足者悉二家之自備豈止於一二乃各數百緡焉非我二家之志虔造次而不可及也續奉祠部牒改院名爲寺訖奉命紀其年月以俟未來

王徽

徽字昭文京兆杜陵人大中十一年登第乾封初累拜中書舍人賜金紫遷户部侍郎學士承旨改兵部轉尚書左丞廣明元年以户部侍郎同平章事黃巢入潼關汙賊僞命乘間奔河中授兵部尚書京城四面宣慰使以收復京師功加左僕射光啓中領昭義節度使充大明宫留守京畿安撫制置修奉使進檢校司空御史大夫權京兆尹累爲太子少師貶集州刺史沙陀逼京師召拜吏部尚書封

琅琊郡侯襄王熅僭號迫作誓牒徽托手疾不署熅平授御史大夫復拜太子少師昭宗立授吏部尚書進右僕射大順元年卒贈司空謚曰貞

創築羅城記

皇帝改元之六年諸道鹽鐵轉運兼鎮海軍節度等使開府儀同三司檢校司徒中書門下平章事燕國公高駢奏臣前理成都築大城請紀其事上命翰林學士承旨臣王徽授其功狀臣徽承詔再拜上言夫外户不閉雖前聖之格言設險以居乃有國之雄制用是則光昭振古勢讐遠

夷不有高墉曷稱巨屏我之奥區粤惟井絡繁阜昌熾標
出宇内先是蜀城既卑且隘象龜行之屈縮據武擔之形
勝里閈錯雜邑屋闐委慢藏誨盜城而弗羅矧乎西東江
山南控烏滸疆理滇洞舊貫因循日居月諸殆逾千祀漢
魏以還英豪迭處至若公孫述之桀黠諸葛亮之經營曾
不指顧留心乘機制禦斯蓋天藏盛烈神貯嘉謨俾集元
功式耀雄武自二紀以降邊郡戒嚴有虧懷柔或阻琛賮
雖負山川之險且乏金湯之固上顧相臣曰朕以不德化
罔被於四夷惟是西南截雁俶擾深軫予衷將若之何丞

相進曰陛下以睿哲照臨臣輔理不能敷聖澤以懷異俗
俾流毒於益人臣之罪也然黃帝有版泉之役放勛興丹
浦之師周逐獫狁漢備匈奴是知猾亂自古皆有其所以
滌厲梗致時雍乃在進任忠賢馳驅英雋耳臣伏見今天
平軍節度使駢卽威武公崇文之孫也威武在元和中劉
闢以蜀叛憲祖殷憂擇其所以代之者由是允膺聖奬能
以部兵復梓州統大軍平玉壘大節大忠煥乎典册駢能
不墜其業益大其門既席勳烈之資克善匡扶之志材超
衛霍氣葢關張忠孝兩全河山繼誓聿修厥德自成名家
馳譽石麟綽有美稱其守天水邊塵不驚戎律既申將略
克舉俄而交趾淪陷有命遄征既復土疆遂錫鈇鉞則馬
援銅柱楊僕樓船步驟之閒莫得倫比固以威張惠浹後
勁中權五年於兹海波不動朝廷方期拔用不可久留爰
命徽還彌增寵澤時屬龐勛始潰鄆方未寧駢則再登帥
壇復開將幕士絕朝飢犬無夜驚威加鄰部化敷蜀城相
印以之疇庸和門爲之增氣恭以憲宗錄崇文定蜀之勳
也既如彼陛下念駢復交理鄆之勤也又如此俾榮舊履
重建高牙必致師貞可期俗阜上曰俞爾惟代天其行之

於是詔駢復以丞相擁節去汶陽趨錦里至則詢問疾苦
樹置紀綱巡按封域周覽郛郭且曰夫療疾者必在藥乎
心腑然後可以堅四支植木者必嘗澤乎本根然後可以
茂柯葉今城之於蜀其由心乎其由本乎則知不理於近
曷能致遠不固其内安能保外未有不謀而能成不壯而
能威不勞而能逸者也於是擇地量林拓開新址分命支
郡以令屬邑乘時就役靡不適中吏不敢欺人不敢怠岷
峨之下忻忻子來昔梁伯亟城人疲弗處子囊築郢見誚
於時曷若駢能度其宜樂用其土圖難於易去危卽安環

以大城用冠諸夏其功固以相萬矣惟蜀之地厥土黑黎而又墝埆版築靡就前人之不爲非不爲也蓋不能也惟騈果得衆心克成大績鳩工揆日不慠於素十旬之中屹若山峙南北東西凡二十五里擁門却敵之制復八里其高下蓋二丈有六尺其廣又如是其上袤丈焉陴四尺斯所謂大爲之防俾人有泰山之安矣而甃碧塗塈既麗且堅則制磁飾頫又奚以異其上建樓櫓廊廡凡五千六百八間椳楣櫛比闉闍鱗次綺疏掛斗鴛瓦淩霄若飛若翔如偃如仰栖息烏兎炫晃虹蜺龍然而縈霞然而橫望之

者莫不神駭而氣聳目眙而魂驚其始也咸謂冥助似非人力其外則繚以長堤凡二十六里或引江以爲塹或鑿地以成濠則方城爲城漢水爲池又何以加焉是知摩壘者不復矜其能擊柝者足以抗其敵所謂能禦大菑能捍大患者也其舊城周而復始蓋八里高厚之制大小之規較其洪纖可得而辨矣況乎扼束都會襟帶地形險易之狀斯呈强弱之方可見自秦惠王疏蘙山林以通中夏及李冰爲守始鑿二江以導舟楫決渠以張地利斬蛟以絕水害沃野千里號爲陸海由冰之功也漢文翁置學校勸人受業行俎豆獻酬之禮於是儒雅之風作洎威武伐叛擒大憝而新其人玉石不得俱焚焉西蜀至今稱之騈之來鎭肇興武備俶有禦衝之事夫然後不爲外羌之所窺矣惟蜀之人自冰與翁自威武曁騈乃獲佑於天者四天之於蜀厚矣長雲斷岸莫得而隳古往今來何嘗能覩傳不云乎人保於城城保於德覩騈之政可謂保城與人矣向非挺生俊傑來弼聖神則孰能建絕代之遺功創一時之偉績者乎況夫高不可踰堅不可觸俯瞰天表方駕馬足銷吞祲沴亘壓咽喉訖使豺狼耳之而色沮目之而膽

褫是謂不爭而勝不戰而服者也新城成詔加大司徒封燕國公旌殊休也重以萑苻充斥荆楚傷夷遂加威望茲用底寧弓矢專征銅鹽劇任安危攸繫一以委之往哉荆渚荆渚既清又徙金陵金陵以平救鄢郢之剽殘拯江湖之焚溺期月之內罔不樂康若乃考其才稽其用所至難息所施利興智無不周技無不達韜鈐捭闔固自生知詩禮幾微雅當師道雖羽書疊至應用如神加以詞鋒莫前筆力遒勁屢獻平戎之策每陳憂國之誠抑又城府坦平器宇冲邃祿利不盈於私室夙宵無怠於公家叚頻在邊

未嘗蓐寢羊侶待士靡顧囊裝崕岍不可得而臻波瀾不可得而際矣所謂社稷柱石川嶽英靈者也則知騈如何臣城如何功嗚呼天贊其謀地襲其固非吾君不能用其才非臣誠不能就其事故曰爲可爲於可爲之時則勳乃見城由騈而成騈由君而聲城既牢矣人既休矣宜乎讚盛德之形容叙勳賢之丕烈恭以操觚載事作者爲難臣非其人何以稱此將欲刋諸貞石寘彼坤維垂於無窮期乎不朽屬詞愈拙染翰增慚銘曰

惟蜀之疆擁抱岷梁斗絕諸夏裂爲一方啓達上國肇自

秦强壯者五丁導彼青冥鑿巖而梯飛棧以行動猶鳥逝舉若猨輕漢人既遷言語乃通眇邈千祀遂參華風界彼邛滇靡設鍵關在古侵殘爲蜀之艱唐被聖德閒仍克慝猖狂逾紀吞噬無已芟獨楚驅毗不寧居皇帝踐祚驚嗟震怒爰擇藎臣推轂以付時惟燕公撫俗訓戎碩畫宏規神輔其衷經始新城心術潛形乃告編人版築云興相彼井鄽觀於封部謂茲郡邑量其户賦劃界指期莫敢踰度蜀人未安待城以歡蜀士方危待城而威阡陌繩直門閭碁布外聳風雲内扃貔武卉木葱蒨麗譙輝映戎馬夜寧戈鋋晝靜蜀山巍巍蜀江滔滔寇不敢窺人不知勞險而不煩峻而不譁去來出入嬉嬉一家燕公之德其誰與鄰燕公之功式利於人德入人深功流不極勒名天隅爲臣表則中和四年記

請車駕還京表

昨者狂寇將逃延災方甚而端門鳳峙鎭福地而獨存王氣龍盤鬱祥煙而不散足表宗祧降祉臨御非遥今雖初議修崇未全壯麗式示卑宫之儉更凝馭道之尊且肅宗纔見捷書便離岐下德宗雖當盛暑不駐漢中故事具存

昌期難緩願迴鑾輅早復京師臣謬以散材叨膺重寄閑閻深念拜章屢陳審時事之安危繫廟謀之得失臣雖隨宜制置竭力撫綏如或鑾駕未迴必恐人心復散縱成微効終負殊私勢有必然理宜過慮以茲淹駐轉失機宜實希永挂宸聰亟還清蹕

辭澤州節度表

臣聞量才授任本切於安人奉上推忠莫先於體國臣早逢昌運備歷華資止伏竭誠幸無躁迹六年内值雖叨待從之榮一日台司未展匡扶之志敢忘急病用副憂勤况

重鎭兵符。元戎相印。特膺寵寄。出自宸衷。豈合憚勞。更陳衷款。但以鄭昌圖主留累月。將結深根。孟方立專據三州轉成積釁。招其外則潞人胥怨。撫其内則邢將益疑。禍方熾於旣焚。計柰何於已失。須觀勝負。乃決安危。欲遵命而勇行。則寢興百慮。思奉身而先退。則事體兩全。伏乞聖慈博求廷議。擇其可付。理在從長。免微臣負懷寵之譏。使上黨破必爭之勢。觸藩知難。庶無愧於前言。報國圖功。豈無伸於此日。

劉恭伯

恭伯。大中時人。

壽州護軍大夫梁公創制功績記

大中戊辰歲。帝命侍臣梁公承乂護軍戎於壽陽郡。其至之日。乃言曰。茲地之廣。控淮肥之川。壓荆楚之要。兵多而稼稀。俗薄而人囂。非通於吏理者。曷能保和之。今常侍滓公政成而理平。俗泰而人安。消災沴爲和氣。變凶荒於壽域。上下胥悅。人其泰寧。公之致政也如是。我之撫戎。思有其力。乃曰士卒之有貧者。若吾之不足於身也。有不安其居者。若吾之無其室家也。顧力無以恤。將何以字之。不欲勞於下而成已之私。害於人而就已之欲。雖有經度。何成厥功。忖度日深。乃得其畫。曰廢寺之林。年久而腐。用無所堪。我將析而爲薪。以貨之。於是得錢六十萬。置樓邸於旗亭之衢。歲收其利。以助用。摭拾其餘貨。以創軍營二所。度木於山。價必賤。鳩傭於外。賞必厚。就使以悅。人忘其勞。量其有無。節費就省。減私儲而足食。添月俸而酬工。率已儉身。乃著成績。士卒之富者樂其業。貧者安其居。歌謠諠愉。令美充塞。公曰。軍旅之士。旣安且寧。吾之署曹。宜革其舊。乃恢其垣墉。高其閈閎。崇廊四注。以迴合。層構中開而嶒

崪。易隘陋爲輝煥。化卑庳爲宏敞。浹旬之間。創制斯成。揭焉中闢。豁若天造。完葺旣備。周視其間。曰。水程無送迎之所。何以遲嘉賓而申揖讓之禮。是乃擇勝槩之地。立遊觀之亭。斬伐而奇勢出。芟夷而佳景見。南軒翼舒。飛陛雲聳導流泉於砌下。植嘉木於庭中。遥峯疊嶂。屛列在目。郡邑之人。日遊其下。輪跡荐至。不絶於路。是知茲地自然而生。其爲景象也。因公而成。以爲廢與在人。而不在時。在於營構出我心匠。以其介直聞於時。創制也勤而功不宣。威以役人。不徇已以使下。郡邑不擾而厥功成。其大將官僚纍

而請曰公之撫戎也三年而人無犯於今朝闕有期再欲陳乞保留周歲以副羣心常侍公乃拜章上聞允叶誠請俄而天書下降褒贊其功詔曰委以腹心是資信實有勞可獎即懋新恩宜加內府局令歡聲溢衢遠近咸慶遂使覩事者增榮聞風者益勸公之才識敏達恪勤公忠猶居外藩未展寵略付之戎旅可以夷靜邊塵委以中樞可以肅整天禁而今而後必見大用之有期矣恭伯幸以筆札佐於常侍公之門日熟政能觀其成績顧惟不敏敢不承命而書大中五年正月二十四日記

韓琮

琮大中時官中書舍人

貶紇干泉慶王府長史分司東都制

鍾陵問俗澄清之化靡聞南海撫封貪黷之聲何甚而又交通詭遇溝壑無厭蹟固異於澹臺道殊乖於吳隱

王鐸

鐸字昭範宰相播從子會昌初擢進士第累遷右補闕歷中書舍人禮部侍郎咸通十二年由禮部尚書進同中書門下平章事乾符六年以行營都統督諸將討羣盜兵潰貶太子賓客分司東都召拜太子太師從幸入蜀拜司徒門下侍郎平章事中和二年以義成軍節度使復統行營兵討羣盜爲田令孜所構罷爲義成軍節度使四年徙義昌過魏爲樂彥禎子從訓所劫遂遇害

加穆栖梧等柱國制

敕朝散大夫尚書水部郎中穆栖梧等渙汗鴻恩必乘其雷雨須宜爵賞用振其簪纓以爾等列我聖朝累霑霈澤各有勞效許其敘錄行慶策勳於是乎在可依前件

鄭處約

處約大中朝官司勳員外郎知制誥

李羣玉守宏文館校書郎敕

李羣玉放懷邱壑吟詠性情孤雲無心浮磬有韻吐妍詞於麗則動清律於風騷冥鴻不歸羽翰自逸霧豹遠跡文彩益奇信不試而逾精能久處而獨樂念其求志可以言詩用示縶維命之列校可守宏文館校書郎

李爲

爲大中時進士

握中有元璧賦 以希代之珍耀乎掌握爲韻

璧爲至寶握以藏輝與似月之色異俾如虹之氣微斂外之容豈曰寘予於暗元中之理尚乎知我者希故其性比內融跡同反照拱形若將乎尺素點影似因乎墨妙見心之後任欲蓋而彌彰窺指之間縱有光而不耀退雖於密德亦不孤方期發色於斯矣豈務掩瑕而已乎初疑捧匣將投尚韞如漆或若橫肱未抵已怪得烏懿夫藏點點而獨青映纖纖而有象或微疑其手澤竟空勞於目想同錫元之後不暫去身驗守黑而居則先指掌不然何以久而不磷斂而惟新雖未能如雪亦足以賤珉既剖乎石幸依

乎人似守中而隱影若居外以藩身攬之爲盈手之玩出也爲連城之珍圓而琢之而能全璞溫而執之何以不瀣雖默默而沉滯每熒熒乎把握始同乎懷而被褐恐久而袖化爲緇雖存已之雕鏤實賴君以保持言揚者或是色取者猶疑苟能執而無失豈得棄之如遺深潛越石之拳明則誠矣固望荊山之目默而識之斯蓋見美一時同珍百代諒閟兮懷寶多斯兮若昧幽矣握中之璧實清流而可愛

日賦

仲春上日率公卿大夫朝日於東郊祇祀畢太史進曰夫日統七紀周旋天地國家災祥之至也惟唐文明日德不愆今陛下又親設弟禮天下煥爛上曰朕不足以配日然國經在乎上爾即司之於日有見可使朕聞之乎太史曰臣聞天高無程日爲大明天爲至陽日爲陽精則日於天爲子象也在人爲主在天爲日其高明一也日之初將出兮東方霍熿烘煌地外洩光陰雲含明閃閃熒熒火炬縱橫漸高如懸或若輓上於天而傍倚諸山海水血色龍魚騰翻上浮焦煙創業之象也日之中聚燄成珠攢劒成輪

青天而白白雲而赤赩赩奕奕曾不得定目太虛爲之晃惑萬物依乎地無不自識太平之象也春之日蒽龍通曨霍爍晴空赫爲大笑滿天地喜江風晴起錦文出水采錯爛斑花樹之間新蕊粉融萬燈無煙一拂雕梁嬌霞溢乎殿堂繢壁連光溫燄生旁仁恩之象也夏之日烘彤坌勃六合焚炙風不能爲氣天地變色不勝其猛乍搖紫影所照之穴化爲火井草木如燒而未乾焦泉池如炊若將涌沸炎威逼人疑欲附地或透入室壁潛蒸簟席威怒之象也其於小則草芥游蟲尸網隙塵各示其容其爲大則東

而引千萬里不見其近出西而引千萬里不見其遠及將暮也爍乎而低澹乎而頹忽乎變容赤蓋下空埃塵濛籠渾渾黃黃漸無精光黯黮殷顏不留山巔卽墜乎窮泉丹霞染雲畯畯半天暝陰夕靄薈蔚霮䨴餘光無采暫明乎千里之外烏鵲尚鳴新月已生長夜自淸今昔頓成良可悲乎夫日之不永也甚矣人之言卯比及看已可食人之言午比及看已欲昃是故聖人寸陰而惜顧陛下朝視之思創業之難暮視之感淪革之易春夏視之調喜怒之節中視之將偃乎太平之地又何求焉臣又聞之聖人爲君

日祥屢臻五色暒暒天地同文昏弱之代吞蝕不暇列宿不沒晝而爲夜可不務乎故天有日不能自靈日有光不能自明待聖人而明之也

藺相如秦庭返璧賦 以題爲韻

有和氏兮曠代之珍有藺生兮非常之人全重寶以蕃趙在輕生以抗秦旣獲我心信卓哉於千古不辱君命能使乎於四鄰相如於是詠東山之詩考西郊之役巾車脂轄匪朝伊夕徘徊悵望沈吟感激誓殺身而報主欲張膽而呑敵蹈虎尾而若閒遇鯨口而無惕期一言以復命得連城而致璧苟大信之或虧豈微躬之是惜授使邁征不遑底寧望紫氣之函谷出黃沙之井陘旣臻天府之地遂造雲龍之庭秦君方臨丹陛按青萍耀國華振朝經建翠鳳之旗則天收光景伐靈鼉之鼓若地出雷霆然後命謁者先告令使者後進將恃威以逞暴欲愛寶而損信曷英勇而知機弗詭詞以恭順溫如之質旣美嶷然之姿乃振且勍敵之見欺將殺身而不悋西鄰之言是責南山之節斯峻何大國之無良爲匹夫之取傚不然者何以遺賈傅之過秦爲相如之慕藺連城棄諸良玉歸歟且告秦言已矣

復爲趙寶焉如潔誠求之何晚被褐懷之已遠生芻之質空存白虹之氣不返

劉汾

汾大中十三年進士屢擢兵部侍郎以討黃巢功轉信州軍押衙都團練討擊使檢校國子祭酒兼御史大夫尚書右僕射鎭守饒信二州文德二年進闕一字南節度使

大赦菴記

汾自大中已卯登科以來官至兵部員外郎咸通三年遷本部侍郎出闕河南招討使乾符二年黃巢起兵應王仙

芝。四年。巢寇河南。汾屢戰。斬其前鋒諸將。賊遂敗衄。五年。會元裕斬王仙芝於黃梅。巢方攻亳州。汾帥衆直抵城下。賊遂引退。會尚讓帥仙芝餘衆歸巢。號衝天大將軍。引兵南寇福建。汾勤追之。巢又自嶺南趨襄陽。汾出師間行巡荆門。會父劉巨容曹全晸亦合軍待焉。俱以兵伏林中。賊至伏發。大破其衆。斬俘一十七萬。巢與尚讓收餘衆渡江。轉掠饒信池宣歙杭等十五州。廣明元年十一月。巢陷京師。車駕幸蜀。中和元年三月。汾轉京城四面行營招討使。巢遣其將尚讓王播帥衆五萬寇鳳翔。汾與都統鄭畋唐

宏英等勒兵待之。大破其衆於龍尾陂。斬首二萬級。伏尸數百里。中和二年八月。汾轉信州軍押衙團練討擊使銀青光祿大夫檢校國子祭酒兼御史大夫上柱國尚書右僕射。時饒信經巢兵火。餘民不聊生。汾一意撫恤。親加勞問。簡徭役。寬賦稅。民賴以全活者甚衆。四年六月。巢圍陳州。汾會李克用至。遂去趨汴。克用追及中牟。大破之。讓率衆降。汾與李師悅率尚讓追勦餘衆至虎狼谷。巢甥林言斬巢兄弟妻子首獻以降。由是巢禍既滅。汾再戰再克十無一失。蒙詔鎮守饒信二州。連年不得回朝。汾遂寓居廣信路弋陽縣歸仁鄉四十六都新陂里。夙夕感激。視干戈則思闕。居村落則思畊。光啓二年。佃得荒閒山田一段。約計八百餘畝。名曰南山。坐落饒州路樂平縣歸桂豐樂二鄉。居崇山峻嶺之間。人境寥絕。東至弋陽高界培分水爲界。西至豐樂風門嶺洪鶴山嘴爲界。南至歸桂鄉東源坑合水爲界。北至豐樂鄉紅鶴山盤嶺分水爲界。四至分明。源頭塢尾。上峷下坳。與外並無一毫之間。其田地成者少。荒者多。召人勤力其中。儘一夫可受廛。次召佃耕種。俱各辭以不能。汾起微陋。致身榮顯。忝有九妻。曰鄭氏。贈信國

夫人。曰鮑氏。曰宋氏。曰王氏。曰馬氏。亦贈夫人。曰張氏。曰郭氏。曰李氏。曰武氏。俱有淑行。生子十有四人。曰興。曰昇。曰從。曰明。曰宗。曰瑞。曰廣。曰匡。曰勝。曰吞。曰英。曰寧。曰彬。曰平。此豈非荷祖德哉。又且連年奉詔征討。百戰百克。未能一歸故土。於祖宗之德。並無寸報。久違春秋二祭。文德元年。汾謹將前山田地施捨創立禪寺一所。名曰南山寺。召到屬郡鄱陽北隅妙果寺禪僧至明至公等五人。入寺住持。勤於開耕。守奉祖宗春秋二祭。及禮三寶慈尊。兼得利生益死。景福元年。佛殿觀音堂坐禪亭并東西廊房俱

克完焉已經奏達朝廷念汾忠孝詔曰汾戰陣能勇思祖能敬其山寺稅糧俱沐優免故寺曰南山七詔寺菴曰大赦菴二年汾又進疑南節度使銀青光祿大夫檢校尚書右散騎常侍右千牛衛上將軍兼御史大夫上柱國右僕射汾念累荷朝廷詔赦蒙恩不淺於是將本身居官政事緣由施山創寺事實錄作二本一以垂之家譜以儆後人勿墜吾志一以給付僧人收管山田凡諸僧人在寺住持務要各守本分不許貪花好酒妄將田地移坵換段及盜賣等情其山已有四大界至諸人不許侵占第僧衆務要

常守清淨奉禮三寶其常用食物銅鐵器皿俱各完全不可遺漏如有此等僧衆卽便賠還所建三寶殿觀音堂坐禪亭及東西廊房四時俱檢看漏爛卽行修禮不可怠慢亦且吾家子弟不許常行到寺需索酒食遇春秋二祭止許二三人到寺拜謁祖先卽返不許動騷常住自茲之後僧衆不從吾言者卽便斥退吾之後人不從吾言者定准不孝論故書是說以爲砧基之本云

杜殷

殷大中時鄉貢進士官同官令

花嚴寺杜順和尚行記

釋垂範忍辱爲戒空寂爲體求而非眞智而可識不遠不疎志之奚有了了雪山我佛當其諭道褭褭白馬金字闡於巨唐粵以有京兆人者堯之苗裔生雩國南門外村里簪組繼迭闕二字飭躳馨香內外逮三千餘祀俄扇雩西方之盛降茲吾師師始齠齔闕一字邁人表未登十歲綏集同年生陟一基而以敷足嶷然旋吐大乘之法闕三字瞻善男子善女人無間大小奔而趨而虔心諦聽一演而伸衆闃而闕一字舞之忘親愛而自聳復次立機運巧指事成績

洞然些有祥瑞連縈龍闕二字力矻矻其異不一實可繁詞弱冠師之兄有軍旅之患欲赴跪而啓父兮母兮厥而賡去允斯所命被甲鎧汪汪執戈慷慨逼至魚麗勝而多捷卓爾哉出羣隱而靡究慈惠霑濡一帥之卒渠百結師補綴焉渠有咎酷笞刑師受笞焉負薪爨火汲水燃之渠盥濯師之躳焉渠役烽火遊外師之當焉昔魏禪師師主也異日倍吾之日臨流未濟杖之功登嶺有去虎之妙哉員來婦人有一子求之闕一字斜睞擲於急流中而復見乃是宿根深債歷縣側因睹畋獵化闕一字公闕一字龍盛與屠沽

豪士交會因勵承勵而息心歸依師之門人動意尋五臺靈境欲覺疑菩薩給五銖道糧乃失師事今有秦人王元順承家穆穆文武潤身在世有濟拔之惠效主懷歲寒之心殷師之裔孫也已履儒迹心達彼岸每耽儒典之暇劇趣眞心師之聖實非翰墨之所能飭

陳寬

寬大中時官陽翟令

潁亭記

潁水濱有地可以覽山川之秀者九山祠在焉西北（缺）餘

予升之見潁水直北旁地而來砉如隙光端如匣劍視若中面使人毛磔又見太室與大隗等列領羣峯而來峰屹不得進蹭蹬郤倚三十六嶠若立指焉而近北左手烟雲草樹濃淡覆露各盡其態平視之令人意遠超超然若萬里之鶴也予曰可樹亭哉遂召匠氏授以程度匠氏曰諾退而有言曰假吾令不德主未聞惠人未蒙仁止其幾而遽以麻覽爲懷乎予聞之甚羞而以爲不聞也夫陽翟自潁陽達許昌皆漢郡潁川屬是乃吾土也予不肖假長於此雖獲戾於人而不避者吾將識其來乎及成會邑中彥髦以落之中宴客有舉爵而稱曰吾斯山河之秀可與峴首爭請名之潁亭遂名之若使解攜手値良辰嘉賓二三殽酒綏進既揖既抗對之益酣因書石以介其壁俾覽者懲之當敏樹政無敏樹亭以釣匠氏之意也

李羣玉

羣玉字文山澧州人以裴休荐徵拜校書郎

進詩表

草澤臣羣玉言臣宗緒凋淪邱山賤品幽沈江湖分托漁樵伏遇皇帝陛下運屬昇平率土歡泰沐雨露亭育之化

在薰風長養之間顧同率舞之誠遠逐越裳之貢頃以鼓腹動華之代怡情林皐之隈涵咏皇風殆忘仕進以至年踰不惑痾恙暴侵但慮寒飢江湖之濱與枯魚涸轍爲伍瞑目黃壤虛謝文明是以徒步負琴遠至輦下謹捧所業歌行古體今體七言今體五言四通等合三百首謹詣光順門昧死上進伏以卿雲在天草木五色廣野之氣燭爲祥烟熙熙含生盡躋壽域向日亭午物無斜陰而方今風后提衡庶尹咸乂言語侍從之列皆嚴徐班馬之倫凡在墨客詩人歌咏聲名文物不暇何議諷刺興於筆端臣所

貢前件歌詩以居住沅湘宗師屈宋楓江蘭浦蕩思搖情蕪穢之餘過於喬野天津不到徒窺星漢之高滄海攸歸豈阻潢汙之陋然則爨桐不爆俄成曲突之煙埋劒無光永作幽泉之鐵巴濮下調塵黷天聰螻蟻之微伏待刑戮謹拜表陳獻以聞無任焚灼隕越屛營之至臣羣玉誠惶誠恐頓首死罪謹言